JURISPRUDENCIA SOBRE PROCEDIMIENTOS ADMINISTRATIVOS

COLECCIÓN JURISPRUDENCIA

Títulos publicados

1. Carlos M. Ayala Corao, *Jurisprudencia de Urbanismo*, Caracas 1988, 176 pp.

2. Mary Ramos Fernández, *Jurisprudencia de Expropiación*, Caracas 1989, 188 pp.

3. Luis A. Ortiz-Álvarez, *Jurisprudencia de medidas cautelares en el contencioso administrativo*, Caracas 1995, 449 pp.

4. Allan Brewer-Carías y Luis Ortiz-Álvarez, *Las Grandes decisiones de la jurisprudencia contencioso-administrativa*, Caracas 1996, 1ra Reimpresión, Caracas 2007, 1035 pp.

5. Luis A. Ortiz-Álvarez, *Jurisprudencia de Responsabilidad Extra-contractual del Estado*, Caracas 1997, 1051 pp.

6. Humberto Romero Muci, *Jurisprudencia Tributaria Municipal y la Autonomía Local,* Caracas 1997, 1.720 pp.

7. Caterina Balasso Tejera, *Jurisprudencia sobre Actos Administrativos*, Caracas 1998, 889 pp.

8. Humberto Romero-Muci, *Jurisprudencia Municipal y Estadal y la Descentralización Fiscal*, Caracas 2005, 3900 pp.

9. Caterina Balasso, *Jurisprudencia sobre procedimientos administrativos,* Caracas 2019, 741 páginas.

CATERINA M. BALASSO TEJERA

JURISPRUDENCIA SOBRE PROCEDIMIENTO ADMINISTRATIVO (1980-2017)

Colección Jurisprudencia

Nº 9

EDITORIAL JURÍDICA VENEZOLANA

Caracas, 2019

© Caterina M. Balasso Tejera

Hecho el Depósito de Ley
Depósito Legal: DC2018001903
ISBN: 978-980-365-443-6

Editorial Jurídica Venezolana
Av. Francisco Solano López, Torre Oasis, P.B., Local 4, Sabana Grande,
Apartado 17.598 – Caracas, 1015, Venezuela
Teléfono 762.25.53, 762.38.42. Fax. 763.5239
E-mail: fejv@cantv.net
http://www.editorialjuridicavenezolana.com.ve

Impreso por: Lightning Source, an INGRAM Content company
para Editorial Jurídica Venezolana International Inc.
Panamá, República de Panamá.
Email: ejvinternational@gmail.com

Diagramación, composición y montaje
por: Mirna Pinto, en letra
Time New Roman 10, Exacto 11, Mancha 21 x 12.5

Primera Edición 2019

A Lucas y Mateo

ABREVIATURAS

CPCA: Corte Primera de lo Contencioso Administrativo.

CSCA: Corte Segunda de lo Contencioso Administrativo.

CSJ-SPA: Corte Suprema de Justicia en Sala Político Administrativa.

RDP: *Revista de Derecho Público*.

TSCA: Tribunal Superior de lo Contencioso Administrativo.

TSJ-SPA: Tribunal Supremo de Justicia en Sala Político Administrativa.

TSJ-SC: Tribunal Supremo de Justicia en Sala Constitucional.

TSJ-SE: Tribunal Supremo de Justicia en Sala Electoral.

Sumario

Nota Introductoria

Hace ya demasiados años tuve la oportunidad de presentar una recopilación de jurisprudencia sobre actos administrativos, dentro de esta misma colección, reconociendo el valor del aporte que se hacía a partir de la interpretación y aplicación de los preceptos integrados al ordenamiento jurídico positivo, por parte de los jueces, en la materia.

En aquél momento me motivaba la importancia y el papel que jugaba la jurisprudencia dentro del derecho venezolano. Los criterios jurisprudenciales contenidos en las sentencias emanadas de nuestros tribunales, particularmente la –entonces– Corte Suprema de Justicia, eran comúnmente utilizados como referentes por nuestro foro para soportar posturas y teorías adoptadas en el ejercicio del derecho. Al mismo tiempo, formaba parte esencial del estudio, análisis y comprensión del desarrollo y evolución de las instituciones del derecho venezolano.

No niego tener esa motivación también ahora. En los actuales momentos, se trata más bien de reiterar el importante desarrollo jurisprudencial que siguió a la entrada en vigencia, en 1982, de la Ley Orgánica de Procedimientos Administrativos (G.O. N° 2818 Extraordinario de 01/07/81). Hasta ese año la actividad administrativa, y el procedimiento llevado a cabo por la Administración Pública no se encontraban regulados por texto legal expreso. Sin embargo, tanto la Corte Suprema de Justicia como la Corte Primera de lo Contencioso-Administrativo se habían encargado, hasta ese momento, de delinear y desarrollar el marco regulador a aplicarse.

La promulgación de la Ley Orgánica, y la consecuente regulación expresa del procedimiento administrativo no significó el fin de la construcción jurisprudencial sobre el tema. Por el contrario, fue abundante la doctrina jurisprudencial que se produjo al respecto, delineando, definiendo, elaborando y delimitando diferentes aspectos tocantes al mismo, al aplicar los supuestos de hecho previstos en la norma, a casos concretos.

Lamentablemente, hace unos años el papel de los jueces dejó de ser el de aplicar la ley y el derecho, y con ello, la jurisprudencia ha dejado de tener el papel que había tenido. En consecuencia, no existen mayores aportes en la materia, y -salvo en contadas excepciones-, en los casos en los que ha habido alguna innovación, ha sido para contradecir los principios y postulados rectores de la materia.

Es por ello que en esta ocasión considero importante la presentación de esta recopilación, no sólo para que exista un compendio donde pueda consultarse fácilmente lo que fueron los criterios jurisprudenciales sentados sobre la materia; sino también para que puedan observarse las distorsiones ocurridas en algunos casos; así como para que, a la postre, sea más sencillo recuperar el camino de la interpretación jurisprudencial conforme a derecho.

Siguiendo la línea de las demás publicaciones de esta colección, lo que se presenta es un compendio limitado de sentencias (extractos de sentencias, más bien), sobre distintos aspectos atinentes al procedimiento seguido por los órganos de la Administración Pública en su relación con los particulares, entre 1980 y 2017.

Fue a partir de 1980 cuando comenzó a publicarse la Revista de Derecho Público y en ella, la sección de Información Jurisprudencial a cargo de Mary Ramos Fernández, que fue utilizada para conformar esta recopilación. En todo caso, habiéndose promulgado la Ley Orgánica de Procedimientos Administrativos en 1982, las sentencias recopiladas ayudan a tener una visión de la posición jurisprudencial predominante con anterioridad a dicha ley, las primeras reacciones ante la promulgación de este texto legal así como su evolución y desarrollo.

Obviamente la recopilación que se presenta no es exhaustiva, y sólo comprende extractos de algunas sentencias. Sin embargo, al igual que en la publicación homóloga referida a actos administrativos, se ha procurado incluir un grupo suficientemente amplio y representativo del sector predominante de la doctrina jurisprudencial sobre la materia.

Las sentencias han sido agrupadas siguiendo un criterio de clasificación ordenado que, esperamos, facilite su consulta, y la doctrina jurisprudencial contenida en cada uno de los extractos seleccionados ha sido resaltada y reproducida sintéticamente al inicio de casi todos los extractos.

La Primera Parte se refiere al régimen legal del procedimiento administrativo. A continuación, en la Segunda Parte se agrupan sentencias sobre la caracterización y los principios que rigen el procedimiento administrativo, y que específicamente tratan el tema. La Tercera Parte contiene decisiones sobre la iniciación de los procedimientos administrativos, a instancia de parte o de manera oficiosa. La Cuarta Parte desarrolla el tema de los interesados y su participación, mientras que la Quinta Parte es la referida a la actuación de la Administración. A continuación, en la Sexta Parte, se tratan las pruebas en el procedimiento administrativo refiriéndose, la Séptima Parte, al tema de los distintos modos de terminación de los procedimientos administrativos. Por último, se agrupan sentencias que tratan el tema de los vicios en el procedimiento en la Octava Parte.

La existencia de este trabajo se debe –una vez más– al constante estímulo, paciencia infinita y apoyo incondicional del Profesor Allan R. Brewer-Carías, quien insistió en su realización. No puedo sino ofrecerle la culminación de esta obra como manifestación de mi cariño, gratitud y respeto a quien he tenido el privilegio de tener como maestro, guía y soporte, tanto a nivel profesional como personal.

No puedo dejar de agradecer también a Mirna Pinto y Francis Gil, quienes se encargaron de la diagramación, revisión, corrección y formateo de este libro, en diferentes momentos y etapas, hasta su versión actual.

Espero que este trabajo sea de utilidad y provecho no sólo para quienes ejercen la profesión del derecho, sino también para quienes se preparan para hacerlo, deseando que el mismo contribuya a una mejor comprensión y desarrollo que el tema que abarca. Así mismo, aspiro que a través de esta obra se resalte la relevancia y trascendencia que tiene la jurisprudencia en nuestro sistema de Derecho, afirmando y reforzando su carácter y elevando el lugar que la misma ha de ocupar.

Caracas, diciembre de 2018.

I. RÉGIMEN LEGAL

RDP N° 5, 1980, pp. 110

CSJ-SPA (243)   4-12-80

Magistrado Ponente: Josefina Calcaño de Temeltas

El procedimiento administrativo formalmente regulado no puede ser cambiado por la práctica administrativa.

Para desvirtuar esta rígida interpretación que hace esta Sala, no pueden admitirse "razones de dinámica administrativa" o de "práctica fiscal" como lo esgrime el Tribunal Primero, en su citada sentencia, pues si tales razones existen por congestionamiento del trabajo administrativo, lo que corresponde hacer al órgano ejecutivo, es modificar el Reglamento Orgánico de la Administración del Impuesto sobre la Renta y facultar a algunos otros funcionarios fiscales para que hagan liquidaciones y firmen las Resoluciones o planillas correspondientes; o más fácilmente, aun sin modificar dicho Reglamento, lograr simplemente que el Inspector Técnico delegue tal atribución en "otros funcionarios calificados", "previa autorización del Administrador General", de conformidad con lo previsto en el Artículo 21 del ordinal 3° del citado Reglamento.

1. *Aplicación de la Ley Orgánica de Procedimientos Administrativos*

   A. *Régimen General*

   RDP N° 16, 1983, pp. 147

   CSJ-SPA (201)   20-10-83

   Magistrado Ponente: Josefina Calcaño de Temeltas

   La Ley Orgánica de Procedimientos Administrativos no es aplicable a los actos administrativos dictados por los órganos judiciales.

La recurrente, según los términos del libelo, parece inferir el poder de revisión del Consejo de la Judicatura sobre la medida de destitución tomada por la Juez titular del Municipio Buenavista del Estado Falcón, en las normas generales de procedimiento consagradas en la Ley Orgánica de Procedimientos Administrativos promulgada el 1° de julio de 1981, las cuales considera infringidas y la conducen a solicitar de dicho cuerpo (Consejo de la Judicatura) "revocatoria de la sanción", y "se la reincorpore al cargo que ocupaba", solicitud que —aduce— "no fue respondida dentro del término legal para ello".

Ahora bien, la Sala observa que el ámbito de aplicación de la Ley Orgánica de Procedimientos Administrativos, está circunscrito a la Administración Pública Nacional y la Administración Pública Descentralizada, integradas en la forma prevista en sus respectivas leyes orgánicas. Asimismo, en cuanto les sea aplicable, a las administraciones estadales y municipales, a la Contraloría General de la República y a la Fiscalía General de la República (Art. 19); pero no al Poder Judicial ni al Consejo de la Judicatura, órgano administrativo periférico de este Poder.

RDP N° 16, 1983, pp. 147-148

CPCA   19-10-83

Magistrado Ponente: Hildegard Rondón de Sansó

El artículo 162 del Código de Procedimiento Civil es aplicable a las decisiones de las Comisiones Tripartitas, sólo en lo que atañe a su espíritu en general, por no ser estas decisiones sentencias sino actos administrativos.

Alega el impugnante que ha sido violado el artículo indicado en el epígrafe (Artículo 162 del Código de Procedimiento Civil), por cuanto el mismo establece que: "Toda sentencia debe contener decisión expresa, positiva y precisa con arreglo a las acciones y a las excepciones o defensas opuestas, condenando o absolviendo en todo o en parte, nombrando a la persona condenada o absuelta y la cosa sobre la que recae la condena o absolución, sin que en ningún caso pueda absolverse de la instancia". Al efecto, hace valer los siguientes argumentos:

A.   Como lo establece la Corte Suprema de Justicia, las Resoluciones de las Comisiones Tripartitas son actos de "Sustancia Jurisdiccional", y por ello le son aplicables las disposiciones relativas a las sentencias.

La decisión no señala quién es la persona contra la cual ha recaído el dispositivo contenido en la misma, por cuanto "La Hacienda Los Buches" no tiene personalidad jurídica y Luis Felipe Corona Bergel no ha sido "en ningún momento nombrado como sujeto de la referida obligación". De allí que la Resolución no determina a la persona condenada en el fallo.

No se establece en la Resolución el monto de los salarios caídos, lo cual la hace indeterminada e imprecisa.

No se determina si el salario fue el alegado por el trabajador de ochenta y cinco bolívares (Bs. 85,00) diarios, o el que alegara el patrono de cuarenta y tres bolívares (Bs. 43,00) diarios.

En relación con estos alegatos la Corte observa lo mismo que señalara en el punto anterior en el sentido de que del procedimiento incoado y de la decisión dictada, se evidencia que el recurrente era el patrono del trabajador, y es sobre el mismo que habrá de recaer la condenatoria contenida en el acta, por lo cual no hay violación alguna del artículo 162 del Código de Procedimiento Civil, el cual, en todo caso, es sólo aplicable en lo que atañe a su espíritu en general, ya que los actos de las Comisiones Tripartitas no son sentencias sino actos administrativos, verdaderos y propios.

RDP N° 16, 1983, pp. 148

CPCA   31-10-83

Magistrado Ponente: Román J. Duque Corredor

Las regulaciones procedimentales de la Ley Orgánica de Procedimientos Administrativos prevalecen sobre los reglamentos universitarios.

Por otro lado, como se expresó, la materia relativa al recurso jerárquico y al agotamiento de la vía administrativa, regulada por la Ley Orgánica de Procedimientos Administrativos, en su Título IV, no puede ser desconocida por ninguna disposición legislativa, originaria o delegada, como sucede con el Reglamento del Tribunal Académico de la Universidad de Oriente, en el sentido de alterar los principios relativos a la relación jerárquica que debe existir entre el órgano que dicta la decisión y el órgano que la va a revisar, y en cuanto a que la decisión que dicte el superior, al resolver un recurso jerárquico, es la que agota la vía administrativa.

Por último, la delegación normativa que el Reglamento Ejecutivo de la Universidad de Oriente hace al Reglamento del Tribunal Académico, y que tiene su fuente en el artículo 10 de la Ley de Universidades, después de la promulgación y vigencia de la Ley Orgánica de Procedimientos Administrativos, sólo tiene aplicación preferente en aquello en que ésta última Ley permita la aplicación prevalente de una disposición especial, ya que por su carácter orgánico, toda la materia procedimental administrativa contenida en sus disposiciones son obligatorias para los entes de la Administración Pública Nacional, Centralizada y Descentralizada, y dentro de ésta para la Universidad de Oriente, de forma que el artículo 21 del referido Reglamento en lo que se refiere a la obligatoriedad de intentar el recurso jerárquico ante el Tribunal Académico para agotar la vía administrativa, cuando se trate de decisiones dictadas por el Consejo Universitario en materia de sanciones contra los Profesores, ha quedado derogada por los artículos 95 y 93 de la referida Ley Orgánica de Procedimientos Administrativos, y así se declara. Además, que como se señaló, la atribución al Tribunal Académico de la competencia para oír y decidir los recursos jerárquicos que se intenten contra las decisiones del Consejo Universitario, carece de base legal, al tenor de lo dispuesto en el Numeral 19 del artículo 46 de la Ley de Universidades. Por tanto, al violar el citado artículo 21 del Reglamento de referencias, la Ley Orgánica de Procedimientos Administrativos, que es una Ley Orgánica, en sus artículos 95 y 93, así como el Numeral 19 del artículo 46 indicado, esta Corte, en virtud de lo dispuesto en el artículo 163 de la Constitución, y el artículo 79 del Código de Procedimiento Civil, desaplica tal artículo 21 del Reglamento del Tribunal Académico, en lo que se refiere a la competencia de dicho Tribunal para conocer y decidir en última instancia, los recursos interpuestos contra las decisiones del Consejo Universitario en materia de sanciones que acarrean la destitución de los profesores, que son las sanciones que propiamente dicta dicho Consejo, de acuerdo a lo señalado en el artículo 82 del Reglamento del Personal Docente y de Investigación de la Universidad de Oriente, y así se declara.

RDP N° 17, 1984, pp. 166

CPCA   1-12-83

Magistrado Ponente: Román J. Duque Corredor

La aplicación de la Ley Orgánica de Procedimientos Administrativos en el caso de la actuación de la Administración Pública Municipal es supletoria y no directa.

De acuerdo a los términos del escrito de fundamentación de la apelación, la decisión que debe dictar esta Corte se limita a la revisión del fallo apelado respecto a lo decidido por el Tribunal *a quo* de que no procedía la declaratoria de la caducidad del recurso, en virtud de que a juicio de dicho Tribunal, el acto impugnado no fue debidamente notificado al recurrente, por el hecho de que tal acto fuera publicado en la Gaceta Municipal del Distrito Sucre del Estado Miranda, ya que el Juzgador de la Primera Instancia consideró aplicable el Capítulo IV del Título III de la Ley Orgánica de Procedimientos Administrativos, y porque en su criterio el artículo 134 de la Ley Orgánica de la Corte Suprema de Justicia fue tácitamente derogado.

Por su parte la municipalidad apelante insiste en que el recurso debió ser declarado sin lugar, por haber operado la caducidad de la acción, en razón de que la demanda fue intentada a los nueve meses y diecisiete días después de haber sido publicada la Resolución impugnada en la Gaceta Municipal del Distrito Sucre del Estado Miranda, el 31 de mayo de 1980, y que para el momento en que fue dictado el referido acto, se encontraban en vigencia la Ley Orgánica de la Corte Suprema de Justicia (artículo 134), la Ordenanza sobre Ordenación Urbana del Área Metropolitana de Caracas y su Zona de Influencia (artículo 8, parágrafo único) y la Ordenanza sobre Urbanismo, Arquitectura y Construcciones en General (artículo 140); textos legales éstos que prevén en un caso la posibilidad de que los actos administrativos de efectos particulares sean notificados personalmente, o publicados en el respectivo órgano oficial, y que el plazo de caducidad de seis meses comienza a contarse a partir de dicha notificación o publicación; y en otro caso, el silencio administrativo negativo, para poder estimar agotada la vía administrativa.

Al respecto observa la Corte que es cierto que cuando se trata de la actuación de la Administración Pública Municipal, la aplicación de la Ley Orgánica de Procedimientos Administrativos, es supletoria y no directa, conforme se desprende del texto del artículo 19 de la referida Ley. Es decir, que si existe alguna disposición legislativa municipal que regule el procedimiento administrativo, o algunos aspectos de éste, como los referentes a los recursos que puedan intentarse contra los actos administrativos de carácter municipal, los plazos de sustanciación de las solicitudes, las formas de notificación de dichos actos y las modalidades de su ejecución, las normas de la antes referida Ley Orgánica de Procedimientos Administrativos no son aplicables.

En el caso concreto, el artículo 140 de la Ordenanza sobre Urbanismo, Arquitectura y Construcciones en General del Distrito Sucre del Estado Miranda, de fecha 18-8-78, establece que las decisiones de los organismos a los cuales se refiere dicha Ordenanza, pueden notificarse a los interesados por escrito mediante constancia de la entrega de la notificación, o también mediante notificación judicial, o a través de la publicación en la Gaceta Municipal del Distrito Sucre. Por tanto, esta disposición, al tenor de lo dispuesto en el artículo 19 de la Ley Orgánica de Procedimientos Administrativos, priva sobre la forma de notificación personal de los actos administrativos de carácter particular, a que se refiere el artículo 73 de la antes mencionada Ley, y es a partir en consecuencia, de la publicación en la Gaceta Municipal, como en el presente caso, que debe comenzar a computarse el plazo de caducidad de seis meses contemplado en el artículo 134 de la Ley Orgánica de la Corte Suprema de Justicia, para considerar válidamente intentado el recurso de anulación por el recurrente.

RDP N° 21, 1985, pp. 131

CPCA   23-1-85

Magistrado Ponente: Aníbal Rueda

Caso: Servipronto S.R.L. vs. Ministerio del Trabajo (Comisiones Tripartitas).

En lo referente a las inhibiciones y recusaciones de los integrantes de las Comisiones Tripartitas, se aplican las disposiciones contenidas en la Ley Orgánica de Procedimientos Administrativos.

Por último se denuncia la violación de los artículos 118 y 120 del Código de Procedimiento Civil en virtud de que, a pesar de haber sido recusado, el Presidente de la Comisión de Alzada participó en la decisión que se impugna.

Al respecto, la Corte observa:

En la oportunidad en que entran en vigencia la Ley contra Despidos Injustificados y el Reglamento respectivo, textos que no contemplan los procedimientos relativos a inhibiciones y recusaciones de los integrantes de las Comisiones Tripartitas, eran aplicables las disposiciones del Código de Procedimiento Civil, como normas supletorias, sin embargo, a partir de la vigencia de la Ley Orgánica de Procedimientos Administrativos, son las normas relativas de ese texto las que deben aplicarse a los típicos procedimientos administrativos, y en tal sentido se observa que la misma se limita a la institución, dejando a criterio del funcionario la manifestación del impedimento, ello con el fin de lograr la mayor celeridad en dicho procedimiento. Ahora bien, en el supuesto que se denuncia, la decisión dictada con la presencia del funcionario recusado no invalida el acto dictado, en todo caso, puede acarrear las sanciones y las acciones que contra el funcionario prevé la Ley Orgánica de Procedimientos Administrativos, y así se declara.

RDP N° 24, 1985, pp. 113

CSJ-SPA (273)   3-10-85

Magistrado Ponente: Pedro Alid Zoppi

Caso: CORAVEN vs. República. Ministerio de Transporte y Comunicaciones.

La duración del procedimiento por un lapso mayor al establecido en la Ley Orgánica de Procedimientos Administrativos no vicia el acto producido.

La Sala, para decidir, observa:

Aun cuando, ciertamente, el artículo 60 de la Ley establece que el plazo no excederá, salvo prórroga expresa de cuatro meses, su incumplimiento no vicia el acto dictado después de transcurrido ese plazo. En efecto, del artículo 64 de la misma Ley se desprende a las claras que ello no hace nulo el acto dictado con posterioridad al vencimiento del plazo legal para la tramitación y resolución del asunto. Esa disposición estatuye:

"Si el procedimiento iniciado a instancia de un particular se paraliza durante dos (2) meses por causa imputable al interesado, se operará la perención de dicho procedimiento. El término comenzará a partir de la fecha en que la autoridad administrativa notifique al interesado".

Como se ve, la paralización dará lugar a la perención y ello cuando el procedimiento se ha iniciado a instancia de parte y la paralización es imputable al interesado, lo cual quiere decir que en el procedimiento iniciado de oficio no hay perención (extinción de la instancia) ni tampoco la hay cuando la demora fuese imputable a la administración, esto es, el que la Resolución, por ley, haya de dictarse dentro de los cuatro meses (o dentro de la prórroga máxima de dos meses más) no significa que la pronunciada con posterioridad fuese nula, porque el procedimiento —aun el iniciado a instancia de parte— no perime cuando la paralización fuese imputable a la Administración, por lo cual el acto puede producirse en cualquier tiempo.

Además, no establece el artículo 60 ni tampoco el 49 de la misma Ley que la Resolución extemporánea fuese nula de pleno derecho, y al respecto el artículo 100 consagra, simplemente, una multa para el funcionario que retarde, omita o incumpla cualquier "trámite o plazo establecido en la presente Ley", de manera que, fuera de la sanción personal contra el funcionario remiso, ninguna otra trae la ley para los actos dictados pasado el lapso legal.

RDP N° 25, 1986, pp. 95

CPCA   13-2-86

Magistrado Ponente: Hildegard Rondón de Sansó

Caso: Pedro A. Pedroza vs. Municipalidad del Distrito Sucre del Estado Miranda.

Al respecto observa esta Corte que las disposiciones de la Ley Orgánica de Procedimientos Administrativos que constituyen regulación de garantías constitucionales se aplican imperativamente a las administraciones municipales y es éste el alcance que ha de atribuírsele al aparte único de su artículo primero. Por lo que atañe a las formas de los actos, los requisitos contenidos en el artículo 18 *ejusdem*, no pueden exigirse rígidamente a los actos de los Concejos Municipales ya que éstos son órganos colegiados en los cuales la forma de configurar la voluntad presenta modalidades diferentes a la que se imputa a los órganos unipersonales de la Administración Central, que constituyen el modelo de la norma aludida.

En lo que atañe a la notificación estuvo ajustada a derecho la decisión del juzgador por cuanto cualquier vicio de la misma quedó subsanado por el agotamiento oportuno de la vía jurisdiccional por parte del recurrente y así se declara.

Analizadas las precedentes cuestiones pasa esta Corte a pronunciarse sobre la cuestión de fondo de si existe o no estabilidad en el funcionario que hubiese permanecido en el cargo después de vencerse el período legal, como fuera el caso de autos.

RDP N° 25, 1986, pp. 96

CPCA   13-2-86

Magistrado Ponente: Armida Quintana Matos

En caso de procedimientos especiales, las normas de las leyes especiales que los regulan son de aplicación preferente a las de la Ley Orgánica de Procedimientos Administrativos.

De lo expuesto resulta evidente que el Tribunal de la Carrera Administrativa, al conocer de la pretensión del demandante, se limitó erróneamente a examinar si le era aplicable o no la Ley de Carrera Administrativa, cuando lo que en efecto se solicitaba era el pago de una suma de dinero por concepto de prestaciones sociales fundada en las previsiones de la Ley Orgánica de Educación que reconoce este beneficio a todos los profesionales de la docencia sometiéndolos a las previsiones que en la materia contempla la Ley del Trabajo.

Lo antedicho obliga a puntualizar que siendo la jurisdicción contencioso-administrativa la competente a través del Tribunal de la Carrera Administrativa para conocer de las reclamaciones que formulan los profesionales de la docencia en relación, entre otras, a las prestaciones sociales, no puede dudarse de que para ocurrir a dicho Tribunal será necesario cumplir o agotar los trámites previos que a tales efectos señala la Ley de Carrera Administrativa, entre ellos, desde luego, la instancia de conciliación que prevé su artículo 14 como requisito sine qua non para ocurrir a la vía jurisdiccional. Por ello, al fijar la Ley de Carrera Administrativa las condiciones para acceder al Tribunal de la Carrera Administrativa y el procedimiento especial a seguir ante el mismo, del cual la Ley Orgánica de la Corte Suprema de Justicia y el Código de Procedimiento Civil son fuentes normativas supletorias, no cabe duda de que en las acciones o recursos que intenten los docentes al servicio de la Administración Pública Nacional, aun en los especiales supuestos que regulan la Ley Orgánica de Educación y los Reglamentos Especiales, deben seguirse estas pautas procedimentales, a saber: la instancia de conciliación en sede administrativa, una vez emanado y notificado el acto administrativo o producido el hecho que lesiona el derecho, interés o situación jurídica del interesado, y la presentación del recurso y etapas subsiguientes que para este proceso fijan los artículos 75 y siguientes de la Ley de Carrera Administrativa.

Cabe observar, por otra parte, y así lo ha establecido esta Corte Primera, que si bien la Ley Orgánica de Procedimientos Administrativos tiene una jerarquía normativa especial y es posterior a la Ley de Carrera Administrativa, ello no significa que suplante a la Ley de 1970 por lo que se refiere a la "especialidad" de los recursos que ésta consagra. La Ley Orgánica de Procedimientos Administrativos contempla en efecto una excepción a la normativa que regula dentro de su contexto el procedimiento ordinario, constitutivo o de primer grado (artículo 47) al dejar a salvo los procedimientos administrativos (ordinarios) contenidos en leyes especiales; la redacción de la norma y su ubicación parecieran dejar fuera los procedimientos especiales de recurso o de segundo grado, de modo que podría entenderse que las normas de la Ley Orgánica de Procedimientos Administrativos (artículo 83 y siguientes) son de aplicación preferente; sin embargo, ello no puede ser cierto porque de aceptarse tal interpretación se atentaría contra la seguridad jurídica y se paralizaría y entrabaría la Administración, al enervar un sin fin de recursos especiales que contemplan diversos textos legales en vigencia (p. ej., la Ley de Carrera Administrativa, Ley de Mercado de Capitales, etc.). Puede concluirse, por consiguiente, en que en el caso de leyes especiales que establezcan procedimientos de recurso para impugnar los actos administrativos que culminan los procedimientos ordinarios, sus normas serán de aplicación preferente a las de la Ley Orgánica de Procedimientos Administrativos. En tal sentido se han pronunciado el Tribunal de la Carrera Administrativa y el Supremo Tribunal al establecer: "La Ley de Carrera Administrativa que regula una materia especialísima, prescribe un procedimiento apropiado a las acciones que se ventilen ante este Tribunal. Lógicamente tendrá aplicación de la norma de la Ley de Carrera Administrativa, pues el carácter singular de ella así lo requiere. En efecto, la misma Ley y el Reglamento sobre las Juntas de Avenimiento exige y prevé que la gestión conciliatoria ante las Juntas de Avenimiento deberá efectuarse en forma previa al ejercicio de cualquier acción ante la jurisdicción contencioso-administrativa. De donde se infiere que la única exigencia previa a los recursos ante este Tribunal, será la de gestión ante el organismo, o si no se logra el avenimiento, el recurso jerárquico (Tribunal de la Carrera Administrativa. 6 de agosto de 1975. *La Carrera Administrativa*. Armida Quintana Matos, p. 285, N° 324).

"Ante la coexistencia de dos procedimientos previstos por dos leyes diferentes para una misma situación, es obvio que debe prevalecer lo dispuesto por la Ley especial, que en el caso contemplado es la Ley de Carrera Administrativa, pues mientras ésta regula específicamente las reclamaciones de los funcionarios públicos basadas en esa misma Ley, el procedimiento previsto por los artículos 30 y siguientes de la Ley de la Procuraduría General de la República concierne, de manera general, a cualquier tipo de acción judicial, no importa quién sea el accionante, ni cuál sea la naturaleza jurídica de la acción que se pretende intentar". (Corte Suprema de Justicia. Sala Político-Administrativa del 2 de julio de 1978. Armida Quintana Matos. *Op. cit.* p. 289. N° 340)".

Sentado lo anterior, observa la Corte que la idea básica del principio de legalidad, que envuelve la vinculación de la actuación administrativa a una norma jurídica, es un concepto abstracto que adquiere realidad inmediata ante los órganos de la jurisdicción contencioso-administrativa, llamados a valorar y enjuiciar, a posteriori actos y conductas efectivamente producidas en sede administrativa. De allí la necesaria existencia de un acto administrativo, de manera que su inexistencia o falta de vigencia, por haber sido revocado por la propia Administración, impide el ejercicio de la facultad revisora del órgano jurisdiccional, al no existir el objeto o materia controvertida. (Sentencia del 31 de octubre de 1985).

Votos salvados de los Magistrados Román José Duque Corredor e Hildegard Rondón de Sansó

Primero: La obligación impuesta a los funcionarios en el parágrafo único del artículo 15 de la Ley de Carrera Administrativa, de efectuar previamente la gestión conciliatoria ante la Junta de Avenimiento, para poder intentar válidamente acciones por ante la jurisdicción contencioso-administrativa de la Carrera Administrativa, no constituye ciertamente un antejuicio obligatorio, que tenga por finalidad agotar la vía administrativa previamente a la reclamación judicial.

Segundo: Tal requisito no es propiamente un presupuesto procesal de la acción, sino por el contrario, una formalidad necesaria para el inicio del juicio. Por tanto, se cumple con demostrar en la querella la solicitud de la gestión de conciliación, ya que no se trata de trámite alguno de revisión de actos administrativos.

Por ello, la Ley no exige que sea obligatorio esperar la decisión correspondiente, o el transcurso del plazo para que la Junta de Avenimiento cumpla con su cometido, para saber, en definitiva, la última decisión de la Administración y poder acudir, en consecuencia, a la vía judicial.

Tercero: Obligar a los funcionarios a que esperen el resultado de la gestión, o que se venza el lapso de diez días hábiles que tiene la Junta de Avenimiento para lograr la conciliación, es transformar la naturaleza de la instancia conciliatoria en un procedimiento administrativo previo. Si se mantiene lo primero, se reconoce a dicha gestión su verdadera naturaleza de medio de facilitar una solución amistosa, por medio de un tercero, con la Administración, y no se le erige en el presupuesto procesal de la acción de agotar previamente la vía administrativa. Por el contrario, si se impide la interposición de las acciones porque no ha habido decisión respecto al avenimiento, o porque no se ha vencido el plazo para ello, es convertir a la gestión en un verdadero recurso administrativo necesario para que se extinga la instancia dentro de la misma Administración.

Cuarto: La característica no administrativa de la gestión conciliatoria prevista en el parágrafo único del artículo 15 de la Ley de Carrera Administrativa, se pone de manifiesto por la no participación del funcionario interesado en su trámite, como no sea la sola petición a la Junta de Avenimiento de que procure un arreglo y, además, por el carácter no administrativo de dicha Junta y, por último, por la circunstancia de que ésta no dicta ninguna decisión, sino que se limita a instar a la Administración para que se concilie, y a reflejar el resultado de su intermediación.

Quinto: Obligar al funcionario, en consecuencia, a esperar a que se produzca o no la conciliación, o a que venza el lapso respectivo, es convertir a una obligación de resultado a cargo de los funcionarios públicos. De esta última característica son los procedimientos administrativos, mas no las instancias conciliatorias, que no son sino medios para procurar o gestionar arreglos extrajudiciales por la intermediación de terceros.

Sexto: Establecer que el lapso útil para interponer la acción sólo existe después que se cumpla la gestión conciliatoria con la decisión de la Junta de Avenimiento, o por el vencimiento del lapso para ello, es alterar la naturaleza del trámite de conciliación. Este criterio origina una reducción sustancial del indicado lapso, es decir, una modificación. En efecto, de acuerdo con el artículo 82 de la Ley de Carrera Administrativa el término para ejercer las acciones para ante la jurisdicción contencioso-administrativa de la Carrera Administrativa, es de seis meses, contados a partir del día en que se produjo el hecho que dio lugar a tales acciones. Por tanto, si se exige que se cumpla la gestión conciliatoria, se estaría propiamente eliminando parte de aquel término, en doce días continuos, que equivalen en tiempo de diez días hábiles, o sea, que en definitiva ya no serían seis meses de que disponen los funcionarios para accionar judicialmente sino de cinco meses y ocho días.

Séptimo: Requerir el cumplimiento efectivo del trámite de la conciliación, por la decisión de la Junta de Avenimiento o por el inútil transcurso del término para que éste cumpla su cometido, es darle a dicho trámite la naturaleza de un asunto prejudicial que no aparece ni del texto ni de la intención del legislador, como si fuera el antejuicio administrativo previsto en la Ley Orgánica de la Procuraduría General de la República, que ciertamente tiene como efecto condicionar la validez de la acción misma y no simplemente de la admisibilidad de la demanda.

Octavo: Lo anterior es tan cierto que incluso después de introducida una acción es perfectamente posible continuar una conciliación iniciada con anterioridad por ante dichas Juntas de Avenimiento, porque a través de tal gestión no se agota vía alguna de revisión del acto impugnado judicialmente, cuyo asolamiento hace nacer la acción, sino que por el contrario, la conciliación se traduciría en un nuevo acto de la Administración que, al extinguir o modificar al recurrido, hace que el respectivo recurso o acción carezca de objeto.

RDP N° 28, 1986, pp. 87

CSJ-SPA (227)   23-10-86

Magistrado Ponente: René De Sola

Caso: Contralmirante Alfredo J. Landa vs. República (Ministerio de la Defensa).

La Contraloría General de las Fuerzas Armadas Nacionales está comprendida en el ámbito de aplicación de la Ley Orgánica de Procedimientos Administrativos.

Con el propósito de rechazar la aplicación de la Ley Orgánica de Procedimientos Administrativos a las actuaciones realizadas por la Contraloría General de las Fuerzas Armadas Nacionales, se ha sostenido que este organismo no forma parte de la Administración Nacional o Central.

El argumento debe ser considerado en razón de que el primer párrafo del artículo 1° de la mencionada Ley señala como destinatarios de sus normas sólo a la Administración Pública Nacional y la Administración Pública Descentralizada.

Entendida, dentro del contexto de la ley, la expresión Administración Pública Nacional como equivalente a Administración Central, la cual está constituida por los Ministerios y las Oficinas Centrales de la Presidencia de la República, corresponde entonces determinar si la Contraloría General de las Fuerzas Armadas Nacionales es o no es parte de alguno de dichos órganos.

Es indudable que, conforme a la recta interpretación de los ordinales 1°, 13 y 14 del artículo 20 de la Ley Orgánica de la Administración Central, constituyen atribuciones y deberes comunes de todos los Ministerios, supervisar y controlar sus respectivas actividades, así como lo concerniente a la ordenación de gastos y celebración de contratos.

En desarrollo de tales previsiones, la Ley Orgánica de las Fuerzas Armadas Nacionales creó dentro del Ministerio de la Defensa un organismo al que atribuyó específicamente su control administrativo interno: la Contraloría General de las Fuerzas Armadas Nacionales, de acuerdo con el siguiente texto:

> Artículo 74. La Contraloría General de las Fuerzas Armadas Nacionales es el más alto organismo del Ministerio de la Defensa para el control administrativo interno.

En principio, pues, como organismo integrante del Ministerio de la Defensa y, por ende, de la Administración Central, la Contrataría General de las Fuerzas Armadas Nacionales está comprendida en el ámbito de aplicación de la Ley Orgánica de Procedimientos Administrativos, y así se declara.

La anterior declaratoria en forma alguna significa que siempre y exclusivamente estarán regidas por la Ley Orgánica de Procedimientos Administrativos las actuaciones que realice la Contraloría General de las Fuerzas Armadas Nacionales. En cuanto ésta lleve a cabo procedimientos concernientes a la seguridad y defensa del Estado, la aplicación de sus normas estaría excluida, de conformidad con lo dispuesto en el artículo 106 de la propia Ley, que textualmente reza así:

> "De la aplicación de la presente Ley quedan excluidos los procedimientos concernientes a la seguridad y defensa del Estado".

Esta norma —cuyo destinatario no es exclusivamente el Ministerio de la Defensa, sino cualquier órgano del Estado al que corresponda velar por su seguridad y defensa— obliga al intérprete a analizar cada caso particular para determinar si el mismo se encuentra o no comprendido en el sector excluido.

Debe observarse igualmente que la naturaleza específica de alguna materia podría determinar la obligación de dar a los procedimientos administrativos contenidos en leyes especiales, preferente aplicación al procedimiento ordinario establecido en la Ley Orgánica de Procedimientos Administrativos, en acatamiento de lo dispuesto en su artículo 47.

RDP N° 29, 1987, pp. 106

CPCA   12-2-87

Magistrado Ponente: Cecilia Sosa Gómez

Caso: David Antonio Castillo vs. República (Ministerio de Relaciones Interiores).

Procede la aplicación de la Ley Orgánica de Procedimientos Administrativos a los funcionarios pertenecientes a los cuerpos de seguridad del Estado cuando se trate de materias que no sean de seguridad y defensa.

1. La comunicación dirigida por David Antonio Castillo al Jefe de Personal de la DISIP en fecha 21 de agosto de 1986, tiene por objeto solicitar una información

acerca de su situación actual ante ese Despacho, por cuanto "ha tenido conocimiento en forma extraoficial que existe un procedimiento de exclusión en su contra". Solicita asimismo copia certificada de todas las actuaciones relacionadas con dicha medida si las hubiere: y solicita se le notifique formalmente.

2. La comunicación dirigida por David Antonio Castillo al Director de la DISIP en fecha 23 de octubre de 1986 está referido a señalarle la falta de respuesta del Director de Personal, le transcribe el texto de esa comunicación y le pide expresamente que se pronuncie e invoca para ello el Artículo 67 de la Constitución y el Artículo 3 de la Ley Orgánica de Procedimientos Administrativos, así como el Artículo 4 y el 8 *ejusdem*.

Para decidir este recurso de amparo, considera esta Corte indispensable pronunciarse si resulta procedente en este caso la aplicación de la Ley Orgánica de Procedimientos Administrativos a el caso de funcionarios de los cuerpos de seguridad del Estado, por cuanto de ello depende que el recurrente tenga su derecho conculcado a la defensa como consecuencia de la violación del derecho a la oportuna respuesta.

El Artículo 106 de la Ley Orgánica de Procedimientos Administrativos, dice textualmente:

"De la aplicación de la presente Ley quedan excluidos los procedimientos concernientes a la seguridad y defensa del Estado".

Del artículo transcrito, se desprende que el derecho de petición consagrado en el Artículo 2 de la Ley Orgánica de Procedimientos Administrativos no está referido propiamente a normas de procedimiento y en caso de que así se entendiera, lo determinante en el Artículo 106 de la Ley Orgánica de Procedimientos Administrativos es la materia sobre la que versen los procedimientos. De allí que la norma dice "concernientes" a la seguridad y defensa del Estado. Por tanto, por el hecho de que un funcionario pertenezca a los cuerpos de seguridad del Estado como la DISIP ello no quiere decir que el organismo no está obligado en ningún caso a aplicar la Ley Orgánica de Procedimientos Administrativos, pues lo que está consagrando la norma es la exclusión de la Ley en razón de la materia y en ningún caso excluyendo absolutamente a estos organismos de aplicarla, lo que está excluyendo es precisamente los procedimientos de la Ley en materia de seguridad y defensa, pero en ningún caso debe entenderse que por el hecho que un funcionario pertenezca a un organismo de seguridad y cuando se trata de materias que no sean de seguridad y defensa, pueda quedar desprotegido 'de sus garantías y derechos constitucionales como es el dirigir peticiones a los poderes públicos y obtener oportuna respuesta y el derecho a la defensa, ambos consagrados constitucionalmente.

RDP N° 34, 1988, pp. 85

CPCA   5-5-88

Magistrado Ponente: Pedro Miguel Reyes

Caso: Gerardo Zaid M. vs. República (Ministerio de Educación).

La Ley Orgánica de Procedimientos Administrativos no es una norma de rango absolutamente preeminente frente a cualquier otra Ley; sólo tiene fuerza derogatoria respecto de las disposiciones de otras leyes posteriores que regulan las materias específicas que ella regula.

La Ley Orgánica de Procedimientos Administrativos tiene por ámbito de aplicación el tratar de ajustar la actividad realizada por la Administración Pública centralizada o descentralizada. Igualmente dentro de ese ámbito de aplicación se refiere a los "recursos administrativos", capítulo éste que contiene la normativa aludida por la querellante.

No obstante la existencia de tales disposiciones, y para mayor abundamiento, es necesario señalar el ámbito de aplicación de la referida Ley, no en cuanto al referido contenido, sino en cuanto a su posible interferencia con otras Leyes especiales, tales como la Ley de Carrera Administrativa, la cual establece todo un sistema de Administración de Personal, así como lo referido a los recursos contencioso-administrativos, no incluidos en la Ley Orgánica de Procedimientos Administrativos.

Acogiendo el criterio de interpretación de la Doctrina, "...*La Ley Orgánica no es como tal, una norma de rango absolutamente preeminente frente a cualquier otra Ley que no ostente tal calificativo; ya que dicha preeminencia se limita a las disposiciones Legislativas posteriores que desarrollen los principios que ella pauta..., sólo tienen fuerza derogatoria de las disposiciones de otras Leyes posteriores que regulan las materias específicas que ella proyecta.... De allí que no pueda mantenerse como regla absoluta que la Ley Orgánica sea derogatoria de la Ley especial, no pudiendo extenderse su esfera de aplicación a cualquier esfera que sea tratada por la misma. Su preeminencia sólo abarca a las ramas específicas que ella, no extendiéndose a todas las cuestiones y disciplinas que incidentalmente aluda en su texto si la intención del constituyente hubiese sido otorgarle en todo caso preeminencia a las leyes Orgánicas, se habría limitado a señalarlo en forma expresa, indicando que las Leyes Orgánicas prevalecen sobre las leyes especiales...*" (Hildegard Rondón de Sansó, *Ley Orgánica de Procedimientos Administrativos* Estudio Preliminar, Editorial Jurídica Venezolana, año 1982; p. 11 y siguientes).

RDP N° 35, 1988, pp. 87

CPCA   9-6-88

Magistrado Ponente: Hildegard Rondón de Sansó

Caso: Jesús A. Martínez vs. República

Las disposiciones contenidas en la Ley Orgánica de Procedimientos Administrativos son aplicables a las administraciones estadales y municipales, la Contraloría y la Fiscalía General de la República sólo en forma supletoria.

Respecto al otro argumento expuesto por el apelante relativo a que han debido aplicarse las disposiciones de la Ley Orgánica de Procedimientos Administrativos y no el Estatuto de Personal de la Contraloría General de la República, por ser aquélla de un rango superior y de obligatorio cumplimiento por los organismos de la Administración Pública, cabe señalar que ha sido sostenido por la doctrina y también es criterio reiterado de esta Corte que en lo que respecta a las administraciones estadales y municipales, así como a la Contraloría General de la República y la Fiscalía General de la República y de acuerdo al artículo 19 de la Ley Orgánica de Procedimientos Administrativos, tales organizaciones deben ajustar sus instrumentos jurídicos a la misma, en cuanto les sea aplicable, por lo que se concluye, que esta Ley sólo se aplica principal y obligatoriamente para la Administración Pública Nacional, pero para las administraciones estadales y municipales, la Contraloría y la Fiscalía General de la República sólo se aplica en forma supletoria, o sea a falta de posición principal.

En el presente caso el acto administrativo de destitución se fundamentó en el numeral 3 del artículo 60 del Estatuto de Personal del Organismo querellado, que como antes se dijo, es de aplicación preferente frente a la Ley Orgánica de Procedimientos Administrativos.

Ahora bien, como quiera que el referido Estatuto no establece procedimiento disciplinario, procedía sobre ese aspecto la aplicación de la Ley de Carrera Administrativa y su Reglamento, como efectivamente se siguió en el presente caso y así se declara.

RDP N° 40, 1989, pp. 70

CSJ-SPA   26-10-89

Magistrado Ponente: Román J. Duque Corredor

Caso: Juan B. Díaz vs. Consejo Supremo Electoral

Para decidir, la Sala observa:

En relación a lo manifestado por el recurrente, que el Consejo Supremo Electoral tardó más de siete (7) meses en pronunciarse sobre la solicitud, incumpliendo con ello lo dispuesto en el artículo 12 de la citada Ley de Partidos Políticos, Reuniones Públicas y Manifestaciones, cabe precisar ciertos puntos.

El Capítulo II de la Ley en referencia, relativo a la constitución de los partidos, incluye dos disposiciones que merecen particular atención, ellas son las contenidas en los artículos 8 y 12, y a las cuales vamos a referirnos, de seguidas.

El dispositivo del artículo 8 aparece como una normativa previa a la solicitud de inscripción de una organización política, aspecto éste regulado por el artículo 12, de manera tal que la solicitud de inscripción para que pueda autorizarse deberá de antemano estar precedida del cumplimiento de lo dispuesto en el artículo 8, *ejusdem*, en especial en lo relativo al uso de la denominación o nombre provisional correspondiente. En tal sentido, el propio Consejo Supremo Electoral se ha pronunciado por medio de la Resolución de fecha 11-5-1982, reglamentaria del citado artículo 8, al pautar la necesidad de obtener la autorización del Consejo Supremo Electoral para usar la denominación o nombre provisional correspondiente antes de dar inicio a la tramitación administrativa del caso (artículo 1°).

Sin embargo, en la referida Resolución no se estipula plazo o lapso alguno durante el cual el Consejo Supremo Electoral debe otorgar la autorización respectiva. Ante tal hecho, vigente ya la Ley Orgánica de Procedimientos Administrativos, sus disposiciones pueden tenerse como principios generales en materia de procedimientos que siguen los organismos de la Administración Pública, no indicados expresamente en su artículo 19, como sujetos a su aplicación, como es el caso del Consejo Supremo Electoral. Por tanto, a la solicitud de referencia podría serle aplicado el plazo general de cuatro meses a que se contrae el artículo 60 de la Ley mencionada, para resolverla dentro de dicho lapso establecido en el mencionado artículo; es decir, dentro de los cuatro (4) meses siguientes a la presentación de la misma. Sin embargo, el incumplimiento de los lapsos por los órganos administrativos no acarrea consecuencia alguna, distinta a la potestad del recurrente de ejercer el recurso correspondiente, cosa que no hizo.

En consecuencia, estima la Sala que no ha existido violación del artículo 12 de la Ley de Partidos Políticos, Reuniones Públicas y Manifestaciones, toda vez que dicha norma está referida al proceso de solicitud de inscripción de la organización política de que se trate, *una vez acordada la autorización para el uso del nombre o denominación provisional* (subrayado de la Sala), aspecto éste al cual se contraría la solicitud del recurrente.

RDP N° 45, 1990, pp. 91

CSJ-SPA (85)   28-2-91

Magistrado Ponente: Román J. Duque Corredor

Caso: Libardo Duran V. vs. República (Ministerio de la Defensa)

Los procedimientos estrictamente concernientes a la seguridad y defensa del Estado, en razón de la materia, están excluidos de la aplicación de la Ley Orgánica de Procedimientos Administrativos. La Corte define el alcance del artículo 106 de la Ley.

Independientemente del hecho de haber el Ministro de la Defensa, admitido y decidido el Recurso de Reconsideración interpuesto, lo que de por sí implica haberse sometido, motu proprio, al ámbito de actuación de la Ley Orgánica de Procedimientos Administrativos, considera la Sala, que es necesario definir el alcance del artículo 106 *ejusdem*.

Dicha disposición expresa:

"De la aplicación de la presente Ley quedan excluidos los procedimientos concernientes a *la seguridad y defensa del Estado*". (Subrayado de la Sala).

Como es sabido, el texto vigente, difiere bastante del texto incluido en el proyecto presentado a la Cámara de Diputados por el Ministro de Justicia, en 1978, como del aprobado por las Cámaras al sancionar originalmente la Ley. En efecto, el texto del proyecto citado expresaba, bajo el número 124, lo siguiente:

"Se excluyen de la aplicación de esta Ley las materias relativas a:

1. Las Fuerzas Armadas Nacionales.

2. La Policía de Seguridad del Estado y de Orden Público".

El Senado, al aprobar el proyecto y remitirlo a la Cámara de Diputados (28-7-1980), lo amplió, incluyendo los actos relativos a la "política exterior de la República" (artículo 114 del Proyecto). La Cámara de Diputados cambió nuevamente la redacción en el sentido siguiente:

"Artículo 114. El Ejecutivo dictará los reglamentos necesarios para que la aplicación de esta Ley no entrabe las peculiaridades del funcionamiento de las Fuerzas Armadas Nacionales, la Policía de Seguridad y de Orden Público y el Servicio Exterior".

El Presidente de la República, al solicitar (30-12-1980) que el Congreso levantara la sanción a la Ley aprobada, por objetar diversos artículos, entre ellos el analizado, consideró que la vía reglamentaria no era la más apropiada para excluir del ámbito de la Ley los procedimientos relativos a las Fuerzas Armadas Nacionales, a la Policía de Seguridad y de Orden Público y del Servicio Exterior, considerando que "el camino más expedito para alcanzar el propósito del legislador es la excepción clara y directa de la aplicación de la Ley a los procedimientos relativos a la seguridad y defensa del Estado", concluyendo en que "la excepción propuesta está por lo demás plenamente justificada dadas las peculiaridades específicas de las materias referidas".

El Congreso acogió la observación y aprobó el texto actual. De lo anterior pareciera deducirse que, en esencia, tanto los proyectistas como el Congreso y el propio Presidente de la República, tenían en mente la exclusión del ámbito de la Ley, lo relativo a las Fuerzas Armadas Nacionales, lo que conjuntamente con otras actividades, se consideraban materias propias de la Seguridad y Defensa.

La interpretación que al texto en cuestión ha dado la Administración está contenida en el escrito de informes a que se ha hecho referencia. En efecto, en el mismo se expone lo siguiente:

"Entonces, dos interpretaciones pueden darse a ese artículo 106 de la Ley Orgánica de Procedimientos Administrativos.

Una interpretación amplia es la que consistirá en considerar que todos los procedimientos administrativos realizados por las Fuerzas Armadas Nacionales están excluidos *en bloque* de la aplicación de la Ley Orgánica de Procedimientos Administrativos porque están relacionados de una manera u otra con la seguridad y defensa del Estado, y porque tienen su propia Ley que regula en forma particularmente detallada sus actividades".

Señala la Procuraduría General de la República, en apoyo de su interpretación, el criterio de la doctrina administrativa. Así trae a colación la opinión de Hildegard Rondón de Sansó, la cual los excluye expresamente (*Ley Orgánica de Procedimientos Administrativos. Estudio Preliminar. Guía de Lectura Sistemática General e índice Alfabético*; en Allan R. Brewer-Carías, Hildegard Rondón de Sansó y Gustavo Urdaneta Troconis. Colección Textos Legislativos N° 1, 2ª edición, Editorial Jurídica Venezolana. Caracas, 1982, p. 15). Igualmente la de Brewer-Carías —criterio que se transcribe parcialmente— el cual señala:

"Aquí también debemos hacer una precisión sobre el ámbito sustantivo de aplicación de la Ley en cuanto a la determinación de qué debe entenderse por procedimientos concernientes a la seguridad y defensa del Estado, lo *cual planteará problemas interpretativos.*

Pensamos *que no se le puede dar una interpretación amplia a la expresión "seguridad y defensa"; porque si se le diera, llegaríamos a la conclusión de que materialmente, casi todo lo que el Estado realiza, quedaría excluido de la aplicación de la Ley.*

En efecto, si se analiza la Ley Orgánica de Seguridad y Defensa de 1976, se llega a la conclusión de que muy pocas actividades escapan del interés y ámbito de la seguridad y defensa. No sólo es el campo militar, y los problemas de la seguridad interior del Estado y defensa que informa la Ley Orgánica de Seguridad y Defensa, nos encontramos que ésta comprende entre otros aspectos, "el fortalecimiento de la conciencia de todos los habitantes de la Nación, sobre la importancia de los problemas inherentes a la soberanía e integridad territorial de la República" (artículo 3°, ordinal 3°), por lo que, por ejemplo, la producción de estadísticas, el censo y cualquier área de información sobre

34

el número de planteles educativos o de maestros en el país podría ser, en un momento determinado, un problema de seguridad y defensa. *Por eso resulta necesario interpretar esta expresión "seguridad y defensa del Estado" en el sentido de que se refiere a aquellos aspectos que interesan a la defensa en el sentido de procedimientos vinculados al ámbito militar y al Ministerio de la Defensa, por una parte y, por la otra, a la seguridad del Estado, en el sentido de procedimientos vinculados a la seguridad interna y a la policía. En todo caso, aquí resulta otro campo de interpretación de la Ley, y será la aplicación sucesiva de la misma la que irá señalando, en el futuro, cuál es realmente el sentido que debe tener la expresión "seguridad y defensa" para determinar el ámbito sustantivo de la aplicación de aquélla".* (Subrayado de la Sala. *El Derecho Administrativo y la Ley Orgánica de Procedimientos Administrativos.* Colección Estudios Jurídicos, N° 16, p. 36, Editorial Jurídica Venezolana. Caracas, 1982).

Como se observa, los apoyos doctrinales acogidos por la Procuraduría General de la República, realmente no abonan a favor de la interpretación amplia, pues uno (Sansó) se limita a excluir a las Fuerzas Armadas Nacionales y el otro (Brewer) se inclina más bien por la posición contraria, por una interpretación restrictiva.

La otra interpretación, a la cual se refiere la Procuraduría General de la República es la que ella denomina *restringida* y

"consistiría en considerar que del conjunto de procedimientos llevados a cabo por las Fuerzas Armadas Nacionales, habrá algunos muy concretos, específicos, que de toda evidencia estarán excluidos del ámbito de aplicación de la Ley Orgánica de Procedimientos Administrativos por estar *esencial y notoriamente vinculados a la seguridad y defensa del Estado".*

Coincidente con este criterio se manifiesta, también, otro sector de la doctrina al expresar:

"..., resulta forzoso interpretar en forma restringida las expresiones "seguridad y defensa", a fin de que no se desvirtúe el objeto de la Ley Orgánica de Procedimientos Administrativos, perdiendo de esta forma eficacia, dado lo reducido que quedaría su ámbito de aplicación. En consecuencia, es necesario precisar el alcance de la aludida interpretación restringida.

En este sentido, se estima que las mismas deben limitarse a los procedimientos vinculados al ámbito militar y a la actividad que le corresponde realizar, principalmente, al Ministro de la Defensa, y del servicio exterior y de seguridad y de orden público que le corresponde a los Ministerios de Relaciones Exteriores e Interiores, órganos llamados a velar por la seguridad y defensa del Estado, con arreglo a lo dispuesto en los artículos 24, 25 y 27, LOCA (*sic*).

En consecuencia, a los fines del artículo 106 de la LOPA (*sic*), debe entenderse por procedimientos concernientes a la seguridad y defensa del Estado, aquellos dirigidos al mantenimiento de su integridad, hacia posibles invasiones o perturbaciones exteriores o bien hacia el interior por subversión o violencia, desórdenes, etc., vale decir, tratarse de procedimientos que conllevan cierto grado de emergencia y que, dadas sus características muy especiales, como lo son frecuentemente el carácter secreto y sumario de los mismos, resultaría absurdo someterlos al cumplimiento de un procedimiento administrativo lleno de formalidades que dilatarían la realización y eficacia de los aludidos procedimientos (DPGR) (*sic*).

Asimismo, debe destacarse que los procedimientos concernientes a la seguridad y defensa del Estado, *en la gran mayoría de los casos, se traducen en una actividad pura-*

mente operativa, carente del contenido jurídico, no dirigidos a un ciudadano específico, y es natural que queden excluidos del ámbito de las normas procedimentales, pues la aplicación y aun la paralización efectiva de esa actividad operacional.

Pero al lado de esa actividad, los órganos de defensa y seguridad cumplen una actividad administrativa semejante a la de cualquier otro órgano de la Administración Pública y en la que, además, se vinculan con los administrados y, por ello, debe quedar subsumida dentro de las normas de la LOPA" (sic). (Araujo Juárez, José. *Principios Generales del Derecho Administrativo Formal*, Vadell Hermanos, Editores. Valencia, 1989. pp. 81-82. (Subrayado de la Sala).

Por su parte, la Sala tuvo la oportunidad de pronunciarse, si bien de manera parcial, en sentencia del 23-10-86 (*Alfredo José Landa Saa vs. Ministerio de la Defensa*), expresando, al referirse a la aplicación del artículo 106 de la Ley Orgánica de Procedimientos Administrativos, lo siguiente:

"esta norma —cuyo destinatario no es exclusivamente el Ministerio de la Defensa, sino cualquier órgano del Estado al que corresponda velar por su seguridad y defensa— obliga al intérprete a analizar cada caso en particular para determinar si el mismo se encuentra o no comprendido en el sector excluido".

De forma más explícita se ha pronunciado la Corte Primera de lo Contencioso-Administrativo (Sentencia del 12-2-87), al tratar el caso de un funcionario de la DISIP, órgano de policía de seguridad del Estado por excelencia, al decidir que:

"Del artículo transcrito, se desprende que el derecho de petición consagrado en el artículo 2 de la Ley Orgánica de Procedimientos Administrativos no está referido propiamente a normas de procedimiento y en caso de que así se entendiera, lo determinante en el artículo 106 de la Ley Orgánica de Procedimientos Administrativos es la materia sobre la que versen los procedimientos. De allí que la norma dice "concernientes" a la seguridad y defensa del Estado. Por tanto, por el hecho de que un funcionario pertenezca a los cuerpos de seguridad del Estado como la DISIP, ello no quiere decir que el organismo no está obligado en ningún caso a aplicar la Ley Orgánica de Procedimientos Administrativos, pues lo que está consagrando la norma es la exclusión de la Ley en razón de la materia y en ningún caso excluyendo absolutamente a estos organismos de aplicarla, lo que está excluyendo es precisamente los procedimientos de la Ley en materia de seguridad y defensa, pero en ningún caso debe entenderse que por el hecho que un funcionario pertenezca a un organismo de seguridad y cuando se trata de materias que no sean de seguridad y defensa, pueda quedar desprotegido de sus garantías y derechos constitucionales como es el de dirigir peticiones a los poderes públicos y obtener oportuna respuesta y al derecho a la defensa, ambos consagrados constitucionalmente". (*Revista de Derecho Público*, N° 29, Enero-marzo. 1989, pp. 106-107).

De lo anteriormente expuesto, está claro para la Sala, que la interpretación más cónsona con el espíritu de la Ley, es la de considerar el artículo 106 de la Ley Orgánica de Procedimientos Administrativos, en forma restringida, circunscrita a lo estrictamente concerniente a la "seguridad y defensa del Estado", en razón de la materia, y en lo que su aceptación también estricta significa. Es decir, y entendida como "defensa nacional" como la "salvaguardia armada de la integridad del territorio y honor patrios, que al ejército profesional compete servir sin regateos en la hora del peligro y de la lucha", según las define el *Diccionario Enciclopédico de Derecho Usual*, de Guillermo Cabanellas. Acepciones que caben, perfectamente, en la definición que hace la Exposición de Motivos de la Ley Orgánica de Seguridad y Defensa:

"II. Seguridad Nacional. Es el grado de garantía que a través de acciones políticas, económicas, sociales y militares, un Estado puede proporcionar en forma permanente a la Nación que jurisdicciona para la consecución y salvaguardia de sus objetivos nacionales".

"Defensa Nacional. Es el conjunto de medidas tomadas por la Nación y el empleo de todos los medios de que dispone, a fin de asegurar, mantener y fortalecer la seguridad nacional".

En consecuencia, debe la Sala determinar si el pase a la situación de retiro de un oficial efectivo de las Fuerzas Armadas Nacionales, debe o no encuadrarse dentro de los asuntos a los cuales hace referencia el citado artículo 106.

Considera la Sala que la operación aérea, en la que intervino el recurrente en calidad de líder de la misma, y de donde se dedujo la causa de retiro, está dentro del marco de la seguridad y defensa del Estado. Es sin duda, tal como se desprende del expediente administrativo de índole netamente militar. En el mismo sentido cabe considerar toda la serie de procedimientos llevados a cabo en el seno de la Fuerza Aérea para determinar las causas que dieron lugar a la pérdida de tres (3) aviones participantes en la misma.

Tales hechos, es necesario incluirlos dentro de las actividades de carácter operativo, carentes de contenido jurídico, propias de lo concerniente a la seguridad y defensa, estrictamente hablando. Sin embargo, la aplicación de una medida de retiro que afectó, concretamente, a un miembro de la Fuerza Aérea Venezolana, no es un asunto de tal naturaleza. Es este hecho, el acto administrativo, el pase a la situación de retiro el que produce consecuencias jurídicas, respecto del vínculo de empleo público del recurrente y, en criterio de la Sala, por afectar a una relación típicamente administrativa, como es la prestación de servicio a la Administración, lo cual no cambia por tratarse de un funcionario militar, el mismo no puede subsumirse dentro de los casos de los procedimientos a los que se contrae el artículo 106 de la Ley Orgánica de Procedimientos Administrativos, pues trátese de un típico acto administrativo de régimen disciplinario.

Por otra parte, la medida de pase a la situación de retiro de un militar efectivo no es un acto discrecional, que no esté sometido a reglas sustantivas y procedimentales, precisamente para no hacer nugatorio e inexistente, al ser aplicadas, el propio desempeño de un cargo público, de donde se originan derechos subjetivos, entre otros la estabilidad, máxime cuando éste es el resultado de una carrera o actividad profesional.

De ahí que el ordenamiento jurídico prevé los mecanismos adecuados para la salvaguarda de tales situaciones, mediante el ejercicio de los recursos correspondientes con el fin de garantizar derechos básicos —como el de la garantía de la defensa— cuya raigambre es constitucional. En tal sentido, dentro del orden administrativo y dejando a salvo muy concretas y particulares situaciones, al no existir disposiciones específicas de carácter legal que regulen la forma de defender tales derechos es el procedimiento pautado en la Ley Orgánica de Procedimientos Administrativos el que debe ser aplicado.

En consecuencia, en el caso bajo análisis, al hacer uso el recurrente de los recursos establecidos en la Ley Orgánica de Procedimientos Administrativos con el fin de impugnar una decisión que, en su criterio, lesionaba su condición de miembro efectivo de las Fuerzas Aéreas Venezolanas, actuó conforme a derecho, y así se declara.

RDP N° 46, 1990, pp. 104

CPCA   18-6-91

Magistrado Ponente: Hildegard Rondón de Sansó

Aplicabilidad de la Ley Orgánica de Procedimientos Administrativos a los órganos legislativos.

Al respecto, esta Corte observa que si bien la Ley Orgánica de Procedimientos Administrativos puede ser aplicada en los organismos legislativos cuando los mismos dictan actos administrativos, no así en los que derivan de los procedimientos parlamentarios regulados por los reglamentos respectivos, los cuales establecen sus propias reglas. Tales reglamentos son los llamados actos parlamentarios sin forma de ley y que tienen la misma jerarquía de las leyes. Tampoco se aplica la Ley Orgánica de Procedimientos Administrativos en los denominados "actos privativos de las Cámaras", que los reglamentos parlamentarios igualmente regulan. A los actos administrativos de los órganos legislativos se aplica sólo supletoriamente la Ley Orgánica de Procedimientos Administrativos y no en vía principal por cuanto se trata generalmente de decisiones de órganos colegiados sobre los cuales la indicada ley no establece un régimen expreso.

RDP N° 48, 1991, pp. 117

CPCA   17-12-91

Magistrado Ponente: Jesús Caballero Ortiz

Caso: Freddy J. Pina vs. I.V.R.A.

Los actos administrativos están regidos por normas y principios menos rígidos que aquellos que se aplican al proceso judicial.

Es jurisprudencia reiterada de esta Corte que los actos administrativos están regidos por normas y principios menos rígidos que aquellos que se aplican al pro-

38

ceso judicial. La adopción de decisiones que no toman en cuenta expresamente alegatos o pruebas dentro del procedimiento administrativo deben entenderse como desechados tácitamente, pues no puede calificarse tal hecho como un vicio de procedimiento que obligue, ni al superior jerárquico, ni al Juez Contencioso-Administrativo, a anular tales actos y a ordenar la reposición al estado de que se corrija una posible falta de procedimiento.

RDP N° 81, 2000, pp. 164

CPCA   9-3-2000

Magistrado Ponente: Pier Paolo Pasceri Scaranuzza

Caso: Rafael Quiñonez V. y otro vs. Juzgado Primero de Parroquia del Municipio Libertador del Distrito Federal.

El procedimiento administrativo establecido en la LOPA es el que deben seguir los órganos de la administración pública para la emisión de sus actos, a menos de que una disposición legal expresa establezca algo distinto.

Sentado lo anterior se debe concluir que en los casos de tramitación administrativa del ilícito administrativo previsto en el Artículo 94 de la LOPJ habría que seguirse el procedimiento sumario de primer-grado, previsto en el artículo 67 de la Ley Orgánica de Procedimientos Administrativos, en concordancia con el artículo 48 *ejusdem*, por lo que respecta a la intervención del interesado; aplicado por analogía dado que no existe procedimiento previsto en la mencionada ley, ni en la Ley Orgánica de la Corte Suprema de Justicia (ley que prevé sanciones similares y cuyos reglamentos remiten a la Ley Orgánica de Procedimientos Administrativos), ni en la Ley Orgánica del Consejo de la Judicatura, ni en la Ley Orgánica de Hacienda Pública Nacional (leyes estas últimas que también prevén sanciones administrativas); y, en segundo grado, el previsto expresamente en el artículo 94 de la LOPJ.

Este procedimiento sería el aplicable para los demás supuestos previstos en los artículos 91 y 93 de la LOPJ.

RDP N° 81, 2000, pp. 194

CPCA   16-3-2000

Magistrado Ponente: Carlos Enrique Mouriño Vaquero

Caso: Agrosur 2010, C.A. vs. República (Ministerio de Agricultura y Cría. Servicio Autónomo de Sanidad Agropecuaria S.A.S.A).

El procedimiento administrativo establecido en la LOPA es el que deben seguir los órganos de la administración pública para la emisión de sus actos, a menos de que una disposición legal expresa establezca algo distinto.

En resumen, el particular importador para el ingreso en el territorio de la República de productos vegetales, debe solicitar la autorización o permiso fitosanitario expedido por la autoridad competente, esto es, el Servicio Autónomo de Administración Agropecuaria (S.A.S.A.), quien debe llevar a cabo un procedimiento administrativo, como garantía de los derechos del particular y de todos los interesados, el cual, al no estar previsto en la mencionada Ley sobre Defensas Sanitarias Vegetal y Animal, debe aplicarse el procedimiento general contenido en la Ley Orgánica de Procedimientos Administrativos, en virtud de la naturaleza orgánica de ese instrumento legal, pudiendo aplicar el procedimiento ordinario regulado por los artículos 48 y siguientes, *ejusdem*, en virtud de que para otorgar el permiso, la Administración requiere sustanciar un procedimiento en el que se permita verificar que no existen plagas en el país de origen, que los productos a importar no se hallen contaminados y que no afecten el medio ambiente y al mercado agrícola nacional; y como garantía del particular que debe confrontar sus intereses personales con lo de la colectividad que protege la Administración.

De allí, resulta infundado, lo alegado por el apoderado judicial de la querellante acerca de que el Servicio Autónomo de Sanidad Agropecuaria (S.A.S.A.) viola con su conducta omisiva los derechos constitucionales alegados, pues la Administración, no está en la obligación de dar respuesta a la solicitud del permiso fitosanitario en un plazo perentorio de quince (15) días, como erradamente se alega, sino que dicha solicitud, en virtud de que requiere de sustanciación por las razones antes indicadas, puede ser respondida por la Administración en un plazo máximo de cuatro (4) meses, conforme lo prevé el artículo 60 de la Ley Orgánica de Procedimientos Administrativos, claro está, pudiendo producirse la respuesta en menos tiempo, cuando el estudio técnico científico llevado por el Servicio Autónomo de Sanidad Agropecuaria (S.A.S.A.) y demás organismos competentes así lo permita. Sólo cuando medien circunstancias excepcionales, el referido plazo podrá extenderse por dos (2) meses más, según lo dispone el citado precepto.

Así, la respuesta oportuna de la Administración cuando se trate de la solicitud de un permiso fitosanitario, será dentro de un plazo que puede ser menor pero nunca mayor de cuatro (4) meses, salvo que medien circunstancias excepcionales que motiven una prórroga de dos (2) meses. Por tanto, el Servicio Autónomo de Sanidad Agropecuaria (S.A.S.A.) no estará en mora con el particular peticiente sino vencido el lapso de cuatro (4) meses, siendo que en el caso de autos, dicho plazo aún está en curso.

RDP N° 82, 2000, pp. 385

CPCA   27-4-2000

Magistrado Ponente: Pier Paolo Pasceri Scaramuzza

Caso: Food Trade Corporation 2030, C.A. vs. República (Ministerio de Producción y Comercio. Servicio Autónomo de Sanidad Agropecuaria S.A.S.A.).

Para la tramitación de los procedimientos inherentes a las solicitudes de permisos fitosanitarios para la importación de productos vegetales, debe aplicarse el procedimiento general contenido en la Ley Orgánica de Procedimientos Administrativos, al no estar previsto otro especial en la Ley sobre Defensas Sanitarias Vegetal y Animal.

La importación de productos vegetales para el consumo humano, como es el caso de autos, está sometida al control del Estado, quien en protección del medio colectivo, por razones de sanidad, seguridad alimentaria, protección del medio ambiente y del mercado agrícola nacional, puede restringir y hasta impedir el ingreso de dichos productos al país, siendo el control establecido al efecto el otorgamiento del permiso fitosanitario, sin el cual los productos no pueden ingresar al país.

Es por ello, que la Administración, no sólo para verificar que no se vean afectados los intereses antes señalados, sino como sana práctica administrativa y garantía de los derechos del particular solicitante, debe llevar a cabo el procedimiento administrativo correspondiente (respetándose todas sus etapas) para el otorgamiento del permiso fitosanitario, ya que así el particular podrá defender y confrontar los derechos que aspira frente a los intereses colectivos que tutela la Administración, y demostrar que su pretensión no transgrede el derecho de toda persona a un ambiente sano, a la salud, a la seguridad alimentaria y a la protección del ambiente.

Este órgano jurisdiccional debe señalar que, en virtud de que en el presente caso la Administración sanitaria no ha desplegado actividad formal que permitiese al solicitante importar, es claro que no existe siquiera una contraposición entre los intereses individuales del peticiente y el interés general o el bien común, ya que los derechos a la seguridad alimentaria, los derechos de las generaciones futuras, los derechos ambientales, y la protección a la agricultura y al medio ambiente sano, no se ven amenazados ni violados porque no hay acto que genere una violación que pueda afectar los derechos fundamentales asegurados por la justicia.

El control fitosanitario previo a la entrada de cualquier producto animal o vegetal al país es, sin discusión, un asunto que prevalece sobre cualquier consideración.

En el caso de marras, tiene la obligación el Estado como fin último de su existencia de proteger los derechos fundamentales de los individuos y la sociedad lográndose así el bienestar general. Ya en el caso específico el control que realiza el Estado, a través de uno de sus servicios autónomos, se materializa de forma preventiva, contra plagas o cualquier otra endemia que pudiese afectar los derechos a la salud, a la seguridad alimentaria, los derechos ambientales y de las generaciones presentes y futuras; sería contrario a estos valores el permitir la entrada al país de unos productos vegetales, sin el estudio técnico científico previo por parte del organismo del Estado competente para realizar el respectivo control fitosanitario.

En resumen, el particular importador para el ingreso en el territorio de la República de productos vegetales, debe solicitar la autorización o permiso fitosanitario expedido por la autoridad competente, esto es, el Servicio Autónomo de Sanidad Agropecuaria (S.A.S.A), quien debe llevar a cabo un procedimiento administrativo, como garantía de los derechos del particular y de todos los interesados, el cual, al no estar previsto en la Ley sobre Defensas Sanitarias Vegetal y Animal, debe aplicarse el procedimiento general contenido en la Ley Orgánica de Procedimientos Administrativos, en virtud de la naturaleza orgánica de ese instrumento legal, pudiendo aplicar el procedimiento ordinario regulado por los artículos 48 y siguientes, *eiusdem*, en virtud de que para otorgar el permiso, la Administración requiere sustanciar un procedimiento en el que se permita verificar que no existan plagas en el país de origen, que los productos a importar no se hallen contaminados y que no afecten el medio ambiente y al mercado agrícola nacional; y como garantía del particular que debe confrontar sus intereses personales con lo de la colectividad que protege la Administración.

La petición realizada por cualquier particular puede ser respondida por la Administración en un plazo máximo de cuatro (4) meses, conforme lo prevé el artículo 60 de la Ley Orgánica de Procedimientos Administrativos, claro está, pudiendo producirse la respuesta en menor tiempo, cuando el estudio técnico científico llevado por el Servicio Autónomo de Sanidad Agropecuaria (S.A.S.A), y demás organismos competentes así lo permita; extendiéndose por dos (2) meses más dicho plazo sólo cuando medien circunstancias excepcionales.

En el caso de autos la empresa accionante solicitó el permiso fitosanitario en fecha 3 de diciembre de 1999, lo cual se constata al folio 97 del presente expediente, e interpuso la pretensión de amparo en fecha 24 de febrero de 2000, habiendo transcurrido 2 meses y 20 días desde la fecha de la solicitud, no obstante observa esta Corte, que si bien para la fecha de la interposición de la pretensión de amparo no había transcurrido el lapso legal correspondiente a la Administración para decidir, en el momento de la presente decisión ha finalizado dicho lapso.

Por lo que en aras de preservar el derecho consagrado en el artículo 26 de nuestra Carta Magna, según el cual toda persona tiene el derecho de acceso a la justicia para hacer valer sus derechos e intereses; incluso los colectivos o difusos, a la tutela efectiva de los mismos y a obtener con prontitud la decisión correspondiente, y el principio establecido en el artículo 257 *ibídem*, el cual establece que no se sacrificará la justicia por la omisión de formalidades no esenciales, esta Corte, considera pertinente pronunciarse sobre la admisibilidad de la solicitud amparo constitucional aun cuando para la fecha de su interposición no había finalizado el lapso que tenía la Administración para emitir el pronunciamiento respectivo.

RDP N° 84, 2000, pp. 119

TSJ-SPA (2119)   31-10-2000

Magistrado Ponente: Carlos Escarrá Malavé

Caso: César A. Montoya vs. Consejo de la Judicatura.

Aplicabilidad de la Ley Orgánica de Procedimientos Administrativos respecto de los procedimientos disciplinarios especiales regulados en la Ley Orgánica del Consejo de la Judicatura.

1.- A falta de norma expresa que establezca el lapso de prescripción tal como sucedía en el caso de la derogada Ley Orgánica del Consejo de la Judicatura, sancionada el 24 de agosto de 1988 y vigente para el momento en que ocurrieron las conductas imputadas, se aplica el principio general establecido en el único parte del artículo 4 del Código Civil: "...Cuando no hubiere disposición precisa de la Ley, se tendrán en consideración las disposiciones que regular casos semejantes o materias análogas y si hubiere todavía dudas, se aplicarán los principios generales de derecho".

2.- Por otra parte, el artículo 66 de la entonces Ley Orgánica del Consejo de la Judicatura, establecía que eran aplicables al procedimiento Disciplinario las normas del Código de Procedimiento Civil en materia de lugar y tiempo de los actos procesales, nulidad de los mismos, citaciones y notificaciones y de la misma forma, serán aplicables las normas del Código de Enjuiciamiento Criminal en cuanto sean procedentes.

3.- Respecto de las normas que regular casos semejantes tenemos la contenida en la Ley Orgánica de Salvaguarda del Patrimonio Público establece: "Las acciones penales, civiles, y administrativas derivadas de la presente Ley, prescribirán por cinco años los cuales se contarán siguiendo las reglas establecidas en el Código Penal. Sin embargo, cuando el infractor fuere funcionario público la prescripción comenzará a contarse desde la fecha de cesación en el cargo o función y si se tratare de funciones que gocen de inmunidad, se contará a partir del momento en que ésta hubiese cesado o haya sido allanada", ley ésta que tiene por objeto prevenir y sancionar el enriquecimiento ilícito y los delitos contra la cosa pública y hacer efectiva la responsabilidad civil, administrativa y disciplinaria de los funcionarios y empleados públicos.

4.- Por otra parte, tenemos la Ley Orgánica de Procedimientos Administrativos, que en su artículo 70, establece que "Las acciones provenientes de los actos administrativos creadores de obligaciones a cargo de los administrados, prescribirán en el término de cinco años salvo que en leyes especiales se establezcan plazos diferentes."

5.- Ahora bien, de conformidad con lo expuesto en el primer punto, debe aplicarse la normativa más acorde con la naturaleza administrativa del procedimiento disciplinario. En efecto, el régimen disciplinario de los jueces este sometido al procedimiento de naturaleza administrativa que se deriva de la relación de empleo público que lo conforma. Es por ello que mientras que la Ley Orgánica del entonces Consejo de la Judicatura regulaba un procedimiento administrativo especial, como es el caso de los procedimientos disciplinarios de los jueces, la Ley Orgánica de Procedimientos Administrativos contempla una serie de aspectos, y principios que por regla general, son aplicables universalmente a todos los procedimientos administrativos.

Estima esta Sala, vistas las consideraciones expuestas, y sobre todo si tomamos en cuenta el hecho de encontrarnos en momentos donde se impone el efectivo saneamiento del Poder Judicial, resulta aplicable entonces a las acciones administrativas disciplinarias relativas a hechos ocurridos antes de la entrada en vigencia de la Ley Orgánica del Consejo de la Judicatura del 23 de enero de 1.999, en principio, el término de cinco años para que opere la prescripción ordinaria de la acción prevista en el artículo 70 de la Ley Orgánica de Procedimientos Administrativos, cuyo objeto es regular los procedimientos administrativos de forma general, y por ende, aplicable a los especiales, que poseen naturaleza administrativa.

RDP N° 99-100, 2004, pp. 224

TSJ-SPA (1002)   5-8-2004

Magistrado Ponente: Octavio Sisco Ricciardi

Caso: DHL Fletes Aéreos, C.A y otras vs. Ministerio de Transporte y Comunicaciones (Ministerio de Infraestructura).

A falta de un procedimiento especial, la Administración debe aplicar el procedimiento ordinario establecido en la Ley Orgánica de Procedimientos Administrativos. Por ello, si considera que un concesionario no cumple con los requisitos que se le imponen, debe iniciar el procedimiento administrativo establecido en la ley antes de revocar la concesión.

4.- En el caso de autos, se verifica que la Administración mediante una Resolución resolvió modificar el contrato. En efecto, nada prohíbe a la Administración modificar el contrato por medio de una Resolución que justamente viene a determinar una obligación que debe cumplir el concesionario a fin que cobre un precio privado y que utilice unas máquinas franqueadoras, según señalan los artículos 1 y 2 de la Resolución N° 389. De la misma forma, la Administración modificó los montos establecidos en los contratos administrativos tipo a ser pagadas por las concesionarias del servicio por concepto de habilitación postal, conforme a las pautas contenidas en la igualmente cuestionada Resolución N° 390.

El hecho que el artículo 8 de la Resolución N° 389 establezca que el incumplimiento de esas condiciones conllevaría a la revocatoria de pleno derecho de la concesión, no es otra cosa que la utilización de la cláusula exorbitante por medio de la cual se le permite a la Administración dar por terminado un contrato administrativo cuando exista un incumplimiento por parte del co-contratante.

5.- Ahora bien, es menester señalar que la Resolución N° 389 no señala procedimiento alguno para constatar el cumplimiento o no de lo exigido. En efecto, la Resolución se limita exclusivamente a señalar que a las empresas concesionarias que no cumplan lo establecido en esa Resolución N° 389, les será revocado de pleno derecho la autorización o habilitación por el Instituto Postal Telegráfico de Venezuela. La Resolución tan sólo expresa que de existir incumplimiento se revocará la concesión otorgada por la Administración.

Sin embargo, la Ley Orgánica de Procedimientos Administrativos regula a falta de disposición expresa el procedimiento administrativo aplicable por la Administración. Cuando no existe un procedimiento especial, la Administración deberá utilizar el procedimiento ordinario señalado en la Ley Orgánica de Procedimientos Administrativos, tal como su artículo 47 lo señala:

Artículo 47.- Los procedimientos administrativos contenidos en leyes especiales se aplicarán con preferencia al procedimiento ordinario previsto en este capítulo en las materias que constituyan la especialidad.

Es evidente entonces, que la Administración debe iniciar los procedimientos administrativos establecidos en Ley si considera que alguna concesionaria no cumple con los requisitos que se le imponen. Ello es un principio de toda la actividad administrativa por el cual, desde el momento en que la Administración verifica la supuesta existencia de una falta debe iniciar un procedimiento administrativo. Esto no implica que cada Resolución deba señalar un procedimiento administrativo para ejercer una potestad revocatoria en caso de incumplimiento por parte de los concesionarios, más aún, la Administración no tiene la potestad de crear procedimientos administrativos mediante actos administrativos, ya que ello es materia de reserva legal, por lo que sólo los procedimientos administrativos expresados por ley serán aplicables, como es el caso de la Ley Orgánica de Procedimientos Administrativos.

Por ello, para esta Sala Político Administrativa Accidental, las Resoluciones N° 389 y 390 no violan el derecho a la defensa, por cuanto no eran ellas las llamadas a establecer un procedimiento administrativo. De hecho, en caso tal de que la Administración no iniciara el procedimiento administrativo ordinario establecido en la Ley Orgánica de Procedimientos Administrativos, la efectiva lesión al derecho a la defensa lo cometería esta última y no las Resoluciones impugnadas.

En consecuencia, esta Sala Político Administrativa Accidental considera improcedente la solicitud de nulidad de las Resoluciones N° 389 y 390 en razón de violaciones al derecho a la defensa, por no haber sido quebrantado dicho principio constitucional. Así se declara.

RDP N° 105, 2006, pp. 174

TSJ-SC (558)   20-3-2006

Magistrado Ponente: Luisa Estella Morales Lamuño

Caso: HATO EL MILAGRO, C.A. vs. Instituto Nacional de Tierras (INTI)

En materia agraria se aplican supletoriamente las prescripciones de la Ley Orgánica de Procedimientos Administrativos.

En efecto, pese a la especialidad de los procedimientos administrativos en materia agraria, derivada, por una parte, del bien jurídico tutelado por el legislador de la materia cual es el establecimiento de las bases del desarrollo rural integral y sustentable (postulado en el artículo 1 de la Ley de Tierras y Desarrollo Agrario), así como del principio constitucional de seguridad y soberanía nacional que orienta la interpretación y ejecución de las normas agrarias, como se desprende del artículo 271 de esa misma Ley, la actividad administrativa de los órganos y entes agrarios debe observar supletoriamente las prescripciones de la Ley Orgánica de Procedimientos Administrativos.

B.   *Ámbito de Aplicación*

a.   *Exclusión de los procedimientos concernientes a la seguridad y defensa*

RDP N° 45, 1990, pp. 91

CSJ-SPA (85)   28-2-91

Magistrado Ponente: Román J. Duque Corredor

Caso: Libardo Duran V. vs. República (Ministerio de la Defensa).

Los procedimientos estrictamente concernientes a la seguridad y defensa del Estado, en razón de la materia, están excluidos de la aplicación de la Ley Orgánica de Procedimientos Administrativos. La Corte define el alcance del artículo 106 de la Ley.

Independientemente del hecho de haber el Ministro de la Defensa, admitido y decidido el Recurso de Reconsideración interpuesto, lo que de por sí implica haberse sometido, *motu proprio*, al ámbito de actuación de la Ley Orgánica de Procedimientos Administrativos, considera la Sala, que es necesario definir el alcance del artículo 106 *ejusdem*.

Dicha disposición expresa:

"De la aplicación de la presente Ley quedan excluidos los procedimientos concernientes a *la seguridad y defensa del Estado*". (Subrayado de la Sala).

Como es sabido, el texto vigente, difiere bastante del texto incluido en el proyecto presentado a la Cámara de Diputados por el Ministro de Justicia, en 1978, como del aprobado por las Cámaras al sancionar originalmente la Ley. En efecto, el texto del proyecto citado expresaba, bajo el número 124, lo siguiente:

"Se excluyen de la aplicación de esta Ley las materias relativas a:

1. Las Fuerzas Armadas Nacionales.

2. La Policía de Seguridad del Estado y de Orden Público".

El Senado, al aprobar el proyecto y remitirlo a la Cámara de Diputados (28-7-1980), lo amplió, incluyendo los actos relativos a la "política exterior de la República" (artículo 114 del Proyecto). La Cámara de Diputados cambió nuevamente la redacción en el sentido siguiente:

"Artículo 114. El Ejecutivo dictará los reglamentos necesarios para que la aplicación de esta Ley no entrabe las peculiaridades del funcionamiento de las Fuerzas Armadas Nacionales, la Policía de Seguridad y de Orden Público y el Servicio Exterior".

El Presidente de la República, al solicitar (30-12-1980) que el Congreso levantara la sanción a la Ley aprobada, por objetar diversos artículos, entre ellos el analizado, consideró que la vía reglamentaria no era la más apropiada para excluir del ámbito de la Ley los procedimientos relativos a las Fuerzas Armadas Nacionales, a la Policía de Seguridad y de Orden Público y del Servicio Exterior, considerando que "el camino más expedito para alcanzar el propósito del legislador es la excepción clara y directa de la aplicación de la Ley a los procedimientos relativos a la seguridad y defensa del Estado", concluyendo en que "la excepción propuesta está por lo demás plenamente justificada dadas las peculiaridades específicas de las materias referidas".

El Congreso acogió la observación y aprobó el texto actual. De lo anterior pareciera deducirse que, en esencia, tanto los proyectistas como el Congreso y el propio Presidente de la República, tenían en mente la exclusión del ámbito de la Ley, lo relativo a las Fuerzas Armadas Nacionales, lo que conjuntamente con otras actividades, se consideraban materias propias de la Seguridad y Defensa.

La interpretación que al texto en cuestión ha dado la Administración está contenida en el escrito de informes a que se ha hecho referencia. En efecto, en el mismo se expone lo siguiente:

"Entonces, dos interpretaciones pueden darse a ese artículo 106 de la Ley Orgánica de Procedimientos Administrativos.

Una interpretación amplia es la que consistirá en considerar que todos los procedimientos administrativos realizados por las Fuerzas Armadas Nacionales están excluidos *en bloque* de la aplicación de la Ley Orgánica de Procedimientos Administrativos porque están relacionados de una manera u otra con la seguridad y defensa del Estado, y porque tienen su propia Ley que regula en forma particularmente detallada sus actividades".

Señala la Procuraduría General de la República, en apoyo de su interpretación, el criterio de la doctrina administrativa. Así trae a colación la opinión de Hildegard Rondón de Sansó, la cual los excluye expresamente (*Ley Orgánica de Procedimientos Administrativos. Estudio Preliminar*. Guía de Lectura Sistemática General e índice Alfabético; en Allan R. Brewer-Carías, Hildegard Rondón de Sansó y Gustavo Urdaneta Troconis. *Colección Textos Legislativos* Nº 1, 2ª edición, Editorial Jurídica Venezolana. Caracas, 1982, p. 15). Igualmente la de Brewer-Carías —criterio que se transcribe parcialmente— el cual señala:

"Aquí también debemos hacer una precisión sobre el ámbito sustantivo de aplicación de la Ley en cuanto a la determinación de qué debe entenderse por procedimientos concernientes a la seguridad y defensa del Estado, lo cual *planteará problemas interpretativos.*

Pensamos que no se le puede dar una interpretación amplia a la expresión *"seguridad y defensa"; porque si se le diera, llegaríamos a la conclusión de que materialmente, casi todo lo que el Estado realiza, quedaría excluido de la aplicación de la Ley.*

En efecto, si se analiza la Ley Orgánica de Seguridad y Defensa de 1976, se llega a la conclusión de que muy pocas actividades escapan del interés y ámbito de la seguridad y defensa. No sólo es el campo militar, y los problemas de la seguridad interior del Estado y defensa que informa la Ley Orgánica de Seguridad y Defensa, nos encontramos que ésta comprende entre otros aspectos, "el fortalecimiento de la conciencia de todos los habitantes de la Nación, sobre la importancia de los problemas inherentes a la soberanía e integridad territorial de la República" (artículo 3º, ordinal 3º), por lo que, por ejemplo, la producción de estadísticas, el censo y cualquier área de información sobre el número de planteles educativos o de maestros en el país podría ser, en un momento determinado, un problema de seguridad y defensa. *Por eso resulta necesario interpretar esta expresión "seguridad y defensa del Estado" en el sentido de que se refiere a aquellos aspectos que interesan a la defensa en el sentido de procedimientos vinculados al ámbito militar y al Ministerio de la Defensa, por una parte y, por la otra, a la seguridad del Estado, en el sentido de procedimientos vinculados a la seguridad interna y a la policía. En todo caso, aquí resulta otro campo de interpretación de la Ley, y será la aplicación sucesiva de la misma la que irá señalando, en el futuro, cuál es realmente el sentido que debe tener la expresión "seguridad y defensa" para determinar el ámbito sustantivo de la aplicación de aquélla".* (Subrayado de la Sala. *El Derecho Administrativo y la Ley Orgánica de Procedimientos Administrativos*. Colección Estudios Jurídicos, Nº 16, Editorial Jurídica Venezolana. Caracas, 1982, p. 36).

Como se observa, los apoyos doctrinales acogidos por la Procuraduría General de la República, realmente no abonan a favor de la interpretación amplia, pues uno (Sansó) se limita a excluir a las Fuerzas Armadas Nacionales y el otro (Brewer) se inclina más bien por la posición contraria, por una interpretación restrictiva.

La otra interpretación, a la cual se refiere la Procuraduría General de la República es la que ella denomina *restringida* y "consistiría en considerar que del conjunto de procedimientos llevados a cabo por las Fuerzas Armadas Nacionales, habrá algunos muy concretos, específicos, que de toda evidencia estarán excluidos del ámbito de aplicación de la Ley Orgánica de Procedimientos Administrativos por estar *esencial y notoriamente vinculados a la seguridad y defensa del Estado*".

Coincidente con este criterio se manifiesta, también, otro sector de la doctrina al expresar:

"..., resulta forzoso interpretar en forma restringida las expresiones "seguridad y defensa", a fin de que no se desvirtúe el objeto de la Ley Orgánica de Procedimientos Administrativos, perdiendo de esta forma eficacia, dado lo reducido que quedaría su ámbito de aplicación. En consecuencia, es necesario precisar el alcance de la aludida interpretación restringida.

En este sentido, se estima que las mismas deben limitarse a los procedimientos vinculados al ámbito militar y a la actividad que le corresponde realizar, principalmente, al Ministro de la Defensa, y del servicio exterior y de seguridad y de orden público que le corresponde a los Ministerios de Relaciones Exteriores e Interiores, órganos llamados a velar por la seguridad y defensa del Estado, con arreglo a lo dispuesto en los artículos 24, 25 y 27, LOCA (sic).

En consecuencia, a los fines del artículo 106 de la LOPA (sic), debe entenderse por procedimientos concernientes a la seguridad y defensa del Estado, aquellos dirigidos al mantenimiento de su integridad, hacia posibles invasiones o perturbaciones exteriores o bien hacia el interior por subversión o violencia, desórdenes, etc., vale decir, tratarse de procedimientos que conllevan cierto grado de emergencia y que, dadas sus características muy especiales, como lo son frecuentemente el carácter secreto y sumario de los mismos, resultaría absurdo someterlos al cumplimiento de un procedimiento administrativo lleno de formalidades que dilatarían la realización y eficacia de los aludidos procedimientos (DPGR) (*sic*).

Asimismo, debe destacarse que los procedimientos concernientes a la seguridad y defensa del Estado, *en la gran mayoría de los casos, se traducen en una actividad puramente operativa, carente del contenido jurídico, no dirigidos a un ciudadano específico, y es natural que queden excluidos del ámbito de las normas procedimentales, pues la aplicación y aun la paralización efectiva de esa actividad operacional.*

Pero al lado de esa actividad, los órganos de defensa y seguridad cumplen una actividad administrativa semejante a la de cualquier otro órgano de la Administración Pública y en la que, además, se vinculan con los administrados y, por ello, debe quedar subsumida dentro de las normas de la LOPA" (sic). (Araujo Juárez, José. Principios Generales del Derecho Administrativo Formal, Vadell Hermanos, Editores. Valencia, 1989, pp. 81-82. (Subrayado de la Sala).

Por su parte, la Sala tuvo la oportunidad de pronunciarse, si bien de manera parcial, en sentencia del 23-10-86 (*Alfredo José Landa Saa vs. Ministerio de la Defensa*), expresando, al referirse a la aplicación del artículo 106 de la Ley Orgánica de Procedimientos Administrativos, lo siguiente:

"esta norma —cuyo destinatario no es exclusivamente el Ministerio de la Defensa, sino cualquier órgano del Estado al que corresponda velar por su seguridad y defensa— obliga al intérprete a analizar cada caso en particular para determinar si el mismo se encuentra o no comprendido en el sector excluido".

De forma más explícita se ha pronunciado la Corte Primera de lo Contencioso-Administrativo (Sentencia del 12-2-87), al tratar el caso de un funcionario de la DISIP, órgano de policía de seguridad del Estado por excelencia, al decidir que:

"Del artículo transcrito, se desprende que el derecho de petición consagrado en el artículo 2 de la Ley Orgánica de Procedimientos Administrativos no está referido propiamente a normas de procedimiento y en caso de que así se entendiera, lo determinante en el artículo 106 de la Ley Orgánica de Procedimientos Administrativos es la materia sobre la que versen los procedimientos. De allí que la norma dice "concernientes" a la seguridad y defensa del Estado. Por tanto, por el hecho de que un funcionario pertenezca a los cuerpos de seguridad del Estado como la DISIP, ello no quiere decir que el organismo no está obligado en ningún caso a aplicar la Ley Orgánica de Procedimientos Administrativos, pues lo que está consagrando la norma es la exclusión de la Ley en razón de la materia y en ningún caso excluyendo absolutamente a estos organismos de aplicarla, lo que está excluyendo es precisamente los procedimientos de la Ley en materia de seguridad y defensa, pero en ningún caso debe entenderse que por el hecho que un funcionario pertenezca a un organismo de seguridad y cuando se trata de materias que no sean de seguridad y defensa, pueda quedar desprotegido de sus garantías y derechos constitucionales como es el de dirigir peticiones a los poderes públicos y obtener oportuna respuesta y al derecho a la defensa, ambos consagrados constitucionalmente". (*Revista de Derecho Público*, N° 29. Enero-marzo. 1989, pp. 106-107).

De lo anteriormente expuesto, está claro para la Sala, que la interpretación más cónsona con el espíritu de la Ley, es la de considerar el artículo 106 de la Ley Orgánica de Procedimientos Administrativos, en forma restringida, circunscrita a lo estrictamente concerniente a la "seguridad y defensa del Estado", en razón de la materia, y en lo que su aceptación también estricta significa. Es decir, y entendida como "defensa nacional" como la "salvaguardia armada de la integridad del territorio y honor patrios, que al ejército profesional compete servir sin regateos en la hora del peligro y de la lucha", según las define el *Diccionario Enciclopédico de Derecho Usual*, de Guillermo Cabanellas. Acepciones que caben, perfectamente, en la definición que hace la Exposición de Motivos de la Ley Orgánica de Seguridad y Defensa:

"II. Seguridad Nacional. Es el grado de garantía que a través de acciones políticas, económicas, sociales y militares, un Estado puede proporcionar en forma permanente a la Nación que jurisdicciona para la consecución y salvaguardia de sus objetivos nacionales".

"Defensa Nacional. Es el conjunto de medidas tomadas por la Nación y el empleo de todos los medios de que dispone, a fin de asegurar, mantener y fortalecer la seguridad nacional".

En consecuencia, debe la Sala determinar si el pase a la situación de retiro de un oficial efectivo de las Fuerzas Armadas Nacionales, debe o no encuadrarse dentro de los asuntos a los cuales hace referencia el citado artículo 106.

Considera la Sala que la operación aérea, en la que intervino el recurrente en calidad de líder de la misma, y de donde se dedujo la causa de retiro, está dentro del marco de la seguridad y defensa del Estado. Es sin duda, tal como se desprende del expediente administrativo de índole netamente militar. En el mismo sentido cabe considerar toda la serie de procedimientos llevados a cabo en el seno de la

Fuerza Aérea para determinar las causas que dieron lugar a la pérdida de tres (3) aviones participantes en la misma.

Tales hechos, es necesario incluirlos dentro de las actividades de carácter operativo, carentes de contenido jurídico, propias de lo concerniente a la seguridad y defensa, estrictamente hablando. Sin embargo, la aplicación de una medida de retiro que afectó, concretamente, a un miembro de la Fuerza Aérea Venezolana, no es un asunto de tal naturaleza. Es este hecho, el acto administrativo, el pase a la situación de retiro el que produce consecuencias jurídicas, respecto del vínculo de empleo público del recurrente y, en criterio de la Sala, por afectar a una relación típicamente administrativa, como es la prestación de servicio a la Administración, lo cual no cambia por tratarse de un funcionario militar, el mismo no puede subsumirse dentro de los casos de los procedimientos a los que se contrae el artículo 106 de la Ley Orgánica de Procedimientos Administrativos, pues trátese de un típico acto administrativo de régimen disciplinario.

Por otra parte, la medida de pase a la situación de retiro de un militar efectivo no es un acto discrecional, que no esté sometido a reglas sustantivas y procedimentales, precisamente para no hacer nugatorio e inexistente, al ser aplicadas, el propio desempeño de un cargo público, de donde se originan derechos subjetivos, entre otros la estabilidad, máxime cuando éste es el resultado de una carrera o actividad profesional.

De ahí que el ordenamiento jurídico prevé los mecanismos adecuados para la salvaguarda de tales situaciones, mediante el ejercicio de los recursos correspondientes con el fin de garantizar derechos básicos —como el de la garantía de la defensa— cuya raigambre es constitucional. En tal sentido, dentro del orden administrativo y dejando a salvo muy concretas y particulares situaciones, al no existir disposiciones específicas de carácter legal que regulen la forma de defender tales derechos es el procedimiento pautado en la Ley Orgánica de Procedimientos Administrativos el que debe ser aplicado.

En consecuencia, en el caso bajo análisis, al hacer uso el recurrente de los recursos establecidos en la Ley Orgánica de Procedimientos Administrativos con el fin de impugnar una decisión que, en su criterio, lesionaba su condición de miembro efectivo de las Fuerzas Aéreas Venezolanas, actuó conforme a derecho, y así se declara.

RDP N° 67–68, 1996, pp. 202

Procedimientos excluidos del ámbito de la Ley Orgánica de Procedimientos Administrativos (seguridad y defensa).

Además debe recordarse que de la aplicación de la Ley Orgánica de Procedimientos Administrativos quedan excluidos por disposición de su artículo 106, los procedimientos concernientes a la seguridad y defensa del Estado, que es justamente la naturaleza de los que se cumplen por parte de la Dirección General Sectorial de los Servicios de Inteligencia y prevención (DISIP), por lo que es para la

Sala imposible acordar en los actuales momentos la pretensión de amparo constitucional planteado, sin antes tener acceso a un proceso pleno donde se dirima la legalidad de la destitución del accionante. Así se declara.

Con base en lo expuesto, esta Sala Político Administrativa de la Corte Suprema de Justicia, administrando justicia, en nombre de la República y por autoridad de la Ley declara IMPROCEDENTE la solicitud de amparo constitucional ejercida en el proceso de anulación contra la dirección General Sectorial de los Servicios de Inteligencia y Prevención (DISIP) por la representante judicial del ciudadano FELIX PALMA FLORES.

b. *Procedimientos Especiales*

RDP N° 25, 1986, pp. 96

CPCA   13-2-86

Magistrado Ponente: Armida Quintana Matos

En caso de procedimientos especiales, las normas de las leyes especiales que los regulan son de aplicación preferente a las de la Ley Orgánica de Procedimientos Administrativos.

De lo expuesto resulta evidente que el Tribunal de la Carrera Administrativa, al conocer de la pretensión del demandante, se limitó erróneamente a examinar si le era aplicable o no la Ley de Carrera Administrativa, cuando lo que en efecto se solicitaba era el pago de una suma de dinero por concepto de prestaciones sociales fundada en las previsiones de la Ley Orgánica de Educación que reconoce este beneficio a todos los profesionales de la docencia sometiéndolos a las previsiones que en la materia contempla la Ley del Trabajo.

Lo antedicho obliga a puntualizar que siendo la jurisdicción contencioso-administrativa la competente a través del Tribunal de la Carrera Administrativa para conocer de las reclamaciones que formulan los profesionales de la docencia en relación, entre otras, a las prestaciones sociales, no puede dudarse de que para ocurrir a dicho Tribunal será necesario cumplir o agotar los trámites previos que a tales efectos señala la Ley de Carrera Administrativa, entre ellos, desde luego, la instancia de conciliación que prevé su artículo 14 como requisito sitie qua non para ocurrir a la vía jurisdiccional. Por ello, al fijar la Ley de Carrera Administrativa las condiciones para acceder al Tribunal de la Carrera Administrativa y el procedimiento especial a seguir ante el mismo, del cual la Ley Orgánica de la Corte Suprema de Justicia y el Código de Procedimiento Civil son fuentes normativas supletorias, no cabe duda de que en las acciones o recursos que intenten los docentes al servicio de la Administración Pública Nacional, aun en los especiales supuestos que regulan la Ley Orgánica de Educación y los Reglamentos Especiales, deben seguirse estas pautas procedimentales, a saber: la instancia de conciliación en sede administrativa, una vez emanado y notificado el acto administrativo o producido el hecho que lesiona el derecho, interés o situación jurídica del interesado, y la presentación del recurso y etapas subsiguientes que para este proceso fijan los artículos 75 y siguientes de la Ley de Carrera Administrativa.

Cabe observar, por otra parte, y así lo ha establecido esta Corte Primera, que si bien la Ley Orgánica de Procedimientos Administrativos tiene una jerarquía normativa especial y es posterior a la Ley de Carrera Administrativa, ello no significa que suplante a la Ley de 1970 por lo que se refiere a la "especialidad" de los recursos que ésta consagra. La Ley Orgánica de Procedimientos Administrativos contempla en efecto una excepción a la normativa que regula dentro de su contexto el procedimiento ordinario, constitutivo o de primer grado (artículo 47) al dejar a salvo los procedimientos administrativos (ordinarios) contenidos en leyes especiales; la redacción de la norma y su ubicación parecieran dejar fuera los procedimientos especiales de recurso o de segundo grado, de modo que podría entenderse que las normas de la Ley Orgánica de Procedimientos Administrativos (artículo 83 y siguientes) son de aplicación preferente; sin embargo, ello no puede ser cierto porque de aceptarse tal interpretación se atentaría contra la seguridad jurídica y se paralizaría y entrabaría la Administración, al enervar un sin fin de recursos especiales que contemplan diversos textos legales en vigencia (p. ej., la Ley de Carrera Administrativa, Ley de Mercado de Capitales, etc.). Puede concluirse, por consiguiente, en que en el caso de leyes especiales que establezcan procedimientos de recurso para impugnar los actos administrativos que culminan los procedimientos ordinarios, sus normas serán de aplicación preferente a las de la Ley Orgánica de Procedimientos Administrativos. En tal sentido se han pronunciado el Tribunal de la Carrera Administrativa y el Supremo Tribunal al establecer: "La Ley de Carrera Administrativa que regula una materia especialísima, prescribe un procedimiento apropiado a las acciones que se ventilen ante este Tribunal. Lógicamente tendrá aplicación de la norma de la Ley de Carrera Administrativa, pues el carácter singular de ella así lo requiere. En efecto, la misma Ley y el Reglamento sobre las Juntas de Avenimiento exige y prevé que la gestión conciliatoria ante las Juntas de Avenimiento deberá efectuarse en forma previa al ejercicio... de cualquier acción ante la jurisdicción contencioso-administrativa. De donde se infiere que la única exigencia previa a los recursos ante esté Tribunal, será la de gestión ante el organismo, o si no se logra el avenimiento, el recurso jerárquico (Tribunal de la Carrera Administrativa. *La Carrera Administrativa*. Armida Quintana Matos, N° 324, 6 de agosto de 1975, p. 285".

"Ante la coexistencia de dos procedimientos previstos por dos leyes diferentes para una misma situación, es obvio que debe prevalecer lo dispuesto por la Ley especial, que en el caso contemplado es la Ley de Carrera Administrativa, pues mientras ésta regula específicamente las reclamaciones de los funcionarios públicos basadas en esa misma Ley, el procedimiento previsto por los artículos 30 y siguientes de la Ley de la Procuraduría General de la República concierne, de manera general, a cualquier tipo de acción judicial, no importa quién sea el accionante, ni cuál sea la naturaleza jurídica de la acción que se pretende intentar". (Corte Suprema de Justicia. Sala Político-Administrativa del 2 de julio de 1978. Armida Quintana Matos. *Op. cit.* p. 289. N° 340)".

Sentado lo anterior, observa la Corte que la idea básica del principio de legalidad, que envuelve la vinculación de la actuación administrativa a una norma jurídica, es un concepto abstracto que adquiere realidad inmediata ante los órganos de la jurisdicción contencioso-administrativa, llamados a valorar y enjuiciar, a posteriori actos y conductas efectivamente producidas en sede administrativa. De allí la necesaria existencia de un acto administrativo, de manera que su inexistencia o falta de vigencia, por haber sido revocado por la propia Administración, impide el ejercicio de la facultad revisora del órgano jurisdiccional, al no existir el objeto o materia controvertida. (Sentencia del 31 de octubre de 1985).

Votos salvados de los Magistrados Román José Duque Corredor e Hildegard Rondón de Sansó.

Primero: La obligación impuesta a los funcionarios en el parágrafo único del artículo 15 de la Ley de Carrera Administrativa, de efectuar previamente la gestión conciliatoria ante la Junta de Avenimiento, para poder intentar válidamente acciones por ante la jurisdicción contencioso-administrativa de la Carrera Administrativa, no constituye ciertamente un antejuicio obligatorio, que tenga por finalidad agotar la vía administrativa previamente a la reclamación judicial.

Segundo: Tal requisito no es propiamente un presupuesto procesal de la acción, sino por el contrario, una formalidad necesaria para el inicio del juicio. Por tanto, se cumple con demostrar en la querella la solicitud de la gestión de conciliación, ya que no se trata de trámite alguno de revisión de actos administrativos.

Por ello, la Ley no exige que sea obligatorio esperar la decisión correspondiente, o el transcurso del plazo para que la Junta de Avenimiento cumpla con su cometido, para saber, en definitiva, la última decisión de la Administración y poder acudir, en consecuencia, a la vía judicial.

Tercero: Obligar a los funcionarios a que esperen el resultado de la gestión, o que se venza el lapso de diez días hábiles que tiene la Junta de Avenimiento para lograr la conciliación, es transformar la naturaleza de la instancia conciliatoria en un procedimiento administrativo previo. Si se mantiene lo primero, se reconoce a dicha gestión su verdadera naturaleza de medio de facilitar una solución amistosa, por medio de un tercero, con la Administración, y no se le erige en el presupuesto procesal de la acción de agotar previamente la vía administrativa. Por el contrario, si se impide la interposición de las acciones porque no ha habido decisión respecto al avenimiento, o porque no se ha vencido el plazo para ello, es convertir a la gestión en un verdadero recurso administrativo necesario para que se extinga la instancia dentro de la misma Administración.

Cuarto: La característica no administrativa de la gestión conciliatoria prevista en el parágrafo único del artículo 15 de la Ley de Carrera Administrativa, se pone de manifiesto por la no participación del funcionario interesado en su trámite, como no sea la sola petición a la Junta de Avenimiento de que procure un arreglo y, además, por el carácter no administrativo de dicha Junta y, por último, por la circunstancia de que ésta no dicta ninguna decisión, sino que se limita a instar a la Administración para que se concilie, y a reflejar el resultado de su intermediación.

Quinto: Obligar al funcionario, en consecuencia, a esperar a que se produzca o no la conciliación, o a que venza el lapso respectivo, es convertir a una obligación de resultado a cargo de los funcionarios públicos. De esta última característica son los procedimientos administrativos, mas no las instancias conciliatorias, que no son sino medios para procurar o gestionar arreglos extrajudiciales por la intermediación de terceros.

Sexto: Establecer que el lapso útil para interponer la acción sólo existe después que se cumpla la gestión conciliatoria con la decisión de la Junta de Avenimiento, o por el vencimiento del lapso para ello, es alterar la naturaleza del trámite de conciliación. Este criterio origina una reducción sustancial del indicado lapso, es decir, una modificación. En efecto, de acuerdo con el artículo 82 de la Ley de Carrera Administrativa el término para ejercer las acciones para ante la jurisdicción contencioso-administrativa de la Carrera Administrativa, es de seis meses, contados a partir del día en que se produjo el hecho que dio lugar a tales acciones. Por tanto, si se exige que se cumpla la gestión conciliatoria, se estaría propiamente eliminando parte de aquel término, en doce días continuos, que equivalen en tiempo de diez días hábiles, o sea, que en definitiva ya no serían seis meses de que disponen los funcionarios para accionar judicialmente sino de cinco meses y ocho días.

Séptimo: Requerir el cumplimiento efectivo del trámite de la conciliación, por la decisión de la Junta de Avenimiento o por el inútil transcurso del término para que éste cumpla su cometido, es darle a dicho trámite la naturaleza de un asunto prejudicial que no aparece ni del texto ni de la intención del legislador, como si fuera el antejuicio administrativo previsto en la Ley Orgánica de la Procuraduría General de la República, que ciertamente tiene como efecto condicionar la validez de la acción misma y no simplemente de la admisibilidad de la demanda.

Octavo: Lo anterior es tan cierto que incluso después de introducida una acción es perfectamente posible continuar una conciliación iniciada con anterioridad por ante dichas Juntas de Avenimiento, porque a través de tal gestión no se agota vía alguna de revisión del acto impugnado judicialmente, cuyo asolamiento hace nacer la acción, sino que por el contrario, la conciliación se traduciría en un nuevo acto de la Administración que, al extinguir o modificar al recurrido, hace que el respectivo recurso o acción carezca de objeto.

RDP N° 42, 1990, pp. 80–81

CSJ-SPA (112)   15-3-90

Magistrado Ponente: Luis H. Farías Mata

Caso: Industrias Sabana vs. República (Ministerio de Fomento).

Los procedimientos especiales establecidos por ley prevalecen, en las materias que constituyen la especialidad, respecto del procedimiento general establecido en la Ley Orgánica de Procedimientos Administrativos.

La Ley Orgánica de Procedimientos Administrativos además de establecer un procedimiento general para la configuración de los actos administrativos, prevé la aplicación preferente de procedimientos especiales establecidos por Ley, los cuales prevalecen en las materias que constituyen la especialidad (art. 47, Ley Orgánica de Procedimientos Administrativos).

1. Alega la recurrente que la resolución impugnada se encuentra viciada de nulidad por infracción del artículo 30 de la Ley sobre Normas Técnicas y Control de Calidad y del artículo 420 de la Ley Orgánica de la Hacienda Pública Nacional, por falta de aplicación de ambas disposiciones legales, dado que el Despacho de Fomento no cumplió con los pasos previos que le impone el citado artículo 420 para la imposición de multas, en lo que se refiere al levantamiento y firma del acta donde consten específicamente todos los hechos relacionados con la infracción.

Y observa la Corte que, en efecto, el artículo 30 de la Ley sobre Normas Técnicas y Control de Calidad dispone que las sanciones previstas en la Ley, han de ser impuestas por el Director General Sectorial de Industrias del Ministerio de Fomento: *"previo levantamiento de expediente respectivo observando lo señalado en la Ley Orgánica de la Hacienda Pública Nacional para la aplicación de multas en cuanto le sea aplicable..."* (subrayado nuestro). Por su parte, el artículo 420 de la Ley Orgánica de la Hacienda Pública Nacional establece que "la multa que no sea aplicada por los Tribunales, se impondrá en virtud de Resolución motivada que dicte el funcionario autorizado para imponerla, previo levantamiento del acta donde se harán constar específicamente todos los hechos relacionados con la infracción, acta que deberán firmar, según el caso, el funcionario y el contraventor, o el jefe encargado del establecimiento u oficina. La Resolución se notificará al multado, pasándole copia de ella, junto con la correspondiente planilla de liquidación".

Se infiere, en consecuencia, como primer supuesto de ambas normativas, el hecho de que para la aplicación del procedimiento establecido en la imposición de multas, conforme a lo previsto en el artículo 420 de la Ley Orgánica de la Hacienda Pública Nacional, se requiere que dicho procedimiento sea aplicable al caso concreto. En el presente caso, las formalidades exigidas en el referido artículo resultan de imposible cumplimiento en virtud de que el funcionario que realiza la inspección a la Planta, se limita a tomar las muestras necesarias, las cuales —posteriormente— deberán ser trasladadas para ser analizadas por el respectivo organismo técnico, ya que no existen en la planta industrial las facilidades técnicas necesarias para tales pruebas, de donde resulta evidente la imposibilidad práctica de que el funcionario encargado de la inspección señale, en el mismo acto, las irregularidades observadas y, menos aún, lograr del representante de la empresa que convenga en ellas en nombre de su representada.

Si analizamos el alcance de la norma contenida en el artículo 420 tantas veces citado, nos percatamos de que el mismo contiene todos los elementos de un proceso que conduce a la imposición de una multa y que, al referirse específicamente al levantamiento de un acta, por interpretación analógica, debemos asimilar todos los pasos previos al acto sancionatorio efectuados por la administración, de los cuales se evidencia la infracción correspondiente; de donde concluimos que la Administración, en el caso que nos ocupa, actuó totalmente acorde con el espíritu del procedimiento pautado en la Ley Orgánica de la Hacienda Pública Nacional para imponer la sanción recurrida, toda vez que, antes de que se dictara la Resolución N° 3622 del 26 de agosto de 1980, se produce una serie de actos dirigidos a informar a la empresa recurrente sobre las irregularidades detectadas en el procesamiento de su producto, todo lo cual fue corroborado con ocasión de las pruebas efectuadas en el laboratorio, informándose a la empresa que dicho producto no se adecuaba a las exigencias de la Norma Covenin N° 798-79, de obligatorio cumplimiento. En tal sentido encontramos en autos la comunicación suscrita por el Director de Normalización y Certificación de Calidad del Ministerio de Fomento, de fecha 22 de febrero de 1980, donde les informara acerca de las irregularidades detectadas con ocasión de los análisis físico-químicos, y advirtiendo la infracción a la Norma Venezolana Covenin N° 798-79. Igualmente, se les comunicó que posteriormente se continuarían realizando nuevas inspecciones para verificar la corrección de tales irregularidades.

Considera la Corte, en consecuencia, que la sanción impuesta por el Director General Sectorial de Industrias del Ministerio de Fomento, está conforme con los requisitos del artículo 30 de la Ley sobre Normas Técnicas y Control de Calidad, en virtud de que se dio cumplimiento al previo levantamiento del acta, tal como consta en el expediente administrativo, habiéndose ajustado el procedimiento al artículo 420 de la Ley Orgánica de Hacienda Pública Nacional, en la medida en que ello fue posible.

Es conveniente puntualizar la sustancial diferencia existente entre el caso que nos ocupa, y otros que han servido de base a este Supremo Tribunal para dictaminar sobre el ineludible carácter acumulativo de los cuatro requisitos que, para la imposición de multas, consagra el artículo 420 de la Ley Orgánica de la Hacienda Pública Nacional. Efectivamente, los antecedentes jurisprudenciales que han llevado a declarar con lugar recursos fundamentados en el no cumplimiento, por parte de la Administración, de alguno de los requisitos procedimentales en cuestión, han apreciado en dicho procedimiento la única vía legítima que debe enmarcar la actuación administrativa, por cuanto la Ley no daba cabida a interpretaciones elásticas o excepcionales. En cambio, al dictarse la Ley sobre Normas Técnicas y Control de Calidad, el legislador ha querido significar claramente en su artículo 30 que este procedimiento, en principio aplicable, pudiera resultar de utilización imposible en la práctica y que, por lo tanto, la omisión de alguna de las exigencias allí consignadas, no podría traducirse en la ineficacia de todo lo actuado por la Administración. La situación cobra ahora mayor importancia en razón de que la vigente Ley Orgánica de Procedimientos Administrativos, a la par que establece un procedimiento general para la configuración de los actos administrativos, establece en su artículo 47 la aplicación preferente de procedimientos especiales establecidos por ley, los cuales, en todo caso, prevalecerán en las materias que constituyen la especialidad. Aún más, este texto procedimental remite, en su artículo 102 y en idénticas condiciones de aplicabilidad, a la Ley Orgánica de la Hacienda Pública Nacional, en todo cuanto toca al procedimiento establecido por ésta para la imposición de multas que aquélla prevé, manteniendo así el principio de remisión preferente, pero naturalmente condicionada a su posibilidad de aplicación.

Esta Corte estima, en consecuencia, que si bien lo recomendable resulta el orientar la práctica procedimental de aquellos órganos administrativos que tengan a su cargo la imposición de multas hacia una uniformidad destinada a garantizarle certidumbre jurídica al administrado, en aquellos casos, como el presente, en los cuales resulte materialmente imposible cumplir con el precepto, deben quedar, sin embargo, a salvo los fines últimos perseguidos por la norma misma, que no son otros que el conocimiento por parte del administrado de la irregularidad que se le imputa, evitando así cualquier tipo de indefensión y, lo que es más importante, permitiéndole corregir los vicios o situaciones irregulares capaces de originar una sanción, sobre todo cuando éstos dañen o puedan dañar, como en el caso de autos, la salud de los consumidores, de evidente y preferente interés colectivo.

A tal efecto considera la Corte que tal premisa aparece satisfecha en el presente caso en virtud de las comunicaciones y notificaciones escritas de fecha 21 de noviembre de 1979 y 22 de febrero de 1980, llevadas al conocimiento de la recurrente y, en su caso, practicadas; razón por la cual esta Corte desestima los alegatos referidos al vicio de ilegalidad por falta de aplicación de las mencionadas disposiciones legislativas, por parte de la Administración, y así lo declara.

RDP Nº 83, 2000, pp. 213

CPCA (1000)   26-7-2000

Magistrado Ponente: Pier Paolo Pasceri Scaramuzza

Caso: María C. Coppola vs. Junta de Emergencia Financiera

La Corte analiza las normas procedimentales aplicables en Venezuela en materia de intervención de bancos y otras instituciones financieras y empresas relacionadas con aquéllas.

Al respecto considera la Corte conveniente realizar, en primer lugar, un análisis previo de las normas procedimentales o de Derecho Administrativo Formal aplicables en Venezuela en materia de intervención de bancos y otras instituciones financieras y empresas relacionadas con aquéllas. Se hará abstracción en el siguiente capítulo de esta sentencia de la constitucionalidad o inconstitucionalidad de las normas legales mencionadas, cuestión que se determinará posteriormente al analizarse el alegato presentado a tal efecto por los apoderados de la recurrente.

La intervención de bancos y otras instituciones financieras y empresas, relacionadas con aquéllos, y los procedimientos administrativos legalmente establecidos.

Tal como lo ha dicho esta Corte (*Vid.* sentencia publicada el 7 de enero de 1999, caso *Desarrollos Santa Fe*), la Ley General de Bancos y Otras Instituciones Financieras no incluye un concepto de lo que constituye una intervención de un banco a otra institución financiera o empresa relacionada con aquéllas, por lo cual debe presumirse que la intención del legislador era asumir la noción de la figura que venía manejándose en la práctica administrativa en Venezuela con prelación a dicha Ley. La doctrina define como intervención de empresas a la medida "extraordinaria en cuya virtud, por razones de interés general previamente declaradas en una norma con rango de ley, la Administración asume, mediante un acto singular, directa o indirectamente, y con carácter temporal (y excepcional), la gestión ordinaria o la liquidación de una empresa privada o participada por las Administraciones Públicas, con respeto de los derechos patrimoniales de los sujetos afectados" (Gamero Casado, Eduardo. *La Intervención de Empresas*. Marcial Pons, Ediciones Jurídicas y Sociales, S.A. Madrid, 1996. p. 143.). La intervención tiene la particularidad de respetar la titularidad del propietario de la empresa intervenida, antes y durante la intervención, sin perjuicio de que el régimen de intervención concluya con un acto con base en el que se haga cesar dicha titularidad. Es, pues, consustancial a la intervención de empresas que el propietario o accionista mantenga el derecho a los frutos derivados de la gestión administrativa temporal realizada o encomendada por la Administración ya que la intervención no se dirige, en si misma, contra el propietario o accionista de la empresa sino contra la gestión de que la misma venía siendo objeto (Gamero Casado, Eduardo. *Obra citada*. p. 149).

Así, la intervención de bancos y otras instituciones financieras está contemplada en los artículos 251 al 259 de la Ley General de Bancos y otras Instituciones Financieras como un acto del Poder Público que comporta una intromisión en actividades privadas, en virtud del cual se priva de la posesión y administración de una sociedad a sus propietarios o accionistas, en forma temporal.

La Ley General de Bancos y Otras Instituciones Financieras utiliza el vocablo intervención para referirse tanto a un acto (artículo 254 *ejusdem*) como al procedimiento o régimen posterior que lo sigue (artículo 255 *ejusdem*). La intervención, en el sentido de acto, es una medida que se realiza a través de un acto administrativo definitivo que, dependiendo del caso, requiere un procedimiento constitutivo previo especial o, al menos, la exteriorización de un acto definitivo (esto es, recurrible), formal y suficientemente motivado, a implica la realización de determinados actos posteriores (intervención en el sentido de procedimiento o régimen) que finalizan con otro acto definitivo (es decir, recurrible) que decida: (i) el regreso de la posesión y administración de la empresa intervenida a sus accionistas originales (artículo 255 *ejusdem*); (ii) la transmisión de la propiedad de la empresa intervenida, o de sus acciones, a terceras personas (artículo 256 *ejusdem*); o (iii) la liquidación de la empresa intervenida (artículo 260 *ejusdem*). De esta forma, puede decirse que el acto que inicia la intervención es, en cierta medida, y a pesar de ser un acto calificable en sí mismo como definitivo a los efectos del Derecho Administrativo Formal, cautelar con respecto al acto que culmina la intervención.

Tal como fue esbozado por la Sala Político Administrativa de la Corte Suprema de Justicia en sentencia número 351 de fecha 5 de junio de 1997, la Junta de Emergencia Financiera, órgano emisor del acto recurrido en el caso de autos, es un órgano desconcentrado (por tanto, sin personalidad jurídica propia) del Poder Ejecutivo Nacional creado originalmente mediante Decreto Número 248 dictado por el Presidente de la República en fecha 29 de junio de 1994 y publicado en la Gaceta Oficial número 35492 del 29 de junio de 1994, a través del cual fueron establecidas, previa la suspensión de las garantías contempladas en los artículos 60, ordinal 1°, 62, 64, 96, 99 y 101 de la Constitución, efectuada mediante Decreto número 241 del 27 de junio de 1994 publicado en la Gaceta Oficial número 35.490 del 27 de junio de 1994, y las normas para garantizar la estabilidad del sistema financiero y proteger a los depositantes. Dichas normas fueron complementadas por la Ley de Regulación de la Emergencia Financiera publicada en la Gaceta Oficial de la República de Venezuela número 35.941 del 17 de abril de 1996.

Aclarado lo anterior, observa la Corte que la Ley General de Bancos y Otras Instituciones Financieras, y la Ley de Regulación de la Emergencia Financiera contemplan dos tipos de intervención, a saber la intervención por vía principal de bancos y otras instituciones financieras, y la intervención por vía accesoria de empresas relacionadas con aquéllas.

El procedimiento constitutivo que debe seguirse para la constitución de un acto de intervención de un banco o institución financiera está previsto en los artículos 163 al 172, 254 al 259 y 264 de la Ley General de Bancos y otras Instituciones Financieras. Se trata, en este caso, de un procedimiento administrativo especial (aun cuando la Ley General de Bancos y Otras Instituciones Financieras no lo denomine tal), que, a tenor de lo dispuesto en el artículo 47 de la Ley Orgánica de Procedimientos Administrativos, debe aplicarse con preferencia al procedimiento administrativo ordinario establecido en dicha ley. En el curso del procedimiento constitutivo especial en cuestión, la Administración debe especificar las empresas a las que se extiende el procedimiento, el cual requiere, entre otros trámites, la adopción de las medidas a que se contraen los artículos 163 y 164 de la Ley General de Bancos y Otras Instituciones Financieras, la realización de la inspección a que se refiere dicho artículo 164, y la obtención de las opiniones a que se refiere el artículo 161, parágrafo primero, y el artículo 177, ordinal 3°, de dicha ley.

En el caso de la intervención de empresas relacionadas con bancos y otras instituciones financieras previamente intervenidas, el régimen legal aplicable, en cuanto al aspecto procedimental, permite la intervención de la empresa relacionada mediante una resolución motivada, que no requiere audiencia previa de los interesados. Se trata de un caso donde una disposición legal, excepcional y expresamente exime a la Administración de la obligación y carga, que ordinariamente opera en el Derecho Administrativo Formal, de dar audiencia previa a los interesados para la emisión del acto definitivo. En este caso la audiencia previa es suprimida por el legislador, y no por la Administración. Así, dispone el artículo 18 de la Ley de Regulación de la Emergencia Financiera en cuestión:

"Artículo 18: La Junta de Emergencia Financiera por Resolución motivada, podrá acordar la intervención de otras instituciones financieras y empresas que constituyan el grupo financiero al cual pertenezca el ente intervenido o que haya pasado a ser propiedad del sector público con motivo del auxilio financiero recibido."

La intervención a que se refiere el artículo 18 en cuestión se trata (como lo ha dicho esta Corte en sentencia publicada el 07 de enero de 1999, caso *Desarrollos Santa Fe C.A*) de una medida accesoria al acto (debidamente constituido según los artículos 163 al 172, 254 al 259 y 264 de la Ley General de Bancos y otras Instituciones Financieras) de intervención de un banco o institución financiera, que tiene el carácter de medida principal. De tal forma, el acto que inicia la intervención se equipara, como también lo ha dicho esta Corte, a un acto de naturaleza cautelar, donde la medida definitiva sería la que concluya el proceso de intervención.

El trascrito artículo 18 puede aplicarse, según se desprende de su texto y del texto del artículo 16 de la Ley de Regulación de la Emergencia Financiera, cuando el carácter de empresa relacionada con un banco a otra institución financiera se establezca en virtud de uno (1) de los siguientes tres (3) supuestos, que son de aplicación a interpretación restrictiva, y que deben ser previamente comprobados por la Administración en cada caso concreto:

1. Cuando la empresa relacionada tenga unidad de decisión o gestión con un banco o institución financiera intervenida, y la unidad de decisión o gestión sea establecida con fundamento en el Parágrafo Primero (cuando exista participación directa o indirecta igual o superior a 50% del capital; control igual o superior a la tercera parte de los votos de sus órganos de dirección o administración ó control sobre las decisiones de sus órganos de dirección o administración por cualquier

otra modalidad) o el Parágrafo Segundo (cuando, independientemente de lo anterior, existan suficientes y comprobados indicios de la unidad de gestión o decisión) del artículo 101 de la Ley General de Bancos y Otras Instituciones Financieras, siempre que, según el Parágrafo Tercero del mismo artículo 101, se trate de: (a) filiales, subsidiarias o relacionadas, domiciliadas o no en Venezuela, cuyo objeto o actividad principal sea complementario o conexo al del banco o institución financiera intervenida; ó (b) sociedades propietarias de acciones en la empresa financiera intervenida, que controlen a la misma;

2. Cuando la empresa relacionada tenga vinculación con un banco o institución financiera intervenida y la vinculación sea establecida con fundamento en los literales a y b del ordinal 6° del artículo 120 de la Ley General de Bancos y Otras Instituciones Financieras (por remisión del artículo 16 de la Ley de Emergencia Financiera), en los casos en que: (i) se trate de empresas relacionadas donde el banco o institución financiera intervenida tenga una participación individual superior al 206 o cuando en la administración de la empresa relacionada se refleje dicha participación en una proporción de 1/4 de los miembros de la Junta Administradora; ó (ü) se trate de empresas relacionadas que tengan sobre el banco o institución financiera intervenida una participación individual superior al 20% o cuando en la administración del banco o institución financiera se refleje dicha participación en una proporción de 1/4 de los miembros de la Junta Administradora del banco o institución financiera intervenida; o

3. Cuando el carácter de empresa relacionada se establezca con fundamento en el aparte del artículo 16 de la Ley de Regulación de Emergencia Financiera, es decir, cuando el carácter de empresa relacionada se establezca con base en la "vinculación accionaria, financiera, organizativa o jurídica y existan fundados indicios que con la adopción de formas y procedimientos jurídicos ajustados a derecho se han utilizado medios para eludir las prohibiciones de la Ley General de Bancos y Otras Instituciones Financieras o disminuido la responsabilidad patrimonial que deriva de los negocios realizados con el respectivo ente".

….omissis….

Observa esta Corte que el legislador establece una potestad preventiva a Cargo del Superintendente para tomar *"(..) todas aquellas otras medidas de naturaleza prudencial y preventiva que juzgue necesario adoptar para la seguridad del sistema financiero y de los entes que lo integran"*, así como *"la adopción de las medidas necesarias para evitar o corregir irregularidades o faltes que advierta en las operaciones de cualquier banco a otra institución financiera o empresa sometida a su control (..)"* (numeral 9 y 14 del Artículo 161, respectivamente de la Ley General de Bancos y otras Instituciones Financieras), o la adopción de "(...) *cualesquiera otras medidas en resguardo de los intereses del público y del sistema financiero en general (...)".*(artículo 162 *eiusdem*).

De los artículos transcritos, esta Corte observa que el poder cautelar o preventivo otorgado al ente supervisor, y el carácter urgente en la adopción de las mismas por la rápida descomposición patrimonial que experimentaban las instituciones financieras y empresas relacionadas, facultaba la administración para imponer medidas de carácter preventivo a estas instituciones o empresas relacionadas de manera inmediata y "sin" necesidad de otorgar audiencia previa al administrado. No obstante, el ejercicio de la potestad cautelar de la Superintendencia sin previa audiencia, no comporta una negación al derecho a la defensa sino una variación en la oportunidad en el ejercicio del mismo, el cual se desarrollará en un tramite procedimental posterior a la imposición de la medida preventiva.

En relación con el artículo 18 de Ley de Regulación de la Emergencia Financiera se trata (como lo ha dicho esta Corte en sentencia publicada el 7 de enero de 1999, caso *Desarrollos Santa Fe C.A.)* de una medida accesoria al acto (debidamente constituido según los artículos 163 al 172, 254 al 259 y 264 de la Ley General de Bancos y otras Instituciones Financieras) de intervención de un banco o institución financiera, que time el carácter de medida principal. De tal forma, el acto que inicia la intervención se equipara, como también lo ha dicho esta Corte, a un acto de naturaleza cautelar, donde la medida definitiva sería la que concluya el proceso de intervención.

En relación con el derecho a un debido proceso en los procedimientos de intervención de empresas financieras y su relación con el numeral 1 del artículo 49 (Artículo 68 de la Constitución derogada), la Corte Suprema de Justicia ha expresado certeramente, en decisión de la Sala Político Administrativa número 612 de fecha 14 de agosto de 1996 (caso *Británica de Seguros C.A.*), que la materia procedimental en cuestión es:

"Relativa al ejercicio de los poderes de disciplina, supervisión y control de un sector fundamental de la actividad económica, como lo es el integrado por las instituciones que conforman el sistema financiero y crediticio llamados a desplegar una función clave dentro del sistema económico general, mediante la captación de recursos del público y de intermediación en el crédito en las que juega un papal trascendental la confianza y buena fe de la colectividad a las que busca el ordenamiento Jurídico tutelar y brindar debida protección mediante el establecimiento de una Intervención dirigido a como se expresó- disciplinar, supervisar y controlar el ejercicio de tales actividades por parte de las sociedades mercantiles creadas y autorizadas al efecto (...).

Son todas estas consideraciones las que han dado pie en la doctrina para formular la existencia de un ordenamiento especial destinado a regir el ejercicio de la actividad crediticia y financiera mediante regulaciones singulares que, en cierto modo, difieren de la actividad administrativa ordinaria y que se caracterizan par una mayor laxitud frente al sacramental cumplimiento de exigencias y formalidades que ordinariamente operan en el marco del derecho administrativo general, dados los requerimientos de prontitud y eficiencia en la respuesta que se exige a la acción supervisora, contralora y correctora estatal; ordenamiento que por encontrar como sujetos destinatarios específicos a las instituciones y sociedades que conforman especiales sectores de la actividad económica, ha venido a denominarse como ordenamiento jurídico sectorial, nombre con el que la doctrina identifica teóricamente el conjunto de postulados que justifican, sector por sector, apartarse un tanto de los fundamentos clásicos del derecho público regulador de la actividad de policía, para dar paso a otros que responden más acertadamente, en tales sectores, a los requerimientos de protección y tutela del interés colectivo.

La intervención, justificada como se ha dicho por razones de protección al interés colectivo o general, cobra más fuerza ante la presencia de situaciones críticas como la que ha venido experimentando el sector financiero venezolano, extendiéndose hasta aquellas sociedades o empresas que, si bien no dedicadas directamente al ejercicio de la actividad de intermediación crediticia, se encuentran respecto a alguna o algunas de ellas en una especial situación de relación o vinculación, cuestión que corresponde determinar a las autoridades competentes, siguiendo los criterios que el ordenamiento establece a tal efecto, con el fin de Implementar igualmente frente a estas sociedades medidas que aseguren la eficiente tutela del anotado Interés (...) y es precisamente ante tales situaciones críticas o coyunturales, necesitadas de pronta respuesta por parte de las autoridades financieras, cuando cobran mayor relieve a Importancia las peculiaridades propias del ordenamiento sectorial bancario o Financiero, en tanto y en cuanto se hace Indispensable la adopción de medidas frente a los problemas detectados con el mayor grado de efectividad o eficiencia, aspectos estos últimos cuya contundencia, dadas las características de las situaciones a las que se busca atender, guardan una vinculación irreductible con las condiciones sumarias y expeditas con las que deben ser adoptadas, dependiendo de ello el sentido mismo de la medida que se adopta (...)" (Subrayado de esta Corte)

Así, en el análisis constitucional tanto el número como la calidad de los trámites que el legislador debe consagrar para la emisión de un acto administrativo definitivo -y que en conjunto conforman el procedimiento administrativo constitutivo- dependerá, en cada caso y momento histórico, del interés o derecho del particular involucrado que el acto administrativo definitivo pueda afectar. No requiere la Constitución, pues, que la ley exija el mismo número de trámites para un procedimiento que puede afectar la esencia de un derecho de manera definitiva que en otro donde simplemente se afectará la posesión de manera temporal, donde se puede, como en el caso de autos, equiparar el objeto de un acto administrativo definitivo a una medida de tipo cautelar.

Debe recordarse que, como lo ha dicho esta Corte en la sentencia de fecha 7 de enero de 1999, en cierto punto el beneficio de protecciones procedimentales adicionales para el particular afectado y la sociedad en términos de garantías de que la acción administrativa es justa, puede ser superado por el consecuente costo (en sentido amplio) para el Estado.

Aplicando los anteriores criterios al caso de autos, concluye esta Corte que el artículo 18 de la Ley de Regulación de la Emergencia Financiera (que permite la intervención accesoria de una empresa relacionada con un banco o institución financiera previamente intervenida por vía principal, sin la conducción de un procedimiento administrativo constitutivo previo) es compatible con la protección del derecho a la defensa estipulada en el numeral 1 del artículo 49 de la Constitución de la República Bolivariana de Venezuela (artículo 68 de la Constitución derogada), invocado como violado por los apoderados de la recurrente, por las siguientes razones:

1. La intervención de la empresa relacionada, por la vía accesoria, en ausencia de un procedimiento administrativo constitutivo previo con respecto a la empresa relacionada, debe ser realizada por la Administración con estricta sujeción a una

norma expresa y precisa emitida por el Congreso de la República en función legislativa (artículo 18 de la Ley de Regulación de la Emergencia Financiera publicada en la Gaceta Oficial de la República de Venezuela número 35.941 del 17 de abril de 1996) la cual, conjugada con el artículo 16 de la misma ley y los artículos 101 y 120 de la Ley General de Bancos y Otras Instituciones Financieras, no permite discrecionalidad de la Administración en cuanto a los casos en los que puede suprimir la audiencia previa de los interesados (y dejando a salvo otros aspectos del acto que puedan ser más o menos discrecionales o más o menos reglados). De tal forma, la supresión de la audiencia previa es decidida por el legislador, y no por la Administración a su arbitrio;

2. La intervención de la empresa relacionada, por la vía del artículo 18 de la Ley de Regulación de la Emergencia Financiera, sólo puede efectuarse en los tres (3) supuestos taxativos, de interpretación y aplicación restrictiva, que deben ser comprobados previamente por la Administración en cada caso concreto, referidos anteriormente en esta sentencia (cuando la empresa relacionada tenga unidad de decisión o gestión establecida con base en el artículo 101 de la Ley General de Bancos y Otras Instituciones Financieras; cuando la empresa relacionada tenga vinculación con un banco o institución financiera intervenida y la vinculación sea establecida con fundamento en los literales a y b del ordinal 6° del artículo 120 de la Ley General de Bancos y Otras Instituciones Financieras; o cuando el carácter de empresa relacionada se establezca con fundamento en el aparte del artículo 16 de la Ley de Regulación de Emergencia Financiera). Limita la ley, claramente, los casos en los que puede excepcionalmente suprimirse la audiencia previa de los interesados en relajación de los principios de la Ley Orgánica de Procedimientos Administrativos y de las exigencias que en otros casos pueden justificarse según el artículo 68 de la Constitución;

3. La intervención de la empresa relacionada, por la vía del artículo 18 de la Ley de Regulación de la Emergencia Financiera, es accesoria y subsecuente a la intervención previa de una banco o institución financiera relacionada, intervención previa que debe ser realizada mediante el procedimiento administrativo constitutivo previsto en los artículos 163 al 172 y 254 al 259 de la ley General de Bancos y otras Instituciones Financieras y exteriorizada en un acto que, aunque calificable como un acto administrativo definitivo, tiene la fuerza de una medida cautelar con respecto al acto que culmina el régimen de intervención. En este caso, las empresas que sean subsumibles en los supuestos de empresas relacionadas con el ente previamente intervenido quedan expuestas a ser intervenidas subsecuentemente, lo que les da legitimación activa para intervenir en el proceso de intervención principal;

4. La intervención de la empresa relacionada, por la vía del artículo 18 de la Ley de Regulación de la Emergencia Financiera, requiere debida y suficiente motivación, es decir, expresión detallada en el cuerpo del acto definitivo de intervención de la empresa relacionada (de conformidad con el artículo 18, ordinal 5°, de la Ley Orgánica de Procedimientos Administrativo) de los motivos de hecho y de derecho que justifican la actuación administrativa en el caso concreto, lo que per-

mitirá al particular o particulares afectados por el acto ejercer su derecho a la defensa a través de los medios procedimentales que le permiten presentar pruebas para desvirtuar la causa del acto de intervención y obtener, de ser procedente, la revocatoria o anulación del acto. Se trata de un caso donde la Ley de Regulación de Emergencia Financiera, con el objeto de suprimir la necesidad de audiencia previa de los interesados, reitera un principio general de Derecho Administrativo Formal, al exigir que se ponga a los interesados en conocimiento expreso de los motivos del acto;

5. La intervención de la empresa relacionada está sujeta a que los particulares afectados puedan obtener, en caso de producirse la anulación del acto de intervención de la empresa relacionada, compensación por los daños y perjuicios causados por el acto de intervención declarado contrario a Derecho, de conformidad con los principios que en Venezuela rigen la responsabilidad patrimonial extra contractual del Estado; y

6. La intervención de la empresa relacionada, por la vía del artículo 18 de la Ley de Regulación de la Emergencia Financiera, involucra un interés privado (la posesión y administración, aunque no la propiedad, de la empresa relacionada intervenida), cuyo riesgo de privación errónea a la luz de las protecciones procedimentales posteriores o subsecuentes (es decir, recursos que permiten obtener la anulación del acto y la condena en daños y perjuicios contra el Estado), es desplazado por el prevalente interés del Estado, relativo a una función clave dentro del sistema económico general, donde está involucrada la captación de recursos del público y de intermediación en el crédito del banco o institución financiera previamente intervenida (en las que juega un papel trascendental la confianza y buena fe de la colectividad), con base en Lo cual los requerimientos de prontitud y eficiencia en la respuesta que se exige a la acción supervisora, contralora y correctora Estatal priva sobre la necesidad de conducción de un procedimiento administrativo constitutivo previo y autónomo con respecto a la empresa relacionada. Se trata, pues, de un caso en el que el costo de reconocer la protección de un procedimiento constitutivo previo y autónomo para la empresa relacionada es mayor que el beneficio obtenido por el particular afectado y la colectividad, que justifica laxitud legislativa frente al sacramental cumplimiento de exigencias y formalidades que ordinariamente operan en el marco del Derecho Administrativo Formal. En el caso de autos, el interés de la Administración no es un abstracto interés general, que siempre estará de su lado como justificante mismo del Derecho Administrativo, sino un interés concreto de proteger a la colectividad que ha entregado sus fondos al Grupo Financiero Construcción. Distinto podría ser el caso, advierte la Corte, si el acto que comience la intervención de la empresa relacionada afectase un derecho que fuese más allá de la administración y posesión de dicha empresa.

RDP N° 99-100, 2004, pp. 174

TSJ-SPA (1002)   5-8-2004

Magistrado Ponente: Octavio Sisco Ricciardi

Caso: DHL Fletes Aéreos, C.A y otras vs. Ministerio de Transporte y Comunicaciones (Ministerio de Infraestructura).

La vía idónea para denunciar un abuso de posición de dominio, es acudir a la vía administrativa que establece la Ley para Promover y Proteger el Ejercicio de la Libre Competencia, mediante el procedimiento administrativo seguido en la Superintendencia y no directamente la jurisdicción contencioso-administrativa.

En efecto, señalan que la Ley para Promover y Proteger el Ejercicio de la Libre Competencia "tiene por finalidad prohibir el ejercicio de prácticas o conductas tendentes a impedir, restringir, falsear o limitar el goce de la libertad económica (...) también se extiende a la actividad desarrollada por las personas públicas del Estado (...) incluyendo aquellos casos en que el propio Estado mediante ley haya organizado estructuras económicas que "per se" constituyan un monopolio".

En tal sentido establecen los recurrentes que las Resoluciones impugnadas crean a favor de IPOSTEL un abuso de posición de dominio, actividad prohibida en el libre mercado por ser restrictiva de la libre competencia y regulada en el artículo 13 de la Ley para Promover y Proteger el Ejercicio de la Libre Competencia, por lo que señalan que el Estado con esas Resoluciones crea barreras y obstáculos con el doble propósito de dificultar la entrada de nuevos competidores en el mercado y reducir el número de competidores que actualmente existen.

2.- El marco normativo aplicable a la libre competencia está contenido en la Ley para Promover y Proteger el Ejercicio de la Libre Competencia, la cual data del 13 de enero de 1992 y a tal efecto se verifica, que para el momento en que fueron dictadas las Resoluciones N° 389 y 390 (5 de diciembre de 1994), dicha Ley estaba en plena vigencia.

La Ley para Promover y Proteger el Ejercicio de la Libre Competencia tiene por objeto promover y proteger el ejercicio de la libre competencia y la eficiencia en el beneficio de los productores y consumidores y prohibir las conductas y prácticas monopólicas y oligopólicas y demás medios que puedan impedir, restringir, falsear o limitar el goce de la libertad económica, tal como lo establece su artículo 1°.

3.- El instrumento jurídico en comento prevé un procedimiento administrativo a seguir, consagrado en el artículo 32 y siguientes, el cual debe cumplirse por ante la Superintendencia para Promoción y Protección de la Libre Competencia. En consecuencia, la vía idónea para denunciar un abuso de posición de dominio, era el acudir a la vía administrativa que establece la Ley para Promover y Proteger el Ejercicio de la Libre Competencia, mediante el procedimiento administrativo seguido en la Superintendencia y no directamente la jurisdicción contencioso-administrativa.

En tal sentido, es la Superintendencia para la Promoción y Protección de la Libre Competencia, el órgano competente para dirimir la denuncia interpuesta por las recurrentes en cuanto al pretendido abuso de dominio en el mercado de empresas de correo.

Por ende, esta Sala Político Administrativa Accidental se declara incompetente para conocer de la denuncia interpuesta, por ser la Superintendencia para la Promoción y Protección de la Libre Competencia el órgano administrativo competente para la resolución del conflicto planteado. Así se declara.

a'. Comisiones Tripartitas

RDP N° 13, 1983, pp. 105

CPCA   6-12-82

Magistrado Ponente: Hildegard Rondón de Sansó

El procedimiento desarrollado ante las Comisiones Tripartitas es un procedimiento administrativo y los actos que de ellas emanan son actos administrativos.

Al efecto, esta Corte observa que ya constituye jurisprudencia reiterada y constante que no es sino el fruto del meticuloso análisis del régimen creado por la Ley contra Despidos Injustificados, que las actuaciones que se ventilan ante las Comisiones Tripartitas, tanto de primera como de segunda instancia, constituyen un procedimiento administrativo y no un proceso jurisdiccional verdadero y propio. De allí que la "decisión" final no sea una sentencia sino un acto administrativo, y es por ello justamente que quedan sometidas al control contencioso-administrativo que esta Corte ejerce. Esta simple observación implica una serie de consecuencias de gran importancia, por cuanto el procedimiento administrativo no tiene el carácter preclusivo, ni la rigidez del proceso jurisdiccional, admitiéndose sólo en vía supletoria y, siempre que no sean contrarias a su naturaleza, algunas de las disposiciones del Código de Procedimiento Civil. Es indudable que las actuaciones relativas a obtener la calificación de despido poseen un carácter contradictorio por cuanto en ellas hay una lucha de intereses que deben ser demostrados ante el órgano administrativo (Comisión Tripartita) y que éste ha de decidir, sin que éste tenga el poder de imprimir a su acto el efecto jurisdiccional de la fuerza definitiva e inmutable de la cosa juzgada. Es esta naturaleza contradictoria la que ha creado, no sólo en esta esfera sino en la de otros procedimientos de igual pugnacidad, la duda de si el órgano administrativo no está actuando como un juez que dirime una controversia, acuñándose para definir a tales situaciones el termino de "decisión administrativa" para designar estos actos en los cuales el pronunciamiento del órgano administrativo es el medio para decidir a favor o en contra del interés demostrado a todo lo largo del íter procedimental. A pesar de lo anterior, estos actos-decisiones no pierden su carácter de actos administrativos, ni la secuencia de actuaciones que lo provocan, el de procedimiento administrativo en el cual está presente la flexibilidad, la libertad probatoria, la directa intervención del órgano administrativo y el carácter no preclusivo de las actuaciones. Es esto lo característico de la figura planteada y es a ella a la que alude la norma del reglamento originalmente indicada cuando establece que las leyes que indica como supletorias y que rigen procedimientos jurisdiccionales actúan solamente en cuanto "sean aplicables", esto es, si son conformes con la naturaleza específica del procedimiento administrativo. Indudablemente que en todo lo relativo a las garantías de los sujetos titulares de los intereses que se debaten en el procedimiento de calificación habrá que llamar en causa a estas disposiciones supletorias; pero ellas no pueden utilizarse, aun en el silencio de la ley especial y de su reglamento, cuando son contrarias a la esencia misma de la actuación.

RDP N° 18, 1984, pp. 162

CPCA   14-3-84

Magistrado Ponente: Aníbal Rueda

El procedimiento aplicable en la segunda instancia por parte de la Comisión Tripartita respectiva, es el pautado en el artículo 76 de la Ley Orgánica de Tribunales y de Procedimiento del Trabajo.

Antes de entrar a decidir sobre el fondo de la impugnación, la Corte considera previamente pronunciarse acerca del procedimiento seguido en la Comisión de alzada, ello en virtud de la existencia de una serie de evidencias que podrían conducir a la nulidad absoluta de la Resolución, en cuyo caso no habrá lugar a entrar el fondo de la impugnación, en caso contrario, se procederá a su consideración, y así se resuelve.

La Corte observa:

Conforme al artículo 8 de la Ley contra Despidos Injustificados, las decisiones de la Comisión Tripartita serán apelables dentro de los cinco (5) días hábiles siguientes a su fecha, por ante una Comisión Tripartita de Segunda Instancia.

Tanto en la Ley Contra Despidos Injustificados como en su Reglamento, se establece el procedimiento a seguir en las cuestiones que conoce la Comisión de Primera Instancia, no así con respecto al procedimiento a seguir en segunda instancia. Ante esta falta de señalamiento debe recurrirse al contenido del artículo 43 del Reglamento de la Ley Contra Despidos Injustificados, según el cual, en todo lo relacionado con el procedimiento establecido en la Ley Contra Despidos Injustificados y en el presente Reglamento, se aplicarán supletoriamente en su orden, en cuanto sean aplicables, las disposiciones de la Ley Orgánica de Tribunales y de Procedimiento del Trabajo.

De ello resulta, y así lo tiene establecido esta Corte, que el procedimiento aplicable en la segunda instancia por parte de la Comisión Tripartita respectiva, es el pautado en el artículo 76 de la Ley Orgánica de Tribunales y de Procedimiento del Trabajo, el cual consiste:

1. Darle entrada al expediente.

2. Fijar un lapso de ocho días hábiles para promover y evacuar las pruebas contempladas en el artículo 410 del Código de Procedimiento Civil.

3. Decidir en un término no mayor de quince (15) días (artículo 8 de la Ley Contra Despidos Injustificados), sin perjuicio de la facultad de dictar auto para mejor proveer.

En el caso de autos, el análisis efectuado en el procedimiento administrativo que consta en el expediente correspondiente, como ha quedado señalado, se evidencia una prescindencia total y absoluta del procedimiento legalmente establecido por parte de la Comisión Tripartita de Segunda Instancia para producir la Resolución objeto de la presente impugnación, vicio que acarrea la nulidad absoluta del acto administrativo contenido en la dicha Resolución, todo de conformidad con lo establecido en el ordinal 4 del artículo 19 de la Ley Orgánica de Procedimiento Administrativo, y así se declara.

En virtud de la precedente declaratoria, la Corte se abstiene de pronunciarse sobre el vicio cuya impugnación se venía analizando, así como de los demás señalados por el recurrente.

b'. *Reparos*

RDP N° 5, 1981, pp. 113–114

CSJ - SPA (10)   27-1-81

Magistrado Ponente: J. M. Casal Montbrún

Los Reparos fiscales formulados por la Contraloría General de la República en materia de Impuesto sobre la Renta son actos administrativos, reglados en sus fases procesales constitutivas por el Art. 419 de la Ley Orgánica de la Hacienda Pública, y no puede quedar al arbitrio de la Administración el procedimiento de formularlos a los contribuyentes.

En efecto, ya se dijo que el reparo tuvo su origen en una errada apreciación de la contribuyente de la norma legal invocada; luego, al confirmarse el mismo, la

Contraloría lo hace rechazando partidas que corresponden a reservas cuya admisión no está permitida por la Ley, a los fines de la determinación de la renta neta gravable conforme a lo dispuesto por el artículo 12 de la misma Ley aplicable al ejercicio investigado.

Se coloca así a la contribuyente frente a un hecho nuevo, cuya oportunidad de rebatir administrativamente no le es factible, viéndose obligado a plantear sus objeciones a la confirmación del reparo, en el recurso contencioso fiscal interpuesto por ante el Tribunal de Impuesto sobre la Renta, con lo cual se le arrebató la segunda instancia administrativa que ampara a los derechos del contribuyente, de conformidad con lo previsto en el ordinal 2° del artículo 419 de la Ley Orgánica de la Hacienda Pública Nacional, aplicable al caso a decidir; la Contraloría ha debido limitar su pronunciamiento, en la etapa de la reconsideración administrativa, a considerar los alegatos de la contribuyente esgrimidos para sostener la improcedencia del reparo original y no sustituir los fundamentos de hecho que sirvieron de base para la formulación del mismo, por otros completamente diferentes al original, quebrantando de ese modo el principio de igualdad de las partes en el proceso. Además la Sala de Examen de la Contraloría General de la República, inobservó también el principio de la preclusividad del procedimiento administrativo, al cumplir en la fase de reconsideración del reparo formulado, cometidos propios de la fase constitutiva del mismo, conforme al ordenamiento procesal establecido en el artículo 419 de la Ley Orgánica de la Hacienda Pública Nacional. A este respecto la Sala ha mantenido una jurisprudencia reiterada y constante en el sentido de estimar que los reparos fiscales formulados por la Contraloría General de la República en materia de impuesto sobre la renta, son actos administrativos perfectamente reglados en sus fases procesales constitutivas, por el mencionado artículo 419 y que no puede quedar al arbitrio de la Administración el procedimiento conforme al cual ha de formular sus reparos a los contribuyentes, menos aún si se tiene en cuenta que tal procedimiento constituye una de las seguridades y garantías que la Legislación Fiscal consagra a favor de sus destinatarios y que la doctrina denomina el estatuto del contribuyente; por lo cual las normas que los imponen son de orden público. En Sentencia del 18-4-78, la Corte ha dicho que: "El procedimiento administrativo en esta materia impositiva es un todo orgánico que responde a un 'orden consecutivo legal, con fases de preclusión perfectamente concatenadas, que van desde la etapa constitutiva del reparo hasta la interposición del recurso contencioso fiscal, pasando por las intermedias que implican la reconsideración administrativa por el Órgano Contralor (Ord. 2° del Artículo 419 de la Ley Orgánica de la Hacienda Pública Nacional) o la revisión jerárquica por la misma Administración (Artículo 116 de la Ley de Impuesto sobre la Renta). Este orden consecutivo legal y estas fases de preclusión no pueden alterarse en forma alguna por la Administración que de proceder así, se excede, en el ejercicio de sus poderes o facultades y quebranta el derecho de defensa de los contribuyentes, con desacato de la garantía establecida en el único aparte del Artículo 68 de la Constitución".

2. *Aplicación supletoria del Código de Procedimiento Civil*

RDP N° 15, 1983, pp. 138

CPCA   30-5-83

Magistrado Ponente: Pedro Miguel Reyes

En los procedimientos administrativos celebrados ante la Dirección de Inquilinato, no se aplican las normas contenidas en los artículos 249 y 258 del Código de Procedimiento Civil, relativas a las excepciones dilatorias.

En tal sentido esta Corte observa, que efectivamente los ciudadanos Salvatore Petrosino Mastrangelo y Héctor Avellaneda Quintana al cumplirse el procedimiento administrativo correspondiente ante la Dirección de Inquilinato del Ministerio de Fomento, opusieron diversas excepciones dilatorias. Consta igualmente que la Dirección de Inquilinato, mediante auto de fecha 21 de julio de 1981, les indicó a los arrendatarios que las excepciones opuestas por ellos serían decididas en la Resolución definitiva, por cuanto en el procedimiento cumplido ante ese organismo no hay lugar a la apertura de incidencias que se deban resolver previamente; criterio este ratificado por el Tribunal de Apelaciones de Inquilinato al expresar en el fallo recurrido, que en los procedimientos inquilinarios por razones de celeridad no procede la aplicación analógica de las normas supletorias del Código de Procedimiento Civil, sino que dada su naturaleza breve debe interpretarse que todas las cuestiones planteadas serán resueltas en la definitiva, para así evitar que los procedimientos se prolonguen en exceso.

Esta Corte comparte el criterio por el cual se establece que en los procedimientos administrativos celebrados ante la Dirección de Inquilinato, en todos los supuestos de omisión de las normas que específicamente los regulan, no se aplican analógicamente todas las disposiciones contenidas en el Código de Procedimiento Civil; pero esta Corte llega y afirma tal conclusión, con fundamentos distintos a los indicados por el Tribunal *a quo*, los cuales se expresan a continuación:

En las oportunidades que la Dirección de Inquilinato conoce de los asuntos cuya competencia le atribuye la Ley de Regulación de Alquileres o el Decreto Legislativo sobre Desalojo de Viviendas, lo hace conforme el procedimiento establecido en la Sección IV del Capítulo IV del Reglamento de la Ley de Regulación de Alquileres y del Decreto Legislativo sobre Desalojo de Viviendas, salvo otro especial señalado. Las normas allí contenidas regulan de manera especial el procedimiento inquilinario constitutivo, por cuanto tienen la finalidad de realizar las actuaciones necesarias para producir en definitiva un acto administrativo que va a crear situaciones jurídicas subjetivas en la relación locataria que se dicta. El presente caso es un procedimiento administrativo autorizatorio que tiene por objeto superar obstáculos jurídicos impuestos al arrendador para que pueda lograr la desocupación del inmueble sometido a la relación inquilinaria.

Por otra parte, como característica fundamental del procedimiento administrativo debemos destacar que constituye una forma de actuación de la administración, sujeta al principio de la legalidad al que debe en consecuencia someterse obligatoriamente; principio que se manifiesta en la adecuación del comportamiento de la administración a norma de derecho preexistente ya sea ésta emanada del poder legislativo o de la propia Administración, supuesto que obliga a la autoridad al cumplimiento de las formalidades del procedimiento. Pero además recordemos que también integran el principio de legalidad de los principios generales del Derecho Administrativo, entre ellos, resultan fundamentales en su cumplimiento aquellos que garantizan una eficaz actuación de la Administración, como es el que determina la actuación de oficio de la Administración, que habilita a la autoridad para obtener elementos de juicio que le permitan establecer su criterio y precisar los supuestos de hecho que condicionan su conducta futura; por lo cual, el procedimiento administrativo carece de ese estricto formalismo "que informa a las actuaciones judiciales, condicionadas por un sistema dispositivo, donde el impulso o la omisión procesal precisan un determinado resultado; en tal sentido, es el contenido de los artículos 249 y 258 del Código de Procedimiento Civil que establece que una vez opuestas en sus oportunidades las excepciones dilatorias y las de inadmisibilidad el demandante deberá contestarlas; si adopta una conducta negativa, en el sentido de no comparecer o de comparecer en las oportunidades de Ley pero guardar silencio, tal conducta le acarrea que las mismas se consideren convenidas, produciendo consecuencias similares a la confesión ficta.

La anterior solución no es posible en el procedimiento administrativo, los intereses en conflicto, de los cuales destaca primordialmente el interés público tutelado por la Administración, no permite que el destino del mismo esté sujeto a las omisiones procesales de las partes. Además debemos reafirmar que la participación de la autoridad administrativa tiene un carácter inquisitivo y el procedimiento no detenta el rigorismo formal del procedimiento civil ordinario, donde la verdad procesal podría no ser apreciada ante el cumplimiento o la omisión de determinadas conductas de las partes.

Por lo cual concluimos afirmando, que si bien el principio de la economía procesal tiene relativa importancia para el establecimiento del criterio que sostiene la inaplicabilidad de las normas contenidas en el Código de Procedimiento Civil relativas a la apertura de incidencias al oponerse excepciones dilatorias y al convenimiento tácito en que incurre el actor excepcionado al no contradecir las excepciones opuestas; tal criterio tiene su fundamento en el principio de la actuación de oficio de la autoridad administrativa y el carácter inquisitivo de dicho procedimiento.

RDP Nº 20, 1984, pp. 133

CPCA   1-11-84

Magistrado Ponente: Armida Quintana Matos

En efecto recuérdese simplemente que en lo que se refiere al procedimiento administrativo no rige el principio dispositivo del proceso, sino por el contrario, el funcionario al resolver una solicitud o recurso, debe decidir no sólo todas las cuestiones que hubieren sido planteadas inicialmente sino también las que surjan en la tramitación, e incluso aunque no hayan sido alegadas por los interesados. Principios en la Ley Orgánica de Procedimientos Administrativos en sus artículos 62 y 90. Es más, en cuanto al impulso procedimental, es responsabilidad de la Administración, y no de los particulares, impulsar el procedimiento en todos sus trámites de acuerdo con lo que prescribe el artículo 53 *ejusdem*. En consecuencia, las disposiciones de los artículos 12 y 162 del Código de Procedimiento Civil, tienen en materia de procedimiento administrativo una aplicación relativa y en todo caso atemperada (Sentencia del 1º de febrero de 1983).

RDP Nº 31, 1985, pp. 75

CPCA   7-7-87

Magistrado Ponente: Alfredo Ducharne A.

Caso: José R. Nieves vs. República (Inquilinato).

De una parte, es de advertir que el dispositivo previsto en el artículo 341 del Código de Procedimiento Civil vincula expresamente a los jueces, quienes deben seguir el procedimiento pautado en el citado artículo para extender el acta de la inspección ocular. Pretender así que el funcionario, administrativo, como el mismo recurrente lo califica, se encuentre también, vinculado a la previsión legal citada, es extender indebidamente el marco de aplicabilidad legal, en forma no establecida por la misma norma.

Consecuencia de la apreciación anterior, es también, la negativa a considerar que el Informe Fiscal que produce el órgano administrativo pueda ser considerado como una inspección ocular, definida la misma como medio probatorio judicial.

En efecto, el Informe Fiscal que produce la administración debe ser considerado en todo caso como vinculado a las regulaciones previstas en la Ley Orgánica de Procedimientos Administrativos, texto legal que en su artículo 55, faculta al funcionario requerido a emitir su apreciación sin limitaciones específicas.

Siendo así que la administración no pudo incurrir en infracción del artículo 341 del Código de Procedimiento Civil, es de concluir en la afirmación de que la denuncia formulada carece de sustentación legal, y así se declara.

RDP N° 42, 1990, pp. 88

CPCA   18-4-90

Conjuez Ponente: Rafael Badell M.

Caso: Cristalería Atlántico vs. República (Ministerio del Trabajo, Comisión Tripartita).

En materia de procedimientos administrativos el principio dispositivo contenido en los artículos 12, 243 y 244 del Código de Procedimiento Civil es inaplicable, según lo dispuesto en los artículos 62 y 89 de la Ley Orgánica de Procedimientos Administrativos.

En cuanto a la denuncia del supuesto vicio de inaplicabilidad de los artículos 12 y 162 del Código de Procedimiento Civil derogado, hoy 12, 243 y 244 del vigente, esta Corte debe reiterar su criterio jurisprudencial, en el sentido de que los mismos son inaplicables a los actos administrativos, por cuanto dichos artículos regulan el llamado principio dispositivo del proceso que limita a los jueces en sus poderes decisorios, obligándolos a resolver únicamente sobre las cuestiones alegadas en la demanda y en su contestación. Por tanto, no cabe el alegato del recurrente relativo a que tales dispositivos son de aplicación impretermitible por parte de las Comisiones Tripartitas al momento de dictar sus decisiones, ya que en materia de procedimientos administrativos el citado principio dispositivo carece de aplicación en razón de lo dispuesto en los artículos 62 y 89 de la Ley Orgánica de Procedimientos Administrativos, y así se declara.

Por tanto, las Comisiones Tripartitas como órganos administrativos se encuentran regidos, entre otras, por la Ley Orgánica de Procedimientos Administrativos, en la que se estatuye como obligación de la autoridad administrativa que resuelve el asunto, la de decidir todas las cuestiones que hubiesen sido planteadas, tanto inicialmente como durante la tramitación (artículo 62), norma que se complementa con lo previsto en el artículo 89 que expresamente establece que el órgano administrativo deberá resolver todos los asuntos que se sometan a su consideración dentro del ámbito de su competencia o que surjan con motivo del recurso aunque no haya sido alegado por los interesados, ya que en mérito al interés público se impone a la autoridad administrativa el deber inquisitivo de dirigir e impulsar el procedimiento y ordenar la práctica de cuanto sea conveniente para el esclarecimiento y resolución de la cuestión planteada.

En consecuencia, el principio inquisitivo domina en el procedimiento administrativo; en tanto el principio dispositivo o instancia de parte prevalece en el proceso judicial; por lo que en el primero el órgano debe ajustarse a los hechos, prescindiendo de que hayan sido alegados y probados o no por el administrado. La autoridad administrativa, entonces, no sólo debe ajustarse a los alegatos y a las pruebas aportadas por las partes, lo que lo distingue del proceso civil, donde el juez debe necesariamente constreñirse a juzgar según pruebas aportadas por las partes (verdad formal). En rigor, tanto Administración como el administrado procuran conocer la verdad material, ya que si la decisión administrativa no se ajustara a los hechos materiales verdaderos estaría viciada.

La amplitud que se atribuye en el procedimiento administrativo al órgano que decida, justifica el examen de los asuntos que se someten al conocimiento de las Comisiones Tripartitas por virtud de la Ley Contra Despidos Injustificados, éstas, aun si no fuere alegado por las partes, pueden analizar el cumplimiento de los extremos para la procedencia de dicha aplicación.

RDP N° 42, 1990, pp. 88

CPCA   18-4-90

Conjuez Ponente: Rafael Badell M.

Caso: Serenos Metropolitanos Oriente, C.A. vs. República (Ministerio del Trabajo, Comisión Tripartita).

En materia de procedimientos administrativos el principio dispositivo del proceso carece de aplicación (artículos 62 y 89 de la Ley Orgánica de Procedimientos Administrativos).

Declarada como ha sido la nulidad de la resolución impugnada, esta Corte aun cuando estima innecesario hacer otras consideraciones respecto al fondo de la presente controversia, considera que debe ser aclarado el punto relativo al supuesto vicio de inaplicabilidad de los artículos 12 y 162 del Código de Procedimiento Civil derogado, hoy artículos 12, 243 y 244 del Código vigente, en el sentido de que los mismos son inaplicables a los actos administrativos, por cuanto dichos artículos regulan el llamado principio dispositivo del proceso que limita a los jueces en sus poderes decisorios, obligándolos a resolver únicamente sobre las cuestiones alegadas en la demanda y en su contestación. Por el contrario, en materia de procedimientos administrativos el citado principio dispositivo carece de aplicación en razón de lo dispuesto en los artículos 62 y 89 de la Ley Orgánica de Procedimientos Administrativos.

Por último, esta Corte estima pertinente aclarar que las Comisiones Tripartitas, como órganos administrativos, se encuentran regidos por la Ley Orgánica de Procedimientos Administrativos, entre otras y, en esta misma Ley, aparece como obligación de la autoridad administrativa que resuelve el asunto, la de decidir todas las cuestiones que hubieren sido planteadas, tanto inicialmente como durante la tramitación (artículo 62), norma que se complementa con lo prevenido en el artículo 89 que expresamente establece que el órgano administrativo deberá resolver todos los asuntos que se sometan a su consideración dentro del ámbito de su competencia o que surjan con motivo de recurso aunque no hayan sido alegados por los interesados.

La amplitud que se atribuye en el procedimiento administrativo al órgano que decide, justifica que en el examen de los asuntos que se someten al conocimiento de las Comisiones Tripartitas por virtud de la Ley contra Despidos Injustificados, éstas, aun si no fuere alegado por las partes, pueden analizar el cumplimiento de los extremos para la procedencia de dicha aplicación.

RDP N° 51, 1992, pp. 109

Magistrado Ponente: Jesús Caballero Ortiz

Caso: UPACA vs. República (Ministerio del Trabajo).

Las Inspectorías del Trabajo son órganos de naturaleza eminentemente administrativa, razón por la cual no están obligadas, en sus decisiones, a seguir las reglas que el Código de Procedimiento Civil prevé para las sentencias que dicten los jueces.

RDP N° 52, 1992, pp. 112

CPCA   14-12-92

Magistrado Ponente: Gustavo Urdaneta Troconis

En materia de procedimientos administrativos, el Código de Procedimiento Civil solamente es aplicable supletoriamente y cuando no contraríe la naturaleza administrativa de los procedimientos regulados por la Ley Orgánica de Procedimientos Administrativos.

Para decidir, esta Corte observa:

Ha sido criterio reiterado de esta Corte que, en materia de procedimientos administrativos, la Ley Orgánica de Procedimientos Administrativos tiene aplicación preferente sobre el Código de Procedimiento Civil y que este es solamente aplicable cuando no contraríe la naturaleza administrativa de los procedimientos administrativos previstos. Ello obedece a que el procedimiento administrativo está regido por una serie de principios recogidos en la Ley Orgánica de Procedimientos Administrativos, que no son aplicables al procedimiento judicial, como es el caso, a título de ejemplo, de la flexibilidad de las formas, la economía, celeridad y eficacia del procedimiento administrativo y, quizá el más importante, el principio inquisitivo, en contraposición al principio dispositivo que rige en materia de procesos judiciales.

Es por ello que la Corte ha estimado que la denuncia de supuestos vicios por infracción de los artículos 12, 243 y 244 del vigente Código de Procedimiento Civil no es aplicable a los actos administrativos, por cuanto dichos artículos regulan el llamado principio dispositivo de los juicios, que limita a los jueces en sus poderes decisorios, obligándolos a resolver únicamente sobre las cuestiones alegadas en la demanda y en su contestación. En materia de procedimientos administrativos, el citado principio dispositivo carece de aplicación, en razón de lo dispuesto en los artículos 62 y 89 de la Ley Orgánica de Procedimientos Administrativos.

Por tanto, la Dirección de Inquilinato del Ministerio de Fomento, siendo un órgano administrativo, se encuentra regida en su actividad por la Ley Orgánica de Procedimientos Administrativos, en la cual se estatuye, como obligación de la autoridad administrativa que resuelve el asunto, la de decidir todas las cuestiones que le hubieren sido planteadas, tanto inicialmente como en la tramitación (artículo 62), norma que se complementa, en el caso de recursos, con lo previsto en el artículo 89 *ejusdem*, que expresamente establece que el órgano administrativo deberá resolver todos los asuntos que se sometan a su consideración dentro del ámbito de su competencia o que surjan con motivo del recurso, aunque no hayan sido alegados por los interesados, ya que, en mérito al interés público, se impone a la autoridad administrativa el deber inquisitivo de dirigir e impulsar el procedimiento y ordenar la práctica de cuanto sea conveniente para el esclarecimiento y resolución de la cuestión planteada.

En consecuencia, el principio inquisitivo domina en el procedimiento administrativo, en tanto el principio dispositivo o de instancia de parte prevalece en el proceso judicial; por ello, en el primero, el órgano debe ajustarse a los hechos probados prescindiendo de que hayan sido alegados y probados o no por el administrado. En rigor, tanto administración como administrado procuran conocer la verdad material ya que, si la decisión administrativa no se ajustara a los hechos materiales verdaderos, estaría viciada.

La amplitud que se atribuye en el procedimiento administrativo al órgano que decide, justifica el examen de los asuntos que se someten al conocimiento de la Dirección de Inquilinato del Ministerio de Fomento por virtud del Decreto Legislativo sobre Desalojo de Vivienda y su Reglamento, y a que ésta pueda, aun si no fuere alegado por las partes, analizar el cumplimiento de los extremos para la procedencia de su aplicación.

RDP N° 53–54, 1993, pp. 284

CPCA   6-5-93

Magistrado Ponente: José A. Cátala

Caso: Jorge E. Oviedo vs. República (Ministerio del Trabajo).

Las disposiciones del Código de Procedimiento Civil que regulan los aspectos formales de la sentencia no pueden ser aplicados a los actos administrativos, de una naturaleza totalmente diferente a la de aquellas y que tienen sus propias reglas formales contenidas en la Ley Orgánica de Procedimientos Administrativos.

Advierte esta Corte, en primer término, que el recurrente menciona —dentro de las disposiciones que, a su juicio, fueron viciadas por la conducta de la Comisión Tripartita— el artículo 68 de la Constitución de la República. A pesar de ello, estima la Corte que no se trata propiamente de una denuncia de inconstitucionalidad, para cuyo conocimiento no tendría competencia este órgano jurisdiccional, sino la Corte Suprema de Justicia; en efecto, no formula el recurrente una denuncia de violación directa al texto constitucional, sino la violación a normas de rango legal sobre el comportamiento que en materia probatoria, y más generalmente, en la conducción de los procedimientos, deben asumir los jueces y los órganos administrativos. La contradicción con el texto constitucional se produciría, pues, tal como lo plantea el actor, por la violación de esas normas de rango legal por parte del órgano autor del acto. En definitiva, son razones de ilegalidad las que fundamentan el recurso interpuesto, por lo que es esta Corte la competente para conocer del mismo, de acuerdo con lo dispuesto en el artículo 185 ordinal 39 de la Ley Orgánica de la Corte Suprema de Justicia. Así se declara.

RDP N° 63–64, 1995, pp. 235

CSJ-SPA (610)   03-08-95

Magistrado Ponente: Cecilia Sosa Gómez

Caso: Donato Santaella Zaraza y Tereso Álvarez Sandoval vs. Consejo Supremo Electoral.

Aunque el Código de Procedimiento Civil es aplicable, supletoriamente, en los procedimientos administrativos, sus normas no pueden aplicarse de manera rígida. Por ello no puede sancionarse su transgresión con la nulidad de los actos que hayan sido dictados sin cumplir a cabalidad con las exigencias formales que el ordenamiento procesal positivo exige a los jueces.

Ahora bien, debe la Sala recordar que el Código de Procedimiento Civil –especialmente por la parte relativa a los principios procesales– es de aplicación supletoria en todos los procedimientos administrativos y mucho más en los relativos a la determinación por el Tribunal Disciplinario del Consejo de la Judicatura, de la responsabilidad disciplinaria de los jueces, donde expresamente ello se establece en el artículo 66 de la Ley Orgánica que rige la organización y funcionamiento del Consejo de la Judicatura.

De manera que las normas de la legislación procesal civil, que son de obligatorio cumplimiento por los jueces de la jurisdicción ordinaria, no pueden aplicarse de manera rígida en estos procedimientos, ni sancionarse su transgresión con la anulación de los actos administrativos que, a pesar de contener una suficiente motivación y de decidir de conformidad con el contenido del expediente y con lo alegado y probado por los interesados, no hubieren cumplido a cabalidad con las exigencias formales que el ordenamiento procesal positivo exige a los jueces.

Por tanto, partiendo de los principios expuestos, se observa que el acto impugnado reúne, desde el punto de vista formal, todos los requisitos necesarios para su validez, ya que en él se hace expresa mención a los hechos probados, se analizan –si bien, de conjunto– las defensas y pruebas aportadas por los interesados y se señala la valoración otorgada a los medios probatorios contenidos en el expediente. Ello todo, cumpliendo con lo dispuesto en el artículo 74 de la Ley Orgánica del Consejo de la Judicatura –donde se establece que cada decisión del "...*Tribunal Disciplinario contendrá un resumen de los hechos y pruebas, la exposición de los motivos del fallo, y la disposición de condena o de la absolución, según el caso, con expresión de las normas legales aplicables*"– y en los artículos 9 y 18 de la Ley Orgánica de Procedimientos Administrativos.

Por las razones expuestas la Sala desestima el alegato de violación de los indicados artículos 508 y 509 del Código de procedimiento Civil, ya que además de no ser ellos en su totalidad aplicables a los aspectos formales de los actos administrativos, se observa que, en el caso concreto, se dio cabal cumplimiento a las exigencias de esa naturaleza contenidas en las leyes procesales administrativas. Así se declara.

3. *La analogía en el procedimiento administrativo*

RDP N° 41, 1990, pp. 76

CSJ-SPA (92)   22-2-90

Magistrado Ponente: Román J. Duque Corredor

Caso: Jesús Dávila C. vs. Contrataría General de la República

Las normas del Código Penal son aplicables, supletoriamente, en los procedimientos administrativos sancionatorios y disciplinarios.

Ahora bien, considera la Sala que existiendo identidad entre los diferentes supuestos de hecho e identidad de razones entre las normas que regulan las averiguaciones administrativas y los procesos penales, por atender ambos a acciones sancionatorias y punitivas, de conformidad con lo previsto en el artículo 4° del Código Civil, cabe perfectamente la aplicación analógica de las reglas del Código Penal sobre el inicio de la prescripción y sobre los modos de interrupción de tal prescripción, a la responsabilidad administrativa de los funcionarios públicos. Tal analogía o asimilación no es extraña en el llamado Derecho Administrativo sancionatorio o disciplinario, "*porque éste es el conjunto de reglas que señalan las faltas en que incurren algunas personas en razón de sus funciones, las autoridades competentes para juzgarlas y las sanciones correspondientes*", y porque participa "*del Derecho Administrativo y del Derecho Penal. Del primero, en cuanto persigue la prestación correcta del servicio público cuando se trata de empleados oficiales; y del segun-*

do, porque previo un proceso, impone sanciones a quienes incumplan sus obligaciones" (Sentencia de la Corte Suprema de Justicia de Colombia, Sala Disciplinaria, Acta N° 1, de fecha 8 de febrero de 1980, citada por Penagos, Gustavo, "Criterios para Clarificar los actos en el Derecho Procesal Administrativo", *Revista del Instituto Colombiano de Derecho Procesal*, Vol. N° 3, 1985, pp. 171 y 172).

4. *El valor de la práctica administrativa*

RDP N° 5, 1980, pp. 110

CSJ-SPA (243)   4-12-80

Magistrado Ponente: Josefina Calcaño de Temeltas

El procedimiento administrativo formalmente regulado no puede ser cambiado por la práctica administrativa.

Para desvirtuar esta rígida interpretación que hace esta Sala, no pueden admitirse "razones de dinámica administrativa" o de "práctica fiscal" como lo esgrime el Tribunal Primero, en su citada sentencia, pues si tales razones existen por congestionamiento del trabajo administrativo, lo que corresponde hacer al órgano ejecutivo, es modificar el Reglamento Orgánico de la Administración del Impuesto sobre la Renta y facultar a algunos otros funcionarios fiscales para que hagan liquidaciones y firmen las Resoluciones o planillas correspondientes; o más fácilmente, aun sin modificar dicho Reglamento, lograr simplemente que el Inspector Técnico delegue tal atribución en "otros funcionarios calificados", "previa autorización del Administrador General", de conformidad con lo previsto en el Artículo 21 del ordinal 3° del citado Reglamento.

A. *La vía de hecho administrativa*

RDP N° 44, 1990, pp. 133

CPCA   6-9-90

Magistrado Ponente: Jesús Caballero Ortiz

Caso: Ganadería El Cantón, C.A. vs. República (Ministerio de Agricultura y Cría).

La calificación de vía de hecho a una actuación de la Administración, si se acepta el origen de la misma, es incorrecta si con ella no se produce una violación de un derecho o una garantía constitucional.

Al respecto esta Corte observa que en multitud de ocasiones, y con el objeto de respaldar su solicitud, el accionante califica de vía de hecho a la Comunicación que revocó la delegación de importación, para contraponerla así a un acto administrativo.

Sobre el particular conviene recordar que la tesis de la vía de hecho, con amplio desarrollo en Francia (voie de fait), consiste en el cumplimiento de una actividad material de ejecución en la que la Administración incurre en una irregularidad grosera que atenta al derecho de propiedad o a una libertad pública. La importancia de la tesis de la (voie de fait) en Francia radica en que la competencia para conocer de la misma corresponde a la llamada jurisdicción judicial.

Ahora bien, en nuestro país la calificación de vía de hecho a una actuación de la Administración, si aceptamos el origen de la misma, es incorrecta si con ella no se produce una violación de un derecho o una garantía constitucional.

De acuerdo con lo expuesto no resulta cierto el alegato de la accionante, conforme al cual se encuentra en estado de indefensión ante la "vía de hecho" de la Administración. En efecto, por una parte, el acto contenido en el oficio N° 1.129 del 10 de julio de 1990 constituye un verdadero acto administrativo con respecto al cual la accionante se encuentra en plena capacidad de ejercer su derecho a la defensa. El hecho de que el mismo pueda adolecer de vicios de fondo o de forma no le quita su carácter de acto administrativo con respecto al cual —debe insistir esta Corte y aun cuando se le califique como vía de hecho— puede el accionante ejercer su derecho a la defensa a través de las diversas vías procesales que nuestro ordenamiento jurídico ha previsto.

Con lo anterior no pretende esta Corte afirmar que los medios procesales ordinarios sean sustitutivos de la acción de amparo. Lo que se quiere ratificar es que un acto administrativo, por la circunstancia de que pueda adolecer de vicios, no cause indefensión y así se declara.

B. *Poder Discrecional*

RDP N° 24, 1985, pp. 114

CSJ-SPA (270)   3-10-85

Magistrado Ponente: Luis H. Farías Mata

Caso: Iván Pulido M. vs. República (Contraloría General de la República).

El actor centra su recurso fundamentalmente en la violación por la Contraloría del artículo 81 de la Ley Orgánica que rige el funcionamiento de ese Organismo, texto cuyo contenido es el siguiente:

"La Contraloría podrá realizar investigaciones en todo caso en que surgieran indicios de que funcionarios públicos o particulares que tengan a su cargo o intervengan en cualquier forma en la administración, manejo o custodia de bienes o fondos de las entidades sujetas a su control, hayan incurrido en errores, omisiones o negligencias. Esta averiguación procederá aun cuando dichas personas hubieran cesado en sus funciones".

Por su parte, en desarrollo de ese mismo texto, el artículo 50 del Reglamento de dicha Ley admite una legitimación amplia cuando se trata de impulsar el procedimiento administrativo —procedimiento "constitutivo", diría la doctrina—, destinado a forjar un acto administrativo; diferente, por tanto, dicho procedimiento de los re-cursos "administrativos" (internos) o del contencioso, en cuanto los dos últimos ostentan categoría de "recurso", que el "constitutivo" no tiene, contra un acto administrativo ya formado a través del primero. En tal sentido la legitimación que la citada norma reglamentaria permite para desencadenar la averiguación es amplísima y contrastante con los otros textos reglamentarios 35 y 36 ya transcritos y analizados. Expresa, en efecto, el artículo que para "la realización de averiguaciones la Contraloría procederá de oficio, o por denuncia de particulares, o a solicitud de cualquier organismo o empleado público".

Tal capacidad fue reconocida, implícitamente, por la Contraloría al responder al interesado y la admite incluso el Procurador General de la República, funcionario que, sin embargo, disiente de la del hoy recurrente Pulido Mora para impugnar la decisión del Organismo Contralor —objeto de este recurso, por la cual, en vía de reconsideración, confirmó su criterio de "que no era procedente abrir la averiguación administrativa". Adicionalmente, al examinar el fondo del asunto para el caso de que la excepción de inadmisibilidad fuese desestimada por la Corte, la Procuraduría considera —y es, también, la tesis del Contralor— que dados los términos del artículo 81 de la Ley ("La Contraloría podrá realizar investigaciones en todo caso en que surgieren indicios...), constituye una facultad "discrecional" del Organismo Contralor abrir o no la averiguación; discrecionalidad que el impugnante discute y que el Fiscal considera "limitada" al estimar que "entraña su ejercicio obligatorio cada vez que se intuya la necesidad de su utilización"; pero es éste un asunto que será posteriormente analizado por la Corte.

Respecto al punto concreto de la posibilidad abierta a los simples interesados por el artículo 50 del Reglamento de la Ley para impulsar la realización de averiguaciones administrativas por la Contraloría, no cabe duda, tampoco para la Corte y así lo declara expresamente, que el hoy impugnante sí tenía esa legitimación. A la diafanidad de dicho texto se une la redacción del subsiguiente 51, conforme al cual: "En caso de denuncia, quien la formule expondrá, verbalmente o por escrito, lo que crea necesario, y el funcionario que tome nota de ella podrá hacerle las preguntas que estime pertinentes para obtener informaciones adicionales". ¿Pero, obliga la norma al Contralor a abrir la averiguación; de ser así y no haber procedido a su apertura, ¿podía el demandante impugnar la decisión denegatoria por vía de recursos de anulación interponibles en vía administrativa y contenciosa? En otras palabras: ¿se encuentra legitimado el denunciante para intentar y también para concluir la secuencia procedimental?

En el mismo orden de ideas no puede deducirse del hecho de que la Contraloría hubiese ordenado en su Resolución denegatoria de la apertura de la averiguación solicitada, la notificación de la misma al denunciante, que éste pasara automáticamente a convertirse en legitimado activo para interponer contra aquélla un recurso contencioso-administrativo de anulación, quedando entonces desvirtuado por ese solo hecho de la ordenada notificación todo el orden jurídico establecido por nuestro sistema en materia de legitimación activa.

De haberse dado en el recurrente las condiciones de legitimidad para intentar el recurso, hubiera quedado pendiente dilucidar todavía si los términos del artículo 81 de la Ley Orgánica de la Contraloría son constriñentes para el organismo, en el sentido de que, hecha la denuncia, está obligado a proceder realizando las investigaciones.

En la forma como ha quedado resuelto el recurso, el análisis del punto resulta obviamente innecesario; pero quiere la Sala recordar que no sólo cabe interpretar la expresión "podrá" en el sentido —al cual apunta el artículo 13 del Código de Procedimiento Civil— de facultad discrecional para adoptar una decisión o no, sino también en el de competencia atribuida por el legislador al funcionario para actuar, de regla atributiva de competencia en suma. En sentencia de esta misma Sala, de fecha 7-6-1982, dictada en el caso Héctor Zamora Izquierdo contra Resolución del Consejo de la Judicatura, expresó la Corte:

> "Se ha alegado que el término *"podrán"* utilizado por el legislador en la primera parte del artículo 11 de la vigente Ley ("Los Jueces podrán ser reelegidos en sucesivos períodos constitucionales..."), demuestra que no se ha establecido un derecho absoluto a la reelección, y al efecto se invoca lo dispuesto en el artículo 13 del Código de Procedimiento Civil.
>
> No son pocas las interpretaciones que son sólo el producto de la impresión causada por un aparente mimetismo lingüístico. Pero viene al caso observar que no siempre a una misma expresión empleada por el legislador en normas diferentes deba necesariamente corresponder un solo significado. El término podrá de una norma de carácter estrictamente procesal, cuando es utilizado como parte de un precepto de derecho material, no admite el mismo sentido de discrecionalidad que le acuerda el artículo 13 del Código de Procedimiento Civil. Es menester, por tanto, hacer un examen detenido del cuestionado artículo 11 de la Ley Orgánica del Poder Judicial para fijar su verdadera significación y alcance".

RDP N° 99–100, 2004, pp. 217

TSJ-SC (2164)   14-9-2004

Magistrado Ponente: José Manuel Delgado Ocando

Caso: Impugnación del numeral 15 del artículo 9 y el artículo 32 de la Ley de Mercado de Capitales.

Ahora bien, con respecto a la presunta inconstitucionalidad del artículo 9.15 de la Ley de Mercado de Capitales, por infringir la reserva de ley de la regulación del mercado de capitales establecida en el artículo 156.11, en concordancia con el artículo 187.1 de la Constitución de la República Bolivariana de Venezuela, la Sala observa que el mencionado precepto legal establece lo siguiente:

"**Artículo 9**. El Directorio de la Comisión Nacional de Valores tendrá las siguientes atribuciones y deberes:

Omissis...

15.- Adoptar las medidas necesarias para resguardar los intereses de quienes hayan efectuado inversiones en valores sujetos a esta ley".

La norma transcrita confiere al Directorio de la Comisión Nacional de Valores potestad discrecional para adoptar las providencias que dicho organismo considere imprescindibles al objeto de proteger los intereses de los inversionistas, la cual, no es más que la concreción de la imposibilidad del legislador para determinar de antemano un catálogo de casos en sus mínimas variantes circunstanciales y las diversas posibilidades de actuación administrativa.

Por ello, la norma bajo examen prevé que, ante cualquier circunstancia que afecte negativamente los intereses de un grupo indeterminado o indeterminable de inversionistas, la Comisión Nacional de Valores se encuentra habilitada para actuar con el propósito de asegurar el cumplimiento de los fines de la Ley, sin fijar previamente la conducta de la Administración ni el contenido de las providencias que pueda dictar al efecto, por lo que deja al mencionado órgano administrativo un amplio margen de apreciación para decidir el momento, la conveniencia, oportunidad, forma y contenido del acto derivado de la aplicación de dicha norma.

No obstante, el ejercicio de tal potestad discrecional se encuentra condicionada por la finalidad y por la racionalidad y razonabilidad establecida en la propia norma, en virtud de que tal potestad es conferida para tutelar la finalidad pública relativa a la protección de los intereses de los inversionistas y, siempre, con estricto apego a las vías procedimentales previstas en el ordenamiento jurídico.

RDP N° 113, 2008, pp. 194

TSJ-SPA (0151)   13-2-2008

Magistrado Ponente: Yolanda Jaimes Guerrero

Caso: Astrazeneca Venezuela S.A. vs. Ministerio de Salud y Desarrollo Social, ahora Ministerio del Poder Popular para la Salud.

En sintonía con lo anterior, esta Sala estima conveniente reproducir una vez más las consideraciones que se hicieron en el título concerniente a la aplicabilidad del Tratado G-3, en el cual se dispuso que una interpretación armónica del aludido Tratado así como de las disposiciones de la Decisión 486, conduce a sostener que existe por parte de los Estados miembros la potestad discrecional de ponderar, atendiendo a las necesidades colectivas, si siempre o sólo en determinadas ocasiones, deben respetarse los cinco años que "...normalmente..." se conceden como período de protección a los laboratorios que introducen sustancias novedosas en el mercado.

De manera que, se reitera una vez más, que quien pretenda impugnar el ejercicio de la potestad discrecional así entendida, deberá en todo caso cumplir con la carga de demostrar que en su supuesto particular no se verificaban las condiciones especiales que justificaban una reducción del aludido plazo y por consiguiente, el Estado habría afectado injustificadamente los intereses económicos de un determinado grupo o persona. No obstante, de no verificarse lo anterior, en modo alguno podría cuestionarse, a juicio de este órgano jurisdiccional, la autorización del medicamento genérico, cuyo costo menos elevado permite que un mayor número de la población tenga mejor acceso al progreso científico, toda vez que ello conllevaría a legitimar una violación al derecho humano a la salud.

Empero, conviene advertir que tampoco se persigue consagrar una potestad ilimitada del Estado, ya que el empleo de ésta, sin lugar a dudas, deberá realizarse atendiendo a la debida proporcionalidad que como bien lo ha referido parte de la doctrina "...es la fisonomía que adopta la ponderación cuando se trata de resolver casos concretos y no de ordenar en abstracto una jerarquía de bienes...". (*Vide.* Pietro, L., *Derechos Fundamentales, neoconstitucionalismo y ponderación judicial.* Palestra – Editores, Lima: 2002, p. 65-66).

Específicamente, conviene traer a colación el tema de la proporcionalidad en sentido estricto que "...*supone ponderar entre daños y beneficios, es decir acreditar que existe un cierto equilibrio entre los beneficios que se obtienen con la medida limitadora en orden a la protección de un bien constitucional o a la consecución de un fin legítimo y los daños o lesiones que de la misma se derivan para el ejercicio del derecho...*" (Pietro, L. 2002, p. 66-67).

Tal ponderación resulta de vital importancia, puesto que la autorización concedida para el expendio de los medicamentos genéricos en modo alguno puede exponer al público consumidor a la obtención de fármacos que han sido elaborados en condiciones inseguras y cuyos efectos secundarios aún no hayan sido comprobados.

De manera que permitir la comercialización de estos medicamentos antes del plazo de protección "...normalmente..." razonable no es óbice para que se descuiden los controles de calidad y eficacia de los productos farmacéuticos, ya que de ser ese el caso, el fin superior que motivó el expendio del medicamento genérico, esto es, la satisfacción de una necesidad pública, como es el abastecimiento a la población de tales productos, se vería igualmente lesionado al no garantizarse los aludidos controles de inspección y calidad.

Lo mismo ocurriría si la Administración constantemente y sin que medien razones justificadas que así lo ameriten, autorizara antes del posible lapso de protección, la comercialización de los productos genéricos, ya que ello podría incidir negativamente en las invenciones de sustancias novedosas.

De ahí que la Administración debe ser sumamente cuidadosa y proceder con criterios de extrema prudencia, a objeto de no conceder tales autorizaciones sino únicamente cuando medien razones de urgencia o necesidad.

RDP N° 115, 2008, pp. 535

TSJ-SC (1265)   5-8-2008

Magistrado Ponente: Arcadio Delgado Rosales

Caso: Ziomara del Socorro Lucena Guédez vs. Contralor General de la República (Artículo 105 de la Ley Orgánica de la Contraloría General de la República y del Sistema Nacional de Control Fiscal).

La potestad discrecional para ser legal y legítima debe ser necesariamente parcial, ya que el dispositivo legal debe establecer algunas condiciones o requisitos para su ejercicio, dejando las demás a la estimación del órgano competente.

Con relación a la violación del principio de tipicidad de las sanciones administrativas, este órgano jurisdiccional observa, que los artículos 91 y 92 de la Ley Orgánica de la Contraloría General de la República y del Sistema Nacional de Control Fiscal consagran las conductas ilícitas objeto de control, mientras que las sanciones aplicables a los ilícitos administrativos se determinan de acuerdo a parámetros razonables (en atención al ilícito cometido y a la gravedad de la irregularidad); parámetros estos que ya existían en la Ley Orgánica de la Contraloría General de la República derogada (en los Títulos VIII y IX).

Ahora bien, asumiendo que la sanción (en este caso accesoria) que aplica la Contraloría General de la República es de naturaleza "administrativa" (y no judicial); debe insistirse en la conformidad a derecho de estas llamadas por la doctrina "potestades discrecionales", por oposición a las "potestades vinculadas o regladas". En efecto, la "potestad discrecional" no es contraria a la Constitución ni a la ley. Por el contrario, es una expresión concreta del principio de legalidad.

Ahora bien, esta potestad discrecional, para ser legal y legítima es necesariamente parcial, ya que el dispositivo legal (en este caso la Ley Orgánica de la Contraloría General de la República y del Sistema Nacional de Control Fiscal), debe establecer algunas condiciones o requisitos para su ejercicio, dejando las demás a la estimación del órgano competente.

Al respecto, SANTAMARÍA expone que el poder discrecional no es el producto del reconocimiento de un ámbito de libertad a la Administración, sino la consecuencia de una remisión normativa (atribuida expresamente por una norma legal).

En este orden de ideas, GARCÍA DE ENTERRÍA argumenta que "…no hay acto sin potestad previa, ni potestad que no haya sido atribuida positivamente por el ordenamiento jurídico. Es falso, pues, la tesis, bastante común por otra parte, de que hay potestad discrecional, allí donde no hay norma…". El núcleo de esa potestad discrecional es la libertad de selección, de opción, de escogencia, entre varias alternativas, todas justas.

En tal sentido, el artículo 12 de la Ley Orgánica de Procedimientos Administrativos, exige que la medida o providencia a juicio de la autoridad competente debe mantener la debida proporcionalidad y adecuación con el supuesto de hecho y con los fines de la norma, lo cual es controlable por la jurisdicción contencioso-administrativa; lo que es inaceptable es pretender la declaratoria de nulidad de una norma general por el solo hecho de contener una potestad discrecional.

El control jurisdiccional del acto discrecional podría implicar la nulidad del acto discrecional, si se advierte incompetencia del ente que lo dicte, incongruencia fáctica (falso supuesto de hecho), incongruencia teleológica (desviación de poder) o incongruencia formal (vicio de procedimiento).

En relación a la potestad discrecional administrativa, esta Sala, en el fallo N° 1260/2002, precisó que:

"…la discrecionalidad de la Administración sólo es admitida en la esfera del ejercicio de la potestad sancionatoria para determinar la gravedad de los hechos a los fines de la sanción, y siempre sometido a las reglas de la racionalidad y proporcionalidad. No abarca la discrecionalidad, en consecuencia, la posibilidad de tipificar el hecho ilícito, ni de desprender de una circunstancia determinados efectos en relación con los sujetos sometidos a un ordenamiento en el cual no exista una relación fija de supremacía especial. En consecuencia, importa destacar que la facultad genérica otorgada a la administración mediante una norma que la autoriza a establecer caso por caso los elementos constitutivos de un ilícito sancionable, configura lo que se denomina norma en blanco, situación ésta, que ha sido objeto del total rechazo por parte de la jurisprudencia."

Asimismo, en sentencia N° 1394/2001 de esta misma Sala Constitucional, al aludirse a la discrecionalidad como elemento distintivo entre la actividad sancionatoria administrativa y la penal, en la que se reitera la debida sujeción al bloque de la legalidad, reproduce el fallo de la Sala Político Administrativa del 04 de agosto de 1994, que sostiene que:

"...es reiterada la diferencia que ha precisado el contencioso administrativo respecto de la jurisdicción penal. En efecto, la administración, en relación a la actividad sancionatoria, tiene como nota característica la discrecionalidad, la cual no puede equipararse en modo alguno a la que prescribe el derecho penal, pues en este ordenamiento, cuando han de aplicarse reglas para aumentar o rebajar la pena, se cuenta previamente con la clara identificación de las circunstancias que atenúan o agravan el delito cometido...

Ahora bien, esto no significa que la sanción a imponer quede al arbitrio de la administración y que en su actividad sancionatoria pueda el funcionario evadir la legalidad del acto en incurrir en abuso de poder, sino que debe someterse a los límites establecidos en el precepto a aplicar…".

En consecuencia de lo expuesto, al estar debidamente tipificados en la Ley Orgánica de la Contraloría General de la República y del Sistema Nacional de Control Fiscal, tanto los hechos lícitos (artículos 91 y 92), como las sanciones administrativas (artículos 93, 94 y 105); la potestad discrecional del órgano contralor no es una "norma en blanco", pues debe ajustarse a los parámetros expresamente establecidos en la Ley Orgánica; y así se declara.

II. CARACTERIZACIÓN

1. *Diferencia con la actividad judicial*

RDP N° 5, 1980, pp. 109

CPCA   16-12-80

Magistrado Ponente: Nelson Rodríguez G.

La nota que distingue la actividad administrativa de la actividad judicial es que esta última es una ejecución de la Ley realizada por órganos independientes.

En efecto, lo que distingue y caracteriza la función judicial es la ejecución de la Ley en los casos de disputa, de controversia, en los otros supuestos, los encargados de la ejecución de la Ley son los restantes órganos del Estado. También es ejecutar la Ley su desarrollo reglamentario y dictar actos y ejecutarlos en ocasiones en que no existe conflicto o pugna formalizada de otro sujeto.

Es por ello que existe una ejecución contenciosa de las Leyes que se une, se identifica y se asigna al Poder Judicial; otra ejecución de las Leyes cuando no hay oposición, se la denomina ejecución voluntaria; y, además la ejecución reglamentaria de las Leyes. Las dos últimas formas de ejecución corresponden al llamado poder ejecutivo o a la Administración Pública (*Vid.* Parada Vásquez, José Ramón. "Privilegio de decisión ejecutoria y proceso contencioso'". *RAP*, N° 55).

Modernamente, conforme tanto a la doctrina y a las tendencias del Derecho positivo la única nota de distinción de la administración y la jurisdicción en su tarea común de ejecutar la Ley, está dada por la independencia del órgano jurisdiccional en relación con la Administración, cuestión además constitucionalmente garantizada. "...Con ello la jurisdicción se identifica con la justicia, es decir, con el orden judicial. El Juez está solamente sujeto a la Ley, para aplicarla e interpretarla, y en esto consiste su independencia, lo cual no puede lograrse si se encuentra formando parte o sometido de alguna manera al orden administrativo; continuamente, los órganos de la Administración activa, con su estructura jerárquica, dependen de las órdenes del superior y entre ellas el modo de interpretar la Ley..." (*Vid.* Moles Caubet, Antonio. "Irrecurribilidad en vía contencioso-administrativa de las decisiones emitidas por la Ley contra Despidos Injustificados". *RDP*, N° 2, Caracas, p. 186).

RDP N° 85-86 / 87-88, 2001, pp. 280

TSJ-SC (438)   4-4-2001

Magistrado Ponente: Jesús Eduardo Cabrera Romero

Caso: Siderúrgica del Orinoco C.A. (SIDOR).

Ahora bien, existen procedimientos administrativos donde la Administración cumple una función equivalente a la del juez para resolver la controversia entre dos partes. Por ello se ha denominado a los actos que resultan de dichos procedimientos como "actos cuasijurisdiccionales" (V. Rondón de Sansó, Hildegard, *Los actos cuasijurisdiccionales*, Ediciones Centauro, Caracas, 1990). En tales actos, la Administración, en sede administrativa, no actúa como parte en el procedimiento decidiendo unilateralmente sobre derechos que le son inherentes, sino que actúa en forma similar a la del juez, dirimiendo un conflicto entre particulares y cuya decisión está sometida al posterior control en sede judicial. Así sucede en algunos procedimientos administrativos llevados a cabo por las Inspectorías del Trabajo, tal como es el caso objeto de esta decisión. Es pues indudable que el acto administrativo que resulta de dichos procedimientos de tipo cuasi-jurisdiccional, crea derechos u obligaciones tanto para la parte recurrente como para aquélla o aquéllas que, tal como consta en el expediente administrativo, estuvieron efectivamente presentes en el procedimiento del cual resultó el acto impugnado.

RDP N° 108, 2006, pp. 153–154

TSJ-SPA (2514)   9-11-2006

Magistrado Ponente: Emiro García Rosas

Caso: Freddy Álvarez Berneé vs. Comisión de Funcionamiento y Reestructuración del Sistema Judicial.

El procedimiento administrativo (regido por los principios fundamentales del derecho a la defensa y al debido proceso), no puede ser confundido con la función jurisdiccional, en la cual el Juez se encuentra sometido a reglas procesales distintas dependiendo del proceso de que se trate.

Con relación al silencio de pruebas, sostiene el recurrente que la Comisión de Funcionamiento y Reestructuración del Sistema Judicial, no valoró ninguno de los argumentos presentados en el escrito de descargo, así como tampoco las pruebas aportadas al procedimiento, por lo que denunció la "violación al principio de globalidad y exhaustividad administrativa".

Al respecto, es preciso señalar que ha sido criterio de esta Sala que el procedimiento administrativo (regido por los principios fundamentales del derecho a la defensa y al debido proceso), no puede ser confundido con la función jurisdiccional, en la cual el Juez se encuentra sometido a reglas procesales distintas dependiendo del proceso de que se trate; por tanto, basta para entender que se ha realizado una motivación suficiente, el análisis y apreciación global de todos los elementos cursantes en el expediente administrativo correspondiente, no siendo necesario que el ente administrativo realice una relación precisa y detallada de todos y cada uno de los medios probatorios aportados (*Vid.* Sentencia N° 1623 de fecha 22 de octubre de 2003).

De la decisión recurrida cursante en autos (folios 85 al 115), se desprende que la Comisión de Funcionamiento y Reestructuración del Sistema Judicial, a los fines de dictar la sanción de destitución, apreció el escrito de defensa presentado por el ciudadano Freddy Álvarez Berneé, siendo ampliamente transcrito en el referido acto (folios 102 al 108), al igual que los argumentos expuestos por los denunciantes y demás actas e informes de investigación levantadas por los Inspectores de Tribunales designados al efecto, con los cuales fundamentó su decisión.

En tal virtud, estima la Sala que los documentos aportados por las partes en el expediente administrativo, fueron valorados en su conjunto por la Comisión del Funcionamiento y Reestructuración del Sistema Judicial, haciendo incluso referencia a cada uno de ellos en el acto recurrido; por tanto no encuentra esta Sala razones suficientes para considerar que la Administración haya dejado de apreciar algún medio de prueba necesario para declarar la sanción de destitución, por lo que se desestima la denuncia de silencio de prueba.

2. *Principios*

RDP N° 36, 1988, pp. 70

CSJ-SPA (295)   11-8-88

Presidente Ponente: Rene De Sola

Caso: Protinal del Zulia vs. República (Ministerio de Hacienda).

En cuanto al alegato según el cual la modificación del acto vulnera el principio de igualdad entre las partes, se observa que el acto administrativo no se elabora por medio de un proceso en el cual intervienen las partes (Administración-administrado). Se trata de una manifestación unilateral de voluntad del órgano administrativo que goza de la presunción de legalidad iuris tantum.

No existe, por ende, en la formación del acto administrativo una igualdad entre las partes en el sentido del cual conoce el proceso judicial. Observa sin embargo la Corte que la inexistencia de esta igualdad no opera en detrimento del derecho de defensa de los intereses legítimos del interesado, los cuales se ejercen por vía de los recursos de la ley.

RDP N° 48, 1991, pp. 117

CPCA   17-12-91

Magistrado Ponente: Jesús Caballero Ortiz

Caso: Freddy J. Pina vs. I.V.R.A.

Los actos administrativos están regidos por normas y principios menos rígidos que aquellos que se aplican al proceso judicial. La adopción de decisiones que no toman en cuenta expresamente alegatos o pruebas dentro del procedimiento administrativo deben entenderse como desechados tácitamente pues no puede calificarse tal hecho como un vicio de procedimiento que obligue, ni al superior jerárquico, ni al juez contencioso-administrativo, a anular tales actos y a ordenar la reposición al estado de que se corrija una posible falta de procedimiento.

Con respecto a esta denuncia, esta Corte observa:

Es jurisprudencia reiterada de esta Corte que los actos administrativos están regidos por normas y principios menos rígidos que aquellos que se aplican al proceso judicial. La adopción de decisiones que no toman en cuenta expresamente alegatos o pruebas dentro del procedimiento administrativo deben entenderse como desechados tácitamente, pues no puede calificarse tal hecho como un vicio de procedimiento que obligue, ni al superior jerárquico, ni al Juez Contencioso-Administrativo, a anular tales actos y a ordenar la reposición al estado de que se corrija una posible falta de procedimiento.

De acuerdo con lo expuesto, el no pronunciamiento del acto recurrido sobre la supuesta violación del procedimiento por haberse acordado una hora de espera a la empresa debe considerarse como un alegato tácitamente desestimado, como igualmente lo considera esta Corte, pues, dentro de un procedimiento administrativo, la autoridad administrativa dispone de potestades inquisitivas para el mejor conocimiento del asunto sometido a su consideración. Si la Comisión de Segunda Instancia dispuso otorgarle una hora de espera a la empresa para que expusiera sus alegatos, ello le permitió tener un mejor conocimiento del asunto, lo que podía hacer de oficio de conformidad con el artículo 53 de la Ley Orgánica de Procedimientos Administrativos y así se declara.

RDP N° 112, 2007, pp. 550

CSCA   17-12-2007

Juez Ponente: Alejandro Soto Villasmil

Caso: Héctor Rafael Paradas Linares vs. Alcaldía del Distrito Metropolitano de Caracas.

Los principios reguladores del procedimiento administrativo se clasifican en tres grandes grupos: el principio de legalidad; los principios relativos a las garantías jurídicas de los administrados (los principios de *audire alteram partem* o principio de contradictorio administrativo, de igualdad de los participantes en el procedimiento, de publicidad de las actuaciones y de motivación del acto administrativo) y los principios que garantizan la eficacia de la actuación administrativa (principios de economía procedimental, preclusividad, flexibilidad probatoria, de actuación de oficio o inquisitivo y de control jerárquico).

Respecto a la Infracción de Ley consagrada en el artículo 313 ordinal 2 del Código de Procedimiento Civil por haber desconocido el contenido del artículo 60 de la Ley Orgánica de Procedimientos Administrativos.

En este sentido el artículo 60 de la Ley Orgánica de Procedimientos Administrativos establece:

"La tramitación y resolución de los expedientes no podrá exceder de cuatro (4) meses, salvo que medien causas excepcionales, de cuya existencia se dejará constancia, con indicación de la prórroga que se acuerde.

La prórroga o prórrogas no podrán exceder, en su conjunto, de dos (2) meses".

De la disposición precedente se desprende que la Administración, dispone de un plazo de cuatro (4) meses para sustanciar el procedimiento disciplinario, pudiendo prorrogarlo por dos (2) meses, cuando medie causa que lo justifique.

Ahora bien observa esta Corte, que pudiera ocurrir que una vez concluido el plazo legal para sustanciar, e inclusive, finalizado el plazo de prórroga, queden por practicar algunas actuaciones necesarias e importantes para el esclarecimiento de los hechos, actos u omisiones investigados, o con respecto a la presunta autoría.

Así tenemos que, el hecho de que un acto administrativo sea dictado con posterioridad al vencimiento del lapso legalmente establecido para ello, no lo vicia necesariamente de nulidad. La obligación de resolver dentro de un lapso determinado en la ley, tiene por objeto dar un tiempo prudencial para que el administrado obtenga una decisión en relación al asunto conocido en sede. Sin embargo, esta Corte no puede dejar de advertir que ello no exime a la Administración del pronunciamiento expreso solicitado (*Vid.* sentencia N° 00799 de la Sala Político-Administrativa del Tribunal Supremo de Justicia del 11 de junio de 2002).

En este sentido esta Corte considera conveniente recordar que la actuación del órgano administrativo en todo momento debe sujetarse no sólo a las normas jurídicas aplicables, sino que, además debe orientarse a cumplir una serie de principios que constituyen una pieza fundamental dentro de dicho procedimiento.

Acerca de los principios que rigen el procedimiento administrativo, Hildegard Rondón de Sansó, en su obra "Procedimiento Administrativo" expresó:

"De toda la normativa, que será objeto de un análisis posterior, vigente en los ordenamientos jurídicos, así como en la materia, se evidencia que, en la regulación de los procedimientos administrativos existen una serie de postulados que están siempre presentes, bien de forma expresa, o bien porque subyacen como motivación intrínseca de las normas reguladoras. A tales postulados podemos denominar 'Principios', porque son rectores del procedimiento administrativo en abstracto, constituyendo proposiciones fundamentales que condicionan el sistema en base al cual se erigen. Tales postulados pueden o no ser formulados, porque, como bien lo expresa Moles Caubet, los principios jurídicos no pueden estar incorporados literalmente en la norma, constituyendo el 'Derecho detrás del Derecho', por lo cual se les puede denominar 'principios con trascendencia jurídica, o bien, pueden estar incorporados, constituyendo así norma condicionante de las otras.

(…) podemos enunciarlos enmarcados en tres grandes categorías: la primera constituida por el principio de Legalidad que es extrínseco al procedimiento, por que es una regla común de toda actividad administrativa; en la segunda quedarán comprendidos los que constituyen garantías jurídicas de los administrados, en el sentido de que aseguran o salvaguardan sus intereses durante el procedimiento, y, en la tercera, los que están dados, fundamentalmente, para garantizar la eficacia de la actuación administrativa (…)".

Como se advierte, la doctrina expuesta clasifica los principios reguladores del procedimiento administrativo en tres grandes grupos: a) El principio de legalidad; b) Los principios relativos a las garantías jurídicas de los administrados, como son los principios de *audire alteram partem* o principio de contradictorio administrativo, de igualdad de los participantes en el procedimiento, de publicidad de las actuaciones y de motivación del acto administrativo; y, c) Los principios que garantizan la eficacia de la actuación administrativa, tal es el caso de de los principios de: economía procedimental, preclusividad, flexibilidad probatoria, de actuación de oficio o inquisitivo y de control jerárquico. En el procedimiento de averiguaciones administrativas es indiscutible que el principio de legalidad debe tenerse presente a lo largo del mismo.

Por su parte, los principios que se encuentran vinculados con las garantías de los administrados, también entran en juego en la etapa de sustanciación del procedimiento disciplinario. En efecto, se tendrán en cuenta tales principios cuando el órgano sustanciador procede a citar para escuchar las declaraciones de aquellos sujetos que pudieran tener vinculación con los hechos investigados, los que deberán tener derecho a que se les escuche, a que se les trate en igualdad de condiciones respecto a los demás investigados, en el procedimiento disciplinario, a que la Administración valore sus intervenciones de manera imparcial, a tener acceso a las actuaciones recogidas en el expediente administrativo y a que la decisión definitiva que se adopte se encuentre debidamente motivada. En suma, a que se garantice el derecho a la defensa.

Del mismo modo, cabe destacar que tiene una gran importancia en esta fase de sustanciación del procedimiento disciplinario aquellos principios que aseguran la eficacia de la Administración, tal como lo refiere la autora patria Hildegard Rondón de Sansó, por tanto existe la posibilidad de practicar actuaciones excediendo el tiempo establecido en al Ley, de manera excepcional, y sólo puede admitirse cuando la causal que originó el procedimiento haga indispensable para Administración requerir más tiempo de lo previsto, para contar con fundados elementos que le permitan decidir el asunto con arreglo a la verdad material.

En otras palabras, debe tener presente el órgano administrativo posibilidades excepcionalísimas dentro del procedimiento de procedimientos disciplinarios, que sólo deberán producirse cuando ocurran circunstancias como las previstas.

En el presente caso, la parte recurrente consignó en copias certificadas la Resolución N° D.C.J. N° 1076 de fecha 28 de octubre de 2005 (folios 16 al 21) mediante la cual la Dirección de Consultoría Jurídica de la Alcaldía Mayor emitió su opinión con respecto al procedimiento disciplinario llevado en contra del ciudadano Héctor Rafael Paradas Linares.

De la referida resolución se desprende que la Administración llevó a cabo un procedimiento disciplinario en contra del hoy recurrente, el cual se inició el 12 de abril de 2004 mediante auto emanado del Director de Recursos Humanos de la referida Alcaldía que ordenó la apertura del procedimiento administrativo, igualmente se dejó constancia que el 30 de agosto de 2004 rindieron declaración dos (2) ciudadanas, que el 29 de ese mismo mes y año, se le notificó al funcionario de los cargos, razón por la cual el 7 de octubre de 2004 el referido ciudadano consignó escrito de descargos, y en esa misma fecha se acordó la apertura del lapso probatorio, el cual concluyó el 19 de octubre de 2004 y así se dejó constancia. Posteriormente fue remitido el expediente a la Consultoría Jurídica de la entidad municipal a los fines de que emitiera su opinión.

Precisado lo anterior, esto es, que se llevó a cabo un procedimiento administrativo a los fines de determinar si el funcionario Héctor Parada Linares incurrió en una falta sancionada con la destitución, procedimiento en el cual el funcionario actuó tal como se desprende de la Resolución N° D.C.J. N° 1076 de fecha 28 de octubre de 2005 (la cual fue consignada por la misma parte actora).

Ahora bien, estima esta Corte, que si bien es cierto que el procedimiento administrativo en referencia tuvo una duración mayor a la estipulada en la Ley Orgánica de Procedimientos Administrativos, no menos cierto es que la tardanza en nada conculcó los derechos constitucionales del accionante, pues, tal como se señaló, éste participó en la instancia administrativa a los fines de exponer sus respectivas defensas y, asimismo, pudo ejercer el recurso judicial respectivo a los fines de impugnar dicha decisión administrativa.

Aunado a ello, y no menos importante, es el hecho que el querellante fue destituido del cargo de agente policial por haber realizado una acción que podría ser objeto de una sanción penal (porte ilícito de arma), que el hoy querellante reconoció, y que a criterio de esta Corte en el caso concreto, por ser esta una situación que afecta el orden público y las buenas costumbres el procedimiento disciplinario efectuado no podía estar sujeto a lapsos de caducidad o prescripción, como erradamente lo afirmó el querellante en su fundamentación.

Por tanto, corroborado en esta instancia que la Administración sustanció el procedimiento disciplinario contra el recurrente, atendiendo a los principios que aseguran la eficacia de la Administración, y siendo que en el presente caso se presentó una situación excepcional que afectó el orden y público y las buenas costumbres, esta Corte desecha el alegato del recurrente en torno a la caducidad del procedimiento administrativo.

Por tanto, corroborado en esta instancia que la Administración sustanció el procedimiento disciplinario contra el ciudadano Héctor Paradas Linares, atendiendo a los principios que aseguran la eficacia de la Administración, y siendo el presente caso una situación excepcional que incumbe el orden público, esta Corte considera ajustada la decisión de la Alcaldía de destituirlo, pues, quedó demostrado a través de la instancia administrativa que el hoy recurrente incurrió en la causal prevista en el ordinal 6 del artículo 86 de la Ley del Estatuto de la Función Pública, relativa a la "falta de probidad" institución que tiene un amplio alcance, pues comprende todo el incumplimiento, o al menos una gran parte, de las obligaciones que informan el llamado contenido ético de las obligaciones del funcionario público.(*Vid.* sentencia Nº 2006-01835 de fecha 13 de junio de 2006 de esta Corte Segunda de lo Contencioso Administrativo).

De manera que siendo la falta de probidad un comportamiento incompatible con los principios morales y éticos previstos en la naturaleza laboral del cargo ejercido por el funcionario público, se hace más reprochable cuando las funciones desempeñadas por la persona que ostenta el cargo, comprende principalmente actividades de seguridad ciudadana, que por su naturaleza requiere la más alta rectitud que pudiere exigírsele a otros funcionarios. Así se decide.

No obstante lo anterior, esta Corte insta a la Administración recurrida a que, en casos similares al de autos, instruya el respectivo procedimiento administrativo en resguardo de los lapsos establecidos legalmente, con estricta observancia a las normas que, sobre la material procedimental, consagra la Ley Orgánica de Procedimientos Administrativos. Así se decide

Desechadas cada una de las denuncias esgrimidas por el apoderado judicial del ciudadano Héctor Rafael Paradas Linares en el escrito de fundamentación, esta Corte declara sin lugar la apelación interpuesta el 15 de noviembre de 2006, contra la sentencia dictada el 9 de noviembre 2006 por el Juzgado Superior Primero en lo Civil y Contencioso Administrativo de la Región Capital, mediante la cual declaró sin lugar el recurso interpuesto por el referido ciudadano contra la ALCALDÍA

DEL DISTRITO METROPOLITANO DE CARACAS, y confirma el fallo apelado. Así se decide.

A. *Principio de legalidad*

RDP N° 53–54, 1993, pp. 183

CPCA   2-2-93

Magistrado Ponente: Belén Ramírez Landaeta

Caso: Sunnynest, Corporation AUV, Sociedad "EXENTA" de Aruba vs. SIEX.

El principio de la legalidad establece para los órganos del Poder Público la obligación de sujetarse, en su ejercicio, a la Constitución y a las leyes.

RDP N° 115, 2008, pp. 537

CSCA   12-8-2008

Juez Ponente: Emilio Ramos González

Caso: Banco Exterior C.A. Banco Universal vs. Instituto Autónomo para la Defensa y Educación del Consumidor y del Usuario (INDECU).

La legalidad otorga a la Administración un marco de actuación, encargándose de definir cuidadosamente sus límites, apoderándola, habilitándole para su acción, confiriéndole al efecto poderes jurídicos.

Declarado lo anterior, aprecia esta Corte que la parte recurrente igualmente destacó que el vicio de inmotivación denunciado, al no adecuarse a los hechos verificados en el caso de autos, habría producido igualmente la violación del principio de legalidad, sin que para ello haya extremado en sus consideraciones sobre la manera en que tal violación se produjo.

No obstante ello, respecto del alegado vicio de violación del principio de legalidad, observa esta Corte que el artículo 137 de la Constitución de la República Bolivariana de Venezuela establece el mencionado principio, conforme al cual la Administración sólo puede obrar cuando haya sido legalmente facultada, cuestión que constituye una de las características propias del moderno Estado de Derecho, que comporta la subordinación del poder de obrar de la Administración a la Constitución y las leyes; tal asunto comporta el establecimiento de las relaciones entre el ordenamiento jurídico en general y el acto o actos emanados de la Administración.

Por estos motivos, resulta evidente que dicho principio de legalidad, tal como ha sido concebido por nuestro Constituyente, se erige como un estatuto obligatorio para las distintas ramas del poder, es decir, como un mandamiento dirigido propiamente al Estado para establecer los límites del ejercicio de las potestades conferidas a éste.

Siendo ello así, la funcionalidad práctica del principio de legalidad, respecto de la actuación de la Administración Pública, se erige en un mecanismo técnico preciso: la legalidad atribuye potestades a la Administración. Así, la legalidad otorga a la Administración un marco de actuación, encargándose de definir cuidadosamente sus límites, apoderándola, habilitándole para su acción, confiriéndole al efecto poderes jurídicos.

De esta manera, la acción de la Administración se convierte en el ejercicio de un poder que ha sido previamente atribuido por la ley, construyéndolo y delimitándolo, de manera que sin la atribución legal previa de potestades, aquélla simplemente no podría actuar (*Vid.* García De Enterría, Eduardo, y Fernández, Tomás-Ramón. *Curso de Derecho Administrativo I,* Thomson-Civitas. Duodécima Edición, Madrid 2004. p. 448).

De esta forma, el principio de la legalidad permite determinar de una manera sencilla, *prima facie*, la validez de un acto administrativo, mediante la constatación de la atribución o no a la Administración de la potestad invocada para dictar dicho acto.

B. *Principio inquisitivo*

RDP N° 1, 1980, pp. 123

CPCA   21-2-80

La Administración está obligada a dirigir y cumplir las fases del procedimiento administrativo.

En segundo lugar, con respecto a la apelación interpuesta por la representación de la República contra la sentencia del Tribunal de la Carrera Administrativa de fecha 28 de julio de 1972, esta Corte observa que las razones sobre las cuales se fundamenta tal apelación son —en criterio de la Administración— las siguientes: Primero: se alega que el recurrente, ciudadano Mario Orlando Cavalieri Segura "no cumplió con los procedimientos previstos por la Ley de Carrera Administrativa para su incorporación a la Carrera Administrativa, no siéndole otorgado en consecuencia por la Oficina Central de Personal el Certificado correspondiente". Al respecto, esta Corte observa que para el momento de entrar en vigencia la Ley de Carrera Administrativa, el funcionario recurrente prestaba sus servicios en la Administración Pública y como del expediente se evidencia que tenía poco menos de un año para el referido momento —el de entrada en vigencia la Ley— se le aplica en consecuencia el régimen señalado en el artículo 35 de la Ley citada para poder convertirse en funcionario de carrera; ahora bien, en el expediente no consta ni que la Administración haya dado cumplimiento a lo dispuesto en la indicada disposición, ni que el funcionario recurrente no los haya cumplido por causa que le sea imputable, por tanto, en atención al principio de que "nadie puede alegar su propia torpeza" mal puede ahora, la Administración alegar que el recurrente "no cumplió con los procedimientos previstos en la Ley de Carrera Administrativa" y en consecuencia se desestima el señalado alegato de la Procuraduría General de la República contra la sentencia apelada y así se declara.

RDP N° 19, 1984, pp. 117

CPCA   9-7-84

Magistrado Ponente: Hildegard Rondón de Sansó

Se aprecia al efecto que de acuerdo con lo dispuesto en el artículo 356 del Reglamento de la Ley del Trabajo el Inspector puede ordenar la evacuación de las pruebas promovidas por las partes que no hubiesen sido evacuadas en la oportunidad correspondiente, en razón de lo cual carece de fundamento el alegato del recurrente de la violación de dicha norma. Por otra parte se observa que el procedimiento administrativo y el acto que del mismo resulte no se equiparan al "juicio" o proceso jurisdiccional ni a la sentencia ni intrínseca ni formalmente. En efecto, en el procedimiento administrativo existe la facultad inquisitiva del funcionario que lo dirige, lo cual le permite actuar de oficio no sólo para verificar algún hecho, sino también para traer al procedimiento elementos no planteados por las partes. De allí que carezca de fundamento el alegato del impugnante y así se declara.

RDP N° 42, 1990, pp. 88

CPCA   18-4-90

Conjuez Ponente: Rafael Badell M.

Caso: Cristalería Atlántico vs. República (Ministerio del Trabajo, Comisión Tripartita).

En materia de procedimientos administrativos el principio dispositivo contenido en los artículos 12, 243 y 244 del Código de Procedimiento Civil es inaplicable, según lo dispuesto en los artículos 62 y 89 de la Ley Orgánica de Procedimientos Administrativos.

En cuanto a la denuncia del supuesto vicio de inaplicabilidad de los artículos 12 y 162 del Código de Procedimiento Civil derogado, hoy 12, 243 y 244 del vigente, esta Corte debe reiterar su criterio jurisprudencial, en el sentido de que los mismos son inaplicables a los actos administrativos, por cuanto dichos artículos regulan el llamado principio dispositivo del proceso que limita a los jueces en sus poderes decisorios, obligándolos a resolver únicamente sobre las cuestiones alegadas en la demanda y en su contestación. Por tanto, no cabe el alegato del recurrente relativo a que tales dispositivos son de aplicación impretermitible por parte de las Comisiones Tripartitas al momento de dictar sus decisiones, ya que en materia de procedimientos administrativos el citado principio dispositivo carece de aplicación en razón de lo dispuesto en los artículos 62 y 89 de la Ley Orgánica de Procedimientos Administrativos, y así se declara.

Por tanto, las Comisiones Tripartitas como órganos administrativos se encuentran regidos, entre otras, por la Ley Orgánica de Procedimientos Administrativos, en la que se estatuye como obligación de la autoridad administrativa que resuelve el asunto, la de decidir todas las cuestiones que hubiesen sido planteadas, tanto inicialmente como durante la tramitación (artículo 62), norma que se complementa con lo previsto en el artículo 89 que expresamente establece que el órgano administrativo deberá resolver todos los asuntos que se sometan a su consideración dentro del ámbito de su competencia o que surjan con motivo del recurso aunque no haya sido alegado por los interesados, ya que en mérito al interés público se impone a la autoridad administrativa el deber inquisitivo de dirigir e impulsar el procedimiento y ordenar la práctica de cuanto sea conveniente para el esclarecimiento y resolución de la cuestión planteada.

En consecuencia, el principio inquisitivo domina en el procedimiento administrativo; en tanto el principio dispositivo o instancia de parte prevalece en el proceso judicial; por lo que en el primero el órgano debe ajustarse a los hechos, prescindiendo de que hayan sido alegados y probados o no por el administrado. La autoridad administrativa, entonces, no sólo debe ajustarse a los alegatos y a las pruebas aportadas por las partes, lo que lo distingue del proceso civil, donde el juez debe necesariamente constreñirse a juzgar según pruebas aportadas por las partes (verdad formal). En rigor, tanto Administración como el administrado procuran conocer la verdad material, ya que si la decisión administrativa no se ajustara a los hechos materiales verdaderos estaría viciada.

La amplitud que se atribuye en el procedimiento administrativo al órgano que decida, justifica el examen de los asuntos que se someten al conocimiento de las Comisiones Tripartitas por virtud de la Ley Contra Despidos Injustificados, éstas, aun si no fuere alegado por las partes, pueden analizar el cumplimiento de los extremos para la procedencia de dicha aplicación.

RDP N° 42, 1990, pp. 88

CPCA   18-4-90

Conjuez Ponente: Rafael Badell M.

Caso: Serenos Metropolitanos Oriente, C.A. vs. República (Ministerio del Trabajo, Comisión Tripartita).

En materia de procedimientos administrativos el principio dispositivo del proceso carece de aplicación (artículos 62 y 89 de la Ley Orgánica de Procedimientos Administrativos).

Declarada como ha sido la nulidad de la resolución impugnada, esta Corte aun cuando estima innecesario hacer otras consideraciones respecto al fondo de la presente controversia, considera que debe ser aclarado el punto relativo al supuesto vicio de inaplicabilidad de los artículos 12 y 162 del Código de Procedimiento Civil derogado, hoy artículos 12, 243 y 244 del Código vigente, en el sentido de que los mismos son inaplicables a los actos administrativos, por cuanto dichos artículos regulan el llamado principio dispositivo del proceso que limita a los jueces en sus poderes decisorios, obligándolos a resolver únicamente sobre las cuestiones alegadas en la demanda y en su contestación. Por el contrario, en materia de procedimientos administrativos el citado principio dispositivo carece de aplicación en razón de lo dispuesto en los artículos 62 y 89 de la Ley Orgánica de Procedimientos Administrativos.

Por último, esta Corte estima pertinente aclarar que las Comisiones Tripartitas, como órganos administrativos, se encuentran regidos por la Ley Orgánica de Procedimientos Administrativos, entre otras y, en esta misma Ley, aparece como obligación de la autoridad administrativa que resuelve el asunto, la de decidir todas las cuestiones que hubieren sido planteadas, tanto inicialmente como durante la tramitación (artículo 62), norma que se complementa con lo prevenido en el artículo 89 que expresamente establece que el órgano administrativo deberá resolver todos los asuntos que se sometan a su consideración dentro del ámbito de su competencia o que surjan con motivo de recurso aunque no hayan sido alegados por los interesados.

La amplitud que se atribuye en el procedimiento administrativo al órgano que decide, justifica que en el examen de los asuntos que se someten al conocimiento de las Comisiones Tripartitas por virtud de la Ley contra Despidos Injustificados, éstas, aun si no fuere alegado por las partes, pueden analizar el cumplimiento de los extremos para la procedencia de dicha aplicación.

RDP N° 48, 2991, pp. 116

CPCA   17-12-91

Magistrado Ponente: Jesús Caballero Ortiz

Caso: Freddy J. Pina vs. I.V.R.A.

Dentro de un procedimiento administrativo, la autoridad administrativa dispone de potestades inquisitivas para el mejor conocimiento del asunto sometido a su consideración, pudiendo la Administración, de oficio, o a solicitud de parte, cumplir todas las actuaciones necesarias para el mejor conocimiento del asunto que deba decidir.

La Resolución N° 77 violó el artículo 6 de la Ley contra Despidos Injustificados en concordancia con el artículo 29 de su Reglamento y el artículo 62 de la Ley Orgánica de Procedimientos Administrativos, toda vez que estando el procedimiento en su etapa decisoria, el órgano administrativo ordenó la evacuación de la prueba de cotejo, promovida extemporáneamente.

Sobre el particular esta Corte ha de reiterar que el procedimiento administrativo es esencialmente inquisitivo. En efecto, de conformidad con el artículo 53 de la Ley Orgánica de Procedimientos Administrativos, la Administración, de oficio, o a solicitud de parte cumplirá todas las actuaciones necesarias para el mejor conocimiento del asunto que deba decidir. En consecuencia, la Ley contra Despidos Injustificados ha de interpretarse en forma armónica con la Ley Orgánica de Procedimientos Administrativos, cuyos principios rectores inspiran todos los procedimientos administrativos.

RDP N° 48, 1991, pp. 117

CPCA   17-12-91

Magistrado Ponente: Jesús Caballero Ortiz

Caso: Freddy J. Pina vs. I.V.R.A.

Los actos administrativos están regidos por normas y principios menos rígidos que aquellos que se aplican al proceso judicial. La adopción de decisiones que no toman en cuenta expresamente alegatos o pruebas dentro del procedimiento administrativo deben entenderse como desechados tácitamente pues no puede calificarse tal hecho como un vicio de procedimiento que obligue, ni al superior jerárquico, ni al juez contencioso-administrativo, a anular tales actos y a ordenar la reposición al estado de que se corrija una posible falta de procedimiento.

Con respecto a esta denuncia, esta Corte observa:

Es jurisprudencia reiterada de esta Corte que los actos administrativos están regidos por normas y principios menos rígidos que aquellos que se aplican al proceso judicial. La adopción de decisiones que no toman en cuenta expresamente alegatos o pruebas dentro del procedimiento administrativo deben entenderse como desechados tácitamente, pues no puede calificarse tal hecho como un vicio de procedimiento que obligue, ni al superior jerárquico, ni al Juez Contencioso-Administrativo, a anular tales actos y a ordenar la reposición al estado de que se corrija una posible falta de procedimiento.

De acuerdo con lo expuesto, el no pronunciamiento del acto recurrido sobre la supuesta violación del procedimiento por haberse acordado una hora de espera a la empresa debe considerarse como un alegato tácitamente desestimado, como igualmente lo considera esta Corte, pues, dentro de un procedimiento administrativo, la autoridad administrativa dispone de potestades inquisitivas para el mejor conocimiento del asunto sometido a su consideración. Si la Comisión de Segunda Instancia dispuso otorgarle una hora de espera a la empresa para que expusiera sus alegatos, ello le permitió tener un mejor conocimiento del asunto, lo que podía hacer de oficio de conformidad con el artículo 53 de la Ley Orgánica de Procedimientos Administrativos y así se declara.

RDP N° 52, 1992, pp. 112

CPCA   14-12-92

Magistrado Ponente: Gustavo Urdaneta Troconis

En materia de procedimientos administrativos, el Código de Procedimiento Civil solamente es aplicable supletoriamente y cuando no contraríe la naturaleza administrativa de los procedimientos regulados por la Ley Orgánica de Procedimientos Administrativos.

Para decidir, esta Corte observa:

Ha sido criterio reiterado de esta Corte que, en materia de procedimientos administrativos, la Ley Orgánica de Procedimientos Administrativos tiene aplicación preferente sobre el Código de Procedimiento Civil y que este es solamente aplicable cuando no contraríe la naturaleza administrativa de los procedimientos administrativos previstos. Ello obedece a que el procedimiento administrativo está regido por una serie de principios recogidos en la Ley Orgánica de Procedimientos Administrativos, que no son aplicables al procedimiento judicial, como es el caso, a título de ejemplo, de la flexibilidad de las formas, la economía, celeridad y eficacia del procedimiento administrativo y, quizá el más importante, el principio inquisitivo, en contraposición al principio dispositivo que rige en materia de procesos judiciales.

Es por ello que la Corte ha estimado que la denuncia de supuestos vicios por infracción de los artículos 12, 243 y 244 del vigente Código de Procedimiento

Civil no es aplicable a los actos administrativos, por cuanto dichos artículos regulan el llamado principio dispositivo de los juicios, que limita a los jueces en sus poderes decisorios, obligándolos a resolver únicamente sobre las cuestiones alegadas en la demanda y en su contestación. En materia de procedimientos administrativos, el citado principio dispositivo carece de aplicación, en razón de lo dispuesto en los artículos 62 y 89 de la Ley Orgánica de Procedimientos Administrativos.

Por tanto, la Dirección de Inquilinato del Ministerio de Fomento, siendo un órgano administrativo, se encuentra regida en su actividad por la Ley Orgánica de Procedimientos Administrativos, en la cual se estatuye, como obligación de la autoridad administrativa que resuelve el asunto, la de decidir todas las cuestiones que le hubieren sido planteadas, tanto inicialmente como en la tramitación (artículo 62), norma que se complementa, en el caso de recursos, con lo previsto en el artículo 89 *ejusdem*, que expresamente establece que el órgano administrativo deberá resolver todos los asuntos que se sometan a su consideración dentro del ámbito de su competencia o que surjan con motivo del recurso, aunque no hayan sido alegados por los interesados, ya que, en mérito al interés público, se impone a la autoridad administrativa el deber inquisitivo de dirigir e impulsar el procedimiento y ordenar la práctica de cuanto sea conveniente para el esclarecimiento y resolución de la cuestión planteada.

En consecuencia, el principio inquisitivo domina en el procedimiento administrativo, en tanto el principio dispositivo o de instancia de parte prevalece en el proceso judicial; por ello, en el primero, el órgano debe ajustarse a los hechos probados prescindiendo de que hayan sido alegados y probados o no por el administrado. En rigor, tanto administración como administrado procuran conocer la verdad material ya que, si la decisión administrativa no se ajustara a los hechos materiales verdaderos, estaría viciada.

La amplitud que se atribuye en el procedimiento administrativo al órgano que decide, justifica el examen de los asuntos que se someten al conocimiento de la Dirección de Inquilinato del Ministerio de Fomento por virtud del Decreto Legislativo sobre Desalojo de Vivienda y su Reglamento, y a que ésta pueda, aun si no fuere alegado por las partes, analizar el cumplimiento de los extremos para la procedencia de su aplicación.

RDP N° 142, 2016, pp. 166

Corte Segunda (0343)   19-5-2015

Juez Ponente: Alexis José Crespo Daza

Caso: Roberto Enrique Viloria Vera vs. Academia Nacional de Ciencias Económicas (A.N.C.E.).

Por otra parte, es prudente señalar, de acuerdo a lo consagrado en el numeral 6 del artículo 49 de la Carta Magna que el principio de legalidad procura la seguridad jurídica de los particulares y a tal efecto establece la obligación de la Administración a atenerse estrictamente al ordenamiento jurídico normativo, es decir, que este principio resguarda los intereses y los derechos de los particulares a través de la consagración expresa de normas que estipulen los modos de actuar y los efectos de su incumplimiento de manera objetiva, de tal suerte que la actuación administrativa se produzca con apego a la misma y los actos dictados al administrado sean consecuencia legal y directa de la aplicación de la norma correspondiente.

RDP N° 145-146, 2016, pp. 219

TSJ-SPA (117)   10-2-2016

Magistrado Ponente: María Carolina Ameliach Villarroel

Caso: Iberia Líneas Aéreas de España, S.A. vs. Decisión Corte Segunda de lo Contencioso Administrativo.

Toda la actividad administrativa de los entes públicos debe estar sujeta al principio de legalidad. Ningún acto administrativo podrá violar lo establecido en otro de superior jerarquía; ni los de carácter particular vulnerar lo establecido en una disposición administrativa de carácter general, aun cuando fueren dictados por autoridad igual o superior a la que dictó la disposición general. Las opiniones jurídicas, siendo comunicados que no generan pronunciamiento vinculante para los administrados, no pueden revocar una Resolución Ministerial.

Ahora bien, es importante destacar, tal y como se verifica en el folio trescientos noventa y ocho (398) de la primera pieza del expediente judicial, que la Resolución N° SPPLC/031-2000, de fecha 20 de julio de 2000, dictada por la Superintendencia para la Promoción y Protección de la Libre Competencia (PROCOMPETENCIA), **determinó la existencia de la práctica anticompetitiva referida a la competencia desleal, fundamentada en el contenido de la Resolución Ministerial N° DTA-76-10, dictada por el extinto Ministerio de Comunicaciones, en fecha 29 de julio de 1976.** En ese sentido, considera esta Sala necesario exponer el contenido de dicha Resolución, a los efectos de esclarecer su posición frente a la vigencia de la Resolución Ministerial *in comento*, señalando lo siguiente:

"(...) Por su parte, esta Superintendencia en respuesta a consulta presentada por AMERICAN AIRLINES INC y UNITED AIRLINES INC emitió opinión mediante oficios N° 01o66 y 0176 de fecha 15 de febrero de 2000 en la cual estimó que con la restitución de los derechos y garantías económicas en 1991, y tomando en cuenta el espíritu y propósito de la Ley para Promover y Proteger el Ejercicio de la Libre Competencia promulgada en ese mismo año, la Resolución N° DTA-76-10 de fecha 29 de julio de 1976 debe 'considerarse tácitamente derogada' debido a que la misma se encuentra reñida con los principios de libre competencia contemplados en dicha ley.

Esta Superintendencia, observa que, más allá de si la Resolución DTA-76-10 está efectivamente vigente o derogada (lo cual es tema que corresponderá resolver en

105

última instancia a los tribunales competentes, en ejercicio del control de la constitu-cionalidad de los actos administrativos de efectos generales), lo cierto es que se evidencia la divergencia de opiniones emanadas de ambos despachos en este punto.

(…Omissis…)

Esta situación sin duda, **generó una duda razonable sobre el alcance de las obligaciones contractuales entre las agencias de viajes afectadas por American Airlines y esta empresa, previstas en una resolución cuya validez era cuestionada** (…)". (Resaltado de esta Sala).

Finaliza entonces la Superintendencia para la Promoción y Protección de la Libre Competencia (PROCOMPETENCIA), señalando en el folio trescientos noventa y nueve (399) de la primera pieza del expediente judicial, que "(…) *la existencia de una disputa o controversia circunscrita a la posibilidad de revisión y/o reducción de la comisión por parte de American Airlines conforme a las normas que disciplinan su relación contractual con las agencias de viajes, y la posición sostenida por parte de las agencias de viajes con respecto a la vigencia de la Resolución DTA-76-10* (…) *permite suponer que* **cuando menos era necesario esperar a la resolución de la disputa mediante el esclarecimiento del contexto contractual en el cual se desenvuelven las partes, lo cual supondría el pronunciamiento de los tribunales competentes** *con respecto a la vigencia de la Resolución DTA-76-10* (…)". (Resaltado de esta Sala).

De lo expuesto *ut supra,* se puede observar que, si bien la Superintendencia para la Promoción y Protección de la Libre Competencia (PROCOMPETENCIA), indicó la presencia de una "*duda razonable*" acerca de la vigencia o no de la Resolución Ministerial N° DTA-76-10 (*Vid.* folio 399 de la primera pieza del expediente judicial), ello no fue obstáculo para mantener la aplicación de la mencionada Resolución, a los fines de determinar la práctica anticompetitiva referida, en ese caso en concreto, al abuso de posición de dominio, sancionando a la empresa American Airlines, INC.

Partiendo del análisis precedente, debe esta Sala señalar el contenido de la comunicación N° 000166 de fecha 15 de febrero de 2000, dictada por la Superintendencia para la Promoción y Protección de la Libre Competencia (PROCOMPE-TENCIA), la cual riela a los folios trescientos veintinueve (329) al trescientos treinta y uno (331) de la primera pieza del expediente judicial, en la que señaló lo siguiente:

"(…) *al estar reñida la Resolución N° DTA-76-10 de fecha 29 de julio de 1976 con los principios de libre competencia; y de acuerdo a lo establecido en la disposición transitoria decimoctava de la Constitución de la República Bolivariana de Venezuela aprobada el 15 de diciembre de 1999 y publicada en Gaceta Oficial N° 36.860 del 30 de diciembre de 1999, las autoridades de la Administración Pública deben hacer valer, con carácter prioritario y excluyente, los principios que promueven y proteger la libre competencia, y abstenerse de aplicar cualquier disposición susceptible de generar efectos contrarios. Por tal motivo, la Resolución N° DTA-76-10 debe considerarse tácitamente derogada puesto que merma las condiciones de competencia existentes, y genera efectos contrarios a la libre competencia, de acuerdo a lo expuesto supra* (…)".

De la comunicación parcialmente citada *ut supra,* podemos determinar como la mencionada Superintendencia estableció en fecha 15 de febrero de 2000, su opinión frente a la Resolución Ministerial N° DTA-76-10. Considera esta Sala necesario acotar que **la opinión antes mencionada, se realizó por medio de un oficio dirigido a un representante de la sociedad mercantil American Airlines, INC.**

Ahora, si bien el dictamen fue elaborado por una autoridad competente y tiene eficacia interna, éste se convirtió en un acto viciado, que contraría el ordenamiento jurídico, ya que dicho acto no tiene la fuerza como para revocar una Resolución Ministerial, en virtud de haber sido creado bajo la figura de una opinión jurídica, a través de un comunicado que **no genera ningún pronunciamiento vinculante para los administrados**, ya que otorgarle tal carácter, implicaría afirmar que ésta tendría inherencia y control en la decisión que adoptare la Superintendencia para la Promoción y Protección de la Libre Competencia (PROCOMPETENCIA), frente a los casos en donde se aplicara la Resolución Ministerial N° DTA-76-10.

En abundancia a lo analizado anteriormente, se debe señalar el contenido del artículo 13 de la Ley Orgánica de Procedimientos Administrativos, el cual establece que ningún acto administrativo podrá violar lo establecido en otro de superior jerarquía; ni los de carácter particular vulnerar lo establecido en una disposición administrativa de carácter general, aún cuando fueren dictados por autoridad igual o superior a la que dictó la disposición general.

De igual manera, es importante para este Alto Tribunal establecer que **toda la actividad administrativa de los entes públicos debe estar sujeta al principio de legalidad.** En consecuencia, mal podría la empresa recurrente ampararse en el contenido de la comunicación emanada de la Superintendencia para la Promoción y Protección de la Libre Competencia (PROCOMPETENCIA), para justificar la rebaja de las comisiones que debió mantener con las agencias de viaje, ya que no existe acto administrativo alguno que revoque de manera efectiva la Resolución Ministerial N° DTA-76-10, por lo que mantiene su vigencia.

Aunado a las consideraciones realizadas respecto a la legalidad de la comunicación emanada de la Superintendencia para la Promoción y Protección de la Libre Competencia (PROCOMPETENCIA), debe esta Sala reforzar el análisis con el contenido de los folios seiscientos treinta (630) al seiscientos treinta y dos (632) de la segunda pieza del expediente judicial, en donde se observa copia simple del Oficio Nro. 0032, de fecha 27 de enero de 2011, emanado del Instituto Nacional de Aviación Civil (INAC), en donde deja constancia que "(…) *visto que hasta la presente fecha, la nulidad o derogatoria de la resolución DTA-76-10, de fecha 29 de julio de 1976, Publicada en la Gaceta Oficial N° 31.035, de 30 de julio de 1976, emanada del entonces Ministerio de Comunicaciones, Dirección de Aeronáutica Civil, Departamento de Transporte Aéreo, que fija en un 10% la comisión correspondiente a las Agencias de Viaje por ventas de Boletos Aéreos Internacionales, no se ha producido, este Instituto considera y ratifica dicho acto normativo en plena vigencia (…)".*

(…)

Asimismo, debe esta Alzada indicar nuevamente que la comunicación N° 000166 de fecha 15 de febrero de 2000 mediante la cual la Superintendencia para la Promoción y Protección de la Libre Competencia (PROCOMPETENCIA), hoy, Superintendencia Antimonopolio, emitió su opinión sobre la aplicabilidad de la Resolución Ministerial N° DTA-76-10 de fecha 29 de julio de 1976, y en ese sentido, enfatizar que **dicha comunicación es un documento interno de dicho órgano desconcentrado, el cual no genera ningún carácter vinculante, en virtud de ser una opinión jurídica dirigida a una empresa que ejerce su actividad económica dentro del territorio nacional,** por lo que no puede revocar el acto administrativo *in comento,* emanado del extinto Ministerio de Comunicaciones, de conformidad con el artículo 13 de la Ley Orgánica de Procedimientos Administrativos, previamente analizado previamente.

En ese sentido, la referida comunicación expuso únicamente la opinión que la Superintendencia para la Promoción y Protección de la Libre Competencia (PROCOMPETENCIA),ostentaba para el 15 de febrero de 2000, sin embargo, es necesario para este alto Tribunal, aclarar que **en ningún momento se derogó tácitamente la Resolución Ministerial N° DTA-76-10, por lo que ésta mantiene su vigencia.**

Igualmente, siendo que las Resoluciones emanadas de un órgano ministerial no pueden ser revocadas por actos administrativos inferiores, en consonancia con el principio de legalidad, mal podría esta Sala considerar que la Resolución Ministerial N° DTA-76-10 fue derogada por la comunicación N° 000166 de fecha 15 de febrero de 2000, emanada de la Superintendencia para la Promoción y Protección del Ejercicio de la Libre Competencia.

C. *Principio de imparcialidad*

RDP N° 57–58, 1994, pp. 222

CPCA 6-5-94

Magistrado Ponente: Gustavo Urdaneta Troconis

Caso: Varios vs. Universidad Centroccidental "Lisandro Alvarado"

El alcance del principio de imparcialidad no es igual en los procedimientos administrativos generales y en los procedimientos administrativos cuasi-jurisdiccionales.

Para decidir al respecto, observa esta Corte que los accionantes en ningún momento hacen referencia a la disposición constitucional que consideran violada por las conductas antes referidas y se limitan a afirmar que éstas son lesivas de su derecho a ser juzgados por jueces imparciales, sin precisar el artículo de la Constitución en el cual éste se encuentra consagrado. Ahora bien, esta omisión no basta para desestimar el alegato, por cuanto esta Corte —al presuponerse que, como todo juez, conoce el derecho— está en capacidad de determinar si efectivamente existe tal derecho constitucional. A tal efecto, hace las siguientes consideraciones:

No hay ninguna disposición en el texto constitucional que consagre en forma expresa y específica un derecho así enunciado. El artículo 69 mencionado por los accionantes cuando en su petitorio final solicitan que se les garantice "el derecho a ser juzgados por sus jueces naturales e imparciales (artículo 69 de la Constitución)", en realidad se refiere sólo al primero de ello, pero no hay mención alguna a "jueces imparciales".

De acuerdo con nuestro sistema amplio de protección constitucional por vía de amparo, ello no es obstáculo para utilizar esta vía, ya que la misma sirve para pedir protección de todo otro derecho inherente a la persona humana no previsto expresamente en la Constitución, según lo que prevé al respecto su artículo 50. En este caso deberá entonces la Corte determinar si ciertamente existe un derecho inherente a la persona humana de ser juzgada por jueces imparciales.

Al respecto debe comenzar por decir que ello es indudable por lo que se refiere al ejercicio de la función jurisdiccional, en la que el órgano estatal tiene como misión la de resolver un conflicto intersubjetivo producido entre partes que defienden cada una un interés de valor teóricamente igual, por lo que dicho órgano estatal debe comportarse ante tal conflicto como un árbitro imparcial y resolverlo por la vía de aplicar al mismo la normativa preexistente. Ello es así tanto en el caso de que esta función sea ejercida por los órganos que la tienen atribuidas como propia, es decir, los tribunales de justicia, como cuando por disposición de la ley determinados órganos administrativos tienen la responsabilidad de ejercerla, como sucede en los denominados procedimientos cuasijurisdiccionales.

En cambio, lo característico de la Administración es tener a su cargo un interés público o colectivo cuyo cuidado concreto e inmediato debe atender. Por ello, en los procedimientos administrativos típicos, en donde la Administración se vincula con el administrado en una relación bilateral por definición desequilibrada, la noción de imparcialidad no puede tener el mismo sentido. Es cierto que el órgano administrativo, sometido como está al principio de legalidad, está obligado a cumplir la ley y no puede ser arbitrario en su decisión; pero es connatural a su misión el que su decisión esté orientada hacia el logro del interés público del que es titular. Su único límite, en ese sentido, es que no utilice ese poder para una finalidad distinta, lo que constituiría el llamado vicio de desviación de poder.

En el presente caso, los accionantes afirman que varias de las autoridades universitarias que participaron en la sesión de Consejo Universitario en que fueron sancionados no actuaron imparcialmente, por cuanto habían expresado una opinión previa contraria a la aplicación de sanciones (el Vicerrector Administrativo) o habían servido de testigos contra ellos en el procedimiento disciplinario que se les siguió. Es por ello que, en su opinión, éstos han debido inhibirse y, al no hacerlo, violaron el artículo 36 de la Ley Orgánica de Procedimientos Administrativos, viciando así el acto emanado de nulidad absoluta.

Estima la Corte al respecto que los accionantes, como lo señala la contraparte, confunden el amparo con la vía contencioso-administrativa. La incidencia que sobre la validez de un acto pueda tener el que un funcionario decisor no se haya inhibido —circunstancia que, por lo demás, no figura en la referida ley entre las causales de nulidad absoluta— sólo podría ser ventilada mediante el recurso contencioso-administrativo de anulación. En cambio, por la vía del amparo sólo puede alegarse la violación de un derecho constitucional, y a esto debe concretarse el análisis de esta Corte.

En ese sentido, se observa que las personas que actúan en el Consejo Universitario son todas representantes de algún sector de la comunidad universitaria: autoridades, profesores, estudiantes. Por eso no podría afirmarse que cuando algunos de ellos adopten posiciones en defensa de los intereses colectivos que representan estén actuando de una manera indebidamente parcializada.

A uno de esos sectores, el de las autoridades, está confiada obviamente la buena marcha, el orden y la disciplina en esa institución. Por tal motivo, estima esta Corte que el haber actuado en ese Consejo Universitario, en el momento de tomar una decisión en materia disciplinaria, algunas autoridades que habían sido testigos de los hechos de indisciplina implicados, no puede considerarse una conducta violatoria de un pretendido principio constitucional de imparcialidad. Si ello fuera así, la potestad disciplinaria no podría jamás estar confiada a la propia Administración y tendría que serlo, necesariamente, a una autoridad externa, ya que a título de ejemplo, habría que considerar inconstitucional el que un profesor sancionara directamente a un alumno que haya cometido frente a aquél un acto contra sus deberes de estudiante.

Por las razones antes expuestas, debe desecharse también este alegato de violación de un derecho constitucional a la imparcialidad. Así se declara.

RDP N° 61-62, 1995, pp. 175

CPCA   17-2-95

Magistrado Ponente: María Amparo Grau

Caso: Varios vs. Federación de Colegio de Contadores Públicos.

La imparcialidad es un principio fundamental del procedimiento administrativo que atañe al derecho a la defensa y la norma de la Ley Orgánica de Procedimientos Administrativos que establece la obligación del funcionario de separarse del conocimiento de un asunto, en los casos allí previstos, está destinada a garantizar que el mismo se observe.

Respecto a la recusación, figura destinada a garantizar el principio de imparcialidad, que a su vez configura una manifestación del derecho a la defensa y su aplicación en el procedimiento administrativo, la Corte estima pertinente precisar que la Ley Orgánica de Procedimientos Administrativos no consagra la figura de la recusación, sin embargo contiene una norma específica que establece la obligación del funcionario de separarse del conocimiento de un asunto en los casos previstos en la Ley, lo cual, además, puede ordenársele el funcionario de mayor jerarquía, de oficio o a instancia de los interesados (artículos 36 y 39 de la Ley).

Se persigue con ello garantizar la necesaria imparcialidad que atañe al derecho de la defensa, y por tal razón configura principio fundamental del procedimiento administrativo.

Por ello, siendo que en el presente caso, se denuncia como lesionado el derecho a la defensa, por estimar violado este principio de la imparcialidad, debe la Corte establecer si los denunciados agraviantes están incursos en las causales que les obligarían a separarse del conocimiento del asunto.

Al respecto observa la Corte que los agraviados fundamentan su denuncia en el hecho de que el Tribunal Disciplinario Nacional, hace un pronunciamiento previo que pondría de manifiesto la ausencia de imparcialidad de los miembros que lo integran. En tal acto se expresa:

"Este Tribunal Disciplinario Nacional cumple en notificarle que, con fecha 27-07-94, decidió instaurar la causa en su contra, por el presunto entorpecimiento deliberado del proceso electoral, por convocatorias de modo arbitrario a Asambleas de Agremiados para desconocer acuerdos válidos tomados por la Comisión Electoral. (...); por desprestigio de los miembros de la Comisión Electoral (...); por negativa al suministro de la lista de los miembros solventes y los respectivos cuadernos de votación, por fijación de fecha distinta de las votaciones a la fecha fijada por la Comisión Electoral; amen de otros hechos contenidos en el escrito acusatorio.

En consecuencia, deberá usted comparecer por ante el Tribunal Disciplinario del Colegio de Contadores Públicos del Estado Zulia, el quinto día hábil siguiente a la fecha de recibo de la presente, a las 2:00 p.m., con finalidad (*sic*) de que se sirva rendir declaración indagatoria (*sic*) sobre los hechos que se le imputan."

Respecto de las anteriores consideraciones realizadas por el órgano disciplinario, la Corte estima pertinente precisar, como lo hizo ya en sentencia de fecha 20 de noviembre de 1978, que dentro de las atribuciones del Tribunal Disciplinario de la Federación de Colegios de Contadores Públicos "no aparece la de intervenir las actividades y funciones de los colegios que la integran como tales, pues del estudio de esas atribuciones y facultades, así como de las penas previstas en la ley en referencia se desprende que están dirigidas a regir y sancionar la conducta y el ejercicio profesional de los miembros de los colegios de contadores públicos como individuos y no cabría interpretar que a través de ellas pudiera imponerse alguna sanción disciplinaria al Colegio como ente orgánico e institucional".

En tal sentido, en consonancia con las previsiones de la Ley del Ejercicio de la Contaduría Pública, que contemplan al Tribunal Disciplinario como órgano competente para aplicar las sanciones relativas al "ejercicio ilegal" (Capítulo V), o infracciones a la ética y otras conductas atinentes al ejercicio de la profesión, el Reglamento de los Tribunales Disciplinarios de los Colegios y de la Federación de Contadores Públicos, establece en su artículo 1° en lo que respecta a la competencia de los mismos, que deberán conocer "de todos los casos de violación a las normas legales y reglamentarias que regulan el ejercicio de la Contaduría Pública".

También denuncian los accionantes la amenaza de violación de su derecho al trabajo, pues el "...único propósito es suspendernos en nuestras funciones de directivos del Colegio de Contadores Públicos del Estado Zulia y, como si esto fuera poco, suspendernos en el ejercicio de nuestra profesión, lo cual constituye el único medio de sustento de nuestras respectivas familias."

Estima esta Corte, en base a los planteamientos argumentados por ambas partes, que efectivamente la negativa a considerar la solicitud de inhibición, aunada al texto del acto antes transcrito, evidencia la afectación del principio de la imparcialidad y consecuentemente del derecho a la defensa de los accionantes, pues constata la Corte que los hechos que dan lugar al acto de apertura del procedimiento disciplinario escapan al ámbito de la potestad disciplinaria de dicho órgano.

En tal sentido, se observa que en el escrito contentivo del informe expresamente se indica:

"Conviene informar a esa honorable Corte sobre los hechos tal y como han ocurrido en el seno del Colegio de Contadores Públicos del Estado Zulia:

En efecto, en fecha 29 de marzo de 1994 la Asamblea Ordinaria convocada por la entonces Junta Directiva de esa Corporación procedió a elegir la Comisión Electoral que regiría el proceso eleccionario de las autoridades de los órganos del Colegio...

(...) omissis.

La Junta Directiva de entonces presidida por la Licenciada Iraida Yudith Segura de Ríos, hizo caso omiso a los instrumentos producidos por los órganos nacionales de la Federación...

Ante los hechos narrados y el escrito acusatorio interpuesto por la Comisión Electoral, este Tribunal en fecha 27 de julio de 1994 dictó auto de admisión de la causa así como medida de suspensiones de los cargos directivos del Colegio de Contadores Públicos del Estado Zulia.

(...)

Por lo antes expuesto, Señores Magistrados, tal como ha sido narrado (sic) y evidenciados los hechos ocurridos en el seno del Colegio de Contadores Públicos del Estado Zulia, este Tribunal Disciplinario ha procedido conforme a ley, (sic) no dejando observar (sic) que los quejosos sí han procedido a infringir expresas disposiciones legales, estatutarias y reglamentarias...".

Lo anterior evidencia que el procedimiento disciplinario abierto a los accionantes se encuentra imbuido de consideraciones que ponen de manifiesto un interés en el procedimiento por parte de los integrantes del Tribunal Disciplinario, ajeno a la competencia objetiva de ese órgano, la cual está destinada al establecimiento de responsabilidades disciplinarias atinentes al correcto ejercicio de la profesión. Ello, constituye un proceder que afecta la indispensable imparcialidad que debe regir en todo proceso, dado que los hechos que originaron tal procedimiento disciplinario, según consta de autos, no configuran un supuesto de apertura de este tipo de procedimiento, vulnerándose de esta manera el derecho a la defensa del particular ante la posibilidad de que se produzca el acto administrativo sancionatorio y también produciéndose una amenaza de violación al derecho al trabajo de los accionantes relativo al ejercicio de su profesión y así se declara.

Evidenciado como está –por virtud del reconocimiento de los accionados– que los hechos que han dado lugar al procedimiento disciplinario ninguna relación guardan con el ejercicio de la profesión, la Corte procede a restablecer la situación jurídica infringida, dejando sin efecto todo lo actuado en el procedimiento disciplinario iniciado contra los accionantes mediante el acto de fecha 27 de julio de 1994. Así se decide.

RDP N° 67–68, 1996, pp. 203

CSJ-SPA (462)   7-12-96

Magistrado Ponente: Humberto J. La Roche

Caso: Francisco Tello vs. República (Ministerio de la Defensa)

El principio de imparcialidad supone que el titular del órgano administrativo no esté vinculado por algún motivo con el o los particulares intervinientes en un determinado procedimiento, ni tenga el mismo interés que ellos.

Finalmente, el accionante denuncia la violación de los artículos 30, 31 y 32 de la Ley Orgánica de Procedimientos Administrativos, por no cumplir el órgano administrativo con los principios de imparcialidad y uniformidad que deben regir su actividad, razón por la cual, en su criterio, se infringió el derecho a la igualdad, al otorgarse la pensión de retiro a oficiales que se encontraban en su misma situación.

En primer lugar la Sala observa que el presupuesto de imparcialidad supone que el titular del órgano administrativo no esté vinculado por algún motivo con el o los particulares intervinientes en un determinado procedimiento, ni tenga el mismo interés que ellos. Para salvaguardar este principio se consagró la institución de la inhibición (artículo 36 de la Ley Orgánica de Procedimientos Administrativos).

Ahora bien, no está demostrado en autos que la decisión administrativa impugnada fuese desviada por intereses del titular del órgano administrativo o por vinculaciones con el particular interesado (hoy recurrente) en el respectivo procedimiento administrativo, en virtud de lo cual se declara improcedentes la presente denuncia. Así se decide.

En cuanto a la supuesta infracción del artículo 32 de la citada Ley, la Sala observa que este prevé que los documentos y expedientes administrativos deberán ser "uniformes", de tal manera que cada serie o tipo de ellos obedezca a iguales características, cuestión esta que es atinente a mecanismos destinados a racionalizar la actividad administrativa, a fin de obtener su mejora, rendimiento y eficiencia, así como para salvaguardar la defensa de los derechos del administrado.

En el presente caso no se constata que la administración utilizara una organización, mecanismo o método diverso para la producción de los respectivos documentos y del expediente administrativo, ni que el mecanismo utilizado lesionara los derechos del administrado. Por las razones expuestas se desestima la denuncia de falta de uniformidad analizada. Así se declara.

Por último, de las actas procesales no se acredita discriminación alguna fundada en la raza, el sexo, el credo o la condición social, como causa de la negativa de la pensión en cuestión, siendo su base, precisamente, el artículo 16 de la Ley Orgánica de Seguridad Social de las Fuerzas Armadas del 28-12-89, normativa que es la aplicable al supuesto de autos, y no el derogado artículo 16 de la Ley de 1977, utilizado equivocadamente por la Administración Pública para resolver casos análogos, en razón de lo cual forzoso es desestimar el presente alegato. Así se declara.

RDP N° 67-68, 1996, pp. 204

CSJ-SPA (423)   4-7-96

Magistrado Ponente: Alfredo Ducharne Alonzo

Los principios de economía, eficacia, celeridad e imparcialidad establecidos por el artículo 30 de la Ley Orgánica de Procedimientos Administrativos se corresponden con la obligación de decidir en un plazo razonable.

Planteada la controversia en el contexto del artículo 243 ordinal 3° del Código de Procedimiento Civil (aplicable con base al artículo 88 de la Ley Orgánica de la Corte Suprema de Justicia) tal como quedó precisada después del último acto de las partes, el de informes (artículo 96 de la Ley de la Corte), la Sala observa:

El recurrente inició sus labores como Fiscal del Ministerio Público el 1° de octubre de 1985 y fue destituido el 17 de septiembre de 1992. Ejerció entonces el cargo de dos períodos constitucionales, el primero hasta el 2 de junio de 1989 (fecha en la cual fue nombrado el nuevo Fiscal General de la República) y, el segundo, a partir de esta fecha hasta el 17 de septiembre de 1992. Del segundo y nuevo período de 5 años, desempeñó su cargo por un lapso de 3 años, 3 meses y 15 días, lo que constituye un porcentaje de 65,75%, faltando por cumplir del nuevo período el 34, 25%.

La causa de remoción, como se señaló con anterioridad, fue la conclusión del período para el cual fue designado el recurrente, de conformidad con el artículo 18 de la Ley Orgánica del Ministerio Público, es decir, el despacho consideró concluido el período, el 2 de junio de 1989, (fecha de nombramiento del nuevo Fiscal General de la República), mediante la Resolución de 16 de septiembre de 1992. En definitiva, se resuelve la situación de empleo del recurrente, como se precisó, al haber ya transcurrido el 65,75% del nuevo período constitucional.

El artículo 18 de la Ley Orgánica del Ministerio Público prevé:

"Artículo 18. Los funcionarios del Ministerio Público de la jurisdicción ordinaria serán nombrados por un período de cinco años, por el Fiscal General de la República. Durante este período, sólo podrán ser destituidos en caso de incapacidad, negligencia, mala conducta y demás faltas graves en el cumplimiento de los deberes de su cargo, debidamente comprobadas mediante expediente. En los nombramientos se preferirá a los abogados que hayan aprobado cursos de especialización en materias atinentes al Ministerio Público o que hubieren prestado servicios a éste o a la Administración de Justicia con honestidad y eficacia.

Los funcionarios del Ministerio Público de las Jurisdicciones especiales serán nombrados y removidos de conformidad con las leyes respectivas".

Conforme a la señalada norma el período de los funcionarios del Ministerio Público de la Jurisdicción ordinaria es de 5 años y se corresponde al período constitucional del Fiscal General de la República. Puede ser este período coincidente con el del Fiscal General, puede ser menor si el nombramiento se produce ya avanzado el período constitucional del Fiscal, en este caso alcanzaría la conclusión de ese mismo período y, finalmente, puede prorrogarse o renovarse, mediante ratificación por un nuevo período, correspondiente al inicio del nuevo período constitucional. Sobre este punto no existen dudas y coinciden el recurrente y la representación del Ministerio Público. La Sala considera este criterio ajustado a la ley y a su propia doctrina.

En el contexto de la problemática del caso, el *thema decidendum* es la RATIFICACIÓN en el CARGO para el NUEVO período constitucional. ¿Cuándo y cómo debe producirse?

El artículo 30 de la Ley Orgánica de Procedimientos Administrativos dispone:

"*Artículo 30*. La actividad administrativa se desarrollará con arreglo a principios de economía, eficacia, celeridad e imparcialidad.

Las autoridades superiores de cada organismo velarán por el cumplimiento de estos preceptos cuando deban resolver cuestiones relativas a las normas de procedimiento".

Esta norma es aplicable al Ministerio Público por mandato del artículo 1° *ejusdem*, del artículo 6° ordinal 20 y 1° de la Ley Orgánica del Ministerio Público.

El artículo 30 citado consagra conceptos jurídicos indeterminados de experiencia y valor que permiten una solución justa. Estos conceptos jurídicos de "economía, eficacia, celeridad e imparcialidad" cobran su fuerza en el presente caso concreto, cuando la Fiscalía debe resolver y decidir sobre la ratificación o no del Fiscal en el respectivo cargo en el marco de la razonabilidad, a las cuales se circunscriben los conceptos enunciados. No tiene el Ministerio Público un espacio libre de actuación, debe someterse al derecho, al principio de legalidad, a los principios generales del Derecho (artículo 117 Constitución).

En el caso subjudice, el Fiscal General de la República prescindió de los servicios del recurrente (mediante remoción), avanzado ya el período constitucional en un porcentaje de 65,75%, período en el cual se dio una relación de servicio y empleo. En todo ese transcurrir del tiempo -existiendo la obligación de resolver y decidir- el Ministerio Público no cumplió con ese deber, con lo cual se configura una evidente falta de actuación administrativa, una desidia.

La obligación de decidir en un plazo razonable no se corresponde tan sólo a la observancia de la eficacia y celeridad administrativa, tal como lo establece el artículo 30 citado, sino también a la seguridad jurídica a la cual tiene derecho el funcionario, en el sentido que no debe ser mantenido en una situación de incertidumbre en cuanto a su estatus y condición de empleo, pues se trata de la satisfacción de una necesidad fundamental de la vida como lo es el trabajo (artículos 84 y 85 de la Constitución) y del desarrollo de la personalidad (artículo 43 *ejusdem*), fruto precisamente, de una óptima relación de servicio. Asimismo, se corresponde la seguridad del empleo (la estabilidad) a la exigencia ética de los valores axiológicos que se originan en la condición del ser humano por el solo hecho de serlo y por la dignidad, fundamento de sus derechos humanos (*Vid.* Entre otros, la Declaración Universal de los derechos Humanos, artículo 1°, el Pacto Internacional de derechos Civiles y Políticos, artículo 10 y el artículo 50 de la Constitución -derechos inherentes-).

El deber entonces de decidir, oportunamente, tiene un fundamento legal y constitucional y una base deontológicas.

En el presente caso existe una discrepancia total entre la Resolución de destitución y la situación objetiva reflejada en la relación de servicio existente por un período de 3 años, 3 meses y 15 días, de un total de 5 años. Por el tiempo transcurrido la Fiscalía perdió la potestad discrecional de decidir entre la ratificación o destitución en el contexto del vencimiento del período constitucional.

La obligación de resolver requiere de un lapso prudencial, al cesar este y al existir actuaciones irrefutables de una conducta determinada (*facta concludentia*) en el sentido de un acto formal, ratificatorio, emerge el acto tácito o presunto, concordancia a la realidad existente y sustitutorios del acto expreso. No podrá entonces el órgano público -en estas circunstancias- dictar formalmente un acto contrario por cuanto ya se habría producido el acto tácito o presunto con efectos jurídicos propios. Dichos actos son innovativos, con ellos se le reconocieron al recurrente su nuevo período constitucional de empleo, se crearon derechos a su favor y obligaciones para la Fiscalía, situación jurídica que mantiene la obligación del organismo de dictar el acto formal ratificatorio, confirmando así el acto tácito o presunto producidos. En este contexto, la tesis enunciada encuentra su respaldo en la misma sentencia de 15 de noviembre de 1982 (citada por la Fiscalía en sus Informes), en el sentido de que se requiere de la expresa ratificación de la autoridad que ostenta la facultad de nombrar. Y si no cumple con dicha obligación y transcurre el período constitucional, ¿podría negarse que al funcionario no le haya sido ratificada su investidura? Evidentemente que tal criterio resulta absurdo y divorciado de la ley, del sentido común y de la máxima de experiencia (artículo 507 Código de Procedimiento civil). Dicho de otro modo, aunque se mantiene el deber de expresa ratificación, producida ya por el acto tácito o presunto, la pasividad administrativa en este contexto, no desvincula al órgano, como si nada hubiese ocurrido puesto que, la existencia de situaciones jurídicas determinantes de la voluntad (la relación de empleo) permite afirmar por la misma exigencia de los hechos que, la OMISIÓN DEL ACTO EXPRESO, no desvirtúa el acto producido. Se trata en definitiva de una ficción jurídica que convierte la inactividad en acto. La ficción permite sostener que se ha cumplido la norma cuando en realidad no se ha cumplido.

Ahora bien, ¿cuál es el lapso en el cual (a falta de norma expresa) deberá el Ministerio Público pronunciarse sobre la ratificación del funcionario para el nuevo período constitucional?

Con el fin de lograr el justo equilibrio entre la oportunidad de dictar el acto administrativo y la de su cuestionamiento en vía judicial, la Sala estima como prudente el lapso de seis (6) meses iniciado dicho período, considerando que en nuestras leyes -cuando se trata de actos de efectos particulares-, su posibilidad de impugnación se circunscribe, generalmente, a los 6 meses (*Vid.* Por ejemplo, el artículo 134 de la Ley Orgánica de la Corte Suprema de Justicia o el artículo 6 ordinal 4° de la Ley Orgánica de Amparo sobre Derechos y Garantías Constitucionales).

Aprecia la Sala que en dicho lapso el nuevo Fiscal General de la República tiene un amplio margen para considerar y decidir sobre el destino jurídico de los funcionarios, ejerciendo su facultad discrecional de ratificarlos o sustituirlos.

Transcurrido dicho lapso de 6 meses, sin haberse producido la expresa ratificación, por los fundamentos antes expuestos (legales y éticos) debe inferirse la ratificación del funcionario en el cargo respectivo y del goce de la estabilidad por el período constitucional, tal como lo establece el artículo 18 de la Ley Orgánica del Ministerio Público, pudiendo ser destituido sólo "en caso de incapacidad, negligencia, mala conducta y demás faltas graves en el cumplimiento de los deberes de su cargo, debidamente comprobadas mediante expediente". Se reitera que la ratificación tácita no exime al órgano de dictar el acto formal en el mismo sentido, éste tendrá efectos *ex tunc*, se retrotraerá al inicio del período constitucional y *ex nunc*, mantendrá su vigencia hasta la conclusión de este mismo período.

Como *obiter dictum*, en consideración de la sensibilidad y novedad de la doctrina enunciada y con el fin de evitar posibles interpretaciones que no se ajusten a su contenido, la Sala considera prudente advertir que la tesis que se sostiene, en el caso subjudice, no se refiere al silencio positivo, estimatorio de la pretensión deducida por cuanto en esta situación no existen actuaciones de la cuales, implícitamente, pudiera inferirse el acto presunto y, además, el silencio positivo requiere de una norma expresa que le confiere dicho efecto. Por otra parte, precisa la Sala, en relación con la doctrina enunciada, que la misma se circunscribe a la esfera administrativa, quedando excluidos los actos jurídicos de contenido político, por razón de la alternabilidad y renovación de los poderes públicos, conforme a los artículos 3,

135 y 214 de la Constitución. No sería entonces aplicable la tesis enunciada en el caso de mora en la designación de las autoridades del Estado, como por ejemplo, a las que se refieren los artículos 219, 214, 238 y 190 *ejusdem*. Los mencionados actos se desvinculan de la esfera administrativa ordinaria en virtud de su propia naturaleza y jerarquía constitucional

Con base entonces a la doctrina expuesta, en el caso subjudice, se verifica la ratificación presunta del recurrente en el cargo, puesto que la relación de empleo se mantuvo por un lapso de tres (3) años, tres (3) meses y quince (15) días del nuevo período constitucional de cinco (5) años, lo que representa un porcentaje de 65,75% del mismo y, por cuanto el Fiscal General de la República dictó una Resolución CONTRARIA a la RATIFICACIÓN TACITA después de haber transcurrido el lapso señalado, la remoción del recurrente de su cargo por la razón del vencimiento del período constitucional resulta ser nula, conforme al artículo 20 de la Ley Orgánica de Procedimientos Administrativos y así se declara.

RDP N° 69-70, 1997, pp. 222

CSJ-SPA (291)   22-5-97

Magistrado Ponente: Cecilia Sosa Gómez

Caso: Jesús R. Cova R. vs. Fiscal General de la República

El establecimiento de causales de inhibición tiene por objeto fundamental evitar que en la decisión de un determinado asunto puedan alterarse, de alguna manera, los principios de imparcialidad y objetividad que deben regir inexorablemente en la solución que se dispense al final de todo procedimiento administrativo.

En lo atinente a la supuesta infracción del contenido de los citados artículos 36 y 37 de la Ley Orgánica de Procedimientos Administrativos, estima la Sala necesario señalar que el establecimiento de las señaladas causales de inhibición tiene por objeto fundamental evitar que en la decisión de un determinado asunto puedan alterarse, de alguna manera, los principios de imparcialidad y objetividad que deben regir inexorablemente en la solución que se dispense al final de todo procedimiento administrativo buscando enervar con ello la posibilidad de que la decisión que se produzca al final del mismo, obedezca más a la satisfacción de un interés personal o al temor de un acción de represalia o afección futura y no únicamente a los fines de la norma que confiere el ejercicio de la competencia y, en definitiva, al interés general, público o colectivo cuya verificación y prevalencia se busca a través del cauce del procedimiento que se decide.

En el presente caso, considera la Sala que no están acreditadas circunstancias que conduzcan a estimar probada la existencia del aludido interés personal en la

Directora de Inspección comisionada para instruir el correspondiente expediente, sino que por el contrario, dicha funcionaria actuó simplemente atendiendo al cumplimiento de los cometidos propios de la Dirección a su cargo, entre ellos, ejercer labores de vigilancia y supervisión sobre la actividad desarrollada por los diferentes Fiscales del Ministerio Público a fin de procurar, tanto el fiel cumplimiento de los deberes que a ellos impone la Ley orgánica que rige a la institución, como la unidad de acción de los mismos, sin que en tal circunstancia pueda estimarse revelado -en criterio de la Sala- interés personal alguno en imponer una sanción, sino simplemente lo que -se insiste- son funciones propias de tal Dirección.

Por otro lado y en cuanto a las relaciones existentes entre el accionante y la citada Directora, considera esta Sala que las mismas no resultan subsumibles en la situación descrita por el ordinal 4° del artículo 36 de la Ley Orgánica de Procedimientos Administrativos, pues dicha norma alude a que sea el funcionario encargado de decidir un determinado asunto, quien precisamente se encuentre en relación de servicio o subordinación respecto a aquel interesado directamente en el asunto, con lo que -como quedó expuesto en el párrafo precedente- se busca evitar que la decisión que adopte el subordinado o sometido a relación de servicio, desatienda los principios de objetividad e imparcialidad ante el temor de una futura retaliación por parte de aquél que ejerce respecto a él potestades jerárquicas e incluso disciplinarias, no siendo esta evidentemente la situación planteada en el presente caso, como lo pretende el accionante, sino más bien la inversa, en la medida en que es él quien se encuentra sometido a relaciones de subordinación respecto a la funcionaria comisionada para instruir el expediente y sustanciar el correspondiente procedimiento, no resultante en consecuencia procedentes, por las razones expuestas y en criterio de esta Sala, los argumentos del accionantes en este sentido y así se declara.

D.   *Principio de publicidad*

a.   *Reserva de archivos e información confidencial*

RDP N° 5, 1980, p .92

CSJ-SPA (4)   20-1-81

Presidente Ponente: René De Sola

La declaratoria de un archivo reservado no es apelable ante la Corte Suprema de Justicia.

Vistos el oficio N° 1605 C.J. de 30 de diciembre de 1980, dirigido a esta Sala por el ciudadano Ministro de Energía y Minas y el expediente que acompaña al mismo, se observa: Aparece del referido oficio que las empresas Shell International Petroleum Company Limited, Shell International Marine Limited y Compañía Shell de Venezuela n.v. interpusieron apelación contra la decisión contenida en el oficio N° 1056 de 18 de setiembre de 1980, en la cual el Ministerio de Energía y

Minas declara confidencial la documentación relativa a la cuenta especial N° 2504-24, abierta en el Banco Central de Venezuela para depósito del fondo de garantía de que trata la ley orgánica que reserva al Estado la industria y comercio de los hidrocarburos. El oficio en referencia aparece transcrito en copia certificada del acta de la inspección ocular que debía efectuarse en el Banco Central de Venezuela el día 19 de setiembre de 1980, y la decisión que contiene se fundamenta en lo dispuesto en el artículo 55 de la Ley Orgánica de Administración Central que autoriza a los órganos superiores del Estado para declarar el carácter reservado o confidencial de algún documento, libro, expediente o registro. No establece esta Ley ningún recurso de apelación por ante esta Sala Político-Administrativa de la Corte Suprema de Justicia en relación con las decisiones de esta naturaleza que tomaren los órganos de la Administración Central. Por otra parte, no es aplicable al caso planteado lo dispuesto en el artículo 19 de la Ley sobre Bienes Afectos a Reversión en las Concesiones de Hidrocarburos, ya que, como claramente lo expresa dicha norma, la apelación en ella prevista se refiere exclusivamente a Resoluciones que se dicten en cumplimiento de esa Ley y que hayan sido publicadas en la Gaceta Oficial de la República de Venezuela, requisito este último necesario para que corra el término de diez (10) días hábiles dentro del cual puede intentarse el mencionado recurso.

RDP N° 37, 1989, pp. 78

CPCA   1-2-89

Magistrado Ponente: Cecilia Sosa Gómez

Caso: Marcos M. Urribarri vs. INOS.

Conforme al artículo 59 de la Ley Orgánica de Procedimientos Administrativos, "los interesados y sus representantes tienen el derecho de examinar en cualquier estado o grado del procedimiento, leer y copiar cualquier documento contenido en el expediente, así como de pedir certificación del mismo", exceptuándose únicamente los documentos calificados mediante acto motivado como confidenciales. Por lo tanto, el actor tenía pleno derecho a acceder a la documentación presente en el Expediente Administrativo, donde consta en forma clara y precisa cuáles son las fechas de los días que se le imputan como de inasistencia al trabajo. En consecuencia, no puede considerarse violado gravemente el derecho a la defensa en el presente caso, ya que con la simple lectura del Expediente Administrativo el recurrente pudo conocer los hechos imputados, sin que conste en el presente juicio que tal derecho le hubiera sido negado, al punto que ni siquiera ello es denunciado.

RDP N° 41, 1990, pp. 76

CSJ-SPA (361)   12-12-89

Magistrado Ponente: Josefina Calcaño de Temeltas

Caso: Miguel Pérez M. vs. República (Ministerio de la Defensa).

Al principio general de apertura que rige el procedimiento administrativo, conforme al cual el interesado puede revisar el expediente, leer los documentos que lo componen y obtener copias de los mismos, se contrapone la excepción de confidencialidad, que no puede estar referida a la totalidad del expediente y debe hacerse constar en una resolución motivada.

Frente a la tradicional característica excepcional del secreto y la reserva de los archivos de la Administración Pública se establece como contrapartida el derecho del interesado a tener acceso al expediente regulado en la Ley Orgánica de Procedimientos Administrativos. Es así como la calificación de confidencialidad de algunos documentos requiere, de acuerdo con el artículo 59 de la citada ley, una resolución motivada. Esta norma es de vital importancia para las relaciones entre el particular y la Administración puesto que flexibiliza el rigor del principio de confidencialidad previsto igualmente en el artículo 55 de la Ley Orgánica de la Administración Central, el cual niega la posibilidad regular de tener acceso a un expediente cuando así lo decida la autoridad administrativa competente.

De manera que, ante el principio general de apertura que rige el procedimiento administrativo, según el cual el interesado puede revisar el expediente, leer los documentos que allí se encuentran, obtener copias simples o certificadas de los mismos, se contrapone la excepción de confidencialidad haciéndose constar en forma expresa y concreta en una resolución motivada. Este acto administrativo, por ser un acto de trámite, constituye a su vez una excepción a la motivación, que se requiere sólo para los actos definitivos de acuerdo con el artículo 9 de la Ley Orgánica de Procedimientos Administrativos.

El acto de trámite que exige como requisito la motivación podría tener efectos definitivos, si causa indefensión, máxime cuando se trata de actos sancionatorios, como ocurre en el caso de autos.

En este orden de ideas, la Sala comparte el criterio del recurrente que, de no tener acceso al expediente administrativo se le estaría violando su derecho a la defensa.

En efecto, una simple interpretación literal del artículo 59 de la Ley Orgánica de Procedimientos Administrativos, aplicable al procedimiento administrativo infringiría el derecho constitucional a la defensa y el principio de igualdad entre las partes, al sustraer del debate probatorio los vicios que podrían estar presentes en el proceso de formación de la voluntad del acto contenidos en el expediente administrativo, produciendo indefensión, toda vez que se le impide al administrado la posibilidad de dejar sin efecto la presunción de legalidad del acto impugnado en vía contencioso-administrativa.

A mayor abundamiento observa la Sala que la previsión contenida en el artículo 59 acerca de la confidencialidad en vía administrativa se refiere a determinadas partes del expediente y no al expediente administrativo en su totalidad, por lo que pretender impedir el acceso al administrado del mencionado expediente resulta a todas luces violatorio de la citada disposición.

Asimismo no escapa a esta Sala el advertir que el acto por el cual el Ministerio de la Defensa declaró confidencial el expediente administrativo no está motivado, configurándose aún más el estado de indefensión del recurrente.

RDP N° 67–68, 1996, pp. 209–210

CSJ-SPA (480)   11-7-96

Magistrado Ponente: Josefina Calcaño de Temeltas

Caso: Adriana F. Peña vs. República

En reiteradas oportunidades ha señalado esta Sala que la formación de un expediente cualquiera constituye una manifestación del deber de documentación que tiene la Administración originada en la necesidad de acreditar fehacientemente actos, hechos, actuaciones, etc., según una secuencia lógica de modo, tiempo y manera. Obligación ésta que en la Administración militar cobra mayor vigencia al tratarse de un sistema caracterizado por su disciplina y orden.

Así, un expediente administrativo disciplinario como el que se analiza, constituye la prueba que debe presentar la Administración para demostrar la legitimidad de sus actuaciones, la veracidad de los hechos y el fundamento de la sanción que se imponga, del mismo modo que la oportunidad y tiempo en que se impone un orden lógico y coherente.

Precisado lo anterior, respecto al caso concreto la Sala observa que las actas administrativas remitidas por el Ministerio de la Defensa tan sólo contienen dos actuaciones de la Administración y una de la recurrente relacionadas en forma directa con el asunto de autos, las cuales sin embargo en nada refiérense a la investigación de que se trata, pues ni siquiera se cuentan entre ellas, el informe solicitado a la recurrente con el que -según la resolución impugnada- se dio inicio a la averiguación administrativa.

De manera que, al carecer el expediente administrativo de las actuaciones tendentes a demostrar que la oficial sancionada incurrió en la falta que se le imputa, de la oportuna apertura de la investigación, de la efectiva reunión del Consejo de Investigación, su apreciación y calificación de los hechos, y de las demás actuaciones que llevaron en su momento al Ministro a adoptar la sanción impuesta, debe forzosamente concluir esta Sala que efectivamente el acto impugnado no se ajusta a Derecho.

En consecuencia, no habiendo la Administración militar, de una parte calificado de confidencial ningún documento y por la otra, desmentidos y probados los hechos narrados por la recurrente tanto en el recurso de reconsideración en sede administrativa como en el presente ante este órgano jurisdiccional, debe esta Sala considerar como inexistentes los primeros y por ciertos los segundos. Así expresamente se declara.

RDP N° 69-70, 1997, pp. 219

CPCA   5-6-97

Magistrado Ponente: María Amparo Grau

Caso: Varios vs. Pro-Competencia

El derecho de los particulares de revisar el expediente administrativo es una manifestación del derecho a la defensa en el contexto del procedimiento administrativo, por lo que a la Administración le está vedado negar al interesado la revisión del expediente provocando la confidencialidad de alguna de sus piezas, cuando son éstas las que resultan esenciales para su defensa.

Visto lo anterior debe esta Corte determinar en forma preliminar cuál es la extensión del derecho de acceso al expediente administrativo, así como el alcance e inteligencia de la disposición contenida en el artículo 31 de la Ley de Pro-Competencia, precisando si la confidencialidad de los datos e informaciones a que alude el referido artículo, es suficiente para impedir al particular investigado que sean revisados en sede administrativa. A tales efectos se observa:

De acuerdo a las previsiones del artículo 59 de la Ley Orgánica de Procedimientos Administrativos -aplicable supletoriamente a los procedimientos abiertos por la Superintendencia, a tenor de lo dispuesto en el artículo 41 de la Ley de la materia especial de competencia-, el derecho de acceso al expediente administrativo está contemplado en los siguientes términos:

"Los interesados y sus representantes tienen el derecho a examinar en cualquier estado o grado del procedimiento, leer y copiar cualquier documento contenido en el expediente. Se exceptúan los documentos calificados como confidenciales por el superior jerárquico, los cuales serán archivados en cuerpos separados del expediente. La calificación de confidencial deberá hacerse por acto motivado." (Resaltado de esta Corte).

La norma precedentemente transcrita tiene por fundamento el artículo 68 del texto constitucional, el cual dispone que la defensa es un derecho inviolable en todo estado y grado del proceso, lo cual, por disposición legal, resulta aplicable, no sólo en los procesos que se debaten en sede jurisdiccional, sino en los procedimientos que se sustancian en el seno de la Administración.

Se configura entonces el derecho de los particulares de revisar el expediente administrativo, como la manifestación del derecho a la defensa en el contexto del procedimiento administrativo. En efecto, sólo a través de la revisión de las actuaciones y alegatos de la Administración en el expediente, puede el particular defenderse plenamente, alegando y probando todo aquello que sea necesario para la mejor defensa de su posición jurídica.

De lo anterior se deduce que cualquier conducta de la Administración dirigida a restringir o impedir a los administrados revisar, examinar o realizar cualquier tipo de actuación sobre algún expediente administrativo que contenga un procedimiento en el cual se hallen como interesados -a tenor de lo establecido en el artículo 22 de la Ley Orgánica de Procedimientos Administrativos- puede colocar al particular en posición de indefensión, desde que puede imposibilitarle el ejercicio pleno del derecho a la defensa.

En ese sentido, cualquier acto o actuación de la Administración que sea restrictivo del derecho a la defensa es susceptible de nulidad absoluta, de acuerdo a la aplicación concordada de lo dispuesto en el artículo 19, ordinal 1° de la Ley Orgánica de Procedimientos Administrativos y el artículo 46 de la Constitución, el cual sanciona con la nulidad todo acto del Poder Público que viole o menoscabe los derechos constitucionalmente garantizados.

Esta Corte ha sido cónsona con esa orientación al aceptar que "la indefensión que causa la nulidad de los actos administrativos es aquella que impide a los afectados por dichos actos ejercer a plenitud sus derechos en contra de ellos, tanto en el procedimiento constitutivo como de revisión, ya sea administrativo o Judicial" (sentencia de esta Corte Primera de lo Contencioso Administrativo de fecha 12 de diciembre de 1985).

Ahora bien el artículo 31 de la ley de Pro-Competencia prevé lo siguiente:

"Todas las personas y empresas que realicen actividades económicas en el país, públicas o privadas, nacionales o extranjeras, deberán suministrar la información y documentación que les requiera la Superintendencia.

Los datos e informaciones suministrados, tendrán carácter confidencial, salvo si la Ley establece su registro o publicidad". (resaltado de esta Corte.)

El transcrito artículo 31 está contenido en el Capítulo IV *eiusdem*, el cual trata del *Deber de Informar*, y, en ese sentido, se establece a los particulares la obligación de suministrar a la Superintendencia para la Promoción y la Protección del Ejercicio de la Libre Competencia, cualquier información o documentación que se requiera para el cumplimiento cabal de sus funciones, previendo, a tales efectos la confidencialidad de lo suministrado, lo cual -adelanta desde ya esta Corte- debe operar únicamente respecto a los terceros ajenos al procedimiento administrativo.

Asimismo, cabe destacar que en la referida norma la confidencialidad de las informaciones suministradas a la Administración por el particular no viene dada por un funcionario -como ocurre en el procedimiento administrativo ordinario, según previene el artículo 59, de la Ley Orgánica de Procedimientos Administrativos-, sino por la misma Ley que regula las funciones de la Superintendencia.

En tal sentido, la potestad de que dispone la Administración para declarar de carácter reservado piezas o documentos del expediente administrativo, tiene su razón de ser en la necesidad de evitar el conocimiento de aquéllos por parte de personas ajenas al procedimiento, en virtud de la trascendencia de determinado asunto y posible afectación de los mismos informantes o partes del procedimiento, lo cual amerita limitaciones en el acceso al expediente.

Es la propia Ley para Promover y Proteger el Ejercicio de la Libre Competencia, en este caso, la que contempla la confidencialidad de las informaciones, documentos y demás datos o elementos que suministren los particulares; ello, obviamente, en razón del tipo de información que involucran las facultades investigativas que sobre la competencia entre los agentes económicos y la estructura y dinámica del mercado debe realizar la Superintendencia en los procedimientos por ella iniciados, debiendo, en consecuencia, restringirse el acceso del público a la revisión de los expedientes.

No obstante, como se indica precedentemente, dicha restricción nunca debe entenderse como limitativa del derecho de los interesados -en el procedimiento- de proceder a su examen.

En efecto, si el órgano administrativo impide a los interesados el examen de aquellos elementos que, calificados como reservados, resulten esenciales para su defensa, crea en cabeza del particular una imposibilidad de ejercer a plenitud su derecho a defenderse.

El derecho de los interesados a examinar en cualquier estado y grado del procedimiento el expediente del caso se encuentra indisolublemente vinculado al derecho a la prueba, es decir, a defender su posición jurídica aportando medios probatorios que respalden la veracidad de sus afirmaciones. En consecuencia, cualquier obstáculo que se imponga al interesado para revisar las afirmaciones relativas a imputaciones que en su contra haya formulado la Administración, resulta lesivo de su derecho a la defensa, tanto más cuando se trata de un procedimiento sancionatorio que puede culminar en un acto capaz de causarle graves perjuicios.

No resulta acorde con los principios que rigen el estado de derecho negar al interesado la revisión del expediente administrativo invocando la confidencialidad de alguna de sus piezas, cuando son éstas las que precisamente le sirven de fundamento para, abrir el procedimiento y dictar el acto correspondiente, desde que ello pudiera hacer nugatorio el derecho a la defensa del particular al impedírsele el conocimiento preciso y exacto de los hechos y las circunstancias que dan base a la apertura y tramitación del procedimiento en cuestión.

Ahora bien, de acuerdo a lo expresado por la empresa A.G.A, C.A, la negativa de la Superintendencia con respecto a su requerimiento de examinar las listas de precios que para el oxígeno líquido medicinal había entregado la empresa G.I.V., C.A. a ese organismo, obligó a la empresa A.G.A., C.A. a defenderse frente a un hecho desconocido -la identidad de precios con la otra empresa-, por efecto de la restricción que para el acceso al expediente le fue impuesta.

A tal efecto, se observa que en los antecedentes administrativos remitidos a esta Corte, se pudo constatar que ciertamente existían partes o piezas del expediente que tenían el carácter de reservado o confidencial, siendo que en las de libre acceso no se encontraba la mencionada lista de precios de la empresa G.I.V., C.A. Asimismo, debe señalarse que en el curso del procedimiento administrativo, la Superintendencia para la Promoción, y Protección de Libre Competencia no desvirtuó el alegato de la empresa A.G.A. C.A. respecto de la restricción al acceso del expediente, limitándose a señalar en el texto de la Resolución impugnada que:

> "No es cierto que a las empresas infractoras se les haya negado el derecho revisar los anexos reservados que conforman el expediente, y mucho menos, los elementos que constituyen el indicio probatorio principal de la práctica..." (omissis).

Lo antes expresado por la Superintendencia en el acto recurrido, luce en evidente contradicción respecto de lo alegado por la Procuraduría General de la República en esta instancia, Jurisdiccional al argumentar que:

> "...de una revisión exhaustiva del expediente administrativo, no consta que ninguna de las dos empresas haya solicitado revisar el expediente reservado (*sic*)..., para el supuesto negado de que alguna lo hubiese pedido, habría tenido y por obligación interpuesta por la Ley, la Superintendencia que habérselo negado..." (omissis) (escrito de informes p. 52).

Lo anterior lejos de desvirtuar lo alegado por la empresa A.G.A. C.A., apunta, antes bien, hacia una confirmación del argumento de la empresa.

Sin embargo, considera la Corte que la alegada negativa por parte de la Superintendencia a permitir el acceso a la recurrente a la lista de precios no le produjo la indefensión invocada, pues la imputación concreta de la identidad de precios permite conocer exactamente la conducta que se está cuestionando y que se pretende evidenciar con la referida lista, pudiendo la parte desvirtuarlo. Así se declara.

RDP N° 82, 2000, pp. 401

TSJ-SPA (899)   13-4-2000

Magistrado Ponente: Levis Ignacio Zerpa

Caso: Luis H. Maldonado M. vs. República (Ministerio de la Defensa).

Los administrados tienen derecho, por imperativo legal y constitucional, de tener acceso al expediente administrativo en cualquier estado y grado del procedimiento.

Igualmente denunció el apoderado del recurrente la violación al derecho a la defensa porque éste ni su representante tuvieron acceso al expediente administrativo durante el procedimiento instaurado, a pesar de haber solicitado muchas oportunidades autorización para tener acceso al referido expediente. Al respecto se observa:

Dispone el artículo 59 de la Ley Orgánica de Procedimientos Administrativos lo siguiente:

Artículo 59. "Los interesados y sus representantes tienen el derecho de examinar en cualquier estado o grado del procedimiento, leer y copiar cualquier documento contenido en el expediente, así como de pedir certificación del mismo. Se exceptúan los documentos calificados como confidenciales por el superior jerárquico, los cuales serán archivados en cuerpos separados del expediente. La calificación de confidencial deberá hacerse mediante acto motivado".

Ahora bien, cursan a los folios 513 al 522 de este expediente, comunicaciones fechadas 15-10-1997, 27-10-97, contentivas del recurso jerárquico, 13-02-98, 25-02-98, 18-03-98 y 27-03-98, dirigidas tanto al Jefe de Comando de Personal de la Guardia Nacional como al Ministro de la Defensa, en las cuales se solicita el acceso al expediente administrativo.

Como respuesta a las referidas solicitudes, el Director de Secretaría del Ministerio de la Defensa declara improcedente la solicitud de autorización de acceso al expediente administrativo con base en el siguiente razonamiento:

(Omissis...)

"Analizado...se considera que desde el punto de vista legal no es procedente la solicitud de acceso al expediente administrativo disciplinario del Cabo Primero Luis Hernán Maldonado Moscoso, que formula el Abogado Enrique Pérez Bermúdez, por cuanto si bien es cierto que es un derecho que consagra la Ley Orgánica de Procedimientos Administrativos, para que el interesado o su representante puedan revisar el expediente "en cualquier estado o grado de procedimiento" no es menos cierto que para el presente momento se agotó el procedimiento en vía administrativa, por cuanto el Señor Ministro de la Defensa, en la Nota Informativa Nro. MD CJ 059 del 23 marzo 98, emitió una decisión respecto del Recurso Jerárquico interpuesto por el mencionado Profesional del Derecho.

En consecuencia, sólo queda la posibilidad de remisión del expediente administrativo disciplinario al Órgano Jurisdiccional que lo solicite, en caso de ser interpuesta una demanda de nulidad contra el acto administrativo, a través del cual se dio de baja por medida disciplinaria al Cabo Primero (GN) Luis Hernán Maldonado Moscoso".

De la transcripción anterior se advierte la configuración de una flagrante violación al derecho a la defensa del recurrente, toda vez que la propia Administración admite haber negado el acceso al expediente administrativo, al cual por imperativo legal y constitucional tenía derecho en cualquier estado y grado del procedimiento. Resulta por demás absurdo señalar que por haberse agotado la vía administrativa, no podía el interesado tener acceso a su propio expediente disciplinario, no sólo porque tal aserto es falso, puesto que se desprende de autos que las referidas solicitudes se materializaron antes de decidirse el recurso jerárquico, sino porque con tal negativa se obligaba al recurrente a impugnar por vía judicial una decisión administrativa a cuyos antecedentes no pudo acceder, por haberlo impedido la propia Administración.

RDP N° 82, 2000, pp. 402

CPCA   21-6-2000

Magistrado Ponente: Carlos Enrique Mouriño Vaquero

Caso: Banco Venezolano de Crédito, S.A.C.A. vs. Superintendencia para la Promoción y Protección de la Libre Competencia (PROCOMPETENCIA).

El carácter confidencial dentro del procedimiento administrativo *ex novo* en el seno de la Superintendencia para la Promoción y Protección de la Libre Competencia, deberá ser tratado como la excepción y no la regla. No puede declararse la confidencialidad de una prueba solicitada por un particular si esta es relevante para la decisión de la Administración; y si la misma contiene otros datos que no son relevantes para el esclarecimiento de los hechos o que nada tienen que ver con el procedimiento de que se trate, la Superintendencia tiene la obligación de separar la información jurídicamente relevante de la que no lo es, y en el caso de que esa separación sea materialmente imposible está en el deber de transcribir certificadamente los datos relevantes para el proceso, para permitirle a los particulares involucrados, verificar y controlar la prueba evacuada a instancia de parte.

A este respecto, se observa:

Visto lo anterior, corresponde a esta Corte delimitar el alcance de la disposición contenida en el artículo 31 de la Ley para Promover y Proteger el Ejercicio de la Libre Competencia, precisando si la confidencialidad de las informaciones previstas en dicho artículo, es armonizable con el derecho a la defensa de los particu-

128

lares interesados en el expediente administrativo, derecho de rango constitucional y pilar fundamental del Estado Social de Derecho.

A tales efectos, el artículo 31 dispone lo siguiente:

"Todas las personas y empresas que realicen actividades económicas en el país, públicas o privadas, nacionales o extranjeras, deberán suministrar la Información y documentación que les requiera la Superintendencia.

Los datos, o informaciones suministrados tendrán carácter confidencial, salvo si la Ley, establece su registro o publicidad".

Ahora bien, es evidente que el artículo transcrito establece el carácter confidencial como la regla aplicable, en las informaciones suministradas por los particulares interesados y la publicidad como la excepción.

Delimitado lo anterior, esta Corte se permite citar in extenso, lo establecido en la sentencia Gases Industriales de Venezuela y AGA Venezolana vs. la Superintendencia para la Promoción y Protección de la Libre Competencia, en fecha 5 de junio de 1997, expediente N° 97 734, sobre la confidencialidad y el acceso al expediente administrativo, en los términos siguientes:

De acuerdo a las previsiones del artículo 59 de la Ley Orgánica de Procedimientos Administrativos -aplicable supletoriamente a los procedimientos abiertos por la Superintendencia, a tenor de lo dispuesto en el artículo 41 de la Ley de la materia especial de competencia-, el derecho de acceso al expediente administrativo está contemplado en los siguientes términos:

"Los interesados y sus representantes tienen el derecho a examinar en cualquier estado o grado del procedimiento, leer y copiar cualquier documento contenido en el expediente. Se exceptúan los documentos calificados como confidenciales por el superior jerárquico, los cuales serán archivados en cuerpos separados del expediente. La calificación de confidencial deberá hacerse por acto motivado".

La norma precedentemente transcrita tiene por fundamento el artículo 68 del texto constitucional, el cual dispone que la defensa es un derecho inviolable en todo estado y grado del proceso, lo cual, por disposición legal, resulta aplicable, no sólo en los procesos que se debaten, en sede jurisdiccional, sino en los procedimientos que se sustancian en el seno de la Administración.

Se configura entonces el derecho de los particulares de revisar el expediente administrativo, como la manifestación del derecho a la defensa en el contexto del procedimiento administrativo. En efecto, sólo a través de la revisión de las actuaciones y alegatos de la Administración en el expediente, puede el particular defenderse plenamente alegando y probando todo aquello que sea necesario para la mejor defensa de su posición jurídica.

De lo anterior se deduce que cualquier conducta de la Administración dirigida a restringir o impedir a los administrados revisar, examinar o realizar cualquier tipo de actuación sobre algún expediente administrativo que contenga un procedimiento en el cual se hallen como interesados -a tenor de lo establecido en el artículo 22 de la Ley Orgánica de Procedimientos Administrativos- puede colocar al particular en posición de indefensión, desde que puede imposibilitarle el ejercicio pleno del derecho a la defensa.

En ese sentido, cualquier acto o actuación de la Administración que sea restrictivo del derecho a la defensa es susceptible de nulidad absoluta, de acuerdo a la aplicación concordada de lo dispuesto en el artículo 19, ordinal 1° de la Ley Orgánica de Procedimientos Administrativos y el artículo 46 de la Constitución, el cual sanciona con la nulidad todo acto del Poder Público que viole o menoscabe los derechos constitucionalmente garantizados.

Esta Corte ha sido, cónsona con esa orientación al aceptar que "la indefensión que causa la nulidad de los actos administrativos es aquélla que impide a los afectados por dichos actos ejercer a plenitud sus derechos en contra de ellos, tanto en el procedimiento constitutivo, como de revisión, ya sea administrativo o judicial" (sentencia de esta Corte Primera de lo Contencioso Administrativo de fecha 12 de diciembre de 1985).

Ahora bien, el artículo 31 de la Ley para la Promoción y Protección de la Libre Competencia prevé lo siguiente:

"Todas las personas y empresas que realicen actividades, económicas en el país, públicas o privadas, nacionales o extranjeras, deberán suministrar la información y documentación que les requiera la Superintendencia.

Los datos e informaciones suministradas tendrán carácter confidencial, salvo si la Ley establece su registro o publicidad".

El transcrito artículo 31 está contenido en el Capítulo IV *ejusdem*, el cual trata del deber de informar, y en ese sentido, se establece a los particulares la obligación de suministrar a la Superintendencia para la Promoción y Protección del Ejercicio de la Libre Competencia, cualquier información o documentación que le requiera para el cumplimiento cabal de sus funciones, previendo a tales efectos la confidencialidad de lo suministrado lo cual -adelanta desde ya esta Corte- debe operar únicamente respecto a los terceros ajenos el procedimiento administrativo.

Asimismo, cabe destacar que en la referida norma la confidencialidad de las informaciones suministradas a la Administración por el particular no viene dada por un funcionario como ocurre en el procedimiento administrativo ordinario, según previene el artículo 59 de la Ley Orgánica de Procedimientos Administrativos, sino de la misma Ley que regula las funciones de la Superintendencia.

En tal sentido, la potestad de que dispone la Administración para declarar de carácter reservado piezas o documentos del expediente administrativo tiene su razón de ser en la necesidad de evitar el conocimiento de aquéllos por parte de personas ajenas al procedimiento, en virtud de la trascendencia de determinado asunto y posible afectación de los mismos informantes o partes del procedimiento, lo cual amerita limitaciones en el acceso al expediente.

Es la Ley para Promover y Proteger el Ejercicio de la Libre Competencia, en este caso, la que contempla la confidencialidad de las informaciones, documentos y demás datos o elementos que suministren, los particulares; ello, en razón del tipo de información que involucran las facultades investigativas que sobre la competencia entre los agentes económicos y la estructura y dinámica del mercado debe realizar, la Superintendencia en los procedimientos por ella iniciados, debiendo, en consecuencia, restringirse el acceso del público a la revisión de los expedientes.

No obstante, como se indicó precedentemente, dicha restricción nunca debe entenderse como limitativa del derecho de los interesados en el procedimiento de proceder a su examen. En efecto, si el órgano administrativo impide a los interesados el examen de aquellos elementos que, calificados como reservados, resultan esenciales para su defensa, crea en cabeza del particular una imposibilidad de ejercer a plenitud su derecho a defenderse.

El derecho de los interesados a examinar en cualquier estado y grado del procedimiento el expediente del caso, se encuentra indisolublemente vinculado al derecho a la prueba, es decir, a defender su posición jurídica aportando medios probatorios que respalden la veracidad de sus afirmaciones. En consecuencia, cualquier obstáculo que se interponga, al interesado para revisar las afirmaciones relativos a imputaciones que en su contra haya formulado la Administración, resulta lesivo de su derecho a la defensa, tanto más cuando se trata de un procedimiento sancionatorio que puede culminar en un acto capaz de causarle graves perjuicios.

No resulta acorde con los principios que rigen el estado de derecho negar al interesado la revisión del expediente administrativo invocando la confidencialidad de alguna de sus piezas, cuando son éstas las que precisamente lo sirven de fundamento para abrir el procedimiento y dictar el acto correspondiente, desde que ello pudiera hacer nugatorio el derecho a la defensa del particular al impedírsele el conocimiento preciso y exacto de los hechos y las circunstancias que dan base a la apertura y tramitación en cuestión...

...Sin embargo, considera la Corte que la alegada negativa por parte de la Superintendencia a permitir el acceso a la recurrente a la lista de precios no le produjo la indefensión invocada, pues la imputación concreta de la identidad de precios permite conocer exactamente la conducta que se está cuestionando y que se pretende evidenciar con la referida lista, pudiendo la parte desvirtuarlo. Así se declara".

Esta Corte reproduce como suyos los razonamientos establecidos en el fallo parcialmente transcrito, no obstante lo anterior, debe realizar ciertas precisiones relacionadas con el caso concreto, y a tales efectos, se observa:

El artículo 31 de la Ley para Promover y Proteger el Ejercicio de la Libre Competencia, prevé una obligación *ex lege* a cargo de la Superintendencia, de darle tratamiento confidencial a las informaciones suministradas por los particulares. Ello es así, en virtud de que esta norma tiene una finalidad proteccionista de las informaciones suministradas, para que esas informaciones, no puedan ser utilizadas por otras personas o agentes económicos del mercado para su provecho, es decir, el interés del Legislador estuvo destinado a proteger en virtud de la trascendencia para el mercado de dicha información a las empresas para que sus informaciones sobre sus estrategias comerciales no fueran utilizadas negativamente por sus competidores y que éstos obtuvieran ventajas competitivas en razón de la información obtenida.

En este sentido, tal y como acertadamente lo apuntaba el fallo parcialmente transcrito, el artículo 31 de la Ley para la Promoción y Protección de la Libre Competencia debe ser interpretado concatenadamente con la previsión legal contenida en el artículo 59 de la Ley Orgánica de Procedimientos Administrativos, siempre y cuando exista un particular encausado en un procedimiento constitutivo, para así permitirle el pleno y efectivo ejercicio de su derecho a la defensa, consagrado en el artículo 49 de la Constitución Bolivariana de la República de Venezuela.

De esta manera, cuando exista un ciudadano encausado o presunto infractor que pueda ser sancionado por estar incurso en algún supuesto de práctica prohibida de los consagrados en la ley que rige la materia, a las informaciones confidenciales deberá aplicársele el artículo 59 de la Ley Orgánica de Procedimientos Administrativos, es decir, la Administración deberá dictar un acto motivado donde explane suficientemente las razones por las cuales el agente económico objeto de un procedimiento sancionatorio no puede conocer el contenido de dicha información.

A mayor abundamiento, es menester señalar que las informaciones confidenciales, que constituyen la regla en las informaciones suministradas a la Superintendencia para la Promoción y Protección de la Libre Competencia, deben ser entendidas restrictivamente, cuando se esté sustanciado un procedimiento que puede culminar en una sanción para el administrado, en el entendido de que sólo podrán ser declaradas confidenciales las informaciones mediante auto motivado, siempre y cuando a juicio de la Administración existan razones suficientemente fundadas que de conocerse la información suministrada, se alteraría el libre desenvolvimiento de la competencia entre los agentes del mercado en cuestión.

No está de más apuntar, que las informaciones suministradas por los particulares a la Superintendencia para la Promoción y Protección de la Libre Competencia, previo requerimiento de esa Superintendencia, siguen siendo confidenciales para los terceros ajenos, no intervinientes en el proceso que se trate, pudiendo ser conocidas dichas informaciones sólo por las partes involucradas en el mismo.

Así las cosas, es criterio de esta Corte que en los casos relativos a la aplicación de la confidencialidad a las informaciones y documentaciones suministradas por las empresas que realicen actividades económicas, a la luz de la Ley para la Promoción y Protección de la Libre Competencia y en el supuesto de que exista un administrado sometido a un procedimiento sancionatorio, la Superintendencia deberá aplicar preferentemente el artículo 59 de la Ley Orgánica de Procedimientos Administrativos y no el artículo 31 de la Ley para Promover y Proteger el Ejercicio de la Libre Competencia, lo cual conduce indefectiblemente, a que el carácter confidencial dentro del procedimiento administrativo ex novo en el seno de la Superintendencia para la Promoción y Protección de la Libre Competencia, deberá ser tratada como la excepción y no la regla, más aún en aquellos procedimientos iniciados de oficio por la Administración.

Lo anterior se fundamenta, en que a pesar de que las informaciones suministradas a la Superintendencia para la Promoción y Protección de la Libre Competencia, son confidenciales por mandato de la Ley y no por voluntad de un funcionario, como ocurre con el artículo 59 de la Ley Orgánica de Procedimientos Administrativos, este último prevalece por ser una manifestación legal de rango orgánico del precepto constitucional del derecho a la defensa y el debido proceso, razón por la cual, la previsión legal contenida en el artículo 31 de la ley de la Superintendencia para la Promoción y Protección de la Libre Competencia, no puede ser entendida nunca como limitativa del derecho de los particulares a revisar el expediente administrativo (en los cuales se encuentren como indiciados en la práctica de una conducta prohibida por la Ley), en atención a una interpretación a favor del administrado, ya que tal y como apuntó el maestro García de Enterría "...el criterio interpretativo contra cives, herencia de una interpretación arcaica del Derecho Público, que presume sujeciones y sometimientos que concibe los derechos frente a los entes públicos como excepciones señaladísimas, y por eso de interpretación restrictiva o reductora, está radicalmente proscrita en nuestro ordenamiento..." (*Vid.* García de Enterría, Eduardo, *La interdicción del criterio interpretativo <contra cives>*, Editorial Cívitas, Madrid, p. 118).

De esta manera, no lo es permisible a la Superintendencia para la Promoción y Protección de la Libre Competencia restringir, limitar, impedir, imposibilitar u obstaculizar el acceso al expediente administrativo al presunto infractor, basada simplemente en su deber legal de tratar con carácter confidencial las informaciones suministradas por los particulares, so pena de que el acto culminatorio del procedimiento administrativo constitutivo esté viciado de nulidad absoluta, por hacer nugatorio el efectivo ejercicio del derecho a la defensa del particular involucrado en el procedimiento administrativo.

Lo anteriormente expresado cobra mayor vigencia dentro de nuestro contexto constitucional actual, en virtud de la consagración constitucional del derecho a la información y al acceso al expediente administrativo en el artículo 143 de la Constitución de la República Bolivariana de Venezuela.

Lo anterior reviste mayor importancia, cuando la Superintendencia para la Promoción y Protección de la Libre Competencia le da carácter confidencial a una información suministrada en virtud de la evacuación de una prueba solicitada en el procedimiento administrativo por el particular interesado.

En efecto, en el caso que nos ocupa la Superintendencia para la Promoción y Protección de la Libre Competencia declaró confidencial una información suministrada por la Superintendencia de Bancos y Otras Instituciones Financieras sobre el formulario SBIF 028/0696, relativa a la distribución por oficinas de las captaciones de depósitos del Banco Mercantil y del Banco Venezolano de Crédito, correspondientes al primer semestre de 1997, fundamentada en que dicha información constaba en la pieza No. III del expediente administrativo, y por cuanto la información recibida contenía datos de aceptación por depósitos de agencias ubicadas fuera la zona Guarenas-Guatire, acordó otorgarle tratamiento confidencial.

A este respecto cabe señalar, que le está vedado la posibilidad a la Administración de declarar confidencial una prueba solicitada por un particular y que la misma sea relevante para la decisión de la Administración, puesto que violenta el principio elemental de contradicción y control de la prueba en el procedimiento el cual constituye una manifestación directa del derecho a la defensa.

Así las cosas, si la información que le fue suministrada a la Administración contiene otros datos que no son relevantes para el esclarecimiento de los hechos, aunados a que nada tienen que ver con el procedimiento en curso, la Superintendencia para la Promoción y Protección de la Libre Competencia está en la obligación de separar la información jurídicamente relevante de la que no lo es, y en el caso de que esa separación sea materialmente imposible como lo es el caso que nos ocupa la Administración está en el deber de transcribir certificadamente los datos relevantes para el proceso de la información declarada confidencial, todo esto con el objeto fundamental de permitirle a los particulares involucrados en el proceso, verificar y controlar la prueba evacuada a instancia de parte.

RDP N° 83, 2000, pp. 231

CPCA (1049)   1-8-2000

Magistrado Ponente: Pier Paolo Pasceri Scaramuza

Caso: Olimpia Tours and Travel C.A. vs. Corporación de Turismo de Venezuela (CORPOTURISMO).

Para determinar si el referido derecho ha sido conculcado, es necesario determinar el alcance del artículo 143 de la Constitución de la República de Venezuela que establece lo siguiente:

Artículo 143: Los ciudadanos y ciudadanas tienen derecho a ser informados a informadas oportuna y verazmente por la Administración Pública, sobre el estado de las actuaciones en que estén directamente interesados a interesadas, y a conocer las Resoluciones definitivas que se adopten sobre el particular. Así mismo, tienen acceso a los archivos y registros administrativos, sin perjuicio de los límites aceptables dentro de una sociedad democrática en materias relativas a seguridad interior y exterior, a investigación criminal y a la intimidad de la vida privada, de conformidad con la Ley que regule la materia de clasificación de documentos de contenido confidencial o secreto. No se permitirá censura alguna a los funcionarios públicos o funcionarias públicas que informen sobre asuntos bajo su responsabilidad.

Del referido artículo es posible deducir que el derecho en referencia no es absoluto, ya que el mismo no se extiende a los documentos "...de contenido confidencial o secreto...". Ahora bien, en la audiencia constitucional quedó establecido que CORPOTURISMO no emitió un acto administrativo en el que haya determinado motivadamente que las Actas de Directorio de dicho organismo celebradas en fechas 24 de abril de 2000 y 22 de mayo de 2000 tengan carácter confidencial o secreto.

Estima la Corte que la empresa accionante tiene derecho de ser informada del contenido de tales actas siempre y cuando "...estén directamente interesados o interesadas..." tal como lo expresa la Carta Magna; es por ello que al haberle impedido CORPOTURISMO a la presunta agraviada conocer el contenido de las mismas le ha cercenado su derecho a la información sólo en la medida en que su interés esté plenamente establecido y así se declara."

RDP N° 97-98, 2004, pp. 142

TSJ-SC (29)   20-1-2004

Magistrado Ponente: Pedro Rafael Rondón Haaz

Caso: Olimpia Tours and Travel C.A. vs. Vice-Ministro de Turismo del Ministerio de Industria y Comercio y Presidenta encargada de la Corporación de Turismo de Venezuela (CORPOTURISMO).

El derecho a la información que acogió el artículo 143 del texto constitucional no abarca aquellos documentos de contenido confidencial o secreto. Sin embargo, la confidencialidad de un documento requiere de la existencia previa de una norma que así califique de un acto expreso.

En este orden de ideas, la Sala observa que la sentencia objeto de consulta declaró la improcedencia de la denuncia de violación del derecho de respuesta, por cuanto consideró que la supuesta omisión de pronunciamiento que sirvió de fundamento a la pretensión de amparo no existió puesto que consta en autos que la supuesta agraviante sí respondió a la solicitud de la accionante, cuando le hizo saber que la información que pretendía se encontraba sometida al régimen de reserva o confidencialidad a que hace referencia el artículo 52 de la Ley Orgánica de Procedimientos Administrativos.

De otra parte, y sobre la base de la anterior consideración, esta Sala comparte el criterio según el cual el derecho a la información que acogió el artículo 143 del texto constitucional vigente no abarca aquellos documentos de contenido confidencial o secreto. Sin embargo, la confidencialidad de un documento requiere de la existencia previa de una norma que así califique de un acto expreso –que en el caso de autos no existió- que ponga al particular directamente interesado en conocimiento de tal decisión, por cuanto la limitación que deriva de esa condición sólo puede concebirse dentro de un moderno Estado de Derecho y de Justicia, con la debida garantía de un pronunciamiento motivado en función de su derecho constitucional a la defensa de los eventuales interesados en la información cuya confidencialidad se declarase. Así se declara.

Concuerda también la Sala con el razonamiento del *a quo* respecto a que la parte actora tiene derecho a ser informada del contenido de las actas de la parte demandada siempre y cuando sean de su interés, de conformidad con la Constitución de la República Bolivariana de Venezuela; de modo que el impedimento a la presunta agraviada, por parte de CORPOTURISMO, de acceso al contenido de aquéllas, efectivamente cercenó su derecho a la información, pero exclusivamente en la medida de su interés en las mismas. Por ello, confirma la orden que dio la Corte Primera de lo Contencioso Administrativo a la Presidenta del ente agraviante, de exhibición a esa Corte de las Actas completas de la Reunión de Directorio de CORPOTURISMO de 24 de abril de 2000 y 22 de mayo de 2000, para que precisara los puntos, si los hubiere, donde se hubiese tomado decisión respecto a la quejosa y la orden de su transcripción, en cuanto fuera pertinente, en los términos que fijó.

Voto salvado del Magistrado Jesús Eduardo Cabrera Romero

Quien suscribe, Jesús Eduardo Cabrera Romero, disiente de la opinión de la mayoría, por las siguientes razones:

El artículo 143 constitucional responde a una forma de habeas data, tal como lo apuntó esta Sala el fallo del 14 de marzo de 2001 (caso *Insaca*); siendo así, no era la vía de un amparo por omisión de respuesta, la que permite la exhibición de los documentos, que es cosa distinta al derecho a ser informado que otorga el artículo 143 constitucional.

El derecho a la respuesta es diferente al derecho de acceder a la información, el cual -conforme al fallo inmediatamente citado- debe cumplir con una serie de requisitos de cumplimiento necesario.

Queda así expuesto el criterio del Magistrado disidente.

RDP N° 109, 2007, pp. 152

CSCA   7-2-3007

Juez Ponente: Alejandro Soto Villasmil

Caso: William Uribe Regalado vs. Universidad Central de Venezuela.

El derecho a la información administrativa consagrado en el artículo 143 constitucional presupone, necesariamente, la instauración de un procedimiento administrativo de cualquier naturaleza -sancionatorio, autorizatorio, etcétera-, en el cual la Administración emitirá un pronunciamiento decisivo en torno al asunto de que se trate.

Así pues, se deduce de los autos que el ciudadano William Uribe Regalado alegó que la negativa por parte de la UCV de permitirle el acceso a los instrumentos que integran su expediente académico, configuran la violación del artículo 143 de la Constitución de la República Bolivariana de Venezuela, por impedirle informarse sobre el estado de las actuaciones que integran el mismo.

En ese sentido, observa la Corte que del folio 6 al 36 del expediente, ambos inclusive, corre inserta en original, solicitud de inspección ocular signada con el N° S-5383/06, evacuada el 25 de enero de 2004 por el Juzgado Quinto de Municipio de la Circunscripción Judicial del Área Metropolitana de Caracas, de la cual se desprende que en la fecha mencionada, el ciudadano William Uribe Regalado compareció junto con el referido Tribunal ante la sede la Oficina de Control de

Estudios de la Escuela de Medicina "Luis Razetti" de la Universidad Central de Venezuela, con la finalidad de dejar constancia de las actuaciones que constaban en su expediente académico, oportunidad en la cual la ciudadana Alida Rivas de García, en su condición de Coordinadora Docente de la citada Oficina, manifestó su negativa de exhibir los documentos cursantes en el referido expediente, aduciendo al efecto, que las únicas personas con competencia para exhibir o permitir el acceso a los expedientes académicos son el Decano o el Director de la citada Escuela de Medicina.

Asimismo, se colige que en el devenir del proceso la representación judicial de la UCV no logró demostrar que esa casa de estudios efectivamente le permitió al accionante el acceso a su expediente académico; por el contrario, encuentra la Corte que en la oportunidad de celebrarse la audiencia constitucional, dicha representación manifestó en esa ocasión que "procedieron a consignar la información solicitada por el accionante", lo que denota sin duda alguna que la negativa de acceso delatada se produjo de manera continuada, tal y como fue alegado en el escrito libelar. Ello, aunado al hecho que no lograron probar que la UCV se encontraba amparada por alguna causal legítima que le permitiera prohibirle al quejoso realizar la revisión del mismo (*Vgr*. Que la información requerida reviste un carácter confidencial).

Todo lo cual revela que, efectivamente, la Universidad Central de Venezuela le coartó al ciudadano William Uribe Regalado la posibilidad de imponerse de las actas que integran su expediente académico. Así se declara.

De cara a lo anterior, y en lo que respecta al derecho de información oportuna y veraz por parte de la Administración Pública, previsto en el artículo 143 de la Constitución de la República Bolivariana de Venezuela, que su contenido y alcance fue delimitado por la Sala Constitucional del Tribunal Supremo de Justicia en la sentencia N° 332 del 14 de marzo de 2001 (caso: *Insaca, C.A.*),

De acuerdo con la jurisprudencia sentada por la Sala Constitucional de nuestro Máximo Tribunal, el postulado sub examine reviste básicamente dos vertientes jurídicas bien diferenciadas, pero que, a su vez, son de carácter concurrentes. La primera, como se ha visto, referida al derecho que tienen los particulares a obtener información cierta, precisa y tempestiva en torno a las actuaciones administrativas adelantadas en los procedimientos administrativos en los cuales tengan interés, y en los que se van a dictar decisiones administrativas definitivas (actos administrativos de carácter definitivo).

Por consiguiente, el derecho bajo estudio presupone, necesariamente, la instauración de un procedimiento administrativo de cualquier naturaleza -sancionatorio, autorizatorio, etcétera-, en el cual la Administración emitirá un pronunciamiento decisivo en torno al asunto de que se trate; de allí que ésta configura el sujeto pasivo de este derecho, el cual obra en pro de los particulares, por cuanto es la Administración quien posee la obligación de aportar toda la información requerida por el administrado interesado en el procedimiento.

De la mano con el anterior derecho, se encuentra el derecho de los particulares de imponerse -acceder- de las actuaciones llevadas a cabo en el expediente donde se sustancia el procedimiento administrativo de que se trate, a objeto de garantizar sus derechos a la defensa y un debido proceso administrativo, prescritos en el artículo 49 de la Constitución de la República Bolivariana de Venezuela, así como de ejercer los recursos correspondientes -administrativos o jurisdiccionales- contra la decisión definitiva a ser proferida por la Administración.

Dicho lo anterior, se deduce que en el caso sub iudice no se produjo la violación del derecho constitucional contemplado en el artículo 143 de la Constitución de la República Bolivariana de Venezuela, toda vez que si bien existen en autos medios de convicción suficientes en torno a la negativa injustificada de la UCV de permitirle al quejoso el acceso a su expediente académico, no es menos cierto que, como se ha dicho, dicha denegación debe producirse ineludiblemente en el marco de un procedimiento administrativo en el que el denunciante tenga un interés con respecto a la resolución definitiva que la Administración habrá de dictar en torno al asunto que le atañe, situación que no se verifica en la controversia bajo estudio.

En efecto, la petición de tuición constitucional bajo análisis no se produjo por virtud de la negativa de acceso a un expediente administrativo sustanciado por la UCV, en razón de un procedimiento administrativo en el cual ésta fuese a dictar un acto administrativo definitivo en el que el accionante tuviere interés, sino ante la imposibilidad del accionante de imponerse del contenido de las actuaciones que conforman su expediente académico, motivo por el cual, se desecha la alegada infracción del derecho constitucional a la información veraz y oportuna por parte de la Administración Pública, previsto en el artículo 143 de la Constitución de la República Bolivariana de Venezuela. Así se decide.

E. *Principio de continuidad administrativa*

RDP N° 93–94/95/96, 2003, pp. 378

TSJ-SE (194)   18-11-2003

Magistrado Ponente: Luis Martínez Hernández

Caso: Judith Sayago Briceño y otro vs. Comisión Electoral del Colegio de Médicos del Estado Barinas.

Con vista a esa normativa, observa la Sala que se desprende de las actas procesales que cursan en autos que la actual Comisión Electoral Regional del Colegio de Médicos del Estado Barinas, cuyos actos son impugnados mediante el presente recurso contencioso electoral, conforme a la normativa reglamentaria referida tiene su período vencido desde el año 2000, así como también se halla vencido el período de la Junta Directiva y demás autoridades del referido Colegio de Médicos.

Así las cosas, al entrar a analizar las consecuencias jurídicas que conforme al ordenamiento vigente acarrea el hecho de que la Comisión Electoral del Colegio de

Médicos del Estado Barinas haya procedido a convocar el proceso electoral teniendo su período vencido (núcleo de la denuncia de los recurrentes), debe indicarse que tal consecuencia, en el contexto de los principios electorales, debe estar en todo momento asociada a una necesaria ponderación de los derechos constitucionales del colectivo gremial, entiéndase por ello, a una estricta observancia de la preservación de los derechos al sufragio y a la participación de los agremiados, así como también de la preservación de la garantía de alternabilidad del ejercicio de los cargos de elección.

En tal sentido, considera este juzgador, en primer término, que el pretendido vicio de incompetencia no se configura en el presente caso ya que es a esa Comisión Electoral Regional (cuya legalidad de origen no se halla cuestionada) a la que, conforme a la normativa vigente corresponde la convocatoria del proceso, y el hecho de actuar teniendo su período vencido, lejos de ser un supuesto de incompetencia (vicio este que se configuraría por carecer de norma atributiva de competencia o por actuar más allá de los límites impuestos por tal norma) constituye una actividad que abona en favor del principio de continuidad administrativa, y sobre todo, de la posibilidad de ejercicio de los derechos constitucionales al sufragio y a la participación política, los cuales, dado su rango e importancia, en principio deben ser preservados y prevalecer frente a la omisión de formalidades procedimentales, siempre y cuando, claro está, las referidas formalidades no resulten imprescindibles para la cabal garantía de los derechos constitucionales en juego o la validez intrínseca del acto o procedimiento de que se trate. De allí que, al margen del hecho relativo a que el órgano electoral gremial procedió a ejercer sus competencias habiendo fenecido su período de ejercicio, debe entenderse válido, toda vez que, hasta tanto se produzca la conformación de una nueva Comisión Electoral, la que fue electa en su oportunidad debe velar por garantizar el cabal ejercicio de los derechos políticos de los agremiados, salvo que se estuviera en presencia de una ostensible contravención a normas que garantizan formalidades esenciales al ordenamiento jurídico, lo cual no se evidencia en el presente caso. En consecuencia, considera este Juzgador que la denuncia referida a la falta de competencia no encuentra un sustento jurídico que la avale, lo que conduce a esta Sala a desestimarla. Así se decide.

F. *Principio de la Razonabilidad*

RDP N° 67–68, 1996, pp. 204

CSJ-SPA (423)   4-7-96

Magistrado Ponente: Alfredo Ducharne Alonzo

Planteada la controversia en el contexto del artículo 243 ordinal 3° del Código de Procedimiento Civil (aplicable con base al artículo 88 de la Ley Orgánica de la Corte Suprema de Justicia) tal como quedó precisado después del último acto de las partes, el de informes (artículo 96 de la Ley de la Corte), la Sala observa:

El recurrente inició sus labores como Fiscal del Ministerio Público el 1° de octubre de 1985 y fue destituido el 17 de septiembre de 1992. Ejerció entonces el cargo de dos períodos constitucionales, el primero hasta el 2 de junio de 1989 (fecha en la cual fue nombrado el nuevo Fiscal General de la República) y, el segundo, a partir de esta fecha hasta el 17 de septiembre de 1992. Del segundo y nuevo período de 5 años, desempeñó su cargo por un lapso de 3 años, 3 meses y 15 días, lo que constituye un porcentaje de 65,75%, faltando por cumplir del nuevo período el 34, 25%. La causa de remoción, como se señaló con anterioridad, fue la conclusión del período para el cual fue designado el recurrente, de conformidad con el artículo 18 de la Ley Orgánica del Ministerio Público, es decir, el despacho consideró concluido el período, el 2 de junio de 1989, (fecha de nombramiento del nuevo Fiscal General de la República), mediante la Resolución de 16 de septiembre de 1992. En definitiva, se resuelve la situación de empleo del recurrente, como se precisó, al haber ya transcurrido el 65,75% del nuevo período constitucional.

El artículo 18 de la Ley Orgánica del Ministerio Público prevé:

"Artículo 18. Los funcionarios del Ministerio Público de la jurisdicción ordinaria serán nombrados por un período de cinco años, por el Fiscal General de la República. Durante este período, sólo podrán ser destituidos en caso de incapacidad, negligencia, mala conducta y demás faltas graves en el cumplimiento de los deberes de su cargo, debidamente comprobadas mediante expediente. En los nombramientos se preferirá a los abogados que hayan aprobado cursos de especialización en materias atinentes al Ministerio Público o que hubieren prestado servicios a éste o a la Administración de Justicia con honestidad y eficacia. Los funcionarios del Ministerio Público de las Jurisdicciones especiales serán nombrados y removidos de conformidad con las leyes respectivas".

Conforme a la señalada norma el período de los funcionarios del Ministerio Público de la Jurisdicción ordinaria es de 5 años y se corresponde al período constitucional del Fiscal General de la República. Puede ser este período coincidente con el del Fiscal General, puede ser menor si el nombramiento se produce ya avanzado el período constitucional del Fiscal, en este caso alcanzaría la conclusión de ese mismo período y, finalmente, puede prorrogarse o renovarse, mediante ratificación por un nuevo período, correspondiente al inicio del nuevo período constitucional. Sobre este punto no existen dudas y coinciden el recurrente y la representación del Ministerio Público. La Sala considera este criterio ajustado a la ley y a su propia doctrina.

En el contexto de la problemática del caso, el *thema decidendum* es la RATIFICACIÓN en el CARGO para el NUEVO período constitucional. ¿Cuando y como debe producirse?.

El artículo 30 de la Ley Orgánica de Procedimientos Administrativos dispone:

"Artículo 30. La actividad administrativa se desarrollará con arreglo a principios de economía, eficacia, celeridad e imparcialidad.

Las autoridades superiores de cada organismo velarán por el cumplimiento de estos preceptos cuando deban resolver cuestiones relativas a las normas de procedimiento".

Esta norma es aplicable al Ministerio Público por mandato del artículo 1° *ejusdem*, del artículo 6° ordinal 20 y 1° de la Ley Orgánica del Ministerio Público.

El artículo 30 citado consagra conceptos jurídicos indeterminados de experiencia y valor que permiten una solución justa. Estos conceptos jurídicos de "economía, eficacia, celeridad e imparcialidad" cobran su fuerza en el presente caso concreto, cuando la Fiscalía debe resolver y decidir sobre la ratificación o no del Fiscal en el respectivo cargo en el marco de la razonabilidad, a las cuales se circunscriben los conceptos enunciados. No tiene el Ministerio Público un espacio libre de actuación, debe someterse al derecho, al principio de legalidad, a los principios generales del Derecho (artículo 117 Constitución).

En el caso subjudice, el Fiscal General de la República prescindió de los servicios del recurrente (mediante remoción), avanzado ya el período constitucional en un porcentaje de 65,75%, período en el cual se dio una relación de servicio y empleo. En todo ese transcurrir del tiempo -existiendo la obligación de resolver y decidir- el Ministerio Público no cumplió con ese deber, con lo cual se configura una evidente falta de actuación administrativa, una desidia.

La obligación de decidir en un plazo razonable no se corresponde tan sólo a la observancia de la eficacia y celeridad administrativa, tal como lo establece el artículo 30 citado, sino también a la seguridad jurídica a la cual tiene derecho el funcionario, en el sentido que no debe ser mantenido en una situación de incertidumbre en cuanto a su estatus y condición de empleo, pues se trata de la satisfacción de una necesidad fundamental de la vida como lo es el trabajo (artículos 84 y 85 de la Constitución) y del desarrollo de la personalidad (artículo 43 *ejusdem*), fruto precisamente, de una óptima relación de servicio. Asimismo, se corresponde la seguridad del empleo (la estabilidad) a la exigencia ética de los valores axiológicos que se originan en la condición del ser humano por el sólo hecho de serlo y por la dignidad, fundamento de sus derechos humanos (*Vid*. Entre otros, la Declaración Universal de los derechos Humanos, artículo 1°, el Pacto Internacional de derechos Civiles y Políticos, artículo 10 y el artículo 50 de la Constitución -derechos inherentes-).

El deber entonces de decidir, oportunamente, tiene un fundamento legal y constitucional y una base deontológicas.

En el presente caso existe una discrepancia total entre la Resolución de destitución y la situación objetiva reflejada en la relación de servicio existente por un período de 3 años, 3 meses y 15 días, de un total de 5 años. Por el tiempo transcurrido la Fiscalía perdió la potestad discrecional de decidir entre la ratificación o destitución en el contexto del vencimiento del período constitucional.

La obligación de resolver requiere de un lapso prudencial, al cesar este y al existir actuaciones irrefutables de una conducta determinada (*facta concludentia*) en el sentido de un acto formal, ratificatorio, emerge el acto tácito o presunto, concordancia a la realidad existente y sustitutorios del acto expreso. No podrá entonces el órgano público -en estas circunstancias- dictar formalmente un acto contrario por cuanto ya se habría producido el acto tácito o presunto con efectos jurídicos propios. Dichos actos son innovativos, con ellos se le reconocieron al recurrente su nuevo período constitucional de empleo, se crearon derechos a su favor y obligaciones para la Fiscalía, situación jurídica que mantiene la obligación del organismo de dictar el acto formal ratificatorio, confirmando así el acto tácito o presunto producidos. En este contexto, la tesis enunciada encuentra su respaldo en la misma sentencia de 15 de noviembre de 1982 (citada por la Fiscalía en sus Informes), en el sentido de que se requiere de la expresa ratificación de la autoridad que ostenta la facultad de nombrar. Y si no cumple con dicha obligación y transcurre el período constitucional, ¿podría negarse que al funcionario no le haya sido ratificada su investidura?

Evidentemente que tal criterio resulta absurdo y divorciado de la ley, del sentido común y de la máxima de experiencia (artículo 507 Código de Procedimiento civil). Dicho de otro modo, aunque se mantiene el deber de expresa ratificación, producido ya el acto tácito o presunto, la pasividad administrativa en este contexto, no desvincula al órgano, como si nada hubiese ocurrido puesto que, la existencia de situaciones jurídicas determinantes de la voluntad (la relación de empleo) permite afirmar por la misma exigencia de los hechos que, la OMISIÓN DEL ACTO EXPRESO, no desvirtúa el acto producido. Se trata en definitiva de una ficción jurídica que convierte la inactividad en acto. La ficción permite sostener que se ha cumplido la norma cuando en realidad no se ha cumplido.

Ahora bien, ¿cuál es el lapso en el cual (a falta de norma expresa) deberá el Ministerio Público pronunciarse sobre la ratificación del funcionario para el nuevo período constitucional?

Con el fin de lograr el justo equilibrio entre la oportunidad de dictar el acto administrativo y la de su cuestionamiento en vía judicial, la Sala estima como prudente el lapso de seis (6) meses iniciado dicho período, considerando que en nuestras leyes -cuando se trata de actos de efectos particulares-, su posibilidad de impugnación se circunscribe, generalmente, a los 6 meses (*Vid.* Por ejemplo, el artículo 134 de la Ley Orgánica de la Corte Suprema de Justicia o el artículo 6 ordinal 4° de la Ley Orgánica de Amparo sobre Derechos y Garantías Constitucionales).

Aprecia la Sala que en dicho lapso el nuevo Fiscal General de la República tiene un amplio margen para considerar y decidir sobre el destino jurídico de los funcionarios, ejerciendo su facultad discrecional de ratificarlos o sustituirlos.

Transcurrido dicho lapso de 6 meses, sin haberse producido la expresa ratificación, por los fundamentos antes expuestos (legales y éticos) debe inferirse la ratificación del funcionario en el cargo respectivo y del goce de la estabilidad por el período constitucional, tal como lo establece el artículo 18 de la Ley Orgánica del Ministerio Público, pudiendo ser destituido sólo "en caso de incapacidad, negligencia, mala conducta y demás faltas graves en el cumplimiento de los deberes de su cargo, debidamente comprobadas mediante expediente". Se reitera que la ratificación tácita no exime al órgano de dictar el acto formal en el mismo sentido, éste tendrá efectos *ex tunc*, se retrotraerá al inicio del período constitucional y ex nunc, mantendrá su vigencia hasta la conclusión de este mismo período.

142

Como *obiter dictum*, en consideración de la sensibilidad y novedad de la doctrina enunciada y con el fin de evitar posibles interpretaciones que no se ajusten a su contenido, la Sala considera prudente advertir que la tesis que se sostiene, en el caso subjudice, no se refiere al silencio positivo, estimatorio de la pretensión deducida por cuanto en esta situación no existen actuaciones de la cuales, implícitamente, pudiera inferirse el acto presunto y, además, el silencio positivo requiere de una norma expresa que le confiere dicho efecto. Por otra parte, precisa la Sala, en relación con la doctrina enunciada, que la misma se circunscribe a la esfera administrativa, quedando excluidos los actos jurídicos de contenido político, por razón de la alternabilidad y renovación de los poderes públicos, conforme a los artículos 3, 135 y 214 de la Constitución. No sería entonces aplicable la tesis enunciada e el caso de mora en la designación de las autoridades del Estado, como por ejemplo, a las que se refieren los artículos 219, 214, 238 y 190 *ejusdem*. Los mencionados actos se desvinculan de la esfera administrativa ordinaria en virtud de su propia naturaleza y jerarquía constitucional

Con base entonces a la doctrina expuesta, en el caso subjudice, se verifica la ratificación presunta del recurrente en el cargo, puesto que la relación de empleo se mantuvo por un lapso de tres (3) años, tres (3) meses y quince (15) días del nuevo período constitucional de cinco (5) años, lo que representa un porcentaje de 65,75% del mismo y, por cuanto el Fiscal General de la República dictó una Resolución CONTRARIA a la RATIFICACIÓN TACITA después de haber transcurrido el lapso señalado, la remoción del recurrente de su cargo por la razón del vencimiento del período constitucional resulta ser nula, conforme al artículo 20 de la Ley Orgánica de Procedimientos Administrativos y así se declara.

G.   *Principio de la Proporcionalidad*

RDP N° 114, 2008, pp. 185

TSJ-SPA (0504)   30-4-2008

Magistrado Ponente: Evelyn Marrero Ortiz

Caso: Jairo Addin Orozco Correa y José Joaquín Bermúdez Cuberos vs. Comisión de Funcionamiento y Reestructuración del Sistema Judicial.

Por otra parte, denuncian los recurrentes que el acto impugnado viola el artículo 12 de la Ley Orgánica de Procedimientos Administrativos, pues la sanción impuesta es desproporcionada e irracional "cuando pretende aplicar unos hechos falsamente analizados en una norma jurídica y dice en forma por demás simple que la actuación de los jueces constituye un abuso de autoridad".

Ahora bien, en lo atinente a la denuncia de falta de proporcionalidad de la sanción impuesta, la Sala considera pertinente hacer mención al contenido del artículo 12 de la Ley Orgánica de Procedimientos Administrativos, que dispone:

> "Artículo 12. Aun cuando una disposición legal o reglamentaria deje alguna medida o providencia a juicio de la autoridad competente, dicha medida o providencia deberá mantener la debida proporcionalidad y adecuación con el supuesto de hecho y con los fines de la norma, y cumplir los trámites, requisitos y formalidades necesarios para su validez y eficacia."

El referido artículo establece que cuando una norma faculte a la autoridad competente para imponer una sanción, ésta tiene la obligación de hacerlo mediante la debida adecuación entre la gravedad del hecho constitutivo de la infracción y la sanción aplicada. (*Vid*. Sentencia de esta Sala N° 1666 de fecha 29 de octubre de 2003).

En el caso bajo examen, se observa que la Inspectoría General de Tribunales, luego de concluida la investigación correspondiente a la denuncia formulada contra los jueces recurrentes, presentó acusación ante la Comisión de Funcionamiento y Reestructuración del Sistema Judicial para solicitar la destitución de aquéllos "de conformidad con lo establecido en el numeral 16 del artículo 40 de la Ley de Carrera Judicial".

Asimismo, el acto recurrido (folios 12 al 33 de la pieza principal del expediente) aplicó la sanción de destitución a los recurrentes por encontrarlos incursos en el ilícito disciplinario previsto en el numeral 16 del artículo 40 de la Ley de Carrera Judicial, el cual establece:

> "Artículo 40. Sin perjuicio de las responsabilidades penal y civil a que hubieren lugar, los jueces serán destituidos de sus cargos, previo el debido proceso, por las siguientes causas:
>
> (...)
>
> 16. Cuando incurran en abuso o exceso de autoridad."

De la lectura del artículo antes transcrito, se desprende que el supuesto de hecho es el haber incurrido en un "abuso o exceso de autoridad", siendo la consecuencia jurídica la imposición de la sanción de destitución. Así pues, la imposición de la referida sanción (destitución) no es de ningún modo potestativa para el órgano disciplinario, antes bien es la consecuencia de haberse verificado dentro de un procedimiento, que un Juez incurrió en abuso o exceso de autoridad. Determinado lo anterior, no encuentra esta Sala que el acto recurrido haya violado el principio de la proporcionalidad administrativa al imponer la sanción de destitución, luego de haberse verificado que la actuación de los recurrentes da lugar a la configuración del ilícito disciplinario de abuso o exceso de autoridad. Así se declara.

H.   *Principio de la Buena Fe (Confianza Legítima)*

RDP N° 67–68, 1996, pp. 203– 204

CSJ-SPA ET (738)   14-11-96

Conjuez Ponente: Ilse Van der Velde Heddrich (†)

El principio de la buena fe debe subyacer a todas las manifestaciones de la Administración, así como también a la conducta del contribuyente.

Más allá de los aspectos antes señalados, claramente relacionados con la ley sustancial y la ley procesal, se debe examinar la incidencia sobre la relación jurídico tributaria de ciertos principios generales del derecho en general y, por ende, aplicables al derecho tributario en particular que, como savia nutriente, fortalecen desde adentro, desde el propio fundamento de la relación, a la misma ley.

En este último caso, se trata del principio de la buena fe que debe subyacer a todas las manifestaciones de la Administración, así como también a la conducta del contribuyente. Nadie mejor que el contribuyente conoce en realidad cual es su verdadera situación tributaria en un momento determinado. El aportante lleva libros y registros que le sirven de base para la determinación del tributo que debe pagar, en este caso, la contribución al INCE y cualquier diferencia que pueda sobrevenir entre lo llevado en libros y registros y las verificaciones de la Administración Tributaria, en cualquiera de sus ámbitos podrá ser objeto de revisión desde el inicio del procedimiento sumario, en el cual se le concede al contribuyente la oportunidad de presentar sus declaraciones y descargos para repeler, en cualquier caso, la acción ilegal de la Administración. Por ello, es inaceptable, como antes se indicó, el alegato de la aportante cuando afirma que le resultó imposible orientar una defensa jurídica que permitiera el ejercicio de los derechos que asisten a su representada y que le están garantizados por la ley.

De allí la primacía que debe dársele al principio de la buena fe en estas relaciones Administración-Contribuyente, pues de este elemento ético, esto es, la buena fe del contribuyente, depende también el mérito de sus afirmaciones cuya máxima expresión se alcanza cuando se ve obligado a presentar ante la Administración declaraciones bajo juramento, en las que su valor probatorio depende directamente de la fe que ellas merezcan, reconociendo la doctrina y la jurisprudencia, el mismo fundamento lógico y moral que la confesión en el derecho civil. En este mismo orden de ideas, los escritos mediante los cuales el contribuyente se dirige a la Administración para ejercer su derecho de petición, o en los casos en que ejerce el derecho a la defensa deben reflejar no solo el buen uso de los recursos y vías legales que el legislador garantiza al contribuyente sino también estos deben ejercerse de acuerdo con la buena fe y con los objetivos de equidad y justicia que las disposiciones legales persiguen.

RDP N° 83, Año 2000, pp. 228

CPCA (1095)   9-8-2000

Magistrado Ponente: Carlos Enrique Mouriño Vaquero

Caso: Leonardo Giamnoccaro vs. Alcaldía del Municipio Valencia del Estado Carabobo.

El principio de la confianza legítima tiene que estar combinado en su aplicación con el principio de la legalidad de la acción administrativa y está constituido por la justificada expectativa que posee el particular que se dirige a la Administración o solicita una manifestación por parte de ésta, de que la misma se pronuncie con respecto a tal solicitud de la manera reiterada y continuada que ha venido sosteniendo, ajustando tal manifestación al principio de legalidad que caracteriza la actividad administrativa.

Ahora bien, en cuanto a la vulneración del principio de la confianza legítima, estima esta Corte necesario referirse al mismo, considerando que éste tiene que estar combinado en su aplicación con el principio de la legalidad de la acción administrativa y está constituido por la justificada expectativa que posee el particular, que se dirige a la administración o solicita una manifestación por parte de ésta (Derecho de petición), de que la misma se pronuncie con respecto a tal solicitud de la manera reiterada y continuada que ha venido sosteniendo, ajustando tal manifestación al principio de legalidad que caracteriza la actividad administrativa, y garantizando de tal manera la seguridad jurídica, la irretroactividad y la protección de los derechos adquiridos.

Observa esta Corte que este principio que tiene su origen en el derecho alemán y concretamente en el derecho administrativo, se fundamenta en el cambio normativo que afecta la esfera jurídica del particular, lo que produce que su consideración, no posea caracteres objetivos sino por el contrario subjetivos propios de las personas físicas o jurídicas que lo alegan. En tal sentido el catedrático español Ricardo García Macho ha expresado que "puede decirse que se infringe la confianza legítima cuando la norma cuestionada entra en vigor por sorpresa, sin que los sujetos económicos que van a sufrirla estén advertidos, y sin medidas transitorias o compensatorias".

Es así como en el caso de marras, observa esta Corte que tal violación a la confianza legítima no se configura pues en primer lugar, se trata de un principio que se alega ante cambios normativos que afectan a los demandantes, lo cual no es el caso, ya que no se alega el cambio de una norma sino en tal caso un presunto cambio en el criterio que había sostenido el *a quo* en la materia referida a la suspensión de efectos en los conflictos funcionariales, y en segundo lugar, el principio en estudio es aducido especialmente en la esfera económica, ante cambios normativos de los poderes públicos, enfrentándose pues el interés privado frente al interés público, prevaleciendo en todo caso el interés público, lo cual tampoco se presenta en el caso en cuestión, ya que el apelante esgrime un cambio de un criterio en materia funcionarial, el cual no se encuentra vinculado con la naturaleza económica de los casos en los que puede alegarse el principio de la confianza legítima. En consecuencia se estima que no existe relación alguna entre el alegato de vulneración del principio de la confianza legítima y el caso en estudio. Razón por la cual esta Corte desestima el mismo. Así se decide.

RDP N° 85–86/87–88, 2001, pp. 231

TSJ-SPA (514)   3-4-2001

Magistrado Ponente: Levis Ignacio Zerpa

Caso: The Coca-Cola Company vs. Ministerio de la Producción y el Comercio.

Las actuaciones reiteradas de la Administración Pública hacen nacer expectativas jurídicas que han de ser apreciadas por el juez. Los criterios administrativos, si bien pueden ser cambiados, son idóneos para crear tales expectativas.

Respecto de los diferentes argumentos en los cuales los recurrentes fundamentan el vicio de falso supuesto, debe ante todo pronunciarse esta Sala sobre el relativo al desconocimiento de su propia doctrina en que habría incurrido el Registro de la Propiedad Intelectual. Al respecto, se observa que el artículo 11 de la Ley Orgánica de Procedimientos Administrativos establece lo siguiente:

"Artículo 11. Los criterios establecidos por los distintos órganos de la administración pública podrán ser modificados, pero la nueva interpretación no podrá aplicarse a situaciones anteriores, salvo que fuere más favorable a los administrados. En todo caso, la modificación de los criterios no dará derecho a la revisión de los actos definitivamente firmes".

El contenido de la norma transcrita, alude al valor de los criterios establecidos por la Administración, que pueden variar, obviamente, por cuanto los organismos que la integran obedecen a las mutaciones de la sociedad en la cual operan, exigiéndose sólo que tales variaciones no se apliquen a situaciones anteriores, salvo que sean más favorables para los administrados. El dispositivo en cuestión, no es más que la aplicación del principio de la irretroactividad de las disposiciones generales a situaciones nacidas con anterioridad a su pronunciamiento. La norma establece igualmente, que la modificación de los criterios no es motivo para la revisión de los actos definitivamente firmes. El artículo 11, brevemente analizado, es considerado como uno de los ejemplos más significativos en la legislación venezolana, del principio de la confianza legítima, con base en el cual, las actuaciones reiteradas de un sujeto frente a otro, en este caso de la Administración Pública, hacen nacer expectativas jurídicas que han de ser apreciadas por el juez y justamente, los criterios administrativos, si bien pueden ser cambiados, son idóneos para crear tales expectativas.

Ahora bien, esta Sala observa que los criterios empleados para determinar la posibilidad de coexistencia pacífica de signos distintivos no son absolutos, sino que atienden a determinados condicionamientos que se constatan en cada situación concreta, no constituyendo así fórmulas rígidas que deben aplicarse en cada caso sin que medie la apreciación de las circunstancias que lo conforman. Es por todo lo anterior que en casos como el de autos no es posible afirmar que los referidos criterios, establecidos por la Administración, sean inmutables y definitivos. Así se establece.

RDP N° 85-86 / 87-88, 2001, pp. 232

TSJ-SE (98)   1-8-2001

Magistrado Ponente: Luis Martínez Hernández

Caso: Asociación Civil "Club Campestre Paracotos".

El principio de la confianza legítima se fundamenta en la confianza que produce en el ciudadano la actuación de la Administración, actuación que debe estar supeditada por el ordenamiento jurídico y orientada por la protección del interés general y que no se limita a los actos formales, sino que abarca una amplia gama de conductas del actuar administrativo.

Sin embargo, el punto bajo análisis requiere de un estudio más detenido en cuanto a la previa interposición del recurso jerárquico ante el Consejo Nacional Electoral, pero no en cuanto a la determinación de la vía idónea para impugnar este proceso electoral, que es sin duda la planteada por los recurrentes, sino en cuanto a la tempestividad de dicha interposición. Ello por cuanto los accionantes acuden a esta instancia contando el lapso de caducidad de quince (15) días hábiles pautado en el artículo 237 de la Ley Orgánica del Sufragio y Participación Política, a partir del vencimiento del plazo que tenía en su criterio el órgano electoral para pronunciarse en vía administrativa (numeral dos de dicho dispositivo) y no a partir de la realización del acto impugnado propiamente dicho (numeral uno). En otros términos, los recurrentes, en vez de acudir directamente a la vía judicial consumado el proceso electoral, optaron primero por recurrir en vía administrativa, y fue vencido el plazo previsto para que la Administración Electoral emitiera decisión, que los accionantes acudieron a la sede judicial. De allí que, el hecho de que el Consejo Nacional Electoral alegue que la interposición de dicho recurso administrativo resulta improcedente, toda vez que el acto impugnado no emana de un órgano subalterno del Poder Electoral, implicaría entonces que la interposición en vía judicial podría resultar extemporánea en el presente caso. Siendo así, es menester pronunciarse sobre el punto en cuestión, lo que pasa a hacerse de seguidas:

Como antecedentes de hecho, hay que tomar en cuenta que en fecha 15 de noviembre de 2000 esta Sala declaró con lugar la acción de amparo intentada por los ciudadanos Sabino Garban Flores, Freddy José Leiva, Pedro Roberto Guevara, Carlos Orlando Guedes, Antonio Sousa Martins, Héctor Sastoque Pulido, José Castro Betancourt y Ernesto Buitriago López, actuando con el carácter de miembros de la Asociación Civil Club Campestre Paracotos, contra el ciudadano Roberto Alí Colmenares en su condición de Presidente de la mencionada Asociación Civil, y el numeral primero de la dispositiva correspondiente a dicho fallo, ordenó al Consejo Nacional Electoral:

"...de conformidad con lo dispuesto en el artículo 293 numeral 6° de la Constitución de la República Bolivariana de Venezuela organice el proceso eleccionario que habrá de llevarse a cabo en la Asociación Civil sin fines de lucro CLUB CAMPESTRE PARACOTOS, para elegir la Junta Directiva...".

A los fines de dar cumplimiento a dicho mandato judicial, el Directorio del Consejo Nacional Electoral, en sesión celebrada el 11 de diciembre de 2000, designó una Comisión integrada por los funcionarios Ivette Cazola, como Técnico, Luis Martínez, como Coordinador de Postulaciones, y *"...un abogado por parte de la Consultoría Jurídica, a fin de que organicen las elecciones del Club Campestre Paracotos, fijadas para el día 4 de marzo de 2001...."* (folio 906 de la Pieza III del presente expediente). No constan en autos documentales que registren todas y cada una de las actuaciones siguientes realizadas al respecto, salvo el memorando de fecha 11 de diciembre de 2000 emitido por la Secretaría General y dirigido a la Consultoría Jurídica del máximo órgano electoral, participándole a esta última de lo acordado en la sesión ya referida (folio 54 del expediente administrativo), y la comunicación de fecha 15 de enero del 2001 (folios 26 y 27 y 87 y 88 del expediente administrativo) suscrita por los ciudadanos Luis Martínez, Raúl Fermín e Ivette Cazola, quienes señalan actuar como "Comisión de Seguimiento" dirigida a la Junta Directiva de la Asociación Civil "Club Campestre Paracotos", en la cual, luego de participarle a esta última la decisión dictada por esta Sala, se señala que a los fines de ejecutar dicho fallo, el Consejo Nacional Electoral acordó nombrar una Comisión de Seguimiento integrada por los funcionarios LUIS MARTÍNEZ, IVETTE CAZOLA Y RAÚL FERMÍN, que *"...tendrá como objetivo realizar el seguimiento al proceso a fin de garantizar la transparencia del mismo y que se cumpla todo lo señalado en el proyecto de elección que presentará la comisión electoral que sea designada...".* De seguidas se sugiere la conformación de esa comisión electoral, la cual: *"será la encargada de elaborar un Proyecto de Elección el cual deberá enviarse a la Comisión de Seguimiento del Consejo Nacional Electoral para su respectiva aprobación, y contener: 1) Cronograma de Actividades a realizarse con motivo del proceso de elecciones; 2) Modelo de la Boleta Electoral a ser utilizada; 3) Modelo del Acta de Escrutinio, 4) Modelo del Acta de Totalización, Adjudicación y Proclamación, 5) Modelo del Cuaderno de Votación contentivo del registro de electores y 6) Descripción de la forma cómo se plantea la organización del acto de votación en sí, es decir, el número de Mesas Electorales a constituirse y el número de Miembros de Mesa que integrarán las mismas...".*

Asimismo se señala en la aludida comunicación que serán atribuciones de la comisión electoral designada: *"1) Dirección del proceso electoral en su totalidad, el cual deberá realizarse de acuerdo al proyecto aprobado por el Consejo Nacional Electoral; 2) Realización de los actos de totalización, adjudicación y proclamación y 3) Conocer los reclamos que no atenten la validez total o parcial de las elecciones que sean presentados por los electores, referente a las postulaciones de candidatos, la campaña electoral, el diseño de los instrumentos electorales, así como los errores materiales y los ilícitos cometidos durante los actos electorales".* A su vez el Consejo Nacional Electoral, por su parte, se constituye en garante del proceso electoral y a tal efecto: *"1) supervisará las actuaciones de la comisión electoral, 2) Aportará soporte técnico a petición de parte, 3) Certificará, de conformidad con la normativa aplicable, los resultados del proceso electoral y, 4) Conocerá los recursos que pretendan la nulidad parcial o total de las elecciones...".*

El último antecedente de hecho que consta en autos se refiere a que, mediante comunicación del 5 de marzo del 2001 (folios 72 y 74 del expediente administrativo) los integrantes de la "Comisión de Seguimiento" informan al ciudadano Rómulo Rangel, sobre el proceso electoral de la Asociación Civil "Club Campestre Paracotos" realizado el 4 de marzo del mismo mes y año. En ese sentido, luego de señalar una serie de hechos, informan que:

> "...La Comisión de Seguimiento y la Comisión Electoral estuvieron en sesión permanente durante todo el proceso, para resolver cualquier eventualidad que se presentara durante el desarrollo del acto de votación, pudiendo indicarse que los problemas que se presentaron se basaron en las solvencias o no de los socios ante la administración del Club, resolviéndose mediante la discusión en el seno de la Comisión Electoral y de acuerdo a su autonomía (...) Posteriormente, la Comisión Electoral procedió a escrutar las seis (06) mesas mediante acto público, abriendo cada caja y constatando que efectivamente coincidió el número de electores que votaron según cuaderno de votación con las boletas depositadas en las urnas, lo que evidenció que no existió inconsistencia numérica en ninguna de las mesas electorales, luego se totalizó, obteniendo los siguientes resultados (...) para posteriormente proclamar la Plancha N° 1 como la opción ganadora, para conformar la Junta Directiva para el período 2001-2003...".

Del análisis de los anteriores recaudos, se evidencia que el Consejo Nacional Electoral adoptó como mecanismo para dar cumplimiento al fallo dictado por esta Sala en cuanto a organizar las elecciones de la Junta Directiva de la Asociación Civil "Club Campestre Paracotos", la de conformar una Comisión de Seguimiento, integrada por funcionarios del órgano rector del Poder Electoral, que tuvo fundamentalmente labores de supervisión de las diversas fases del proceso electoral, así como de revisión de las diversas actas e instrumentos electorales, incluyendo la normativa que regularía el proceso comicial. Por otra parte, la Comisión Electoral, órgano integrado por representantes de cada una de las Planchas que participaron en dicho proceso, fue la encargada de materializar el mismo, mediante la elaboración de los instrumentos electorales y la realización de los actos físicos tendientes a llevar a conclusión el mismo (elaboración de normas, conformación del Registro

Electoral, emisión de formatos para Actas Electorales, realización de escrutinios, totalización y proclamación).

Así las cosas, ciertamente que debe entenderse, como afirma la representación del Consejo Nacional Electoral, que los actos que se impugnan no provienen de un órgano subordinado al mismo y perteneciente al Poder Electoral, toda vez que la referida Comisión Electoral -de la cual emanan los actos y actuaciones impugnados- ni está incluida en la enumeración contenida en los artículos 292 de la Constitución (Junta Electoral Nacional, Comisión de Registro Civil y Electoral, Comisión de Participación Política y Financiamiento) y 24 de la Ley Orgánica del Sufragio y Participación Política (Juntas Electorales y Mesas Electorales), ni en ninguna Ley especial que les atribuya tal carácter, ni puede entenderse que resulta ser un órgano subalterno ad hoc, creado por vía reglamentaria, o siquiera mediante una normativa interna, como pudiera considerarse, en cambio, a la referida Comisión de Seguimiento, teniendo en consideración que esta última fungió en el desarrollo del proceso comicial como interlocutor entre el Consejo Nacional Electoral y la Asociación Civil "Club Campestre Paracotos", manifestando la voluntad del primero en cuanto a la aprobación y supervisión de las diversas fases del proceso electoral.

Corolario de lo anterior, resulta ser el hecho de que, ciertamente como afirma el órgano electoral, no resultaba posible que el Consejo Nacional Electoral revisara en vía administrativa los actos y actuaciones impugnados, al emanar de un órgano conformado por integrantes de la Asociación Civil "Club Campestre Paracotos" no sujetos a vínculo alguno de dependencia jerárquica propiamente dicha con relación al órgano electoral, sin menoscabo de la subordinación funcional en que estuvo dicha Comisión Electoral con respecto a la Comisión de Seguimiento y, en última instancia, al Consejo Nacional Electoral, en cuanto a la realización del proceso electoral, situación esta creada por mandato expreso de esta Sala con fundamento en el artículo 293, numeral 6, de la Constitución. Ello por cuanto tal subordinación funcional no se materializó en una potestad revisora concreta otorgada a la Administración Electoral, pues, al contrario, esta última decidió dar cumplimiento a lo ordenado por esta Sala mediante la supervisión del proceso electoral cuya realización directa siguió correspondiendo a los propios miembros de la Asociación Civil "Club Campestre Paracotos", actuando dicho ente dentro de una amplia esfera de autonomía privada.

Llevada a sus últimas consecuencias esta línea argumental, significaría considerar que acudir a la vía administrativa mediante la interposición del correspondiente recurso jerárquico, como hicieron los recurrentes en el presente caso, colocaría a esta Sala en la obligación de revisar la admisibilidad del mismo sobre la base de la eventual caducidad que habría operado para su ejercicio, al acudir a una vía previa improcedente, con el consiguiente transcurso de los plazos inexorables que rigen la interposición de los recursos contencioso electorales. Sin embargo, esta Sala advierte que en el caso que nos ocupa existen circunstancias que la obligan a ponderar la resolución de este punto sobre la base de una serie de consideraciones adicionales.

En efecto, como ya se señaló, en la comunicación dirigida a la Junta Directiva de la Asociación Civil "Club Campestre Paracotos", la Comisión de Seguimiento designada por el Consejo Nacional Electoral, al delimitar la esfera de atribuciones del órgano rector del poder Electoral, señaló expresamente que éste "...Conocerá los recursos que pretendan la nulidad parcial o total de las elecciones...". Siendo así, es evidente que en el presente caso se le informó al destinatario de dicha comunicación (y por extensión, a los miembros de dicho ente de derecho privado), de una situación específica, que bien puede considerarse la causa que motivó la interposición del recurso jerárquico ante esa sede. Ello por cuanto, ante la situación particular planteada en este caso, consistente en la inexistencia de normas que regulen las atribuciones del Consejo Nacional Electoral esbozadas en consonancia con lo dispuesto en el artículo 266 Constitucional, y ante un mandato genérico por parte de este órgano judicial, que se limitó a ordenar al Consejo Nacional Electoral la organización del referido proceso, no existen motivos objetivos para que los potenciales recurrentes cuestionaran la legalidad y legitimidad de dicha disposición concreta contenida en una información emanada de funcionarios del Consejo Nacional Electoral designados para organizar las elecciones a celebrarse en la Asociación Civil "CLUB CAMPESTRE PARACOTOS", y por tanto, procedieran a obviarla acudiendo directamente a la sede contencioso electoral.

En ese orden de razonamiento, observa esta Sala que, en un caso que presenta peculiares caracteres -se reitera-, dicha información, emanada de funcionarios del órgano electoral, designados para organizar un proceso sin mayores pormenores y ante la inexistencia de un marco jurídico regulador -al margen de su discutible legalidad y conveniencia de aplicación al caso concreto- sin duda que resulta idónea para generar una expectativa procesal plausible en los potenciales recurrentes, en el sentido de llevarlos a la convicción de que lo procedente era agotar la vía administrativa mediante la interposición del correspondiente recurso jerárquico, antes que optar por el acceso inmediato a la sede jurisdiccional.

La anterior situación se enmarca -en criterio de esta Sala- en una problemática escasamente tratada en el Derecho Venezolano, cual es la relativa a la existencia del llamado "Principio de Confianza Legítima" en el Derecho Público. En ese sentido, considera este órgano judicial pertinente esbozar algunas consideraciones -sin pretensiones de exhaustividad- sobre dicho principio, las cuales servirán de marco orientador al pronunciamiento a dictarse sobre el punto objeto de dilucidación en este epígrafe. En ese sentido, lo primero que cabe señalar es que la autonomía y relación de dicho principio con respecto a otros con un mayor recorrido es objeto de prolija discusión en la doctrina y jurisprudencia europea, sobre todo en el marco del Derecho Comunitario Europeo.

En efecto, para alguna corriente doctrinaria resulta que el aludido principio ostenta un carácter autónomo, para otra se limita a ser una variante del principio de la buena fe que en general debe inspirar las relaciones jurídicas, incluidas aquellas en las que intervengan una o varias autoridades públicas. De igual manera, se alega como su fundamento el brocardo *"nemo auditur sua turpitudinem alegans"* o de que nadie puede alegar su propia torpeza (empleado por alguna sentencia española, como señala González Pérez, Jesús, *El principio general de la buena fe en el Derecho Administrativo*, 3° Edición, Editorial Civitas, Madrid, 1999, p. 128), o bien el aforismo *"venire contra factum proprium non valet"* (prohibición de ir contra los actos propios), así como también se invoca en su apoyo el principio de seguridad jurídica.

En cuanto a la orientación de dicho principio, señala la jurisprudencia española, que el mismo se fundamenta en la confianza que en el ciudadano produce la actuación de la Administración, actuación que debe estar supeditada por el ordenamiento jurídico -y cabe agregar orientada por la protección del interés general-, al punto que llega a puntualizar que *"...dicha "confianza" se basa en signos externos producidos por la Administración lo suficientemente concluyentes, para que induzcan racionalmente a aquél, a confiar en la "apariencia de legalidad" de una actuación administrativa concreta, moviendo su voluntad a realizar determinados actos e inversiones de medios personales o económicos, que después no concuerdan con las verdaderas consecuencias de los actos que realmente y en definitiva son producidos con posterioridad por la Administración, máxime cuando dicha "apariencia de legalidad", que indujo a confusión al interesado, originó en la práctica para éste unos daños o perjuicios que no tiene por qué soportar jurídicamente..."* (Sentencia del Tribunal Supremo Español del 8 de junio de 1989, parcialmente transcrita en la obra citada, pp. 57-58).

Esa "apariencia de legalidad" determina entonces que el particular afectado por una actuación administrativa, confiará entonces en que los efectos que ella produce son válidos y legales, y, en caso de apegarse a los mandatos que le dicte la misma, debe presumirse entonces que con la adopción de esa conducta -supuestamente apegada a la legalidad- el ciudadano obtendrá los beneficios prometidos por la Administración, o evitará los perjuicios advertidos por ella en caso de incumplimiento del mandato. Por ello, si bien en criterio de esta Sala, ante un conflicto que se plantee entre las exigencias de legalidad de un acto o actuación, y la seguridad jurídica que resulte afectada en caso de la anulación de éstos, debe el órgano judicial ponderar los intereses en conflicto en cada caso concreto y la incidencia en el interés general que tendrán los resultados de adoptar determinada solución, ello no le impide compartir -en términos generales- la solución propuesta por la doctrina española, en el sentido de que no basta la simple inobservancia de la legalidad de un acto, para determinar su nulidad (*Cfr.* Castillo Blanco, Federico A.: La protección de la confianza en el Derecho Administrativo, Marcial Pons, Madrid-Barcelona, 1998, p. 308). De allí, entre otros, la distinción teórica entre las nulidades relativas y absolutas, así como la atribución al Juez contencioso administrativo (y contencioso electoral) de amplias potestades para determinar los efectos en el tiempo de sus fallos, convenientemente positivizada en nuestro ordenamiento jurídico (artículo 131 de la Ley Orgánica de la Corte Suprema de Justicia).

En lo concerniente al ámbito de aplicación del principio de confianza legítima en el Derecho Administrativo, el mismo no se limita a los actos formales, sino que abarca una amplia gama de conductas del actuar administrativo, tales como: Compromisos formales de carácter contractual o unilateral; promesas, doctrina administrativa; informaciones e interpretaciones; conductas de hecho que hacen esperar de la Administración una acción en un caso determinado; los usos, costumbres o reglas no escritas -resaltado de la Sala. (*Cfr.* Rondón De Sansó, Hildegard: "El principio de confianza legítima en el derecho venezolano", en *IV Jornadas Internacionales de Derecho Administrativo "Allan Randolph Brewer Carías", La relación jurídico-administrativa y el procedimiento administrativo,* Fundación Estudios de Derecho Administrativo, Caracas, 1998. (Resaltado de la Sala)

Esbozadas las anteriores premisas conceptuales en cuanto al llamado "Principio de Confianza Legítima", advierte esta Sala que, en el caso bajo examen, mediante una comunicación emitida por los integrantes de la Comisión de Seguimiento (conformada por funcionarios del Consejo Nacional Electoral), se informó a los miembros de la Asociación Civil "Club Campestre Paracotos", que sí existía vía administrativa previa ante el órgano rector del Poder Electoral, en caso de que las impugnaciones contra el proceso electoral a celebrarse pretendieran obtener la declaratoria de nulidad del referido proceso en su totalidad, o de alguna de sus fases (que es lo ocurrido en este supuesto). Por tanto, considera la Sala que, si los recurrentes incurrieron en un error al interponer un recurso jerárquico contra las fases de votación, escrutinios, totalización y proclamación, el mismo fue provocado por la información (la cual entra en el ámbito de aplicación del principio ya aludido) que suministró la Comisión de Seguimiento del Consejo Nacional Electoral. Siendo así, extraña a este órgano judicial que la representación del órgano electoral pretenda entonces plantear la inadmisibilidad del recurso jerárquico interpuesto en su oportunidad, toda vez que adoptar esa conducta fue lo indicado como procedente por la referida Comisión de Seguimiento, y resulta más extraño aún que la Administración Electoral, recibido el recurso jerárquico, no haya emitido pronunciamiento sobre la admisibilidad de éste haciendo del conocimiento del recurrente su sobrevenido criterio, en el sentido de que en el presente caso lo procedente era acudir a la vía judicial sin mayores preámbulos, de todo lo cual se evidencia la conducta equívoca y contradictoria en que incurrió el Consejo Nacional Electoral en este caso concreto, y que mal puede generar perjuicios en la situación procesal de los recurrentes, al no serles imputables en forma alguna.

A mayor abundamiento, y haciendo la salvedad de que el principio de confianza legítima requerirá de mayores esfuerzos doctrinarios en un futuro, así como jurisprudenciales, para su consolidación con caracteres propios en el derecho venezolano, considera esta Sala pertinente traer a colación el criterio de la doctrina española sobre situaciones análogas a la aquí planteada. Así por ejemplo, señala Jesús González Pérez en la obra antes citada:

> "Si la Administración pública, en el procedimiento para el perfeccionamiento del acto, incurre en una conducta confusa, equívoca o maliciosa, no podrá, ciertamente, beneficiarse de su conducta en contra del administrado (...) Y, por supuesto, la Administración pública no podrá ampararse en su actuación "confusa o equívoca" para impedir la revisión jurisdiccional..." pp. 126-127.

"El principio de buena fe resultará infringido (...) siempre que la actuación del demandante que pudiera dar lugar a la inadmisibilidad hubiera sido provocada o inducida por la parte demandada que plantea la inadmisibilidad..." p. 223.

Por su parte, ha expresado el Tribunal Superior de Justicia de Madrid lo siguiente:

"Olvida el Abogado del Estado, al razonar así, que el actor ha seguido las instrucciones que le fueron dadas por la Administración demandada en la notificación del acto recurrido, quien puso en conocimiento del demandante que lo procedente era el recurso contencioso interpuesto. *No parece razonable, y sí contrario a principios de buena fe procesal insoslayables, que pueda oponerse con éxito, la causa de inadmisibilidad alegada cuando el actor se ha limitado a seguir las indicaciones que en la resolución recurrida expresó la Administración demandada...*" -resaltado de la Sala- (transcrito por Federico Castillo Blanco en la obra de su autoría citada, p. 269).

A mayor abundamiento, hay que señalar que el principio de confianza legítima encuentra su expresión en el derecho positivo venezolano en variadas normas, y en ese sentido, el artículo 11 de la Ley Orgánica de Procedimientos Administrativos ha sido considerado en reciente fallo de la Sala Político Administrativa de este Supremo Tribunal uno de sus ejemplos más significativos (Sentencia 00514 del 29 de marzo del 2001, Exp. 10.676, caso "The Coca Cola Company") criterio que esta Sala acoge plenamente. De igual forma, en opinión de este órgano judicial, otro ejemplo de derecho positivo del referido principio se encuentra en el artículo 77 *eiusdem*, el cual establece:

"Artículo 77. Si sobre la base de información errónea, contenida en la notificación, el interesado hubiere intentado algún procedimiento improcedente, el tiempo transcurrido no será tomado en cuenta a los efectos de determinar el vencimiento de los plazos que le corresponden para interponer el recurso apropiado".

Trasladando el supuesto normativo al caso citado, en una interpretación progresiva de un dispositivo legal, sobre el cual pacífica y reiteradamente se ha pronunciado la jurisprudencia contencioso administrativa en cuanto a que el mismo resulta una derivación del derecho constitucional al debido proceso, y en consonancia con la tendencia imperante en el vigente texto constitucional (artículos 2, 6, 7 y 19 y 49) considera esta Sala aplicable la misma consecuencia jurídica al caso de autos, en el cual, sobre la base de una información errónea previa a la realización del proceso electoral, los recurrentes manifestaron su intención de hacer valer su derecho a la defensa mediante una vía procesal inidónea.

En consecuencia, esta Sala considera que el recurso contencioso electoral interpuesto en este procedimiento resulta tempestivo, al no haber operado lapso alguno de caducidad y así se decide.

RDP N° 97–98, 2004, pp. 306

TSJ-SPA (87)   11-2-2004

Magistrado Ponente: Yolanda Jaimes Guerrero

Caso: Instituto Universitario Politécnico "Santiago Mariño" (IUPSM) vs. Ministerio de Educación, Cultura y Deportes.

El principio de la buena fe (confianza legítima) es aplicable a todas las relaciones jurídico administrativas, limitando el comportamiento de los sujetos que forman parte de ella, esto es, tanto para la Administración como para el administrado, quien debe actuar dentro de los límites de sus derechos y libertades.

Planteado lo anterior, esta Sala no deja de advertir que en este caso, la institución recurrente incurrió en una grave irregularidad, lo que generó la violación del principio de buena fe de los estudiantes que venían cursando las carreras no autorizadas, originándoles consecuencias perjudiciales y vista dicha situación violatoria de un derecho constitucional, como lo es el de la educación, la Administración quiso salvaguardar el derecho al estudio del alumnado afectado tomando las medidas pertinentes.

En efecto, en el presente caso, el Instituto Universitario Politécnico "Santiago Mariño" vulneró el principio de la buena fe, también conocido como principio de la confianza legítima de los alumnos afectados por la actuación irregular del Instituto Universitario, quienes iniciaron sus estudios basados en la creencia de una conducta leal o correcta del mismo en el cumplimiento de sus obligaciones.

Como ha precisado la Doctrina, la buena fe, como las buenas costumbres, constituye una vía de comunicación del Derecho con la Moral. El legislador en su labor de creación de normas jurídicas no puede prever todas las exigencias éticas de comportamiento, lo que puede generar que alguna conducta jurídicamente correcta, moralmente sea recusable. Es por ello que la buena fe, aparece como uno de los principios generales que sirven de fundamento al ordenamiento, informan la labor interpretativa y constituyen instrumento decisivo de integración de la labor hermenéutica en el Derecho. Asimismo, debe destacarse que este principio es aplicable a todas las relaciones jurídico administrativas, limitando el comportamiento de los sujetos que forman parte de ella, esto es, tanto para la Administración como para el administrado, quien debe actuar dentro de los límites de sus derechos y libertades.

La buena fe, significa confianza, seguridad y honorabilidad, se refiere a que una de las partes se entrega confiadamente a la conducta leal de otra en el comportamiento de sus obligaciones, fiado en que ésta no lo engañará. La buena fe significa que el hombre cree y confía que una declaración de voluntad surtirá en un caso concreto sus efectos usuales, los mismos efectos que ordinaria y normalmente ha producido en casos análogos. (*Vid.* González Pérez, Jesús, *El Principio General de la Buena Fe en el Derecho Administrativo*, 2° Edición, Editorial Civitas, Madrid. 1989.)

Debe indicarse que la noción de buena fe en el ámbito jurídico no hace referencia a toda confianza psicológicamente cierta, sino sólo a aquella que además de existir en sentido psicológico, es válida en sentido jurídico por no encontrar en los usos sociales o en Derecho un límite.

En el presente caso, aprecia la Sala que el Instituto Universitario vulneró la buena fe de los alumnos, al ofrecer carreras distintas a las autorizadas, con el riesgo que dichos estudios no tuvieran el reconocimiento legal por parte del Ministerio de Educación, ni de ninguna Institución Superior y no podría ser objeto de equivalencias, quedando en juego el derecho al estudio de los estudiantes cursantes de dichas carreras.

Por otra parte, si bien es cierto que los alumnos afectados por la actuación del Instituto Universitario, pueden ejercer las acciones pertinentes contra el Instituto Universitario por los daños y perjuicios que pudieron ocasionarse por la conducta ilegal del Instituto al impartir carreras para las cuales no estaba autorizado, de tal forma que puedan obtener una indemnización por los gastos ocasionados por los costos matriculares, de transporte y estadía y cualquier otro que se hubiese generado con motivo de la transferencia de cada alumno afectado, ello implica una carga muy onerosa y de tiempo para los afectados, quienes se inscribieron en dicho Instituto Universitario, confiando que las carreras a cursar contaban con las respectivas autorizaciones.

En consecuencia, los costos ocasionados a los alumnos afectados estaban implícitos en el hecho mismo del ofrecimiento ilegal de los estudios, por lo que lo correcto, en este caso, es que el pago de los gastos deba ser asumido por la Institución que indujo los mismos. Es por ello que considera la Sala que el Instituto Universitario Politécnico "Santiago Mariño" debe asumir los gastos que se generen por el traslado de los alumnos afectados a otras Instituciones Universitarias, ya que los mismos fueron ocasionados por su actuación irregular, toda vez que lo contrario, constituiría una situación injusta para los alumnos afectados. Así se decide.

RDP N° 97-98, 2004, pp. 307

TSJ-SC (442)   23-3-2004

Magistrado Ponente: José Manuel Delgado Ocando

Caso: Revisión de sentencia (Ismael García)

Los principios de buena fe y de confianza legítima no son aplicables en la constatación de la validez de actos de participación política.

Con respecto a los principios de buena fe y de confianza legítima, la Sala considera que no son aplicables en la constatación de la validez de actos de participación política, donde debe verificarse la autenticidad de quienes manifestaron su voluntad de solicitar la revocatoria del mandato del Presidente de la República, y también la voluntad de quienes no se adhieren al referendo peticionado. No siendo tal voluntad un ejercicio de derechos civiles regidos por la autonomía y del principio contractual de derecho privado, corresponde al Consejo Nacional Electoral garantizar, por medio de su competencia inquisitiva, propia de la Administración Pública, que la voluntad del electorado se ajuste a la manifestación propia de lo querido por ésta para el funcionamiento del principio democrático. La Sala no encuentra, por tanto, que el Consejo Nacional Electoral haya incurrido en violación de los artículos 24 (irretroactividad de la ley) y 49, 1 y 2 (debido proceso y presunción de inocencia), y así también se declara.

RDP N° 119, 2009, pp. 110

TSJ- SPA (1006)   8-7-2009

Magistrado Ponente: Hadel Mostafá Paolini

Caso: Asociación Civil Confederación Venezolana de Industriales (CONINDUSTRIA)

La presunción de buena fe del ciudadano es uno de los principios que deben tener por norte los órganos de la Administración Pública Central y Descentralizada funcionalmente a nivel nacional cuando se elaboren los planes de simplificación de trámites.

Los apoderados judiciales de la recurrente expusieron que el sistema autorizatorio que pretende instaurar el Decreto N° 4.248, desconoce el principio de buena fe expresamente establecido en los artículos 8 y 10 del Decreto con rango y fuerza de Ley sobre Simplificación de Trámites Administrativos, por las siguientes razones: (i) Parte del supuesto que todas las empresas domiciliadas en el país son infractoras, obligándolas a obtener una solvencia laboral, en lugar de sancionar a las que incumplan con los actos dictados por las autoridades administrativas competentes; (ii) Impone trámites innecesarios que incrementan el costo operacional de la Administración Pública y de las empresas sometidas a la legislación laboral; y (iii) Contraría lo dispuesto en los artículos 15 y 26 del identificado Decreto-Ley.

Al efecto, esta Sala observa que el Decreto con rango y fuerza de Ley sobre Simplificación de Trámites Administrativos, reimpreso por error material, el 7 de diciembre de 1999 y publicado en la Gaceta Oficial de la República Bolivariana de Venezuela N° 36.845, de esa fecha, vigente para el momento en que se dictó el acto impugnado, disponía en los artículos 8 y 10, lo siguiente:

"Artículo 8: Los planes de simplificación de trámites administrativos que elaboren los organismos sujetos a la aplicación de este Decreto-Ley, deberán realizarse con base en los siguientes principios:

1.   La presunción de buena fe del ciudadano.

2.	La simplicidad, transparencia, celeridad y eficacia de la actividad de la Administración Pública.

3.	La actividad de la Administración Pública al servicio de los ciudadanos.

4.	La desconcentración en la toma de decisiones por parte de los órganos de dirección"

"Artículo 10: Los órganos y entes de la Administración Pública en sus respectivas áreas de competencia, deberán realizar un inventario de los documentos y requisitos cuya exigencia pueda suprimirse de conformidad con la presunción de buena fe, aceptando en sustitución de los mismos las declaraciones juradas hechas por el interesado o un representante con carta poder".

De la lectura de los dispositivos antes citados se desprende que la presunción de buena fe del ciudadano es uno de los principios que deben tener por norte los órganos de la Administración Pública Central y Descentralizada funcionalmente a nivel nacional cuando se elaboren los planes de simplificación de trámites; y que en atención a ese principio debe suprimirse la exigencia de documentos y requisitos que en opinión de los órganos y entes de la Administración Pública puedan sustituirse por las declaraciones juradas hechas por el administrado.

Una vez precisado lo anterior, esta Sala observa que los apoderados judiciales de la parte actora alegaron la vulneración del principio de buena fe, en primer lugar porque la Administración en el acto recurrido presume que todas las empresas domiciliadas en el país son infractoras, obligándolas a obtener una solvencia laboral, en vez de sancionar a las que incumplan con los actos dictados por las autoridades administrativas competentes.

Al respecto, debe reiterarse que la solvencia laboral es un documento administrativo que certifica que el patrono o patrona respeta efectivamente los derechos humanos laborales y sindicales de los trabajadores y trabajadoras.

El proveimiento recurrido es un acto administrativo de carácter normativo cuyo objeto es regular el otorgamiento, vigencia, control y revocatoria de la solvencia laboral de los patronos y patronas, incluidas las asociaciones cooperativas que contraten los servicios de no asociados. Así, en el artículo 4 del Decreto impugnado se establecen siete (7) causales objetivas que producirán la negativa o revocatoria del identificado documento.

En este orden de ideas, se tiene que el otorgamiento anual de la solvencia laboral comprende un control permanente por parte del Estado de un efectivo resguardo de los derechos de los trabajadores y trabajadoras, e inclusive la configuración de alguna de las causales objetivas de violación de los derechos laborales y sindicales, en el transcurso del año de vigencia, ocasiona la aplicación de la medida administrativa de revocación.

Por tal razón, es que la norma no presume en modo alguno la mala fe, dado que la solvencia laboral es otorgada y mantiene su vigencia para todo aquel que no incurra en las conductas descritas en el artículo 4 del Decreto N° 4.248, es decir, que la consecuencia jurídica de denegatoria y revocación del mencionado documento administrativo se producirá sólo cuando el administrado actúe en contravención a lo establecido en el ordenamiento jurídico.

Por consiguiente, no puede entenderse la exigencia anual del documento administrativo que certifica el cumplimiento de los derechos humanos laborales y sindicales como una vulneración del principio de presunción de buena fe del patrono. Así se declara.

RDP N° 138, 2014, pp. 80

TSJ-SPA (945)   18-6-2014

Magistrado Ponente: Emiro García Rosas

Caso: Raiza Istruriz y otros vs. Ministerio del Poder Popular para las Obras Públicas y Vivienda

La Sala Político Administrativa ratifica aplicación del principio de confianza legítima en la actividad administrativa.

...... Respecto a los citados principios esta Sala ha establecido lo siguiente:

"(…) Esta Sala ha expresado que el principio de confianza legítima, que rige la actividad administrativa, está referido a la concreta manifestación del principio de buena fe en el ámbito de la actividad administrativa y cuya finalidad es el otorgamiento a los particulares de garantía de certidumbre en sus relaciones jurídico-administrativas (ver sentencia N° 1.171 del 4 de julio de 2007).

Asimismo, se ha manifestado que el principio de la confianza legítima (sentencia de esta Sala N° 213 del 18 de febrero de 2009) constituye la base de los vínculos que existe entre el Poder Público y los ciudadanos, cuando a través de su conducta, revelada en sus declaraciones, actos y doctrina consolidada, se pone de manifiesto una línea de actuación que la comunidad o sujetos específicos de ella esperan se mantenga. Este principio alude así a la situación de un sujeto dotado de una expectativa justificada de obtener una decisión que esté en consonancia con lo que se ha venido resolviendo. (…)" (sentencia N° 01181 de fecha 28 de septiembre de 2011).

De acuerdo a los fallos citados el principio de la confianza legítima está referido a la expectativa plausible que tienen los particulares de que la Administración siga decidiendo tal como lo ha venido haciendo en una materia en base a sus actuaciones reiteradas.

Al respecto debe atenderse también a lo dispuesto en el artículo 11 de la Ley Orgánica de Procedimientos Administrativos, norma que dispone:

Artículo 11.- "*Los criterios establecidos por los distintos órganos de la Administración Pública podrán ser modificados*, *pero la nueva interpretación no podrá aplicarse a situaciones anteriores, salvo que fuere más favorable a los administrados. En todo caso, la modificación de los criterios no dará derecho a la revisión de los actos definitivamente firmes.*" (Resaltado de la Sala).

Conforme al precepto transcrito los criterios de la Administración no son inmutables, pueden cambiar, la única limitante es que la nueva interpretación no se aplique a situaciones anteriores, salvo que fuese más favorable al administrado.

Con relación a esta disposición la Sala ha establecido que:

"(…) *al igual que ocurre con los criterios jurisprudenciales, los que provienen de la actividad administrativa pueden ser revisados, ya que tal posibilidad está inmersa dentro de la diversa naturaleza de las situaciones sometidas al conocimiento y revisión a través del ejercicio de las funciones jurisdiccional y administrativa,* sólo que ese examen no debe ser aplicado de forma indiscriminada o con efectos retroactivos perniciosos.*

Hechas las consideraciones que anteceden, se impone analizar si en el supuesto de autos la Administración recurrida modificó de tal manera un criterio precedente cuya aplicación al caso concreto de la actora podía ésta presumir legítimamente, y si ello devino en un menoscabo de los invocados principios de seguridad jurídica y confianza legítima". (…)" (Sentencia N° 01022 del 27 de julio de 2011) (Resaltado de la Sala).

En el presente caso, argumentó la representación judicial de los recurrentes que el Ministro del Poder Popular para las Obras Públicas y Vivienda sorprendió a sus representados en su buena fe al emitir, después de más de ocho (8) años de espera, una decisión que implica el cese definitivo de su actividad, cuando en realidad lo que era de esperarse y constituía una expectativa de derecho para ellos, era una providencia que aprobara la transformación del título y garantizara la continuación de las operaciones de la radioemisora, a través de la empresa creada por estos a tales fines.

Al respecto se observa que -como ha sido mencionado antes- consta en autos comunicación N° 1161 del 02 de abril de 2001 mediante la cual el Director General de la Comisión Nacional de Telecomunicaciones (CONATEL) informó a los recurrentes, entre otras cosas, que debido al carácter personalísimo de los derechos otorgados mediante las concesiones para el servicio de radiodifusión sonora, el fallecimiento del titular producía el decaimiento del título administrativo (folios 78 al 80 del expediente administrativo).

Se advierte que la consecuencia lógica del decaimiento de la concesión otorgada al causante de los recurrentes era que no podía proceder la transformación de dicho título solicitada por los accionantes conforme a lo dispuesto en el artículo 210 de la Ley Orgánica de Telecomunicaciones de 2000.

El citado oficio N° 1161 del 02 de abril de 2001 que no fue impugnado por los recurrentes, demuestra que es falso que la Administración les hubiese creado expectativas de un pronunciamiento favorable a sus pretensiones.

Adicionalmente se observa que conforme al artículo 31 de la Ley Orgánica de Telecomunicaciones del 2000 aplicable ratione temporis "Si la Comisión Nacional de Telecomunicaciones no se pronuncia sobre la procedencia o no de la solicitud, dentro de los lapsos establecidos en este Capítulo (…) dicho silencio se entenderá como una negativa respecto de la solicitud formulada" (Resaltado de la Sala). Con base en la citada norma, se concluye que no existía en este caso, algún silencio administrativo positivo como parecieran querer hacer valer los actores.

Igualmente ni el tiempo que tardó la Administración para dictar su decisión, ni el hecho de que esta presuntamente le hubiese dado a la empresa CNB 100.1 Valenciana Radioemisora, C.A. el trato de operadora de una estación de radiodifusión en la mencionada frecuencia, durante ese tiempo transcurrido implican la obtención de un derecho subjetivo por parte de los recurrentes. Así lo ha establecido la Sala en decisiones números 01001 y 01211 de fechas 20 de octubre y 25 de noviembre de 2010, respectivamente.

Con fundamento en las consideraciones expuestas, este Alto Tribunal estima que, el transcurso del tiempo mencionado por los recurrentes no constituye una razón fundada capaz de generar una expectativa de pronunciamiento favorable a las peticiones de aquellos, motivo por el que concluye que no existió la violación a los principios de buena fe y confianza legítima denunciada. Así se decide.

I.   *Principio del paralelismo de las formas*

RDP N° 48, 1991, pp. 109

CPCA   3-12-91

Magistrado Ponente: Belén Ramírez Landaeta

Las comunicaciones que deben hacerse de los actos jurídicos a los fines de su eficacia, obedecen, como todas las medidas formales, al principio del "paralelismo de las formas", en virtud del cual las modalidades asumidas para crear una situación deben ser idénticas a las que se emplean para modificarla o extinguirla.

Voto salvado de la Magistrado Hildegard Rondón de Sansó

La suscrita, Hildegard Rondón de Sansó, salva su voto por disentir de sus colegas del fallo que antecede, por considerar que, de la forma como han sido planteados los hechos, se pone de manifiesto, una evidente violación de la garantía constitucional de la igualdad de los ciudadanos ante la Ley y, en consecuencia, del de la no discriminación. En efecto, solicitada la prórroga para la inscripción de las planchas, la Comisión Electoral decidió acordarla, tomando en consideración los sucesos que se habían producido en el ámbito estudiantil. Ahora bien, este organismo tenía la facultad de negar o acordar la prórroga; pero al proceder a concederla debía resguardar a todos los eventuales participantes en el proceso electoral, mediante la adecuada participación de la decisión asumida. Al establecer como modalidad, la brevísima duración de la prórroga, por este simple hecho, la misma no podía hacerse del conocimiento cabal de sus destinatarios y, por ello, se estaba permitiendo que algunos grupos, enterados de su concesión, pudiesen inscribir sus planchas; pero que, la gran mayoría imposibilitada de hecho para conocer de su contenido y modalidades, quedasen fuera del proceso.

Las comunicaciones que deben hacerse de los actos jurídicos a los fines de su eficacia, obedecen, como todas las medidas formales, al rígido principio del "paralelismo de las formas", en virtud del cual las modalidades asumidas para crear una situación deben ser idénticas a las que se empleen para modificarla o extinguirla, salvo, naturalmente, una expresa disposición en contrario. Acordar una prórroga de un proceso eleccionario, significa cambiar las bases de su apertura, por cuanto modifican los lapsos para que el mismo se dé por concluido. De allí que, si la norma exige como en el caso presente lo hace, una determinada forma de publicidad para la convocatoria en la cual se establecen los lapsos para la realización de los actos, la misma exigencia se requiere para las modificaciones que se efectúen con posterioridad, a menos, obviamente, que la norma disponga de un sistema diferente.

De lo anterior se evidencia que, no existiendo, como no existe una disposición que señale los medios para informar al electorado de los cambios en el proceso, cambios éstos de la importancia de una prórroga, correspondía aplicar el sistema de publicidad que la ley exige para las convocatorias, en forma tal que el llamamiento a los interesados fuese global, universal, sincero. Tal como consta en los autos, y se puso en evidencia en la audiencia pública constitucional, a las 7:00 p.m. del día 21, se inicia la reunión de la Comisión Electoral para deliberar sobre la prórroga solicitada. La decisión que se asume es publicada mediante copia del acta correspondiente a las puertas del organismo. Esta decisión limita la prórroga acordada a un lapso inferior a las 24 horas, de las cuales algunas eran no hábiles. Ni con un correo electrónico podría haberse logrado la efectiva comunicación a los interesados, e incluso, si se hubiesen puesto en fila los miembros de la comunidad estudiantil para leer el aviso, se habrían agotado las horas acordadas para el ejercicio del derecho sin que fuese del conocimiento de todos sus destinatarios. Ante la situación planteada, necesariamente debían quedar afectados numerosos grupos estudiantiles en virtud de la incapacidad material de conocer el contenido de la decisión y adecuarse al mismo.

Las elecciones estudiantiles para el cogobierno de la Universidad Central de Venezuela deben ser el ejemplo de la verdadera y efectiva democracia y, en consecuencia, revelar la sinceridad de los sujetos que tienen en sus manos la realización de tales procesos. Ella es el germen de los ciudadanos que votarán en el futuro por sus organismos representativos y que pondrán en manos de los más capaces el destino del país. De allí que es más flagrante que en ningún otro medio, la violación que se haga de los principios constitucionales que garantizan la rectitud del proceso electoral. Este tiene como meta fundamental el acceso de todos aquellos para los cuales el voto es un deber y un derecho, a la expresión de su voluntad. El juez constitucional en casos como el presente es el tutor de esos principios que constituyen la base del estado democrático.

RDP N° 61–62, 1995, pp. 177

CSJ-SPA (157)   20-3-95

Magistrado Ponente: Hildegard Rondón de Sansó

Caso: Concretera Martinca vs. Alcaldía del Municipio Almirante Padilla del Estado Zulia.

Conforme al principio del paralelismo de las formas, salvo disposición expresa en contrario, será el mismo órgano y con las mismas modalidades que sirven para el establecimiento de los derechos, el competente para su extinción.

Aprecia esta Sala que el artículo 74 *ejusdem*, al enumerar las atribuciones del Alcalde, no señala expresamente entre las mismas, la de declarar la resolución de los contratos administrativos, por lo cual se plantea un problema de interpretación. Al efecto, en el campo del Derecho Administrativo rige el principio del paralelismo de las formas cuando no existe una disposición expresa que establezca lo contrario. En virtud de tal principio, será el mismo órgano y con las mismas modalidades que sirven para el establecimiento de los derechos, el competente para proceder a su extinción.

Este principio es válido en el caso presente en que la norma no dice cuál es el órgano y la vía para dar por concluida una concesión sobre bienes públicos, pero si prevé que sea el respectivo Concejo Municipal el que la acuerde, de lo cual debe deducirse que es a este mismo órgano al que le corresponde darla por extinguida por cualquier motivo o razón. Ahora bien, esto significa que es el Consejo el que debe conocer del cese de la explotación de una cantera cuando hubiesen sido demostrados fehacientemente los supuestos previstos en la normativa o en el contrato que le rija.

RDP N° 67-68, 1996, pp. 202

CSJ-SPA (829)   12-12-96

Magistrado Ponente: Humberto J. La Roche

Caso: Belinda C. Giménez vs. República (Ministro de Educación).

En virtud de lo que se conoce como "paralelismo de las competencias" cuando una autoridad es competente para dictar un acto, esa misma autoridad es competente para dictar el acto contrario.

Ahora bien, ha sido jurisprudencia reiterada de esta Sala (*vgr.* Sentencia, caso: *Horacio Antonio Velázquez Ferrer* de fecha 02-05-95 y Sentencia caso: *Amado*

Nell Espina de fecha 14-02-96) la procedencia de lo que se ha denominado "paralelismo de las competencias" que se enuncia de la siguiente manera: cuando una autoridad es competente para dictar un acto, esta misma autoridad es competente para dictar un acto contrario. De igual forma doctrina y jurisprudencia se pronuncian a favor de las llamadas "competencias implícitas" que son definidas como aquellas que pueden ser ejercidas por una autoridad pública, aunque no le sean expresamente atribuidas por las disposiciones de un texto normativo, porque ellas están necesariamente ligadas a disposiciones formales y deben presumirse incluidas en aquellas.

    J.   *Principio de autotutela (Nulidad absoluta)*

RDP N° 55–56, 1993, pp. 197

CSJ-SPA   6-4-93

Magistrado Ponente: Cecilia Sosa Gómez

Caso: Eduardo Contramaestre vs. República (Ministerio de Sanidad y Asistencia Social).

La Sala observa:

El tema de la nulidad absoluta ha ocupado la atención de la jurisdicción contencioso-administrativa desde vieja data, y aún antes de existir texto legal expreso que la regulara, esta Sala Político-Administrativa había sentado los principios fundamentales o básicos que luego han sido desarrollados en la Ley Orgánica de Procedimientos Administrativos, en concreto, en los cuatro numerales de su artículo 19.

Esos principios fueron recogidos en precedentes jurisprudenciales entre los cuales no puede dejar de mencionarse la sentencia recaída en el caso de "Despachos Los Teques" (S. SPA del 26-7-84), en ella se expresa:

"...Mucho antes de la entrada en vigencia de la Ley Orgánica de Procedimientos Administrativos, la jurisprudencia de esta Corte había adoptado la tesis doctrinal que distingue el supuesto de la nulidad absoluta radical del supuesto de la nulidad relativa o anulabilidad, en relación con las situaciones de ilegalidad de los actos administrativos. En tal sentido podemos mencionar una sentencia de la Corte Federal y de Casación, en Sala Federal, de fecha 11-12-35, en la cual el tribunal asumía claramente dicha distinción y la consiguiente diferencia de efectos cuando afirmaba que «...juzga esta Corte que la (defensa) opuesta no reviste los caracteres de una excepción de derecho, única que pudiera oponerse, porque la nulidad en que se funda la opuesta no es absoluta sino relativa...»; más adelante precisaba que «la nulidad radical o inexistencia de un acto no desaparece por el transcurso del tiempo ni por ningún acto de confirmación, ratificación o ejecución voluntaria, porque la inexistencia es la nada, el no ser, sobre lo cual no cabe ninguna posibilidad humana de crear algo...». En otra sentencia de la Corte Federal y de Casación, en Sala Federal, de fecha 4-4-38, este Supremo Tribunal asumía esencialmente la misma posición, pero introducía una modificación al exigir que toda nulidad de un acto administrativo debía ser objeto de una declaración, porque «siempre existía una apariencia que es necesario destruir."

Esta posición de la jurisprudencia se reflejó claramente en la doctrina del Derecho Administrativo. Así encontramos que dos calificados autores venezolanos de esa disciplina jurídica, como son Eloy Lares Martínez y Allan R. Brewer Carías, exponen con amplitud la diferencia entre ambos supuestos y sus consecuencias jurídicas, en las ediciones de sus obras anteriores a la citada Ley Orgánica, sobre la cual existe abundante información en los escritos agregados a los autos de este proceso.

Sin embargo, es de advertir que la jurisprudencia de esta Corte no estableció una enumeración limitativa de supuestos en los cuales procedía la declaración de nulidad absoluta o radical de un acto administrativo, a pesar de haber reconocido el carácter excepcional de este supuesto de ilegalidad frente a la común anulabilidad que surge de la ilegalidad que afecta a los actos mencionados. Con prudencia y cautela recomendables, especialmente cuando se trata de establecer principios y crear doctrina en materias con escasa legislación general, como era el Derecho Administrativo, la Corte asumió la posición de determinar caso por caso si procedía o no declarar la nulidad absoluta o radical, de acuerdo a la gravedad y trascendencia de la irregularidad que afectara el acto administrativo examinado. En este sentido se utilizaron varios de los criterios elaborados por la doctrina del Derecho Administrativo para identificar los supuestos de ilegalidad merecedores de la calificación de nulidad absoluta, como son la violación directa de la Constitución, la falta de elementos esenciales del acto, infracción grosera de la Ley, la incompetencia manifiesta del funcionario, la transgresión de normas legales establecedoras de conductas prohibidas, la vulneración del orden público y otros criterios de semejante naturaleza. En otras palabras, se buscó establecer una proporción entre la gravedad de la nulidad como sanción jurídica y la de los vicios que afectaban al acto administrativo...".

A raíz de este fallo quedó doctrinariamente establecido que la nulidad absoluta es la consecuencia de mayor gravedad derivada de los vicios del acto administrativo, y lleva a *que éste no pueda, en forma alguna, producir efectos*, ya que el acto nulo de nulidad absoluta, se tiene como nunca dictado; por ello, *no podría ni puede producir efectos*, de allí que se hable, en estos casos, dada la entidad de la irregularidad que afecta la validez de la decisión administrativa, de vicios de orden público, que permiten al órgano jurisdiccional en casos de solicitud de anulación de un acto administrativo, entrar a conocer de ellos de oficio, esto es, aun cuando no hayan sido invocados por las partes.

Esta naturaleza de "orden público" de los vicios de nulidad absoluta del acto administrativo, la consecuencia que de ellos deriva de impedir que el acto afectado por ellos produzca efecto alguno, y la gravedad misma de los vicios que la producen, es la que justifica sin duda que en el ámbito administrativo la norma legal haya otorgado a la Administración la potestad de reconocer la nulidad absoluta de los actos dictados por ella, *en cualquier momento*, de oficio o a solicitud de particulares (artículo 83 Ley Orgánica de Procedimientos Administrativos).

Debe dejarse claro que si el acto viciado de nulidad absoluta se tiene como no dictado porque no produce efectos en ningún momento, es decir, que de él no deriva derecho o interés alguno para un particular, no puede aceptarse que el artículo 83 sea una excepción a la prohibición contenida en el artículo 82 de la misma Ley Orgánica de Procedimientos Administrativos o, en otras palabras, que el mismo constituya una autorización de ley, a tenor de lo previsto por el artículo 19 numeral 2, para que la Administración vuelva sobre sus decisiones adoptadas con carácter definitivo, porque, se insiste, el acto viciado de nulidad absoluta no genera derecho alguno a favor de su destinatario, porque no produce efecto jurídico alguno, en fin, no modifica, creando o extinguiendo, la esfera jurídica de aquél.

De acuerdo a lo antes expresado, se explica la rigurosa delimitación del artículo 19 de la Ley Orgánica de 1982, cuando taxativamente indica que son vicios que afectan de nulidad absoluta al acto administrativo:

1) Cuando así esté expresamente determinado por una norma constitucional o legal; 2) Cuando resuelvan un caso precedentemente decidido con carácter definitivo y que haya creado derechos particulares, salvo autorización expresa de la Ley; 3) Cuando su contenido sea de imposible o ilegal ejecución, y 4) Cuando hubieren sido dictados por autoridades manifiestamente incompetentes, o con prescindencia total y absoluta del procedimiento legalmente establecido.

Aparece así la potestad que a la Administración reconoce el artículo 83, sin límite, sin restricción, en virtud de la gravedad del vicio que afecta al acto de que trate, al cual por lo demás, priva de cualidad para producir modificaciones en la esfera jurídica del administrado, negándole o reconociéndole, o haciendo surgir para éste derechos o intereses legítimos, personales y directos, como ha quedado dicho.

Se opone así esta ilimitada potestad administrativa, que opera también como garantía del administrado, puesto que le permite solicitar en cualquier momento la eliminación del mundo jurídico de un acto que ostente uno de los vicios que reseñan los cuatro numerales del artículo 19 de la Ley que se comenta, a la ordinaria *potestad de revisión de la Administración que surge solamente por el ejercicio del particular interesado en los recursos* que la Ley le reconoce para solicitar se revoque o modifique una decisión administrativa que lesiona sus derechos o intereses.

En este caso, el primer límite al ejercicio de la potestad de revisión de la Administración viene dado por el requerimiento de la interposición del recurso respectivo por el interesado; de otro modo, la Administración no puede volver sobre el acto dictado, si no hay vicio de nulidad absoluta; interpuesto el recurso, surge un nuevo límite para el ejercicio de esta potestad revisora: el que configuran las disposiciones contenidas en el numeral 2° del artículo 19 de la Ley Orgánica de Procedimientos Administrativos y en el artículo 82 *ejusdem*, que impiden a la Administración volver sobre casos precedentemente decididos con carácter definitivo y que hayan creado derechos particulares, salvo autorización expresa de la Ley; y por último, el obstáculo que se opone a la revisión por la Administración, la existencia del acto mismo que ha originado el ejercicio del recurso por el particular. Los vicios del acto explanados o no por el recurrente en vía administrativa, demarcan la extensión de la potestad revisora de la Administración en los casos en que no se alega la existencia de vicios de nulidad absoluta de la decisión administrativa. Será sobre este acto que la Administración podrá resolver "todos los asuntos que se sometan a su consideración dentro del ámbito de su competencia, o que surjan con motivo de recurso aunque no hayan sido alegados por el interesado", para confirmarlo, modificarlo o, en definitiva, revocarlo; pero no para sustituirlo por otro porque la facultad de revisión le está otorgada para revisar, a partir del ejercicio oportuno del recurso administrativo por el interesado de ese acto en particular. Así se desprende de los artículos 85, 87 y 90 de la Ley Orgánica de Procedimientos Administrativos.

Ahora bien, conforme a los señalamientos anteriores la Sala observa que el ejercicio "oportuno" del recurso administrativo, esto es, dentro del lapso de caducidad que indican las previsiones de la Ley Orgánica de Procedimientos Administrativos, es requisito *sine qua non* en los casos de nulidad absoluta o relativa. Ahora bien, para el caso de que se alegue contra la decisión administrativa la existencia de vicios de nulidad absoluta, la norma del artículo 83 es la Ley Orgánica de Procedimientos Administrativos, además de reconocer otra potestad a la Administración, consagra igualmente una garantía al particular administrado, al establecer para éste, en vía administrativa, igual oportunidad que vicia el acto "... en cualquier momento..." dice el artículo 83, puede el particular solicitar de la Administración que ésta reconozca la nulidad absoluta (por supuesto, basada en uno de los numerales del artículo 19 *ejusdem*) que afecta a un acto dictado por ella. La inexistencia de lapso para solicitar esta declaratoria de nulidad absoluta opera en el ámbito propio que regula la Ley de Procedimientos Administrativos, de modo que el particular solicitante en vía administrativa, una vez producida expresamente la negativa de la Administración de reconocer la nulidad absoluta que afecta a una de sus decisiones, o vencido el plazo para hacer tal pronunciamiento, deberá ocurrir ante el órgano jurisdiccional competente dentro de los lapsos que señala el artículo 134 de la Ley Orgánica de la Corte Suprema de Justicia.

Así lo ha establecido esta Sala en sentencia del 14 de agosto de 1991 (Caso *Armando F. Meló*), al señalar:

"... aun cuando hubieren precluido los diferentes recursos, por otra vía, por ejemplo, la solicitud de declaratoria de la nulidad absoluta, en cualquier tiempo, los particulares pueden lograr su anulación, en vía administrativa (artículo 83 de la Ley Orgánica de Procedimientos Administrativos), y de serles negada tal anulación pueden aún ejercer jurisdiccionalmente el correspondiente recurso de anulación, no contra el acto primitivo, pero sí contra la negativa de la Administración de declarar la nulidad de un acto nulo absolutamente".

El fallo citado con antelación resuelve la controversia suscitada por la representación de la República acerca de la existencia de la "cosa juzgada" en el presente caso, puesto que el recurso jurisdiccional que ejercen, los apoderados del funcionario ante esta Sala no versa propiamente sobre el acto de destitución original, *sino sobre la negativa de la Administración de pronunciarse sobre la petición del interesado de que se revisara el acto viciado de nulidad absoluta*, contenida en este caso, en el oficio N° SG. 908 del 17 de octubre de 1990 (folio 152), y que ratifica el oficio 853 del 8-12-89, de la Consultoría Jurídica, que el Director de Secretaría envía al funcionario, en el cual se dice:

"Considera que su caso está totalmente cerrado y por ende no procede ningún recurso administrativo, ni judicial contra el acto de destitución de que fue objeto" (F. 152 y 153).

(...) omissis.

Aparece así que la Administración se negó a revisar el acto y reconocer la nulidad absoluta que el interesado invocó conforme a lo previsto por el artículo 83 de la Ley Orgánica de Procedimientos Administrativos.

Contra esta negativa es que el funcionario recurre en tiempo hábil ante la Sala Político-Administrativa.

El fundamento de la negativa de revisión, no expresado en el oficio del Director de Secretaría de fecha 17 de octubre de 1990, ni tampoco en la respuesta de la Consultoría Jurídica que él anexó, consta en la documentación que corre inserta en el voluminoso expediente administrativo levantado en este caso, y es el de la consideración por la Consultoría Jurídica, aceptada por las demás autoridades del Ministerio, de que el acto de destitución aplicado al ciudadano Eduardo Contramaestre había quedado definitivamente firme en la jurisdicción de lo contencioso-administrativo en fecha 29-11-79 (ver Memo CJ-212 del 27-12-89), folio 409 expediente administrativo.

Estima esta Sala que la potestad de revisión que reconoce el artículo 83 de la Ley Orgánica de Procedimientos Administrativos a la Administración, bien de oficio, bien a instancia de particular, no está condicionada, ni tiene restricción, de modo que no impide su ejercicio el que exista una sentencia de un órgano jurisdiccional que se haya pronunciado sobre la validez del acto cuya nulidad el particular solicita. Por lo demás "la cosa juzgada administrativa" opera en el ámbito administrativo para impedir a la Administración, como se dijo, volver sobre un asunto decidido con carácter definitivo, que hubiere creado derechos a favor de terceros.

Se dijo también con antelación que el acto viciado de nulidad absoluta no produce efectos, no modifica la esfera jurídica del interesado, de modo que nada impide a la Administración ejercer en cualquier tiempo esta potestad revitalizadora de la legalidad de la actuación administrativa, y con mayor razón si ello se hace a solicitud de un particular, afectado, precisamente, por ese acto cuya validez está viciada de nulidad absoluta.

RDP N° 73-74/75-76, 1998, pp. 126

CSJ-SPA (375)   18-6-98

Magistrado Ponente: Hildegard Rondón de Sansó

Caso: Aerovías Venezolanas, S.A. (AVENSA) vs. República (Ministerio de Transporte y Comunicaciones).

El ejercicio de la potestad revocatoria no está exento del control jurisdiccional.

Al efecto esta Sala observa que, la Resolución N° 01 fue calificada por su autor como una decisión revocatoria, es decir, ejercida en base a la potestad revocatoria prevista en el artículo 82 de la Ley Orgánica de Procedimientos Administrativos, en base a la cual la Administración puede extinguir en cualquier momento, en todo o en parte, los actos que no originen derechos subjetivos o intereses legítimos.

En el caso presente, estamos ante un acto revocatorio, que ha sido calificado como tal por la propia Administración, aun cuando resulte evidente del mismo que lo que se pretendió fue la anulación de una serie de actos precedentes, fundamentándose sin embargo tal extinción, no en las razones previstas en el artículo 19 de la Ley Orgánica de Procedimientos Administrativos, sino en razones extrañas al mismo, como lo son la falta de conveniencia que tales actos tenían para la Administración. Quiere afirmar esta Sala que el ejercicio de la potestad revocatoria es uno de las bases de la actividad administrativa, uno de los grandes medios de los cuales ella dispone para el saneamiento de sus actos; pero no está exenta del control jurisdiccional que puede sobre la misma pronunciarse sobre los siguientes aspectos:

1. Si efectivamente se trata del ejercicio de una potestad que esté dentro de los supuestos de la norma facultativa (en el caso específico del artículo 82 de la Ley Orgánica de Procedimientos Administrativos);

2. Si no excede de los límites que la norma facultativa establece;

El control sobre la oportunidad o conveniencia, esto es, la decisión sobre el mérito mismo del acto, no puede hacerlo el juez directamente, por cuanto la Administración es la dueña de la valoración de sus intereses. Esta fue una posición que dogmáticamente se mantuvo en el campo del contencioso-administrativo para preservar la esfera de la libre actuación de la Administración, en beneficio de los intereses que tutela; sin embargo, para impedir que la Administración se escude en tal principio para ejercer un poder desbordado y arbitrario, lentamente la jurisprudencia ha encontrado fórmulas para contener tales excesos. Dentro de estas fórmulas se encuentra el examen del vicio de desviación de poder y la determinación de la existencia de los principios de racionalidad y proporcionalidad, la revisión de los motivos del acto administrativo y de la motivación en la cual el mismo se fundamente, que constituyen el verdadero límite del poder de libre apreciación.

En virtud de lo anterior, corresponde a la Sala verificar si el acto estaba dentro de las facultades de la Administración, valerse para dictarlo de la potestad que le acuerda el artículo 83 de la Ley Orgánica de Procedimientos Administrativos, y al efecto estima que al fundamentarse en motivos de oportunidad y conveniencia, ajenos en consecuencia al vicio de nulidad absoluta que está tipificado taxativamente en los supuestos del artículo 19 del mismo texto, la medida se presenta como incorrectamente fundamentada -aun más-, como violatoria del presupuesto básico que debía servirle para su ejercicio. Es decir, que desentrañados en su verdadera entidad la naturaleza de la decisión, eliminando su apariencia de acto revocatorio y sustituyéndolo en su verdadera esencia de acto anulatorio, el mismo se presenta viciado por violar los límites impuestos a su ejercicio y no subsumirse en los presupuestos que le fija la norma atributiva de la potestad.

Ahora bien, si independientemente de la anterior circunstancia se considerase que la Administración es la dueña de la calificación de sus propios actos, y que en este caso debe tenerse como revocación el que la misma emanara por haber sido en tal sentido su voluntad, esta Sala observa que, el límite absoluto de la figura en cuestión, es el no lesionar los derechos subjetivos o los intereses legítimos. En el caso presente, los recurrentes han alegado que tenían el derecho subjetivo de obtener la tutela judicial efectiva y, la posibilidad de defensa en sede jurisdiccional de sus propios intereses, por lo cual habiendo sido incoado el procedimiento del recurso de nulidad, y sustanciado hasta su etapa final, la revocatoria lesiona su derecho a obtener de este organismo jurisdiccional la decisión definitiva sobre sus planteamientos.

Observa esta Sala que, con la interposición del recurso nace el derecho a obtener el pronunciamiento del tribunal contencioso-administrativo, derecho éste que es disponible por la parte mediante las formas de auto-composición procesal, o que puede quedar afectado por cualquier causa de terminación atípica del proceso (tal como sería la perención); pero que no puede ser eliminado por la actuación impeditiva de la Administración, de que se dicte la sentencia del juez sobre la materia. El ejercicio del derecho de accionar no sólo crea el de obtener una decisión sobre la pretensión deducida, sino que implica el derecho a que se determine la licitud o no de la actuación administrativa, y todas las consecuencias que de ello pudieran derivar entre otras, la eventual responsabilidad. En tal forma, no es cierto -si se tratara de una revocación- que la misma no afecta las situaciones subjetivas de los recurrentes, por cuanto al pretenderse por la Administración que en virtud del acto extintivo de los que fueron objeto del recurso, esta Sala declare que no tiene materia sobre la cual decidir, estaría lesionando el derecho del actor de recibir la respuesta apropiada, y en consecuencia, resulta violatoria del supuesto del artículo 82 de la Ley Orgánica de Procedimientos Administrativos en la cual se fundamentara, y así se declara…

…Planteada la situación en la forma que antecede, y adminiculada a la misma el cúmulo de elementos probatorios constantes en autos que demuestran que el Ministerio de Transporte y Comunicaciones, en forma pública manifestó su intención de licitar las rutas que la recurrente pretende, pareciera que el objeto del acto revocatorio, reafirmado con la providencia administrativa, no es otro que el impedir que una decisión sobre tales pretensiones se produzca de inmediato, renovando un procedimiento administrativo que, con todas sus incidencias y la eventualidad de un nuevo juicio contencioso-administrativo, le permita disponer del tiempo necesario para asumir nuevas decisiones.

En vista de las consideraciones que anteceden, se declara nulo el acto contenido en la Resolución N° 01 dictada por el Ministerio de Transporte y Comunicaciones y la Providencia Administrativa N° DG-036-98, ambos de fecha 11 de marzo de 1998, por errónea aplicación del artículo 82 de la Ley Orgánica de Procedimientos Administrativos, y por incurrir en desviación de poder, prevista en el artículo 206 de la Constitución, y así se declara.

RDP N° 82, 2000, pp. 387

TSJ-SPA (965)   2-5-2000

Magistrado Ponente: Carlos Escarrá Malavé

Caso: Asociación Civil Colegio Santiago De León de Caracas vs. República (Ministerio de Fomento).

La Administración Pública no puede reconocer la nulidad de un acto administrativo de efectos generales, en virtud de que su extinción sólo sería posible por la derogación tácita o expresa que se haga del mismo, o por su sustitución total o parcial a través de un acto administrativo de su misma jerarquía y naturaleza general.

4.1.2. Por lo que atañe la intención de los apoderados actores de solicitar en sede administrativa el reconocimiento de nulidad absoluta del acto administrativo de efectos generales que sirvió de base al acto administrativo de efectos particulares que agotó la vía administrativa, se observa que si bien la Ley Orgánica de Procedimientos Administrativo consagra la potestad anulatoria en cabeza de la Administración Pública, no está claro si la misma está circunscrita sólo a los actos administrativos de efectos particulares.

Al respecto, la Sala Político Administrativa de la extinta Corte Suprema de Justicia, en sentencia del 6 de abril de 1994, recaída en el caso: Eduardo Contramaestre, indicó lo siguiente:

"...Aparece así la potestad que a la Administración reconoce el artículo 83, sin límite, sin restricción, en virtud de la gravedad del vicio que afecta el acto de que se trate, (omissis). Se opone así esta ilimitada potestad administrativa, que opera también como garantía del administrado, puesto que permite solicitar en cualquier momento la eliminación del mundo jurídico de un acto que ostente uno de los vicios que reseñan los cuatro numerales del artículo 19 de la Ley que se comenta (...), a la ordinaria potestad de revisión de la Administración que surge solamente por el ejercicio del particular interesado en los recursos que la Ley le reconoce para solicitar se revoque o modifique una decisión administrativa que lesiona sus derechos o intereses..."

De igual forma, la Sala agregó en relación a la potestad de anulación de la Administración, en la sentencia del 7 de agosto de 1996, recaída en el caso: Instituto Universitario Politécnico Santiago Mariño, lo siguiente:

"...Ahora bien, es diferente la situación cuando la iniciativa no la asume cualquiera de los organismos de la Administración antes enumerados, sino un órgano externo a la estructura en la cual opera el actor del acto.

En tal caso, este órgano no puede incluirse en el supuesto del artículo 83 (...) que se refiere exclusivamente a la actuación 'de oficio' del órgano que está directamente involucrado en la existencia y eficacia del acto, es decir, de aquel del cual dependen tales elementos. (Omissis) En efecto, el artículo 83 de la Ley Orgánica (...) alude a la potestad de anular actos 'dictados por ella', lo cual significaría que no se trata de actos de un tercero, sino de aquellos que derivan de su propia autoría..."

De los criterios jurisprudenciales parcialmente transcritos, se colige que la potestad anulatoria estaría limitada exclusivamente a los actos administrativos dictados por los órganos jerárquicamente superiores al de aquél de quien procede el acto anulado, en virtud de que, la decisión de la Administración Pública, será privar de eficacia a los actos por razones de legalidad, esto es, eliminar del mundo jurídico un acto viciado de nulidad absoluta en los términos del artículo 19 de la Ley Orgánica de Procedimientos Administrativos.

De allí que, estime la Sala que no podría pensarse en que pueda la Administración Pública reconocer la nulidad de un acto administrativo de efectos generales, en virtud de que su extinción sólo sería posible por la derogación tácita o expresa que se haga de la misma, o por su sustitución total o parcial a través de un acto administrativo de su misma jerarquía y naturaleza general (artículo 13 de la Ley Orgánica de Procedimientos Administrativos). De allí que, resulta atentatorio del cumplimiento de las condiciones de competencia y forma el que los órganos de la Administración puedan reconocer su nulidad absoluta y, más grave sería, si el acto administrativo de efectos particulares o generales involucra la conjunción de otra voluntad como el caso de autos.

Aplicando los criterios antes expuestos, esta Sala rechaza la petición reiterada en esta instancia judicial deducida por los apoderados judiciales de la parte actora, en el sentido de que el Ministerio de Fomento reconociera la nulidad absoluta en los términos del artículo 83 de la Ley Orgánica de Procedimientos Administrativos de la Resolución Conjunta N° 1700 y N° 899 del Ministerio de Fomento y Educación, por cuanto, se trata de un acto administrativo general que además, haría suponer en el caso negado, de que se aceptase el alegato en cuestión, sólo podría el Ministro de Fomento, vista solicitud realizada, reconocer la nulidad del acto general en contra de la misma potestad que también ostenta el Ministerio de Educación. En consecuencia, corresponde sólo a esta instancia judicial, el pronunciamiento de invalidez del acto administrativo general impugnado.

Vistas las consideraciones que anteceden, es forzoso concluir en la improcedencia de la petición de nulidad absoluta formulada por los apoderados actores ante el Ministro de Fomento por las razones antes aludidas, contra de la Resolución Conjunta N° 1700 y 899 del Ministerio de Fomento y Educación, mediante el cual se establecen los requisitos procedimentales para la determinación de la matrícula y mensualidades que los planteles educativos privados pueden cobrar a sus alumnos en el año 1993-1994 y, así se declara.

RDP N° 82, 2000, pp. 388

TSJ-SPA (1033)   11-5-2000

Magistrado Ponente: Carlos Escarrá Malavé

Caso: Aldo Ferro vs. República (Ministerio de Fomento).

Si se trata de actos creadores o declarativos de derechos, una vez firmes, los mismos no podrán ser revocados por la Administración en perjuicio de sus destinatarios, por razones de mérito o ilegalidad; excepcionalmente, la Administración podrá declarar la nulidad sólo por razones de ilegalidad, si el acto está viciado de nulidad absoluta, independientemente de que el particular (equívocamente) considere que se le han violado derechos.

De allí que, a los fines de analizar la legalidad del acto recurrido, esta Sala estima oportuno y conveniente formular algunas consideraciones a la potestad de autotutela de la Administración.

Dentro de las manifestaciones más importantes de la autotutela de la Administración se encuentra, precisamente, la potestad revocatoria, que no es más que la posibilidad de poder revisar y corregir sus actuaciones administrativas y en consecuencia, la facultad para extinguir sus actos administrativos en vía administrativa.

Esta potestad se encuentra regulada, en primer lugar, en el artículo 82 de la Ley Orgánica de Procedimientos Administrativos, en el sentido de que los actos administrativos pueden ser revocados en cualquier momento, en todo o en parte, sea por la misma autoridad que dictó el acto o su superior jerarca, siempre y cuando no originaren derechos subjetivos o intereses legítimos, personales y directos para un particular. En estos casos la Ley en comento prohibió, en forma absoluta, la posibilidad de que la Administración revocare los actos administrativos que hayan creado derechos a favor de particulares, salvo que exista autorización expresa de la Ley. Es por tal razón, que el ordinal 2 del artículo 19 de la citada Ley, sancionó con la nulidad absoluta a aquellos actos que resolvieren situaciones precedentemente decididos con carácter definitivo y que hayan creado derechos a favor de particulares, salvo autorización expresa de la ley.

Ahora bien, si esa autorización expresa no existe, regirá el principio general de que si se produce la revocación de un acto creador de derechos subjetivos en un particular, el acto revocatorio estaría viciado de nulidad absoluta, lo cual implicaría la posibilidad de reconocer por la Administración y de pedir por los interesados, en cualquier momento, la declaratoria de esa nulidad.

Por otro lado, la potestad declaratoria de nulidad que está prevista en el artículo 83 *ejusdem*, cuando autoriza a la Administración para que, en cualquier momento, de oficio o a instancia del particular, reconozca la nulidad absoluta de los actos por ella dictados. De allí que la Ley consagre la irrevocabilidad de los actos creadores de derechos a favor de los particulares, pero un acto viciado de nulidad absoluta en sede administrativa no es susceptible de crear derechos.

La consecuencia fundamental de este principio es que la revocación o suspensión de los efectos de un acto administrativo creador o declarativo de derechos a favor de los particulares en forma no autorizada por el ordenamiento jurídico, da derecho a éstos a ser indemnizados por los daños y perjuicios que les cause la revocación o suspensión de los efectos del acto.

No obstante lo anterior, si bien el artículo 83 de la Ley Orgánica de Procedimientos Administrativos consagra la posibilidad de revisar en cualquier momento de oficio o incluso a solicitud de particulares, actos administrativos, esa facultad debe ejercerse siempre y cuando se detecte alguno de los vicios de nulidad absoluta señalado taxativamente en el artículo 19 de la Ley Orgánica de Procedimientos Administrativos.

En este orden de ideas, en sentencia de la Sala Político-Administrativa de la Corte Suprema de Justicia, del 26 de julio de 1984, en el Caso: *Despacho Los Teques, C.A. vs. Ministerio del Ambiente y de los Recursos Renovables*, se estableció que:

> *"...Así también, desde hace bastante tiempo reconoció la jurisprudencia de esta Corte la existencia de la llamada potestad de autotutela de la Administración Pública, según la cual pueden y deben los órganos competentes que la integran revocar de oficio, en cualquier momento, aquellos actos suyos contrarios a derecho y que se encuentren afectados de nulidad absoluta; sin perjuicio de que también pueden hacerlo con respecto a aquellos actos suyos viciados de nulidad relativa que no hayan dado lugar a derechos adquiridos. Tal potestad ha sido reconocida como un atributo inherente a la Administración y no como un "sucedáneo" de la potestad jurisdiccional. En tal sentido, merece ser citada la sentencia de esta Sala del 2/11/67, en la cual se dictaminó que la facultad de la autoridad administrativa para actuar en tal sentido está contenida en el principio de la autotutela de la Administración Pública, que da a ésta poderes de revocar y modificar los actos administrativos que, a su juicio, afecten el mérito o legalidad de los casos por ellos contemplado..."* (*Vid.* en la Obra de Ayala Corao, Carlos: *Jurisprudencia de Urbanismo*, Editorial Jurídica Venezolana, Caracas, 1988, p. 121).

De la sentencia antes transcrita se colige, en primer lugar, que la estabilidad de los actos administrativos se traduce siempre en una necesidad de esencia finalista para el ordenamiento jurídico, tanto para la eficacia del acto como para la seguridad jurídica de los particulares y en segundo lugar, que puede y debe la Administración declarar la nulidad de oficio, en cualquier momento, de aquellos actos suyos contrarios a derecho y que se encuentren afectados de nulidad absoluta; sin perjuicio de que también pueden hacerlo con respecto a aquellos actos suyos viciados de nulidad relativa que no hayan dado lugar a derechos adquiridos.

Así mismo, en sentencia de la Sala Político Administrativa de fecha 14 de mayo de 1.985, en el Caso: *Freddy Martín Rojas Pérez vs. UNELLEZ,* se señaló que:

"*...La materia de la potestad revocatoria de la Administración Pública, su alcance y límites, ha sido objeto de abundante estudio por parte de la doctrina nacional y extranjera y analizada, en múltiples ocasiones, en la jurisdicción de este Supremo Tribunal. Ambas reconocen, como principio general de extinción de los actos administrativos, que la Administración tiene la posibilidad de privar de efectos a los actos administrativos bien sea de oficio o a instancia de parte y señalan, como fundamento de esa potestad, razones de legitimidad cuando el acto adolece de algún vicio o defecto que le impide tener plena validez y eficacia, y razones de oportunidad cuando se trata de actos reguladores, ya que es lógico y conveniente que la Administración pueda amoldar su actividad a las transformaciones y mutaciones de la realidad, adoptando en un determinado momento las medidas que estime mas apropiadas para el interés público.*

Pero este principio general de revocabilidad de aplicación absoluta en relación con los actos administrativos de efectos generales, no tiene el mismo alcance cuando se trata de actos administrativos de efectos individuales, respecto a los cuales sufre limitaciones de bastante importancia.

Una de esas relevantes excepciones atañe, precisamente, al caso de autos.

En efecto, la doctrina administrativa sostiene unánimemente, que la Administración no puede volver sobre sus pasos y revocar sus propios actos cuando éstos hubieren establecido algún derecho a favor de particulares y ello porque la revocación de los actos administrativos creadores de derecho subjetivos pugnaría con la intangibilidad de las situaciones jurídicas individuales.

La irrevocabilidad de los acuerdos declaratorios de derecho significa según enseña Royo Villanova que la Administración, con posterioridad, no puede tomar otro acuerdo que contraríe la situación jurídica creada por el primero. Por consiguiente, un acuerdo, aun ilegal, si no ha sido impugnado en tiempo y forma por los particulares o por la misma Administración, queda firme y no sólo no puede ser revocado mediante recurso, sino que tampoco puede serlo por otro acto administrativo realizado de oficio. "El acto en cuestión goza de lo que se ha llamado fuerza formal y material." (Antonio Royo Villanova. Elementos de Derecho Administrativo. Librería Santarín, 1948, pp. 119 a 121).

En el mismo sentido se expresa el administrativista alemán Fritz Fleiner para quien, los principios quieta non movere y de la buena fe, tienen validez también para las autoridades administrativas. "Ciertamente, afirma constituye una amenaza constante para el particular la posibilidad de que se revoque una disposición que le favorece. Por consiguiente, el legislador tuvo que pensar seriamente en limitar la facultad de revocar una disposición, teniendo en cuenta aquellos casos en que así lo exigía la seguridad jurídica. Así, pues, el legislador ha garantizado sobre todo la inmutabilidad de aquellas disposiciones que originen derechos y deberes" (Fritz Reiner. Instituciones de Derecho Administrativo. Editorial Labor. Barcelona. p. 161). "Análogos pronunciamientos pueden verse en: Gascón y Marín". Derecho Administrativo. Edit. Bermejo, 1947, p. 42 y 43; Jesús González Pérez, Derecho Procesal Administrativo. Instituto de Estudios Políticos, Madrid, 1960, p. 858 a 862; y en la doctrina nacional: Brewer-Carías; Las Instituciones Fundamentales del Derecho Administrativo y la Jurisprudencia Venezolana. Publicaciones de la Facultad de Derecho, U.C.V. 1964, p. 142).

Sin embargo, a nivel jurisprudencial en Venezuela y en ausencia de legislación que contemplara y resolviera el problema, la doctrina administrativa antes expuesta, que extiende la irrevocabilidad de los actos administrativos de efectos particulares creadores de derechos tanto a los actos regularmente emitidos como a los viciados de ilegalidad en consideración al respeto e intangibilidad de los derechos adquiridos, no había sido admitida de manera uniforme por la jurisprudencia de este Alto Tribunal, el cual, en ocasiones, reconocía la potestad revocatoria de la Administración en cualquier momento siempre que se tratara de actos administrativos nulos, de nulidad absoluta. (Vid. En este último sentido. Sentencia del 11 12 74, con voto salvado del Dr. Martín Pérez Guevara. A favor de la tesis expuesta Sentencias 4 8 49, 24 11 53 y 18 3 0 y, más reciente: 4 3 1982).

No obstante, como se advierte en la sentencia de esta Sala de fecha 26/7/84 (Despacho Los Teques) la jurisprudencia de la Corte que distinguía los actos administrativos nulos, de nulidad absoluta, frente a la común anulabilidad que surge de la ilegalidad de tales actos, no estableció una enumeración limitativa de supuestos en los cuales procedía la declaración de nulidad absoluta o radical de un acto administrativo. Con prudencia y cautela recomendables, especialmente cuando se trata de consagrar principios y crear doctrina en materias con escasa legislación general como era el derecho administrativo, la Corte asumió la posición de determinar caso por caso si procedía o no declarar la nulidad absoluta o radical, de acuerdo a la gravedad y trascendencia de la irregularidad que afectara el acto administrativo examinado: En este sentido se utilizaron varios de los criterios elaborados por la doctrina del derecho administrativo para identificar los supuestos de ilegalidad merecedores de la calificación de nulidad absoluta, como son la violación directa de la Constitución, la falta de elementos esenciales del acto, infracción grosera de la Ley, la incompetencia manifiesta del funcionario, la transgresión de normas legales establecedoras de conductas prohibidas, la vulneración del orden público y otros criterios de semejantes naturaleza. En otras palabras según el mismo fallo del 26/7/84 "se buscó establecer una proporción entre la gravedad de la nulidad como sanción jurídica y la de los vicios que afectaban al acto administrativo".

La Sala, luego de un examen interpretativo y concatenado de las normas pertinentes, estima que la Ley Orgánica de Procedimientos Administrativos que entró a regir el 1° de enero de 1982, por una parte, recoge los principios doctrinarios anteriormente expuestos y, por la otra permite poner fin a las dubitaciones observadas en la jurisprudencia nacional en la materia que se examina. En efecto:

1. *Reconoce, como principio general, la potestad de autotutela de la Administración Pública, según la cual los órganos que la integran pueden revocar los actos que hayan producido con anterioridad; (Artículo 82).*

2. *Precisa que esa revocatoria, de oficio o a solicitud de parte, procede en cualquier tiempo cuando sus actos se encuentren afectados de nulidad absoluta; (Artículo 83).*

3. *Señala en forma, clara, categórica y taxativa cuáles son los vicios que afectan de nulidad absoluta el acto administrativo; (Artículo 19).*

4. *Determina que, fuera de esos indicados vicios específicos de nulidad absoluta, todas las otras irregularidades que presente el acto administrativo sólo lo afectan de nulidad relativa (anulabilidad); (Artículo 20).*

5. *Establece que esos actos viciados de nulidad relativa pueden también ser revocados en cualquier momento por la Administración; (Artículo 82).*

6. *Exceptúa de esa posibilidad de revocatoria los actos administrativos afectados de nulidad relativa que hayan originado derechos subjetivos o intereses legítimos, personales y directos para un particular; (Artículo 82).*

7. *Aclara que el acto administrativo, que tenga un vicio de nulidad relativa, es decir, que sea anulable, si crea derecho a favor de los particulares y ha quedado firme (por haber vencido los lapsos para impugnarlo en vía administrativa o en vía jurisdiccional), es una acta irrevocable por la Administración y si esa revocación se produce, el acto revocatorio está viciado de nulidad absoluta. (Artículos 11, 19 ordinal 2° y 82)... "(Vid. en Obra de Brewer Carías, Allan y otro: Las Grandes Decisiones de la Jurisprudencia Contencioso Administrativa, Editorial Jurídica Venezolana, Caracas, 1996, pp. 617-619).*

Vistas las consideraciones que anteceden, es forzoso concluir que la potestad revocatoria de la Administración se limita a los actos no creadores o declarativos de derechos a favor del particular, ya que, si trata de actos creadores o declarativos de derechos, una vez firmes, los mismos no podrán ser revocados en perjuicio de sus destinatarios por la Administración, por razones de méritos o ilegalidad y que, excepcionalmente, la Administración podrá declarar la nulidad sólo por razones de ilegalidad, esto es, si el acto está viciado de nulidad absoluta, independientemente de que el particular (equívocamente) considere que se le han violado derechos.

Ahora bien, en el presente caso se observa que el recurrente pretende aplicar las consecuencias de la cosa juzgada administrativa, cuando denuncia la nulidad absoluta del acto administrativo contentivo de la concesión de la marca comercial KRISS, en virtud de que el Registrador de la Propiedad Industrial ya le había otorgado la titularidad de la misma denominación comercial, esto es, LADY KRISS, habiendo adquirido firmeza y, por ende, derechos subjetivos en razón de lo cual, a su juicio, se vulneró el principio de la cosa juzgada administrativa al dejar sin efecto un acto administrativo de efectos particulares que devino en firme, por estar incurso en las disposiciones prohibitivas contenidas en los numerales 11 y 12 de la Ley de Propiedad Industrial.

Es pues, por tal razón, que la consecuencia de la declara absoluta o de pleno derecho implicaba una violación del ordenamiento jurídico, que determina que el Ministro de Fomento (hoy de Producción y Comercio) o cualquier interesado en este caso, pueda pedir la declaratoria o el reconocimiento de tal infracción, sin que el transcurso del tiempo lo impida, ya que tal acción no es prescriptible. A la par que el transcurso del tiempo no subsana el vicio de nulidad absoluta que afecta el acto, tampoco resulta susceptible de ser convalidado mediante otro acto administrativo posterior.

RDP Nº 82, 2000, pp. 394

TSJ-SE (61)   14-6-2000

Magistrado Ponente: José Peña Solís

Caso: Carlos J. Duarte M. vs. Consejo Nacional Electoral

La Sala Electoral acoge la jurisprudencia de la Sala Político Administrativa referida a la potestad de autotutela de la Administración Pública, haciendo la salvedad de que el artículo 83 de la Ley Orgánica de Procedimientos Administrativos no consagra realmente una expresión de revocatoria en sentido estricto, sino de "reconocimiento o declaratoria de nulidad absoluta" de los actos administrativos.

Sin embargo, considera necesario aclarar esta Sala que el Recurso de Revisión constituye uno entre otros de los mecanismos previstos en la legislación venezolana para la revocatoria de sus actos, por parte de los órganos administrativos, los cuales pueden hacerlo de oficio (el órgano que dicta el acto o su superior jerárquico), tal como lo prevé el artículo 82 de la Ley Orgánica de Procedimientos Administrativos, lo que sin dudas constituye una expresión de la denominada potestad de autotutela. Sin embargo, la revocatoria de los actos administrativos, también puede originarse en el ejercicio de recursos administrativos por los particulares (artículo 90 de la Ley Orgánica de Procedimientos Administrativos). Más aún en el ámbito doctrinario y jurisprudencial venezolano se ha extendido el concepto de revocatoria, tal vez atendiendo a su efecto sustantivo, a la figura del "reconocimiento de la nulidad absoluta" prevista en el artículo 83 *ejusdem*. De modo, pues, que en nuestro ordenamiento prevalece la tendencia a generalizar el concepto de potestad revocatoria en los términos antes expuestos (revocatoria en sentido estricto, revocatoria como uno de los efectos de los recursos administrativos y revocatoria como equivalente a "reconocimiento de nulidad absoluta").

En el contexto de esa línea argumental considera necesario la Sala examinar la revocatoria de la Resolución Nº 000411 755 de fecha 11 de abril de 2000, no ya sobre la base de un pretendido procedimiento surgido como consecuencia de la interposición de un recurso de revisión que, como ya se señaló, no llegó a darse, sino a la luz de la potestad revocatoria general que ostentan los órganos administrativos, incluyendo a los electorales. Al respecto, cabe recordar que la Jurisprudencia de la Sala Político Administrativa de la extinta Corte Suprema de Justicia procedió a delinear, en sucesivos fallos, el régimen general de la potestad de autotutela de la Administración, sobre la base de las disposiciones de la Ley Orgánica de Procedimientos Administrativos (Artículos 11, 13, 19, 20, y 81 a 83). En ese sentido, vale la pena citar un extracto de la decisión dictada el 14 de mayo de 1985 (Caso *Freddy Martín Rojas Pérez UNELLEZ* Ponente: Josefina Calcaño de Temeltas), en el cual se resume la doctrina sustentada por el entonces máximo Tribunal en la materia: "...1. Reconoce, como principio general, la potestad de autotutela de la Administración Pública, según la cual los órganos que la integran pueden revocar los actos

179

que hayan producido con anterioridad; (Artículo 82). 2. Precisa que esa revocatoria, de oficio o a solicitud de parte, procede en cualquier tiempo cuando sus actos se encuentren afectados de nulidad absoluta; (Artículo 83). 3. Señala en forma clara, categórica y taxativa cuáles son los vicios que afectan de nulidad absoluta el acto administrativo; (Artículo 19). 4. Determina que, fuera de esos indicados vicios específicos de nulidad absoluta, todas las otras irregularidades que presente el acto administrativo sólo le afectan de nulidad relativa (anulabilidad); (Artículo 20). 5. Establece que esos actos viciados de nulidad relativa pueden ser también revocados en cualquier momento por la Administración; (Artículo 82). 6. Exceptúa de esa posibilidad de revocatoria los actos administrativos afectados de nulidad relativa que hayan originado derechos subjetivos o intereses legítimos, personales y directos para un particular; (Artículo 82); y 7. Aclara que el acto administrativo, que tenga un vicio de nulidad relativa, es decir, que sea anulable, si crea derechos a favor de los particulares y ha quedado firme (por haber vencido los lapsos para impugnarlo en vía administrativa o en vía jurisdiccional), es un acto irrevocable por la Administración y si esa revocación se produce, el acto revocatorio está viciado de nulidad absoluta (Artículos 11, 19 ordinal 2° y 82)...".

Esta Sala acoge la jurisprudencia antes señalada, haciendo la salvedad, de carácter formal antes indicada relativa a que el artículo 83 de la Ley Orgánica de Procedimientos Administrativos no consagra realmente una expresión de revocatoria en estricto sentido, sino más de "reconocimiento o declaratoria de nulidad absoluta" de los actos administrativos, y a la luz de ese marco jurisprudencial advierte que si bien es cierto, como ya se señaló, que no es posible admitir la posibilidad de que el órgano electoral revocara la Resolución N° 000411 755 del 11 de abril de 2000 sobre la base de un pretendido recurso de revisión, no es menos cierto que ese órgano puede ejercer la potestad de autotutela administrativa, siempre que se ajuste estrictamente a los requisitos legales señalados en la doctrina jurisprudencial antes aludida.

Por consiguiente, si la Resolución N° 000 411 755 del 11 de abril de 2000 había adquirido el carácter de cosa juzgada administrativa y había generado derechos para el recurrente, debía privar la regla contenida en el artículo 82 de la Ley Orgánica de Procedimientos Administrativos (irrevocabilidad), sin embargo, como quedó, recogido en la doctrina jurisprudencial transcrita, derivada del artículo 83 *ejusdem*, esa Administración podía reconocer la nulidad absoluta de dicho acto, por supuesto si y sólo si se configuraba una de las causales o vicios establecidos taxativamente en el artículo 19 de la citada Ley.

Ahora bien, como se expresó anteriormente, está demostrado en autos que la organización Política Movimiento Quinta República nunca expresó ante los órganos electorales su voluntad de postular al recurrente como candidato a la mencionada Alcaldía, y por el contrario consta en los mismos (folios 109 a 112) la recepción por parte del órgano electoral en fecha 16 de marzo de 2000, de la comunicación suscrita por el ciudadano Omar Mezza Ramírez, Director Nacional de Política Electoral de la organización política Movimiento V República, de la cual se desprende clara e indubitablemente la voluntad de dicha organización política de postular al ciudadano FRANCISCO ENDER MONTERO al cargo de Alcalde del Municipio San Francisco del Estado Zulia en las elecciones originalmente convocadas para el 28 de mayo de 2000.

De tal manera que en el presente caso el órgano electoral, al decidir admitir la candidatura del recurrente por el Movimiento V República, contrariando la voluntad de dicha organización política, incurrió en una irregularidad que afecta la legalidad de la ejecución de dicho acto, configurándose de esa manera la causal de nulidad absoluta delineada en el artículo 19, numeral 3, de la Ley Orgánica de Procedimientos Administrativos. En efecto, esta Sala para poder realizar la anterior afirmación tiene muy en cuenta que la fase de postulación de candidatos en un proceso comicial, conforme a la Constitución y en general al Ordenamiento Electoral, únicamente incumbe a las organizaciones políticas y a los propios ciudadanos, de tal suerte que pueden acudir ante la Administración electoral a postular candidatos las referidas organizaciones y los propios ciudadanos (iniciativa propia).

La diferencia esencial entre ambas modalidades radica en que en el caso de las postulaciones por iniciativa propia, admitidas por el órgano electoral, el vínculo entre el elector y el candidato es directo y exclusivo, es decir, los electores se limitan a considerar la oferta electoral que hace el candidato únicamente sobre la base de las condiciones personales de éste y de su programa de gestión. En cambio, cuando se está en presencia de un candidato postulado por una organización política, la decisión del cuerpo electoral tenderá a tomar en consideración no solamente las características del candidato individualmente considerado, sino también su inserción dentro de la oferta electoral global (sea local, regional o nacional), que plantea la organización política postulante, por lo que es evidente que, en este último supuesto, debe considerarse entonces que en la relación planteada existen tres sujetos: elector, candidato, y organización política. Precisamente son estos distintos tipos de relación o vinculación electo reelegido los que justifican la combinación de los sistemas de nominalidad y de representación proporcional, ambos coexistentes en nuestro ordenamiento electoral de acuerdo con la previsión constitucional contenida en el artículo 63.

En ese orden de ideas, resulta necesario entonces analizar cuáles son los efectos –ejecución- del acto administrativo que ordenó admitir la postulación del ciudadano CARLOS LUIS DUARTE MARIÑO como candidato a Alcalde del Municipio San Francisco del Estado Zulia por el Movimiento V República, a los fines de determinar la ilegalidad de la ejecución del mencionado acto administrativo. Pues bien, esos efectos no son otros que la INCLUSIÓN EN LAS LISTAS ELECTORALES Y EN LAS RESPECTIVAS BOLETAS, DE UN CANDIDATO A OCUPAR UN CARGO DE ELECCIÓN POPULAR POR UNA ORGANIZACIÓN POLÍTICA, EN CONTRA DE LA VOLUNTAD DE DICHA ORGANIZACIÓN. Ello sin duda, resultaría no sólo contrario a las previsiones del Título IV, Capítulo II, Sección Primera (de las Organizaciones Autorizadas para Postular) de la Ley Orgánica del Sufragio y Participación Política y de los artículos 16,17, y 21 del Estatuto Electoral del Poder Público, sino también al propio artículo 67 de la Ley Fundamental.

Siendo así, estima esta Sala, que la ejecución del acto de postulación (efectos) resulta claramente ilegal, lo que configura el vicio de nulidad absoluta tipificado en el artículo 19, numeral 4, de la Ley Orgánica de Procedimientos Administrativos, por lo que el Consejo Nacional Electoral estaba facultado para "reconocer" dicha nulidad absoluta, de conformidad, con el artículo 83 *ejusdem*, cuya aplicación supletoria está prevista en la disposición contenida en el artículo 233 de la Ley Orgánica del Sufragio y de Participación Política. De allí que esta expresión de potestad de autotutela de la Administración no encuentre límites en el principio de la cosa juzgada administrativa, como alega el impugnante. Así se declara.

Por otra parte, observa la Sala que en este caso el máximo órgano electoral no emitió pronunciamiento sobre la base de un pretendido recurso de revisión, sino instado por un particular, lo que no le impedía, dada la evidente ilegalidad de la ejecución del acto de admisión de la postulación formulada por el recurrente en nombre de la organización política Movimiento V República, cuando ésta no sólo no lo había postulado, sino que había manifestado su voluntad de postular para el mismo cargo al ciudadano Francisco Ender Montero, ejercer la modalidad de autotutela delineada en el artículo 83 de la Ley Orgánica de Procedimientos Administrativos. Así se decide.

RDP N° 85-86/87-88, 2001, pp. 238

TSJ-SPA (1107)   19-6-2001

Magistrado Ponente: Hadel Mostafá Paolini

Caso: Virgilio E. Velásquez E. vs. Ministerio de la Producción y el Comercio.

Si bien es cierto que la Administración está facultada para revisar sus actos, y declarar su nulidad absoluta –de ser el caso- (art. 83 Ley Orgánica de Procedimientos Administrativos), no es menos cierto que debe tenerse como excepción a este principio, el hecho de que exista al respecto cosa juzgada judicial.

Ante tales denuncias, considera esta Sala necesario previo pronunciamiento sobre el fondo del asunto sometido a su conocimiento, realizar una serie de consideraciones relativas a la revisión de oficio de los actos administrativos, que se encuentren definitivamente firmes en la instancia administrativa, y el principio de autotutela administrativa y en tal sentido observa:

Tanto la revisión en cualquier momento, sea de oficio o a instancia de parte de los actos administrativos viciados de nulidad absoluta, como la firmeza de los actos administrativos, se encuentran establecidos en las normas previstas en los artículos 82 y 83 de la Ley Orgánica de Procedimientos Administrativos, los cuales establecen lo que se transcribe a continuación:

"Artículo 82.- Los actos administrativos que no originen derechos subjetivos o intereses legítimos, personales y directos para un particular, podrán ser revocados en cualquier momento, en todo o en parte, por la misma autoridad que los dictó, o por el respectivo superior jerárquico.

Artículo 83-. La administración podrá en cualquier momento, de oficio o a solicitud de particulares, reconocer la nulidad absoluta de los actos dictados por ella".

Por lo que respecta a la mencionada firmeza de los actos administrativos en sede administrativa y a la revisión de oficio contenida en los artículos transcritos, observa esta Sala, que la firmeza de los actos administrativos en sede administrativa, se debe diferenciar de la cosa juzgada judicial, en tanto y cuanto, a la primera se le vincula con el acto administrativo definitivo no sujeto a revisión ordinaria en sede administrativa (ya sea porque el acto causó estado al agotarse la vía administrativa, pero está sujeto a la impugnación judicial; o porque adquirió firmeza al no ser impugnado); mientras que el segundo, la cosa juzgada judicial, se refiere a la imposibilidad o impedimento para el juez de volver a decidir sobre hechos ya decididos, cuando los sujetos, el objeto y el título sean los mismos (artículos 272 y 273 del Código de Procedimiento Civil, que diferencian la cosa juzgada formal de la material).

Precisado lo anterior, se observa que los actos administrativos que adolezcan de vicios de nulidad absoluta y que no sean declarativos de derechos a favor de los particulares, una vez que adquieren firmeza, por haberse intentado los recursos administrativos contemplados en la Ley Orgánica de Procedimientos Administrativos, los cuales garantizan el derecho a la defensa de los justiciables, o por haber vencido los lapsos para su impugnación tanto en vía administrativa como en vía judicial, pueden ser revocados por la Administración en cualquier momento, sea bien de oficio o a instancia de parte.

En lo que respecta a la potestad de autotutela de la Administración, se debe señalar que una de sus manifestaciones más importantes es la potestad revocatoria, que no es más que la posibilidad de poder revisar y corregir sus actuaciones administrativas y, en consecuencia, la facultad para extinguir sus actos administrativos en vía administrativa.

Esta potestad se encuentra regulada, en primer lugar, en la norma prevista en el artículo 82 de la Ley Orgánica de Procedimientos Administrativos antes transcrito, en el sentido de que los actos administrativos pueden ser revocados en cualquier momento, en todo o en parte, sea por la misma autoridad que dictó el acto o su superior jerarca, siempre y cuando no originaren derechos subjetivos o intereses legítimos, personales y directos para un particular.

Por otro lado, la potestad declaratoria de nulidad que está prevista en el artículo 83 *eiusdem*, autoriza a la Administración para que en cualquier momento, de oficio o a instancia del particular, reconozca la nulidad absoluta de los actos por ella dictados.

Así las cosas, observa esta Sala que si bien la norma antes referida consagra la posibilidad de la Administración de revisar en cualquier momento de oficio o incluso a solicitud de particulares los actos por ella dictados, esa facultad debe ejercerse siempre y cuando se detecte alguno de los vicios de nulidad absoluta señalado taxativamente en el artículo 19 de la Ley Orgánica de Procedimientos Administrativos.

En este orden de ideas, en sentencia de la Sala Político-Administrativa de la entonces Corte Suprema de Justicia, del 26 de julio de 1984 (Caso: *Despacho Los Teques, C.A. vs. Ministerio del Ambiente y de los Recursos Renovables*), se estableció que:

"(...) Así también, desde hace bastante tiempo reconoció la jurisprudencia de esta Corte la existencia de la llamada potestad de autotutela de la Administración Pública, según la cual pueden y deben los órganos competentes que la integran revocar de oficio, en cualquier momento, aquellos actos suyos contrarios a derecho y que se encuentren afectados de nulidad absoluta; sin perjuicio de que también pueden hacerlo con respecto a aquellos actos suyos viciados de nulidad relativa que no hayan dado lugar a derechos adquiridos. Tal potestad ha sido reconocida como un atributo inherente a la Administración y no como un "sucedáneo" de la potestad jurisdiccional.

En tal sentido, merece ser citada la sentencia de esta Sala del 2-11-67, en la cual se dictaminó que "(...) la facultad de la autoridad administrativa para actuar en tal sentido está contenida en el principio de la autotutela de la Administración Pública, que da a ésta poderes de revocar y modificar los actos administrativos que, a su juicio, afecten el mérito o legalidad de los casos por ellos contemplados (...)".

De la sentencia transcrita, se colige en primer lugar, que la estabilidad de los actos administrativos se traduce siempre en una necesidad de esencia finalista para el ordenamiento jurídico, tanto para la eficacia del acto como para la seguridad jurídica de los particulares y, en segundo lugar, que puede y debe la Administración declarar la nulidad de oficio en cualquier momento, de aquellos actos suyos contrarios a derecho y que se encuentren afectados de nulidad absoluta; sin perjuicio de que también pueden hacerlo con respecto a aquellos actos suyos viciados de nulidad relativa que no hayan dado lugar a derechos adquiridos.

Así mismo, en sentencia de la Sala Político-Administrativa de fecha 14 de mayo de 1.985 (Caso*: Freddy Martín Rojas Pérez vs. UNELLEZ*), se señaló que:

"(...) La materia de la potestad revocatoria de la Administración Pública, su alcance y límites, ha sido objeto de abundante estudio por parte de la doctrina nacional y extranjera y analizada, en múltiples ocasiones, en la jurisdicción de este Supremo Tribunal. Ambas reconocen, como principio general de extinción de los actos administrativos, que la Administración tiene la posibilidad de privar de efectos a los actos administrativos bien sea de oficio o a instancia de parte y señalan, como fundamento de esa potestad, razones de legitimidad cuando el acto adolece de algún vicio o defecto que le impide tener plena validez y eficacia, y razones de oportunidad cuando se trata de actos reguladores, ya que es lógico y conveniente que la Administración pueda amoldar su actividad a las transformaciones y mutaciones de la realidad, adoptando en un determinado momento las medidas que estime más apropiadas para el interés público".

Ahora bien, en virtud de las consideraciones expuestas, resulta forzoso para esta Sala concluir que la potestad revocatoria de la Administración se limita a los actos no creadores o declarativos de derechos a favor del particular, ya que, si trata de actos creadores o declarativos de derechos, una vez firmes, los mismos no podrán ser revocados en perjuicio de sus destinatarios por la Administración. Esta podrá declarar la nulidad sólo por razones de ilegalidad, esto es, si el acto está viciado de nulidad absoluta y si el mismo ha causado estado, es decir, que contra él se hayan interpuesto todos los recursos administrativos a que hubiere lugar, o que no interponiéndose dichos recursos, hayan vencidos los lapsos para impugnar el mismo, independientemente de que el particular considere que se le han violado derechos.

Con fundamento en lo antes expuesto, observa esta Sala, que la Administración al dictar el acto recurrido, señaló que no "tenía materia sobre la cual decidir", por cuanto consideró que el recurrente había agotado tanto la vía administrativa como la jurisdiccional, es decir, que el acto que pretendía atacar el accionante a través del recurso jerárquico, había adquirido "fuerza de cosa juzgada y es irrevocable".

Ante tal negativa por parte de la Administración de revisar el acto mediante el cual se jubiló de oficio al ciudadano Virgilio Velásquez, debe señalar esta Sala que si bien es cierto, que la Administración está obligada a pronunciarse en cualquier momento, ya sea a instancia de parte o aún de oficio sobre la revisión de cualquier acto administrativo viciado de nulidad absoluta, tal y como lo establece el artículo 83 de la Ley Orgánica de Procedimientos Administrativos, premisa esta que representa una situación excepcional, referente a la estabilidad de los actos administrativos, no es menos cierto, que debe tenerse como excepción a este principio, el hecho que exista cosa juzgada judicial, la cual está referida a la imposibilidad o impedimento para el juez de volver a decidir sobre hechos ya decididos, cuando los sujetos, el objeto y el título sean los mismos, extendiéndose este impedimento del juez, a los órganos de la Administración, (artículo 272 y 273 del Código de Procedimiento Civil, que diferencian la cosa juzgada formal de la material). Con base en lo anterior, esta Sala considera pertinente traer a colación las normas antes señaladas, las cuales disponen lo siguiente:

"Artículo 272. Ningún Juez podrá volver a decidir la controversia ya decidida por una sentencia, a menos que haya recurso contra ella o que la ley expresamente lo permita".

"Artículo 273. La sentencia definitivamente firme es ley de las partes en los límites de la controversia decidida y es vinculante en todo proceso futuro".

Ahora bien, se observa que en el caso de autos, consta a los folios 134 al 135 del expediente, que en fecha 14 de septiembre de 1989, el Tribunal de la Carrera Administrativa dictó sentencia mediante la cual declaró sin lugar la querella interpuesta por el hoy recurrente ciudadano Virgilio Elías Velásquez Estrada, querella ésta, que tenía como objeto principal, la declaratoria de nulidad del acto jubilatorio notificado mediante Oficio N° 1610 de fecha 22 de agosto de 1988. Igualmente, consta en autos (folios 138 al 160), fallo dictado por la Corte Primera de lo Contencioso Administrativo en fecha 11 de abril de 1996, referido a la apelación interpuesta contra la sentencia dictada por el Tribunal de la Carrera Administrativa, en el cual, declaró sin lugar la querella interpuesta.

De conformidad con lo antes expuesto, estima esta Sala, que contra el acto administrativo de fecha 22 de agosto de 1988, mediante el cual se notificó al ciudadano Virgilio Elías Velásquez Estrada, del acto jubilatorio que le afectó, no cabía recurso alguno, ni siquiera la potestad extraordinaria de autotutela de la Administración dispuesta en el artículo 83 de la Ley Orgánica de Procedimientos Administrativos, por existir sobre el mencionado acto administrativo pronunciamiento por parte de los órganos jurisdiccionales competentes, lo cual, conlleva a afirmar que sobre dicho asunto, existe cosa juzgada judicial, la cual no admitía ni admite ningún tipo de pronunciamiento al respecto, ni por los órganos de la Administración, ni por los órganos jurisdiccionales. Así se decide.

RDP N° 89–90/91–92, 2002, pp. 290–293

TSJ-SE (26)   7-2-2002

Magistrado Ponente: Rafael A. Hernández Uzcátegui

Caso: Manuel J. Quintero y otros vs. Consejo Nacional Electoral.

La Ley no prevé el procedimiento para el ejercicio de la "potestad anulatoria", pero dado que resulta evidente que la Administración debe siempre darle a los interesados, que puedan resultar afectados por la declaratoria de nulidad, la oportunidad de esgrimir sus defensas, puede tomar para ello el procedimiento administrativo general ordinario contemplado en la Ley Orgánica de Procedimientos Administrativos o, en caso de urgencia, el procedimiento sumario allí también previsto, todo ello con el fin de garantizarles el derecho a la defensa de los administrados que de una u otra manera gozaban de una posición ventajosa creada en virtud del acto anulado.

Al respecto, observa esta Sala que el acto administrativo impugnado es del tenor siguiente:

Resolución N° 010918-280, Caracas, 18 de septiembre de 2001.
191° y 142°

El Consejo Nacional Electoral, en uso de las atribuciones legales que le confiere el artículo 293, numeral 6 de la Constitución de la República Bolivariana de Venezuela, en concordancia con los artículos 3 y 17, literal "h" del Estatuto Especial para la Renovación de la Dirigencia Sindical, y el artículo 83 de la Ley Orgánica de Procedimientos Administrativos, dicta la siguiente Resolución:

CONSIDERANDO

Que en fecha 27 de agosto de 2001, la Comisión Electoral del Sindicato, declaró con lugar la impugnación presentada por los ciudadanos OSWALDO CAIBET y JOSÉ GREGORIO URBINA en contra de los integrantes de la Plancha N° 21 y del ciudadano MANUEL JOSÉ QUINTERO, quién está cumpliendo sanción disciplinaria definitivamente firme por decisión del Tribunal Disciplinario del Sindicato.

CONSIDERANDO

Que mediante decisión de fecha 7 de septiembre de 2001, este Organismo ordenó a la Comisión Electoral del "SINDICATO DE TRABAJADORES PETROLEROS, SIMILARES Y CONEXOS DEL DISTRITO FEDERAL Y ESTADO MIRANDA (S.T.P.S)", admitir la postulación del ciudadano MANUEL JOSÉ QUINTERO, titular de la cédula de identidad N° 5.595.541; y la postulación de los ciudadanos que conforman la Plancha N° 21, presentada por el referido ciudadano en fecha 24 de agosto de 2001, ante dicha Comisión Electoral.

CONSIDERANDO

Que el ciudadano MANUEL JOSÉ QUINTERO, antes identificado, acudió directamente ante el Consejo Nacional Electoral para impugnar la decisión emanada de la Comisión Electoral del Sindicato, sin agotar la instancia que le correspondía, de conformidad con el artículo 57 del Estatuto Especial para la Renovación de la Dirigencia Sindical y la decisión debió ser inadmisible.

CONSIDERANDO

Que el Consejo Nacional Electoral, en el ejercicio de sus atribuciones, respeta la autonomía de las organizaciones sindicales y no puede ingerirse en la esfera de competencia de éstas y la decisión emana de este Organismo en fecha 7 de septiembre de 2001, adolece de vicios, por cuanto admitió la postulación de un ciudadano incurso en sanción disciplinaria emanada del Tribunal Disciplinario de ese Sindicato y tiene carácter genérico por cuanto admitió la postulación de los ciudadanos que conforman la Plancha N° 21 sin identificarlos plenamente.

CONSIDERANDO

Que conforme al artículo 83 de la Ley Orgánica de Procedimientos Administrativos, el Organismo tiene la facultad, actuando de oficio, de reconocer la nulidad absoluta de los actos dictados por éste.

RESUELVE

PRIMERO: Anular en forma absoluta el acto de fecha 7 de septiembre de 2001, mediante el cual este Organismo ordenó a la Comisión Electoral del "SINDICATO DE TRABAJADORES PETROLEROS, SIMILARES Y CONEXOS DEL DISTRITO FEDERAL Y ESTADO MIRANDA (S.T.P.S)" admitir la postulación del ciudadano MANUEL JOSÉ QUINTERO, titular de la cédula de identidad N° 5.595.541; y la postulación de los ciudadanos que conforman la Plancha N° 21, presentada por el referido ciudadano en fecha 24 de agosto de 2001, ante dicha Comisión Electoral.

SEGUNDO: Notificar a la Comisión Electoral del "SINDICATO DE TRABAJADORES PETROLEROS, SIMILARES Y CONEXOS DEL DISTRITO FEDERAL Y ESTADO MIRANDA (S.T.P.S)" del contenido de la presente Resolución.

Contra la presente decisión podrán los interesados interponer el recurso Contencioso Electoral establecido en el artículo 267 de la Ley Orgánica del Sufragio y Participación Política dentro de los quince (15) días siguientes a la notificación del presente acto, por ante la Sala Electoral del Tribunal Supremo de Justicia.

Notifíquese a los interesados de la presente decisión.

Resolución aprobada por el Consejo Nacional Electoral en sesión celebrada el día 18 de Septiembre de 2001.

El acto antes trascrito, tal como se desprende de su propio texto, fue dictado por el Consejo Nacional Electoral, en ejercicio de la potestad que le confiere a los órganos de la Administración el artículo 83 de la Ley Orgánica de Procedimientos Administrativos, el cual establece:

"La administración podrá en cualquier momento, de oficio o a solicitud de particulares, reconocer la nulidad absoluta de los actos dictados por ella."

Así las cosas, estamos en presencia de un acto dictado por la Administración en ejercicio de la "potestad de anulación" que le otorga el artículo antes citado, la cual le permite extinguir los actos dictados por ella, bien de oficio o a solicitud de parte, sometiendo su ejercicio a una serie de condiciones, y permitiéndole así a la Administración actuar en defensa del interés general sin la intervención de los órganos jurisdiccionales.

En virtud de la "potestad de anulación", la Administración en cualquier momento puede extinguir por razones de legalidad el acto de que se trate, siempre y cuando no haya creado derechos subjetivos o intereses legítimos a algún particular, salvo que la declaratoria de nulidad se fundamente en vicios radicales, esto es, que acarreen la nulidad absoluta del mismo, pues en tal caso no puede entenderse que se hayan generado legítimamente derechos o intereses a favor de los administrados. Igualmente, resulta necesario que la anulación del acto sea producto del seguimiento de un procedimiento administrativo, pues sólo de esa manera puede efectivamente apreciar la legalidad de la anulación y garantizarle al interesado su derecho a la defensa; sin embargo, la Ley no prevé el procedimiento para el ejercicio de la "potestad anulatoria", pero dado que resulta evidente que la Administración debe siempre darle a los interesados, que puedan resultar afectados por la declaratoria de nulidad, la oportunidad de esgrimir sus defensas, puede tomar para ello el procedimiento administrativo general ordinario contemplado en la Ley

Orgánica de Procedimientos Administrativos o, en caso de urgencia, el procedimiento sumario allí también previsto, todo ello con el fin de garantizarles el derecho a la defensa y a la vez permitirse el ejercicio de la potestad de anulación. En caso contrario, el acto anulatorio estaría viciado de nulidad, por la flagrante violación del derecho a la defensa de los administrados que de una u otra manera gozaban de una posición ventajosa creada en virtud del acto anulado.

En el caso de que no se tramite la anulación bien por el procedimiento ordinario o por el sumario, previstos en la Ley Orgánica de Procedimientos Administrativos, en todo caso resulta necesario que la Administración utilice un mecanismo procedimental que de manera efectiva le permita al interesado participar en el mismo, tener conocimiento de las razones que motivan la posible anulación, esgrimir sus alegatos, presentar pruebas, y en fin, ejercer su derecho a la defensa.

En el presente caso resulta obvio que los recurrentes tenían intereses legítimos creados por el acto anulado por la Resolución impugnada, pues dicho acto admitió la postulación de la plancha que ellos integraban, para participar en la elección de la Junta Directiva del Sindicato de Trabajadores Petroleros, Similares y Conexos del Distrito Federal y Estado Miranda, cuyo acto de votación se celebró el día 19 de septiembre de 2001, razón por la cual debió seguirse un procedimiento administrativo para su anulación, de manera tal que se le permitiera a la recurrente ejercer su derecho a la defensa; y en el presente caso, del expediente administrativo no se desprende que el Consejo Nacional Electoral haya abierto y tramitado procedimiento alguno para ejercer su potestad anulatoria, esto es, para dictar el acto impugnado, en el cual los recurrentes hayan tenido la oportunidad de ejercer su derecho a la defensa, lo que acarrea forzosamente la nulidad del acto administrativo en cuestión.

En consecuencia, esta Sala declara la nulidad del acto administrativo contenido en la Resolución N° 010918-280 de fecha 18 de septiembre de 2001, emanada del Consejo Nacional Electoral, mediante la cual anuló en forma absoluta el acto de fecha 7 de septiembre de 2001, en el que ordenó a la Comisión Electoral del Sindicato de Trabajadores Petroleros, Similares y Conexos del Distrito Federal y Estado Miranda, admitir la postulación del ciudadano Manuel José Quintero y la postulación de los ciudadanos que conforman la Plancha 21, presentada por el mencionado ciudadano en fecha 24 de agosto de 2001 ante dicha Comisión Electoral.

RDP N° 103, 2005, pp. 201

TSJ-SPA (5663)   21-9-2005

Magistrado Ponente: Levis Ignacio Zerpa

Caso: Nestor L. Torres H. vs. Ministerio de la Defensa.

La potestad de autotutela de la Administración se ve en principio limitada por el surgimiento o creación por parte de la Administración de derechos subjetivos en cabeza de los particulares, los cuales siempre deben ser respetados; pero cuando el acto administrativo declarado nulo está viciado de nulidad absoluta, el mismo es incapaz de crear derechos subjetivos a favor de persona alguna, toda vez que se entiende que el mismo nunca existió, lo cual justifica entonces que la potestad de revocatoria de oficio de la Administración no se vea limitada en estos casos. La Sala Político Administrativa reitera jurisprudencia.

La Resolución atacada en el presente asunto, constituye un acto administrativo de efectos particulares dictado en ejecución de una de las facetas que comprenden la llamada potestad de autotutela administrativa, como lo es la consagrada en los artículos 81 al 84 de la Ley Orgánica de Procedimientos Administrativos, la cual ha sido definida tanto por la doctrina como por reiterada jurisprudencia de esta Alto Tribunal como la "…potestad o poder de la Administración de revisar y controlar, sin intervención de los órganos jurisdiccionales, los actos dictados por el propio órgano administrativo, o dictados por sus inferiores. Tal potestad de autotutela se ve materializada en nuestro ordenamiento, a través del ejercicio de diversas facultades, como lo son la posible convalidación de los actos viciados de nulidad relativa a través de la subsanación de éstos; la revocatoria del acto, por razones oportunidad e ilegalidad, siempre que no se originen derechos adquiridos, o bien a través del reconocimiento de nulidad absoluta, y por último, mediante la corrección de errores materiales". (*Vid.* Entre otras, Sentencia de la SPA N° 718, de fecha 22 de diciembre de 1998, Caso *Vicenzo Sabatino Asfaldo*).

En el presente caso, la Resolución impugnada ejecuta en su contenido la penúltima de las alternativas señaladas supra, es decir, a través de un procedimiento de revisión de oficio, se limitó a reconocer la nulidad absoluta de otra Resolución dictada por la misma autoridad; en tal sentido, sobre este punto específico esta Sala ya se ha pronunciado en anteriores oportunidades señalando:

> "…esta Sala ha sostenido reiteradamente que la Administración, en virtud del principio de la autotutela, puede en cualquier momento revisar sus actos siempre que éstos no crearen a favor de los particulares, incluso, si el acto adolece de un vicio de nulidad absoluta, aun cuando hubiere creado derechos, puede ser revisado y revocado por la Administración en cualquier tiempo…". (*Vid.* Sentencia de la SPA N° 845 del 02 de diciembre de 1998, Caso *Municipio Mariño del Estado Nueva Esparta*).

En otras palabras, debemos entender que la potestad de autotutela de la Administración se ve en principio limitada por el surgimiento o creación por parte de la Administración de derechos subjetivos en cabeza de los particulares, los cuales siempre deben ser respetados, pero cuando el supuesto acto administrativo declarado nulo, está viciado de nulidad absoluta, el mismo es incapaz de crear derechos subjetivos a favor de persona alguna, toda vez que se entiende que el mismo nunca existió, lo cual justifica entonces que la potestad de revocatoria de oficio de la Administración no se vea limitada en estos casos. Así lo señaló esta misma Sala en Sentencia N° 1.033 de fecha 11 de mayo de 2000, Caso *Aldo Ferro García*, en los siguientes términos:

> *"...los actos administrativos declarativos de derechos a favor de los particulares, una vez que adquieren firmeza, por haberse vencido los lapsos para su impugnación, se tornan irrevocables, aun en los casos de que adolezcan de algún vicio que los haga anulables. No así, si están viciados de nulidad absoluta."*

(...*Omissis*...)

> *"Por otro lado, la potestad declaratoria de nulidad que está prevista en el artículo 83 ejusdem, cuando autoriza a la Administración para que, en cualquier momento, de oficio o a instancia del particular, reconozca la nulidad absoluta de los actos por ella dictados. De allí que la Ley consagre la irrevocabilidad de los actos creadores de derechos a favor de los particulares, pero un acto viciado de nulidad absoluta -en sede administrativa- no es susceptible de crear derechos."*

(...*Omissis*...)

> *"No obstante lo anterior, si bien el artículo 83 de la Ley Orgánica de Procedimientos Administrativos consagra la posibilidad de revisar en cualquier momento de oficio o incluso a solicitud de particulares, actos administrativos, esa facultad debe ejercerse siempre y cuando se detecte alguno de los vicios de nulidad absoluta señalados taxativamente en el artículo 19 de la Ley Orgánica de Procedimientos Administrativos."*

(...*Omissis*...)

> *"...puede y debe la Administración declarar la nulidad de oficio, en cualquier momento, de aquellos actos suyos contrarios a derecho y que se encuentren afectados de nulidad absoluta..."*

Debe entonces analizarse el acto administrativo impugnado, a la luz de los criterios arriba señalados y, en tal sentido se observa:

La Resolución N° 14.919, se fundamenta para reconocer la nulidad de la Resolución N° 14.832, en los ordinales 1° y 3° del artículo 19 de la Ley Orgánica de Procedimientos Administrativos, es decir, consideró que la resolución era nula, por así disponerlo una norma legal y por ser su contenido de ilegal ejecución; todo lo cual se deriva del hecho de que la Resolución N° 14.832, extendió el lapso máximo de permanencia en servicio activo de los integrantes de la Promoción "General de División Lino de Clemente", para lo que el ciudadano Ministro de la Defensa (autor del acto), no estaba facultado, de conformidad con lo dispuesto en el único aparte del artículo 432 de la Ley Orgánica de las Fuerzas Armadas Nacionales y el artículo 3 de la Ley sobre Tiempo de Servicio de Oficiales de las Fuerzas Armadas Nacionales.

En virtud de ello, y de conformidad con los criterios jurisprudenciales arriba señalados, concluye entonces esta Sala que la Resolución impugnada, dictada en ejecución de la potestad de autotutela de la Administración, consagrada en el artículo 83 de la Ley Orgánica de Procedimientos Administrativos, al reconocer la existencia de un vicio de nulidad absoluta en un acto administrativo y, en consecuencia, declarar su nulidad, no incurre en vicio alguno que implique igualmente su nulidad; con lo cual, debe entenderse entonces que ha quedado incólume su contenido y, en consecuencia, lo establecido en la Resolución N° E/2628, de fecha 30 de diciembre de 1996, mediante la cual se pasó a retiro a los miembros de la Promoción "General de División Lino de Clemente", a partir del 01 de enero de 1997. Así se declara.

K. *Principio de preclusividad*

RDP N° 1, 1980, pp. 116

CSJ-SPA   28-2-80

El reparo fiscal formulado a los contribuyentes por la Contratería General de la República en los casos de Impuesto sobre la Renta, es una actividad reglada de la Administración en sus fases procesales constitutivas, por lo que aquella no puede cambiar estas fases, con menoscabo de la preclusividad prevista en la norma y del principio de la Legalidad.

Para decidir la Corte observa que la cuestión sometida a su consideración en el caso sub-judice se concreta a determinar si la Contraloría General de la República, en la fase de reconsideración del reparo, a que se ha hecho referencia en la parte narrativa de esta sentencia, varió el presupuesto fáctico del mismo, introduciéndole nuevos elementos y en consecuencia no observó el principio de la preclusividad del procedimiento administrativo, quebrantando de ese modo el dispositivo procesal establecido en el Artículo 419 de la Ley Orgánica de la Hacienda Pública Nacional, vigente para la época de la formulación del reparo, como lo sostiene la recurrida, o si por el contrario, no ocurrió ninguna de las circunstancias señaladas, conforme lo asienta la extinguida Sala de Examen de la Contraloría General de la República.

La Sala de Examen de la Contraloría General de la República formuló un reparo a la declaración de rentas que bajo el N° 109006, presentara la contribuyente Sud-América S.A. de Seguros Generales, para su ejercicio fiscal de 1962, fundamentado en el hecho de que la deducción de Bs. 46.036,13, pagada a la Unión Reinsurance Company, domiciliada en Zurich-Suiza, no era procedente para la declarante por tratarse de intereses sobre los cuales no se efectuó retención alguna, incumpliéndose así la condición de deducibilidad, prevista en el Parágrafo único,

Ordinal 1° del Artículo 12 de la Ley de Impuesto sobre la Renta, aplicable al ejercicio fiscal revisado.

Contestado oportunamente dicho reparo por la contribuyente, la Sala de Examen, al proceder a revisar su actuación impugnada, admite el error en el fundamento que sirvió de base para el reparo contestado e impugnado, pero procede a confirmarlo sobre otros presupuestos distintos al original, ya que en el reparo inicial la indeducibilidad obedece a la aplicación de una norma (Art. 12 de la Ley de Impuesto sobre la Renta) y en la confirmación, a la aplicación de otra (Art. 56 del Reglamento *ejusdem*). No otra cosa se desprende de la argumentación expuesta en el pliego confirmatorio del reparo, cuya transcripción se hizo en parte anteriormente, al decir que tales intereses no configuran estrictamente el concepto desarrollado en el Ordinal 1° del Artículo 12 de la Ley de Impuesto sobre la Renta, pero que tampoco puede aceptarse su deducibilidad, puesto que el Artículo 56 del Reglamento de la Ley, delimita claramente cuáles han de ser los intereses deducibles.

La Sala observa que como lo asienta la recurrida, la Contraloría General de la República introdujo o formuló "hechos nuevos" o "nuevas objeciones" en el pliego de la reconsideración del reparo de fecha 20-11-67, que no estuvieron contenidos en el reparo original E-997 de fecha 30-7-65.

En efecto, se cambió la razón y naturaleza del reparo fiscal entre su formulación original y su formulación definitiva (confirmación). En ambos casos la Sala de Examen rechaza la deducción pretendida por la contribuyente; pero en el reparo lo hace fundamentada en el Artículo 12, Ordinal 1° de la Ley de Impuesto sobre la Renta (falta de retención de los impuestos) y en la reconsideración invoca otra disposición, la contenida en el Artículo 56 del Reglamento *ejusdem* (intereses de capitales tomados en préstamo para ser invertidos en la empresa).

Se trata pues de dos reparos totalmente distintos, formulados sucesivamente en fecha 30-7-65 y en fecha 20-11-67, pero dentro de un solo procedimiento administrativo, con lo cual la contribuyente pudo hacer oportunamente, sus objeciones al primero de ellos, de conformidad con lo previsto por el ordinal 1° del Artículo 419 de la Ley Orgánica de la Hacienda Pública Nacional, pero se le desconoció este mismo derecho en lo que respecta al segundo reparo, ya que el órgano contralor se lo hizo en la etapa de reconsideración definitiva del acto administrativo, no en la de su formulación original y, en consecuencia, la contribuyente sólo pudo plantear sus objeciones al segundo de dichos reparos en el recurso contencioso-fiscal interpuesto por ante el Tribunal de Impuesto sobre la Renta, con lo cual se le arrebató la segunda instancia administrativa que ampara los derechos del contribuyente, de acuerdo con el señalado precepto legal.

El reparo fiscal formulado a los contribuyentes por la Contraloría General de la República, en los casos de impuesto sobre la renta, ha dicho esta misma Sala, es un acto administrativo perfectamente reglado, en sus fases procesales constitutivas, por el expresado Artículo 419 de la Ley Orgánica de la Hacienda Pública Nacional;

y la Administración no puede cambiar estas fases, con menoscabo de la preclusividad prevista en la norma y del principio de la legalidad del acto administrativo.

En jurisprudencia anterior (Sentencia del 20-7-65) la Corte ha establecido que siendo esto, además, una actividad reglada de la administración, no puede quedar a su arbitrio el procedimiento conforme al cual ha de formular sus reparos a las declaraciones de rentas de los contribuyentes, y menos aún, si se tiene en cuenta que tal procedimiento constituye una de las seguridades y garantías que la Legislación Fiscal consagra a favor de sus destinatarios y que la doctrina denomina el estatuto del contribuyente; por lo cual las normas que lo informan son de orden público.

Ha dicho también esta Sala (Sentencia del 25-5-78) que el procedimiento administrativo en esta materia impositiva es un todo orgánico que responde a un orden consecutivo legal, con fases de preclusión perfectamente concatenadas, que van desde la etapa constitutiva del reparo hasta la interposición del recurso contencioso-fiscal, pasando por las intermedias que implican la reconsideración administrativa por el órgano contralor (ordinal 2° del Artículo 419 de la Ley Orgánica de la Hacienda Pública Nacional) o la revisión jerárquica por la misma Administración (Artículo 116 de la Ley de impuesto sobre la Renta). Este orden consecutivo legal y estas fases de preclusión no pueden alterarse en forma alguna por la Administración, la cual de proceder así, se excede en el ejercicio de sus poderes o facultades y quebranta el derecho de defensa de los contribuyentes, con desacato a la garantía establecida en el único aparte del Artículo 69 de la Constitución Nacional.

De modo pues que, en el caso de autos, la Sala de Examen de la Contraloría General de la República, vulneró el principio de la preclusividad del procedimiento administrativo, al cumplir en la fase de la reconsideración del reparo, cometidos propios de la fase constitutiva del mismo, sin atender a la clara ordenación establecida en el Artículo 419 de la Ley Orgánica de la Hacienda Pública Nacional, incurriendo con ello en exceso y vicios que afectan, en su forma y en su esencia, la validez del acto recurrido.

RDP N° 1, 1980, pp. 126

CSJ-SPA   3-3-80

En la formulación de reparos a los contribuyentes, deben cumplirse las fases procesales que lo constituyen, de conformidad con lo prescrito en el Art. 419 de la Ley Orgánica de la Hacienda Pública y al Principio de la preclusividad del procedimiento administrativo

Para decidir la Corte observa que la cuestión sometida a su consideración en el caso sub-judice se concreta a determinar si la Contraloría General de la República, en la fase de reconsideración del reparo, a que se ha hecho referencia en la parte narrativa de esta sentencia, varió el presupuesto fáctico del mismo, introduciéndole nuevos elementos y en consecuencia no observó el principio de la preclusividad del procedimiento administrativo, quebrantando de ese modo el dispositivo procesal establecido en el artículo 419 de la Ley Orgánica de la Hacienda Pública Nacional, vigente para la época de la formulación del reparo, como lo sostiene la recurrida, o si por el contrario no ocurrió ninguna de las circunstancias señaladas, conforme lo asienta la extinguida Sala de Examen de la Contraloría General de la República.

En efecto, este organismo contralor formuló un reparo a la declaración de rentas que bajo el N° 113705, presentara la contribuyente Sub-América S.A. de Seguros Generales, para su ejercicio fiscal de 1963, fundamentado en el hecho de que la deducción de Bs. 78.345,20, pagada a la Unión Reinsurance Company, domiciliada en Zurich-Suiza, no era procedente para la declarante por tratarse de intereses sobre los cuales no se efectuó retención alguna, incumpliéndose así la condición de deducibilidad, previsto en el Parágrafo único, Ordinal 1° del Artículo 12 de la Ley de Impuesto sobre la Renta, aplicable al ejercicio fiscal revisado.

Contestado oportunamente dicho reparo por la contribuyente, la Sala de Examen, al proceder a revisar su actuación impugnada, admite el error en el fundamento que sirvió de base para el reparo contestado e impugnado, pero procede a confirmarlo sobre otros presupuestos distintos al original, ya que en el reparo inicial la indeducibilidad obedece a la aplicación de una norma (Art. 12 de la Ley de Impuesto sobre la Renta) y en la confirmación, a la aplicación de otra (Art. 56 del Reglamento *ejusdem*). No otra cosa se desprende de la argumentación expuesta en el pliego confirmatorio del reparo, cuya transcripción se hizo en parte anteriormente, al decir que tales intereses no configuran estrictamente el concepto desarrollado en el Ordinal 1° del Artículo 12 de la Ley de Impuesto sobre la Renta, pero que tampoco puede aceptarse su deducibilidad, puesto que el Artículo 56 del Reglamento de la Ley, delimita claramente cuáles han de ser los intereses deducibles.

La Sala observa que como lo asiente la recurrida, la Contraloría General de la República introdujo o formuló "hechos nuevos" o "nuevas objeciones" en el pliego de la reconsideración del reparo de fecha 13-11-67, que no estuvieron contenidos en el reparo original E-1069 de fecha 12-8-65. En efecto se cambió la razón y naturaleza del reparo fiscal entre su formulación original y su formulación definitiva (confirmación). En ambos casos la Sala de Examen rechaza la deducción pretendida por la contribuyente pero el reparo lo hace fundamentada en el Artículo 12 ordinal 1° de la Ley de Impuesto sobre la Renta (falta de retención de los impuestos) y en la reconsideración invoca otra disposición, la contenida en el Artículo 56 del Reglamento *ejusdem* (intereses de capitales tomados en préstamo para ser invertidos en la empresa).

Se trata pues de dos reparos totalmente distintos, formulados sucesivamente en fecha 12-8-65 y en fecha 13-11-67, pero dentro de un solo procedimiento administrativo, con lo cual la contribuyente pudo hacer, oportunamente, sus objeciones al primero de ellos, de conformidad con lo previsto por el Ordinal 2° del Artículo

419 de la Ley Orgánica de la Hacienda Pública Nacional, vigente para la época, por ante la Contraloría General de la República pero se le desconoció este mismo derecho en lo que respecta al segundo reparo, ya que el órgano contralor se lo hizo en la etapa de reconsideración definitiva del acto administrativo, no en la de su formulación original y, en consecuencia, la contribuyente sólo pudo plantear sus objeciones al segundo de dichos reparos en el recurso contencioso-fiscal interpuesto por ante el Tribunal de Impuesto sobre la Renta, con lo cual se le arrebató la segunda instancia administrativa que ampara los derechos del contribuyente, de acuerdo con el señalado precepto legal.

Esta misma Sala en diversos fallos ha señalado que en la formulación del reparo a los contribuyentes, deben cumplirse las fases procesales que lo constituyen, de conformidad con lo prescrito en el artículo 419 de la Ley Orgánica de la Hacienda Pública Nacional, vigente para ese entonces.

Dense por repetidas las opiniones emitidas por la Corte en sus sentencias del 20-7-65 y 25-5-78, así como la contenida en fallo del 28-2-80; de conformidad con tales criterios, la Sala de Examen de la Contraloría General de la República, en el caso que se examina, al modificar el fundamento del reparo en la fase de reconsideración del mismo, vulneró el principio de la preclusividad del procedimiento administrativo y quebrantó el derecho de defensa de los contribuyentes, infringiéndose así la clara ordenación que establece el artículo 419 de la Ley Orgánica de la Hacienda Pública Nacional vigente para la fecha del reparo.

RDP N° 5, 1981, pp. 113–114

CSJ-SPA (10)   27-1-81

Magistrado Ponente: J. M. Casal Montbrún

Los Reparos fiscales formulados por la Contraloría General de la República en materia de Impuesto sobre la Renta son actos administrativos, reglados en sus fases procesales constitutivas por el Art. 419 de la Ley Orgánica de la Hacienda Pública, y no puede quedar al arbitrio de la Administración el procedimiento de formularlos a los contribuyentes.

En efecto, ya se dijo que el reparo tuvo su origen en una errada apreciación de la contribuyente de la norma legal invocada; luego, al confirmarse el mismo, la Contraloría lo hace rechazando partidas que corresponden a reservas cuya admisión no está permitida por la Ley, a los fines de la determinación de la renta neta gravable conforme a lo dispuesto por el artículo 12 de la misma Ley aplicable al ejercicio investigado.

Se coloca así a la contribuyente frente a un hecho nuevo, cuya oportunidad de rebatir administrativamente no le es factible, viéndose obligado a plantear sus objeciones a la confirmación del reparo, en el recurso contencioso fiscal interpuesto por ante el Tribunal de Impuesto sobre la Renta, con lo cual se le arrebató la segunda instancia administrativa que ampara a los derechos del contribuyente, de conformidad con lo previsto en el ordinal 2° del artículo 419 de la Ley Orgánica de la Hacienda Pública Nacional, aplicable al caso a decidir; la Contraloría ha debido limitar su pronunciamiento, en la etapa de la reconsideración administrativa, a considerar los alegatos de la contribuyente esgrimidos para sostener la improcedencia del reparo original y no sustituir los fundamentos de hecho que sirvieron de base para la formulación del mismo, por otros completamente diferentes al original, quebrantando de ese modo el principio de igualdad de las partes en el proceso. Además la Sala de Examen de la Contraloría General de la República, inobservó también el principio de la preclusividad del procedimiento administrativo, al cumplir en la fase de reconsideración del reparo formulado, cometidos propios de la fase constitutiva del mismo, conforme al ordenamiento procesal establecido en el artículo 419 de la Ley Orgánica de la Hacienda Pública Nacional. A este respecto la Sala ha mantenido una jurisprudencia reiterada y constante en el sentido de estimar que los reparos fiscales formulados por la Contraloría General de la República en materia de impuesto sobre la renta, son actos administrativos perfectamente reglados en sus fases procesales constitutivas, por el mencionado artículo 419 y que no puede quedar al arbitrio de la Administración el procedimiento conforme al cual ha de formular sus reparos a los contribuyentes, menos aún si se tiene en cuenta que tal procedimiento constituye una de las seguridades y garantías que la Legislación Fiscal consagra a favor de sus destinatarios y que la doctrina denomina el estatuto del contribuyente; por lo cual las normas que los imponen son de orden público. En Sentencia del 18-4-78, la Corte ha dicho que: "El procedimiento administrativo en esta materia impositiva es un todo orgánico que responde a un 'orden consecutivo legal, con fases de preclusión' perfectamente concatenadas, que van desde la etapa constitutiva del reparo hasta la interposición del recurso contencioso fiscal, pasando por las intermedias que implican la reconsideración administrativa por el Órgano Contralor (Ord. 2° del Artículo 419 de la Ley Orgánica de la Hacienda Pública Nacional) o la revisión jerárquica por la misma Administración (Artículo 116 de la Ley de Impuesto sobre la Renta). Este orden consecutivo legal y estas fases de preclusión no pueden alterarse en forma alguna por la Administración que de proceder así, se excede, en el ejercicio de sus poderes o facultades y quebranta el derecho de defensa de los contribuyentes, con desacato de la garantía establecida en el único aparte del Artículo 68 de la Constitución".

RDP N° 38, 1989, pp. 94

CPCA   13-4-89

Magistrado Ponente: Alfredo Ducharne.

Caso: Metalmecánica Larbaco C.A. vs. República. Ministerio del Trabajo (Comisión Tripartita).

Ahora bien, los actos de las Comisiones Tripartitas creados por la Ley contra Despidos Injustificados, son actos administrativos los cuales, aun aquellos en los que el procedimiento administrativo, previo a su formación, contempla fases de iniciación, contradicción, audiencia, comprobación y decisión en lapsos preclusivos, están regidos por normas y principios menos rígidos que aquellos que se aplican al proceso judicial; por lo tanto, las Comisiones Tripartitas en Segunda Instancia pueden valerse para un mejor conocimiento del asunto de cualquier medio de prueba de los establecidos en el Código Civil, Código de Procedimiento Civil o en otras leyes, conforme lo establece el artículo 58 de la Ley Orgánica de Procedimientos Administrativos.

III. INICIACIÓN DEL PROCEDIMIENTO

1. *Procedimiento de Oficio*

RDP N° 28, 1986, pp. 88

CPCA   16-10-86

Magistrado Ponente: Hildegard Rondón de Sansó

Caso; Varios vs. República (Ministerio de Hacienda).

El procedimiento de intervención es una modalidad de control en virtud del cual un órgano se sustituye en una administración activa para verificar la regularidad de su actuación. Como consecuencia de lo anterior el rasgo esencial de la intervención es el de ser un procedimiento de oficio; de naturaleza instructorio y que guarda un cierto grado de confidenciabilidad, grado éste que depende de la gravedad de las irregularidades detectadas y de la materia sobre la cual verse. En el caso presente la actuación del órgano interventor está prevista por una ley especial como es la Ley General de Asociaciones y Cooperativas y su Reglamento. De lo anterior se desprende que la violación que se denuncia de la actuación del órgano interventor corresponde a la esfera del contencioso-administrativo y debe ser dilucidado a través de los recursos que la misma ofrece. De allí que deba excluirse en principio la procedencia de una acción de amparo contra la actuación de un organismo interventor como es lo planteado en autos, a reserva de que a través del examen de las restantes cuestiones planteadas se detecte la existencia de efectivas lesiones a la garantía o derechos constitucionalmente garantizados. Por lo general la violación de leyes y reglamentos por parte de un organismo público tiene como sede natural de control a la jurisdicción contencioso-administrativa y es ante la misma ante la cual, y mediante los procedimientos expresamente establecidos, que han de dilucidarse las denuncias planteadas al efecto.

A. *Actos preparatorios*

a. *Actas de Iniciación (Actas Fiscales)*

RDP N° 1, 1980, pp. 125

CSJ-SPA   24-1-80

La falta en el procedimiento administrativo del acta que sirve de fundamento al acto administrativo, acarrea un vicio que lo afecta de nulidad.

El último de los referidos artículos dispone que cuando "los Inspectores Técnicos notaren que algún concesionario ha incurrido en cualquiera de las faltas a que se refieren los artículos 85 y 86 de la Ley, procederá sin pérdida de tiempo a extender un acta en que hagan constar la falta con todas sus circunstancias, la cual remitirán a la Oficina Técnica de Hidrocarburos para que, sin perjuicio de lo dispuesto en el artículo 8 de la Ley, se proceda a la imposición de la multa a que hubiere lugar mediante Resolución que se dicte al efecto". Y el artículo 420 de la Ley Orgánica de la Hacienda Pública Nacional precisa las formalidades a cumplir en tales casos, al disponer que la multa no aplicada por los tribunales "se impondrá en virtud de resolución motivada que dicte el funcionario autorizado para imponerla, previo el levantamiento de acta donde se harán constar específicamente todos los hechos relacionados con la infracción, acta que deben firmar, según el caso el funcionario y el contraventor o el jefe o encargado del establecimiento u oficina".

Consecuente con anteriores decisiones, la Corte estima que el acta a que se refieren dichas disposiciones es el punto de partida de todo un procedimiento administrativo; con su correspondiente articulación probatoria donde el inculpado puede probar sus eximentes o atenuantes que culmina con la resolución mediante la cual el funcionario competente impone al infractor la correspondiente pena. Las formalidades establecidas en tales disposiciones son esenciales para el normal desarrollo del procedimiento y al igual que las citaciones, notificaciones y otros actos semejantes constituyen garantías formales del derecho de defensa, consagrado en el Artículo 68 de la Constitución Nacional por lo cual su omisión acarrea la nulidad del acta y todas las actuaciones subsiguientes.

En el presente caso el acta que sirve de fundamento a la resolución impugnada no aparece en el expediente administrativo, y por cuanto dicha falta constituye, según se ha dicho, un vicio que afecta un acto esencial del procedimiento contencioso-administrativo, la Corte Suprema de Justicia, en Sala Político-

Administrativa, administrando justicia, en nombre de la República y por autoridad de la Ley, declara con lugar la apelación interpuesta por la recurrente en este expediente y por lo tanto anula todas las actuaciones anteriores a esta decisión, sin perjuicio de que el Ministerio de Minas e Hidrocarburos dicte nueva resolución, una vez cumplidos los trámites y formalidades establecidas en las disposiciones legales antes citadas.

RDP N° 2, 1980, pp. 111

CSJ-SPA   24-4-80

Magistrado Ponente: Domingo A. Coronil

En los casos de infracción a la Ley de Hidrocarburos, la omisión de la firma del concesionario en el Acta de notificación, o de la constancia de la autoridad de que aquél se negó a firmarla, constituyen un vicio que afecta la validez del procedimiento.

Dice la Resolución apelada que *"...consta en Acta de fecha 17 de octubre de 1970, levantada por un funcionario legalmente competente de este Ministerio, que la Compañía Shell de Venezuela Limited produjo por levantamiento artificial por gas el pozo VLA-2S5SD del bloque I, campo Lama, en el Lago de Maracaibo, sin la debida autorización previa de la Zona II de la Inspección Técnica de Hidrocarburos de Maracaibo..."*.

Ahora bien, el "Acta", a que alude la Resolución, se limita a decir: *"De acuerdo a instrucciones recibidas, el día 17-10-70 a las 8:30 a.m. realicé una inspección a las instalaciones que la Compañía Shell de Venezuela Ltd., posee en el Bloque 1 del Lago de Maracaibo, pudiendo constatar que el pozo VLA-285SD estaba produciendo por Levantamiento Artificial por Gas. Se levanta la presente Acta y se remite al ciudadano Jefe de la Zona N° 2 del Ministerio de Minas e Hidrocarburos a los efectos legales consiguientes. Maracaibo, a los dieciséis días del mes de octubre de mil novecientos setenta. Antonio Ruiz Pujol — Aforador III"*.

Como puede objetivamente apreciarse, el documento transcrito, pese a la calificación que su autor le da de "Acta", no es tal, sino un mero informe que un funcionario subalterno rinde a su superior en la jerarquía administrativa, respecto de un hecho determinado; y, siendo así, es obvio que dicho documento no cumple los requisitos materiales y formales exigidos por las normas jurídicas reguladoras de la materia, arriba transcritas. Y no cumpliendo dichos requisitos, mal puede haber satisfecho las finalidades, ya mencionadas, que las citadas normas atribuyen a los mismos. De modo que es obligado considerar que esa pretendida "Acta" no fue debidamente notificada a la supuesta contraventora, por lo cual procede reiterar el criterio jurisprudencial ya referido, según el cual *"la omisión de la firma del concesionario en (el) Acta, o de la constancia de la autoridad de que aquél se negó a firmarla, constituyen un vicio que afecta la validez del procedimiento que se ha seguido".*

Ha habido, pues, preterición de requisitos y formalidades esenciales en el procedimiento constitutivo del acto impugnado —pues éste se funda en aquella supuesta "Acta"— lo cual lo informa de nulidad. Así se declara.

RDP N° 2, 1980, pp. 111

CSJ-SPA   24-4-80

Magistrado Ponente: Domingo A. Coronil

El acta de iniciación del procedimiento administrativo sancionatorio es esencial para su validez.

Pues bien, tanto la norma general —la legal—, como la norma especial —la reglamentaria—, transcritas, reguladoras del procedimiento para la aplicación de multas, ordenan el "previo levantamiento de acta", en la cual "se harán constar específicamente todos los hechos relacionados con la infracción" y la cual "deben firmar, según el caso, el funcionario y el contraventor, o el jefe encargado del establecimiento u oficina". La norma reglamentaria dispone, además, y explícitamente, que el acta se extienda "sin pérdida de tiempo", una vez que los funcionarios "notaren que algún concesionario ha incurrido en cualquiera de las faltas que dieren lugar a la imposición de multas".

Estas actas tienen, fundamentalmente, una triple finalidad: constituir la prueba formal de los hechos que configuran una contravención, hacerlos del conocimiento de su autor y permitir establecer la responsabilidad por esos mismos hechos. Por tanto, mediante la prueba auténtica de los hechos y su conocimiento inmediato y directo de ellos, el autor o responsable de éstos está en capacidad de preparar su defensa o de persuadirse de la necesidad de su allanamiento.

Respecto de esta materia, este Alto Tribunal tiene dicho reiteradamente:

"El trámite administrativo para la imposición de sanciones pecuniarias agota una primera instancia, la cual por eso mismo, debe iniciarse con la notificación del administrado y en ello debe dársele oportunidad para promover y evacuar las pruebas que juzgue pertinentes, en ejercicio del derecho de defensa consagrado en el artículo 68 de la Constitución Nacional. Dicho procedimiento administrativo puede y debe ser definido por vía reglamentaria o por Resolución ministerial, caso de no estar previsto en una norma legal de superior categoría, en beneficio de la Administración misma y del particular. Sin embargo, su inexistencia no puede privar al administrado de su legítimo e impostergable derecho de defensa".

"Los lapsos y oportunidades de actuar que se establezcan en el procedimiento administrativo, constituyen verdaderas garantías procesales para el administrado y son las que van a dar sentido y contenido práctico a su derecho de defensa constitucional".

"En estos casos, de infracciones a la Ley de Hidrocarburos, la notificación del concesionario, requisito indispensable para iniciar la primera instancia administrativa, debe constar en el acta fiscal prevista en el artículo 128 del Reglamento de la Ley de Hidrocarburos, en concordancia con lo dispuesto en el artículo 420 de la Ley Orgánica de la Hacienda Pública Nacional, y es por esto que la omisión de la firma del concesionario en dicha Acta, o de la constancia de la autoridad de que aquél se negó a firmarla, constituyen un vicio que afecta la validez del procedimiento que se ha seguido". (Sentencia del 21 de enero de 1975).

RDP N° 3, 1980, pp. 118

CSJ-SPA   20-5-80

Magistrado Ponente: Julio Ramírez Borges

Cuando falta alguno de los tres requisitos a seguir para la imposición de una multa: levantamiento de acta, resolución motivada imponiendo la multa y notificación al multado, la sanción impuesta carece de eficacia; y el multado no está obligado a hacer efectiva la pena pecuniaria.

A la luz de las disposiciones contenidas en el artículo 420 de la Ley Orgánica de la Hacienda Pública Nacional, el procedimiento a seguir en los casos de imposición de multas comprende tres etapas de ineludible cumplimiento por parte de la Administración, si es que se quiere hacer las cosas ajustadas a la ley; y ellas son: a) levantamiento de acta donde se hará constar específicamente todos los hechos relacionados con la infracción; firmada por el funcionario y el contraventor o el jefe o encargado del establecimiento u oficina; b) dictar resolución motivada imponiendo la multa, por el funcionario autorizado para ello; y c) notificar al multado pasándole copia de la citada resolución junto con la correspondiente planilla de liquidación.

De faltar uno de estos requisitos expresamente consagrados en la Ley la sanción impuesta carece de eficacia y el multado no está obligado a hacer efectiva la pena pecuniaria.

RDP N° 6, 1981, pp. 142

CSJ-SPA (65)   26-3-81

Magistrado Ponente: Josefina Calcaño de Temeltas

El acta fiscal es un acto preparatorio, previo a la liquidación fiscal.

Al ejercicio reparado enero-diciembre de 1958, se le aplica la Ley de Impuesto sobre la Renta de 1955. Al ejercicio reparado enero-diciembre 1960 se le aplica la Ley de Impuesto sobre la Renta de 1958. A ambos el Reglamento de la Ley de Impuesto sobre la Renta de 1956.

Nada dicen estas dos leyes sobre la firma de las Actas Fiscales por los contribuyentes, ni cómo ni quién debe hacerlo, ni cuándo debe entenderse que ella es perfecta, ni por supuesto mucho menos cuáles son las consecuencias de la falta de dicha firma en estos documentos fiscales.

El Reglamento de 1956 citado, vigente aún para el momento en que se levantaron ambas Actas (marzo de 1964 y abril de 1966), dispone al respecto simplemente lo siguiente:

> "Las actuaciones que practiquen los funcionarios fiscales a los fines previstos en los artículos 68 y 69 de la Ley, deberán hacerse constar en Actas selladas con el sello de la Administración del Impuesto sobre la Renta y firmado por el funcionario y el contribuyente o su representante. Si éstos se negaren a firmar, serán citados a comparecer ante cualquier autoridad civil o judicial para ser notificados y recibir copia del Acta".

En ninguna otra parte de este Reglamento se precisa qué se debe entender por "representante de la contribuyente" a estos fines tributarios específicos, que no son otros que los de enterar a la contribuyente de la actuación que ha practicado la Fiscalización del Impuesto sobre la Renta en la contabilidad y domicilio de la empresa; de enterarla de los reparos fiscales que le formula la Administración en un determinado ejercicio fiscal; de informarla de las razones de hecho y de derecho en que se fundan dichos reparos; y de permitirle en consecuencia que se prepare para la defensa de sus intereses, en el caso que en definitiva se le formule una planilla de liquidación complementaria, con fundamentos en los reparos señalados. En pocas palabras, que el Acta Fiscal tiene el carácter de simple prueba de que se ha efectuado una fiscalización en la contabilidad y domicilio de la empresa, sin perjuicio directo alguno contra la contribuyente, ya que sólo tiene el carácter de un acto administrativo previo, preparatorio, es indispensable para cualquier liquidación fiscal que en definitiva pueda hacer la Administración. A través de ella se informa anticipadamente a la contribuyente de un posible reparo que pueda formularse, exagerando, si se quiere, la protección de su derecho de defensa; el cual, desde luego, siempre tendría después de recibir la planilla de liquidación.

RDP N° 6, 1981, pp. 143

CSJ-SPA (65)   26-3-81

Magistrado Ponente: Josefina Calcaño de Temeltas

Las actas fiscales deben ser firmadas por los contribuyentes, cuando la planilla de liquidación le cause un gravamen irreparable.

Sin embargo, en cuanto a las *firmas de los contribuyentes en las Actas Fiscales*, esta Corte observa que en cambio no existe jurisprudencia de esta Sala en los cinco lustros que tiene de vida el Impuesto sobre la Renta en Venezuela. En la revisión que se ha hecho de toda la que existe sobre las Actas Fiscales, se ha podido comprobar que es abundante la que se refiere a la presunción *juris tantum* de la veracidad y legitimidad de los hechos que contiene, a la necesidad de su motivación, a la preclusividad de los reparos en ella contenidos, a su imprescindibilidad para la formulación de liquidaciones complementarias, a su idoneidad para interrumpir la prescripción extintiva de los créditos fiscales y a la necesidad de su firma por el funcionario fiscal actuante. Pero, en cambio, sólo se registran dos decisiones de los tribunales de instancia en cuanto al requerimiento de la firma del contribuyente o de su representante en las Actas Fiscales. Una, es el presente caso, del Tribunal 29 de Impuesto sobre la Renta de 23 de noviembre de 1975 que exige "la firma personal del contribuyente o de un apoderado suyo legalmente constituido"; y la otra, es del Tribunal del de Impuesto sobre la Renta de 23 de febrero de 1977 que declaró nula el Acta Fiscal por haber sido firmada por un apoderado judicial de ausente, que no fue oportunamente juramentado. En este último caso dice la sentencia de la instancia que "el acta fiscal en cuestión no fue válidamente suscrita por la contribuyente ni por representante legal debidamente constituido".

Todo este análisis doctrinal y jurisprudencial conduce a esta Sala a no exigir por igual, en ambos casos, la notificación personal o estrictamente legal de la contribuyente. Creemos que sí es absolutamente necesaria cuando se trata de la planilla de liquidación que le causa un gravamen irreparable; pero no tratándose de las Actas Fiscales, donde no hay perjuicio directo alguno para el contribuyente. En este último caso, cuando la actuación fiscal tiene lugar en el propio domicilio de la recurrente, basta la firma de un empleado de ella, de carácter administrativo o contable, o de un cierto nivel, que con razón hagan presumir que sea lo suficientemente responsable como para que simplemente entregue a su patrono la copia del Acta Fiscal que ha recibido de los Fiscales del Impuesto sobre la Renta, como ocurrió en el caso de autos (folio 31, 1 pieza y folio 27, 29 pieza); máxime tratándose, como se trata, de un Vicepresidente del Instituto, aun cuando no sea ni accionista, ni Director del mismo, pero designado por la Junta Directiva, y con participación en las utilidades de la empresa.

Así es como, a juicio de esta Sala, debe interpretarse el término "representante de la contribuyente" contenido en los artículos 146 y 201 de los Reglamentos de la Ley de Impuesto sobre la Renta de 1956 y 1968, respectivamente.

RDP N° 8, 1981, pp. 109

CSJ-SPA (265)   29-10-81

Magistrado Ponente: Domingo A. Coronil

El Acta inicial de fiscalización no constituye un requisito indispensable para la legalidad y validez del procedimiento administrativo de fiscalización de la liquidación. En cambio, la Actas fiscales contentivas de los reparos específicos y de su motivación sí lo son: la ausencia de ellas, su falta de motivación o la falta en ellas de la firma del contribuyente o del funcionario fiscal, sí son causas de nulidad de dichas actuaciones.

En efecto, con anterioridad a estas actuaciones administrativas, referentes a cinco (5) ejercicios fiscales, no existe un Acta Inicial, general, de Fiscalización, indicativa de haberse abierto una investigación fiscal contra el contribuyente, que señale los ejercicios fiscales que habrá de abarcar, o que requiera del contribuyente libros de contabilidad o determinada información o documentos relativos a todo el período investigado, o solo a una parte de él. En su lugar, la Fiscalización optó por levantar un Acta Fiscal para cada uno de los ejercicios investigados, que numeró del 1 al 5, y que corren, como se ha dicho, a los folios 143 a 175 de este expediente; en cada una de las cuales precisó los reparos formulados, motivó cada uno de ellos, e hizo ambas cosas del conocimiento del contribuyente; quien, en consecuencia, firmó dichas actuaciones. Con todo ello, y precisa y únicamente por la falta de aquella Acta Inicial de Fiscalización, es por lo que la recurrida, sin hacer ninguna otra consideración, muy ligera y sumariamente, declara ilegal el procedimiento de fiscalización seguido por la Administración, por considerarlo violatorio del artículo 201 del Reglamento de la Ley de Impuesto sobre la Renta de 1968 (folio 289) y, en consecuencia, anuló las diez (10) planillas complementarias de impuesto y multas que le habían sido liquidadas al contribuyente.

En un caso idéntico, de Hebillas y Botones C.A., el mismo Tribunal, en Sentencia de 9 meses antes (10 de agosto de 1978), declaró en cambio que "esta acta inicial responde meramente a una medida de control fiscal de la Administración a sus funcionarios y no hay ninguna vinculación obligante entre la Administración y los contribuyentes; así, en tales instrumentos no se exige ni el sello de la Administración, ni la firma del contribuyente, solo debe contener datos relativos a la oportunidad en que se da inicio a la investigación y los ejercicios sobre los que se va a practicar aquella... Esta acta de control no es, en ningún momento, esencial al procedimiento administrativo, capaz de influir en la legalidad y consiguiente validez del acto administrativo".

Ante jurisprudencia tan contradictoria de un mismo órgano judicial, esta Corte considera que debe contribuir a zanjar la discrepancia existente en esta materia de impuesto sobre la renta, a cuyo fin le corresponde interpretar correcta y definitivamente, la parte *in fine* del artículo 201 del Reglamento de la Ley de 1968, que es el que por primera vez habla de esta Acta Inicial de Fiscalización. En efecto, conforme a este precepto reglamentario, dicha Acta solo constituye un trámite administrativo preparatorio de la Fiscalización, dirigido fundamentalmente a controlar los funcionarios fiscales y a preparar la información que debe proporcionar el contribuyente investigado; cuyo nombre debe aparecer en esta Acta, junto a la fecha en que se da comienzo a la investigación y la indicación de los ejercicios sujetos a Fiscalización. No se exige, como en las Actas de Reparo, que sean selladas por la Administración y firmadas por el contribuyente y por el funcionario fiscal actuante.

Por estas circunstancias dicha Acta Inicial no constituye un requisito indispensable para la legalidad y validez del procedimiento administrativo de fiscalización de la liquidación. En cambio las Actas Fiscales contentivas de reparos, sí lo son y por eso en ellas se detallan y motivan dichos reparos, se sellan por la Administración y se firman por el contribuyente y por el funcionario fiscal; de modo que aquél queda personal y completamente notificado de todas las pretensiones fiscales y por eso está en perfecta y total capacidad para defenderse de ellas, como en efecto lo ha hecho en este caso concreto el expresado contribuyente. Estas Actas Fiscales contentivas de los reparos específicos y de su motivación sí son, por el contrario, absolutamente indispensables para sustentar la legalidad y validez de las actuaciones administrativas, como la propia Procuraduría General de la República lo reconoce expresamente (folio 299). La ausencia de estas Actas Fiscales contentivas de los reparos o de su falta de motivación, o la falta en ellas de la firma del contribuyente o del funcionario fiscal, sí son causas de nulidad absoluta de dichas actuaciones pues tales vicios comprometen el legítimo derecho de defensa de los contribuyentes.

RDP N° 8, 1981, pp. 110

CSJ-SPA (265)   29-10-81

Magistrado Ponente: Domingo A. Coronil

La falta de firma de las Actas Fiscales no confirma un vicio de nulidad absoluta, sino de anulabilidad.

Todas las cinco (5) Actas Fiscales impugnadas están firmadas por el contribuyente y por el fiscal Beltrán Salvador Luna. Sin embargo, en el encabezamiento de las N° 1, 3 y 5 se menciona además, la comparecencia del funcionario Manuel Manzo M., quien por el contrario no aparece firmando dichas Actas. Por esta circunstancia la recurrente demandó la nulidad de estas tres (3) actuaciones fiscales.

Esta irregularidad formal, a juicio de esta Sala, tampoco tiene la entidad procesal para producir la nulidad absoluta del Acta Fiscal. De una parte la norma fiscal pertinente (artículo 201 del Reglamento de la Ley de Impuesto sobre la Renta de 1968), habla de la firma del "funcionario competente" y del "funcionario actuante"; por lo que parece suficiente la presencia en estas actuaciones de uno solo de ellos. Por otra parte no resulta razonable encarecer los costos de la fiscalización tributaria exigiendo dos o más funcionarios, cuando uno solo puede representar y representa a la Administración, y por eso está en capacidad de practicar la investigación formular los reparos, motivarlos y aplicar las multas. Pero aún admitiendo que en el caso sub-judice existe tal irregularidad formal, es necesario reconocer que ella no conculca la integridad del acto administrativo ni tampoco compromete el derecho de defensa de la contribuyente; por eso es necesario apreciarla como un vicio que sólo anula de nulidad relativa la actuación fiscal y en donde por eso mismo el contribuyente puede allanar la informalidad; esto es, conformarse con ella, tal como lo hace cuando suscribe el Acta Fiscal sin oposición alguna, no obstante la falta de la firma del segundo funcionario y además cuando recurre administrativamente de los reparos en su fondo, y al hacerlo silencia el posible vicio de ilegalidad externa que afecta el Acta Fiscal.

RDP N° 9, 1982, pp. 122

CSJ-SPA   19-1-82

Magistrado Ponente: Luis H. Farías Mata

Es válida el acta fiscal firmada por uno solo de los funcionarios actuantes.

Firma de las actas fiscales por uno solo de los funcionarios actuantes:

En efecto la Sala, al examinar estas actuaciones administrativas, encuentra que, de los dos funcionarios fiscales actuantes: Edgar Rodríguez Chirinos y Domingo Carrasquera Ordaz, cuyos nombres se mencionan en el encabezamiento de las cuatro (4) actas fiscales (folios 77, 81, 106 y 128), solo uno, el primero, Edgar Rodríguez Chirinos, aparece firmando con el contribuyente estas actuaciones y lo hace no sólo en su nombre sino en el de Domingo Carrasquera Ordaz (folios 79, 85, 111 y 133), tal como si lo hiciera por poder. Como lo declaró la recurrida, la Sala considera que esto es realmente un exceso del fiscal actuante.

Sin embargo, es necesario reconocer que, de todos modos, se produjo una actuación administrativa de fiscalización de rentas; que la misma consta en un acta fiscal debidamente sellada y que firmó el contribuyente y un funcionario fiscal competente para dar fe de dichas actuaciones; por todo lo cual se cumplieron todas las exigencias formales del artículo 201 reglamentario, el cual no obliga más que a la firma "del funcionario competente", no de "dos" ni de "tres" "funcionarios competentes".

La *ratio legis* de esta norma procesal-tributaria es que se hagan formalmente del conocimiento del administrado los reparos impositivos que le formula la Fiscalización en un determinado ejercicio fiscal, de modo que pueda analizarlos y conformarse a ellos o recurrir de ellos, en vía jerárquica o contenciosa, en ejercicio de su legítimo derecho de defensa, de orden constitucional. Y todos estos extremos quedan satisfechos si se levanta un acta fiscal; si se sella con el sello de la Administración; si en ella se formulan, con su respectiva motivación, los reparos; si dicha acta la firma el contribuyente; y si finalmente la suscribe un funcionario fiscal que expresé la manifestación de voluntad tributaria de la Administración, tratándose, como se trata, de un órgano competente.

Por todo ello, la Sala debe rechazar la impugnación de nulidad de las actas fiscales hechas por el recurrente, fundamentada en la sola circunstancia de que aquellas estuvieron firmadas solamente por un funcionario fiscal y no por dos; y así se declara.

RDP N° 11, pp. 128

CSJ-SPA (148)   20-7-82

Magistrado Ponente: Josefina Calcaño de Temeltas

Si la Administración admite la declaración del contribuyente da validez a los datos aportados por éste, acepta las cifras de ingresos brutos, costos, etc., por lo que no necesita levantar a esos efectos un acta fiscal.

Esta Sala, en numerosos y reiterados fallos, ha venido sosteniendo que el acta fiscal a que se refiere el artículo 201 del Reglamento de la Ley de Impuesto sobre la Renta no es indispensable en forma previa al acto de liquidación en ninguna de las dos situaciones señaladas en los ordinales 19 y 20 del artículo 168 *ejusdem* (correcciones de forma y liquidación *bona facie*), pues los datos en que se funda dicha liquidación o modificación provienen todos de la declaración original bona fide y son referencias que conoce bien el propio contribuyente declarante por haberlas proporcionado él mismo. El procedimiento empleado por la Administración en casos como el de autos no debilita, ni conculca en forma alguna el derecho de defensa del contribuyente, toda vez que éste es notificado, mediante la respectiva resolución, de las razones fiscales, al recibir la planilla de liquidación y frente a ella tiene abiertos los recursos de reconsideración administrativa y contencioso-fiscal, previstos en los artículos 116 y 127 de la Ley de la materia. Ahora bien, si en cambio se trata de datos nuevos, extraídos por los fiscales de la contabilidad, libros, papeles y otros documentos del contribuyente, o de interrogatorios formulados a este, que generalmente son obtenidos en sus propias oficinas, entonces el acta fiscal ocupa el lugar de la declaración original o *bona fide* y como ella viene a servir de documento de registro de dichos datos nuevos o complementarios y, en aras de su autenticidad, se exige la firma del contribuyente en dicha acta, como antes lo hizo en la declaración primitiva o jurada original.

Al respecto, en sentencia del 4 de marzo del corriente año, la Sala ha dicho que la norma contenida en el Reglamento de la Ley de impuesto sobre la Renta de 1956, análoga a la del artículo 201 del actualmente vigente, "...se refiere a las actas fiscales que los funcionarios de la Administración de Impuesto deben levantar con ocasión de las revisiones o verificaciones que se realicen con posterioridad a las liquidaciones *bona fide* (provisional y modificada) en la contabilidad, libros, facturas, documentos y papeles del contribuyente y para dejar constancia de las respuestas que éste formule a los interrogatorios hechos sobre operaciones, actividades o cualesquiera otros hechos ejecutados en el ejercicio fiscal y de los cuales pueden derivarse derechos fiscales eventuales o complementarios a favor del Fisco Nacional".

En otras palabras, si la Administración admite la declaración, da la validez a los datos aportados por el contribuyente, acepta las cifras de ingresos brutos, costos, renta bruta, deducciones, por él suministradas y en suma no las modifica y ni siquiera las pone en duda sino que, simplemente pide una explicación sobre alguno de dichos rubros, sobre sus características o naturaleza, su monto o su composición, considera el juzgador que, en estos casos, no es necesario ni razonable que se la obligue a trasladarse al domicilio del contribuyente para levantar un acta fiscal, en la cual, como se ha dejado dicho, lo que debe recogerse conforme a la intención del legislador son hechos nuevos diferentes a los contenidos en la declaración; en casos como el de autos resulta, por tanto, suficiente para lograr el propósito perseguido por la norma que la fiscalización requiera una información y que el afectado responda a ella debidamente para que la Oficina liquidadora quede en condiciones de formular el reparo por la vía de un simple ajuste de rentas.

B. *Firma del Acta*

RDP N° 6, 1981, pp. 143

CSJ-SPA (65)   26-3-81

Magistrado Ponente: Josefina Calcaño de Temeltas

Las actas fiscales deben ser firmadas por los contribuyentes, cuando la planilla de liquidación les cause un gravamen irreparable.

Sin embargo, en cuanto a las firmas de los contribuyentes en las Actas Fiscales, esta Corte observa que en cambio no existe jurisprudencia de esta Sala en los cinco lustros que tiene de vida el Impuesto sobre la Renta en Venezuela. En la revisión que se ha hecho de toda la que existe sobre las Actas Fiscales, se ha podido comprobar que es abundante la que se refiere a la presunción *juris tantum* de la veracidad y legitimidad de los hechos que contiene, a la necesidad de su motivación, a la preclusividad de los reparos en ella contenidos, a su imprescindibilidad para la formulación de liquidaciones complementarias, a su idoneidad para interrumpir la prescripción extintiva de los créditos fiscales y a la necesidad de su firma por el funcionario fiscal actuante. Pero, en cambio, sólo se registran dos decisiones de los tribunales de instancia en cuanto al requerimiento de la firma del contribuyente o de su representante en las Actas Fiscales. Una, es el presente caso, del Tribunal 29 de Impuesto sobre la Renta de 23 de noviembre de 1975 que exige "la firma personal del contribuyente o de un apoderado suyo legalmente constituido"; y la otra, es del Tribunal del de Impuesto sobre la Renta de 23 de febrero de 1977 que declaró nula el Acta Fiscal por haber sido firmada por un apoderado judicial de ausente, que no fue oportunamente juramentado. En este último caso dice la sentencia de la instancia que "el acta fiscal en cuestión no fue válidamente suscrita por la contribuyente ni por representante legal debidamente constituido".

Todo este análisis doctrinal y jurisprudencial conduce a esta Sala a no exigir por igual, en ambos casos, la notificación personal o estrictamente legal de la contribuyente. Creemos que sí es absolutamente necesaria cuando se trata de la planilla de liquidación que le causa un gravamen irreparable; pero no tratándose de las Actas Fiscales, donde no hay perjuicio directo alguno para el contribuyente. En este último caso, cuando la actuación fiscal tiene lugar en el propio domicilio de la recurrente, basta la firma de un empleado de ella, de carácter administrativo o contable, o de un cierto nivel, que con razón hagan presumir que sea lo suficientemente responsable como para que simplemente entregue a su patrono la copia del Acta Fiscal que ha recibido de los Fiscales del Impuesto sobre la Renta, como ocurrió en el caso de autos (folio 31, 1 pieza y folio 27, 29 pieza); máxime tratándose, como se trata, de un Vicepresidente del Instituto, aun cuando no sea ni accionista, ni Director del mismo, pero designado por la Junta Directiva, y con participación en las utilidades de la empresa.

Así es como, a juicio de esta Sala, debe interpretarse el término "representante de la contribuyente" contenido en los artículos 146 y 201 de los Reglamentos de la Ley de Impuesto sobre la Renta de 1956 y 1968, respectivamente.

RDP N° 8, 1981, pp. 109

CSJ-SPA (265)   29-10-81

Magistrado Ponente: Domingo A. Coronil

El Acta inicial de fiscalización no constituye un requisito indispensable para la legalidad y validez del procedimiento administrativo de fiscalización de la liquidación. En cambio, la Actas fiscales contentivas de los reparos específicos y de su motivación sí lo son: la ausencia de ellas, su falta de motivación o la falta en ellas de la firma del contribuyente o del funcionario fiscal, sí son causas de nulidad de dichas actuaciones.

En efecto, con anterioridad a estas actuaciones administrativas, referentes a cinco (5) ejercicios fiscales, no existe un Acta Inicial, general, de Fiscalización, indicativa de haberse abierto una investigación fiscal contra el contribuyente, que señale los ejercicios fiscales que habrá de abarcar, o que requiera del contribuyente libros de contabilidad o determinada información o documentos relativos a todo el período investigado, o solo a una parte de él. En su lugar, la Fiscalización optó por

210

levantar un Acta Fiscal para cada uno de los ejercicios investigados, que numeró del 1 al 5, y que corren, como se ha dicho, a los folios 143 a 175 de este expediente; en cada una de las cuales precisó los reparos formulados, motivó cada uno de ellos, e hizo ambas cosas del conocimiento del contribuyente; quien, en consecuencia, firmó dichas actuaciones. Con todo ello, y precisa y únicamente por la falta de aquella Acta Inicial de Fiscalización, es por lo que la recurrida, sin hacer ninguna otra consideración, muy ligera y sumariamente, declara ilegal el procedimiento de fiscalización seguido por la Administración, por considerarlo violatorio del artículo 201 del Reglamento de la Ley de Impuesto sobre la Renta de 1968 (folio 289) y, en consecuencia, anuló las diez (10) planillas complementarias de impuesto y multas que le habían sido liquidadas al contribuyente.

En un caso idéntico, de Hebillas y Botones C.A., el mismo Tribunal, en Sentencia de 9 meses antes (10 de agosto de 1978), declaró en cambio que "esta acta inicial responde meramente a una medida de control fiscal de la Administración a sus funcionarios y no hay ninguna vinculación obligante entre la Administración y los contribuyentes; así, en tales instrumentos no se exige ni el sello de la Administración, ni la firma del contribuyente, solo debe contener datos relativos a la oportunidad en que se da inicio a la investigación y los ejercicios sobre los que se va a practicar aquella... Esta acta de control no es, en ningún momento, esencial al procedimiento administrativo, capaz de influir en la legalidad y consiguiente validez del acto administrativo".

Ante jurisprudencia tan contradictoria de un mismo órgano judicial, esta Corte considera que debe contribuir a zanjar la discrepancia existente en esta materia de impuesto sobre la renta, a cuyo fin le corresponde interpretar correcta y definitivamente, la parte *in fine* del artículo 201 del Reglamento de la Ley de 1968, que es el que por primera vez habla de esta Acta Inicial de Fiscalización. En efecto, conforme a este precepto reglamentario, dicha Acta solo constituye un trámite administrativo preparatorio de la Fiscalización, dirigido fundamentalmente a controlar los funcionarios fiscales y a preparar la información que debe proporcionar el contribuyente investigado; cuyo nombre debe aparecer en esta Acta, junto a la fecha en que se da comienzo a la investigación y la indicación de los ejercicios sujetos a Fiscalización. No se exige, como en las Actas de Reparo, que sean selladas por la Administración y firmadas por el contribuyente y por el funcionario fiscal actuante.

Por esta circunstancia dicha Acta Inicial no constituye un requisito indispensable para la legalidad y validez del procedimiento administrativo de fiscalización de la liquidación. En cambio las Actas Fiscales contentivas de reparos, sí lo son y por eso en ellas se detallan y motivan dichos reparos, se sellan por la Administración y se firman por el contribuyente y por el funcionario fiscal; de modo que aquél queda personal y completamente notificado de todas las pretensiones fiscales y por eso está en perfecta y total capacidad para defenderse de ellas, como en efecto lo ha hecho en este caso concreto el expresado contribuyente. Estas Actas Fiscales contentivas de los reparos específicos y de su motivación sí son, por el contrario, absolutamente indispensables para sustentar la legalidad y validez de las actuaciones administrativas, como la propia Procuraduría General de la República lo reconoce expresamente (folio 299). La ausencia de estas Actas Fiscales contentivas de los reparos o de su falta de motivación, o la falta en ellas de la firma del contribuyente o del funcionario fiscal, sí son causas de nulidad absoluta de dichas actuaciones pues tales vicios comprometen el legítimo derecho de defensa de los contribuyentes.

RDP N° 8, 1981, pp. 109–110

CSJ-SPA (265)   29-10-81

Magistrado Ponente: Domingo A. Coronil

La falta de firma de las Actas Fiscales no confirma un vicio de nulidad absoluta, sino de anulabilidad.

Todas las cinco (5) Actas Fiscales impugnadas están firmadas por el contribuyente y por el fiscal Beltrán Salvador Luna. Sin embargo, en el encabezamiento de las N° 1, 3 y 5 se menciona además, la comparecencia del funcionario Manuel Manzo M., quien por el contrario no aparece firmando dichas Actas. Por esta circunstancia la recurrente demandó la nulidad de estas tres (3) actuaciones fiscales.

Esta irregularidad formal, a juicio de esta Sala, tampoco tiene la entidad procesal para producir la nulidad absoluta del Acta Fiscal. De una parte la norma fiscal pertinente (artículo 201 del Reglamento de la Ley de Impuesto sobre la Renta de 1968), habla de la firma del "funcionario competente" y del "funcionario actuante"; por lo que parece suficiente la presencia en estas actuaciones de uno solo de ellos. Por otra parte no resulta razonable encarecer los costos de la fiscalización tributaria exigiendo dos o más funcionarios, cuando uno solo puede representar y representa a la Administración, y por eso está en capacidad de practicar la investigación formular los reparos, motivarlos y aplicar las multas. Pero aún admitiendo que en el caso sub-judice existe tal irregularidad formal, es necesario reconocer que ella no conculca la integridad del acto administrativo ni tampoco compromete el derecho de defensa de la contribuyente; por eso es necesario apreciarla como un vicio que sólo anula de nulidad relativa la actuación fiscal y en donde por eso mismo el contribuyente puede allanar la informalidad; esto es, conformarse con ella, tal como lo hace cuando suscribe el Acta Fiscal sin oposición alguna, no obstante la falta de la firma del segundo funcionario y además cuando recurre administrativamente de los reparos en su fondo, y al hacerlo silencia el posible vicio de ilegalidad externa que afecta el Acta Fiscal.

a. *Actos preparatorios*

RDP N° 118, 2009, pp. 240

TSJ-SPA (0619)   13-5-2009

Magistrado Ponente: Yolanda Jaimes Guerrero

Caso: Corporación Betapetrol, S.A. vs. Ministerio de Energía y Petróleo.

En el presente caso, el Acta de Inspección de fecha 30 de marzo de 2005, en la que se recomienda "*...el estudio de la posibilidad de apertura de procedimiento administrativo...*", constituye un acto previo que como se ha indicado, carece de valor concluyente y por tanto, no vulnera los derechos de la accionante inherentes al debido proceso enunciados anteriormente. La mencionada Acta de Inspección sólo sirvió de fundamento para que la Administración acordara en el Auto de Apertura del procedimiento Administrativo N° DITH/006-2005 de fecha 7 de abril de 2005 (folios 9 y 10 del expediente administrativo), el inicio de Oficio del Procedimiento Administrativo ordinario en contra de Corporación Betapetrol, S.A., "*...ante la presunción de que la referida Empresa estaría infringiendo las obligaciones contraídas en la Licencia...*". Acto que fue notificado a la accionante el 28 de junio de 2005.

Así se observa que corre inserto, a los folios 128 al 137 del expediente administrativo el escrito de descargos presentado oportunamente por la empresa recurrente para dar respuesta al mencionado auto de apertura N° DITH/006-2005 y del contenido de dicho escrito se evidencia que la accionante pudo exponer todos los argumentos y alegatos que consideró pertinentes contradiciendo cada una de las situaciones y hechos de los que se dejó constancia en el Acta de Inspección mencionada.

Por consiguiente, resulta errado afirmar que los mencionados actos (Acta de Inspección y Auto de Apertura del Procedimiento), emanados de la Dirección de Industrialización y Tecnología de Hidrocarburos, hayan causado indefensión o vulnerado el debido proceso de la parte actora, pues al analizar el contenido de la Resolución N° 476 del 27 de diciembre de 2005 dictada por el Ministro de Energía y Petróleo, cuyo contenido es confirmado en el acto impugnado (Resolución N° 220 del 18 de julio de 2006), fue el incumplimiento de las obligaciones de la empresa Corporación Betapetrol, S.A., en virtud de la falta de incorporación de las observaciones de carácter técnico y jurídico requeridas por el Ministerio de Energía y Minas a través de la Dirección en cuestión y la Consultoría Jurídica, el supuesto de hecho que sirvió de fundamento a la revocatoria de la Licencia acordada a la empresa recurrente, y no los hechos de los que se dejó constancia en la referida Acta de Inspección en la que se alude por ejemplo a la falta de inicio de los trabajos de construcción de la Refinería de Caripito, ya que como acertadamente expuso la licenciataria en su escrito de descargos, el proyecto asociado a la dicha Refinería se encontraba en la primera fase de la Licencia referida a la aprobación por parte del Ministerio del citado estudio de prefactibilidad. Para mayor abundamiento, con respecto al alegado incumplimiento de las formalidades relativas a la actuación fiscalizadora, se debe agregar que la concepción del procedimiento como cauce formal de la serie de actos conducentes a la adopción de una determinada decisión de la Administración, es una formalidad que no resulta aplicable al ejercicio de la actividad inspectora, ya que ésta no debe sujetarse necesariamente a un procedimiento formalizado en el sentido expuesto.

De allí que la actividad inspectora puede iniciarse de oficio o a instancia de parte, sin obviar los elementos consustanciales al ejercicio de cualquier actividad de la Administración, pudiendo incluso en algunos casos, prescindir de la notificación formal de dicha actuación si está en riesgo la finalidad perseguida con la misma o ante supuestos de extrema urgencia o gravedad. En estos últimos casos sólo es exigible el levantamiento del Acta como manifestación formal a los efectos de que el funcionario deje constancia de los hechos relevantes. Finalmente, en relación a este alegato de violación al derecho a la defensa los apoderados judiciales de la accionante sostienen que *"...el funcionario que ordenó la apertura del procedimiento y llevó a cabo la instrucción del mismo, esto es, el Director de Industrialización y Tecnología de Hidrocarburos de ese Ministerio, ha debido inhibirse a tenor de lo previsto en la Ley Orgánica de Procedimientos Administrativos; y al no hacerlo, una vez más se lesionó la garantía constitucional de Betapetrol a ser oída por un funcionario imparcial, con lo que se afectó la validez de la decisión adoptada.."*. (*sic*). Al respecto, como se indicó anteriormente, en virtud del carácter fundamentador que tienen las Actas producto de la actividad inspectora de la Administración y no concluyente de ulteriores decisiones administrativas, resulta perfectamente aceptable (sin que ello implique violación a la garantía de imparcialidad inherente al debido proceso), que el órgano o dependencia que lleve a cabo la inspección sea a su vez, el que ordene la apertura del procedimiento administrativo sancionador, ya que su decisión, como se ha indicado, se fundamenta en una presunción de responsabilidad del administrado que no tiene valor determinante o concluyente para la imposición de la sanción respectiva.

De allí que en criterio de la Sala, en el caso que se analiza, no puede considerarse vulnerado el derecho al debido proceso de la empresa recurrente, puesto que, por una parte, fue la Dirección de Industrialización y Tecnología de Hidrocarburos la que realizó la inspección de la que se dejó constancia en el Acta de fecha 30 de marzo de 2005 y la que acordó la Apertura de Oficio del procedimiento administrativo ordinario contra Corporación Betapetrol, S.A., según consta en Auto N° DI-TH/006-2005, y por la otra, fue el Ministro de Energía y Petróleo, el que dictó la decisión contenida en la Resolución N° 476 de fecha 27 de diciembre de 2005, que declaró la revocatoria de la Licencia de fecha 28 de noviembre de 2002, en su carácter de órgano decisor y la Resolución impugnada N° 220 del 18 de julio de 2006, confirmatoria de la anterior. En esta última, respecto a este alegato de violación al debido proceso de la parte actora se indicó lo siguiente:

"...Por otra parte, es preciso distinguir entre la facultad de sustanciar y la facultad de decidir que ostenta la Administración en estos casos, ya que aunque ambas facultades forman parte de la referida potestad sancionatoria, cada una de ellas corresponden a funcionarios diferentes, tal es el caso de la sustanciación del expediente compete a la Dirección de Industrialización, pero la decisión del mismo compete al titular del Despacho, por lo tanto, cuando el representante de la empresa alega una causal de inhibición que supuestamente recaía en cabeza del Director de Industrialización de los Hidrocarburos, para esa época, quien según sus dichos, adelantó opinión inclusive antes de la apertura del procedimiento, es preciso destacar que las causales de inhibición, en todo caso operan y se ponen en práctica cuando es el funcionario a quien le corresponde tomar la decisión, quien se encuentra incurso en alguna de las causales de inhibición, pero es que en el caso que nos ocupa, el funcionario a quien se le pretende imputar la causal de inhibición no tenía facultades decisorias que lo pudieran hacer sujeto de la pretendida inhibición...". (negrillas de esta decisión).

RDP N° 118, 2009, pp. 245

TSJ-SPA (426)   1-4-2009

Magistrado Ponente: Hadel Mostafa Paolini

Caso: Antonieta Mendoza de López y Leopoldo López Mendoza vs. Contraloría General de la República.

La fase investigativa puede dar o no lugar al inicio del procedimiento de determinación de responsabilidades

Sostiene la representación judicial de los recurrentes, que durante la fase investigativa del procedimiento contemplado en el Título III de la Ley Orgánica de la Contraloría General de la República y del Sistema Nacional de Control Fiscal, sus mandantes fueron cercenados en el ejercicio de sus derechos constitucionales a la defensa y al debido proceso, por cuanto no existió una "imputación clara y específica".

Al respecto, precisan que: (i) La Administración se limitó a hacer una narración de los hechos sin indicar el supuesto de hecho normativo *"que serviría para concretar dicha imputación"*; (ii) En la referida fase no se efectúa una *"simple notificación"* de hechos *"sin calificación jurídica alguna"*, pues de acuerdo al artículo 79 de la precitada Ley, se le debe indicar a los investigados cómo los hechos apreciados comprometen su responsabilidad; (iii) Para defenderse de las imputaciones y promover pruebas en los términos del indicado precepto, debe el interesado conocer claramente la imputación; (iv) Resulta errado pensar que *"imputar en la fase investigativa y acusar en la fase de determinación de responsabilidades es una duplicidad de acciones"*; (v) No debe entenderse de la legislación indicada, que haya lugar a *"sorpresas para el investigado que impuesto de unos hechos sin calificación jurídica es luego acusado en forma que ni se le imaginaba, como ocurrió en el caso que nos ocupa, en el cual sorpresivamente surgieron figuras como el 'concierto con los interesados' y la 'contratación por interpuesta persona', que nunca antes se habían mencionado"*.

A fin del pronunciamiento sobre el alegato *in commento*, resulta menester aludir al artículo 49 de la Constitución de la República Bolivariana de Venezuela, cuyo texto es el siguiente:

> *"Artículo 49. El debido proceso se aplicará a todas las actuaciones judiciales y administrativas; en consecuencia:*
>
> *1. La defensa y la asistencia jurídica son derechos inviolables en todo estado y grado de la investigación y del proceso. Toda persona tiene derecho a ser notificada de los cargos por los cuales se le investiga; de acceder a las pruebas y de disponer del tiempo y de los medios adecuados para ejercer su defensa. Serán nulas las pruebas obtenidas mediante violación del debido proceso. Toda persona declarada culpable tiene derecho a recurrir del fallo, con las excepciones establecidas en esta Constitución y en la ley".*

La norma transcrita consagra el derecho al debido proceso, el cual abarca el derecho a la defensa y entraña la necesidad en todo procedimiento administrativo o jurisdiccional de cumplir diversas exigencias, tendientes a mantener al particular en el ejercicio más amplio de los mecanismos y herramientas jurídicas a su alcance con el fin de defenderse debidamente.

Dichas exigencias comportan, entre otros derechos y garantías, la necesidad de notificar al interesado del inicio de un procedimiento en su contra; garantizar la oportunidad de acceso al expediente; permitirle hacerse parte para presentar alegatos en beneficio de sus intereses; estar asistido legalmente en el procedimiento; promover, controlar e impugnar elementos probatorios; a ser oído (audiencia del interesado) y a obtener una decisión motivada. Asimismo, implican el derecho del interesado a ser informado de los recursos pertinentes para el ejercicio de la defensa y a ofrecerle la oportunidad de ejercerlos en las condiciones más idóneas (*Vid.* Sentencias de esta Sala N° 2.425, 514, 2.785 y 053 publicadas en fechas 30 de octubre de 2001, 20 de mayo de 2004, 7 de diciembre de 2006 y 18 de enero de 2007, respectivamente).

Expuesto lo anterior, se impone hacer referencia al procedimiento previsto en la Ley Orgánica de la Contraloría General de la República y del Sistema Nacional de Control Fiscal, para la determinación de responsabilidades administrativas de los funcionarios sometidos a dicha legislación, y al respecto se observa:

Dispone el artículo 96 de la precitada Ley, lo siguiente:

> *"Artículo 96.*
>
> *Si como consecuencia del ejercicio de las funciones de control o de las potestades investigativas establecidas en esta Ley, surgieren elementos de convicción o prueba que pudieran dar lugar a la formulación de reparos, a la declaratoria de responsabilidad administrativa o a la imposición de multas, el órgano de control fiscal respectivo iniciará el procedimiento mediante auto motivado que se notificará a los interesados, según lo previsto en la Ley Orgánica de Procedimientos Administrativos.*
>
> *El procedimiento, podrá igualmente ser iniciado por denuncia, o a solicitud de cualquier organismo o empleado público, siempre que a la misma se acompañen elemen-*

tos suficientes de convicción o prueba que permitan presumir fundamentalmente la responsabilidad de personas determinadas. (...)".

Del trascrito precepto puede deducirse que la fase investigativa a que aluden los actores, prevista en los artículos 77 al 81 de la ley orgánica supra mencionada, constituye una etapa preliminar al procedimiento de determinación de responsabilidades administrativas consagrado en los artículos 95 al 111 *eiusdem*, pues, entre otras formas que aquélla estatuye, dicho procedimiento se iniciará cuando surgieren elementos que pudieran dar lugar a la declaratoria de responsabilidad *"como consecuencia de las potestades investigativas establecidas en es(a) ley"*.

Ahora bien, del Capítulo I del Título que regula las potestades de investigación, las responsabilidades y las sanciones, se desprende que:

a. Los órganos de control fiscal ejercen la potestad de investigación, cuando a su juicio existan méritos suficientes para ello (artículo 77).

b. En el curso de la investigación, el órgano de control puede *"imputar"* actos, hechos u omisiones que comprometan la responsabilidad de una persona. Si ello ocurriere, aquél está en la obligación de informar al investigado *"de manera específica y clara"* los hechos imputados, en cuyo caso este último tendrá acceso al expediente y *"podrá promover todos los medios probatorios necesarios para su defensa"*, no obstante el carácter *"reservado"* que se le otorga (artículo 79).

c. Con las actuaciones preliminares se formará un expediente, y su resultado se hará constar en un informe en el cual el órgano de control fiscal podrá ordenar: (i) el archivo de las actuaciones, ó (ii) el inicio del procedimiento de determinación de responsabilidades.

La forma en que ha sido regulado lo concerniente a las potestades de investigación y su relación con el procedimiento de determinación de responsabilidades administrativas, trae consigo una serie de particularidades que merecen ser destacadas, a saber:

a. Las mencionadas potestades se ejercen en una etapa *"preliminar"* (término que expresamente emplea el artículo 81 de la Ley Orgánica de la Contraloría General de la República y del Sistema Nacional de Control Fiscal), esto es, preparatoria del procedimiento previsto en los artículos 95 y siguientes *eiusdem*.

b. Dentro de este último, se contempla: (i) un auto *"de apertura"* -con el que se da inicio al procedimiento- en el que deben describirse o identificarse los hechos imputados, los sujetos presuntamente responsables, los elementos probatorios y demás razones que presumiblemente comprometan su responsabilidad; (ii) un término para que los interesados *"indiquen"* las pruebas que deseen promover; (iii) un acto oral y público en el que los investigados, por sí o por medio de sus representantes, expongan los argumentos que estimen pertinentes para su defensa.

c. Aun cuando no está formalmente incorporada en el *"procedimiento de determinación de responsabilidades administrativas"* y tampoco está en sí misma contemplada como un procedimiento autónomo que dé lugar a un acto definitivo, sino más bien como una potestad que debe ejercerse en el marco de determinadas condiciones (como ocurre en general con las potestades de la Administración, incluso las discrecionales); en dicha fase introductoria o preliminar puede suscitarse una etapa probatoria distinta de la que necesariamente se va a producir en el procedimiento a que se refieren los artículos 95 y siguientes, de ordenarse su apertura.

Ello así, como quiera que la oportunidad de promover pruebas a que alude el artículo 79 está inserta dentro de una serie de actuaciones esencialmente inquisitivas de la Administración, que no van a dar lugar a una decisión sancionatoria de carácter definitivo, sino que constituyen un introito al procedimiento que sí puede concluir con un pronunciamiento categórico respecto de la responsabilidad administrativa del investigado y en el que las partes interesadas cuentan con la posibilidad de promover pruebas y exponer de forma escrita y oral sus argumentos; debe entenderse que dicha actividad probatoria tiene por finalidad coadyuvar en la formación del criterio del órgano de control fiscal en cuanto a ordenar o no el inicio del procedimiento de determinación de responsabilidad.

Es por ello que el artículo 79 exige que se le indique al investigado, *"de manera específica y clara los hechos que se le imputan"*, debiendo entenderse esa "imputación" de los hechos como la obligación de informarle, ponerlo en conocimiento de las actuaciones materiales, positivas o negativas, atribuidas.

Ahora bien, toda vez que esa fase puede dar o no lugar al inicio del procedimiento de determinación de responsabilidades, el análisis del derecho a la defensa en cuanto a la garantía de su ejercicio debe efectuarse atendiendo integralmente a la actuación del Órgano Contralor frente a los imputados, desde que se inician las averiguaciones hasta que se emite el acto que declare la responsabilidad administrativa.

En otras palabras, considera esta Sala que en el aspecto *in commento* no debe apreciarse la fase investigativa de manera aislada respecto del procedimiento de determinación de responsabilidades que se inicie y sustancie en virtud de los resultados obtenidos en aquélla.

Aplicando las consideraciones anteriores al caso de autos, se observa:

(…)

De las circunstancias enumeradas, concluye esta Sala lo siguiente:

(i) Que en la fase investigativa, los recurrentes fueron informados de los hechos atribuidos, incluso de los relacionados con el concierto y la actuación por interpuesta persona, que en definitiva es lo que exige el artículo 79 de la precitada ley orgánica cuando habla de *"imputación"* de *"actos, hechos u omisiones"*; por lo que no es cierto que *"sorpresivamente"* surgieran estas figuras en el marco de las actuaciones del Órgano Contralor.

(ii) Que tanto en la fase investigativa como en el procedimiento de determinación de responsabilidades, contaron e hicieron uso de las oportunidades para ejercer su derecho a la defensa, alegando lo que estimaron pertinente frente a los hechos atribuidos y a las imputaciones supra aludidas, las cuales fueron siempre referidas en términos de presunciones.

Con soporte en ello, se desestiman los alegatos de errónea interpretación del artículo 79 de la Ley Orgánica de la Contraloría General de la República y del Sistema Nacional de Control Fiscal, y violación del derecho a la defensa en la etapa investigativa. Así se declara.

2. *Instancia de parte*

RDP N° 24, 1985, pp. 114

CSJ-SPA (270)   3-10-85

Magistrado Ponente: Luis H. Farías Mata

Caso: Iván Pulido M. vs. República (Contraloría General de la República).

El actor centra su recurso fundamentalmente en la violación por la Contraloría del artículo 81 de la Ley Orgánica que rige el funcionamiento de ese Organismo, texto cuyo contenido es el siguiente:

"La Contraloría podrá realizar investigaciones en todo caso en que surgieran indicios de que funcionarios públicos o particulares que tengan a su cargo o intervengan en cualquier forma en la administración, manejo o custodia de bienes o fondos de las entidades sujetas a su control, hayan incurrido en errores, omisiones o negligencias. Esta averiguación procederá aun cuando dichas personas hubieran cesado en sus funciones".

Por su parte, en desarrollo de ese mismo texto, el artículo 50 del Reglamento de dicha Ley admite una legitimación amplia cuando se trata de impulsar el procedimiento administrativo —procedimiento "constitutivo", diría la doctrina—, destinado a forjar un acto administrativo; diferente, por tanto, dicho procedimiento de los recursos "administrativos" (internos) o del contencioso, en cuanto los dos últimos ostentan categoría de "recurso", que el "constitutivo" no tiene, contra un acto administrativo ya formado a través del primero. En tal sentido la legitimación que la citada norma reglamentaria permite para desencadenar la averiguación es amplísima y contrastante con los otros textos reglamentarios 35 y 36 ya transcritos y analizados. Expresa, en efecto, el artículo que para "la realización de averiguaciones la Contraloría procederá de oficio, o por denuncia de particulares, o a solicitud de cualquier organismo o empleado público".

Tal capacidad fue reconocida, implícitamente, por la Contraloría al responder al interesado y la admite incluso el Procurador General de la República, funcionario que, sin embargo, disiente de la del hoy recurrente Pulido Mora para impugnar la decisión del Organismo Contralor —objeto de este recurso, por la cual, en vía de reconsideración, confirmó su criterio de "que no era procedente abrir la averiguación administrativa". Adicionalmente, al examinar el fondo del asunto para el caso de que la excepción de inadmisibilidad fuese desestimada por la Corte, la Procuraduría considera —y es, también, la tesis del Contralor— que dados los términos del artículo 81 de la Ley ("La Contraloría podrá realizar investigaciones en iodo caso en que surgieren indicios..."), constituye una facultad "discrecional" del Organismo Contralor abrir o no la averiguación; discrecionalidad que el impugnante discute y que el Fiscal considera "limitada" al estimar que "entraña su ejercicio obligatorio cada vez que se intuya la necesidad de su utilización"; pero es éste un asunto que será posteriormente analizado por la Corte.

Respecto al punto concreto de la posibilidad abierta a los simples interesados por el artículo 50 del Reglamento de la Ley para impulsar la realización de averiguaciones administrativas por la Contraloría, no cabe duda, tampoco para la Corte y así lo declara expresamente, que el hoy impugnante sí tenía esa legitimación. A la diafanidad de dicho texto se une la redacción del subsiguiente 51, conforme al cual: "En caso de denuncia, quien la formule expondrá, verbalmente o por escrito, lo que crea necesario, y el funcionario que tome nota de ella podrá hacerle las preguntas que estime pertinentes para obtener informaciones adicionales". ¿Pero, obliga la norma al Contralor a abrir la averiguación; de ser así y no haber procedido a su apertura, ¿podía el demandante impugnar la decisión denegatoria por vía de recursos de anulación interponibles en vía administrativa y contenciosa? En otras palabras: ¿se encuentra legitimado el denunciante para intentar y también para concluir la secuencia procedimental?

En el mismo orden de ideas no puede deducirse del hecho de que !a Contraloría hubiese ordenado en su Resolución denegatoria de la apertura de la averiguación solicitada, la notificación de la misma al denunciante, que éste pasara automáticamente a convertirse en legitimado activo para interponer contra aquélla un recurso contencioso-administrativo de anulación, quedando entonces desvirtuado por ese solo hecho de la ordenada notificación todo el orden jurídico establecido por nuestro sistema en materia de legitimación activa.

De haberse dado en el recurrente las condiciones de legitimidad para intentar el recurso, hubiera quedado pendiente dilucidar todavía si los términos del artículo 81 de la Ley Orgánica de la Contraloría son constriñentes para el organismo, en el sentido de que, hecha la denuncia, está obligado a proceder realizando las investigaciones.

En la forma como ha quedado resuelto el recurso, el análisis del punto resulta obviamente innecesario; pero quiere la Sala recordar que no sólo cabe interpretar la expresión "podrá" en el sentido —al cual apunta el artículo 13 del Código de Procedimiento Civil— de facultad discrecional para adoptar una decisión o no, sino también en el de competencia atribuida por el legislador al funcionario para actuar, de regla atributiva de competencia en suma. En sentencia de esta misma Sala, de fecha 7-6-1982, dictada en el caso *Héctor Zamora Izquierdo contra Resolución del Consejo de la Judicatura*, expresó la Corte:

> "Se ha alegado que el término "podrán" utilizado por el legislador en la primera parte del artículo 11 de la vigente Ley ("Los Jueces podrán ser reelegidos en sucesivos períodos constitucionales..."), demuestra que no se ha establecido un derecho absoluto a

la reelección, y al efecto se invoca lo dispuesto en el artículo 13 del Código de Procedimiento Civil.

No son pocas las interpretaciones que son sólo el producto de la impresión causada por un aparente mimetismo lingüístico. Pero viene al caso observar que no siempre a una misma expresión empleada por el legislador en normas diferentes deba necesariamente corresponder un solo significado. El término podrá de una norma de carácter estrictamente procesal, cuando es utilizado como parte de un precepto de derecho material, no admite el mismo sentido de discrecionalidad que le acuerda el artículo 13 del Código de Procedimiento Civil. Es menester, por tanto, hacer un examen detenido del cuestionado artículo 11 de la Ley Orgánica del Poder Judicial para fijar su verdadera significación y alcance".

A. *Formalidades de recepción*

RDP N° 61–62, 1995, pp. 178

CPCA   6-3-95

Magistrado Ponente: Teresa García de Cornet

Caso: Jesús Siscol y Andrés E. Delmont vs. Consejo Supremo Electoral

Todas las dependencias de la Administración Pública deben llevar un Registro de Presentación de Documentos.

Hecha esta declaración, resulta poco útil pronunciarse sobre los otros planteamientos alegados por los recurrentes, sin embargo y con el propósito de avanzar hacia una correcta interpretación de las normas, esta Corte considera necesario señalar, que en el caso sub-judice no se puede alegar la presentación del referido recurso jerárquico ante un Miembro Independiente del Cuerpo electoral nacional, puesto que los mismos no están facultados legalmente para recibir los recursos de revisión administrativa, pues así se desprende del Artículo 13 del Reglamento Interno del Consejo Supremo Electoral, que otorga dicha atribución al Secretario del Organismo Electoral Nacional, en concordancia igualmente con el Reglamento N° 1 de la Ley Orgánica de Procedimientos Administrativos, publicado en la Gaceta Oficial N° 32358 del 4 de Enero de 1982, que obliga a todas las dependencias de la Administración Pública a llevar un Registro de Presentación de Documentos, el cual funciona en el Consejo Supremo Electoral, según quedó evidenciado de la Inspección Judicial aludida.

Dentro de la Administración Electoral, y específicamente en el Consejo Supremo Electoral, resulta indispensable centralizar en una sola unidad administrativa todo lo referente a los Procedimientos de Revisión Administrativa que consagra la Ley Orgánica del Sufragio, en vista de la seguridad jurídica que se requiere para la decisión de las controversias electorales, en donde están en tela de juicio diferentes instituciones del Poder Público y en definitiva la soberanía del Pueblo, que se refleja tal y como lo señala la Constitución a través del Sufragio. Además de que resulta contraproducente tanto para el mismo Consejo Supremo Electoral, como para los particulares, que cada uno de los once (11) Miembros del Consejo Supremo Electoral, pudieran recibir por su cuenta los recursos de Revisión Administrativa que se interpongan ante ese Organismo Electoral Nacional.

B.   *Carga de los interesados*

RDP N° 40, 1989, pp. 71

CPCA   19-10-89

Magistrado Ponente: Hildegard Rondón de Sansó

Caso: Tello Diagioni vs. RECADI.

Cuanto la violación del derecho a la defensa, esta Corte considera que la impugnación del acto se dirige básicamente a cuestionar la negativa del registro por entender que debía habérsele notificado y requerido en forma distinta a la que constituye la notificación por prensa, es decir, que ha debido notificársele a través del procedimiento ordinario que para ello tiene establecido nuestro Sistema Jurídico Administrativo, del requisito del Documento de Registro ante la Superintendencia de Inversiones Extranjeras.

Para la determinación de tal cuestión resulta esencial destacar que conforme a lo dispuesto en el artículo 3° del Decreto 1.930, modificado por el Decreto N° 44; y en el artículo 49 literal E de la Resolución 1.673 se requiere para los acreedores que no estén constituidos en Venezuela, que la deuda haya sido registrada ante la Superintendencia de Inversiones Extranjeras y, por ello, es que la señalada Resolución 1.673 exige para las deudas financieras del sector no financiero que se acompañe a la solicitud de registro de la deuda financiera constancia del registro del contrato correspondiente otorgada por la Superintendencia de Inversiones Extranjeras. De esto claramente se deriva como carga del solicitante del registro el acompañar a dicha solicitud la anotada constancia. No tenía por qué, en consecuencia, el ente administrativo, notificar a la solicitante el incumplimiento de tal requisito; aún más, el artículo 19 del Decreto 1.988 impuso a los interesados la obligación de hacer plena prueba, y el anexar los documentos necesarios y la competencia y potestad para negar el registro solicitado por incumplimiento a la obligación de acompañar todos los recaudos exigidos, deriva para la Administración de los artículos 4 y 5 del Decreto N° 61.

La comisión relativa al Decreto N° 61 está autorizada para requerir recaudos del interesado tal como lo dispone el artículo 6 del señalado Decreto, tal autorización no puede suponer haya exonerado la carga que corresponde al solicitante, no puede suponer que la administración deba señalar los recaudos que debe presentar el solicitante y pueda así sólo formularse, por ejemplo, la solicitud sin recaudo alguno y deba por ello la administración notificar tal incumplimiento. La autorización a que se refiere el señalado artículo 6° es sólo para solicitar recaudos complementarios; y aun cuando lo hubiese así requerido no podía entenderse que ha librado con ello al interesado de la carga que ab initio le correspondía al interesado. Resulta imposible interpretar, deba ese esencial requisito notificársele cuando la exigencia —la de la documentación básica— la formula un acto de efecto general como el que constituye la norma cambiaria señalada y no surge de obligación de notificación alguna que corresponda a la administración.

Cuestión distinta sería si la administración hubiese notificado por prensa que requería una documentación complementaria y hubiese luego, por no haberla aportado el solicitante, negado el registro de la deuda. Tal eventualidad ciertamente implicaría la obligación para la administración de efectuar la notificación correspondiente conforme a los artículos 75 y 76 de la Ley Orgánica de Procedimientos Administrativos y no a través del procedimiento de notificación por prensa. Todo ello por cuanto, para el ejemplo en comento, no constituiría carga del solicitante el aportar dicho documento complementario al inicio del procedimiento, por ello sólo podría agregarse como nueva obligación para el interesado a través de una legítima notificación.

C. *Omisiones en la solicitud*

RDP N° 19, 1984, pp. 116

CPCA   25-6-84

Magistrado Ponente: Armida Quintana Matos

Si bien corresponde al órgano administrativo (artículo 50 de la Ley Orgánica de Procedimientos Administrativos) señalar al presentante la falta de cualquiera de los requisitos que señala la norma, tal señalamiento dada la forma escrita del procedimiento administrativo, debe hacerse mediante notificación dirigida a aquél, que en modo alguno interrumpe el curso del lapso de caducidad. Por otra parte, la falta de cumplimiento de esta disposición sólo puede originar, según el caso, una responsabilidad administrativa a cargo del funcionario competente, exigible conforme al ordenamiento vigente.

D. *Papel sellado*

RDP N° 8, 1981, pp. 111

CPCA   28-10-81

Magistrado Ponente: Vinicio Bracho Vera

La omisión del Papel Sellado no produce la nulidad de los escritos.

Llegada pues la oportunidad de dictar sentencia esta Corte juzga pertinente referirse previamente al pedimento suscrito por el Dr. Héctor R. Blanco Fombona apoderado de la Sociedad Anónima "Knoll Gomas Industriales C.A.", y contenida en el referido escrito de fecha veinte y cuatro de septiembre de mil novecientos setenta y nueve, el cual estima improcedente por cuanto, conforme a la Ley de Timbre Fiscal, la omisión de timbres o papel sellado no produce la nulidad de los actos o escritos que causan las respectivas contribuciones, sólo acarrea una sanción consistente en el pago, por parte del interesado, de timbres fiscales inutilizables sobre el documento gravado por el doble de la contribución correspondiente.

En tal virtud, se niega el pedimento en referencia y se ordena a la parte apelante inutilizar en el escrito de formalización del recurso los timbres fiscales correspondientes.

IV. LOS INTERESADOS

1. *Carácter*

RDP N° 13, 1983, pp. 106

CPCA   18-1-83

Magistrado Ponente: Armida Quintana Matos

La Corte señala las circunstancias que deben cumplirse para calificar como "interesados" a las personas naturales o jurídicas en el procedimiento inquilinario.

De lo antedicho resulta evidente, aun cuando no se diga de modo expreso, que se imputa a la recurrida la infracción del artículo 229 del Código de Procedimiento Civil al no decretar la reposición de la causa a que aspira el recurrente, dirigida, según manifiesta, a subsanar un vicio de un acto procesal (la citación), que puede conducir a su anulación, en virtud de haber colocado a dos de sus representados en estado de indefensión. Siendo, en efecto, la reposición una institución procesal creada con la finalidad práctica de corregir los errores de procedimiento que afecten o menoscaben el derecho de defensa de las partes en violación directa de normas legales que señalan las pautas a seguir en el procedimiento, resulta indispensable precisar si en realidad el Tribunal de Apelaciones de Inquilinato dejó de cumplir al practicar las citaciones de "los interesados" alguna de las formalidades esenciales a su validez, a tenor de lo dispuesto por el ordenamiento vigente.

En el procedimiento administrativo especial que regula el Decreto Legislativo sobre Desalojo de Viviendas y el Reglamento de la Ley de Alquileres, se califica como "interesados" a cualesquiera personas naturales o jurídicas, públicas o privadas, en quienes concurran las circunstancias siguientes:

a) ser propietario del inmueble objeto de regulación o exento de ella;

b) ser arrendador o arrendatario;

c) ser titular de algún derecho que le permita el uso, goce o disfrute del inmueble objeto de la regulación o exento de ella;

d) aquellos cuyos derechos legítimos, personales y directos, pudieren resultar afectados por la regulación de un inmueble o la declaratoria de exención de tal regulación; y,

e) aquellas personas jurídicas o naturales que tengan como actividad habitual la administración de inmuebles.

Estos "interesados" que define el texto reglamentario en el ámbito de la regulación o exención de alquileres gozan también de tal cualidad para el caso en que se proceda conforme al Decreto Legislativo y se solicite ante la Dirección de Inquilinato el desalojo de una vivienda. De proceder éste y oponerse las "personas afectadas" (arrendatario o subarrendatario en el caso de autos) la Resolución que recaiga en el procedimiento será apelable en ambos efectos, acorde con lo establecido en el artículo 72 numeral 5° del Reglamento mencionado, desde luego por ante el Tribunal de Apelaciones de Inquilinato, como lo prevén los artículos 89 y 90 de dicho texto.

La secuencia que establece el Reglamento entre el procedimiento administrativo y el proceso judicial que se cumple ante el Tribunal de Apelaciones arroja claramente que los "interesados" son las personas que definen los artículos del Reglamento a los cuales se ha aludido.

En el caso en examen, la solicitud inicial de desalojo la hace el propietario-arrendador contra los ocupantes del inmueble: "los sucesores del finado Manuel Lucena, a saber, su viuda: Carmen Garavito de Lucena y su hija Ana Pilar Lucena Garavito (arrendatarias) (folio 29 expediente administrativo), las cuales otorgan al apelante y otro abogado poder especial que corre inserto al folio 36 del expediente administrativo para que las "representen, sostengan y defiendan nuestros derechos, por ante el Ministerio de Fomento, Dirección de Inquilinato, Departamento de Desalojo y Sanciones Exp. 64-995-1 en el juicio (sic) intentado por el ciudadano Carlos Cabrera Pino, en nombre y representación de la Sucesión Cabrera Pino, por desalojo del apartamento N° 21, Piso 12, Torre "B", del Edificio Centro Comercial Candoral, ubicado entre las esquinas de Candilitos a Urapal, que ocupamos".

Ahora bien, el apoderado de las ciudadanas antes mencionadas alegó desde el primer momento (escrito de fecha 23-7-80 presentado ante la Dirección de Inquilinato del Ministerio de Fomento) que:

"... Ahora bien, por cuanto el contrato de arrendamiento no se extingue por la muerte de sus contratantes, sino que los derechos y obligaciones pasan a sus herederos, es lógico y de meridiana claridad, que el irregular accionante Carlos Cabrera Pino debió accionar, dentro de este procedimiento, contra todos y cada uno de los herederos; pues, al no hacerlo, vulnera los derechos de esas personas, por una parte; y por la otra, mis poderdantes no tienen la suficiente capacidad para responder a nombre de la Sucesión del difunto Manuel Lucena García. Es lógico, que debió accionar contra la sucesión representada por todos y cada uno de sus miembros; el no hacerlo deja írrita la presente acción".

La argumentación, aunada al criterio ya establecido acerca de los "interesados" en materia de inquilinato obliga a precisar algunos conceptos en relación al contrato de arrendamiento.

De esta manera, acorde con lo dispuesto por los artículos 1.579, 1.592 y 1.603 del Código Civil:

1°) el arrendamiento es un contrato por el cual una de las partes se obliga a hacer gozar a la otra de una cosa mueble o inmueble, por cierto tiempo y mediante un precio determinado que ésta se obliga a pagar a aquella.

2°) Son obligaciones principales del arrendatario: a) servirse de la cosa arrendada como un buen padre de familia y para el uso determinado en el contrato y b) pagar la pensión de arrendamiento en los términos convenidos, y

3°) La muerte del arrendador y del arrendatario no resuelven el contrato.

Esta última característica, fundamento de las pretensiones del apelante, cuando alega que al no extinguirse el contrato de arrendamiento por la muerte de sus contratantes, los derechos y obligaciones pasan a sus herederos, en cuya virtud debió el arrendador accionar contra todos, ya que "al no hacerlo vulnera los derechos de esas personas" (folio 39 expediente administrativo), lleva a esta Corte a señalar, tal y como lo estableció el Tribunal de Primera Instancia, que la aplicación conjunta de las disposiciones que regulan la materia y los recaudos que cursan en el expediente comprueban a las claras que el arrendamiento del inmueble propiedad de la Sucesión Cabrera Pino:

1°) No se resolvió a la muerte del arrendatario original, pues dos herederas de éste, su esposa e hija, continuaron ocupando el apartamento ubicado en el Edificio El Candoral (goce de la cosa), y correspondió a ellas, como lo afirma el apelante, la cancelación de los respectivos cánones de arrendamiento.

2°) Que fue contra dichas inquilinas contra quienes dirigió su acción el representante de la Sucesión Cabrera Pino (folio 29 expediente administrativo);

3°) Que no aparece demostrado en autos que los otros herederos del arrendador original ocuparan el inmueble, como tampoco la condición de tales, pues en el expediente sólo aparece una copia certificada del matrimonio de Manuel Lucena y

Carmen Garavito, y la filiación, según lo dispuesto por el Código Civil, sólo se demuestra mediante el acta de nacimiento inscrita en los registros del estado civil; y en su defecto, por la posesión continua del estado de hijo legítimo (artículo 206).

Ambos extremos: goce de la cosa, que en este caso se traduce en ocupación del inmueble y prueba de la filiación de los mandantes del apelante, eran indispensables para comprobar la cualidad de "interesados" que define la legislación vigente y que posibilita a quienes la detenten el ejercicio de los recursos que la misma prevé.

En virtud de lo expuesto, esta Corte Primera de lo Contencioso Administrativo, administrando justicia en nombre de la República y por autoridad de la Ley declara sin lugar el recurso intentado por el abogado Tito de la Hoz contra la sentencia emanada el 19 de junio de 1981 del Tribunal de Apelaciones de Inquilinato, la cual confirma en todas sus partes. Por tanto se acuerda la autorización de desalojo solicitada por el ciudadano Carlos Cabrera Pino en nombre y representación de la Sucesión Cabrera Pino contra Carmen Garavito de Lucena y Ana Pilar Lucena Garavito, concediéndoles a éstas el plazo de tres (3) meses establecido en el artículo 2 del Decreto tantas veces mencionado, a fin de que proceda a la desocupación, dejando expresa constancia de la obligación del interesado de ocupar el inmueble ubicado en el Edificio Centro Comercial Candoral, entre Candilito y Urapal, Torre B, piso 2, apartamento 21, en jurisdicción de la Parroquia Candelaria, por un período no menor de seis (6) meses posteriores a la fecha de la desocupación definitiva, ya que en caso contrario se someterá a las sanciones previstas en el artículo 30 de la Ley de Regulación de Alquileres.

RDP N° 44, 1990, pp. 122

CPCA   13-11-90

Magistrado Ponente: Belén Ramírez

Caso: Alexis Rangel vs. Instituto Agrario Nacional.

Para tener legitimación en un procedimiento administrativo relativo a un acto de efectos particulares debe tenerse un interés personal, legítimo y directo.

Relativo a este punto debe destacarse que el artículo 22 de la Ley Orgánica de Procedimientos Administrativos, respecto de los actos de efectos particulares, y para la definición de la condición de interesado, remite expresamente a la norma contenida en el artículo 121 de la Ley Orgánica de la Corte Suprema de Justicia. De allí que para poder ser considerado como legitimado en un procedimiento administrativo relativo a un acto de efectos particulares, el interés requerido debe ser igualmente personal, legítimo y directo. Consecuencialmente, para la interpretación de tales términos, puede igualmente tomarse como referencia la jurisprudencia antes citada de fecha 15 de octubre de 1988, dictada por esta Corte sobre ese punto.

2. *Representación*

RDP N° 11, 1982, pp. 124

CPCA   6-7-82

Magistrado Ponente: Aníbal Rueda

Las personas que en nombre del patrono ejercen funciones de dirección y administración, tienen personería suficiente para representarlo válidamente ante las autoridades administrativas del trabajo en todo lo relacionado con los efectos de los contratos de trabajo, y dentro de las funciones y atribuciones que en esa materia corresponden a dichas autoridades administrativas.

En escrito de fecha 2 de noviembre de 1981, la Constructora Hermanos Ruggiero C.A. solicitó por medio de apoderado judicial la declaratoria de nulidad por ilegal de la Resolución dictada por la Inspectoría del Trabajo en el Este del Área Metropolitana de Caracas, de fecha 1 de abril, que declaró "la reincorporación inmediata del laborante Dionisio Villegas, plenamente identificado en autos a su puesto habitual de trabajo con el consiguiente pago de los salarios dejados de percibir, cuantificados estos últimos desde el día 20 de febrero de 1981 fecha en que se produjo el despido hasta el día de su definitiva readmisión de dicha empresa y así se decide".

La demanda fue admitida en fecha 2 de julio de 1981. De conformidad con lo previsto en el artículo 125 de la Ley Orgánica de la Corte Suprema de Justicia fue notificado el ciudadano Fiscal General de la República y se le remitió anexo copias certificadas del libelo, del auto de admisión y demás recaudos pertinentes.

Según Resolución publicada en la Gaceta Oficial de la República de Venezuela N° 32.463 de fecha 29 de abril de 1982, fueron designados por la Sala Político-Administrativa de la Corte Suprema de Justicia los nuevos Magistrados que integran esta Corte Primera.

En la sesión de 13 de mayo de 1982 se incorporaron los nuevos Magistrados así: Presidente, Dr. Aníbal Rueda, Vicepresidente, Dra. Hildegard Rondón de Sansó, Magistrados: Dres. Román J. Duque Corredor, Armida Quintana Matos y Pedro Miguel Reyes.

Por auto dictado el 17 de mayo del año en curso esta Corte se avocó al conocimiento del presente recurso el cual continuó en la etapa de "Vistos" y se designó ponente al Magistrado que con tal carácter suscribe el fallo. Hecho el estudio del expediente por los Magistrados de la Corte en la forma prevista en el artículo 94 de la Ley Orgánica de la Corte Suprema de Justicia.

— I —

En fecha 20 de febrero de 1981 el ciudadano Dionisio Villegas, venezolano, mayor de edad, de este domicilio y titular de la Cédula de Identidad N° 2.099.994, ocurrió por ante la Inspectoría del Trabajo en el Este del Área Metropolitana en virtud de que: "Con fecha 19 de febrero del corriente año fui despedido por la empresa Constructora Hermanos Ruggiero C.A., estando amparado en la inamovilidad prevista en el artículo N° 204 de la vigente Ley del Trabajo, sin que cumpliera con solicitar la correspondiente calificación de despido para poder despedirme, en razón de la inamovilidad que me ampara, en mi condición de Miembro de la Junta Directiva del Sindicato arriba identificado, solicito al Despacho a su cargo se sirva ordenar mi reenganche con el consiguiente pago de los salarios dejados de percibir desde la fecha del despido hasta mi definitivo reenganche al trabajo, con un salario íntegro de bolívares ciento once (111) con sesenta (60) céntimos como Chofer Operador de Camión Bomba".

Solicito que la citación sea practicada en la persona de Giuseppe Ruggiero, como Presidente de la mencionada empresa, en sus oficinas ubicadas entre la Primera Av. Los Palos Grandes y Av. Francisco de Miranda, Edificio Cavendes, Piso 8, Oficina 802, Los Palos Grandes y si ello no fuere posible personalmente, que se le fijen Carteles para los efectos y fines legales consiguientes".

Sustanciada la solicitud de conformidad con lo previsto en los artículos 347, 351, 352, y 353 del Reglamento de la Ley del Trabajo, aparece al folio 3 del expediente administrativo, boleta de citación librada al Representante Legal de la Empresa "Constructora Hermanos Ruggiero C. A.", en fecha 4 de marzo de 1981, y la cual aparece firmada, sellada y recibida en fecha 11 de marzo de 1981.

En la oportunidad de la contestación de la demanda, solamente compareció el trabajador Dionisio Villegas, asistido por el ciudadano Alfonso Pérez M., en su carácter de Secretario de Organización de la Federación de Sindicatos Autónomos del Distrito Federal y Estado Miranda, concediéndosele a la empresa demandada la hora de espera prevista en el artículo 246 del Código de Procedimiento Civil; y no habiendo comparecido ni por sí ni por medio de apoderado; en el mismo acto fue declarada confesa de conformidad con lo dispuesto en el artículo 276 *ejusdem*.

En fecha 13 de marzo de 1981, la Inspectoría del Trabajo del Este del Área Metropolitana, dicta un auto mediante el cual, ratifica el estado confeso en que quedó la empresa por su no comparecencia al acto de la contestación de la solicitud de reenganche y da por reconocidos los tres particulares del artículo 347 del Reglamento de la Ley del Trabajo, ordenando verificar la condición de inamovilidad alegada por el trabajador.

En fecha 25 de marzo de 1981, comparece por ante la Inspectoría del Trabajo el Dr. Marcos Tulio de J. Paredes, quien en su carácter de apoderado de la firma "Constructora Hermanos Ruggiero C.A." consignó carta poder que acredita su representación, así como la Gaceta Municipal en la cual aparece el Registro de dicha empresa y solicitó en esa oportunidad: la reposición de la presente causa al estado de nueva citación, ya que el representante legal de la Empresa no ha sido citado y así consta de autos", alegando igualmente que en otra oportunidad ampliaría estos razonamientos.

Dicha solicitud de reposición es denegada por la Inspectoría del Trabajo, por auto dictado el 26 de marzo de 1981 por considerar cumplidos los requisitos pautados en el artículo 133 del Código de Procedimiento Civil.

La Inspectoría del Trabajo del Este del Área Metropolitana de Caracas dicta su Resolución en fecha 19 de abril de 1981, y entre los argumentos que la indujeron a dictarla se encuentran:

"Que al no haber concurrido la representación patronal al referido acto de contestación, es evidente que la solicitud del trabajador no fue controvertida y deben darse como ciertos los hechos alegados, es decir, que deben ser reconocidos y apreciados como indubitables la condición de trabajador y el despido después de lo cual el Inspector procederá a ordenar el reenganche y pago de los salarios caídos, una vez verificada la inamovilidad que ampara al trabajador."

"Planteados así los hechos, esta Dependencia consideró necesario en aras de la verdad procesal practicar una Inspección Ocular ante la Sala respectiva a los fines de constatar el fuero invocado por el accionante. Que el funcionario destacado al efecto verificó que el ciudadano Dionisio Villegas ostenta el cargo de Secretario de Actas del Sindicato prenombrado y dicha designación está vigente; por tanto dicho trabajador no puede ser despedido, trasladado o desmejorado en sus condiciones de trabajo, sin causa justa calificada previamente por el respectivo Inspector del Trabajo...".

"Por las razones expuestas esta Inspectoría del Trabajo en el Este del Área Metropolitana de Caracas, en uso de sus atribuciones legales declara con lugar la presente solicitud y como consecuencia de ello ordena a la empresa "Constructora Hermanos Ruggiero C.A.", la reincorporación inmediata del laborante Dionisio Villegas, plenamente identificado en autos a su puesto habitual de trabajo con el consiguiente pago de los salarios dejados de percibir, cuantificados estos últimos desde el día 20 de febrero de 1981, fecha en que se produjo el despido hasta el día de su definitiva readmisión en dicha empresa y así se decide".

Contra la Resolución dictada por el Inspector del Trabajo recurrió la empresa "Constructora Hermanos Ruggiero C.A.", según se anotó en el párrafo que encabeza este fallo argumentando en el escrito de impugnación como punto principal que su representada "no había sido citada legalmente para hacerse parte en dicho procedimiento, sin embargo, en mi carácter de apoderado de la compañía me hice presente en dicho procedimiento al tener conocimiento extraoficial de su existencia, y solicité formalmente en fecha 25 de marzo del año en curso, que se procediera a la reposición de la causa por cuanto mi representada no había sido citada como en efecto no fue citada en ningún momento para dicho procedimiento y así consta del expediente; tal solicitud de reposición de la causa al estado de que se practicara legalmente la citación de mi representada en la persona de su representante legal que el señor Giuseppe Ruggiero Di Prisco, la formulé en tiempo oportuno, ya que en fecha 25 de marzo del año en curso no se había vencido el lapso de los ocho días hábiles que acuerda la Ley del Trabajo y el nuevo Reglamento de la Ley del Trabajo en lo que se refiere al Fuero Sindical, para ejercer tal recurso..."

Continúa expresando el recurrente "...y al no acatar el funcionario dichas disposiciones —se refiere a los artículos 351, 352 y 353 del Reglamento de la Ley del Trabajo— colocó a mi representada en un total estado de indefensión, privándola del ejercicio legítimo de defensa, pues como dije anteriormente mi representada no fue citada en la persona de su representante legal ni personalmente ni por medio de carteles, y esta circunstancia está corroborada en la misma Resolución cuando establece que la citación fue firmada por la persona encargada para ello por la Empresa sin indicar el nombre de la persona que firmó..". Que dicho funcionario al obrar de esa manera como lo hizo, o sea al no citar personalmente ni por medio de carteles, al representante de la empresa —como lo solicitó el trabajador— violó las disposiciones del Código de Procedimiento Civil, como disposiciones concordantes sobre la materia, es decir, en materia de citación...".

Del texto de la Resolución impugnada, se desprende que, presentada la solicitud de reenganche, por el trabajador, se acordó la citación del representante legal de la accionada; que en la oportunidad fijada para que tuviera lugar el acto de alegatos no compareció la representación empresarial, ni por sí ni por medio de apoderado, que acordada la hora de espera, y después de cumplida, se declaró confesa a la accionada.

En el expediente administrativo correspondiente, se encuentra copia del oficio 1.096. emanado de la Inspectoría del Trabajo del Este del Arca Metropolitana de Caracas, contentivo de la citación, dirigido al Representante legal de la Empresa "Constructora Hermanos Ruggiero C.A."; y un sello estampado en su margen derecho donde se lee "Constructora Hermanos Ruggiero, C.A., firma ilegible ... 11 / 3 / 81, 11:15".

Consta igualmente, la solicitud de reposición formulada por el apoderado de la firma Constructora Hermanos Ruggiero C.A., para que se repusiera la presente causa al estado de nueva citación ya que el representante legal de la compañía no había sido citado.

Se encuentra también, la decisión emanada de la Inspectoría del Trabajo, en la cual deniega la anterior solicitud por considerar que se han cumplido los requisitos legales pautados en el artículo 133 del Código de Procedimiento Civil.

Así mismo, en el texto de la resolución impugnada se asienta: "Posteriormente por diligencia de fecha 25 de marzo de 1981, el Dr. Marco Tulio Paredes, en su carácter de apoderado de la prenombrada empresa solicitó la reposición de la presente causa al estado de nueva citación. No obstante este Despacho consideró que se cumplieron con todos los requisitos exigidos por la Ley a los efectos de la citación ya que fue debidamente sellada y firmada por la persona que habían encargado para ello, por tanto se negó dicha solicitud mediante auto de fecha 26 de marzo de 1981 y del cual no se apeló quedando firme y surtiendo sus efectos plenamente".

El artículo 12 del Reglamento de la Ley del Trabajo establece: "Los directores de empresa, gerentes, administradores, jefes de relaciones industriales, jefes de personal, capitanes de barcos, liquidadores, depositarios y demás personas que en nombre y por cuenta de un patrono ejerzan funciones de dirección o administración son representantes del patrono; y en consecuencia lo obligan frente a sus trabajadores para todos los fines derivados de la relación de trabajo".

Del contenido de dicha norma se desprende que, las personas que en nombre del patrono ejercen funciones de dirección y administración en cuanto a la contratación de los trabajadores y a los efectos derivados de los respectivos contratos de trabajo, tienen personería suficiente para representar válidamente al patrono ante las autoridades administrativas del Trabajo en todo lo relacionado con los efectos de los contratos de trabajo y dentro de las funciones y atribuciones que en esa materia corresponden a dichas autoridades administrativas.

En el caso de especie, el impugnante alega que su representada no fue debidamente citada y ello porque no aparece la firma del señor Giuseppe Ruggiero Di Prisco; y del examen de las actas que componen el expediente administrativo se evidencia que es como lo afirma el impugnante; y como se ha señalado, se encuentra una firma ilegible estampada en la copia del oficio de notificación pero no se establece en ninguna oportunidad que la misma pertenezca a alguna de las personas que señala el artículo 12 del Reglamento de la Ley del Trabajo.

Por otra parte, la Resolución impugnada es un acto administrativo que surge de un procedimiento de reenganche, por lo cual, han debido aplicarse las normas contenidas en los artículos 351 y siguientes del Reglamento de la Ley del Trabajo, y según ellas, las citaciones o notificaciones se harán personalmente o por medio de carteles. La citación personal se hará mediante boleta entregada por el empleado de la Inspectoría del Trabajo al citado en su morada o en su oficina o en lugar donde ejerce la industria o el comercio, o en el lugar donde se encuentre y se exigirá recibo firmado por el citado, el cual se agregará al expediente. El recibo deberá expresar el lugar, la fecha y la hora de citación.

La citación por consiguiente debió efectuarse personalmente al patrono, en el caso que se analiza, patrono que lo es "Hermanos Ruggiero, C.A."; ente moral representado por su Presidente Giuseppe Ruggiero Di Prisco o conforme a lo establecido en el artículo 12 del Reglamento de la Ley del Trabajo, por cualquiera de las personas allí señaladas. La exigencia del recibo al citado, que en este caso podría admitirse su sustitución por la firma y sello en la copia del oficio, debió expresar la identificación de la persona que lo firma, con indicación del carácter con que lo hizo, al no procederse en esa forma era imposible afirmar como lo hizo la autoridad administrativa del trabajo, que la misma había sido realizada por una persona encargada para ello, por lo tanto, no estaba demostrado en autos que el patrono hubiese sido legalmente citado, ni conforme a los artículos del Reglamento ya citado, ni de conformidad con la normativa aplicable por mandato del artículo 133 del Código de Procedimiento Civil, y así se establece.

En el caso de autos, la Resolución accionada dio por cumplidas las exigencias de la norma legal con la simple notificación "a la persona que habían encargado para ello", por lo cual, en criterio de la Corte, viola por mala aplicación, los artículos 12, 351, 352 y 353 del Reglamento de la Ley del Trabajo; y así se declara.

RDP N° 15, 1983, pp. 139

CPCA   16-6-83

Magistrado Ponente: Román J. Duque Corredor

En los procedimientos administrativos de calificación de despido el funcionario que asuma la representación del patrono es competente para otorgar "Poder" a abogados, a fin de que estos asuman la representación patronal en dicho procedimiento.

Según lo dispone el artículo 343 del Reglamento de la Ley del Trabajo, dentro de los tres días hábiles de haber recibido la solicitud de calificación de despido por parte del patrono, el Inspector del Trabajo citará al trabajador para el segundo día hábil siguiente a la notificación, a los fines de oír las razones que pueda aducir, y dejará constancia de ellas en acta. Igualmente, requerirá para el mismo acto la presencia del patrono o su representante para proponer la conciliación, y si éste no compareciere se considerará el acto como desierto. Del texto indicado, se desprende que la comparecencia del patrono, en primer término, es obligatoria; en segundo término, que puede ser personal o a través de representante, y en tercer término, que la consecuencia de su falta de comparecencia es la paralización del procedimiento, al considerarse el acto de contestación desierto. Ahora bien, en el presente caso, a dicho acto comparecieron los abogados Isaura Suárez Araújo, Alfredo Espinoza y Vicente Ramón Padrón, y consignaron una carta poder que les fuera conferida por el patrono, y solicitaron se les devolviera el original una vez que se hubiera dejado copia certificada en el expediente, lo cual fue acordado por el Inspector del Trabajo, agregando en la misma oportunidad, 17 de mayo de 1982, copia certificada de la carta poder referida y devolviendo el original, conforme se le solicitó. Por tanto, debe analizarse si en el acto de contestación del procedimiento administrativo de calificación de despido derivada de la inamovilidad por fuero sindical, existió o no la falta de comparecencia del patrono al acto de contestación, y si el Inspector del Trabajo debió declarar desierto el acto.

Al respecto, la Corte encuentra que la carta poder que presentaron los abogados que adujeron actuar en nombre y representación del patrono, fue otorgado por el doctor Germán Briceño, en su carácter de Director Subregional de Salud del Estado Trujillo, dependiente del Ministerio de Sanidad y Asistencia Social al cual prestaba servicios el dirigente sindical, cuya calificación de despido fue solicitada por la referida Dirección Subregional, por intermedio de su Administrador de Personal. Pues bien, el conferente de la referida carta poder, al tenor de lo dispuesto en el artículo 12 del Reglamento de la Ley del Trabajo, es representante del patrono, es decir, la Administración Pública Nacional (Ministerio de Sanidad y Asistencia Social), en razón de que su cargo de Director Subregional le permite actuar en nombre y por cuenta de aquélla, porque ejerce funciones directivas y administrativas, y en consecuencia, puede obligarla como patrono frente a sus trabajadores para todos los fines derivados de la relación de trabajo. La condición de representante del patrono del Director Subregional otorgaba a este funcionario capacidad para otorgar poder a profesionales del derecho, para que asumieran su representación patronal en el procedimiento de calificación de despido, lo cual no fue impugnado por la parte laboral. Por tanto, de conformidad con lo dispuesto en el artículo 1.172 del Código Civil, bien podía el citado Director Subregional conferir un poder como el expresado, dado que era capaz de representar al Ministerio de Sanidad y Asistencia Social, al tenor del mencionado artículo 12 del Reglamento de la Ley del Trabajo, y así se declara.

RDP Nº 52, 1992, pp. 113

CPCA   14-12-92

Magistrado Ponente: Gustavo Urdaneta Troconis

Caso: Anny Cardona de Requena vs. República (Ministerio del Trabajo Comisión Tripartita).

La representación en los procedimientos administrativos puede hacerse a través de la simple designación en la petición o recurso o acreditándola en documento registrado o autenticado.

Para decidir, esta Corte observa:

La representación en los procedimientos administrativos puede hacerse a través de la simple designación en la petición o recurso o acreditándola en documento registrado o autenticado, conforme lo permite el artículo 26 de la Ley Orgánica de Procedimientos Administrativos. La primera de las formalidades implica que el propio interesado al comparecer personalmente a presentar su petición o recurso, manifieste en el escrito correspondiente o en un anexo que confiere su representación a quien va a actuar como su representante en el procedimiento administrativo. Mientras que la segunda de dichas formalidades implica que quien comparece es el representante o apoderado, en nombre y representación del interesado, acompañando a la petición o recurso el poder autenticado o registrado. Además, por aplicación del artículo 1.169 del Código Civil, la forma del poder para actuar directamente el representante o apoderado, en nombre de los interesados en materia de procedimientos administrativos, es la protocolización o autentificación, por mandato expreso del artículo 26 de la Ley Orgánica de Procedimientos Administrativos. Sin embargo, en los procedimientos administrativos laborales, se admite la representación a través de cartas-poderes, sin la previa autenticación o registro, por la ampliación del concepto de representante del patrono a que se contrae el artículo 12 del derogado Reglamento de la Ley del Trabajo, ahora establecido en forma más amplia en los artículos 50 y 51 de la novísima Ley Orgánica del Trabajo.

La informalidad de la representación de los interesados siempre existió como un principio general de los procedimientos administrativos, aun cuando no estaba vigente la Ley Orgánica de Procedimientos Administrativos que la establece expresamente en el artículo 26. La única limitación a tal informalidad venía dada por la indefensión que podría causarse a algún particular cuando la representación no era tal, y por la necesidad de que se obtuviera el fin perseguido por la ley; pero si con ella se cumplían todas las etapas procedimentales y se conseguía la finalidad perseguida por la norma, no había lugar a considerar viciado el acto definitivo. En consecuencia, siendo el procedimiento a que se contrae la normativa de la Ley contra Despidos Injustificados y su Reglamento un procedimiento eminentemente administrativo, aunque éste sea de carácter triangular, porque en él la Administración, a diferencia del procedimiento administrativo típico, se ve obligada a decidir para satisfacer la pretensión de partes contrapuestas, no se exige que el poder cumpla con las formalidades y requisitos que establece la normativa del Código de Procedimiento Civil en relación al poder para actuar en juicio.

Además, la representación de los interesados es un trámite del procedimiento, de modo que sólo su ausencia o ineficiencia absoluta podrían justificar la declaratoria de nulidad del acto administrativo definitivo. En esta materia, las formalidades del procedimiento deben, en lo posible, salvo que condicionen el contenido del acto definitivo, subordinarse a que permitan llegar a la cuestión de fondo.

En el caso de autos, esta corte observa que se trata de un procedimiento administrativo (no judicial), por lo que la carta-poder otorgada al ciudadano Carlos Eduardo Cisneros Rodríguez para representar a la empresa Aseguradora Nacional Agrícola en el acto de contestación de la solicitud de calificación de despido, es válida. Esta Corte llega a esta conclusión porque la referida carta-poder fue otorgada por el Presidente de la empresa, Miguel Alfredo Morreo, quien de acuerdo con el acta constitutiva-estatutos de esa sociedad, tenía facultades de representación de esa sociedad y por tratarse el presente de un procedimiento administrativo de índole laboral, donde el concepto de representante del patrono es muy amplio, siendo suficiente que el otorgante de la carta-poder tenga la representación legal de la empresa. Ha sido aceptado por nuestra jurisprudencia que, cuando se trata de personas jurídicas colectivas, si su representante legal es quien otorga el poder, ello es suficiente, toda vez que es la misma persona la que actúa, en aplicación de la teoría de la representación orgánica de las sociedades.

RDP N° 81, 2000, pp. 200

CPCA   13-3-2000

Magistrado Ponente: Carlos Enrique Mouriño Vaquero

Caso: Joaquín Alcocer R. vs. República (Ministerio de Desarrollo Urbano. Dirección de Inquilinato).

En sede administrativa la representación no está regulada con la rigidez que caracteriza al proceso judicial.

De conformidad con el artículo 25 de la Ley Orgánica de Procedimientos Administrativos, los interesados en los procedimientos regulados por dicha ley pueden actuar personalmente o por medio de un representante, en aquéllos casos en los que no se exija expresamente su comparecencia personal; y con relación a la representación a que alude dicha norma, el artículo 26 *ejusdem* dispone que la misma "...podrá ser otorgada por simple designación en la petición o recurso ante la administración o acreditándola por documento registrado o autenticado". Esta posibilidad evidencia lo que se ha afirmado en reiteradas oportunidades, en el sentido de que la actuación en sede administrativa no está regulada con la rigidez que caracteriza al proceso judicial en este aspecto, donde necesariamente el interviniente debe estar representado de abogado o, por lo menos, asistido, exigiéndose para el primero de los supuestos una serie de formalidades relativas a la forma y otorgamiento del mandato conferido.

Tal circunstancia se encuentra reforzada por las disposiciones contenidas en la Ley de Simplificación de Trámites Administrativos, dictadas con el objeto de establecer los principios y bases conforme a los cuales los órganos de la Administración Pública Central y Descentralizada funcionalmente a nivel nacional, facilitarán las diligencias y actuaciones que realicen los particulares ante los mismos; y, con ello, "racionalizar las tramitaciones (...); mejorar su eficacia, pertinencia y utilidad (...) lograr una mayor celeridad y funcionalidad en las mismas..." (artículo 4). A estos fines el mencionado instrumento legal establece, entre otras formas, la reducción de los requisitos y exigencias a los ciudadanos, manteniendo la práctica de aquellas gestiones que sean verdaderamente indispensables para cumplir el propósito que con dicho trámite se persigue.

Sobre la base de tales previsiones se dispuso en el artículo 11 de la referida Ley, que "Salvo los casos establecidos expresamente por Ley, no será indispensable la comparecencia personal del interesado para realizar tramitaciones ente la Administración Pública, debiéndose exigir la presentación de carta poder a la persona que actúe en su representación".

Las anteriores premisas y la circunstancia de que la carta poder en referencia fue otorgada por quien, en definitiva, ostenta la titularidad sobre el bien objeto de la solicitud de regulación (condición que se evidencia de las actas del expediente y que no fue discutida por los inquilinos opositores), resultan suficientes para determinar la legitimidad de lo actuado en sede administrativa por los abogados Santiago Hernández, Vestalia Hurtado de Quirós, Vestalia María Quirós Hurtado e Ingríd Borrego, en nombre del ciudadano Joaquín Alcocer Romera.

A. *Formas*

RDP N° 19, 1984, pp. 116

CPCA   16-6-84

Magistrado Ponente: Román J. Duque Corredor

A los fines de la representación en los procedimientos administrativos, no es necesaria la formalidad del documento registrado o autenticado; basta la simple designación de dicha representación en los escritos o documentos presentados por los interesados.

Desde otro orden de ideas, dispone el artículo 1.169 del Código Civil, que "El poder para celebrar en nombre de otro un acto para el cual exija la Ley, instrumento otorgado ante un Registrador Subalterno, debe ser hecho en esta misma forma. Si el poder se refiere a actos para los cuales es necesaria y suficiente la escritura privada, puede ser hecho en esta misma forma, aunque el acto se otorgue ante un Registrador". Ahora bien, el procedimiento de calificación de despido por causa de inamovilidad derivada del fuero sindical, es un procedimiento administrativo, contemplado en el artículo 204 de la Ley del Trabajo, y en los artículos 342 a 347 de su Reglamento y, como tal, sometido también a las normas generales que en esa materia se contienen en la Ley Orgánica de Procedimientos Administrativos, la cual en su artículo 25 establece que "Cuando no sea expresamente requerida su comparecencia personal, los administrados podrán hacerse representar y, en tal caso, la administración se entenderá con el representante designado". Y por su parte, el artículo 26 *ejusdem*, establece que "La representación señalada en el artículo anterior podrá ser otorgada por simple designación en la petición o recurso ante la administración o acreditándola por documento registrado o autenticado". Ahora bien, la Ley en comentarios aunque prevé esta última forma de representación, como sustitutiva de la primera, ello no significa que quede prohibida la representación que conste en algún otro documento administrativo del expediente, cuya certeza o autenticidad puede ser confrontada o verificada por la Administración durante el trámite del procedimiento, por ejemplo, por la vía de la certificación de los documentos originales, facultad ésta que les está conferida expresamente a los funcionarios administrativos, de conformidad con lo consagrado en el artículo 59 de la referida Ley Orgánica de Procedimientos Administrativos, y que además constituye un derecho de los administrados de pedir certificaciones de cualquier documento contenido en el expediente. Por tanto, no siendo absolutamente necesaria la formalidad del documento registrado o autenticado en los procedimientos administrativos, sino que basta la simple designación de la representación en los escritos o documentos que los interesados presentan en los procedimientos administrativos, y tratándose el otorgante de tal designación de una persona capaz de representar al Ministerio de Sanidad y Asistencia Social, como patrono en el procedimiento de calificación de despido, resultaba válida la carta poder que los abogados Isaura Suárez Araujo, Alfredo Espinoza Aguaida y Vicente Ramón Padrón, presentaron ante el Inspector del Trabajo del Estado Trujillo, en el acto de contestación de la solicitud de despido, para que se les tuviera como representantes del patrono, y así se declara.

RDP N° 32, 1987, pp. 72

CPCA   19-11-87

Magistrado Ponente: Cecilia Sosa Gómez

CASO: Varios vs República (Ministerio del Trabajo-Comisión Tripartita).

Considera esta Corte que la Ley Orgánica de Procedimientos Administrativos es aplicable al caso de autos, en particular el artículo 26, por cuanto la Gobernación del Distrito Federal está actuando como actor por ante las Comisiones Tripartitas y esa norma prevé que la representación podrá ser otorgada por simple designación en la petición ante la Administración o acreditándola por documento registrado o autenticado, de manera que en este caso la Administración (Gobernación) se la asemeja a un administrado y es perfectamente legal que el Gobernador hubiere acreditado su representación por medio de una Carta-Poder como una simple designación en la petición, más si tenemos en cuenta que la Administración deberá ajustar su actividad a las prescripciones de la Ley de Procedimientos Administrativos (artículo 1). En consecuencia, se desestima el alegato y la Corte considera que en la instancia administrativa por ante las Comisiones Tripartitas la autorización otorgada era suficiente para iniciar el procedimiento constitutivo que culminara con una decisión de las Comisiones Tripartitas de Primera y Segunda Instancia Administrativa.

RDP N° 34, 1988, pp. 87

CPCA   14-4-88

Magistrado Ponente: Román J. Duque Corredor

Caso: Empresa Nacional de Salinas, C.A. vs. República (Ministerio del Trabajo, Comisión Tripartita).

La representación en los procedimientos administrativos puede hacerse a través de la simple designación en la petición o recurso, o acreditándola por documento registrado o autenticado (art. 26 de la Ley Orgánica de Procedimientos Administrativos).

Para resolver, la Corte observa:

Es verdad que la representación en los procedimientos administrativos puede hacerse a través de la simple designación en la petición o recurso, o acreditándola por documento registrado o autenticado, conforme lo permite el artículo 26 de la Ley Orgánica de Procedimientos Administrativos. Ahora bien, la primera de las formalidades implica que el propio interesado al comparecer personalmente a presentar su petición o recurso, manifieste en el escrito correspondiente o en un anexo que confiere su representación a quien va a actuar como su representante en el procedimiento administrativo. Mientras que la segunda de dichas formalidades, implica que quien comparece es el representante o apoderado, en nombre y representación del interesado, acompañando a la petición o recurso el poder autenticado o registrado. Además, por aplicación del artículo 1.169 del Código Civil, la forma del poder para actuar directamente el representante o apoderado, en nombre de los interesados en materia de los procedimientos administrativos, es la de la protocolización o autenticación, por mandato expreso del artículo 26 de la Ley Orgánica de Procedimientos Administrativos. Sin embargo, en los procedimientos administrativos laborales se admite la representación a través de cartas-poderes, sin la previa autenticación o registro, por la ampliación del concepto de representante del patrono a que se contrae el artículo 12 del Reglamento de la Ley del Trabajo.

En el caso de autos, el poder con que actuó el abogado que introdujo la solicitud de autorización de reducción de personal, fue otorgado por vía de autenticación ante un Notario. De modo que en cuanto a su formalidad el poder llenaba el requisito exigido en el artículo 26 de la referida Ley. No obstante, la Comisión autora del acto cuya nulidad se pretende, lo consideró insuficiente porque fue otorgado para representar a la empresa en los procedimientos de reclamación de los trabajadores contra la empresa, y no para actuar en su nombre en procedimientos que no son de reclamo, como el de obtención de autorizaciones de reducción de personal. A este respecto observa la Corte, que el hecho de que en el poder se expresara que su objeto era el de representar a la empresa en los reclamos laborales y no en otros procedimientos como de obtención de autorizaciones a los fines de despedir legalmente los trabajadores, no impedía actuar al abogado que actuó en su nombre, en el procedimiento de reducción de personal. Además, el concepto de reclamación no puede interpretarse estrictamente en sentido negativo, es decir, en contra del interesado, sino inclusive en sentido positivo, o sea, el de reclamos interpuestos por el mismo interesado. Por tanto, ciertamente que resulta equivocada la interpretación que dio al contenido del poder la Comisión autora del acto cuya nulidad se pretende, así como la calificación de insuficiente que le dio el mismo poder.

B. *Validez*

RDP N° 18, 1984, pp. 157

CPCA   21-3-84

Magistrado Ponente: Román J. Duque Corredor

En los Procedimientos Administrativos es válida la representación otorgada mediante una carta Poder.

Por otra parte, como para el momento en que se celebró el acto de contestación de la solicitud de calificación de despido por ante la Comisión Tripartita de Primera Instancia, no estaba vigente la Ley Orgánica de Procedimientos Administrativos, que en su artículo 26 permite la simple designación de representantes sin mayor formalidad, la Corte aclara que la informalidad de la representación de los interesados siempre existió como un principio general de los procedimientos administrativos, y que la única limitación a tal informalidad venía dada por la indefensión que podría causarse a algún particular cuando la representación no era tal, y porque se obtuviera el fin propuesto por la Ley, pero, si con ella se cumplían todas las etapas procedimentales, y se conseguía la finalidad perseguida por la norma, no había lugar a considerar viciado el acto definitivo. Además, la representación de los interesados es un trámite del procedimiento, de modo que sólo su ausencia o su ineficiencia absoluta, podrían justificar la declaratoria de nulidad de un acto administrativo, ya que en ese modo existiría un incumplimiento total del procedimiento, que sí da lugar a tal declaratoria. En efecto, en esta materia las formalidades del procedimiento deben, en lo posible, salvo que condicionen el contenido del acto definitivo, subordinarse a que consientan llegar a la cuestión de fondo. En el presente caso, tratándose de un procedimiento administrativo y no judicial, es válida la representación otorgada mediante una carta-poder, porque la exigencia del poder auténtico, a que se contrae el artículo 40 del Código de Procedimiento Civil, no es compatible con la informalidad de la representación en los procedimientos de carácter administrativo, y por tanto, el nombrado artículo 40 del Código de Procedimiento Civil, por la salvedad contenida en el artículo 43 del Reglamento de la Ley contra Despidos Injustificados, no resulta aplicable a aquellos procedimientos, y así se declara.

RDP N° 35, 1988, pp. 89

CPCA   30-6-88

Magistrado Ponente: Cecilia Sosa Gómez

Caso: Formularios y Procedimientos Moore vs. República (Ministerio del Trabajo).

Cuando se trata de personas jurídicas colectivas, si su representante legal es quien otorga el poder no es necesario cumplir las formalidades del artículo 42 del Código de Procedimiento Civil.

Respecto del alegato del recurrente referente a la validez de la representación de la empresa en el proceso, se observa que la Comisión Tripartita a de Segunda Instancia no encontró acreditada la representación empresarial, al considerar que el documento en fotocopia carece de valor probatorio. Frente a esta situación, observa esta Alzada que en los Folios 11 y 13 del Expediente Administrativo, se encuentra la autorización dada por el ciudadano Albert Taylor a la ciudadana Vilma Albani para que represente a la empresa en los procedimientos administrativos laborales, al igual que una copia del Repertorio Forense en el cual consta el registro de dicha compañía.

En este sentido, es necesario recalcar que ha sido aceptado por nuestra jurisprudencia que cuando se trata de personas jurídicas colectivas, si su representante legal es quien otorga el poder, no es necesario cumplir las formalidades previstas en el artículo 42 del Código de Procedimiento Civil, toda vez que es la misma persona la que actúa, en aplicación de la teoría de la representación orgánica de las sociedades, es por ello que en dicho supuesto, no es necesario presentar el instrumento que legitime su representación y tampoco copiarlo y certificarlo al pie, por lo que resulta suficiente que el otorgante se identifique como tal representante.

C. *Asistencia de abogado*

RDP N° 11, 1982, pp. 162

CPCA   28-6-82

Magistrado Ponente: Aníbal J. Rueda

Toda actuación en juicio requiere de la asistencia de Abogado; sin embargo, ello no es necesario en el procedimiento administrativo.

El artículo 39 de la Ley de Abogados, establece:

"Para comparecer por otro en juicio, evacuar consultas jurídicas, verbales o escritas y realizar cualquier gestión inherente a la abogacía, se requiere poseer el título de abogado, salvo las excepciones contempladas en la Ley...".

Por su parte, el artículo 49 de la misma Ley, dice:

"Toda persona puede utilizar los órganos de la administración de justicia para la defensa de sus derechos e intereses. Sin embargo, quien sin ser abogado deba estar en juicio como actor, como demandado o cuando se trate de quien ejerza la representación por disposición de la Ley o en virtud de contrato, deberá nombrar abogado, para que lo represente o asista en todo el proceso.

Si la parte se negare a designar abogado esta designación la hará el Juez. En este caso la contestación de la demanda se diferirá por cinco audiencias. La falta de nombramiento a que se refiere este artículo será motivo de reposición de la causa, sin perjuicio de la responsabilidad que corresponde al Juez de conformidad con la Ley...".

Del contenido de los textos transcritos se desprende que se requiere poseer el título de abogado, para comparecer en juicio; que no pueden comparecer en juicio a nombre de sus representados sin la asistencia de abogado en ejercicio, los representantes legales de personas o de derechos ajenos, los presidentes o representantes de sociedades cooperativas, asociaciones o sociedades civiles o mercantiles, que no fueran abogados; que quien deba estar en juicio como actor o demandado, debe nombrar abogado que lo represente o asista.

Como se ve, los supuestos contenidos en la normativa indicada se requieren para actuaciones en juicio, lo que en criterio de esta Corte no se hace extensible a la actuación ante los órganos de la administración, particularmente en este caso bajo análisis, en el cual, la norma que regula el procedimiento, que lo es el Reglamento de la Ley de Regulación de Alquileres y del Decreto Legislativo sobre Desalojo de Viviendas, establece que todo interesado que pretenda ejercer algún derecho ante la Dirección de Inquilinato, deberá hacerlo mediante solicitud. Tal solicitud deberá expresar al menos: la identificación del postulante, carácter con que actúa, objeto y fundamento de la solicitud, determinación de los recaudos, y lugar y fecha y firma. Sólo exige el Reglamento la condición de interesado, pero no le agrega requisito complementario alguno, como sería el caso de estar representado o asistido de Abogado, y ello es así porque se trata de un trámite administrativo que no comporta una actuación ante un órgano jurisdiccional; dispositivo que por lo demás se ve reforzado con la garantía que la Ley Orgánica de Procedimientos Administrativos, en su artículo 29 otorga a los interesados en sus peticiones ante cualquier organismo, entidad o autoridad administrativa.

De aceptar el criterio del recurrente procedería la reposición de la causa al estado de que el solicitante del desalojo designe Abogado para su solicitud ante el órgano administrativo inquilinario, pero tal solución sería ociosa ya que ante el órgano jurisdiccional *a quo* y ante esta Corte, el solicitante está asistido de Abogado, pero en todo caso, el alegato del recurrente ha debido producirse ante el mismo órgano administrativo a ante el Tribunal de Apelaciones de Inquilinato, si lo que aspiraba realmente era remediar el vicio que ahora denuncia.

Por las razones antes expuestas, esta Corte, desestima la solicitud de nulidad del acto que admitió la petición de desalojo. Y así lo declara.

3. *Notificación*

RDP N° 2, 1980, pp. 112

CSJ - SPA   28-4-80

Magistrado Ponente: Domingo A. Coronil

El trámite administrativo para la imposición de sanciones pecuniarias agota una primera instancia, por lo cual debe iniciarse con la notificación del administrado, dándole oportunidad para promover y evacuar las pruebas que juzgue pertinentes.

Estas actas tienen, fundamentalmente, una triple finalidad: constituir la prueba formal de los hechos que configuran una contravención, hacerlos del conocimiento de su autor y permitir establecer la responsabilidad por esos mismos hechos. Por tanto, mediante la prueba auténtica de los hechos y su conocimiento inmediato y directo de ellos, el autor o responsable de éstos está en capacidad de preparar su defensa o de persuadirse de la necesidad de su allanamiento.

Respecto de esta materia, este Alto Tribunal tiene dicho reiteradamente:

"El trámite administrativo para la imposición de sanciones pecuniarias agota una primera instancia, la cual por eso mismo, debe iniciarse con la notificación del administrado y en ello debe dársele oportunidad para promover y evacuar las pruebas que juzgue pertinentes, en ejercicio del derecho de defensa consagrado en el artículo 68 de la Constitución Nacional. Dicho procedimiento administrativo puede y debe ser definido por vía reglamentaria o por Resolución ministerial, caso de no estar previsto en una norma legal de superior categoría, en beneficio de la Administración misma y del particular. Sin embargo, su inexistencia no puede privar al administrado de su legítimo e impostergable derecho de defensa".

RDP N° 5, 1981, pp. 111

CPCA   25-11-80

Magistrado Ponente: Antonio J. Angrisano

En los procedimientos administrativos en los cuales haya confrontación de intereses, la administración pública está obligada a notificar a las diversas partes interesadas a los efectos de que se hagan parte en el procedimiento.

Como consecuencia de la existencia de tales facultades procesales, los trabajadores tienen además la garantía de que, en protección a sus derechos e intereses, deben ser notificados oportunamente por la Comisión Tripartita una vez que ésta ha dictado su decisión en prevención de que no habiendo tenido conocimiento oportuno de la existencia del procedimiento pudiesen por una parte, resultar afectados en algunos de los derechos que el ordenamiento jurídico les acuerda y, muy especialmente, ejercer los recursos correspondientes por ante la alzada respectiva; tal obligación que tiene en estos casos la Comisión Tripartita de Primera Instancia de notificar a los trabajadores deriva de la aplicación analógica de la disposición contenida en el artículo 229 del Código de Procedimiento Civil (aplicable también por vía de analogía y por mandato del ya citado artículo 43 del Reglamento de la Ley Contra Despidos Injustificados) según el cual "Los jueces procurarán la estabilidad de los juicios, evitando o corrigiendo las faltas que puedan anular cualquier acto del procedimiento...", en correspondencia con el cual nuestra jurisprudencia ha impuesto a los jueces, por vía de interpretación, la notificación obligatoria de los terceros con interés, bajo pena de nulidad de lo actuado en los casos en que se haya omitido tal formalidad.

Del derecho que tiene el tercero con interés y según el cual debe ser notificado oportunamente por el órgano correspondiente de la decisión que los afecta se produce la obligación que tiene la Comisión Tripartita de notificar a los trabajadores identificados por el patrono en su escrito de reducción de personal, habida cuenta de que es precisamente frente a ellos que se hará efectiva la autorización dada por la Comisión para despedirlos. En la situación —como la de autos— de que tal requisito no sea cumplido por cuanto los trabajadores señalados en el escrito de solicitud no sean notificados, esta omisión de la Comisión Tripartita lesiona sustancialmente la situación subjetiva que, dentro del procedimiento, tienen los trabajadores en su condición de terceros con interés, y al encontrarse imposibilitados de apelar ante la Comisión Tripartita de Segunda Instancia no pueden ejercer en tiempo útil —por causa que no les es imputable— el recurso administrativo referido consagrándose en vicio de procedimiento, que es necesario corregir, por lo cual es menester establecer, de una manera clara y precisa, que una vez que se produce la decisión de la Comisión Tripartita de Primera Instancia, ambos pueden ejercer —trabajador y patrono—, en igualdad de condiciones, el recurso de apelación que consagra el artículo 5 de la Ley Contra Despidos Injustificados, según les sea favorable o no el contenido de la Resolución por medio de la cual se autorizan o niegan los despidos solicitados y así se declara.

RDP N° 6, 1981, pp. 147

CSJ-SPA (65)   26-3-81

Magistrado Ponente: Josefina Calcaño de Temeltas

La exigencia de la notificación personal o estrictamente legal de la contribuyente es absolutamente necesaria cuando se trata de la planilla de liquidación que le causa un gravamen irreparable.

Como se sabe dicha planilla, de todos modos, debe notificársele personalmente al contribuyente, con diez (10) días de anticipación a la interposición del recurso contencioso fiscal; no por mandato del Reglamento, sino de las propias leyes de

Impuesto sobre la Renta de 1955 y 1958, en sendos artículos 78. Y en estos casos, que sí envuelven gravamen irreparable para la contribuyente, pues implican un lapso de caducidad de la acción, en perjuicio total y definitivo de ella, la jurisprudencia sí ha venido exigiendo cada vez más, que "la notificación de tal planilla se haga personalmente al contribuyente o en persona capaz de obligarla legalmente".

En principio la jurisprudencia admitió como válida la notificación hecha en el domicilio de la contribuyente a una empleada de ésta, aunque no fuera su representante legal (sentencias del Tribunal de Apelaciones Números 2 de 24-2-56 y 218 de 10-1-64) o hecha a la esposa de aquél (sentencia del Tribunal 2° de Impuesto sobre la Renta de 9-10-68). Pero desde 1971, la jurisprudencia de instancia ha exigido la notificación personal o en apoderado legal, declarando sin lugar notificaciones a conserjes (sentencia del Tribunal 1° de Impuesto sobre la Renta de 14-9-72) a hijos (sentencia del Tribunal 1° de Impuesto sobre la Renta de 26-10-72), a cuñada (sentencia del Tribunal 2° de Impuesto sobre la Renta de 21-10-68) o, a un empleado, cuyas funciones no es recibir correspondencia (sentencia del Tribunal 1° de Impuesto sobre la Renta de 10-1-75), y aun a la esposa del contribuyente (sentencia del Tribunal de Impuesto sobre la Renta de 15-12-76).

De todas maneras, en la mayoría de estos casos de falta de notificación de la planilla de liquidación fiscal al contribuyente, la jurisprudencia se ha cuidado en declarar que la notificación es simplemente defectuosa, pero no inexistente, y en consecuencia recobra su validez si la contribuyente decide expresamente acogerse a ella, en cualquier etapa del procedimiento fiscal, o tácitamente se acoge a ella interponiendo oportunamente sus defensas de fondo a los reparos que le han sido formulados, o simplemente confesando que la notificación la recibió con posterioridad a las fechas pretendidas por la Administración.

RDP N° 8, 1981, pp. 114

CSJ-SPA (239)   28-9-81

Magistrado Ponente: Josefina Calcaño de Temeltas

En el procedimiento administrativo, la Administración está obligada a notificar a los particulares los actos administrativos que afecten sus derechos e intereses.

Afirma la demandante que existen algunas irregularidades de procedimiento.

A este respecto la Corte observa: La Ordenanza sobre Patentes de Impuestos de Industria, Comercio y Actividades Similares, en vigencia, sancionada por el propio Concejo Municipal del Distrito Heres del Estado Bolívar, establece precisamente en el Capítulo IX, artículo 57, que "las decisiones de los Organismos a que se refiere esta ordenanza se notificarán por escrito", y, como es lógico suponer, el mismo Concejo Municipal está, sin lugar a dudas, entre esos "Organismos" a los que se refiere la ya mencionada ordenanza.

Ahora bien, la empresa tantas veces mencionada interpuso, conforme a lo previsto en la citada Ordenanza Municipal, ante el Concejo Municipal del Distrito Heres del Estado Bolívar, un recurso de apelación contra los actos ya señalados. Luego, conforme a la disposición citada, artículo 57, el Concejo Municipal, si pretendía lograr la eficacia del acto administrativo, emanado de ese mismo cuerpo edilicio, estaba obligado a notificar a la empresa su decisión con relación al recurso intentado por ella, fuera cual fuere el contenido de la misma. En efecto, en todo acto administrativo la notificación al interesado y, como consecuencia de ella, la eficacia del mismo, resulta aún más importante para la propia administración autora del acto que para el administrado, por cuanto esto le permitirá conocer con certeza la actitud del destinatario del acto frente al cumplimiento del contenido de su decisión. Por otra parte, aun cuando la ordenanza no hubiere establecido expresamente la obligación de la notificación, este principio encuentra soporte en el artículo 67 de la Constitución Nacional que consagra, entre los derechos individuales de los ciudadanos, el siguiente: "Todos tienen el derecho de representar o dirigir peticiones ante cualquier entidad o funcionario público, sobre los asuntos que sean de la competencia de éstos y a obtener oportuna respuesta". Tal "derecho de petición", concebido de esta manera por el Constituyente, constituye la base o el fundamento ideológico de la construcción jurídica desarrollada por el legislador en materia de recursos administrativos: cualquier ciudadano que los interponga tiene derecho a "obtener oportuna respuesta", en otras palabras, a que se le notifique la decisión sobre el recurso planteado.

En consecuencia, al no notificar su decisión sobre el recurso interpuesto a la empresa actora, el Concejo Municipal del Distrito Heres del Estado Bolívar violó una norma de su propia ordenanza, desconociendo así un derecho de naturaleza netamente constitucional. La recurrente conoció en efecto acerca de la decisión sobre su recurso administrativo, en forma indirecta y de manera irregular, ya que fue en la oportunidad en que se pretendió practicar la medida de embargo en el patrimonio del fiador, cuando tuvo conocimiento de que el mencionado Concejo había declarado "sin lugar la apelación interpuesta" por ella contra actos del Presidente de dicho Concejo y de su administración.

En razón de lo expuesto, es procedente el alegato de la demandante antes analizado y así se declara.

RDP N° 18, 1984, pp. 157

CSJ-SPA (91)   3-4-84

Magistrado Ponente: Luis H. Farías Mata

La notificación de la orden administrativa por publicación en la prensa es un procedimiento subsidiario que sólo procede cuando se desconoce la residencia del interesado.

1. Alega la recurrente que el Ministro de Fomento debió tramitar la apelación, dado que la misma se interpuso oportunamente, es decir, dentro del lapso de diez

días hábiles contados a partir de la fecha de la notificación personal, tal como lo establece el artículo 30 de la Ley sobre Normas Técnicas y Control de Calidad.

Observa la Corte que, en efecto, el artículo 30 ya referido remite a la Ley Orgánica de la Hacienda Pública Nacional en lo relativo al procedimiento a seguir para la aplicación de multas, señalando al mismo tiempo que éstas "serán apelables para ante el Ministerio de Fomento dentro de los diez días hábiles siguientes a su notificación". Por su parte, el artículo 420 de la Ley Orgánica de la Hacienda Pública Nacional establece que "la resolución se le notificará al multado pasándose copia de ella junto con la correspondiente planilla de liquidación..."; y el 421 *ejusdem*, en su segundo aparte, reza: "Si al contraventor no se le conociere residencia en el país, se le notificará por la prensa, señalándole en tal caso un plazo de noventa días, vencido el cual se le considera notificado". Se infiere en consecuencia de la normativa transcrita que esa notificación a través de un órgano de divulgación como la prensa sólo es aplicable como un procedimiento subsidiario que, por tanto, procede únicamente cuando se desconociere la residencia del contraventor; textos legales coincidentes con las prescripciones doctrinales, las cuales postulan —en ausencia de norma procedimental expresa aplicable— la notificación como de la esencia de los actos administrativos individuales, reservando la publicación para los actos generales. Doctrina, por cierto, que como orientación recoge ahora la vigente Ley Orgánica de Procedimientos Administrativos en el procedimiento ordinario para la constitución de actos administrativos (artículos 72 y 73).

RDP Nº 30, 1987, pp. 112

CPCA   26-3-87

Magistrado Ponente: Hildegard Rondón de Sansó

Caso: Maira E. Ferrer vs. República (Ministerio de Transporte y Comunicaciones).

La utilización de un medio no contemplado en la Ley (Telegrama) para realizar la notificación, no la vicia, cuando éste cumpla con su finalidad.

En cuanto a las fallas en el procedimiento disciplinario, y más específicamente con relación a la violación de los artículos 112 y 113 del Reglamento General de la Ley de Carrera Administrativa hay que recordar que los mismos señalan:

"Artículo 112. Si la Oficina de Personal considera que los hechos imputados configuran causal de destitución, lo notificará al funcionario, quien deberá contestar dentro del lapso de diez días laborables contados a partir de la fecha de notificación más el término de la distancia".

"Artículo 113. En la oportunidad de la contestación, el funcionario, mediante un escrito o declaración, que se hará constar por escrito, expondrá ante el Jefe de Personal las razones en las que se funda su defensa. Concluido el acto se abrirá un lapso de quince días para que el investigado promueva las pruebas procedentes en su descargo".

En el expediente, al folio ochenta (80), figura el telegrama enviado a la ciudadana querellante, el cual expresa lo siguiente:

"...Objeto de dar cumplimiento al Artículo 28 Reglamento Régimen Disciplinario Funcionarios Públicos Nacionales, sírvase comparecer Asesoría Legal esta Dirección, lapso tres días hábiles, fin rinda descargos legales averiguación administrativa asígnele este Despacho, incurso en irregularidades. Expediente N° 9.506. Pedro Crespo, Director de Personal".

Consta, asimismo, que el telegrama citado fue remitido el día 17 de febrero, de 1982. Por último, hay evidencia del acto del día 18 de febrero de 1982, al cual compareció la funcionaría querellante a prestar, declaración, contestando a una serie de preguntas relacionadas con los hechos que se le imputan.

El telegrama anteriormente señalado en el cual se le notifica a la querellante que debe presentar sus descargos, no constituye un medio de los establecidos en la Ley para realizar una notificación; sin embargo, la comparecencia de la querellante a dicho acto y el no cuestionamiento de su validez convalida los vicios que la notificación pudiera tener. La utilización de un medio no contemplado en la Ley (telegrama) para realizar la notificación, no la vicia en este caso, porque la misma cumplió con la finalidad de poner en conocimiento a la querellante de la oportunidad para presentar los descargos y su silencio convalidó los vicios que pudieren existir. En efecto, la querellante asistió al acto de descargos, lo cual implica que tuvo la oportunidad de presentar sus argumentos y declarar sobre los hechos que dieron origen a la averiguación. El lapso probatorio se abrió de pleno derecho luego del descargo sin que la querellante promoviera pruebas.

A este respecto, hay que agregar, que tanto en el lapso de pruebas de la primera instancia, como en la presente las mismas no fueron promovidas, salvo la "reproducción del mérito favorable en auto", que no son tales, como lo ha señalado esta Corte en reiteradas oportunidades.

Por estas razones, no se pueden considerar violadas las normas citadas, y así se declara.

RDP N° 32, 1987, pp. 73

CPCA   19-11-87

Magistrado Ponente: Cecilia Sosa Gómez

Caso: Varios vs República (Ministerio del Trabajo-Comisión Tripartita).

La notificación a los trabajadores de una solicitud de reducción de personal, es una carga de la Comisión Tripartita.

La indefensión de los trabajadores sometidos a la reducción laboral del Sistema Teleférico denunciado por los recurrentes, en el sentido de que no se enteraron del procedimiento y en consecuencia se vieron impedidos de contrariar los alegatos del patrono antes de que la primera instancia se pronunciara, es un alegato que pasa a examinarlo esta Corte en los siguientes términos:

A. Si bien es cierto que una vez admitida la solicitud, la Comisión Tripartita procede a la sustanciación de la misma, debe esta Corte pronunciarse si los trabajadores afectados e identificados en la solicitud deben ser citados o notificados de la misma y en definitiva si tienen derecho a intervenir en el procedimiento.

B. Se ha entendido que el procedimiento autorizatorio de reducción de personal no tiene carácter contradictorio, por no existir propiamente un reclamo en contra de los trabajadores, y como consecuencia de ello no hay obligación de citarlos, ni notificarlos para el inicio del procedimiento, porque ellos son interesados (artículo 22 de la Ley Orgánica de Procedimientos Administrativos y 121 de la Ley Orgánica de la Corte Suprema de Justicia), y por tal razón aunque no se hubieren citado o intervenido en la iniciación del procedimiento, pueden "apersonarse en el mismo" en cualquier estado en que se encuentre la tramitación (artículo 23 de la Ley Orgánica de Procedimientos Administrativos).

C. El principio jurídico en este asunto, es que la autorización de la reducción de personal es un acto administrativo que afecta o puede afectar los derechos subjetivos o los intereses legítimos, personales y directos de los trabajadores, de manera que el examen de su participación en el proceso administrativo constitutivo no parece subsanado si sólo se les notifica la resolución definitiva.

D. En el sentido anterior, cobran importancia las exigencias de la solicitud relativas a la determinación de si los trabajadores han ejercido o no sus derechos sindicales o de contratación colectiva (Ultimo Aparte del artículo 7 de la Ley Contra Despidos Injustificados) y también si el patrono ha excluido a los trabajadores de mayor capacidad, de nacionalidad venezolana, antigüedad en el servicio y de mayores cargas familiares (artículo 36 del Reglamento de la Ley, Parágrafo Único), por cuánto quién más que los trabajadores afectados para probar sobre estos aspectos.

E. Por su parte, la Ley Orgánica de Procedimientos Administrativos establece en el artículo 48, que el procedimiento constitutivo ordinario se inicia a instancia de parte interesada, en ese caso, la Gobernación del Distrito Federal, y establece para cuando se abra de oficio, que se ordene la apertura del procedimiento y la notificación a los particulares cuyos derechos subjetivos o intereses legítimos, personales y directos pudieren resultar afectados, y les concede un plazo para que expongan sus pruebas y aleguen sus razones.

En el caso que nos ocupa, el procedimiento se inició a instancia de parte. Si bien por el artículo antes señalado no parece requisito por parte de la Administración notificar a interesados, aun cuando éstos estén perfectamente identificados en la solicitud de reducción de personal, la aplicación del artículo 53 de la Ley Orgánica de Procedimientos Administrativos en la etapa de sustanciación del expediente establece como carga a la Administración (Comisión Tripartita) *de oficio* o a instancia de parte, cumplir con todas las actuaciones necesarias para *el mejor co-*

nocimiento del asunto que deba decidir, nos lleva a concluir que si bien la solicitud de reducción de personal en aplicación del artículo 7 de la Ley Contra Despidos Injustificados no establece la notificación de los trabajadores afectados por la medida de forma expresa, el artículo 37 del Reglamento de la Ley Contra Despidos Injustificados establece la carga en la Comisión Tripartita cuando recibe la solicitud de hacer "*las averiguaciones e investigaciones conducentes*" y además de poder designar uno (1) o tres (3) expertos que la asesoren, *debe* "acopiar todos los elementos probatorios que considere convenientes para decidir". Esos elementos probatorios pueden ser aportados por los trabajadores afectados si estuvieran en conocimiento del procedimiento, pero nunca después que la decisión ha sido tomada (Subrayado nuestro).

F. Por otra parte, si la argumentación anterior pudiera resultar interpretativa del espíritu, propósito y razón de la Ley aplicable, el artículo 47 del Reglamento de la Ley Contra Despidos Injustificados establece que, "Cuando en virtud del artículo 18 de la Ley (es decir la norma que señala que mientras se constituyen las Comisiones Tripartitas, los asuntos se tramitarán por ante la Inspectoría del Trabajo de la Jurisdicción conforme al procedimiento establecido en el Capítulo IV del Título VI del Reglamento de la Ley del Trabajo), el Inspector del Trabajo *que conozca de la solicitud de reducción de personal* prevista en el artículo 7 de la Ley, *seguirá el procedimiento establecido* en el Capítulo IV del Título VI del Reglamento de la Ley del Trabajo, en cuanto no sea contraria al articulado de la Ley y de su Reglamento" (Subrayado nuestro).

La diferencia entre ambas normas, la de la Ley (artículo 18) y el Reglamento (artículo 47), es que en el Reglamento se contempla que el procedimiento es aplicable por la Inspectoría del Trabajo y también lo será para la solicitud de reducción de personal prevista en el artículo 7 de la Ley Contra Despidos Injustificados.

G. Aun cuando las normas señaladas en el punto anterior, tienen carácter de disposiciones transitorias, no por ello puede crearse una desigualdad de tratamiento en cuanto a los trabajadores sometidos a la reducción de personal, si hay Comisión Tripartita en la localidad o si no la hay.

Tomando en consideración el procedimiento al cual reenvían la Ley y el Reglamento de la Ley Contra Despidos Injustificados, tenemos lo siguiente: El Título VI, Capítulo IV de su Reglamento de la Ley del Trabajo está estableciendo un procedimiento que debe aplicar el Inspector del Trabajo, en cumplimiento de la Ley Contra Despidos Injustificados, y en particular si conoce de una solicitud de reducción de personal.

Los procedimientos establecidos en el Reglamento de la Ley del Trabajo son para el despido del trabajador inamovible y para el procedimiento en calificación de despido y reenganche; en ambos se exige citaciones o notificaciones al trabajador tal como lo consagran los artículos 343 y 352 *ejusdem*. De manera que esta Corte considera que la notificación a los trabajadores de una solicitud de reducción de personal la cual necesariamente está identificado en la solicitud, es una carga de la Comisión Tripartita para mejor resolver el asunto, más cuando el objeto de la

Ley Contra Despidos Injustificados es precisamente "proteger a los trabajadores contra los despidos sin causa justificada" y en la reducción de personal, la Comisión debe determinar si es justificado el despido de trabajadores y si realmente las necesidades técnicas o económicas de la empresa se justifican para autorizar la reducción.

Por otra parte, no puede dejar de advertir esta Corte que la Ley Contra Despidos Injustificados consagra en el artículo 25 ubicado en el Capítulo II, "De los procedimientos para despidos y reducción de personal", que "Las citaciones o notificaciones se harán personalmente o por medio de carteles",- y aun cuando esa norma por su ubicación parece corresponder a los procedimientos para despidos, su texto o indeterminación de los sujetos a quienes va dirigido hace concluir a esta Corte, que se aplica a ambos procedimientos por las razones ya expresadas.

Por otra parte, la constitución, atribuciones y funcionamiento de las Comisiones Tripartitas están establecidas en el Reglamento de la Ley (artículo 4 de la Ley Contra Despidos Injustificados) y en tal sentido, los trabajadores están representados en las Comisiones, los cuales son nombrados previa postulación de las organizaciones más representativas de ellos (artículo 14 del Reglamento de la Ley Contra Despidos Injustificados). Ahora bien, el que los trabajadores tengan representación por ante las Comisiones Tripartitas no permite concluir que éstos asuman la defensa de los intereses legítimos, personales y directos que afecten a los trabajadores; y en consecuencia, la ausencia de notificación no puede entenderse como subsanada por el hecho que uno de los miembros de las Comisiones Tripartitas sea representante del trabajador.

Entra esta Corte a constatar si los trabajadores identificados en la solicitud de reducción de personal, fueron notificados o por algún medio subsanaron esa falta de conocimiento del procedimiento en curso.

Se observa que en el Informe presentado por la experto técnico designada por la Comisión Tripartita Segunda de Primera Instancia en el Distrito Federal, Departamento Libertador, dice: "Las presentes observaciones están basadas en conversaciones sostenidas durante la inspección ocular realizada en el Sistema Teleférico, con los empleados, obreros y miembros del Sindicato Autónomo de Trabajadores Electromecánicos", para después señalar que "en conversación sostenida con los miembros del Sindicato, me fueron entregados una serie de fotocopias de comunicaciones dirigidas ante la Gobernación del Distrito Federal y el Concejo Municipal, donde tratan una serie de problemas en relación al funcionamiento del Teleférico y que anexo al final del presente estudio" (Folio 50 del Expediente Administrativo).

Entre esas fotocopias aparece una comunicación sin firma, ni fecha, pero en todo caso anterior a la decisión de la Comisión Tripartita actuando como primera instancia administrativa, dado que son aportadas por la experta en el Informe, en papel del Sindicato Autónomo de Trabajadores Electromecánicos del Distrito Federal y Estado Miranda, en el cual se concluye señalando: "Todas estas consideraciones las hacemos en los momentos en que somos despedidos los ochenta y dos (82) trabajadores por orden del Gobernador.. ."(Folio 70).

Es pues en atención a que los trabajadores sometidos a la reducción de personal estaban en conocimiento del procedimiento que cursaba por ante la Comisión Tripartita que no puede alegarse indefensión y además que la inspección y reuniones llevadas a cabo por la experta designada, permite a esta Corte concluir que los trabajadores no estuvieron imposiblitados de hacerse partes en el proceso de reducción de personal en primera instancia administrativa, y así se declara.

RDP N° 41, 1990, pp. 77

CPCA   8-2-90

Magistrado Ponente: Hildegard Rondón de Sansó

Caso: José Castillo M. vs. República (Ministerio del Trabajo, Comisión Tripartita).

Respecto a la comunicación de los actos de las Comisiones Tripartitas, en el procedimiento que se sigue para la decisión, las Comisiones anuncian la fecha en que la misma debe producirse, sin que sea necesaria la notificación expresa de las partes, a menos que haya habido suspensión del procedimiento.

Respecto a la comunicación de los actos de las Comisiones Tripartitas, esta Corte debe determinar si las partes han de ser notificadas de ellas en la forma prevista en la Ley Orgánica de Procedimientos Administrativos, o no.

Al efecto, las Comisiones Tripartitas deciden en materia de despido injustificado un conflicto entre partes: la parte solicitante o reclamante, constituida por el trabajador que pide la calificación de despido; la pare reclamada, que es el patrono, empresa, explotación o establecimiento sometido a la Ley del Trabajo (artículo 2, letra A, de la Ley Contra Despidos Injustificados), que se opone a que sea efectuada la calificación. Se trata indudablemente de un procedimiento cuasi jurisdiccional en el cual el patrono es citado formalmente (artículo 6 de la Ley Contra Despidos Injustificados y 24 al 27 de su Reglamento). De allí que las partes están a derecho y no es necesario su llamamiento después de este acto. En el procedimiento que se sigue para la decisión, las comisiones anuncian las fechas en que la misma debe producirse sin que sea necesaria la notificación expresa de las partes, a menos que haya habido suspensión del procedimiento. Es diferente la situación a la previsión de la Ley Orgánica de Procedimientos Administrativos en materia de notificación de actos que son el fruto de una decisión de la Administración, en ejercicio de la función administrativa propiamente dicha, esto es, donde la misma actúa como un agente que impone unilateralmente una conducta y no, como en el caso que se analiza, en la cual dirime una controversia.

De allí que la Ley contra Despidos Injustificados establece que el lapso para los recursos contra las decisiones de las Comisiones Tripartitas, corre a partir de su publicación.

La presunción del conocimiento del contenido del acto que deriva de su publicación debía ser destruida por el trabajador, alegando que el procedimiento se suspendió sin que le fuese dado a conocer el contenido de la decisión dictada. En el caso presente nada de ello ha demostrado al respecto y resulta infundado su alegato de que se dio por notificado en forma expresa el 22 de marzo de 1988.

Por todas las anteriores razones y por cuanto desde la fecha del acto hasta la de la interposición del recurso transcurrió el lapso previsto por el artículo 134 de la Ley Orgánica de la Corte Suprema de Justicia para que se produjese la caducidad de la acción, el mismo resultaba inadmisible y así ha debido declararse.

RDP N° 42, 1990, pp. 87

CPCA   5-4-90

Magistrado Ponente: Hildegard Rondón de Sansó

Caso: Guilio E. Diciccio vs. Inquilinato.

En los procedimientos inquilinarios no rige para la notificación el sistema previsto en la Ley Orgánica de Procedimientos Administrativos, sino que es a la parte que solicitó el pronunciamiento administrativo a la que corresponde efectuarla por su cuenta.

Observa esta Corte que, tal como lo señala la apelante, la materia inquilinaria tiene características especiales, por cuanto el acto dictado por las autoridades administrativas en esta esfera se dirige directamente a la esfera subjetiva de las partes en el contrato de arrendamiento, esto es, al arrendador y al arrendatario. Si bien es cierto que al elevarse el recurso contencioso-administrativo contra el acto es éste el objeto del mismo; sin embargo, no se trata de un recurso objetivo, por cuanto las partes de la relación sustantiva que, como se vio, son el arrendador y el arrendatario, están presentes. Se trata de la categoría de los actos cuasi jurisdiccionales que, dentro de los actos administrativos unilaterales de la Administración poseen características propias. Estos actos tanto en la esfera del procedimiento administrativo como en la impugnación ante los tribunales contencioso-administrativos tienen modalidades que derivan de la existencia de las verdaderas partes titulares de posiciones jurídicas sustantivas, por lo cual su actuación procesal se destina no sólo a destruir o confirmar la legitimidad del acto impugnado sino, esencialmente, a demostrar la validez de sus respectivas pretensiones. Señalado lo anterior, se aprecia que en el caso de autos lo que está en juego es la determinación del momento en que se verifica la notificación del acto, a los fines de computar el lapso para el ejercicio del recurso contencioso-administrativo. La peculiaridad de los procedimientos inquilinarios se pone aquí de manifiesto con las circunstancias de que no rige para los mismos el sistema de notificaciones previstas en la Ley Orgánica de Procedimientos Administrativos que, como es sabido, corre por cuenta de la Administración, sino que es a la parte que solicitó el pronunciamiento administrativo a la que corresponde efectuar por su cuenta la notificación.

Planteada como lo ha sido la naturaleza contradictoria del procedimiento, la justicia exige un tratamiento igualatorio de las partes y es por ello que el momento que se establezca para el cómputo del lapso para intentar el recurso tiene que ser el mismo para ambas partes. La propia resolución dictada por el Director de Inquilinato del Ministerio de Fomento señala que: "El recurso por ante el Tribunal de Apelaciones de Inquilinato podrá ser interpuesto dentro de los treinta (30) días siguientes contados a partir de la notificación...". Es decir, que no alude a diferentes notificaciones sino a una sola y ésta no puede ser otra que el momento en que la última de las partes se dé por notificada como se requiere en todos los procedimientos jurisdiccionales. En el caso presente la fijación del cartel notificando a los inquilinos se produjo, como se señalara, en fecha 20 de abril de 1989, por lo cual el lapso de treinta (30) días se vencía el 20 de mayo de 1989 y el recurso interpuesto por la apelante en fecha 17 de mayo de 1989 fue interpuesto en tiempo hábil y así se declara.

RDP N° 48, 1991, pp. 117

CPCA   12-12-91

Magistrado Ponente: José A. Cátala

Para decidir, esta Corte observa:

Ha sido la jurisprudencia de esta Corte, en relación a la naturaleza especial de los actos cuasi-jurisdiccionales, que tales providencias dentro de los actos administrativos unilaterales de la Administración poseen características propias. En efecto, la actuación procesal se destina no sólo a destruir o confirmar la legitimidad del acto impugnado sino, esencialmente, a demostrar la validez de las pretensiones de las partes. Esta peculiaridad de los procedimientos inquilinarios se pone de manifiesto con la circunstancia de que no rige para los mismos el sistema de notificaciones previsto en la Ley Orgánica de Procedimientos Administrativos sino que es la parte que solicitó el procedimiento administrativo a la que corresponde efectuar por su cuenta la notificación. Igualmente, esta Corte ha precisado que se exige un tratamiento igualitario de las partes y, por lo tanto, el momento que se establezca para el cómputo del lapso para intentar el recurso tiene que ser el mismo para ambas partes.

RDP N° 51, 1992, pp. 113

CPCA   13-8-92

Magistrado Ponente: José Agustín Cátala

Caso: Agro-Industrial El Peñón vs. República (Ministerio de Fomento).

En la notificación por carteles en materia inquilinaria, la administración no actúa por propia iniciativa, siendo necesario que algún interesado la pida y al hacerlo se da por notificado del acto. Por otra parte, existen tres actuaciones encaminadas al perfeccionamiento de la notificación a los demás interesados a saber: la publicación de un resumen de la decisión mediante un aviso en un periódico local, la fijación del aviso a la vista del público en el local donde despacha el funcionario, lo cual se verifica en la cartelera que a tal fin se encuentra en la Dirección de Inquilinato y la tercera la fijación del aviso a la puerta de la casa u oficina del interesado.

RDP N° 63–64, 1995, pp. 236

CSJ-SPA (610)   03-08-95

Magistrado Ponente: Cecilia Sosa Gómez

Caso: Donato Santaella Zaraza y Teresa Alvarez Sandoval vs. Consejo Supremo Electoral.

El inicio de un procedimiento administrativo debe ser notificado a todos los particulares cuyos intereses legítimos o derechos subjetivos puedan resultar perjudicados

Sobre el alegato de deficiencia en el acto por el cual fue notificado o citado el ciudadano Donato Santaella, se observa:

La iniciación de cualquier procedimiento administrativo debe en principio serle notificada a todos los particulares que pudieran resultar perjudicados en sus derechos subjetivos e intereses legítimos a los fines de que puedan participar en él alegando y probando lo conducente en su defensa, así lo exige el artículo 48 de la Ley Orgánica de Procedimientos Administrativos. En materia de procedimientos sancionatorios iniciados por el Tribunal Disciplinario del Consejo de la Judicatura, se señala que el juez encausado deberá ser citado para que consigne escrito, dentro de un lapso de diez días, contentivo de lo que tenga que alegar en su defensa.

RDP N° 82, 2000, pp. 406

TSJ-SPA (873)   13-4-2000

Magistrado Ponente: José Rafael Tinoco

Caso: Banco Fivenez, S.A.C.A. vs. Junta de Emergencia Financiera.

La obligación que tiene la Administración Pública de notificar a los particulares de la apertura de un procedimiento administrativo no se extiende a todos los sujetos que tengan un interés en el asunto objeto del procedimiento, sino sólo a aquéllos cuyos derechos subjetivos o intereses legítimos, personales y directos pudieran resultar afectados. Cuando se trata de una intervención en materia financiera, la administración no tiene la obligación de notificar de la apertura del procedimiento de intervención a todos los que pudiesen resultar afectados en sus intereses por la medida, sino solamente a la persona sobre la cual ésta vaya a recaer.

En primer lugar, observa esta Sala que el recurrente denuncia la violación al derecho a la defensa, consagrado en el artículo 68 de la Constitución de 1961. En este sentido, los apoderados judiciales del recurrente señalan en su escrito de interposición de la acción que: "El acto administrativo impugnado vulnera el derecho a la defensa de nuestro mandante, en virtud de que se dictó sin cumplir con las formalidades exigidas por la Ley Orgánica de Procedimientos Administrativos"... "En el caso concreto, la Resolución N° 002 1298, de fecha 17 de diciembre de 1998, determinó la intervención de la empresa INVERSIONES 1.459, C.A., conforme a lo dispuesto en el artículo 18 de la Ley de Regulación de la Emergencia Financiera, sin que nuestra representada haya podido participar en la manifestación de voluntad de la Administración y aclarar en sede administrativa la verdadera situación de la empresa intervenida, es decir, se ha actuado a sus espaldas en contra de todos los principios legales y constitucionales y ello ha dado lugar a la emisión de un acto administrativo desproporcionado, ilegítimo y viciado de nulidad absoluta, precisamente por la falta de participación de los administrados".

Como se aprecia, esta primera denuncia de violación del derecho a la defensa, esgrimida por el recurrente, se concreta fundamentalmente en que el procedimiento seguido para intervenir a la empresa INVERSIONES 1.459, C.A. se realizó a sus espaldas, sin que se hubiese procedido a su participación ni al otorgamiento de una audiencia previa que le permitiera ejercer su derecho a la defensa. A este respecto, observa esta Sala que la obligación que tiene la administración pública de participar (notificar) a los particulares de la apertura de un procedimiento administrativo no puede extenderse a la notificación de todos y cada uno de los sujetos que tengan un interés en el asunto objeto del procedimiento.

En efecto, en materia de procedimientos administrativos en general, la obligación que tiene la administración de notificar de la apertura de un procedimiento administrativo es con respecto a los particulares cuyos derechos subjetivos o intereses legítimos, personales y directos pudieren resultar afectados (artículo 48, segundo párrafo, de la Ley Orgánica de Procedimientos Administrativos). Asimismo, en materia de bancos, la Ley General de Bancos y otras instituciones financieras, en su artículo 172, establece el alcance de la obligación que tiene la Superintendencia de Bancos en materia de concesión de audiencias a los particulares. En este sentido, dicha disposición establece que, para la adopción de las medidas a que se refiere dicho capítulo, el Superintendente dará audiencia a la parte respecto a la cual se toma la decisión. Además, dicho artículo establece que, en caso de urgencia, el Superintendente podrá adoptar medidas en la misma fecha del informe en el cual se determinen los hechos que dan lugar a las medidas.

Se aprecia pues que, en materia de procedimientos administrativos general y en materia de bancos, la obligación de notificar la apertura del procedimiento y de dar audiencias se extiende fundamentalmente a la parte respecto de la cual se adopta la medida y a cualquier otro particular cuyos derechos subjetivos o intereses legítimos, personales y directos pudiere afectar la medida; y, en casos de emergencia, la Ley permite incluso prescindir de dichas formalidades, sin perjuicio del derecho que tiene la parte con respecto de la cual se dictó la medida, o los interesados en el asunto, de ejercer el derecho constitucional a la defensa mediante la interposición de los respectivos recursos (administrativos o judiciales) contra la medida en cuestión, con posterioridad a su adopción. De allí que la Corte Primera de lo Contencioso-Administrativo venga sosteniendo el criterio que en materia de intervención de empresas relacionadas, el artículo 18 de la Ley de Regulación de la Emergencia Financiera permite la intervención de la empresa relacionada sin conceder audiencia previa al sujeto sobre el cual recae la medida, en vista de la situación especial de emergencia que reviste la adopción de dicha medida, lo cual hace que puedan relajarse ciertas formalidades en beneficio de la eficacia de la medida (la cual se adopta en protección de los intereses de un número indeterminado de personas).

En el caso que nos ocupa, es obvio que la empresa recurrente no es el sujeto con respecto del cual se adoptó la medida de intervención que aquí se impugna. Y, en opinión de esta Sala, la condición del solicitante con respecto al acto de intervención se asimila más a la de un titular de un interés indirecto, pues de acuerdo con el contenido del expediente lo que parece afectar más sus intereses es la paralización o suspensión de los procesos judiciales que tiene pendiente con la empresa intervenida y no la medida de intervención propiamente dicha (aunque la referida suspensión es consecuencia de la intervención). Esta última consideración no implica en ningún modo desconocer la legitimación que ostenta el recurrente para el ejercicio de la presente acción, pues el derecho constitucional a tutela judicial efectiva abre la posibilidad de acceder a los órganos de la administración de justicia a los titulares de intereses legítimos e indirectos.

En casos como el presente, no es concebible que la administración pública tenga la obligación de notificar de la apertura de un procedimiento de intervención a todos aquellos sujetos que pudiesen resultar afectados en sus intereses por la posible intervención. Ello implicaría tener que notificar a un número indeterminado de personas naturales y jurídicas que tuviesen algún tipo de relación jurídica con la empresa a intervenir, lo cual resultaría materialmente imposible de cumplir por parte de la administración. De allí que, como antes se señaló, la obligación de notificar la apertura del procedimiento sólo se extiende a la persona sobre la cual vaya a recaer la intervención, debiendo la administración una vez decretada la medida proceder a publicar la respectiva resolución en la Gaceta Oficial de la República de Venezuela, a los fines de dar a conocer su contenido a aquellas personas cuyos intereses pudieren verse afectados por la intervención. Así, en casos como el del recurrente, el derecho constitucional a la defensa corresponde ser ejercido una vez dictada la Resolución, mediante la interposición de los respectivos recursos legales.

En virtud de lo anterior, en relación a esta primera denuncia, no observa esta Sala la existencia de indicio o elemento alguno que permita deducir presunción grave de violación del derecho a la defensa por la aludida falta de notificación o participación, debiendo esta Sala desestimar esta primera denuncia formulada por el recurrente y ratificar la posición fijada sobre este aspecto por la Corte Primera de lo Contencioso Administrativo en el fallo apelado. Así se decide.

RDP N° 99–100, 2004, pp. 218

TSJ-SC (2590)   15-11-2004

Magistrado Ponente: Iván Rincón Urdaneta

Caso: Unilever Andina S.A. vs. Decisión Sala Político Administrativa del Tribunal Supremo de Justicia.

La Sala analiza el artículo 136 del Código Orgánico Tributario que establece la enumeración de las personas en cuya cabeza recae la notificación personal con fines tributarios.

Una vez establecidos los criterios interpretativos anteriores, pasa la Sala a analizar el artículo 136 del Código Orgánico Tributario y al respecto observa:

"Artículo 136. El gerente, director o administrador de sociedades civiles o mercantiles, o el presidente de las asociaciones, corporaciones o fundaciones, se entenderán facultados para ser notificados a nombre de esas entidades, no obstante cualquier limitación establecida en los estatutos o actas constitutivas de las referidas entidades".

De la norma anterior se evidencia claramente que cualquier notificación personal debe hacerse en las personas de los directores, gerentes o administradores de las sociedades, independientemente de las disposiciones que al efecto se hayan establecido en los estatutos de las mismas. Esto denota una clara intención del legislador de considerar a esas personas específicamente nombradas capaces de representar a las asociaciones a las cuales pertenecen a la hora de darse por notificadas dado el carácter de sus funciones internas y su jerarquía dentro de la empresa y, como consecuencia de ello, evitar los retardos por posibles disposiciones estatutarias que impidan el correcto desenvolvimiento de los procedimientos tributarios, de modo que no puedan sustraer -aunque sea temporalmente- a dichas asociaciones de un pronto control tributario.

Ello responde a la realidad demostrada durante años previos a la adopción del Código Orgánico Tributario donde para frustrar la actividad de la Administración Tributaria cada empresa establecía normas estatutarias que mermaban la posibilidad de que se diera una pronta notificación de las partes, incurriéndose en dilaciones procesales injustificadas.

Así las cosas, en contraposición con los argumentos de la recurrente, no hay elucidación posible de la norma que permita interpretar de modo diferente su contenido ante la enumeración clara y precisa de las personas en cuyas cabezas recae de forma directa e inmediata de la ley la notificación personal con fines tributarios; así como tampoco ocurre ante la falta de exigencia de cualquier otro requisito concurrente para ser considerados como tales. Esto además se complementa con la expresa exclusión e ignorancia de las disposiciones que contengan los estatutos de la contribuyente al respecto.

De allí que, una vez verificada la notificación personal en cualquier Director, Gerente o Administrador de la sociedad (sin necesidad de concurrencia entre ellos o alguno de ellos), empieza a correr inmediatamente el plazo de diez (10) días para que ejerzan los recursos que consideren pertinentes para su defensa.

En concordancia con lo anterior, si la contribuyente no interpone tales recursos en tiempo hábil, mal puede el poder judicial suplir la falta de la misma en detrimento de la Administración Tributaria, al conocer de un recurso manifiestamente extemporáneo por causas ajenas al ente recaudador.

Siendo ésta la única interpretación que gramática y lógicamente puede derivarse de la norma *in commento*, hay que concluir que en el presente caso, al haberse realizado la notificación en la persona del Gerente de Finanzas acreditado por la sociedad mercantil Unilever Andina S.A., se cumplieron los extremos exigidos en el artículo 136 del Código Orgánico Tributario para la procedencia de la notificación personal. Así se declara.

RDP N° 104, 2005, pp. 144

TSJ-SPA (6207)   16-11-2005

Magistrado Ponente: Evelyn Marrero Ortiz

Caso: Policlínica Metropolitana C.A. vs. Ministerio de la Producción y el Comercio.

En el Procedimiento Administrativo el legislador estableció el domicilio como factor de conexión a los fines de conocer con certeza que la notificación del acto administrativo de que se trate fue efectivamente practicada. Por lo tanto, se presume que un acto administrativo es conocido por el interesado cuando la notificación es recibida en su domicilio (Art. 75 Ley Orgánica de Procedimientos Administrativos).

Alegan los apoderados judiciales de la sociedad mercantil recurrente que la notificación del acto administrativo contenido en la decisión de fecha 19 de noviembre de 2001, emanada del Consejo Directivo del Instituto para la Defensa y Educación del Consumidor y del Usuario (INDECU) está viciada de nulidad por cuanto se efectuó en la sede de la sociedad mercantil Policlínica Metropolitana, C.A., dirigida en atención al ciudadano Carlos Urbina F., a pesar de que en el escrito del recurso jerárquico, habían solicitado que las notificaciones a realizarse durante el procedimiento administrativo se efectuaran en las oficinas de sus apoderados.

Por tal razón, denuncian que el acto administrativo contenido en la Resolución N° DM/N° 086 de fecha 29 de abril de 2003, dictada por el ciudadano Ramón Rosales Linares, en su condición de Ministro de la Producción y el Comercio, parte de un falso supuesto de hecho al considerar que la notificación practicada a su representada de manera defectuosa resultó convalidada, motivado a que logró que la sociedad mercantil sancionada tuviera conocimiento del acto administrativo dictado, toda vez que ésta procedió al ejercicio del recurso jerárquico.

En este sentido, arguyen que la mencionada convalidación no se produjo en el caso de autos, dado que el recurso jerárquico no fue interpuesto en el lapso legal correspondiente motivo por el cual no puede argumentarse que la notificación "irregular y defectuosa" logró el fin perseguido.

En igual orden de ideas, los apoderados actores denuncian que el acto administrativo impugnado se encuentra viciado de falso supuesto de derecho, debido a que la Administración se abstuvo de aplicar el efecto jurídico que la Ley y la jurisprudencia han atribuido a las notificaciones defectuosas de los actos administrativos.

Al respecto la Sala observa:

El artículo 75 de la Ley Orgánica de Procedimientos Administrativos establece lo siguiente:

*"Artículo 75. **La notificación se entregará en el domicilio o residencia del interesado** o de su apoderado y se exigirá recibo firmado en el cual se dejará constancia de la fecha en que se realiza el acto y del contenido de la notificación, así como del nombre y cédula de identidad de la persona que la reciba". (Negrillas de la Sala).*

De la norma antes transcrita, se desprende de manera clara que el legislador estableció el domicilio (como factor de conexión) a los fines de conocer con certeza que la notificación del acto administrativo de que se trate fue efectivamente practicada. Por lo tanto, se presume que un acto administrativo es conocido por el interesado cuando la notificación es recibida en su domicilio.

Así, en el caso de autos se observa que consta a los folios 115 y 116 del expediente administrativo, la notificación del acto administrativo emanado del Consejo Directivo del Instituto para la Defensa y Educación del Consumidor y del Usuario (INDECU), dirigida a: *Servicios Médicos Metropolitanos. Urbanización Caurimare, Calle A-1, Edif. Policlínica Metropolitana, C.A. En atención al Ciudadano: Carlos Urbina F.*

A los efectos de determinar si la sede de la sociedad mercantil Policlínica Metropolitana, C.A., ubicada en la dirección antes indicada, en la cual fue entregada la referida notificación, constituye o no el domicilio de la mencionada empresa, resulta necesario señalar lo dispuesto en el artículo 203 del Código de Comercio, el cual es del tenor siguiente:

*"**Artículo 203**. El domicilio de la compañía está en el lugar que determina el contrato constitutivo de la sociedad; y a falta de esta designación, en el lugar de su establecimiento principal."*

El referido artículo establece que a falta de indicación o designación expresa y específica del lugar de domicilio de una compañía anónima en su contrato constitutivo, éste (su domicilio) se encontrará en el lugar de su establecimiento principal.

En orden a lo anterior, se observa que cursa a los folios 40 al 42 del expediente administrativo, copia simple del acta constitutiva y estatutos de la sociedad mercantil Policlínica Metropolitana, C.A., en la cual no se indica o designa en forma expresa el lugar de su domicilio, limitándose a señalar que dicha empresa *"tendrá su domicilio en el Área Metropolitana de Caracas"*.

De forma tal que, con el objeto de conocer con certeza el lugar en el que deben entregarse las notificaciones a la empresa Policlínica Metropolitana, C.A., conforme a lo establecido en el artículo 75 de la Ley Orgánica de Procedimientos Administrativos, deberá atenderse a lo dispuesto en el mencionado artículo 203 del Código de Comercio, el cual establece que en los casos en los que no se haya indicado o designado en forma expresa el lugar del domicilio de una sociedad mercantil, se tendrá como éste el lugar de su establecimiento principal.

Así, se aprecia que la mencionada notificación se practicó en fecha 02 de enero de 2002, con acuse de recibo en sello húmedo, en la sede de la sociedad mercantil Policlínica Metropolitana, C.A., ubicada en la *Urbanización Caurimare, Calle A-1, Edif. Policlínica Metropolitana, C.A.*, la cual a juicio de esta Sala, constituye el establecimiento principal de la empresa sancionada, toda vez que allí se lleva a cabo la actividad que comporta su objeto o razón social, cual es la prestación de servicios de hospitalización, quirófanos y otros servicios especializados en clínicas médicas, aunado a que en la referida sede, también se encuentra la administración de dicha empresa.

En sintonía con lo expuesto, resulta claro que la sociedad mercantil recurrente tuvo conocimiento en fecha 02 de enero de 2002 del acto administrativo sancionatorio dictado en su contra.

RDP N° 110, 2007, pp. 164

TSJ-SPA (917)   6-6-2007

Magistrado Ponente: Emiro García Rosas

Caso: Constructora Mergabi C.A. vs. Ministerio del Ambiente y de los Recursos Naturales Renovables (hoy Ministerio del Poder Popular para el Ambiente).

La Sala Político Administrativa admite la posibilidad de utilizar el fax como instrumento de notificación en los procedimientos administrativos, siempre y cuando pueda comprobarse su recepción por parte del destinatario del acto y se cumpla la finalidad perseguida.

En primer término el apoderado judicial de la recurrente señaló que a su representada no se le dio la oportunidad de ejercer su derecho a la defensa, no se le notificó de la apertura de un procedimiento en su contra, ni se le concedió un plazo para presentar sus descargos.

Que conforme a lo dispuesto en la Ley Orgánica de Procedimientos Administrativos, la notificación debía realizarse personalmente o mediante la publicación del acto administrativo en un diario de mayor circulación de la República. Sin embargo, alega la recurrente que fue notificada por fax del oficio N° 000532, s/f, emanado del Director Estadal Ambiental Falcón del M.A.R.N.R.

Asimismo adujo la actora que el referido fax además de ser "totalmente ilegible" no le señaló la oportunidad que tenía para ejercer sus descargos, violando lo dispuesto en los artículos 9, 48 y 73 de la Ley Orgánica de Procedimientos Administrativos.

Al respecto se observa, que en ocasiones anteriores la Sala se ha pronunciado en torno a las notificaciones defectuosas, señalando:

"(…) la finalidad de la notificación es la de llevar al conocimiento de su destinatario la existencia de la actuación de la Administración. Si una notificación defectuosa ha cumplido con el objetivo a que está destinada, ha puesto al notificado en conocimiento del contenido del acto y ha cumplido con el propósito de ponerlo al tanto de la existencia del acto notificado, más aún cuando como ocurre en este caso, el recurso fue oportunamente interpuesto permitiéndole acceder a la vía judicial, debe concluirse que los defectos que pudiera contener han quedado convalidados. Así se declara. (…)" (sentencia N° 01889 de fecha 14 de agosto de 2001) (Resaltado de la Sala).

En cuanto al uso del fax como mecanismo para practicar la notificación, debe señalarse que aun cuando la Ley Orgánica de Procedimientos Administrativos que data del año 1982, sólo prevé la notificación en el domicilio del interesado o en su defecto mediante su publicación en un diario de mayor circulación "de la entidad territorial donde la autoridad que conoce del asunto tenga su sede" (artículos 75 y 76 *eiusdem*), no es menos cierto que actualmente la Administración no sólo dispone de mayores herramientas para lograr sus cometidos sino que "deberán utilizar las nuevas tecnologías que desarrolle la ciencia, tales como los medios electrónicos, informáticos y telemáticos, para su organización, funcionamiento y relación con las personas (…)" (artículo 12 de la Ley Orgánica de Administración Pública).

El ordenamiento jurídico en aras de adaptarse a las nuevas tecnologías, en normativas especiales como la tributaria, ha incluido preceptos en los que se prevé que las notificaciones podrán ser practicadas "(…) Por correspondencia efectuada mediante correo público o privado, por sistemas de comunicación telegráficos, facsimilares, electrónicos y similares, siempre que se deje constancia en el expediente de su recepción." (Artículo 162 del Código Orgánico Tributario, publicado en la Gaceta Oficial de la República Bolivariana de Venezuela N° 37.305 del 17 de octubre de 2001).

El avance tecnológico ha llevado a que este Supremo Tribunal, para marchar a la par de la realidad social, considere válidamente interpuestos los amparos por vía electrónica, bajo ciertas condiciones, aún cuando ello no esté previsto en la Ley Orgánica de Amparo sobre Derechos y Garantías Constitucionales (Decisión de la Sala Constitucional N° 523 del 09 de abril de 2001 dictada en el expediente N° 00-2317).

En el caso de autos, si bien es cierto que la recurrente fue notificada mediante un fax en el que se le envió el oficio N° 00532 de fecha 15 de julio de 1998, no lo es menos que ésta admitió que dicha notificación fue recibida.

A juicio de la Sala, la recepción por parte de la recurrente de ese fax, permitió que ésta tuviese conocimiento de las irregularidades y deficiencias que habían sido detectadas en la obra, prueba de esto es que, como ha sido señalado, en igual fecha, también mediante el uso del fax, la actora envió una comunicación al Director Estadal Ambiental de Falcón del M.A.R.N.R. en torno a las anomalías detectadas en la obra indicando que "las divergencias con la inspección son irrelevantes, lo más importante es el cumplimiento de la ejecución de la obra (…) la empresa ha ejecutada (*sic*) mayor cantidad de obra de la establecida en el contrato si se analiza desde el día que fue presentado el proyecto de Contrato en fecha 12/11/97 al día que fue concluida la obra 5/5/98 las variaciones de costos (…)" (*sic*) (Resaltado de la Sala), dando así respuesta a lo solicitado.

De manera que en el caso de autos, el mencionado instrumento cumplió su finalidad que era la de notificar a la recurrente de las irregularidades detectadas en la ejecución de la obra, a fin de que "aclarar" la situación, y de ser el caso, subsanar "de inmediato" las deficiencias, y en fin pedirle que respondiera "a la mayor brevedad posible esta solicitud", lo cual implicaba que aquella expusiera lo que considerara conveniente a los fines de ejercer su derecho a la defensa, como en efecto lo hizo.

Por otra parte se observa, que una vez dictado el acto administrativo N° 0256 de fecha 25 de marzo de 1999 emanado del Director de Finanzas del Ministerio del Ambiente, que ordenó que la recurrente reintegrara la cantidad de DIECISIETE MILLONES CUATROCIENTOS TREINTA Y SEIS MIL CIENTO CINCO BOLÍVARES CON TREINTA Y SIETE CÉNTIMOS (Bs. 17.436.105,37), ésta fue notificada tanto del contenido íntegro de ese acto, como de los recursos administrativos que procedían y el lapso para ejercerlos, lo cual le permitió recurrir del señalado acto administrativo, según se evidencia de los folios 26, 27, 32 al 34.

Las consideraciones anteriores llevan a esta Sala a concluir que el hecho de haber notificado por fax a la recurrente del procedimiento administrativo que se le seguía, no le impidió a ésta defenderse de las irregularidades que se le imputaban en cuanto a la obra; por lo que, en efecto, sí ejerció su derecho a la defensa en vía administrativa, debiendo ser desestimada su denuncia en este sentido. Así se decide.

A. *Validez*

RDP N° 16, 1983, pp. 149

CPCA   22-9-83

Magistrado Ponente: Hildegard Rondón de Sansó

En todo caso, respecto a las notificaciones, no puede menos que ratificar esta Corte su criterio constante y reiterado de que las mismas, en los procedimientos administrativos no tienen el formalismo ni rigidez que se exige en el proceso, guiándose por el principio del "logro del fin" en virtud del cual basta con que la notificación haya cumplido con su objetivo de aviso y comunicación a los interesados de la existencia de un procedimiento, para que sea válida, a menos que una norma en forma expresa establezca lo contrario. La atenta lectura del procedimiento administrativo revela que todos los efectivamente interesados fueron debidamente llamados y tuvieron oportunidad de alegar sus defensas, en razón de lo cual resultaba improcedente acordar reposición alguna, ya que ésta sólo podía estar dirigida a un fin diferente del querido por el legislador, esto es, al fin de retardar el pronunciamiento definitivo sobre la cuestión de fondo.

RDP N° 18, 1984, pp. 158

CPCA   26-4-84

Magistrado Ponente: Hildegard Rondón de Sansó

Para la validez de la notificación en el procedimiento administrativo basta con que el interesado sea efectivamente notificado de la solicitud y del trámite en curso, en forma que no se le prive de su derecho a comparecer y a hacer sus alegatos.

Estima el impugnante que en la sentencia apelada se consideró intrascendente el hecho de que la notificación del procedimiento administrativo de regulación se hubiese notificado al inquilino original y no a sus herederos, lo cual contradice, por estimar que se le ha podido causar una lesión procesal irreparable a éstos últimos al no permitírseles adecuadamente su defensa por falta de la convocatoria en la forma que la ley ordena. Indica al efecto que no puede válidamente estimarse que la convocatoria de una persona fallecida pueda operar sobre sus herederos, de allí que ha debido acordarse la reposición del procedimiento administrativo en su oportunidad, cuando fuera solicitada y, en su defecto, el Tribunal de Apelaciones de Inquilinato ha debido ordenarla, solicitando los impugnantes que en todo caso lo declare esta Corte.

La sentencia apelada por su parte hace valer la diferencia entre la notificación que se plantea en los procedimientos administrativos y la citación procesal para la contestación de la demanda. El juez *a quo* recuerda que hay una diferencia radical entre ambas figuras por cuanto la citación para la contestación de la demanda responde al principio de que nadie puede ser juzgado sin ser oído, en cuanto que, la notificación, pretende solamente poner a los interesados en conocimiento del trámite que ha sido incoado para que aleguen lo que estimen conveniente ya que la regulación en realidad es un acto de la administración pública. Para el juez *a quo* la diferencia resalta, pues mientras en el proceso ordinario la citación debe cumplirse en la persona o personas demandadas, esto es, en aquellas respecto a las cuales se trabara la litis, la notificación simplemente va dirigida a informar sobre el procedimiento.

Estima esta Corte que en el procedimiento administrativo rige el principio "del logro del fin" en virtud del cual el procedimiento es válido o el trámite procedimental que se debate tiene tal característica, si obtiene el objetivo que con el mismo se persigue, siempre y cuando no haya habido lesión de las esferas de intereses de los administrados. En el caso presente se aprecia que la notificación a los interesados prevista por la ley tiene como objetivo hacerla del conocimiento de los inquilinos, en la hipótesis de que la solicitud de regulación hubiese sido hecha por el propietario y de informar a éste en la situación opuesta de que hubiese sido efectuada por los arrendatarios la fijación del canon de arrendamiento del inmueble que ocupan. En tal sentido se entiende por inquilino o arrendatario, aquel que efectivamente detenta el inmueble con tal carácter, esto es, en virtud de un contrato de arrendamiento y mediante el pago de una suma de dinero (pensión o canon de arrendamiento). Lo que es necesario y válido a los fines del llamamiento al procedimiento administrativo es que el interesado haya sido efectivamente llamado, esto es, de que se haya enterado debidamente de la solicitud y del trámite en curso, en forma tal de que no se le prive de su derecho a comparecer y a hacer sus alegatos. No hay solemnidad en todo ello, basta con que se cumpla en forma efectiva la notificación. En igual sentido tampoco existe la exigencia de que la notificación sea remitida a los causahabientes, habiendo sido llamado el causante que figura como arrendatario en el contrato de arrendamiento, si éstos hubiesen comparecido y se les hubiese dado la oportunidad de hacer sus alegatos. El procedimiento administrativo no puede quedar en manos de los intereses de ninguna de las partes: lo que el Estado quiere con el sistema de regulación de alquileres es que sea fijado el canon máximo de arrendamiento de un inmueble y que durante el procedimiento para su determinación, comparezcan las partes efectivamente interesadas en el mismo. El alegato del inquilino compareciente por ante la Administración y enterado debidamente de la naturaleza y razón del procedimiento, de que se le notifique nuevamente para volver a comparecer, no puede ser calificado ni en el mejor de los casos sino como un formalismo inútil, perjudicial y obstaculizador del objetivo perseguido por el solicitante. De allí que esta Corte estime respecto a la presente impugnación que se vincula con las que fueran tratadas y dejadas parcialmente pendientes en el punto anterior, lo siguiente:

Primero: El Tribunal de Apelaciones de Inquilinato tenía la facultad de pronunciarse sobre el problema de la notificación, por cuanto denunciada la falta de procedimiento del órgano administrativo sobre la solicitud de reposición, tenía plena facultad para determinar el efecto que tal omisión producía en el contexto global del procedimiento. De allí que no incurrió en vicio alguno el Tribunal de Apelaciones de Inquilinato cuando subsanó la falta de decisión del órgano administrativo sobre la cuestión relativa a la notificación, estimando que al no ser lesiva de los intereses de las partes la misma no constituía causal de nulidad. En vista de lo anterior se desecha por infundada la impugnación y así se declara.

Segundo: En el procedimiento destinado a obtener la fijación del canon máximo mensual de arrendamiento de un inmueble o procedimiento de regulación, se cumple con el requisito de la notificación cuando los interesados efectivos y reales han sido llamados y han comparecido por ante el organismo administrativo que ha de hacer dicha fijación. De allí que al cumplirse el principio del logro del fin el procedimiento administrativo no adolece de los vicios en los cuales fundamenta el impugnante su pedimento de reposición y así se declara.

RDP N° 52, 1992, pp. 114

CPCA   17-12-92

Magistrado Ponente: Gustavo Urdaneta Troconis

Caso: Leonardo Jaramillo vs. República (Ministerio de Fomento).

Las denominadas "notificaciones de hecho" pueden sustituir válidamente a la notificación formal, en atención al carácter eminentemente instrumental de las formas en los procedimientos administrativos.

En primer término, por lo que atañe a la denuncia del recurrente relativa a que la notificación personal de la Resolución de la Dirección de Inquilinato fue practicada en una dirección distinta a la residencia del arrendatario, se observa que, si bien la notificación de los interesados es un requisito esencial para la eficacia de los actos administrativos, sin el cual éstos carecen de ejecutoriedad, y de otra parte, es el presupuesto necesario para que transcurran los plazos de impugnación, las partes pueden no obstante quedar notificadas de varias formas.

En efecto, la notificación mediante publicación por prensa, o mediante edictos o carteles, está prevista expresamente en la Ley Orgánica de Procedimientos Administrativos y en otras leyes especiales, como es el caso, precisamente, de la Ley de Regulación de Alquileres. Además de ello, la jurisprudencia ha admitido ciertas modalidades que podrían denominarse "notificaciones de hecho", en el sentido de que puedan sustituir válidamente a la notificación formal —en atención al carácter eminentemente instrumental de las formas en los procedimientos administrativos—, tales como la comparecencia del interesado en la oficina administrativa respectiva a objeto de enterarse directamente del contenido del expediente o del acto, según sea el caso, la recepción o solicitud de copias, y en general, cualquier circunstancia demostrativa de que el interesado tuvo efectivamente conocimiento de aquello que ha debido ser objeto de notificación.

En el caso de autos, el apoderado de la parte recurrente acudió ante la Dirección de Inquilinato en fecha 22 de noviembre de 1990, lo cual se evidencia de los escritos (folios 161 y 162 del expediente administrativo) en los cuales solicitaba copia certificada de la Resolución que ahora impugna y alegaba la extemporaneidad de la solicitud de la parte opositora de que fuese notificado el arrendatario. Por otra parte, entre los documentos acompañados por el recurrente al libelo de demanda de nulidad aparece una copia al carbón de la Resolución impugnada, lo cual demuestra inequívocamente que sí estaba en conocimiento del contenido del referido acto. Finalmente, el hecho mismo de haber intentado el recurso en la vía jurisdiccional es prueba irrefutable de que en el caso específico se logró la finalidad perseguida por el legislador al prever el mecanismo de la notificación.

Por tales razones, estima esta Corte que la denuncia carece de fundamento y así lo declara, con la advertencia de que, aun en la hipótesis descartada de haberla considerado procedente, no había podido tener efecto sobre la validez del acto, por tratarse de un elemento de eficacia y no de validez de los actos administrativos.

B. *Recibo de comunicaciones*

RDP N° 3, 1980, pp. 119

CPCA   15-7-80

Magistrado Ponente: J. M. Casal Montbrún

Las faltas en el procedimiento relativas a la canalización interna de comunicaciones recibidas del particular por un órgano receptor de correspondencia, no pueden ser imputadas a éste.

No existe duda, por tanto, de que el querellante cumplió su obligación de presentar sus pedimentos por escrito, y en forma debidamente razonada, ante un órgano receptor de correspondencia, como es el de la Oficina de Personal del Consejo Venezolano del Niño, el cual era lógico presumir que estaba autorizado para recibir y sellar, como lo hizo, una comunicación dirigida a la Junta de Avenimiento del mismo instituto. En tales circunstancias, el hecho de que la comunicación en referencia no hubiese llegado a sus destinatarios, los integrantes de la Junta de Avenimiento, en las circunstancias antes expuestas, no es en manera alguna imputable al querellante. Admitir lo contrario sería facilitar a la Administración la posibilidad de impedir el acceso a la vía procesal con sólo cruzarse de brazos y alegar que no ha recibido la reclamación ante ella formulada.

C. *Vicios*

RDP N° 16, 1983, pp. 149

CPCA   11-8-83

Magistrado Ponente: Hildegard Rondón de Sansó

En el régimen de la calificación de despido injustificado, los vicios en la "citación" son vicios de nulidad absoluta.

Esta Corte para decidir observa, que si bien el procedimiento administrativo es flexible, carece de rigidez y admite saneamientos y convalidaciones múltiples, existen situaciones en las cuales la ley establece específicas exigencias, dada la naturaleza de la cuestión que en ciertos procedimientos se debate. En el caso concreto del régimen de la calificación de despido injustificado la ley es particularmente rigurosa en materia de citación a la parte contra la cual se interpone la antes indicada solicitud de calificación. El artículo 26 exige que la citación personal sea practicada mediante boleta que habrá de entregarse "al patrono". El patrono ha de entenderse en el sentido más refringido posible, esto es, aquel sujeto que es califi- cado por la Ley del Trabajo y su Reglamento como tal, o bien su representante que tenga la facultad de darse por citado. La Ley contra Despidos Injustificados indica en forma pormenorizada que incluso si el patrono se niega a firmar el recibo co- rrespondiente, deberá darse cuenta a la Comisión a fin de que se libre una boleta de notificación al citado donde se transcriba la declaración del funcionario que lo citó. Esta boleta de conformidad con lo que estatuye la ley ha de dejársele a la persona citada en su lugar de trabajo o residencia. La hipótesis de que el funcionario de la Comisión Tripartita no hubiese encontrado al patrono ha sido expresamente previs- ta en el artículo 27, indicándose que en tales casos deberá dejarse constancia en el expediente de la circunstancia indicada, pudiendo en tal caso el reclamante pedir que la citación del patrono se haga por carteles. Como puede apreciarse el legisla- dor estableció un régimen rígido, severo y no derogable ni por los interesados ni por el organismo administrativo ante quien se realiza el procedimiento, por lo cual su violación resulta una violación del texto expreso de Ley.

Es por lo anterior que, existiendo como existió un vicio original en la citación el cual por ser violatorio de una norma de orden público, es un vicio de nulidad absoluta, y al mismo tiempo, por ser un vicio de nulidad absoluta no admite ni convalidación ni saneamiento, bien tácito o expreso, es por lo que esta Corte Pri- mera de lo Contencioso-Administrativo estima que estuvo ajustada a derecho la decisión de que se repusiese el procedimiento al estado de practicar nuevamente la citación.

4. *Derechos de los administrados*

RDP N° 82, 2000, pp. 397

CPCA   21-6-2000

Magistrado Ponente: Carlos Enrique Mouriño Vaquero

Caso: Banco Venezolano de Crédito, S.A.C.A. vs. Super- intendencia para la Promoción y Protección de la Libre Competencia.

El cúmulo de derechos de los administrados frente a la Administración se presenta como un límite de actuación de la Administración en su conjunto, y no individualmen- te considerada, es decir, no puede un órgano de la Admi- nistración violar el derecho a ser oído, al contradictorio y al control de la prueba del particular interesado, argu- mentando que el deber de suministrar una prueba recaía sobre otro órgano de la Administración.

Al respecto, esta Corte observa:

Consta en el expediente administrativo, que la Superintendencia para la Promoción y Protección de la Libre Competencia admitió la prueba de informes sobre el número de las instituciones financieras autorizadas para instalarse en la Zona Guarenas Guatire, así como las que para el momento de la solicitud prestaran sus servicios en dicha zona. Asimismo, consta que mediante oficio N° 000931 del 21 de noviembre de 1997 la Superintendencia para la Promoción y Protección de la Libre Competencia, requirió esa información a la Superintendencia de Bancos y Otras Instituciones Financieras.

Ahora bien, la resolución culminatoria del procedimiento administrativo fue dictada en fecha 9 de enero de 1998, sin que la Superintendencia de Bancos y Otras Instituciones Financieras enviara la información requerida por la Superintendencia para la Promoción y Protección de Libre Competencia.

A este respecto cabe señalar, que la omisión de la Superintendencia de Bancos y Otras Instituciones Financieras de su deber legal de enviar la información correspondiente, no vicia el acto de nulidad, puesto que el hecho que se pretendía probar con la prueba de informes fue dado por cierto por la superintendencia para la Promoción y Protección de la Libre Competencia.

De conformidad con el artículo 55 de la Ley Orgánica de Procedimientos Administrativos, la Superintendencia de Bancos y Otras Instituciones Financieras tenía un lapso de veinte (20) días hábiles para enviar la información a la Superintendencia para la Promoción y Protección de la Libre Competencia.

Ahora bien, entre el 21 de noviembre, de 1997, (fecha del oficio de requerimiento) y el 9 de enero de 1998, fecha de la resolución culminatoria del procedimiento administrativo, transcurrieron con creces más de veinte días hábiles para el suministro de la información.

No obstante lo anterior, se hace necesario precisar que la Superintendencia para la Promoción y Protección de la Libre Competencia no puede simplemente argumentar como en efecto lo hizo que fue por un hecho imputable a la Superintendencia de Bancos y no a esa dependencia administrativa que la prueba de informes no constara materialmente en el procedimiento administrativo.

En efecto, el cúmulo de derechos de los administrados frente a la Administración, se presenta como un límite de actuación de la Administración en su conjunto, y no individualmente considerada, es decir, no puede un órgano de la Administración (en este caso la Superintendencia para la Promoción y la Protección de la Libre Competencia) violar el derecho a ser oído, al contradictorio y al control de la prueba dentro de un procedimiento administrativo del particular interesado, argumentando que el deber de suministrar la prueba de informes recaía sobre otro órgano de la Administración.

No es lícito el actuar de la Administración, si esa actuación no respeta y se adecua a las garantías mínimas de las cuales son titulares los Administrados dentro de un procedimiento administrativo. La Administración, específicamente en el caso concreto, la Superintendencia para la Promoción y Protección de la Libre Competencia, tiene obligaciones y como tal es también agente de los valores contenidos en la Constitución, por lo cual no puede ser indiferente, y no debe serlo que las directivas constitucionales se afecten o se ignoren; y no sólo que violen.

Es por ello, que la Superintendencia para la Promoción y Protección de la Libre Competencia debió aplicar todo su poder inquisitivo así como lo hizo para abrir de oficio el procedimiento administrativo para obtener la prueba solicitada, ya que la evacuación de las pruebas solicitadas por las partes en el procedimiento tienen por objeto obtener un mejor convencimiento de la Administración sobre los hechos, sobre los cuales versa el procedimiento.

Así las cosas, de conformidad con el artículo 64 de la Ley Orgánica de Procedimientos Administrativos, y en virtud del principio de colaboración entre los órganos de la Administración, la Superintendencia debe evacuar diligentemente la prueba, a fin de recabar los mayores elementos de convicción posibles para dictar el acto culminatorio del procedimiento administrativo.

Sin embargo, es importante delimitar qué pretendía probar la recurrente en el expediente administrativo. En este sentido, la prueba estaba destinada a establecer que existían numerosas entidades financieras competidoras en el mercado geográfico Guarenas Guatire.

Ahora bien, consta en las páginas números 39 y 40 de la resolución impugnada, que el alegato formulado por la recurrente referente a que en la zona Guarenas Guatire existían más de diecisiete (17) agencias bancarias, fue examinado por la Superintendencia para la Promoción y Protección de la Libre Competencia, por lo que la Superintendencia para la promoción y Protección de la Libre Competencia al examinar dicho alegato dio por cierto en el expediente administrativo la alegación de la impugnante, aún cuando no constaba en el expediente la respuesta de la Superintendencia de Bancos y otras Instituciones Financieras, todo lo cual, conduce necesariamente a decidir que no existe el alegado vicio de la indefensión, y así expresamente se decide.

No obstante, lo anterior no significa que la Superintendencia para la Promoción y Protección de la Libre Competencia o cualquier otro órgano de la Administración esté autorizado para conducir un procedimiento con irregularidades, así no afecten el núcleo esencial de los derechos de los administrados, involucrados en el procedimiento.

Esta Corte observa con preocupación, que la Superintendencia para la Promoción y Protección de la Libre Competencia, no adecue sus procedimientos a las normas constitucionales y legales aplicables, y violente el derecho del particular al control y contradicción de la prueba, el cual es una materialización directa y esencial del derecho constitucional a la defensa y al debido proceso. El hecho de que el vicio en el procedimiento en la evacuación de la prueba de informes no fuera de tal entidad como para viciar el acto culminatorio del procedimiento administrativo, no le otorga a la Administración una licencia para no observar a cabalidad los derechos de los administrados.

En este orden de ideas, esta Corte refuerza los argumentos expresados, solicitándole a la Superintendencia para la Promoción y Protección de la Libre Competencia que se ciña estrictamente al procedimiento legal establecido, respetando la igualdad entre las partes involucradas, el derecho a la defensa, el derecho a ser oído, a promover y evacuar pruebas dentro del procedimiento legal; y al control y contradicción de la prueba.

RDP N° 82, 2000, pp. 439

TSJ-SC (568)   20-6-2000

Magistrado Ponente: Iván Rincón Urdaneta

Caso: Aerolink Internacional, S.A. vs. Instituto Autónomo Aeropuerto Internacional de Maiquetía.

El acto por el cual se rescinde una concesión de servicio público es un acto administrativo que debe estar precedido de un procedimiento que garantice el derecho a la defensa y al debido proceso del concesionario, aún cuando ese procedimiento sea expedito, como lo sería el procedimiento sumario contenido en la Ley Orgánica de Procedimientos Administrativos.

Corresponde decidir el primero de los alegatos esgrimidos por la representación del Instituto Autónomo Aeropuerto Internacional de Maiquetía, según el cual el fallo apelado incurrió en un error al declarar la violación del derecho a la defensa en un acto de resolución unilateral de contrato de concesión de un servicio público, cuando está demostrado, a su decir, el incumplimiento de la concesionaria y los recursos administrativos que ésta ejerció.

No resulta controvertido la calificación de contrato administrativo, ni la naturaleza de servicio público objeto de la concesión otorgada a la empresa Aerolink Internacional S. A., por parte del Instituto Autónomo Aeropuerto Internacional de Maiquetía. En efecto, tanto las partes, como la decisión declinatoria de competencia emitida por la Sala Político Administrativa de la extinta Corte Suprema de Justicia y la decisión objeto de la presente apelación, coinciden en la naturaleza administrativa del contrato supra indicado.

Ello es así, ya que una de las partes otorgantes es un ente público, a saber el Instituto Autónomo Aeropuerto Internacional de Maiquetía; se da en concesión un servicio público, como lo es el servicio de transporte de pasajeros en un aeropuerto; en el cuerpo del contrato se evidencia la presencia de cláusulas exorbitantes, como la posibilidad de rescisión unilateral del contrato contenida en la Cláusula Vigésimo Primera del mismo.

En lo que sí existe divergencia de criterios y no sin razón, toda vez que el problema ha sido génesis de un amplio debate doctrinario y jurisprudencial, es en la naturaleza del acto de rescisión unilateral del contrato de concesión.

Sobre este punto reciente jurisprudencia de fecha 22 de julio de 1998, de la Sala Político Administrativa de la extinta Corte Suprema de Justicia, al decidir la demanda de nulidad de un acto de rescisión unilateral de un contrato de concesión del Aeropuerto La Chinita, Santa Bárbara y Oro Negro, precisó que las decisiones como la declaratoria de caducidad de una concesión administrativa constituyen 'actos administrativos', ya que son el producto del ejercicio de potestades administrativas, no de facultades contractuales, conclusión que es plenamente acogida por esta Sala.

Así, el texto del fallo antes mencionado reza de la manera siguiente:

"La jurisprudencia de esta Sala Político Administrativa ha señalado que las decisiones unilaterales de la Administración Pública en materia de contratos administrativos y que se refieren a la dirección, interpretación, incumplimiento, sanción y extinción de la relación contractual, son el producto del ejercicio de poderes extracontractuales, por lo que no requieren estar previstas en el texto del contrato. Así, en sentencia de esta Sala que recoge criterios de la extinguida Corte Federal, se expresó:

'Con sus reglas propias, distintas a las del derecho común, el contrato administrativo autoriza a la administración contratante para rescindirlo unilateralmente juzgando el incumplimiento del particular que con ella lo suscribiera, a quien en todo caso queda abierta la vía contencioso para asegurarse, en un debate ante el juez competente, la preservación de la ecuación económica si la causa de la rescisión no le fuere imputable, como lo sentara este Supremo Tribunal en la citada sentencia de 12-11-54 (Corte Federal: ...en el campo de acción de los contratos administrativos, y aunque no conste en las cláusulas de la convención, la rescisión de ellos cuando así lo demandan los intereses generales y públicos, es una facultad que la Administración no puede enajenar ni renunciar...' (Sentencia del 14 de junio de 1983 en el juicio de Acción Comercial, S.A).

El carácter extracontractual de estos poderes también ha sido sostenido por la doctrina nacional:

"En primer lugar, están todas aquellas decisiones unilaterales de la Administración Pública en materia contractual, y que se refieren, como lo ha señalado la jurisprudencia venezolana, a la dirección, interpretación, incumplimiento, sanción y extinción de la relación contractual. Sin embargo, como lo señala E. García de Enterría, estas cláusulas, en realidad son extracontractuales, y provienen de los poderes propios de acción unilateral de la administración como gestora del interés público. *Por ello, con razón, la jurisprudencia venezolana ha establecido que estas cláusulas no necesitan estar previstas en el texto contractual, por supuesto que no, pues como se dijo, no son realmente estipulaciones contractuales, ni podrían serlo.* (Cf. Brewer-Carías, Allan R., "*La Evolución del Concepto de Contrato Administrativo*", en el Libro Homenaje a Antonio Moles Caubet, Tomo I, UCV, Caracas, 1981, p. 63). Subrayado de esta Sala.

En realidad, las llamadas cláusulas exorbitantes son poderes que detenta la Administración Pública como consecuencia del Principio de Autotutela Administrativa. Por consiguiente, decisiones como la declaratoria de caducidad de una concesión administrativa, constituyen 'actos administrativos' ya que son el producto del ejercicio de potestades administrativas, no de facultades contractuales". (Subrayado de esta Sala).

En otro orden de ideas, como lo expone la apelante, media un interés general en la concesión otorgada en el presente caso, como es el transporte aéreo de pasajeros, lo cual se considera como un servicio público de vital interés.

Sobre este tema, la vigente Constitución de 1999, prevé en su artículo 259, cuando hace referencia a la jurisdicción contencioso administrativa, a los servicios públicos, cuya prestación será protegida por los órganos de esa jurisdicción, la cual debe ser ininterrumpida a tenor de lo dispuesto por el único aparte del artículo 113 del mismo texto fundamental, con lo cual quiso el constituyente que se protegiera al administrado de los abusos de la Administración o de los particulares en la forma y continuidad de la prestación de esos servicios públicos, ya que no puede afectarse el interés general por la supresión o discontinuidad en su prestación. A tal efecto atribuye competencia al Defensor del Pueblo para su protección, conforme al numeral 2 del artículo 281 de nuestra Carta Magna.

Ahora bien, tomando en cuenta que lo fundamental en toda concesión de un servicio público es la protección del interés general, traducido en la forma y continuidad en la prestación del mismo, existen derechos de los concesionarios quienes han invertido capital y han adquirido derechos y obligaciones frente a la Administración para la prestación de ese servicio, esto a pesar, de que como antes se precisó existan cláusulas exorbitantes del derecho civil a favor de la Administración, que pudieran incidir en la relación contractual, siendo una de éstas la potestad de rescisión unilateral del contrato por parte de la Administración.

Sin embargo, a pesar de mediar un incumplimiento contractual, mas no un incumplimiento en la prestación del servicio público, ya que de paralizarse el servicio la Administración pudiera en aras del interés general, prestar por sus propios medios el servicio para garantizar su continuidad, la Administración frente a ese incumplimiento contractual como por ejemplo falta de pago, falta de constitución de las fianzas exigidas, falta de rendición de cuentas etc. tiene la potestad de rescindir unilateralmente el contrato pero respetando los derechos subjetivos o intereses legítimos de los concesionarios, toda vez que el acto por el cual se rescinde la concesión es un acto administrativo que debe estar precedido de un procedimiento que garantice el derecho a la defensa y al debido proceso del concesionario, aun cuando ese procedimiento sea expedito, como lo sería el procedimiento sumario contenido en la Ley Orgánica de Procedimientos Administrativos.

En este contexto, la Sala como intérprete de las normas fundamentales contenidas en el texto constitucional, observa que en los actuales momentos que vive el país, donde existe una necesidad de inversiones para la reactivación del aparato productivo y donde el administrado espera una contraprestación en los servicios públicos por las contribuciones, cargas e impuestos a los que son sometidos, debe garantizarse, por una parte la continuidad y correcta prestación de los servicios públicos y por la otra respetarse y garantizarse la inversión erogada por los concesionarios mediante su respeto al derecho a la defensa y al debido proceso al momento de resolver unilateralmente este tipo de contratación por parte de la Administración.

RDP N° 83, 2000, pp. 229

CPCA (1057)   3-8-2000

Magistrado Ponente: Carlos Enrique Mouriño Vaquero

Caso: Abbott Laboratories, C.A. vs. Oficina Técnica de Administración Cambiaria (OTAC).

Siempre que se preserven a cabalidad los derechos de los administrados dentro del procedimiento administrativo, la omisión de formalidades no esenciales no acarrea la nulidad absoluta del mismo.

En cuanto a la falta de indicación, en el acto recurrido, de las normas expresas atributivas de competencia para dictarlo (ausencia de justificación de competencia), todo ello en violación de los artículos 9 y 18, ordinal 5° de la Ley Orgánica de Procedimientos Administrativos, considera en el presente caso esta Corte que se trata de vicios de forma en cuanto a la expresión de la voluntad de la Administración, vicios de menor entidad que no ameritan la declaratoria de nulidad del acto impugnado, y así expresamente se decide.

Considera esta Corte que siempre que se preserven a cabalidad los derechos de los administrados dentro del procedimiento administrativo, la omisión de formalidades no esenciales no acarrea la nulidad absoluta del mismo, puesto que el vicio no es de tal entidad como para declarar la procedencia de la nulidad solicitada.

No obstante, lo anterior no significa que esta Corte le esté otorgando a la Administración una licencia para no observar a cabalidad los derechos de los administrados, ni que la Administración esté autorizada para conducir un procedimiento con irregularidades, así no afecten el núcleo esencial de los derechos de los particulares involucrados en el procedimiento, ni mucho menos significa una exoneración a la Administración o un permiso para la evasión del principio de la legalidad administrativa. (*Vid.* CPCA, sentencia del 21 de junio de 2000, caso *Banco Venezolano de Crédito vs. Procompetencia*, expediente No. 98 20087)

De esta manera, la omisión de las formas en las cuales incurrió la Administración, no han conculcado en el presente caso, ningún derecho del particular interesado, razón por la cual, esta Corte dispensa la irregularidad en las formas, incluyendo la notificación defectuosa denunciada, para poder entrar a conocer el fondo del acto, y así expresamente se decide.

A. *Derecho a la defensa*

RDP N° 1, 1980, pp. 122–124

CSJ - SPA   3-3-80

El procedimiento de Ajustes de rentas no afecta el derecho de defensa del contribuyente toda vez que sea notificado oportunamente. Además el contribuyente cuenta con los recursos de reconsideración administrativa y contencioso fiscal previstos en los Arts. 116 y 127 de la Ley del Impuesto sobre la Renta para hacer valer todas las defensas que considere pertinentes.

Sin embargo, la jurisprudencia de este Alto Tribunal de la República ha sido favorable a la tesis de la legalidad de los ajustes de renta como procedimiento para liquidar reparos fiscales siempre y cuando sean formulados "con base exclusiva en la declaración de rentas de la contribuyente, como en el caso sub-judice. En tal caso no parece razonable obligar la administración a trasladarse al domicilio de la contribuyente y a levantar un acta fiscal, donde deben recogerse en cambio hechos nuevos, diferentes de los contenidos en la declaración. Y tal procedimiento de ajuste de rentas no debilita ni conculca en forma alguna el derecho de defensa de la contribuyente, toda vez que ella es notificada oportunamente de las razones fiscales al recibir la correspondiente planilla complementaria de liquidación; y frente a ella tiene los recursos de reconsideración administrativa y contencioso fiscal previstos en los artículos 116 y 127 de la Ley de Impuesto sobre la Renta para hacer valer todas las defensas que considere pertinentes", criterio éste que la Corte ratifica en la presente oportunidad.

RDP N° 1, 1980, pp. 124

CSJ-SPA   24-1-80

Los lapsos y oportunidades de actuar que se establezcan en el procedimiento administrativo, constituyen verdaderas garantías procesales para el administrado y son las que van a dar sentido y contenido práctico a su derecho de defensa constitucional.

"El trámite administrativo para la imposición de sanciones pecuniarias agota una primera instancia, la cual por eso mismo, debe iniciarse con la notificación del administrado y en ello debe dársele oportunidad para promover y evacuar las pruebas que juzgue pertinentes, en ejercicio del derecho de defensa consagrado en el artículo 68 de la Constitución Nacional. Dicho procedimiento administrativo puede y debe ser definido por vía reglamentaria o por Resolución Ministerial, caso de no estar previsto en una norma legal de superior jerarquía, en beneficio de la Administración misma y del particular. Sin embargo, su inexistencia no puede privar al administrado de su legítimo e impostergable derecho de defensa".

"Los lapsos y oportunidades de actuar que se establezcan en el procedimiento administrativo, constituyen verdaderas garantías procesales para el administrado y son las que van a dar sentido y contenido práctico a su derecho de defensa constitucional".

"En estos casos, de infracciones a la Ley de Hidrocarburos, la notificación del concesionario, requisito indispensable para iniciar la primera instancia administrativa, debe contar en el acta fiscal prevista en el artículo 128 del Reglamento de la Ley de Hidrocarburos, en concordancia con lo dispuesto en el artículo 420 de la Ley Orgánica de la Hacienda Pública Nacional. Y es por esto que la omisión de la firma del concesionario en dicha Acta, o de la constancia de la autoridad de que aquel se negó a firmarla, constituyen un vicio que afecta la validez del procedimiento que se ha seguido". (Sentencia del 21 de enero de 1975).

La Corte observa:

La Resolución apelada dice: "...según acta de 26 de agosto de 1970, levantada por un funcionario competente de este Ministerio, se ha podido constatar que en el día 26 de agosto de 1970 (en el sitio allí indicado) ocurrió un derrame de petróleo calculado en tres (3) barriles...".

Ahora bien, en el Acta a que alude la Resolución, se dice, entre otras cosas, que "tal hecho se debió, según manifestación del representante de la Empresa y constatado por el suscrito, A) Salida de crudo por el tubo de desahogo, del Gas (Mechurrio)"; y que "estaban presentes los ciudadanos: David García, representante de la Shell; y el infrascrito". Pero dicha Acta no aparece firmada por personero alguno de la empresa presunta contraventora, ni siquiera por quien se menciona como tal en el cuerpo de la propia Acta. De modo que es obligado considerar que esa Acta no fue debidamente notificada a la supuesta contraventora, por lo cual procede reiterar el criterio jurisprudencial anteriormente transcrito: "En estos casos de infracciones a la Ley de Hidrocarburos, la notificación del concesionario, requisito indispensable para iniciar la primera instancia administrativa, debe constar en el Acta Fiscal prevista en el Artículo 128 del Reglamento de la Ley de Hidrocarburos, en concordancia con lo dispuesto en el Artículo 420 de la Ley Orgánica de la firma del concesionario en dicha Acta, o de la constancia de la autoridad de que aquél se negó a firmarla, constituyen un vicio que afecta la validez del procedimiento que se ha seguido".

Ha habido, pues, preterición de requisitos y formalidades esenciales en el procedimiento constitutivo del acto impugnado, lo cual lo infirma de nulidad. Así se declara.

De otra parte, la Resolución recurrida dice también "...que de acuerdo con comunicación POL-7698, de 23 de setiembre de 1970, emanada de la Compañía Shell de Venezuela, Ltd., se ha podido constatar que en el día (y en el lugar indicados allí) ocurrió un derrame de petróleo calculado en tres (3) barriles...". De donde pudiera suponerse que la omisión de la firma del concesionario en el acta, pudiera ser cubierta o sustituida por la "comunicación" del propio concesionario, mencionada en la misma Resolución. Y, en efecto, tal cobertura o sustitución podrían ser admisibles, si los hechos señalados en la "comunicación" citada coincidieran totalmente con los hechos que dieron lugar a la aplicación de la sanción, invocados por el acto que la impuso. Pero, en el caso de autos, ello no ha ocurrido. Dice, en efecto, la citada "comunicación":

> "Con relación a la llamada hecha a esta Compañía por el señor J. Arenas, representante de ese Despacho (quien suscribe el acta, advierte la Corte), acerca de haber encontrado un derrame de petróleo en la Estación AS-21 en el Lago de Maracaibo, el día 26-8-70, cumplimos en participarle que lo hallado es una mancha aceitosa iridiscente alrededor del tubo de venteo de la indicada Estación, producida por condensación de algunos componentes del gas que sale por dicha tubería de venteo de gas y por pequeñas partículas de petróleo que se escapan".

> "Esta condensación obedece al enfriamiento a que está sometido el gas en la porción sub-lacustre de la mencionada tubería y a la caída de presión".

> "La cantidad del producto de la condensación y de las referidas partículas que han originado la citada mancha son de tan poca magnitud que su determinación resulta de difícil apreciación, considerando esta empresa que dicha cantidad es inferior a un barril".

Como puede observarse, la referida "comunicación" disiente totalmente del contenido del acta, al señalar, fundamentalmente, orígenes distintos del accidente, y cantidades, también distintas, de las sustancias desperdiciadas. Por tanto, tal "comunicación" resulta manifiestamente inidónea para suplir la formalidad de la firma del concesionario en el acta; y, más todavía, configura un caso típico de falso supuesto en la motivación del acto impugnado, que lo priva de la adecuada motivación. Así se declara.

RDP N° 2, 1980, pp. 112

CSJ-SPA   28-4-80

Magistrado Ponente: Domingo A. Coronil

El trámite administrativo para la imposición de sanciones pecuniarias agota una primera instancia, por lo cual debe iniciarse con la notificación del administrado, dándole oportunidad para promover y evacuar las pruebas que juzgue pertinentes.

Estas actas tienen, fundamentalmente, una triple finalidad: constituir la prueba formal de los hechos que configuran una contravención, hacerlos del conocimiento de su autor y permitir establecer la responsabilidad por esos mismos hechos. Por tanto, mediante la prueba auténtica de los hechos y su conocimiento inmediato y directo de ellos, el autor o responsable de éstos está en capacidad de preparar su defensa o de persuadirse de la necesidad de su allanamiento.

Respecto de esta materia, este Alto Tribunal tiene dicho reiteradamente:

"El trámite administrativo para la imposición de sanciones pecuniarias agota una primera instancia, la cual por eso mismo, debe iniciarse con la notificación del administrado y en ello debe dársele oportunidad para promover y evacuar las pruebas que juzgue pertinentes, en ejercicio del derecho de defensa consagrado en el artículo 68 de la Constitución Nacional. Dicho procedimiento administrativo puede y debe ser definido por vía reglamentaria o por Resolución ministerial, caso de no estar previsto en una norma legal de superior categoría, en beneficio de la Administración misma y del particular. Sin embargo, su inexistencia no puede privar al administrado de su legítimo e impostergable derecho de defensa".

RDP N° 3, 1980, pp. 121

CSJ-SPA   8-7-80

Magistrado Ponente: Josefina Calcaño de Temeltas

La ausencia de motivación de los actos administrativos puede significar un quebrantamiento del derecho a la defensa en el procedimiento administrativo.

Así, pues, en criterio de esta Corte, es en el proceso de formación y no en el de manifestación de la voluntad administrativa, en donde aparecen acreditadas las circunstancias de hecho y de derecho (relación de dependencia Art. 29, ap. 1, L.E.C.P.) que justificaban la negativa del órgano administrativo a autorizar la inscripción del ciudadano Ramón Sabino Pérez en el Colegio de Contadores Públicos del Estado Miranda; y de este modo al referirse la Resolución impugnada al contenido del informe rendido por la Comisión de Estudio y Revisión de Expedientes del Ministerio de Educación y al del Colegio de Contadores Públicos del Estado Miranda, ambos suficientemente motivados, dichos elementos pueden considerarse integrados al acto discutido y, por consiguiente, éste resulta implícitamente motivado.

Tal motivación intrínseca podría hacer revestir de validez jurídica la Resolución impugnada, siempre y cuando los referidos informes le hubiesen sido comunicados oportunamente al impugnante o que éste hubiese tenido acceso al expediente administrativo. Ahora bien, tal cosa no ocurrió en autos pues fue en sede jurisdiccional, con ocasión del presente juicio, cuando el recurrente pudo enterarse de las verdaderas razones que habían impulsado a la Administración a pronunciarse en el sentido expuesto, quebrantándose así el derecho fundamental de defensa de los particulares frente al Poder Público, lo cual afecta la validez del acto administrativo cuestionado, y así se declara.

RDP N° 3, 1980, pp. 122

CPCA   10-6-80

Magistrado Ponente: Nelson Rodríguez G.

El derecho a la defensa es una garantía del procedimiento administrativo, particularmente en los casos de actos sancionatorios, cuya violación acarrea la nulidad del acto.

La sentencia del Tribunal *a quo* está basada en la violación del derecho a la defensa en el procedimiento administrativo sancionatorio llevado a cabo por la Administración contra el ciudadano Blas García Sangronis. Textualmente expresa la sentencia que en el procedimiento disciplinario efectuado "...no existió una expresa formulación de cargos, por lo cual está fundada su queja de que se le mantuvo al margen del procedimiento e ignorante de las imputaciones que se le hacían. La atenta lectura del extenso expediente administrativo que fuera enviado revela una total ausencia al imputado de las faltas que se le atribuyen, en forma tal de permitirle una defensa contra las mismas. Ya la Junta de Avenimiento, al cumplir la misión que la Ley le encomienda, señala: Hacemos constar igualmente, que no aparecen en el expediente administrativo respectivo, las declaraciones del funcionario destituido Blas García Sangronis". Ahora bien, no se trata sólo de la falta del acto de descargos, sino de lo más elemental, de la información de los cargos al interesado, por lo cual el procedimiento se presenta como una instancia secreta, a espaldas del afectado".

"Esta circunstancia antes anotada, impide al Tribunal entrar al examen de las demás imputaciones del querellante y de la cuestión de fondo en debate, por cuanto el procedimiento disciplinario establecido a través de disposiciones expresas, es materia de orden público, sobre todo en lo que respecta a su consagración de las garantías del administrado, dentro de las cuales, la de mayor trascendencia es la regulación del principio del *audi alteram partem* piedra angular de todo el sistema. En efecto, el principio indicado, denominado igualmente "principio de participación intersubjetiva", "principio de contradictorio administrativo" o simplemente de "participación", alude al derecho esencial de los titulares de derechos o de intereses frente a la administración, de defenderlos, a cuyos fines, se les posibilita la participación activa en el procedimiento que les incumbe; con el carácter de "parte" en causa en toda, acción administrativa que pudiera afectarles. Este principio que atiende esencialmente a la señalada función de garantía de la situación subjetiva no se limita sin embargo a ello, sino que, hoy en día la doctrina es unánime al reconocer que, con el mismo se logra igualmente: a) la verificación del supuesto jurídico del procedimiento, así como la determinación de su correcta interpretación; b) la actuación del derecho objetivo de la tutela de los derechos e intereses de las partes. En los procedimientos administrativos que entrañan la posibilidad de medidas sancionatorias (como es el procedimiento disciplinario), o restrictivas de los derechos e intereses de los administrados (denominados en doctrina procedimientos ablatorios), este principio se equipara a la garantía constitucional del derecho a la defensa, por cuanto la situación del imputado de faltas administrativas corresponde a la del reo en el proceso penal".

La Corte para decidir observa:

La potestad disciplinaria de la Administración deriva de la relación especial de subordinación en que se encuentra el funcionario en relación a sus superiores, de esta relación principal, de subordinación deriva la relación disciplinaria como accesoria.

Ahora bien, este poder disciplinario está procedimentalizado (en Venezuela en concreto y para el caso de autos en el "Reglamento sobre el régimen disciplinario para los funcionarios públicos nacionales" de fecha 6 de febrero de 1974) y por ello los actos administrativos sancionatorios de funcionarios públicos han de estar necesariamente sujetos a un procedimiento. Las reglas procedimentales establecidas en el texto legal arriba citado para la formación del acto administrativo disciplinario representan una garantía, es así como el derecho a la defensa es una garantía establecida por la misma —y aun por los principios generales del Derecho administrativo—, y su violación constituye un vicio que en el caso de autos acarrea la nulidad del acto administrativo impugnado, y así se declara.

RDP Nº 5, 1981, pp. 111

CSJ-SPA (18)   2-2-81

Magistrado Ponente: Josefina Calcaño de Temeltas

La defensa, el derecho a ser oído en todo estado y grado del proceso, debe acatarse y respetarse siempre, cualquiera sea la naturaleza del "proceso" de que se trate.

Tercero: El recurrente imputa, asimismo, al acto impugnado violación del artículo 117 de la Constitución, en conexión con sus artículos 68, parte in fine, y 69, en razón de que, según dice, el Consejo Municipal recurrido, "sin fórmula de juicio o proceso administrativo alguno, decide que debe desocupar el inmueble que le sirve de sede en los términos y plazos ya señalados, desconociéndole todo derecho a ser escuchado y de su legítima defensa, garantías estas que amparan a la persona y que no pueden ser violadas ni desconocidas".

Al respecto, la Sala observa: El artículo 68, parte *in fine*, de la Constitución consagra que "la defensa es derecho inviolable en todo estado y grado del proceso", y este principio constitucional es, en efecto, repetidamente acogido y difundido por la doctrina y la jurisprudencia patria, para las cuales la defensa, el derecho a ser oído, debe acatarse y respetarse siempre, cualquiera sea la naturaleza del "proceso" de que se trate, judicial o administrativo. En el caso en examen, sin embargo, no aparece de autos que el Concejo Municipal recurrido haya acatado y respetado ese derecho, no obstante ser "inviolable" por mandato constitucional; y cuyo acatamiento y respeto se hacían mayormente necesarios, puesto que se trataba de emanar un acto administrativo revocatorio de otro anterior constitutivo de derechos, como lo fue el que autorizó el funcionamiento del Instituto recurrente en determinado inmueble.

Si el Concejo Municipal del Distrito Sucre estimaba que tenía razones para dictar aquel acto revocatorio de derechos, ha debido notificarlas al titular de éstos y oírlo en consecuencia; y con mayor razón ha debido proceder así, si se advierte que tales razones, aparentemente, provenían de denuncias formuladas al Concejo por terceros. Ahora bien, la Corte se ha formado la convicción de que el mencionado Concejo Municipal adoptó, en el presente caso, una decisión sin oír a su destinatario, titular de unos derechos, al observar que, no obstante que en Oficio N° 861 de 13 de noviembre de 1978, requirió a dicho Concejo la remisión a este Supremo Tribunal del expediente administrativo original relacionado con este juicio, para lo cual lo previno de las sanciones previstas en el artículo 174 de su propia Ley Orgánica para el caso de incumplimiento, y le fijó un plazo de treinta (30) días; el mencionado Concejo, empero no sólo no envió a la Corte el expediente administrativo requerido, sino que tampoco dio contestación al citado Oficio, no obstante, también, que en el mismo se le notificaba formalmente de la interposición del presente recurso.

En consecuencia, la Corte considera, y así lo declara, que el Concejo Municipal recurrido, al desconocer el derecho del recurrente a ser oído, produjo el acto impugnado con violación del artículo 68, parte *in fine*, de la Constitución, por lo cual aparece efectivamente infirmado de nulidad.

RDP N° 6, 1981, pp. 143

CPCA   9-4-81

Magistrado Ponente: Gonzalo Salas D.

Las medidas disciplinarias impuestas a los alumnos por los Rectores, Vicerrectores, Secretario, Decano, Director y profesores, son acciones unilaterales y no se vician de ilegalidad por el hecho de no brindar la oportunidad de ser oído.

"Artículo 46. Son atribuciones del Consejo de Apelaciones:

1°) Conocer y decidir, en última instancia administrativa, los recursos interpuestos contra las decisiones de los Consejos de Facultad en materia de sanciones a los Profesores. En estos casos será de la exclusiva competencia del respectivo Consejo de Facultad la instrucción del correspondiente expediente y la decisión en primera instancia;

2°) Conocer y decidir en última instancia administrativa sobre las medidas disciplinarias impuestas a los alumnos por el Rector, los Vicerrectores, el Secretario, los Decanos, los Directores o los Profesores, dentro de sus respectivas áreas de competencia".

Del análisis de las anteriores disposiciones se infiere perfectamente las diferencias que existen entre las normas contenidas en los números antes citados.

Cuando se trata de profesores se decide los recursos interpuestos por ellos contra las decisiones de los Consejos de Facultad en materia de sanciones, en consecuencia, de la lectura de las mismas se infiere que se trata de una segunda y última instancia administrativa.

En el numeral 2) en cambio directamente conoce de medidas disciplinarias impuestas a los alumnos por el Rector, los Vicerrectores, el Secretario, los Decanos, los Directores y los Profesores dentro de sus respectivas áreas de competencia; claramente se infiere que se trata de poder de policía administrativa en el sentido a que se refiere Bielsa en su obra Estudios de Derecho Público, *Derecho Administrativo*, página 327, cuando se refiere a la multa administrativa, como una decisión unilateral, que emana del poder del policía tomado en su acepción más general. Por consiguiente, del análisis de las normas anteriormente citadas se desprende perfectamente que la actividad de los organismos administrativos universitarios a nivel de profesores y del director de la Escuela de Derecho no está viciada de ilegalidad por no brindar la oportunidad de ser oído y de exponer las razones respecto a las faltas que ellas sancionan y en base a la cual fue sancionado disciplinariamente el demandante.

Dichas autoridades obraron con la facultad de poder de policía a que antes nos hemos referido, por lo cual no puede considerarse a tal nivel una instancia administrativa propiamente dicha, pues su acción era unilateral en el sentido de imponer la medida disciplinaria respectiva.

Por las razones antes expuestas esta Corte decide que la Dirección de la Escuela de Derecho en su decisión impugnada obró legalmente y atenida a las normas aplicables al caso, y así se declara.

Voto salvado del Magistrado Antonio J. Angrisano

En segundo término, expreso mi inconformidad con lo resuelto por la honorable mayoría, en la decisión en referencia, en la última parte de ésta al pronunciarse sobre el alegato del actor impugnante de que "el acto que cuestiona infringe el derecho a la defensa". Fundamento tal inconformidad en la siguiente argumentación:

El artículo 46 de la Ley de Universidades, preceptúa:

"Son atribuciones del Consejo de Apelaciones:

1. Conocer y decidir, en última instancia administrativa, los recursos interpuestos contra las decisiones de los Consejos de Facultad en materia de sanciones a los Profesores. *En estos casos será de la exclusiva competencia del respectivo Consejo de Facultad la instrucción del correspondiente expediente y la decisión en primera instancia;*

2. Conocer y decidir en última instancia administrativa sobre las medidas disciplinarias impuestas a los alumnos por el Rector, los Vicerrectores, el Secretario, los Decanos, los Directores o los Profesores, dentro de sus respectivas áreas de competencia".

(Subrayado del Magistrado Disidente).

De la parte que se ha subrayado de la disposición transcrita pareciera que la intención del legislador fue la de establecer una regulación diferente entre el régimen sancionatorio aplicable a los profesores y entre el de los alumnos pues en el ordinal 1 y del artículo 46 en cuestión —en la indicada parte subrayada— se establece de manera expresa que en los casos en que el Consejo de Apelaciones conozca y decida, en última instancia administrativa, los recursos interpuestos contra las decisiones de los Consejos de Facultad *en materia de sanciones a los profesores* "será de la exclusiva competencia del respectivo Consejo de Facultad la instrucción del correspondiente expediente y la decisión en primera instancia"; mientras que en el ordinal 2° del susomentado artículo 46 al atribuir también competencia al Consejo de Apelaciones para conocer y decidir igualmente en última instancia administrativa *sobre las medidas disciplinarias impuestas a los alumnos*, el legislador no hizo la referencia expresa que hizo en el ordinal anterior —el 1°— de que en primera instancia se instruyera el correspondiente. De tal diferencia de tratamiento, uno para los profesores y otro para los alumnos, da la impresión de que la intención legislativa fue la de que en el caso de las sanciones que fueren impuestas a los profesores hubiese un procedimiento —con el tácito respeto al derecho a la defensa y a todos los demás derechos y garantías constitucionales— tanto en primera como en segunda instancia administrativa mientras que en el caso de las sanciones que fuesen impuestas a los alumnos no hubiese procedimiento en la primera instancia administrativa sino que la autoridad correspondiente —en su respectiva área de competencia— puede imponer la sanción disciplinaria sin instruir expediente alguno y que solamente en la segunda instancia administrativa es cuando habrá un procedimiento previo a la decisión en el cual la parte afectada ejercería su derecho a la defensa.

Tal apariencia de la intención legislativa al analizarse el contenido del artículo 46 *ejusdem* tiene que ser interpretada cabal y forzosamente en otro sentido, pues como las leyes además de estar en perfecta armonía entre sí tienen que someterse a las normas constitucionales y como las leyes no se contradicen, pues si ello sucediera el juez tendría que desaplicar la norma legal en atención al principio constitucional que lesione, conforme se lo impone el principio general de derecho de salvaguarda de la supremacía constitucional contenido en el artículo 7 del Código de Procedimiento Civil, se arriba por tanto a la conclusión, dentro de la hermenéutica que más atienda a la mejor armonía entre las disposiciones legales según la jerarquía de éstas, de que al establecer —de manera expresa, en el ordinal 1° del artículo 46— la Ley de Universidades, la instrucción del expediente en primera instancia administrativa y no hacerlo en el ordinal 2 de dicha norma el legislador no quiso con ello eliminar el procedimiento en primera instancia vulnerando el derecho constitucional a la defensa sino que por el contrario da por entendido que al conferir -en el susodicho ordinal 2- atribuciones para conocer y decidir en última instancia administrativa sobre las medidas disciplinarias que fuesen impuestas a los alumnos, tales sanciones fueron precedidas de su correspondiente procedimiento en el cual se ejerció el inviolable derecho a la defensa.

En el caso de autos, se ha producido una lesión al derecho de defensa, consagrado en el artículo 68 de la Constitución al no permitírsele el derecho a ser oído y a la defensa de los cargos que le fueron imputados, pues "toda persona tiene derecho a ser oída por muy sumario que sea el juicio, o por muy sumaria que sea la tramitación a que se le someta" (CFC-SPA 18-2-44. *Memorias de la Corte*. 1945, pp. 175-176). Por lo demás, la Corte Suprema de Justicia ha decidido que "las autoridades administrativas no deben tomar decisiones que perjudiquen a ciertos interesados sin oírlos previamente y comprobar las circunstancias de hecho que autorizan la actuación administrativa" (CSJ-SPA. 7-8-68. G.F. 61, pp. 92-95) y que "en los procedimientos sancionatorios es indispensable que se notifique al interesado a los efectos de que ejerza su derecho a la defensa". (CSJ-SPA. G.O. 1718 Extraordinario. 20-1-.75, p. 28); asimismo en reciente sentencia del 28 de abril de 1980 el Supremo Tribunal se pronunció en el sentido de que el trámite administrativo para imposición de sanciones "agota una primera instancia, la cual por eso mismo, debe iniciarse con la notificación del interesado y en ella dársele oportunidad para promover y evacuar las pruebas que juzgue pertinentes, en ejercicio del derecho de defensa consagrado en el artículo 68 de la Constitución Nacional. Dicho procedimiento administrativo puede y debe ser definido por vía reglamentaria o por Resolución Ministerial, caso de no estar previsto en una norma legal de superior categoría, en beneficio de la Administración misma y del particular. Sin embargo, su inexistencia no puede privar al administrado de su legítimo e impostergable derecho de defensa. Los lapsos y oportunidades de actuar —dice la Corte— que se establezcan en el procedimiento administrativo, constituyen verdaderas garantías procesales para el administrado, y son las que van a dar sentido y contenido práctico a su derecho de defensa constitucional".

Conforme a lo expuesto, el Magistrado que salva el presente voto considera que antes de tomarse la decisión de expulsar de la Universidad Central de Venezuela al afectado se debió citar a éste con el objeto de que se enterara de los hechos que se le imputaban y permitírsele, por tanto, el derecho a ser oído y a la defensa; al no proceder así, el Director de la Escuela de Derecho de la Facultad de Ciencias Jurídicas y Políticas de la Universidad Central de Venezuela, en el acto cuestionado, cercenó al impugnante el derecho que le confiere el último aparte del artículo 68 de la Constitución de que "la defensa es derecho inviolable en todo estado y grado del proceso" haciéndose pasible de nulidad en virtud del artículo 46 *ejusdem* que consagra el principio de que todo acto del Poder Público que viole o menoscabe los derechos garantizados por la Constitución es nulo.

RDP N° 13, 1983, pp. 109

CPCA   13-12-82

Magistrado Ponente: Hildegard Rondón de Sansó

Con el principio del debido proceso se garantiza el derecho de defensa del administrado (derecho a ser oído y a producir las pruebas pertinentes a su favor).

Esta Corte observa que el fallo objeto de la apelación estimó que el acto estaba viciado por no haberse otorgado al administrado participación alguna en el procedimiento que lo afectara, señalando al efecto: "Por otra parte, se ha infringido «el principio del debido proceso» ... en el principio del debido proceso se garantiza el derecho de defensa del administrado, es decir, el derecho de ser oído y a producir las pruebas pertinentes a su favor; y en el caso que se examina, no consta en los antecedentes administrativos requeridos y remitidos al Juzgado que el Concejo Municipal haya comprobado plena y fehacientemente y en forma previa el incumplimiento de la recurrente con audiencia de ésta".

De todo lo anterior emerge que el juez ha estimado que se lesionó el derecho del administrado a ser oído en un procedimiento que incidía sobre su derecho y que a su vez la impugnación del órgano cuyo acto fuera anulado es la de que se dio cumplimiento al procedimiento previsto en la Ley que rige la materia por cuanto la Ley Orgánica de Régimen Municipal sólo exige en su artículo 106 la debida comprobación de los hechos demostrativos del incumplimiento por parte de la contratante, sin exigir la audiencia de la misma. Ahora bien, resulta indudable del texto del contrato rescindido que el mismo no encajaba en la situación del artículo 106 por cuanto la naturaleza de dicho negocio jurídico era una venta de un terreno, la cual fuera debidamente protocolizada por ante el registro subalterno, en cuanto que la hipótesis alegada se refiere a los terrenos que eran originalmente ejidos, los cuales se adjudican inicialmente en arrendamiento con opción de compra, o bien en el caso excepcional, a los terrenos urbanos para construcción de viviendas. No sólo no se trata de la misma situación sino que la disposición tantas veces citada es posterior a la fecha del contrato, por lo cual no podía aplicarse retroactivamente tal supuesto. De allí que no siendo el supuesto real el mismo previsto por la ley tampoco podía aplicársele la consecuencia jurídica que para el mismo se establece por una razón lógica; no operando tampoco la analogía ya que se trata de una materia que acuerda un privilegio a la Administración y como tal no admite extensión alguna, siendo por su naturaleza de aplicación restringida.

De todo lo anterior emerge que la impugnación que se hace al fallo apelado carece de fundamento, por no haber sido desvirtuada la constatación del juez de que al afectado no se le llamó en causa en el procedimiento administrativo, o que existía un supuesto legal que obviaba tal garantía. Por tales razones se estima infundada la impugnación aludida y así se declara.

RDP N° 16, 1983, pp. 150

CSJ-SPA (183)   11-8-83

Magistrado Ponente: Josefina Calcaño de Temeltas

Cree propicio esta Corte, además, advertir que los criterios anteriormente expresados por este órgano jurisdiccional sobre las vicisitudes del procedimiento administrativo antes analizado se inspiran en el propósito de preservar el derecho de petición y el derecho de defensa garantizados por los artículos 67 y 68 de la Constitución, los cuales deben ser respetados siempre por la Administración, por encima de cualesquiera circunstancias que pudieran hacer procedente el rechazo o denegación de las pretensiones de los Administrados.

RDP N° 16, 1983, pp. 150–151

CSJ-SPA (220)   17-11-83

Magistrado Ponente: Josefina Calcaño de Temeltas

Para la imposición de sanciones, el presunto infractor debe ser notificado previamente de los cargos que se le imputan y oírsele para que pueda ejercer su derecho de defensa antes de ser impuesta la sanción correspondiente.

Para la imposición de sanciones, es principio general de nuestro ordenamiento jurídico que el presunto infractor debe ser notificado previamente de los cargos que se le imputan y oírsele para que pueda ejercer su derecho de defensa, antes de ser impuesta la sanción correspondiente, bien sea esta última de naturaleza penal, administrativa o disciplinaria. Tiene base el citado principio en la garantía individual consagrada en el Ordinal 5 del artículo 60 de la Constitución de la República, a tenor del cual "Nadie podrá ser condenado en causa penal sin antes haber sido notificado personalmente de los cargos y oído en la forma que indique la Ley". Igualmente, tiene base el principio general invocado en la inviolabilidad del derecho de defensa "en todo estado y grado del proceso" consagrada en el artículo 68 de la Constitución. La cobertura de estas garantías constitucionales ha sido interpretada ampliamente por la doctrina y la jurisprudencia en nuestro país, a tal punto que la aplicabilidad de los preceptos en ellas enunciados ha sido extendida a todas las ramas del derecho público, allende los límites del derecho penal y de las normas que protegen exclusivamente la libertad física del individuo, a fin de convertirlas en pautas fundamentales de la genérica potestad sancionadora del Estado.

En esta perspectiva, el derecho de defensa debe ser considerado no sólo como la oportunidad para el ciudadano encausado o presunto infractor de hacer oír sus alegatos, sino como el derecho de exigir del Estado el cumplimiento previo a la imposición de toda sanción, de un conjunto de actos o procedimientos destinados a permitirle conocer con precisión los hechos que se le imputan y las disposiciones legales aplicables a los mismos, hacer oportunamente alegatos en su descargo y promover y evacuar las pruebas que obren en su favor. Esta perspectiva del derecho de defensa es equiparable a lo que en otros estados de Derecho ha sido llamado como el principio del "debido proceso".

En el sentido antes esbozado, esta Sala ha afirmado con anterioridad (12-12-74) que "Desde 1967 y en sentencia más reciente de 5 de diciembre del presente año, esta misma Sala ha establecido que "el trámite administrativo para imposición de sanciones pecuniarias agota una primera instancia, la cual por ese mismo, debe iniciarse con la notificación del administrado y en ella debe dársele oportunidad para promover y evacuar las pruebas que juzgue pertinentes, en ejercicio del derecho de defensa consagrado en el artículo 68 de la Constitución Nacional. Dicho procedimiento administrativo puede y debe ser definido por vía reglamentaria o por Resolución Ministerial, caso de no estar previsto en una norma legal de superior categoría, en beneficio de la Administración misma y del particular. Sin embargo, su inexistencia no puede privar al administrado de su legítimo e impostergable derecho de defensa".

"Los lapsos y oportunidades de actuar que se establezcan en el procedimiento administrativo, constituyen verdaderas garantías procesales para el administrado, y son las que van a dar sentido y contenido práctico a su derecho de defensa constitucional". (Sentencia de la Corte Suprema de Justicia, en Sala Político-Administrativa del 12-12-74. G.O. 1718 Ext. del 20-1-75).

En reciente oportunidad, también ha expresado esta Sala su "propósito de preservar el derecho de petición y el derecho de defensa garantizados por los artículos 67 y 68 de la Constitución, los cuales deben ser respetados siempre por la Administración, por encima de cualesquiera circunstancias que pudieran hacer procedente el rechazo o denegación de las pretensiones del administrado". (Sentencia de la Corte Suprema de Justicia en Sala Político-Administrativa del 11-8-83, p. 14).

RDP N° 16, 1983, pp. 151-152

CSJ-SPA (236)   24-11-83

Magistrado Ponente: Josefina Calcaño de Temeltas

El derecho a la defensa también abarca el derecho de exigir del Estado el cumplimiento previo a la imposición de cualquier sanción, de un conjunto de actos o procedimientos destinados a permitirle conocer los hechos imputados y las disposiciones legales aplicables a los mismos.

En el caso de autos, tal como lo advierte en su dictamen el Fiscal General de la República, no existe constancia alguna ni en el expediente administrativo remitido por el Ministro de Justicia ni en el presente recurso, de que el ciudadano José Antonio Arias Palma, funcionario sancionado con la destitución de su cargo por el Director de la Política Técnica Judicial, decisión confirmada por el Ministro de Justicia por oficio de fecha 10 de julio de 1981, hubiera sido impuesto del contenido del informe elaborado por la Inspectoría General de los Servicios para que hiciera los alegatos que considerara oportuno; ni de que hubiera designado un defensor o se le hubiera nombrado; ni de que hubiera sido oído por el Director del Cuerpo, conforme a las exigencias de los artículos 33 y 41 del Reglamento tantas veces citado.

Ahora bien, en materia de imposición de sanciones, esta Sala ha reafirmado en fecha reciente (Exp. 2606 17-11-83) el principio general de nuestro ordenamiento jurídico de que el presunto infractor debe ser notificado previamente de los cargos que se le imputan y oírsele para que pueda ejercer su derecho de defensa antes de ser impuesta la sanción correspondiente, sea de naturaleza penal, administrativa o disciplinaria.

Tiene base el citado principio en la garantía individual consagrada en el ordinal 5 del artículo 60 de la Constitución de la República, a tenor del cual "nadie podrá ser condenado en causa penal sin antes haber sido notificado personalmente de los cargos y oído en la forma que indique la Ley". Igualmente tiene base el principio general invocado, en la inviolabilidad del derecho de defensa "en todo estado y grado del proceso" consagrada en el artículo 68 de la Constitución. La cobertura de estas garantías constitucionales ha sido interpretada ampliamente por la doctrina y la jurisprudencia en nuestro país, a tal punto que la aplicabilidad de los preceptos en ellas enunciados ha sido extendida a todas las ramas del derecho público, allende los límites del derecho penal y de las normas que protegen exclusivamente la libertad física del individuo, a fin de convertirlas en pautas fundamentales de la genérica potestad sancionadora del Estado.

Con esta perspectiva, el derecho de defensa debe ser considerado, no sólo como la oportunidad para el ciudadano encausado o presunto infractor, de hacer oír sus alegatos, sino como el derecho de exigir del Estado el cumplimiento previo a la imposición de cualquier sanción, de un conjunto de actos o procedimientos destinados a permitirle conocer con precisión los hechos que se le imputan y las disposiciones legales aplicables a los mismos, hacer oportunamente alegatos en su descargo y promover y evacuar las pruebas que obren en su favor.

RDP N° 17, 1984, pp. 171

CPCA   29-2-84

Magistrado Ponente: Román J. Duque Corredor

La falta de fecha en la "notificación" del inicio del expediente disciplinario al interesado lesiona la garantía del derecho de defensa del funcionario.

En razón de lo expuesto, la inmotivación señalada sería suficiente para declarar la nulidad del acto recurrido, pero en razón del vicio denunciado por el apelante de que el Tribunal *a quo* no se atuvo a lo alegado y probado en autos, para dictar su decisión, la Corte examinará los elementos probatorios existentes en el expediente para determinar si en verdad lo resuelto por el Tribunal de la Carrera Administrativa no se conforma con lo debatido.

Al respecto se observa que al folio 47 cursa un memorándum del Jefe de la Oficina de Servicios Administrativos, en el cual se informa respecto a los períodos de reposo del ciudadano Pablo Alí Bermúdez, que cubre los siguientes lapsos: 11-07-80 al 18-07-80; 21-07-80 al 25-07-80; 25-07-80 al 08-08-80; 13-08-80 al 16-08-80; 11-08-80 al 09-09-80 y 08-09-80 al 07-10-80. Igualmente al folio 48 aparece el Oficio de fecha 02-02-81, en el cual también se señalan como reposos del prenombrado ciudadano los siguientes lapsos: 03-07-80 al 11-07-80; 11-07-80 al 18-07-80; 21-07-80 al 25-07-80; 25-07-80 al 08-08-80 y 11-08-80 al 09-09-80. Por otra parte, se observa que en el Oficio por el cual se le notifica al interesado del inicio del expediente disciplinario para averiguar su inasistencia al trabajo, y en donde se le emplaza para que dé contestación a los cargos, no se precisa mes y día algunos de abandono que el funcionario deba justificar (folio 54). Aun más, observa la Corte que la notificación adolece de un grave defecto que, indudablemente, vició todo procedimiento seguido, cual es el relativo a que no consta la fecha en que tal notificación fue efectuada.

En efecto, el Oficio N° 000429 de 11-03-81, no fue recibido personalmente por su destinatario, el ciudadano Pablo Alí Bermúdez; sino que en presencia de dos testigos, que por lo demás no fueron ratificados en juicio, se hizo entrega del mismo a la señora Susana Marín, quien es la administradora del edificio "Algarrobo", donde habita el mencionado ciudadano, pero no se señala en el acta que los dos testigos firmaron en constancia de tal entrega, la fecha en la cual la ciudadana anteriormente mencionada recibió la notificación, por lo que no es posible determinar el comienzo de los tres días hábiles que se dio al interesado, más el término de instancia, para que procediera a dar contestación a los cargos que en su contra hizo la Administración. Tal irregularidad evidentemente que lesionó la garantía del derecho de defensa del funcionario, al no permitírsele con exactitud conocer el momento en que debía concurrir a ejercer sus alegatos y a presentar pruebas a su favor. Este vicio puede apreciarlo de oficio esta Corte, dada su naturaleza de orden público, y así se declara.

RDP N° 17, 1984, pp. 172

CSJ-SPA (32)   23-1-84

Magistrado Ponente: Luis H. Parías Mata

El derecho a la defensa en el procedimiento administrativo sancionatorio, mediante la audiencia del interesado, debe ser respetado para permitirle al mismo conocer previamente a la decisión los hechos que se le imputan.

De donde resulta claro para la Sala que en la base del problema planteado por la recurrente se encuentra la falta de audiencia a la interesada para permitirle su defensa antes de la adopción de la medida destitutoria, habiéndose configurado para ella una típica indefensión que se pone en evidencia cuando se observa el procedimiento empleado para la preparación de los informes que dieron lugar al acto cuya nulidad se demanda. Así, en la oportunidad de solicitar la reconsideración administrativa, la recurrente afirma no haber sido entrevistada por auditor alguno, lo cual le habría permitido exponer en su descargo tanto las actividades que realizaba como las funciones propias del cargo que ocupaba, a todo lo cual se refiere extensamente en el señalado escrito. Y, en efecto, no existe en autos indicio alguno que pueda llevar a la conclusión de que la apelante hubiera sido citada o, al menos, consultada a fin de que explicara su situación, confirmando o negando la información que había sido recabada por otras vías. Ello resulta, a todas luces, contrario al principio consagrado en el artículo 68 de la Constitución, que asegura el derecho de defensa en todo estado y grado del proceso.

Más aun se ratifica el estado de indefensión cuando al solicitar la reconsideración de su caso —derecho inherente a los administrados que resulten lesionados por los efectos particulares de un acto administrativo— en memorándum N° 459 de 11 de junio de 1980 dirigido por el consultor jurídico al Director General Sectorial de los servicios, se desconoce el derecho de la hoy impugnante a interponer tal recurso, conduciéndola a ocurrir a la vía contenciosa en los siguientes términos:

"En concreto, es criterio de esa Oficina que sobre la Resolución objeto de la consulta, no existe la posibilidad de reconsideración y únicamente le corresponde a la persona afectada por la medida de recurrir de dicho acto ante la Corte Suprema de Justicia, para solicitar su anulación si es que lo considera prudente".

La doctrina de la Sala en esta materia ha sido una vez más recientemente reiterada. Así, en fallo de fecha 24 de noviembre de 1983, se ha expresado: "...el derecho de defensa debe ser considerado no sólo como oportunidad para el ciudadano encausado o presunto infractor, de hacer oír sus alegatos, sino como el derecho de exigir del Estado el cumplimiento previo a la imposición de cualquier sanción, de un conjunto de actos o procedimientos destinados a permitirle conocer con precisión los hechos que se le imputan y las disposiciones legales aplicables a los mismos, hacer oportunamente alegatos en su descargo y promover y evacuar las pruebas que obren en su favor" (véanse, asimismo: S.S. S.P.A. de 12-12-74 —G.O. N° Ext. 1.718 de 20-1-75— ratificatoria de fecha 5-12-74, y de 11-8-83 y 17-11-83).

La situación así descrita configura, a juicio de la Sala, causal suficiente de declaratoria de nulidad del acto recurrido, por cuanto se traduce en un desconocimiento al derecho de defensa y, con él, se arrastra un vicio de falso supuesto al exigir responsabilidades respecto de un cargo que se ejercía sólo accidentalmente, contrariando así el texto expreso de la ley.

RDP N° 18, 1984, pp. 155

CSJ-SPA (91)   3-4-84

Magistrado Ponente: Luis H. Farías Mata

En los procedimientos sancionatorios, al menos, debe garantizarse ineludiblemente el conocimiento del interesado de la irregularidad que se le imputa, evitando colocárselo en una situación de indefensión.

Finalmente se refiere la recurrente al quebrantamiento de las formalidades que establece la Ley Orgánica de la Hacienda Pública Nacional relativas a la obligación en que se encuentra el funcionario, autorizado para imponer una multa, de levantar un acta, en la cual deben hacerse constar específicamente todos los hechos relacionados con la infracción, acta que deberá ser suscrita por el funcionario y por el contraventor o jefe encargado del establecimiento; principio este contenido en el artículo 420 de la referida Ley Orgánica y cuya regencia tiene lugar en cuanto resulte aplicable, por virtud de la remisión consagrada en el artículo 30 de la Ley sobre Normas Técnicas y Control de Calidad.

Observa sin embargo la Sala que tal requisito aparece satisfecho al exigirse la firma de uno o más representantes de la empresa en la oportunidad de levantar el informe de inspección; no obstante, resulta evidente la imposibilidad práctica en la cual se encuentra el funcionario encargado de la recolección de muestras —que deberán ser posteriormente analizadas por un organismo técnico— de señalar, en el mismo acto, las irregularidades observadas, y de solicitar, en consecuencia, que convenga en ellas, mediante un representante de la empresa. Esta imposibilidad práctica de que pueda darse el correspondiente supuesto de hecho, hace inaplicable la norma, y, por tanto, imposible la remisión legal a ella. Considera esta Corte conveniente puntualizar la sustancial diferencia existente entre el caso que nos ocupa, y otros que han servido de base a este Supremo Tribunal para dictaminar sobre el ineludible carácter acumulativo de los cuatro requisitos que para la imposición de multas consagra el artículo 420 de la citada Ley Orgánica. Efectivamente los antecedentes jurisprudenciales que han llevado a declarar con lugar recursos fundamentados en el no cumplimiento, por parte de la Administración, de algunos de los requisitos procedimentales en cuestión, han apreciado en dicho procedimiento la única vía legítima que debe enmarcar la actuación administrativa, por cuanto la Ley no daba cabida a interpretaciones elásticas o excepcionales. Al dictarse la Ley sobre Normas Técnicas y Control de Calidad, el legislador ha querido significar claramente en su artículo 30, que este procedimiento —en principio aplicable— pudiera resultar de aplicación imposible en la práctica, y que, por lo tanto, la omisión de alguna de las exigencias allí expresadas, no podrían traducirse en la ineficacia de todo lo actuado por la Administración. La situación cobrará de ahora en adelante mayor importancia en razón de que la ahora vigente Ley Orgánica de Procedimiento Administrativo (art. 47) a la par que establece un procedimiento general para la configuración de los actos administrativos, deja subsistentes los procedimientos administrativos especiales destinados al mismo fin, los cuales, en todo caso, serán de preferente aplicación en las materias que constituyan la especialidad. Aún más: este texto procedimental remite, en su artículo 102 —y en idénticas condiciones de racional aplicabilidad— a la Ley Orgánica de la Hacienda Pública Nacional, en todo en cuanto toca al procedimiento establecido por ésta para la imposición de las multas que aquélla prevé, manteniendo así cualquier posible indefensión, y, lo que es más importante, permitiéndole corregir posibilidad de aplicación.

Esta Corte estima, en consecuencia, que si bien lo recomendable resulta el orientar la práctica procedimental de aquellos órganos administrativos que tengan a su cargo la imposición de multas hacia una uniformidad destinada a garantizar la certidumbre jurídica al administrado, en aquellos casos, como en el presente, en los cuales resulte materialmente imposible cumplir con el precepto, queden sin embargo a salvo los fines últimos que persigue la norma misma, que no son otros que el conocimiento por parte del administrado de la irregularidad que se le imputa, evitando así cualquier posible indefensión, y, lo que es más importante, permitiéndole corregir los vicios o situaciones irregulares capaces de originar una sanción, sobre todo cuando ellos dañen o puedan dañar, como en el caso de autos, la salud de los consumidores, bien inestimable, de interés general o colectivo, a proteger por la norma. A tal efecto considera la Corte que tal premisa aparece satisfecha en el presente caso en virtud de las notificaciones escritas de fechas 25 de enero y 11 de abril de 1980, que fueron hechas a la recurrente, en razón de lo cual esta Suprema Corte desestima también los alegatos de la recurrente referidos al quebrantamiento de las señaladas formalidades legales por parte de la Administración. Así se declara.

RDP N° 20, 1984, pp. 128

CPCA   13-12-84

Magistrado Ponente: Hildegard Rondón de Sansó

Para la remoción de un funcionario por vía de la imposición de una sanción o castigo contra una falta, es necesario que se siga un procedimiento contradictorio en el cual se garantice el derecho de defensa de la persona afectada por la remoción.

Precisado lo anterior se observa sin embargo que el juez al dictar una sanción disciplinaria está ejerciendo una función administrativa, en relación con la cual las normas específicas que regulan su actuación, no establecen ningún procedimiento ni disposición expresa. Es sabido que corresponde a la competencia del juez (artículo 91 de la Ley Orgánica del Poder Judicial) la facultad de remoción libre de los Secretarios y Alguaciles de los tribunales, por cuanto la ley le otorga el poder de discrecionalmente decidir sobre su designación o sobre el cese de sus funciones.

Lo anterior hace que los Secretarios de Tribunales, así como los Alguaciles carezcan del derecho de la estabilidad en sus cargos, por cuanto tal derecho no es otra cosa que la garantía de no ser removido sino por las causas taxativamente señaladas en la ley. La permanencia en el ejercicio de la función de los Secretarios y Alguaciles depende de la voluntad del juez a quien corresponde libremente confirmar tal ejercicio o ponerle fin al mismo mediante un acto cuyos motivos, razones, fundamentos y objetivos no precisan ser determinados.

Discrecionalidad significa así la libre escogencia sobre la permanencia o no del ejercicio de las funciones; la facultad de darla por concluida o de prorrogarla en el tiempo. El juez será igualmente el que decida los motivos o razones que determinarán su decisión, la cual no es controlable por parte de órgano alguno, ya que la ley así lo acuerda en forma expresa. La motivación del acto de remoción discrecional es la propia norma facultativa, esto es, la disposición que le permite efectuar libremente la remoción. Ahora bien, al lado de la facultad de remoción libre que tiene por disposición expresa de la ley el juez, el mismo también posee la potestad disciplinaria que le ha sido acordada en el estatuto que rige sus facultades y poderes, esto es, la Ley Orgánica del Poder Judicial, ya que siendo responsable del órgano que preside, lo es igualmente de su funcionamiento y eficiencia la cual ejerce mediante el poder de dirección sobre sus subalternos y el poder de corrección y sanción de sus faltas. El ejercicio de la potestad disciplinaria, manifestación de la supremacía jerárquica sólo puede ejercerse válidamente obedeciendo a las garantías naturales que los sujetos del mismo poseen. Los subordinados están sometidos a la aplicación de las sanciones que el jerarca estime proceden de conformidad con la ley; pero la aplicación de tales sanciones ha de hacerse mediante la obediencia a las garantías mínimas que la Constitución establece, esto es, en acatamiento a tres principios básicos, a saber: a) La tipicidad de la falta; b) El reconocimiento del derecho de defensa; c) La existencia de un procedimiento contradictorio; a través del cual se demuestre fehacientemente la comisión de los hechos imputados.

La tipicidad no es otra cosa que la traslación al campo del derecho disciplinario del principio de legalidad que rige a los delitos y a las penas. Así como no hay delito que no esté contemplado en la ley ni sanción que la misma no establezca, en el mismo sentido la falta disciplinaria ha de ser prevista expresamente o dejada por disposición expresa su configuración a la apreciación del organismo que ejerce la potestad. En este último aspecto el régimen disciplinario es menos rígido que el régimen penal por cuanto la norma puede dejar al órgano que actúa en función disciplinaria la facultad de calificar determinados hechos como lesivos al orden institucional que se protege; sin embargo, tal facultad debe estar especificada en un texto expreso, sin lo cual no puede ser ejercida válidamente.

El segundo elemento es el derecho de defensa, contemplado en el artículo 68 de la Constitución el cual dispone en su segundo aparte que "la defensa es derecho inviolable en todo estado y grado del proceso". Este artículo que aparece en el cuerpo del capítulo tercero del título III (de los deberes, derechos y garantías) de la Constitución como uno de los derechos individuales, no puede considerarse como circunscrito al ámbito del proceso penal, como ha sido interpretado por algunos, sino que es un principio de ámbito general que se aplica a todo procedimiento en el cual se haga una imputación a un sujeto de una falta, cualquiera que ella sea. En tal sentido se ha manifestado la jurisprudencia de la Corte Suprema de Justicia, pudiendo mencionarse en forma especial la sentencia de fecha 18 de enero de 1966 citada por el maestro A. Moles Caubet en su obra *Las Vicisitudes del Procedimiento Administrativo*, señalando al respecto este autor: "El derecho de defensa ha obtenido en Venezuela una consagración de tal magnitud que, merced a ella, ha abierto nuevas perspectivas al Derecho Público Venezolano. Figuran en una Sentencia de la Corte Suprema de Justicia que contiene estas tres declaraciones: 1° El reconocimiento de que existen principios generales del Derecho Constitucional, aun cuando no figuren literalmente incorporados a ningún artículo de la Constitución. 2° Que ellos son principios normativos inspiradores del sistema jurídico e institucional de Venezuela. 3° Que al consagrar el texto constitucional de 1961 en su artículo 68 el derecho de defensa ("la defensa es un derecho inviolable en todo estado y grado del proceso"), no hace otra cosa que consagrar lo que ha estado en el espíritu de todas las Constituciones anteriores (Sentencia de la Corte Suprema de Justicia en pleno, 18 de enero 1966, ponencia del Magistrado profesor José Ramón Duque Sánchez). A lo cual ha de añadirse que la libertad de defensa, como libertad pública, es indivisible y comprende tanto la defensa en el proceso judicial como en el procedimiento administrativo".

Finalmente el último elemento señalado, esto es, la existencia de un procedimiento destinado a verificar la existencia de la falta no es otra cosa que un corolario del principio anterior, en virtud del cual no puede decidirse ninguna imputación contra un sujeto sino a través de un procedimiento contradictorio al cual sean aportados los elementos demostrativos de su comisión.

Sólo se puede concluir la exposición anterior afirmando que existe un principio constitucional de defensa, tal como lo señala la citada sentencia del 18 de enero de 1966 de la Corte Suprema de Justicia, que interpreta en toda su extensión el artículo 68 de la Constitución. Este principio general de defensa exige el procedimiento contradictorio y por tanto la formación de expediente —sea cualquiera la clase del funcionario afectado por el acto.

Lo anterior es jurisprudencia constante del Consejo de Estado francés a partir de 1947. Al efecto el organismo antes mencionado señaló en sentencia del 20 de enero de 1955 (Arrét Negre) que: aun cuando se trate de un alto funcionario cuyo empleo sea de la discreción del Gobierno, le corresponden los derechos de defensa, habiendo de recibir comunicación del expediente a fin de poder presentar sus observaciones. Señala al efecto el Consejo de Estado (Arrét Negre citado, ver Auby-Drago Tomo II, 1121): "Aún fuera del dominio disciplinario *strictu sensu*", toda medida concerniente a un agente público (funcionario) se adopta "en consideración a la persona" y por tanto debe dar lugar a un procedimiento contradictorio".

Analizada en la forma que antecede la situación, resulta evidente que si bien el juez sí posee la potestad discrecional de remover libremente a quien desempeñe el cargo de Secretario de Tribunal, con lo cual el acto de remoción no requiere otra motivación que la indicación de la norma en el cual se fundamenta, cuando se ejerce la potestad disciplinaria, esto es, en los casos en los cuales la remoción proviene de una sanción o castigo contra una falta, es menester que se siga un procedimiento contradictorio en el cual se garantice el derecho de defensa de la persona afectada. Todo acto que prescinda de los elementos señalados presuntamente es violatorio de legalidad administrativa la cual no sólo se concreta y manifiesta en la normativa expresa, sino que también está integrada por los principios generales del derecho que constituyen una fuente primaria para el ejercicio de la función administrativa.

En el caso de autos se aprecia que la recurrente fue sancionada con una pena disciplinaria por habérsele imputado una serie de faltas en relación a las cuales no se abrió un procedimiento a los fines de su demostración ni se le otorgó la posibilidad de efectuar su defensa. En tales condiciones el acto impugnado se presenta contrario a derecho por cuanto el mismo carece de la demostración de la falta imputada y lesiona el derecho de defensa que protege la situación de todo sujeto sometido a una sanción sea cual fuere su naturaleza. En efecto, a lo largo del expediente así como del proceso relativo al recurso contencioso-administrativo no fue aportado ningún elemento de juicio que demostrara la sujeción del órgano que ejerciera la potestad disciplinaria a los principios básicos antes enunciados que han de regir el ejercicio del poder sancionatorio, por todo lo cual el acto aparece viciado de ilegalidad y así se declara.

RDP N° 25, 1986, pp. 99

CPCA   12-12-85

Magistrado Ponente: Román J. Duque Corredor

Caso: Carmen Padilla C. vs. INOS.

La indefensión que causa la nulidad de los actos administrativos es aquella que impide a los afectados por dichos actos ejercer a plenitud sus derechos en contra de ellos, tanto en el procedimiento constitutivo como de revisión, ya sea administrativo o judicial. Trátase, en consecuencia, de una lesión al derecho de alegar y probar de los administrados y de lograr el restablecimiento de las situaciones legítimas infringidas por la Administración. En este sentido, se incurre en indefensión cuando ciertamente a los administrados, con anticipación, no se les entera debidamente de los hechos que originan los procedimientos que puedan afectarlos, de manera que puedan efectuar alegatos en su descargo y también demostrar lo contrario a lo que afirma la Administración.

RDP N° 26, 1986, pp. 110

CPCA   15-5-86

Magistrado Ponente: Armida Quintana Matos

Caso: Pedro A. Morales vs. República (Comisión de Apelaciones del Refinanciamiento de la Deuda de Productores Agrícolas).

La violación del derecho a la defensa configura uno de los principales vicios del procedimiento administrativo y, por tanto, del acto administrativo que en su consecuencia se dicte.

La falta de motivación bastaba por sí sola para llevar a la declaratoria de nulidad de la Resolución ya identificada, sino el Juez se pronunció también sobre la violación que señalaron los recurrentes de los artículos 62 y 89 de la Ley Orgánica de Procedimientos Administrativos. Ambas normas responden a la regulación del derecho a ser oído que reconoce la Ley al administrado y constituyen manifestación del derecho a la defensa que consagra la Constitución. El principio de oír al interesado antes de decidir algo que lo va a afectar no es solamente un principio de justicia, es también un principio de eficacia, porque asegura un mejor conocimiento de los hechos, contribuye a mejorar la administración y garantiza una decisión más justa. Este derecho a ser oído es un derecho transitivo que requiere alguien que quiera escuchar para poder ser real y efectivo, y este deseo de escuchar supone de parte de la Administración: la consideración expresa de los argumentos y cuestiones propuestas por el interesado (artículo 62 de la Ley Orgánica de Procedimientos Administrativos), la obligación de decidir expresamente las peticiones y la obligación de fundamentar las decisiones (artículos 9 y 18 de la Ley Orgánica de Procedimientos Administrativos), analizando los aspectos propuestos por las partes e incluso aquellos que surjan con motivo de la solicitud, petición o recurso, aunque no hayan sido alegados por los interesados (artículo 89 de la Ley Orgánica de Procedimientos Administrativos). De lo antedicho resulta evidente que la violación de tales extremos y, por ende, del derecho a la defensa configura en la actualidad, en el ordenamiento jurídico venezolano, uno de los principales vicios del procedimiento administrativo y, por ende, del acto administrativo que en su consecuencia se dicte.

RDP N° 28, 1986, pp. 88

CSJ-SPA (227)   23-10-86

Magistrado Ponente: Rene De Sola

Caso: Contralmirante Alfredo J. Landa vs. República (Ministerio de la Defensa).

Sin embargo, tanto el principio de que nadie puede ser condenado sin haber sido notificado personalmente de los cargos y oído en la forma que indica la ley, como el referente al derecho de defensa consagrado en el artículo 68 *ejusdem*, constituyen garantías inherentes a la persona humana, y son, en consecuencia, aplicables en cualquier clase de procedimientos que puedan derivar en una condena.

RDP N° 31, 1987, pp. 76

CPCA   18-6-87

Magistrado Ponente: Pedro Miguel Reyes

Caso: Miriam F. de Andrade vs. República. (Ministerio del Trabajo, Comisión Tripartita).

En lo que concierne a los vicios que imputa la parte recurrente a la Resolución impugnada, la Corte observa: En cuanto a la violación del artículo 68 de la Constitución, que consagra el derecho de defensa y del artículo 21 del Código de Procedimiento Civil recientemente derogado, por haber admitido a sus espaldas la prueba constituida por copia de la demanda introducida ante los Tribunales Laborales, la Corte observa: El vicio de indefensión violatorio, tanto del artículo 68 de la Constitución como del 21 del Código de Procedimiento Civil, derogado, que el Código vigente consagra en su artículo 15, debe consistir, para poderse considerar configurado, en haber impedido el ejercicio de acciones o recursos para la defensa de derechos o intereses, o como ha reiteradamente establecido la jurisprudencia respecto del mencionado artículo 21, el haber impedido a una de las partes, el ejercicio de un derecho procesal, o haber otorgado a su contrario mayores derechos que los que la Ley otorga. La admisión en un procedimiento administrativo, como son los procedimientos que se inician con fundamento en la Ley Contra Despidos Injustificados, de un documento público como lo es la copia certificada de una demanda que cursa ante algún Tribunal de la República, no constituye ninguno de los supuestos que pueden configurar el vicio de indefensión y así se declara.

Por lo demás, este tipo de procedimiento administrativo, está sujeto a la mencionada Ley y a su Reglamento, a la Ley Orgánica de Procedimientos Administrativos y supletoriamente le son aplicables el Código de Procedimiento Civil y Ley Orgánica de Tribunales y Procedimientos del Trabajo cuando la respectiva norma no contraríe la naturaleza administrativa de esos procedimientos. En tal sentido, la Corte debe nuevamente insistir en destacar las características generales de procedimiento administrativo como son, entre otras, la flexibilidad, libertad probatoria, el carácter no preclusivo de la mayor parte de las actuaciones. De manera que los alegatos de las partes interesadas, o las pruebas o documentos que éstas aporten para la mejor resolución del asunto que se ventile, no pueden ser considerados extemporáneos ni violatorios del derecho de la defensa y, en consecuencia, deben ser objeto de consideración por parte del órgano administrativo, tal como lo exige el artículo 89 de la Ley Orgánica de Procedimientos Administrativos, según el cual, "el órgano administrativo deberá resolver todos los asuntos que se sometan a su consideración dentro del ámbito de su competencia o que surjan con motivo del recurso aunque no hayan sido alegados por los interesados". Para adoptar su decisión, el órgano administrativo no está limitado a las pruebas aportadas por las partes, sino que está facultado para solicitar "de las otras autoridades u organismos los documentos, informes o antecedentes que estime convenientes para la mejor resolución del asunto", tal como lo dispone el artículo 54 *ejusdem*; de manera que, con vista de esta amplia facultad inquisitiva de los órganos administrativos, es también improcedente el alegato de violación del artículo 410 del Código de Procedimiento Civil, por haber admitido pruebas no señaladas por las partes o extemporáneamente, el cual no es aplicable a los procedimientos administrativos, ni siquiera a los procedimientos de segundo grado y así se declara.

RDP N° 34, 1988, pp. 85

CPCA   14-3-88

Magistrado Ponente: Hildegard Rondón de Sansó

Caso: Nelly M. Chirinos vs. Instituto Nacional del Menor.

El derecho a la defensa en el procedimiento administrativo está íntimamente vinculado al derecho a la motivación, pues el oportuno conocimiento de los motivos de la acción administrativa es lo que determina la eficacia y acierto de las decisiones que se dicten, su correcta adecuación al derecho objetivo y el debido equilibrio entre los intereses públicos y particulares involucrados en la decisión.

A lo anterior se añade que no hay constancia en autos de que la querellante haya tenido acceso al expediente administrativo durante el proceso de formación de la medida, por la cual pudiera haber estado informado con anterioridad a la emisión del acto que se le notificó, de los fundamentos de hecho de la voluntad expresada en la notificación, no bastándole a la interesada para ejercer sus recursos y defensas con tener una idea genérica de la causal por la cual fue removida. Y aunque se trate de una causa objetiva de remoción, es decir, independiente de la conducta del funcionario, éste siempre tiene derecho a manifestar sus alegatos y observaciones en contra de una medida que, en definitiva, también afecta su situación jurídica subjetiva, porque incide en su estabilidad dentro de la función pública.

La Corte observa que el apelante confunde la mención de la causa de retiro de la funcionaria querellante con los fundamentos de hecho de la medida, siendo esta la razón por la cual no le parece necesario que se exponga el supuesto concreto al cual quiso referirse el organismo, junto con sus respectivas circunstancias, ya que los motivos aparecerían implícitos en la norma que se invoca. Pero esto sólo podría admitirse cuando el supuesto de hecho contenido en la norma es unívoco o simple, y no cuando se trata de varios supuestos. La Corte observa asimismo, por otra parte, que el apelante trasplanta el concepto de indefensión definido por la jurisprudencia de Casación, según ocurre en los procesos judiciales, al presente juicio, el cual fue incoado, a pesar de que el acto administrativo fue dictado en la forma como se dictó, es decir, que no se le impidió a la funcionaria recurrir al órgano jurisdiccional y ejercer dentro del mismo todas sus defensas. El derecho a la defensa en el procedimiento administrativo está íntimamente vinculado al derecho a la motivación, porque el conocimiento oportuno de los motivos de la acción administrativa es lo que puede determinar la eficacia y acierto de las decisiones que se dicten, su correcta adecuación al derecho objetivo y el debido equilibrio entre los intereses públicos y particulares involucrados en la decisión, a iniciativa de los interesados. Basta, por lo tanto, con que el acto administrativo no esté debidamente motivado, para que se considere que tácitamente ha existido indefensión de los particulares que han podido oponerse a la decisión, antes de que ésta llegue a afectar sus intereses legítimos, personales y directos, y de allí la necesidad de hacer referencia también a las razones que han sido alegadas entre los requisitos de la motivación, aludida en el ordinal 5 del artículo 18 de la Ley Orgánica de Procedimientos Administrativos. Tampoco es suficiente alegato que haga prosperar la apelación, el argumento de que la defensa del funcionario se limita a verificar si se cumplió con el procedimiento legalmente establecido para la reducción de personal, toda vez que la falta de expresión de los motivos del acto impide saber si dicho procedimiento era el que correspondía a un supuesto no expresado, ni precisado en forma alguna. Por lo tanto, la apelación intentada por el sustituto del Procurador General de la República con fundamento en las razones ya analizadas, puede ser acogida y así se declara.

RDP N° 41, 1990, pp. 77

CPCA   6-12-89

Magistrado Ponente: Hildegard Rondón de Sansó

El derecho a la defensa es así un medio, no un resultado

Indicados los anteriores elementos, esta Corte estima que los actores fueron atendidos en sus pretensiones por parte del organismo contra el cual accionan, lo cual significa que no existió la violación del derecho de defensa que los mismos denuncian. Derecho de defensa significa la facultad de hacer alegatos, la posibilidad de rebatir los argumentos contrarios, de promover y evacuar las pruebas pertinentes, de conocer el fundamento de la decisión y de utilizar los recursos que la ley establece. En estas cinco posibilidades se condensa el derecho de defensa. No comprende, obviamente, tal derecho la seguridad de que los alegatos serán admitidos; de que las réplicas sustituirán a los argumentos contrarios; de que las pruebas serán consideradas procedentes y que la decisión ha de ser favorable. El derecho a la defensa es así un medio, no un resultado.

RDP N° 42, 1990, pp. 83

CPCA   3-4-90

Magistrado Ponente: Hildegard Rondón de Sansó

Caso: Miguel A- Betancourt vs. República (Ministerio de Hacienda).

La Corte observa, como bien lo asienta el Tribunal de la Carrera Administrativa, que la Administración infringió el artículo 112 del Reglamento General de la Ley de Carrera Administrativa; en efecto del documento que corre inserto en el folio 109 del expediente, con lo cual se pretendió dar cumplimiento al antes citado artículo, se desprende que efectivamente no se le notificaron los cargos al querellante, porque solamente se le informó que tenía un plazo de diez días hábiles para presentar el escrito de descargos. Ahora bien, resulta evidente que una notificación concebida en esos términos no se ajusta a lo dispuesto en el artículo 112 reglamentario, cuya finalidad no es otra que el investigado conozca los cargos que se le imputan, para que en el mencionado lapso pueda preparar su defensa y presentar los descargos en forma verbal o por escrito. En ese orden de ideas resulta lógico pensar que la falta de notificación de los cargos afecta sensiblemente el derecho a la defensa del funcionario, porque mal puede presentar descargos, si desconoce los cargos por los cuales se le investiga. Por otro lado, conviene precisar que este acto procedimental no podría ser sustituido por las declaraciones a que se refiere el artículo 111 *ejusdem*, debido a que en esa oportunidad el funcionario participa en una averiguación administrativa que puede dar lugar o no a que sea considerado como investigado en el procedimiento disciplinario, de allí la previsión reglamentaria en el sentido de que le sean notificados los cargos a los fines —se reitera— de preservar su derecho a la defensa. Comprobada como está la ausencia de dicha notificación en los autos, resulta forzoso concluir que en la tramitación del procedimiento disciplinario que se le siguió al querellante se infringió una base fundamental del mismo, como es la relativa a la notificación de los cargos, prevista en el artículo 112 del Reglamento, y así se declara.

RDP N° 42, 1990, pp. 84

CPCA   30-4-90

Magistrado Ponente: Jesús Caballero Ortiz

Caso: María Martín vs. Oficina Central de Personal.

La Corte señala las fases que deben cumplirse en el procedimiento disciplinario.

Resulta claro, entonces, que en el procedimiento disciplinario no fueron cumplidos los pasos a los que se refieren los artículos 111 y 113 del Reglamento General de la Ley de Carrera Administrativa, ya que se omitió tomarle declaración al funcionario investigado antes de la formulación de cargos, y no se abrió el lapso de quince días para que promoviera y evacuara las pruebas que considerare procedentes en su descargo.

Respecto de la negativa a abrir el referido lapso probatorio a favor del investigado se observa que el Jefe de la Oficina de Personal, en el auto dictado al efecto (folio 340), declara que no ha lugar a su apertura ya que ello no fue solicitado así por el funcionario en la contestación de cargos y, además, porque se abstuvo de negar las imputaciones realizadas por la Administración. Ahora bien, al respecto debe observarse que luego de solicitar la reposición del procedimiento por diversos vicios en su tramitación, la actora a todo evento negó los cargos al indicar en su escrito de contestación que "a todo evento niego, rechazo y contradigo, tanto en los hechos, como en el derecho, los cargos que se me han formulado, por no ser ciertos los hechos aducidos y no ajustarse a la verdad verdadera". Además, denunció el incumplimiento del artículo 111 del Reglamento referido, por cuanto no se le tomó declaración y no se efectuó investigación alguna antes de formularle cargos.

Sobre la consecuencia de este tipo de omisiones, esta Corte, en fallo de fecha 4 de mayo de 1989, bajo ponencia de la Magistrado Dra. Hildegard Rondón de Sansó (caso *Romelia Alvarez La Concha contra el Ministerio de Transporte y Comunicaciones*, Exp. 88-8877) sostuvo:

"En relación al fondo de la controversia, esta Corte coincide con el Tribunal *a quo* en lo concerniente a que la Administración al destituir a la querellante no ajustó su actuación a las reglas contenidas en los artículos que van del 110 al 116 del Reglamento General de la Ley de Carrera Administrativa, que regulan el procedimiento que rigurosamente deben seguir los organismos administrativos para hacer uso de la potestad disciplinaria que le confiere la Ley en materia de destitución; en efecto, se observa que, desde su inicio, el procedimiento aparece viciado por cuanto no se dio cumplimiento a lo pautado en el artículo 111 que le impone a la Oficina de Personal la elaboración de un expediente que *contendrá las declaraciones del funcionario investigado*, así como las otras actuaciones necesarias para completar la averiguación administrativa; pero del expediente se desprende que a la querellante en ningún momento se le tomaron las declaraciones aludidas en el mencionado dispositivo normativo, pues el 3 de marzo de 1985 se le notifica que debe comparecer al acto de descargo, lo cual se cumple el día 4 de marzo de 1985 (folios 63-65). *Asimismo se observa que se infringió el lapso de quince (15) días a los fines de que la querellante promoviera y evacuara las pruebas que considerare conveniente para su descargo*, situación que queda evidenciada, en primer lugar, porque no existe el auto de apertura del lapso probatorio y, en segundo lugar, porque el abogado asesor de la Dirección de Personal, el 15 de marzo de 1985 —11 días después del acto de descargo— considera instruido el expediente y recomienda pasarlo a la Consultoría Jurídica (folios 67-68), o sea, antes de vencerse los quince días del lapso probatorio..." "...Los hechos anteriores evidencian que el procedimiento disciplinario seguido por la Administración contiene varios vicios muchos de los cuales a pesar de tener el carácter de procedimentales, adquieren una mayor entidad porque afectan el derecho de la defensa de la querellante, tales como la *omisión de la declaración inicial y la eliminación del lapso probatorio*; por tal razón se hace necesario restablecer la situación jurídica infringida y, en consecuencia, anular el acto mediante el cual fue destituida la querellante, y así se declara". (Subrayado de la Corte en esta oportunidad).

En el caso de autos, como antes quedó evidenciado, igualmente se omitió tomarle a la actora la declaración inicial, y se eliminó el lapso probatorio de quince días luego del acto de descargos, lo que constituye una clara violación de derecho a la defensa de la querellante. Esta violación al derecho a la defensa en sede administrativa, ya que contra la decisión de destitución únicamente pudo agotarse la gestión conciliatoria, la cual en el caso de autos no tuvo mayor trascendencia pues la Administración se limitó a responder que no se había constituido la Junta de Avenimiento.

Por lo demás, no resulta válido el argumento de las sustitutas del Procurador General de la República en virtud del cual consideran que no hubo vicio en el procedimiento por cuanto la actora pudo conocer los hechos que se le imputaban. Tal argumento debe desestimarse ya que el conocimiento de los cargos no es lo que determina el vicio, sino la omisión de las fases procedimentales que permitan al funcionario investigado declarar en la investigación antes de que se le formulen cargos, así como promover y evacuar las pruebas que lo favorezcan.

De igual forma debe precisarse que si bien la actora efectivamente se ha defendido en sede jurisdiccional del acto de destitución, alegando a tal efecto tanto vicios formales como de fondo, de todas formas tal defensa no ha suprimido los vicios procedimentales graves en que incurrió la Administración al adelantar el respectivo procedimiento disciplinario, y que determinan una clara violación del derecho a la defensa. Ello, en razón de que si esta Corte obviara los vicios procedimentales señalados, evidentemente se vería forzada a fundar su decisión en el contenido de un expediente disciplinario en el que no se permitió la realización de las actuaciones fundamentales de defensa a favor de la parte sancionada, actuaciones éstas de vital trascendencia en la decisión administrativa.

Las consideraciones antes expuestas llevan a esta Corte a concluir en la nulidad del acto de destitución recurrido, y así se declara. Consecuencialmente, se ordena la reincorporación de la recurrente al cargo de Analista Central de Personal IV en la Oficina Central de Personal, cargo que desempeñaba antes de su ilegal destitución, o a uno de igual o superior jerarquía y remuneración y así se declara.

RDP N° 42, 1990, pp. 83

CPCA   5-4-90

Magistrado Ponente: Hildegard Rondón de Sansó

Caso: Repuestos Puerto Miranda, C.A. vs. RECADI.

Cabe señalar que en el caso de los procedimientos autorizatorios no son esenciales algunas actuaciones procedimentales, por cuanto el impulso procesal lo tiene el administrado. Este criterio ha sido sostenido por esta Corte, en casos similares al referirse a la denuncia según la cual, en el procedimiento, subjudice la Administración no realizó la llamada "Audiencia del interesado", entendido como una oportunidad en la cual el administrado es llamado por la propia Administración para comunicarle del objetivo de procedimiento. Al respecto estimó que "tal actuación procedimental es necesaria y esencial en los procedimientos denominados sancionatorios, por cuanto en esos casos la Administración impone mediante la audiencia del interesado formalmente al administrado de la existencia de un procedimiento en su contra que tiene como causa una presunta actuación ilícita de éste y establecer su veracidad le acarrearía una sanción. Ahora bien, en los procedimientos autorizatorios, por el contrario, el impulso procesal lo tiene el administrado, la Administración va a resolver una petición, una exigencia del particular, por lo cual no se hace necesario la audiencia del interesado. En efecto, en estos procedimientos no se afecta con su omisión el derecho a la defensa por cuanto el procedimiento ordinariamente se inicia a instancia del interesado, y el pronunciamiento tendrá, en caso de ser favorable, un contenido beneficioso para el administrado. En conclusión, la "audiencia del interesado" en los procedimientos como el de autos, en que la solicitud de registro de una deuda externa es un procedimiento autorizatorio, que se inició por una actuación de la recurrente que es innecesario y no se requiere la realización de este tipo de actos procedimentales, y así expresamente se declara".

RDP N° 42, 1990, pp. 86

CPCA   21-5-90

Magistrado Ponente: Hildegard Rondón de Sansó

El derecho a la defensa debe respetarse, particularmente, en los casos de procedimientos en los cuales la Administración actúa en formación jurisdiccional.

Con carácter previo al examen de la situación considera esta Corte necesario pronunciarse sobre el alcance que ha de otorgarse al artículo 69 de la Constitución, a los fines de determinar si el mismo establece una garantía que se limite exclusivamente al campo jurisdiccional o si se extiende a la esfera administrativa, por cuanto el texto del artículo alude a "jueces" y utiliza el verbo juzgar. En efecto, si se quisiere hacer una interpretación literal del texto aludido, se tendrían suficientes elementos para restringir su extensión al ámbito judicial. Ahora bien, no siempre un sujeto es enjuiciado ante un organismo jurisdiccional; sino que el control de su conducta a la luz del derecho puede ser efectuado por un organismo administrativo, bien de la propia Administración formal del Estado; bien, por estructuras enclavadas dentro de organizaciones gremiales, o bien, por organismos colegiados creados por leyes especiales para realizar la función disciplinaria o la función sancionatoria. En tales casos, organismos administrativos estarían actuando en una verdadera y auténtica función de juzgadores, esto es, subsumiendo la conducta imputada a un sujeto dentro del supuesto de una norma expresa, a los fines de determinar la responsabilidad que al mismo le corresponda. Estos órganos destinados a verificar la responsabilidad de los administrados actúan como verdaderos jueces, aun cuando no formen parte del Poder Judicial y no puedan formalmente calificarse como tales. Unido a estas situaciones están los múltiples y complejos procedimientos cuasi jurisdiccionales, en los cuales ante una Administración los administrados plantean sus conflictos de derecho subjetivos, correspondiéndole a ella dirimirlos, en la misma posición de equilibrio e imparcialidad que corresponde al juez.

Señalados los casos expuestos resulta evidente que en los mismos la Administración actúa como juez y por ello le es aplicable el dispositivo de la norma constitucional. Igual situación e igual solución tuvo la interpretación del artículo 68 de la Constitución, relativo al derecho a la defensa que, a pesar de referirse en el texto constitucional a la que se realiza en el proceso, esto es, en sede jurisdiccional; sin embargo, ha sido extendida a toda situación en la cual esté en juego una decisión que pueda incidir sobre la situación jurídica de un sujeto, lesionándola o afectándola en cualquier forma directa e inmediata.

En consecuencia de lo anterior, esta Corte estima que puede válidamente intentarse un amparo contra un organismo administrativo que tenga la función de decidir sobre las situaciones jurídicas concretas de los administrados, bien respecto a sus eventuales responsabilidades, o bien, para dirigir los conflictos que entre ellos se plantean.

El Consejo de Apelaciones por su función y naturaleza cae dentro de tales supuestos por lo cual es posible la procedencia del amparo si se violase la norma contenida en el texto constitucional y así se declara.

RDP N° 43, 1990, pp. 61

CPCA   12-7-90

Magistrado Ponente: Alfredo Ducharne Alonzo

Caso: Ángel L. Cornieles vs. IVSS.

La Corte, para decidir, observa:

El derecho a la defensa surge de norma constitucional. El artículo 68 de la Constitución ordena que dicho derecho debe garantizarse en cualquier proceso, en sus diversas etapas y grados y se manifiesta, entre otras cosas, en la posibilidad cierta de contradecir las pretensiones de las partes, previa la debida citación o notificación. Además, el mismo se expresa en la facultad de promover y evacuar pruebas y su garantía surge, obligatoriamente, cuando se trata de pretensiones que sustenten el incumplimiento de obligaciones o en la comisión de faltas por parte de los administrados. Todo ello implica la posibilidad del contradictorio que permita desvirtuar los hechos constitutivos del procedimiento a través de la actividad probatoria.

En el caso en estudio, el derecho de defensa del querellante fue cercenado, tanto en sede administrativa como en sede jurisdiccional, como bien lo asienta el juzgador de la instancia en su decisión, ya que no hay en el expediente disciplinario que se le siguió al actor, constancia de que al mismo se le hubiere notificado de los cargos que se le imputaban, no obstante lo cual, se hace presente en el procedimiento ya en fase probatoria y nuevamente se le cercena el derecho de defensa al no evacuar las testimoniales que éste promoviere en esa oportunidad. Irregularidades a las que se suma la imputación de nuevas faltas hechas por la Administración al contestar la querella, relativa a "vías de hecho, injuria e insubordinación".

Por lo expuesto, la Corte considera que estuvo ajustada a derecho la decisión del juez *a quo* respecto a considerar nulo el acto de destitución que le fuera aplicado al querellante, por habérsele causado indefensión al prescindir de la notificación necesaria para que aquél tuviera noticias de la oportunidad en que podía dar contestación a los cargos que se le imputaban y que le fueran evacuadas las pruebas promovidas en su defensa, requisitos esenciales para la validez del acto de destitución, y así se declara.

RDP N° 45, 1990, pp. 97

CPCA   10-12-90

Magistrado Ponente: Héctor Paradisi León

Caso: Antonio J. Caravallo vs. Concejo Municipal del Distrito Sucre del Estado Miranda.

La ordenanza sobre Urbanismo, Arquitectura y Construcción en general emanada del Concejo Municipal del Distrito Sucre del Estado Miranda, instrumento normativo citado en el presente juicio por los propios representantes de la parte recurrida, señala en sus artículos 159 y 161, lo siguiente:

Artículo 159: "La demolición deberá ser ejecutada por el propietario de la obra y a su costa".

Artículo 161: "El lapso para apelar de la decisión será de diez (10) días hábiles, a contar de la fecha de notificación del propietario de la edificación, bien sea hecha en forma personal o por carteles".

De la lectura de los textos transcritos se deduce que el acto administrativo por medio del cual se acuerda la demolición de una obra, tiene como destinatario único al propietario de la misma. Sin embargo, la Resolución impugnada va dirigida a una persona jurídica diferente, y es a esta última a quien se cita y notifica, en detrimento, a todas luces, de la empresa propietaria, que no tuvo la ocasión de alegar o demostrar aspectos que tocan el propio fondo del asunto, como lo es la existencia de los locales cuestionados en el documento de condominio, y en las ventas del inmueble; pudiendo, incluso, haber llegado a prescribir la oportunidad de decretar la demolición. Pero estos posibles alegatos no fueron tomados en cuenta para la conformación del acto sancionatorio, por cuanto no pudieron esgrimirse, ni por vía jerárquica, ante la entonces Comisión Metropolitana de Urbanismo, por no haber sido citada la parte interesada el destinatario del acto, ni en la oportunidad previa a la conformación de la voluntad administrativa, ni en aquella a que refiere el artículo 161 anteriormente transcrito; y habiéndose cercenado tal derecho, se creó una indefensión absoluta a la impugnante, ignorándose el procedimiento inherente a la defensa que señala el artículo en cuestión, actuación ésta que, la vigente Ley Orgánica de Procedimientos Administrativos, tipifica como causal de nulidad absoluta en el numeral 4 del artículo 19, y así lo declara esta Corte.

RDP N° 46, 1990, pp. 104

CPCA   16-4-91

Magistrado Ponente: Hildegard Rondón de Sansó

Caso: Varios vs. Universidad de Carabobo.

No existe violación del derecho a la defensa cuando la Administración responde a los planteamientos que le hagan los administrados, a reserva de que tal respuesta adolezca de vicios, caso en el cual está sometida a la revisión de su legitimidad mediante el recurso contencioso-administrativo.

Por lo que atañe al derecho a la defensa, esta Corte observa que un concurso abierto por un organismo administrativo para la provisión de un cargo sólo ofrece a los concursantes la posición activa de llenar los trámites y someterse a las evaluaciones que constituyen el procedimiento del concurso como tal. En el caso presente, una vez planteada la situación en la forma en que se desarrollaría, a las participantes en el concurso sólo les correspondía esperar la notificación del resultado del mismo. No existe violación del derecho a la defensa cuando la Administración responde a los planteamientos que le hagan los administrados, a reserva de que tal respuesta adolezca de vicios, caso en el cual está sometida a la revisión de su legitimidad mediante el recurso contencioso-administrativo. Obviamente que el trámite de discusión en el seno del Consejo Universitario sobre la validez o invalidez de las bases del concurso y de los resultados del mismo, no permite la intervención personal de los concursantes en tal debate, por lo cual no puede considerarse violado el derecho a la defensa por el hecho de que la Administración no las hubiese convocado para las deliberaciones que sería a juicio de esta Corte la razón por la cual el derecho a la defensa habría sido violado. Es indudable que en el caso presente ante la naturaleza del procedimiento del concurso que se estima viciado en la fase posterior a la participación activa de las presuntas agraviadas, debe distinguirse entre su etapa activa de las cuales podían participar y la situación pasiva de la espera del resultado. En esta fase pasiva, la naturaleza del procedimiento no exigía ni permitía la presencia de las actoras, por lo cual puede considerarse como no violado el derecho a la defensa y así se declara.

RDP N° 47, 1991, pp. 97

CSJ-SPA (832)   30-7-91

Caso: Jesús A. Palacios vs. Consejo de la Judicatura

Respecto del alegato de la violación del derecho a la defensa, aparte de que no se trata de una destitución, la Sala reitera el concepto expresado en su sentencia de

9 de mayo de 1991 (Caso *"Jesús Alberto Bracho Acuña* vs. *Consejo de la Judicatura"*), de que:

"(Omissis) la violación del derecho a la defensa, consagrado constitucionalmente en el artículo 68, existe cuando los interesados no conocen el procedimiento que pueda afectarles, se les impide su participación en él o el ejercicio de sus derechos, o se les prohíbe realizar actividades probatorias, o no se les notifican los actos que les afectan. Es decir, cuando en verdad el derecho de defensa ha sido severamente lesionado o limitado".

Ahora bien, en cuanto al procedimiento de provisión del cargo en concreto del Tribunal creado en sustitución del que desempeñaba el recurrente, se observa que éste tuvo todas las oportunidades de participación en el concurso y que el mismo fue objeto de la respectiva evaluación, que el Jurado recogió y que el Consejo de la Judicatura aceptó, al designar al titular por las respectivas calificaciones de los concursantes.

Tratándose de un procedimiento de concurso para la provisión de cargos, la Resolución correspondiente, por su propia naturaleza, contiene dos disposiciones: la del nombramiento del juez, mediante declaración expresa; y, la segunda situación, adversa o negativa, implícitamente, para los demás participantes. Precisamente, en esta dialéctica, encuentran los actos administrativos de designaciones su causa, motivación y efecto. Todos estos elementos conforman el expediente administrativo; y éste, a su vez, constituye parte intrínseca de la Resolución, en el sentido de que las actuaciones que él revela, constituyen la motivación del acto, criterio pacífico y reiterado de la jurisprudencia. En este orden de ideas se precisa que los elementos probatorios del expediente administrativo no contrarían los motivos expresados en las referidas Resoluciones, respecto a las formalidades del concurso, su imparcialidad, igualdad y objetividad.

De lo anteriormente señalado, puede entonces concluirse, que las Resoluciones Nos. 966 y 956, ambas de fechas 15-10-86, dictadas por el Consejo de la Judicatura, no adolecen del vicio de inmotivación, y que él derecho a la defensa y el de igualdad, por el contrario, no fueron lesionados, porque el procedimiento para la provisión de cargos mediante el concurso efectuado, se realizó conforme a la normativa vigente, y así se declara.

RDP N° 47, 1991, pp. 98

CSJ-SPA (452)   14-8-91

Magistrado Ponente: Román J. Duque Corredor

Caso: Armando Meló vs. Consejo Supremo Electoral.

Ahora bien, habiendo el recurrente solicitado posteriormente en vía administrativa la nulidad del acto de postulación, para cuya impugnación se contempla un plazo, es necesario determinar si por ese solo hecho, podía la Administración negarse a practicar una prueba solicitada por el propio interesado en la solicitud de la declaratoria de nulidad. Máxime cuando el fundamento de su solicitud era precisamente que no se había cumplido con el trámite previsto en este caso, de su postulación a diputado como candidato del MAS y el MIR. Incumplimiento que consiste en que no se le requirió su aceptación a tal postulación; ya que la que aparece es inexistente al falsificársele su firma. Tratándose, pues, como era la anterior, de una solicitud de nulidad, la prueba fundamental resultaba la expertícia sobre la autenticidad de la firma, porque de resultar ésta falsa no podía darse como existente el acto de postulación, al faltar el procedimiento de presentación de los candidatos y de su aceptación, a que se contraen los artículos 102 y 103 de la Ley Orgánica del Sufragio de 1988. De modo que, al proceder como procedieron los organismos electorales, violaron los artículos 53 y 58 de la Ley Orgánica de Procedimientos Administrativos, que son normas procedimentales, pero cuya violación, como sucede en el presente caso, determinó una grave indefensión para el recurrente, al impedírsele su derecho a probar, que es una de las más claras manifestaciones del derecho a la defensa en los procedimientos administrativos. En efecto, en este sentido ha dicho esta Sala:

La Sala quiere expresar que la violación del derecho a la defensa, consagrado constitucionalmente en el artículo 68, existe cuando los interesados no conocen el procedimiento que puede afectarlos, se le impide su participación en él o el ejercicio de sus derechos, o se les prohíbe realizar actividades probatorias, o no se les notifican los actos que los afecten. Es decir, cuando en verdad el derecho de defensa ha sido severamente lesionado o limitado".(Sentencia de fecha 9 de mayo de 1991: "Jesús Bracho Acuña vs. Consejo de la Judicatura").

RDP N° 51, 1992, pp. 109

CPCA   2-7-92

Magistrado Ponente: Belén Ramírez Landaeta

En cuanto a la violación del derecho a la defensa que también denuncia se observa: Que la recurrente confunde los términos remoción y destitución por cuanto a su juicio la autoridad administrativa ha debido permitirle expresar sus alegatos y defensas, pese a la facultad discrecional de que gozan los jueces para adoptar la decisión impugnada en el caso de autos.

En este sentido es procedente señalar que la remoción otorga al Juez el poder discrecional de decidir sobre el cese de las funciones de los Secretarios y Alguaciles, y la designación de nuevos funcionarios para tales cargos mediante un acto cuyos motivos, razones y fundamentos, no requieren ser determinados.

Por el contrario, la destitución que presupone la comisión de una falta, es la máxima sanción disciplinaria, adoptada en uso de la potestad disciplinaria que posee el juez como máxima autoridad del tribunal y entraña la existencia de un procedimiento contradictorio destinado a verificar si la falta imputada realmente fue cometida, pudiendo el funcionario en el proceso del mismo ejercer las defensas que considere conveniente, procedimiento que debe estar perfectamente definido por vía legal o reglamentaria en beneficio de la Administración y del particular, sin embargo, su inexistencia no puede privar al administrado de su legítimo e impostergable derecho a la defensa consagrado en la Constitución.

En el caso que nos ocupa, es evidente que el juez provisorio del Juzgado Superior Cuarto en lo Civil y Mercantil de la Circunscripción Judicial del Distrito Federal y Estado Miranda, al remover a la ciudadana Blanca Mendoza Infante, como Secretaria Titular de ese tribunal, se fundamentó en la facultad discrecional que le otorga el mencionado artículo 91 de la Ley Orgánica del Poder Judicial, vale decir, procedió a sustituirla como funcionario de libre nombramiento y remoción, por lo tanto se entiende que no aplicó a la actora una sanción disciplinaria, caso en el cual sí hubiese tenido que oír los alegatos de la persona afectada. Por tanto, no hubo en este caso violación del derecho a la defensa como pretende la actora y así se declara.

RDP N° 51, 1992, pp. 110

CPCA   13-08-92

Magistrado Ponente: Gustavo Urdaneta Troconis

Caso: Varios vs. Universidad de Oriente

Por lo que respecta a la denuncia referente al derecho a la defensa, consagrado en el artículo 68 de la Constitución, tampoco la considera procedente la Corte. La actuación del Consejo Universitario denunciada por los actores como violatoria del mismo no se ha producido dentro de un procedimiento administrativo destinado a generar actos de efectos particulares, susceptibles de producir sanciones u otro tipo de gravámenes en precisos y determinados alumnos, caso en el cual sí habría podido plantearse la necesidad de otorgar a los eventuales destinatarios directos de tales actos oportunidad formal para que esgrimieran alegatos en su defensa y produjeran probanzas en su descargo.

Por el contrario, la referida actuación ha tenido lugar dentro de un procedimiento destinado a producir un acto de efectos generales —como lo sería eventualmente la aprobación final, o no, del proyecto de Escuela de Ingeniería Agrícola— y, específicamente, dentro de una incidencia provocada por la presencia de la señalada irregularidad, consistente en la apertura de asignaturas sin haberse aún aprobado el pensum correspondiente, acto que tendría su fundamento en la potestad organizatoria legalmente atribuida al Consejo Universitario, y no en su potestad sancionatoria. En dicho procedimiento, ningún hecho reprochable se imputaba a los accionantes, del cual cupiera defenderse. Por lo demás, la tramitación de este procedimiento incumbe, en sus diferentes instancias, a los diversos órganos de gobierno, en los que existe representación de los intereses propios de todos los sectores de la comunidad universitaria, entre los que se encuentra el estudiantil.

Sobre la base de las anteriores consideraciones, estima la Corte que no violó el Consejo Universitario de la Universidad de Oriente a los accionantes el derecho constitucional a la defensa, con lo que quedan descartadas las dos denuncias de violación a derechos constitucionales formuladas en la presente acción contra el referido organismo. Procede, por tanto, declararla sin lugar, y no inadmisible, como lo solicitan los representantes del organismo universitario accionado. En atención a lo dispuesto en el artículo 28 de la Ley Orgánica de Amparo sobre Derechos y Garantías Constitucionales, señala expresamente la Corte que no considera temeraria la acción propuesta. Advierte igualmente que no se pronuncia sobre los señalamientos de ilegalidad hechos por los actores, por no ser materia de amparo constitucional.

RDP N° 51, 1992, pp. 111

CPCA   10-9-92

Magistrado Ponente: José Peña Solís

Caso: Simón De Gouveia vs. Instituto Universitario de la Policía Metropolitana.

El contenido del art. 68 de la Constitución Nacional que consagra el derecho a la defensa se extiende sobre todo a los procedimientos disciplinarios que se desarrollan en el ámbito de la administración pública.

El accionante denuncia la violación de los derechos contenidos en los artículos 68 y 78 de la Constitución, esto es, el derecho a la defensa y el derecho a la educación. Al primero el texto constitucional lo consagra así:

> "Todos pueden utilizar los órganos de la administración de justicia para la defensa de su derechos e intereses en los términos y condiciones establecidos por la ley, la cual fijará las normas que aseguren el ejercicio de este derecho a quienes no dispongan los medios suficientes. La defensa es un derecho inviolable en todo estado y grado del proceso".

El dispositivo constitucional transcrito, por consagrar un derecho fundamental, ha sido interpretado en forma amplia, superando su tenor literal que podría conducir a pensar que el derecho en él contenido está referido exclusivamente a la esfera judicial. Efectivamente, tanto la jurisprudencia como la doctrina, están contestes en que el mismo se extiende a los procedimientos, sobre todo los disciplinarios que se desarrollan en el ámbito de la Administración Pública. Esta tesis interpretativa ha surtido efecto sobre los legisladores nacionales, estadales y municipales, al punto que en la mayoría de los instrumentos dictados por los órganos legislativos competentes en sus respectivos niveles, se regulan expresamente los diversos atributos en los cuales se desagrega el derecho a la defensa. Así por ejemplo, la Ley Orgánica de Procedimientos Administrativos, consagra el principio del contradictorio administrativo, que confiere la facultad a los titulares de derechos o intereses de defenderlos en cualquier fase del procedimiento, tal como se desprende de los artículos 23, que permite a los interesados, aunque no hubieren intervenido en la iniciación del procedimiento, apersonarse en el mismo en cualquier estado en que se encuentre la tramitación, el 59, que los faculta para examinar en cualquier estado o grado del procedimiento, leer y copiar cualquier documento contenido en el expediente y el 58, que les permite promover y evacuar pruebas de conformidad con el Ordenamiento Procesal. En fin, el mencionado texto legislativo, en la gran mayoría de su articulado, no hace más que hacer viable la garantía del "debido procedimiento", implícita en el citado artículo 68 de la Constitución.

Ahora bien, el desarrollo legislativo del dispositivo constitucional en comento, impone el deber a la Administración de permitirle al administrado o interesado el ejercicio de todos los medios y recursos previstos en la ley para la defensa de sus derechos, pues de lo contrario se lo coloca en un estado de indefensión, y por ende, se infringe el artículo 68 de la Constitución. Corresponde ahora analizar el caso sub judice a la luz del anterior marco doctrinario y legislativo, y así se constata de los autos, que la medida de expulsión del accionante del Instituto Universitario de la Policía Metropolitana se produjo sin que se diera cumplimiento a la garantía del "debido procedimiento", pues pese a tratarse de la sanción disciplinaria más grave contemplada en el Reglamento Disciplinario e Incentivo para los cursos de Formación de Oficiales del Instituto Universitario de la Policía Metropolitana, el mismo no se cumplió, en primer lugar porque se infringió el artículo 34 *ejusdem*, que pauta:

> "Cuando un Cadete, de cualquier jerarquía cometa una falta cuya gravedad amerite una sanción que ponga en peligro su permanencia en el Instituto Universitario de la Policía Metropolitana; se dispondrá la instrucción de un *Sumario Administrativo* para dejar plenamente establecida la responsabilidad del Cadete en la falta cometida (las cursivas son de la Corte)".

La aludida infracción aparece plenamente comprobada en los autos, en virtud de que no consta que se haya ordenado la apertura del Sumario Administrativo, sino de un Informe Administrativo, el cual pareciera proceder conforme a lo previsto en el artículo 33, y no en el 34 del citado Reglamento, regulador de la situación que se configura cuando la acción u omisión sancionable no esté bien establecida y haya duda en relación al grado de culpabilidad del acusado. Pero aun cuando se admitiese que se trató de un error material, al ordenar la elaboración de un informe y no la instrucción de un sumario, de todas maneras los autos revelan que se infringió el derecho a la defensa del accionante, en virtud de que el Informe Administrativo se comenzó a instruir el 26 de enero de 1991, sin que dicho accionante tuviera conocimiento de esa instrucción, lo que impidió en primer lugar, oponerse a los testigos promovidos por la Administración, o repreguntarlos, y en segundo lugar, promover y evacuar las pruebas que considerare pertinentes para la mejor defensa de su derecho. Así mismo no consta que hubiese sido notificado de que debía declarar en el aludido procedimiento, ni mucho menos el motivo que había dado origen al mismo, ya que cursa un acta en el folio 240, de la cual se desprende que el presunto agraviado fue citado a declarar en forma verbal, el día 14 de febrero de 1992, pues no consta ninguna citación por escrito, y ese mismo día rindió declaración sin que conste que al momento se le haya impuesto del carácter con el cual lo hacía. En esa oportunidad el accionante se abstuvo de declarar solicitando que se abriera el procedimiento previsto en el artículo 33 del Reglamento Disciplinario, que como se indicó anteriormente, procede en los casos en que la acción sancionable no esté bien establecida y haya duda en relación al grado de culpabilidad del acusado, lo que permite reafirmar la tesis de que el accionante desconocía que el procedimiento se le había abierto conforme al artículo 34 *ejusdem*.

Contribuye a reforzar la tesis de la violación de la garantía del "debido procedimiento" por parte del Instituto Universitario de la Policía Metropolitana, el hecho de que también se violó otra fase del mismo, prevista expresamente en el artículo 80 del Reglamento Disciplinario, que impone el deber al Instituto, cuando se somete a un Cadete a Consejo Disciplinario, de permitirle un Defensor, que podrá ser un compañero de curso, un superior o un subalterno, y consta en el expediente (folios 248 al 250) que ni siquiera se le notificó que su caso iba a ser sometido a dicho Consejo, y mucho menos se le permitió defensor alguno.

En definitiva, estima esta Corte que el Instituto Universitario de la Policía Metropolitana al imponerle la sanción disciplinaria de expulsión al accionante, infringió su derecho a la defensa, y así lo declara. Esta declaratoria hace innecesario analizar las otras denuncias planteadas por el solicitante.

DECISIÓN

Por las consideraciones que anteceden esta Corte Primera de lo Contencioso Administrativo, administrando justicia en nombre de la República y por autoridad de la ley, declara Con Lugar la acción de amparo constitucional interpuesta por el abogado Orlando Aníbal Álvarez, en su carácter de apoderado judicial del ciudadano Simón De Gouveia Lambaz, antes identificado y ordena al Director del Instituto Universitario de la Policía Metropolitana reincorporarlo como alumno regular del Ultimo Semestre del Curso de Formación de Oficiales que se imparte actualmente, y en el caso de que el Instituto considere que el accionante incurrió en una falta, inmediatamente abrirle un procedimiento disciplinario en el cual se le respete estrictamente su derecho a la defensa, mediante la aplicación de las normas del Reglamento Disciplinario y supletoriamente de los principios contenidos en la Ley Orgánica de Procedimientos Administrativos. La reincorporación deberá realizarse dentro de las cuarenta y ocho horas siguientes a la notificación del presente fallo, y el procedimiento disciplinario concluirse en un plazo máximo de cuarenta y cinco días hábiles, contados desde la fecha de reincorporación del accionante al Ultimo Semestre del Curso de Formación de Oficiales.

RDP N° 53-54, 1993, pp. 183

CSJ-SPA (10)   4-2-93

Magistrado Ponente: Cecilia Sosa Gómez

Caso: Iván Hernández vs. Consejo de la Judicatura.

"La Sala quiere expresar que la violación del derecho a la defensa, consagrado constitucionalmente en el artículo 68, existe cuando los interesados no conocen el procedimiento que puede afectarlos, se les impide su participación en él o el ejercicio de sus derechos, o se les prohíbe realizar actividades probatorias, o no se les notifica los actos que los afecten. En decir, cuando en verdad el derecho de defensa ha sido severamente lesionado o limitado. En aquellos casos en que los órganos administrativos desconocen las pruebas de los interesados, o no las aprecian, o lo hacen erróneamente, el vicio no es de indefensión sino de falso supuesto, o en su causa o justificación. En este caso, el Tribunal Contencioso-Administrativo puede determinar la influencia o no de tal vicio en el resultado del acto, en el sentido de precisar si en verdad fue el falso supuesto el que determinó que la decisión fuera una y no otra. Si llega a concluir en que no obstante tal error, el contenido del acto no cambia y se justifica por los otros elementos que tuvo en cuenta el órgano administrativo, el Tribunal Contencioso-Administrativo se abstiene de declarar la nulidad de un acto, que sin embargo se justifica por esos otros elementos. Por tanto, por el motivo denunciado no existe indefensión. Así se declara". (Sentencia del 9 de mayo de 1991, Jesús Alberto Bracho Acuña vs. Consejo de la Judicatura, Sala Político-Administrativa de la Corte Suprema de Justicia).

RDP N° 53-54, 1993, pp. 184

CPCA   14-1-93

Magistrado Ponente: Belén Ramírez Landaeta

Caso: Alberto Balza Carvajal vs. República (Ministerio de Sanidad y Asistencia Social).

El Tribunal de la Carrera Administrativa afirma que para destituir a un funcionario es necesario seguirle un procedimiento para así garantizar su derecho a la defensa y que, en este caso, tal extremo no se cumplió. La sustituta del Procurador General de la República, no contradice el fallo apelado, sólo se limita a afirmar que la recurrida no decidió de conformidad con el artículo 243 ordinal 5° del Código de Procedimiento Civil, por cuanto se encuentra probada la negligencia de la querellante.

Observa esta Corte que efectivamente es necesario garantizar el derecho a la defensa de todo funcionario que es objeto de una sanción disciplinaria, y al no contradecir la Administración que tal procedimiento no fue llevado a cabo y pretender aplicarle una sanción porque a su juicio se halla probada la causal constituye, tal como lo observó la recurrida, un vicio de nulidad absoluta por prescindencia del procedimiento legalmente establecido en el Parágrafo Único del artículo 62 de la Ley de Carrera Administrativa y así se declara.

RDP N° 53-54, 1993, pp. 184

CSJ-SPA (157)   26-3-93

Magistrado Ponente: Luis H. Farías Mata

Caso: RCTV vs. República (Ministerio de Transporte y Comunicaciones).

También han denunciado los apoderados de la accionante la violación del artículo 68 de la Carta Magna. Al respecto señalan en la solicitud de amparo que "el derecho a la defensa de nuestra representada fue abierta y groseramente conculcado por el Ministro de Transporte y Comunicaciones, toda vez que el mismo actuó con prescindencia absoluta y total de procedimiento, impidiendo así que RCTV fuera oída para formular sus alegatos y presentar las pruebas tendientes a demostrar la inexistencia de las infracciones aludidas en el acto sancionatorio".

La Sala observa:

Reiteradamente se ha considerado que la Administración, en su actuar, debe garantizar a todo ciudadano que pudiere resultar perjudicado en su situación subjetiva, el debido ejercicio del derecho a la defensa, permitiéndole la oportunidad para que alegue y pruebe lo conducente en beneficio de sus derechos e intereses. De esta forma, y como lo manifestó este Alto Tribunal en sentencia del 8-5-91 (N° 190, caso: *Ganadería El Cantón*), el derecho a la defensa, consagrado genéricamente en el artículo 68 de la Carta Magna, es "extensible (en) su aplicación tanto al procedimiento constitutivo del acto administrativo como a los recursos internos consagrados por la ley para depurar aquél".

Es evidente por tanto que, si resultare cierta la denuncia realizada por la accionante sobre la ausencia de procedimiento previo para configurar el acto sancionatorio dictado en contra de la C. A. Radio Caracas Televisión, el derecho a la defensa de la accionante habría quedado menoscabado, de manera que, en el caso concreto, este Alto Tribunal —para declarar la procedencia del amparo cautelar— debe, basándose en un medio de prueba suficiente, obtener presunción grave de la violación alegada.

Al respecto, y como ha sido criterio de esta Sala a partir de la indicada decisión del 10-7-91, el mismo acto administrativo impugnado podría constituir la prueba requerida para la procedencia del amparo cautelar.

En el orden de ideas indicado observa la Sala que del texto de la Resolución N° DM/93-394, dictada por el Ministro de Transporte y Comunicaciones el 21 de abril de 1993, no aparece que se hubiera cumplido un procedimiento previo, con oportunidad para la sociedad mercantil accionante de exponer las defensas que hubiere considerado pertinentes a los fines de la no adopción de la misma, omisión que aboga indudablemente en favor de los señalamientos del actor. Sin embargo, la prueba suficiente que permite a la Sala presumir la denunciada lesión la constituye en definitiva el acto administrativo N° 957, dictado el 22-4-93 por la Dirección de Control de las Comunicaciones del Ministerio de Transporte y Comunicaciones, cuyo texto escrito fue consignado tanto por los abogados accionantes como por la Consultor Jurídico del mencionado ministerio. En efecto, del mismo puede inferirse —tal como lo alega la accionante— en primer lugar, que en el procedimiento sumario iniciado el 12 de abril de 1993 no era parte la C. A. Radio Caracas Televisión, aun cuando esa planta televisiva podía —y de hecho lo fue— resultar afectada directamente por el referido acto; y, en segundo lugar, que sólo el 22 de abril de 1993, es decir, un día después de dictado el acto administrativo sancionador impugnado, fue que a esa empresa se le concedió un plazo de 24 horas a los fines, reza el texto, de "que alegue cualquier razón y exponga las pruebas que a bien tenga para desvirtuar los hechos imputados".

De manera que este Supremo Tribunal presume, en base a los recaudos contenidos en el expediente, la existencia de un menoscabo en el derecho a la defensa de la sociedad mercantil accionante, que lo lleva a acordar la procedencia del amparo constitucional ejercido como medida cautelar en el proceso contencioso-administrativo de anulación de la Resolución N° DM/93-394 dictada por el Ministro de Transporte y Comunicaciones el 21 de abril de 1993, y así lo declara expresamente.

En relación a la violación por el acto impugnado de los artículos 60, ordinal 2° y 69 de la Constitución, porque supuestamente no se respetó la reserva legal en materia de sanciones, esta Sala considera que, además de inoficioso un pronunciamiento al respecto habiéndose ya producido la precedente declaración, para ese fin sería necesario acudir al análisis detenido de las disposiciones de la Ley de Telecomunicaciones que exhortan al Presidente de la República, mediante su potestad reglamentaria, a la determinación de los casos en que deban aplicarse las sanciones; lo cual, como se manifestó anteriormente, no es materia de decisión en el presente amparo cautelar sino, en todo caso, relativa al fondo del recurso de anulación conjuntamente interpuesto, y que debe ser tramitado, con posterioridad al presente procedimiento cautelar de amparo. Así se declara.

RDP N° 53-54, 1993, pp. 185

CPCA   25-6-93

Magistrado Ponente: Teresa García de Cornet

Caso: Gabriela Montero de Rachadell vs. República (Ministerio de Justicia).

Por lo demás, esta Corte comparte el criterio del a-quo, según el cual se le violó el derecho a la defensa a la accionante al excluírsele del Registro de Asignación de Cargos sin hacerse de su conocimiento tal exclusión, pues ello comporta el desconocimiento "en un futuro cierto" de la titularidad del cargo que ostenta la solicitante del amparo. La exclusión del Registro debió ser producto de un acto de remoción y consiguiente retiro de la Administración Pública y no de un acto arbitrario de la Administración como lo fue en este caso. En efecto, excluir del Registro de Asignación de cargos a un funcionario, afecta sus derechos e intereses, pues obviamente su consecuencia directa es su exclusión de nómina para el siguiente año y consiguientemente de hecho el retiro de la Administración Pública, sin que se le haya seguido el procedimiento previsto en la ley para los casos de retiro de los funcionarios, lo cual evidentemente viola el derecho a la defensa de la accionante.

RDP N° 55-56, 1993, pp. 201

CSJ-SPA (464)   8-9-93

Magistrado Ponente: Luis E. Farías Mata

Caso: Universidad Nacional Experimental Simón Bolívar vs. República (Ministerio de Hacienda).

Garantía fundamental del Estado de Derecho, debe la Administración en su actuar, garantizar a todo ciudadano que pueda resultar perjudicado en su situación subjetiva, el ejercicio del derecho a la defensa, concediéndole la oportunidad para que alegue y pruebe lo conducente en beneficio de sus derechos e intereses. De esta forma, y como lo manifestó este Alto Tribunal en sentencias de 8-5-91 (casos: *"Cancro"* y *"Ganadería El Cantón"*), el derecho a la defensa, consagrado genéricamente en el artículo 68 de la Carta Magna, es "extensible (en) su aplicación tanto al procedimiento constitutivo del acto administrativo como a los recursos internos consagrados por la ley para depurar aquel" (véase además la decisión del 26-4-93, Caso: *Radio Rochela*).

RDP N° 55-56, 1993, pp. 201

CSJ-SPA (296)   13-7-93

Magistrado Ponente: Cecilia Sosa Gómez

Reiteradamente ha señalado esta Sala, que la Administración en su actuar, debe garantizar a todo ciudadano que pueda resultar perjudicado en su situación subjetiva el ejercicio del derecho a la defensa, permitiéndole la oportunidad para que alegue y pruebe lo conducente en beneficio de sus derechos e intereses.

RDP N° 55-56, 1993, pp. 202

CPCA   3-9-93

Conjuez Ponente: José Peña Solis

Caso: Rafael A. Jaimes A. vs. Gobernación del Distrito Federal.

La violación del "derecho a la defensa" en sede administrativa, existe cuando los interesados desconocen la apertura del procedimiento que puede afectarlos, se les impide su participación en el mismo, bien en forma expresa, o haciéndola nugatoria por la infracción de los textos normativos de rango infraconstitucional en los cuales se encuentra regulado el procedimiento.

La primera denuncia de violación que la imputa el accionante a la Administración está referida al derecho a la defensa, cuya aplicación ha sido extendida, por obra de la jurisprudencia consolidada de la Corte Suprema de Justicia, tanto al procedimiento constitutivo de los actos administrativos, como el de reexamen del mismo (recursos). Por consiguiente, resulta procedente denunciar la violación del artículo 68 de la Constitución cuando se estime que la Administración Pública ha incurrido en ese tipo de infracción constitucional.

El Máximo Tribunal ha sostenido que la violación de este derecho constitucional en sede administrativa, existe cuando los interesados desconocen la apertura del procedimiento que puede afectarlos, se les impide su participación en el mismo, bien en forma expresa, o haciendo nugatoria por la infracción de los textos normativos de rango infraconstitucional en los cuales se encuentra regulado el procedimiento. Así por ejemplo, considera esta Alzada que constituye indefensión la situación en que se coloca al administrado cuando la Ley otorga un plazo de un determinado número de días para presentar alegatos o pruebas, y la Administración los reduce unilateralmente a la mitad o a menos de la mitad, o cuando simplemente el dispositivo normativo prescribe que debe contar con la asistencia de un defensor en el procedimiento, e, igualmente se hace caso omiso de dicha disposición. Asimismo se configura la violación cuando no se le notifican los actos que lo afectan. En fin, en la determinación de la infracción del derecho a la defensa por parte de la Administración Pública, dado que en general el desenvolvimiento de ese derecho se encuentra normado por leyes nacionales, estadales o municipales, impone en la mayoría de los casos, en las acciones de amparo autónomas, que el Tribunal Constitucional deba analizar los hechos a la luz de las referidas leyes, sin que ello signifique una transgresión a la Ley Orgánica de Amparo sobre Derechos y Garantías Constitucionales.

El análisis del caso subjudice en el contexto del anterior marco doctrinario revela, a diferencia de lo que sostiene el *a quo*, que la Administración al imponerle la sanción de destitución al accionante, le infringió su derecho a la defensa. Efectivamente, basta observar que el procedimiento constitutivo del acto de destitución se cumplió durante los días 4 y 5 de diciembre, pese a que debía, conforme al Reglamento, realizarse en dos fases, a saber: una que se denomina administrativa, en virtud de la especie de expediente de esa naturaleza que se le instruyó al accionante, la cual, pese a que se dictó un auto de proceder para que éste fuera investigado conforme a lo dispuesto en el Código de Enjuiciamiento Criminal, por estar incurso presuntamente en la perpetración de los delitos de difamación e injuria contra el Comandante General de la Policía Metropolitana, culminó con la recomendación de que fuera sometido al Consejo de Investigación.

La Corte aprecia que en la segunda fase del procedimiento constitutivo del acto sancionatorio, se configura la violación del derecho a la defensa, puesto que el Comandante General de la Policía Metropolitana, se presume que al recibir el informe del Instructor, pues lo que existe al respecto en autos es una Resolución sin número y sin fecha, ordena que el accionante sea sometido al Consejo de Investigación, y en tal sentido designa a sus integrantes para que el acto se realice el mismo día 4 de diciembre de 1992, violentando de esa manera los artículos 13, 14, 16, 17 y 18 del Reglamento del Consejo de Investigación para el Personal de Oficiales de la Policía Metropolitana, los cuales contienen normas que desarrollan el precepto contenido en el artículo 68 de la Constitución, cuando disponen respectivamente, que una vez tomada la decisión de someter a un oficial al Consejo de Investigación, se le deberá notificar con ocho (8) días hábiles como mínimo de anterioridad a la fecha de la reunión del Consejo; que el indiciado tendrá derecho a nombrar un defensor de igual o mayor grado que él dentro de los cinco días después de notificado, quien conjuntamente con el investigado tendrá derecho a conocer los cargos que se le imputan a éste; que en caso de que el indiciado se niegue a nombrar defensor o se le dificulte conseguirlo, la División de Personal se lo nombrará de oficio, y finalmente, que a la reunión del Consejo de Investigación deberá asistir el indiciado con el defensor.

La sola confrontación de los dispositivos reglamentarios citados parcialmente, con la celebración de la reunión del Consejo de Investigación el 5 de diciembre de 1992, que ese mismo día adoptó la recomendación de expulsión del accionante, permite visualizar la citada infracción del artículo 68 de la Constitución, en razón de que el accionante fue notificado de que iba a ser sometido a ese Consejo de

Investigación el mismo día 5 de diciembre de 1992 a las 11:40 a.m., y en esa oportunidad colocó una nota en la boleta de notificación solicitando un diferimiento de la reunión, porque no le resultaba posible conseguir un defensor en tan corto tiempo (folio 96), no obstante, la reunión se celebró una hora y media después (folio 100), y por tal razón, tuvo que acudir a la misma, por motivos disciplinarios, sin defensor, y lógicamente sin poder hacer uso de ninguno de los lapsos previsto en el Reglamento para preservar el derecho constitucional a la defensa.

Contribuye a reafirmar la tesis de la violación del artículo 68 de la Constitución al accionante, el hecho probado en el expediente de que tres de los cuatro Comisarios Generales designados para integrar el Consejo de Investigación, concretamente los ciudadanos Tomás de Jesús Mujica, Fernando González Yépez y Pedro Ibrahím García, se reunieron el día 2 de diciembre de 1992, con otros Comisarios Generales, y recomendaron que al accionante se le instaurara un procedimiento administrativo, y que una vez concluido éste fuera sometido a un Consejo de Investigación para el dictamen final (folios 117 y 118), lo que permite presumir que antes de terminar la primera fase del procedimiento, estos Oficiales que después pasaron a formar parte del Consejo de Investigación, integrado, sólo por cuatro miembros, tenían una opinión formada acerca de la responsabilidad del accionante, y pese a ello cuando fueron nombrados para integrar el referido Consejo no se inhibieron, sino que además fueron los únicos firmantes de la decisión que recomendó su expulsión, la cual fue acogida inmediatamente por el Comandante General de la Policía Metropolitana y el Gobernador del Distrito Federal, lo que constituye una violación al derecho de defensa del accionante, y así se declara.

Las consideraciones anteriores derivadas de los hechos que constan en autos, demuestran que los atributos del derecho de defensa en sede administrativa (notificación del procedimiento, acceso a los actos del mismo, lapsos, formulación de alegatos, pruebas e informes) fueron infringidos por el Gobernador del Distrito Federal al imponerle la sanción de expulsión del accionante, y en definitiva violó su derecho de defensa, y así se declara.

RDP N° 57-58, 1994, pp. 220

CPCA   26-5-94

Magistrado Ponente: Jesús Caballero Ortiz

Caso: Bancaracas, Casa de Bolsa, C.A. vs. Bolsa de Valores de Caracas, C.A.

Para fundamentar su impugnación, los apoderados judiciales de la recurrente invocan la violación del principio general de audiencia previa del interesado y el principio general de motivación de los actos sancionatorios, habida cuenta de que la Bolsa de Valores de Caracas, C. A., no consideró los argumentos expuestos por la recurrente en sede administrativa al ejercer su recurso de reconsideración.

Ahora bien, ciertamente, el derecho a la defensa comprende —además de la posibilidad de acceder al expediente y a impugnar la decisión— el derecho a ser oído (audiencia del interesado) y a obtener una decisión motivada.

Pero cuando se plantea la infracción de alguno de estos aspectos —acceso al expediente, posibilidad de impugnar el acto, audiencia del interesado y motivación— la tendencia de la jurisdicción contencioso-administrativa, al revisar tales impugnaciones, ha sido la de precisar que tales violaciones, aisladamente consideradas, no configuran la violación del derecho a la defensa si del análisis conjunto de tales aspectos no surge con meridiana claridad una violación de ese derecho.

En este sentido se observa que consta en el expediente que, previamente a la decisión adoptada por la Junta Directiva de la Bolsa de Valores de Caracas, C.A. objeto del presente recurso, la actora recibió comunicaciones de esa Bolsa de Valores —suscritas por su Vicepresidente Ejecutivo— en las cuales se hace referencia al conflicto planteado, pues se le indica la pretensión de Carlsen & Co. Valores, C. A., acerca de la inclusión, en las operaciones bursátiles celebradas, de los derechos de suscripción de acciones como consecuencia del aumento de capital del Banco Provincial SAICA SACA.

Consta en autos, además, la respuesta de la recurrente a tales comunicaciones, en las cuales ha podido hacer valer los argumentos atinentes a su posición respecto de la controversia planteada, y, finalmente, consta también el escrito contentivo del recurso de reconsideración en el cual la actora expone todos sus argumentos de hecho y de derecho ante el reclamo que dio lugar al acto recurrido. Por lo expuesto, estima esta Corte que estando el acto administrativo precedido de las actuaciones antes indicadas —intervención de la recurrente en el procedimiento constitutivo del acto— mal puede la demandante invocar en esta instancia la violación de su derecho ser oída y, con ello, de su derecho a la defensa. Así se declara.

Por lo que se refiere a la indebida motivación, como otra denuncia de infracción del derecho a la defensa, observa esta Corte que, efectivamente, en el acto que agotó la vía administrativa no se hace pronunciamiento alguno acerca de los alegatos expuestos por la recurrente al momento de ejercer su recurso de reconsideración. Sobre el particular los apoderados judiciales de la Bolsa de Valores de Caracas, C. A., han alegado que las personas jurídicas de derecho privado, al ejercer actividades administrativas, no se encuentran sujetas a las mismas regulaciones a las que se encuentra sometida la Administración Pública, argumento que esta Corte debe desestimar, pues en los casos en que personas jurídicas de derecho privado realizan una actividad administrativa desde el punto de vista material, resultan en un todo aplicables los principios generales que rigen tal actividad. Es inaceptable, sin duda, pretender la inaplicabilidad de las normas correspondientes, ya que la extraordinariedad de la actuación atañe al órgano que emite el acto, mas no a la actividad jurídica administrativa que realiza por expresa habilitación de la ley. Por ello, tal actividad debe ejecutarse en acatamiento a las reglas que garantizan su validez y eficacia.

En todo caso, si bien es cierto que la Bolsa de Valores de Caracas, C. A., al conocer de un recurso administrativo desarrolla una actividad que presupone el ejercicio de una función jurisdiccional, es necesario distinguir tal actividad de la jurisdiccional que corresponde al juez, en la cual el principio de exhaustividad es elemento esencial del proceso. Tal distinción se pone de manifiesto en la circunstancia de que la Administración no se encuentra obligada a responder todos y cada uno de los alegatos de los administrados, si expresa los motivos que fundan su decisión, en cuyo supuesto, debe entenderse cumplido el requisito de la motivación.

En el presente caso, la decisión del recurso de reconsideración —por lo demás de naturaleza optativa, por haber emanado el acto definitivo de la máxima autoridad del organismo— confirma la Resolución recurrida y reitera en tal sentido los motivos que a ella dieron lugar, permitiendo que el interesado ejerza a cabalidad en esta instancia judicial su derecho a la defensa, como lo hizo también en sede administrativa, por lo cual no ha lugar a la infracción denunciada y así se declara.

RDP N° 57-58, 1994, pp. 221

CPCA   4-5-94

Magistrado Ponente: Belén Ramírez Landaeta

Caso: Wilhelma Casanova vs. Universidad Nacional Experimental del Táchira.

La notificación del acto administrativo prevista en la Ley Orgánica de Procedimientos Administrativos es la materialización de la garantía del derecho a la defensa frente a la decisión.

La notificación de los actos administrativos, prevista en el artículo 73 de la Ley Orgánica de Procedimientos Administrativos no es más que la materialización de la garantía del derecho a la defensa consagrado en el artículo 68 de nuestra Carta Magna. Por ello, en caso de que la misma no sea realizada conforme a las formalidades establecidas, el acto administrativo de que se trate no producirá efecto alguno ni empezarán a correr los plazos de impugnación del mismo. La finalidad de la misma es, pues, como lo ha precisado esta Corte:

"(...) poner en conocimiento a los interesados que se ha producido el acto que pone fin al procedimiento administrativo, así como los recursos, plazos y órganos ante los cuales debe acudir de no estar conforme con el contenido del acto". (Sent. CPCA 21-10-93).

Asimismo, se observa que el artículo 75 de la Ley Orgánica de Procedimientos Administrativos que establece la forma de notificación prevé:

"La notificación se entregará en el domicilio o residencia del interesado o de su apoderado y se exigirá recibo firmado en el cual se dejará constancia de la fecha en que se realiza el acto y del contenido de la notificación, así como del nombre y Cédula de Identidad de la persona que la reciba".

Comentando esta disposición legal, señala el autor patrio Allan R. Brewer-Carías lo siguiente:

"Por supuesto, no se exige que la notificación se haga personalmente al interesado o al apoderado, sino que la ley, simplemente establece que debe hacerse en el domicilio y residencia, y se exigirá recibo firmado en el cual se deje constancia de la fecha en que realiza la notificación, del contenido de la notificación, así como del nombre y cédula de la persona que la recibe, con lo cual permite que cualquier persona que esté en la residencia del domicilio que la reciba, por supuesto, siempre que tenga vinculación con la persona que allí tenga su domicilio y residencia". (Brewer-Carías, Allan A. *El Derecho Administrativo y la Ley Orgánica de Procedimientos Administrativos*, EJV. Caracas, 1982, p. 200).

RDP N° 59-60, 1994, pp. 184

CSJ-SPA (632)   27-7-94

Magistrado Ponente: Cecilia Sosa Gómez

Caso: Eglys Martínez vs. República (Ministerio de Educación).

Al respecto se observa, que esta Sala reiteradamente ha sostenido que la administración debe garantizar a todo ciudadano que pudiere resultar perjudicado en una situación subjetiva, el derecho a la defensa y al debido proceso, extendiendo su aplicación "tanto al procedimiento constitutivo del acto administrativo como a los recursos internos consagrados por la Ley para depurar aquél" (véase decisión del 08-05-91, caso: *Ganadería El Cantón*).

RDP N° 59-60, 1994, pp. 184

CPCA   28-7-94

Magistrado Ponente: Gustavo Urdaneta Troconis

Caso: Pedro Siena vs. República (Ministerio del Trabajo).

El derecho a la defensa consiste en la facultad de hacer alegatos, la posibilidad de rebatir los argumentos contrarios, de promover y evacuar las pruebas pertinentes, de conocer el fundamento de la decisión y de utilizar los recursos que la ley establece.

Observa esta Corte al analizar cuidadosamente el caso, que no se ha producido la señalada violación, ya que, conforme a reiterada jurisprudencia tanto de esta Corte como del Máximo Tribunal de la República, el derecho a la defensa consiste en "la facultad de hacer alegatos, la posibilidad de rebatir los argumentos contrarios, de promover y evacuar las pruebas pertinentes, de conocer el fundamento de la decisión y de utilizar los recursos que la ley establece" (sentencia de esta Corte del 6 de diciembre de 1.989). En el expediente administrativo del caso hay constancia de que la representación patronal expresó con claridad en el procedimiento cuáles eran las conductas del trabajador que el patrono consideró como justificadoras de su despido, tanto en el acto de contestación como en la comunicación dirigida a la Comisión Tripartita de fecha 25 de septiembre de 1.987 y el informe elaborado por la empresa encargada del mantenimiento de los ascensores, todo lo cual constaba en el expediente.

No puede considerarse, pues, que el recurrente no haya podido defenderse, ya que en el procedimiento administrativo se abrió el correspondiente lapso probatorio, que ha podido ser utilizado por él para aportar las probanzas que estimara beneficiosas para su pretensión o, al menos, desvirtuar las aportadas por la contraparte. Por ello, se desestima también esta otra denuncia.

RDP N° 59-60, 1994, pp. 185

CPCA   04-8-94

Magistrado Ponente: Teresa García de Cornet

Caso: Félix Miralles C. vs. Banco Industrial de Venezuela.

Para que la lesión al derecho de acceso al expediente provoque indefensión es necesario que tal circunstancia impida al administrado ejercer a cabalidad la defensa de sus derechos e intereses en el procedimiento.

Habida cuenta de los precisos términos de la denuncia, corresponde a la Corte establecer si en verdad se ha configurado el vicio de indefensión por no haber tenido el recurrente acceso al expediente del caso.

En este sentido se observa que ciertamente el derecho de acceso al expediente, conjuntamente con el derecho a ser oído (audiencia del interesado, promoción y evacuación de pruebas), a obtener una decisión fundada y, finalmente, a impugnar la decisión, constituye la efectiva garantía de la defensa que ha de tener toda persona en los procesos o procedimientos que de alguna manera afecten sus derechos o intereses.

Ahora bien, para que la violación de las disposiciones que contienen estas manifestaciones del derecho a la defensa apareje la nulidad del acto producido, es lo cierto que las infracciones deben ser de tal entidad que afecten dicho derecho, en el sentido de impedir al particular ejercer adecuadamente su defensa.

Ciertamente, para que la lesión al derecho de acceso al expediente provoque indefensión es necesario que tal circunstancia impida al administrado ejercer a cabalidad la defensa de sus derechos e intereses en el procedimiento.

En este sentido, observa la Corte que en el caso de autos el recurrente tuvo acceso al expediente para el conocimiento de los cargos que en el procedimiento de averiguación administrativa se le imputaban, lo cual reconoce en forma expresa al afirmar que los cargos que le fueron impuestos "...estaban debidamente señalados en el Acta de Formulación de Cargos...".

Asimismo se observa que con base a dicho conocimiento el recurrente ejerció su derecho de "descargo" al presentar en forma oportuna los alegatos de su defensa. De allí que, por lo que se refiere al procedimiento constitutivo del acto — respecto del cual se denuncia el vicio de indefensión— el administrado accedió al expediente y realizó las actuaciones que estimó pertinentes a la defensa de sus derechos y de allí que sea incierto que estuvo indefenso.

De lo anterior puede concluirse que no existe en el expediente administrativo, ni en los autos evidencia alguna de que la Administración hubiere impedido el acceso del recurrente (en forma personal o mediante representante) al expediente administrativo del caso, antes bien actuó en la forma más diligente para que el particular no viera mermado su derecho a la defensa. En efecto, la circunstancia personal del recurrente, en modo alguno imputable a la Administración recurrida, que no le permitía acceder en forma directa al expediente no impidió el ejercicio de su defensa, la cual realizó en forma plena al presentar sus alegatos con vista a los cargos formulados. Siendo así, no ha lugar al vicio de indefensión denunciado y así se declara.

RDP N° 59-60, 1994, pp. 186

CPCA   24-10-94

Magistrado Ponente: Teresa García de Cornet

Caso: Varios vs. Alcaldía del Municipio Chacao del Estado Miranda.

Señalan las Empresas accionantes en su libelo que la Administración Municipal para ordenar la remoción y confiscación de los medios publicitarios no siguió procedimiento administrativo alguno. Al respecto es preciso señalar que aunque no existe en la Ordenanza sobre Publicidad Comercial un determinado procedimiento a seguirse en tales casos, el derecho a la defensa que garantiza la Constitución a todo ciudadano, obliga a la Administración Pública Nacional, Estadal o Municipal a abrir procedimientos para que se dé oportunidad al administrado a ejercer su defensa, más cuando el acto que emanen pueda afectar la esfera jurídica de éstos. Por ello, no existiendo procedimiento especial contenido en la ordenanza que rige la materia que tratamos y no existiendo en el Municipio Chacao una ordenanza de procedimientos administrativos, la Administración Municipal debió aplicar la Ley Orgánica de Procedimientos Administrativos, la cual contiene procedimientos ordinarios que buscan garantizar el derecho de defensa de los administrados, de conformidad con el único aparte del artículo 1° de la precitada Ley Orgánica. En efecto, por cuanto no se observa del expediente que en el presente caso se haya abierto procedimiento administrativo alguno, siendo además que tal alegato no fue rebatido por los presuntos agraviantes, resulta procedente la denuncia formulada por las Empresas accionantes, en tal virtud debe el Municipio Chacao abrir el procedimiento correspondiente que garantice el derecho de defensa de las accionantes, según se dispondrá en el dispositivo de este fallo. Así se declara.

RDP N° 59-60, 1994, pp. 186

CSJ-SPA (908)   3-11-94

Presidente Ponente: Cecilia Sosa Gómez

Caso: Noelia González vs. Consejo de la Judicatura.

La recurrente ha señalado, en primer lugar, que el acto recurrido lesiona sus derechos constitucionales de defensa e igualdad. A decir de la accionante la referida violación se produjo por "no haber atendido (su) petición de diferimiento del concurso..." y al haber colocado en situación de desventaja al incluirla en un concurso en el que la Ley la había descalificado.

Despréndese de lo alegado por la recurrente que a cada lesión de derechos constitucionales denunciada, corresponde una determinada causa. Así, la violación de su derecho a la defensa tendría como causa la "no atención —por el Consejo de la Judicatura— de su petición de diferimiento del concurso"; mientras que la situación de desventaja que resultaba de su inclusión en el concurso, habría dado origen a la lesión del derecho constitucional a la igualdad.

Por lo que se refiere a la violación del derecho a la defensa, esta Sala considera que no existe relación de causalidad alguna, entre el hecho que se reputa lesivo y la lesión denunciada.

En efecto, el derecho a la defensa rige también en los procedimientos administrativos (*Vid.* sentencias de esta Sala del 8-5-91 y del 26-4-93. Casos: *Ganadería El Cantón y Radio Caracas Televisión*) y su violación ocurre cuando se impide al interesado formular alegatos, planteamientos o defensas, que no cuando sus solicitudes son rechazadas —expresa o tácitamente— por la autoridad administrativa.

En el presente caso, es obvio que el jurado calificador desestimó la petición de diferimiento del concurso formulada por la ahora accionante en nulidad, desde que continuó la tramitación del procedimiento hasta su culminación. En virtud de lo anterior, esta Sala estima improcedente la denuncia de violación del derecho a la defensa, y así se declara.

RDP N° 61-62, 1995, pp. 146

CPCA   15-2-95

Magistrado Ponente: María Amparo Grau

Caso: Cinematografía Canaima, C.A. vs. Alcaldía del Municipio Chacao del Estado Miranda.

El derecho a la defensa es principio fundamental del procedimiento administrativo, tanto a nivel constitutivo como respecto de la revisión que pueda producirse en la sede administrativa.

En este sentido se ha reconocido como manifestación del derecho a la defensa, la intervención del administrado en el procedimiento de primer grado o constitutivo del acto definitivo, así como también su participación en el procedimiento de revisión de este acto definitivo.

Observa la Corte que en el caso de autos la denuncia de violación del derecho a la defensa atañe a estas dos manifestaciones expresadas, pues, de una parte, se invoca la ausencia de un procedimiento de revisión –y de allí la falta de participación del interesado– al producirse la revocatoria de la Constancia de Variables Urbanas contenida en el oficio N° 021 mediante la Resolución N° 000043 y, de otro lado, se denuncian conductas lesivas –ya no la ausencia total de participación– al derecho de la defensa en el procedimiento constitutivo destinado a obtener la aprobación de la solicitud de modificación de la remodelación autorizada en dicho acto (el revocado oficio N° 021), decidida mediante el oficio N° 000008 (que la niega) y la Resolución N° 0000042 que decidió el recurso de reconsideración intentado (declarándolo sin lugar).

Al respecto estima la Corte que, en efecto, la revocatoria del acto contenido en el oficio N° 021 a través de la Resolución N° 0000043 no es el producto de un procedimiento administrativo de revisión iniciado por la Administración en el cual se le dio oportunidad de ejercer en forma ordenada su derecho a la defensa al administrado, por el contrario, éste se produce como consecuencia de la revisión realizada a instancia de parte respecto de un acto que decide una solicitud de constancia de variables urbanas distinta a la revocada.

La circunstancia de que éste –el administrado– en algún momento haya expuesto ante la Administración sus alegatos acerca de la legalidad de lo decidido en el acto revocado, por haber la Administración en un procedimiento distinto manifestado un criterio contrario, en modo alguno puede aceptarse como el efectivo ejercicio del derecho a la defensa, pues, como es sabido, el Estado Social de Derecho se caracteriza, precisamente, por la consagración de derechos individuales para los cuales los órganos del Poder Público no sólo tienen el deber de respeto, sino que además tienen la obligación de enderezar sus actuaciones para que exista un pleno disfrute de los mismos.

Ello así, cuando la Administración ante una solicitud del administrado, realiza conductas dirigidas a desconocer lo aprobado en un acto revocatorio de tal decisión precedente, sin tramitar un procedimiento a esos efectos, y posteriormente, dicta un acto revocatorio de tal decisión precedente creadora de derechos subjetivos, pone al administrado en una situación de indefensión, pues le impide ejercer en forma ordenada la defensa de sus derechos e intereses.

La infracción del derecho a la defensa se configura entonces desde el momento en que la Administración coloca al administrado en una situación de perplejidad, pues en las motivaciones expresadas en un acto, desconoce lo decidido precedentemente en otro creador de derechos –Resolución N° 021– emanado de ella misma y con fundamento en lo decidido por una autoridad superior, aún cuando no llega a producir una decisión revocatoria de éste (Resolución N° 000008), la cual habría debido en todo caso estar precedida del correspondiente procedimiento. Por lo tanto el acto revocatorio contenido en la Resolución N° 000043 se produjo en violación al derecho de la defensa de la accionante y así se declara.

Por lo que se refiere a la Resolución N° 000042 estima la Corte que si bien el administrado intervino, tanto en el procedimiento constitutivo del acto revisado en la mencionada Resolución, como en el procedimiento de revisión que le dio origen, pues éste tiene lugar por el ejercicio del recurso de reconsideración, la sola referencia en dicha Resolución a una hoja de observaciones no indicada en la Resolución recurrida –Resolución N° 000008– y que contiene las motivaciones esenciales para negar la constancia solicitada, configura la violación del derecho de la defensa denunciado, siendo por tanto innecesaria la consideración de los otros hechos invocados como fundamento esta denuncia.

Ciertamente la circunstancia antes indicada habría privado al administrado de participar en el procedimiento de revisión y en el propio de constitución del acto, con conocimiento de las objeciones de la Administración.

Tal infracción se configura aún más cuando se constata que en el acto objeto de revisión mediante la Resolución N° 000042, expresamente se indica que la omisión de referencia a la hoja de observaciones de fecha 27 de mayo de 1993 responde a un error material en lo cual no puede fundamentar su derecho la recurrente y en autos cursa prueba de experticia grafotécnica evacuada en el procedimiento por retardo perjudicial incoado por la accionante contra el Municipio autor de los actos denunciados como lesivos, en la cual se indica: "En todos los documentos donde aparece la solicitud 0020 –relativa a la modificación de la refacción aprobada– emanados de la Alcaldía del Municipio Chacao del Estado Miranda (*sic*) encontramos alteraciones que modifican dichos documentos". (Paréntesis de la Corte).

Asimismo en dicha experticia, la cual se aprecia con fundamento en el artículo 17 de la Ley Orgánica de Amparo sobre Derechos y Garantías Constitucionales y el artículo 129 de la Ley Orgánica de la Corte, se indica que la numeración de la solicitud referida a la cuestionada hoja de observaciones está alterada y hay borraduras producidas por elementos físicos y químicos, "...siendo determinante que la fecha que se lee: "27-5-93" fue ejecutada en un tiempo posterior a dicha fecha". Lo anterior impone a esta Corte, de conformidad con lo establecido en el artículo 93 del Código de Enjuiciamiento Criminal, el deber de poner en conocimiento de los órganos de instrucción penal de los hechos relativos al presunto forjamiento de dicho acto, y a tales efectos, de acuerdo a lo previsto en el artículo 98 *eiusdem*, se estima pertinente remitir copia del presente fallo y de la prueba antes indicada al Ministerio Público. Así se decide.

El hecho de que con la referida hoja de observaciones, la Administración pretendiera desconocer los efectos del acto contenido en el oficio N° 021 y producir efectos específicos en el procedimiento iniciado para la aprobación de la modificación de la remodelación ya autorizada, pone también al administrado en un estado de incertidumbre en cuanto al cabal ejercicio de su derecho a la defensa, pues no es la hoja de observaciones el acto idóneo para producir estos efectos revocatorios.

Lo anterior, aunado al hecho de que la Resolución N° 000042 se fundamenta en la nulidad absoluta de la Resolución N° 021 decida por Resolución posterior (la N° 000043) y, por ende, en la inexistencia del derecho de la accionante al porcentaje de construcción contenido en el acto revocado (Oficio N° 021), y que ambos actos se encuentran sujetos a procedimientos de revisión distintos, pues contra el primero operaba recurso jerárquico y contra el segundo el de reconsideración, constituye un proceder desordenado por parte de la Administración Municipal, tanto en los actos accionados como en los que precedieron su emisión, lo cual, sin duda, afecta el derecho a la defensa de la accionante.

No puede, en un Estado de Derecho estimarse suficiente que el administrado llegue a saber las razones que tiene la Administración para realizar una actuación, sino que resulta indispensable que éste pueda acceder en forma por demás natural a los medios de defensa y ejercer los mecanismos de control de la legalidad de los actos que le afectan, y que pone a su disposición el legislador en estricto apego al régimen constitucional de legalidad y responsabilidad del Estado del cual el derecho a la defensa resulta pilar fundamental.

Los razonamientos antes expuestos evidencian que en el caso de autos se ha vulnerado el derecho constitucional de la defensa de la accionada, tal y como lo declaró el tribunal *a quo* y así lo declara igualmente esta Alzada.

RDP N° 61-62, 1995, pp. 148

CPCA   31-5-95

Magistrado Ponente: Belén Ramírez Landaeta

Caso: Clínica el Ávila, C.A. vs. IDEC

De la consagración que el texto constitucional (Art. 68) hace del derecho a la defensa dimana una serie de principios en que se especifican dicho derecho, en el sentido de que, de no respetarse los mismos, se produciría indefensión.

Uno de ellos es, no cabe duda, el derecho que se tiene –y que no es más que una manifestación del derecho a la defensa– a que toda actuación administrativa dirigida a un particular –y si cabe más aún en el caso de una sanción, incluso cuando sea preventiva– deba estar precedida de un previo procedimiento administrativo, en el que el administrado puede alegar lo que a su bien hubiere y promover las pruebas que considerare pertinentes.

En el caso bajo examen, a juicio de este órgano jurisdiccional, queda probado que no existió en modo alguno un procedimiento que culminara con la sanción de cierre de la Clínica. En efecto, el propio Presidente del I.D.E.C. afirma en su informe que procedieron a apersonarse en la Clínica El Ávila por una denuncia presentada, y en el mismo acto de inspección ordenaron el cierre de Farmacia y el área administrativa de la Clínica.

No consta, pues, que haya existido un procedimiento previo al cierre de la Farmacia y el área administrativa de la Clínica.

Por demás, se advierte, al igual que lo hacen el accionante y el Ministerio Público, que el cierre fue ordenado sin que mediara acto o resolución administrativa alguna, lo cual reviste particular gravedad en tanto que no puede el ente sancionado saber en base a qué hechos se le sanciona, lo que, y en ello comparte esta Corte la aseveración hecha por el Ministerio Público, configura el vicio conocido como vía de hecho: una actuación material no fundamentada en un previo pronunciamiento administrativo. Lo anterior se evidencia aún más cuando el IDEC en su informe pretende justificar la medida de cierre como un acto de "policía judicial"; tal confusión pone de manifiesto la arbitraria actuación del órgano administrativo que al arrogarse competencias de naturaleza judicial infringe en forma flagrante los derechos fundamentales de los accionantes y así se decide.

Bastan, a juicio de esta Corte, tales aseveraciones para demostrar que, en el presente caso, existe una violación al derecho a la defensa de la empresa accionante, por lo que la acción de amparo ha de ser declarada con lugar.

RDP Nº 61-62, 1995, pp. 180

CPCA   31-5-95

Magistrado Ponente: María Amparo Grau

Caso: Santos Erminy vs. Federación Médica Venezolana

De otra parte, la violación de los derechos constitucionales referidos al debido proceso, defensa y petición se fundamenta en los siguientes hechos:

En primer lugar que el Tribunal Disciplinario del Colegio de Médicos del Estado Miranda dictó decisión absolutoria a su favor y que en virtud de apelación interpuesta, el Tribunal Sustanciador del Tribunal Disciplinario de la Federación Médica Venezolana en fecha 28 de junio de 1994 ordenó la reposición del procedimiento al estado de promoción y evacuación de pruebas.

Contra dicha decisión el accionante apeló en fecha 28 de julio de 1994 ante el Tribunal Disciplinario del Colegio de Médicos del Estado Miranda, el cual la negó por considerar que "...esa no es la instancia en la cual debe apelarse de esa Decisión ...".

Frente a tal negativa el accionante recurre de hecho ante el Tribunal Disciplinario de la Federación Médica Venezolana. Dicho tribunal en fecha 13 de enero de 1995 decide no tramitar tal recurso señalando al respecto que:

"...el expediente al cual usted hace referencia ha sido remitido al Tribunal Disciplinario del Colegio de Médicos del Edo. Miranda a fin de que se siga el debido procedimiento (...) es por tal motivo que sus escritos de fechas 17 y 23 de agosto de 1994 no han sido estudiados por este Tribunal lo cual se hará oportunamente cuando el mencionado expediente suba por apelación".

Las decisiones administrativas definitivas están sujetas a recursos administrativos, los cuales constituyen además un requisito previo de agotamiento de la vía administrativa, para acceder a la instancia judicial. No obstante es lo cierto que el procedimiento administrativo, a diferencia del procedimiento judicial, no constituye un proceso, debiendo por tanto tenerse presente sus características propias que permiten diferenciarlo de aquél.

En efecto, el procedimiento administrativo tiene –entre otras– la característica esencial de la informalidad, que viene determinada por la circunstancia de que la Administración está obligada a procurar el establecimiento de la verdad real como causa de sus actos. Manifestación de esta informalidad, es entre otras, las notas inquisitivas del procedimiento administrativo, la no rigurosidad en materia probatoria, la informalidad en la representación y la posibilidad por parte de la Administración de corregir los errores del particular en la calificación de los recursos y darle el trámite correcto.

En este sentido observa la Corte que el Presidente del Tribunal Disciplinario de la Federación Médica Venezolana en su escrito de informe presentado en fecha 23 de marzo de 1995 señaló, en lo que se refiere a la función e integración de los Tribunales Disciplinarios Médicos, que los mismos:

"...están constituidos por Médicos y sus facultades son únicamente aplicar las SANCIONES DISCIPLINARIAS a que contrae el citado artículo 116 de la Ley del Ejercicio de la Medicina... (que) se rigen por los Reglamentos elaborados al efecto para su funcionamiento y, en consecuencia, no deben aceptarse sutilezas jurídicas o trabas valederas en los procedimientos judiciales seguidos por ante los Tribunales de justicia los cuales están constituidos por Abogados, ya que ello entrabaría la importante labor que desempeñan estos Tribunales Disciplinarios en defensa de los principios de ontológicos y éticos que rigen la profesión médica...".

Ahora bien, no obstante haberse señalado lo anterior, los accionados se valen –impropiamente– de argumentos jurídicos, propios del derecho procesal, tanto en sus actuaciones en el procedimiento disciplinario como en las defensas opuestas contra la parte accionante de amparo.

Así resulta de las razones presentadas por el Tribunal Disciplinario del Colegio de Médicos del Estado Miranda, al negar la apelación interpuesta por el accionante en virtud de que "...no es la instancia en la cual debe apelarse de esa Decisión, pues debe de hacerse ante la instancia que tomó la decisión para ante la instancia superior" (*sic*).

De tal manera que los hechos denunciados como lesivos se fundan precisamente en el desconocimiento por parte de los accionados de estos principios de flexibilidad, pues ellos con un riguroso formalismo –ajeno a la naturaleza del procedimiento administrativo– antes que permitir al administrado que está siendo sometido a un procedimiento disciplinario ejercer a cabalidad su defensa, le imponen cargas que –según alega el accionante– disminuye y entraba el ejercicio del mismo.

Al respecto observa la Corte que la atribución de potestades disciplinarias a organismos gremiales, supone el ejercicio de competencias administrativas que exigen el cumplimiento de los principios que informan el procedimiento administrativo, sin que sea admisible que quien por tal virtud se erige en autoridad, pretenda su inobservancia invocando el desconocimiento de la técnica jurídica que, obviamente, ha de tenerse al ejercer estas facultades disciplinarias.

En este sentido constata la Corte que la solicitud del administrado se concreta al hecho de que dentro de un procedimiento disciplinario –una vez culminada la primera etapa que da lugar al acto definitivo– una instancia superior como lo es el Tribunal Sustanciador del tribunal Disciplinario de la Federación Médica Venezolana, decidió reponer el procedimiento cumplido y es esa decisión la que precisamente impugna por vía de "apelación". Trátase en consecuencia del ejercicio de un recurso contra el acto de revisión que repone el procedimiento que culminó con un acto absolutorio, y que en tal virtud estima el administrado afectada su esfera jurídico-subjetiva.

No obstante frente al ejercicio de este recurso, es precisamente el órgano administrativo quien, invocando aspectos formales inaplicables al procedimiento administrativo, le niega al accionante la posibilidad de revisión de tal decisión cuando, en primer lugar, la desecha por no haberla ejercido supuestamente ante el órgano inferior y en segundo lugar, porque al señalar que el expediente se devolvió a la autoridad inferior, y por ello le informa contradictoriamente, que su pretensión será revisada "...cuando el mencionado expediente suba por apelación" que es precisamente lo que plantea el accionante en relación con la decisión de reposición.

Ello así, tal formalidad, que contraría los principios del procedimiento administrativo, se traduce en el presente caso en un menoscabo del derecho a la defensa del accionante, pues habiéndose producido una decisión absolutoria, por apelación de un tercero, el tribunal Sustanciador del Tribunal Disciplinario de la Federación Médica Venezolana, repone el procedimiento poniendo fin a la instancia de revisión del acto administrativo producido por el Tribunal Disciplinario del Colegio de Médicos del Estado Miranda que lo había absuelto.

Por ello considera la Corte que las actuaciones del Tribunal Disciplinario del Colegio de Médicos del Estado Miranda al negar la apelación, en lugar de remitirla a la instancia superior, y del Tribunal Disciplinario de la Federación Médica Venezolana, al negarse a tramitar el planteamiento del accionante –de lo que él califica como recurso de hecho y que se traduce en el trámite de la apelación intentada– sin duda se lesiona su derecho a la defensa frente al acto del Tribunal Sustanciador del Tribunal Disciplinario de la Federación Médica Venezolana que ordenó reponer el procedimiento, no obstante la existencia de una decisión definitiva absolutoria.

En consecuencia, procede por vía de amparo restablecer el derecho a la defensa lesionado y, a tales efectos, se ordena al Tribunal Disciplinario de la Federación Médica Venezolana, conocer y decidir en un plazo de quince (15) días hábiles la apelación intentada por el accionante contra el acto dictado por el tribunal Sustanciador del tribunal Disciplinario de la Federación Médica Venezolana de fecha 28 de junio de 1994, mediante el cual se ordenó la reposición del procedimiento a estado de promoción y evacuación de pruebas.

Asimismo, y conforme ha sido solicitado, se ordena al Tribunal Disciplinario del Colegio de Médicos del Estado Miranda suspender la sustanciación del procedimiento, que se inició con la anterior decisión de reposición, hasta tanto se decida la apelación antes indicada.

IV

DECISIÓN

Por las razones precedentemente expuestas esta Corte Primera de lo Contencioso Administrativo, administrando justicia en nombre de la república y por autoridad de la Ley declara PARCIALMENTE CON LUGAR la acción de amparo interpuesta por el abogado Luis Ernesto Andueza Galeno, actuando en representación del ciudadano Santos Erminy Capriles, antes identificados, y en consecuencia:

1.- Se ORDENA al Tribunal Disciplinario de la Federación Médica Venezolana, conocer y decidir en un plazo de quince (15) días hábiles contados a partir de la notificación de la presente decisión, de la apelación intentada por el accionante contra el acto dictado por el Tribunal Sustanciador del Tribunal Disciplinario de la Federación Médica Venezolana de fecha 28 de junio de 1994.

2.- Se ORDENA al Tribunal Disciplinario del Colegio de Médicos del Estado Miranda suspender la sustanciación del procedimiento, que se inició con la anterior decisión de reposición, hasta tanto se decida la apelación antes indicada.

El presente mandamiento de amparo debe ser acatado, so pena de incurrir en desobediencia a la autoridad.

RDP N° 61–62, 1995, pp. 179

CSJ-SPA (462)   21-6-95

Magistrado Ponente: Humberto J. La Roche

Caso: Franklin Hoet L.

La apertura del procedimiento administrativo en el cual no se le garantice a las partes intervinientes las mínimas exigencias del debido proceso o haya certeza de la imposibilidad para una de ellas de argumentar todo aquello que la favorezca, puede vulnerar los derechos constitucionales de igualdad y defensa.

Para decidir la consulta planteada se observa:

Ha sido criterio reiterado de esta Sala que la apertura de un procedimiento administrativo no puede –por sí misma– vulnerar el derecho a la defensa, pues precisamente, a través de la tramitación del procedimiento, las partes pueden alegar y probar todo lo que les favorezca para evitar que la decisión administrativa definitiva les sea desfavorable. En este sentido, esta Sala expresó en decisión de fecha 26.10.89, caso: *"Gisela Parra Mejías"* que:

"Por tanto, la apertura de un proceso disciplinario no es suficiente para que se justifique la autorización del remedio judicial especial denominado amparo, tanto más si dicho proceso, en el cual se pueden ejercer las defensas que crea convenientes y los alegatos que desvirtúen la denuncia, puede concluir en un acto que establezca la improcedencia de la denuncia y el cierre definitivo del proceso disciplinario, sin acarrear ningún tipo de sanción. Así se declara".

Sin embargo, la apertura del procedimiento administrativo en el cual no se le garantice a las partes intervinientes las mínimas exigencias del debido proceso o haya certeza de la imposibilidad para una de ellas de argumentar todo aquello que lo favorezca, puede vulnerar los derechos constitucionales de igualdad y defensa Igualmente, podría el acto de apertura de un procedimiento contener disposiciones que pueden constituirse en transgresoras de derechos fundamentales (véase en este sentido, decisión del 25.03.94, caso: *"Arnoldo Echegaray"*)..

En el caso de autos –como bien lo apuntó la Corte Primera de lo Contencioso Administrativo en su decisión de fecha 31-05-93– el Registrador de la Propiedad Industrial ordenó la apertura del procedimiento administrativo para determinar la presunta representación de intereses contrapuestos en contra del ciudadano Franklin Hoet Linares, conociendo la desaparición del expediente en que se basaba la defensa del administrado. Por lo que resulta imposible para el accionante, durante el lapso de comparecencia de ocho días consagrado en el artículo 53 de la Ley de Propiedad Industrial, una defensa eficiente acorde con las garantías al debido proceso.

Así pues, a juicio de la Sala, resulta acertada la decisión de la Corte Primera de lo Contencioso Administrativo, al declarar parcialmente con lugar la acción de amparo constitucional ejercida por el apoderado del ciudadano Franklin Hoet Linares, y en consecuencia, reponer el procedimiento administrativo al estado de la apertura de un nuevo lapso de ocho días para que éste alegare y probare todo lo conducente.

RDP N° 63–64, 1995, pp. 237–241

CSJ-SPA (622)   10-08-95

Magistrado Ponente: Cecilia Sosa Gómez

Caso: Carlos Luis de Casas B. vs. República (Ministerio de Transporte y Comunicaciones).

Al respecto observa la Sala:

Es realmente criterio jurisprudencial pacifico –reconocido además por el ordenamiento positivo– que la Administración en su actuar debe garantizar siempre el derecho a la defensa de cualquier ciudadano que de una u otra manera podría resultar perjudicado en sus derechos e intereses legítimos. Para ello es necesario que se notifique a todos los ciudadanos interesados de la iniciación de los procesos administrativos que probablemente concluirán con una providencia que afectará sus derechos e intereses, para que ellos, antes de la emisión del acto definitivo, presenten a la Administración los alegatos y pruebas que consideren pertinentes.

En caso de no cumplirse con ese imperativo de rango constitucional –artículo 68– y legal, indudablemente los particulares cuentan con la posibilidad de acudir a los órganos judiciales competentes para solicitar, mediante un proceso pleno destinado a comprobar tales vicios, el restablecimiento de sus derechos, siendo también posible que, mientras se decide tal recurso, el juez, a petición de parte –incluso de oficio– suspenda provisionalmente los efectos de dicha providencia cuando, de un análisis inicial, presuma que en efecto fueron violados los derechos constitucionales del actor.

Justamente, el amparo ejercido conjuntamente con el recurso de anulación resulta ser un medio idóneo para que el juez contencioso administrativo, de forma previa a la tramitación y decisión del recurso principal, proceda a suspender los efectos negativos de un acto administrativo definitivo por presumir ha sido dictado sin el indispensable procedimiento contradictorio previo, como una manera de mantener incólume mientras emite un pronunciamiento de fondo el derecho a la defensa y al debido proceso contemplados en los artículos 68 y 69 de la Constitución. Así ha sido señalado entre muchos otros, en el fallo de fecha 6 de abril de 1.993, caso: *Radio Rochela*.

Pues bien, en el caso de autos realmente tiene esta Sala la presunción de que el acto administrativo por el cual fue sancionado el accionante fue dictado sin antes haberle notificado de la existencia de un procedimiento previo en su contra ni haberle dado la oportunidad de alegar y probar lo que hubiere considerado prudente. Dicha presunción emanada, no sólo de las afirmaciones del accionante –las cuales en virtud del principio de lealtad y probidad procesales deben tenerse como válidas–, sino especialmente porque del acto impugnado no se desprende lo contrario, a pesar de que uno de los requisitos formales de toda providencia administrativa es el contener un recuento del caso.

Por tanto, esta Sala, reiterando sus criterios jurisprudenciales en torno al artículo 68 de la Constitución, considera que la presente solicitud de amparo constitucional resulta válida, por lo que procede entonces la suspensión total de los efectos del acto administrativo cuestionado como medida cautelar y hasta que se decida el recurso de nulidad –a menos, claro está, que cambie la situación fáctica que motiva el presente fallo–, y así se declara.

Luego de la declaración anterior, resulta innecesario para la Sala el análisis de las demás violaciones constitucionales denunciadas por el accionante. Así se declara.

RDP N° 63-64, 1995, pp. 238

CSJ-SPA (692)   11-10-95

Magistrado Ponente: Hildegard Rondón de Sansó

Caso: Corpofinca vs. Superintendencia de Bancos y otras Instituciones Financieras.

Es cierto que un aspecto esencial del derecho a la defensa lo constituye el deber de los órganos administrativos, antes de hacer sus pronunciamientos, de comunicar a los particulares cuyos derechos subjetivos e intereses legítimos podrían resultar afectados en virtud de la iniciación de un procedimiento previo, para que estos participen en él, alegando y probando lo conducente en defensa de su situación subjetiva posiblemente perjudicada. Así lo establece no solo la Constitución y la legislación sino que también lo ha reconocido y exigido la jurisprudencia de los tribunales contencioso-administrativos y especialmente esta Sala, los cuales no han dudado en declarar la nulidad de las actuaciones administrativas que se hubieren dictado absolutamente a espaldas de los ciudadanos afectados subjetivamente o cuando en el procedimiento debido se hubiere desconocido el acto esencial establecido especialmente para garantizar el derecho a la defensa de los particulares.

Ahora bien, para que mediante una acción de amparo constitucional –sea esta ejercida de forma autónoma o conjunta– pueda el juzgador declarar la violación del artículo 68 constitucional por ausencia de procedimiento, debe siempre surgir de los autos presunción suficiente de la Administración incumplió el procedimiento legalmente establecido y que impidió, de manera absoluta, que los particulares perjudicados participaran en la constitución del acto que los afectaría.

Esto es de relevancia para el caso de autos, porque observa la Sala que los alegatos de los representantes de la empresa Corpofin, C.A., se dirigen a señalar que a ésta, en su condición de accionista de Bancor, S.A., no se le comunicó concretamente de la iniciación de un proceso administrativo por la delicada situación económica-financiera de éste, a pesar de que reconocen que la Superintendente de Bancos y Otras Instituciones Financieras y también FOGADE, tuvieron comunicación reiterada con el propio Bancor, S.A., sobre dichas circunstancias económico-financieras que podrían repercutir en la actuación de esa institución bancaria.

RDP N° 63-64, 1995, pp. 239

CSJ-SPA (722)   19-10-95

Presidente Ponente: Josefina Calcaño de Temeltas

Caso: Gloria María Vargas vs. Consejo de la Judicatura.

El artículo 68 de la Ley Originaria establece el derecho fundamental de todo ciudadano a no ser afectado en sus derechos o intereses sin haberle sido conferida antes una oportunidad para que alegare y probare cualquier circunstancia pertinente para su defensa. Este derecho a la defensa, según criterio pacífico de la Sala, resulta aplicable no sólo a los procesos judiciales sino también a los administrativos, por lo que la Administración, antes de emitir cualquier acto administrativo que menoscabara en alguna medida la situación subjetiva de un particular, deberá siempre, so pena de violar el indicado artículo 68 de la Constitución, notificar a los interesados de la iniciación del proceso previo y permitirle que expresen sus argumentos y que lo demuestren.

En el caso de autos, en virtud del contenido del propio acto administrativo cuestionado –en donde no se hace alusión alguna de la existencia de procedimiento–, así como de las afirmaciones de la accionante, surgen serias dudas acerca de la existencia de un procedimiento administrativo, con participación de ésta, previo a la emisión de la Resolución de fecha 27 de junio de 1.995.

Lo anterior, en consecuencia, es motivo suficiente para que este Máximo Tribunal, a los fines de evitar se consolide la violación del derecho a la defensa de las solicitantes mientras dura el juicio principal y mientras no se demuestre en el presente expediente lo contrario, acuerde la suspensión provisional de los efectos del acto administrativo recurrido, y así se declara.

Declarado lo anterior, estima la Sala innecesario pronunciarse sobre los alegatos de violación del artículo 208 de la Constitución, y así también se declara.

RDP N° 63-64, 1995, pp. 239

CPCA

Magistrado Ponente: Belén Ramírez Landaeta

Caso: Sociedad Mercantil JHC Publicidad vs. República (Ministerio de Transporte y Comunicaciones) INAM.

Habiendo considerado los argumentos sostenidos tanto por el "Ministerio de Transporte y Comunicaciones, como por el Instituto Nacional del Menor: así como la opinión consignada por el Ministerio Público, este órgano jurisdiccional pasa a pronunciarse respecto a las violaciones constitucionales alegadas.

1. Respecto a la violación del derecho al debido proceso, en virtud de la presunta falta absoluta de procedimiento, así como la no existencia de las fases necesarias del procedimiento, y la imposibilidad para la accionante de ejercer su derecho a la defensa, se observa:

Esta Corte ha establecido su criterio respecto a los procedimientos para la suspensión de cuñas publicitarias. En efecto, en sentencia dictada en fecha 14 de agosto de 1.994, en el caso *"Radio Caracas Televisión"*, se estableció lo siguiente:

"Al respecto esta Corte observa que el reducido lapso conferido no implica en modo alguno violación del derecho a la defensa, ya que la Administración abrió un procedimiento sumario conforme lo previsto en el artículo 67 de la Ley Orgánica de procedimientos Administrativos, procedimiento éste con respecto al cual no puede aplicarse el lapso de diez días para que la parte exponga sus alegatos, previsto en el artículo 48 *ejusdem*, como lo sostiene el accionante, pues en tal caso dicho procedimiento perdería su carácter de sumario y, por tal razón, se encuentra regulado en forma distinta al procedimiento ordinario.

"(...) debe destacarse que las decisiones en materia de cuñas publicitarias deben adoptarse por la autoridad administrativa en lapsos perentorios. En consecuencia, obligar a esperar un lapso de diez días para que la planta televisora ejerza su derecho a la defensa, podría obrar en contra de las potestades que la Administración debe ejercer en lapsos reducidos. Por ello, precisamente, y así lo entiende esta Corte, la autoridad administrativa acudió a un procedimiento sumario, por lo que no puede considerarse violado el derecho a la defensa por la circunstancia de que se hayan acordado sólo veinticuatro horas para ejercerlo y así se declara".

RDP N° 63-64, 1995, pp. 240

CPCA   16-11-95

Magistrado Ponente: Teresa García de Cornet

La Corte analiza a qué procedimientos se aplica el derecho a la defensa (Art. 68 Constitución).

Identificando el contenido del derecho a la defensa, debe esta Corte analizar a qué procedimientos se aplican los principios expuestos. Al respecto, la Corte Suprema de Justicia en sentencia del 10 de febrero de 1.994 estableció que "el derecho a la defensa consagrado genéricamente en el artículo 68 de la Constitución, es extensible su aplicación tanto al procedimiento constitutivo del acto administrativo como a los recursos internos consagrados por la Ley para depurar aquel". Igualmente, esta Corte ha expresado a este respecto que el derecho a la defensa es "de amplia interpretación, en el sentido de que se exige su respeto no sólo en los procesos judiciales sino en todo procedimiento en el cual puedan quedar afectados los derechos adquiridos o los intereses legítimos de los ciudadanos" (Caso *Baldó Sansó Rondón* 23-05-90).

De los precedentes jurisprudenciales expuestos no debe quedar lugar a dudas que el derecho a la defensa, en los términos anteriormente expuestos, debe ser respetado no sólo en la vía jurisdiccional sino también en las instancias administrativas.

Consta en el expediente al folio 21 que existe un acto administrativo por medio del cual se decidió prescindir de lo servicios del accionante como Inspector Jefe adscrito a la Comandancia General de Policía.

De los recaudos enviados como parte del expediente administrativo no se observa que se haya seguido el procedimiento constitutivo del acto de destitución. Así mismo, puede observarse que no existió presunción de que no se produjo ningún tipo de notificación al accionante en donde se le pusiera al tanto de procedimiento alguno, a los fines de ejercer su derecho a la defensa.

Debe advertirse que la comunicación enviada por el accionante al Gobernador del Estado Amazonas, no puede entenderse como ejercicio del derecho a la defensa, pues esa comunicación es posterior al conocimiento por parte del accionante del acto en cuestión y el presupuesto de este derecho es que se puedan exponer los alegatos previa la toma de la decisión, pues de lo contrario no tendría efectividad el ejercicio de tal derecho.

La concordancia de los hechos expuestos y el marco teórico y jurisprudencia expresado constituyen, a juicio de esta Corte, presunción grave de que el derecho a la defensa del accionante le fue conculcado, y así se decide.

RDP N° 65-66, 1996, pp. 195

CSJ-SPA (186)   19-3-96

Magistrado Ponente: Humberto J. La Roche

Al respecto, si bien es criterio reiterado y pacífico aquel por el cual, siempre la administración, en su actuar, antes de emitir un acto o tomar una decisión que afecte los resultados e intereses de algún particular debe dar a éstos la posibilidad de ejercer su derecho a la defensa, en el caso de autos considera la Sala que la decisión del Ministro de Relaciones Exteriores de nombrar al actor en comisión de servicio dentro del despacho, como resultado de un averiguación disciplinaria ya iniciada –a la cual sí ha tenido acceso el implicado-, no requiere de la apertura de un procedimiento administrativo tendente a permitir que el funcionario en cuestión presente alegatos o pruebas, ya que dicho proceder no tiene un carácter sancionatorio ni afecta, en principio, los derechos del mismo, sino es una potestad del jerarca de la Administración ejercida, en definitiva, dentro de las competencias que como administrador les son atribuidas.

Por ello, no es posible sostener que el derecho a la defensa del actor hubiese sido violado al tomarse la decisión de nombrarlo en comisión de servicio en el país, lo cual no equivale a un pronunciamiento de la Sala sobre el cumplimiento estricto de cada una de las disposiciones legales y sublegales sobre la materia que, se insiste, quedan fuera del análisis de la Sala.

Igual decisión corresponde tomar en cuanto al alegato de violación del derecho a la defensa, ahora, por no abrirse un procedimiento antes de tomarse la supuesta decisión de suspender los pagos de la remuneración mensual del actor, ya que, de un análisis del expediente, surge que dicha suspensión como tal no ha sido cumplida, en virtud de que al ciudadano Cipriano Pérez Acosta se le ha pagado, durante los meses en que se encontraba en comisión de servicio interno, el sueldo que se corresponde con su cargo, claro está, sin las primas pactadas en razón de encontrarse en el servicio externo.

En conclusión, se desestima el alegato de violación del derecho a la defensa por cuanto, a juicio de la Sala, no se produjo una actuación material lesiva de derechos del actor que requiera, constitucionalmente, de una apertura de procedimiento administrativo previo. En todo caso, debe tenerse presente que tanto la decisión de nombrar al actor en comisión de servicio dentro del Ministerio y la de pagarle su sueldo mensual conforme a su actual situación, es decir, de funcionario en el país, son consecuencias directas del procedimiento administrativo de carácter disciplinario iniciado en su contra por supuestas irregularidades en funciones inherentes a su cargo y que en tal proceso sancionatorio se ha permitido su defensa. Así se declara.

RDP N° 65-66, 1996, pp. 196

CSJ-SPA (89)   6-2-96

Magistrado Ponente: Cecilia Sosa Gómez

Queda entonces por dilucidar la procedencia del principal de los alegatos del actor: la violación del derecho a la defensa. Ello, por cuanto indica el accionante, y el propio Consejo de la Judicatura lo acepta, el acto administrativo por el cual fue designado como Primer Suplente en el Juzgado Tercero de Primera Instancia en lo Civil, Mercantil y del Tránsito de la Circunscripción Judicial del Área Metropolitana de Caracas fue anulado, por estar viciado de forma grave, sin la apertura previa de un procedimiento que le hubiese dado la oportunidad de participar y defender sus derechos e intereses.

Al respecto, se observa:

Es cierto, como lo afirma el actor, que el derecho a la defensa, contemplado en el artículo 68 de la Constitución, según criterio pacífico y reiterado, es extensible en su aplicación además de a los procesos judiciales a los procedimientos administrativos. Y también es totalmente cierto que cualquier violación flagrante del derecho a la defensa para la emisión de un acto administrativo constituye un vicio susceptible de ser sancionado por la vía de la acción de amparo constitucional, sin que ello impida que en determinados casos pueda acudirse a las acciones contencioso-administrativas (*vid.* sentencia del 8 de mayo de 1991 y del 26 de abril de 1993, casos: *Ganadería El Cantón y Radio Caracas Televisión*, respectivamente).

Por otra parte, es legalmente aceptado que la Administración cuenta con el poder-deber de reconocer la nulidad absoluta, en cualquier momento, de sus actos administrativos y de proceder a su revocación del mundo jurídico, como garantía de la seguridad jurídica.

Ahora bien, como forma de articular la vigencia del derecho a la defensa que debido a que en el artículo 83 de la Ley Orgánica de Procedimientos Administrativos –que es donde se contempla tal deber de revisión de oficio de los órganos administrativos- no se contempla ni alude al cumplimiento de procedimiento alguno, al momento de procederse a la declaratoria de nulidad absoluta de un acto previo, como una forma de garantizar el indicado derecho a la defensa de cualquier persona que pudiera ser perjudicada en su situación jurídica, debe siempre la Administración darle a esos posibles afectados la oportunidad para que participen en un procedimiento previo y aleguen cualquier argumento que consideren pertinentes, tomando para ello el procedimiento administrativo general u ordinario contemplado en la indicada ley o, en caso de urgencia, al procedimiento sumario allí también previsto.

En caso de no cumplirse tal procedimiento previo, sería indudable la existencia de un vicio, de carácter formal, en el acto administrativo resultante, lo cual podría acarrear su futura anulación y constituiría, según el caso, una flagrante violación del derecho de la defensa de aquellos ciudadanos que, de alguna u otra forma, estaban en una posición de ventaja en virtud del acto administrativo considerado nulo y revocado por la Administración.

Pues bien, surge claro que en el caso de autos se incumplieron dichos trámites procesales, por lo que, sin hacer la Sala consideraciones sobre la nulidad absoluta o no del acato administrativo por el cual fue designado el accionante como Primer Suplente en el Juzgado Tercero de Primera Instancia en lo Civil, Mercantil y del Tránsito de la Circunscripción Judicial del Área Metropolitana de Caracas –ya que ello escapa de este juicio-, resulta concluyente la violación del derecho fundamental a la defensa de éste, por lo que la presente acción de amparo ejercida en contra de la Resolución N° 312 del 19 de julio de 1995 del Consejo de la Judicatura debe ser decidida Con Lugar, y así se declara.

Quiere sin embargo expresar la Sala que la declaratoria anterior, que acarrea la ineficacia absoluta del acto administrativo en cuestión y el consiguiente restablecimiento de la situación jurídica previa a su emisión, no constituye ningún obstáculo para que el Consejo de la Judicatura proceda en un futuro, de insistir en la existencia de vicios de nulidad absoluta en el acto por el cual el ciudadano Carlos Guía fue nombrado Primer Suplente, a hacer uso de sus potestades revisoras de oficio que le confiere la ley, sólo que en dicho actuar deberá siempre permitir, mediante notificación, la participación de los posibles ciudadanos afectados directamente por la revocación definitiva de dicho acto. Así se declara.

RDP N° 65-66, 1996, pp. 197

CPCA   15-2-96

Magistrado Ponente: Teresa García de Cornet

Caso: Postes Publicitarios viales 2001 C.A. vs. Alcaldía del Municipio Libertador del Distrito Federal.

Considera la Corte que el debido respeto al derecho a la defensa de los particulares no se hace efectivo tan sólo mediante el reconocimiento de los medios legales previstos para atacar las decisiones de la Administración. Por el contrario, es desde la efectiva posibilidad de alegar, probar y por ende desvirtuar, que tal situación no la protege el derecho, lo cual generalmente requiere de un procedimiento constitutivo. Más aún, es posible afirmar que el procedimiento administrativo mismo constituye la garantía del respeto a los derechos del particular.

Con fundamento en las anteriores consideraciones es necesario concluir que cualquier medida que pudiera adoptar la Administración Municipal respecto a los medios publicitarios propiedad de la accionante, debe estar precedida del correspondiente procedimiento, en el marco del cual debe contar la empresa afectada con la posibilidad efectiva para formular alegatos, promover y evacuar pruebas para sustentarlos.

Estima evidente esta Corte que en el caso de autos la Dirección de Gestión Urbana del Municipio Libertador del Distrito Federal dispuso la remoción de los medios publicitarios de la accionante que se encontraban en la jurisdicción del mencionado Municipio, sin haber tramitado previamente el correspondiente procedimiento administrativo, y en consecuencia, sin haber permitido a la accionante el efectivo ejercicio de su derecho a la defensa.

Considera, asimismo la Corte que el hecho de que se hayan celebrado reuniones en las que participó el representante de la accionante, y que se haya dado a conocer mediante publicaciones, la decisión de remover determinados medios de publicidad ubicados en el término del Municipio Libertador del Distrito Federal, no constituyen, en este caso, evidencia de que se haya respetado el derecho a la defensa de la accionante, pues, tal como lo ha reconocido el presunto agraviante, tales conductas tenían como finalidad notificar la decisión que fuera adoptada sin el concurso de los interesados en el respectivo procedimiento, y, adicionalmente, porque estas reuniones y publicaciones no pueden equipararse a la efectiva tramitación del procedimiento administrativo, cuyas formas y requisitos, de acuerdo a lo expuesto por el tratadista citado –cuya opinión hace suya esta Corte- pertenecen al ámbito de la reserva legal, por lo que no puede ser sustituido por cualquier trámite fijado por la Administración. Por tales razones estima la Corte que no hay lugar a dudas de que en el caso de autos se ha violado el derecho a la defensa de la accionante y así expresamente se decide.

RDP N° 65-66, 1996, pp. 198

CSJ-SPA (242)   11-4-96

Magistrado Ponente: Cecilia Sosa Gómez

Precisado lo anterior, considera la Sala necesario reiterar el criterio expresado en anteriores decisiones, conforme al cual, al implicar la interposición conjunta de la acción de amparo con el recurso de nulidad contra actos administrativos de efectos particulares, dispensar a la misma un tratamiento de naturaleza cautelar, se erige ella en el mecanismo dirigido a evitar que ante la presunción grave de violación o amenaza de vulneración de derechos o garantías constitucionales y mientras se decida el juicio principal de nulidad, tales violaciones o amenazas puedan concretarse o continuar produciéndose, valiéndose a tal fin de la suspensión, por virtud del amparo, de los efectos del acto reputado como lesivo, para lo cual debe limitarse el juez cautelar de amparo a verificar si, en atención a las circunstancias descritas, puede estimarse la existencia de tal presunción grave que le permita acordar la especial y temporal protección constitucional.

En el presente caso, observa la Sala que la apoderada judicial de la recurrente funda la acción de amparo cautelar que ejerce en una supuesta violación de defensa de su representada, derivada de la sola circunstancia de haber omitido supuestamente el autor del acto impugnado indicar los recursos que proceden contra el mismo, así como los lapsos para su ejercicio, cuestión que en criterio de este Alto Tribunal, de ser cierta, lejos de producir los tan graves y perjudiciales efectos temidos por la recurrente, constituye una situación para la cual ofrece amplia cobertura el ordenamiento jurídico en protección de los particulares afectados por una defectuosa notificación, como bien lo pone de manifiesto el contenido de expresas disposiciones citadas por la propia apoderada judicial de la recurrente en su escrito (folio 7), concretamente, los artículos 74 y 77 de la Ley Orgánica de Procedimientos Administrativos, normas que enervan la eficacia o producción de efectos de los actos administrativos durante cuya notificación se haya incurrido en omisiones como las indicadas por la accionante, ordenando además no tomar en cuenta el tiempo transcurrido para el ejercicio de los recursos procedentes si sobre la base de tales omisiones o defectos en la notificación, el destinatario del acto hubiere acudido a vías distintas a las adecuadas conforme a derecho.

En consecuencia, estima este Alto Tribunal, sin que ello implique prejuzgar en forma definitiva sobre la adecuación o no del acto reputado como lesivo a la legalidad y a la Constitución, no surge de las circunstancias que rodean la producción del mismo, así como tampoco de su propio texto, presunción grave de violación del derecho constitucional contemplado en el artículo 68 del Texto Fundamental, resultando en consecuencia improcedente el amparo cautelar solicitado por lo que respecta a esta específica violación y así se declara.

RDP N° 67–68, 1996, pp. 169

CSJ-SPA (466)   11-7-96

Magistrado Ponente: Humberto J. La Roche

Estima la Sala que el sólo hecho de la aparente ausencia de un procedimiento constitutivo del acto administrativo impugnado con la consecuente imposibilidad para el administrado de alegar y probar en favor de su posición jurídica lo que creyese conveniente, sin que lo contrario haya sido ni alegado ni probado por el representante de la República y a falta del expediente administrativo -solicitado y no remitido-, es razón suficiente para crear en el juzgador la presunción grave del derecho que se reclama.

Efectivamente, encuentra la Sala impensable que un acto destinado a despojar definitivamente de un derecho constitucional (el de propiedad) a un particular, no se produzca a consecuencia de un procedimiento en el que éste pueda participar, aun cuando las garantías se encontrasen suspendidas y aun cuando ese particular sea calificado por la Administración como deudor de una entidad financiera intervenida.

Sin que en esta etapa del proceso tenga la Sala suficientes elementos de juicio para apreciar la veracidad de los errores de hecho que señala la recurrente y sin siquiera examinar aun los alegatos de inconstitucionalidad, encuentra que, la aparente imposibilidad para el administrado de señalarlos previa la verificación de un acto de tan graves consecuencias para su esfera jurídica, justifica que se proteja ese pretendido derecho, al menos impidiendo que el inmueble que fue de su propiedad sea trasladado a un tercero, del cual no podría recuperarlo a través de una sentencia favorable recaída en el presente proceso judicial. Así se declara.

Resulta además protegido el interés colectivo aludido por la representación de la República, por cuanto la propiedad del bien sigue siendo del Banco a cuyo favor se expropió, impidiéndosele solamente el enajenarlo o gravarlo en eventual perjuicio de la recurrente.

RDP N° 67–68, 1996, pp. 171

CSJ-SPA (626)   8-10-96

Magistrado Ponente: Alfredo Ducharne Alonzo

El derecho a la defensa exige que la Administración comunique a los interesados la apertura de un procedimiento -más aún cuando es de tipo sancionatorio o destinado a imponer gravámenes- para que previamente a la emisión del acto definitivo, las partes puedan tener acceso al expediente y así alegar y probar lo conducente

Sostiene la parte actora que la decisión objeto de análisis conculcó su derecho de defensa al no tomar en consideración las pruebas promovidas por ésta. Igualmente considera que el acto conculcó su derecho a la igualdad y a la no discriminación, debido a que se utilizó "su investidura de Juez, como razón suficiente y bastante, para ser sancionada sin tomar en consideración sus alegatos y pruebas".

Al respecto cabe mencionar lo siguiente:

El artículo 68 de nuestra Constitución establece que la defensa es un derecho inviolable en todo estado y grado del proceso, lo que ha sido interpretado por jurisprudencia reiterada de este alto Tribunal en su forma más amplia, al extenderlo al derecho a ser oído, presentar alegatos, refutar las argumentaciones contrarias, promover y evacuar las pruebas pertinentes, "tanto en el procedimiento constitutivo del acto administrativo como a los recursos internos consagrados por la Ley para depurar aquél" (Vid. Sentencia de la Sala Político-Administrativa de la Corte Suprema de Justicia del 08-05-91, caso: "Ganadería El Cantón".

En este contexto, la Administración está en la obligación de comunicar a los interesados la apertura de un procedimiento -más aún cuando es de tipo sancionatorio o destinado a imponer gravámenes- para que previamente a la emisión del acto definitivo, las partes puedan tener acceso al expediente y así alegar y probar lo conducente. Así lo ha establecido la Sala Político-Administrativa, entre tantas decisiones, la del 17-11-83 cuando señala lo siguiente:

"El derecho a la defensa debe ser considerado no sólo como la oportunidad para el ciudadano encausado o presunto infractor de hacer oír sus alegatos, sino como el derecho de exigir del Estado el cumplimiento previo a la imposición de toda sanción, de un conjunto de actos o procedimientos destinados a permitirle conocer con precisión los hechos que se imputan, las disposiciones legales aplicables a los mismos, hacer oportunamente alegatos en su descargo y promover y evacuar pruebas que obren en su favor. Esta perspectiva del derecho de defensa es equiparable a lo que en otros Estados ha sido llamado como el principio al debido proceso".

Ahora bien, debe señalarse que el derecho a la defensa lleva implícito, además de lo expuesto, el *reconocimiento y valoración* por parte del juzgador de los argumentos hechos valer por las partes en el transcurso del proceso, ya que de nada valdría brindar todas las oportunidades para alegar y probar si tales alegatos y probanzas no son debidamente apreciados, o lo que sería peor, ignorados al momento de decidir, bien por razones deliberadas o inadvertidas.

Desde esta perspectiva, considera la Sala, acogiendo la expresión de AGUSTÍN GORDILLO que:

"El principio de oír al interesado antes de decidir algo que lo va a afectar, no solamente es un principio de Justicia, es también un principio de eficacia, porque indudablemente asegura un mejor conocimiento de los hechos y por lo tanto lo ayuda a una mejor administración, además de una más justa decisión".

En el caso que se analiza, observa la Sala que en los folios 5 y 6 del acto impugnado se recogen las declaraciones de los testigos promovidos por la accionante así como parte del informe presentado por ésta en el procedimiento que se le siguiera. A tal efecto se señala:

"Admitidas por auto de fecha 10 de mayo de 1995, las pruebas promovidas por la Juez encausada, este Tribunal acordó comisionar al Juzgado del Municipio los Salias de la Circunscripción Judicial del Estado Miranda a los fines de su evacuación (f. 125), ante el cual rindieron declaración los ciudadanos GROBER PERLAKY, quien manifestó que la última vez que vio a la Dra. Maritza López en la Asamblea, fue como hace quince años y que siempre ha observado una conducta amistosa (fs. 155 y 156); TATA VICENZO quien expuso que la precitada Doctora siempre ha mantenido una conducta cordial (f.157); SANDRA DÍAZ, quien indicó que la Dra. Maritza López tiene una conducta intachable (fs. 151 y 152); TATA GIOVANNI, quien expuso que la mencionada Juez ha demostrado gran colaboración, siendo su permanencia en la reunión tranquila (fs. 159 y 161); BUGALLO SANTIAGO, quien expresó, que no vio en ninguna reunión de asambleas de la Urbanización a la Dra. MARITZA LÓPEZ (fs. 162 y 163); TAPIA DILZA, quien califica a la precitada Juez de un "vecino de admiración" (fs. 163 y 165).

Siendo la oportunidad legal para que tuviera lugar el acto de informes en el presente procedimiento, compareció la Dra. MARITZA LÓPEZ, quien consignó escrito constante de treinta y tres folios útiles, en el que expresó:

"...Ratifico en todas y cada una de sus partes, mi escrito de informes iniciales de fecha 4 de abril de 1995...

De todo lo anteriormente declarado por los testigos quedó claramente establecido...me dedico a mi vida privada y familia... es falso el traslado de Tribunal alguno a las asambleas y mucho menos mi presencia en las mismas, quedó claro que no estuve presente en la asamblea de fecha 10 de agosto de 1993. Demostré mis pagos por el servicio de agua a los Organismos Competentes e igualmente que nunca he trasladado ni dirimido acciones legales en los Tribunales, con ningún miembro de la comunidad, como tampoco lo hizo mi ex-esposo, con lo cual quedan desvirtuados todos y cada uno de los hechos falsamente denunciados..."

No obstante lo anterior, el Tribunal Disciplinario del Consejo de la Judicatura desestima expresamente las testimoniales promovidas por la Juez investigada "*por ser contradictorias con los restantes elementos de juicio cursantes en las actas del expediente*" (folio 10 de la decisión). (Subrayado de la Sala).

Al respecto considera esta Corte, que si bien el Consejo de la Judicatura permitió a la ciudadana Maritza López Conde González el ejercicio libre de su derecho a la Defensa, en el sentido de alegar, promover y evacuar las pruebas que estimó necesarias y suficientes para la mejor defensa de sus intereses, también es cierto que las pruebas esenciales, que a su juicio, desvirtúan las imputaciones de los miembros de la Asociación de Vecinos de la Urbanización Club de Campo, como lo son las testimoniales rendidas ante el Juzgado del Municipio Los Salias de la Circunscripción Judicial del Estado Miranda, parcialmente transcritas con anterioridad, *no fueron valoradas bajo el argumento de que las mismas contradecían los restantes elementos de juicio cursantes en las actas del expediente, sin indicar a cuáles se refiere, ni por qué tales elementos impiden desplegar el valor probatorio a los aportados por la investigada.*

Es de hacer notar, que en los escritos presentados por el Consejo de la Judicatura se ratifica una vez más "el motivo" de la desestimación de los testigos promovidos por la actora, como si ello en nada violara su derecho a la defensa.

Ante esta circunstancia, no puede y no debe la Sala dejar de advertir que lo descrito constituye además, una evidente desigualdad en las reglas de valoración de las pruebas, en favor de una de las partes (los denunciantes), habida cuenta de que, sin motivo alguno, el Tribunal Disciplinario del Consejo de la Judicatura hizo prevalecer la tesis de que la accionante "ha agredido verbalmente y amenazado, utilizando para ello su condición de Juez", frente a aquella que la califica como de conducta amistosa, cordial e intachable, sustentada por los testigos que fueron desestimados.

En este sentido, la jurisprudencia de la Sala Civil de esta Corte, en reiterados fallos ha señalado lo siguiente:

"Es cierto que los jueces de instancia pueden desechar la declaración del testigo que a su juicio es inhábil o mendaz, expresando el fundamento de tal determinación conforme a la facultad de apreciación que le concede el artículo 367 del Código de Procedimiento Civil (hoy 508); pero en el ejercicio de esa facultad desestimatoria los sentenciadores deben indicar 'pruebas y razones que emerjan de los autos...' como lo tiene establecido la jurisprudencia de la Sala, y mal podrían por tanto desechar la declaración de un testigo por un motivo cuya constancia no existe en autos o por un hecho que falsamente hayan imaginado, pues en esta última hipótesis se haría procedente la censura de la Corte" (sentencia de la Sala de Casación Civil de fecha 14 de mayo de 1996, caso: E. R. Arias vs. M.R. González y otro).

Por otra parte, estima la Sala, que la denuncia formulada, como tal, no constituye prueba alguna. Antes por el contrario, la misma debió ser probada en el curso del proceso, lo cual, presume la Sala, no se hizo. En consecuencia, sólo invirtiendo el principio procesal de la carga de la prueba pudo llegarse a la conclusión a la cual arribó el Tribunal Disciplinario del Consejo de la Judicatura.

En este contexto, juzga la Sala, que aún presentándose una situación donde no exista un razonamiento lógico que permita desestimar una posición frente a la otra, debe atenderse al principio pro *libertate*, ya que de lo contrario se vería afectado un derecho fundamental del ser humano, como lo es el derecho a la igualdad y la no discriminación (artículo 61 de la Constitución), derecho éste que por demás ha sido relativizado por la Corte, bajo el influjo del principio eadem ratio eadem ius, cuando sostuvo:

"Si bien el artículo transcrito alude expresamente a la prohibición de discriminación fundamentada en la "raza, el sexo, el credo o la condición social", la discriminación existe también cuando situaciones similares o análogas sean tratadas sin justificación de manera distinta o contraria. En efecto, el derecho fundamental a la igualdad y no discriminación entre particulares, consagrado en el Artículo 61 de la Constitución, abarca no sólo los supuestos por él señalados, sino todas aquellas situaciones donde sin algún motivo o razón se resuelvan contrariamente planteamientos iguales" (sentencia de la Sala Político-Administrativa del 29-09-93).

Por tales motivos considera este alto Tribunal, luego de un análisis sintético entre el acto y las normas constitucionales aludidas, tal como corresponde apreciar en un juicio de esta naturaleza, que efectivamente existe presunción grave de violación a los derechos a la defensa e igualdad procesal de la actora -mas no este último por las razones invocadas por su representación- y así lo declara.

RDP N° 67–68, 1996, pp. 174

CPCA   3-9-96

Magistrado Ponente: Lourdes Wills R.

Caso: Erasmo Ramírez A. y Jorge A. Bustamante vs. Universidad de los Andes

El pleno ejercicio de los derechos constitucionales a la defensa y al debido proceso sólo se materializa cuando se otorga al interesado la oportunidad de exponer sus alegatos con anterioridad a la emisión del acto que afecta la esfera de sus derechos.

En el presente caso, observa la Corte que por decisión de fecha 17 de junio de 1996, el CONSEJO UNIVERSITARIO DE LA UNIVERSIDAD DE LOS ANDES, acordó remover a los accionantes de dichos cargos (folio 29) y no consta en autos, que se les haya notificado de la apertura de procedimiento administrativo alguno, que se les haya permitido exponer sus defensas o que se les haya hecho saber que su remoción de los cargos de Miembros Principales de la Comisión Electoral era acorde con lo establecido en el Reglamento de Elecciones de la Universidad de los Andes. Asimismo, de la decisión de fecha 17 de junio de 1996, adoptada por el CONSEJO UNIVERSITARIO DE LA UNIVERSIDAD DE LOS ANDES, mediante la cual acordó remover a los accionantes de sus cargos de Miembros Principales de la Comisión Electoral de dicha Universidad, se desprende que no se llevó a cabo procedimiento administrativo alguno y en razón de ello, considera esta Corte que en el presente caso las circunstancias descritas resultan violatorias de los derechos constitucionales a la defensa y al debido proceso denunciados por los accionantes como lesionados.

En efecto, esta Corte estima que el pleno ejercicio de los derechos en referencia, sólo se materializa cuando se otorga al interesado la oportunidad de exponer sus alegatos con anterioridad a la emisión del acto que afecta la esfera de sus derechos. Con base en ello, debe concluir la Corte, que en el presente caso, ciertamente se privó a los accionantes de ese acceso previo durante el procedimiento constitutivo del acto impugnado, con lo cual se vulneraron efectivamente su derecho constitucional a la defensa y al debido proceso. Así se declara.

RDP N° 67–68, 1996, pp. 208

CPCA   17-7-96

Magistrado Ponente: Lourdes Wills R.

El pleno ejercicio del derecho en referencia, sólo se materializa cuando se otorga al interesado la oportunidad de exponer sus alegatos con anterioridad a la emisión del acto que afecta la esfera de sus derechos.

Con relación a la denuncia de violación del derecho a la defensa consagrado en el artículo 68 de la Constitución, observa la Corte que tal norma prevé la garantía de que todos pueden utilizar la administración de justicia para la defensa de sus derechos y a su vez, consagra el derecho a la defensa como una garantía inviolable en todo estado y grado del proceso. Aprecia la Corte, que no hay evidencia alguna en el expediente de la cual pueda deducirse que las accionantes hayan tenido acceso a la averiguación abierta por la administración municipal, a los fines de exponer los alegatos que a bien tuvieren respecto a la construcción de las viviendas cuya demolición fue ordenada por las Resoluciones N° 00537 y 00548. Por el contrario, de la exposición contenida en el Informe presentado por el señalado como agraviante, se desprende que el plazo de ocho (8) días para "ejercer los recursos administrativos que las distintas Ordenanzas establecen", al cual se alude, es posterior a la orden de desalojo y demolición que motivó el presente amparo. En consecuencia, estima la Corte que no puede hablarse de ejercicio del derecho a la defensa en razón de que pueden ejercerse recursos contra el acto dictado por la Administración, sino que el pleno ejercicio del derecho en referencia, solo se materializa cuando se otorga al interesado la oportunidad de exponer sus alegatos con anterioridad a la emisión del acto que afecta la esfera de sus derechos. Con base en ello, debe concluir la Corte, que en el presente caso, ciertamente se privó a las accionantes de ese acceso previo durante el procedimiento constitutivo del acto impugnado, con lo cual se vulneró su derecho constitucional a la defensa y así se declara.

RDP N° 67–68, 1996, pp. 208

CPCA   27-9-96

Magistrado Ponente: Gustavo Urdaneta Troconis

La violación de los derechos a la defensa y al trabajo previstos en los artículos 68 y 84 de la Constitución se producen, según alega el actor, en virtud de que "(...) no (le) permitieron presentar alegato alguno", antes de su destitución no existió ningún procedimiento, no hubo evidencia de culpabilidad, ni pruebas que dieran lugar a la convicción de los hechos en que estaba incurso para lograr la destitución, hechos que por demás desconoce el actor; además, se le notifica de la apertura de un procedimiento y, sin esperar el lapso establecido, se le envía oficio donde se le notifica la expulsión.

Al respecto, observa esta Corte que constan en autos (folios 9 y 10) copia del oficio de fecha 21 de febrero de 1996 emanado de la Dirección de Asuntos Internos de la Comandancia General de Policía del Estado Apure, mediante el cual se notifica al solicitante del inicio de una averiguación administrativa y se le indica que debe comparecer en 10 días hábiles a partir del 21 de febrero de 1996; y copia del oficio CCPA-DP emanado del Comando General de la Policía de dicho Estado, fechado el 29 de febrero de 1996, es decir, cuando aún no habían transcurrido los 10 días hábiles, mediante el cual el recurrente fue dado de baja con carácter de expulsión. Tales documentos constituyen prueba de la cual se deriva presunción grave de violación del derecho a la defensa, y así se decide.

RDP N° 67–68, 1996, pp. 209

CPCA   12-9-96

Magistrado Ponente: Gustavo Urdaneta Troconis

Sentado lo anterior, debe esta Alzada revisar si existe ese medio de prueba que constituya presunción grave de la violación o de la amenaza de violación denunciada, a los fines de confirmar o revocar la decisión del *a quo*.

En tal sentido, observa esta Corte que dicho tribunal consideró que no se planteó en el contenido de la solicitud, la existencia de un medio de prueba que constituya una presunción grave de la violación del derecho a la defensa artículo 68 y del derecho al trabajo 84 de la Constitución de la República.

Al respecto, se observa que el tribunal *a quo* desconoció el criterio jurisprudencial según el cual ese medio de prueba que se precisa a los fines de acordar la medida cautelar solicitada puede estar constituido por el mismo acto administrativo impugnado. Al efecto, se observa que el contenido del memorándum N° SG-282, impugnado en este caso, el cual está dirigido al Director de Personal, es el siguiente:

"Particípole, que a partir del 29 de Feb. 96, se da baja con carácter de expulsión al Agente de Seguridad y orden Público: SANCHEZ RAFAEL LIBERIO, C.I. 9.591.911. Cód. De Trabajo N° 3050, adscrito a la Comandancia General de Policía.

"Atentamente,

"GRAL. (GN) REGULO ANDRADE ROMÁN

Secretario General de Gobierno del Estado Apure"

Considera esta Corte que del texto transcrito se desprende presunción grave de violación del derecho constitucional a la defensa, pues, a pesar de calificarse el retiro como una expulsión, no se hace referencia a ningún procedimiento previo a la misma. Independientemente de que en el juicio correspondiente al recurso de nulidad habrá lugar a ratificar o desvirtuar la referida presunción, ésta sola es suficiente para acordar la medida cautelar solicitada, en lo referente a la reincorporación del accionante al cargo, que venía desempeñando. Así se declara.

RDP N° 69-70, 1997, pp. 179

CSJ-SPA (372)   19-6-97

Magistrado Ponente: Hildegard Rondón de Sansó

Caso: Sociedad Mercantil Tiuna Tours, C.A. vs. Instituto Nacional de Parques (Inparques).

El "núcleo esencial" del derecho a la defensa está constituido por el deber de la Administración de notificar a los particulares de la iniciación de cualquier procedimiento en el cual podrían resultar afectados sus derechos subjetivos e intereses legítimos.

Para decidir esta Sala observa que, al *a quo* calificó al acto impugnado como "un acto de trámite de naturaleza preventiva" o cautelar que es dictado en protección o salvaguarda del interés público, motivo por el cual afirmó que "al administrado le corresponde ejercer el derecho a la defensa sólo a partir de los actos subsiguientes en los cuales se desagregará el procedimiento". En tal sentido, dicho acto consistió en la paralización de la construcción del centro de operaciones que la parte actora se encontraba desarrollando el Parque Nacional Canaima, situado en el Estado Bolívar, en virtud de las denuncias que la Dirección General Sectorial de Parques Nacionales del Instituto Nacional de Parques había recibido, relativas a la supuesta mesura exagerada de dichas obras.

Por los motivos expuestos *ut supra*, la Corte Primera de lo Contencioso Administrativo consideró que la Administración, en salvaguarda del interés público, podía dictar un acto que ordenara temporalmente la paralización de las obras sin notificar previamente a la sociedad mercantil TIUNA TOURS, C.A., para que expusiera los alegatos que creyese pertinentes. Al respecto debe este Máximo Tribunal precisar, si la adopción de ciertos actos por parte de la Administración pueden, por el hecho de ser considerados como de simple trámite o temporales, ser dictados sin observar las garantías que la Constitución ha previsto para proteger los derechos que ella misma consagra, sin que ello implique per se una violación de estos últimos.

Al respecto puede sostenerse que dicho análisis posee estricta relación con el problema de la limitación de los derechos constitucionales, es decir, con el régimen según el cual son desarrollados tales derechos por el legislador a fin de que puedan materializarse en la práctica; en tal sentido, este Máximo Tribunal ha precisado en múltiples fallos que tal limitación sólo puede hacerse efectiva mediante actos de rango legal, en virtud de la especial garantía que el constituyente originario le otorgó a dichos derechos, y que es lo que la doctrina ha denominado el Principio de la Reserva Legal. Sin embargo, si bien el constituyente estableció la forma en la cual pueden limitarse los referidos derechos de rango constitucional, nada dijo sobre la extensión que esta pudiere tener, razón por la cual ha sido labor de esta Corte Suprema de Justicia -actuando tanto en Sala Plena como en esta misma Sala- precisar cuál es el "contenido esencial" de dichos derechos, a los efectos de establecer una barrera o área de protección inexpugnable aún para el propio legislador, de forma tal que la mencionada limitación legislativa no pueda transformarse en una supresión absoluta del derecho constitucional.

En efecto, la necesidad de establecer el referido "contenido esencial" de los derechos constitucionales ha surgido de los distintos regímenes jurídicos que el legislador ha desarrollado en determinadas materias con el objeto de "ampliar" o "restringir" más o menos los mismos, según la especial naturaleza de la actividad que los particulares realicen y el interés público que la misma posea. Como puede apreciarse, la expresión efectiva de un derecho constitucional variará según el interés que el Estado posea en una actividad particular de los administrados, dado el régimen de intervención que surgirá en aquellas actividades en las cuales deba salvaguardarse el interés público, en ese orden de ideas, el derecho a la libertad económica -por ejemplo- será más restringido en la actividad de intermediación financiera que realiza la banca comercial que en la producción de determinados bienes que desarrollan otros administrados puesto que en el primero de los casos, el Estado en salvaguarda de los intereses colectivos y sin necesidad de que constituya tal actividad un servicio público, ha decidido controlarla mediante un régimen de intervención que incluso le permite autorizar o no a los administrados que quieran desarrollarla, a diferencia de quien tal sólo quiere dedicarse a la producción de un determinado bien -salvo aquellos restringidos por cuestiones de salud pública u otras razones-, pues en este último caso podrá libremente el particular entrar y salir del mercado sin ninguna otra restricción que no sean las obligaciones que con otros particulares haya adquirido.

Ahora bien, aún cuando por razones de interés público se haya establecido un régimen estricto de intervención sobre la actividad del particular ello no es óbice para que se supriman los derechos que la Constitución ha consagrado, pues ello implicaría sostener el absurdo según el cual, el legislador puede establecer áreas aisladas del marco de aplicación de nuestra Carta Magna concluirse entonces, que si bien puede haber una zona gris en la que e legislador puede restringir o ampliar los derechos constitucionales según la característica especial de la materia a regular, que es lo que los doctrinarios alemanes han definido como "halos de certeza" siempre existirá un "núcleo duro" que no podrá ser suprimido por el legislador.

En el caso presente, el *a quo* sostuvo que el derecho a la defensa del particular no había sido violado, por cuanto el acto que ordenó la paralización de la obra de construcción era de naturaleza preventiva o cautelar y, en tal razón, el referido derecho quedaba supeditado a su ejercicio posterior. Ahora bien, el derecho a la defensa es uno de aquellos que, en innumerables fallos, ha sido objeto de protección por esta Sala, por cuanto el propio constituyente estableció que el mismo es "inviolable en todo estado y grado del proceso" y, por lo tanto, su afección por parte de la Administración es causal de nulidad del acto dictado por la misma.

Sin embargo, el ejercicio del derecho a la defensa también ha quedado supeditado a la oportunidad que la ley establezca para su ejercicio, pues si un particular fue notificado de la apertura de oficio de un procedimiento administrativo de primer grado en su contra no podrá solicitar que sus alegatos sean escuchados cuando ya el órgano de la administración competente para ello, dictó el acto definitivo en la oportunidad debida. Con relación a lo antes dicho ya la Sala ha señalado que a pesar de la referida reglamentación del derecho a la defensa mediante las correspondientes normas de procedimiento, el "núcleo esencial" del mismo, es decir, el área inexpugnable por cualquier norma legal, está constituido por el deber de la Administración de notificar a los particulares de la iniciación de cualquier procedimiento en el cual podrían resultar afectados sus derechos subjetivos e intereses legítimos, con el fin de que puedan acudir a él, exponer sus alegatos y promover las pruebas que estimen conducentes para la mejor defensa de su situación jurídica.

Dicho lo anterior, debe afirmarse que no puede ser dictado por la Administración ningún acto que afecte la esfera de derechos de un particular, sin que previamente se le haya notificado de la apertura del procedimiento respectivo para que ejerza dentro del mismo el derecho que posee de alegar y probar lo que estimare conveniente, sin que pueda obviarse dicho trámite por el hecho de que el acto en cuestión no sea definitivo y, salvo, naturalmente los casos de urgencia (catástrofes) que escapan a la regla indicada. En efecto, observa esta Sala que la propia Ley Orgánica de Procedimientos Administrativos en su artículo 85 señala lo siguiente:

Artículo 85. "Los interesados podrán interponer los recursos a que se refiere este Capítulo contra todo acto administrativo que ponga fin a un procedimiento, imposibilite su continuación, cause indefensión o lo prejuzgue como definitivo, cuando dicho acto lesione sus derechos subjetivos o intereses legítimos, personales y directos". (subrayado de la Sala).

Es en virtud de lo antes dicho, que observa esta Sala fue violado el derecho a la defensa, consagrado en el artículo 68 de la Constitución de la República, de la sociedad mercantil TIUNA TOURS, C.A., pues la Administración sin constatar la veracidad de las denuncias que la impulsaron a actuar de oficio sin abrir el correspondiente procedimiento y sin notificar a la referida sociedad de comercio, le ordenó paralizar la construcción de su centro de operaciones situado en el Parque Nacional Canaima, con el agravante de que dicho acto fue dictado sin ninguna base legal que le atribuyera a la Dirección General de parques Nacionales del Instituto Nacional de Parques competencia para ello, motivo por el cual no puede sostenerse que en ningún ámbito, preventivo o definitivo, puede la Administración afectar los derechos de los particulares sin que una norma de rango legal -única que puede restringir los derechos de los particulares- la autorizara para ello. Agrega esta Sala, que lo antes dicho no obsta para que puedan dictarse ciertos actos de naturaleza preventiva dentro de un procedimiento administrativo, pero siempre que ello haya sido previsto por la ley y se respeten los derechos y garantías que la Constitución le confiere a los particulares.

RDP N° 69-70, 1997, pp. 184

CSJ-SPA (65)   20-2-97

Magistrado Ponente: Hildegard Rondón de Sansó

Caso: Manuel Azuaje vs. Contralor General de las Fuerzas Armadas.

Los conceptos de "juez natural", "debido proceso" y "derecho a la defensa" se aplican a cualquier situación en la que sobre un sujeto recaiga el peso de la función jurisdiccional, razón por la cual en un procedimiento administrativo sancionatorio dichos principios deben ser respetados.

Esta Sala para decidir observa que:

En el caso presente ha sido ejercida la acción de amparo constitucional ante la denuncia de violación de la garantía contemplada en el artículo 69 de la Constitución que exige que los sujetos sean juzgados por sus jueces naturales y el artículo 68 *ejusdem*, consagratorio del derecho a la defensa, alegándose que, en consecuencia, al violarse las garantías aludidas, se está lesionando el debido proceso. Por su parte, la Corte Primera de lo Contencioso Administrativo consideró que las garantías cuya infracción se denuncia, operan exclusivamente en el ámbito jurisdiccional y no en el administrativo, como fuera el caso presente.

Respecto al criterio expresado en la sentencia apelada, esta Sala observa que las garantías que han sido hechas valer por el actor no pueden interpretarse como exclusivamente limitadas al ámbito judicial sino que ellas corresponden a cualquier esfera en la cual un sujeto deba ser juzgado, esto es, cuando deba declararse frente al mismo la voluntad concreta de la ley para dirimir un conflicto de intereses o derechos. Esta función jurídica puede ser ejercida por organismos de distinta naturaleza como ya lo señalan las más conservadoras corrientes del Derecho Público al constatar que no siempre el ejercicio de una función se realiza en su *sede natural*, dando lugar a la conocida *Teoría Absolutista de las Funciones* en virtud de la cual, al conjugarse funciones y poderes, de la trilogía originaria de las funciones del Estado, se eleva al número de nueve las que efectivamente operan. Los diferentes supuestos hechos valen por la tesis mencionada, dependían de si la función era ejercida por su órgano natural o sí correspondía sólo formalmente al órgano actuante.

Hoy en día nadie duda de que tanto el Poder Legislativo realiza las funciones jurisdiccionales cada vez que han de declarar la voluntad concreta de la ley para dirimir conflictos de intereses. Cuando la normativa fundamental alude a los conceptos del *"juez natural" "debido proceso"* y *"derecho a la defensa"* tales principios se aplican a cualquier situación en que sobre un sujeto recaiga el peso de una función jurisdiccional o bien, en la cual se asuman decisiones que puedan afectar los derechos o intereses de las figuras subjetivas del ordenamiento. De allí que, en un procedimiento administrativo de naturaleza sancionatoria, disciplinaria o de cualquier otra índole que pueda afectar la situación jurídica del administrado, tales principios deben ser respetados. Ahora bien, en el caso presente el actor señala que un órgano interno de la Fuerzas Armadas Nacionales le ha dictado un auto de responsabilidad administrativa, facultad ésta -que alega- propia de la Contraloría General de la República.

Se recuerda al efecto, que la acción de amparo alude a la infracción de una garantía constitucional, por lo que el primer punto que debe dilucidares es si la incompetencia es un problema de tal índole, o por el contrario, queda reducida a la esfera del control de la legalidad. Observa la Sala que la incompetencia existe en múltiples grados que van desde la incompetencia relativa que puede ser subsanada mediante un acto de convalidación, a situaciones extremas en las cuales se rebasa la esfera de los poderes constitucionales. En el caso presente se trata indudablemente de un acto sancionatorio, que recayera sobre el actor, dictado por un organismo cuya competencia no aparece determinada en un primer examen de la materia, en razón de lo cual la medida que el mismo asumiera es presuntamente lesiva de la norma del *juez natural*, que opera también en el ámbito administrativo, en razón de lo cual esta Sala estima procedente *ACORDAR* el amparo solicitado en el sentido de suspender la eficacia del acto hasta tanto se decida el recurso de nulidad y así se declara.

Por lo expuesto, esta Sala Político Administrativa de la Corte Suprema de Justicia, administrando justicia en nombre de la República y por autoridad de la Ley declara *CON LUGAR* la apelación interpuesta por el ciudadano *MANUEL DE*

JESÚS REQUENA AZUAJE contra la decisión dictada por la Corte Primera de lo Contencioso Administrativo, en fecha 28 de julio de 1995, mediante la cual dicho Tribunal declaró sin lugar la solicitud de amparo cautelar formulada por el recurrente y, en consecuencia, acuerda la suspensión del acto impugnado.

Voto Salvado del Magistrado Humberto J. La Roche.

El Magistrado Humberto J. La Roche lamentando discrepar de la mayoría sentenciadora en el presente caso, salva su voto por considerar que ha debido ser confirmada la sentencia sometida a consulta de esta Sala, por las siguientes razones:

Los derechos constitucionales, cuya violación alega el accionante, son los derechos consagrados en los artículos 68 y 69 de la Constitución, el derecho al debido proceso y el derecho ser juzgado por los jueces naturales.

La presunta violación de tales derechos devendría de la supuesta incompetencia por parte de la Contraloría General de las Fuerzas Armadas para sancionar con multa al accionante. El órgano competente -según alegó el accionante- ha debido ser el Ministro de la Defensa.

Ahora bien, a nuestro juicio, el derecho al debido proceso no se encuentra relacionado con la competencia o incompetencia del órgano que tome una decisión, sino con la necesidad de que tal decisión sea tomada con el debido procedimiento previo, lo cual es bien distinto al hecho por el cual, el órgano sea competente, como bien lo señaló el fallo consultado.

Por otra parte, la mayoría sentenciadora expresa que la Corte Primera de lo Contencioso Administrativo, en su fallo consideró que las garantías cuya infracción se denuncia (debido proceso, derecho a la defensa y juez natural), operan exclusivamente en el ámbito jurisdiccional y no en el administrativo" (paréntesis del disidente). Sin embargo, a nuestro juicio, el fallo consultado no llegó en ningún momento a tal conclusión.

Se esgrimen las siguientes razones:

1) En primer lugar, el argumento de violación al derecho al debido proceso fue desestimado por la Corte Primera en base a los fundamentos antes expuestos en este voto salvado, pero de ninguna manera por considerar que el derecho al debido proceso o el derecho a la defensa no se apliquen en el ámbito administrativo.

2) En segundo lugar, respecto a la violación del derecho a ser juzgado por los jueces naturales, nos permitimos transcribir una parte del fallo consultado, en el cual se señala:

"El término 'juez natural' no puede ser referido a órganos de la administración pública que ejerzan funciones jurisdiccionales o 'cuasi-jurisdiccionales' como parte de la doctrina suele denominar, ello así por cuanto la independencia e imparcialidad de que se hallan investidos los Tribunales de la República son notas que no cualifican a ningún otro órgano del Estado, aun cuando se tratare de un órgano contralor. No cabe, pues, a juicio de la Corte, extender el término 'juez natural' a órganos pertenecientes a alguna otra rama del Poder Público que no sea el Poder Judicial, ejercido por la Corte Suprema de Justicia y los demás Tribunales que indica la Ley.

A nuestro juicio, las afirmaciones antes transcritas expresan el sentido unánime de la jurisprudencia tanto de la Sala de Casación Civil como de la Sala Político-Administrativa, al señalar que juez natural es "todo aquel que integra la administración de justicia y fue designado ordinariamente conforme a leyes constitucionales".

Ahora bien, la mayoría sentenciadora hace dimanar de tales conceptos (el que el término "juez natural" sólo se aplique a los Tribunales de la República y nunca a los órganos de la administración pública u otras ramas del Poder Público distintas al Poder Judicial), una afirmación completamente distinta: que el derecho a ser juzgado por los jueces naturales no se aplica en el ámbito administrativo. Ello, con todo respeto, es una confusión.

El derecho a ser juzgado por los jueces naturales, evidentemente sí se aplica en el ámbito de la administración pública precisamente porque la administración nunca es juez natural, y por eso, cuando una de sus actuaciones implique el arrebatar la jurisdicción al Poder Judicial, ello viene a ser una violación al derecho a ser juzgado por los jueces naturales.

Lo que señaló la sentencia consultada, y es el criterio de quien disiente -y de la jurisprudencia pacífica hasta ahora había sostenido- es que los problemas de incompetencia entre órganos de la administración pública, no están relacionados con el derecho a ser juzgado por los jueces naturales. Únicamente cuando se viola el derecho a ser juzgado por los jueces naturales cuando se trata de que haya sido arrebatada la jurisdicción al Poder Judicial venezolano, sea por la propia administración u otra rama del Poder Público, sea por Tribunales extranjeros; o bien, en el caso de las denominadas "Comisiones *ad hoc*" -normalmente en casos de índole militar y penal-, es decir, Tribunales creados para juzgar específicos hechos ya consumados, lo que compromete la imparcialidad, que es una de las características que ha de tener el juez natural.

La mayoría sentenciadora expresa ciertas consideraciones, de gran interés, acerca de la no coincidencia entre las funciones realizadas por el Estado, y la natural de esas funciones, concluyendo que, en determinadas ocasiones las ramas del Poder Público ejercen funciones atribuidas a otras ramas, *v.gr.* la administración produce actos de naturaleza materialmente jurisdiccional -y por ello cierta parte de la doctrina los denomina cuasijurisdiccionales-. Pero tales actos materialmente jurisdiccionales (pues se trata de dirimir controversias y fijar el derecho en un caso concreto) realizados por la administración pública, son sin duda actos administrativos, criterio este absolutamente pacífico tanto en la jurisprudencia (*Vid.* especialmente, la sentencia de esta Sala de fecha 10-1-80, recaída en el caso *"Miranda Entidad de Ahorro y Préstamo"* donde se analizó el carácter de las actuaciones de las hoy extintas Comisiones Tripartitas del Trabajo, las cuales aun cuando ejercían una función materialmente jurisdiccional, emanaban actos de naturaleza administrativa en virtud del carácter administrativo del órgano del cual emanaban).

La jurisprudencia que se sienta en este caso por la mayoría sentenciadora, a nuestro juicio, es sumamente peligrosa pues implica una desfiguración del concepto muy específico de "juez natural". Si la administración pública también puede estar constituida por jueces naturales, entonces el Consejo de la Judicatura, cuyas actuaciones de orden disciplinario son evidentemente de naturaleza materialmente jurisdiccional, aun cuando se trate de actos administrativos, bien podría, por ser también "juez natural" entrar a conocer sobre aspectos jurisdiccionales de las decisiones de los Tribunales de la República. Ello ha sido rechazado muy rotundamente por esta Sala en diversas decisiones.

Finalmente, aun aceptando el criterio sentado por el fallo del cual disentimos, ha debido la mayoría sentenciadora entrar a pronunciarse con profundidad acerca del alegato fundamental del accionante, esto es, sobre la incompetencia de la Contraloría General de las Fuerzas Armadas para imponerle la multa. La mayoría sentenciadora, en cambio, simplemente afirma que la competencia de tal organismo "no aparece determinada de un primer examen de la materia". Tal señalamiento no puede ser la motivación para determinar que exista una presunción grave de violación al derecho a ser juzgado por los jueces naturales -supuesto de aceptarse el criterio antes criticado-, pues los actos administrativos tienen presunción de legalidad, de manera que habrían de existir serias dudas sobre la competencia de la Contraloría General de las Fuerzas Armadas, lo cual habría de fundamentarse en argumentos sólidos, y no en un argumento tautológico como señalar que tal competencia no se deduce de "un primer examen de la materia".

Con la mayor consideración pues a la mayoría sentenciadora -el fallo expone ideas de no poco interés doctrinal-. Estimamos que ha de replantearse el problema referente al alcance de la noción de "juez natural" a que se refiere el artículo 69 de la Constitución, volviendo en futuro jurisprudencia a lo sostenido con anterioridad de manera pacífica.

RDP N° 69-70, 1997, pp. 217

CPCA   22-1-97

Magistrado Ponente: Teresa García de Cornet

Caso: Griselda Zorrilla de Mora vs. Universidad Central de Venezuela (Consejo de Apelaciones).

La Corte analiza el alegato de violación del derecho a la defensa en el procedimiento disciplinario.

En primer lugar, procede la Corte a analizar el alegato de violación del derecho a la defensa en el procedimiento disciplinario de destitución de la recurrente, y al respecto observa:

El procedimiento administrativo sancionatorio constituye uno de los medios a través de los cuales se materializa la potestad sancionatoria del Estado. De allí que para el ejercicio de esta potestad, la Administración debe abrir el procedimiento administrativo y notificarle a los presuntos transgresores las faltas que se le imputan, es decir, debe hacerle conocer con toda claridad y certeza de qué se le presume responsable a los fines de que en ejercicio de su derecho a la defensa, presenten el escrito de descargos con sus respectivas pruebas. Sin que pueda olvidar la autoridad, que la carga de la prueba en el procedimiento administrativo corresponde en principio, a la Administración, que debe demostrar la existencia de los hechos tipificados como violatorios del ordenamiento jurídico y que constituyen el supuesto de hecho de la sanción que pretende imponer. La Administración además debe respetar los principios que rigen toda la actividad punitiva del Estado, como lo son la presunción de inocencia, el principio de tipicidad, el principio de proporcionalidad y adecuación, debe respetar la garantía del derecho a la defensa y la debida motivación de la Resolución que ponga fin al procedimiento administrativo.

En el caso de autos se observa que la recurrente fue destituida del cargo de Profesora Instructora, sin que se le hubiese notificado que se había iniciado un procedimiento administrativo sancionatorio con tal finalidad y por qué motivos ello se hacía, incluso se observa del texto del acto que no hubo procedimiento administrativo y tampoco expediente administrativo, razones suficientes para dar por demostrado la violación del derecho a la defensa de la recurrente, pues ésta, al igual que esta Corte no ha podido conocer con certeza cuales son los hechos que constituyen plena prueba de que efectivamente la actora transgredió el ordenamiento jurídico interno de la Universidad Central de Venezuela, y que fue lo que condujo a sus autoridades a considerar la procedencia de la sanción de destitución que le ha sido aplicada, así como su confirmación en vía jerárquica. Por tal razón resulta lógico inferir que al no habérsele notificado de procedimiento disciplinario alguno en su contra, ni de los hechos que se le imputaban, ni de la posibilidad de defenderse presentando alegatos y pruebas, resulta concluyente la violación del derecho a la defensa en el caso de autos.

RDP N° 69-70, 1997, pp. 218

CPCA   4-3-97

Magistrado Ponente: Belén Ramírez Landaeta

Caso: Francisco Alejo Girón vs. Gobernador Distrito Federal.

Ahora bien, si bien es cierto que en el referido auto se ordena la aplicación de un procedimiento breve y sumario, ello en modo alguno permite menoscabar la fase de sustanciación que garantice al funcionario que se le siga un procedimiento disciplinario donde se le permita ejercer su derecho a la defensa.

De tal manera que al designarse el Consejo de Investigación en fecha 19 de mayo de 1989 mal podría haber finalizado la sustanciación del expediente en fecha 24 de mayo de 1989, esto es cinco (5) días continuos después de abierta la misma, y aún menos concluir con la votación unánime del Consejo con una sanción de egreso de la Comandancia para el 27 de mayo de 1989, es decir, a sólo tres (3) días del dictamen del Consejo.

Obviamente, que al seguirse un procedimiento que sólo tuvo un tiempo de sustanciación de cinco (5) días continuos, se lesiona el derecho a la defensa, consagrado en el artículo 68 de la Constitución, y que en ausencia de un término para el ejercicio de dicho derecho, debió aplicarse analógicamente el Reglamento de la Ley de Carrera Administrativa que consagra en sus artículos 111 y siguientes -relativos al procedimiento disciplinario-, que la sustanciación de un expediente se hará dentro de un lapso de quince (15) días laborales, procediéndose posteriormente a la notificación del funcionario sobre los hechos imputados que podrán configurar la causal de destitución, para que dentro de un lapso de diez (10) días presente su escrito, de contestación o declaración.

En el paso de autos ciertamente consta que el Consejo de Investigación abrió en fecha 19 de mayo de 1989 la sustanciación, la cual finalizó en fecha 24 de mayo de 1989, lo que indica que entre estas dos fechas transcurrieron sólo cinco (5) días continuos, no otorgándosele al referido funcionario ninguna oportunidad para su defensa.

Por lo que estima esta Corte que efectivamente tal y como ha sido denunciado, el acto fue dictado con una flagrante violación al procedimiento establecido, violando al derecho a la defensa del funcionario, siendo en consecuencia necesario declarar la nulidad del acto y ordenar la reincorporación del recurrente al cargo que desempeñaba o a otro de similar jerarquía y remuneración. Ahora bien, en lo que se refiere a la solicitud del pago de los sueldos dejados de percibir y demás derechos materiales derivados del cargo desde la fecha del ilegal retiro hasta su definitiva reincorporación al cargo, la Corte estima que lo relativo a "los demás derechos materiales" debe negarse por ser tal concepto absolutamente genérico e indeterminado, procediendo por tanto únicamente el pago de una indemnización calculada con base al último sueldo por el tiempo transcurrido desde el retiro hasta la definitiva reincorporación del funcionario al cargo.

RDP N° 69-70, 1997, pp. 218

CSJ-SPA (111)   13-3-97

Magistrado Ponente: Hildegard Rondón de Sansó

Caso: Raúl E. Mora A. vs. Consejo de la Judicatura

La Administración en su actuar debe garantizar a todo ciudadano que pueda resultar perjudicado en su situación subjetiva el ejercicio del derecho a la defensa, permitiéndole la oportunidad para que alegue y pruebe lo conducente en beneficio de sus derechos e intereses.

RDP N° 69-70, 1997, pp. 219

CPCA   5-6-97

Magistrado Ponente: María Amparo Grau

Caso: Varios vs. Pro-Competencia

Procede el derecho de los particulares de revisar el expediente administrativo, como la manifestación del derecho a la defensa en el contexto del procedimiento administrativo. No pudiendo la Administración negar al interesado la revisión del mencionado expediente provocando la confidencialidad de alguna de sus piezas, cuando son éstas las que resultan esenciales para su defensa.

Visto lo anterior debe esta Corte determinar en forma preliminar cuál es la extensión del derecho de acceso al expediente administrativo, así como el alcance e inteligencia de la disposición contenida en el artículo 31 de la Ley de Pro-Competencia, precisando si la confidencialidad de los datos e informaciones a que alude el referido artículo, es suficiente para impedir al particular investigado que sean revisados en sede administrativa. A tales efectos se observa:

De acuerdo a las previsiones del artículo 59 de la Ley Orgánica de Procedimientos Administrativos -aplicable supletoriamente a los procedimientos abiertos por la Superintendencia, a tenor de lo dispuesto en el artículo 41 de la Ley de la materia especial de competencia-, el derecho de acceso al expediente administrativo está contemplado en los siguientes términos:

"Los interesados y sus representantes tienen el derecho a examinar en cualquier estado o grado del procedimiento, leer y copiar cualquier documento contenido en el expediente. Se exceptúan los documentos calificados como confidenciales por el superior jerárquico, los cuales serán archivados en cuerpos separados del expediente. La calificación de confidencial deberá hacerse por acto motivado." (Resaltado de esta Corte).

La norma precedentemente transcrita tiene por fundamento el artículo 68 del texto constitucional, el cual dispone que la defensa es un derecho inviolable en todo estado y grado del proceso, lo cual, por disposición legal, resulta aplicable, no sólo en los procesos que se debaten en sede jurisdiccional, sino en los procedimientos que se sustancian en el seno de la Administración.

Se configura entonces el derecho de los particulares de revisar el expediente administrativo, como la manifestación del derecho a la defensa en el contexto del procedimiento administrativo. En efecto, sólo a través de la revisión de las actuaciones y alegatos de la Administración en el expediente, puede el particular defenderse plenamente, alegando y probando todo aquello que sea necesario para la mejor defensa de su posición jurídica.

De lo anterior se deduce que cualquier conducta de la Administración dirigida a restringir o impedir a los administrados revisar, examinar o realizar cualquier tipo de actuación sobre algún expediente administrativo que contenga un procedimiento en el cual se hallen como interesados -a tenor de lo establecido en el artículo 22 de la Ley Orgánica de Procedimientos Administrativos- puede colocar al particular en posición de indefensión, desde que puede imposibilitarle el ejercicio pleno del derecho a la defensa.

En ese sentido, cualquier acto o actuación de la Administración que sea restrictivo del derecho a la defensa es posible de nulidad absoluta, de acuerdo a la aplicación concordada de lo dispuesto en el artículo 19, ordinal 1° de la Ley Orgánica de Procedimientos Administrativos y el artículo 46 de la Constitución, el cual sanciona con la nulidad todo acto del Poder Público que viole o menoscabe los derechos constitucionalmente garantizados.

Esta Corte ha sido cónsona con esa orientación al aceptar que "la indefensión que causa la nulidad de los actos administrativos es aquella que impide a los afectados por dichos actos ejercer a plenitud sus derechos en contra de ellos, tanto en el procedimiento constitutivo como de revisión, ya sea administrativo o Judicial" (sentencia de esta Corte Primera de lo Contencioso Administrativo de fecha 12 de diciembre de 1985).

Ahora bien el artículo 31 de la ley de Pro-Competencia prevé lo siguiente:

"Todas las personas y empresas que realicen actividades económicas en el país, públicas o privadas, nacionales o extranjeras, deberán suministrar la información y documentación que les requiera la Superintendencia.

Los datos e informaciones suministrados, tendrán carácter confidencial, salvo si la Ley establece su registro o publicidad" (resaltado de esta Corte.)

El transcrito artículo 31 está contenido en el Capitulo IV *eiusdem*, el cual trata del Deber de Informar, y, en ese sentido, se establece a los particulares la obligación de suministrar a la Superintendencia para la Promoción y la Protección del Ejercicio de la Libre Competencia, cualquier información o documentación que se requiera para el cumplimiento cabal de sus funciones, previendo, a -tales efectos-

la confidencialidad de lo suministrado, lo cual -adelanta desde ya esta Corte- debe operar únicamente respecto a los terceros ajenos al procedimiento administrativo.

Asimismo, cabe destacar que en la referida norma la confidencialidad de las informaciones suministradas a la Administración por el particular no viene dada por un funcionario -como ocurre en el procedimiento administrativo ordinario, según previene el artículo 59, de la Ley Orgánica de Procedimientos Administrativos-, sino por la misma Ley que regula las funciones de la Superintendencia.

En tal sentido, la potestad de que dispone la Administración para declarar de carácter reservado piezas o documentos del expediente administrativo tiene su razón de ser en la necesidad de evitar el conocimiento de aquéllos por parte de personas ajenas al procedimiento, en virtud de la trascendencia de determinado asunto y posible afectación de los mismos informantes o partes del procedimiento, lo cual amerita limitaciones en el acceso al expediente.

Es la propia Ley para Promover y Proteger el Ejercicio de la Libre Competencia, en este caso, la que contempla la confidencialidad de las informaciones, documentos y demás datos o elementos que suministren los particulares; ello, obviamente, en razón del tipo de información que involucran las facultades investigativas que sobre la competencia entre los agentes económicos y la estructura y dinámica del mercado debe realizar la Superintendencia en los procedimientos por ella iniciados, debiendo, en consecuencia, restringirse el acceso del público a la revisión de los expedientes.

No obstante, como se indica precedentemente, dicha restricción nunca debe entenderse como limitativa del derecho de los interesados -en el procedimiento- de proceder a su examen.

En efecto, si el órgano administrativo impide a los interesados el examen de aquellos elementos que, calificados como reservados, resulten esenciales para su defensa, crea en cabeza del particular una imposibilidad de ejercer a plenitud su derecho a defenderse.

El derecho de los interesados a examinar en cualquier estado y grado del procedimiento el expediente del caso se encuentra indisolublemente vinculado al derecho a la prueba, es decir, a defender su posición jurídica aportando medios probatorios que respalden la veracidad de sus afirmaciones. En consecuencia, cualquier obstáculo que se imponga al interesado para revisar las afirmaciones relativas a imputaciones que en su contra haya formulado la Administración, resulta lesivo de su derecho a la defensa, tanto más cuando se trata de un procedimiento sancionatorio que puede culminar en un acto capaz de causarle graves perjuicios.

No resulta acorde con los principios que rigen el estado de derecho negar al interesado la revisión del expediente administrativo invocando la confidencialidad de alguna de sus piezas, cuando son éstas las que precisamente le sirven de fundamento para abrir el procedimiento y dictar el acto correspondiente, desde que ello pudiera hacer nugatorio el derecho a la defensa del particular al impedírsele el conocimiento preciso y exacto de los hechos y las circunstancias que dan base a la apertura y tramitación del procedimiento en cuestión.

Ahora bien, de acuerdo a lo expresado por la empresa A.G.A, C.A, la negativa de la Superintendencia con respecto a su requerimiento de examinar las listas de precios que para el oxígeno líquido medicinal había entregado la empresa G.I.V., C.A. a ese organismo, obligó a la empresa A.G.A., C.A. a defenderse frente a un hecho desconocido -la identidad de precios con la otra empresa-, por efecto de la restricción que para el acceso al expediente le fue impuesta.

A tal efecto, se observa que en los antecedentes administrativos remitidos a esta Corte, se pudo constatar que ciertamente existían partes o piezas del expediente que tenían el carácter de reservado o confidencial, siendo que en las de libre acceso no se encontraba la mencionada lista de precios de la empresa G.I.V., C.A. Asimismo, debe señalarse que en el curso del procedimiento administrativo, la Superintendencia para la Promoción, y Protección de Libre Competencia no desvirtuó el alegato de la empresa A.G.A. C.A. respecto de la restricción al acceso del expediente, limitándose a señalar en el texto de la Resolución impugnada que:

"No es cierto que a las empresas infractoras se les haya negado el derecho revisar los anexos reservados que conforman el expediente, y mucho menos, los elementos que constituyen el inicio probatorio principal de la práctica..." (omissis).

Lo antes expresado por la Superintendencia en el acto recurrido, luce en evidente contradicción respecto de lo alegado por la Procuraduría General de la República en esta instancia, Jurisdiccional al argumentar que:

"...de una revisión exhaustiva del expediente administrativo, no consta que ninguna de las dos empresas haya solicitado revisar el expediente reservado (sic)..., para el supuesto negado de que alguna lo hubiese pedido, habría tenido y por obligación interpuesta por la Ley, la Superintendencia que habérselo negado..." (omissis) (escrito de informes p. 52).

Lo anterior lejos de desvirtuar lo alegado por la empresa A.G.A. C.A., apunta, antes bien, hacia una confirmación del argumento de la empresa.

Sin embargo, considera la Corte que la alegada negativa por parte de la Superintendencia a permitir el acceso a la recurrente a la lista de precios no le produjo la indefensión invocada, pues la imputación concreta de la identidad de precios permite conocer exactamente la conducta que se está cuestionando y que se pretende evidenciar con la referida lista, pudiendo la parte desvirtuarlo. Así se declara.

RDP N° 69-70, 1997, pp. 221

CPCA   12-6-97

Magistrado Ponente: Lourdes Wills Rivera

Caso: Leonor Parada vs. Policía del Estado Portuguesa

Se produce la violación del derecho a la defensa, cuando se excluye a una persona de una nómina de pago sin habérsele instruido procedimiento alguno.

Pasa en consecuencia la Corte a examinar los derechos constitucionales denunciados como presuntamente violados y en este sentido, observa que la accionante en su escrito libelar señala como conculcados el derecho a la defensa, al trabajo y a obtener oportuna respuesta, consagrados en los artículos 67, 68 y 84 de la Constitución, como consecuencia de su exclusión de la nómina de pago y en consecuencia, de su egreso como funcionaria que desempeñaba el cargo de Mecanógrafa adscrita a la Comandancia de la Policía de Guanare, sin que se le siguiera procedimiento alguno y se practicara previamente la correspondiente notificación que le permitiera conocer los posibles motivos de su separación del cargo.

El artículo 68 de la Constitución consagra la garantía de que todos pueden utilizar la administración de justicia para la defensa de sus derechos y a su vez, consagra el derecho a la defensa como una garantía inviolable en todo estado y grado del proceso, lo cual de acuerdo al criterio jurisprudencial de la Corte Suprema de Justicia y de esta Corte abarca tanto los procedimientos administrativos internos como los procesos judiciales.

En el presente caso, se observa que no consta en autos acto alguno del cual se pudiese evidenciar si se trata de una remoción basada en que el cargo es de libre nombramiento y remoción o si se trata de una decisión de destitución tomada con base en faltas o irregularidades imputadas contra el accionante, de las cuales tuviera que defenderse. Tampoco hay evidencia de habérsele instruido expediente alguno, ni de que se hayan oído sus alegatos y defensas antes de adoptar una medida de esa naturaleza. Se trata entonces de una vía de hecho mediante la cual se ha excluido de la nómina de pago a la quejosa, lo cual constituye un proceder absolutamente irregular y por tanto, contrario a toda forma de Derecho. En consecuencia estima la Corte que la Administración en el presente caso, efectivamente ha violado el derecho a la defensa de la accionante y así se declara.

RDP Nº 71-72, 1997, pp. 154

CPCA   15-8-97

Magistrado Ponente: María Amparo Grau

Caso: Telecomunicaciones Movilnet, C.A. vs. Comisión Nacional de Telecomunicaciones (CONATEL).

En los casos en que la administración ejerza potestades de naturaleza sancionatoria, disciplinaria, o de cualquier otra índole que pueda afectar la situación jurídica del administrado precede la aplicación del derecho a la defensa.

2. Alega además la empresa accionante que el acto viola su derecho a la defensa y al debido proceso. Al respecto se observa:

La parte actora aduce que se ha vulnerado su derecho al debido proceso, por cuanto –según señala– el acto administrativo de fecha 18 de julio de 1997 dictado por la Comisión Nacional de telecomunicaciones, fue dictado en ausencia total y absoluta de procedimiento previo, esto es, no se abrió procedimiento alguno ni se le permitió explanar sus alegatos ni presentar pruebas en forma previa a que se hubiere dictado el acto cuestionado.

Igualmente, alega que el referido acto contiene una "medida prohibitiva" de tipo sancionatorio, de cuyo contenido no se desprenden las razones en las que la Administración se fundamentó para dictarla, sino que se refiere a denuncias genéricas, sin especificar cuales son estas, y respecto al deterioro de la prestación del servicio, sin especificar en qué consiste el mismo.

Por otra parte, el apoderado judicial del presunto agraviante, señaló que el acto objeto de la presente acción, fue dictado durante la tramitación de un procedimiento "investigativo" que aún no ha concluido, en el cual se dictó el acto accionado como medida cautelar o provisional, y que previo a ello la accionante tuvo en reiteradas oportunidades posibilidad de defenderse y de explanar sus alegatos pertinentes, tal como se refleja –según dice– de una serie de recaudos que consignan en la oportunidad de la audiencia oral de la partes.

Advierte la Corte que el reconocimiento a los poderes incidentes del concedente en el concesionario, que atienden, como se ha dicho, al interés público tutelado, tienen, sin embargo, como contrapartida, el derecho individual del particular conferido en virtud del contrato de concesión, a la prestación del servicio en cuestión y a la obtención de los beneficios económicos que de éste se deriven.

Es por ello que en el mismo fallo, antes citado, el Supremo Tribunal ha reconocido la importancia de que el concesionario tenga "oportunidad razonable" para alegar lo que estime pertinente frente a las imputaciones hechas por la Administración, según la naturaleza del procedimiento en cuestión.

En este sentido, la Sala Político-Administrativa de la Corte Suprema de Justicia, en sentencia del 20 de febrero de 1997 (caso *Manuel Azuaje Requena*), estableció que debe observarse el derecho a la defensa del particular en los casos en que la administración ejerza potestades de naturaleza sancionatoria, disciplinarias, "o de cualquier otra índole que pueda afectar la situación jurídica de los administrados". Dicha decisión expone de manera expresa lo siguiente:

> "Cuando la normativa fundamental alude a los conceptos del "juez natural", "debido proceso" y "derecho a la defensa", tales principios se aplican a cualquier situación en que sobre un sujeto recaiga el peso de una función jurisdiccional, o bien, en la cual se asumen decisiones que puedan afectar los derechos o intereses de las figuras subjetivas del ordenamiento. De allí que, en un procedimiento administrativo de naturaleza sancionatoria, disciplinaria o de cualquier índole que pueda afectar la situación jurídica del administrado, tales principios deben ser respetados". (Subrayado de la Corte)

El fallo trascrito precisa, entonces, que en todo caso en que se ejerzan tales potestades, la Administración debe preservar los derechos y garantías constitucionales del particular, y muy especialmente lo que respecta al derecho la defensa, contenido en el artículo 68 de la Carta Magna.

Así, resulta inconcebible en un Estado de Derecho, la imposición de sanciones, medidas prohibitivas o en general, cualquier tipo de limitación o restricción a la esfera subjetiva de los administrados, sin que se de oportunidad alguna de ejercicio de la debida defensa.

El reconocimiento de la más amplia discrecionalidad de la Administración en materia de concesión de servicios, no puede conducir a un desconocimiento radical de los derechos fundamentales de quienes, en este régimen especial, con ella se vinculan.

En el caso presente, estima esta Corte que el acto administrativo accionado, mediante el cual se estableció una medida limitativa a los beneficios de la concesión por parte la autoridad respecto de la concesionaria en virtud de supuestas irregularidades en la calidad de la prestación del servicio, fue dictado en ejercicio de las potestades de control y fiscalización propias de la administración concedente.

Por ello, y con independencia de que se trate de una sanción o de una medida correctiva, resultaba indispensable que el mencionado acto se dictase en el seno de un procedimiento, así lo prevé el propio contrato, cuya iniciación debía proceder mediante expresa y suficiente notificación a la accionante a los fines de que la misma tuviera conocimiento de que en su contra se han iniciado averiguaciones que pudieren concluir con sanciones o medidas correctivas o restrictivas.

Asimismo, resultaba indispensable que las imputaciones le fueren comunidades a la concesionaria de tal manera que ésta tuviera pleno conocimiento de la infracción que se le atribuye a fin de realizar no sólo su defensa sino los correctivos que fueren necesarios para evitar la sanción o limitación, o en todo caso, restablecerlo en el pleno ejercicio de los derechos conferidos.

En efecto, el derecho a la defensa impone un deber inderogable para la Administración de dar inicio de manera formal y expresa a un procedimiento a los fines de realizar las averiguaciones que considerase pertinentes, y la notificación del mismo al interesado, para que éste pueda conocer, de antemano, los hechos, actos u omisiones que se le pudieran imputar.

En el presente caso, CONATEL ha afirmado que se notificó formalmente a la accionante la apertura de un procedimiento administrativo sobre el incumplimiento en cuanto a la calidad del servicio y que el mismo fue originado como consecuencia de denuncias que contra la empresa se habrían formulado.

No obstante ni el documento que se invoca como prueba de tal notificación evidencia la afirmación antes indicada, ni el documento que se invoca como prueba de las razones que originaron el procedimiento permite concluir en su efectiva configuración.

Ciertamente la comunicación que se invoca como prueba de la notificación de apertura del procedimiento administrativo indica:

"Me es grato dirigirme a usted en la ocasión de solicitarle información sobre el status y uso del número 1 usado como prefijo por parte de Movilnet en la Región Capital para la asignación de números celulares, ya que la autorización del uso de este número para tal fin, tenía un lapso preestablecido de tres (3) meses, en función de la actualización del plan de numeración con C.A.N.T.V.

Sin más a que hacer referencia,

Atentamente,

Ing. JOSÉ LUIS AVILEZ NEIRO

Director General"

Es evidente que tal comunicación no puede considerarse como la notificación de la apertura del procedimiento administrado previsto en el contrato de concesión a los fines de 1a imposición de las sanciones y demás medidas contempladas como consecuencia de las infracciones e incumplimientos parte de la concesionaria.

Asimismo, respecto de las denuncias formuladas que habrían dado origen al procedimiento se anexa comunicación emanada del Presidente del Instituto para la Defensa y Educación del Consumidor y el Usuario (INDECU) de fecha 12 de agosto de 1997, dirigida al Director General de CONATEL, cuyo contenido es el siguiente:

"Tengo el agrado de dirigirme usted, en la oportunidad de remitirle una relación de las denuncias interpuestas por ante este Organismo así como denuncias publicadas en 1a prensa nacional en contra de las empresas "TELCEL" y "MOVILNET".

Es bueno aclarar, que no obstante en publicaciones de prensa se ha informado sobre un número de CINCUENTA Y CINCO (55) denuncias; CUARENTA Y SIETE (47) de ellas corresponden a denuncias en contra de agentes autorizados y representantes comerciales de dichas empresas y por concepto de problemas de índole comercial.

Sin otro particular a que hacer referencia, quedo de usted,

Atentamente,

NELSON MENDOZA
Presidente"

Del texto trascrito debe señalarse que mal pudo el órgano accionado fundamentar su decisión en una serie de denuncias que en primer lugar no estaban dirigidas únicamente a la accionante, sino que incluían denuncias a otra empresa distinta; además de ello las cincuenta y cinco denuncias aludidas son producto de supuestas publicaciones de prensa permitiéndose el Presidente del Indecu aclarar que entiende que cuarenta y siete de tales denuncias no se referían a la empresa como tal, sino "agentes autorizados y representantes comerciales de dichas empresas" individualmente consideradas, y que las mismas derivaban de problemas de índole comercial sin hacer referencia alguna a deficiencias respecto a la prestación del servicio mismo.

Por lo que se refiere a la relación que remite el Indecu, observa la Corte que sólo se reseñan cuatro denuncias contra Movilnet, una de ellas posterior al acto cuestionado por vía de amparo y motivadas las precedentes a éste a "cobro indebido".

No se observa en tales denuncias ni que con base a ellas se haya dado inicio a un procedimiento por deficiencia en el servicio.

Por otra parte, se ha afirmado que el procedimiento se inició con una inspección de fecha 12 de mayo del presente año y que Movilnet ejerció, según múltiples comunicaciones, su defensa.

Ahora bien las múltiples comunicaciones que se acompañan están todas referidas a información sobre comportamiento de tarifas con la finalidad de actualizar registros estadísticos, el estatus y uso del número 1 como parte del plan de numeración, solicitud por parte de Movilnet de una constancia de operación comunicaciones de la empresa a Conatel a fin de que esta realice una revisión del espectro radioeléctrico (Banda B) debido a los problemas de interferencias presentados, comunicaciones todas que se repiten en varias copias en el expediente.

La referencia a la suspensión del servicio por parte de Conatel está incluida en una comunicación relativa al servicio de emergencias que ofrece Movilnet, pero no permite deducir que la empresa estuviere en conocimiento del curso de un procedimiento por mala calidad del servicio.

La inspección de fecha 12 de mayo, no se refiere a procedimiento administrativo alguno iniciado por Conatel contra Movilnet y en ella consta que se realizaron preguntas sobre el sistema tarifario y que ratifica Movilnet el planteamiento sobre interferencias en el espectro radioeléctrico. Concluye tal inspección con la solicitud, por parte de CONATEL, de recaudos relativos a las inversiones por rubro desde 1993, flujo de caja, porcentaje de rentabilidad programada, costos e ingresos por servicios, planes sobre los servicios a implementar en forma inmediata, número de usuarios y estimación del tiempo no redondeado no consumido por los usuarios durante el resto del año. No se deduce de allí la existencia de averiguación en cuanto a la calidad del servicio dentro de un procedimiento destinado a imponer una limitación contractual.

La inspección de fecha 18 de Julio que se titula "Continuación Acta de Inspección de fecha 12 de mayo de 1997" no sólo es de la misma fecha en que se ha dictado el acto, sino que concluye igualmente con solicitud de información y sin que se precise imputación sobre deficiencia del servicio. El punto de información que se invoca como fundamento del acto también es de fecha 18 de julio de 1997, oportunidad en que se ha dictado el acto accionado.

La cláusula del contrato de concesión que se invoca como fundamento de la limitación impuesta se denomina "Infracciones" y prevé que "CONATEL" iniciará un procedimiento de investigación de conformidad con la Ley de la materia cuando EL CONCESIONARIO incurra en una o varias de las siguientes faltas.

Se define como falta el incumplimiento por parte del concesionario de manera reiterada e intencional con la calidad o continuidad del servicio.

Por lo que se refiere a las "SANCIONES", la cláusula 8.6. prevé que CONATEL podrá imponerlas siguiendo el procedimiento establecido en la Ley Orgánica de Procedimientos Administrativos y las demás leyes de la República que sean procedentes, y prevé la suspensión temporal de los beneficios de la concesión.

De tal manera que aun tratándose de una concesión de servicio público, la Administración sujetó su poder sancionatorio frente a los eventuales incumplimientos de la concesionaria, a la aplicación del procedimiento contenido en la Ley Orgánica de Procedimientos Administrativos.

Constata la Corte que no consignó la parte accionada evidencia de que haya tramitado procedimiento alguno para la aplicación de la limitación impuesta; las pruebas aportadas contribuyen a reforzar esta convicción, pues se trata de convertir trámites ordinarios de control en un procedimiento especial de investigación con fines sancionatorios o limitativos de la actividad del concesionario.

Por otra parte ni del acto ni de las pruebas aportadas puede evidenciarse que la parte accionante haya tenido conocimiento de las imputaciones específicas que se le hacen y que configurarían el incumplimiento de sus obligaciones.

Por tal motivo, considera la Corte que en este caso se ha producido la violación del derecho a al defensa y al debido proceso de la accionante y así se declara.

RDP N° 71-72, 1997, pp. 158

CSJ-SPA (572)   18-8-97

Magistrado Ponente: Hildegard Rondón de Sansó

Caso: Aerolíneas Venezolanas, S.A. (AVENSA) vs. República (Ministerio de Transporte y Comunicaciones).

No puede hacerse efectiva una sanción y en la misma oportunidad requerirse del sancionado que ejerza su derecho a la defensa.

Corresponde a la Sala en esta oportunidad pronunciarse sobre la solicitud de amparo constitucional formulada por los apoderados de la empresa Aerolíneas Venezolanas S.A. (AVENSA), en relación con la Resolución N° DM-1028 del Ministerio de Transporte y Comunicaciones, y al efecto observa que a la misma se le imputa la violación de los derechos constitucionales relativos a la defensa y al debido proceso a la libertad económica; a la igualdad y a la no discriminación, y, a la reserva legal.

Por lo que respecta a la presunta violación del primero de los derechos mencionados esto es al derecho a la defensa y el debido proceso, esta Sala observa que el presunto agraviante señala en su informe que el agraviado si tenía conocimiento de que la Administración estaba haciendo el análisis de la Resolución N° 310, que le asignara la ruta internacional CARACAS-LISBOA-MADRID-ROMA y viceversa, lo cual deriva, según expone, de los escritos presentados en fecha 3 de junio de 1997, así como el dirigido al Procurador General de la República el 20 de mayo de 1997. Constata esta Sala que tal afirmación no se atiene a las constancias en autos, por cuanto los alegatos en torno a la validez de la Resolución N° 310 contenidos en el escrito que fuera dirigido al Procurador General de la República por el Ministro de Transporte y Comunicaciones no revela la intención del Ministerio a su cargo de declarar la revocatoria de dicha resolución, sino que, por el contrario, en la misma se afirma que tanto AVENSA como las demás líneas aéreas venezolanas tenían capacidad para explotar las rutas internacionales (página 2 de la solicitud dirigida por el Ministro de Transporte y Comunicaciones al Procurador General de la República en fecha 5 de junio de 1997 N° DM-1892-1).

Por otra parte, la decisión de revocar la Resolución N° 310 fue tomada mediante la Resolución DM-1028 del 7 de julio de 1997, sin que se notificase previamente a sus destinatarios de la apertura de un procedimiento contradictorio que les permitiese defender los intereses que con la misma se consagraban a su favor, infringiéndose así su derecho fundamental a la defensa, al no permitírsele participar en el iter de una decisión que afectaría tales intereses.

Ahora bien, este primer acto, cualquiera que sea la calificación que al mismo se intente darle, se pronuncia sobre uno de los efectos directos y necesarios de la Resolución N° 310, negándolos y fundamentando tal negativa en la consideración de que la decisión en cuestión no pudo haber creado derecho alguno ni producir efectos jurídicos, por cuanto era de imposible e ilegal ejecución. En consecuencia, con esta decisión se dictó un pronunciamiento que incide sobre la esfera jurídica de los solicitantes del amparo afectando sus eventuales derechos, sin que se les hubiese permitido la defensa de los mismos durante un procedimiento formal, planteado en forma contradictoria. Este primer acto una vez que ha hecho el pronunciamiento sobre la invalidez de la Resolución N° 310 y su consiguiente ineficacia, ordena la apertura de un procedimiento "sumario" en la forma prevista en el artículo 67 de la Ley Orgánica de Procedimientos Administrativos "a los fines de pronunciarse sobre la legalidad de la referida resolución, y sobre su revocación". De allí que, en el texto de la decisión ministerial en forma inmediata a la negativa de reconocimiento de los efectos de la Resolución N° 310, lo que implica la declaración de su invalidez, se les informa a los interesados (quienes habían solicitado del organismo ministerial intervenir ante el Ministerio de Relaciones Exteriores para que éste comunicase a los países correspondientes la ruta que le fuera asignada por la mencionada resolución, el contenido de la misma) que se decidió abrir un procedimiento sumario de cinco (5) días para que demuestren que tal resolución es válida. Choca indudablemente incluso al menos versado en el campo jurídico, la contradicción o inconsecuencia del acto, por su evidente falta de coherencia conceptual, por cuanto mal puede hacerse efectiva una sanción y, en la misma oportunidad, requerirse del sancionado ejerza su derecho a la defensa.

De lo anterior emerge la flagrante evidencia de la violación al derecho a la defensa, con el agravante de una intención simulada de abrir un contradictorio que era a todas luces innecesario al haberse ya producido el pronunciamiento invalidante, lo cual resalta de los propios términos de la primera decisión. Por lo que atañe a la segunda decisión, en la misma no hay ningún nuevo elemento de juicio sino que, a través de un brevísimo procedimiento sumario, la administración simplemente confirma todos y cada uno de los elementos sobre los cuales se había precedentemente pronunciado.

En efecto, la ausencia de voluntad real del Ministro de Transporte y Comunicaciones de abrir un Procedimiento administrativo contradictorio, una vez declarado como lo fuera la ineficiencia de la Resolución N° 310, constituye un acto de simulación que se confirma con los recortes de prensa (El Universal, Cuerpo 2, de la edición del 10 de julio de 1997, y de la misma fecha El Nacional Página E-10), que aparecen mencionados y transcritos en la sentencia de esta Sala del 07 de agosto de 1997, relativa a la admisión de la presente acción de amparo. Estas declaraciones, que fueron formuladas en el lapso que mediara entre la Resolución originaria y la reeditada –y que no han sido desvirtuadas por el Ministro de Transporte y Comunicaciones–, informan que el despacho a su cargo aspira a que las empresas que participen en el proceso de subasta de las rutas de VIASA, tengan las características que en las mismas se señalan. Igualmente en la noticia periodística se comunicaron detalles, tales como la determinación de si las rutas, serían subastadas en bloque o por separado; y se aludió a la posibilidad de que las empresas que compareciesen fuesen nacionales o en sociedad con compañías extranjeras.

Todo lo anterior revela que existió un estado de total indefensión de la empresa destinataria del acto administrativo inicialmente declarado ineficaz (Resolución N° DM-1028), y posteriormente anulado por la Resolución N° 006 del Ministerio de Transporte y Comunicaciones. Ahora bien, es indiscutible que la Resolución N° 310 que le confiriera a AVENSA las rutas internacionales, creó en ella, por lo menos, una expectativa de derecho. En efecto, esta Sala no puede calificar en esta sede de amparo, la titularidad de la actora como la de un derecho subjetivo o como la de un interés, por cuanto tal calificación sólo puede derivar del examen de los eventuales vicios que le fueron imputados al acto generador de sus pretensiones, esto es, de la Resolución N° 310 y, en el caso de que tales vicios existiesen, de la naturaleza de los mismos, es decir, de si podían ser o no subsanados. Los aspectos mencionados no pueden ser materia de la decisión de una acción de amparo que, como en el caso presente, se limita a constatar que el presunto agraviante tenía una situación aparentemente protegida por un acto administrativo publicado en la Gaceta Oficial y dotado de una presunción de legitimidad, capaz de crearle, por lo menos, un interés legítimo, personal y directo a su destinatario. En consecuencia, la situación no podía ser afectada a espaldas del beneficiario sin que mediara un procedimiento contradictorio, verdadero y propio, no simulado ni predeterminado en sus resultados en la forma en que se realizara, como ha quedado demostrado.

El derecho a la defensa que las modernas corrientes subsumen dentro de la noción más amplia del derecho al debido proceso, extendiéndolo tanto al campo jurisdiccional como a la esfera administrativa, es un derecho, fundamental que nuestra Constitución protege y que es de tal naturaleza, que no puede ser suspendido en el ámbito de un estado de derecho, por cuanto configura una de las bases sobre las cuales tal concepto se erige.

En vista de lo procedentemente analizado, resulta técnicamente innecesario el pronunciamiento sobre los restantes alegatos de violación de derechos constitucionales formulados por los recurrentes, por cuanto la demostración y declaración que antecede, relativo a la lesión del derecho a la defensa, son elementos que hacen procedente el amparo.

Voto Salvado de la Magistrada Josefina Calcaño de Temeltas

La Magistrada Josefina Calcaño de Temeltas disiente del fallo que antecede por las razones que a continuación se explanan:

1.- Considera quien disiente que en forma alguna se desprende del expediente que se haya lesionado el derecho a la defensa de los presuntos agraviados. Antes, por el contrario, se advierte que los mismos han podido ejercer toda clase de recursos y tenido acceso a la documentación pertinente relacionada con los derechos que dicen sustentar.

En efecto, el examen de la Resolución No. DM 1.028 revela que la Administración ordenó la apertura de un procedimiento dirigido a examinar la validez del acto cuya ejecución pretende la accionante, dotando así de medios idóneos y suficientes para el pleno ejercicio de la defensa de la presunta agraviada, e inclusive se le ha dado valor probatorio a recortes de prensa que, precisamente, dan plena información a la quejosa del procedimiento de invalidación iniciado por el Ministerio de Transporte y Comunicaciones, lo que constituye una flagrante contradicción en la motivación del presente fallo.

2.- Igualmente difiere quien expone, de la decisión de la mayoría sentenciadora relativa a la abstención ordenada al Ministerio de Transporte y Comunicaciones de someter a licitación la ruta internacional Caracas-Lisboa-Madrid-Roma y viceversa, pues, tal orden pone en entredicho la facultad soberana del Estado de determinar por esa vía –la más acorde a los intereses nacionales– cuál es la concesionaria que mejor califica para operar la referida ruta, incluyendo entre las interesadas a la presunta agraviada.

En este sentido, considera la exponente que al versar la presente acción de amparo sobre una concesión de servicio público, debe atenderse prevalentemente a los altos intereses colectivos involucrados, cuya mejor garantía la constituye –sin duda– el examen que implica, en el marco de un proceso licitatorio, de la calificación que acredite cada una de las solicitudes presentadas. Por tanto, en opinión de quien disiente, debió declarar sin lugar la acción de amparo interpuesta.

RDP N° 71-72, 1997, pp. 161

CPCA   26-9-97

Magistrado Ponente: Belén Ramírez Landaeta

Caso: María Mata vs. Universidad Central de Venezuela.

La Corte ratifica su jurisprudencia referente al "Derecho a la Defensa".

Ahora bien, derecho a la defensa ha sido considerado como "...la posibilidad efectiva que tiene un sujeto de hacer alegatos y promover pruebas para demostrarlos; lo que le permite al particular la defensa íntegra de sus derechos e intereses en cualquier procedimiento".

Asimismo, es constante la doctrina jurisprudencial en el sentido de que la Administración debe otorgarles a los particulares que por su actuación resultaran lesionados en sus derechos subjetivos o intereses legítimos, un momento procesal para que se expongan los alegatos y presenten las pruebas que consideren pertinentes, este deber de la Administración tiene por objeto garantizar el derecho a la defensa, cuya aplicación es también extensiva al ámbito administrativo.

En este sentido, la Sala Político-Administrativa de la Corte Suprema de Justicia, en sentencia de fecha 20 de febrero de 1997, estableció que debe observarse el derecho a la defensa del particular en los casos en que la Administración ejerza potestades de naturaleza sancionatoria, disciplinarias o de "cualquier otra índole que pueda afectar la situación jurídica de los administrados por lo que la Administración no puede desconocer de manera radical lo derechos fundamentales de los particulares.

En consecuencia, cualquier acto administrativo cuyos efectos estén dirigidos a extinguir, modificar o variar en perjuicio de algún derecho subjetivo o algún interés calificado de los particulares o aquellos que a estos les impongan sanciones o cargas, para su validez y eficacia, requiere obligatoriamente de un procedimiento previo que aun en forma informal, permita el ejercicio del derecho fundamental a la defensa que ostentan los particulares (Sentencia de esta Corte de fecha 9 de mayo de 1996. Caso: *Foción Ojeda vs. Universidad de los Andes*).

En virtud de las consideraciones antes expuestas y aplicándolas al caso de autos, se observa del Acta del Consejo de Facultad de fecha 29 de abril de 1997 que, por otra parte, se aprueba el veredicto del Consenso de Oposición para proveer un cargo de Instructor en la Cátedra de Metodología de la Investigación de la Escuela Experimental de Enfermería y posteriormente, en el punto numerado 8.1 se deja sin efecto el referido veredicto, sin que hubiera dado inicio a un procedimiento administrativo previo por el Consejo de Facultad, con objeto de constatar o comprobar de forma suficiente los vicios de forma en los que fundamentó el acto revocatorio y mucho menos, la citación de la accionante a fin de ejercer su legítimo derecho a la defensa.

En consecuencia, esta Corte considera que se configura la violación de su derecho a la defensa ya que resultaba necesario que el acto revocatorio del veredicto, se dictara dentro de un procedimiento que le garantizara a la accionante el ejercicio de su derecho a la defensa.

RDP N° 71-72, 1997, pp. 162

CPCA   5-12-97

Magistrado Ponente: Gustavo Urdaneta Troconis

Caso: Varios vs. Federación Venezolana de Sofbol.

La presente acción de amparo la ejercen los accionantes conforme al artículo 3, primer aparte, de la Ley Orgánica de Amparo sobre Derechos y Garantías Constitucionales, con fundamento en la pretendida violación de los artículos 43, 50 y 68 de la Constitución, derivada de la aplicación del artículo 93 del Reglamento General de la Federación, en concordancia con el artículo 46 del Código de Ética de la referida Federación.

Dispone el artículo 93 del Reglamento General de la Federación lo siguiente:

"Artículo 93: Al equipo que se le compruebe graves irregularidades en su inscripción, alineación o actuación en el Campeonato, será descalificado y la infracción sancionada de acuerdo con el Código de Ética. Los juegos efectuados o por efectuar del equipo descalificado, se darán como ganados siete (7) carreras por cero (0), a los equipos que hayan o tengan que competir con el descalificado. El equipo ganador siempre conservará sus carreras cuando haya anotado más de siete (7). Si la irregularidad es descubierta después de finalizado el Campeonato, el equipo infractor, será descalificado al último lugar y su posición le corresponderá al clasificado en el orden subsiguiente.

En todos los casos, las marcas individuales serán anuladas y se le asignará el galardón a los jugadores más calificados de los otros equipos".

Por otra parte, el artículo 46 del Código de Ética dispone:

Artículo 46: E equipo que en cualquier momento del desarrollo de un partido, utilice ilegalmente jugadores fichados perderá todos los juegos donde haya intervenido ese jugador."

Ahora bien, en el presente caso, el hecho que motivó la imposición de la sanción objeto de la presente acción de amparo lo constituye una denuncia contra la Delegación Juvenil del Estado Miranda, por estar el atleta ALBERTO PINO CASTRO presuntamente pasado de edad en el clasificatorio Juvenil Yaracuy 97 realizado en Valencia del 23 al 30 de agosto de 1997, en el cual sólo podían actuar atletas sofbolistas nacidos a partir del año 1978, por lo cual fueron citados el ciudadano Oscar Rodríguez en su condición de Presidente de la Asociación y el atleta Alex Pino, a quienes se les oyó y tomó declaración conforme es aceptado por ambas partes.

Por otra parte, en el dispositivo de la decisión sancionatorio, se lee:

"Por todas estas consideraciones anteriormente expuestas este CONSEJO DE HONOR decide: IMPONER LA SANCIÓN, contenida en el artículo 93 del Capítulo XI Normas Disciplinarias del Reglamento General, del Título IV de los Campeonatos Nacionales a la DELEGACIÓN DE SOFBOL DEL ESTADO MIRANDA, que asistió al clasificatorio juvenil Yaracuy 97, celebrado en Valencia en el mes de agosto del presente año:

(omissis)

"Así como considera este CONSEJO DE HONOR que al ciudadano ALEX ALBERTO PINO CASTRO, se le aplique el Artículo 78 del Código de Ética que establece: El que suministre en su ficha datos falsos o alterados por primera vez seis (6) meses de suspensión".

"Por último se ordena a la Federación Venezolana de Softbol, aplicar el último aparte del artículo 94 del Capítulo XI Normas Disciplinarias del Reglamento General del Título IV de los Campeonatos Nacionales al Señor Oscar Rodríguez que acudió al Clasificatorio Juvenil de Valencia como Delegado del Estado Miranda que establece: La Federación Venezolana de Sofbol abrirá una exhaustiva averiguación relacionada sobre la responsabilidad de los Directivos de la Asociación de la Liga a la cual pertenece el jugador y de otras personas vinculadas, para proceder a aplicar las sanciones previstas en el Código de Ética".

a) En relación al derecho a la defensa y al debido proceso, alegaron los accionantes que en ningún momento se les tomó en consideración para hacerlos parte en el referido procedimiento disciplinario, razón por la cual se les negó la oportunidad de alegar y probar algún hecho en defensa de sus derechos a intereses personales y directos, es decir, que los dejaron con el mas absoluto estado de indefensión, siendo los únicos y verdaderos lesionados y afectados con la aplicación de la normativa cuestionada.

En relación a ello, esta Corte observa que la decisión tomada tiene por destinatarios directos a: 1) La Delegación Juvenil de Sofbol del Estado Miranda, la cual fue descalificada para los Juegos Juveniles Nacionales; 2) el ciudadano ALEX ALBERTO PINO CASTRO, quien fue suspendido por seis (6) meses, y 3) el ciudadano OSCAR RODRÍGUEZ a quien se ordenó abrir una averiguación, a los fines de determinar responsabilidades.

Es claro, pues, que los accionados no han sido destinatarios directos de las medidas disciplinarias antes referidas. Cierto es que al quedar descalificada la Delegación Juvenil del Estado Miranda, indirectamente se verán afectadas las individualidades que lo integran, pero ello no quiere decir que, a los efectos del procedimiento disciplinario sustanciado, hubieran debido ser notificados todos y cada uno de los integrantes del equipo o de la Asociación, dado de que ésta constituye la agrupación que los representa en tanto que colectividad deportiva.

Por lo tanto, debe desecharse el alegato de indefensión, tal y como ha sido planteado por los accionantes, quienes no fueron objeto de imputación alguna por parte de la institución accionada, así como tampoco de ninguna sanción a ellos dirigida, en tanto que individualidad. Así se declara.

RDP N° 73-74/75-76 1998, pp. 84

CSJ-SPA (329)   28-5-98

Magistrado Ponente: Humberto J. La Roche

Caso: José Molina vs. Universidad del Zulia.

El derecho constitucional al debido proceso debe ser protegido de manera absoluta en todo procedimiento administrativo, no sólo como garantía del derecho a la defensa del particular, frente a la administración sino además de igualdad de condiciones entre los participantes de ese proceso.

En relación a la violación imputada al Consejo Universitario de la Universidad del Zulia, en el sentido de que el nombramiento del ciudadano Hermann Petzold Pernía, como Decano Interino, sería violatorio del derecho al debido proceso, se observa que el fallo apelado consideró que, efectivamente, tal situación implicaba una ilegitima lesión al derecho constitucional invocado, toda vez que "ello rompe el principio de igualdad de las partes en el proceso administrativo eleccionario".

Al respecto, debe la Sala señalar que ciertamente, el derecho constitucional del debido proceso debe ser protegido de manera absoluta en todo procedimiento administrativo, no solo como garantía del derecho a la defensa del particular, frente a la administración, sino además de igualdad de condiciones entre los participantes de ese proceso.

Ahora bien, en el caso de procedimientos de índole electoral o comicial, se pone de relieve dicho principio, no solo como garantía al particular, sino que es, especialmente en aras del interés general de aquella colectividad (en este caso universitaria) en la que la autoridad a ser elegida desempeñará su cargo.

Una de las manifestaciones de esta garantía en un sistema de elecciones, en el cual convergen, evidentemente varios candidatos, es la igualdad de condiciones entre estos durante el procedimiento, debiéndose rechazar cualquier posibilidad de ventaja procedimental que de alguna manera mermara la transparencia e imparcialidad que la elección de un cargo como el de Decano amerita.

Considera esta Sala, tal como decidió el *a quo*, que ciertamente, al haber sido designado como Decano Interino uno de los candidatos a la titularidad de ese cargo, se produjo una desigualdad de condiciones respecto al accionante, el cual era también partícipe en dicho procedimiento eleccionario, y además se manifestó tal violación constitucional por el hecho de que tal nombramiento desconoció la decisión emanada de la Comisión Electoral de anular las referidas elecciones en las que había resultado electo Hernann Petzoid P., y por tanto anuló la proclamación de éste como Decano, ordenando su desincorporación inmediata del cargo hasta la repetición de los comicios si se toma en cuenta que es un hecho incontrovertido -y generador por demás de violación a otro de los derechos invocados- el que, aun cuando fueron anuladas las referidas elecciones, no existía fecha cierta para la repetición de las mismas, por lo que el cargo desempeñado interinamente, seguiría siendo ejercido de manera indefinida, lo cual, por demás, es también manifestación de violación del derecho al debido proceso, que implica la efectiva y oportuna decisión y designación del que resultará el candidato ganador.

En consecuencia, resultó en un todo conforme a derecho la sentencia de la Corte Primera de lo Contencioso Administrativo al haber declarado con lugar la presente acción de amparo, así como el mandamiento dictado, a los fines de restablecer la situación jurídica infringida, dado que en efecto se verificó por parte de las autoridades agraviantes, la violación de los derechos invocados por el accionante, y por tanto debe confirmarse tal decisión y declararse sin lugar la apelación que contra la misma fue ejercida. Así se decide.

RDP N° 73–74/75–76, 1998, pp. 170

CPCA   29-1-98

Magistrado Ponente: Belén Ramírez Landaeta

Caso: Oriental de Aviación vs. República (Ministerio de Transporte y Comunicaciones).

En el caso del derecho a la defensa, la doctrina jurisprudencial reitera una vez más, que la administración debe otorgarle a los particulares que por la actuación de ésta, resulten lesionados en sus derechos subjetivos o intereses legítimos, una oportunidad en la cual puedan exponer sus alegatos y presentar las pruebas que consideren pertinentes.

En relación a la denuncia de violación al derecho a la defensa, observa esta Corte:

Alegó la empresa accionante que se ha vulnerado el derecho por cuanto según señala el acto administrativo, de fecha 18 de diciembre de 1997 dictado por el Ministerio de Transporte y Comunicaciones, fue dictado sin que se abriera procedimiento administrativo previo a la emisión del acto cuestionado.

El derecho a la defensa ha sido entendido como la posibilidad efectiva que tiene un sujeto de hacer alegatos y promover para demostrarlos en cualquier procedimiento donde se le esté juzgando, sea administrativo o jurisdiccional.

Ahora bien, es reiterada la doctrina jurisprudencial en el sentido de que la Administración debe otorgarle a los particulares que por la actuación de ésta, resulten lesionados en sus derechos subjetivos o intereses legítimos, una oportunidad en la cual puedan exponer sus alegatos y presenten las pruebas que consideren pertinentes.

En consecuencia, cualquier acto administrativo cuyos efectos extingan modifiquen o varíen un derecho subjetivo o algún interés calificado en perjuicio de un particular, requiere de un procedimiento previo que permita el ejercicio del derecho fundamental a la defensa que ostentan los particulares.

En efecto, tal como se desprende de la sentencia de esta Corte dictada fecha 15 de agosto de 1997 (Caso: *Movilnet vs. Conatel*) la cual fue consignada por la parte accionada, se ha establecido que el derecho a la defensa debe observase en los casos que la Administración ejerza potestades de naturaleza sancionatoria, disciplinarias "o de cualquier otra índole que pueda afectar la situación jurídica de los administrados".

En este sentido, la Sala Política Administrativa de la Corte Suprema de Justicia en sentencia de fecha 20 de febrero de 1997, ha señalado:

"Cuando la normativa fundamental alude a los conceptos del "juez natural", "debido proceso" y "derecho a la defensa", tales principios se aplican a cualquier situación en que sobre un sujeto recaiga el peso de una función jurisdiccional, o bien, en la cual se asuman decisiones que puedan afectar la situación jurídica del administrado, tales principios deben ser respetados."

En el caso de autos, admite la parte accionada que los certificados de aero-navegabilidad se encuentran vigentes desde 1995. Asimismo consta al folio 555 certificado de aero-navegabilidad emitido por el Ministerio de Transporte y Comunicaciones.

Por otra parte, consta en autos autorización de vuelo expedida en fecha 15 de diciembre de 1997 por la Dirección General Sectorial de Transporte Aéreo del Ministerio de Transporte y Comunicaciones, en la cual ese órgano autoriza el vuelo ferry, es decir aquel vuelo que se realiza con la tripulación y los mecánicos, de la aeronave YACOLEV, matrícula YV1072 C, proveniente en la ruta Cuba-Venezuela entre los días 16-12-97 al 26-12-97. (Folio 36).

Asimismo, se evidencia notificación de fecha 18 de diciembre de 1997, en la cual se lee lo siguiente:

"Se informa que la empresa ORIENTAL DE AVIACIÓN, no esta autorizada a efec-tuar el vuelo ferry con la aeronave marca YACOLEV modelo YAK-40 Serial N-9841059, Matrícula YV-1072C, proveniente en la ruta Cuba-Venezuela, este mensaje deja sin efecto la anterior autorización expedida para realizar el vuelo entre el 16-12-97 por lo que se agradece a las autoridades de la República de Cuba no permitir la rea-lización de vuelo hasta tanto esta Dirección de Aeronáutica de la República de Vene-zuela, les notifique lo contrario, por esta misma vía".

En virtud de lo antes expuesto, considera esta Corte que de los autos se des-prende presunción grave de violación de tal derecho, en atención a las pruebas que constan en autos, en especial el acto administrativo recurrido, de cuya lectura no se deriva que se hubiera dado inicio a un procedimiento administrativo previo a la revocatoria del acto administrativo que autorizaba el vuelo de la aeronave allí iden-tificada y si consta, en cambio que tenía autorización para salir y regresar al país entre los días 16 al 26 de diciembre de 1997.

Considera, pues, este órgano jurisdiccional, que existe presunción grave de violación del derecho a la defensa de la empresa accionante, ORIENTAL DE AVIACIÓN, del examen de los elementos antes enumerados, los cuales -en todo caso- podrán ser confirmados o desvirtuados a lo largo del juicio. Ello así resulta inoficioso pronunciarse en relación con las otras denuncias de violaciones consti-tucionales y por tanto, la presente acción de amparo cautelar es procedente y así se decide.

RDP N° 73-74/75-76, 1998, pp. 171

CPCA   30-1-98

Magistrado Ponente: Lourdes Wills Rivera

Caso: Adriana S. Solórzano R. vs. Alcaldía del Municipio Libertador del Estado Mérida.

No todo retiro de un funcionario requiere la instrucción de un procedimiento administrativo previo; sólo en los casos de destitución, en los cuales se hace necesaria la prueba de una causa legal determinada, el funcionario administrativo está obligado a instruir previamente un procedimiento, en beneficio de su derecho a la defensa.

Observa la Corte que tanto del escrito contentivo del recurso como de los alegatos consignados en esta instancia en fecha 13 de mayo de 1996, se evidencia que el apoderado de la accionante invoca como fundamento de la acción de amparo interpuesta "la destitución" de su representada del Cargo de Inspector I, adscrita a la Oficina de Ingeniería Municipal del Municipio Libertador del Estado Mérida. Con base en ello, alega que se le conculcó tanto el derecho a la defensa, como el derecho al trabajo y señala como vulnerados los artículos 68, 84 y 122 del Texto Constitucional.

El derecho a la defensa cuya violación alega el accionante se funda en la falta de apertura de un expediente administrativo a su representada, que diera lugar a su "destitución", así como también, en el hecho de que no se le informaran las causales de su retiro del cargo de Inspector I adscrito a ese Municipio.

Aprecia esta Corte que en el caso que nos ocupa no puede hablarse de violación del derecho a la defensa aduciendo la omisión de un procedimiento disciplinario, pues ciertamente de las actas procesales se evidencia que no se trata de una destitución, sino de la separación de la recurrente del cargo que venía ejerciendo en la Alcaldía del Municipio Libertador del Estado Mérida, a cuyos efectos el ente público señaló fundamentarse en la Ordenanza sobre Administración de Personal vigente, y en razón de haberse decretado la reorganización de la Municipalidad, de conformidad con el Decreto N° 01 de fecha 7 de enero de 1996.

En este sentido es necesario señalar, que no todo retiro de funcionario requiere la instrucción de un procedimiento administrativo previo. En efecto, sólo en los casos de destitución, en los cuales se hace necesaria la prueba de una causa legal determinada, el funcionario administrativo está obligado a instruir previamente un procedimiento, en el cual la audiencia del interesado no puede ser obviada, en beneficio de su derecho a la defensa. Específicamente, en el caso de remoción con base en el fundamento alegado la instrucción de un expediente no es un requisito exigido al ente público. En consecuencia en el presente caso donde lo impuesto a la funcionaria es precisamente una remoción, no se produce violación al derecho constitucional consagrado en el artículo 68 de la Constitución, invocado por el accionante. Así se declara.

RDP N° 73-74/75-76, 1998, pp. 172

CSJ-SPA (273)   20-5-98

Magistrado Ponente: Hildegard Rondón de Sansó

Caso: Francia T. Sánchez vs. Consejo de la Judicatura.

La falta absoluta de un defensor suplente declarada por el Consejo de la Judicatura, debe estar precedida por un procedimiento previo, en el cual se garantice el derecho a la defensa.

Observa esta Sala que el acto impugnado es el dictado por el Consejo de la Judicatura signado con el N° 621 del 25 de enero de 1996, mediante el cual declaró la vacante del cargo de Primer Suplente de la Defensoría Pública Cuadragésima Sexta de Presos que hasta ese entonces ocupaba la recurrente, el cual se fundamentó en que la defensora "Margarita Marín de Domínguez admitió mediante providencia de fecha 12 de enero de 1990, la excusa presentada en esa misma fecha por la abogada Francia Sánchez Somoza".

Ahora bien, la normativa que rige a los Defensores Públicos es, fundamentalmente, la contenida en la Ley Orgánica del Poder Judicial, la cual en su artículo 9 establece que: "Los Defensores Públicos de Presos se regirán especialmente por la presente Ley y los demás auxiliares de la Administración de justicia por las disposiciones legales que le conciernen". Igualmente existen otras normativas que le son aplicables, entre ellas el Reglamento sobre convocatoria de Suplentes y Conjueces dictado por el Consejo de la Judicatura mediante Resolución N° 342 del 27 de julio de 1995, el cual establece en su artículo 7, su aplicación a los Defensores Públicos de Presos.

Ahora bien, el acto impugnado se fundamenta en los artículos 9, 69, y 70 de la Ley Orgánica del Poder Judicial; y en el artículo 2 del Reglamento Convocatorias de Suplentes y Conjueces antes referido.

Estas normas establecen textualmente lo siguiente:

Artículo 9. "Los Defensores Públicos de Presos se regirán especialmente por la presente Ley y los demás auxiliares de la Administración de justicia por las disposiciones legales que le conciernen".

Artículo 69. "Hay falta absoluta de los Suplentes y Conjueces por muerte, inhabilidad legal o renuncia. Se equiparará a esta la negativa a suplir las faltas absolutas o temporales o a constituir los Tribunales Accidentales de que trata el artículo 28; y la negativa o excusa por tres veces para suplir las faltas accidentales, salvo, en este último caso, que el fundamento fuera una causal de inhibición. Sin embargo, se admitirá la excusa si se fundare en un motivo grave a juicio del Presidente del Tribunal o Juez que hace la convocatoria.

Estos sustanciarán y decidirán sumariamente sobre el motivo de la excusa".

Artículo 70. "Vencidos tres días hábiles sin que el Suplente o Conjuez convocado concurra a manifestar expresamente su aceptación, se convocará al que le sigue en la lista, pero aquel podrá juramentarse si aun no se hubiere efectuado la otra convocatoria.

Se considerarán como excusa, las circunstancias comprobadas de no hallarse el Suplente en el lugar que sirve de asiento al Tribunal".

Artículo 2. "Si el suplente o conjuez se excusaren, el Juez deberá de inmediato dictar una providencia en la cual se señale si la excusa se fundamente en un motivo grave y, por tanto, la admite. Si no se fundare en un motivo grave y en consecuencia la inadmite, el Juez deberá notificar de inmediato al Consejo de la Judicatura a objeto de que este proceda a declarar la falta absoluta del suplente o conjuez".

Como puede observarse de la normativa antes transcrita, en los casos como el de autos, en los cuales existan faltas temporales del Defensor Titular, debe convocarse al Defensor Suplente correspondiente, el cual se podrá excusar de aceptar la convocatoria.

Ahora bien, en los supuestos en los cuales los Defensores Suplentes se excusen pueden presentarse dos situaciones: la primera es que el defensor considere que la excusa se basa en un "motivo grave", y en consecuencia la admite, debiendo convocar al Defensor Suplente que le sigue en la lista correspondiente, caso en el cual no se considera que existe falta absoluta del suplente que se excusa; la segunda situación que puede presentarse es que el defensor que hace la convocatoria inadmita la excusa por considerar que la misma no se fundamenta en un "motivo grave" en virtud de lo cual este deberá "notificar de inmediato al Consejo de la Judicatura a objeto de que este proceda declarar la falta absoluta del suplente".

Ahora bien, visto el trámite y la normativa aplicable a las faltas de los Defensores Públicos Suplentes, esta Sala hace las siguientes consideraciones sobre la denuncia de violación del derecho a la defensa, y al respecto observa:

La violación del derecho a la defensa consiste, tal y como lo ha sostenido esta Sala en anteriores oportunidades, en la lesión de las garantías de particulares sin que previamente se les otorgue la oportunidad para exponer y probar lo que consideren procedente a fin de salvaguardarlas.

Así, la Administración en su actuar, debe garantizar a todo ciudadano que pueda resultar perjudicado en su situación subjetiva el ejercicio del derecho a la defensa, permitiéndole la oportunidad para alegar y probar lo conducente en beneficio de sus derechos e intereses.

Ahora bien, observa la Sala que en el momento en el cual la accionante se excusó de aceptar la convocatoria que se le hiciera para llenar la falta temporal en la Defensoría Pública Cuadragésima Sexta de Presos de la Circunscripción Judicial del Área Metropolitana de Caracas, esta tuvo la oportunidad de alegar y probar lo que considerase conveniente para que su excusa fuese considerada como suficiente por la defensora pública que le realizó la convocatoria, y sin que esta en forma alguna le limitase los medios a utilizar en su protección, ejerciendo así, plenamente, su derecho a la defensa a esa oportunidad.

Así, el hecho de que la excusa que presentara la accionante no fuera la forma por ella esperada no constituye un elemento para estimar derecho en cuestión haya sido violado.

Ahora bien, en relación con la denuncia de violación del derecho a la defensa esta Sala estima procedente analizar el alegato de la representante del Consejo de la Judicatura según el cual el organismo al cual representa, de conformidad con las normas antes referidas, no le corresponde calificar la gravedad o no de la denuncia sino que su actuación debe limitarse a declarar la falta absoluta de la Defensora Pública de Presos a la cual se le inadmitió su excusa.

El análisis de este argumento de la representante del Consejo de la judicatura, es de importancia para determinar si existe o no en el caso de autos violación del derecho a la defensa, toda vez que si llegamos a la conclusión de que la Decisión del Consejo de la Judicatura debe limitarse a declarar la falta absoluta del Defensor Suplente al cual el Defensor Público de Presos le declaró inamisible su excusa, no se hace necesario que ante ese organismo se abra procedimiento alguno para salvaguardar el derecho a la defensa de la accionante, toda vez que la decisión del Consejo de la Judicatura no podría variar lo que fue decidido por la Defensora Pública de Presos. Por otro lado, si el acto del Consejo de la Judicatura puede apartarse de la decisión que tome la Defensora Pública que realiza la convocatoria, si se amerita que la accionante pueda alegar y probar lo conducente a fin de demostrar la procedencia de su excusa, esto en el supuesto de que su excusa haya sido inadmitida.

En este sentido, observa la Sala que, de conformidad con el artículo 44 de la Ley Orgánica del Consejo de la Judicatura, es de la competencia del Consejo de la Judicatura (Tribunal Disciplinario) "conocer de los procesos disciplinarios que se siguen en los casos previstos por esta Ley, a los jueces de la República y a Defensores Públicos de Presos"; y de conformidad con el artículo 15, numeral "p" este establece que: "Además de las atribuciones en establecidas en esta Ley, en la Ley de Carrera Judicial, en la Ley Orgánica del Poder Judicial y en otras, el Consejo de la Judicatura tendrá las siguientes: ...omissis... Nombrar y remover los Defensores Públicos de Presos e Inspectores de Tribunales, de conformidad con la Ley".

Como puede observarse de las normas legales antes transcritas, al Consejo de la Judicatura le corresponde el control sobre la actuación de los Defensores Públicos de Presos a quienes nombra y remueve, en virtud de lo cual resultaría improcedente considerar que este mismo organismo no pueda disentir de actos sobre los cuales ejerce vigilancia al controlar la actuación de los Defensores Públicos de Presos. En razón de lo antes señalado, es criterio de esta Sala que el hecho de que una disposición de rango sub-legal como lo es el artículo 2 del Reglamento sobre Convocatorias de Suplentes y Conjueces establezca que en el supuesto de que el

Defensor inadmita la excusa presentada por la defensora suplente, ésta "...deberá notificarlo de inmediato al Consejo de la Judicatura a objeto de que éste proceda a declarar la falta absoluta del suplente..." no significa que la decisión sea vinculante para el Consejo de la Judicatura, y que en todo caso de inadmisión de la excusa deba el Consejo de la Judicatura declarar la falta absoluta del suplente. En razón de esto, puede el mencionado organismo no declarar la falta absoluta de un Defensor Suplente al cual no se le admitió su excusa.

Así, visto como ha sido que el Consejo de la Judicatura puede apartarse de la opinión de los Defensores Públicos de Presos, mediante los cuales inadmitan las excusas que presten sus suplentes para no aceptar sus convocatorias, es evidente, tal y como fue expuesto anteriormente, que debe concedérsele a la accionante la oportunidad de desvirtuar aquella decisión que considera que su excusa no estaba fundamentada en un motivo grave, lo que no sucedió, en virtud de los cual esta Sala estima que ha sido violado el derecho a la defensa de la accionante y así se declara.

RDP N° 73-74/75-76, 1998, pp. 175

CPCA   18-6-98

Magistrado Ponente: Belén Ramírez Landaeta

La garantía del derecho a la defensa viene determinada por el deber de la Administración de notificar a los particulares de la iniciación de cualquier procedimiento que pueda afectarlos, con el fin de que puedan acudir a exponer sus alegatos y promover las pruebas que estimen convenientes para la mejor defensa de su situación jurídica.

Pasa esta Corte a pronunciarse en relación a la apelación ejercida contra la sentencia dictada por el "*a quo*" en fecha 26 de septiembre de 1997 y en este sentido observa:

El tribunal "*a quo*" declaró con lugar la acción de amparo, al considerar que en el presente caso se vulneró el derecho a la defensa, toda vez que en la instrucción y sustanciación del procedimiento no fueron respetadas por la Cámara Legislativa del Estado Yaracuy las reglas básicas que garantizan el derecho a la defensa, como son: la formación de un expediente y el debido examen y valoración en el acto sancionador de todos los argumentos y defensas esgrimidas.

Ahora bien, el derecho constitucional a la defensa resulta violado, como la ha señalado reiteradamente la Corte Suprema de Justicia, "cuando los interesados no conocen el procedimiento que pueda afectarlos, se les impide su participación en él o el ejercicio de sus derechos o se les prohíbe realizar actividades probatorias, o no se les notifican los actos que los afecten" (Sentencia de la Sala Político-

Administrativa de la Corte Suprema de Justicia del 9 de mayo de 1991, Caso: *Jesús Alberto Bracho Acuña*).

En efecto, la garantía del derecho a la defensa viene determinada por el deber de la Administración de notificar a los particulares de la iniciación de cualquier procedimiento que pueda afectarlos, con el fin de que puedan acudir a exponer sus alegatos y promover las pruebas que estimen convenientes para la mejor defensa de su situación jurídica. Por lo tanto, la apertura de un procedimiento administrativo en el cual no se le garantice a las partes las mínimas exigencias del debido proceso o haya certeza de la imposibilidad para ellas de argumentar lo que le favorezca, puede vulnerar el derecho a la defensa (Sentencia de la Sala Política-Administrativa de la Corte Suprema de Justicia de fecha 21 de junio de 1995, Caso: *Hoset L.*).

Por otra parte se ha indicado que en aquellos casos en que los órganos administrativos desconocen las pruebas de los interesados o no las aprecian o lo hacen erróneamente, el vicio no es de indefensión sino de falso supuesto o en su causa o justificación (Sentencia de la Sala Política Administrativa de la Corte Suprema de Justicia de fecha 7 de octubre de 1993. Caso: Carlos Ibarra vs. Consejo de la Judicatura...

...De lo expuesto, se observa que efectivamente se le cercenó el derecho a una defensa efectiva, pues no se realizó un procedimiento en el que se haya notificado al accionante de los hechos que se le imputaban, ni las razones que fueron objeto de la solicitud, así como tampoco consta en autos que se le concediese un plazo para exponer pruebas y razones en su descargo.

En efecto, en fecha 8 de agosto de 1977, se le dirigió oficio a los fines de que compareciera a consignar los recaudos solicitados por la Comisión, no especificándose qué hechos constituían las presuntas irregularidades.

Por otra parte, se observa que en la convocatoria de fecha 22 de agosto de 1997, (folio 109), hace igualmente referencia al mejor "esclarecimiento de los hechos que se investigan", hechos que no se especifican y cuyo conocimiento era necesario por parte del accionante a los fines de que pudiese deponer en relación a ellos sus argumentos y pruebas que pudieran constituir su defensa. En consecuencia, estima esta Corte que en el presente caso, se evidencia la violación del derecho a la defensa y así se decide.

RDP N° 77–78/79–80, 1999, pp. 232

CSJ-SPA (1643)   1-12-99

Magistrado Ponente: Humberto D'Ascoli Centeno

Caso: Inmobiliaria El Tuy C.A. vs. ISLR

El reconocimiento constitucional del derecho a la defensa impone que en todo procedimiento administrativo al igual que en el proceso judicial, se asegure un equilibrio y una igualdad entre las partes intervinientes, garantizándole el derecho a ser oída, a desvirtuar lo imputado o a probar lo contrario a lo sostenido por el funcionario en el curso del procedimiento.

El reconocimiento constitucional del derecho a la defensa se extiende a todas las relaciones de naturaleza jurídica que ocurren en la vida cotidiana, y con especial relevancia, en aquellas situaciones en las cuales los derechos de los particulares son afectados por una autoridad pública o privada.

Así, este derecho constitucional impone que en todo procedimiento administrativo al igual que en el proceso judicial, se asegure un equilibrio y una igualdad entre las partes intervinientes, garantizándole el derecho a ser oída, a desvirtuar lo imputado o a probar lo contrario a lo sostenido por el funcionario en el curso del procedimiento.

En cuanto al procedimiento de determinación e imposición de sanciones por ilícitos tributarios, el derecho a la defensa se concreta en el derecho de los sujetos pasivos de la relación tributaria a ser debidamente notificados de cualquier acto administrativo que afecte sus derechos subjetivos o sus intereses particulares legítimos y directos; en la oportunidad que tiene el administrado para formular los descargos que le permita desvirtuar lo imputado por la Administración en el acta fiscal debidamente notificada; en el derecho del contribuyente o responsable para promover y controlar, en tiempo oportuno, la producción de cualquier prueba razonable y legalmente pertinente, antes de que la Administración adopte la decisión final sobre el fondo del asunto debatido; en el derecho a tener el libre acceso al expediente administrativo; en el derecho a conocer oportunamente las razones de hecho y de derecho que fundamentan el acto administrativo determinativo o sancionatorio, lo cual le permitirá accionar ante los organismos competentes; y en poder impugnar en la vía administrativa o judicial un acto administrativo emitido por la Administración tributaria, que afecte, en cualquier forma, sus derechos como contribuyente o responsable.

De los criterios expuestos con respecto al acta fiscal, se desprende que la función principal de la misma, es permitir que el contribuyente o responsable, conozca en forma oportuna, la existencia de los elementos de hecho que pueden configurar el supuesto normativo del ilícito fiscal que se le imputa, así como la cuantificación de la correspondiente deuda tributaria, previa determinación de la base imponible; para que, a partir de ello, pueda el contribuyente, durante el curso del procedimiento instruido, desvirtuar lo expresado en esa acta de reparo.

Ahora bien, de las actas fiscales y de las resoluciones culminatorias respectivas, parcialmente transcritas, se desprende que en el caso sub-judice, en los procedimientos sumariales instruidos para determinar de oficio la renta neta de la contribuyente Inmobiliaria El Tuy C.A., y calcular el impuesto a pagar para los ejercicios fiscales coincidentes con los años civiles 1980 y 1981, se le vulneró su derecho a la defensa, al incorporarle en la Resolución culminatoria, bajo la forma de una supuesta corrección de errores materiales, montos distintos a los indicados en la Actas fiscales que soportaban el sumario, y que estaban referidos "al costo proporcional del ejercicio" para tales períodos, modificándole así los criterios y las cantidades sobre la cuales se le calculó la base imponible en el Acta Fiscal y se le estimó el impuesto a pagar.

Esta supuesta corrección de los errores materiales o de cálculo en los cuales incurrió la fiscalización, y que pretenden ser subsanados por la Administración en la Resolución Culminatoria, tal como lo admite la propia Administración al dictar el acto final del procedimiento, y los representantes judiciales del fisco en los informes presentados en este proceso, no son tales, sino que constituyen nuevos elementos no reflejados en el acta fiscal, e incorporados en la parte final del sumario al dictar la Resolución culminatoria, que le ocasionaron a la contribuyente un estado de indefensión que le impidió ejercer su derecho a presentar los respectivos alegatos en su descargo, y promover y evacuar las pruebas legalmente permitidas, contras esas imputaciones fiscales modificatorias de la base imponible y de la renta gravable estimada en las actas fiscales, y de ese modo desvirtuar lo afirmado por la administración fiscal, lo cual, a juicio de esta Sala configura una violación al derecho a la defensa y por ello vicia de nulidad absoluta las Resoluciones N° ARH-1620-000114 y ARH-1-1620-000115 . Así se declara.

RDP N° 77-78/79-80, 1999, pp. 233

CPCA   17-3-99

Magistrado Ponente: Teresa García de Cornet

Caso: Luis Enrique Chacón vs. Decreto N° 1 (4-2-98) dictado por la Juez Primero de Parroquia de los Municipios San Cristóbal y Torbés del Estado Táchira.

Para la imposición de sanciones, el presunto infractor debe ser notificado previamente de los cargos que se le imputan y oírsele para que pueda ejercer su derecho a la defensa antes de ser impuesta la sanción correspondiente.

Considera la Corte necesario pronunciarse, en primer lugar, sobre los vicios de nulidad absoluta que el recurrente atribuye al acto administrativo impugnado.

Al respecto se observa:

De acuerdo con el recurrente, el mencionado acto viola "los Artículos 46, 60, Ordinal 5° y 68, todos de la Constitución de la República de Venezuela y 19, Ordinales 1° y 4° de la Ley Orgánica de Procedimientos Administrativos", y para fundamentar este alegato sostiene que la providencia impugnada ha sido dictada sin haber sido oído previamente, sin tener oportunidad de ejercer su defensa y sin el debido procedimiento.

Observa la Corte que el artículo 46 de la Constitución dispone, en primer lugar la nulidad de todo acto del Poder Público que viole o menoscabe los derechos garantizados por el Texto Fundamental y, por otra parte, prevé la responsabilidad penal, civil y administrativa, según el caso, de los funcionarios que ordenen o ejecuten tales actos, sin que les sirvan de excusas órdenes superiores manifiestamente contrarias a la Constitución y a las leyes. Considera la Corte, que la citada norma no puede ser "violada" por el acto recurrido, pues ella, como se ha dicho, prescribe las consecuencias que derivan de actos violatorios, a su vez, de los derechos garantizados por la Constitución. Por consiguiente, el objeto de esta disposición constitucional no puede ser desconocido o menoscabado como consecuencia de los vicios que se le imputan a la medida de arresto recurrida.

Tales imputaciones, por el contrario, sí implicarían -de ser ellas ciertas- una violación de los preceptos contenidos en el ordinal 5° del artículo 60 y en el artículo 68, ambos del Texto Constitucional; preceptos estos que, en primer lugar, consagran el derecho de todo ciudadano a "no ser condenado en causa penal sin antes haber sido notificado personalmente de los cargos y oído en la forma que indique la Ley" y, de otra parte, la inviolabilidad del derecho a la defensa en todo estado y grado del proceso.

Ello es así pues, tal como lo ha dispuesto la Sala Político Administrativa de la Corte Suprema de Justicia, "La cobertura de estas garantías constitucionales ha sido interpretada ampliamente por la doctrina y la jurisprudencia en nuestro país, a tal punto que la aplicabilidad de los preceptos en ella enunciados ha sido extendida a todas las ramas del derecho público, allende los límites del derecho penal y de las normas que protegen exclusivamente la libertad física del individuo, a fin de convertirlas en pautas fundamentales de la genérica potestad sancionadora del Estado" (*Vid.*: Sentencia de fecha 17 de noviembre de 1983 en *Revista de Derecho Público* N° 16, Octubre-Diciembre 1983, Editorial Jurídica Venezolana, Caracas, 1983, p. 150). Ahora bien, si estas garantías constitucionales han sido efectivamente violadas, ello implicaría la nulidad absoluta del acto recurrido, de conformidad con lo dispuesto en el ordinal 1° del artículo 19 de la Ley Orgánica de Procedimientos Administrativos (el cual sanciona con la nulidad absoluta a los actos administrativos cuando así lo disponga una norma constitucional o legal), en armonía con lo establecido en el artículo 46 de la Constitución, antes citado, explicándose así la pertinencia de esta disposición constitucional en relación con los alegatos expuestos por el recurrente. Adicionalmente, si la violación de las mencionadas garantías constitucionales surge de la prescindencia total y absoluta del procedimiento legalmente establecido para la producción de la providencia recurrida (lo cual supondría la negación de las oportunidades para el efectivo ejercicio los derechos garantizados), ello abonaría a la absoluta nulidad de dicha providencia por disponerlo así el ordinal 4° *in fine* del mismo artículo 19 de la Ley Orgánica de Procedimientos Administrativos. Estima la Corte que de la manera antes expresada deben articularse lógicamente las alegaciones del recurrente y los preceptos por él señalados como fundamento de sus pretensiones de nulidad. Se sigue de lo anterior, por consiguiente, que estas pretensiones tienen como vértice la supuesta violación de los derechos del recurrente a ser oída antes de la imposición de la sanción impugnada y de ejercer los actos dirigidos a su defensa contra las infracciones que se le imputan, en el marco de un "debido proceso".

RDP N° 77-78/79-80, 1999, pp. 234

CPCA   29-4-99

Magistrado Ponente: Luis Ernesto Andueza G.

Caso: Luis Alberto Valero vs. D.I.S.I.P.

Para la declaración de la violación del derecho a la defensa, el Juez debe constatar previamente los aspectos esenciales, tales como, el que la administración haya resuelto un asunto sin cumplir con el procedimiento legalmente establecido o que haya impedido de manera absoluta que los particulares cuyos derechos o intereses puedan resultar afectados por un acto administrativo participaran en la formación del mismo.

RDP N° 81, 2000, pp. 201

CPCA   6-3-2000

Magistrado Ponente: Pier Paolo Pasceri Scaramuza

Caso: José S. Dávila L. vs. Instituto Universitario de Policía Científica.

Ahora bien, de las actas del proceso no es posible constatar la apertura de un procedimiento administrativo en el cual el accionante haya tenido la oportunidad de exponer sus alegatos y probar lo pertinente para su defensa, esto hace que quede demostrado, que al accionante le fue comunicado su traslado a la sede principal de la institución sin que se llevase a cabo procedimiento alguno, en el cual hubiera tenido la posibilidad de ejercer a cabalidad su derecho a la defensa, todo lo cual hace, a juicio de esta Corte, que quede demostrado la violación derecho a la defensa y al debido proceso, y así se declara.

RDP N° 82, 2000, pp. 399

TSJ-SPA (1219)   30-5-2000

Magistrado Ponente: Carlos Escarrá Malavé

Caso: José L. Valera G. vs. República (Ministerio de Relaciones Interiores).

El derecho a la defensa y al debido proceso, aún en sede administrativa son de rango constitucional.

Antes de entrar a conocer de los alegatos del recurrente considera la Sala necesario explanar nuevamente ciertas precisiones doctrinarias a fin de garantizar la adecuada garantía constitucional del derecho al debido proceso que al respecto está obligada a brindar -y así lo ha venido haciendo- este Supremo Tribunal, siempre a la luz de la Constitución Bolivariana de Venezuela.

En este sentido, ya en sentencia de esta Sala del 17 de febrero del año 2000, en un caso similar al presente, señaló que el debido proceso es un derecho aplicable a todas las actuaciones judiciales y administrativas, teniendo su fundamento en el principio de igualdad ante la Ley, toda vez que el "debido proceso" significa que ambas partes, tanto en el procedimiento administrativo como en el proceso judicial, deben tener igualdad de oportunidades, tanto en la defensa de sus respectivos derechos como en la producción de las pruebas destinadas a acreditarlos.

De otra parte, este derecho no debe configurarse aisladamente sino vinculado a otros derechos fundamentales como lo son el derecho a la tutela efectiva y el derecho al respeto de la dignidad humana. Lo justo, en razón de la aplicación de éstos que está obligado a brindar el Tribunal Supremo de Justicia, -de conformidad con el artículo 26 de nuestra Carta Fundamental- es revisar si todos los actos previos a la imposición de la sanción por parte de la Administración, permitieron la oportuna y adecuada defensa del funcionario sancionado, así como la presentación de las pruebas en descargo de su defensa, y si el procedimiento que da origen al acto impugnado se ajustó al procedimiento de Ley.

Cabe destacar que la Administración no puede prescindir de lo señalado imponiendo sanciones o sencillamente fundamentando sus actuaciones en meras presunciones.

El derecho a la defensa y al debido proceso, aun en sede administrativa son de rango constitucional, de allí que esta Sala precisa que las disposiciones del Reglamento Interno para la Administración del Personal de la Dirección de los Servicios de Inteligencia y Prevención, fundamento legal del caso de autos, resulta ineficaz frente a los derechos de los funcionarios administrados, en la medida en que lesiona estos derechos.

Refiérese la Sala específicamente en el caso concreto a la disposición contenida en el artículo 31 del Reglamento *in comento* a los lapsos establecidos de 24 y 72 horas para la interposición de los recursos de apelación y jerárquico, respectivamente, del que dispone el funcionario para ejercer su defensa. Lapsos que, en lugar de garantizar la facilidad de presentar las pruebas que considere pertinentes a fin de demostrar su inocencia, coartan este derecho.

RDP N° 82, 2000, pp. 400

TSJ-SE (63)   14-6-2000

Magistrado Ponente: José Peña Solís

Caso: Henrique Salas-Romer vs. Consejo Supremo Electoral.

La imposición de una sanción necesariamente debe ser el producto de un procedimiento administrativo de primer grado, dentro del cual se hayan respetado los derechos y garantías constitucionales del administrado.

Una vez asumida la competencia, pasa la Sala a pronunciarse sobre el fondo del asunto, y a tal efecto observa que el recurrente alega, en primer lugar, que la Resolución mediante la cual se le impuso la sanción de multa está viciada, ya que nunca se le dio la oportunidad de ser oído para exponer sus alegatos y razones sobre las denuncias que según el Consejo Supremo Electoral provocaron dicha medida en su contra, con lo cual se violó su derecho a la defensa consagrado en el artículo 68 de la Constitución de la República de Venezuela de 1961.

Al respecto cabe advertir que, "la sanción administrativa es la consecuencia dañosa que impone la Administración Pública a los infractores del orden jurídico administrativo" y "un medio indirecto con que cuenta la Administración para mantener la observancia de las normas, restaurar el orden jurídico violado y evitar que puedan prevalecer los actos contrarios a derecho" (Roberto Dromi, *Derecho Administrativo*, Ediciones Ciudad Argentina, 1996). Por ello resulta lógico suponer que la imposición de una sanción necesariamente debe ser el producto de un procedimiento administrativo de primer grado, dentro del cual se hayan respetado los derechos y garantías constitucionales del administrado, que deben funcionar como norte de todas las actuaciones judiciales y administrativas, y donde "hay que situar todas las garantías del derecho de defensa frente a las medidas represivas y en garantía de la presunción constitucional de inocencia es pues en la propia fase administrativa donde la sanción se produce, sin perjuicio de todas las ulteriores defensas procesales ordinariamente disponibles en todos los procesos contencioso administrativos sin distinción" (Eduardo García de Enterría y Tomas Ramón Fernández, *Curso de Derecho Administrativo*, Tomo II, Editorial Civitas).

En ese sentido el mismo García de Enterría también señala que la "exigencia de un procedimiento es en materia sancionatoria especialmente cualificada. Suple en primer término al proceso penal, que es propio del Derecho Común Sancionatorio y debe dar cabida, por consecuencia, a las mismas garantías de la libertad que encuentran en el Derecho Procesal Penal su lugar propio. Se trata, en segundo lugar, de combatir en el caso concreto una presunción de inocencia estrechamente ligada a la libertad, a la presunción de inocencia".

Así lo ha entendido también la jurisprudencia venezolana, la cual ha señalado reiteradamente que en los procedimientos administrativos los vicios procedimentales que determinan la nulidad de los actos definitivos e inclusive de todo lo actuado, son el incumplimiento total del trámite establecido y la lesión grave del derecho a la defensa. De modo que si no se cumple con los trámites del procedimiento respectivo, o si no se notifica al interesado, y por ende no se le permite concurrir a fin de que pueda exponer sus alegatos y demostrarlos, es claro que resulta procedente anular el acto definitivo y lo realizado. La indefensión grave implica la verificación de una negativa o de una imposibilidad total de que un administrado se defienda, o porque no se le notificó del procedimiento en ninguna forma, o porque se le impidió ejercer el derecho a defenderse en el mismo procedimiento, negándosele las pruebas o el acceso al expediente.

RDP N° 82, 2000, pp. 429

CPCA   27-4-2000

Magistrado Ponente: Carlos Enrique Mouriño Vaquero

Caso: Belkys M. Labrador vs. Concejo Municipal del Municipio Liberador del Distrito Federal.

Cuando el procedimiento administrativo no se cumple, se transgrede u obvia alguna de sus fases esenciales legalmente establecidas, el acto está viciado de nulidad absoluta, por configurar una lesión al derecho constitucional del debido proceso y consecuentemente, a la defensa, consagrados en el artículo 49 de la Constitución de la República Bolivariana de Venezuela.

Pasa la Corte a pronunciarse respecto a los vicios denunciados:

Con relación a la primera denuncia, esta Alzada debe señalar que los actos administrativos deben cumplir con el procedimiento previsto en la Ley, en este caso, el Reglamento N° 1 de la Ordenanza de Policía Administrativa Municipal del Municipio Libertador, no sólo como garantía para evitar arbitrariedades, sino para asegurar la certeza documental y constituir pruebas de los actos que permitan examinar la validez de los mismos; por cuanto el procedimiento Administrativo, es una seguridad para el administrado y un deber para la Administración, constituyendo la materialización del derecho a la defensa y al denominado derecho al debido procedimiento administrativo.

Ahora bien, cuando el procedimiento no se cumple, se transgrede u obvia alguna de sus fases esenciales legalmente establecidas, el acto está viciado de nulidad absoluta, por configurar una lesión al derecho constitucional del debido procedimiento y consecuentemente a la defensa consagrados en el artículo 49 de la Constitución de la República Bolivariana de Venezuela. Por cuanto en un estado de derecho los procedimientos administrativos se erigen como una garantía a los particulares en el ejercicio y goce de sus derechos, de lo cual se desprende la imposibilidad de dictar actos administrativos prescindiendo del procedimiento legalmente establecido para el mismo.

Al respecto tenemos que en el derecho comparado, el procedimiento a seguir para producir un acto administrativo se encuentra consagrado en la Constitución, por cuanto es materia de Orden Público, así tenemos que la Constitución de España de 1978, por ejemplo establece que la ley regulará el procedimiento que debe preceder a los actos administrativos y que los mismos garantizan el tratamiento común de los administrados frente a la administración. Así en su artículo 105.3 nos dice:

"La ley regulará:

c) El procedimiento a través del cual deben producirse los actos administrativos, garantizando, cuando proceda, la audiencia del interesado".

Artículo 149.1.18: "El Estado tiene competencia exclusiva sobre las siguientes materias:

18. Las bases del régimen jurídico de las Administraciones públicas y del régimen estatutario de sus funcionarios que, en todo caso, garantizarán a los administrados un tratamiento común ante ellas; el procedimiento administrativo común, sin perjuicio de las especialidades derivadas de la organización propia de las Comunidades Autónomas; legislación sobre expropiación forzosa; legislación básica sobre contratos y concesiones administrativas y el sistema de responsabilidad de todas las Administraciones públicas."

En el presente caso, tenemos que el procedimiento administrativo disciplinario, establecido por disposiciones expresas contenidas en el Reglamento N° 1 antes citado, es materia de orden público, especialmente en lo que respecta a las garantías del administrado, y dentro de éstas al derecho a la defensa que se equipara al denominado principio *audi alteram partem* o principio del contradictorio administrativo, y el derecho a ser oído establecido en los artículos 48 y 32 de la Ley Orgánica de Procedimientos Administrativos, así como el derecho a la audiencia y a la participación en el procedimiento previstos en los artículos 48 y 68, ibídem, consagrados en los artículos 141 y 62 de la novísima Constitución de la República Bolivariana de Venezuela, así como en su preámbulo cuando define al Estado como de democracia participativa. Por cuanto los mismos permiten a los titulares de derechos o de intereses frente a la Administración, la posibilidad de defenderse participando activamente en el procedimiento y coadyuvar en la toma de decisiones y más aun en aquellos que afectan su esfera de derechos subjetivos. Por otro lado, la doctrina ha reconocido que con este principio se logra la verificación del supuesto jurídico del procedimiento y la determinación de su correcta interpretación, la actuación del derecho objetivo y, la tutela de los derechos e intereses de las partes.

En este orden de ideas, nos permitimos hacer referencia a un precedente juris-prudencial emanado en 1964 por la Cámara de los Lores que consagra el derecho a ser oído en Gran Bretaña (Sentencia Ridge vs. Baldwin) donde si bien no se en-cuentra consagrado constitucional ni legalmente, ello no ha impedido que se con-sagre el hecho de que tal derecho debe ser respetado por elementales principios de "justicia natural", específicamente en el procedimiento administrativo que afecte los derechos subjetivos del ciudadano.

Pero es el caso, tal como se estableció en la primera parte de esta decisión, que si bien es cierto que la Administración no notificó a la querellante de la apertu-ra del procedimiento disciplinario, dicho vicio se subsanó con la comparecencia de la interesada al acto de promoción y evacuación de pruebas, momento en el cual pudo presentar su escrito de descargo, y alegar los vicios de procedimiento, como lo es la falta de notificación. Razón por la cual el vicio de violación del derecho a la defensa por falta de citación debe ser desechado. Así se decide.

No obstante es necesario señalar que del estudio del expediente se observa, que si bien la querellante tuvo conocimiento del procedimiento, que presentó y promovió escrito de pruebas, así como solicitó se fijara fecha y hora para evacuar las testimoniales, no es menos cierto que el ente querellado no se pronunció sobre las pruebas ni las mismas fueron evacuadas, máxime cuando ese medio probatorio requiere pronunciamiento expreso de admisión. El órgano administrativo simple-mente procedió a participar a la recurrente, mediante oficio signado IAPA-DG de fecha 19 de diciembre de 1995 la destitución del cargo de Inspector Jefe del ente policial tantas veces citado.

En consecuencia de lo antes expuesto, esta Alzada considera que contraria-mente a lo establecido por el *a quo*, sí se violó el derecho a la defensa de la quere-llante pero no por la ausencia de notificación (vicio éste que fue subsanado en el transcurso del procedimiento) sino por el hecho de que la Administración en ningún momento se pronunció sobre las pruebas promovidas ni ordenó su evacua-ción, de ser procedentes, lo que genera la indefensión de la accionante al no per-mitírsele evacuar las pruebas en su descargo, influye de este modo en la legalidad del acto en su elemento causal, esto es en los motivos que dieron lugar a la emisión del acto, lo cual dentro de la Teoría Integral de la Causa acarrea el vicio de falso supuesto.

De lo antes expuesto se evidencia que no hubo verdadera sustanciación, no se dio un verdadero procedimiento. Con lo cual se viola el principio de la decisión inteligente. Igualmente se violó el derecho al debido proceso y a ser oído máxime cuando la autoridad administrativa no puede decidir sino con base a pruebas, hechos y circunstancias que han sido del conocimiento del interesado y sobre los cuales debió defenderse oportunamente, en consecuencia se debe declarar la nuli-dad del acto recurrido. Así se decide.

RDP N° 82, 2000, pp. 474

CPCA   5-5-2000

Magistrado Ponente: Carlos Enrique Mouriño Vaquero

Caso: Pedro A. Flores R. vs. Dirección General Sectorial de los Servicios de Inteligencia y Prevención (DISIP).

El administrado se verá afectado en sus derechos a la defensa y al debido proceso no sólo cuando se transgreda el procedimiento aplicable sino también cuando se obvie alguna de sus fases esenciales.

Con relación a la denuncia en referencia conviene destacar lo que sigue:

La novísima Constitución de la República Bolivariana de Venezuela, reconoce expresamente el principio de progresividad en la protección de los derechos constitucionales, conforme al cual el Estado garantizará a toda persona natural o jurídica, sin discriminación alguna, el respeto, goce y ejercicio irrenunciable, indivisible e interdependiente de los mismos.

De otra parte, el artículo 49 de la Constitución de la República Bolivariana de Venezuela dispone que el debido proceso se aplicará a todas las actuaciones judiciales y administrativas, y como expresiones de tal derecho se consagran en los distintos numerales de la norma, el derecho a la defensa y asistencia jurídica (que comprende los derechos de toda persona a ser notificada de los cargos por los cuales se le investiga, a acceder a las pruebas, y a disponer del tiempo y los medios necesarios para el ejercicio adecuado de su defensa); así como los derechos a ser oído, a no ser sancionado por hechos que no se encuentren tipificados como falta o delito, entre otros.

Respecto al derecho constitucional a la defensa se ha pronunciado esta Corte, entre otras decisiones, en sentencia de fecha 27 de abril de 2000 (expediente N° 99-21660), en cuya oportunidad se expuso que el mismo comprende el denominado principio *audi alteram partem* o principio del contradictorio administrativo, y el derecho a ser oído, así como el derecho a la audiencia y a la participación en el procedimiento.

En sede administrativa como judicial la protección del aludido derecho, en todas sus expresiones, se obtiene con la sustanciación del debido procedimiento, en el que se garantice al interesado sus posibilidades de defensa y el empleo de los medios o recursos dispuestos para tal fin; de modo que el administrado se verá afectado en sus derechos a la defensa y al debido proceso no sólo cuando se transgreda el procedimiento aplicable sino también cuando se obvie alguna de sus fases esenciales, pues en virtud de esto último se le privaría de una oportunidad para exponer o demostrar lo que estime conducente a los fines de lograr el restablecimiento de la situación que se dice lesionada. Es evidente entonces que en un Estado de Derecho los procedimientos administrativos constituyen una garantía a los particulares en el ejercicio y goce de sus derechos, y de allí se desprende el carácter de orden público de las normas que los consagran.

En este orden de ideas resulta pertinente la referencia al precedente jurisprudencial sentado por la Cámara de los Lores en Gran Bretaña, en la sentencia Ridge vs. Baldwin, donde se expresó que si bien el derecho a ser oído no está consagrado constitucional ni legalmente, ello no ha impedido que se prevea su protección por elementales principios de "justicia natural", específicamente en el procedimiento administrativo que afecte a los derechos subjetivos del ciudadano. Tal apreciación, en su esencia, resulta perfecta y necesariamente aplicable a los otros extremos que componen los derechos a la defensa y al debido proceso.

Aunado a lo anterior, es menester destacar que en nuestro Ordenamiento la protección de los derechos en referencia se corresponde con la finalidad de establecer una sociedad democrática y participativa, que inspira a la nueva Constitución, en los términos establecidos en el Preámbulo de la misma.

RDP N° 83, 2000, pp. 230

TSJ-SPA (1698)   19-7-2000

Magistrado Ponente: Carlos Escarrá Malavé

Caso: Sergio Seijas R. vs. Alcaldía del Municipio Sucre del Estado Sucre.

En la actividad probatoria de la Administración es necesario e imperante que el administrado pueda ejercer el necesario control y contradicción de la prueba, pues de lo contrario, ésta no tendrá valor alguno y no podrá ser utilizada por la Administración a los fines de una decisión que afecte la esfera jurídica de un administrado.

En el caso de autos observa la Sala que no existe en el expediente administrativo indicio alguno que a la parte actora se le haya notificado de la apertura de un procedimiento destinado a rescatar el terreno que era de su propiedad y, mucho menos, que se la haya permitido alegar y probar algo dentro de este. Ello a pesar que, mediante el texto del acto administrativo impugnado, se demuestra claramente que la Administración Municipal conocía que la parte actora era propietaria del terreno rescatado.

Tal ausencia de procedimiento no queda en modo alguno convalidada por la inspección judicial que fuera practicada a solicitud de la Municipalidad y en ausencia y desconocimiento de la parte actora, pues ella no tiene valor probatorio alguno frente a esta última, ya que fue practicada sin el debido control y contradicción de la prueba que es una de las garantías fundamentales que permite el ejercicio del derecho a la defensa durante la tramitación del procedimiento administrativo, debiendo tenerse dicha inspección como una simple actividad de constatación efectuada a solicitud de la Administración y que sólo tiene efectos a los fines de cumplimiento de su actividad de supervisión.

Ciertamente, no puede confundirse la actividad que realiza la Administración para recabar información con la actividad probatoria que realiza en el transcurso de un procedimiento administrativo. La primera, se encuentra destinada a conocer sobre una situación determinada, sin que sea necesaria la participación de los particulares, pues esta actividad tiene simples fines de constatación. Ahora bien, en el caso de la actividad probatoria de la Administración, es necesario e imperante que el administrado pueda ejercer el necesario control y contradicción de la prueba pues, de lo contrario, esta no tendrá valor alguno y no podrán ser utilizadas por la Administración a los fines de una decisión que afecte la esfera jurídica de un administrado.

Por todo lo anterior esta Sala observa que fue violado gravemente el derecho a la defensa y al debido proceso de la parte actora lo cual conforme a lo dispuesto en el artículo 19, numeral 4 del Ley Orgánica de Procedimientos Administrativos acarrea la nulidad absoluta de los actos administrativos impugnados y así se declara.

RDP N° 83, 2000, pp. 230

CPCA (1028)   28-7-2000

Magistrado Ponente: Evelyn Marrero Ortíz

Caso: Promotora Villagrieta, C.A. vs. Instituto Municipal del Ambiente de la Alcaldía del Municipio Valencia del Estado Carabobo.

El límite a la potestad revisora de la Administración está en el derecho a la defensa de la parte que pueda resultar perjudicada por el acto de control.

Así, puede afirmarse sin lugar a dudas que el límite a la potestad revisora de la Administración está en el derecho a la defensa de la parte que pueda resultar perjudicada por el acto de control. En efecto, como principio general todo acto o medida de control sobre la ejecución de un proyecto o desarrollo urbanístico debe ser consecuencia de un procedimiento administrativo que permita al afectado ejercer su derecho a la defensa, aunque en ciertos casos, como por ejemplo en materia ambiental, ese principio puede verse atenuado por la envergadura de los intereses en juego.

En el caso que se examina, observa la Corte, que en virtud de la denuncia del particular la Dirección de Control Urbano ordenó a la Oficina Municipal de Planeamiento Urbano efectuar un estudio de las pendientes y con fundamento en dicho estudio, el cual arrojó como resultado la existencia de pendientes diferentes a las indicadas por la empresa recurrente en su proyecto fue que ordenó la reposición de la causa al estado de presentar nuevamente el proyecto, con sus respectivos recaudos contentivos de información exacta. Tal medida a juicio de este Órgano Jurisdiccional, goza de la debida proporcionalidad y racionalidad, ya que a través de la reposición se persigue esclarecer el asunto en aras del interés general el cual por la materia debatida priva sobre el interés del particular, sin que ello en modo alguno comporte para la recurrente una lesión de los derechos que válidamente pudo haber adquirido, toda vez que en el curso del procedimiento administrativo tendrá la posibilidad de ejercer su derecho a la defensa.

RDP N° 104, 2005, pp. 83

TSJ-SPA (5907)   13-10-2005

Magistrado Ponente: Levis Ignacio Zerpa

Caso: Administradora Convida C.A. vs. Ministerio de la Producción y el Comercio.

La Sala confirma su criterio al sostener que el derecho a la defensa implica no sólo la oportunidad para que el ciudadano encausado o presunto infractor pueda hacer oír sus alegatos, sino el derecho que tiene de exigir al Estado el cumplimiento previo a la imposición de la sanción, de un conjunto de actos o procedimientos destinados a permitirle conocer con precisión los hechos que se le imputan y las disposiciones legales aplicables a los mismos, hacer oportunamente alegatos en su descargo, así como promover y evacuar pruebas.

2.- Por otra parte, la recurrente señaló, como vicio del acto administrativo cuestionado la "Violación del derecho a la defensa por falta de valoración de las pruebas alegadas", pues, a su decir, la autoridad administrativa sancionante omitió de manera absoluta la "valoración de las pruebas y argumentos presentados en la Sala de Conciliación por nuestra representada, los cuales eran esenciales para desestimar las razones que dieron lugar a la denuncia formulada por el Sr. Osuna", sumado a que "tanto el Ministerio como el Instituto para la Defensa y Educación del Consumidor y del Usuario tomaron como únicos y como ciertos los alegatos del Sr. Osuna, sin ni siquiera valorar las observaciones hechas por los representantes de CONVIDA, en fecha 29 de enero de 2001, 2 de febrero de 2001 y 7 de junio de 2001, y menos aún, valoraron las pruebas aportadas por dicha empresa, las cuales eran absolutamente necesarias a los fines de desestimar los argumentos expuestos por la parte denunciante", circunstancias que generan que el acto recurrido deba declararse nulo de conformidad con el numeral 1° del artículo 19 de la

Ley Orgánica de Procedimientos Administrativos, en concordancia con el artículo 25 de la Constitución de la República Bolivariana de Venezuela.

A este respecto debe señalarse que ha sido criterio pacífico y reiterado de esta Sala, el sostener que el derecho a la defensa implica no sólo la oportunidad para que el ciudadano encausado o presunto infractor pueda hacer oír sus alegatos, sino el derecho que tiene de exigir al Estado el cumplimiento previo a la imposición de la sanción, de un conjunto de actos o procedimientos destinados a permitirle conocer con precisión los hechos que se le imputan y las disposiciones legales aplicables a los mismos, hacer oportunamente alegatos en su descargo, así como promover y evacuar pruebas.

De la revisión de las actas procesales, surge claramente que la recurrente tuvo el debido conocimiento de la apertura del procedimiento que culminó con la sanción cuestionada, así como también tuvo la oportunidad de formular sus defensas y consignar el material probatorio que respaldara sus argumentaciones y en definitiva desvirtuara la falta imputada. Asimismo, consta en la propia resolución impugnada que la Administración revisó la documentación consignada en el expediente administrativo, lo cual se evidencia al señalarse que "precisamente de la estricta valoración de las pruebas aportadas, consistente (*sic*) de los recaudos que corren insertos en el Expediente, el Instituto para la Defensa y Educación del Consumidor y del Usuario (INDECU), pudo determinar y de acuerdo a la apreciación de los mismos, que los recurrentes no aportaron ninguna prueba que pudiese desvirtuar el hecho denunciado por el ciudadano Raúl Osuna, consistente en el incumplimiento por parte de la empresa CONVIDA de sufragar los gastos del tratamiento requerido por los médicos tratantes de su cónyuge".

Adicional a lo anterior, observa la Sala que en su escrito recursorio la impugnante se limita a expresar que la autoridad pública omitió la "valoración de las pruebas y argumentos presentados en la Sala de Conciliación por nuestra representada, los cuales eran esenciales para desestimar las razones que dieron lugar a la denuncia formulada por el Sr. Osuna", sin indicar a qué medios probatorios se refiere y de qué manera específicamente hubiesen podido cambiar la decisión adoptada, de tal manera que se llevara a la convicción de este Juzgador la verosimilitud de sus afirmaciones.

De esta manera, vistos los razonamientos anteriormente expuestos, resulta forzoso para la Sala desechar la violación del derecho a la defensa en la forma planteada por la recurrente. Así se declara.

RDP N° 108, 2006, 154

TSJ-SPA (2240)   11-10-2006

Magistrado Ponente: Emiro García Rosas

Caso: Aviones de Oriente, C.A. (AVIOR) vs. Ministerio de Infraestructura.

Mal podía imputársele a la Administración la violación de los derechos a la defensa y debido proceso por no haberse evacuado una prueba de informes promovida en el recurso jerárquico, por cuanto correspondía al recurrente promoverla en el procedimiento de primer grado o constitutivo, o lo que es lo mismo, en la fase de sustanciación del expediente administrativo, durante la cual se preparó y dictó el acto recurrido, y no en la oportunidad de la interposición del recurso jerárquico

Ahora bien, respecto a la denuncia formulada por la recurrente, esta Sala ha sostenido que los derechos al debido proceso y a la defensa implican el derecho a ser notificado de la apertura de un procedimiento administrativo, para que el particular pueda presentar los alegatos de su defensa, máxime si fue iniciado de oficio; el derecho a tener acceso al expediente con el propósito de examinar, en cualquier estado del procedimiento, las actas procesales; el derecho que tiene el administrado a presentar pruebas que permitan desvirtuar los alegatos ofrecidos en su contra por la Administración, el derecho a recibir oportuna respuesta a su solicitud y finalmente, el derecho que tiene a ser informado de los recursos y medios de defensa.

Por tal motivo, el procedimiento administrativo se constituye con actuaciones o sucesión formal de actos coordinados y orientados a la producción de un acto final por parte de quien ejerce funciones administrativas, a fin de ofrecer al administrado la garantía jurídica de participación en el desarrollo de la decisión administrativa, salvaguardando de esta forma sus derechos fundamentales, como lo son el debido proceso y la defensa.

En este sentido, la Ley de Aviación Civil publicada en la Gaceta Oficial de la República Bolivariana de Venezuela, Extraordinaria N° 5.124 del 27 de diciembre de 1996 y aplicable al presente caso *ratione temporis*, establecía en el artículo 87 que la iniciación, sustanciación y resolución de las actuaciones administrativas a que daba lugar la aplicación de esa ley, se debían ajustar a las disposiciones de la Ley Orgánica de Procedimientos Administrativos, ley que a su vez establece un régimen especial para los casos en que sea requerido a otras autoridades u organismos, informes relevantes para la resolución del asunto, durante la fase de sustanciación del expediente administrativo. En este sentido los artículos 54, 55, 56 y 57 *eiusdem*, establecen lo siguiente:

"Artículo 54. La autoridad administrativa a la que corresponda la tramitación del expediente, solicitará de las otras autoridades u organismos los documentos, informes o antecedentes que estime convenientes para la mejor resolución del asunto.

Cuando la solicitud provenga del interesado, éste deberá indicar la oficina donde curse la documentación.

Artículo 55. Los documentos, informes y antecedentes a que se refiere el artículo anterior, deberán ser evacuados en el plazo máximo de quince (15) días, si se solicitaren de funcionarios del mismo organismo y de veinte (20) días en los otros casos.

(omissis)

Artículo 56. La omisión de los informes y antecedentes señalados en los artículos anteriores no suspenderá la tramitación, salvo disposición expresa en contrario, sin perjuicio de la responsabilidad en que incurra el funcionario por la omisión o demora.

Artículo 57. Los informes que se emitan, salvo disposición legal en contrario, no serán vinculantes para la autoridad que hubiere de adoptar la decisión".

Como se observa, la normativa trascrita consagra la potestad de que la Administración, bien de oficio o a petición de parte, solicite a otros organismos documentos, informes y antecedentes que estime convenientes para la mejor resolución del asunto, estableciendo que la oportunidad en la que deberá ser requerida es en la fase de sustanciación del expediente, así como los plazos máximos para su evacuación, vale decir, quince (15) días si se solicitaren de funcionarios del mismo organismo y de veinte (20) días en los otros casos; informes éstos que conforme al artículo 57 de la Ley Orgánica de Procedimientos Administrativos, no son vinculantes para la autoridad que hubiere de adoptar la decisión.

En virtud de lo anterior, considera esta Sala que mal podía imputársele a la Administración la violación de los derechos a la defensa y debido proceso por no haberse evacuado la aludida prueba de informes promovida en el recurso jerárquico, por cuanto correspondía al recurrente promoverla conforme a lo establecido en la Ley Orgánica de Procedimientos Administrativos, es decir, en el procedimiento de primer grado o constitutivo, o lo que es lo mismo, en la fase de sustanciación del expediente administrativo, durante la cual se preparó y dictó el acto recurrido, y no en la oportunidad de la interposición del recurso jerárquico -procedimiento de segundo grado-, cuyo objeto es la revisión del acto previamente dictado, fundamentado en una prerrogativa de la Administración denominada potestad de autotutela, por la cual puede confirmar el acto, revocarlo, modificarlo o sustituirlo por otro, por motivos de hecho, derecho, oportunidad y conveniencia.

En consecuencia, se observa que dentro del procedimiento administrativo a que se contraen las presentes actuaciones, no se conculcó el derecho a la defensa y al debido proceso, por cuanto, tal como fue admitido en el libelo por la actora y según se desprende del expediente administrativo, a la recurrente se le notificó del procedimiento llevado en su contra, de manera que ésta tuvo la oportunidad de acceder al expediente durante la sustanciación, para exponer las razones de hecho y de derecho que a su juicio fuesen pertinentes para la defensa de sus derechos, carga con la que no cumplió en la oportunidad prevista en la ley y cuya falta no puede ser atribuida a la Administración.

Con fundamento en los argumentos expuestos, esta Sala desestima la pretendida violación de los derechos a la defensa y debido proceso denunciados por la recurrente. Así se decide.

RDP N° 111, 2007, pp. 186

TSJ-SPA (0504)   30-4-2008

Magistrado Ponente: Evelyn Marrero Ortiz

Caso: Jairo Addin Orozco Correa y José Joaquin Bermúdez Cuberos vs. Comisión de Funcionamiento y Reestructuración del Sistema Judicial.

No puede exigírsele al Juez ni mucho menos a la autoridad administrativa, la valoración exhaustiva sobre todos y cada uno de los medios probatorios cursantes en el expediente administrativo, ya que lo relevante de un medio probatorio es el hecho capaz de probar y de guardar relación con los hechos debatidos.

Con respecto al alegato de silencio de pruebas en el que habría incurrido la Comisión de Funcionamiento y Reestructuración del Sistema Judicial, es importante destacar, que la autoridad administrativa al igual que el Juez, tiene la obligación de analizar todas las pruebas cursantes en autos, aún aquellas que a su juicio no resultaren idóneas para ofrecer algún elemento de convicción, a los fines de respetar el derecho a la defensa y el debido proceso del administrado.

Ahora bien, esta obligación no puede interpretarse como una obligación de apreciación en uno u otro sentido, es decir, el hecho de que la valoración que haga el juez o la autoridad administrativa sobre los medios probatorios para establecer sus conclusiones, se aparte o no coincida con la posición de alguna de las partes, no debe ser considerado como silencio de prueba.

Tampoco puede exigírsele al Juez ni mucho menos a la autoridad administrativa, la valoración exhaustiva sobre todos y cada uno de los medios probatorios cursantes en el expediente administrativo, ya que lo relevante de un medio probatorio es el hecho capaz de probar y que guarda relación con los hechos debatidos.

Así, habrá silencio de pruebas cuando el Juez en su decisión o en su caso, la autoridad administrativa, no juzgue, aprecie o valore algún medio de prueba cursante en autos, capaz de afectar la decisión. (*Vid.* Sentencia de esta Sala N° 01311 de fecha 26-07-2007).

RDP N° 112, 2007, pp. 554

TSJ- SC (1889)   17-10-2007

Magistrado Ponente: Francisco Carrasquero López

**Caso: Impugnación de los artículos 449, 453, 454, 455, 456
y 457 de la Ley Orgánica del Trabajo.**

**El origen del derecho al debido proceso se encuentra en el
principio de codificación, de acuerdo al cual la actuación
del Estado supone una normación procedimental vinculante, que ordene el accionar administrativo.**

Finalmente, los actores denunciaron que la sustanciación llevada por las Inspectorías del Trabajo, resulta lesiva del derecho al debido proceso, por cuanto son
procedimientos sui generis.

Al respecto, tal como señaló esta Sala en sentencia N° 1392, dictada el 28 de
junio de 2005, en el caso *Luis Carlos Pinzón La Rotta*, el debido proceso a que se
refiere el artículo 49 de la Constitución de la República Bolivariana de Venezuela,
reviste una gran importancia a favor de todo sujeto de derecho, por cuanto implica
el cumplimiento y respeto tanto de las reglas legales como de las garantías y derechos de los sujetos de derecho; lo cual, supone la sustanciación de un procedimiento, en el que se garantice al interesado sus posibilidades de defensa y el empleo de
los medios o recursos dispuestos para tal fin; es decir, la posibilidad de alegar y
probar en condiciones de igualdad, todo cuanto pueda favorecer su condición jurídica y de allí, que su trasgresión se configura no sólo cuando se tergiversa el procedimiento aplicable, sino también cuando se obvia alguna de sus fases esenciales,
privando a una de las partes de una oportunidad para exponer o demostrar lo que
estime conducente para preservar sus derechos e intereses.

La génesis del derecho al debido proceso, se encuentra en el principio de codificación, de acuerdo al cual la actuación del Estado supone una normación procedimental vinculante, que ordene el accionar administrativo. Por ello, cada actuación debe adminicularse coherentemente en una cadena o sucesión de actuaciones
donde la defensa de los administrados o justiciables (según el caso) representa el
eje fundamental de la legitimación del procedimiento como garantía jurídica.

La exigencia del procedimiento judicial o administrativo y con ella, la de su
racionalización, responde a las nociones de seguridad jurídica, pues tiende a la
verificación procedimental de las circunstancias que dan lugar a la manifestación
de autoridad, otorgándole así un carácter solemne a su actuación, que le permite a
los interesados, intervenir con las garantías necesarias para la defensa de sus situaciones jurídicas.

Es esa la justificación del carácter procedimentalizado de la actuación del Estado, que se presenta como uno de los principios del Estado de derecho que tiende

al control de la arbitrariedad del Poder Público, en el cual se manifiestan las garantías adjetivas de los particulares.

A tono con la doctrina expuesta, el ordenamiento jurídico venezolano, recoge en el artículo 47 de la Ley Orgánica de Procedimientos Administrativos, el principio de aplicación preferente de los procedimientos administrativos establecidos en leyes especiales, donde en el marco antes desarrollado, deben observarse el derecho a la defensa y el principio de racionalidad de las actuaciones.

Conforme a lo expuesto, observa esta Sala que las normas atacadas salvaguardan el derecho a la defensa y el principio de racionalidad de las actuaciones procesales y ello, aunado a que la sustanciación de la actividad desarrollada por las inspectorías del trabajo se encuentra predeterminada en un procedimiento establecido por vía legal, permiten concluir que el carácter *sui generis* o especial de dicho procedimiento en nada atenta contra la garantía dispuesta en el artículo 49 del Texto Fundamental, ya que esta norma no debe ser entendida como un imperativo de un procedimiento administrativo único, sino como una garantía que supone la sustanciación ajustada a la ley de la actuación administrativa del Estado y así se decide.

RDP N° 114, 2008, pp. 186

TSJ-SPA (0504)   30-4-2008

Magistrado Ponente: Evelyn Marrero Ortiz

Caso: Jairo Addin Orozco Correa y José Joaquin Bermúdez Cuberos vs. Comisión de Funcionamiento y Reestructuración del Sistema Judicial.

No puede exigírsele al Juez ni mucho menos a la autoridad administrativa, la valoración exhaustiva sobre todos y cada uno de los medios probatorios cursantes en el expediente administrativo, ya que lo relevante de un medio probatorio es el hecho capaz de probar y de guardar relación con los hechos debatidos.

Con respecto al alegato de silencio de pruebas en el que habría incurrido la Comisión de Funcionamiento y Reestructuración del Sistema Judicial; es importante destacar, que la autoridad administrativa al igual que el Juez, tiene la obligación de analizar todas las pruebas cursantes en autos, aún aquellas que a su juicio no resultaren idóneas para ofrecer algún elemento de convicción, a los fines de respetar el derecho a la defensa y el debido proceso del administrado.

Ahora bien, esta obligación no puede interpretarse como una obligación de apreciación en uno u otro sentido, es decir, el hecho de que la valoración que haga el juez o la autoridad administrativa sobre los medios probatorios para establecer sus conclusiones, se aparte o no coincida con la posición de alguna de las partes, no debe ser considerado como silencio de prueba.

Tampoco puede exigírsele al Juez ni mucho menos a la autoridad administrativa, la valoración exhaustiva sobre todos y cada uno de los medios probatorios cursantes en el expediente administrativo, ya que lo relevante de un medio probatorio es el hecho capaz de probar y que guarda relación con los hechos debatidos.

Así, habrá silencio de pruebas cuando el Juez en su decisión o en su caso, la autoridad administrativa, no juzgue, aprecie o valore algún medio de prueba cursante en autos, capaz de afectar la decisión. (*Vid.* Sentencia de esta Sala N° 01311 de fecha 26-07-2007).

RDP N° 118, 2009, pp. 240

TSJ-SPA (0619)   13-5-2009

Magistrado Ponente: Yolanda Jaimes Guerrero

Caso: Corporación Betapetrol, S.A. vs. Ministerio de Energía y Petróleo.

La concepción del procedimiento como cauce formal de la serie de actos conducentes a la adopción de una determinada decisión de la Administración, es una formalidad que no resulta aplicable al ejercicio de la actividad inspectora, ya que ésta no debe sujetarse necesariamente a un procedimiento formalizado en el sentido expuesto.

3.-   **Violación de la garantía al debido proceso:**

...

b) Alegaron también la violación al derecho la defensa de su representada argumentando que en el presente caso, "...del expediente administrativo levantado con ocasión del procedimiento que culminó mediante la decisión revocatoria de la licencia otorgada a Corporación Betapetrol, S.A., (...) se evidencia que en fecha 30 de marzo de 2005 se habría llevado a cabo una inspección, quedando recogidas sus resultas en Acta levantada con ocasión de la misma...". Respecto a lo anterior denunciaron que "...no se cumplió con las formalidades inherentes a la evacuación de ese tipo de medios probatorios, incorporándose dicha prueba de manera ilegítima al procedimiento administrativo, y lesionándose, en consecuencia, el derecho constitucional a la defensa de [su] representada...".

En el mismo orden de ideas añadieron que si tal y como se afirma "...en el Acta levantada en fecha 30 de marzo de 2005, la inspección que se realizó, se llevó a cabo en ejercicio de la atribución que otorgaría el artículo 8 de la LOH al Ministerio, para fiscalizar actividades en materia de hidrocarburos, la misma habría debido llevarse a cabo por el Viceministro de Hidrocarburos, quien es el titular de la unidad administrativa con competencia del segundo nivel jerárquico del Ministerio de Energía y Petróleo...". (*sic*).

Sobre el mencionado alegato se ha referido con anterioridad la Sala aludiendo concretamente a la competencia atribuida a la Dirección de Industrialización y Tecnología de Hidrocarburos, de conformidad con lo dispuesto en el artículo 8 del Decreto con Fuerza de Ley Orgánica de Hidrocarburos, estableciendo lo siguiente:

> "...De la normativa anteriormente transcrita se desprende que la Dirección de Industrialización y Tecnología de Hidrocarburos, ejerciendo una competencia legalmente atribuida, procedió los días 29 de octubre y 21 de noviembre de 2003 -hecho no controvertido en el presente proceso- a realizar inspecciones para verificar el estado de las instalaciones propiedad de la recurrente, para desarrollar las actividades previstas en la Ley.
>
> Como producto de esas inspecciones, los funcionarios actuantes constataron una serie de aspectos que fueron recogidos en el informe rendido en fecha 19 de mayo de 2004, que corre inserto en el expediente administrativo, donde recomendaron que, ante el cúmulo de irregularidades observadas, se le abriera a la empresa el correspondiente procedimiento administrativo...". (Sent. N° 01446 de fecha 12/11/08, caso: *ECC CHEMICAL 2000 C.A*).

Así como se ha indicado, a diferencia de lo que sostiene la accionante en su libelo, del artículo 8 del referido Decreto con Fuerza de Ley Orgánica de Hidrocarburos, se desprende que la Dirección de Industrialización y Tecnología de Hidrocarburos, como dependencia del Ministerio en referencia, se encuentra facultada para realizar inspecciones como las efectuadas en el caso de autos, ya que el citado artículo no discrimina dentro de la estructura del Despacho Ministerial a cuál de sus dependencias corresponde esa facultad. El indicado artículo sólo precisa en términos generales que "...*el Ministerio de Energía y Petróleo es el órgano nacional competente en todo lo relacionado con la administración de los hidrocarburos y en consecuencia tiene la facultad de inspeccionar los trabajos y actividades inherentes a los mismos, así como las de fiscalizar las operaciones que causen los impuestos, tasas o contribuciones establecidos en esta Ley y revisar las contabilidades respectivas...*".

A su vez, el tantas veces referido Decreto con Fuerza de Ley Orgánica de Hidrocarburos, establece en el artículo 61 lo siguiente:

> "...*Las personas naturales o jurídicas que deseen ejercer las actividades de suministro, almacenamiento, transporte, distribución y expendio de los productos derivados de hidrocarburos, deberán obtener previamente permiso del Ministerio de Energía y Minas. Estos permisos estarán sujetos a las normas establecidas en este Decreto Ley, su Reglamento y las Resoluciones respectivas. Las personas naturales o jurídicas que ejerzan las actividades antes señaladas, podrán realizar más de un actividad, siempre que exista la separación jurídica y contable entre ellas.*
>
> *La cesión o traspaso de dichos permisos requerirán la autorización previa del Ministro de Energía y Minas...*".

En consecuencia, de los citados artículos se evidencian las facultades acordadas al Ministro de Energía y Petróleo para ejercer las funciones de inspección y fiscalización de las actividades efectuadas por los funcionarios y los particulares, en materia de hidrocarburos, actividad ésta que comprende todo lo relativo al desarrollo, conservación, aprovechamiento y control de dichos recursos, tal y como lo establece el citado artículo 8 del Decreto con Fuerza de Ley Orgánica en referencia.

En efecto, de la lectura del expediente y del contenido del acto se evidencia que la Administración en el presente caso, a través del órgano competente, esto es, la Dirección de Industrialización y Tecnología de Hidrocarburos del Ministerio en referencia, en ejercicio de sus funciones, establecidas en el citado artículo 8 del Decreto con Fuerza de Ley Orgánica de Hidrocarburos en concordancia con lo dispuesto en los artículos 12 y 16 del Reglamento Interno del entonces Ministerio de Energía y Petróleo y la Ley Orgánica de Procedimientos Administrativos, acordó la apertura de oficio del procedimiento administrativo ordinario contra la empresa accionante, que dio lugar posteriormente, a la emisión de las Resoluciones N° 476 y 220, ambas emanadas del Ministro de Energía y Petróleo.

También se debe establecer en la presente decisión, que una de las características fundamentales de la potestad de inspección y fiscalización, resulta de su origen eminentemente normativo, pues ha de ser atribuida expresamente a la Administración, es decir, el ejercicio de dicha potestad no es el resultado de relaciones jurídicas, sino que por el contrario, ésta se traduce en un poder de intervención en la esfera jurídica de los administrados. En consecuencia, ante su ejercicio el ciudadano se encuentra en una especial situación de sujeción, pues como se ha indicado, con dicha actividad se persigue verificar el estricto cumplimiento de los requisitos que le sean impuestos por el ordenamiento jurídico. De allí que el particular que resulte inspeccionado no puede considerar cercenados sus derechos, pues como resultado de la referida especial situación de sujeción, existe el deber jurídico de soportar la verificación por parte de la Administración del cumplimiento del ordenamiento. (*Vid* Sent. de la SPA N° 01917 de fecha 28-11-07, caso: *Lubricantes Güiria S.R.L.*).

Adicionalmente, en el caso planteado se constata el levantamiento del Acta de Inspección de fecha 30 de marzo de 2005 (folios 11 y 12 del expediente administrativo), a los fines de recomendar "...el estudio de la posibilidad de apertura de procedimiento administrativo...", sin que ello signifique el incumplimiento de formalidad alguna ni la incorporación de medios probatorios "...de manera ilegítima al procedimiento administrativo (...) lesionándose, en consecuencia, el derecho constitucional a la defensa de [su] representada...", tal como fue alegado por la parte accionante.

Por el contrario, debe precisar en esta oportunidad la Sala, que el valor probatorio de las Actas de Inspección levantadas en ejercicio de las actuaciones inspectoras de la Administración, deriva fundamentalmente de la presunción de legalidad de todo acto administrativo. De allí que los hechos, actos o estados de cosas que se hagan constar en los referidos documentos deben tenerse como ciertos, salvo que otros medios de prueba desvirtúen lo allí documentado por el funcionario público competente, siendo entonces el acta de inspección un medio de prueba fundamentador pero no concluyente, a los efectos de las ulteriores decisiones administrativas que pudiesen producirse como resultado del ejercicio de la potestad sancionadora.

Así mismo, se ha de advertir que nada impide que los hechos expuestos en las Actas de Inspección puedan ser desvirtuados en el curso del procedimiento administrativo, a fin de enervar la decisión administrativa ulterior que pudiese producirse como resultado de un procedimiento administrativo sancionador iniciado precisamente, con fundamento en los datos, hechos o situaciones de las que se deja constancia en el acta levantada a tales efectos.

En el presente caso, el Acta de Inspección de fecha 30 de marzo de 2005, en la que se recomienda "...*el estudio de la posibilidad de apertura de procedimiento administrativo...*", constituye un acto previo que como se ha indicado, carece de valor concluyente y por tanto, no vulnera los derechos de la accionante inherentes al debido proceso enunciados anteriormente. La mencionada Acta de Inspección sólo sirvió de fundamento para que la Administración acordara en el Auto de Apertura del procedimiento Administrativo N° DITH/006-2005 de fecha 7 de abril de 2005 (folios 9 y 10 del expediente administrativo), el inicio de Oficio del Procedimiento Administrativo ordinario en contra de Corporación Betapetrol, S.A., "...*ante la presunción de que la referida Empresa estaría infringiendo las obligaciones contraídas en la Licencia...*". Acto que fue notificado a la accionante el 28 de junio de 2005.

Así se observa que corre inserto, a los folios 128 al 137 del expediente administrativo el escrito de descargos presentado oportunamente por la empresa recurrente para dar respuesta al mencionado auto de apertura N° DITH/006-2005 y del contenido de dicho escrito se evidencia que la accionante pudo exponer todos los argumentos y alegatos que consideró pertinentes contradiciendo cada una de las situaciones y hechos de los que se dejó constancia en el Acta de Inspección mencionada.

Por consiguiente, resulta errado afirmar que los mencionados actos (Acta de Inspección y Auto de Apertura del Procedimiento), emanados de la Dirección de Industrialización y Tecnología de Hidrocarburos, hayan causado indefensión o vulnerado el debido proceso de la parte actora, pues al analizar el contenido de la Resolución N° 476 del 27 de diciembre de 2005 dictada por el Ministro de Energía y Petróleo, cuyo contenido es confirmado en el acto impugnado (Resolución N° 220 del 18 de julio de 2006), fue el incumplimiento de las obligaciones de la empresa Corporación Betapetrol, S.A., en virtud de la falta de incorporación de las observaciones de carácter técnico y jurídico requeridas por el Ministerio de Energía y Minas a través de la Dirección en cuestión y la Consultoría Jurídica, el supuesto de hecho que sirvió de fundamento a la revocatoria de la Licencia acordada a la empresa recurrente, y no los hechos de los que se dejó constancia en la referida Acta de Inspección en la que se alude por ejemplo a la falta de inicio de los trabajos de construcción de la Refinería de Caripito, ya que como acertadamente expuso la licenciataria en su escrito de descargos, el proyecto asociado a la dicha Refinería se encontraba en la primera fase de la Licencia referida a la aprobación por parte del Ministerio del citado estudio de prefactibilidad. Para mayor abundamiento, con respecto al alegado incumplimiento de las formalidades relativas a la actuación fiscalizadora, se debe agregar que la concepción del procedimiento como cauce formal de la serie de actos conducentes a la adopción de una determinada decisión de la Administración, es una formalidad que no resulta aplicable al ejercicio de la actividad inspectora, ya que ésta no debe sujetarse necesariamente a un procedimiento formalizado en el sentido expuesto.

De allí que la actividad inspectora puede iniciarse de oficio o a instancia de parte, sin obviar los elementos consustanciales al ejercicio de cualquier actividad de la Administración, pudiendo incluso en algunos casos, prescindir de la notificación formal de dicha actuación si está en riesgo la finalidad perseguida con la misma o ante supuestos de extrema urgencia o gravedad. En estos últimos casos sólo es exigible el levantamiento del Acta como manifestación formal a los efectos de que el funcionario deje constancia de los hechos relevantes. Finalmente, en relación a este alegato de violación al derecho a la defensa los apoderados judiciales de la accionante sostienen que *"...el funcionario que ordenó la apertura del procedimiento y llevó a cabo la instrucción del mismo, esto es, el Director de Industrialización y Tecnología de Hidrocarburos de ese Ministerio, ha debido inhibirse a tenor de lo previsto en la Ley Orgánica de Procedimientos Administrativos; y al no hacerlo, una vez más se lesionó la garantía constitucional de Betapetrol a ser oída por un funcionario imparcial, con lo que se afectó la validez de la decisión adoptada.."*. (*sic*). Al respecto, como se indicó anteriormente, en virtud del carácter fundamentador que tienen las Actas producto de la actividad inspectora de la Administración y no concluyente de ulteriores decisiones administrativas, resulta perfectamente aceptable (sin que ello implique violación a la garantía de imparcialidad inherente al debido proceso), que el órgano o dependencia que lleve a cabo la inspección sea a su vez, el que ordene la apertura del procedimiento administrativo sancionador, ya que su decisión, como se ha indicado, se fundamenta en una presunción de responsabilidad del administrado que no tiene valor determinante o concluyente para la imposición de la sanción respectiva.

De allí que en criterio de la Sala, en el caso que se analiza, no puede considerarse vulnerado el derecho al debido proceso de la empresa recurrente, puesto que, por una parte, fue la Dirección de Industrialización y Tecnología de Hidrocarburos la que realizó la inspección de la que se dejó constancia en el Acta de fecha 30 de marzo de 2005 y la que acordó la Apertura de Oficio del procedimiento administrativo ordinario contra Corporación Betapetrol, S.A., según consta en Auto N° DI-TH/006-2005, y por la otra, fue el Ministro de Energía y Petróleo, el que dictó la decisión contenida en la Resolución N° 476 de fecha 27 de diciembre de 2005, que declaró la revocatoria de la Licencia de fecha 28 de noviembre de 2002, en su carácter de órgano decisor y la Resolución impugnada N° 220 del 18 de julio de 2006, confirmatoria de la anterior. En esta última, respecto a este alegato de violación al debido proceso de la parte actora se indicó lo siguiente:

"...Por otra parte, es preciso distinguir entre la facultad de sustanciar y la facultad de decidir que ostenta la Administración en estos casos, ya que aunque ambas facultades forman parte de la referida potestad sancionatoria, cada una de ellas corresponden a funcionarios diferentes, tal es el caso de la sustanciación del expediente compete a la

Dirección de Industrialización, pero la decisión del mismo compete al titular del Despacho, por lo tanto, cuando el representante de la empresa alega una causal de inhibición que supuestamente recaía en cabeza del Director de Industrialización de los Hidrocarburos, para esa época, quien según sus dichos, adelantó opinión inclusive antes de la apertura del procedimiento, es preciso destacar que las causales de inhibición, en todo caso operan y se ponen en práctica cuando es el funcionario a quien le corresponde tomar la decisión, quien se encuentra incurso en alguna de las causales de inhibición, pero es que en el caso que nos ocupa, el funcionario a quien se le pretende imputar la causal de inhibición no tenía facultades decisorias que lo pudieran hacer sujeto de la pretendida inhibición...". (negrillas de esta decisión).

RDP N° 118, 2009, pp. 245

TSJ-SPA (426)   1-4-2009

Magistrado Ponente: Hadel Mostafa Paolini

Caso: Antonieta Mendoza de López y Leopoldo López Mendoza vs. Contraloría General de la República.

Toda vez que la fase investigativa puede dar o no lugar al inicio del procedimiento de determinación de responsabilidades, el análisis del derecho a la defensa en cuanto a la garantía de su ejercicio debe efectuarse atendiendo integralmente a la actuación del Órgano Contralor frente a los imputados, desde que se inician las averiguaciones hasta que se emite el acto que declare la responsabilidad administrativa.

Sostiene la representación judicial de los recurrentes, que durante la fase investigativa del procedimiento contemplado en el Título III de la Ley Orgánica de la Contraloría General de la República y del Sistema Nacional de Control Fiscal, sus mandantes fueron cercenados en el ejercicio de sus derechos constitucionales a la defensa y al debido proceso, por cuanto no existió una "imputación clara y específica".

Al respecto, precisan que: (i) La Administración se limitó a hacer una narración de los hechos sin indicar el supuesto de hecho normativo "que serviría para concretar dicha imputación"; (ii) En la referida fase no se efectúa una "simple notificación" de hechos "sin calificación jurídica alguna", pues de acuerdo al artículo 79 de la precitada Ley, se le debe indicar a los investigados cómo los hechos apreciados comprometen su responsabilidad; (iii) Para defenderse de las imputaciones y promover pruebas en los términos del indicado precepto, debe el interesado conocer claramente la imputación; (iv) Resulta errado pensar que "imputar en la fase investigativa y acusar en la fase de determinación de responsabilidades es una duplicidad de acciones"; (v) No debe entenderse de la legislación indicada, que haya lugar a "sorpresas para el investigado que impuesto de unos hechos sin calificación jurídica es luego acusado en forma que ni se le imaginaba, como ocurrió en el caso que nos ocupa, en el cual sorpresivamente surgieron figuras como el 'concierto con los interesados' y la 'contratación por interpuesta persona', que nunca antes se habían mencionado".

A fin del pronunciamiento sobre el alegato *in commento*, resulta menester aludir al artículo 49 de la Constitución de la República Bolivariana de Venezuela, cuyo texto es el siguiente:

"Artículo 49. El debido proceso se aplicará a todas las actuaciones judiciales y administrativas; en consecuencia:

1. La defensa y la asistencia jurídica son derechos inviolables en todo estado y grado de la investigación y del proceso. Toda persona tiene derecho a ser notificada de los cargos por los cuales se le investiga; de acceder a las pruebas y de disponer del tiempo y de los medios adecuados para ejercer su defensa. Serán nulas las pruebas obtenidas mediante violación del debido proceso. Toda persona declarada culpable tiene derecho a recurrir del fallo, con las excepciones establecidas en esta Constitución y en la ley".

La norma transcrita consagra el derecho al debido proceso, el cual abarca el derecho a la defensa y entraña la necesidad en todo procedimiento administrativo o jurisdiccional de cumplir diversas exigencias, tendientes a mantener al particular en el ejercicio más amplio de los mecanismos y herramientas jurídicas a su alcance con el fin de defenderse debidamente.

Dichas exigencias comportan, entre otros derechos y garantías, la necesidad de notificar al interesado del inicio de un procedimiento en su contra; garantizar la oportunidad de acceso al expediente; permitirle hacerse parte para presentar alegatos en beneficio de sus intereses; estar asistido legalmente en el procedimiento; promover, controlar e impugnar elementos probatorios; a ser oído (audiencia del interesado) y a obtener una decisión motivada. Asimismo, implican el derecho del interesado a ser informado de los recursos pertinentes para el ejercicio de la defensa y a ofrecerle la oportunidad de ejercerlos en las condiciones más idóneas (*Vid.* Sentencias de esta Sala N° 2.425, 514, 2.785 y 053 publicadas en fechas 30 de octubre de 2001, 20 de mayo de 2004, 7 de diciembre de 2006 y 18 de enero de 2007, respectivamente).

Expuesto lo anterior, se impone hacer referencia al procedimiento previsto en la Ley Orgánica de la Contraloría General de la República y del Sistema Nacional de Control Fiscal, para la determinación de responsabilidades administrativas de los funcionarios sometidos a dicha legislación, y al respecto se observa:

Dispone el artículo 96 de la precitada Ley, lo siguiente:

"Artículo 96.

Si como consecuencia del ejercicio de las funciones de control o de las potestades investigativas establecidas en esta Ley, surgieren elementos de convicción o prueba que pudieran dar lugar a la formulación de reparos, a la declaratoria de responsabilidad administrativa o a la imposición de multas, el órgano de control fiscal respectivo iniciará el procedimiento mediante auto motivado que se notificará a los interesados, según lo previsto en la Ley Orgánica de Procedimientos Administrativos.

El procedimiento, podrá igualmente ser iniciado por denuncia, o a solicitud de cualquier organismo o empleado público, siempre que a la misma se acompañen elementos suficientes de convicción o prueba que permitan presumir fundamentalmente la responsabilidad de personas determinadas. (…)".

Del trascrito precepto puede deducirse que la fase investigativa a que aluden los actores, prevista en los artículos 77 al 81 de la ley orgánica supra mencionada, constituye una etapa preliminar al procedimiento de determinación de responsabilidades administrativas consagrado en los artículos 95 al 111 *eiusdem*, pues, entre otras formas que aquélla estatuye, dicho procedimiento se iniciará cuando surgieren elementos que pudieran dar lugar a la declaratoria de responsabilidad "como consecuencia de las potestades investigativas establecidas en es(a) ley".

Ahora bien, del Capítulo I del Título que regula las potestades de investigación, las responsabilidades y las sanciones, se desprende que:

a. Los órganos de control fiscal ejercen la potestad de investigación, cuando a su juicio existan méritos suficientes para ello (artículo 77).

b. En el curso de la investigación, el órgano de control puede "imputar" actos, hechos u omisiones que comprometan la responsabilidad de una persona. Si ello ocurriere, aquél está en la obligación de informar al investigado "de manera específica y clara" los hechos imputados, en cuyo caso este último tendrá acceso al expediente y "podrá promover todos los medios probatorios necesarios para su defensa", no obstante el carácter "reservado" que se le otorga (artículo 79).

c. Con las actuaciones preliminares se formará un expediente, y su resultado se hará constar en un informe en el cual el órgano de control fiscal podrá ordenar: (i) el archivo de las actuaciones, ó (ii) el inicio del procedimiento de determinación de responsabilidades.

La forma en que ha sido regulado lo concerniente a las potestades de investigación y su relación con el procedimiento de determinación de responsabilidades administrativas, trae consigo una serie de particularidades que merecen ser destacadas, a saber:

a. Las mencionadas potestades se ejercen en una etapa "preliminar" (término que expresamente emplea el artículo 81 de la Ley Orgánica de la Contraloría General de la República y del Sistema Nacional de Control Fiscal), esto es, preparatoria del procedimiento previsto en los artículos 95 y siguientes *eiusdem*.

b. Dentro de este último, se contempla: (i) un auto "de apertura" -con el que se da inicio al procedimiento- en el que deben describirse o identificarse los hechos imputados, los sujetos presuntamente responsables, los elementos probatorios y demás razones que presumiblemente comprometan su responsabilidad; (ii) un término para que los interesados "indiquen" las pruebas que deseen promover; (iii) un acto oral y público en el que los investigados, por sí o por medio de sus representantes, expongan los argumentos que estimen pertinentes para su defensa.

c. Aun cuando no está formalmente incorporada en el "procedimiento de determinación de responsabilidades administrativas" y tampoco está en sí misma contemplada como un procedimiento autónomo que dé lugar a un acto definitivo, sino más bien como una potestad que debe ejercerse en el marco de determinadas condiciones (como ocurre en general con las potestades de la Administración, incluso las discrecionales); en dicha fase introductoria o preliminar puede suscitarse una etapa probatoria distinta de la que necesariamente se va a producir en el procedimiento a que se refieren los artículos 95 y siguientes, de ordenarse su apertura.

Ello así, como quiera que la oportunidad de promover pruebas a que alude el artículo 79 está inserta dentro de una serie de actuaciones esencialmente inquisitivas de la Administración, que no van a dar lugar a una decisión sancionatoria de carácter definitivo, sino que constituyen un introito al procedimiento que sí puede concluir con un pronunciamiento categórico respecto de la responsabilidad administrativa del investigado y en el que las partes interesadas cuentan con la posibilidad de promover pruebas y exponer de forma escrita y oral sus argumentos; debe entenderse que dicha actividad probatoria tiene por finalidad coadyuvar en la formación del criterio del órgano de control fiscal en cuanto a ordenar o no el inicio del procedimiento de determinación de responsabilidad.

Es por ello que el artículo 79 exige que se le indique al investigado, "de manera específica y clara los hechos que se le imputan", debiendo entenderse esa "imputación" de los hechos como la obligación de informarle, ponerlo en conocimiento de las actuaciones materiales, positivas o negativas, atribuidas.

Ahora bien, toda vez que esa fase puede dar o no lugar al inicio del procedimiento de determinación de responsabilidades, el análisis del derecho a la defensa en cuanto a la garantía de su ejercicio debe efectuarse atendiendo integralmente a la actuación del Órgano Contralor frente a los imputados, desde que se inician las averiguaciones hasta que se emite el acto que declare la responsabilidad administrativa.

En otras palabras, considera esta Sala que en el aspecto *in commento* no debe apreciarse la fase investigativa de manera aislada respecto del procedimiento de determinación de responsabilidades que se inicie y sustancie en virtud de los resultados obtenidos en aquélla.

Aplicando las consideraciones anteriores al caso de autos, se observa:

(…)

De las circunstancias enumeradas, concluye esta Sala lo siguiente:

(i) Que en la fase investigativa, los recurrentes fueron informados de los hechos atribuidos, incluso de los relacionados con el concierto y la actuación por interpuesta persona, que en definitiva es lo que exige el artículo 79 de la precitada ley orgánica cuando habla de "imputación" de "actos, hechos u omisiones"; por lo que no es cierto que "sorpresivamente" surgieran estas figuras en el marco de las actuaciones del Órgano Contralor.

(ii) Que tanto en la fase investigativa como en el procedimiento de determinación de responsabilidades, contaron e hicieron uso de las oportunidades para ejercer su derecho a la defensa, alegando lo que estimaron pertinente frente a los hechos atribuidos y a las imputaciones supra aludidas, las cuales fueron siempre referidas en términos de presunciones.

Con soporte en ello, se desestiman los alegatos de errónea interpretación del artículo 79 de la Ley Orgánica de la Contraloría General de la República y del Sistema Nacional de Control Fiscal, y violación del derecho a la defensa en la etapa investigativa. Así se declara.

RDP N° 118, 2009, pp. 248

CSCA   13-4-2009

Juez Ponente: Emilio Ramos González

Caso: Auristela Villaroel de Martínez vs. Instituto Nacional de la Vivienda (INAVI).

Lo realmente importante con relación al derecho a la defensa es verificar por encima de cualquier consideración de índole formal si el particular pudo introducir cuantos elementos de juicio fueron oportunos para su defensa y las concretas condiciones en que se desarrolló su participación dentro del procedimiento.

Estima esta Corte oportuno empezar el análisis de la sentencia apelada, haciendo referencia al pronunciamiento realizado por el Juzgado Superior Tercero de Transición de lo Contencioso Administrativo de la Región Capital por medio de sentencia de fecha 25 de noviembre de 2004 a través de la cual declaró con lugar el recurso contencioso administrativo funcionarial interpuesto por la ciudadana Auristela Villarroel de Martínez.

Visto lo anterior, y circunscritos al caso bajo estudio, se colige que la pretensión de la parte apelante persigue desvirtuar las razones alegadas por la ciudadana Auristela Villarroel -parte actora en el presente caso-, sobre la presunta violación que se le ocasionó a su derecho constitucional a la defensa durante el íter procedimental que concluyó en su destitución del Instituto Nacional de la Vivienda (I.N.A.V.I.), con motivo de "(…) *la evidente contradicción que se evidenciaba en cuanto al contenido del oficio contentivo de los mismos, en el cual indicaba estar presuntamente incursa en la causal de destitución prevista en el ordinal 6° del artículo 62 de la Ley de Carrera Administrativa (Solicitar y recibir dinero o cualquier otro beneficio material valiéndose de su condición de funcionario público) y las invocadas en las memorandas emanadas de la Gerencia del Distrito Federal y Estado Miranda, mediante las cuales se le [solicitó] el inicio de la averiguación administrativa (causales 2° y 3° de la citada Ley de Carrera Administrativa) (…)*";

pretensión ésta que fue declarada con lugar por el iudex *a quo* con fundamento en "(…) *que la notificación de los cargos formulados en contra de un funcionario en un procedimiento disciplinario es un acto formal esencial para el ejercicio, por parte del imputado, del derecho a la defensa, el cual versaría exclusivamente sobre los cargos que le fuesen imputados, es decir, respecto de los supuestos de hecho, los supuestos de derecho y la aplicación de las normas disciplinarias correspondientes, tal como le fueran formulados en dicha comunicación, y por ende, no susceptible de ser subsanado tácitamente como lo pretende la parte querellada* (…)".

Así las cosas, esta Instancia Jurisdiccional a los fines de determinar si la decisión proferida por el *iudex a quo* se encuentra o no ajustada a derecho, observa que:

En cuanto al contenido del derecho constitucional a la defensa la Sala Político Administrativa del Tribunal Supremo de Justicia mediante sentencia número 00977 de fecha 13 de junio de 2007 (Caso: *Peter Bottome y Emisora Caracas F.M.92.9 C.A vs. Comisión Nacional de Telecomunicaciones (CONATEL)* ha declarado lo siguiente:

"El precepto parcialmente transcrito [artículo 49 de la Constitución de la República Bolivariana de Venezuela] proclama la interdicción de la arbitrariedad de los órganos del poder público frente a los ciudadanos, en la producción de sus actos y decisiones, en sede administrativa y jurisdiccional, para garantizar su necesaria participación en todas las fases del proceso.

El derecho a la defensa comprende el derecho a conocer los cargos objeto de investigación, formular alegatos, desplegar las defensas y excepciones frente a los cargos imputados, a probar, a informar, entre otros" (Resaltado de esta Corte).

Ahora bien, en el caso de autos el iudex *a quo* declaró con lugar el recurso contencioso administrativo funcionarial interpuesto por la ciudadana Auristela Villarroel por considerar que la Administración recurrida había vulnerado su derecho a la defensa, razonando que era un acto formal esencial el que se hubiese mantenido desde el inicio hasta su culminación la calificación jurídica de los hechos por los cuales fue instruido el procedimiento administrativo de destitución en contra de la querellante, no pudiendo el mismo "(…) ser subsanado tácitamente [por la Administración querellada] (…)", configurándose así –a su juicio- la indefensión de la recurrente como consecuencia de la violación del derecho a ser notificada de la acusación preceptuado en el numeral 1 del artículo 49 de la Constitución de la República Bolivariana de Venezuela por parte de la Administración recurrida.

Visto lo anterior, y circunscritos al caso de autos es oportuno señalar que el ordinal 1° del artículo 19 de la Ley Orgánica de Procedimientos Administrativos prevé como causal de nulidad absoluta de los actos dictados por la Administración "(…) 1° Cuando así este expresamente determinado por una norma constitucional o legal (…)", siendo que el derecho a la defensa es un derecho fundamental preceptuado en el artículo 49 de la Constitución de la República Bolivariana de Venezuela cuya violación acarrearía la nulidad absoluta del acto que la provoca sea éste de trámite o definitivo; y siendo que el criterio adoptado por el iudex *a quo* para declarar con lugar el recurso contencioso administrativo funcionarial interpuesto se fundamenta en la indefensión que le ocasionó el Instituto Nacional de la Vivienda (I.N.A.V.I) a la querellante, es preciso determinar si efectivamente se produjo la indefensión de la recurrente como consecuencia de la actividad desplegada por el Instituto querellado a lo largo del procedimiento administrativo sancionador instruido en su contra a los efectos de que esta Corte pueda emitir un pronunciamiento acerca de la validez del acto administrativo impugnado. Así las cosas, es menester para este Órgano sentenciador a los fines de resolver el problema objeto de estudio en el presente debate judicial, realizar las siguientes precisiones:

- El defecto de forma como causa determinante de la violación del derecho a la defensa:

El Derecho Administrativo, al igual que las demás ramas del Derecho, para lograr adaptarse a las nuevas circunstancias fácticas a las cuales deberá regir, y poder generar en el espíritu colectivo el convencimiento de su necesidad (legitimidad), se encuentra en constante proceso de evolución y cambio, propio de la dinámica de la actividad administrativa. Dentro de este movimiento particular del derecho la forma siempre ha conservado un importante valor, el cual ha variado según van cambiando las reivindicaciones sociales y las nuevas concepciones sobre las funciones que cumple nuestro Estado al erigirse como un Estado Democrático y Social de Derecho y de Justicia, lo cual se traduce en que la Administración ostenta una serie de importantes potestades con el fin de que cumpla con todas aquellas prestaciones que demandan las exigencias sociales. El Estado venezolano, dentro de esta nueva concepción, conmina a los poderes públicos a asumir un rol activo en la conformación del orden social, procurando amparar a todos los miembros de la comunidad, mediante la asistencia suficiente para que puedan disfrutar de un cierto grado de bienestar. Es así como el Derecho administrativo, no sólo constituye una garantía frente a la actuación de la Administración, sino que además viene a ser una garantía de que la Administración cumple con los fines públicos que tiene encomendados; razón por la cual en la actualidad la forma no constituye únicamente una garantía de la libertad individual frente a los poderes de la Administración, sino que conjuntamente con los demás derechos de los administrados, debe responder por la consecución del fin público que determinó la actuación de la Administración.

Dentro de esta perspectiva, esta Corte mediante sentencia número 2008-1005 de fecha 6 de junio de 2008 (Caso: *Carmen Nina Sequera de Callejas contra la Compañía Hidrológica de la Región Capital*) ha hecho referencia a lo que agudamente profiriera el autor ibérico Manuel García Pelayo, observándose lo siguiente:

"(…) Como Estado Social, toda su actividad prestacional tiene por finalidad satisfacer las necesidades que tengan un interés general y colectivo, cuyo cumplimiento incida en el incremento de la calidad de vida del pueblo. De manera que, tal como lo señala el autor Manuel García Pelayo, en su obra Las Transformaciones del Estado Contemporáneo, "Los valores básicos del Estado democrático-liberal eran la libertad, la propiedad individual, la igualdad, la seguridad jurídica y la participación de los ciudadanos en la formación de la voluntad estatal a través del sufragio. El estado social democrático y libre no sólo no niega estos valores, sino que pretende hacerlos más efectivos dándoles una base y un contenido material y partiendo del supuesto de que individuo y sociedad no son categorías aisladas y contradictorias, sino dos términos en implicación recíproca de tal modo que no puede realizar el uno sin el otro (…). De este modo, mientras que el Estado tradicional se sustentaba en la justicia conmutativa, el Estado social se sustenta en la justicia distributiva; mientras el primero asignaba derechos sin mención de contenido, el segundo distribuye bienes jurídicos de contenido material; mientras que aquel era fundamentalmente un Estado Legislador, éste es, fundamentalmente, un Estado gestor a cuyas condiciones han de someterse las modalidades de la legislación misma (predominio de los decretos leyes, leyes medidas, etc.), mientras que el uno se limitaba a asegurar la justicia legal formal; el otro se extiende a la justicia legal material. Mientras que el adversario de los valores burgueses clásicos era la expansión de la acción estatal, para limitar la cual se instituyeron los adecuados mecanismos -derechos individuales, principio de legalidad, división de poderes, etc-, en cambio lo único que puede asegurar la vigencia de los valores sociales es la acción del Estado, para lo cual han de desarrollarse también los adecuados mecanismos institucionales. Allí se trataba de proteger a la sociedad del Estado, aquí se trata de proteger a la sociedad por la acción del Estado. Allí se trataba de un Estado cuya idea se realiza por la inhibición, aquí se trata de un Estado que se realiza por su acción en forma de prestaciones sociales, dirección económica y distribución del producto nacional". (García Pelayo, Manuel. *Las Transformaciones del Estado contemporáneo*. Editorial Alianza Universidad. Madrid – España 1989. p. 26) (Negrillas de esta Corte).

Ahora bien, como se explanó anteriormente la nueva configuración del Estado venezolano al constituirse como un Estado Social de Derecho y de Justicia, implica que la garantía formal adquiera una dimensión renovada alejada de la concepción individualista que implicaban las pretéritas estructuras de la Administración Pública, donde la forma era una técnica que única y exclusivamente apreciando la legalidad externa de la actuación de la Administración estaba dirigida a garantizar los intereses de los particulares frente a los actos de ésta; hoy la forma debe constituir una garantía para el alcance de los diversos intereses implicados, sean estos públicos o privados.

Si bien es cierto que proverbialmente se le ha atribuido a la forma la función de servir de garantía a los particulares de que la Administración se desenvuelve respetando sus derechos e intereses, igualmente, es de hacer notar que comporta para la Administración el deber de velar porque con su actuación no se genere indefensión a los administrados en el ejercicio de sus derechos e intereses. Tomando en consideración lo anterior, es menester hacer referencia a lo que el doctrinario español T.R. Fernández ha expresado con relación al derecho a la defensa:

"El concepto de indefensión es un concepto relativo, cuya valoración exige colocarse en una perspectiva dinámica o funcional, es decir, en una perspectiva que permita contemplar el procedimiento en su conjunto y el acto final como resultado de la integración de trámites y actuaciones de distinta clase y procedencia en las que el particular va teniendo oportunidades sucesivas de poner de relieve ante la Administración sus puntos de vistas. Más aún, la relatividad del concepto de indefensión es tanto mayor cuanto que la exigencia de la interposición de un recurso administrativo previo supone la existencia de una oportunidad para el administrado de seguir aportando nuevos elementos de juicio y para la Administración de subsanar pasadas deficiencias a través del empleo de fórmulas convalidatorias. El recurso contencioso-administrativo, en fin, ofrece igualmente nuevas oportunidades de aportar datos y elementos de conocimiento que permitan contrastar, en definitiva, la corrección sustancial de la decisión administrativa con la legalidad material aplicable al supuesto debatido" (T.R. Fernández citado por Beladiez R. Margarita. *Validez y eficacia de los actos administrativos*. Edit. Marcial Pons, Madrid 1994, p. 112) (Resaltado de esta Corte)

Ahora bien, se aprecia de la elucidación antes expuesta que ocurriría la indefensión cuando la Administración hubiese impedido u obstaculizado efectivamente a los administrados la posibilidad de defenderse ante su propia actuación –la de la Administración Pública-; así, desde esta perspectiva, lo substancial es si el particular ha tenido la posibilidad de defenderse, con independencia del momento procedimental o procesal en que haya podido ejercer su defensa, esto en razón de que el procedimiento debe ser apreciado como un todo en el que las distintas partes que lo integran se van sucediendo de forma consecutiva de forma tal que permitirán al interesado la posibilidad de ejercer progresivamente su derecho a la defensa. Lo que fija la invalidez del acto es por tanto que la Administración haya cercenado al administrado la posibilidad de defenderse.

En este mismo orden de ideas, como atinadamente ha señalado César Cierco Seira "(…) la indefensión constituye, como se sabe, un concepto resbaladizo y de difícil aprehensión, cabe adoptar una definición inicial en cuya virtud la indefensión haría referencia a la situación en la que restará el interesado en un procedimiento administrativo tras haber sufrido una lesión en su derecho de defensa. En palabras del Tribunal Supremo [español], la indefensión puede concebirse como 'la situación en que queda el titular de un derecho o interés discutido cuando se ve imposibilitado para obtener o ejercer los medios legales suficientes para su defensa' (…)" (*Vid.* Cierco Seira, César. *La Participación de los Interesados en el Procedimiento Administrativo*. Studia Albornotiana, dirigidos por Evelio Verdera y Tulles. Publicaciones del Real Colegio de España, Bolonia 2002, p. 329). El concepto precedentemente manifestado engloba la noción de indefensión material, el cual surge en contraposición a la noción de indefensión formal, basada esta última en la mera invocación de la transgresión de las reglas procesales que impedirían a los Jueces emitir un pronunciamiento sobre el fondo del asunto debatido.

Ahora bien, para una mayor comprensión de lo que debe entenderse por indefensión en su doble acepción –formal y material- es preciso concatenarlo con el Estado Democrático, Social de Derecho y de Justicia que se encuentra contenido en el artículo 2 del Texto Constitucional vigente, en el cual la justicia se configura como un elemento existencial del Estado y un fin esencial del mismo (artículo 3 de la Constitución de la República Bolivariana de Venezuela), pasando así el Estado venezolano de ser un Estado Formal de Derecho, en el que predominaba la dogmática y la exégesis positivista de la norma, a un Estado de Justicia Material, en el que esa idea de Justicia se vino a constituir en un valor con intervención directa en el funcionamiento de las instituciones.

Hecha la consideración anterior, es necesario señalar que el Derecho además de forma tiene materia, contenido, sustancia; materia de las que están hechas las necesidades humanas que, convertidas en normas jurídicas, constituyen los derechos reconocidos por el ordenamiento positivo. Asimismo, el Derecho se objetiva en la materialización de la justicia en cuanto a la cosa o conducta debida a otro. De modo tal, que el contenido de los derechos bien sea como facultades de un lado, o conductas debidas por el otro, son materiales. Los derechos y facultades son al Derecho como la savia que recorre el cuerpo de un gran árbol de Sequoia; nutren y vivifican al Derecho adaptándolo a la realidad sobre la cual debe proyectarse.

Por lo antes señalado, es que el Derecho debe considerar a la vida humana no solo como una universalidad y abstracción de principios que deben ser políticamente configurados y legitimados por sus destinatarios, sino que también debe considerar a la sociedad humana como un cuerpo vivo con naturaleza e historia, y a los sujetos vivientes que la componen como personas reclamantes de derechos por su dignidad más allá de todo sistema exterior a cualquier totalidad; comprendiendo que la reivindicación de conductas o cosas para mantener la vida digna viene suscitada de manera primaria por los que padecen la injusticia, por aquellos que no gozan de la materialidad de su derecho aunque formalmente estén reconocidos en los ordenamientos jurídicos positivos. En concordancia con lo antes expuesto, es oportuno apuntar que los niveles de justicia social demandados por la sociedad actual son imposibles de lograr por medio del derecho formal, como afirmaba Duguit las normas formales nacían muertas, por lo que para contrarrestar los efectos de la rígida aplicación de las normas, debe el intérprete del Derecho desviarse de su tenor literal en aras de una adecuada correspondencia de la norma con su función social y con los imperativos de justicia, lo cual justifica el surgimiento del Estado Social en conjunción con el Estado de Derecho, para que el primero anime siempre el contenido del segundo, y así el ordenamiento jurídico logre armonizar con la realidad substancial de la cual emerge y a la cual debe ir dirigido, consolidando así la importancia de la protección de la sociedad por la acción del Estado (Duguit citado por Bourdie, Pierre y otros. *La Fuerza del Derecho*, Edit. Siglo del Hombre Editores, Colombia-Bogotá, 2000, p. 40).

Así, en concatenación con lo antes explicado, es menester indicar que la justicia tiene dos caras, una formal, de abstracción máxima, y una material, de mayor concreción. Se comprende como justicia formal la justicia en los procedimientos, métodos o caminos y la justicia material por su parte abarca el contenido o fondo en sus resultados, pese a la distinción de una de la otra, se complementan armoniosamente, como el alma y el cuerpo, para darle vida y entender mejor el Derecho. Es dable advertir entonces que el concepto de justicia en nuestra actual Constitución no tiene únicamente un carácter formal sino también material, y que la conjunción de la visión iusnaturalista de la justicia (justicia material, justicia distributiva) si bien es distinta no es incompatible con la visión positivista de la justicia (justicia formal, justicia conmutativa), y que como una especie de cabeza de Jano, ambos aspectos en principio contradictorios entre sí convivan concordadamente, haciendo posible que por medio de la justicia material el Estado Social pueda desarrollar su acción a través de principios generales como la igualdad, la solidaridad, la democracia y la libertad y por medio del Estado de Derecho se brinde seguridad jurídica a los justiciables.

Visto lo anterior, y relacionándolo con el derecho a la defensa, podemos ver que la indefensión formal está vinculada con la justicia formal en tanto y cuanto, se ocasionaría la indefensión al justiciable cuando se haya dejado de apreciar una regla de procedimiento u omitido alguna formalidad de tipo procedimental, priorizando así una interpretación estricta del ordenamiento positivo en detrimento del derecho sustancial reclamado el cual muchas veces queda sin ser valorado y generándose más injusticia a la parte reclamante; del otro lado puede apreciarse como la indefensión material se identifica con la justicia material en la cual se ocasionaría la indefensión al justiciable cuando se deje de apreciar las circunstancias fácticas que rodean cada caso concreto, aplicándose reglas generales y abstractas, que impidan apreciar el contenido o la sustancia del derecho reclamado.

Sobre lo antes expuesto acertadamente ha pronunciado Cierco Seira que es preciso atribuir al derecho a la defensa un contenido extenso, en el cual lo más relevante es el aspecto referido al hecho de que el derecho a la defensa no se integra en ningún caso a través de la simple reunión de un conjunto de trámites, y que en consecuencia la indefensión no debe identificarse, con la omisión o el cumplimiento irregular de aquellos trámites destinados a preservar las garantías de los interesados, manifestando que:

> "(…) Sí así fuese el examen sobre la virtud de la indefensión se trasladaría en último extremo a la consideración del trámite omitido –o incorrectamente cumplido- con vistas a verificar en qué medida se ha visto afectada su entidad a raíz de la concreta infracción procedimental. En otras palabras: se desplazaría el centro de gravedad de la indefensión que dejaría de situarse en la posición del interesado para girar en torno a la esencialidad del trámite en cuestión (…). Un planteamiento de este corte debe ser rechazado a radice habida cuenta de que trae consigo el riesgo de una aplicación mecánica o automática de los vicios participativos, desconectada de las concretas circunstancias en que se ha desarrollado la tramitación; pero, sobre todo, porque supone de hecho un retroceso en la vigencia del contradictorio administrativo (…)" (Resaltado de esta Corte) (Cierco, S. César. *La Participación de los Interesados en el Procedimiento Administrativo*. Studia Albornotiana, dirigidos por Evelio Verdera y Tulles. Publicaciones del Real Colegio de España, Bolonia 2002, p. 331).

En este mismo orden de ideas, una vez explicitado el contenido del derecho a la defensa, es menester apuntar que la afección que se produzca a alguna de las distintas facetas que este derecho comprende, puede estimarse como una auténtica lesión valorando la intensidad que deben adquirir las infracciones causantes de la misma.

Así las cosas, resulta necesario para determinar si se produjo o no la indefensión como consecuencia de la lesión causada al administrado, el análisis de cuáles fueron las concretas condiciones en las que se desarrolló la participación del interesado, es decir, cuál fue el ambiente en que se desenvolvió la trama procedimental y cómo se incorporó en ella la intervención de los sujetos afectados por las actuaciones, y no sujetándose la interdicción de indefensión únicamente al cumplimiento de consideraciones de índole formal, ritualista.

En este mismo orden argumental, es de advertir que en el análisis de la indefensión administrativa adquiere total relevancia, el carácter de "instrumental" de los diferentes trámites y actuaciones procedimentales preordenados a la protección de las facultades de intervención de los interesados. Característica ésta que según lo afirmado por Cierco Seira, "(…) con la que quiere significarse, simple y llanamente, que los diferentes actos intermedios del íter administrativo están animados e inspirados por una concreta finalidad procedimental, (…) ligada a la participación y defensa de los interesados, y que por esta razón, debe ser dicha finalidad la que les otorgue su sentido último.

Esto supuesto, parece razonable que si la concreta finalidad garantista o defensiva perseguida con un determinado trámite se ha alcanzado por otros mecanismos o medios, aunque no sean, en puridad, los que en abstracto había previsto el legislador, no resulte necesario –ni tampoco útil– declarar la anulación de la resolución impugnada (…)" (*Ob. Cit.* p. 335.).

En este mismo orden de ideas ha pronunciado el aludido autor ibérico que "(…) Incluso el incumplimiento del trámite más esencial de los posibles puede resultar estéril en orden a invalidar la decisión administrativa cuando en el caso concreto la defensa de los interesados no haya sufrido ningún quebranto" (*Ob. Cit.* p. 338.).

En concordancia con lo antes expuesto, es preciso señalar que el artículo 31 de la Ley Orgánica de Procedimientos Administrativos preceptúa el principio de unidad del expediente administrativo, según el cual el expediente comprende un todo unitario en el que las diversas partes se interrelacionan y complementan; esta representación holística del expediente administrativo facilita que los vacíos y defectos de las secuencias procedimentales queden subsanados gracias a la existencia de otros actos intermedios que han reemplazado en ese específico procedimiento administrativo la importancia y el fin que debía ocupar el trámite omitido, de forma tal que la indefensión como acertadamente apunta el autor español T.R. Fernández, deberá hacerse desde una "perspectiva dinámica o funcional" que permita apreciar el procedimiento como un todo y el acto final como la consecuencia de la unificación de trámites y actuaciones de distintas índoles y procedencia en las que los administrados van teniendo oportunidades continuas para manifestar ante la Administración sus puntos de vistas.

Congruentemente con lo antes indicado, es oportuno señalar que el artículo 257 de la Constitución de la República Bolivariana impone la obligatoriedad de no sacrificar la justicia por la omisión de formalidades no esenciales, subrayando así la preeminencia que debe dársele a la justicia material en la interpretación del concepto de justicia por encima de la noción de justicia formal.

Sobre este particular la Sala Político Administrativo mediante decisión número 02143 de fecha 7 de noviembre de 2000 (Caso: *Alí José Venturini Villarroel vs. Municipio Aguasay*) declaró lo siguiente:

"La Constitución de la República Bolivariana de Venezuela, nos impone una interpretación del concepto de justicia donde la noción de Justicia material adquiere especial significación en el fértil campo de los procesos judiciales en los que el derecho a la defensa y debido proceso (artículo 49 del texto fundamental), la búsqueda de la verdad como elemento consustancial a la Justicia, en los que no se sacrificará ésta por la omisión de formalidades no esenciales (artículo 257), y el entendimiento de que el acceso a la Justicia es para que el ciudadano haga valer sus derechos y pueda obtener una tutela efectiva de ellos de manera expedita, sin dilaciones indebidas y sin formalismos o reposiciones inútiles (artículo 26), conforman una cosmovisión de Estado justo, del justiciable como elemento protagónico de la democracia, y del deber ineludible que tienen los operadores u operarios del Poder Judicial de mantener el proceso y las decisiones dentro del marco de los valores y principios constitucionales.

El modelo de Estado Social y de Justicia, establece una relación integral entre la justicia formal y la material. En este sentido, en el contexto del Estado Social y de Justicia, la Administración está forzada a tener en cuenta los valores materiales primarios que reclama la sociedad, de lo contrario, su poder o autoridad se torna ilegítima y materialmente injusta (…)" (Resaltado de esta Corte).

Ahora bien, una concepción instrumental y finalista de las formas procedimentales, no sólo se aparta del rigorismo excesivo, del formalismo minucioso, al que podría conducir el estricto respeto de los trámites participativos, sino que, inversamente a lo que pudiera suponerse, posibilita reforzar aún más la vigencia del contradictorio administrativo, entendiéndolo como principio informador que traspasa tendidamente todo el iter procedimental y que no se sujeta a uno o varios trámites por relevantes que estos sean y que como ha expresado Cierco Seira "(…) el carácter instrumental de las formas procedimentales y el principio de unidad del iter administrativo reflejan felizmente la elasticidad que caracteriza a la estructura procedimental y en cuya virtud la progresión de la serie no debe seguir un modelo rígido y preclusivo; antes bien, ha de flexibilizarse para amoldar la decisión administrativa a la concreta realidad subyacente, permitiendo que el interesado participe en los diversos estadios y fases del procedimiento" (*Ob. Cit.* p. 340.).

Asimismo, es preciso señalar que en el contencioso administrativo la verificación de un vicio de indefensión podría excluir la posibilidad de resolver el fondo del asunto de la cuestión planteada; tradicionalmente se le ha dado a la forma en el derecho administrativo un valor excluyente, esto es que la apreciación de un vicio de forma relevante pone fin al debate procesal, generando en consecuencia que el fondo del asunto debatido quedase imprejuzgado; de allí que cobre importancia la instrumentalización de la forma, donde lo verdaderamente significativo es la justicia material en la decisión de fondo de las controversias y no la minuciosa sujeción a las formas prescritas, que por su propia esencia no son más que instrumentos de acceso a esa justicia que también puede alcanzarse por otros cauces distintos (*Vid.* Beladiez R., Margarita. *Validez y Eficacia de los Actos Administrativos.* Edit. Marcial Pons: Madrid 1994, p. 110).

Atendiendo a lo anterior, es de suyo considerar que, de admitir la posibilidad de que existiera un error procedimental (el cual en el presente caso no existió por las razones prolijamente desarrolladas en el presente fallo), sería equivalente a dejar impune la actuación contraria a derecho de la querellante en el marco de las funciones que como funcionario público le fueron encomendadas, como consecuencia de incurrir en un formalismo extremo.

En otros términos, como igualmente se indicará infra, anular un acto administrativo por razones estrictamente formales, sin pronunciarse sobre el fondo de los hechos debatidos, involucraría -al menos en el caso de marras- permitir una conducta contraria a los deberes y obligaciones que debe tener todo funcionario público, poniéndose en riesgo el funcionamiento mismo de la Administración Pública.

Sobre el carácter instrumental que reviste la forma como elemento de los actos administrativos, entendiendo ésta como elemento cuya única finalidad radica en garantizar la legalidad del fondo de la decisión, T.R. Fernández ha señalado lo siguiente:

"[…] la anulación de un acto administrativo por defecto de forma exige siempre un estudio de fondo de la decisión que contiene y una valoración de la conformidad de la misma con el ordenamiento jurídico, con el fin de averiguar si en el caso enjuiciado ha existido o no una relación causal entre el vicio formal y la decisión misma. Si esta relación causal no existe y del estudio global del problema se desprende que la solución dada al caso por la Administración es correcta en cuanto al fondo y hubiera sido la misma aunque el vicio no hubieran existido, la intrascendencia del defecto formal resultará patente, y el juez por razones de economía procesal deberá declarar la corrección sustancial del acto impugnado" (Beladiez R., Margarita. *Validez y Eficacia de los Actos Administrativos*, Edit. Marcial Pons, Madrid 1994, p. 110).

Ahora bien, es preciso señalar que al deseo de extender al máximo la protección jurisdiccional contra la actividad de la Administración Pública el vicio de forma para poder jugar este papel, comenzó a sufrir una hipertrofia que derivó en el uso del mismo al margen del campo que le es propio, sin tomar en cuenta que su existencia no puede derivar en principio en la nulidad de un acto entretanto ese vicio no sea determinante de una lesión efectiva o de la indefensión del afectado. De lo anterior se colige que, el vicio de forma carece de virtud en sí mismo, su esencia es puramente instrumental, sólo alcanza mérito propio cuando su existencia ha supuesto una disminución efectiva, real y trascendente de garantía repercutiendo así en la resolución de fondo y alterando, eventualmente, su sentido en perjuicio del administrado y de la propia Administración.

Ahora bien, de todo lo antes señalado podemos extraer que en la determinación del vicio de indefensión que se le haya originado a un particular como consecuencia de la actividad de la Administración, es preciso examinar la unidad de la tramitación seguida en el específico procedimiento administrativo, atendiendo especialmente a la conducta y a las múltiples intervenciones que en el iter procedimental, los interesados hayan podido ejercitar, y no únicamente circunscribiéndolo al trámite incumplido o irregularmente cumplido por la Administración; destacándose así que lo realmente importante con relación al derecho a la defensa es verificar por encima de cualquier consideración de índole formal si el particular pudo introducir cuantos elementos de juicio fueron oportunos para su defensa y las concretas condiciones en que se desarrolló su participación dentro del procedimiento. Así se declara.

RDP N° 118, 2009, pp. 256

CSCA   13-4-2009

Juez Ponente: Emilio Ramos González

Caso: Auristela Villaroel de Martínez vs. Instituto Nacional de la Vivienda (INAVI).

El derecho a ser informado de la acusación está dirigido a amparar el ejercicio del derecho a la defensa mediante la garantía de que los hechos por los cuales se le investiga a quien lo alega vulnerado y por los cuales se le impone una sanción se mantengan inalterables a lo largo de todo el procedimiento instruido en su contra, y que desde el punto de vista constitucional lo que resulta substancial es que la sanción no se origine por hechos o perspectivas jurídicas que de facto no hayan sido o no hayan podido ser palmariamente debatidas. La uniformidad entre la imputación y la sanción, es un instrumento útil para juzgar la posibilidad real del debate.

- Del derecho a ser informado de la acusación y de la calificación jurídica como formalidad esencial para que se produzca el vicio de indefensión:

Ahora bien, visto que el iudex *a quo* fundamentó la indefensión de la recurrente en la modificación que en el acto decisorio hizo la Administración impugnada a la calificación jurídica por la cual le había sido instruido el procedimiento administrativo de destitución a la ciudadana Auristela Villaroel de Martínez, señalando que el Instituto Nacional de la Vivienda (I.N.A.V.I.) no le permitió a la recurrente ser informada de la acusación incoada en su contra –garantía ésta que forma parte del derecho a la defensa consagrado en el numeral 1 del artículo 49 de la Constitución de la República Bolivariana de Venezuela-, y como consecuencia de ello, el iudex *a quo* fundamentándose en una visión formalista de la justicia dejó sin apreciar si la querellante pudo o no participar efectivamente dentro del procedimiento administrativo ejerciendo activamente su derecho a la defensa. Es menester para esta Alzada determinar en este supuesto, si la sola apreciación de un aspecto formal como lo es la calificación jurídica de los hechos, pudo haberle generado indefensión a la recurrente y en consecuencia declararse la nulidad del acto administrativo contentivo de su destitución.

Visto lo anterior, es preciso señalar que calificar significa "(...) *subsumir unos hechos en un concepto expresado en la norma, esto es, en la formulación normativa del presupuesto fáctico cuando éste se expresa en un concepto que aparece en la misma* (...)". La calificación jurídica no sirve únicamente para fijar los hechos a los que la norma se refiere, sino también para determinar el punto de vista desde el que las normas contemplan esos hechos.

Existencia y calificación jurídica de los hechos son dos aspectos distintos, la primera entra en el plano de la realidad, la segunda en el intelectual; lo que sucede es que, como el ser humano percibe la existencia de la realidad a través de los conceptos, en la práctica resulta inseparable la existencia de la manera en que ésta es percibida y es esta percepción la que a su vez nos conducirá a establecer su calificación jurídica. La calificación jurídica delimita la realidad desde el punto de vista de la norma jurídica, de manera que la misma condiciona la percepción de la realidad y esta última da a su vez sentido a la calificación jurídica.

Por otro lado, es de advertir que "(…) *la determinación de los hechos tiene consecuencias jurídicas, de modo que en ocasiones éstas se tendrán en cuenta a la hora de determinar los hechos en su existencia o calificación, incluso mediante el recurso a ficciones*". (*Vid.* de todo lo anterior Alonso M., María J. *La Solución Justa en las Resoluciones Administrativas*. Edit. Universitat de Valéncia. España 1998, p. 117).

Con respecto al punto bajo análisis, resulta necesario traer a colación lo expuesto por el autor español Jesús González Pérez, cuando afirma que:

"En los procesos que tienen por objeto la imposición de una sanción constituye garantía esencial (cuya infracción es determinante de indefensión) la información de la acusación formulada (arts. 24.2 y 17.3 de la Constitución). Como dice la S. de 4 de marzo de 1982 (S. 6/1982)". (González Pérez, Jesús: *El Derecho a la Tutela Jurisdiccional*. Cuadernos Civitas. Madrid, 1989, p. 171).

No obstante, de igual forma el mencionado autor aborda el punto relativo a la diferente calificación de la falta al principio y al final de un procedimiento, al precisar que:

"La S. de 23 de noviembre de 1983 (S. 105/1983), reiterando la doctrina de la de 10 de abril de 1981, establece que no se viola el derecho cuando se condena por un delito de igual o menor gravedad que los señalados en los escritos de calificación,". (*Ob. Cit.*, pp. 173) (Negritas de esta Corte)

Sobre lo antedicho la Sala Político del Tribunal Supremo de Justicia mediante decisión número 01887 de fecha 26 de julio de 2006 ha pronunciado lo siguiente:

"(…) En lo que se refiere a la denuncia de violación del derecho a la defensa y al debido proceso, [esa] Sala en decisiones anteriores ha señalado que no se configura una violación de estos derechos, cuando el órgano sancionador cambia la calificación jurídica de los hechos planteados en la apertura del procedimiento sancionador. En efecto, basta una calificación previa de los hechos que pudiera corresponder, sin perjuicio de lo que resulte de la instrucción, de tal forma que la Administración no queda totalmente atada a la calificación de los hechos que se haya formulado en el acto de inicio del procedimiento. Ello ha sido expuesto por esta Sala, en sentencia N° 01318 del 12 de noviembre de 2002, donde se dejó establecido:

"En cuanto a la presunta vulneración de este mismo derecho, debido a la imputación de abuso de autoridad que efectuara el ente disciplinario, diferente a la originalmente presentada por la Inspectoría General de Tribunales, alusiva al error judicial inexcusable, y que a su juicio, no permitió la realización de una defensa acorde con este nuevo señalamiento; es importante destacar, en primer lugar, que la apreciación efectuada por la Inspectoría General de Tribunales, como órgano auxiliar de la Comisión de Funcionamiento y Reestructuración del Sistema Judicial, supone una primera calificación, en nada despreciable, de los hechos imputados y su correspondencia con los ilícitos establecidos en la ley, mediante auto que da apertura al procedimiento disciplinario correspondiente. Sin embargo, lo anterior no obsta para que la Comisión, una vez recibidos los elementos recabados por la Inspectoría General de Tribunales, cuente por imperio de la ley, con la facultad de determinar, de forma definitiva, la calificación de la actuación sujeta a responsabilidad administrativa disciplinaria, toda vez que culmina con el procedimiento iniciado por el primero de los órganos señalados.

Expuestas así las cosas, considera esta Sala que el argumento planteado por la quejosa, según el cual no pudo procurarse una defensa acorde con el nuevo señalamiento carece de fundamento alguno, pues el cambio en la calificación, de error judicial inexcusable a abuso de autoridad, en nada modifica los hechos presentados en autos y que culminaron con la sanción administrativa impuesta. En todo caso, la defensa debía dirigirse a convencer al órgano sancionador de su inocencia en las imputaciones que se le hicieron desde el primer momento, las cuales, como ha podido apreciar la Sala, en nada cambiaron en el transcurso del procedimiento disciplinario instaurado. De modo que establecer una posible responsabilidad disciplinaria basada en una causal u otra de las previstas en la ley, no modifica los hechos que originaron la apertura del procedimiento y la posterior sanción de destitución. Las razones expuestas, sin duda, impiden presumir la violación grave del derecho a la defensa, necesaria para acordar la medida cautelar de amparo constitucional. Así finalmente se decide". (Criterio reiterado en decisión N° 01744 del 7 de octubre de 2004). (Subrayado de la Sala)

En consecuencia, atendiendo al criterio antes expuesto, se puede afirmar que la calificación jurídica de los hechos imputados a un juez, efectuada por la Inspectoría General de Tribunales no es del todo vinculante para la Comisión de Funcionamiento y Reestructuración del Sistema Judicial, la cual mantiene cierta autonomía al momento de emitir su decisión sancionatoria y en virtud de lo cual, podría cambiar la calificación jurídica planteada por el órgano instructor. Sin embargo, a los fines de que no resulte afectada o reducida la facultad del particular de alegar y defenderse en un procedimiento disciplinario, cuando el órgano sancionatorio decida modificar la calificación de los hechos imputados y ello implique una situación más gravosa para el particular, como lo sería la aplicación de una sanción más grave a la inicialmente señalada en el procedimiento disciplinario, el órgano sancionador debe permitirle el ejercicio del derecho a la defensa frente a la sanción más gravosa a fin de que pueda contradecir la aplicación de la misma, planteando alegatos referidos, por ejemplo, a la proporcionalidad de la sanción (…)" (Resaltado de esta Corte).

Ahora bien, el numeral 1 del artículo 49 de la Constitución de la República Bolivariana de Venezuela, establece el derecho a ser informado de la acusación en los siguientes términos:

"Artículo 49 El debido proceso se aplicará a todas las actuaciones judiciales y administrativas; en consecuencia:

1. La defensa y la asistencia jurídica son derechos inviolables en todo estado y grado de la investigación y del proceso. Toda persona tiene derecho a ser notificada de los cargos por los cuales se le investiga, de acceder a las pruebas y de disponer del tiempo y de los medios adecuados para ejercer su defensa (…)" (Resaltado de esta Corte).

En este mismo orden de ideas, es conveniente indicar que dentro del derecho constitucional a la defensa se encuentra comprendido el derecho a ser notificado de los cargos por los cuales se está siendo investigado en el marco de un proceso judicial o de un procedimiento administrativo, y que este derecho alude a la inalterabilidad de los hechos imputados. Asimismo está referido al mandato obvio de poner en conocimiento de quien se ve sometido al ejercicio del *ius puniendi* del Estado la razón de ello, presupone la existencia de la imputación misma y es a su vez, instrumento imprescindible para poder ejercer el derecho a la defensa pues representa una garantía para evitar la indefensión que resultaría del hecho de que alguien pueda ser sancionado por cosa distinta de la que se le cargue y de la que consecuencialmente no haya podido defenderse. No obstante lo anterior, es importante resaltar que eso no obsta para que el órgano decisor pueda alterar la calificación de los hechos enjuiciados en el ámbito de los elementos que han sido o han podido ser objeto de debate contradictorio, interesando aquí los conceptos de identidad de los hechos y homogeneidad de la calificación jurídica. Como corolario de lo anterior, desde el punto de vista constitucional del derecho a la defensa lo que resulta importante es que la sanción no se produzca por hechos o perspectivas jurídicas que de facto no hayan sido o no hayan podido ser controvertidas; la uniformidad entre la imputación y la sanción es, sobre todo, un instrumento útil para poder enjuiciar la posibilidad real de debate.

Ahora bien, concordando el contenido del numeral 1 del artículo 49 del Texto Constitucional, con el criterio de la decisión de la Sala Político Administrativa del Tribunal Supremo de Justicia parcialmente transcrita *ut supra*, se evidencia que el derecho a ser informado de la acusación está dirigido a amparar el ejercicio del derecho a la defensa mediante la garantía de que los hechos por los cuales se le investiga a quien lo alega vulnerado y por los cuales se le impone una sanción se mantengan inalterables a lo largo de todo el procedimiento instruido en su contra, y que desde el punto de vista constitucional lo que resulta substancial es que la sanción no se origine por hechos o perspectivas jurídicas que de facto no hayan sido o no hayan podido ser palmariamente debatidas. La uniformidad entre la imputación y la sanción, es un instrumento útil para juzgar la posibilidad real del debate.

Visto lo anterior y circunscritos al caso bajo estudio, esta Instancia Jurisdiccional, a los efectos de evidenciar si se produjo o no la indefensión de la recurrente como consecuencia del cambio de calificación jurídica de los hechos que les fueron imputados y determinar si efectivamente le fue vulnerado el derecho a ser notificada de la imputación realizada en su contra, observa lo siguiente:

…omissis…

Ahora bien, del estudio exhaustivo de las actas procesales, y muy especialmente del expediente administrativo, se colige lo siguiente:

i) que siempre la recurrente tuvo conocimiento de los supuestos fácticos por los cuales estaba siendo averiguada.

ii) que los hechos investigados se mantuvieron inalterables a lo largo del procedimiento.

iii) asimismo se desprende de las actas que cursan en el expediente administrativo que la recurrente siempre pudo defenderse y que efectivamente lo hizo sobre los hechos que se le imputaban.

iv) que siempre tuvo conocimiento que se había incoado en su contra un procedimiento administrativo de destitución por redactar un documento de propiedad a favor de un grupo familiar beneficiario del fondo de garantía, cuando existía morosidad en el pago al momento del fallecimiento de su adjudicataria y por lo tanto no procedía la cancelación del inmueble por dicho fondo y por la doble adjudicación de un inmueble lo que traería como consecuencia un perjuicio patrimonial al Instituto, presuntas irregularidades éstas en que había incurrido en el procedimiento de adjudicación de las viviendas "(…) ubicada en el Bloque 3, Edificio 2, Apartamento 305, Piso 3, Urbanización Ruíz Pineda Caricuao UD-7 (…)" y "(…) ubicada en el Bloque 5, del Edificio, Piso 9, Apartamento 0902, Urbanización Caricuao, Sector 2 (Solución el Saladillo) vivienda ubicada en la jurisdicción del Municipio Libertador (…)".

v) que el cambio de calificación jurídica respondió a la apreciación de los hechos por parte de la Administración recurrida, y de las testimoniales rendidas por la querellante al momento de imponérsele de los cargos por los cuales estaba siendo investigada, sin que por ello variara la sanción (destitución) o los hechos por los cuales se había incoado en contra de la ciudadana Auristela Villarroel de Martínez el procedimiento administrativo sancionador y de los cuales pudo defenderse durante todo el iter procedimental, como se desprende del expediente administrativo.

Como corolario de lo anterior, en criterio de esta Corte el argumento planteado por la querellante sobre la indefensión que le generó la Administración recurrida al haberse modificado la calificación jurídica por el cual se le había dado apertura al procedimiento administrativo de destitución instaurado en su contra, -es decir, el cambio en la calificación de solicitar y recibir dinero, o cualquier otro beneficio material valiéndose de su condición de funcionario público contenido en el ordinal 6º del artículo 62 de la Ley de Carrera Administrativa- en nada modificó los hechos presentados en autos y que culminaron con la sanción administrativa impuesta, o sea, perjuicio material grave causado intencionalmente o por negligencia manifiesta al patrimonio de la República establecido en el ordinal 3º del artículo 62 eiusdem. En todo caso, la defensa debía orientarse a persuadir al órgano sancionador de su inocencia en las imputaciones que se le hicieron desde el primer momento, las cuales, como ha podido apreciar este Órgano Jurisdiccional, en nada cambiaron en el iter procedimental disciplinario instaurado.

Así las cosas, fijar una posible responsabilidad disciplinaria fundamentada en una causal u otra de las previstas en la Ley, no altera los hechos que originaron la apertura del procedimiento y la posterior sanción de destitución.

Como consecuencia de todo lo antes examinado, esta Corte juzga que la Administración recurrida no vulneró el derecho a la defensa de la ciudadana Auristela Villarroel; dilación ésta a la que ha arribado este Órgano sentenciador al observar como norte en la resolución del presente caso el imperativo constitucional que exige dar preeminencia a la noción de justicia material por sobre las formas y tecnicismos propios de una legalidad formal que indudablemente ha tenido que ceder frente a la nueva noción de Estado. Concepto éste de Estado que, más allá de representar una forma de organización jurídica, tiene una significación teleológica que es la del alcance progresivo de la justicia social, que busca impulsar las condiciones para que la libertad y la igualdad del individuo y de los grupos en que se incluye sean reales y efectivas.

Dentro de este marco, es importante observar que la notificación de cargos de fecha 8 de agosto de 2000, suscrita por el Gerente de Recursos Humanos del INAVI (folio 62 de la pieza judicial), expresa que, vistos los recaudos que conforman el expediente disciplinario, la ahora querellante "aparece presuntamente incursa en la causal de Destitución, tipificada en el numeral 6° [sic] del artículo 62 de la Ley de Carrera Administrativa [por] PRESUNTAS IRREGULARIDADES EN EL OTORGAMIENTO DE LAS VIVIENDAS UBICADAS EN EL BLOQUE 3. EDIFICIO 2 APART. 305, PISO 3, RUIZ PINEDA, URB. CARICUAO y BLOQUE 5, EDIFICIO 1, APART. 0902, URB. CARICUAO C.C.2". En esos términos, se nota que la causal indicada por la Administración en aquélla oportunidad fue la de solicitar y recibir dinero, o cualquier otro beneficio material valiéndose de su condición de funcionario público.

Por su parte, como consecuencia de la sustanciación de todo el procedimiento disciplinario seguido en contra de la quejosa, resulta que mediante acto administrativo dictado por el Presidente del INAVI el 17 de noviembre de 2000, se decidió la destitución de la querellante del cargo de Abogado IV, adscrito a la Gerencia del Distrito Federal y Estado Vargas, por considerar la Administración que la recurrente se encontraba incursa en la causal de destitución prevista en el numeral 3 del artículo 62 de la Ley de Carrera Administrativa, referida al perjuicio material grave causado intencionalmente o por negligencia manifiesta al patrimonio de la República, como consecuencia de las irregularidades en el otorgamiento de las viviendas arriba indicadas.

Ahora bien, si bien es cierto que la causal indicada en la notificación de los cargos (numeral 6 del artículo 62 de la Ley de Carrera Administrativa) difiere de la causal señalada en el acto administrativo dictado al final del procedimiento disciplinario (numeral 3 del mismo artículo), no es menos cierto que uno y otro acto administrativo coinciden en el señalamiento y establecimiento de los mismos hechos, descritos supra, hechos éstos de los cuales la querellante se defendió durante su participación en el procedimiento disciplinario.

Como resultado de haber podido defenderse la recurrente de los hechos que le fueron imputados en la notificación de los cargos, y posteriormente demostrados al final del procedimiento disciplinario, esta Corte cuestiona la utilidad de considerar que tal cambio en la denominación de la falta realmente tenga una influencia importante en el derecho a la defensa de la quejosa, cuando en definitiva ésta no pudo demostrar que no había incurrido en las irregularidades relacionadas con el otorgamiento de los apartamentos mencionados supra. De allí que, de considerarse que ello infringió algún derecho constitucional a la querellante, se estaría irremediablemente incurriendo en un formalismo extremo, lo cual se encuentra proscrito por la propia Constitución de la República Bolivariana de Venezuela, por cuanto no tendría sentido alguno verificar un vicio en el caso de marras cuando se encuentra perfectamente probado en autos (como se analiza en el presente fallo) que la quejosa incurrió en una serie de hechos que ameritan la sanción de destitución de su cargo.

Permitir que un juez incurra en un formalismo como el incurrido por el *a quo* en el caso sub examine, implicaría desconocer los efectos prácticos de la búsqueda de la justicia material, previamente desarrollada, y que involucra la necesaria apreciación de todas las circunstancias fácticas que rodean cada caso concreto, permitiéndose valorar el contenido o la sustancia de lo debatido en un determinado juicio. De allí que no tenga sentido dejar sin efecto un acto administrativo impugnado, dejándose imprejuzgada la conducta antijurídica del sujeto pasivo del procedimiento disciplinario, que incurrió en una conducta contraria al ordenamiento jurídico, premiándose así conductas como la de autos.

Aplicando lo anterior al caso de marras, tenemos que la interpretación que debe dársele a la Ley, y en este caso en especial al ordinal 1º del artículo 19 de la Ley Orgánica de Procedimientos Administrativos, debe ser de conformidad con lo preceptuado en el artículo 257 de la Constitución de la República Bolivariana, -el cual como se dijo anteriormente-, exige que no se sacrifique la justicia por la omisión de formalidades no esenciales, ordenando así que en la búsqueda de la verdad se privilegie la justicia material por encima de la justicia formal. Así, el procedimiento administrativo debe dejar de ser un laberinto, con obstáculos e impedimentos, para ser un instrumento viable para la paz social y el bien común, por cuanto al formar parte del Poder Público está estrechamente vinculado a la sensibilidad social.

Por todo lo antes explanado esta Alzada no puede por el incumplimiento de una mera formalidad dictar decisiones que en lugar de acercarnos a una correcta impartición de justicia nos aleje de ella, por cuanto nos distancia de la búsqueda de la verdad que debe guiar nuestras actuaciones, más aun como se expresó ut supra en el marco de la nueva forma de Estado Social de Derecho y de Justicia sobre el cual se deben erguir todas nuestras acciones.

En este mismo hilo argumental producir una decisión fundamentada en una apreciación puramente formalista, nos induce a decidir no sólo de forma incoherente con el sustrato real a la cual va dirigida, sino también que puede derivar en un irrespeto del principio de economía procesal y de conservación de los actos administrativos, y más allá de eso amparar acciones que pueden ir en desmedro de la propia Administración, al ponderar de forma prevalente intereses individualistas frente al interés público al cual debe ir dirigido primordialmente la actividad de la Administración. Así se decide.

Como corolario de lo antes expuesto se declara con lugar el recurso de apelación interpuesto por la representación judicial del Instituto Nacional de la Vivienda (I.N.A.V.I.) y se revoca la sentencia apelada. Así se decide.

RDP N° 119, 2009, pp. 108

TSJ-SPA Acc (1254)   12-8-2009

Magistrado Ponente: Evelyn Margarita Marrero Ortiz

Caso: René Molina Galicia y Lourdes D. Yajaira Yrureta Ortíz vs. Consejo Moral Republicano.

Por otra parte, denuncian los recurrentes que el Presidente del Consejo Moral Republicano violó sus derechos constitucionales a la defensa y al debido proceso, pues -a su decir- el referido funcionario omitió el procedimiento establecido por el legislador en la Ley Orgánica del Poder Ciudadano, para la calificación de las faltas cometidas por los Magistrados del Tribunal Supremo de Justicia.

Ahora bien, el contenido y alcance del derecho a la defensa y al debido proceso, ha sido objeto de pronunciamientos de esta Sala en los cuales se ha señalado lo siguiente:

"(...) el debido proceso constituye una expresión del derecho a la defensa, el cual comprende tanto la posibilidad de acceder al expediente, el derecho a ser oído (audiencia del interesado), a obtener una decisión motivada e impugnar la decisión (*Vid.* sentencia 4.904 del 13 de julio de 2005).

Del mismo modo se ha pronunciado esta Sala sobre aquellos aspectos esenciales que el Juzgador debe constatar previamente, para declarar la violación del derecho consagrado en el artículo 49 de la Carta Magna, señalando primordialmente entre dichos aspectos, el que la Administración haya resuelto un asunto sin cumplir con el procedimiento legalmente establecido o que haya impedido de manera absoluta a los particulares su participación en la formación del acto administrativo que pudiera afectar sus derechos o intereses.

Asimismo, constituye criterio reiterado de este Órgano Jurisdiccional considerar que el derecho al debido proceso no se patentiza por el hecho de que la manifestación de voluntad concretizada en el acto administrativo que afecta al administrado, haya sido dictada luego de instruido un procedimiento, pues ello depende de las garantías y derechos que en el transcurso de éste se le permitan al administrado, tales como el derecho de alegar y promover pruebas..." (Sentencia N° 02936 del 20 de diciembre de 2006, ratificada en la sentencia N° 1336 del 31 de julio de 2007).

En aplicación del criterio jurisprudencial parcialmente transcrito al caso de autos, aprecia la Sala el alegato de los accionantes en el escrito contentivo del recurso contencioso administrativo de nulidad, referido a que la denuncia presentada en fecha 19 de junio de 2002 ante el Consejo Moral Republicano, no fue sustanciada conforme a lo dispuesto en los artículos 32 al 34 de la Ley Orgánica del Poder Ciudadano.

Sobre el particular, se observa que los artículos mencionados por los recurrentes se ubican dentro del Capítulo II "Del Procedimiento por Falta de los Magistra-

433

dos y las Magistradas del Tribunal Supremo de Justicia" de la referida Ley, relativos al procedimiento que debe seguirse para la tramitación de la denuncia presentada por algún ciudadano o ciudadana o los representantes de los Poderes Públicos, contra los Magistrados o Magistradas de este Máximo Tribunal.

En orden a lo anterior, en el caso bajo análisis el Presidente del Consejo Moral Republicano, al resolver acerca de la admisión de la denuncia presentada, consideró que la misma debía declararse inadmisible, entre otros aspectos, por lo siguiente:

"(...) El fundamento de que los Magistrados de la Sala Político Administrativa se encuentran en desacato proviene del hecho de que los mismos no han procedido a sentenciar. Ahora bien, en criterio de quien suscribe, tal actitud no significa o implica un desacato, pues la Sala Constitucional al ordenar la reposición no fijó un plazo a la Sala Político Administrativa. Adicionalmente, la gran cantidad de trabajo que tiene esta Sala no permite a los Magistrados emitir el número de pronunciamientos queridos. Por otra parte, los propios denunciantes señalan que los Magistrados de la Sala Político Administrativa han procedido a abrir expedientes con otra nomenclatura, con lo cual queda entendido que los mismos acataron la orden de reponer los juicios y procederán a decidirlos.

Sin embargo este Consejo Moral Republicano debe concordar con los denunciantes en la necesidad de que la Sala Político Administrativa se avoque en forma inmediata a pronunciarse sobre el fondo de las causas.

En virtud de lo expuesto es inadmisible la denuncia en cuestión.

(...) estima quien suscribe esta decisión que en el presente caso no existe una 'patente, notoria e incuestionable contradicción con el ordenamiento jurídico', 'tan patente y grosera que pueda ser apreciada por cualquiera', sino una diferencia interpretativa de una norma, lo cual evidencia de la sentencia dictada por la Sala Político Administrativa del 13 de febrero de 2001 (caso Molinos San Cristóbal) donde se aprecian los fundamentos de la declaratoria de perención: (...)

En cuanto a la reiterada inobservancia de los plazos o términos legales o en el diferimiento de las sentencias, es necesario precisar que efectivamente algunas Salas no han podido ponerse al día con los casos que deben sentenciar pero ello es producto del volumen de trabajo que se maneja en las mismas.

En virtud de lo expuesto es inadmisible la denuncia formulada.

(...)

En virtud de todo lo anterior, forzoso es concluir que no es factible aplicar las normas contempladas en el Código de Ética del Juez Venezolano o Jueza Venezolana hasta tanto sea sancionado por la Asamblea Nacional, mientras tanto se aplicará la Ley Orgánica del Poder Ciudadano, así como la Ley Orgánica del Consejo de la Judicatura y la Ley de Carrera Judicial, en tanto en cuanto ello sea posible, pues también debe tomarse en consideración que en materia sancionatoria tampoco es factible aplicación analógica de las penas. (...)".

De lo anteriormente expuesto se evidencia que el Presidente del Consejo Moral Republicano, ciudadano Clodosbaldo Russián, al analizar cada uno de los puntos contenidos en la denuncia presentada por los recurrentes estimó que la misma era inadmisible, siendo el fundamento de la denuncia el hecho de que los Magistrados antes identificados procedieron a decretar la perención de la instancia en diversas causas sometidas a su consideración que se encontraban en estado de sentencia; proceder que el referido funcionario estimó no como una "patente, notoria e incuestionable contradicción con el ordenamiento jurídico", sino como una diferencia interpretativa de una norma.

En armonía con lo antes señalado, considera la Sala que el Consejo Moral Republicano al declarar inadmisible la denuncia presentada por los ciudadanos René Molina Galicia y Lourdes del Valle Yajaira Yrureta Ortíz, no estaba obligado a seguir el procedimiento previsto en los artículos 32 al 34 de la Ley Orgánica del Poder Ciudadano para tramitar las denuncias contra los Magistrados y Magistradas del Tribunal Supremo de Justicia; razón por la cual se desestima la alegada violación del derecho a la defensa y al debido proceso. Así se declara.

RDP N° 122, 2010, pp. 152

TSJ-SPA (581)   17-6-2010

Magistrado Ponente: Yolanda Jaimes Guerrero

Caso: Sorzano & Asociados, C.A. vs. Comisión Reestructuradora del Instituto de Previsión y Asistencia Social del Ministerio de Educación, Cultura y Deportes.

La Administración puede reconocer la nulidad de sus actos, bien de oficio o a solicitud de parte, sin ordenar abrir procedimiento alguno y sin que ello implique una transgresión de la garantía del debido proceso y del derecho a la defensa, toda vez que el grado de discrecionalidad de ese tipo de decisiones debe fundamentarse en la justa valoración y equilibrio que debe haber entre el interés general y el interés público o privado.

Finalmente, sostiene la recurrente que la citada Resolución también vulneró el debido proceso y el derecho a la defensa de su representada, por cuanto se dictó con prescindencia total y absoluta del procedimiento previsto en la Ley Orgánica de Procedimientos Administrativos que le permite a la Administración revisar sus propios actos.

Respecto a la denuncia planteada, esta Sala en reiteradas oportunidades ha establecido:

"(…) *en casos como éstos en los que impera la autotutela, no existe en principio, la obligación de abrir un procedimiento administrativo (que garantice los derechos del Administrado), por el grado de discrecionalidad que opera en este tipo de decisiones administrativas (actos) los cuales deben fundamentarse suficientemente en la justa valoración y equilibrio que la Administración debe hacer entre un 'interés primario' (representado por el interés general) y unos 'intereses secundarios' (representados por intereses públicos o privados) que en cierta oportunidad, por razones de conveniencia deben ser dejados de lado en favor de ese interés primario. Es decir, la cuestión de la discrecionalidad plantea la valoración del interés público frente a otros (heterogéneos), también protegidos por el ordenamiento. Este mecanismo per se, constituye la garantía que la Administración brinda a sus administrados en estos casos y, es por ello que ante la ausencia de un procedimiento administrativo previo, el control de estos actos y la consecuente garantía de los derechos de los administrados queda en manos de la jurisdicción. Es precisamente este control de la jurisdicción contencioso administrativa y la debida proporcionalidad y adecuación al interés público que debe guardar la Administración, lo que garantiza a los administrados el límite y el equilibrio que la Constitución consagra entre el ejercicio del Poder Público y el de los derechos y garantías de los particulares.".* (*Vid.* decisión N° 1836 del 7 de agosto de 2001, reiterada en fallo N° 01447 del 8 de agosto de 2007, caso: *Minera La Cerbatana, C.A.*). (Resaltado del texto)

Conforme a lo señalado por esta Máxima Instancia en la sentencia parcialmente transcrita, la Administración puede reconocer la nulidad de sus actos, bien de oficio o a solicitud de parte, sin que para ello deba ordenar abrir procedimiento alguno, toda vez que el grado de discrecionalidad de ese tipo de decisiones debe fundamentarse en la justa valoración y equilibrio que debe haber entre el interés general y el interés público o privado.

Por tanto, debe desestimarse el alegato de prescindencia total y absoluta del procedimiento previsto, formulado por la recurrente. Así se declara.

En cuanto a la violación del derecho a la defensa y debido proceso alegada por la recurrente, en virtud de haberse "revocado un acto mediante un procedimiento no previsto ni consagrado en la Ley Orgánica de Procedimientos Administrativos", la Sala observa:

Respecto al derecho a la defensa, este Órgano Jurisdiccional ha sido constante en reiterar sus distintas manifestaciones, entre éstas, el derecho a ser oído, puesto que no podría hablarse de defensa alguna, si el administrado no cuenta con esta posibilidad; el derecho a ser notificado de la decisión administrativa, a los efectos de que le sea posible al particular presentar los alegatos que en su defensa pueda aportar al procedimiento, más aun si se trata de un procedimiento que ha sido iniciado de oficio; el derecho a tener acceso al expediente, con el propósito de examinar en cualquier estado del procedimiento las actas que lo componen; el derecho que tiene el administrado a presentar pruebas que permitan desvirtuar los alegatos ofrecidos en su contra por la Administración; el derecho que tiene toda persona a ser informado de los recursos y medios de defensa y finalmente, el derecho a recibir oportuna respuesta a sus solicitudes.

De otra parte, cabe apuntar que el debido proceso encuentra manifestación en un grupo de garantías procesales, entre las cuales destaca el acceso a la justicia, el acceso a los recursos legalmente establecidos, así como el derecho a un tribunal competente y a la ejecución del procedimiento correspondiente.

En el presente caso, la violación alegada por la recurrente, deviene "de la revocatoria de un acto mediante un procedimiento no previsto en la ley", sin embargo, como ha quedado expuesto, en efecto, la Ley Orgánica de Procedimientos

Administrativos sí consagra el ejercicio del recurso de revisión en los casos señalados en el artículo 97 de la mencionada Ley.

En ese sentido, advierte la Sala que la referida Ley no establece de manera expresa el procedimiento que habrá de seguirse a los fines de sustanciar el recurso de revisión ejercido, sino que hace referencia al lapso de treinta (30) días a los efectos de su correspondiente decisión.

No obstante, el hecho de que en el presente caso la Administración haya decidido admitir y sustanciar dicho recurso a los efectos de oír a las partes involucradas, esto no determina la violación de derecho alguno; al contrario, otorga mayor garantía a las partes, al concederle a éstas la posibilidad no sólo de que argumenten sus pretensiones, sino que también sean objeto de pruebas.

Así, esta Máxima instancia en reiteradas oportunidades, ha denominado el procedimiento como el conjunto concatenado de actos previos llamados de mero trámite de carácter iniciador cuyo fin está dirigido tanto a preparar la fase decisoria, como brindar a las partes oportunidad a los fines de que éstas puedan hacer valer sus derechos y aportar los medios de prueba pertinentes a objeto de determinar la procedencia de sus pretensiones. Es por ello, que en la fase de sustanciación la Administración acumula en el expediente administrativo que abre al efecto todos los elementos que sirven de base para su decisión.

En el presente caso, una vez solicitada la revisión del acto administrativo contenido en la Resolución N° 1 de fecha 8 de enero de 2003, la Administración procedió a notificar a las partes y en ese sentido, compareció la representación judicial de la empresa hoy recurrente Sorzano & Asociados, C.A., a fin de presentar sus descargos, tal y como se evidencia del escrito presentado ante la Administración el 5 de mayo de 2003.

Una vez oídas las partes y verificadas las actuaciones cursantes en el expediente administrativo correspondiente, la Administración procedió a revocar su propia decisión, con base en lo dispuesto en el ordinal 3° del artículo 19 de la Ley Orgánica de Procedimientos Administrativos, "por resultar materialmente imposible dar cumplimiento a una resolución declarada nula con anterioridad".

En atención a lo antes expuesto, la Sala debe desechar la denuncia de violación del derecho a la defensa y debido proceso formulada por la recurrente, ello por cuanto: i) de la revisión del expediente administrativo se evidencia que ésta hizo uso del derecho de defensa al comparecer a la vía administrativa y presentar sus alegatos y pruebas correspondientes y, ii) el procedimiento sustanciado por el órgano administrativo lejos de causar un perjuicio a las partes, ofrece garantías al permitirles ejercer su defensa. Así se decide.

RDP N° 126, 2011, pp. 156

CSCA   21-6-2011

Magistrado Ponente: Alejandro Soto Villasmil

Caso: Presidente de la Asociación de Propietarios y Residentes de la Urbanización La Estancia (A.P.R.U.L.E.) vs. Alcaldía del Municipio Sucre del Estado Miranda.

Habiendo denunciado la parte recurrente la violación del debido proceso porque la Administración no articuló una cognición previa a los fines de dictar el acto administrativo que revocó la autorización otorgada para instalar las estructuras de seguridad, la Sala señala que en casos muy especiales existe la posibilidad de la subsanación de la indefensión en sede administrativa por medio de la intervención de los interesados en las sucesivas vías del recurso administrativo y, aún, del contencioso administrativo.

Ahora bien, con sujeción a las apreciaciones precedentemente expuestas, la Corte centra su análisis en el caso de autos y verifica que, ciertamente, la Administración no efectuó procedimiento previo alguno para el dictamen de la Providencia N° 1.994 del 19 de noviembre de 2003, mediante la cual -de oficio y por la ocurrencia de un supuesto de nulidad absoluta- revocó la autorización otorgada a los habitantes de la Urbanización "La Estancia" para la instalación de las rejas o el portón en su calle de entrada hacia la zona. Así pues, por la falta del requisito formal que previamente se delató le correspondería en principio a esta Corte ordenar la instrucción de un procedimiento que permita a la Administración obtener elementos de las partes involucradas y dictar, una vez recabado lo pertinente, el respectivo acto administrativo donde se contrapongan y se aborden las posiciones que intervinieron y se debatieron durante el trámite administrativo, a través de las distintas fases que la ley concede. No obstante tal circunstancia, debe este Órgano Judicial señalar, tal como se precisó mediante sentencia del 3 de julio de 2007, caso: *María Isidora Benítez Elizondo vs. Instituto Nacional del Menor (INAM)*, que el derecho a obtener una sentencia de fondo, cuando se encuadra dentro del contenido del derecho a la tutela judicial efectiva, impone además la existencia de garantías que van más allá de la necesidad de obtener un fallo judicial sobre el tema controvertido.

En tal sentido, a los fines de resguardar de manera efectiva la tutela judicial que orienta desde el prisma constitucional la actividad jurisdiccional dispensada por los Jueces de la República, es necesario que la sentencia sea obtenida con la mayor prontitud posible, se sustente en un ajustado criterio de juzgamiento por parte del sentenciador y que la posición adoptada comprenda todos los mecanismos necesarios con el propósito de proteger la situación jurídica que se denuncia como infringida o vulnerada, especialmente en los casos que, como el presente, esta

Corte considera cuenta con elementos de convicción suficientes en el expediente para decidir el fondo del asunto. En este orden de ideas, debe indicarse que el contencioso administrativo obliga a que la decisión definitiva que se dicte, en la medida de lo posible, no pueda limitarse a la constatación de posibles vicios de forma que acarrean la nulidad del acto administrativo impugnado, pues si bien, luego de tal constatación, la magnitud del vicio presente podría acarrear la nulidad efectiva de dicho acto, con ello se evadiría un pronunciamiento que aborde el mérito o los aspectos de fondo que contiene el mencionado acto, siendo que, en muchas oportunidades, en atención a las actuaciones que obren en autos, existen elementos de juicio suficientes que le permiten al juzgador emprender una actividad que atienda a realizar un control integral del acto recurrido en sede judicial y no de sus elementos meramente formales. Lo anteriormente expuesto encuentra mayor significación en casos como el de autos, donde se encuentra en juego la valoración y ponderación de derechos constitucionales colectivos (que desde una perspectiva se sitúan quienes impugnan, alegando su derecho a la seguridad ciudadana, y por la otra, las circunstancias verificadas por la Administración, donde se detectó un aparente menoscabo del derecho al deporte, entre otros) que irreductiblemente han de resolverse en la forma más integral posible, pues sin su debida protección, prácticamente desaparecerían o resultaría imposible una protección eficaz. Por tanto, en estos supuestos resulta necesaria una hermenéutica que acople los enunciados constitucionales y los derechos colectivos, en aras de pronunciar una decisión que ciertamente se adapte a las necesidades sociales imperantes, más allá de los aspectos formales e individuales que puedan sobresalir en el análisis de las circunstancias del caso particular presentado. De manera pues que, las exigencias en la actividad de los órganos encargados del control jurisdiccional de la Administración Pública, tienen como fundamento el derecho a la tutela judicial efectiva de la parte que litiga frente a aquella por considerar lesionados sus derechos, dado que, en ocasiones, el juez encuentra que puede emitir un pronunciamiento que penetra en la materia de fondo del acto administrativo impugnado, por así permitírselo el análisis de las pretensiones procesales de cada una de las partes y el cúmulo de medios probatorios aportados a los autos como fundamento de ellas, de manera que, en tales casos, a pesar de haberse encontrado un vicio de forma, que debido a su magnitud produce la nulidad de dicho acto, la actividad de control jurisdiccional no debe bastar ni considerarse plena, sino, por el contrario, el juez debe ahondar en su función de control, ello por cuanto la decisión del asunto se presenta latente al final del proceso y, además de ello, por cuanto es necesario adoptar tales medidas como único mecanismo disponible para garantizar la efectividad de la tutela judicial y, con ello, revisar la situación jurídica individualizada. Aunado a las anteriores consideraciones, debe esta Corte destacar que los efectos invalidantes del acto administrativo impugnado, por efectos de indefensión del interesado, como regla general, permitirá a la Administración la reconstrucción de la serie procedimental para integrar el trámite omitido o corregir el vicio formal de que se trate y, de este modo, adoptar finalmente una nueva resolución sin vicios procesales. De esta forma, sería posible la reposición del procedimiento administrativo al estado en que sea subsanado dicho vicio, esto es, al momento en que se permita al interesado participar en el iter procedimental para la toma de la decisión, o bien, en los casos en que tales actuaciones previas no se hayan verificado, existiendo por tanto una carencia absoluta de procedimiento administrativo, podría ordenarse la sustanciación del mismo, tal y como se ha ordenado en caso similares como el de autos (*Vid.* Sentencia N° 2008-1241 de fecha 7 de julio de 2008, dictada por esta Corte, caso: *José Reinaldo Rodríguez Ramírez vs. Gobernación del Estado Táchira*). Es por ello que, en la medida en que la debida instrucción del expediente administrativo, salvaguardando esta vez los derechos constitucionales del afectado, produzca un resultado idéntico al impugnado en sede judicial, cabe suponer que el interesado afectado recurra nuevamente al auxilio de los órganos jurisdiccionales para impugnar una resolución igual a la que se viene combatiendo. Por este motivo, el principio de economía procesal aconseja huir de un simple pronunciamiento de nulidad formal de actos y actuaciones y evitar así la sustanciación de un nuevo pleito sobre un objeto ya conocido. Así, con fundamento en una presunción del órgano jurisdiccional que le permite suponer que la sola nulidad del acto administrativo impugnado por motivos procesales conduciría a que la Administración reconstruya -o construya de cero- el expediente administrativo con miras a emitir una decisión idéntica a la impugnada, se articula el principio de economía procesal como un medio que impone, en tales casos, entrar a conocer del contenido material del acto administrativo atacado; todo ello, tal como se especificó con anterioridad, como único mecanismo para garantizar a la parte lesionada en su esfera jurídica, un ajustado y pleno respeto a la tutela judicial efectiva. En consonancia con lo anterior, y habiendo denunciado la parte recurrente la violación del debido proceso porque la Administración no articuló una cognición previa a los fines de dictar el acto administrativo que revocó la autorización otorgada para instalar las estructuras de seguridad, debe señalarse que la jurisprudencia de nuestro máximo Tribunal, ha admitido, aunque en casos muy especiales, la posibilidad de la subsanación de la indefensión en sede administrativa por medio de la intervención de los interesados en las sucesivas vías del recurso administrativo y, aún, del contencioso administrativo. En este sentido, señaló la sentencia N° 1248, de fecha 20 de junio de 2007, dictada por la Sala Político Administrativa del Tribunal Supremo de Justicia de la República Bolivariana de Venezuela (caso: *Fisco Nacional vs. Agencias Generales Conaven, S.A.*) que: "(...) *esta forma de imposición no entraña a juicio de este máximo órgano jurisdiccional, lesión alguna del derecho a la defensa y al debido proceso de los administrados, pues si bien no [participó] en el Procedimiento formativo del acto (...) [pudo] hacer valer contra éste los medios recursivos permitidos por la ley, bien mediante un procedimiento administrativo impugnatorio de segundo grado (recurso jerárquico) o mediante el ejercicio del mecanismo jurisdiccional (Recurso contencioso [administrativo]*". (Corchetes de esta Corte) Más allá de que la tesis de la subsanación de la indefensión mediante el ejercicio de los recursos administrativos y/o judiciales haya sido acogida por nuestro Máximo Tribunal, la aplicación de tal teoría parece aconsejable en supuestos como el que nos ocupa, donde tanto el recurrente como la Administración -a través de las instancias judiciales- han podido exponer de manera suficiente su respectiva argumentación con respecto al problema de fondo debatido. En estos casos, la reposición de las cosas al estado en que la Administración de apertura al procedimiento originalmente omitido resultaría francamente inútil, toda vez que se habría consumado la finalidad de la institución procedimental, una vez que al recurrente se le ha permitido participar en defensa de sus derechos e intereses. En criterio de esta Corte, difícilmente la sustanciación de un procedimiento administrativo permite la aportación de nuevos elementos de juicio que fundamenten las posturas de las partes en cuanto al tema de fondo que se debate. En estos supuestos, el procedimiento administrativo carecería de objeto. Atendiendo a las consideraciones antes desarrolladas, estima esta Corte que en el presente caso, si bien la Administración no sustanció como es debido un procedimiento, en todo caso, la parte accionante expuso y presentó -a través del ejercicio oportuno del recurso de autos- los alegatos y pruebas en que funda su pretensión, haciendo desaparecer así la situación de indefensión originaria y, más concretamente, cualquier duda sobre su posición jurídica en torno al supuesto encontrado en autos. En este sentido, el Tribunal Supremo Español, mediante sentencia de fecha 22 de mayo de 1993, señaló, pronunciándose sobre el caso concreto sometido a su conocimiento, que "es necesario razonar que la interesada mediante el ejercicio de los oportunos recursos, ha podido combatir la decisión y el mencionado documento, haciendo desaparecer la pretendida situación de indefensión no siendo necesario la retroacción del expediente para que dicho defecto se subsane". Asimismo, mediante sentencia de fecha 26 de marzo de 1999, el mismo Tribunal Supremo sostuvo que "(...) este criterio de subsanación de la falta de audiencia por medio de la interposición y decisión del oportuno recurso, ha sido mantenido por el Tribunal Constitucional mediante sentencia 314/1994, de 28 de noviembre, afirmando que el olvido del trámite de audiencia antes de dictar una resolución (...) no es suficiente para provocar la indefensión, ya que la parte, a través de dos recursos, uno ante el mismo Juez y otro en alzada, pudo desplegar el abanico dialéctico ad hoc adecuado al caso y, en suma ejercitar sin limitación alguna el derecho a la defensa" (*Vid.* Cierco Siera, César. *Op. Cit.* p. 370 y 371). Por otra parte, el referido Tribunal Constitucional español, mediante sentencia Número 31/1989 de fecha 13 de febrero de 1989, ha admitido que "(...) si bien la indefensión puede originarse a lo largo de todo el iter procesal y puede, por consiguiente, apreciarse en cada instancia, en ocasiones, en el seno del mismo proceso y en una fase posterior aparecen -y deben aprovecharse- posibilidades de reparar la indefensión inicial facilitando así el que los órganos judiciales corrijan de oficio o a instancia de parte el error o la omisión padecida". Con apoyo de los anteriores lineamientos, a juicio de esta Corte, en casos como el presente no debe quedar irresoluto el problema de fondo, en virtud de que existen y se tienen los elementos suficientes para decidir sobre el mismo; con ello, se puede satisfacer el mandato constitucional contenido en el artículo 257, el cual concibe al proceso como un auténtico instrumento fundamental para obtener la realización de la justicia. Así se decide (*Vid.* sentencia N° 2007-01208 dictada por esta Corte el 3 de julio de 2007, caso: *María Isidora Benítez Elizondo vs. Instituto Nacional del Menor INAM*).

a. *Derecho a ser oído*

RDP N° 81, 2000, pp. 202

CPCA   16-3-2000

Magistrado Ponente: Carlos Enrique Mouriño Vaquero

Caso: Servicios Técnicos Schindler, C.A. vs. Superinten-dencia para la Promoción y Protección de la Libre Com-petencia.

Esta Corte, debe pronunciarse con respecto a la prescindencia de procedi-miento que precedió a la imposición de la sanción. Como quedó dicho "supra", la recurrente denunció en la Superintendencia, las presuntas prácticas prohibidas de Ascensores Schindler de Venezuela, C.A y en el proceso de sustanciación de tales denuncias, la recurrente Servicios Técnicos Schindler de Venezuela, C.A., fue requerida para informar a la Superintendencia, sobre el origen de la publicación de un remitido de prensa, para lo cual se le dio un lapso de un día, y al incumplir con el requerimiento se le sancionó.

En el entendido, de que la solicitud de información y los hechos que se gene-raron con la misma, se presentaron dentro del proceso seguido por la Superinten-dencia contra Ascensores Schindler de Venezuela, C.A., era imprescindible el seguimiento de un procedimiento previo al acto sancionatorio, que no vulnerara los derechos a la defensa y al debido proceso de la recurrente, consagrados en los artículos 68 y 69 de la derogada Constitución de 1961 y actualmente consagrados en el artículo 49 de la Constitución de la República Bolivariana de Venezuela, por lo que esta Corte declara nula la resolución SPPLC/009 95, con base a lo dispuesto en el artículo 19 ordinal 4 de la Ley Orgánica de Procedimientos Administrativos, por habérsele vulnerado al particular, la garantía al debido procedimiento y así se declara.

La imposibilidad de dictar actos administrativos prescindiendo de procedi-miento se deriva de que en el marco del estado de derecho los procedimientos administrativos se erigen como una garantía a los particulares en el ejercicio y goce de sus derechos, siendo de ello de donde deriva su carácter de orden público de las normas que los establecen, la Constitución Española de 1978, por ejemplo, esta-blece que la Ley regulará el procedimiento que debe preceder a los actos adminis-trativos (artículo 105.3) y que los mismos garantizan el tratamiento común de los administrados frente a la administración (artículo 149.1.18).

Es un derecho de los administrados, que la actuación de la administración esté precedida por procedimientos, máxime cuando se imponen sanciones, por lo que, en el caso de marras, ha debido tenerse en cuenta la necesidad de seguir un proce-dimiento y que el lapso de 1 día para la evacuación de cualquier información no es prudencial y resulta insuficiente, por lo que nos permitimos citar el ordinal 3 del artículo 49 de la Constitución de la República Bolivariana de Venezuela, que establece el derecho de toda persona a ser oída "...con las debidas garantías y dentro del plazo razonable determinado legalmente...", por lo que debemos señalar, que la fijación del lapso de un día por parte de la Superintendencia, no es desde ningún punto de vista un "lapso razonable" y menos aún "determinado legalmente", aún cuando el artículo citado precedentemente no estaba vigente, para el momento en que se dictó el acto recurrido, los principios allí contenidos constituían criterio aceptado por la jurisprudencia patria previa a la Constitución de 1999, por lo cual, tales parámetros de razonabilidad y legalidad de los lapsos ya eran de necesaria observancia por parte de la administración, para no vulnerar el derecho a la defensa de los administrados.

RDP N° 145-146, 2016, pp. 217

TSJ-SPA (148)   18-2-2016

Magistrado Ponente: Eulalia Coromoto Guerrero Rivero

Caso: Packfilm de Venezuela, C.A. apela sentencia de fecha 07.03.2014, dictada por la Corte Segunda de lo Contencioso Administrativo, en la demanda de nulidad interpuesta contra la Providencia Administrativa N° CAD-PRE-CJ-095689 de fecha 31.05.2010, dictada por la Comisión de Administración de Divisas (CADIVI).

No se lesiona el derecho a la defensa y al debido proceso del particular en el caso en marras, pues la Administración encontró un impedimento legal para la renovación de la Autorización de Adquisición de Divisas, consistente en el vencimiento de las solicitudes pertinentes.

1.- Violación del derecho a la defensa y al debido proceso.

Denuncia la parte actora en primer lugar, que a su mandante le fue violado el derecho a la defensa y al debido proceso, pues los fundamentos expuestos en el acto administrativo mediante el cual se le da respuesta al recurso de reconsideración ejercido fueron totalmente diferentes a los notificados en el primer acto y sobre los cuales su representada presentó pruebas, por lo que no tuvo conocimiento cierto de las razones de hecho por las que la Comisión de Administración de Divisas (CADIVI) negó la renovación de las *"Autorizaciones de Adquisición de Divisas (AAD)"* identificadas anteriormente.

Al respecto debe señalar la Sala que los derechos a la defensa y al debido proceso, han sido considerados como garantías para el ciudadano encausado o el presunto infractor para hacer oír sus alegatos, así como el derecho de exigir al Estado el cumplimiento de un conjunto de actos o procedimientos destinados a permitirle conocer con precisión los hechos imputados y las disposiciones legales aplicables a los mismos, presentar oportunamente alegatos en su descargo y promover y evacuar las pruebas pertinentes para su mejor defensa.

Así, el artículo 49 de la Constitución de la República Bolivariana de Venezuela, prevé lo siguiente:

*"**Artículo 49**. El debido proceso se aplicará a todas las actuaciones judiciales y administrativas; en consecuencia:*

1. La defensa y la asistencia jurídica son derechos inviolables en todo estado y grado de la investigación y del proceso. Toda persona tiene derecho a ser notificada de los cargos por los cuales se le investiga; de acceder a las pruebas y de disponer del tiempo y de los medios adecuados para ejercer su defensa. Serán nulas las pruebas obtenidas mediante violación del debido proceso. Toda persona declarada culpable tiene derecho a recurrir del fallo, con las excepciones establecidas en esta Constitución y en la ley".

Como puede apreciarse, la norma antes transcrita consagra el derecho al debido proceso, el cual abarca el derecho a la defensa y entraña la necesidad en todo procedimiento administrativo o jurisdiccional, de cumplir diversas exigencias tendientes a mantener al particular en el ejercicio más amplio de los mecanismos y herramientas jurídicas a su alcance, con el fin de defenderse debidamente.

Las mencionadas exigencias comportan la necesidad de notificar al interesado del inicio de un procedimiento en su contra; garantizarle la oportunidad de acceso al expediente; permitirle hacerse parte para presentar alegatos en beneficio de sus intereses; estar asistido legalmente en el procedimiento; así como promover, controlar e impugnar elementos probatorios; ser oído (audiencia del interesado) y, finalmente, a obtener una decisión motivada.

Asimismo, el debido proceso comporta el derecho para el interesado a ser informado de los recursos pertinentes para el ejercicio de la defensa y a ofrecerle la oportunidad de ejercerlos debidamente. (Ver sentencias de esta Sala, entre otras, las Nros. 2.425 del 30 de octubre de 2001, 514 del 20 de mayo de 2004, 2.785 del 7 de diciembre de 2006 y 53 del 18 de enero de 2007).

En este orden de ideas observa la Sala, que el acto administrativo dictado en fecha 10 de febrero de 2010 por el que CADIVI negó la renovación de las *"Autorizaciones de Adquisición de Divisas (AAD)"* a la empresa recurrente (contra el cual ejerció el correspondiente recurso de reconsideración), tuvo como fundamento lo siguiente:

"(...) se presentaron inconsistencias entre los números de facturas comerciales reflejados en la información complementaria de las cuentas por pagar de los Estados Financieros al 31/12/2008 y los expresados en las Actas de Verificación, adicionalmente la información complementaria de los Estados Financieros no se encuentran certificados ni debidamente visadas, reflejando hasta tres (3) empresas por cuenta por pagar y en los Estados Financieros reflejan hasta dos proveedores, razón por la cual no se demuestra la deuda ante esta administración cambiaria".

En el segundo acto, esto es, el identificado con el N° CAD-PRE-CJ-095689 de fecha 31 de mayo de 2010, por el que se le da respuesta a la recurrente del recurso de reconsideración ejercido y en el cual la Administración, luego de analizar las referidas solicitudes y las documentales presentadas por la actora, decidió que *"(...) la Autorización de Adquisición de Divisas (AAD)* [señaladas en el encabezado del juicio] *fueron otorgadas en las fechas que (...) se detallan, encontrándose a la presente fecha todas completamente vencidas (...)"*, y que por tanto, *"no concurren hechos justificados que lleven a* [CADIVI] *a renovar las Autorizaciones de Adquisición de Divisas (AAD) (...)"*(agregado de esta Sala).

(...)

Siendo lo anterior así, estima la Sala que el hecho de que la Administración en la decisión del recurso de reconsideración tomara en cuenta circunstancias distintas a las señaladas en el acto primigenio para confirmar la negativa de renovación de las *"Autorizaciones de Adquisición de Divisas (AAD)"* correspondientes a las solicitudes antes indicadas, no significa que se le haya violado el derecho a la defensa y al debido proceso a la empresa recurrente, pues del acto administrativo impugnado se aprecia que la Administración, luego de analizar la normativa cambiaria, así como las respectivas solicitudes de *"Autorización de Adquisición de Divisas (AAD)"* y los recaudos consignados por la recurrente, encontró un impedimento legal para su renovación, como lo fue que dichas solicitudes se encontraban vencidas.

Adicionalmente considera la Sala que la recurrente, en la oportunidad de ejercer el recurso contencioso administrativo de nulidad, pudo haber alegado las defensas que estimare pertinentes y presentar las pruebas que desvirtuaran lo expuesto por la Administración en dicho acto, lo cual no realizó. En consecuencia, debe la Sala desestimar tal alegato y así se declara.

b.   *Audiencia del interesado*

RDP N° 6, 1981, pp. 143

CPCA   9-4-81

Magistrado Ponente: Gonzalo Salas D.

Las medidas disciplinarias impuestas a los alumnos por los Rectores, Vicerrectores, Secretario, Decano, Director y profesores, son acciones unilaterales y no se vician de ilegalidad por el hecho de no brindar la oportunidad de ser oído.

"Artículo 46. Son atribuciones del Consejo de Apelaciones:

1°) Conocer y decidir, en última instancia administrativa, los recursos interpuestos contra las decisiones de los Consejos de Facultad en materia de sanciones a los Profesores. En estos casos será de la exclusiva competencia del respectivo Consejo de Facultad la instrucción del correspondiente expediente y la decisión en primera instancia;

2°) Conocer y decidir en última instancia administrativa sobre las medidas disciplinarias impuestas a los alumnos por el Rector, los Vicerrectores, el

Secretario, los Decanos, los Directores o los Profesores, dentro de sus respectivas áreas de competencia".

Del análisis de las anteriores disposiciones se infiere perfectamente las diferencias que existen entre las normas contenidas en los números antes citados.

Cuando se trata de profesores se decide contra los recursos interpuestos por ellos contra las decisiones de los Consejos de Facultad en materia de sanciones, en consecuencia, de la lectura de las mismas se infiere que se trata de una segunda y última instancia administrativa.

En el numeral 2) en cambio directamente conoce de medidas disciplinarias impuestas a los alumnos por el Rector, los Vicerrectores, el Secretario, los Decanos, los Directores y los Profesores dentro de sus respectivas áreas de competencia; claramente se infiere que se trata de poder de policía administrativa en el sentido a que se refiere Bielsa en su obra *Estudios de Derecho Público*, "*Derecho Administrativo*", página 327, cuando se refiere a la multa administrativa, como una decisión unilateral, que emana del poder del policía tomado en su acepción más general. Por consiguiente, del análisis de las normas anteriormente citadas se desprende perfectamente que la actividad de los organismos administrativos universitarios a nivel de profesores y del director de la Escuela de Derecho no está viciada de ilegalidad por no brindar la oportunidad de ser oído y de exponer las razones respecto a las faltas que ellas sancionan y en base a la cual fue sancionado disciplinariamente el demandante.

Dichas autoridades obraron con la facultad de poder de policía que antes hemos referido, por lo cual no puede considerarse a tal nivel una instancia administrativa propiamente dicha, pues su acción era unilateral en el sentido de imponer la medida disciplinaria respectiva.

Por las razones antes expuestas esta Corte decide que la Dirección de la Escuela de Derecho en su decisión impugnada obró legalmente y atenida a las normas aplicables al caso, y así se declara.

Voto salvado del Magistrado Antonio J. Angrisano

En segundo término, expreso mi inconformidad con lo resuelto por la honorable mayoría, en la decisión en referencia, en la última parte de ésta al pronunciarse sobre el alegato del actor impugnante de que "el acto que cuestiona infringe el derecho a la defensa". Fundamento tal inconformidad en la siguiente argumentación:

El artículo 46 de la Ley de Universidades, preceptúa:

"Son atribuciones del Consejo de Apelaciones:

1. Conocer y decidir, en última instancia administrativa, los recursos interpuestos contra las decisiones de los Consejos de Facultad en materia de sanciones a los Profesores. *En estos casos será de la exclusiva competencia del*

respectivo Consejo de Facultad la instrucción del correspondiente expediente y la decisión en primera instancia;

2. Conocer y decidir en última instancia administrativa sobre las medidas disciplinarias impuestas a los alumnos por el Rector, los Vicerrectores, el Secretario, los Decanos, los Directores o los Profesores, dentro de sus respectivas áreas de competencia:"

(Subrayado del Magistrado Disidente).

De la parte que se ha subrayado de la disposición transcrita pareciera que la intención del legislador fue la de establecer una regulación diferente entre el régimen sancionatorio aplicable a los profesores y entre el de los alumnos pues en el ordinal 1° del artículo 46 en cuestión —en la indicada parte subrayada— se establece de manera expresa que en los casos en que el Consejo de Apelaciones conozca y decida, en última instancia administrativa, los recursos interpuestos contra las decisiones de los Consejos de Facultad en materia de sanciones a los profesores "será de la exclusiva competencia del respectivo Consejo de Facultad la instrucción del correspondiente expediente y la decisión en primera instancia"; mientras que en el ordinal 29 del comentado artículo 46 al atribuir también competencia al Consejo de Apelaciones para conocer y decidir igualmente en última instancia administrativa sobre las medidas disciplinarias impuestas a los alumnos, el legislador no hizo la referencia expresa que hizo en el ordinal anterior —el 1°— de que en primera instancia se instruyera el correspondiente. De tal diferencia de tratamiento, uno para los profesores y otro para los alumnos, da la impresión de que la intención legislativa fue la de que en el caso de las sanciones que fueren impuestas a los profesores hubiese un procedimiento —con el tácito respeto al derecho a la defensa y a todos los demás derechos y garantías constitucionales— tanto en primera como en segunda instancia administrativa mientras que en el caso de las sanciones que fuesen impuestas a los alumnos no hubiese procedimiento en la primera instancia administrativa sino que la autoridad correspondiente —en su respectiva área de competencia— puede imponer la sanción disciplinaria sin instruir expediente alguno y que solamente en la segunda instancia administrativa es cuando habrá un procedimiento previo a la decisión en el cual la parte afectada ejercería su derecho a la defensa.

Tal apariencia de la intención legislativa al analizarse el contenido del artículo 46 *ejusdem* tiene que ser interpretada cabal y forzosamente en otro sentido, pues como las leyes además de estar en perfecta armonía entre sí tienen que someterse a las normas constitucionales y como las leyes no se contradicen, pues si ello sucediera el juez tendría que desaplicar la norma legal en atención al principio constitucional que lesione, conforme se lo impone el principio general de derecho de salvaguarda de la supremacía constitucional contenido en el artículo 7 del Código de Procedimiento Civil, se arriba por tanto a la conclusión, dentro de la hermenéutica que más atienda a la mejor armonía entre las disposiciones legales según la jerarquía de éstas, de que al establecer —de manera expresa, en el ordinal 19 del artículo 46— la Ley de Universidades, la instrucción del expediente en primera instancia administrativa y no hacerlo en el ordinal 2 de dicha norma el legislador no quiso con ello eliminar el procedimiento en primera instancia vulnerando el derecho constitucional a la defensa sino que por el contrario da por entendido que al conferir —en el susodicho ordinal 2— atribuciones para conocer y decidir en última instancia administrativa sobre las medidas disciplinarias que fuesen impuestas a los alumnos, tales sanciones fueron precedidas de su correspondiente procedimiento en el cual se ejerció el inviolable derecho a la defensa.

En el caso de autos, se ha producido una lesión al derecho de defensa, consagrado en el artículo 68 de la Constitución al no permitírsele el derecho a ser oído y a la defensa de los cargos que le fueron imputados, pues "toda persona tiene derecho a ser oída por muy sumario que sea el juicio, o por muy sumaria que sea la tramitación a que se le someta" (CFC-SPA 18-2-44. Memorias de la Corte. 1945, pp. 175-176). Por lo demás, la Corte Suprema de Justicia ha decidido que "las autoridades administrativas no deben tomar decisiones que perjudiquen a ciertos interesados sin oírlos previamente y comprobar las circunstancias de hecho que autorizan la actuación administrativa" (CSJ-SPA 7-8-68. G. F. N° 61, pp. 92-95) y que "en los procedimientos sancionatorios es indispensable que se notifique al interesado a los efectos de que ejerza su derecho a la defensa". (CSJ-SPA. G.O. N° 1718 Extraordinario. 20-1-75, p. 28); asimismo en reciente sentencia del 28 de abril de 1980 el Supremo Tribunal se pronunció en el sentido de que el trámite administrativo para imposición de sanciones "agota una primera instancia, la cual por eso mismo, debe iniciarse con la notificación del interesado y en ella dársele oportunidad para promover y evacuar las pruebas que juzgue pertinentes, en ejercicio del derecho de defensa consagrado en el artículo 68 de la Constitución Nacional. Dicho procedimiento administrativo puede y debe ser definido por vía reglamentaria o por Resolución Ministerial, caso de no estar previsto en una norma legal de superior categoría, en beneficio de la Administración misma y del particular. Sin embargo, su inexistencia no puede privar al administrado de su legítimo e impostergable derecho de defensa. Los lapsos y oportunidades de actuar —dice la Corte— que se establezcan en el procedimiento administrativo, constituyen verdaderas garantías procesales para el administrado, y son las que van a dar sentido y contenido práctico a su derecho de defensa constitucional".

Conforme a lo expuesto, el Magistrado que salva el presente voto considera que antes de tomarse la decisión de expulsar de la Universidad Central de Venezuela al afectado se debió citar a éste con el objeto de que se enterara de los hechos que se le imputaban y permitírsele, por tanto, el derecho a ser oído y a la defensa; al no proceder así, el Director de la Escuela de Derecho de la Facultad de Ciencias Jurídicas y Políticas de la Universidad Central de Venezuela, en el acto cuestionado, cercenó al impugnante el derecho que le confiere el último aparte del artículo 68 de la Constitución de que "la defensa es derecho inviolable en todo estado y grado del proceso" haciéndose pasible de nulidad en virtud del artículo 46 *ejusdem* que consagra el principio de que todo acto del Poder Público que viole o menoscabe los derechos garantizados por la Constitución es nulo.

CPCA   7-12-82

Magistrado Ponente: Román Duque Corredor

La ausencia de audiencia del interesado afecta de nulidad absoluta al acto definitivo producido.

Alegó la demandante que tos actos recurridos están viciados de ilegalidad, por no habérsele oído previamente y al cercenársele el derecho de defensa.

Ante este motivo de impugnación, la Corte observa que la decisión adoptada por el Concejo Municipal de eliminar el derecho de paso que venía ejerciendo Nupeco de Promociones C.A. implicaba la audiencia del interesado, a fin de que éste pudiera justificar o no el porqué transitaba por una propiedad municipal y, en concreto, por la zona verde colindante por las Parcelas 46 y 56 del Parcelamicnto Los Riscos. Específicamente, si el Informe Jurídico de los asesores de la Comisión de Urbanismo, de fecha 25 de febrero de 1980, aclaraba que tal Informe había sido elaborado sin ningún expediente, y de que para poder responder la consulta sobre el llamado caso "'Los Riscos", requerían, indicaban los asesores, del texto del Acuerdo N1' 44 del Concejo Municipal de fecha 2 de diciembre de 1975, de la verificación del Plano del Parcelamiento de la Urbanización Los Riscos, y del Plano de ubicación y acceso del terreno de Nupeco de Promociones C.A., y que sólo contaban con un informe de un concejal y de un arquitecto asesor (folios 73 y 74 de la Pieza N9 1), se imponía cuando menos que la Comisión de Urbanismo antes de elaborar su proposición definitiva de eliminar el paso de Nupeco de Promociones C.A. la hubiese hecho comparecer para aclarar la situación jurídico urbanística de la Parcela de su propiedad. Tampoco así lo acordó la Cámara Municipal al discutir y aprobar la propuesta de la Comisión de Urbanismo, a pesar de que tal proposición podía significar la paralización de una construcción, tal proceder, a juicio de esta Corte, evidentemente que produjo indefensión a la demandante, no encontrándose ninguna prueba en autos de que se le hubiera dado oportunidad de defenderse, infringiéndose el artículo 68 de la Constitución. Esta circunstancia vicia el procedimiento constitutivo del acto impugnado, y por lo tanto afecta de nulidad absoluta al acto definitivo producido en dicho procedimiento, y así se declara.

RDP N° 17, 1984, pp. 172

CSJ-SPA (32)   23-1-84

Magistrado Ponente: Luis H. Parías Mata

El derecho a la defensa en el procedimiento administrativo sancionatorio, mediante la audiencia del interesado, debe ser respetado para permitirle al mismo conocer previamente a la decisión los hechos que se le imputan.

De donde resulta claro para la Sala que en la base del problema planteado por la recurrente se encuentra la falta de audiencia a la interesada para permitirle su defensa antes de la adopción de la medida destitutoria, habiéndose configurado para ella una típica indefensión que se pone en evidencia cuando se observa el procedimiento empleado para la preparación de los informes que dieron lugar al acto cuya nulidad se demanda. Así, en la oportunidad de solicitar la reconsideración administrativa, la recurrente afirma no haber sido entrevistada por auditor alguno, lo cual le habría permitido exponer en su descargo tanto las actividades que realizaba como las funciones propias del cargo que ocupaba, a todo lo cual se refiere extensamente en el señalado escrito. Y, en efecto, no existe en autos indicio alguno que pueda llevar a la conclusión de que la apelante hubiera sido citada o, al menos, consultada a fin de que explicara su situación, confirmando o negando la información que había sido recabada por otras vías. Ello resulta, a todas luces, contrario al principio consagrado en el artículo 68 de la Constitución, que asegura el derecho de defensa en todo estado y grado del proceso.

Más aun se ratifica el estado de indefensión cuando al solicitar la reconsideración de su caso —derecho inherente a los administrados que resulten lesionados por los efectos particulares de un acto administrativo— en memorándum N° 459 de 11 de junio de 1980 dirigido por el consultor jurídico al Director General Sectorial de los servicios, se desconoce el derecho de la hoy impugnante a interponer tal recurso, conduciéndola a ocurrir a la vía contenciosa en los siguientes términos:

"En concreto, es criterio de esa Oficina que sobre la Resolución objeto de la consulta, no existe la posibilidad de reconsideración y únicamente le corresponde a la persona afectada por la medida de recurrir de dicho acto ante la Corte Suprema de Justicia, para solicitar su anulación si es que lo considera prudente".

La doctrina de la Sala en esta materia ha sido una vez más recientemente reiterada. Así, en fallo de fecha 24 de noviembre de 1983, se ha expresado: "...el derecho de defensa debe ser considerado no sólo como oportunidad para el ciudadano encausado o presunto infractor, de hacer oír sus alegatos, sino como el derecho de exigir del Estado el cumplimiento previo a la imposición de cualquier sanción, de un conjunto de actos o procedimientos destinados a permitirle conocer con precisión los hechos que se le imputan y las disposiciones legales aplicables a los mismos, hacer oportunamente alegatos en su descargo y promover y evacuar las pruebas que obren en su favor" (véanse, asimismo: S.S. S.P.A. de 12-12-74 —G.O. N° Ext. 1.718 de 20-1-75— ratificatoria de la de 5-12-74, y de 11-8-83 y 17-11-83).

La situación así descrita configura, a juicio de la Sala, causal suficiente de declaratoria de nulidad del acto recurrido, por cuanto se traduce en un desconocimiento al derecho de defensa y, con él, se arrastra un vicio de falso supuesto al exigir responsabilidades respecto de un cargo que se ejercía sólo accidentalmente, contrariando así el, texto expreso de la ley.

RDP N° 32, 1987, pp. 73

CPCA   19-11-87

Magistrado Ponente: Cecilia Sosa Gómez

Caso: Varios vs. República (Ministerio del Trabajo-Comisión Tripartita).

La notificación a los trabajadores de una solicitud de reducción de personal, es una carga de la Comisión Tripartita.

La indefensión de los trabajadores sometidos a la reducción laboral del Sistema Teleférico denunciado por los recurrentes, en el sentido de que no se enteraron del procedimiento y en consecuencia se vieron impedidos de contrariar los alegatos del patrono antes de que la primera instancia se pronunciara, es un alegato que pasa a examinarlo esta Corte en los siguientes términos:

A.   Si bien es cierto que una vez admitida la solicitud, la Comisión Tripartita procede a la sustanciación de la misma, debe esta Corte pronunciarse si los trabajadores afectados e identificados en la solicitud deben ser citados o notificados de la misma y en definitiva si tienen derecho a intervenir en el procedimiento.

B.   Se ha entendido que el procedimiento autorizatorio de reducción de personal no tiene carácter contradictorio, por no existir propiamente un reclamo en contra de los trabajadores, y como consecuencia de ello no hay obligación de citarlos, ni notificarlos para el inicio del procedimiento, porque ellos son interesados (artículo 22 de la Ley Orgánica de Procedimientos Administrativos y 121 de la Ley Orgánica de la Corte Suprema de Justicia), y por tal razón aunque no se hubieren citado o intervenido en la iniciación del procedimiento, pueden "apersonarse en el mismo" en cualquier estado en que se encuentre la tramitación (artículo 23 de la Ley Orgánica de Procedimientos Administrativos).

C.   El principio jurídico en este asunto, es que la autorización de la reducción de personal es un acto administrativo que afecta o puede afectar los derechos subjetivos o los intereses legítimos, personales y directos de los trabajadores, de manera que el examen de su participación en el proceso administrativo constitutivo no parece subsanado si sólo se les notifica la resolución definitiva.

D.   En el sentido anterior, cobran importancia las exigencias de la solicitud relativas a la determinación de si los trabajadores han ejercido o no sus derechos sindicales o de contratación colectiva (Ultimo Aparte del artículo 7 de la Ley Contra Despidos Injustificados) y también si el patrono ha excluido a los trabajadores de mayor capacidad, de nacionalidad venezolana, antigüedad en el servicio y de mayores cargas familiares (artículo 36 del Reglamento de la Ley, Parágrafo Único), por cuanto quién más que los trabajadores afectados para probar sobre estos aspectos.

E.   Por su parte, la Ley Orgánica de Procedimientos Administrativos establece en el artículo 48, que el procedimiento constitutivo ordinario se inicia a instancia de parte interesada, en ese caso, la Gobernación del Distrito Federal, y establece para cuando se abra de oficio, que se ordene la apertura del procedimiento y la notificación a los particulares cuyos derechos subjetivos o intereses legítimos, personales y directos pudieren resultar afectados, y les concede un plazo para que expongan sus pruebas y aleguen sus razones.

En el caso que nos ocupa, el procedimiento se inició a instancia de parte. Si bien por el artículo antes señalado no parece requisito por parte de la Administración notificar a interesados, aun cuando éstos estén perfectamente identificados en la solicitud de reducción de personal, la aplicación del artículo 53 de la Ley Orgánica de Procedimientos Administrativos en la etapa de sustanciación del expediente establece como carga a la Administración (Comisión Tripartita) de oficio o a instancia de parte, cumplir con todas las actuaciones necesarias para el mejor conocimiento del asunto que deba decidir, nos lleva a concluir que si bien la solicitud de reducción de personal en aplicación del artículo 7 de la Ley Contra Despidos Injustificados no establece la notificación de los trabajadores afectados por la medida de forma expresa, el artículo 37 del Reglamento de la Ley Contra Despidos Injustificados establece la carga en la Comisión Tripartita cuando recibe la solicitud de hacer "las averiguaciones e investigaciones conducentes" y además de poder designar uno (1) o tres (3) expertos que la asesoren, debe "acopiar todos los elementos probatorios que considere convenientes para decidir". Esos elementos probatorios pueden ser aportados por los trabajadores afectados si estuvieran en conocimiento del procedimiento, pero nunca después que la decisión ha sido tomada (Subrayado nuestro).

F. Por otra parte, si la argumentación anterior pudiera resultar interpretativa del espíritu, propósito y razón de la Ley aplicable, el artículo 47 del Reglamento de la Ley Contra Despidos Injustificados establece que, "Cuando en virtud del artículo 18 de la Ley (es decir la norma que señala que mientras se constituyen las Comisiones Tripartitas, los asuntos se tramitarán por ante la Inspectoría del Trabajo de la Jurisdicción conforme al procedimiento establecido en el Capítulo IV del Título VI del Reglamento de la Ley del Trabajo), el Inspector del Trabajo que conozca de la solicitud de reducción de personal prevista en el artículo 7 de la Ley, seguirá el procedimiento establecido en el Capítulo IV del Título VI del Reglamen-

452

to de la Ley del Trabajo, en cuanto no sea contraria al articulado de la Ley y de su Reglamento" (Subrayado nuestro).

La diferencia entre ambas normas, la de la Ley (artículo 18) y el Reglamento (artículo 47), es que en el Reglamento se contempla que el procedimiento es aplicable por la Inspectoría del Trabajo y también lo será para la solicitud de reducción de personal prevista en el artículo 7 de la Ley Contra Despidos Injustificados.

G.   Aun cuando las normas señaladas en el punto anterior, tienen carácter de disposiciones transitorias, no por ello puede crearse una desigualdad de tratamiento en cuanto a los trabajadores sometidos a la reducción de personal, si hay Comisión Tripartita en la localidad o si no la hay.

Tomando en consideración el procedimiento al cual reenvían la Ley y el Reglamento de la Ley Contra Despidos Injustificados, tenemos lo siguiente: El Título VI, Capítulo IV de su Reglamento de la Ley del Trabajo está estableciendo un procedimiento que debe aplicar el Inspector del Trabajo, en cumplimiento de la Ley Contra Despidos Injustificados, y en particular si conoce de una solicitud de reducción de personal.

Los procedimientos establecidos en el Reglamento de la Ley del Trabajo son para el despido del trabajador inamovible y para el procedimiento en calificación de despido y reenganche; en ambos se exige citaciones o notificaciones al trabajador tal como lo consagran los artículos 343 y 352 *ejusdem*. De manera que esta Corte considera que la notificación a los trabajadores de una solicitud de reducción de personal la cual necesariamente está identificada en la solicitud, es una carga de la Comisión Tripartita para mejor resolver el asunto, más cuando el objeto de la Ley Contra Despidos Injustificados es precisamente "proteger a los trabajadores contra los despidos sin causa justificada" y en la reducción de personal, la Comisión debe determinar si es justificado el despido de trabajadores y si realmente las necesidades técnicas o económicas de la empresa se justifican para autorizar la reducción.

Por otra parte, no puede dejar de advertir esta Corte que la Ley Contra Despidos Injustificados consagra en el artículo 25 ubicado en el Capítulo II, "De los procedimientos para despidos y reducción de personal", que "Las citaciones o notificaciones se harán personalmente o por medio de carteles", y aun cuando esa norma por su ubicación parece corresponder a los procedimientos para despidos, su texto o indeterminación de los sujetos a quienes va dirigido hace concluir a esta Corte, que se aplica a ambos procedimientos por las razones ya expresadas.

Por otra parte, la constitución, atribuciones y funcionamiento de las Comisiones Tripartitas están establecidas en el Reglamento de la Ley (artículo 4 de la Ley Contra Despidos Injustificados) y en tal sentido, los trabajadores están representados en las Comisiones, los cuales son nombrados previa postulación de las organizaciones más representativas de ellos (artículo 14 del Reglamento de la Ley Contra Despidos Injustificados). Ahora bien, el que los trabajadores tengan representación por ante las Comisiones Tripartitas no permite concluir que éstos asuman la defensa de los intereses legítimos, personales y directos que afecten a los trabajadores; y en consecuencia, la ausencia de notificación no puede entenderse como subsanada por el hecho que uno de los miembros de las Comisiones Tripartitas sea representante del trabajador.

Entra esta Corte a constatar si los trabajadores identificados en la solicitud de reducción de personal, fueron notificados o por algún medio subsanaron esa falta de conocimiento del procedimiento en curso.

Se observa que en el Informe presentado por la experto técnico designada por la Comisión Tripartita Segunda de Primera Instancia en el Distrito Federal, Departamento Libertador, dice: "Las presentes observaciones están basadas en conversaciones sostenidas durante la inspección ocular realizada en el Sistema Teleférico, con los empleados, obreros y miembros del Sindicato Autónomo de Trabajadores Electromecánicos", para después señalar que "en conversación sostenida con los miembros del Sindicato, me fueron entregados una serie de fotocopias de comunicaciones dirigidas ante la Gobernación del Distrito Federal y el Concejo Municipal, donde tratan una serie de problemas en relación al funcionamiento del Teleférico y que anexo al final del presente estudio" (Folio 50 del Expediente Administrativo).

Entre esas fotocopias aparece una comunicación sin firma, ni fecha, pero en todo caso anterior a la decisión de la Comisión Tripartita actuando como primera instancia administrativa, dado que son aportadas por la experta en el Informe, en papel del Sindicato Autónomo de Trabajadores Electromecánicos del Distrito Federal y Estado Miranda, en el cual se concluye señalando: "Todas estas consideraciones las hacemos en los momentos en que somos despedidos los ochenta y dos (82) trabajadores por orden del Gobernador.. ."(Folio 70).

Es pues en atención a que los trabajadores sometidos a la reducción de personal estaban en conocimiento del procedimiento que cursaba por ante la Comisión Tripartita que no puede alegarse indefensión y además que la inspección y reuniones llevadas a cabo por la experta designada, permite a esta Corte concluir que los trabajadores no estuvieron imposibilitados de hacerse partes en el proceso de reducción de personal en primera instancia administrativa, y así se declara.

RDP N° 35, 1988, pp. 91

CPCA   7-7-88

Magistrado Ponente: Pedro Miguel Reyes

Caso: Arpigra, C.A. vs. Comisión para el Registro de la Deuda Externa Privada.

En referencia a la denuncia de que en el procedimiento la Administración no realizó la llamada audiencia del interesado, al respecto estima esta Corte, que tal actuación procedimental es necesaria y esencial en los procedimientos denominados sancionatorios, por cuanto en esos casos la Administración impone mediante la audiencia del interesado formalmente al administrado de la existencia de un procedimiento en su contra que tiene como causa una presunta actuación ilícita de este y que de establecer su veracidad le acarrearía una sanción. Ahora" bien, en los procedimientos autorizatorios por el contrario el impulso procesal lo tiene el administrado, la Administración va a resolver una petición, una exigencia del particular, por lo cual, no se hace necesario la audiencia del interesado, en efecto, en estos procedimientos no se afecta con su omisión el derecho a la defensa, por cuanto el procedimiento ordinariamente se inicia a instancia del interesado, y el pronunciamiento tendrá, en caso de ser favorable, un contenido beneficioso para el administrado. En conclusión, la audiencia del interesado en los procedimientos como el de autos, de solicitud de registro de una deuda externa, es un procedimiento autorizatorio, que se inició por una actuación de la recurrente que hace innecesario y no requiere la realización de este tipo de actos procedimentales, y así expresamente se declara.

B. *Derecho a la presunción de inocencia*

RDP N° 99-100, 2004, pp. 286

CSCA (52)   4-11-2004

Juez Ponente: Oscar Enrique Piñate Espidel

Caso: Eduardo Eloy Celas vs. Colegio de Abogados del Distrito Capital.

Así, los accionantes alegan que el derecho a la presunción de inocencia fue menoscabado por la decisión del Tribunal Disciplinario del Colegio de Abogados del Distrito Capital. El Derecho a la presunción de inocencia se encuentra consagrado en el artículo 49 de la Constitución de la República Bolivariana de Venezuela, la cual reza:

"Artículo 49.- El debido proceso se aplicará a todas las actuaciones judiciales y administrativas y, en consecuencia:

(…)

2. Toda persona se presume inocente mientras no se pruebe lo contrario".

Reseña la doctrina, que este derecho implica que en un procedimiento administrativo sancionador, la persona imputada debe considerarse inocente hasta tanto la Administración en la decisión definitiva, no compruebe fehacientemente su culpabilidad, por lo que "Cualquier juicio contrario a esa presunción, antes de la decisión definitiva, constituirá entonces clara violación a tal garantía". (Despacho de Abogados Badell & Grau, "Régimen de Control Fiscal", Cuadernos Badell & Grau, N° 9, p. 215). En ese sentido, afirma Rojas-Hernández que no puede hablarse de violación al principio de la presunción de inocencia cuando en el marco del procedimiento administrativo sancionador se haya cumplido la actividad probatoria y, la sanción sea el resultado de una decisión (Jesús David Rojas-Hernández, *Los Principios del Procedimiento Administrativo Sancionador como límites de la Potestad Administrativa Sancionatoria*, Ediciones Paredes, Caracas, 2004, p. 168).

Por su parte, el profesor Alejandro Nieto recuerda que el Tribunal Constitucional Español no ha vacilado en determinar que el principio de la presunción de inocencia, cuyo origen deviene del Derecho Penal, es transplantable al Derecho Administrativo Sancionador. En efecto, ese alto Tribunal ha señalado: "(...) es doctrina reiterada de este Tribunal que la presunción de inocencia rige sin excepciones en el ordenamiento administrativo sancionador garantizando el derecho a no sufrir sanción que no tenga fundamento en una previa actividad probatoria sobre la cual el órgano competente pueda fundamentar un juicio razonable de culpabilidad (Sentencia número 212/1990 del Tribunal Constitucional Español de 20 de diciembre, citada por Alejandro Nieto, *Derecho Administrativo Sancionador*, Editorial Tecnos, Madrid, 1994, p. 379). En ese sentido, la actividad administrativa sancionatoria debe ser aplicada en base a los principios constitucionales establecidos en el artículo 49 de la Constitución de la República Bolivariana de Venezuela, entre los cuales se encuentra el Derecho a la presunción de inocencia.

RDP N° 104, 2005, pp. 81

TSJ-SPA (5907)   13-10-2005

Magistrado Ponente: Levis Ignacio Zerpa

Caso: Administradora Convida C.A. vs. Ministerio de la Producción y el Comercio.

La presunción de inocencia es el derecho que tiene toda persona de ser considerada inocente mientras no se pruebe lo contrario, el cual formando parte de los derechos, principios y garantías que son inherentes al debido proceso, que la Constitución de la República consagra en su artículo 49 a favor de todos los ciudadanos, exige en consecuencia, que tanto los órganos judiciales como los de naturaleza administrativa deban ajustar sus actuaciones a lo largo de todo el procedimiento de que se trate, de tal modo que pongan de manifiesto el acatamiento o respeto del mismo.

Visto de esta forma el planteamiento efectuado, se estima importante recordar que la jurisprudencia de la Sala (*Vgr.* Sentencia N° 686, del 8 de mayo de 2003, dictada en el caso *Petroquímica de Venezuela S.A.*), sostiene que la presunción de inocencia es el derecho que tiene toda persona de ser considerada inocente mientras no se pruebe lo contrario, el cual formando parte de los derechos, principios y garantías que son inmanentes al debido proceso, que la vigente Constitución de la República consagra en su artículo 49 a favor de todos los ciudadanos, exige en consecuencia, que tanto los órganos judiciales como los de naturaleza administrativa deban ajustar sus actuaciones a lo largo de todo el procedimiento de que se trate, de tal modo que pongan de manifiesto el acatamiento o respeto del mismo.

Igualmente, la Sala ha establecido (Fallo N° 975, del 5 de agosto de 2004 emitido en el caso *Richard Quevedo*), que la importancia de la aludida presunción de inocencia trasciende en aquellos procedimientos administrativos que como el presente, aluden a un régimen sancionatorio, concretizado en la necesaria existencia de un procedimiento previo a la imposición de la sanción, el cual ofrezca las garantía mínimas al sujeto investigado y permita, sobre todo, comprobar su culpabilidad.

Ahora bien, habiendo quedado claro el alcance del derecho analizado, conviene destacar que del examen del expediente administrativo se desprende que en el presente caso se inició un procedimiento, en principio en su etapa conciliatoria, conforme al artículo 134 y siguientes de la entonces vigente Ley de Protección al Consumidor y al Usuario, debido a la denuncia realizada por el ciudadano Raúl Osuna, para luego, en virtud de no haberse alcanzado un acuerdo, se prosiguiera con el respectivo procedimiento ordinario; igualmente, se advierte que la hoy impugnante fue notificada de la apertura del expediente, tuvo acceso al mismo, pudo participar en el trámite de la averiguación instaurada y en fin tuvo la oportunidad de presentar en sede administrativa los recursos pertinentes en defensa de sus derechos.

También se aprecia de autos, que el órgano sancionador no calificó al accionante antes de dictar la sanción de multa, como culpable de los ilícitos imputados, sino más bien como presunto responsable de la comisión de un determinado hecho, tal como se desprende del auto de proceder de fecha 9 de julio de 2001 (folio 76 del expediente administrativo).

De la misma manera, debe resaltarse que ante la denuncia formulada y que originó el procedimiento *in commento*, la hoy impugnante sostuvo que el vínculo contractual había fenecido para el momento en que el ciudadano Raúl Osuna requirió la prestación del servicio y que, sumado a ello, los requerimientos efectuados por el precitado resultaban improcedentes; de tal modo, estima la Sala, que de acuerdo a sus propias defensas, la sociedad mercantil Administradora Convida, C.A., tenía la carga de demostrar tales alegatos, no constituyendo dicha circunstancia que se haya producido la inversión de la carga probatoria en detrimento de sus derechos.

Así pues, en atención a las consideraciones anteriores, resulta evidente que no existió vulneración alguna al derecho a la presunción de inocencia, por lo que necesariamente esta Sala debe desestimar la denuncia realizada. Así se declara.

RDP N° 108, 2006, pp. 93

TSJ-SPA (2673)   28-11-2006

Magistrado Ponente: Evelyn Marrero Ortiz

**Caso: Sociedad Williams Enbeidge & Compañía (SWEC)
vs. Ministerio de Energía y Minas**

**El principio de presunción de inocencia consagrado en el
numeral 2 del artículo 49 de la Constitución, forma parte
de las garantías inmanentes al debido proceso y consiste en
el derecho que tiene toda persona de ser considerada inocente mientras no se pruebe lo contrario; se exige en consecuencia, que tanto los órganos judiciales como los de naturaleza administrativa ajusten sus actuaciones, a lo largo de
todo el procedimiento respectivo, de modo tal que se ponga
de manifiesto el acatamiento o respeto del aludido derecho.**

En segundo lugar, se observa que los apoderados actores denuncian la violación del derecho a la presunción de inocencia, pues -a su decir- desde el inicio del
procedimiento administrativo, el Ministerio de Energía y Minas presumió que la
empresa recurrente era culpable y que por ser esa presunción de carácter iuris tantum, la Sociedad Williams Enbridge & Compañía (SWEC) debía probar que no era
culpable de los hechos imputados, cuando lo procedente -según afirman- era que la
culpabilidad fuese demostrada por el órgano sancionador.

Cabe precisar sobre estos particulares, que el principio de presunción de inocencia consagrado en el numeral 2 del artículo 49 de la Constitución, forma parte
de las garantías inmanentes al debido proceso y consiste en el derecho que tiene
toda persona de ser considerada inocente mientras no se pruebe lo contrario; se
exige en consecuencia, que tanto los órganos judiciales como los de naturaleza
administrativa ajusten sus actuaciones, a lo largo de todo el procedimiento respectivo, de modo tal que se ponga de manifiesto el acatamiento o respeto del aludido
derecho.

En tal sentido, su importancia trasciende en aquellos procedimientos administrativos que aluden a un régimen sancionatorio o disciplinario, como es el caso de
autos, donde tal derecho se concretiza en la necesaria existencia de un procedimiento previo a la imposición de la sanción, que ofrezca las garantías mínimas a la
persona investigada y permita, sobre todo, comprobar su culpabilidad o inocencia.

La presunción de inocencia debe abarcar todas las etapas del procedimiento
sancionatorio, y ello implica que se de al investigado la posibilidad de conocer los
hechos que se le imputan, se le garantice la existencia de un contradictorio, la
oportunidad de utilizar todos los elementos probatorios que respalden las defensas
que considere pertinente esgrimir, y una resolución precedida de la correspondiente

actividad probatoria a partir de la cual pueda el órgano competente fundamentar un juicio razonable de culpabilidad.

RDP N° 118, 2009, pp. 240

TSJ-SPA (0619)   13-5-2009

Magistrado Ponente: Yolanda Jaimes Guerrero

Caso: Corporación Betapetrol, S.A. vs. Ministerio de Energía y Petróleo.

La concepción del procedimiento como cauce formal de la serie de actos conducentes a la adopción de una determinada decisión de la Administración, es una formalidad que no resulta aplicable al ejercicio de la actividad inspectora, ya que ésta no debe sujetarse necesariamente a un procedimiento formalizado en el sentido expuesto.

3.- Violación de la garantía al debido proceso:

a) Alegaron que con la emisión del acto administrativo recurrido se violó el derecho a la presunción de inocencia de Corporación Betapetrol, S.A., ya que sostienen que, "...En el procedimiento administrativo sustanciado por la Dirección de Industrialización y Tecnología de dicho Ministerio, no se demostró el incumplimiento de las obligaciones a cargo de [su] representada y, por tanto, no se demostró que su conducta la hacía merecedora de la sanción de revocatoria de la licencia impuesta mediante la decisión de esa entidad administrativa, por lo que la misma era y es improcedente...".

En concreto, respecto a la supuesta violación del derecho a la presunción de inocencia de su representada adujeron que a ésta se le impuso la sanción de revocatoria de la Licencia en ausencia de pruebas que evidenciaran el incumplimiento de las obligaciones a su cargo, de acuerdo con lo estipulado en el texto de la Licencia y lo dispuesto en el Decreto con Fuerza de Ley Orgánica de Hidrocarburos.

En relación al derecho al debido proceso, esta Sala ha dejado sentado que el contenido esencial de dicha garantía entraña la necesidad de que todo procedimiento administrativo o jurisdiccional cumpla diversas exigencias, tendentes a mantener al particular en el ejercicio más amplio de los mecanismos y herramientas jurídicas a su alcance, con el fin de defenderse debidamente contra aquello que se le imputa.

En efecto, dichas condiciones y exigencias comportan, conforme se establece en los numerales 1 y 3 del artículo 49 de la Carta Magna, la necesidad de notificar al interesado del inicio de un procedimiento en su contra, tener acceso al expediente, a ser oído, a estar asistido legalmente, a disponer del tiempo y de los medios adecuados para ejercer su defensa, a obtener una decisión motivada, a ser informado de los recursos pertinentes y a impugnar las decisiones que se tomen en el procedimiento.

Asimismo, el derecho al debido proceso implica además, conforme lo prevé el numeral 2 del artículo 49 de la Carta Magna, el derecho que tiene toda persona a ser considerada inocente mientras no se pruebe lo contrario, cuya importancia trasciende en aquellos procedimientos administrativos que aluden a un régimen sancionatorio, concretizado en la necesaria existencia de un procedimiento previo a la imposición de la sanción, que ofrezca las garantías mínimas al sujeto investigado y permita, sobre todo, comprobar su culpabilidad (*Vid.* sentencia de esta Sala N° 1.102 del 3 de mayo de 2006).

Al respecto, se debe precisar que una vez determinada como ha sido la improcedencia del alegato anterior, referido al vicio por falso supuesto de hecho, esta Sala estima inoficioso analizar la denuncia de violación a la presunción de inocencia bajo el mismo argumento de ausencia de pruebas que evidenciaran el incumplimiento de las obligaciones a cargo de la accionante, de conformidad con lo estipulado en el texto de la Licencia y lo dispuesto en las disposiciones del Decreto con Fuerza de Ley Orgánica de Hidrocarburos, ya que ello quedó evidenciado para este Máximo Tribunal al analizar los hechos que sirvieron de fundamento a la Administración para considerar incumplidas las obligaciones a cargo de la Licenciataria relativas a la primera fase del proyecto asociado a la Refinería de Caripito. Así se declara.

C. *Derecho a la información, confidencialidad de documentos y al acceso al expediente administrativo*

RDP N° 37, 1989, pp. 78

CPCA   1-2-89

Magistrado Ponente: Cecilia Sosa Gómez

Caso: Marcos M. Urribarri vs. INOS.

Conforme al artículo 59 de la Ley Orgánica de Procedimientos Administrativos, "los interesados y sus representantes tienen el derecho de examinar en cualquier estado o grado del procedimiento, leer y copiar cualquier documento contenido en el expediente, así como de pedir certificación del mismo", exceptuándose únicamente los documentos calificados mediante acto motivado como confidenciales. Por lo tanto, el actor tenía pleno derecho a acceder a la documentación presente en el Expediente Administrativo, donde consta en forma clara y precisa cuáles son las fechas de los días que se le imputan como de inasistencia al trabajo. En consecuencia, no puede considerarse violado gravemente el derecho a la defensa en el presente caso, ya que con la simple lectura del Expediente Administrativo el recurrente pudo conocer los hechos imputados, sin que conste en el presente juicio que tal derecho le hubiera sido negado, al punto que ni siquiera ello es denunciado

RDP N° 41, 1990, pp. 76

CSJ-SPA (361)   12-12-89

Magistrado Ponente: Josefina Calcaño de Temeltas

Caso: Miguel Pérez M. vs. República (Ministerio de la Defensa).

Al principio general de apertura que rige el procedimiento administrativo, conforme al cual el interesado puede revisar el expediente, leer los documentos que lo componen y obtener copias de los mismos, se contrapone la excepción de confidencialidad, que no puede estar referida a la totalidad del expediente y debe hacerse constar en una resolución motivada.

Frente a la tradicional característica excepcional del secreto y la reserva de los archivos de la Administración Pública se establece como contrapartida el derecho del interesado a tener acceso al expediente regulado en la Ley Orgánica de Procedimientos Administrativos. Es así como la calificación de confidencialidad de algunos documentos requiere, de acuerdo con el artículo 59 de la citada ley, una resolución motivada. Esta norma es de vital importancia para las relaciones entre el particular y la Administración puesto que flexibiliza el rigor del principio de confidencialidad previsto igualmente en el artículo 55 de la Ley Orgánica de la Administración Central, el cual niega la posibilidad regular de tener acceso a un expediente cuando así lo decida la autoridad administrativa competente.

De manera que, ante el principio general de apertura que rige el procedimiento administrativo, según el cual el interesado puede revisar el expediente, leer los documentos que allí se encuentran, obtener copias simples o certificadas de los mismos, se contrapone la excepción de confidencialidad haciéndose constar en forma expresa y concreta en una resolución motivada. Este acto administrativo, por ser un acto de trámite, constituye a su vez una excepción a la motivación, que se requiere sólo para los actos definitivos de acuerdo con el artículo 9 de la Ley Orgánica de Procedimientos Administrativos.

El acto de trámite que exige como requisito la motivación podría tener efectos definitivos, si causa indefensión, máxime cuando se trata de actos sancionatorios, como ocurre en el caso de autos.

En este orden de ideas, la Sala comparte el criterio del recurrente que, de no tener acceso al expediente administrativo se le estaría violando su derecho a la defensa.

En efecto, una simple interpretación literal del artículo 59 de la Ley Orgánica de Procedimientos Administrativos, aplicable al procedimiento administrativo infringiría el derecho constitucional a la defensa y el principio de igualdad entre las partes, al sustraer del debate probatorio los vicios que podrían estar presentes en el proceso de formación de la voluntad del acto contenidos en el expediente administrativo, produciendo indefensión, toda vez que se le impide al administrado la posibilidad de dejar sin efecto la presunción de legalidad del acto impugnado en vía contencioso-administrativa.

A mayor abundamiento observa la Sala que la previsión contenida en el artículo 59 acerca de la confidencialidad en vía administrativa se refiere a determinadas partes del expediente y no al expediente administrativo en su totalidad, por lo que pretender impedir el acceso al administrado del mencionado expediente resulta a todas luces violatorio de la citada disposición.

Asimismo no escapa a esta Sala el advertir que el acto por el cual el Ministerio de la Defensa declaró confidencial el expediente administrativo no está motivado, configurándose aún más el estado de indefensión del recurrente.

RDP N° 67–68, 1996, pp. 209–210

CSJ-SPA (480)   11-7-96

Magistrado Ponente: Josefina Calcaño de Temeltas

Caso: Adriana F. Peña vs. República

En reiteradas oportunidades ha señalado esta Sala que la formación de un expediente cualquiera constituye una manifestación del deber de documentación que tiene la Administración originada en la necesidad de acreditar fehacientemente actos, hechos, actuaciones, etc., según una secuencia lógica de modo, tiempo y manera. Obligación ésta que en la Administración militar cobra mayor vigencia al tratarse de un sistema caracterizado por su disciplina y orden.

Así, un expediente administrativo disciplinario como el que se analiza, constituye la prueba que debe presentar la Administración para demostrar la legitimidad de sus actuaciones, la veracidad de los hechos y el fundamento de la sanción que se imponga, del mismo modo que la oportunidad y tiempo en que se impone un orden lógico y coherente.

Precisado lo anterior, respecto al caso concreto la Sala observa que las actas administrativas remitidas por el Ministerio de la Defensa tan sólo contienen dos actuaciones de la Administración y una de la recurrente relacionadas en forma directa con el asunto de autos, las cuales sin embargo en nada refiérense a la investigación de que se trata, pues ni siquiera se cuentan entre ellas, el informe solicitado a la recurrente con el que -según la resolución impugnada- se dio inicio a la averiguación administrativa.

De manera que, al carecer el expediente administrativo de las actuaciones tendentes a demostrar que la oficial sancionada incurrió en la falta que se le imputa, de la oportuna apertura de la investigación, de la efectiva reunión del Consejo de Investigación, su apreciación y calificación de los hechos, y de las demás actuaciones que llevaron en su momento al Ministro a adoptar la sanción impuesta, debe forzosamente concluir esta Sala que efectivamente el acto impugnado no se ajusta a Derecho.

En consecuencia, no habiendo la Administración militar, de una parte calificado de confidencial ningún documento y por la otra, desmentidos y probados los hechos narrados por la recurrente tanto en el recurso de reconsideración en sede administrativa como en el presente ante este órgano jurisdiccional, debe esta Sala considerar como inexistentes los primeros y por ciertos los segundos. Así expresamente se declara.

RDP N° 69-70, 1997, pp. 219

CPCA   5-6-97

Magistrado Ponente: María Amparo Grau

Caso: Varios vs. Pro-Competencia

El derecho de los particulares de revisar el expediente administrativo es una manifestación del derecho a la defensa en el contexto del procedimiento administrativo, por lo que a la Administración le está vedado negar al interesado la revisión del expediente provocando la confidencialidad de alguna de sus piezas, cuando son éstas las que resultan esenciales para su defensa.

Visto lo anterior debe esta Corte determinar en forma preliminar cuál es la extensión del derecho de acceso al expediente administrativo, así como el alcance e inteligencia de la disposición contenida en el artículo 31 de la Ley de Pro-Competencia, precisando si la confidencialidad de los datos e informaciones a que alude el referido artículo, es suficiente para impedir al particular investigado que sean revisados en sede administrativa. A tales efectos se observa:

De acuerdo a las previsiones del artículo 59 de la Ley Orgánica de Procedimientos Administrativos -aplicable supletoriamente a los procedimientos abiertos por la Superintendencia, a tenor de lo dispuesto en el artículo 41 de la Ley de la materia especial de competencia-, el derecho de acceso al expediente administrativo está contemplado en los siguientes términos:

"Los interesados y sus representantes tienen el derecho a examinar en cualquier estado o grado del procedimiento, leer y copiar cualquier documento contenido en el expediente. Se exceptúan los documentos calificados como confidenciales por el superior jerárquico, los cuales serán archivados en cuerpos separados del expediente. La calificación de confidencial deberá hacerse por acto motivado." (Resaltado de esta Corte).

La norma precedentemente transcrita tiene por fundamento el artículo 68 del texto constitucional, el cual dispone que la defensa es un derecho inviolable en todo estado y grado del proceso, lo cual, por disposición legal, resulta aplicable, no sólo en los procesos que se debaten en sede jurisdiccional, sino en los procedimientos que se sustancian en el seno de la Administración.

Se configura entonces el derecho de los particulares de revisar el expediente administrativo, como la manifestación del derecho a la defensa en el contexto del procedimiento administrativo. En efecto, sólo a través de la revisión de las actuaciones y alegatos de la Administración en el expediente, puede el particular defenderse plenamente, alegando y probando todo aquello que sea necesario para la mejor defensa de su posición jurídica.

De lo anterior se deduce que cualquier conducta de la Administración dirigida a restringir o impedir a los administrados revisar, examinar o realizar cualquier tipo de actuación sobre algún expediente administrativo que contenga un procedimiento en el cual se hallen como interesados -a tenor de lo establecido en el artículo 22 de la Ley Orgánica de Procedimientos Administrativos- puede colocar al particular en posición de indefensión, desde que puede imposibilitarle el ejercicio pleno del derecho a la defensa.

En ese sentido, cualquier acto o actuación de la Administración que sea restrictivo del derecho a la defensa es susceptible de nulidad absoluta, de acuerdo a la aplicación concordada de lo dispuesto en el artículo 19, ordinal 1° de la Ley Orgánica de Procedimientos Administrativos y el artículo 46 de la Constitución, el cual sanciona con la nulidad todo acto del Poder Público que viole o menoscabe los derechos constitucionalmente garantizados.

Esta Corte ha sido cónsona con esa orientación al aceptar que "la indefensión que causa la nulidad de los actos administrativos es aquella que impide a los afectados por dichos actos ejercer a plenitud sus derechos en contra de ellos, tanto en el procedimiento constitutivo como de revisión, ya sea administrativo o Judicial" (sentencia de esta Corte Primera de lo Contencioso Administrativo de fecha 12 de diciembre de 1985).

Ahora bien el artículo 31 de la ley de Pro-Competencia prevé lo siguiente:

"Todas las personas y empresas que realicen actividades económicas en el país, públicas o privadas, nacionales o extranjeras, deberán suministrar la información y documentación que les requiera la Superintendencia.

Los datos e informaciones suministrados, tendrán carácter confidencial, salvo si la Ley establece su registro o publicidad". (resaltado de esta Corte.)

El transcrito artículo 31 está contenido en el Capítulo IV *eiusdem*, el cual trata del Deber de Informar, y, en ese sentido, se establece a los particulares la obligación de suministrar a la Superintendencia para la Promoción y la Protección del Ejercicio de la Libre Competencia, cualquier información o documentación que se requiera para el cumplimiento cabal de sus funciones, previendo, a tales efectos la confidencialidad de lo suministrado, lo cual -adelanta desde ya esta Corte- debe operar únicamente respecto a los terceros ajenos al procedimiento administrativo.

Asimismo, cabe destacar que en la referida norma la confidencialidad de las informaciones suministradas a la Administración por el particular no viene dada por un funcionario -como ocurre en el procedimiento administrativo ordinario, según previene el artículo 59, de la Ley Orgánica de Procedimientos Administrativos-, sino por la misma Ley que regula las funciones de la Superintendencia.

En tal sentido, la potestad de que dispone la Administración para declarar de carácter reservado piezas o documentos del expediente administrativo, tiene su razón de ser en la necesidad de evitar el conocimiento de aquéllos por parte de personas ajenas al procedimiento, en virtud de la trascendencia de determinado asunto y posible afectación de los mismos informantes o partes del procedimiento, lo cual amerita limitaciones en el acceso al expediente.

Es la propia Ley para Promover y Proteger el Ejercicio de la Libre Competencia, en este caso, la que contempla la confidencialidad de las informaciones, documentos y demás datos o elementos que suministren los particulares; ello, obviamente, en razón del tipo de información que involucran las facultades investigativas que sobre la competencia entre los agentes económicos y la estructura y dinámica del mercado debe realizar la Superintendencia en los procedimientos por ella iniciados, debiendo, en consecuencia, restringirse el acceso del público a la revisión de los expedientes.

No obstante, como se indica precedentemente, dicha restricción nunca debe entenderse como limitativa del derecho de los interesados -en el procedimiento- de proceder a su examen.

En efecto, si el órgano administrativo impide a los interesados el examen de aquellos elementos que, calificados como reservados, resulten esenciales para su defensa, crea en cabeza del particular una imposibilidad de ejercer a plenitud su derecho a defenderse.

El derecho de los interesados a examinar en cualquier estado y grado del procedimiento el expediente del caso se encuentra indisolublemente vinculado al derecho a la prueba, es decir, a defender su posición jurídica aportando medios probatorios que respalden la veracidad de sus afirmaciones. En consecuencia, cualquier obstáculo que se imponga al interesado para revisar las afirmaciones relativas a imputaciones que en su contra haya formulado la Administración, resulta lesivo de su derecho a la defensa, tanto más cuando se trata de un procedimiento sancionatorio que puede culminar en un acto capaz de causarle graves perjuicios.

No resulta acorde con los principios que rigen el estado de derecho negar al interesado la revisión del expediente administrativo invocando la confidencialidad de alguna de sus piezas, cuando son éstas las que precisamente le sirven de fundamento para, abrir el procedimiento y dictar el acto correspondiente, desde que ello pudiera hacer nugatorio el derecho a la defensa del particular al impedírsele el conocimiento preciso y exacto de los hechos y las circunstancias que dan base a la apertura y tramitación del procedimiento en cuestión.

Ahora bien, de acuerdo a lo expresado por la empresa A.G.A, C.A, la negativa de la Superintendencia con respecto a su requerimiento de examinar las listas de precios que para el oxígeno líquido medicinal había entregado la empresa G.I.V., C.A. a ese organismo, obligó a la empresa A.G.A., C.A. a defenderse frente a un hecho desconocido -la identidad de precios con la otra empresa-, por efecto de la restricción que para el acceso al expediente le fue impuesta.

A tal efecto, se observa que en los antecedentes administrativos remitidos a esta Corte, se pudo constatar que ciertamente existían partes o piezas del expediente que tenían el carácter de reservado o confidencial, siendo que en las de libre acceso no se encontraba la mencionada lista de precios de la empresa G.I.V., C.A. Asimismo, debe señalarse que en el curso del procedimiento administrativo, la Superintendencia para la Promoción, y Protección de Libre Competencia no desvirtuó el alegato de la empresa A.G.A. C.A. respecto de la restricción al acceso del expediente, limitándose a señalar en el texto de la Resolución impugnada que:

"No es cierto que a las empresas infractoras se les haya negado el derecho revisar los anexos reservados que conforman el expediente, y mucho menos, los elementos que constituyen el indicio probatorio principal de la práctica..." (omissis).

Lo antes expresado por la Superintendencia en el acto recurrido, luce en evidente contradicción respecto de lo alegado por la Procuraduría General de la República en esta instancia, Jurisdiccional al argumentar que:

"...de una revisión exhaustiva del expediente administrativo, no consta que ninguna de las dos empresas haya solicitado revisar el expediente reservado (*sic*)..., para el supuesto negado de que alguna lo hubiese pedido, habría tenido y por obligación interpuesta por la Ley, la Superintendencia que habérselo negado..." (omissis) (escrito de informes p. 52).

Lo anterior lejos de desvirtuar lo alegado por la empresa A.G.A. C.A., apunta, antes bien, hacia una confirmación del argumento de la empresa.

Sin embargo, considera la Corte que la alegada negativa por parte de la Superintendencia a permitir el acceso a la recurrente a la lista de precios no le produjo la indefensión invocada, pues la imputación concreta de la identidad de precios permite conocer exactamente la conducta que se está cuestionando y que se pretende evidenciar con la referida lista, pudiendo la parte desvirtuarlo. Así se declara.

RDP N° 82, 2000, pp. 401

TSJ-SPA (899)   13-4-2000

Magistrado Ponente: Levis Ignacio Zerpa

Caso: Luis H. Maldonado M. vs. República (Ministerio de la Defensa).

Los administrados tienen derecho, por imperativo legal y constitucional, de tener acceso al expediente administrativo en cualquier estado y grado del procedimiento.

Igualmente denunció el apoderado del recurrente la violación al derecho a la defensa porque éste ni su representante tuvieron acceso al expediente administrativo durante el procedimiento instaurado, a pesar de haber solicitado muchas oportunidades autorización para tener acceso al referido expediente. Al respecto se observa:

Dispone el artículo 59 de la Ley Orgánica de Procedimientos Administrativos lo siguiente:

Artículo 59. "Los interesados y sus representantes tienen el derecho de examinar en cualquier estado o grado del procedimiento, leer y copiar cualquier documento contenido en el expediente, así como de pedir certificación del mismo. Se exceptúan los documentos calificados como confidenciales por el superior jerárquico, los cuales serán archivados en cuerpos separados del expediente. La calificación de confidencial deberá hacerse mediante acto motivado".

Ahora bien, cursan a los folios 513 al 522 de este expediente, comunicaciones fechadas 15-10-1997, 27-10-97, contentivas del recurso jerárquico, 13-02-98, 25-02-98, 18-03-98 y 27-03-98, dirigidas tanto al Jefe de Comando de Personal de la Guardia Nacional como al Ministro de la Defensa, en las cuales se solicita el acceso al expediente administrativo.

Como respuesta a las referidas solicitudes, el Director de Secretaría del Ministerio de la Defensa declara improcedente la solicitud de autorización de acceso al expediente administrativo con base en el siguiente razonamiento:

(Omissis...)

"Analizado...se considera que desde el punto de vista legal no es procedente la solicitud de acceso al expediente administrativo disciplinario del Cabo Primero Luis Hernán Maldonado Moscoso, que formula el Abogado Enrique Pérez Bermúdez, por cuanto si bien es cierto que es un derecho que consagra la Ley Orgánica de Procedimientos Administrativos, para que el interesado o su representante puedan revisar el expediente "en cualquier estado o grado de procedimiento" no es menos cierto que para el presente momento se agotó el procedimiento en vía administrativa, por cuanto el Señor Ministro de la Defensa, en la Nota Informativa Nro. MD CJ 059 del 23 marzo 98, emitió una decisión respecto del Recurso Jerárquico interpuesto por el mencionado Profesional del Derecho.

En consecuencia, sólo queda la posibilidad de remisión del expediente administrativo disciplinario al Órgano Jurisdiccional que lo solicite, en caso de ser interpuesta una demanda de nulidad contra el acto administrativo, a través del cual se dio de baja por medida disciplinaria al Cabo Primero (GN) Luis Hernán Maldonado Moscoso".

De la transcripción anterior se advierte la configuración de una flagrante violación al derecho a la defensa del recurrente, toda vez que la propia Administración admite haber negado el acceso al expediente administrativo, al cual por imperativo legal y constitucional tenía derecho en cualquier estado y grado del procedimiento. Resulta por demás absurdo señalar que por haberse agotado la vía administrativa, no podía el interesado tener acceso a su propio expediente disciplinario, no sólo porque tal aserto es falso, puesto que se desprende de autos que las referidas solicitudes se materializaron antes de decidirse el recurso jerárquico, sino porque con tal negativa se obligaba al recurrente a impugnar por vía judicial una decisión administrativa a cuyos antecedentes no pudo acceder, por haberlo impedido la propia Administración.

RDP N° 82, 2000, pp. 402

CPCA   21-6-2000

Magistrado Ponente: Carlos Enrique Mouriño Vaquero

Caso: Banco Venezolano de Crédito, S.A.C.A. vs. Superintendencia para la Promoción y Protección de la Libre Competencia (PROCOMPETENCIA).

El carácter confidencial dentro del procedimiento administrativo *ex novo* en el seno de la Superintendencia para la Promoción y Protección de la Libre Competencia, deberá ser tratado como la excepción y no la regla. No puede declararse la confidencialidad de una prueba solicitada por un particular si esta es relevante para la decisión de la Administración; y si la misma contiene otros datos que no son relevantes para el esclarecimiento de los hechos o que nada tienen que ver con el procedimiento de que se trate, la Superintendencia tiene la obligación de separar la información jurídicamente relevante de la que no lo es, y en el caso de que esa separación sea materialmente imposible está en el deber de transcribir certificadamente los datos relevantes para el proceso, para permitirle a los particulares involucrados, verificar y controlar la prueba evacuada a instancia de parte.

A este respecto, se observa:

Visto lo anterior, corresponde a esta Corte delimitar el alcance de la disposición contenida en el artículo 31 de la Ley para Promover y Proteger el Ejercicio de la Libre Competencia, precisando si la confidencialidad de las informaciones previstas en dicho artículo, es armonizable con el derecho a la defensa de los particulares interesados en el expediente administrativo, derecho de rango constitucional y pilar fundamental del Estado Social de Derecho.

A tales efectos, el artículo 31 dispone lo siguiente:

"Todas las personas y empresas que realicen actividades económicas en el país, públicas o privadas, nacionales o extranjeras, deberán suministrar la Información y documentación que les requiera la Superintendencia.

Los datos, o informaciones suministrados tendrán carácter confidencial, salvo si la Ley, establece su registro o publicidad".

Ahora bien, es evidente que el artículo transcrito establece el carácter confidencial como la regla aplicable, en las informaciones suministradas por los particulares interesados y la publicidad como la excepción.

Delimitado lo anterior, esta Corte se permite citar in extenso, lo establecido en la sentencia Gases Industriales de Venezuela y AGA Venezolana vs. la Superintendencia para la Promoción y Protección de la Libre Competencia, en fecha 5 de junio de 1997, expediente N° 97 734, sobre la confidencialidad y el acceso al expediente administrativo, en los términos siguientes:

De acuerdo a las previsiones del artículo 59 de la Ley Orgánica de Procedimientos Administrativos -aplicable supletoriamente a los procedimientos abiertos por la Superintendencia, a tenor de lo dispuesto en el artículo 41 de la Ley de la materia especial de competencia-, el derecho de acceso al expediente administrativo está contemplado en los siguientes términos:

"Los interesados y sus representantes tienen el derecho a examinar en cualquier estado o grado del procedimiento, leer y copiar cualquier documento contenido en el expediente. Se exceptúan los documentos calificados como confidenciales por el superior jerárquico, los cuales serán archivados en cuerpos separados del expediente. La calificación de confidencial deberá hacerse por acto motivado".

La norma precedentemente transcrita tiene por fundamento el artículo 68 del texto constitucional, el cual dispone que la defensa es un derecho inviolable en todo estado y grado del proceso, lo cual, por disposición legal, resulta aplicable, no sólo en los procesos que se debaten, en sede jurisdiccional, sino en los procedimientos que se sustancian en el seno de la Administración.

Se configura entonces el derecho de los particulares de revisar el expediente administrativo, como la manifestación del derecho a la defensa en el contexto del procedimiento administrativo. En efecto, sólo a través de la revisión de las actuaciones y alegatos de la Administración en el expediente, puede el particular defenderse plenamente alegando y probando todo aquello que sea necesario para la mejor defensa de su posición jurídica.

De lo anterior se deduce que cualquier conducta de la Administración dirigida a restringir o impedir a los administrados revisar, examinar o realizar cualquier tipo de actuación sobre algún expediente administrativo que contenga un procedimiento en el cual se hallen como interesados -a tenor de lo establecido en el artículo 22 de la Ley Orgánica de Procedimientos Administrativos- puede colocar al particular en posición de indefensión, desde que puede imposibilitarle el ejercicio pleno del derecho a la defensa.

En ese sentido, cualquier acto o actuación de la Administración que sea restrictivo del derecho a la defensa es susceptible de nulidad absoluta, de acuerdo a la aplicación concordada de lo dispuesto en el artículo 19, ordinal 1° de la Ley Orgánica de Procedimientos Administrativos y el artículo 46 de la Constitución, el cual sanciona con la nulidad todo acto del Poder Público que viole o menoscabe los derechos constitucionalmente garantizados.

Esta Corte ha sido, cónsona con esa orientación al aceptar que "la indefensión que causa la nulidad de los actos administrativos es aquélla que impide a los afectados por dichos actos ejercer a plenitud sus derechos en contra de ellos, tanto en el procedimiento constitutivo, como de revisión, ya sea administrativo o judicial" (sentencia de esta Corte Primera de lo Contencioso Administrativo de fecha 12 de diciembre de 1985).

Ahora bien, el artículo 31 de la Ley para la Promoción y Protección de la Libre Competencia prevé lo siguiente:

"Todas las personas y empresas que realicen actividades, económicas en el país, públicas o privadas, nacionales o extranjeras, deberán suministrar la información y documentación que les requiera la Superintendencia.

Los datos e informaciones suministradas tendrán carácter confidencial, salvo si la Ley establece su registro o publicidad".

El transcrito artículo 31 está contenido en el Capítulo IV *ejusdem*, el cual trata del deber de informar, y en ese sentido, se establece a los particulares la obligación de suministrar a la Superintendencia para la Promoción y Protección del Ejercicio de la Libre Competencia, cualquier información o documentación que le requiera para el cumplimiento cabal de sus funciones, previendo a tales efectos la confidencialidad de lo suministrado lo cual -adelanta desde ya esta Corte- debe operar únicamente respecto a los terceros ajenos el procedimiento administrativo.

Asimismo, cabe destacar que en la referida norma la confidencialidad de las informaciones suministradas a la Administración por el particular no viene dada por un funcionario como ocurre en el procedimiento administrativo ordinario, según previene el artículo 59 de la Ley Orgánica de Procedimientos Administrativos, sino de la misma Ley que regula las funciones de la Superintendencia.

En tal sentido, la potestad de que dispone la Administración para declarar de carácter reservado piezas o documentos del expediente administrativo tiene su razón de ser en la necesidad de evitar el conocimiento de aquéllos por parte de personas ajenas al procedimiento, en virtud de la trascendencia de determinado asunto y posible afectación de los mismos informantes o partes del procedimiento, lo cual amerita limitaciones en el acceso al expediente.

Es la Ley para Promover y Proteger el Ejercicio de la Libre Competencia, en este caso, la que contempla la confidencialidad de las informaciones, documentos y demás datos o elementos que suministren, los particulares; ello, en razón del tipo de información que involucran las facultades investigativas que sobre la competencia entre los agentes económicos y la estructura y dinámica del mercado debe realizar, la Superintendencia en los procedimientos por ella iniciados, debiendo, en consecuencia, restringirse el acceso del público a la revisión de los expedientes.

No obstante, como se indicó precedentemente, dicha restricción nunca debe entenderse como limitativa del derecho de los interesados en el procedimiento de proceder a su examen. En efecto, si el órgano administrativo impide a los interesados el examen de aquellos elementos que, calificados como reservados, resultan esenciales para su defensa, crea en cabeza del particular una imposibilidad de ejercer a plenitud su derecho a defenderse.

El derecho de los interesados a examinar en cualquier estado y grado del procedimiento el expediente del caso, se encuentra indisolublemente vinculado al derecho a la prueba, es decir, a defender su posición jurídica aportando medios probatorios que respalden la veracidad de sus afirmaciones. En consecuencia, cualquier obstáculo que se interponga, al interesado para revisar las afirmaciones relativos a imputaciones que en su contra haya formulado la Administración, resulta lesivo de su derecho a la defensa, tanto más cuando se trata de un procedimiento sancionatorio que puede culminar en un acto capaz de causarle graves perjuicios.

No resulta acorde con los principios que rigen el estado de derecho negar al interesado la revisión del expediente administrativo invocando la confidencialidad de alguna de sus piezas, cuando son éstas las que precisamente lo sirven de fundamento para abrir el procedimiento y dictar el acto correspondiente, desde que ello pudiera hacer nugatorio el derecho a la defensa del particular al impedírsele el conocimiento preciso y exacto de los hechos y las circunstancias que dan base a la apertura y tramitación en cuestión...

...Sin embargo, considera la Corte que la alegada negativa por parte de la Superintendencia a permitir el acceso a la recurrente a la lista de precios no le produjo la indefensión invocada, pues la imputación concreta de la identidad de precios permite conocer exactamente la conducta que se está cuestionando y que se pretende evidenciar con la referida lista, pudiendo la parte desvirtuarlo. Así se declara".

Esta Corte reproduce como suyos los razonamientos establecidos en el fallo parcialmente transcrito, no obstante lo anterior, debe realizar ciertas precisiones relacionadas con el caso concreto, y a tales efectos, se observa:

El artículo 31 de la Ley para Promover y Proteger el Ejercicio de la Libre Competencia, prevé una obligación *ex lege* a cargo de la Superintendencia, de darle tratamiento confidencial a las informaciones suministradas por los particulares. Ello es así, en virtud de que esta norma tiene una finalidad proteccionista de las informaciones suministradas, para que esas informaciones, no puedan ser utilizadas por otras personas o agentes económicos del mercado para su provecho, es decir, el interés del Legislador estuvo destinado a proteger en virtud de la trascendencia para el mercado de dicha información a las empresas para que sus informaciones sobre sus estrategias comerciales no fueran utilizadas negativamente por sus competidores y que éstos obtuvieran ventajas competitivas en razón de la información obtenida.

En este sentido, tal y como acertadamente lo apuntaba el fallo parcialmente transcrito, el artículo 31 de la Ley para la Promoción y Protección de la Libre Competencia debe ser interpretado concatenadamente con la previsión legal contenida en el artículo 59 de la Ley Orgánica de Procedimientos Administrativos, siempre y cuando exista un particular encausado en un procedimiento constitutivo, para así permitirle el pleno y efectivo ejercicio de su derecho a la defensa, consagrado en el artículo 49 de la Constitución Bolivariana de la República de Venezuela.

De esta manera, cuando exista un ciudadano encausado o presunto infractor que pueda ser sancionado por estar incurso en algún supuesto de práctica prohibida de los consagrados en la ley que rige la materia, a las informaciones confidenciales deberá aplicársele el artículo 59 de la Ley Orgánica de Procedimientos Administrativos, es decir, la Administración deberá dictar un acto motivado donde explane suficientemente las razones por las cuales el agente económico objeto de un procedimiento sancionatorio no puede conocer el contenido de dicha información.

A mayor abundamiento, es menester señalar que las informaciones confidenciales, que constituyen la regla en las informaciones suministradas a la Superintendencia para la Promoción y Protección de la Libre Competencia, deben ser entendidas restrictivamente, cuando se esté sustanciado un procedimiento que puede culminar en una sanción para el administrado, en el entendido de que sólo podrán ser declaradas confidenciales las informaciones mediante auto motivado, siempre y cuando a juicio de la Administración existan razones suficientemente fundadas que de conocerse la información suministrada, se alteraría el libre desenvolvimiento de la competencia entre los agentes del mercado en cuestión.

No está de más apuntar, que las informaciones suministradas por los particulares a la Superintendencia para la Promoción y Protección de la Libre Competencia, previo requerimiento de esa Superintendencia, siguen siendo confidenciales para los terceros ajenos, no intervinientes en el proceso que se trate, pudiendo ser conocidas dichas informaciones sólo por las partes involucradas en el mismo.

Así las cosas, es criterio de esta Corte que en los casos relativos a la aplicación de la confidencialidad a las informaciones y documentaciones suministradas por las empresas que realicen actividades económicas, a la luz de la Ley para la Promoción y Protección de la Libre Competencia y en el supuesto de que exista un administrado sometido a un procedimiento sancionatorio, la Superintendencia deberá aplicar preferentemente el artículo 59 de la Ley Orgánica de Procedimientos Administrativos y no el artículo 31 de la Ley para Promover y Proteger el Ejercicio de la Libre Competencia, lo cual conduce indefectiblemente, a que el carácter confidencial dentro del procedimiento administrativo ex novo en el seno de la Superintendencia para la Promoción y Protección de la Libre Competencia, deberá ser tratada como la excepción y no la regla, más aún en aquellos procedimientos iniciados de oficio por la Administración.

Lo anterior se fundamenta, en que a pesar de que las informaciones suministradas a la Superintendencia para la Promoción y Protección de la Libre Competencia, son confidenciales por mandato de la Ley y no por voluntad de un funcionario, como ocurre con el artículo 59 de la Ley Orgánica de Procedimientos Administrativos, este último prevalece por ser una manifestación legal de rango orgánico del precepto constitucional del derecho a la defensa y el debido proceso, razón por la cual, la previsión legal contenida en el artículo 31 de la ley de la Superintendencia para la Promoción y Protección de la Libre Competencia, no puede ser entendida nunca como limitativa del derecho de los particulares a revisar el expediente administrativo (en los cuales se encuentren como indiciados en la práctica de una conducta prohibida por la Ley), en atención a una interpretación a favor del administrado, ya que tal y como apuntó el maestro García de Enterría "...el criterio interpretativo contra cives, herencia de una interpretación arcaica del Derecho Público, que presume sujeciones y sometimientos que concibe los derechos frente a los entes públicos como excepciones señaladísimas, y por eso de interpretación restrictiva o reductora, está radicalmente proscrita en nuestro ordenamiento..." (*Vid.* García de Enterría, Eduardo, *La interdicción del criterio interpretativo <contra cives>*, Editorial Cívitas, Madrid, p. 118).

De esta manera, no lo es permisible a la Superintendencia para la Promoción y Protección de la Libre Competencia restringir, limitar, impedir, imposibilitar u obstaculizar el acceso al expediente administrativo al presunto infractor, basada simplemente en su deber legal de tratar con carácter confidencial las informaciones suministradas por los particulares, so pena de que el acto culminatorio del procedimiento administrativo constitutivo esté viciado de nulidad absoluta, por hacer nugatorio el efectivo ejercicio del derecho a la defensa del particular involucrado en el procedimiento administrativo.

Lo anteriormente expresado cobra mayor vigencia dentro de nuestro contexto constitucional actual, en virtud de la consagración constitucional del derecho a la información y al acceso al expediente administrativo en el artículo 143 de la Constitución de la República Bolivariana de Venezuela.

Lo anterior reviste mayor importancia, cuando la Superintendencia para la Promoción y Protección de la Libre Competencia le da carácter confidencial a una información suministrada en virtud de la evacuación de una prueba solicitada en el procedimiento administrativo por el particular interesado.

En efecto, en el caso que nos ocupa la Superintendencia para la Promoción y Protección de la Libre Competencia declaró confidencial una información suministrada por la Superintendencia de Bancos y Otras Instituciones Financieras sobre el formulario SBIF 028/0696, relativa a la distribución por oficinas de las captaciones de depósitos del Banco Mercantil y del Banco Venezolano de Crédito, correspondientes al primer semestre de 1997, fundamentada en que dicha información constaba en la pieza No. III del expediente administrativo, y por cuanto la información recibida contenía datos de aceptación por depósitos de agencias ubicadas fuera la zona Guarenas-Guatire, acordó otorgarle tratamiento confidencial.

A este respecto cabe señalar, que le está vedado la posibilidad a la Administración de declarar confidencial una prueba solicitada por un particular y que la misma sea relevante para la decisión de la Administración, puesto que violenta el principio elemental de contradicción y control de la prueba en el procedimiento el cual constituye una manifestación directa del derecho a la defensa.

Así las cosas, si la información que le fue suministrada a la Administración contiene otros datos que no son relevantes para el esclarecimiento de los hechos, aunados a que nada tienen que ver con el procedimiento en curso, la Superintendencia para la Promoción y Protección de la Libre Competencia está en la obligación de separar la información jurídicamente relevante de la que no lo es, y en el caso de que esa separación sea materialmente imposible como lo es el caso que nos ocupa la Administración está en el deber de transcribir certificadamente los datos relevantes para el proceso de la información declarada confidencial, todo esto con el objeto fundamental de permitirle a los particulares involucrados en el proceso, verificar y controlar la prueba evacuada a instancia de parte.

RDP N° 83, 2000, pp. 231

CPCA (1049)   1-8-2000

Magistrado Ponente: Pier Paolo Pasceri Scaramuza

Caso: Olimpia Tours and Travel C.A. vs. Corporación de Turismo de Venezuela (CORPOTURISMO).

Para determinar si el referido derecho ha sido conculcado, es necesario determinar el alcance del artículo 143 de la Constitución de la República de Venezuela que establece lo siguiente:

> Artículo 143: Los ciudadanos y ciudadanas tienen derecho a ser informados a informadas oportuna y verazmente por la Administración Pública, sobre el estado de las actuaciones en que estén directamente interesados a interesadas, y a conocer las Resoluciones definitivas que se adopten sobre el particular. Así mismo, tienen acceso a los archivos y registros administrativos, sin perjuicio de los límites aceptables dentro de una sociedad democrática en materias relativas a seguridad interior y exterior, a investigación criminal y a la intimidad de la vida privada, de conformidad con la Ley que regule la materia de clasificación de documentos de contenido confidencial o secreto. No se permitirá censura alguna a los funcionarios públicos o funcionarias públicas que informen sobre asuntos bajo su responsabilidad.

Del referido artículo es posible deducir que el derecho en referencia no es absoluto, ya que el mismo no se extiende a los documentos "...de contenido confidencial o secreto...". Ahora bien, en la audiencia constitucional quedó establecido que CORPOTURISMO no emitió un acto administrativo en el que haya determinado motivadamente que las Actas de Directorio de dicho organismo celebradas en fechas 24 de abril de 2000 y 22 de mayo de 2000 tengan carácter confidencial o secreto.

Estima la Corte que la empresa accionante tiene derecho de ser informada del contenido de tales actas siempre y cuando "...estén directamente interesados o interesadas..." tal como lo expresa la Carta Magna; es por ello que al haberle impedido CORPOTURISMO a la presunta agraviada conocer el contenido de las mismas le ha cercenado su derecho a la información sólo en la medida en que su interés esté plenamente establecido y así se declara."

RDP N° 97-98, 2004, pp. 142

TSJ-SC (29)   20-1-2004

Magistrado Ponente: Pedro Rafael Rondón Haaz

Caso: Olimpia Tours and Travel C.A. vs. Vice-Ministro de Turismo del Ministerio de Industria y Comercio y Presidenta encargada de la Corporación de Turismo de Venezuela (CORPOTURISMO).

El derecho a la información que acogió el artículo 143 del texto constitucional no abarca aquellos documentos de contenido confidencial o secreto. Sin embargo, la confidencialidad de un documento requiere de la existencia previa de una norma que así califique de un acto expreso.

En este orden de ideas, la Sala observa que la sentencia objeto de consulta declaró la improcedencia de la denuncia de violación del derecho de respuesta, por cuanto consideró que la supuesta omisión de pronunciamiento que sirvió de fundamento a la pretensión de amparo no existió puesto que consta en autos que la supuesta agraviante sí respondió a la solicitud de la accionante, cuando le hizo saber que la información que pretendía se encontraba sometida al régimen de reserva o confidencialidad a que hace referencia el artículo 52 de la Ley Orgánica de Procedimientos Administrativos.

De otra parte, y sobre la base de la anterior consideración, esta Sala comparte el criterio según el cual el derecho a la información que acogió el artículo 143 del texto constitucional vigente no abarca aquellos documentos de contenido confidencial o secreto. Sin embargo, la confidencialidad de un documento requiere de la existencia previa de una norma que así califique de un acto expreso –que en el caso de autos no existió- que ponga al particular directamente interesado en conocimiento de tal decisión, por cuanto la limitación que deriva de esa condición sólo puede concebirse dentro de un moderno Estado de Derecho y de Justicia, con la debida garantía de un pronunciamiento motivado en función de su derecho constitucional a la defensa de los eventuales interesados en la información cuya confidencialidad se declarase. Así se declara.

Concuerda también la Sala con el razonamiento del *a quo* respecto a que la parte actora tiene derecho a ser informada del contenido de las actas de la parte demandada siempre y cuando sean de su interés, de conformidad con la Constitución de la República Bolivariana de Venezuela; de modo que el impedimento a la presunta agraviada, por parte de CORPOTURISMO, de acceso al contenido de aquéllas, efectivamente cercenó su derecho a la información, pero exclusivamente en la medida de su interés en las mismas. Por ello, confirma la orden que dio la Corte Primera de lo Contencioso Administrativo a la Presidenta del ente agraviante, de exhibición a esa Corte de las Actas completas de la Reunión de Directorio de CORPOTURISMO de 24 de abril de 2000 y 22 de mayo de 2000, para que precisara los puntos, si los hubiere, donde se hubiese tomado decisión respecto a la quejosa y la orden de su transcripción, en cuanto fuera pertinente, en los términos que fijó.

Voto salvado del Magistrado Jesús Eduardo Cabrera Romero

Quien suscribe, Jesús Eduardo Cabrera Romero, disiente de la opinión de la mayoría, por las siguientes razones:

El artículo 143 constitucional responde a una forma de habeas data, tal como lo apuntó esta Sala el fallo del 14 de marzo de 2001 (caso *Insaca*); siendo así, no era la vía de un amparo por omisión de respuesta, la que permite la exhibición de los documentos, que es cosa distinta al derecho a ser informado que otorga el artículo 143 constitucional.

El derecho a la respuesta es diferente al derecho de acceder a la información, el cual -conforme al fallo inmediatamente citado- debe cumplir con una serie de requisitos de cumplimiento necesario.

Queda así expuesto el criterio del Magistrado disidente.

RDP N° 109, 2007, pp. 152

CSCA 7-2-3007

Juez Ponente: Alejandro Soto Villasmil

Caso: William Uribe Regalado vs. Universidad Central de Venezuela.

El derecho a la información administrativa consagrado en el artículo 143 constitucional presupone, necesariamente, la instauración de un procedimiento administrativo de cualquier naturaleza -sancionatorio, autorizatorio, etcétera-, en el cual la Administración emitirá un pronunciamiento decisivo en torno al asunto de que se trate.

Así pues, se deduce de los autos que el ciudadano William Uribe Regalado alegó que la negativa por parte de la UCV de permitirle el acceso a los instrumentos que integran su expediente académico, configuran la violación del artículo 143 de la Constitución de la República Bolivariana de Venezuela, por impedirle informarse sobre el estado de las actuaciones que integran el mismo.

En ese sentido, observa la Corte que del folio 6 al 36 del expediente, ambos inclusive, corre inserta en original, solicitud de inspección ocular signada con el N° S-5383/06, evacuada el 25 de enero de 2004 por el Juzgado Quinto de Municipio de la Circunscripción Judicial del Área Metropolitana de Caracas, de la cual se desprende que en la fecha mencionada, el ciudadano William Uribe Regalado compareció junto con el referido Tribunal ante la sede la Oficina de Control de Estudios de la Escuela de Medicina "Luis Razetti" de la Universidad Central de

Venezuela, con la finalidad de dejar constancia de las actuaciones que constaban en su expediente académico, oportunidad en la cual la ciudadana Alida Rivas de García, en su condición de Coordinadora Docente de la citada Oficina, manifestó su negativa de exhibir los documentos cursantes en el referido expediente, aduciendo al efecto, que las únicas personas con competencia para exhibir o permitir el acceso a los expedientes académicos son el Decano o el Director de la citada Escuela de Medicina.

Asimismo, se colige que en el devenir del proceso la representación judicial de la UCV no logró demostrar que esa casa de estudios efectivamente le permitió al accionante el acceso a su expediente académico; por el contrario, encuentra la Corte que en la oportunidad de celebrarse la audiencia constitucional, dicha representación manifestó en esa ocasión que "procedieron a consignar la información solicitada por el accionante", lo que denota sin duda alguna que la negativa de acceso delatada se produjo de manera continuada, tal y como fue alegado en el escrito libelar. Ello, aunado al hecho que no lograron probar que la UCV se encontraba amparada por alguna causal legítima que le permitiera prohibirle al quejoso realizar la revisión del mismo (*Vgr.* Que la información requerida reviste un carácter confidencial).

Todo lo cual revela que, efectivamente, la Universidad Central de Venezuela le coartó al ciudadano William Uribe Regalado la posibilidad de imponerse de las actas que integran su expediente académico. Así se declara.

De cara a lo anterior, y en lo que respecta al derecho de información oportuna y veraz por parte de la Administración Pública, previsto en el artículo 143 de la Constitución de la República Bolivariana de Venezuela, que su contenido y alcance fue delimitado por la Sala Constitucional del Tribunal Supremo de Justicia en la sentencia N° 332 del 14 de marzo de 2001 (caso: *Insaca, C.A.*),

De acuerdo con la jurisprudencia sentada por la Sala Constitucional de nuestro Máximo Tribunal, el postulado sub examine reviste básicamente dos vertientes jurídicas bien diferenciadas, pero que, a su vez, son de carácter concurrentes. La primera, como se ha visto, referida al derecho que tienen los particulares a obtener información cierta, precisa y tempestiva en torno a las actuaciones administrativas adelantadas en los procedimientos administrativos en los cuales tengan interés, y en los que se van a dictar decisiones administrativas definitivas (actos administrativos de carácter definitivo).

Por consiguiente, el derecho bajo estudio presupone, necesariamente, la instauración de un procedimiento administrativo de cualquier naturaleza -sancionatorio, autorizatorio, etcétera-, en el cual la Administración emitirá un pronunciamiento decisivo en torno al asunto de que se trate; de allí que ésta configura el sujeto pasivo de este derecho, el cual obra en pro de los particulares, por cuanto es la Administración quien posee la obligación de aportar toda la información requerida por el administrado interesado en el procedimiento.

De la mano con el anterior derecho, se encuentra el derecho de los particulares de imponerse -acceder- de las actuaciones llevadas a cabo en el expediente donde se sustancia el procedimiento administrativo de que se trate, a objeto de garantizar sus derechos a la defensa y un debido proceso administrativo, prescritos en el artículo 49 de la Constitución de la República Bolivariana de Venezuela, así como de ejercer los recursos correspondientes -administrativos o jurisdiccionales- contra la decisión definitiva a ser proferida por la Administración.

Dicho lo anterior, se deduce que en el caso sub iudice no se produjo la violación del derecho constitucional contemplado en el artículo 143 de la Constitución de la República Bolivariana de Venezuela, toda vez que si bien existen en autos medios de convicción suficientes en torno a la negativa injustificada de la UCV de permitirle al quejoso el acceso a su expediente académico, no es menos cierto que, como se ha dicho, dicha denegación debe producirse ineludiblemente en el marco de un procedimiento administrativo en el que el denunciante tenga un interés con respecto a la resolución definitiva que la Administración habrá de dictar en torno al asunto que le atañe, situación que no se verifica en la controversia bajo estudio.

En efecto, la petición de tuición constitucional bajo análisis no se produjo por virtud de la negativa de acceso a un expediente administrativo sustanciado por la UCV, en razón de un procedimiento administrativo en el cual ésta fuese a dictar un acto administrativo definitivo en el que el accionante tuviere interés, sino ante la imposibilidad del accionante de imponerse del contenido de las actuaciones que conforman su expediente académico, motivo por el cual, se desecha la alegada infracción del derecho constitucional a la información veraz y oportuna por parte de la Administración Pública, previsto en el artículo 143 de la Constitución de la República Bolivariana de Venezuela. Así se decide.

D. *Derecho al juez natural*

RDP N° 112, 2010, pp. 555

TSJ- SC (1889)   17-10-2007

Magistrado Ponente: Francisco Carrasquero López

Caso: Impugnación de los artículos 449, 453, 454, 455, 456 y 457 de la Ley Orgánica del Trabajo.

El derecho al juez natural se debe garantizar no sólo en el plano procesal judicial, sino en el procedimental administrativo o de administración judicial en particular, referido a un "instructor natural", "administrador natural" o "sancionador natural", según el caso.

En otro orden de ideas, los accionantes denunciaron que las normas impugnadas menoscaban el derecho al juez natural, y sobre el particular, se observa, que el contenido esencial de este derecho es el siguiente: "Es necesario, pues, que el Juez sea aquel al que corresponde su conocimiento según las normas vigentes con anterioridad (...). Se atenta contra la garantía constitucional siempre que se modifica la competencia o la composición del órgano jurisdiccional, tanto por norma con fuerza de ley como por actos del Ejecutivo o de los órganos rectores del Poder Judicial, a fin de sustraer un litigio del conocimiento del Tribunal al que naturalmente le correspondería" (*Cfr.* J. González Pérez, *El derecho a la Tutela Jurisdiccional*, Cuadernos Civitas, Madrid, 1989, p. 129).

Así, el derecho al juez predeterminado por la ley, mejor conocido en nuestro ámbito como el derecho al juez natural, lo justifica Pérez Royo en el imperativo de que "la voluntad general tiene que ser previa a la resolución del conflicto, tanto en la definición de la norma sustantiva y de la norma procesal con base en la cual tiene que ser resuelto como en la previsión del órgano judicial y de las personas que lo van a componer, que van a intervenir en su solución". Para este autor, "se trata de una exigencia de la neutralidad de la voluntad general, que no admite que se pueda designar a posteriori un juez o tribunal ad hoc, así como tampoco que pueda el ciudadano elegir el juez que va a entender de su conducta" (*cfr: Curso de Derecho Constitucional*, Marcial Pons, Madrid-Barcelona, 2000. p. 500).

En el contexto señalado, nuestra Constitución establece en su artículo 49, ordinal 4°, que "toda persona tiene derecho a ser juzgada por sus jueces naturales en las jurisdicciones ordinarias, o especiales, con las garantías establecidas en esta Constitución y en la ley".

Por su parte, la jurisprudencia de la Sala ha establecido al respecto, que el derecho al juez predeterminado por la ley, supone, "en primer lugar, que el órgano judicial haya sido creado previamente por la norma jurídica; en segundo lugar, que ésta lo haya investido de autoridad con anterioridad al hecho motivador de la actuación y proceso judicial; en tercer lugar, que su régimen orgánico y procesal no permita calificarlo de órgano especial o excepcional para el caso; y, en cuarto lugar, que la composición del órgano jurisdiccional sea determinada en la Ley, siguiéndose en cada caso concreto el procedimiento legalmente establecido para la designación de sus miembros, vale decir, que el Tribunal esté correctamente constituido. En síntesis, la garantía del juez natural puede expresarse diciendo que es la garantía de que la causa sea resuelta por el juez competente o por quien funcionalmente haga sus veces" (*Cfr.* sentencia núm. 520/2000 del 7 de junio, caso: *Mercantil Internacional, C.A.*).

Ahora bien, toda esta doctrina es trasladable a las funciones que en específico la ley le ha atribuido a los órganos administrativos, pues el artículo 49 constitucional establece en su encabezado que: "El debido proceso se aplicará a todas las actuaciones judiciales y administrativas..."; esto es, el derecho al juez natural se debe garantizar, no sólo en el plano procesal judicial, sino en el procedimental administrativo o de administración judicial en particular, referido a un "instructor natural", "administrador natural" o "sancionador natural", según el caso.

Siendo así, las normas impugnadas establecen un criterio atributivo de competencia en favor de las inspectorías del trabajo para conocer y tramitar en sede administrativa el correspondiente procedimiento de protección al fuero, lo cual evidencia la observancia de la garantía a que alude el encabezado del artículo parcialmente trascrito (el derecho al juez natural extensivo a la actuación de los órganos de la administración), correspondiente al establecimiento previo y por vía legal del órgano decisor de una controversia. Así se establece.

E. Derecho a la oportuna respuesta

RDP N° 61–62, 1995, pp. 183

CPCA   26-4-95

Magistrado Ponente: María Amparo Grau

Caso: Prefabricados El Callao, C.A. vs. República (Ministerio de Hacienda)

En el presente caso la conducta omisiva denunciada como violatoria de derechos constitucionales, se imputa al silencio de la accionada ante el requerimiento de información respecto del recurso extraordinario de revisión previsto en el Decreto 2024, ejercido contra la resolución N° 3932 del 28 de agosto 1985 dictada por la Comisión para el Registro de la deuda Externa Privada, mediante la cual se declaró improcedente el registro de la deuda privada externa de la accionante.

Al respecto, observa la Corte que si bien ha sostenido la Sala Político-Administrativa de la Corte Suprema de Justicia el criterio conforme al cual ante la ausencia de acto administrativo expreso denegatorio del recurso administrativo, queda abierta la vía contencioso-administrativa, de acuerdo a las previsiones del artículo 93 de la Ley Orgánica de Procedimientos Administrativos y 134 de la Ley Orgánica de la Corte Suprema de Justicia, con lo cual se ha estimado que en ese caso dispone el interesado de un medio específico para atacar la decisión tácita denegatoria (sentencia de fecha 23 de mayo de 1988, caso "*Fincas Algaba*"), también se ha reconocido –en la misma sentencia citada– que tal garantía podría resultar insuficiente para la protección constitucional del derecho de petición del recurrente.

Así, en la decisión del Alto Tribunal invocada se indicó:

"Podría suceder, igualmente y no obstante, que el procedimiento legalmente instaurado para dar satisfacción a la garantía constitucional se revelara insuficiente a los fines del cumplimiento de su cometido, en razón de actuaciones del funcionario destinadas a impedirlo. Procedería también entonces la acción de amparo, pero contra las precisas actuaciones administrativas entorpecedoras del procedimiento-garantía, y sólo en la medida en que éstas se constituyeran, por sí mismas, en directamente violatorias de los derechos fundamentales, implícita o explícitamente consagrados y resguardados por la Constitución".

Lo anterior pone de manifiesto que aún acogiéndose el criterio del fallo citado en el sentido de estimar excluida la vía de amparo ante el silencio en la decisión de un recurso administrativo contra un acto expreso, debe analizarse el caso concreto pues de determinarse que no es posible la satisfacción de la garantía constitucional,

"...en cuanto al cumplimiento de su cometido...", sería admisible la vía extraordinaria del amparo.

Así, en el caso de autos observa la Corte que el silencio lesivo del derecho de petición invocado, es el producido en el curso de un procedimiento de revisión administrativa a instancia de parte, más sin embargo, no se trata de aquél llamado a producir el acto que abre la vía judicial, por el contrario, éste corresponde a una vía extraordinaria consagrada incluso con posterioridad a la oportunidad en que el interesado podía acudir a la instancia judicial y aún para el caso de que así lo hubiere hecho, siempre que no hubiere recaído sentencia definitiva.

Por ello, considera la Corte que al decidir este Tribunal, en la sentencia de fecha 12 de marzo de 1993 –que en copia cursa en autos– no tener materia sobre la cual pronunciarse en el recurso contencioso administrativo de anulación, por considerar que el ejercicio del recurso extraordinario de revisión implica una sustitución del acto impugnado en vía judicial por el nuevo acto "...que haya resultado o resulte de la decisión del recurso de revisión en vía administrativa...", se convierte el interés del recurrente en la solución del recurso administrativo intentado en objeto de protección de la garantía constitucional prevista en el artículo 67 susceptible de obtenerse por la vía del amparo, ya que es a partir de este momento que su decisión condiciona la posibilidad de acceder a la vía judicial y no tiene en tal oportunidad el accionante la posibilidad de utilizar el mecanismo previsto en el artículo 134 de la Ley Orgánica de la Corte Suprema de Justicia.

Así, en esta decisión (de fecha 12 de marzo de 1993), la Corte indicó:

"En consecuencia, en estos casos, una vez que conste en autos que el recurrente acudió a la vía de la revisión especial ante el Ministerio de Hacienda, esta Corte no puede hacer otra cosa más que afirmar que no existe materia sobre la cual decidir. *Ello no obsta, por supuesto, para que el interesado, en caso de no encontrar satisfecha su pretensión de revisión administrativa, pueda ejercer el recurso contencioso-administrativo de anulación contra el nuevo acto administrativo que necesariamente debe resultar de la decisión del recurso de revisión especial interpuesto, en cuyo caso se trataría de un juicio contra un nuevo acto, distinto del originalmente impugnado en sede judicial, ya que éste fue objeto de recurso en sede administrativa".* (Subrayado de la Corte).

Con vista a lo expuesto resulta evidente que la respuesta al recurso extraordinario de revisión se convierte en elemento indispensable para acceder al contencioso administrativo a los fines de controlar la legalidad del acto denegatorio del registro de la deuda externa privada de la accionante, por virtud de la decisión de este Tribunal que estableció que tal debía ser la materia del recurso. En consecuencia, es procedente la acción de amparo intentada, pues la resolución de la petición planteada a través del recurso de revisión es indispensable para que la accionante pueda ejercer en vía judicial la defensa de sus derechos en relación con el registro de su deuda externa privada, resultando por ende violados con la omisión denunciada los derechos invocados, contenidos en los artículos 67 y 68 del Texto Constitucional y así se declara.

Procede en consecuencia acordar el restablecimiento solicitado y por tanto ordenar a la accionada dar respuesta, en un plazo de ocho (8) días hábiles, al recurso extraordinario de revisión sobre el cual se requirió información mediante comunicación de fecha 13 de abril de 1993. Así de decide.

RDP N° 67-68, 1996, pp. 204

CSJ-SPA (423)   4-7-96

Magistrado Ponente: Alfredo Ducharne Alonzo

Planteada la controversia en el contexto del artículo 243 ordinal 3° del Código de Procedimiento Civil (aplicable con base al artículo 88 de la Ley Orgánica de la Corte Suprema de Justicia) tal como quedó precisada después del último acto de las partes, el de informes (artículo 96 de la Ley de la Corte), la Sala observa:

El recurrente inició sus labores como Fiscal del Ministerio Público el 1° de octubre de 1985 y fue destituido el 17 de septiembre de 1992. Ejerció entonces el cargo de dos períodos constitucionales, el primero hasta el 2 de junio de 1989 (fecha en la cual fue nombrado el nuevo Fiscal General de la República) y, el segundo, a partir de esta fecha hasta el 17 de septiembre de 1992. Del segundo y nuevo periodo de 5 años, desempeñó su cargo por un lapso de 3 años, 3 meses y 15 días, lo que constituye un porcentaje de 65,75%, faltando por cumplir del nuevo período el 34, 25%.

La causa de remoción, como se señalo con anterioridad, fue la conclusión del período para el cual fue designado el recurrente, de conformidad con el artículo 18 de la Ley Orgánica del Ministerio Público, es decir, el despacho consideró concluido el período, el 2 de junio de 1989, (fecha de nombramiento del nuevo Fiscal General de la República), mediante la Resolución de 16 de septiembre de 1992. En definitiva, se resuelve la situación de empleo del recurrente, como se precisó, al haber ya transcurrido el 65,75% del nuevo período constitucional.

El artículo 18 de la Ley Orgánica del Ministerio Público prevé:

"Artículo 18. Los funcionarios del Ministerio Público de la jurisdicción ordinaria serán nombrados por un período de cinco años, por el Fiscal General de la República. Durante este período, sólo podrán ser destituidos en caso de incapacidad, negligencia, mala conducta y demás faltas graves en el cumplimiento de los deberes de su cargo, debidamente comprobadas mediante expediente. En los nombramientos se preferirá a los abogados que hayan aprobado cursos de especialización en materias atinentes al Ministerio Público o que hubieren prestado servicios a éste o a la Administración de Justicia con honestidad y eficacia.

Los funcionarios del Ministerio Público de las Jurisdicciones especiales serán nombrados y removidos de conformidad con las leyes respectivas".

Conforme a la señalada norma el período de los funcionarios del Ministerio Público de la Jurisdicción ordinaria es de 5 años y se corresponde al período constitucional del Fiscal General de la República. Puede ser este período coincidente

482

con el del Fiscal General, puede ser menor si el nombramiento se produce ya avanzado el período constitucional del Fiscal, en este caso alcanzaría la conclusión de ese mismo período y, finalmente, puede prorrogarse o renovarse, mediante ratificación por un nuevo período, correspondiente al inicio del nuevo período constitucional. Sobre este punto no existen dudas y coinciden el recurrente y la representación del Ministerio Público. La Sala considera este criterio ajustado a la ley y a su propia doctrina.

En el contexto de la problemática del caso, el *thema decidendum* es la RATIFICACION en el CARGO para el NUEVO período constitucional. ¿Cuando y como debe producirse?.

El artículo 30 de la Ley Orgánica de Procedimientos Administrativos dispone:

"*Artículo 30*. La actividad administrativa se desarrollará con arreglo a principios de economía, eficacia, celeridad e imparcialidad.

Las autoridades superiores de cada organismo velarán por el cumplimiento de estos preceptos cuando deban resolver cuestiones relativas a las normas de procedimiento".

Esta norma es aplicable al Ministerio Público por mandato del artículo 1° *ejusdem*, del artículo 6° ordinal 20 y 1° de la Ley Orgánica del Ministerio Público.

El artículo 30 citado consagra conceptos jurídicos indeterminados de experiencia y valor que permiten una solución justa. Estos conceptos jurídicos de "economía, eficacia, celeridad e imparcialidad" cobran su fuerza en el presente caso concreto, cuando la Fiscalía debe resolver y decidir sobre la ratificación o no del Fiscal en el respectivo cargo en el marco de la razonabilidad, a las cuales se circunscriben los conceptos enunciados. No tiene el Ministerio Público un espacio libre de actuación, debe someterse al derecho, al principio de legalidad, a los principios generales del Derecho (artículo 117 Constitución).

En el caso subjudice, el Fiscal General de la República prescindió de los servicios del recurrente (mediante remoción), avanzado ya el período constitucional en un porcentaje de 65,75%, período en el cual se dio una relación de servicio y empleo. En todo ese transcurrir del tiempo -*existiendo la obligación de resolver y decidir*- el Ministerio Público *no cumplió con ese deber*, con lo cual se configura una evidente falta de actuación administrativa, una desidia.

La obligación de decidir en un plazo razonable no se corresponde tan solo a la observancia de la eficacia y celeridad administrativa, tal como lo establece el artículo 30 citado, sino también a la seguridad jurídica a la cual tiene derecho el funcionario, en el sentido que no debe ser mantenido en una situación de incertidumbre en cuanto a su estatus y condición de empleo, pues se trata de la satisfacción de una necesidad fundamental de la vida como lo es el trabajo (artículos 84 y 85 de la Constitución) y del desarrollo de la personalidad (artículo 43 *ejusdem*), fruto precisamente, de una óptima relación de servicio. Asimismo, se corresponde la seguridad del empleo (la estabilidad) a la exigencia ética de los valores axiológicos que se originan en la condición del ser humano por el solo hecho de serlo y por la dignidad, fundamento de sus derechos humanos (*Vid.* Entre otros, la Declaración Universal de los derechos Humanos, artículo 1°, el Pacto Internacional de derechos Civiles y Políticos, artículo 10 y el artículo 50 de la Constitución -derechos inherentes-).

El deber entonces de decidir, oportunamente, tiene un fundamento legal y constitucional y una base deontológicas.

RDP N° 97-98, 2004, pp. 136

TSJ-SC (547)   6-4-2004

Magistrado Ponente: Pedro Rafael Rondón Haaz

Caso: Ana B. Madrid A. vs. Fiscal General de la República.

La Sala Constitucional analiza el derecho de petición y a la oportuna respuesta.

En el caso de autos se planteó demanda de amparo constitucional contra la omisión del Fiscal General de la República cuando no dio oportuna respuesta a la solicitud administrativa que planteó la demandante mediante la cual, con fundamento en el artículo 83 de la Ley Orgánica de Procedimientos Administrativos, solicitó la declaratoria de nulidad absoluta del acto administrativo de 30 de mayo de 2002, mediante el cual se le notificó el cese en el ejercicio de sus funciones en el cargo de Suplente Especial de la Fiscalía Séptima del Ministerio Público de la Circunscripción Judicial del Área Metropolitana de Caracas. Ante tal omisión de pronunciamiento expreso, la quejosa invocó la violación de su derecho a la obtención de oportuna respuesta y planteó, como pretensión, se ordene al demandado responda expresamente su petición, con independencia del contenido de esa respuesta.

Por su parte, la representante de la parte demandada alegó la improcedencia de esta demanda de amparo, por varias razones: en primer lugar, porque no existe verdadera obligación de decidir, pues no se trató del ejercicio de un recurso administrativo; en segundo lugar, porque no existe en este caso un lapso legalmente establecido para la decisión administrativa y, en consecuencia, mal puede exigirse una respuesta en un plazo determinado; en tercer lugar porque, en todo caso, habría operado el silencio administrativo ante lo cual, y en cuarto lugar, la demandante contaba con vías procesales ordinarias, concretamente la vía funcionarial.

Al respecto esta Sala observa:

Son contestes las partes de este proceso en que existió una solicitud administrativa, que consistió en la petición de declaratoria de nulidad absoluta de un acto administrativo previo, y son contestes también en que esa petición no fue decidida, expresa y oportunamente, por parte del funcionario con competencia para ello. Frente a esa situación, el derecho fundamental cuya violación se alegó es el derecho de petición y a oportuna y adecuada respuesta, el cual preceptúa el artículo 51 Constitución de 1999, en los siguientes términos:

"Toda persona tiene el derecho de representar o dirigir peticiones ante cualquier autoridad, funcionario público o funcionaria pública sobre los asuntos que sean de la competencia de éstos o éstas, y de obtener oportuna y adecuada respuesta. Quienes violen este derecho serán sancionados o sancionadas conforme a la ley, pudiendo ser destituidos o destituidas del cargo respectivo".

Con fundamento en este precepto constitucional, toda persona tiene el derecho fundamental de dirigir peticiones y recibir oportuna y adecuada respuesta a las mismas, derecho cuya contrapartida no es otra que la obligación de todo funcionario público o toda persona que, en razón de la Ley, actúe como autoridad, en ejercicio de potestades públicas, de recibir las peticiones que se formulen respecto de los asuntos que sean de su competencia y, asimismo, la de dar oportuna y adecuada respuesta a las mismas.

Sobre el alcance de este derecho de petición y oportuna respuesta esta Sala ha establecido, en anteriores oportunidades, entre otras, en sentencias de 4-4-01 (caso Sociedad Mercantil Estación de Servicios Los Pinos S.R.L.) y de 15-8-02 (caso William Vera) lo siguiente:

"Tal como lo exige el artículo 51 de la Constitución, toda persona tiene derecho a obtener una respuesta 'oportuna' y 'adecuada'. Ahora bien, en cuanto a que la respuesta sea "oportuna", esto se refiere a una condición de tiempo, es decir que la respuesta se produzca en el momento apropiado, evitando así que se haga inútil el fin de dicha respuesta.

En cuanto a que la respuesta deba ser 'adecuada', esto se refiere a la correlación o adecuación de esa respuesta con la solicitud planteada. Que la respuesta sea adecuada en modo alguno se refiere a que ésta deba ser afirmativa o exenta de errores; lo que quiere decir la norma es que la respuesta debe tener relación directa con la solicitud planteada. En este sentido, lo que intenta proteger la Constitución a través del artículo 51, es que la autoridad o funcionario responsable responda oportunamente y que dicha respuesta se refiera específicamente al planteamiento realizado por el solicitante".

Asimismo, también en decisión del 30-10-01 (caso *Teresa de Jesús Valera Marín*), esta Sala Constitucional señaló:

"La disposición transcrita, por una parte, consagra el derecho de petición, cuyo objeto es permitir a los particulares acceder a los órganos de la Administración Pública a los fines de ventilar los asuntos de su interés en sede gubernativa. Asimismo, el artículo aludido, contempla el derecho que inviste a estos particulares de obtener la respuesta pertinente en un término prudencial. Sin embargo, el mismo texto constitucional aclara que el derecho de petición debe guardar relación entre la solicitud planteada y las competencias que le han sido conferidas al funcionario público ante el cual es presentada tal petición. De esta forma, no hay lugar a dudas, en cuanto a que la exigencia de oportuna y adecuada respuesta supone que la misma se encuentre ajustada a derecho, pero no implica necesariamente la obligación de la Administración de acordar el pedimento del administrado, sino sólo en aquellos casos en que el marco jurídico positivo permita al órgano de la Administración tal proceder, sobre la base de las competencias que le han sido conferidas".

Así las cosas, para que una respuesta se entienda como oportuna y adecuada debe cumplir con un mínimo de requisitos de forma y oportunidad, con independencia de que se otorgue o se niegue el derecho –lato sensu- que se solicitó mediante la petición administrativa. De allí que el carácter adecuado de la respuesta dependerá, formalmente, de que ésta se dicte de manera expresa y en cumplimiento de los requisitos de forma que establece la Ley, y, materialmente, según se desprende del criterio jurisprudencial que se citó, con subordinación a que la respuesta tenga correlación directa con la solicitud planteada. En otros términos, el particular tiene, como garantía del derecho de petición, el derecho a la obtención de una respuesta adecuada –expresa y pertinente- y oportuna –en tiempo-, con independencia de que no se le conceda lo que pidió.

A diferencia de lo que alegó la representación de la parte demandada en juicio, recuerda la Sala que toda petición administrativa está amparada por este derecho fundamental, como no podría ser menos, y de allí que poco importa si lo que se ejerció es una solicitud de primer grado –en el marco de un procedimiento administrativo constitutivo-, un recurso administrativo, o bien una petición distinta, como lo sería la que se planteó en este caso, de conformidad con el artículo 83 de la Ley Orgánica de Procedimientos Administrativos. Asimismo, tampoco es cierto, como esa representación alegó, que en este caso no exista un lapso legalmente determinado, para la decisión de esa petición administrativa, que regule la obligación de dar oportuna respuesta, pues a falta de procedimiento especial para la tramitación de tales solicitudes de declaratoria de nulidad, han de seguirse, en esos casos -como de común se realiza-, los trámites del procedimiento ordinario que preceptúan los artículos 48 y siguientes de dicha Ley, con inclusión de su lapso de tramitación y resolución, que de conformidad con el artículo 60 *eiusdem*, es de cuatro meses, prorrogable –mediante justificada y expresa decisión del órgano administrativo- por dos meses más. De manera que, se insiste, no es cierto que no exista un lapso determinado para la decisión oportuna, tal como no existe procedimiento alguno que carezca de lapso de decisión, amén de la disposición supletoria del artículo 5 de la Ley Orgánica de Procedimientos Administrativos.

En el caso de autos, es evidente que operó el silencio administrativo cuando transcurrió el lapso legalmente establecido sin que se produjera una decisión expresa por parte de la Administración. Ante esta situación, debe analizarse si, con la verificación del silencio, se satisfizo el derecho de petición o si, por el contrario, persistía la violación del derecho constitucional a la obtención de oportuna y adecuada respuesta.

Considera esta Sala que el silencio administrativo es una técnica de depuración de ciertas pasividades administrativas, que consiste en una ficción legal de pronunciamiento que el ordenamiento jurídico dispone como garantía del derecho a la defensa del particular, pues le permite el avance, en las vías administrativas y jurisdiccionales, para la impugnación del acto administrativo que sea confirmado a través de la decisión presunta, cuando ésta se verifica en un procedimiento de revisión, tal como lo consideró esta Sala en anteriores oportunidades, entre otras, sentencias de 30-6-00 (caso *Nora Eduvigis Graterol*) y de 3-4-03 (caso *Ernesto García*). Es ese, precisamente, el supuesto que operó en el caso de autos, donde había un acto previo cuya revisión se pretendía y, en consecuencia, como quedó denegada tácitamente tal revisión por el silencio administrativo, podía atacarse, en sede contencioso-administrativa, en garantía del derecho a la defensa.

El silencio administrativo es, se insiste, una garantía del derecho constitucional a la defensa, pues impide que el particular vea obstaculizadas las vías ulteriores de defensa –administrativas y jurisdiccionales- ante la pasividad formal de la Administración, mas no garantiza el derecho fundamental de petición, porque la decisión presunta no cumple, ni mucho menos, con los requisitos de una oportuna y adecuada respuesta en los términos de la jurisprudencia de esta Sala que antes se señalaron, y de allí precisamente que la Administración mantenga la obligación de decidir expresamente aún si opera el silencio y de allí, también, que esta Sala haya considerado en anteriores ocasiones, que ante la falta de respuesta oportuna y expresa sea posible la pretensión de protección del derecho fundamental de petición a través de la vía del amparo constitucional.

RDP N° 97-98, 2004, pp. 142

TSJ-SC (29)   20-1-2004

Magistrado Ponente: Pedro Rafael Rondón Haaz

Caso: Olimpia Tours and Travel C.A. vs. Vice-Ministro de Turismo del Ministerio de Industria y Comercio y Presidenta encargada de la Corporación de Turismo de Venezuela (CORPOTURISMO).

En efecto, el derecho a que hace referencia el artículo 51 de la Constitución de la República Bolivariana de Venezuela, en cuanto a la oportuna respuesta que debe recibir el particular que tenga a bien dirigir instancias a los órganos del poder público en materias de la competencia de éstos, consiste en que, ante la petición del particular, la autoridad se encuentra obligada a la resolución del caso concreto o la indicación de las razones por las cuales se abstiene de tal actuación, siempre dentro del marco objetivo de legalidad, pero con la facultad de pronunciarse en el sentido que estime pertinente y no en uno determinado.

Por tanto, la obligación se satisface con una eficaz actividad administrativa de respuesta, en el menor tiempo posible, al requerimiento de la persona.

Voto salvado del Magistrado Jesús Eduardo Cabrera Romero

Quien suscribe, Jesús Eduardo Cabrera Romero, disiente de la opinión de la mayoría, por las siguientes razones:

El artículo 143 constitucional responde a una forma de habeas data, tal como lo apuntó esta Sala el fallo del 14 de marzo de 2001 (caso *Insaca*); siendo así, no era la vía de un amparo por omisión de respuesta, la que permite la exhibición de los documentos, que es cosa distinta al derecho a ser informado que otorga el artículo 143 constitucional.

El derecho a la respuesta es diferente al derecho de acceder a la información, el cual -conforme al fallo inmediatamente citado- debe cumplir con una serie de requisitos de cumplimiento necesario.

Queda así expuesto el criterio del Magistrado disidente.

V. LA ACTUACIÓN DE LA ADMINISTRACIÓN

1. *Dirección del procedimiento*

RDP N° 1, 1980, pp. 123

CPCA   21-2-80

La Administración está obligada a dirigir y cumplir las fases del procedimiento administrativo.

En segundo lugar, con respecto a la apelación interpuesta por la representación de la República contra la sentencia del Tribunal de la Carrera Administrativa de fecha 28 de julio de 1972, esta Corte observa que las razones sobre las cuales se fundamenta tal apelación son -en criterio de la Administración— las siguientes: Primero: se alega que el recurrente, ciudadano Mario Orlando Cavalieri Segura "no cumplió con los procedimientos previstos por la Ley de Carrera Administrativa para su incorporación a la Carrera Administrativa, no siéndole otorgado en consecuencia por la Oficina Central de Personal el Certificado correspondiente". Al respecto, esta Corte observa que para el momento de entrar en vigencia la Ley de Carrera Administrativa, el funcionario recurrente prestaba sus servicios en la Administración Pública y como del expediente se evidencia que tenía poco menos de un año para el referido momento —el de entrada en vigencia la Ley— se le aplica en consecuencia el régimen señalado en el artículo 35 de la Ley citada para poder convertirse en funcionario de carrera; ahora bien, en el expediente no consta ni que la Administración haya dado cumplimiento a lo dispuesto en la indicada disposición, ni que el funcionario recurrente no los haya cumplido por causa que le sea imputable, por tanto, en atención al principio de que "nadie puede alegar su propia torpeza" mal puede ahora, la Administración alegar que el recurrente "no cumplió con los procedimientos previstos en la Ley de Carrera Administrativa" y en consecuencia se desestima el señalado alegato de la Procuraduría General de la República contra la sentencia apelada y así se declara.

2. *Acumulación*

RDP N° 65-66, 1996, pp. 199

CSJ-SPA (182)   19-3-96

Magistrado Ponente: Humberto J. La Roche

Si en el ámbito de un procedimiento disciplinario llegan a conocimiento del Tribunal Disciplinario nuevos hechos sancionables respecto al mismo juez, no es necesario abrir otro procedimiento, sino iniciar la averiguación de los nuevos hechos dentro del ya iniciado, equilibrándose o balaceándose ambas averiguaciones para que sean resueltas por el mismo acto definitivo.

Confrontados los hechos que se incriminaron al Juez Gil Boada en el auto de apertura del procedimiento, con los hechos que se le imputan en el nuevo informe antes señalado, observa la Sala que, en efecto, sí se imputaron nuevos hechos incriminados, aunque relacionados con los anteriores. Ahora bien, ha de cuestionarse la Sala si el haberse agregado nuevos hechos a la averiguación llevada a cabo dentro del procedimiento, con posterioridad a la apertura del mismo, constituye de por sí una violación al derecho de la defensa del recurrente.

En primer lugar, se observa lo establecido en el artículo 55 de la ley antes mencionada, en su encabezamiento: *"El procedimiento disciplinario deberá iniciarse de oficio cuando llegue a conocimiento del Consejo de la Judicatura, información de que el Juez ha incurrido en una presunta falta de las sancionadas por la Ley de Carrera Judicial"*.

La anterior disposición atribuye al Tribunal Disciplinario una potestad disciplinaria oficiosa, es decir, no sujeta a una previa denuncia. De allí que deba plantearse lo siguiente:

Si una vez abierto un procedimiento disciplinario a un juez determinado, llegan a conocimiento del Tribunal Disciplinario nuevos hechos sancionables respecto al mismo juez ¿Debe abrirse nuevo procedimiento o bien pueden investigarse nuevos hechos dentro del ya aperturado?

La anterior situación no fue regulada expresamente por la Ley Orgánica del Consejo de la Judicatura. Es por ello que de conformidad con lo dispuesto en el artículo 66 *in fine* de la misma, ha de acudirse a la normativa del Código de Enjuiciamiento Criminal. En dicho cuerpo legal, se prevé la acumulación de las causas en los casos donde se atribuyan varios hechos punibles a una sola persona (artículo 63, ordinal 1°). Aplicando dicha disposición en cuanto es aplicable al procedimiento disciplinario, es de concluir que la pregunta anteriormente formulada debe responderse en el segundo sentido de los mencionados: no es necesario aperturar un procedimiento distinto al existente; de hacerse ello, de todas formas habría que acumular el último al originalmente abierto, lo cual es innecesario. Contrariamente, lo lógico es iniciar la averiguación de los nuevos hechos dentro del procedimiento ya iniciado. Debe, eso sí, antes de decidir el procedimiento disciplinario, equilibrarse o balancearse ambas averiguaciones para que sean resueltas por el mismo acto definitivo, ello por aplicación supletoria del artículo 66 del Código de Enjuiciamiento Criminal.

RDP N° 83, 2000, pp. 232

TSJ-SPA (1844)   10-8-2000

Magistrado Ponente: Levis Ignacio Zerpa

Caso: Rhône Poulenc Rorer de Venezuela, S.A. vs. República (Ministerio de Hacienda).

De conformidad con el artículo 52 de la Ley Orgánica de Procedimientos Administrativos, pueden acumularse varios expedientes administrativos siempre que exista similitud entre los asuntos en ellos contenidos, sin importar el momento en que se adopte dicha medida, siempre que se realice antes de ser dictadas las decisiones correspondientes.

En segundo lugar, aduce la parte actora que conforme al artículo 52 de la Ley Orgánica de Procedimientos Administrativos, sólo en la fase de sustanciación de los expedientes administrativos, pueden éstos ser acumulados. En tal sentido, afirma que como quiera que la Unidad de Estudios Cambiarios omitió el procedimiento legalmente establecido, no habiéndose sustanciado el expediente debidamente, no era factible que se ordenara la acumulación de los asuntos que fueron decididos mediante la resolución impugnada. Concluye que el acto es nulo de conformidad con el numeral 4 del artículo 19 *ejusdem*.

Se debe determinar entonces si podía, en la resolución impugnada, acordarse la acumulación de los expedientes, independientemente de que el procedimiento constitutivo del acto emitido por la Unidad de Estudios Cambiarios se haya ajustado o no a las disposiciones legales pertinentes.

Ahora bien, el artículo 52 de la Ley Orgánica de Procedimientos Administrativos dispone expresamente que "cuando el asunto sometido a la consideración de una oficina administrativa tenga relación íntima o conexión con cualquier otro asunto que se tramite en dicha oficina, podrá el jefe de la dependencia, de oficio o a solicitud de parte, ordenar la acumulación de ambos expedientes, a fin de evitar decisiones contradictorias".

De la norma citada se infiere claramente que pueden acumularse varios expedientes administrativos siempre que exista similitud entre los asuntos en ellos contenidos, sin importar el momento en que se adopte dicha medida, siempre que se realice antes de ser dictadas las decisiones correspondientes, pues la finalidad de aquélla es, precisamente, la de evitar soluciones contradictorias.

En el caso de autos, las controversias sometidas a consideración del despacho ministerial guardaban estrecha relación entre ellas, toda vez que versaban sobre reintegros ordenados en virtud del incumplimiento de la normativa cambiaria, razón por la cual podían ser acumulados y decididos en una misma resolución.

Cabe agregar que la "indebida acumulación" no constituye un vicio que por sí sólo acarree la nulidad del acto impugnado. En consecuencia, forzoso es desestimar el alegato planteado y así se decide.

3.   *Recusación e inhibición de funcionarios*

RDP N° 3, 1980, pp. 123

CSJ-SPA   16-6-80

Magistrado Ponente: Josefina Calcaño de Temeltas

Los integrantes de las Comisiones Tripartitas al estar incursos en alguna o algunas de las situaciones que afectan su idoneidad para actuar y decidir en un procedimiento concreto, pueden ser recusados.

No es cierto lo que afirma la (decisión) impugnada en el sentido de que, por la naturaleza de las Comisiones Tripartitas no les son aplicables las normas del Código de Procedimiento Civil y en particular las relativas a la recusación. Precisamente porque el objetivo perseguido por el Legislador al crear las Comisiones Tripartitas fue garantizar el equilibrio entre los dos sectores del mundo laboral, para el logro de ese objetivo se requiere el más alto grado de justicia y equidad en la solución de las controversias; y dentro de ese propósito es condición indispensable, el derecho de ambas partes a recusar el funcionario que ha de pronunciar el veredicto cuando existan motivos razonables para dudar de su imparcialidad. Por lo demás, este criterio se ajusta a lo dispuesto en el artículo 43 del Reglamento de la Ley Contra Despidos Injustificados, según el cual en todo lo relacionado con el procedimiento establecido en la mencionada Ley y el propio Reglamento "se aplicarán supletoriamente en su orden, en cuanto sean aplicables, las disposiciones de la Ley Orgánica de Tribunales y de Procedimiento del. Trabajo y del Código de Procedimiento Civil". Resulta, evidente, pues, que los integrantes de las aludidas Comisiones Tripartitas deben reunir las condiciones de idoneidad que la Ley establece para los Jueces y demás funcionarios de los Tribunales de justicia y que por tanto, cuando están incursos en alguna o algunas de las situaciones que, según el Código de Procedimiento Civil, afectan su idoneidad para actuar y decidir en un procedimiento concreto, pueden ser recusados; y una vez formulada la recusación ésta debe ser tramitada conforme al procedimiento establecido en dicho Código.

RDP N° 15, 1983, pp. 140

CPCA   16-6-83

Magistrado Ponente: Román J. Duque Corredor

La recusación como recurso resulta improcedente en los procedimientos administrativos.

Denunció igualmente el recurrente como vicio de ilegalidad del acto cuya nulidad pretende, el hecho de que habiendo sido recusado el Inspector del Trabajo, en base a la causal 15 del artículo 105 del Código de Procedimiento Civil, sin embargo, el referido funcionario desestimó la recusación y no abrió el procedimiento respectivo contemplado en los artículos 115, 116, 117 y 118 *ejusdem*, alegando que no se trataba de un funcionario judicial, sino de un funcionario administrativo.

Al respecto la Corte estima:

Conforme lo señala el artículo 36 de la Ley Orgánica de Procedimientos Administrativos, los funcionarios tienen la obligación de inhibirse del conocimiento del asunto cuya competencia les está atribuida, por los siguientes motivos: 1°) Cuando personalmente, o bien su cónyuge o algún pariente dentro del cuarto grado de consanguinidad o segundo de afinidad, tuvieren interés en el procedimiento; 2°) Cuando tuvieren amistad íntima o enemistad manifiesta con cualquiera de las personas interesadas que intervengan en el procedimiento; 3°) Cuando hubieren intervenido como testigos o peritos en el expediente de cuya resolución se trate, o si como funcionarios hubieren manifestado previamente su opinión en el mismo, de modo que pudieran prejuzgar ya la resolución del asunto, o, tratándose de un recurso administrativo, que hubieren resuelto o intervenido en la decisión del acto que se impugna. Quedan a salvo los casos de revocación de oficio y de la decisión del recurso de reconsideración; y 4°) Cuando tuvieren relación de servicio o de subordinación con cualquiera de los directamente interesados en el asunto. En estos casos, es el funcionario inhibido quien inicia el trámite de la inhibición, planteándola en escrito razonado y remitiendo sin retardo el expediente al superior jerárquico, quien deberá decidir, conforme se desprende del artículo 38 *ejusdem*, sin perjuicio de que la inhibición del inferior pueda ser ordenada de oficio por el funcionario de mayor jerarquía en la entidad donde curse el asunto, según lo prevé el artículo 39 de la Ley citada. No existe pues, en el procedimiento administrativo, el recurso de recusación propio de los procedimientos judiciales, en razón de que rigiéndose el primero de los procedimientos por los principios de economía, y de celeridad, porque así lo determina el artículo 30 *ejusdem*, no es posible que a través de dicho recurso y su posterior trámite, los particulares puedan introducir dilaciones innecesarias y retardos. Por ello, la existencia en los funcionarios de algunos de los motivos de inhibición de los contemplados en el artículo 36 ya indicado, no otorga un verdadero derecho de los interesados a recusar a los funcionarios, sino que suponen para éstos la obligación de inhibirse. Y la manera en que los particulares hagan cumplir tal obligación a los funcionarios, no puede ser otra que la del reclamo previsto en el artículo 39 *ejusdem*, con el objeto de hacer efectiva la responsabilidad del funcionario que debió inhibirse y no lo hizo, por el incumplimiento de su obligación de seguir tal procedimiento; lo cual confirma el artículo 100 de la Ley citada. En consecuencia, la recusación como recurso resulta improcedente en los procedimientos administrativos, y por ello no existió ilegalidad en el procedimiento de calificación de despido por parte del Inspector del Trabajo, al considerar que la recusación era improcedente por resultar sólo aplicable a los funcionarios judiciales y no a los funcionarios administrativos, y así se declara.

RDP N° 16, 1983, pp. 152

CPCA   29-9-83

Magistrado Ponente: Hildegard Rondón de Sansó

La recusación es improcedente en la esfera del procedimiento administrativo.

En relación con los anteriores alegatos esta Corte observa que la Ley Orgánica de Procedimientos Administrativos regula el modo de actuación de los órganos de la Administración y de los interesados en el curso de los procedimientos y trámites que se realizan en su propia esfera, sin distinguir la naturaleza sustantiva de la materia que en los mismos se debate, por lo cual no cabe, ni es valedera la distinción entre procedimientos administrativos "de derecho público" y procedimientos administrativos de materia laboral que intenta hacer la representante del Ministerio Público. En efecto, tal distinción resulta arbitraria y sin fundamento alguno en el espíritu de la Ley, la cual en forma indiscriminada regula, tanto los procedimientos que implican la decisión de una controversia nacida entre dos o más administrados (procedimientos contradictorios) como aquellos en los cuales no se da tal supuesto. Por otra parte, la sentencia que se cita de la Corte Suprema de Justicia, a la cual obviamente no puede atribuírsele carácter vinculante en base a nuestro sistema jurídico que no le otorga el rango de fuente principal a la jurisprudencia, fue dictada con anterioridad a la vigencia de la Ley Orgánica de Procedimientos Administrativos. En esta etapa existían dudas sobre la procedencia de las figuras de la recusación y de la inhibición, propias del proceso jurisdiccional, en el procedimiento administrativo. Estas dudas serían aclaradas mediante la articulación de la normativa reguladora de la actividad administrativa a la cual hemos hecho referencia, específicamente en el capítulo II del título II de la Ley Orgánica de Procedimientos Administrativos, en el cual se consagraría la inhibición como deber fundamental del funcionario que se encuentre incurso en cualquiera de los supuestos específicos que la norma prevé. La recusación, por el contrario no fue contemplada por la Ley Orgánica de Procedimientos Administrativos, en la misma forma como se la omite en la casi totalidad de las leyes que han sido dictadas en este campo, ante el temor de que las incidencias a que la misma da lugar perturbaran la flexibilidad y rapidez que el procedimiento administrativo ha de tener, previéndose sólo, lo que ha sido denominado en doctrina la "inhibición de oficio", consagrada en el Artículo 39 *ejusdem*. Este artículo prevé la posibilidad de que el funcionario de mayor jerarquía ordene bien de oficio, o bien a instancia de parte, la abstención de quien estuviese incurso en cualquiera de los supuestos de inhibición, de toda intervención en un determinado procedimiento. De allí que la norma en forma expresa establece un procedimiento para excluir del conocimiento de un trámite administrativo a un funcionario que se encuentre en alguno de los supuestos darían lugar a la inhibición. Este procedimiento es el de elevar ante el superior jerárquico el conocimiento de la circunstancia antes mencionada, a fin de que el mismo ordene la abstención, de quien, debiendo hacerlo, no planteó oportunamente su inhibición. La circunstancia de que exista esta normativa expresa, y de que, por el contrario, no haya sido prevista la recusación, permite afirmar que esta última es improcedente en la esfera del procedimiento administrativo, y en vista de ello no existe vicio alguno en la decisión impugnada en lo que atañe a la omitida apertura de la incidencia prevista en el Código de Procedimiento Civil. La Ley Orgánica de Procedimientos Administrativos es la norma que rige el procedimiento que se planteara por ante el Inspector del Trabajo, en lo que atañe a las reglas no establecidas en forma expresa por la Ley del Trabajo y por la Ley Contra Despidos Injustificados en sus casos y es a tal régimen al que ha debido ocurrir el recurrente si estimaba que sobre el Inspector del Trabajo pesaba alguno de los supuestos del artículo 36 del texto citado. Es por tales circunstancias que el motivo de impugnación carece de fundamento y así se declara.

RDP N° 19, 1984, pp. 119

CPCA   11-6-84

Magistrado Ponente: Hildegard Rondón de Sansó

La solicitud de inhibición no tiene los efectos de una recusación procesal, por lo cual no paraliza el procedimiento administrativo.

Estima el recurrente que este vicio "justifica mi solicitud de la nulidad de la sentencia comentada" (*sic*). Observa esta Corte que la circunstancia de que el titular o titulares de un órgano administrativo dejen de inhibirse y fundamenten tal decisión, no vicia al acto que hayan de dictar, por cuanto la solicitud de inhibición no tiene los efectos de una recusación procesal, por lo cual no paraliza el procedimiento administrativo. Por otra parte el escrito relativo a la "solicitud de inhibición" que el recurrente acompañara y cuyo original aparece también en el expediente administrativo carece de toda fundamentación, estando constituido por consideraciones personales del solicitante al que en forma alguna fueron demostradas por el mismo. Por otra parte la circunstancia de que haya sido desestimada la solicitud de inhibición el día 18 y que al día siguiente fuese dictada la decisión en nada demuestra el vicio de esta última ni a juicio de esta Corte, podría estimarse que la resolución fue preparada en un corto plazo de tiempo, por cuanto la misma es un nutrido y denso acto administrativo que va de la página 464 a la página 484 del expediente administrativo, que presupone una cuidadosa elaboración. En todo caso el argumento aludido por el recurrente de que el sólo hecho de que fuese declarada sin lugar "la solicitud de inhibición" vicia el acto carece de fundamento y así se declara.

RDP N° 19, 1984, pp. 119

CPCA   16-6-84

Magistrado Ponente: Román J. Duque Corredor

En los procedimientos administrativos, la existencia en los funcionarios de algunos de los motivos de inhibición de los contemplados en el art. 36 de la Ley Orgánica de Procedimientos Administrativos, no otorga un verdadero derecho de los interesados a recusar a los funcionarios sino que suponen para éstos la obligación de inhibirse.

Denunció igualmente el recurrente como vicio de ilegalidad del acto cuya nulidad pretende el hecho de que habiendo sido recusado el Inspector del Trabajo, en base a la causal 15 del artículo 105 del Código de Procedimiento Civil, sin embargo, el referido funcionario desestimó la recusación y no abrió el procedimiento respectivo contemplado en los artículos 115, 116, 117 y 118 *ejusdem*, alegando que no se trataba de un funcionario judicial sino de un funcionario administrativo.

Al respecto, la Corte estima:

Conforme lo señala el artículo 36 de la Ley Orgánica de Procedimientos Administrativos, los funcionarios tienen la obligación de inhibirse del conocimiento del asunto cuya competencia les está atribuida, por los siguientes motivos: 1°) Cuando personalmente, o bien su cónyuge o algún pariente dentro del cuarto grado de consanguinidad o segundo de afinidad, tuvieren interés en el procedimiento; 2°) Cuando tuvieren amistad íntima o enemistad manifiesta con cualquiera de las personas interesadas que intervengan en el procedimiento; 3°) Cuando hubieren intervenido como testigos o peritos en el expediente de cuya resolución se trate, o si como funcionarios hubieren manifestado previamente su opinión en el mismo, de modo que pudieran prejuzgar ya la resolución del asunto, o, tratándose de un recurso administrativo, que hubieren resuelto o intervenido en la decisión del acto que se impugna. Quedan a salvo los casos de revocación de oficio y de la decisión del recurso de reconsideración; y 4°) Cuando tuvieren relación de servicio o de subordinación con cualquiera de los directamente interesados en el asunto. En estos casos es el funcionario inhibido quien inicia el trámite de la inhibición, planteándola en escrito razonado y remitiendo sin retardo el expediente al superior jerárquico, quien deberá decidir, conforme se desprende del artículo 38 *ejusdem*, sin perjuicio de que la inhibición del inferior pueda ser ordenada de oficio por el funcionario de mayor jerarquía en la entidad donde curse el asunto, según lo prevé el artículo 39 de la Ley citada. No existe pues, en el procedimiento administrativo, el recurso de recusación propio de los procedimientos judiciales, en razón de que rigiéndose el primero de los procedimientos por los principios de economía, y de celeridad, porque así lo determina el artículo 30 *ejusdem*, no es posible que a través de dicho recurso y su posterior trámite, los particulares puedan introducir dilaciones innecesarias y retardos. Por ello, la existencia en los funcionarios de algunos de los motivos de inhibición de los contemplados en el artículo 36 ya indicado, no otorga un verdadero derecho de los interesados a recusar a los funcionarios, sino que suponen para éstos la obligación de inhibirse. Y la manera de que los particulares hagan cumplir tal obligación a los funcionarios, no puede ser otra que la del reclamo previsto en el artículo 3 *ejusdem*, con el objeto de hacer efectiva la responsabilidad del funcionario que debió inhibirse y no lo hizo, por el incumplimiento de su obligación de seguir tal procedimiento, lo cual confirma el artículo 100 de la Ley citada. En consecuencia, la recusación como recurso resulta improcedente en los procedimientos administrativos y por ello no existió ilegalidad en el procedimiento de calificación de despido por parte del Inspector del Trabajo, al considerar que la recusación era improcedente por resultar sólo aplicable a los funcionarios judiciales y no a los funcionarios administrativos, y así se declara.

RDP N° 21, 1985, pp. 131

CPCA   23-1-85

Magistrado Ponente: Aníbal Rueda

Caso: Servipronto S.R.L. vs. Ministerio del Trabajo (Comisiones Tripartitas).

En lo referente a las inhibiciones y recusaciones de los integrantes de las Comisiones Tripartitas, se aplican las disposiciones contenidas en la Ley Orgánica de Procedimientos Administrativos.

Por último se denuncia la violación de los artículos 118 y 120 del Código de Procedimiento Civil en virtud de que, a pesar de haber sido recusado, el Presidente de la Comisión de Alzada participó en la decisión que se impugna.

Al respecto, la Corte observa:

En la oportunidad en que entran en vigencia la Ley contra Despidos Injustificados y el Reglamento respectivo, textos que no contemplan los procedimientos relativos a inhibiciones y recusaciones de los integrantes de las Comisiones Tripartitas, eran aplicables las disposiciones del Código de Procedimiento Civil, como normas supletorias, sin embargo, a partir de la vigencia de la Ley Orgánica de Procedimientos Administrativos, son las normas relativas de ese texto las que deben aplicarse a los típicos procedimientos administrativos, y en tal sentido se observa que la misma se limita a la institución, dejando a criterio del funcionario la manifestación del impedimento, ello con el fin de lograr la mayor celeridad en dicho procedimiento. Ahora bien, en el supuesto que se denuncia, la decisión dictada con la presencia del funcionario recusado no invalida el acto dictado, en todo caso, puede acarrear las sanciones y las acciones que contra el funcionario prevé la Ley Orgánica de Procedimientos Administrativos, y así se declara.

RDP N° 24, 1985, pp. 116

CPCA   1-8-85

Magistrado Ponente: Pedro Miguel Reyes

La inhibición de los funcionarios públicos está regulada por la Ley Orgánica de Procedimientos Administrativos.

Como señalamos anteriormente, las Comisiones Tripartitas creadas por la Ley contra Despidos Injustificados son ciertamente órganos administrativos, pero por sus funciones constituyen órganos atípicos en la generalidad de las formas de actuación de la Administración Pública; en efecto, estos organismos conocen de conflictos entre intereses subjetivos de los administrados, por una parte el patrono y por la otra el trabajador que alega ser despedido injustificadamente; para mayor precisión podemos indicar que allí la Administración Pública resuelve intereses subjetivos laborales en conflicto y actúa en consecuencia en evidente función jurisdiccional. Pero a pesar de esta peculiaridad en los órganos administrativos bajo estudio, en su actuación le son aplicables en primer lugar la Ley contra Despidos Injustificados, seguidamente las normas genéricas dirigidas a regular la actividad administrativa, y luego ante un vacío legal, las normas que la legislación contra los Despidos Injustificados señalan como supletorias, que son la Ley Orgánica del Trabajo y el Código de Procedimiento Civil.

Ahora bien, la actividad administrativa básicamente está regulada en la Ley Orgánica de Procedimientos Administrativos, donde de manera específica se regulan: a) el acto administrativo como forma de actuación jurídica de la Administración y los procedimientos administrativos. En consecuencia, hecha esta determinación debemos establecer si efectivamente en la Ley Orgánica de Procedimientos Administrativos se regula o no el deber de inhibición de los funcionarios y, en tal sentido, observa esta Corte que en Capítulo II del Título II de dicha Ley, denominado "De las inhibiciones" aparece el artículo 36, donde se definen los supuestos en los cuales deberán inhibirse los agentes públicos de conocer un asunto. En razón de lo expuesto, esta Corte debe expresar que el fundamento normativo alegado por el recurrente como base de su impugnación, o sea, la violación de los artículos 436 del Código de Procedimiento Civil y 67 de la Ley Orgánica del Poder Judicial no es procedente por no ser aplicables en el presente caso dichas disposiciones, por cuanto la actividad de los funcionarios que integran las Comisiones Tripartitas

497

están reguladas de manera específica por la Ley Orgánica de Procedimientos Administrativos, como fue señalado anteriormente, y así expresamente se declara.

A pesar que el fundamento legal del presente recurso es inaplicable al caso de autos, esta Corte considera necesario pronunciarse ejerciendo sus poderes de control sobre la actuación de la Administración, si aún en los supuestos contenidos en la Ley Administrativa, la situación denunciada por la recurrente establece un supuesto que obligaba a los funcionarios a inhibirse de conocer el presente asunto. En efecto, la norma aplicable de acuerdo a los alegatos de la impugnante se encuentran regulados en el artículo 36 de la Ley Orgánica de Procedimientos Administrativos, que a la letra, dispone:

> "Artículo 36. Los funcionarios administrativos deberán inhibirse del conocimiento del asunto cuya competencia les esté legalmente atribuida en los siguientes casos: (*Omisis*).
>
> 3. Cuando hubieren intervenido como testigos los peritos en el expediente de cuya resolución se trate, o si como funcionarios hubieren manifestado previamente su opinión en el mismo, de modo que pudieren prejuzgar ya la resolución en el asunto, o tratándose de un recurso administrativo, que hubieren resuelto o intervenido en la decisión del acto que se impugna".

La norma parcialmente transcrita, donde se destacó un supuesto similar al denunciado por la recurrente, está referido a la intervención del funcionario en el procedimiento o cuando éste haya comprometido previamente su opinión. Sobre el primer aspecto del supuesto legal, o sea, de la intervención del funcionario, el mismo se verifica cuando el agente haya actuado en el procedimiento administrativo en calidad de testigo o de perito; hecho que efectivamente no se cumple en el caso de autos. El otro supuesto está referido a que el funcionario hubiese manifestado previamente su opinión sobre el fondo del asunto, aquí el legislador señala que el funcionario debió manifestar su opinión sobre el asunto previamente a la oportunidad procesal en que en tal sentido deba manifestarse para la resolución, pero dicha opinión no puede ser equívoca o ambigua, puesto que como señala la propia norma, se requiere que la opinión se exprese con tal claridad y con un nivel tal de divulgación que se pudiese prejuzgar la resolución del asunto, o sea, que el medio social presienta por manifestaciones del funcionario que el asunto sea resuelto de una forma determinada. Por último, es supuesto de inhibición que el agente haya participado en el acto administrativo que se impugna, aquí el legislador se refiere a que la autoridad administrativa haya conocido del procedimiento administrativo en su fase constitutiva y luego según ese mismo acto administrativo conoce por vía de un recurso administrativo, o sea, por vía de una impugnación en sede administrativa.

RDP N° 61-62, 1995, pp. 175

CPCA   17-2-95

Magistrado Ponente: María Amparo Grau

Caso: Varios vs. Federación de Colegio de Contadores Públicos.

La Ley Orgánica de Procedimientos Administrativos no consagra la figura de la recusación, sin embargo contiene una norma específica que establece la obligación del funcionario de separarse del conocimiento de un asunto en los casos previstos en la Ley, lo cual, además, puede ordenárselo el funcionario de mayor jerarquía, de oficio o a instancia de los interesados (artículos 36 y 39 de la Ley).

Respecto a la recusación, figura destinada a garantizar el principio de imparcialidad, que a su vez configura una manifestación del derecho a la defensa y su aplicación en el procedimiento administrativo, la Corte estima pertinente precisar que la Ley Orgánica de Procedimientos Administrativos no consagra la figura de la recusación, sin embargo contiene una norma específica que establece la obligación del funcionario de separarse del conocimiento de un asunto en los casos previstos en la Ley, lo cual, además, puede ordenárselo el funcionario de mayor jerarquía, de oficio o a instancia de los interesados (artículos 36 y 39 de la Ley).

Se persigue con ello garantizar la necesaria imparcialidad que atañe al derecho de la defensa, y por tal razón configura principio fundamental del procedimiento administrativo.

Por ello, siendo que en el presente caso, se denuncia como lesionado el derecho a la defensa, por estimar violado este principio de la imparcialidad, debe la Corte establecer si los denunciados agraviantes están incursos en las causales que les obligarían a separarse del conocimiento del asunto.

Al respecto observa la Corte que los agraviados fundamentan su denuncia en el hecho de que el Tribunal Disciplinario Nacional, hace un pronunciamiento previo que pondría de manifiesto la ausencia de imparcialidad de los miembros que lo integran. En tal acto se expresa:

"Este Tribunal Disciplinario Nacional cumple en notificarle que, con fecha 27-07-94, decidió instaurar la causa en su contra, por el presunto entorpecimiento deliberado del proceso electoral, por convocatorias de modo arbitrario a Asambleas de Agremiados para desconocer acuerdos válidos tomados por la Comisión Electoral. (...); por desprestigio de los miembros de la Comisión Electoral (...); por negativa al suministro de la lista de los miembros solventes y los respectivos cuadernos de votación, por fijación de fecha distinta de las votaciones a la fecha fijada por la Comisión Electoral; amen de otros hechos contenidos en el escrito acusatorio.

En consecuencia, deberá usted comparecer por ante el Tribunal Disciplinario del Colegio de Contadores Públicos del Estado Zulia, el quinto día hábil siguiente a la fecha de recibo de la presente, a las 2:00 p.m., con finalidad (*sic*) de que se sirva rendir declaración indagatoria (*sic*) sobre los hechos que se le imputan."

Respecto de las anteriores consideraciones realizadas por el órgano disciplinario, la Corte estima pertinente precisar, como lo hizo ya en sentencia de fecha 20 de noviembre de 1978, que dentro de las atribuciones del Tribunal Disciplinario de la Federación de Colegios de Contadores Públicos "no aparece la de intervenir las actividades y funciones de los colegios que la integran como tales, pues del estudio de esas atribuciones y facultades, así como de las penas previstas en la ley en referencia se desprende que están dirigidas a regir y sancionar la conducta y el ejercicio profesional de los miembros de los colegios de contadores públicos como individuos y no cabría interpretar que a través de ellas pudiera imponerse alguna sanción disciplinaria al Colegio como ente orgánico e institucional".

En tal sentido, en consonancia con las previsiones de la Ley del Ejercicio de la Contaduría Pública, que contemplan al Tribunal Disciplinario como órgano competente para aplicar las sanciones relativas al "ejercicio ilegal" (Capítulo V), o infracciones a la ética y otras conductas atinentes al ejercicio de la profesión, el Reglamento de los Tribunales Disciplinarios de los Colegios y de la Federación de Contadores Públicos, establece en su artículo 1° en lo que respecta a la competencia de los mismos, que deberán conocer "de todos los casos de violación a las normas legales y reglamentarias que regulan el ejercicio de la Contaduría Pública".

También denuncian los accionantes la amenaza de violación de su derecho al trabajo, pues el "...*único propósito es suspendernos en nuestras funciones de directivos del Colegio de Contadores Públicos del Estado Zulia y, como si esto fuera poco, suspendernos en el ejercicio de nuestra profesión, lo cual constituye el único medio de sustento de nuestras respectivas familias.*"

Estima esta Corte, en base a los planteamientos argumentados por ambas partes, que efectivamente la negativa a considerar la solicitud de inhibición, aunada al texto del acto antes transcrito, evidencia la afectación del principio de la imparcialidad y consecuentemente del derecho a la defensa de los accionantes, pues consta a la Corte que los hechos que dan lugar al acto de apertura del procedimiento disciplinario escapan al ámbito de la potestad disciplinaria de dicho órgano.

En tal sentido, se observa que en el escrito contentivo del informe expresamente se indica:

"Conviene informar a esa honorable Corte sobre los hechos tal y como han ocurrido en el seno del Colegio de Contadores Públicos del Estado Zulia:

En efecto, en fecha 29 de marzo de 1994 la Asamblea Ordinaria convocada por la entonces Junta Directiva de esa Corporación procedió a elegir la Comisión Electoral que regiría el proceso eleccionario de las autoridades de los órganos del Colegio...

(...) omissis.

La Junta Directiva de entonces presidida por la Licenciada Iraida Yudith Segura de Ríos, hizo caso omiso a los instrumentos producidos por los órganos nacionales de la Federación...

Ante los hechos narrados y el escrito acusatorio interpuesto por la Comisión Electoral, este Tribunal en fecha 27 de julio de 1994 dictó auto de admisión de la causa así como medida de suspensiones de los cargos directivos del Colegio de Contadores Públicos del Estado Zulia.

(...)

Por lo antes expuesto, Señores Magistrados, tal como ha sido narrado (*sic*) y evidenciados los hechos ocurridos en el seno del Colegio de Contadores Públicos del Estado Zulia, este Tribunal Disciplinario ha procedido conforme a ley, (*sic*) no dejando observar (*sic*) que los quejosos sí han procedido a infringir expresas disposiciones legales, estatutarias y reglamentarias...".

Lo anterior evidencia que el procedimiento disciplinario abierto a los accionantes se encuentra imbuido de consideraciones que ponen de manifiesto un interés en el procedimiento por parte de los integrantes del Tribunal Disciplinario, ajeno a la competencia objetiva de ese órgano, la cual está destinada al establecimiento de responsabilidades disciplinarias atinentes al correcto ejercicio de la profesión. Ello, constituye un proceder que afecta la indispensable imparcialidad que debe regir en todo proceso, dado que los hechos que originaron tal procedimiento disciplinario, según consta de autos, no configuran un supuesto de apertura de este tipo de procedimiento, vulnerándose de esta manera el derecho a la defensa del particular ante la posibilidad de que se produzca el acto administrativo sancionatorio y también produciéndose una amenaza de violación al derecho al trabajo de los accionantes relativo al ejercicio de su profesión y así se declara.

Evidenciado como está –por virtud del reconocimiento de los accionados– que los hechos que han dado lugar al procedimiento disciplinario ninguna relación guardan con el ejercicio de la profesión, la Corte procede a restablecer la situación jurídica infringida, dejando sin efecto todo lo actuado en el procedimiento disciplinario iniciado contra los accionantes mediante el acto de fecha 27 de julio de 1994. Así se decide.

RDP N° 61-62, 1995, pp. 178

Magistrado Ponente: María Amparo Grau

Caso: Antonio J. Varela vs. Universidad Simón Bolívar, Núcleo del Litoral.

El simple hecho de no inhibirse un funcionario en un caso concreto no hace anulable, per se, el acto, salvo que se demuestre que tal hecho se tradujo en un efectivo vicio de nulidad (desviación de poder).

Por lo demás, ya ha señalado la jurisprudencia contencioso-administrativa que el simple hecho de no inhibirse un funcionario en un caso concreto no hace anulable, per se, el acto, salvo que se demuestre que tal hecho se tradujo en un efectivo vicio de nulidad, como podría ser el de desviación de poder.

En todo caso, de los recaudos aportados por el recurrente como prueba de su denuncia no se desprende en forma alguna que efectivamente el Decano estuviera incurso en las causales de inhibición alegadas, ya que uno de ellos es su escrito contentivo del recurso ante el Consejo Universitario, en el que ni siquiera se hace mención sobre el asunto (folio 13); el otro es una comunicación del Secretario de la Universidad informando al recurrente que se le devuelve su escrito para que se dirija al Consejo "en términos más objetivos" (folio 18); y los dos últimos son sendas comunicaciones en las que se hace referencia a unas pretendidas irregularidades en un proceso comicial que ninguna relación guarda con el reclamo del recurrente en torno a su inscripción (folios 19 y 21).

RDP N° 67-68, 1996, pp. 203

CSJ-SPA (462)   7-12-96

Magistrado Ponente: Humberto J. La Roche

Caso: Francisco Tello vs. República (Ministerio de la Defensa)

La imparcialidad es un principio fundamental del procedimiento administrativo que supone que el titular del órgano administrativo no esté vinculado por algún motivo con el o los particulares intervinientes en un determinado procedimiento, ni tenga el mismo interés que ellos. La institución de la inhibición (artículo 36 de la Ley Orgánica de Procedimientos Administrativos) se consagró para salvaguardar este principio.

Finalmente, el accionante denuncia la violación de los artículos 30, 31 y 32 de la Ley Orgánica de Procedimientos Administrativos, por no cumplir el órgano administrativo con los principios de imparcialidad y uniformidad que deben regir su actividad, razón por la cual, en su criterio, se infringió el derecho a la igualdad, al otorgarse la pensión de retiro a oficiales que se encontraban en su misma situación.

En primer lugar la Sala observa que el presupuesto de imparcialidad supone que el titular del órgano administrativo no esté vinculado por algún motivo con el o los particulares intervinientes en un determinado procedimiento, ni tenga el mismo interés que ellos. Para salvaguardar este principio se consagró la institución de la inhibición (artículo 36 de la Ley Orgánica de Procedimientos Administrativos).

Ahora bien, no está demostrado en autos que la decisión administrativa impugnada fuese desviada por intereses del titular del órgano administrativo o por vinculaciones con el particular interesado (hoy recurrente) en el respectivo procedimiento administrativo, en virtud de lo cual se declara improcedente la presente denuncia. Así se decide.

RDP N° 69-70, 1997, pp. 222

CSJ-SPA (291)   22-5-97

Magistrado Ponente: Cecilia Sosa Gómez

Caso: Jesús R. Cova R. vs. Fiscal General de la República

El establecimiento de causales de inhibición tiene por objeto fundamental evitar que en la decisión de un determinado asunto puedan alterarse, de alguna manera, los principios de imparcialidad y objetividad que deben regir inexorablemente en la solución que se dispense al final de todo procedimiento administrativo.

En lo atinente a la supuesta infracción del contenido de los citados artículos 36 y 37 de la Ley Orgánica de Procedimientos Administrativos, estima la Sala necesario señalar que el establecimiento de las señaladas causales de inhibición tiene por objeto fundamental evitar que en la decisión de un determinado asunto puedan alterarse, de alguna manera, los principios de imparcialidad y objetividad que deben regir inexorablemente en la solución que se dispense al final de todo procedimiento administrativo buscando enervar con ello la posibilidad de que la decisión que se produzca al final del mismo, obedezca más a la satisfacción de un interés personal o al temor de un acción de represalia o afección futura y no únicamente a los fines de la norma que confiere el ejercicio de la competencia y, en definitiva, al interés general, público o colectivo cuya verificación y prevalencia se busca a través del cauce del procedimiento que se decide.

En el presente caso, considera la Sala que no están acreditadas circunstancias que conduzcan a estimar probada la existencia del aludido interés personal en la Directora de Inspección comisionada para instruir el correspondiente expediente, sino que por el contrario, dicha funcionaria actuó simplemente atendiendo al cumplimiento de los cometidos propios de la Dirección a su cargo, entre ellos, ejercer labores de vigilancia y supervisión sobre la actividad desarrollada por los diferentes Fiscales del Ministerio Público a fin de procurar, tanto el fiel cumplimiento de los deberes que a ellos impone la Ley orgánica que rige a la institución, como la unidad de acción de los mismos, sin que en tal circunstancia pueda estimarse revelado -en criterio de la Sala- interés personal alguno en imponer una sanción, sino simplemente lo que -se insiste- son funciones propias de tal Dirección.

Por otro lado y en cuanto a las relaciones existentes entre el accionante y la citada Directora, considera esta Sala que las mismas no resultan subsumibles en la situación descrita por el ordinal 4° del artículo 36 de la Ley Orgánica de Procedimientos Administrativos, pues dicha norma alude a que sea el funcionario encargado de decidir un determinado asunto, quien precisamente se encuentre en relación de servicio o subordinación respecto a aquel interesado directamente en el asunto, con lo que -como quedó expuesto en el párrafo precedente- se busca evitar que la decisión que adopte el subordinado o sometido a relación de servicio, desatienda los principios de objetividad e imparcialidad ante el temor de una futura retaliación por parte de aquél que ejerce respecto a él potestades jerárquicas e incluso disciplinarias, no siendo esta evidentemente la situación planteada en el presente caso, como lo pretende el accionante, sino más bien la inversa, en la medida en que es él quien se encuentra sometido a relaciones de subordinación respecto a la funcionaria comisionada para instruir el expediente y sustanciar el correspondiente procedimiento, no resultante en consecuencia procedente, por las razones expuestas y en criterio de esta Sala, los argumentos del accionantes en este sentido y así se declara.

4. *Medidas Cautelares*

RDP N° 118, 2009, pp. 268

TSJ-SC (834)   18-6-2009

Magistrado Ponente: Carmen Zuleta de Merchán

Caso: Corpomedios GV Inversiones, C.A., (GLOBOVISIÓN) y RCTV, C.A. vs. Artículos 171 ordinal 6; 183, parágrafo único; 208 ordinales 1 y 8, y 209 de la Ley Orgánica de Telecomunicaciones y otra normativa

Al dictar medidas cautelares, los órganos del Estado –sean judiciales o administrativos- establecen una doble relación en cuanto a la proporcionalidad y razonabilidad en función de cómo dicha institución haya sido establecida dentro del marco de la previsión legislativa que los faculte a actuar. Aunque en el ámbito judicial cautelar el legislador impone el cumplimiento de un *fumus boni iuris* y un *periculum in mora*, ello no necesariamente implica que toda clase de tutela preventiva requiera obligatoriamente de su satisfacción, por cuanto puede existir variabilidad entre la actividad administrativa y la judicial, siendo necesario que la ley repare en las particularidades de cada una de las funciones de los órganos investidos de dicha potestad, a los fines de exigir su aplicabilidad, lo cual conlleva a que exista un margen de independencia de los medios como se manifiesta la institución cautelar a través de los distintos poderes del Estado.

Corresponde a la Sala establecer si el enunciado de la norma impugnada establece potestades o conductas a favor de la Administración que le permitan realizar actividades contrarias al principio de proporcionalidad; capaces de generar en aplicación de las medidas cautelares, arbitrariedades que socaven fatalmente el ejercicio de los derechos a la propiedad, libertad económica y libertad de expresión invocados en la demanda.

Al respecto, el postulado del parágrafo único, del artículo 183 de la Ley Orgánica de Telecomunicaciones, establece la potestad de la Comisión Nacional de

Telecomunicaciones (CONATEL) para dictar medidas cautelares dentro de los procedimientos administrativos sancionatorios, con el siguiente objeto:

> ARTÍCULO 183.- Las medidas cautelares que puede adoptar la Comisión Nacional de Telecomunicaciones, atendiendo a los parámetros establecidos en el artículo anterior pueden consistir en:
>
> 1. Ordenar la suspensión inmediata, total o parcial de las actividades presuntamente infractoras de esta Ley.
>
> 2. Ordenar la realización de actos o actuaciones en materia de Servicio Universal, interconexión, derecho de vía, restablecimiento de servicios, facturación de servicios, seguridad y defensa.
>
> 3. Proceder a la incautación de los equipos empleados y clausura de los recintos o establecimientos donde se opere, cuando se trate de actividades presuntamente clandestinas que impliquen el uso del espectro radioeléctrico.
>
> Parágrafo Único: Las medidas a que se refiere este artículo podrán ser dictadas por la Comisión Nacional de Telecomunicaciones, con carácter provisionalísimo, en el acto de apertura del procedimiento administrativo sancionatorio sin cumplir con los extremos a que se refiere el artículo 182 de esta Ley, cuando razón de urgencia así lo ameriten. Ejecutada la medida provisionalísima, la Comisión Nacional de Telecomunicaciones deberá pronunciarse sobre su carácter cautelar, conformando, modificando o revocando la medida adoptada, en atención a lo dispuesto en los artículos 182 y siguientes de esta Ley."

El planteamiento relacionado con la impugnación de la disposición estriba en el fundamento de que la norma en su contexto es contraria a los principios de proporcionalidad y razonabilidad de los poderes públicos, al establecer la posibilidad de que el Estado ejerza medidas cautelares excesivas en contra de los operadores, por cuanto pueden ser dictadas obviando los requisitos tradicionales para su otorgamiento; desproporcionando la limitación de los derechos constitucionales a la libertad económica, a la propiedad y libertad de expresión, al permitir la suspensión de las actividades presuntamente infractoras, así como la incautación de equipos o la clausura de los establecimientos, en los términos previstos en los ordinales 1 y 3 de la Ley Orgánica de Telecomunicaciones, que, en criterio de quienes demandan, supone una indebida desproporción de las medidas por implicar la irrupción de la propiedad y actividad de sus destinatarios, restrictiva de manera absoluta de la libertad de expresión. Este señalamiento se circunscribe al principio de legalidad que rige en materia de procedimientos, y la determinación de las formas procesales que, en principio, es considerado como exclusivo y excluyente del legislador por disposición del artículo 156 ordinal 32 de la Constitución de la República Bolivariana de Venezuela. Así, en función de la reserva legal, corresponde al legislador determinar lo referente a los procedimientos tanto judiciales como administrativos, atendiendo a las previsiones constitucionales en materia procesal.

Con fundamento en el mandato constitucional, es el legislador quien debe establecer, conforme a los principios que rigen el proceso, la regulación y determinación de los procedimientos sobre los cuales deben apegarse los demás poderes en la instrucción de los actos que deban dictar en desempeño de sus funciones.

Es el mandato de Ley el principio formal básico sobre el cual se adoptan los esquemas procedimentales, abarcando no sólo lo atinente a fases de cognición y de ejecución, sino también a la tutela preventiva o cautelar, la cual puede estar presente no sólo en los procedimientos judiciales, sino también en los administrativos.

Cuando así se considere pertinente, por vía legislativa pueden adaptarse, con fundamento en la tutela judicial efectiva, la seguridad jurídica o el interés general de la colectividad, medidas preliminares destinadas a garantizar el cumplimiento de un acto posterior que resuelva de manera definitiva el asunto planteado.

Lo anterior amerita que deba ser el legislador quien considere en la oportunidad de establecer medidas cautelares o preventivas, si el fin que deba ser tutelado reviste una importancia de tal relevancia, que amerite un pronunciamiento previo – aunque provisional- que incida sobre otros derechos constitucionales. En el ámbito judicial, el ejercicio de la tutela cautelar es evidente, ante la necesidad de garantizar la tutela judicial efectiva procurando asegurar las posibles resultas del juicio sin que exista la inocuidad de un fallo que no pueda ser ejecutado por su ineficacia para la satisfacer las pretensión de la parte favorecida por la decisión judicial.

Por su parte, la actividad administrativa puede encontrarse investida legislativamente para dictar medidas con carácter preventivo que obedezcan al aseguramiento de bienes cuya tutela y régimen de protección sean de interés público; ameritando la pronta intervención, por razones de gobernabilidad, del bien a garantizar por tener relevancia para el interés público; principio básico suficiente capaz de instruir la intervención preventiva, aunque su ejercicio pueda incidir sobre el margen de otros derechos constitucionales, pero este aspecto corresponde justamente ser evaluado en sede jurisdiccional.

En este contexto, las medidas cautelares que tiendan a dictar los órganos del Estado –sean judiciales o administrativos- siempre tendrán relevancia por cuanto pueden incidir sobre los derechos de la persona o grupo de personas ante las cuales se impone su decisión; estableciendo una doble relación en cuanto a la proporcionalidad y razonabilidad de cómo dicha institución se establezca, que puede ser dentro del marco de la previsión legislativa que faculte a los demás poderes a actuar cautelarmente, lo que amerita un análisis en abstracto de la norma que ha sido promulgada a los fines de verificar si su validez intrínseca se encuentra comprometida al incidir fatalmente sobre el ejercicio de otros derechos constitucionales; o puede suscitarse dentro del ámbito directo de aplicación de esa norma por parte de los órganos que hayan sido facultados para el ejercicio de la tutela cautelar, lo cual analiza el modo como esa norma se concreta y afecta otros derechos. Ambos supuestos abarcan una modalidad de estudio distinta, por cuanto la primera se relaciona directamente con el control concentrado de la norma; mientras que la otra se relaciona con su aplicación.

Dentro de este contexto, el artículo 183 de la Ley Orgánica de Telecomunicaciones establece la potestad de dictar medidas cautelares en sede administrativa; de lo cual, atendiendo a la autoridad que origina la disposición, no puede haber discusión alguna, por ser el Poder Legislativo por vía de la ley, el ente público que puede investir por delegación a los demás órganos del Estado con esta potestad.

Sin embargo, en criterio de los impugnantes, la estructura de la disposición no cumple con los principios de proporcionalidad y razonabilidad, por permitir a la Administración dictar medidas de manera arbitraria que no están sometidas a los criterios generales en materia de aplicación de medidas cautelares, tal como ocurre en materia jurisdiccional, en relación al *fumus boni iuris* y al *periculum in mora*, que asisten a los jueces para dictar decisiones cautelares.

Lo anterior obedece directamente a los elementos que dan origen a la aplicabilidad de la norma, los cuales se derivan directamente de la disposición que permite el ejercicio de la medida cautelar. En este sentido, en consideración al modelo expuesto por los recurrentes, el artículo 585 del Código de Procedimiento Civil establece como directriz para el otorgamiento de las medidas cautelares, que el juez las decretará "sólo cuando exista riesgo manifiesto de que quede ilusoria la ejecución del fallo" (*periculum in mora*) y "siempre que se acompañe un medio de prueba que constituya presunción grave de esta circunstancia y del derecho que se reclama" (*fumus boni iuris*").

Este requerimiento no es más que la exigencia de que se cumplan obligatoriamente tales supuestos para el conferimiento de un mandato instrumental que asegure el derecho que bajo presunción invoca la parte. No obstante, aunque el legislador imponga el cumplimiento de los supuestos de hecho mencionados para regular la actividad judicial cautelar, no necesariamente implica que toda clase de tutela preventiva requiera obligatoriamente del cumplimiento de un *fumus boni iuris* y un *periculum in mora*, por cuanto puede existir variabilidad entre la actividad administrativa y la judicial, siendo necesario que la ley repare en las particularidades de cada una de las funciones de los órganos investidos de dicha potestad, a los fines de exigir su aplicabilidad, lo cual conlleva a que exista un margen de independencia de los medios como se manifiesta la institución cautelar a través de los distintos poderes del Estado, como ocurre en ámbito judicial de los poderes cautelares del juez constitucional, que son discrecionales.

Lo que sí necesariamente debe requerirse, es el sometimiento de la potestad al cumplimiento de determinados supuestos que establezcan una interdicción a la arbitrariedad de la Administración, delimitando que la decisión que a tal fin se dicte obedezca a supuestos relacionados con el ejercicio de una actuación que sea fundamentada; exigiéndose en este sentido parámetros que obedezcan al aseguramiento de una manifestación racional y no desproporcionada de los entes públicos. De allí que todas las actuaciones administrativas estén sujetas al control judicial para la garantía de los ciudadanos tal como lo establece el artículo 25 de la Constitución de la República Bolivariana de Venezuela.

En consideración a lo anterior, el artículo 183 de la Ley Orgánica de Telecomunicaciones, establece lo siguiente: (i) el otorgamiento de una medida denominada provisionalísima en el acto mismo de apertura del procedimiento administrativo sancionatorio; (ii) Que esta medida puede dictarse sin cumplir con los extremos a que se refiere el artículo 182 de esta Ley; (iii) Que la misma podrá dictarse cuando razones de urgencia así lo ameriten; (iv) Que luego de dictada la medida la Comisión Nacional de Telecomunicaciones deberá pronunciarse sobre su carácter cautelar, confirmando, modificando o revocando la medida adoptada en atención a lo dispuesto en el artículo 182 de esta Ley".

Esta decisión preventiva de carácter administrativo obedece a la particularidad de que solamente puede ser dictada cuando existan razones de urgencia, condicionando el supuesto para la aplicación de la misma al momento mismo del inicio del procedimiento sancionatorio, la cual queda obligatoriamente sometida por ley a una nueva revisión en la cual la Comisión Nacional de Telecomunicaciones debe pronunciarse sobre su carácter cautelar, es decir, somete la decisión previa al procedimiento regular para dictar estas medidas.

Asimismo, luego de dictada la medida provisionalísima la misma debe cumplir con el artículo 182 de la Ley Orgánica de Telecomunicaciones, el cual prevé "… la Comisión Nacional de Telecomunicaciones podrá dictar las medidas cautelares a que se refiere esta Sección [del procedimiento sancionatorio] a cuyos efectos deberá realizar una ponderación entre los perjuicios graves que pudieren sufrir los operadores y usuarios afectados por la conducta del presunto infractor, respecto a los perjuicios que implicaría para éste la adopción de dicha medida, todo ello en atención a la presunción de buen derecho que emergiere de la situación".

Lo anterior permite establecer que el legislador estableció límites que circunscriben el estudio de la idoneidad y aptitud de la medida cautelar administrativa para el régimen especial de las telecomunicaciones, ciñendo la potestad que tiene el ente regulador para dictar a priori estas decisiones de carácter preventivo, valorando la situación del presunto infractor, el perjuicio que pudieran ocasionar a los demás operadores y usuarios, los perjuicios que implicaría para el presunto infractor el ejercicio de la medida, todo en atención a la presunción de buen derecho que emerge de la situación.

De allí que pueda concluirse que normativamente se ha establecido la interdicción suficiente para evitar una actuación arbitraria por parte de la Administración en la implementación de medidas cautelares para los operadores de telecomunicaciones; por lo que no puede considerarse que la disposición *in integrum* del artículo 183 de la Ley Orgánica de Telecomunicaciones, sea una norma que atente contra el principio de proporcionalidad y razonabilidad.

Correlativamente, al encontrarse sujeto el otorgamiento de las medidas cautelares en esta materia a un estudio necesario de su ponderación, el legislador más bien constriñó al ente regulador al imponerle la obligación de considerar en su totalidad todos los derechos que puedan estar presentes –presunto infractor, operadores afectados y usuarios- para la determinación de una decisión de esta índole, por lo que al exigir de manera precisa el requerimiento de establecer la referida ponderación, necesariamente se está condicionando la medida a una aplicación proporcional y racional de la ley, por lo que no se establece en favor de la Administración, un ejercicio indiscriminado de la potestad cautelar.

Los párrafos que anteceden permiten entender que el ejercicio de las medidas previstas en los artículos 182 y 183 de la Ley Orgánica de Telecomunicaciones establecen una aplicación equilibrada que no hace nugatoria la existencia del derecho a la propiedad, libertad económica y a la libertad de expresión, por cuanto es precisamente entre la correlación de estos principios, y el interés público, que debe existir una ponderación para la aplicación de estas medidas cautelares administrativas.

En razón de lo expuesto, esta Sala determina del ejercicio del control concentrado de la constitucionalidad que el artículo 183 de la Ley Orgánica de Telecomunicaciones no atenta contra los principios de proporcionalidad y razonabilidad de la actividad administrativa. Por consiguiente, la norma en cuestión no vulnera el derecho de propiedad, libertad económica y libertad de expresión. Dicha medida ha sido establecida en función de la gobernabilidad y para su aplicación requiere de la ponderación de los derechos de quienes puedan ser parte, como también los demás operadores y los usuarios de las telecomunicaciones. Así finalmente se decide.

Voto Salvado del Magistrado Pedro Rafael Rondón Haaz

El Magistrado Pedro Rafael Rondón Haaz manifiesta su disentimiento respecto del fallo que antecede, razón por la cual, de conformidad con el artículo 20 de la Ley Orgánica del Tribunal Supremo de Justicia, expresa su voto salvado en los siguientes términos:

La mayoría sentenciadora declaró sin lugar la demanda de nulidad, por razones de inconstitucionalidad, que Corpomedios GV Inversiones, C.A. (GLOBOVISIÓN) y RCTV incoaron contra los artículos 171, ordinal 6, 183, parágrafo único, 208, ordinales 1 y 8, y 209 de la Ley Orgánica de Telecomunicaciones (L.O.T.E.L.) y los Decretos Presidenciales números 2.427 del 1° de febrero de 1984 (Gaceta Oficial Extraordinaria N° 3.336) y el 2.625 del 5 de noviembre de 1992 (Gaceta Oficial N° 35.996), que contienen el Reglamento de Radiocomunicaciones y el Reglamento parcial sobre Transmisiones de Televisión, respectivamente.

Por cuanto este disidente no comparte los motivos por los cuales se desestimaron las denuncias de nulidad que las demandantes alegaron, a continuación, expone las razones de su disidencia en el mismo orden en que fueron analizadas las pretensiones de nulidad.

(…)

4. Artículo 183 L.O.T.E.L.

Las medidas cautelares que puede adoptar la Comisión Nacional de Telecomunicaciones, atendiendo a los parámetros establecidos en el artículo anterior pueden consistir en:

1. Ordenar la suspensión inmediata, total o parcial de las actividades presuntamente infractoras de esta Ley.

2. Ordenar la realización de actos o actuaciones en materia de Servicio Universal, interconexión, derecho de vía, restablecimiento de servicios, facturación de servicios, seguridad y defensa.

3. Proceder a la incautación de los equipos empleados y clausura de los recintos o establecimientos donde se opere, cuando se trate de actividades presuntamente clandestinas que impliquen el uso del espectro radioeléctrico.

Parágrafo Único: Las medidas a que se refiere este artículo podrán ser dictadas por la Comisión Nacional de Telecomunicaciones, con carácter provisionalísimo, en el acto de apertura del procedimiento administrativo sancionatorio sin cumplir con los extremos a que se refiere el artículo 182 de esta Ley, cuando razones de urgencia así lo ameriten. Ejecutada la medida provisionalísima, la Comisión Nacional de Telecomunicaciones deberá pronunciarse sobre su carácter cautelar, conformando, modificando o revocando la medida adoptada, en atención a lo dispuesto en los artículos 182 y siguientes de esta Ley.

La parte actora basó su pretensión de nulidad en la violación del principio de racionalidad y proporcionalidad, por cuanto la norma permitiría la aplicación de medidas cautelares de suma gravedad (suspensión de transmisiones, incautación de equipos, clausura), que limitan derechos constitucionales (propiedad y libertad económica), sin que se cumpla con sus requisitos de procedencia. Por tanto, esa posibilidad sería irracional y desproporcionada.

Asimismo, se delató la violación al derecho a la libertad económica y propiedad, por cuanto la medida inmotivada, permitiría la suspensión de transmisiones, la incautación de equipos y la clausura del medio de comunicación, lo cual generaría una evidente afectación en el normal desempeño del objeto social de las operadoras.

Por último, alegaron la violación al derecho a la libertad de expresión, por cuanto la aplicación de una medida cautelar irracional significaría una limitación inconstitucional a ese derecho.

La mayoría sentenciadora juzgó que la norma no viola los principios de racionalidad y proporcionalidad, por cuanto la Ley Orgánica de Telecomunicaciones sí determina que las medidas cautelares provisionalísimas sólo proceden en casos de urgencia. Asimismo, se consideró que, por cuanto la norma no es irracional no se violan los derechos a la libertad económica y libertad de expresión.

El fallo señaló:

... el legislador estableció límites que circunscriben el estudio de la idoneidad y aptitud de la medida cautelar administrativa para el régimen especial de las telecomunicaciones, ciñendo la potestad que tiene el ente regulador para dictar a priori estas decisiones de carácter preventivo, valorando la situación del presunto infractor, el perjuicio que pudieran ocasionar a los demás operadores y usuarios, los perjuicios que implicaría para el presunto infractor el ejercicio de la medida, todo en atención a la presunción de buen derecho que emerge de la situación.

La norma constriñe a CONATEL a considerar todos los derechos que puedan estar presentes (presunto infractor, operadores afectados y usuarios) para establecer la ponderación de la medida. De allí que, contrario a la denuncia, la norma no sea irracional y desproporcionada.

Al no ser la norma impugnada irracional ni desproporcionada no ha lugar las denuncias de violación a la libertad económica y propiedad.

El salvante no comparte el juzgamiento de la mayoría, por cuanto repite, como en múltiples oportunidades anteriores, que toda medida cautelar que se peticione, sea en sede judicial o administrativa, requiere del riguroso estudio de las causales de procedencia, a saber *periculum in mora*, *fumus boni iuris* y, en algunos casos, ponderación de intereses en juego, por exigencia constitucional de respeto al derecho a la defensa. En ese sentido, quien discrepa, insiste en apartarse de la afirmación de que el juez constitucional actúa "discrecionalmente" en sede cautelar.

Al respecto, este disidente reitera su posición, contraria a la de la mayoría sentenciadora -que se afinca en la doctrina que se fijó en el caso Corporación L'Hotels C.A.-, en el sentido de que no puede prescindirse nunca del análisis de los supuestos de procedencia de la medida cautelar, toda vez que el otorgamiento de toda cautela, incluso en el marco de pretensiones de amparo constitucional, exige la revisión exhaustiva, por parte del Juzgador, del cumplimiento con los requisitos de procedencia de las mismas, como lo son la presunción de buen derecho, el peligro en la mora y, en el marco de los procesos en los que sea parte algún ente público, la ponderación de los intereses en juego (*Vid.* Exp. N° 08-1533).

En efecto, el requisito del *fumus boni iuris*, cuyo cumplimiento es indispensable para que se acuerde cualquier medida preventiva, implica que exista presunción del derecho que se reclama; implicación que, evidentemente, exige un análisis presuntivo y a priori de la probabilidad de éxito de la pretensión principal –en esos casos de nulidad-, lo que no es, en modo alguno, un "adelanto" ni se "inmiscuye" en el fondo del asunto, pues se trata de un juicio de verosimilitud a diferencia del juicio de mérito que se hace en la sentencia definitiva. De lo contrario, ha sostenido este salvante, nunca sería procedente la medida cautelar de suspensión de efectos de actos, sean normativos o no. (*Vid.* entre otras muchas, sentencia N° 3082/05).

El parágrafo único de la norma que se impugnó permite que C.O.N.A.T.E.L. emita medidas cautelares sin que se cumplan los extremos a que se refiere el artículo 182. Entre las posibles cautelas se encuentran: la suspensión inmediata de las transmisiones, incautación de equipos, clausura de establecimientos.

El artículo 182 L.O.T.E.L. dispone:

En el curso de los procedimientos administrativos sancionatorios la Comisión Nacional de Telecomunicaciones podrá dictar las medidas cautelares a que se refiere esta Sección, a cuyos efectos deberá realizar una ponderación entre los perjuicios graves que pudiesen sufrir los operadores y usuarios afectados por la conducta del presunto infractor, respecto de los perjuicios que implicaría para éste la adopción de dicha medida, todo ello en atención a la presunción de buen derecho que emergiere de la situación.

De la norma que precede se comprueba la exigencia de los requisitos de ponderación de los intereses en juego y de presunción de buen derecho para que la autoridad administrativa pueda pronunciarse cautelarmente en el procedimiento sancionatorio. Ahora bien, cuando el parágrafo único del artículo 183 L.O.T.E.L. permite que el ente regulador prescinda del estudio y verificación de tales extremos, otorga a la autoridad un margen desmedido para la emisión de las medidas cautelares que se puede traducir en actuaciones arbitrarias, cuyo control es, precisamente, la proporcionalidad y racionalidad de la actividad administrativa.

En este caso, la Sala debió interpretar la norma y llegar a la conclusión que el único extremo de los que preceptúa el artículo 182 que pudiera inobservarse en esa etapa "provisionalísima", es el relativo a la ponderación de intereses, pero no así el del *fumus boni iuris*, pues es a través de ese estudio como emerge la racionalidad y proporción de la medida, que debe satisfacer toda actuación administrativa, so pena de invalidez.

En efecto, con la lectura del artículo 12 de la Ley Orgánica de Procedimientos Administrativos se comprueba que la racionalidad y proporcionalidad de la actividad administrativa guarda estrecha relación con los supuestos de hecho y el elemento teleológico de la norma. En ese orden, para que pueda demostrarse la proporcionalidad y racionalidad en cualquier pronunciamiento cautelar, se exige el estudio de las condiciones fácticas y jurídicas, dentro de la orientación que la misma norma ofrece. Pues bien, cuando se elimina el estudio de los extremos de procedencia de la medida cautelar, debe concluirse que dota a la autoridad de un poder absoluto e ilimitado que equivale a desproporción y desequilibrio en la decisión que adopte. Por estas razones se debió establecer una interpretación conforme con la Constitución del parágrafo único del artículo 183 de la Ley Orgánica de Telecomunicaciones, en la forma como fue expuesto.

Por último, quien disiente deplora que la Sala no asuma una conducta acorde con su cualidad de máxima garante de la supremacía y eficacia de las normas y principios constitucionales y no haya interpretado, a la luz de la Constitución de la República Bolivariana de Venezuela, las normas que fueron impugnadas en la demanda de autos y que, en opinión de quien suscribe, sí estarían afectadas de inconstitucionalidad si no se les constriñe al marco constitucional.

Quedan expresados, en los términos precedentes, los motivos del disentimiento del Magistrado que rinde este voto salvado.

VI. LAS PRUEBAS EN EL PROCEDIMIENTO ADMINISTRATIVO

RDP N° 13, 1983, pp. 110

CSJ-SPA (262)   9-12-82

Magistrado Ponente: Josefina Calcaño de Temeltas

En el caso de la impugnación de una resolución referente a la solicitud de registro de una marca, no le corresponde a la Administración aportar ninguna clase de pruebas sino sólo declarar el derecho de la parte solicitante, si su solicitud se ajusta a los requerimientos legales.

Alega igualmente la recurrente falta de motivación en la resolución impugnada por cuanto la autoridad administrativa no aporta prueba alguna de su aserto, y que en autos no constan elementos suficientes de los cuales se desprenda que las aludidas marcas no se confunden al confrontarse.

A este respecto la Corte se permite observar que, en casos como el presente, no le corresponde a la Administración aportar ninguna clase de pruebas sino sólo declarar el derecho de la parte solicitante, si su solicitud se ajusta a los requerimientos legales. En tal sentido, es función del Registrador de la Propiedad Industrial constatar si se ha dado cumplimiento en la solicitud de marca a los extremos exigidos por la Ley, dentro de los cuales se encuentra determinar si la marca cumple con todos los requisitos de registrabilidad, y por ello la Ley le otorga competencia reglada para decidir si la marca es registrable o no, y decidir las oposiciones que contra una solicitud de registro de marca se presenten. En caso de negativa, la decisión debe ser razonada, dar los motivos de índole legal que conduzcan a la negativa en relación con los hechos alegados, todo ello de acuerdo con el principio de legalidad, propio de todo Estado de Derecho.

RDP N° 13, 1983, pp. 110

CPCA 20-1-83

Magistrado Ponente: Hildegard Rondón de Sansó

La Dirección de Inquilinato no decidió sobre la base de un falso supuesto, sino sobre elementos que no han sido desvirtuados: la solicitante del desalojo era la propietaria y la causal establecida en el Decreto se encontraba debidamente dada en su caso específico. La impugnación a la inspección fiscal que la misma hace no aparece demostrada en forma alguna por cuanto a juicio de esta Corte carece de eficacia probatoria la inspección fiscal extraprocesal que fuera anexada, no sólo en vista de esta última naturaleza anotada, sino por la circunstancia de que con tal elemento no puede demostrarse que son falsas las apreciaciones que el informe fiscal arroja relativas a la incomodidad y a las deplorables condiciones de vida que lleva la propietaria y los miembros de su familia, por las limitaciones de espacio físico. Los restantes alegatos hechos valer por la apelante no tienen el carácter de impugnaciones porque son simples consideraciones personales sobre sus intereses y los de la propietaria, por lo cual es improcedente cualquier pronunciamiento al respecto y así se declara.

RDP N° 35, 1988, pp. 90

CPCA   7-7-88

Magistrado Ponente: Pedro Miguel Reyes

Caso: Arpigra, C.A. vs. Comisión para el Registro de !a Deuda Externa Privada.

En referencia a que no se le permitió al interesado realizar actividad probatoria en el procedimiento administrativo, se estima que el procedimiento en ciernes es de los procedimientos administrativos calificados como habilitantes, por cuanto mediante ellos, un interesado eleva una solicitud ante la Administración a fin de que ésta la autorice para realizar "un hacer", o sea le permita desplegar una determinada conducta. En consecuencia, el interés procedimental lo tiene el administrado es a él a quien le corresponde impulsar el procedimiento así como procurar y aportar las probanzas necesarias a su solicitud; si bien, la Administración al tenor del artículo 53 de la Ley Orgánica de Procedimientos Administrativos asume de manera genérica la carga de la prueba para lograr el mejor conocimiento del asunto que deba decidir, es evidente que carece de interés en ejecutar dichas actuaciones cognoscitivas, por cuanto la existencia misma del procedimiento pone de manifiesto la voluntad de la Administración de establecer obstáculos en el fin del procedimiento, en consecuencia, es el administrado quien debe desplegar la actividad probatoria en el procedimiento, por cuanto la postura natural de la Administración será constatar el cumplimiento de los extremos normativos.

En el caso de autos, la recurrente si bien alega la imposibilidad de realizar actividad probatoria, no ha demostrado cómo la Administración "le negó su derecho a probar" o le haya impedido el acceso al expediente, ciertamente, no hay en los autos demostración o probanza en tal sentido, por lo cual debe este órgano judicial desechar tales alegatos, y así expresamente lo establece.

RDP N° 35, 1988, pp. 90

CPCA   28-7-88

Magistrado Ponente: Cecilia Sosa Gómez

Caso: Ludwig B. González vs. Instituto Agrario Nacional

Resulta importante agregar, que el hecho de que el cargo de "Supervisor" no sea de los que aparecen clasificados en el Decreto N° 1.379 de fecha 15 de enero de 1982, no afecta para nada la condición de funcionario de "carrera" que posee la funcionaría, ni es argumento válido para negar su derecho a la estabilidad laboral. Ciertamente, el manual de clasificación de cargos es un instrumento que elabora la Administración para el mejor conocimiento de su estructura funcional. Sus especificaciones son meras indicaciones que dan certeza de la existencia de los cargos mencionados; mas sus omisiones, no pueden ser imputadas sino a la propia Administración y ellas no pueden repercutir negativamente en la esfera subjetiva de los funcionarios. Es la Administración quien tiene la carga de actualizar dicho manual, y la omisión de un determinado cargo no puede constituir una presunción de la falta de cualidad como de carrera de un funcionario y excluirlo por ende del régimen de estabilidad, y así se declara.

RDP N° 38, 1989, pp. 94

CPCA   13-4-89

Magistrado Ponente: Alfredo Duchame A.

Caso: Metalmecánica Larbaco C.A. vs. República. Ministerio del Trabajo (Comisión Tripartita).

Ahora bien, los actos de las Comisiones Tripartitas creadas por la Ley contra Despidos Injustificados, son actos administrativos los cuales, aun aquellos en los que el procedimiento administrativo, previo a su formación, contempla fases de iniciación, contradicción, audiencia, comprobación y decisión en lapsos preclusivos, están regidos por normas y principios menos rígidos que aquellos que se aplican al proceso judicial; por lo tanto, las Comisiones Tripartitas en Segunda Instancia pueden valerse para un mejor conocimiento del asunto de cualquier medio de prueba de los establecidos en el Código Civil, Código de Procedimiento Civil o en otras leyes, conforme lo establece el artículo 58 de la Ley Orgánica de Procedimientos Administrativos.

Sin embargo, para que cualquier prueba de las producidas en sede administrativa tenga eficacia, debe cumplir los extremos formales y materiales específicos para la cual fue concebida; así tenemos que la inspección ocular, artículo 1.428 del Código Civil, tiene como objetivo el dejar constancia de las circunstancias o el estado de los lugares o de las cosas que no se pueda o no sea fácil acreditar de otra manera, sin extenderse a apreciaciones que necesiten conocimientos periciales. De la lectura del acta levantada por el juez del Distrito Caroní del Segundo Circuito de la Circunscripción Judicial del Estado Bolívar, se evidencia que no cumple el objetivo previsto en la norma, por cuanto no se deja constancia de circunstancias o hechos apreciables de la sola observación de las cosas, sino que se emiten juicios sin determinación circunstanciada de los elementos que condujeron al mismo, infringiéndose así, además, el artículo 472 del Código de Procedimiento Civil vigente, artículo 338 del código derogado, lo que hace improcedente la apreciación de dicha prueba, máxime cuando la misma se funda en motivos ajenos a la situación deficitaria en materia económica alegada por la empresa.

RDP N° 50, 1992, pp. 136

CPCA   7-5-92

Magistrado Ponente: Belén Ramírez Landaeta

Caso: Hermanos Beyldune, C.A. vs. República (Ministerio del Trabajo).

Dentro del procedimiento administrativo debe entenderse que los alegatos o pruebas que no son tomados en cuenta expresamente han sido desechados tácitamente.

Es jurisprudencia reiterada de esta Corte que los actos administrativos están regidos por normas y principios menos rígidos que aquellos que se aplican al proceso judicial. Por tanto debe entenderse que los alegatos o pruebas dentro del procedimiento administrativo que no son tomados en cuenta expresamente, han sido desechados tácitamente, no puede calificarse tal hecho como un vicio de la decisión que obligue al Juez Contencioso-Administrativo a anular un acto administrativo, a menos que la prueba o el alegato que el recurrente considere no valorado incida en el elemento causal del acto administrativo. En el presente caso, la denuncia resulta genérica ya que el recurrente no especificó qué alegatos y pruebas dejó de apreciar la Comisión Tripartita para poder determinar si éstos eran susceptibles de afectar la motivación del acto, por lo que se desestima tal denuncia y así se declara.

RDP N° 55-56, 1993, pp. 204

CSJ-SPA (746)   12-12-93

Magistrado Ponente: Hildegard Rondón de Sansó

Caso: Dominicana de Aviación vs. República (Ministerio del Trabajo)

A pesar de que las normas que rigen la formación de la sentencia en sede jurisdiccional no se aplican en vía principal a los actos administrativos, sin embargo, lo referente a la validez de los documentos, contemplados en el Código de Procedimiento Civil, sí son de obligatorio cumplimiento en la valoración de las pruebas en sede administrativa.

La segunda impugnación del recurrente está constituida por la violación de los artículos 1.363 y 1.364 del Código Civil, al ser ignorados en el acto administrativo, por cuanto las pruebas aportadas por la empresa no fueron impugnadas por la reclamada, quien no se opuso a ninguna de ellas, quedando en consecuencia firmes. El órgano administrativo sin embargo se sustituyó en el trabajador sin tener facultad para hacerlo, al desconocer el valor probatorio de los documentos, por lo cual incurrió en la violación de los artículos 12 y 243 del Código de Procedimiento Civil, por lo cual el acto sería nulo en la forma prevista en el artículo 244 del Código de Procedimiento Civil.

A pesar de que las normas que rigen la formación de la sentencia en sede jurisdiccional no se aplican en vía principal a los actos administrativos que dirimen una controversia entre particulares, sin embargo, lo referente a la validez de los documentos, contemplados en el Código de Procedimiento Civil, sí son de obligatorio cumplimiento en la valoración de las pruebas en sede administrativa. En el caso presente el órgano administrativo le atribuyó mediante una errónea motivación, valor a la documentación constante en autos, con lo cual violó lo dispuesto, en el Código de Procedimiento Civil, cuya violación se denuncia, por lo cual debe considerarse que estuvo ajustada a derecho la impugnación.

RDP N° 65–66, 1996, pp. 200–201

CSJ-SPA (501)   18-7-96

Magistrado Ponente: Hildegard Rondón de Sansó

En los procedimientos sumarios de determinación tributaria y en lo relativo a los recursos contencioso tributarios pueden invocarse todos los medios de prueba admitidos en Derecho, con excepción del juramento y de la confesión de empleados públicos cuando implique prueba confesional de la administración.

Tal como expresamente se dispone en los artículos 137 y 193 del Código Orgánico Tributario, en los procedimientos sumarios de determinación tributaria y en los relativos a los recursos contencioso tributarios, en tales procedimientos pueden invocarse todos los medios de prueba admitidos en Derecho, con excepción del juramento y de la confesión de empleados públicos cuando ella implique prueba confesional de la administración. Como consecuencia de lo anterior, debe colegirse que tanto en materia de determinación tributaria como en la de recursos contencioso tributarios, tiene vigencia –morigerada por las excepciones del juramento y la confesión de empleados públicos, antes señalada- el principio de libertad de los medios probatorios, consagrado en el artículo 395 del Código de Procedimiento Civil, el cual admite como medios de prueba, aquéllos determinados en el Código Civil, en el Código de Procedimiento Civil y en otras leyes de la República, así como cualquier otro medio no prohibido expresamente por la ley.

Cabe destacar que el sistema de libertad de los medios de prueba constituye uno de los más importantes aportes que, a nuestro ordenamiento jurídico hace el Código de Procedimiento Civil vigente desde el 16 de septiembre de 1986, y tal como señala el autor Rengel Romberg: "Ante la generalidad y amplitud con que está consagrada la libertad de medios probatorios en el nuevo Código, que admite "cualquier otro medio de prueba no prohibido expresamente por la ley" la regla de interpretación debe ser la amplia y analógica, más conforme con la intención del legislador y con la filosofía que informa al nuevo sistema" (Arístides Rengel Romberg, *Tratado de Derecho Procesal Civil Venezolano*, Editorial Arte, septiembre 1994, p. 337).

Las anteriores consideraciones vienen al caso, debido a que en el escrito de formalización de la apelación de autos, la Procuraduría sustenta su argumento en una interpretación literal del último párrafo del ordinal 2 del artículo 27 del Decreto N° 987 de fecha 16 de enero de 1986, cuyo tenor es el siguiente:

> "Los establecimientos citados (colegios profesionales y demás instituciones profesionales no mercantiles) deberán actuar como Agentes de Retención y expedirán, a los usuarios, las facturas correspondientes a los efectos de su imputación como deducción o desgravamen" (aclaratoria y resaltado de esta Sala).

Ahora bien, tal como se indicó anteriormente, las facturas comerciales no son otra cosa que uno de los varios instrumentos probatorios del nacimiento o extinción de una obligación mercantil indicados en el artículo 124 del Código de Comercio; y, en conformidad con el sistema probatorio vigente, puede admitirse un *numerus apertus* de tales medios; por lo tanto, resulta contrario a toda lógica jurídica, pretender limitar la prueba del cumplimiento de una obligación a un único instrumento, como serían las facturas comerciales, más aún, cuando el propio Código Orgánico Tributario, permite, con las excepciones ya mencionadas, la admisión en los procedimientos tributarios de cualquier medio probatorio, ello en concordancia con el citado principio de libertad de medios probatorios consagrado en el artículo 395 del Código de Procedimiento Civil.

Por lo antes expuesto, considera esta Sala que para efecto de probar la deducción del enriquecimiento neto de los pagos efectuados por un contribuyente a colegios profesionales y demás instituciones profesionales no mercantiles, pueden ser invocados todos los medios probatorios admitidos en Derecho, con excepción del juramento y de la confesión de empleados públicos cuando ella implique prueba confesional de la Administración. Limitar la prueba de tales pagos sólo a la existencia de las respectivas facturas emitidas por dichos entes, sería contrariar el "principio de interpretación progresiva de las leyes" según el cual los órganos jurisdiccionales deben interpretar el sentido de las leyes y adaptarlas progresivamente con el objeto de "ponerlas a tono con el nuevo orden establecido y para rechazar todo precepto anacrónico que se oponga a su efectiva vigencia", tal criterio interpretativo ha sido acogido por este máximo Tribunal en sentencia de fecha 11 de mayo de 1981 (Exp. 2357 Caso *Pan American*).

RDP N° 82, 2000, pp. 397

CPCA   21-6-2000

Magistrado Ponente: Carlos Enrique Mouriño Vaquero

**Caso: Banco Venezolano de Crédito, S.A.C.A. vs. Super-
intendencia para la Promoción y Protección de la Libre
Competencia.**

**El cúmulo de derechos de los administrados frente a la
Administración se presenta como un límite de actuación
de la Administración en su conjunto, y no individualmente considerada, es decir, no puede un órgano de la Administración violar el derecho a ser oído, al contradictorio y
al control de la prueba del particular interesado, argumentando que el deber de suministrar una prueba recaía
sobre otro órgano de la Administración.**

Al respecto, esta Corte observa:

Consta en el expediente administrativo, que la Superintendencia para la Promoción y Protección de la Libre Competencia admitió la prueba de informes sobre
el número de 1° instituciones financieras autorizadas para instalarse en la Zona
Guarenas Guatire, así como las que para el momento de la solicitud prestaran sus
servicios en dicha zona. Asimismo, consta que mediante oficio N° 000931 del 21
de noviembre de 1997 la Superintendencia para la Promoción y Protección de la
Libre Competencia, requirió esa información a la Superintendencia de Bancos y
Otras Instituciones Financieras.

Ahora bien, la resolución culminatoria del procedimiento administrativo fue
dictada en fecha 9 de enero de 1998, sin que la Superintendencia de Bancos y
Otras Instituciones Financieras enviara la información requerida por la Superintendencia para la Promoción y Protección de Libre Competencia.

A este respecto cabe señalar, que la omisión de la Superintendencia de Bancos
y Otras Instituciones Financieras de su deber legal de enviar la información correspondiente, no vicia el acto de nulidad, puesto que el hecho que se pretendía probar
con la prueba de informes fue dado por cierto por la superintendencia para la Promoción y Protección de la Libre Competencia.

De conformidad con el artículo 55 de la Ley Orgánica de Procedimientos
Administrativos, la Superintendencia de Bancos y Otras Instituciones Financieras
tenía un lapso de veinte (20) días hábiles para enviar la información a La Superintendencia para la Promoción y Protección de la Libre Competencia.

Ahora bien, entre el 21 de noviembre, de 1997, (fecha del oficio de requerimiento) y el 9 de enero de 1998, fecha de la resolución culminatoria del procedimiento administrativo, transcurrieron con creces más de veinte días hábiles para el
suministro de la información.

No obstante lo anterior, se hace necesario precisar que la Superintendencia para la Promoción y Protección de la Libre Competencia no puede simplemente argumentar como en efecto lo hizo que fue por un hecho imputable a la Superintendencia de Bancos y no a esa dependencia administrativa que la prueba de informes no constara materialmente en el procedimiento administrativo.

En efecto, el cúmulo de derechos de los administrados frente a la Administración, se presenta como un límite de actuación de la Administración en su conjunto, y no individualmente considerada, es decir, no puede un órgano de la Administración (en este caso la Superintendencia para la Promoción y la Protección de la Libre Competencia) violar el derecho a ser oído, al contradictorio y al control de la prueba dentro de un procedimiento administrativo del particular interesado, argumentando que el deber de suministrar la prueba de informes recaía sobre otro órgano de la Administración.

No es lícito el actuar de la Administración, si esa actuación no respeta y se adecua a las garantías mínimas de las cuales son titulares los Administrados dentro de un procedimiento administrativo. La Administración, específicamente en el caso concreto, la Superintendencia para la Promoción y Protección de la Libre Competencia, tiene obligaciones y como tal es también agente de los valores contenidos en la Constitución, por lo cual no puede ser indiferente, y no debe serlo que las directivas constitucionales se afecten o se ignoren; y no sólo que violen.

Es por ello, que la Superintendencia para la Promoción y Protección de la Libre Competencia debió aplicar todo su poder inquisitivo así como lo hizo para abrir de oficio el procedimiento administrativo para obtener la prueba solicitada, ya que la evacuación de las pruebas solicitadas por las partes en el procedimiento tienen por objeto obtener un mejor convencimiento de la Administración sobre los hechos, sobre los cuales versa el procedimiento.

Así las cosas, de conformidad con el artículo 64 de la Ley Orgánica de Procedimientos Administrativos, y en virtud del principio de colaboración entre los órganos de la Administración, la Superintendencia debe evacuar diligentemente la prueba, a fin de recabar los mayores elementos de convicción posibles para dictar el acto culminatorio del procedimiento administrativo.

Sin embargo, es importante delimitar qué pretendía probar la recurrente en el expediente administrativo. En este sentido, la prueba estaba destinada a establecer que existían numerosas entidades financieras competidoras en el mercado geográfico Guarenas Guatire.

Ahora bien, consta en las páginas números 39 y 40 de la resolución impugnada, que el alegato formulado por la recurrente referente a que en la zona Guarenas Guatire existían más de diecisiete (17) agencias bancarias, fue examinado por la Superintendencia para la Promoción y Protección de la Libre Competencia, por lo que la Superintendencia para la Promoción y Protección de la Libre Competencia al examinar dicho alegato dio por cierto en el expediente administrativo la alegación de la impugnante, aún cuando no constaba en el expediente la respuesta de la Superintendencia de Bancos y otras Instituciones Financieras, todo lo cual, conduce necesariamente a decidir que no existe el alegado vicio de la indefensión, y así expresamente se decide.

No obstante, lo anterior no significa que la Superintendencia para la Promoción y Protección de la Libre Competencia o cualquier otro órgano de la Administración esté autorizado para conducir un procedimiento con irregularidades, así no afecten el núcleo esencial de los derechos de los administrados, involucrados en el procedimiento.

Esta Corte observa con preocupación, que la Superintendencia para la Promoción y Protección de la Libre Competencia, no adecue sus procedimientos a las normas constitucionales y legales aplicables, y violente el derecho del particular al control y contradicción de la prueba, el cual es una materialización directa y esencial del derecho constitucional a la defensa y al debido proceso. El hecho de que el vicio en el procedimiento en la evacuación de la prueba de informes no fuera de tal entidad como para viciar el acto culminatorio del procedimiento administrativo, no le otorga a la Administración una licencia para no observar a cabalidad los derechos de los administrados.

En este orden de ideas, esta Corte refuerza los argumentos expresados, solicitándole a la Superintendencia para la Promoción y Protección de la Libre Competencia que se ciña estrictamente al procedimiento legal establecido, respetando la igualdad entre las partes involucradas, el derecho a la defensa, el derecho a ser oído, a promover y evacuar pruebas dentro del procedimiento legal; y al control y contradicción de la prueba.

RDP Nº 83, 2000, pp. 230

TSJ-SPA (1698)   19-7-2000

Magistrado Ponente: Carlos Escarrá Malavé

Caso: Sergio Seijas R. vs. Alcaldía del Municipio Sucre del Estado Sucre.

En la actividad probatoria de la Administración es necesario e imperante que el administrado pueda ejercer el necesario control y contradicción de la prueba, pues de lo contrario, ésta no tendrá valor alguno y no podrá ser utilizada por la Administración a los fines de una decisión que afecte la esfera jurídica de un administrado.

En el caso de autos observa la Sala que no existe en el expediente administrativo indicio alguno que a la parte actora se le haya notificado de la apertura de un procedimiento destinado a rescatar el terreno que era de su propiedad y, mucho menos, que se la haya permitido alegar y probar algo dentro de este. Ello a pesar que, mediante el texto del acto administrativo impugnado, se demuestra claramente que la Administración Municipal conocía que la parte actora era propietaria del terreno rescatado.

Tal ausencia de procedimiento no queda en modo alguno convalidada por la inspección judicial que fuera practicada a solicitud de la Municipalidad y en ausencia y desconocimiento de la parte actora, pues ella no tiene valor probatorio alguno frente a esta última, ya que fue practicada sin el debido al control y contradicción de la prueba que es una de las garantías fundamentales que permite el ejercicio del derecho a la defensa durante la tramitación del procedimiento administrativo, debiendo tenerse dicha inspección como una simple actividad de constatación efectuada a solicitud de la Administración y que sólo tiene efectos a los fines de cumplimiento de su actividad de supervisión.

Ciertamente, no puede confundirse la actividad que realiza la Administración para recabar información con la actividad probatoria que realiza en el transcurso de un procedimiento administrativo. La primera, se encuentra destinada a conocer sobre una situación determinada, sin que sea necesaria la participación de los particulares, pues esta actividad tiene simples fines de constatación. Ahora bien, en el caso de la actividad probatoria de la Administración, es necesario e imperante que el administrado pueda ejercer el necesario control y contradicción de la prueba pues, de lo contrario, esta no tendrá valor alguno y no podrán ser utilizadas por la Administración a los fines de una decisión que afecte la esfera jurídica de un administrado.

Por todo lo anterior esta Sala observa que fue violado gravemente el derecho a la defensa y al debido proceso de la parte actora lo cual conforme a lo dispuesto en el artículo 19, numeral 4 del Ley Orgánica de Procedimientos Administrativos acarrea la nulidad absoluta de los actos administrativos impugnados y así se declara.

RDP N° 108, 2006, 154

TSJ-SPA (2240)   11-10-2006

Magistrado Ponente: Emiro García Rosas

Caso: Aviones de Oriente, C.A. (AVIOR) vs. Ministerio de Infraestructura.

Mal podía imputársele a la Administración la violación de los derechos a la defensa y debido proceso por no haberse evacuado una prueba de informes promovida en el recurso jerárquico, por cuanto correspondía al recurrente promoverla en el procedimiento de primer grado o constitutivo, o lo que es lo mismo, en la fase de sustanciación del expediente administrativo, durante la cual se preparó y dictó el acto recurrido, y no en la oportunidad de la interposición del recurso jerárquico

Ahora bien, respecto a la denuncia formulada por la recurrente, esta Sala ha sostenido que los derechos al debido proceso y a la defensa implican el derecho a ser notificado de la apertura de un procedimiento administrativo, para que el particular pueda presentar los alegatos de su defensa, máxime si fue iniciado de oficio; el derecho a tener acceso al expediente con el propósito de examinar, en cualquier estado del procedimiento, las actas procesales; el derecho que tiene el administrado a presentar pruebas que permitan desvirtuar los alegatos ofrecidos en su contra por la Administración, el derecho a recibir oportuna respuesta a su solicitud y finalmente, el derecho que tiene a ser informado de los recursos y medios de defensa.

Por tal motivo, el procedimiento administrativo se constituye con actuaciones o sucesión formal de actos coordinados y orientados a la producción de un acto final por parte de quien ejerce funciones administrativas, a fin de ofrecer al administrado la garantía jurídica de participación en el desarrollo de la decisión administrativa, salvaguardando de esta forma sus derechos fundamentales, como lo son el debido proceso y la defensa.

En este sentido, la Ley de Aviación Civil publicada en la Gaceta Oficial de la República Bolivariana de Venezuela, Extraordinaria N° 5.124 del 27 de diciembre de 1996 y aplicable al presente caso *ratione temporis*, establecía en el artículo 87 que la iniciación, sustanciación y resolución de las actuaciones administrativas a que daba lugar la aplicación de esa ley, se debían ajustar a las disposiciones de la Ley Orgánica de Procedimientos Administrativos, ley que a su vez establece un régimen especial para los casos en que sea requerido a otras autoridades u organismos, informes relevantes para la resolución del asunto, durante la fase de sustanciación del expediente administrativo. En este sentido los artículos 54, 55, 56 y 57 *eiusdem*, establecen lo siguiente:

> *"Artículo 54. La autoridad administrativa a la que corresponda la tramitación del expediente, solicitará de las otras autoridades u organismos los documentos, informes o antecedentes que estime convenientes para la mejor resolución del asunto.*
>
> *Cuando la solicitud provenga del interesado, éste deberá indicar la oficina donde curse la documentación.*
>
> *Artículo 55. Los documentos, informes y antecedentes a que se refiere el artículo anterior, deberán ser evacuados en el plazo máximo de quince (15) días, si se solicitaren de funcionarios del mismo organismo y de veinte (20) días en los otros casos.*
>
> *(omissis)*
>
> *Artículo 56. La omisión de los informes y antecedentes señalados en los artículos anteriores no suspenderá la tramitación, salvo disposición expresa en contrario, sin perjuicio de la responsabilidad en que incurra el funcionario por la omisión o demora.*
>
> *Artículo 57. Los informes que se emitan, salvo disposición legal en contrario, no serán vinculantes para la autoridad que hubiere de adoptar la decisión".*

Como se observa, la normativa transcrita consagra la potestad de que la Administración, bien de oficio o a petición de parte, solicite a otros organismos documentos, informes y antecedentes que estime convenientes para la mejor resolución del asunto, estableciendo que la oportunidad en la que deberá ser requerida es en la fase de sustanciación del expediente, así como los plazos máximos para su evacuación, vale decir, quince (15) días si se solicitaren de funcionarios del mismo organismo y de veinte (20) días en los otros casos; informes éstos que conforme al artículo 57 de la Ley Orgánica de Procedimientos Administrativos, no son vinculantes para la autoridad que hubiere de adoptar la decisión.

En virtud de lo anterior, considera esta Sala que mal podía imputársele a la Administración la violación de los derechos a la defensa y debido proceso por no haberse evacuado la aludida prueba de informes promovida en el recurso jerárquico, por cuanto correspondía al recurrente promoverla conforme a lo establecido en la Ley Orgánica de Procedimientos Administrativos, es decir, en el procedimiento de primer grado o constitutivo, o lo que es lo mismo, en la fase de sustanciación del expediente administrativo, durante la cual se preparó y dictó el acto recurrido, y no en la oportunidad de la interposición del recurso jerárquico -procedimiento de segundo grado-, cuyo objeto es la revisión del acto previamente dictado, fundamentado en una prerrogativa de la Administración denominada potestad de autotutela, por la cual puede confirmar el acto, revocarlo, modificarlo o sustituirlo por otro, por motivos de hecho, derecho, oportunidad y conveniencia.

En consecuencia, se observa que dentro del procedimiento administrativo a que se contraen las presentes actuaciones, no se conculcó el derecho a la defensa y al debido proceso, por cuanto, tal como fue admitido en el libelo por la actora y según se desprende del expediente administrativo, a la recurrente se le notificó del procedimiento llevado en su contra, de manera que ésta tuvo la oportunidad de acceder al expediente durante la sustanciación, para exponer las razones de hecho y de derecho que a su juicio fuesen pertinentes para la defensa de sus derechos, carga con la que no cumplió en la oportunidad prevista en la ley y cuya falta no puede ser atribuida a la Administración.

Con fundamento en los argumentos expuestos, esta Sala desestima la pretendida violación de los derechos a la defensa y debido proceso denunciados por la recurrente. Así se decide.

RDP Nº 108, 2006, pp. 157

TSJ-SPA (2673)   28-11-2006

Magistrado Ponente: Evelyn Marrero Ortiz

Caso: Sociedad Williams Enbridge & Compañía (Swec) vs. Ministerio de Energía y Minas.

En el transcurso del procedimiento administrativo las partes pueden presentar las pruebas y los alegatos que consideren pertinentes, siempre que no se haya producido la decisión definitiva.

Al respecto, resulta necesario hacer referencia a la flexibilidad probatoria que rige en el procedimiento administrativo, pues en este procedimiento no opera la preclusividad de los lapsos procesales con la rigurosidad del proceso judicial. En efecto, en el transcurso del procedimiento administrativo las partes pueden presentar las pruebas y los alegatos que consideren pertinentes, siempre que no se haya producido la decisión definitiva.

Dicho principio de flexibilidad de las pruebas en el procedimiento administrativo, encuentra su contrapartida con el principio de exhaustividad y globalidad del acto administrativo, previsto en el artículo 62 de la Ley Orgánica de Procedimientos Administrativos, toda vez que el órgano administrativo está obligado a pronunciarse sobre todas las cuestiones que hubieren sido planteadas durante todo el proceso.

De allí que, si bien el Ministerio de Energía y Minas no fijó los lapsos para promover y evacuar pruebas, se evidencia que en la resolución recurrida (folios 534 al 575) el órgano administrativo señaló todos y cada uno de los documentos consignados por la recurrente y demás pruebas promovidas por su representación judicial, así como también se pronunció acerca de la pertinencia y el valor probatorio de las mismas.

En efecto, el órgano administrativo se pronunció en cuanto a la prueba de informes promovida por la parte actora, señalando que dicha prueba era inoficiosa por cuanto versaba sobre hechos que constaban en el expediente. Asimismo, las pruebas de inspección ocular y de exhibición de documentos no fueron valoradas por la Administración, por haber considerado que las mismas estaban dirigidas a demostrar hechos no relacionados con el objeto del procedimiento, es decir, la verificación del abandono del Terminal TAEJ y la suspensión del servicio de operación y mantenimiento de dicho Terminal, en contravención de normas legales y constitucionales. Por lo cual -a juicio de la Sala- la omisión en la cual incurrió la Administración sobre la fijación de los lapsos para promover y evacuar pruebas no produjo indefensión alguna. Así se declara.

1. *Régimen legal: Remisión al Código de Procedimiento Civil*

    RDP N° 23, 1985, pp. 132

    CSJ-SPA   20-6-85

    Magistrado Ponente: Luis H. Farías Mata

    Caso: Auto Espuma, C. A. vs. República (Ministerio de Justicia).

    La remisión al Código de Procedimiento Civil contenida en el artículo 58 de la Ley Orgánica de Procedimientos Administrativos se refiere exclusivamente a los medios de prueba admisibles en el procedimiento administrativo y no a aquellos que constituyen plena prueba en el proceso civil.

Señala, además, la impugnante que "en la oportunidad de pedir el reintegro se pidió apertura de un lapso probatorio", indicando que tal solicitud "perseguía apor-

tar a los autos elementos de juicio para comprobar el valor real, el valor de mercado del inmueble adquirido...". Más adelante indica que "no hubo pronunciamiento
sobre el pedimento de apertura del lapso probatorio y ello significó el desconocimiento de la garantía constitucional de legítima defensa previsto en el artículo 68
de la Constitución Nacional", e igualmente denuncia la violación de los artículos
12 y 162 del Código de Procedimiento Civil, así como del artículo 58 de la Ley
Orgánica de Procedimientos Administrativos, por las mismas razones. Al respecto,
la Sala observa:

La resolución de una solicitud como la planteada por la impugnante al Ministro de Justicia encuentra cauces jurídico-formales de tramitación en la Ley Orgánica de Procedimientos Administrativos, No puede, en consecuencia, alegarse válidamente, en el caso de autos, una supuesta violación de las citadas disposiciones
contenidas en el Código de Procedimiento Civil, no susceptibles de aplicación, en
la forma como lo alega el impugnante, para la solución del asunto planteado, tal
como aparece de la tradicional jurisprudencia de esta Corte aún antes de la entrada
en vigencia de la Ley Orgánica de Procedimientos Administrativos (SPA, sentencia de 19-2-62, caso: "*Sudamérica de Seguros*"). Y promulgada ésta, la remisión al
Código de Procedimiento Civil, contenida en su artículo 58, se encuentra exclusivamente referida a los medios probatorios admisibles en el procedimiento administrativo venezolano, mas no a aquellos que constituyen plena prueba en el proceso
civil —del cual se distinguen nítidamente las facultades indagatorias del funcionario en el procedimiento administrativo, y aun del juez en el contencioso— ni, mucho menos, a los requisitos de la sentencia, ambos postulados, respectivamente, por
los artículos 12 y 162 del Código de Procedimiento Civil para los juicios que se
tramiten con arreglo a sus normas.

En relación con este último artículo señaló la citada sentencia de 19-2-62:

"Ante la ausencia de legislación procedimental administrativa expresa, los órganos decisorios de esta importante rama gubernamental han carecido de normas precisas en
cuanto al aspecto formal de sus fallos, limitándose generalmente a una sucinta expresión declaratoria de la voluntad afirmativa o negativa de la administración ante el supuesto planteado. En los casos de nulidad de dichas decisiones, la presencia ante el
órgano jurisdiccional solicitud, ha venido sirviendo como elemento de integración de
las escuetas resoluciones gubernamentales".

Y respecto del primero (artículo 12, Código de Procedimiento Civil), ya vigente la Ley Orgánica de Procedimientos Administrativos, bien pudo la impugnante en el caso sub judice presentar todos los recaudos probatorios que considerara
pertinentes, sin necesidad de solicitar u obtener declaración formal de apertura de
un lapso especial; todo en virtud del principio de libertad probatoria que inspira el
procedimiento administrativo y el cual es consagrado, entre otros, por el artículo
58 de la Ley Orgánica de Procedimientos Administrativos, cuya violación se alega.
Pero, aun habiendo desaprovechado tal oportunidad, la impugnante pudo asimismo
acudir en el curso de este procedimiento contencioso a los medios de prueba que
considera tan trascendentes y, sin embargo, no aparece de autos diligencia alguna
dirigida por él a tal efecto; bien por el contrario, es el propio apoderado de la recu-

rrente quien, en diligencia de fecha 16 de enero de 1984, expresa: "Por cuanto han transcurrido más de diez (10) audiencias sin que las partes interesadas hayan solicitado apertura del lapso probatorio, respetuosamente solicito se pase este expediente a la Sala Político-Administrativa para su relación.. .".

Estima, por tanto, la Sala que el Ministro de Justicia, al tramitar y resolver el caso planteado por la impugnante, no se apartó de las previsiones contenidas en el artículo 58 de la Ley Orgánica de Procedimientos Administrativos, ni vulneró el derecho a la defensa consagrado en el artículo 68 de la Constitución.

RDP Nº 55-56, 1993, pp. 204

CSJ-SPA (746)   12-12-93

Magistrado Ponente: Hildegard Rondón de Sansó

Caso: Dominicana de Aviación vs. República (Ministerio del Trabajo).

A pesar de que las normas que rigen la formación de la sentencia en sede jurisdiccional no se aplican en vía principal a los actos administrativos, sin embargo, lo referente a la validez de los documentos, contemplado en el Código de Procedimiento Civil, sí es de obligatorio cumplimiento en la valoración de las pruebas en sede administrativa.

La segunda impugnación del recurrente está constituida por la violación de los artículos 1.363 y 1.364 del Código Civil, al ser ignorados en el acto administrativo, por cuanto las pruebas aportadas por la empresa no fueron impugnadas por la reclamada, quien no se opuso a ninguna de ellas, quedando en consecuencia firmes. El órgano administrativo sin embargo se sustituyó en el trabajador sin tener facultad para hacerlo, al desconocer el valor probatorio de los documentos, por lo cual incurrió en la violación de los artículos 12 y 243 del Código de Procedimiento Civil, por lo cual el acto sería nulo en la forma prevista en el artículo 244 del Código de Procedimiento Civil.

A pesar de que las normas que rigen la formación de la sentencia en sede jurisdiccional no se aplican en vía principal a los actos administrativos que dirimen una controversia entre particulares, sin embargo, lo referente a la validez de los documentos, contemplados en el Código de Procedimiento Civil, sí son de obligatorio cumplimiento en la valoración de las pruebas en sede administrativa. En el caso presente el órgano administrativo le atribuyó mediante una errónea motivación, valor a la documentación constante en autos, con lo cual violó lo dispuesto, en el Código de Procedimiento Civil, cuya violación se denuncia, por lo cual debe considerarse que estuvo ajustada a derecho la impugnación.

2. *Finalidad*

RDP N° 24, 1985, pp. 117

CPCA   8-8-85

Magistrado Ponente: Pedro Miguel Reyes

Caso: Mesagra vs. República. (Ministerio del Trabajo, Comisión Tripartita).

Al respecto, observa esta Corte:

La actividad probatoria no tiene otra finalidad que la efectiva demostración de hechos relevantes en el proceso y de los cuales van a depender determinadas consecuencias jurídicas. En tal sentido, los alegatos que hacen las partes durante el desarrollo del procedimiento y específicamente en los procedimientos de calificación de despido, como son los que plantea el trabajador en la solicitud de la calificación de despido y los hechos por el patrono en su contestación, tendrán el valor que se le acredita a la prueba de confesión, que tendrá necesariamente que ser adminiculada con los otros medios probatorios existentes en los autos. Pero en todo caso, le corresponde al trabajador solicitante demostrar los hechos de los cuales emana el derecho reclamado, o sea, el supuesto despido, y a la parte patronal demostrar los hechos extintivos del derecho reclamado, y la justificación del despido cuando fuesen alegados.

3. *Admisión de pruebas: Irrecurribilidad*

RDP N° 118, 2009, pp. 275

TSJ-SPA (426)   1-4-2009

Magistrado Ponente: Hadel Mostafá Paolini

Caso: Antonieta Mendoza de López y Leopoldo López Mendoza vs. Contraloría General de la República.

La Sala Político Administrativa convalida el criterio de la Administración, alusivo a la irrecurribilidad del acto a través del cual aquélla se pronuncia sobre la admisibilidad de las pruebas promovidas en sede administrativa, por no constituir éste un "acto decisorio"; ello sin perjuicio que de la revisión del acto definitivo se constate que la referida actuación ha provocado una disminución efectiva de las garantías del administrado y, por ende, un aspecto invalidante de la providencia.

3. *Violación del derecho a la defensa en virtud de la negativa de evacuación de las pruebas de testigos e informes promovidas en el procedimiento administrativo.*

Alegan los apoderados que en el procedimiento de determinación de responsabilidades se obstaculizó la evacuación de las testimoniales promovidas el 25 de agosto de 2004 en nombre de la ciudadana Antonieta Mendoza de López, a su juicio necesario para fijar los hechos alegados.

Al respecto precisaron que en la oportunidad de admitir tales pruebas, el órgano contralor lo hizo con la condición de que los testigos fueran "presentados por el promovente", siendo que "no existe (…) norma alguna que faculte a los particulares que sean parte en un proceso a ordenar la comparecencia de personas a fin de que rindan testimonio". Especial referencia efectuaron de la testimonial del ciudadano Julio Borges, destacando que siendo para la fecha Diputado de la Asamblea Nacional, correspondía a la Contraloría practicar su citación, en virtud de lo previsto en el artículo 223 del Código Orgánico Procesal Penal.

En torno a este alegato, se observa que mediante escrito de fecha 25 de agosto de 2004, el abogado Enrique Sánchez Falcón, procediendo con el carácter de apoderado de la ciudadana Antonieta Mendoza de López, promovió, entre otras, pruebas testimoniales, en los siguientes términos:

"Solicito, de conformidad con lo previsto en el artículo 100 de la LOCGRSNCF, que esa Dirección de Determinación de Responsabilidades requiera la declaración testimonial o, en su defecto, indique la oportunidad y forma en que esta representación pueda presentarla, de las siguientes personas:

A) Ron Arms y Vicente Valdés de Interamerican Foundation; y Yadira Betancourt y Elvira Sanz de PDVSA, a fin de que declaren y sean interrogados sobre el seguimiento y control efectuado al Proyecto 'Expansión y Consolidación de la Justicia de Paz (…)'.

B) Nilda Tavio Reyes, responsable por la Industria Petrolera nacional del Proyecto 'Expansión y Consolidación de la Justicia de Paz (…), a fin de que declare y sea interrogada sobre el seguimiento y control efectuado al proyecto (…).

C) Mireya Vargas, Directora de la Asociación Civil Servicio de Apoyo Local (SOCSAL), a fin de que declare y sea interrogada sobre el conocimiento que tiene de la labor cumplida por esta Asociación con respecto al Proyecto 'Expansión (…)'

D) Diputado Julio Borges (…) a fin de que declare y sea interrogado sobre el conocimiento que tiene del Proyecto 'Expansión y Consolidación de la Justicia de Paz (…)', su ejecución, la forma de tramitarse ante PDVSA y la recepción de la donación de Bs. 60.060.000,00, en representación de la Asociación Civil Primero Justicia.

E) Carolina Abreu, a fin de que declare y sea interrogada sobre el conocimiento que tiene del Proyecto (…)".

Por auto del 14 de septiembre de 2004, el Director de Determinación de Responsabilidades (E), fijó para el día 24 de ese mes y año, a partir de las 9:00 a.m., la presentación de los testigos por la promovente. Posteriormente, la representación de la actora requirió a la Dirección "que sea ella la que cite a los testigos que le hemos indicado, de suerte que con tal autoridad se les pueda compeler a comparecer", agregando que "es muy probable que no se muestren inclinados a comparecer si somos nosotros, simples particulares, quienes los instamos", y solicitando finalmente, se postergaran las oportunidades para que tuviera lugar la evacuación de los testigos y la audiencia pública.

A propósito de ello, la mencionada Dirección respondió por decisión del 23 de septiembre de 2004, refiriendo que el acto cuestionado "no es apelable ni mucho menos recurrible administrativamente", por tratarse de un acto de trámite; no obstante, el 24 de septiembre del mismo año, fijó como nueva oportunidad para la evacuación de los testigos el 29 de septiembre de 2004. En esta última fecha, se dejó constancia de la no presentación o comparecencia de los testigos promovidos "en las dos oportunidades en que les fuera fijada por es(a) instancia".

Al respecto, comparte esta Sala -considerando que los principios del proceso ordinario no rigen con la misma rigurosidad en el procedimiento administrativo- el criterio de la Administración alusivo a la irrecurribilidad del acto a través del cual aquélla se pronuncia sobre la admisibilidad de las pruebas promovidas en sede administrativa, por no constituir éste un "acto decisorio"; ello sin perjuicio que de la revisión del acto definitivo se constate que la referida actuación ha provocado una disminución efectiva de las garantías del administrado y, por ende, un aspecto invalidante de la providencia.

En tal sentido, es de observar que a tenor de lo previsto en el artículo 483 del Código de Procedimiento Civil, aplicable en vía administrativa de conformidad con lo establecido en el artículo 58 de la Ley Orgánica de Procedimientos Administrativos, "cada parte tendrá la carga de presentar al Tribunal los testigos que no necesiten citación en la oportunidad señalada", y de ser requerida debe la parte solicitarla expresamente.

En el caso de autos la representación de la ciudadana Antonieta Mendoza de López solicitó a la Administración que citara a los testigos, aduciendo a tal fin que resultaba improbable que acudieran al procedimiento si fueran instados por "simples particulares", argumento éste que no demostraba la mencionada necesidad por lo que permanecía en cabeza de la interesada la carga de presentar los aludidos testigos.

Resulta necesario dejar sentado adicionalmente, que las testimoniales de las ciudadanas Mireya Vargas, Carolina Abreu y Julio Borges, fueron promovidas con el objeto de que declarasen sobre la labor cumplida por la Asociación Civil Primero Justicia y su conocimiento del Proyecto "Expansión y Consolidación de la Justicia de Paz en los Estados Monagas, Anzoátegui, Sucre y Delta Amacuro", mientras que la de los ciudadanos Ron Arms, Vicente Valdés, Yadira Betancourt, Elvira Sanz y Nilda Tavio Reyes, se promovieron para que éstos fueran interrogados "sobre el seguimiento y control" efectuado a dicho Proyecto.

Ello así, se impone reiterar que los ciudadanos Antonieta Mendoza de López y Leopoldo López Mendoza fueron sancionados por incurrir, con el carácter de funcionarios de la empresa del Estado Petróleos de Venezuela, S.A., en un "concierto para la obtención de un resultado", y el segundo, adicionalmente, por contratar con la Administración a través de interpuesta persona; supuestos cuya constatación, como se dejó sentado en líneas anteriores, debía efectuarse con independencia de la obtención o no de beneficios económicos por parte de los empleados investigados, y del destino dado a los recursos. Por tal razón, las mencionadas testimoniales resultaban impertinentes para el establecimiento de los aludidos ilícitos administrativos.

De otra parte, y en cuanto concierne particularmente a la testimonial del ciudadano Julio Borges, es de acotar que independientemente de que la legislación adjetiva venezolana excluya de la obligación de rendir declaración, como en efecto lo hace, a los diputados del órgano legislativo nacional, el artículo 478 del Código de Procedimiento Civil inhabilita para rendir testimonio al que "tenga interés, aunque sea indirecto, en las resultas de un pleito", y, como se ha dicho, el mencionado ciudadano suscribió las donaciones otorgadas en su carácter de Presidente de la Asociación Civil Primero Justicia (donataria).

Lo expuesto lleva a concluir que no se verifica en el presente caso un vicio invalidante del acto objeto de impugnación, toda vez que no se produjo una violación del derecho a la defensa de la recurrente en los términos por ésta aludidos. Por tal motivo, se desestima la denuncia bajo análisis. Así se declara.

4. *Carga de la Prueba*

RDP N° 5, 1981, pp. 142

CPCA   25-11-80

Magistrado Ponente: Antonio J. Angrisano

En las solicitudes para autorización la carga de la prueba recae en el solicitante, sin perjuicio de los poderes inquisitivos que tiene la administración pública.

"...Cuando la Comisión considere justificada la solicitud del patrono, autorizará la reducción"; de tal disposición se evidencia que en esta situación se reglamenta un procedimiento totalmente distinto al anterior, antes referido, pues en este procedimiento, una vez que el patrono presenta su solicitud por ante la Comisión Tripartita de Primera Instancia, queda instaurada una relación directa entre el órgano de la Administración Pública y el patrono solicitante, quien queda sometido a la carga de aportar aquellos elementos probatorios que a su juicio hagan procedente la autorización para despedir a los trabajadores indicados en la solicitud y todos aquellos otros que le fueren requeridos por la Comisión. No hay disposición en la Ley que ordene practicar la citación de ningún otro sujeto frente al cual el patrono deba confrontar y hacer valer su derecho pretendido a reducir personal, sometido, por disponerlo así la Ley, al conocimiento de la Comisión Tripartita. Por lo cual, es manifiesto que, en este caso, se está en presencia de una situación en la cual la Administración Pública tiene las más amplias potestades inquisitivas frente al único sujeto —de carácter privado— de la situación procedimental administrativa considerada, único sujeto (privado) que, tramitado y resuelto el procedimiento, y por tanto dictado el fallo respectivo, estará investido de la cualidad procesal suficiente para ejercer el recurso de alzada consagrado en el artículo 8 de la Ley contra

Despidos Injustificados, en contra de todo aquello que no lo favorezca, y posteriormente —si este otro fallo le es adverso— el recurso de anulación del acto administrativo por ante el órgano competente de la jurisdicción contencioso-administrativa correspondiente, si este fuere el caso, y sometido por la Ley, en esta última situación, a agotar la vía administrativa, y por tanto privado de dicha cualidad procesal, en los términos en que lo establece el ordinal 2 del artículo 124 de la Ley Orgánica de la Corte Suprema de Justicia cuando haya ejercido su derecho de apelación y, haya precluido entonces el lapso que la Ley le concede para ejercerlo. Pero en la situación contraria, es decir, cuando la decisión le haya sido favorable, y en consecuencia, no tenga objeto su apelación, el acto quedará concluido con relación a él y surtirá todos sus efectos.

RDP N° 6, 1981, pp. 146

CPCA   25-2-81

Magistrado Ponente: Antonio J. Angrisano

En el procedimiento administrativo la Administración está obligada a probar los presupuestos de hecho de sus actos cuando actúa de oficio.

La Administración califica el cargo de "Intenventor de Aduanas II" como de libre nombramiento y remoción aplicando el Decreto N° 211 sin hacer expresa mención del supuesto correspondiente. A este respecto es de señalar acogiendo como se ha venido haciendo en numerosas sentencias (entre ellas las más recientes de fechas 23-7-80 y 13-8-80) la interpretación que ha dado la Corte Suprema de Justicia, que para calificar como de libre nombramiento y remoción un cargo específico no incluido expresamente en el ordinal 3 del artículo 49 de la Ley de Carrera Administrativa, ni en el Decreto N° 211 del 2-7-74, debe presumirse en principio, que el cargo es de carrera, quedando a cargo de quien alega lo contrario la obligación procesal de comprobar la procedencia de la excepción. Es decir, que quien aplique extensivamente esos textos a otros cargos distintos, con denominaciones diferentes de los que mencionan, debe necesariamente en cada caso específico, señalar la índole de las funciones inherentes al cargo de que se trata para establecer si el mismo puede o debe ser calificado como de alto nivel o de confianza.

En su fallo del 23 de julio de 1980 este órgano jurisdiccional decidió lo siguiente:

"La Corte comparte en este caso los criterios del *a quo*. En efecto, es un deber procesal de la Administración comprobar la procedencia de la exclusión de la carrera de un cargo determinado cuando no ha sido calificado expresamente como de libre nombramiento y remoción en el Decreto 211 o en otro decreto, presumiéndose en principio que tal cargo es de carrera, salvo que la Administración probase lo contrario, todo ello de acuerdo a lo señalado por la Corte Suprema de Justicia, en Sala Político-Administrativa, en decisión de fecha 11 de diciembre de 1979".

Igualmente, en su fallo del 13 de agosto de 1980, esta Corte decidió lo siguiente:

"Al no aportar —la Administración— los elementos de hecho y la comprobación de los mismos, a lo cual la Administración estaba obligada procesal y oportunamente, bajo pena de ser rechazada su pretensión, elementos éstos que permitan al juzgador hacer el análisis correspondiente para determinar si las funciones atribuidas al cargo que desempeñaba la reclamante eran similares a los supuestos del citado ordinal 8, y no habiéndolo hecho, mal podía el sentenciador suplirlos de oficio, como ha ocurrido en desmedro de la igualdad y defensa procesal, por lo que se impone la procedencia de la apelación interpuesta con la consiguiente revocatoria de la sentencia de primera instancia y así se declara".

Sin embargo, no obstante lo anterior, esta Corte observa que en el caso de autos el cargo de "Interventor de Aduanas II" —del cual fue separado el actor querellante— aparece en el ordinal 9 de la letra A en forma expresa y precisa como de alto nivel; por tal razón no se le presentan al Juzgador problemáticas de interpretación, más aún, cuando en este caso, no se aduce que las funciones desempeñadas en el ejercicio del cargo, hayan sido diferentes a las asignadas a dicha denominación de clase, en cuya hipótesis, sí tenía la necesidad el Juez de hacer el debido pronunciamiento luego de apreciar las probanzas presentadas al respecto.

RDP N° 8, 1981, pp. 111

CSJ-SPA (247)   15-10-81

Magistrado Ponente: Domingo A. Coronil

La carga de la prueba, en el caso de la documentación probatoria de los méritos del solicitante de inscripción en el Colegio de Contadores, recae en el mismo solicitante y no en la Comisión Asesora legalmente creada para el estudio de dichos casos en el correspondiente organismo.

Se hace hincapié en que la Comisión especialmente creada por Resolución de 8 de julio de 1975, a quien se confirió la atribución de estudiar los expedientes en apelación e informar al Ministro no cumplió la obligación que en ella se impone de "exigir la documentación probatoria de los méritos del solicitante". Para hacer más resaltante esta omisión aduce y comprueba el solicitante, que en los casos similares de tres solicitantes de inscripción de su misma localidad en el Estado Táchira, que enumera y particulariza, la Comisión se dirigió a los interesados en solicitud de tal documentación.

Entiende la Sala que el uso de esta atribución por la Comisión, pese a los términos de la Resolución, no es obligatoria e inflexible sino variable y en cierto modo condicionada por las exigencias o peculiaridades de uno u otro caso. La Comisión no es una instancia ni un jerarca, sino un organismo de colaboración cuya misión principal consiste en estudiar, revisar e informar al Ministro con vista de los expedientes presumiblemente dotados de toda la información que al aspirante interesaba presentar ante el Colegio. Si contra un dictamen favorable de este no hay apelación sino inmediata inscripción en el Colegio en ejecución del mismo, debe suponerse que el aspirante es el propio y único interesado en exhibir toda la prueba que lo favorezca.

Si a esto se añade que la censurada omisión no impidió al apelante presentar ante la Comisión, como lo hizo, elementos probatorios —anteriormente reseñados— que estimó favorables a su interés, carece de fundamento la reposición solicitada y así se declara.

RDP N° 8, 1981, pp. 112

CPCA   26-5-81

Magistrado Ponente: Antonio J. Angrisano

En los casos de aplicación del Decreto N° 211 para el retiro de funcionarios, corresponde a la Administración comprobar los hechos que permitan afirmar el carácter de funcionario de confianza de un empleado público.

Ahora bien, en el caso *sub-judice* se observa que el accionante probó con la documentación que anexó al libelo —la cual está reproducida en el expediente administrativo— que desempeñaba las funciones del cargo de "Almacenista Jefe I", para las cuales había sido designado; igualmente se observa que la remoción que se le hace (folios 4 y 5) es en relación al ejercicio del cargo de "Jefe de Depósito del Sistema Tuy, en la Coordinación Sistemas de Producción Tuy de la Dirección General de la Sub-Región Distrito Federal y Estado Miranda", pero la Administración no probó ni con el referido expediente administrativo ni con ningún otro medio probatorio que realmente fuese titular del último cargo citado; la representación de la República alega que el cargo del cual se removiera el querellante, se encontraba en los supuestos de los ordinales 1 y 2 de la letra "B" del artículo único del Decreto N° 211, por cuanto sus funciones eran las enunciadas en las disposiciones indicadas pero no probó que el actor ejercía las funciones inherentes a dicho cargo, sino que —por el contrario— la documentación sólo comprueba que el demandante se desempeñó en el cargo de "Almacenista Jefe I" hasta el 14 de octubre de 1979 lo que configura —tal como lo decidió el Tribunal *a quo* en el fallo apelado— un error en el objeto del acto impugnado que lo vicia y hace procedente su nulidad y así se declara.

En otras palabras, como la Administración no precisó ni probó que las funciones del cargo que desempeñaba el querellante y que le atribuye el Tribunal *a quo* en el fallo apelado, son de confianza, resulta forzoso, para esta alzada, concluir pues en que no se comprobó a plenitud cuáles eran las funciones de "confianza" que desempeñaba el funcionario dentro del organismo para que se le pudiera retirar de la función pública, por consiguiente, el acto administrativo de remoción (folios 4 y 5) y posterior retiro (folio 7) carece de motivación, pues no han podido justificarse los supuestos de hecho en los cuales se basó la autoridad administrativa para decidir como lo hizo; en consecuencia, al no haber existido un análisis de los hechos de cuya consideración debe partirse para incluirlos en el supuesto previsto por el dispositivo legal, resultó imposible llegar a razonar cómo tal norma jurídica impone la resolución que se adopta en la parte dispositiva del acto y de allí que el acto de retiro del reclamante sea pasible de anulación como lo hizo el Tribunal de la Carrera Administrativa y confirma este órgano jurisdiccional de alzada y así se declara.

RDP N° 16, 1983, pp. 154

CPCA   19-10-83

Magistrado Ponente: Aníbal Rueda

La carga de la prueba de la Calificación del Despido, le corresponde a las Comisiones Tripartitas y no al solicitante de dicha calificación.

Del examen precedentemente hecho en las actas del proceso se evidencia una aparente violación del artículo 23 del Reglamento de la Ley Contra Despidos Injustificados, sin embargo, la falta de requerimiento y de detalles en dicha acta no son suficientes para enervar el efecto del acto administrativo producido, bastaba simplemente con la mención del despido ya que precisamente esa es la función de la Comisión Tripartita, la de calificar el despido del cual es objeto el trabajador, no es al reclamante, al solicitante de la calificación, al débil protegido a quien la Ley le impone la carga de probar la calificación del despido, esa función le compete al órgano calificador y él es la Comisión Tripartita. En criterio de esta Corte, el acta levantada en la norma en que quedó establecida precedentemente no adolece del vicio señalado, no viola el artículo 23 del Reglamento y ello porque allí se expresó el motivo del despido, y así se decide.

RDP N° 24, 1985, pp. 118

CPCA   3-7-85

Magistrado Ponente: Román J. Duque Corredor

Caso: María I. Correa vs. República. (Ministerio del Trabajo, Comisión Tripartita).

En el procedimiento de calificación de despido, el artículo 6 de la Ley Contra Despidos Injustificados debe interpretarse dentro de los principios generales de la prueba, válidos en los procedimientos administrativos.

Este Tribunal Colegiado no comparte el criterio expresado por el Fiscal General de la República en su dictamen que corre a los folios 55 a 68, que a tenor de lo dispuesto en el artículo 69 de la Ley Contra Despidos Injustificados, el patrono siempre soporta la carga de la prueba en los procedimientos de calificación de despido a que se contrae dicha Ley. En efecto, estima la Corte que la interpretación literal del señalado texto legal no resulta correcta a la luz de los principios generales que rigen la prueba en nuestro ordenamiento jurídico, en el sentido que si determinado hecho no ha sido controvertido, porque las partes lo han aceptado, no existe obligación alguna por aquel que lo alega de demostrarlo. En efecto, la interpretación literal del texto en cuestión, conduciría al extremo de obligar a quien le han sido admitidos los hechos constitutivos de sus alegatos, a tener que demostrarlos, a pesar de que la parte contraria, no los negó, sino que frente a ellos, opuso hechos distintos para enervarlos. Por tanto, entiende la Corte que el artículo 69 de la Ley Contra Despidos Injustificados, debe interpretarse dentro de los principios generales de la prueba, que siguen siendo válidos, salvo derogación expresa, en los procedimientos administrativos que tiendan a resolver conflictos entre particulares, como es el de despido injustificado.

Dentro de este orden de ideas, la Corte entiende el artículo 69 de la Ley Contra Despidos Injustificados, como una ratificación del régimen normal de la carga de la prueba, o sea, cuando frente al alegato del patrono el trabajador reclamante niega su existencia, y no opone ningún otro hecho para extinguirlo o modificarlo. En otras palabras, que la norma de referencias regula el supuesto normal de la distribución de la carga de la prueba, en el cual al patrono le corresponde tal carga, porque es él quien alega la justificación del despido y el trabajador reclamante, su inexistencia, y por consiguiente, es a aquél a quien corresponde el deber de probar lo pertinente del despido. Pero, si frente al alegato de una falta del trabajador éste no la niega, sino que por el contrario la acepta, pero opone un hecho mediante el cual pretende haber obrado justificadamente, ya el patrono no soporta carga alguna. Por la circunstancia de que el artículo 6° de la Ley Contra Despidos Injustificados no hubiere contemplado este último supuesto, sino el ordinario, no por ello deja de tener aplicación al principio general contemplado en el artículo 1.354 del Código Civil, que determina que quien alegue haber sido liberado de una obligación debe comprobar el hecho liberatorio, y no quien sostiene que su contraparte incumplió su obligación, y así se declara.

RDP N° 33, 1988, pp. 93

CSJ-SPA (56)   11-2-88

Magistrado Ponente: Luis H. Farías Mata

Caso: Sucesión Santiago González vs. I.S.L.R.

La estimación de oficio constituye un procedimiento excepcional de determinación de renta.

La estimación de oficio constituye un procedimiento excepcional de determinación de la renta y, por tanto, solamente puede practicarse en los supuestos señalados por la ley, la cual exige, además, rigurosos requisitos de forma y de fondo que son de obligatorio cumplimiento por parte de los funcionarios de la Administración fiscal.

En el presente caso, conforme consta en autos, el contribuyente Santiago González Molero (fallecido el 16-3-69) se dedicaba a la explotación de fundos agropecuarios y no llevaba los registros necesarios que le permitieran comprobar sus enriquecimientos satisfactoriamente. De manera que, de acuerdo a lo dispuesto en los artículos 26 de la Ley de Impuesto sobre la Renta de 1961 (aplicable al ejercicio fiscal de 1966), y 19 de la Ley de Impuesto sobre la Renta promulgada en 1966 (aplicable a los ejercicios fiscales 1967, 1968 y 1969), resultaba procedente efectuar de oficio una estimación prudencial de los enriquecimientos obtenidos durante los referidos ejercicios.

En efecto, los artículos 26 y 19 de las leyes de Impuesto sobre la Renta, aplicables a los ejercicios reparados, y los cuales sirven de fundamento a las actuaciones fiscales, establecen:

Artículo 26 (Ley de 1961):

"Cuando el contribuyente no determine sus beneficios netos o no los compruebe a satisfacción de la Administración, procederá ésta a efectuar de oficio una estimación prudencial de ellos, sobre la base de elementos adecuados de apreciación; a falta de éstos, se presumirá que la renta neta imponible es la décima (1/10) parte del monto de las ventas de sus productos".

Artículo 19 (Ley de 1966):

"Para la determinación de los beneficios agrícolas y pecuarios, cuando el contribuyente agricultor o criador no declare enriquecimiento o no los compruebe a satisfacción de la Administración, ésta procederá a efectuar de oficio una estimación prudencial de ellos, sobre la base de elementos adecuados de apreciación; a falta de éstos, se presumirá que la renta neta es la décima (1/10) parte del monto de las ventas de sus productos agrícolas y pecuarios". "Parágrafo único. A los fines de este artículo se consideran beneficios agropecuarios los que provengan de la explotación, de la elaboración del suelo o de la cría y los que se deriven de la elaboración complementaria de los productos que obtengan el agricultor o el criador y realizada en el propio fundo, salvo la elaboración de alcoholes y bebidas alcohólicas".

Como se observa, los referidos artículos autorizan la estimación de oficio cuando los contribuyentes que se dediquen a las actividades agrícolas y pecuarias no declaren sus enriquecimientos o no los comprueben a satisfacción de la Administración.

Ahora bien, la estimación de oficio tiene como finalidad esencial la determinación racional de la efectiva capacidad tributaria de aquellos contribuyentes que se encuentran en las especiales situaciones previstas en la Ley de Impuesto sobre la Renta. Pero, en todo caso, el procedimiento de estimación no puede ser aplicado en forma arbitraria, de manera que, por razones de seguridad jurídica, no es posible imputar a un contribuyente unos enriquecimientos mayores de los declarados, basándose en la sola información proporcionada por terceros y sin que la Administración recabe ninguna comprobación de esas informaciones.

RDP N° 35, 1988, pp. 90

CPCA   7-7-88

Magistrado Ponente: Pedro Miguel Reyes

Caso: Arpigra, C.A. vs. Comisión para el Registro de !a Deuda Externa Privada

En referencia a que no se le permitió al interesado realizar actividad probatoria en el procedimiento administrativo, se estima que el procedimiento en ciernes es de los procedimientos administrativos calificados como habilitantes, por cuanto mediante ellos, un interesado eleva una solicitud ante la Administración a fin de que ésta la autorice para realizar "un hacer", o sea le permita desplegar una determinada conducta. En consecuencia, el interés procedimental lo tiene el administrado. Es a él a quien le corresponde impulsar el procedimiento así como procurar y aportar las probanzas necesarias a su solicitud; si bien, la Administración al tenor del artículo 53 de la Ley Orgánica de Procedimientos Administrativos asume de manera genérica la carga de la prueba para lograr el mejor conocimiento del asunto que deba decidir, es evidente que carece de interés en ejecutar dichas actuaciones cognoscitivas, por cuanto la existencia misma del procedimiento pone de manifiesto la voluntad de la Administración de establecer obstáculos en el fin del procedimiento, en consecuencia, es el administrado quien debe desplegar la actividad probatoria en el procedimiento, por cuanto la postura natural de la Administración será constatar el cumplimiento de los extremos normativos.

En el caso de autos, la recurrente si bien alega la imposibilidad de realizar actividad probatoria, no ha demostrado cómo la Administración "le negó su derecho a probar" o le haya impedido el acceso al expediente, ciertamente, no hay en los autos demostración o probanza en tal sentido, por lo cual debe este órgano judicial desechar tales alegatos, y así expresamente lo establece.

RDP N° 35, 1988, pp. 90

CPCA   28-7-88

Magistrado Ponente: Cecilia Sosa Gómez

Caso: Ludwig B. González vs. Instituto Agrario Nacional

Resulta importante agregar, que el hecho de que el cargo de "Supervisor" no sea de los que aparecen clasificados en el Decreto N° 1.379 de fecha 15 de enero de 1982, no afecta para nada la condición de funcionario de "carrera" que posee la funcionaría, ni es argumento válido para negar su derecho a la estabilidad laboral. Ciertamente, el manual de clasificación de cargos es un instrumento que elabora la Administración para el mejor conocimiento de su estructura funcional. Sus especificaciones son meras indicaciones que dan certeza de la existencia de los cargos mencionados; mas sus omisiones, no pueden ser imputadas sino a la propia Administración y ellas no pueden repercutir negativamente en la esfera subjetiva de los funcionarios. Es la Administración quien tiene la carga de actualizar dicho manual, y la omisión de un determinado cargo no puede constituir una presunción de la falta de cualidad como de carrera de un funcionario y excluido por ende del régimen de estabilidad, y así se declara.

RDP N° 40, 1989, pp. 71

CPCA   19-10-89

Magistrado Ponente: Hildegard Rondón de Sansó

Caso: Tello Diagioni vs. RECADI.

Cuanto la violación del derecho a la defensa, esta Corte considera que la impugnación del acto se dirige básicamente a cuestionar la negativa del registro por entender que debía habérsele notificado y requerido en forma distinta a la que constituye la notificación por prensa, es decir, que ha debido notificársele a través del procedimiento ordinario que para ello tiene establecido nuestro Sistema Jurídico Administrativo, del requisito del Documento de Registro ante la Superintendencia de Inversiones Extranjeras.

Para la determinación de tal cuestión resulta esencial destacar que conforme a lo dispuesto en el artículo 3 del Decreto 1.930, modificado por el Decreto N' 44; y en el artículo 49 literal E de la Resolución 1.673 se requiere para los acreedores que no estén constituidos en Venezuela, que la deuda haya sido registrada ante la Superintendencia de Inversiones Extranjeras y, por ello, es que la señalada Resolución 1.673 exige para las deudas financieras del sector no financiero se acompañe a la solicitud de registro de la deuda financiera constancia del registro del contrato correspondiente otorgada por la Superintendencia de Inversiones Extranjeras. De esto claramente se deriva como carga del solicitante del registro el acompañar a dicha solicitud la anotada constancia, no tenía por qué, en consecuencia, el ente administrativo notificar a la solicitante el incumplimiento de tal requisito; aún más, el artículo 19 del Decreto 1.988 impuso a los interesados la obligación de hacer plena prueba, y el anexar los documentos necesarios y la competencia y potestad para negar el registro solicitado por incumplimiento a la obligación de acompañar todos los recaudos exigidos, deriva para la Administración de los artículos 4 y 5 del Decreto N° 61.

La comisión relativa al Decreto N° 61 está autorizada para requerir recaudos del interesado tal como lo dispone el artículo 6 del señalado Decreto, tal autorización no puede suponer haya exonerado la carga que corresponde al solicitante, no puede suponer que la administración deba señalar los recaudos que debe presentar el solicitante y pueda así sólo formularse, por ejemplo, la solicitud sin recaudo alguno y deba por ello la administración notificar tal incumplimiento. La autorización a que se refiere el señalado artículo 6 es sólo para solicitar recaudos complementarios; y aun cuando lo hubiese así requerido no podía entenderse que ha librado con ello al interesado de la carga que *ab initio* le correspondía al interesado. Resulta imposible interpretar, deba ese esencial requisito notificársele cuando la exigencia —la de la documentación básica— la formula un acto de efecto general como el que constituye la norma cambiaría señalada y no surge de obligación de notificación alguna que corresponda a la administración.

Cuestión distinta sería si la administración hubiese notificado por prensa que requería una documentación complementaria y hubiese luego, por no haberla aportado el solicitante, negado el registro de la deuda. Tal eventualidad ciertamente implicaría la obligación para la administración de efectuar la notificación correspondiente conforme a los artículos 75 y 76 de la Ley Orgánica de Procedimientos Administrativos y no a través del procedimiento de notificación por prensa. Todo ello por cuanto, para el ejemplo en comento, no constituiría carga del solicitante el aportar dicho documento complementario al inicio del procedimiento, por ello sólo podría agregarse como nueva obligación para el interesado a través de una legítima notificación.

RDP N° 42, 1990, pp. 90

CPCA   18-4-90

Conjuez Ponente: Rafael Badell M.

Caso: Colegio Bicentenario, C.A. vs. República.

La autoridad administrativa puede llevar a cabo las medidas de prueba que sean precisas a fin de determinar la realidad efectiva de los hechos determinantes para la toma de sus decisiones.

Al respecto, cabe recordar que las Comisiones Tripartitas, como órganos administrativos, se encuentran regidas por la Ley Orgánica de Procedimientos Administrativos, entre otras, y en esta misma Ley aparece como obligación de la autoridad administrativa que resuelve el asunto la de decidir todas las cuestiones que hubieren sido planteadas, tanto inicialmente como durante la tramitación (artículo 62), norma que se complementa con lo prevenido en el artículo 89 que expresamente establece que el órgano administrativo deberá resolver todos los asuntos que se sometan a su consideración dentro del ámbito de su competencia o que surjan con motivo de recurso aunque no hayan sido alegados por los interesados.

Asimismo se observa que la aludida Ley Orgánica de Procedimientos Administrativos no establece disposición alguna que limite la promoción de pruebas en los recursos administrativos, porque en caso contrario, existiría cierta contradicción por cuanto por una parte establece la obligación del órgano administrativo de decidir todas las cuestiones que surjan con motivo de un recurso —sin distinción sobre el mismo— y, por la otra, al restringir su prueba imposibilitaría el establecimiento de la verdad por parte del aludido órgano. Pero, es lo cierto, que tal caso no se presenta en la mencionada ley, por cuanto la intención del legislador fue que en los recursos administrativos la Administración apreciara todas las cuestiones que le fueran planteadas, ya que al disponer de una mayor información, se logrará una mayor racionalización y eficacia en sus decisiones.

Con base en lo anterior, comprende esta Corte que es posible la evacuación y subsiguiente valoración de pruebas por ante las Comisiones Tripartitas de Segunda Instancia, ya que en los recursos administrativos impera el principio de la verdad material, al punto de que, aunque el interesado sea remiso en ese sentido, la Administración puede llevar a cabo las medidas de prueba que sean precisas a fin de determinar la realidad efectiva de los hechos determinantes para la toma de sus decisiones, es decir, que en el procedimiento administrativo el órgano debe ajustarse a los hechos, prescindiendo de que hayan sido alegados y probados o no por el administrado.

La autoridad administrativa, entonces, no sólo debe ajustarse a las pruebas aportadas por las partes, lo que lo distingue del proceso civil, donde el juez debe necesariamente constreñirse a juzgar según pruebas aportadas por las partes. En rigor, tanto Administración como administrado, procuran conocer la verdad material, ya que si la decisión administrativa no se ajusta a los hechos materiales verdaderos, la misma estaría viciada.

RDP N° 44, 1990, pp. 122

CPCA   29-11-90

Magistrado Ponente: Hildegard Rondón de Sansó

Caso: José A. Villasmil vs. Instituto de Crédito Agrícola y Pecuario.

En el procedimiento administrativo venezolano corresponde a la Administración probar los presupuestos de hecho o motivos de sus actos.

En lo atinente a la inversión de la carga de la prueba en que habría incurrido el Tribunal *a quo*, la Corte debe precisar que el apelante, en su escrito de formalización al formular el referido alegato, desconoce que en el procedimiento administrativo venezolano, como lo ha sostenido este órgano jurisdiccional en reiteradas oportunidades, corresponde a la Administración probar los presupuestos de hecho o motivos de sus actos. Esta premisa, que casi ha sido elevada a la categoría de principio, encuentra aplicación, según Duque Corredor, en el contenido de la Ley de Carrera Administrativa. El citado autor expresa al respecto:

"Ahora bien, en virtud de la presunción de legalidad de los actos administrativos, en principio sería al recurrente a quien correspondería destruir tal presunción, probando los vicios de ilegalidad que alega adolecen los actos impugnados. Sin embargo, en la Carrera Administrativa, en razón de los deberes anteriores, y de otro principio fundamental, cual es que la prueba de los hechos negativos no es obligatoria, cuando se trata de procedimientos sancionatorios o de pérdida de derechos, al recurrente sólo le cabe alegar que la Administración no cumplió con el procedimiento y que incurrió en falta para que la Administración se vea obligada a presentar la prueba contraria de la justificación de su actuación..." (Seminario sobre un mejor conocimiento de la Carrera Administrativa, pp. 51-52).

En el caso concreto de la aplicación del Decreto 211, corresponde a la Administración querellada la carga procesal de demostrar durante el debate judicial, que efectivamente las funciones o actividades enumeradas las cumplía el empleado en razón de que ejercía el cargo calificado por la Administración como de confianza. Sobre la base del anterior marco doctrinario resulta forzoso concluir que en el caso subjudice el Tribunal de Carrera Administrativa no invirtió la carga de la prueba, al fundamentar su decisión en la inexistencia de pruebas en el expediente, demostrativas de que el cargo desempeñado por el querellante tuviera como actividades principales las enumeradas en la norma del Decreto 211, que sirvió de fundamento a la Administración para removerlo y retirarlo, sino que más bien se adecuó a la regla que rige esta materia en el procedimiento especial de la Carrera Administrativa, y así se declara.

RDP N° 61–62, 1995, pp. 183

CPCA   31-5-95

Magistrado Ponente: María Amparo Grau

Caso: Prolabar vs. República (Ministerio de Hacienda)

En consecuencia, la decisión administrativa recurrida se encuentra ajustada a derecho, toda vez que como se constató del estudio del expediente administrativo del caso, la recurrente no presentó documentos fundamentales para la procedencia de la autorización de registro de su deuda externa, por lo que la decisión de la autoridad administrativa no podría ser distinta a la tomada, sin que ello constituya violación del ordenamiento jurídico especial que rige la materia cambiaria y así se decide.

A. *Obligación de la administración*

RDP N° 6, 1981, pp. 146

CPCA   25-2-81

Magistrado Ponente: Antonio J. Angrisano

En el procedimiento administrativo la Administración está obligada a probar los presupuestos de hecho de sus actos cuando actúa de oficio.

La Administración califica el cargo de "Intenventor de Aduanas II" como de libre nombramiento y remoción aplicando el Decreto N° 211 sin hacer expresa mención del supuesto correspondiente. A este respecto es de señalar acogiendo como se ha venido haciendo en numerosas sentencias (entre ellas las más recientes de fechas 23-7-80 y 13-8-80) la interpretación que ha dado la Corte Suprema de Justicia, que para calificar como de libre nombramiento y remoción un cargo específico no incluido expresamente en el ordinal 3° del artículo 49 de la Ley de Carrera Administrativa, ni en el Decreto N° 211 del 2-7-74, debe presumirse en principio, que el cargo es de carrera, quedando a cargo de quien alega lo contrario la obligación procesal de comprobar la procedencia de la excepción. Es decir, que quien aplique extensivamente esos textos a otros cargos distintos, con denominaciones diferentes de los que mencionan, debe necesariamente en cada caso específico, señalar la índole de las funciones inherentes al cargo de que se trata para establecer si el mismo puede o debe ser calificado como de alto nivel o de confianza.

En su fallo del 23 de julio de 1980 este órgano jurisdiccional decidió lo siguiente:

"La Corte comparte en este caso los criterios del *a quo*. En efecto, es un deber procesal de la Administración comprobar la procedencia de la exclusión de la carrera de un cargo determinado cuando no ha sido calificado expresamente como de libre nombramiento y remoción en el Decreto 211 o en otro decreto, presumiéndose en principio que tal cargo es de carrera, salvo que la Administración probase lo contrario, todo ello de acuerdo a lo señalado por la Corte Suprema de Justicia, en Sala Político-Administrativa, en decisión de fecha 11 de diciembre de 1979".

Igualmente, en su fallo del 13 de agosto de 1980, esta Corte decidió lo siguiente:

"Al no aportar —la Administración— los elementos de hecho y la comprobación de los mismos, a lo cual la Administración estaba obligada procesal y oportunamente, bajo pena de ser rechazada su pretensión, elementos éstos que permitan al juzgador hacer el análisis correspondiente para determinar si las funciones atribuidas al cargo que desempeñaba la reclamante eran similares a los supuestos del citado ordinal 8, y no habiéndolo hecho, mal podía el sentenciador suplirlos de oficio, como ha ocurrido en desmedro de la igualdad y defensa procesal, por lo que se impone la procedencia de la apelación interpuesta con la consiguiente revocatoria de la sentencia de primera instancia y así se declara".

Sin embargo, no obstante lo anterior, esta Corte observa que en el caso de autos el cargo de "Interventor de Aduanas II" —del cual fue separado el actor querellante— aparece en el ordinal 9 de la letra A en forma expresa y precisa como de alto nivel; por tal razón no se le presentan al Juzgador problemáticas de interpretación, más aún, cuando en este caso, no se aduce que las funciones desempeñadas en el ejercicio del cargo, hayan sido diferentes a las asignadas a dicha denominación de clase, en cuya hipótesis, sí tenía la necesidad el Juez de hacer el debido pronunciamiento luego de apreciar las probanzas presentadas al respecto.

RDP N° 8, 1981, pp. 112

CPCA   26-5-81

Magistrado Ponente: Antonio J. Angrisano

En los casos de aplicación del Decreto N° 211 para el retiro de funcionarios, corresponde a la Administración comprobar los hechos que permitan afirmar el carácter de funcionario de confianza de un empleado público.

Ahora bien, en el caso sub-judice se observa que el accionante probó con la documentación que anexó al libelo —la cual está reproducida en el expediente administrativo— que desempeñaba las funciones del cargo de "Almacenista Jefe I", para las cuales había sido designado; igualmente se observa que la remoción que se le hace (folios 4 y 5) es en relación al ejercicio del cargo de "Jefe de Depósito del Sistema Tuy, en la Coordinación Sistemas de Producción Tuy de la Dirección General de la Sub-Región Distrito Federal y Estado Miranda", pero la Administración no probó ni con el referido expediente administrativo ni con ningún otro medio probatorio que realmente fuese titular del último cargo citado; la representación de la República alega que el cargo del cual se removiera el querellante, se encontraba en los supuestos de los ordinales 1 y 2 de la letra "B" del artículo único del Decreto N° 211, por cuanto sus funciones eran las enunciadas en las disposiciones indicadas pero no probó que el actor ejercía las funciones inherentes a dicho cargo, sino que —por el contrario— la documentación sólo comprueba que el demandante se desempeñó en el cargo de "Almacenista Jefe I" hasta el 14 de octubre de 1979 lo que configura —tal como lo decidió el Tribunal *a quo* en el fallo apelado— un error en el objeto del acto impugnado que lo vicia y hace procedente su nulidad y así se declara.

En otras palabras, como la Administración no precisó ni probó que las funciones del cargo que desempeñaba el querellante y que le atribuye el Tribunal *a quo* en el fallo apelado, son de confianza, resulta forzoso, para esta alzada, concluir pues en que no se comprobó a plenitud cuáles eran las funciones de "confianza" que desempeñaba el funcionario dentro del organismo para que se le pudiera retirar de la función pública, por consiguiente, el acto administrativo de remoción (folios 4 y 5) y posterior retiro (folio 7) carece de motivación, pues no han podido justificarse los supuestos de hecho en los cuales se basó la autoridad administrativa para decidir cómo lo hizo; en consecuencia, al no haber existido un análisis de los hechos de cuya consideración debe partirse para incluirlos en el supuesto previsto por el dispositivo legal, resultó imposible llegar a razonar cómo tal norma jurídica impone la resolución que se adopta en la parte dispositiva del acto y de allí que el acto de retiro del reclamante sea pasible de anulación como lo hizo el Tribunal de la Carrera Administrativa y confirma este órgano jurisdiccional de alzada y así se declara.

RDP N° 8, 1981, pp. 113

CPCA   24-9-81

Magistrado Ponente: Nelson Rodríguez G.

Las excepciones a la garantía del mutuo consentimiento para el traslado de un funcionario de carrera de una localidad a otra, deben ser probadas suficientemente por la Administración, pues su falta de prueba vicia de nulidad el acto de traslado.

Cuando en su artículo 52 la Ley de Carrera Administrativa contempla la posibilidad del traslado de funcionarios de una localidad a otra establece como garantía para el funcionario de carrera la regla general: deberá realizarse de mutuo acuerdo, y también la excepción: aquellos casos en los cuales las necesidades del servicio lo ameriten y estos casos los determinará el Reglamento. Tales circunstancias están determinadas en el Reglamento sobre la situación administrativa de los funcionarios públicos (Gaceta Oficial N° 30.849 de 18 de noviembre de 1975) y el traslado por razones de servicio cuando en la localidad respectiva no hubiere el personal calificado necesario se encuentra dentro de las excepciones a la regla del mutuo acuerdo necesario entre la Administración pública nacional y sus funcionarios para el traslado de éstos últimos de una localidad a otra y que haga necesario el cambio de domicilio del funcionario.

Empero, considera la Corte que la consagración de la regla del traslado de una localidad a otra sólo por mutuo acuerdo es una garantía para el funcionario de carrera, y que por ello las excepciones, por serlo de una garantía, deben ser probadas suficientemente por la Administración, otra interpretación daría lugar el abuso, a la mala utilización del privilegio que le da la Ley con las excepciones a la garantía en ella dada.

En el expediente administrativo no aparece que la Administración haya intentado la obtención del personal técnico de experiencia en la región donde se realizarían las obras para las cuales se deseaba el traslado del funcionario de carrera querellante. Y es ello necesario, a juicio de este Alto Tribunal, pues sería entonces muy fácil para la Administración burlar la Ley alegando que en la localidad respectiva no existe el personal calificado necesario, sin probar la certeza del aserto; o que hubiese urgencia de cubrir vacantes que comprometan el funcionamiento del servicio, sin demostrar tal urgencia; o que es necesario el traslado de localidad de un funcionario determinado por su experiencia, y especial condición profesional, sin probar tales extremos, y cuando la Corte habla de probar lo hace en todo su sentido, la prueba en el procedimiento administrativo y la prueba en el proceso jurisdiccional, entendida esta última como la actividad de la parte que tiene como objeto convencer al juez de la existencia o no de un dato procesal.

Como señalan los representantes judiciales del recurrente la Ley prevé alternativas para las circunstancias de hecho que rodean este caso, como por ejemplo la comisión de servicios dado que la construcción de las obras no duraría la eternidad, y esto, la existencia de alternativas confirma la necesidad absoluta de probar los extremos señalados. Vistos los recaudos contenidos en el expediente administrativo se observa solamente la frase que ese personal es "perentoriamente útil" y que "una absorción de personal técnico capaz y con suficiente experiencia que no es fácil de reclutar en las regiones donde se realizan las obras mencionadas..." (ver folio 158), considera la Corte que la Administración no probó la necesidad del traslado por vía de excepción del funcionario de carrera demandante, estando así viciado de nulidad tal acto, y que su destitución fue consecuencia del acto de traslado, por lo cual es esa destitución igualmente ilegal, y así se declara.

5. *Medios de prueba*

A. *Testigos*

RDP N° 18, 1984, pp. 160

CPCA   21-3-84

Magistrado Ponente: Román J. Duque Corredor

La citación de terceros para que reconozcan documentos privados como emanados de ellos, no es otra cosa que la prueba testimonial socorrida con la formalidad de la ratificación de una declaración anterior extraprocedimiento, pero no la de oposición de un instrumento privado a la parte contraria para que ésta lo reconozca o lo desconozca, y así se declara.

Tampoco la certificación médica privada tiene carácter de documento administrativo, porque no emana de funcionarios, y tampoco la ley le da carácter de prueba de justificación de inasistencia al trabajo. De forma que no podía la Comisión atribuirle valor alguno si no ocurría su ratificación en el procedimiento, por parte del tercero que la expidió, y así se declara.

Por tanto, también se desecha la anterior denuncia de violación del artículo 324 del Código de Procedimiento Civil, por parte de la Comisión Tripartita de Segunda Instancia, y así se declara.

RDP N° 31, 1987, pp. 75

CPCA   11-6-87

Magistrado Ponente: Pedro Miguel Reyes

Caso: Angelo Maiorana vs. República. (Ministerio del Trabajo, Comisión Tripartita).

La apreciación de la prueba de testigos corresponde hacerla a la autoridad administrativa de conformidad con la Ley, para que el acto no resulte viciado.

No ha lugar, en consecuencia, al alegato de violación de los artículos 12, 162 y 367 del Código de Procedimiento Civil, por no ser aplicable a los actos administrativos y corresponde a esta Corte, con base en el principio de la plenitud de la prueba determinar, con vista al alegato de que el acto recurrido no tomó en cuenta las pruebas de los autos que acreditan que el recurrente no incurrió en la falta que se le imputa, esto es, el faltar a su trabajo los días 3, 4 y 5 de noviembre de 1982, si el acto impugnado está viciado en su causa, entrando, en consecuencia, al examen de la cuestión de fondo y al respecto observa: El acto recurrido expresa que quedó demostrado en autos que el trabajador faltó a sus labores habituales los días 3, 4 y 5 de noviembre de 1982 ya que los testigos promovidos así lo declaran; es decir, que el supuesto de hecho con base al cual la autoridad administrativa consideró aplicable la calificación jurídica del despido como justificado, resultó en su criterio demostrado, "ya que los testigos promovidos así lo declaran". La primera observación que corresponde formular es que la apreciación de la prueba de testigos corresponde hacerla a la autoridad administrativa, cumpliendo con lo que al respecto establece la ley o, leyes que regulan dicha prueba. Esto, por así disponerlo el artículo 58 de la Ley Orgánica de Procedimientos Administrativos, según el cual "los hechos que se consideren relevantes para la decisión de un procedimiento, podrán ser objeto de todos los medios de prueba establecidos en el Código Civil, de Enjuiciamiento Criminal o en otras leyes". Estos medios probatorios deben, por tanto, cumplir con los requisitos de existencia, validez y eficacia probatoria que establezcan las leyes que los consagran, de manera que la comprobación de los hechos debe ser efectuada de conformidad con la ley para que el acto no resulte viciado. En el caso de la prueba de testigos dispone el artículo 508 del Código de Procedimiento Civil, equivalente al artículo 37 del Código derogado, lo siguiente:

"Para la apreciación de la prueba de testigos, el Juez examinará si las deposiciones de éstos concuerdan entre sí y con las demás pruebas, y estimará cuidadosamente los motivos de las declaraciones y la confianza que merezcan los testigos por su edad, vida y costumbres, por la profesión que ejerzan y demás circunstancias desechando en la sentencia la declaración del testigo inhábil, o del que apareciere no haber dicho la verdad, ya por las contradicciones en que hubiere incurrido, o ya por otro motivo, aunque no hubiese sido tachado, expresándose el fundamento de tal determinación".

Por tanto, violó el acto recurrido la transcrita disposición legal al haber efectuado la comprobación de los hechos discutidos con fundamento en las declaraciones de "los testigos promovidos" sin cumplir, en la apreciación de esos testimonios, con los requisitos legales aplicables, es decir, sin realizar el necesario análisis de cada una de esas declaraciones, y la concordancia entre sí y con las demás pruebas. Por lo demás, esta ilegalidad se manifiesta más aún, si se toma en cuenta que la decisión recurrida es el resultado de un procedimiento de segundo grado que elevó al conocimiento de la Comisión Tripartita de Segunda Instancia una decisión administrativa, cuyo dispositivo se fundamentó en un análisis pormenorizado de las pruebas aportadas por las partes para determinar la veracidad de los hechos.

RDP N° 33, 1988, pp. 94

CPCA   28-1-88

Magistrado Ponente: Román J. Duque Corredor

Caso: Círculo de Lectores S.A. vs. República, Ministerio del Trabajo (Comisión Tripartita)

Procede la aplicación de las normas relativas a la inhabilidad de los testigos en el procedimiento que se sigue por ante las comisiones tripartitas.

Ahora bien, en ausencia de disposiciones concretas en la Ley Contra Despidos Injustificados y en la Ley Orgánica de Procedimientos Administrativos, en materia de valoración de testigos son aplicables las disposiciones del Código de Procedimiento Civil, obviamente, sin el rigorismo propio con que se aplican en el proceso judicial. En este sentido, no existen razones valederas para no aplicar las normas relativas a la inhabilidad de los testigos en el procedimiento que se sigue por ante las Comisiones Tripartitas.

En este orden de ideas, el artículo 343 del Código de Procedimiento Civil vigente para la fecha en que fue interpuesto el recurso, establece tres causales absolutas de inhabilidad, para testimoniar en todo proceso, de forma que cualquier persona incursa en una de esas causales no puede testificar y, si lo hace, su testimonio debe ser desechado.

Los artículos 344, 345 y 346 del mismo Código consagran causales relativas de inhabilidad, esto es, aplicables en algunos juicios y en relación a ciertas personas y si éstas prestan declaración en el proceso para el cual están inhabilitados, sus testimonios son inútiles.

Ahora bien, la enumeración de las causales de inhabilidad del testigo previstas en la Ley es taxativa, con lo cual se está afirmando que no pueden ser creadas y mucho menos aplicadas otras distintas de las expresamente consagradas en el texto legal y, además, las normas jurídicas que las establecen son de interpretación restrictiva, esto es, que no puede contemplarse como causal de inhabilidad, mediante una interpretación extensiva de la Ley, un hecho que específicamente no está, contemplado en ella como tal.

B. *Informes Administrativos*

RDP N° 89–90/91–92, 2002, pp. 293

TSJ-SE (32)   19-2-2002

Magistrado Ponente: Luis Martínez Hernández

Caso: Pedro J. Aldana A. vs. Consejo Nacional Electoral

El informe administrativo hace plena prueba, por cuanto está dotado del valor de una presunción de legitimidad en lo tocante a su contenido, por ello debe ser considerado como un medio de prueba distinto a la prueba pericial en sentido técnico.

Como segundo punto previo, debe esta Sala pronunciarse sobre la procedencia de la valoración y alcance, por parte de esta instancia jurisdiccional, de la experticia grafotécnica que le fuera practicada a cinco (5) Cuadernos de Votación durante el curso del procedimiento administrativo correspondiente al presente caso, la cual fue solicitada por el máximo órgano electoral mediante Oficio N° 8023-2001, al entonces Cuerpo Técnico de Policía Judicial. Las resultas de la referida experticia fueron remitidas al órgano electoral mediante Oficio N° 9700-T-030 476, bajo la denominación de "Dictamen Pericial Grafotécnico" N° 023-T-030-2832, de fecha 8 de noviembre de 2001 y constan de ocho (8) folios, agregados al presente expediente como parte de los antecedentes administrativos traídos a los autos por la representación del Consejo Nacional Electoral (Anexo 1).

A tales fines, debe observarse en primer lugar que la representación del Consejo Nacional Electoral indica (folio 123 de la pieza principal del expediente) que la Administración Electoral no podía pasar por alto "las graves irregularidades detectadas en los cuadernos de votación", motivo por el cual la Consultoría Jurídica de dicho órgano recomendó "solicitar la colaboración del Cuerpo Técnico de Policía Judicial (CTPJ), como órgano auxiliar de la Administración Electoral, con fundamento en lo establecido en el artículo 136 de la Constitución de la República Bolivariana de Venezuela en concordancia con el Artículo 32 de la Ley Orgánica del Sufragio y Participación Política, y con el artículo 55, ordinal (*sic*) 11 y 19 *ejusdem*, los cuales establecen el Principio Universal de Colaboración entre los Poderes...".

Por su parte, señala el aquí recurrente en su libelo recursorio (folio 11 de la pieza principal del expediente) que le resultó imposible, mediante las copias certificadas de los Cuadernos de Votación que le entregó la Secretaría General del Consejo Nacional Electoral, "detallar las diferencias entre las tintas que observa el Consultor Jurídico...".

Además, el recurrente, en su escrito de conclusiones (folio 205 de la pieza principal del expediente judicial) también realiza las siguientes consideraciones:

a) "...la Administración Electoral pretende, mediante la solicitud de una experticia, desvirtuar el valor que se desprende de este documento administrativo." [Cuaderno de Votación]. b) Que en nuestro derecho la Administración Pública no tiene el recurso de lesividad "es decir, no tiene el derecho a la acción para desvirtuar sus propios actos" (*sic*). c) Que hasta la fecha no se ha intentado un recurso contencioso electoral contra los Cuadernos de Votación que la Consultoría estima "dudosos" y por ello conservan todo su valor informativo. d) Que lo que se pretende obtener mediante la experticia "es la misma consecuencia del Recurso de Revisión previsto en la Ley Orgánica de Procedimientos Administrativos, ello es, la nulidad del Cuaderno de Votación pero sin cumplir las formalidades que establece la misma Ley, como lo es la necesaria declaratoria, mediante sentencia judicial definitivamente firme de falsedad del documento que pudo influir decisivamente en el Acto Administrativo que se pretende desvirtuar". e) Afirma el apoderado del recurrente que "la solicitud de prueba de experticia fue realizada fuera del procedimiento del Recurso Jerárquico, de manera extemporánea por haber terminado el lapso de sustanciación y de decisión por parte del Consejo Nacional Electoral y sin ningún tipo de control por parte de mi representado". f) "Para que proceda la prueba de Experticia es necesario que la misma sea promovida en el procedimiento administrativo, lo cual no ocurrió, esta prueba se solicitó como una gestión aparte del procedimiento, tan es así que es traída a los autos posteriormente a la consignación del expediente administrativo, ya que no forma parte de él, pero se solicita que se agregue a los antecedentes administrativos...";. g) por último, el apoderado expresa sobre el particular que "...este documento emanado del Cuerpo Técnico de Policía Judicial (...) no fue una prueba promovida en juicio, mucho menos en procedimiento administrativo alguno, y en consecuencia no puede ser apreciada como prueba".

Se desprende del análisis de los argumentos explanados por las partes en relación con la referida prueba, que la determinación de su procedencia y valoración por parte del órgano administrativo como por esta instancia judicial pasa, entre otros aspectos, por la necesidad de precisar la naturaleza que posee el dictamen pericial practicado a los Cuadernos de Votación en el marco de la actividad desplegada por los órganos administrativos.

En tal sentido, se advierte claramente que se trata de un informe de carácter técnico (experticia grafotécnica), solicitado por un órgano de naturaleza administrativa como lo es el Consejo Nacional Electoral, a otro órgano de igual naturaleza (Cuerpo Técnico de Policía Judicial), con el objeto de ilustrar su criterio frente a lo que estimó como presumibles irregularidades graves detectadas en cinco (5) Cuadernos de Votación utilizados en las elecciones de Alcalde del Municipio "Dr. Jesús Enrique Losada" del Estado Zulia, celebradas en fecha 30 de julio de 2000, para así complementar su análisis sobre la posible nulidad de las Actas de Escrutinio denunciadas como viciadas de inconsistencia numérica. De ello resulta evidente que se trata del tipo de documentos comúnmente denominados como informes administrativos, y respecto de los cuales la doctrina nacional ha dicho que constituyen una técnica para aportar datos a la sustanciación del expediente administrativo.

Asimismo, cabe destacar que, en términos generales, la solicitud de los referidos informes encuentra su fundamento legal, no solamente en los artículos 32 y 55 numeral 19 de la Ley Orgánica del Sufragio y Participación Política sino también en los artículos 54 y siguientes de la Ley Orgánica de Procedimientos Administrativos. La posibilidad de solicitar los indicados informes y el valor de los mismos esta establecida en los artículos 54 y 57 *ejusdem* en los siguientes términos:

> "Artículo 54. La autoridad administrativa la que corresponda la tramitación del expediente, solicitará de las otras autoridades u organismos los documentos, informes o antecedentes que estime convenientes para la mejor resolución del asunto.
>
> Cuando la solicitud provenga del interesado, éste deberá indicar la oficina donde curse la documentación."
>
> "Artículo 57. Los informes que se emitan, salvo disposición legal en contrario, no serán vinculantes para la autoridad que hubiere de adoptar la decisión."

De igual modo, conviene destacar que un sector de la doctrina nacional ha definido tales informes administrativos como "las declaraciones de juicio que emiten determinados organismos técnicamente cualificados de la Administración Pública, respecto de las pretensiones, los hechos o los derechos que sean objeto del procedimiento administrativo y sirvan para proporcionar elementos de juicio, a los efectos de ilustrar la voluntad del órgano de decisión" (Araujo Juárez, José, *Tratado de Derecho Administrativo Formal*, Caracas, Vadell Hermanos Editores, 1998, p. 295).

Para otro sector, no es más que una opinión solicitada a otros órganos administrativos con el objeto de afinar sus decisiones y adecuarlas mejor a los intereses públicos y particulares, destacando que de ello se infiere el carácter de antecedente administrativo, en el sentido de que los datos aportados por el informe quedan incorporados al expediente y deben ser considerados en la respectiva resolución.

A lo anterior agrega que es característico de tal tipo de informes, el de ser actos administrativos de trámite que no pueden ser impugnados de forma autónoma, que los vicios que los afecten deben invocarse al impugnar el acto definitivo, y que son apreciaciones o interpretaciones del informante que deben estar sustentadas en criterios racionales. (*Cfr.* Meier Henrique, *El Procedimiento Administrativo Ordinario*, Fondo Editorial Lola Fuenmayor, Caracas, 1986, pp. 145-146).

Ahora bien, afirma el recurrente en sus conclusiones, que el aludido dictamen pericial no fue una prueba promovida en juicio ni en el procedimiento administrativo ya que "la solicitud de prueba de experticia fue realizada fuera del procedimiento del Recurso Jerárquico, de manera extemporánea por haber terminado el lapso de sustanciación y de decisión por parte del Consejo Nacional Electoral y sin ningún tipo de control por parte de mi representado".

Al respecto cabe observar que conforme se desprende de los autos, el Oficio mediante el cual el Consejo Nacional Electoral solicitó la prueba al Cuerpo Técnico de Policía Judicial es de fecha 11-10-2001, el cual fue recibido en fecha 22 del mismo mes y año por el mencionado cuerpo (según consta en el folio 308 de la pieza 2 del expediente administrativo), fecha esta última en la que aún el Consejo Nacional Electoral no había sido notificado de la interposición del presente recurso contencioso electoral ante esta Sala, ya que esa notificación se verificó el día 24 de octubre de 2001. Todo ello, aunado a la circunstancia de que el máximo órgano electoral no se pronunció acerca del recurso jerárquico ejercido en el presente caso, permite concluir que el órgano electoral al momento de solicitar el informe si bien es cierto que actuó fuera del lapso de sustanciación y decisión previsto en el artículo 231 de la referida Ley, no es menos cierto que no había dictado (y nunca dictó) la decisión del recurso jerárquico, lo cual permite considerar que se trató de una actuación que resultaba pertinente a los fines de ilustrar el criterio del órgano para tomar la decisión que todavía no se había producido, sin menoscabo de los derechos del recurrente, toda vez que la misma se basa en la competencia del órgano instructor para recabar aquel tipo de información que pueda ilustrar mejor su criterio y que por ser de naturaleza técnica, escapa de las posibilidades de su realización por el propio órgano.

Por otro lado, el recurrente afirma que en la realización del tantas veces aludido informe administrativo, su representado no tuvo oportunidad de ejercer control sobre su realización. Al respecto, esta Sala considera oportuno indicar que el informe administrativo hace plena prueba, por cuanto está dotado del valor de una presunción de legitimidad en lo tocante a su contenido, y por ello debe ser considerado como un medio de prueba distinto a la prueba pericial en sentido técnico (*Cfr.* Araujo Juarez, *ob. cit.,* pp. 292 y 293). De allí que resulta concluyente que para casos como el de autos no son aplicables los mecanismos procesales específicos de control y contradicción de la prueba pericial en sentido técnico, lo cual no quiere decir en modo alguno que los mismos no sean controlables, ya que como señala Garrido Falla, citado por Araujo Juarez, *op. cit.,* p. 296, los informes instructorios los cuales se realizan "con vistas a incorporar al expediente en un examen inmediato de los supuestos de hecho aportados al expediente por otros medios u opiniones generales del órgano instructor (informes integrativos), ya opiniones o peritajes técnicos de la propia Administración" son "susceptibles de impugnación técnica por parte interesada (informes técnico contradictorios)". Ahora bien, en el presente caso, el recurrente se limitó a objetar el informe contentivo del dictamen pericial por razones formales que ya han sido desestimadas, mas en modo alguno objetó el contenido mismo del informe mediante argumentos tendientes a demostrar las fallas o insuficiencias técnicas del mismo.

C. *Documentos*

RDP N° 14, 1983, pp. 157

CPCA   15-3-83

Magistrado Ponente: Román J. Duque Corredor

La tacha de documentos sólo procede en la instancia en la cual estos fueron presentados.

La procedencia de la tacha incidental, y en concreto, su consecuencia de desechar del proceso los instrumentos impugnados, cuando el presentante no insistiere en hacerlos valer, requiere, a tenor de lo dispuesto en el único aparte del artículo 320 del Código de Procedimiento Civil, que el instrumento sea efectivamente presentado en cualquier estado y grado de la causa. De los términos anteriores se desprende, que es necesario que el instrumento en cuestión no haya sido presentado en otra oportunidad en los autos, y aún más, que sobre su eficacia o validez no haya recaído ninguna decisión judicial anterior.

De lo expuesto se deduce, que la procedencia de la tacha incidental de un documento requiere del hecho formal de su agregación al expediente en la instancia respectiva, de manera que tal recurso aparezca vinculado a esa presentación, en esa misma instancia, de tal forma que pueda establecerse con certeza, el lapso de cinco audiencias, para la proposición de la tacha, al cual se contrae el único aparte del artículo 320 del Código de Procedimiento Civil.

Ahora bien, la circunstancia de que el artículo 320 *ejusdem*, en el aparte citado, permita proponer incidentalmente la tacha en cualquier estado y grado de la causa, de ello no puede derivarse, que presentados los documentos de que se trate, en un determinado estado del proceso, o en primera instancia, las partes puedan proponerla nuevamente con posterioridad a su presentación, fuera de los lapsos establecidos legalmente, o en instancias diferentes. De allí, que si el documento se presenta con el libelo de la demanda, su tacha de falsedad corresponde hacerla en el acto de la contestación de la demanda, y si se presentare en una oportunidad posterior, tal impugnación debe ejercitarse en los cinco días siguientes a la presentación del documento. En consecuencia, no resulta procedente un recurso de tacha efectuado después de la contestación de la demanda, en el primer supuesto, o fuera de las cinco audiencias señaladas, en el segundo supuesto, así como tampoco en la segunda instancia, si el documento fue presentado ante el Tribunal de la Causa.

En el caso de autos, como aparece de la propia sentencia del Tribunal *a quo*, los documentos objeto de la tacha propuesta en esta Alzada, fueron promovidos ante este Tribunal, y que sobre esos mismos planos la Municipalidad, en la oportunidad de presentar las conclusiones escritas, propuso la tacha incidental de las copias referentes a tales documentos, y que por no haber sido formalizada el Tribunal la declaró desistida en la misma sentencia apelada.

RDP N° 14, 1983, pp. 157

CPCA   25-4-83

Magistrado Ponente: Hildegard Rondón de Sansó

No procede la tacha de documentos respecto de documentos administrativos contenidos en el expediente administrativo elaborado por la Administración.

Esta Corte observa al efecto que a los folios 92 y 91 del expediente figura la diligencia con la cual el apoderado del inquilino tachó por vía incidental el instrumento que corre inserto al folio 62 del expediente, figurando al folio 102 del mismo la formalización de la tacha propuesta.

Resulta indudable que se trató de una tacha incidental que ha debido tramitarse en la forma y modalidades que el Código de Procedimiento Civil establece y que la omisión de dichas formalidades implica un grave vicio del proceso que diera lugar a la sentencia apelada. En efecto, el tachante formalizó su recurso y a su vez la contraparte declaró que insistía en la validez del documento haciendo alegatos previos respecto a la procedencia de la indicada tacha. El Tribunal ha debido pronunciarse en consecuencia sobre la cuestión planteada. Ahora bien, esta Corte observa que a pesar de que la actuación del Tribunal *a quo* estuvo viciada, sin embargo resulta correcta su declaración de improcedencia de la tacha, efectuada como punto previo en la sentencia definitiva, ya que el documento objeto de la misma era inidóneo por su naturaleza para quedar sometido a un procedimiento de tacha el cual está reservado a los documentos públicos "o que se quieran hacer valer como tal", entendiéndose los que son otorgados ante un funcionario público que da fe de dicho acto y de su autenticidad. Los motivos de tacha, taxativamente establecidos en el Código Civil, aluden a la antes indicada condición y no pueden extenderse a otros supuestos en base a su señalado carácter taxativo y excluyente. En el caso presente se trató de un documento administrativo inserto en un expediente donde un órgano interno deja constancia de determinados hechos. Obviamente que la vía para invalidar su eficacia no era la de la tacha la cual resultaba totalmente improcedente y en vista de tal circunstancia la omisión del procedimiento por parte del juez para sustanciar y decidir una incidencia infundada desde sus orígenes no puede acarrear reposición de la causa, por cuanto la misma resultaría contraria a la economía procesal; no resolvería absolutamente nada sino que retardaría aún más la decisión de la controversia lo cual es contrario al interés de ambas partes y al derecho en general. Por otra parte, por lo que atañe a la falta de pronunciamiento sobre la tacha como vicio del fallo, esta Corte observa que el interesado tenía el remedio procesal contra la omisión del sustanciador de proceder conforme al procedimiento pautado en el Código de Procedimiento Civil, solicitando la reposición de la causa con la consiguiente nulidad de lo actuado; ya que el vicio como tal era un vicio procedimental. De todo lo antes dicho emerge la convicción de que la tacha no era proponible contra el acta por no tratarse de un documento público presentado por la contraparte sino de un documento administrativo inserto en el expediente que elaborara la administración y por ello, si bien correspondía declararlo en tal forma al propio juez sustanciador; sin embargo tal omisión no puede producir reposición del procedimiento pues tal circunstancia sería inútil y contraria a la economía procedimental habiendo por otra parte precluido la facultad de la parte para hacerla valer en el curso del proceso de primera instancia. Por tales razones se estiman improcedentes todos los alegatos del apelante relativos a la tacha del documento y así se declaran en su totalidad, lo cual implica el rechazo de las impugnaciones que fueron numeradas en la parte narrativa de este fallo con los números 1, 2, 3 y 4, pasando el Tribunal a pronunciarse sobre las restantes.

RDP N° 24, 1985, pp. 119

CPCA   8-8-85

Magistrado Ponente: Hildegard Rondón de Sansó

Caso: Uniteca de Venezuela, C.A. vs. República (Ministerio del Trabajo)

De la lectura se aprecia que si bien la certificación tiene toda la autenticidad de un documento público, esta sola circunstancia no es suficiente por sí misma para atribuirle la fuerza probatoria que la Comisión Tripartita le otorgara, por cuanto con tal constancia sólo se demuestra la denuncia formulada por el trabajador; pero la misma es insuficiente para probar que dicho trabajador estuviese facultado para actuar por la empresa a la cual decía representar, así como la existencia de la relación laboral, por lo cual, la valoración que de dicha prueba hiciera el autor del acto impugnado estimando al efecto que, por el hecho de tratarse de un documento público poseía fuerza probatoria para demostrar el vínculo de trabajo entre el trabajador y la empresa, careció de fundamento por cuanto no sólo debe apreciarse en una prueba su naturaleza, sino también la congruencia entre lo que ella arroja y el hecho que a través de la misma debía demostrarse, esto es, la idoneidad que la misma posea para demostrar el hecho controvertido.

a. *Documentos administrativos y Expediente Administrativo*

RDP N° 3, 1980, pp. 121

CSJ-SPA   1-7-80

Magistrado Ponente: Josefina Calcaño de Temeltas

En materia fiscal-tributaría la casi totalidad de los hechos y actos de los contribuyentes con efectos impositivos, aparecen y se comprueban en documentos privados.

Cierto que esta defensa es absolutamente definitiva en derecho privado, pero no es tan absoluta en materia fiscal-tributaria porque en ella la casi totalidad de los hechos y actos de los contribuyentes con efectos impositivos, aparecen y se comprueban en documentos privados: facturas de ventas, comprobantes de gastos, asientos contables, etc.; y sería muy grave requerir que en lo sucesivo todas estas actuaciones constasen de documentos públicos para que pudieran tener fecha cierta contra el Fisco Nacional, pues ello entrabaría, grave inconvenientemente, todo el transcurrir diario de la actividad comercial, industrial y económica general del país.

Ni en la Ley de Impuesto sobre la Renta de 1966 ni en su Reglamento de 1968, en su Título IX (De la Fiscalización y Reglas de Control Fiscal), Capítulo I (De los Libros, Registro e Inventarios), se exige que tales documentos tengan el carácter de públicos y, en consecuencia, no puede volverlos indispensables la Administración.

RDP N° 14, 1983, pp. 156

CPCA   14-4-83

Magistrado Ponente: Hildegard Rondón de Sansó

Las certificaciones administrativas no pueden equipararse completamente a los documentos públicos.

La sustituta del Procurador General de la República alegó en contra de la procedencia de la causal tercera del artículo 729 del Código de Procedimiento Civil que no se acompañó prueba auténtica de la falsedad del instrumento que sirviera de fundamento a la sentencia cuya invalidación fuera demandada tal como lo exige la norma. Indica al efecto la sustituta del Procurador que el demandante pretende deducir la falsedad alegada presentando como pruebas una "relación de cargos y tiempo de servicio" expedida por la Dirección General Sectorial de Personal del Ministerio de Educación que no cumple con los requisitos del Código Civil ya que constituye una certificación de mera relación carente de fe pública. En todo caso, indica, la mención de que el cargo ocupado por el querellante era de Jefe de Personal V es un error material de la relación. Finalmente señala que el demandante no desconocía la existencia del instrumento en el cual pretende fundar la falsedad alegada antes de que fuese dictado el fallo de esta Corte lo cual demuestra con la prueba de que el escrito de formalización a la apelación el demandante alude a la existencia de dicho texto.

Se observa al efecto que las causales de invalidación son taxativas, de aplicación restringida en consecuencia y no puede realizarse en relación con las mismas la interpretación actualizada del derecho que es admisible en otras instituciones jurídicas y que implica la "adaptación" de los supuestos de la norma jurídica a las modificaciones que las afectan en virtud de la evolución a las cuales están sometidas que, no sólo las transforman, sino que hace surgir nuevas modalidades y características. En el caso presente el demandante de la invalidación propone al juzgador que se equipare al instrumento auténtico la certificación administrativa, la constancia emanada de un funcionario adscrito a la Oficina de Personal de un organismo, estimando que si bien como ha venido sosteniendo la jurisprudencia más reciente de esta materia no hay identidad entre los documentos públicos y los instrumentos administrativos, sin embargo es posible su equiparación cuando se trate de normas que no podía haber previsto el desarrollo del contencioso administrativo y con ello la posibilidad de que objeto de debate sobre la validez formal de un texto documental no sea el que emana de los particulares y se otorga frente a un funcionario público, sino el que dimana de éste último y versa sobre materias propias de su competencia. Esta Corte que acoge obviamente la tesis de la adaptación por cuanto el derecho sólo es valedero para la comunidad en la cual rige y a la cual se aplica cuando atiende a sus reales y efectivas condiciones, estima sin embargo que la misma no es aplicable a figuras cerradas o rígidas taxativamente previstas por el legislador, como es el caso presente donde la causal se fundamenta en la falsedad del instrumento en el cual se haya pronunciado la sentencia. Se trata de una hipótesis que atañe a un documento público o con fuerza de tal que haya servido de base a la sentencia y no puede equipararse a las constancias o certificaciones administrativas que constan o debían constar en un documento administrativo en las cuales no puede existir "falsedad" como tal, figura que se enlaza a los supuestos establecidos para la tacha en el Código Civil. Los documentos administrativos pueden adolecer de vicios de ilegalidad que son los que constituyen los motivos de impugnación por la vía contencioso administrativa. De allí que estime esta Corte que la causa alegada por el demandante contenida en el ordinal 3° del artículo 729 del Código de Procedimiento Civil, es manifiestamente improcedente tal como fuera planteada por el mismo al basarla en la incoherencia, defecto o tergiversación de las constancias emanadas de la Administración.

RDP N° 14, 1983, pp. 157

CPCA   25-4-83

Magistrado Ponente: Hildegard Rondón de Sansó

No procede la tacha de documentos respecto de documentos administrativos contenidos en el expediente administrativo elaborado por la Administración.

Esta Corte observa al efecto que a los folios 92 y 91 del expediente figura la diligencia con la cual el apoderado del inquilino tachó por vía incidental el instrumento que corre inserto al folio 62 del expediente, figurando al folio 102 del mismo la formalización de la tacha propuesta.

Resulta indudable que se trató de una tacha incidental que ha debido tramitarse en la forma y modalidades que el Código de Procedimiento Civil establece y que la omisión de dichas formalidades implica un grave vicio del proceso que diera lugar a la sentencia apelada. En efecto, el tachante formalizó su recurso y a su vez la contraparte declaró que insistía en la validez del documento haciendo alegatos previos respecto a la procedencia de la indicada tacha. El Tribunal ha debido pronunciarse en consecuencia sobre la cuestión planteada. Ahora bien, esta Corte observa que a pesar de que la actuación del Tribunal *a quo* estuvo viciada, sin embargo resulta correcta su declaración de improcedencia de la tacha, efectuada como punto previo en la sentencia definitiva, ya que el documento objeto de la misma era inidóneo por su naturaleza para quedar sometido a un procedimiento de tacha el cual está reservado a los documentos públicos "o que se quieran hacer valer como tal", entendiéndose los que son otorgados ante un funcionario público que da fe de dicho acto y de su autenticidad. Los motivos de tacha, taxativamente establecidos en el Código Civil, aluden a la antes indicada condición y no pueden extenderse a otros supuestos en base a su señalado carácter taxativo y excluyente. En el caso presente se trató de un documento administrativo inserto en un expediente donde un órgano interno deja constancia de determinados hechos. Obviamente que la vía para invalidar su eficacia no era la de la tacha la cual resultaba totalmente improcedente y en vista de tal circunstancia la omisión del procedimiento por parte del juez para sustanciar y decidir una incidencia infundada desde sus orígenes no puede acarrear reposición de la causa, por cuanto la misma resultaría contraria a la economía procesal; no resolvería absolutamente nada sino que retardaría aún más la decisión de la controversia lo cual es contrario al interés de ambas partes y al derecho en general. Por otra parte, por lo que atañe a la falta de pronunciamiento sobre la tacha como vicio del fallo, esta Corte observa que el interesado tenía el remedio procesal contra la omisión del sustanciador de proceder conforme al procedimiento pautado en el Código de Procedimiento Civil, solicitando la reposición de la causa con la consiguiente nulidad de lo actuado; ya que el vicio como tal era un vicio procedimental. De todo lo antes dicho emerge la convicción de que la tacha no era proponible contra el acta por no tratarse de un documento público 'presentado por la contraparte sino de un documento administrativo inserto en el expediente que elaborara la administración y por ello, si bien correspondía declararlo en tal forma al propio juez sustanciador; sin embargo tal omisión no puede producir reposición del procedimiento pues tal circunstancia sería inútil y contraria a la economía procedimental habiendo por otra parte precluido la facultad de la parte para hacerla valer en el curso del proceso de primera instancia. Por tales razones se estiman improcedentes todos los alegatos del apelante relativos a la tacha del documento y así se declaran en su totalidad, lo cual implica el rechazo de las impugnaciones que fueron numeradas en la parte narrativa de este fallo con los números 1, 2, 3 y 4, pasando el Tribunal a pronunciarse sobre las restantes.

RDP N° 16, 1983, pp. 154

CPCA   6-10-83

Magistrado Ponente: Aníbal Rueda

En lo referente al acto de destitución del funcionario, el expediente administrativo elaborado por la Oficina de Personal, es la prueba que debe aportar la Administración para así demostrar la legitimidad de su actuación.

Ahora bien, de acuerdo al contenido del Parágrafo Único del artículo 62 de la Ley de Carrera Administrativa, el expediente administrativo elaborado por la respectiva Oficina de Personal, constituye uno de los requisitos de validez del acto de destitución. Por tanto, procesalmente representa la prueba que debe aportar la Administración, para demostrar la legitimidad de su actuación, no sólo en cuanto a la veracidad de los hechos en que se apoyó para dictar la sanción, sino también para justificar el fundamento legal de la misma. Es decir, que el expediente disciplinario viene a ser el instrumento fundamental de la comprobación de los motivos y de la motivación del respectivo acto sancionatorio. De su contenido se desprende para el funcionario que recurre por la ilegalidad del acto de destitución, los elementos en que apoyar su defensa, promoviendo las pruebas pertinentes y enervando las que le desfavorezcan. En el caso de autos, se observa que la Administración produjo el expediente administrativo en que fundamentó su decisión pero la parte recurrente no desvirtuó ninguna de estas probanzas ni aportó otras diferentes.

RDP N° 18, 1984, pp. 160

CPCA   21-3-84

Magistrado Ponente: Román J. Duque Corredor

La representación conferida a través de carta-poder en los procedimientos de calificación de despido injustificados puede ser apreciada válidamente como prueba de dicha representación en razón de su naturaleza de documentos administrativos.

Denuncia el recurrente como vicio de ilegalidad de la decisión impugnada el falso supuesto en que incurrió la Comisión de Segunda Instancia, al atribuirle a la carta-poder que presentaron quienes acudieron a contestar la reclamación, la mención de que fue otorgada por el Director Gerente de la empresa reclamada, y por ello, denunció como violados los artículos 1.357, 1.559, 1.360 y 1.363 del Código Civil, en razón de que no consta de que sea cierto que tal instrumento fue otorgado siguiendo las formalidades pautadas en el artículo 790 del Código de Procedimiento Civil, por quien se dice es su firmante; lo cual denomina también el recurrente como desviación de poder por parte de la autora del acto.

Al respecto observa la Corte, que anteriormente se señaló la validez de la representación conferida mediante carta-poder en los procedimientos de calificación de despidos injustificados, por tratarse precisamente de procedimientos administrativos. De modo, que en dichos procedimientos tales instrumentos constituyen prueba plena del hecho de la representación si están autorizados por el patrono o por algunos de sus representantes, a los cuales se refiere el artículo 12 del Reglamento de la Ley del Trabajo, como se aclaró también precedentemente. De forma, que siendo instrumentos cuya fuerza probatoria deriva precisamente del hecho de que pueden legalmente acreditar la representación del patrono, los órganos administrativos decisorios pueden perfectamente apreciarlos válidamente como pruebas de dicha representación, en razón de que por derivar de la propia ley su carácter de prueba de la representación, tienen naturaleza de documentos administrativos, y por ende, participan de la índole de los documentos públicos, sin que sin embargo puedan asimilarse totalmente a ellos, y por consiguiente, es posible atribuirles el valor que a aquellos documentos les asigna el artículo 1.360 del Código Civil. Este criterio respecto a los documentos administrativos ha sido sostenido por esta Corte en sentencia de fechas 30-06-83 y 16-02-84, que se ratifica en esta oportunidad.

En virtud de lo expuesto, dada la fuerza de documento administrativo que ostenta la carta-poder, por haber sido consignada y recibida en el procedimiento administrativo como emanada de un representante del patrono, la Comisión Tripartita de Segunda Instancia podía perfectamente darle validez al hecho de su firma, y por ello, considerarla como otorgada por quien la suscribe, sin que estuviera con ese proceder, atribuyéndole una mención capaz de desvirtuar las menciones que sí contiene, de modo de hacerle producir efectos distintos, de los en ellas previstos o efectos que hubieran producido menciones que el instrumento no contiene. En efecto, al señalar la Comisión autora del acto que la carta-poder de referencia fue otorgada por el Director-Gerente de la empresa reclamada, está simplemente ratificando la validez de dicho instrumento como prueba de la representación del patrono; como instrumento administrativo que es, producido en el procedimiento, como emanada de la persona, quien la suscribe, y no propiamente dándole valor de un documento autenticado, como lo señala el recurrente. Al decir que dicha carta fue otorgada por su firmante, el órgano decisorio simplemente está dándole valor de plena fe a la declaración de su firmante de que en verdad autorizó a las personas a las cuales se refiere para que representaran a la empresa reclamada, es decir, asignándole el valor al cual se contrae el artículo 1.360 del Código Civil, por tratarse de un instrumento que fue recibido por el órgano competente, en razón de emanar de uno de los representantes del patrono a que se refiere el artículo 12 del Reglamento de la Ley del Trabajo. Con la mención referida, la Comisión autora del acto impugnado no desvirtuó los efectos propios del instrumento, ni tampoco le atribuyó otros distintos a los que se derivan de las menciones que sí contiene, por lo que no se da el vicio de falso supuesto, y así se declara.

RDP N° 19, 1984, pp. 117

CPCA   31-5-84

Magistrado Ponente: Manuel Rachadell

Las actas contenidas en el expediente administrativo, correspondientes a declaraciones, sólo hacen fe hasta prueba en contrario, por lo que su fuerza probatoria puede ser oportunamente combatida por todos los medios establecidos en la Ley.

Asimismo la Corte observa, en cuanto a las declaraciones rendidas por funcionarios en forma extrajudicial en el Despacho del Director de la Escuela de Estudios Superiores de la Marina Mercante, las cuales, considera el apelante, no tienen valor procesal alguno, por no haber sido ratificadas en sede jurisdiccional, es jurisprudencia reiterada que las actas contenidas en el expediente administrativo, correspondientes a declaraciones, sólo hacen fe hasta prueba en contrario, de la verdad de declaraciones hechas por funcionario, respecto de los hechos que afirma haber oído, visto o efectuado. En consecuencia, la fuerza probatoria de tales documentos puede ser oportunamente combatida por todos los medios que la Ley establece, sin que ello impida que también puedan ser tachados en conformidad con el procedimiento establecido en el artículo 323 del Código de Procedimiento Civil, razones por las cuales la Corte considera que no hay violación a los artículos 21, 290, 349, 350 y 351 del Código de Procedimiento Civil, como denuncia el apelante. En relación a la desestimación de testimoniales promovidos por el recurrente, la Corte observa que es correcta la desestimación declarada por el Tribunal *a quo*, al considerar que tales testigos no presentan una adecuada calificación, que le permitiera determinar si por su situación y trabajo pudieran estar en conocimiento de los hechos contenidos en el expediente administrativo. De las declaraciones insertas a folios 186 y 187 del expediente se desprende que dichos testigos desconocían los hechos o circunstancias que motivaron la destitución del querellante.

RDP N° 22, 1985, pp. 159

CPCA   14-3-85

Magistrado Ponente: Román J. Duque Corredor

Caso: María Elena de García vs República (Dirección de Inquilinato).

El documento administrativo está dotado del valor de una presunción de legitimidad y veracidad acerca de su contenido y en este sentido hace plena prueba mientras no sea desvirtuado su valor presuntivo.

A este respecto la Corte observa: El Informe practicado por el funcionario fiscal de la Dirección de Inquilinato propiamente constituye un documento administrativo, por cuanto se trata de una declaración emanada de un funcionario sobre determinados hechos, para lo cual está debidamente autorizado, y que consta en un instrumento escrito. Tal documento, como lo ha reconocido la jurisprudencia de esta Corte, está dotado del valor de una presunción de legitimidad y veracidad acerca de su contenido, es decir, sobre lo que el funcionario declara, y en ese sentido, hace plena prueba mientras no sea desvirtuado su valor presuntivo. Mientras no se demuestre lo contrario en la correspondiente Acta, conserva su pleno valor probatorio como documento administrativo, que esta Corte, en decisiones reiteradas, respecto a su valoración, ha asimilado a los documentos públicos, de acuerdo a la regla contenida en el artículo 1.359 del Código Civil, pero sin llegar a confundirlo con tales documentos, hasta el punto que ha aclarado que no sólo a través de la tacha de falsedad se puede destruir su validez, sino mediante cualesquiera otro medio probatorio legalmente admisible.

En el caso de autos, no encuentra la Corte prueba alguna que el funcionario fiscal de la Dirección de Inquilinato hubiera falseado la verdad para favorecer indebidamente a una de las partes, en este caso, al arrendador; ni tampoco la apelación en esta Alzada, ni en el Tribunal de Apelaciones de Inquilinato, promovió prueba alguna en este sentido, por lo que debe desestimarse la denuncia de indefensión y de violación de las anteriores normas legales señaladas anteriormente, y así se declara. A mayor abundamiento observa la Corte que las inspecciones oculares realizadas ante el Tribunal de Apelaciones de Inquilinato no destruyen la declaración contenida en el Acta Fiscal, por lo que no podía el Tribunal *a quo*, en base a esas inspecciones, no apreciar el valor presuntivo favorable a la pretensión del arrendador derivado de dicha Acta, de que aquél necesita su inmueble para habitarlo con sus familiares, y sobre la situación de incomodidad en que se encontraba viviendo dicho arrendador en otro inmueble, y así se declara.

Desestimados los motivos de impugnación de la sentencia apelada, debe declararse improcedente la apelación de la arrendataria, como en efecto así se declara.

RDP 1985, pp. 159

CPCA   21-3-85

Magistrado Ponente: Román J. Duque Corredor

CASO: Meleyda C. de Martínez vs República (Ministerio de Sanidad y Asistencia Social).

El expediente administrativo relativo al procedimiento disciplinario es la prueba fundamental de los motivos del acto sancionatorio, en el caso de la destitución.

Ahora bien, la prueba fundamental de los hechos que determinan la tipificación de la causal de destitución en la cual se fundamenta la Administración para sancionar a los funcionarios, la constituye el expediente administrativo, en el cual debe contenerse el procedimiento disciplinario, de donde emerge la convicción de que en verdad el funcionario cometió los hechos que se le imputaron, en concreto, de su culpabilidad. Por otra parte, se tiene que el expediente administrativo, forma una sola unidad, pero compuesto de diferentes medios probatorios. Unos pueden ser documentos públicos o auténticos otorgados por las partes ante Registradores o Notarios, otros documentos privados reconocidos, o tenidos como tales, pero también otros, la mayoría, son documentos administrativos, o sea, aquellos instrumentos escritos en los cuales consta alguna actuación de un funcionario competente. Estos documentos administrativos están dotados de una presunción favorable respecto de la veracidad de lo declarado por el funcionario en el ejercicio de sus funciones, que puede ser destruida por cualquier medio legal, y no únicamente a través de la tacha de falsedad. En efecto, los documentos administrativos no pueden asimilarse a los documentos públicos o auténticos, cuyo valor probatorio solo puede ser destruido mediante la simulación o el juicio de tacha. Por el contrario, los instrumentos administrativos admiten cualquier prueba en contra de la veracidad de su contenido.

En consecuencia, el expediente administrativo relativo al procedimiento disciplinario es la prueba fundamental de los motivos del acto sancionatorio, en el presente caso, de la destitución, y la Administración, en razón de la carga de la prueba que soporta debe aportarlo debida y oportunamente al juicio. En dicho expediente, por otro lado, no sólo deben aparecer acreditados materialmente la configuración de la causal de destitución, sino también el cumplimiento de los actos del procedimiento disciplinario, tales como la notificación al funcionario sancionado, y las oportunidades que se le otorgaron para que respondiera a los cargos que se le hicieron, y para que promoviera las pruebas pertinentes, y para que presentara cualquier tipo de alegato, en su favor. Y finalmente, la notificación del acto definitivo por el cual se le impuso la sanción.

En el caso de autos, el Tribunal Accidental de la Carrera Administrativa, consideró que la Administración no aportó la prueba de los motivos del acto, o sea, que la funcionaria había faltado injustificadamente a su trabajo más de tres días seguidos en un mes, en concreto, los días 3, 6, 7, 9 y 10 de julio de 1981. En efecto, dicho Tribunal consideró que tal prueba no existía por cuanto consideró que las Actas en donde constan aquellas inasistencias, y que figuran en el expediente administrativo a los Folios 27, 28, 29 y 30, son pruebas de testigos, que no pueden tenerse como válidas, ni siquiera administrativamente, y que aún en el supuesto de que fueran testimoniales, debían haber sido ratificadas judicialmente, lo cual no se hizo. Por ello, el mencionado Tribunal no le dio valor a aquellas actas.

RDP N° 22, 1985, pp. 160

CPCA   21-3-85

Magistrado Ponente: Román J. Duque Corredor

CASO: Meleyda C. de Martínez vs. República (Ministerio de Sanidad y Asistencia Social).

Considera esta Corte, que el Tribunal de la Carrera Administrativa incurrió en un falso supuesto al considerar las Actas que corren en el expediente administrativo como pruebas de testigos, ya que desde el punto de vista de su naturaleza son documentos administrativos, en los cuales constan declaraciones de funcionarios públicos sobre determinados hechos, por lo que conservan su valor, si no son impugnadas en juicio por la querellante y destruida su presunción de legalidad y veracidad, por cualquier medio probatorio pertinente. De forma, que el Tribunal de la Causa procedió incongruentemente, al no sujetarse a lo alegado y probado, porque consideró testimoniales a unos documentos administrativos, que ha debido valorar a objeto de determinar si en verdad, puede dársele el valor presuntivo de prueba de los hechos que se le imputaron a la querellante. Por esta razón, la sentencia apelada debe ser revocada, por violación de los artículos 12 y 162 del Código de Procedimiento Civil, y así se declara.

RDP N° 22, 1985, pp. 161

CPCA   27-3-85

Magistrado Ponente: Aníbal Rueda

Caso: Alejando Mello vs República (Ministerio de Fomento).

Por otra parte, en cuanto a la necesidad de ratificación del expediente disciplinario en sede jurisdiccional, alegada por el recurrente, la Corte observa, que el expediente contentivo del expediente disciplinario contiene documentos administrativos que tienen todos los requisitos extrínsecos para su validez, sin necesidad, como se alega, de su ratificación en sede jurisdiccional, ya que el documento administrativo, según doctrina reiterada de esta Corte, mantiene su presunción de legitimidad hasta tanto esta última no sea desvirtuada, lo cual no ocurrió en el caso de autos, no pudiendo por ello negársele el valor probatorio como se pretende, y así se declara.

RDP N° 25, 1986, pp. 99

CPCA   19-12-85

Magistrado Ponente: Pedro Miguel Reyes

Caso: Salomón Contreras vs. República (Ministerio de Transporte y Comunicaciones).

La Corte analiza la naturaleza y valor probatorio del "Expediente Administrativo".

La Administración Pública tiene la facultad de utilizar una gran cantidad de medios probatorios para la fijación de los hechos que van a sustentar sus decisiones. Al respecto, el artículo 58 de la Ley Orgánica de Procedimientos Administrativos establece:

> "los hechos que se consideren relevantes para la decisión de un procedimiento, podrán ser objeto de todos los medios de prueba establecidos en el Código Civil, de Enjuiciamiento Criminal o en otras leyes".

Estos medios probatorios deben, por tanto, cumplir con los requisitos de existencia, validez y eficacia probatoria que establezcan las leyes que los consagran, de manera que la comprobación de los hechos debe ser efectuada de conformidad con la ley para que el acto no resulte viciado y, por tanto, posible de anulación.

Ahora bien, cuando la elaboración de un acto administrativo requiere de sustanciación, la Administración debe abrir el respectivo expediente, el cual recogerá toda la tramitación a que dé lugar el asunto. En materia de régimen disciplinario de los funcionarios públicos, todos los trámites de la correspondiente averiguación deben constar en el respectivo expediente.

En cuanto a la naturaleza y valor probatorio del llamado expediente administrativo, se observa que el tratamiento de estos aspectos, tanto doctrinal como jurisprudencialmente, no es claro; a veces se le ha atribuido el carácter de documento público, otras se le niega este carácter y se le califica como documento administrativo, como categoría contrapuesta o diferente al documento público; esto en razón de que no existen normas que regulen de manera precisa y unificada, ni las condiciones y requisitos que debe cumplir la Administración para la formación de los expedientes administrativos, ni su valor como medio de prueba en lo contencioso-administrativo.

Al respecto debe esta Corte comenzar por observar que el hecho de que las actas de un expediente puedan calificarse en sí mismas como documentos públicos, nada prejuzga sobre la naturaleza de las actuaciones que esas actas recogen, ni sobre su correspondiente mérito probatorio. En tal sentido, el documento público y el documento administrativo no son categorías que por su naturaleza puedan contraponerse; en efecto, documento público es, según el Código Civil, todo instrumento otorgado por funcionarios que la ley faculta para dar fe pública; estos funcionarios pueden ser los jueces y cualquier otro funcionario o empleado público con esas facultades. Así, tal documento público es un documento de venta registrado, como cada una de las piezas de los expedientes administrativos, siempre que el funcionario que lo haya instruido sea competente para dar constancia de que la instrucción se desarrolló como de las actas resulta. Igualmente, en sede jurisdiccional, las declaraciones de los testigos, las actas de las posiciones juradas, los nombramientos de expertos, algunas veces los dictámenes de los expertos, las inspecciones oculares y otros medios de prueba, aparecen todas recogidas en instrumentos certificados por los jueces que son documentos públicos en sí, pero ello, como antes se advierte, en ninguna medida influye en el mérito probatorio de esas actuaciones, que no es otro que el que corresponde a las mismas y no a los documentos públicos.

El valor probatorio del documento público, en efecto, no es en rigor sino el de acreditar la veracidad del hecho que el funcionario que lo autoriza afirma haber efectuado o presenciado, y ello si está autorizado para efectuar o hacer constar ese tipo de hecho. De manera que, en definitiva, es un testimonio que da el funcionario público que vale como tal e inobjetablemente, porque está expresamente autorizado para dar ese testimonio haciendo fe pública; por ello respecto del hecho concreto que ha efectuado u ocurrido en su presencia. Así, por ejemplo, un documento de venta autenticado o registrado demuestra, en cuanto medio probatorio, que las partes en presencia del funcionario hicieron la declaración que consta de su texto, y que él autorizó el registro. Pero, si un registrador hace constar en un documento que ha presenciado otro tipo de hecho, por ejemplo, un accidente, el testimonio o certificación de ese registrador respecto de ese tipo de hecho no está amparado por la ley con la misma presunción de veracidad que tiene cuando lo que ha hecho constar es aquello para lo cual está expresamente autorizado (artículo 1359 del Código Civil). Por otra parte, el efecto jurídico que en el primer caso tiene el hecho de que esté demostrado que las partes hicieron esas declaraciones, lo establece la ley separadamente con vista de la naturaleza de los diferentes hechos a que se refieren las declaraciones. Cuando esas declaraciones se refieren a "la realización del hecho jurídico a que el instrumento se contrae", hace fe plena (artículo 1360 del Código Civil), pero esto siempre que ese "hecho jurídico" sea, según normas específicas, demostrable por documento público. Básicamente ese efecto se le reconoce a los instrumentos, en cuanto demuestren "convenciones" (artículo 1355 del Código Civil). Un juez, por ejemplo, en el acta de la declaración de un testigo y su secretario, certifican que el testigo ha dado el testimonio que allí aparece, pero el valor probatorio que tiene esa declaración es el propio de la prueba de testigos, no el de documento público. De manera que en el documento hay dos valores distintos probatorios: 1) el del hecho de que el funcionario da fe que él protagonizó o que ocurrió en su presencia y, 2) el valor probatorio que resulta del hecho mismo que presenció, y que la ley regula, de manera diferente, según la naturaleza del hecho.

Los expedientes administrativos, en tal sentido, no pueden ser diferentes de los expedientes judiciales; son documentos públicos en cuanto prueban las actuaciones a que se contraen, pero el mérito que éstas tienen no deja de ser el que corresponde a su naturaleza. No obstante, la jurisprudencia está conforme en atribuirles una presunción de veracidad que es independiente de lo que en principio sería el valor correspondiente a la condición de documentos públicos de sus recaudos, pues en cuanto a este carácter, se limita al de otorgarle a las constancias que dan los funcionarios que los instruyen el valor de prueba de que la instrucción se desarrolló como de ellos resulta. Así, por ejemplo, cuando se limitan a recoger testimonios, no tendrían por qué tener ninguna presunción de veracidad distinta de la que se le atribuye a cualquier testimonio. En consecuencia, la posibilidad de contradicción de esas pruebas se regula por las disposiciones del Código Civil y de las demás leyes respecto del mérito que tiene cada prueba, así como el que puedan tener confrontadas frente a otras.

RDP N° 36, 1988, pp. 70

CPCA   25-8-88

Magistrado Ponente: Pedro Miguel Reyes

Caso: Ramón Ruiz vs. Inquilinato

El "Informe Fiscal" es un documento administrativo.

Esta Corte en esta oportunidad quiere reafirmar que el Informe Fiscal es un documento administrativo, que a sus fines probatorios, lo allí asentado tiene un valor con características particulares, en el sentido, que lo allí establecido admite como vías de impugnación tanto la tacha de falsedad como la prueba en contrario, en otros términos, se puede destruir lo allí contenido por otros medios legales de pruebas. En el caso de autos, no se encuentra prueba alguna que el funcionario Fiscal de la Dirección de Inquilinato hubiere falseado la verdad, por lo cual el Tribunal *a quo* estaba impedido de no apreciar su valor probatorio para demostrar que el arrendador efectivamente necesitaba su inmueble para ser habitado por su hija, dada la situación de incomodidad en que vive y así se declara.

RDP N° 65–66, 1996, pp. 202

CSJ-SPA (230)   28-3-96

Magistrado Ponente: Alfredo Ducharne Alonzo

Caso: SOHUCA vs. INOS

Las copias fotostáticas de documentos que no han sido autorizados por un funcionario competente en ejercicio de su función de expedir certificaciones de documentos contenidos en un expediente administrativo, no tienen valor probatorio.

Análisis de las pruebas

Las pruebas aportadas por la actora, acompañadas a su libelo de demanda y salvo la Inspección Judicial practicada por el Juzgado del Distrito Bolívar de la Circunscripción Judicial de Barcelona, Estado Anzoátegui, el día 04 de octubre de 1989 (folios 22 y 23 del expediente), son copias fotostáticas, a las cuales solicita se les de pleno valor probatorio pues a su juicio y de conformidad con el artículo 429 del Código de Procedimiento Civil, no fueron impugnadas en la secuela del procedimiento, destacando de manera particular el hecho de que los documentos emanados del Instituto Nacional de Obras Sanitarias, "por ser persona jurídica de carácter público, son verdaderos instrumentos públicos".

Al respecto, el artículo 429 del Código de Procedimiento Civil señala:

"Los instrumentos públicos y los privados reconocidos o tenidos legalmente por reconocidos podrán producirse en juicio originales o en copia certificada expedida por funcionarios competentes con arreglo a las leyes. Las copias o reproducciones fotográficas, fotostáticas o por cualquier otro medio mecánico claramente inteligibles de estos instrumentos, se tendrán como fidedignas si no fueren impugnadas por el adversario, ya en la contestación o en el lapso de promoción de pruebas. Las copias de esta especie producidas en cualquier otra oportunidad no tendrán ningún valor probatorio si no son aceptadas expresamente por la otra parte" (resaltado de la Sala).

Se desprende de la disposición anterior que se tendrán como fidedignas, siempre que no hayan sido impugnadas en las oportunidades señaladas, las copias fotostáticas de dos tipos de instrumentos en particular, a saber: 1) Los instrumentos públicos; y 2) Los privados reconocidos o tenidos legalmente por reconocidos.

Respecto de los instrumentos públicos señala el Código Civil:

"Art. 1.357. Instrumento público o auténtico es el que ha sido autorizado con las solemnidades legales por un Registrador, por un Juez, u otro funcionario o empleado público que tenga facultad para darle fe pública, en el lugar donde el instrumento se haya autorizado".

"Art. 1.359. El instrumento público hace plena fe, así entre las partes como respecto de terceros, mientras no sea declarado falso".

"Art. 1.360. El instrumento público hace plena fe así entre las partes como respecto de terceros, de la verdad de las declaraciones formuladas por los otorgantes acerca de la realización del hecho jurídico a que el instrumento se contrae, salvo que en los casos y con los medios permitidos por la ley se demuestre la simulación".

Por otra parte, se ha calificado como documento público, en el sentido antes expresado, al expediente administrativo o las actas que lo contienen, que sean expedidas mediante su certificación, por el funcionario público competente para ello.

Respecto de los "privados reconocidos o tenidos legalmente por reconocidos", expresa el Código Civil:

"Art. 1.363. El instrumento privado reconocido o tenido por legalmente reconocido, tiene entre las partes y respecto de terceros la misma fuerza probatoria que el instrumento público en lo que se refiere al hecho material de las declaraciones; hace fe, hasta prueba en contrario de la verdad de esas declaraciones".

Tradicionalmente la doctrina ha definido al documento privado como aquél que emana de las partes sin intervención del Registrador, el Juez u otro funcionario público competente, pudiendo un documento privado convertirse en reconocido, por vía de acción principal, por vía incidental, o por el procedimiento previo de la vía ejecutiva, así como el consistente en la declaración hecha por el o los firmantes de un documento, ante un Juez, un Registrador o un Notario, de que la firma que aparece en el instrumento presentado es de ellos y en que el funcionario, después de identificarlos, a continuación, atesta la identificación y la declaración de los comparecientes.

En atención a ello, de las pruebas mencionadas, acompañadas por la actora a su libelo de demanda se desprende que:

Los fotostatos relativos a: a) Memorándum emitido por el Ing. Ángel Córdoba al Ing. Juan Fajardo de fecha 10-3-87, marcado con la letra "G", que cursa al folio 20 del expediente; y b) Las facturas: N° 1328 del 9-9-88 por Bs. 18.390.773,86; N° 0059 del 10-06-89 por Bs. 2.159.856,00; y N° 0350 de fecha 02-10-89 por Bs. 878.341,44, marcadas con las letras "J", "K" y "L" que corren a los folios 24, 25 y 26, son copias de la parte demandante, los cuales escapan del tipo de los "reconocidos" o de los "tenidos legalmente por reconocidos", y por lo tanto sin valor probatorio a los fines del presente juicio. Así se declara.

En relación a los fotostatos contentivos de los actos en los que aparece participar la demandada por medio de sus funcionarios, a saber: a) Copia del Oficio N° 023 del 20 de octubre de 1980, marcado con la letra "B" y que cursa a los folios 10 y 11 del expediente; b) Copia de la Orden de Compra de fecha 10 de noviembre, marcada "D" y que corre al folio 16 del expediente; c) Copia del Oficio N° 651 del 22 de junio de 1983, marcado "E" que corre al folio 17 del expediente; d) Copia del acta del 16 de noviembre de 1983, marcada "F" que cursa a los folios 18 y 19 del expediente; y e) Copia de la Minuta de fecha 26-01-89 marcada "H", que corre al folio 21 del expediente, y que la demandante ha citado como fotocopias de "documentos públicos"; se tiene que no son copias de documentos públicos de los señalados en los artículos 1357, 1359 y 1360 del Código Civil; ya que no han sido autorizados por un funcionario competente en ejercicio de su función de expedir certificaciones de documentos contenidos en un expediente administrativo. En consecuencia, al no tratarse de copias fotostáticas de documentos públicos, los mismos carecen de valor probatorio y así se declara.

RDP N° 67-68, 1996, pp. 203

CSJ-SPA (462)   7-12-96

Magistrado Ponente: Humberto J. La Roche

Caso: Francisco Tello vs. República (Ministerio de la Defensa)

La uniformidad de los expedientes administrativos persigue racionalizar la actividad administrativa y salvaguardar la defensa de los derechos de los administrados.

En cuanto a la supuesta infracción del artículo 32 de la citada Ley, la Sala observa que este prevé que los documentos y expedientes administrativos deberán ser "uniformes", de tal manera que cada serie o tipo de ellos obedezca a iguales características, cuestión esta que es atinente a mecanismos destinados a racionalizar la actividad administrativa, a fin de obtener su mejora, rendimiento y eficiencia, así como para salvaguardar la defensa de los derechos del administrado.

En el presente caso no se constata que la administración utilizara una organización, mecanismo o método diverso para la producción de los respectivos documentos y del expediente administrativo, ni que el mecanismo utilizado lesionara los derechos del administrado. Por las razones expuestas se desestima la denuncia de falta de uniformidad analizada. Así se declara.

Por último, de las actas procesales no se acredita discriminación alguna fundada en la raza, el sexo, el credo o la condición social, como causa de la negativa de la pensión en cuestión, siendo su base, precisamente, el artículo 16 de la Ley Orgánica de Seguridad Social de las Fuerzas Armadas del 28-12-89, normativa que es la aplicable al supuesto de autos, y no el derogado artículo 16 de la Ley de 1977, utilizado equivocadamente por la Administración Pública para resolver casos análogos, en razón de lo cual forzoso es desestimar el presente alegato. Así se declara.

RDP N° 67-68, 1996, pp. 209

CSJ-SPA (480)   11-7-96

Magistrado Ponente: Josefina Calcaño de Temeltas

Caso: Adriana F. Peña vs. República

El expediente administrativo es la prueba que debe presentar la Administración para demostrar la legitimidad de sus actuaciones, la veracidad de los hechos y el fundamento de su decisión, del mismo modo que la oportunidad y tiempo en que se impone un orden lógico y coherente.

En reiteradas oportunidades ha señalado esta Sala que la formación de un expediente cualquiera constituye una manifestación del deber de documentación que tiene la Administración originada en la necesidad de acreditar fehacientemente actos, hechos, actuaciones, etc., según una secuencia lógica de modo, tiempo y manera. Obligación ésta que en la Administración militar cobra mayor vigencia al tratarse de un sistema caracterizado por su disciplina y orden.

Así, un expediente administrativo disciplinario como el que se analiza, constituye la prueba que debe presentar la Administración para demostrar la legitimidad de sus actuaciones, la veracidad de los hechos y el fundamento de la sanción que se imponga, del mismo modo que la oportunidad y tiempo en que se impone un orden lógico y coherente.

Precisado lo anterior, respecto al caso concreto la Sala observa que las actas administrativas remitidas por el Ministerio de la Defensa tan sólo contienen dos actuaciones de la Administración y una de la recurrente relacionadas en forma directa con el asunto de autos, las cuales sin embargo en nada refiriéronse a la investigación de que se trata, pues ni siquiera se cuentan entre ellas, el informe solicitado a la recurrente con el que -según la resolución impugnada- se dio inicio a la averiguación administrativa.

De manera que, al carecer el expediente administrativo de las actuaciones tendentes a demostrar que la oficial sancionada incurrió en la falta que se le imputa, de la oportuna apertura de la investigación, de la efectiva reunión del Consejo de Investigación, su apreciación y calificación de los hechos, y de las demás actuaciones que llevaron en su momento al Ministro a adoptar la sanción impuesta, debe forzosamente concluir esta Sala que efectivamente el acto impugnado no se ajusta a Derecho.

En consecuencia, no habiendo la Administración militar, de una parte calificado de confidencial ningún documento y por la otra, desmentidos y probados los hechos narrados por la recurrente tanto en el recurso de reconsideración en sede administrativa como en el presente ante este órgano jurisdiccional, debe esta Sala considerar como inexistentes los primeros y por ciertos los segundos. Así expresamente se declara.

RDP N° 119, 2009, pp. 110

TSJ- SPA (1006)   8-7-2009

Magistrado Ponente: Hadel Mostafá Paolini

Caso: Asociación Civil Confederación Venezolana de Industriales (CONINDUSTRIA)

La presunción de buena fe del ciudadano es uno de los principios que deben tener por norte los órganos de la Administración Pública Central y Descentralizada funcionalmente a nivel nacional cuando se elaboren los planes de simplificación de trámites.

Los apoderados judiciales de la recurrente expusieron que el sistema autorizatorio que pretende instaurar el Decreto N° 4.248, desconoce el principio de buena fe expresamente establecido en los artículos 8 y 10 del Decreto con rango y fuerza de Ley sobre Simplificación de Trámites Administrativos, por las siguientes razones: (i) Parte del supuesto que todas las empresas domiciliadas en el país son infractoras, obligándolas a obtener una solvencia laboral, en lugar de sancionar a las que incumplan con los actos dictados por las autoridades administrativas competentes; (ii) Impone trámites innecesarios que incrementan el costo operacional de la Administración Pública y de las empresas sometidas a la legislación laboral; y (iii) Contraría lo dispuesto en los artículos 15 y 26 del identificado Decreto-Ley.

Al efecto, esta Sala observa que el Decreto con rango y fuerza de Ley sobre Simplificación de Trámites Administrativos, reimpreso por error material, el 7 de diciembre de 1999 y publicado en la Gaceta Oficial de la República Bolivariana de Venezuela N° 36.845, de esa fecha, vigente para el momento en que se dictó el acto impugnado, disponía en los artículos 8 y 10, lo siguiente:

"*Artículo 8*: *Los planes de simplificación de trámites administrativos que elaboren los organismos sujetos a la aplicación de este Decreto-Ley, deberán realizarse con base en los siguientes principios:*

1.   La presunción de buena fe del ciudadano.

2.   La simplicidad, transparencia, celeridad y eficacia de la actividad de la Administración Pública.

3.   La actividad de la Administración Pública al servicio de los ciudadanos.

4.   La desconcentración en la toma de decisiones por parte de los órganos de dirección"

"*Artículo 10*: *Los órganos y entes de la Administración Pública en sus respectivas áreas de competencia, deberán realizar un inventario de los documentos y requisitos cuya exigencia pueda suprimirse de conformidad con la presunción de buena fe, aceptando en sustitución de los mismos las declaraciones juradas hechas por el interesado o un representante con carta poder*".

De la lectura de los dispositivos antes citados se desprende que la presunción de buena fe del ciudadano es uno de los principios que deben tener por norte los órganos de la Administración Pública Central y Descentralizada funcionalmente a nivel nacional cuando se elaboren los planes de simplificación de trámites; y que en atención a ese principio debe suprimirse la exigencia de documentos y requisitos que en opinión de los órganos y entes de la Administración Pública puedan sustituirse por las declaraciones juradas hechas por el administrado.

Una vez precisado lo anterior, esta Sala observa que los apoderados judiciales de la parte actora alegaron la vulneración del principio de buena fe, en primer lugar porque la Administración en el acto recurrido presume que todas las empresas domiciliadas en el país son infractoras, obligándolas a obtener una solvencia laboral, en vez de sancionar a las que incumplan con los actos dictados por las autoridades administrativas competentes.

Al respecto, debe reiterarse que la solvencia laboral es un documento administrativo que certifica que el patrono o patrona respeta efectivamente los derechos humanos laborales y sindicales de los trabajadores y trabajadoras.

El proveimiento recurrido es un acto administrativo de carácter normativo cuyo objeto es regular el otorgamiento, vigencia, control y revocatoria de la solvencia laboral de los patronos y patronas, incluidas las asociaciones cooperativas que contraten los servicios de no asociados. Así, en el artículo 4 del Decreto impugnado se establecen siete (7) causales objetivas que producirán la negativa o revocatoria del identificado documento.

En este orden de ideas, se tiene que el otorgamiento anual de la solvencia laboral comprende un control permanente por parte del Estado de un efectivo resguardo de los derechos de los trabajadores y trabajadoras, e inclusive la configuración de alguna de las causales objetivas de violación de los derechos laborales y sindicales, en el transcurso del año de vigencia, ocasiona la aplicación de la medida administrativa de revocación.

Por tal razón, es que la norma no presume en modo alguno la mala fe, dado que la solvencia laboral es otorgada y mantiene su vigencia para todo aquel que no incurra en las conductas descritas en el artículo 4 del Decreto N° 4.248, es decir, que la consecuencia jurídica de denegatoria y revocación del mencionado documento administrativo se producirá sólo cuando el administrado actúe en contravención a lo establecido en el ordenamiento jurídico.

Por consiguiente, no puede entenderse la exigencia anual del documento administrativo que certifica el cumplimiento de los derechos humanos laborales y sindicales como una vulneración del principio de presunción de buena fe del patrono. Así se declara.

b. *Copias Certificadas*

RDP N° 6, 1981, pp. 183

CPCA   17-2-81

Magistrado Ponente: Luis Mauri C.

Los directores de los Institutos Autónomos oficiales, que ejercen una función pública, están facultados por Ley para certificar documentos que reposen en sus archivos.

La cuestión objeto de la apelación se concreta a determinar si es válida la certificación que hace el Director del Instituto Venezolano de Investigaciones Científicas (I.V.I.C.), del poder con que actuó la Dra. Mercedes Flores Jiménez otorgándole por el Procurador General de la República.

Al respecto se observa: El Instituto Venezolano de Investigaciones Científicas (I.V.I.C.) es una institución autónoma oficial, que ejerce una función pública, según consta de la propia Ley que lo crea y organiza. Su director, como funcionario público que es y quien le representa y ejerce la dirección general de todos sus servicios y de su personal, está llamado a dar fe pública de los actos inherentes a su competencia, otorgándole el artículo 59 de la Ley Orgánica de la Administración Central expresamente la facultad de certificar documentos que reposen en sus archivos. En consecuencia las certificaciones del Oficio del Procurador General de la República en el cual delega en la Dra. Mercedes Flores Jiménez la representación que le corresponde en los juicios que contra la Administración Pública Nacional cursen o cursaren ante el Tribunal de la Carrera Administrativa, goza de validez jurídica probatoria y, por tanto, acredita la representación con que ha actuado en el referido proceso dicha sustituta, imponiéndose la revocatoria de los autos de fecha veinticinco (25) de enero de mil novecientos ochenta, y veintisiete (27) de febrero de mil novecientos ochenta, dictado por el Tribunal de la Carrera Administrativa, y así se declara.

RDP N° 14, 1983, pp. 157

CPCA   14-4-83

Magistrado Ponente: Román J. Duque Corredor

Las copias fotostáticas, sin su correspondiente certificación por la autoridad competente, carecen de todo valor probatorio.

Al analizar las razones de la impugnación, la Corte observa: Si bien el impugnante señaló como operaciones de inmuebles similares, las que figuran en las copias que acompañó a su solicitud, sin embargo, tales recaudos carecen de todo valor probatorio, por tratarse de simples copias fotostáticas, sin que conste su certificación por autoridad competente.

RDP N° 17, 1984, pp. 173

CPCA   19-1-84

Magistrado Ponente: Román J. Duque Corredor

La copia y su nota de certificación no pueden separarse, pues para que la primera tenga valor debe llevar consigo tal certificación.

Por otra parte, estima la Corte que tampoco puede apreciarse como prueba el expediente administrativo, que cursa de los folios 37 a 143 de la primera pieza de este expediente, en razón de que las notas de certificación que aparecen en cada uno de los documentos que conforman el citado expediente, no están suscritas de manera autógrafa por el funcionario que otorga la certificación, sino que la firma de dicho funcionario se encuentra estampada por un medio mecánico, un sello de caucho, que indudablemente no constituye un medio auténtico para garantizar la veracidad y exactitud de los documentos aludidos, tratándose éstos de copias fototostáticas. Es de observar que no consta en los autos autorización alguna expedida por la autoridad superior para que el Director de Personal del Organismo pudiera estampar válidamente a través de un sello de caucho su firma en las copias certificadas de los documentos originales del expediente administrativo.

Por otra parte, el oficio N° OPTYC-987 del 20-11-81, que figura al folio 36 de la primera pieza, no puede sustituir la necesaria certificación para dar autenticidad a la copia fotostática del expediente administrativo, por más de que en su texto la Directora de Personal, como remitente de dicho oficio, haga constar que las copias que se acompañan al mismo, son reproducción del original. En efecto, la certificación es un acto que debe constar en la copia misma y no en un instrumento independiente o ajeno a aquel cuya certificación se quiere hacer constar. La copia y su nota de certificación no pueden separarse, sino que, por el contrario, para que la primera tenga valor debe llevar consigo tal certificación. Igualmente, una certificación aislada y separada, no puede ser apreciada por su falta de correspondencia con un documento determinado.

RDP N° 18, 1984, pp. 161

CPCA   12-4-84

Magistrado Ponente: Hildegard Rondón de Sansó

El sistema de "certificación" de copias fotostáticas, mediante un sello sin firma autógrafa carece de autenticidad.

Esta Corte observa que el elemento en el cual se fundamentara el Tribunal de la Carrera Administrativa para decidir sobre las impugnaciones al acto de retiro estuvo en el expediente administrativo que la Administración le remitiera, el cual, si bien contiene una voluminosa documentación sobre el recurrente y específicamente sobre el procedimiento de reducción de personal, sin embargo, constaba en copias fotostáticas que presentan en la mayoría de las páginas que lo constituyen, un sello que indica "ser copia exacta de su original" con la firma, también estampada por el mismo medio, del Director de Personal del Ministerio de Agricultura y Cría. Ahora bien, este sistema de certificación es completamente ajeno a la exigencia del régimen jurídico que rige para el derecho venezolano, por cuanto carece de autenticidad: Un sello sin firma autógrafa no conforma prueba alguna de que una copia provenga de un órgano legítimo, en razón de lo cual las páginas o folios que lo ostentan, no poseyendo otra indicación que revele su procedencia, constituyen simples copias sin valor jurídico. Ahora bien, en esta segunda instancia, en cuyo procedimiento el apelante tenía facultad para hacerlo, promovió como pruebas los documentos fundamentales que constituyen el expediente administrativo en los cuales consta el sometimiento de la Administración al procedimiento establecido para la reducción de personal, y específicamente para la reducción del cargo ocupado por el querellante. La documentación aludida ha sido anexada en copia fotostática pero debidamente certificada página por página, en razón de lo cual tiene la fuerza jurídica que su presentante le atribuye y así se declara.

RDP N° 19, 1984, pp. 118

CPCA   14-6-84

Magistrado Ponente: Armida Quintana Matos

Para la expedición de copias certificadas se requiere la certificación de los funcionarios competentes para ello.

La Corte observa que en efecto es en esta alzada cuando la representación de la República trajo a los autos la documentación a través de la cual pretende comprobar el cumplimiento de los extremos previstos para que procediera la reducción de personal. Sin embargo, tal documentación aparece sin el sello del Despacho y con una firma que, según lo expresa un sello húmedo que se estampó en cada hoja, es la del Director del Personal del Despacho.

Estima esta Corte que la documentación así presentada incumple con lo dispuesto por el artículo 59 de la Ley Orgánica de la Administración Central y el artículo 46 del Reglamento del Estatuto Orgánico de Ministerios, aún en vigencia, que expresa:

"Los Directores Generales de los Ministerios y los otros funcionarios a quienes competa *expedir copias certificadas...* insertarán en el expediente, tanto la solicitud original que hubiere presentado el interesado, *como la autorización escrita del acto, otorgada por el Ministro. En la copia que expidan...* expresarán la fecha de la solicitud y que la expedición se hizo por orden del Ministro". (Subrayado de la Corte).

Si bien en este caso es la propia Administración la que presenta las copias, no existe constancia alguna de que las mismas han sido certificadas por el funcionario con competencia para ello, ni aparece la autorización que debe emanar del titular del Despacho como lo ordena la Ley Orgánica mencionada.

RDP N° 24, 1985, pp. 119

CPCA   8-8-85

Magistrado Ponente: Hildegard Rondón de Sansó

Caso: Uniteca de Venezuela, C.A. vs. República (Ministerio del Trabajo).

De la lectura se aprecia que si bien la certificación tiene toda la autenticidad de un documento público, esta sola circunstancia no es suficiente por sí misma para atribuirle la fuerza probatoria que la Comisión Tripartita le otorgara, por cuanto con tal constancia sólo se demuestra la denuncia formulada por el trabajador; pero la misma es insuficiente para probar que dicho trabajador estuviese facultado para actuar por la empresa a la cual decía representar, así como la existencia de la relación laboral, por lo cual, la valoración que de dicha prueba hiciera el autor del acto impugnado estimando al efecto que, por el hecho de tratarse de un documento público poseía fuerza probatoria para demostrar el vínculo de trabajo entre el trabajador y la empresa, careció de fundamento por cuanto no sólo debe apreciarse en una prueba su naturaleza, sino también la congruencia entre lo que ella arroja y el hecho que a través de la misma debía demostrarse, esto es, la idoneidad que la misma posea para demostrar el hecho controvertido.

RDP N° 30, 1987, pp. 114

CPCA   26-3-87

Magistrado Ponente: Román J. Duque Corredor

Caso: Distribuidora MAIPAN vs. Municipalidad del Distrito Marino del Estado Aragua.

La "Certificación" no puede referirse a hechos que deben ser probados documentalmente, porque la certificación es una actividad estrictamente documental.

En efecto, en primer término la Corte advierte que el instrumento que el Juez calificó de documento público, que corre el Folio 63, contiene una certificación cuyo texto es el siguiente:

"CERTIFICACIÓN"

La suscrita, secretaria del Concejo Municipal del Distrito Marino, del Estado Aragua Certifica: que la Cámara Municipal en su reunión celebrada el día 8 de octubre de mil novecientos ochenta y dos aprobó designar al Dr. Emilio Rojas Plazola, para efectuar reparos fiscales. Certificación que hago, en Turmero a los veintiún días del mes de noviembre de un mil novecientos ochenta y tres.

Virginia Vielma de Carrillo Secretaria Municipal "

La anterior certificación no es sino una simple relación de un hecho que pudo suceder en la sesión del Concejo Municipal, y no propiamente una certificación de un original o acta en donde constara verdaderamente tal hecho. En este sentido la Corte considera que la certificación, que es una actividad administrativa de constatación de la exactitud de diversos documentos con sus originales, no puede referirse a hechos que deben ser probados documentalmente, porque la certificación es una actividad estrictamente documental. Por tanto, el Juez *a quo* no podía calificar a la certificación de referencias como tal certificación, porque no garantiza exactitud de ningún documento con otro. Por el contrario, es un acto que pretendió sustituir la existencia de un documento que debió ser aportado a juicio, en original o en copia certificada. Ciertamente que el documento que el Juez denominó documento público, sólo se trata de una declaración de un funcionario de que en la reunión celebrada el 8 de octubre de 1983 el Concejo Municipal había otorgado autorización al abogado Emilio Rojas Plazola, pero sin que se transcribiera texto alguno para poder confrontarlo con el Acta original, tanto por el mismo Tribunal como por la otra parte. No le era posible, pues, al Juzgador de la Primera Instancia calificar a la anterior declaración de documento certificatorio, puesto que no era tal certificación, y así se declara.

c.   *Certificación de mera relación*

RDP N° 3, 1980, pp. 128

CPCA   27-5-80

Magistrado Ponente: Vinicio Bracho Vera

Los permisos o autorizaciones administrativas no pueden considerarse como certificaciones de mera relación.

De acuerdo a la disposición transcrita el requisito esencial para autorizar la desocupación de un inmueble por demolición del mismo, es el permiso que para dicha demolición otorgue el organismo Municipal competente; en el caso de autos tal requisito se cumplió a cabalidad por cuanto en el expediente consta el permiso de demolición N° 75.670 de fecha 23 de julio de 1979 emanado de la Dirección de Ingeniería Municipal referido a los inmuebles objeto de este proceso. Ahora bien, se ha alegado que tal oficio carece de eficacia alguna por tratarse de una certifica-ción de mera relación prohibida por el artículo 33 del Estatuto Orgánico de Ministerios.

No comparte la Corte el alegato anteriormente expuesto, pues estima que el permiso en referencia no tiene características de una "certificación", ni el funcionario que lo otorga está "declarando sobre algún hecho o dato de su conocimiento de los contenidos en los expedientes archivados o en curso"; se trata de una autorización acordada por un organismo competente dentro de las atribuciones que le son propias. Un acto administrativo. Así se declara.

RDP N° 43, 1990, pp. 62

CPCA   9-8-90

Magistrado Ponente: Jesús Caballero Ortiz

Caso: Tibisay Espinoza vs. República (Ministerio del Trabajo).

La prohibición de la expedición de certificaciones de mera relación (artículo 60 LOAC) está destinada a evitar que por esa vía se viole el deber que tienen los funcionarios públicos de guardar secreto sobre asuntos que se tramitan o se hayan tramitado en sus respectivas oficinas (artículo 56 LOAC) y, por lo tanto, se prohibe el testimonio u opinión del funcionario acerca de datos o hechos contenidos en el expediente administrativo.

Por otra parte, es verdad que el artículo 60 de la Ley Orgánica de la Administración Central prohibe la expedición de certificaciones de mera relación, entendiéndose por éstas las que sólo tengan por objeto hacer constar el testimonio u opinión del funcionario declarante sobre algún hecho o dato de su conocimiento de los contenidos en los expedientes archivados o en curso, o de aquellos asuntos que hubiere presenciado con motivo de sus funciones.

La prohibición contenida en la norma está destinada a evitar que por esa vía se viole el deber que tienen los funcionarios públicos de guardar secreto sobre asuntos que se tramitan o se hayan tramitado en su respectiva oficina, tal y como lo dispone el artículo 56 de la Ley Orgánica de la Administración Central y, en razón de ello, se prohibe el testimonio u opinión del funcionario acerca de datos o hechos contenidos en expedientes administrativos, mas no como en el caso de autos, en que el funcionario, actuando en función jurisdiccional y en uso de atribuciones legales, dejó constancia de la presentación del documento que acredita la representación de una de las partes en el procedimiento que se ventiló en sede administrativa, garantizando así la idónea legitimación de quienes concurren ante el órgano administrativo.

Por lo expuesto, la mención que deja constancia de que el funcionario vio la carta-poder original que acreditó a la compareciente como apoderada de la empresa no constituye una certificación de mera relación, y así se declara.

D. *Inspecciones*

RDP N° 14, 1983, pp. 155

CPCA   14-4-83

Magistrado Ponente: Hildegard Rondón de Sansó

Es facultad de la Administración el autorizar o no la inspección ocular de sus archivos, así como la exhibición de los documentos.

Ha alegado igualmente el solicitante la causal contenida en el ordinal 4° del artículo tantas veces citado que alude a: "La retención en poder de la parte contraria de instrumento decisivo en favor de la acción o excepción del reclamante; o acto de la parte contraria que haya impedido la presentación oportuna de tal instrumento decisivo". Respecto a esta causal ha alegado y demostrado el solicitante de la invalidación a todo lo largo del proceso que la Administración le impidió obtener la prueba decisoria del último cargo desempeñado. Alega al efecto el solicitante de la invalidación que en su caso la prueba retenida por la Administración consistía en la fuente documental que sirve para verificar la clasificación del funcionario en el cargo y su efectiva titularidad reconocida por el Organismo y esos instrumentos no eran otros que los registros de información y de asignación de cargos que llega a la Oficina de Personal y "a mayor abundamiento, la encuesta de nómina realizada en la Dirección de Personal del Organismo, conjuntamente por la Contraloría Interna y por la Comisión Reorganizadora de dicha dependencia, presidida por el Director Encargado cuya inspección y presentación solicité reiteradamente en el proceso". La sustituta del Procurador General de la República rechaza que se dé en el caso presente el supuesto que sirve de fundamento a la demanda de invalidación alegando que sólo procede en los casos en que el querellante haya ignorado la existencia del documento, así como el hecho mismo de la retención o del acto tendiente a impedir su presentación en juicio. Agrega al efecto: "Es lógico este requisito si se toma en cuenta que el conocimiento de los hechos anotados por parte del recurrente antes de pronunciado el fallo que se trata de invalidar, da a éste la posibilidad de solicitar su exhibición a tenor de lo dispuesto en el artículo 288 del Código de Procedimiento Civil. Ahora bien, como antes quedó expuesto el demandante conocía la existencia del documento mediante el cual pretende invalidar la sentencia dictada por esa digna Corte, aduciendo una presunta falsedad de documentos, en consecuencia reproduzco en cuanto a esta causal los argumentos arriba señalados con los cuales se demuestra fehacientemente que no hubo por parte del Ministerio de Educación ningún tipo de retención". Ahora bien, respecto a tales argumentos la Corte observa por una parte que dos son los supuestos contenidos en el citado ordinal 4° del artículo 729: 1) La retención del instrumento decisivo; 2) El acto que haya impedido la presentación oportuna de tal instrumento. La sustituta del Procurador pareciera por una parte limitar la causal al primero de los supuestos y por otra ignorar que el demandante ha alegado y demostrado que agotó todos los medios probatorios a su alcance para obtener la prueba de su condición lo cual le fue impedido por la propia Administración mediante una conducta omisiva que constituye un verdadero "acto impeditivo". En efecto, la Administración en el caso presente como en tantos otros que se dan en el régimen contencioso administrativo tiene en sus manos la posibilidad de autorizar o no la inspección ocular de sus archivos tal como lo prevé la ley Orgánica de la Administración Central, y la Ley Orgánica de la Corte Suprema de Justicia y sin lo cual no es posible la evacuación de dicha prueba. En el mismo sentido la exhibición de los documentos resulta potestativo de la Administración quien usa y abusa de tal facultad como se dio en el caso presente en el cual, como se evidencia de la parte narrativa de este fallo, a todo lo largo de las instancias el demandante trató inútilmente de ofrecerle al juzgador los elementos de juicio documentales que estaban en poder de la Administración. La imposibilidad de acceder a los archivos administrativos de la Administración Central cuando la misma utiliza el recurso de la calificación de los documentos como secretos o simplemente no accede a otorgar la autorización mediante la omisión de un pronunciamiento al respecto que, prolongándose en el tiempo agota el lapso probatorio es una realidad del contencioso administrativo que coloca al litigante en una situación de desigualdad procesal y al juez ante la imposibilidad de conocer la verdad de los hechos.

RDP N° 36, 1988, pp. 71

CPCA   22-11-88

Magistrado Ponente: Humberto Briceño León

Caso: Florencio A. Domínguez vs. República. (Ministerio del Trabajo Comisión Tripartita)

Tratándose de un procedimiento administrativo no rigen, en materia probatoria, las formalidades previstas para la inspección judicial en el Código de Procedimiento Civil, siempre y cuando los medios probatorios empleados tengan relación con los hechos cuyo esclarecimiento se trata. En consecuencia, en materia de inspecciones no rigen los preceptos establecidos para el proceso judicial. En efecto, el artículo 210 de la Ley del Trabajo faculta al Inspector para impartir instrucciones a los comisionados, entre las cuales se encuentran las inspecciones que deban practicarse dentro del procedimiento administrativo, sin necesidad de la presencia de las partes. Por lo demás, de acuerdo a los artículos 53 de la Ley Orgánica de Procedimientos Administrativos y 356 del Reglamento de la Ley del Trabajo, la Administración, de oficio, debe cumplir todas las actuaciones necesarias para el mejor conocimiento del asunto y ordenar la evacuación de cualquier prueba que considere necesaria para el mejor esclarecimiento de la verdad. Con mayor razón aún, entonces, podía ordenar al Comisionado la evacuación de una prueba expresamente promovida por la empresa, sin las limitaciones ni formalidades previstas en el Código de Procedimiento Civil y así se declara.

RDP N° 38, 1989, pp. 94

CPCA   13-4-89

Magistrado Ponente: Alfredo Duchame A.

Caso: Metalmecánica Larbaco C.A. vs. República. Ministerio del Trabajo (Comisión Tripartita).

Ahora bien, los actos de las Comisiones Tripartitas creadas por la Ley contra Despidos Injustificados, son actos administrativos los cuales, aun aquellos en los que el procedimiento administrativo, previo a su formación, contempla fases de iniciación, contradicción, audiencia, comprobación y decisión en lapsos preclusivos, están regidos por normas y principios menos rígidos que aquellos que se aplican al proceso judicial; por lo tanto, las Comisiones Tripartitas en Segunda Instancia pueden valerse para un mejor conocimiento del asunto de cualquier medio de prueba de los establecidos en el Código Civil, Código de Procedimiento Civil o en otras leyes, conforme lo establece el artículo 58 de la Ley Orgánica de Procedimientos Administrativos.

Sin embargo, para que cualquier prueba de las producidas en sede administrativa tenga eficacia, debe cumplir los extremos formales y materiales específicos para la cual fue concebida; así tenemos que la inspección ocular, artículo 1.428 del Código Civil, tiene como objetivo el dejar constancia de las circunstancias o el estado de los lugares o de las cosas que no se pueda o no sea fácil acreditar de otra manera, sin extenderse a apreciaciones que necesiten conocimientos periciales. De la lectura del acta levantada por el juez del Distrito Caroní del Segundo Circuito de la Circunscripción Judicial del Estado Bolívar, se evidencia que no cumple el objetivo previsto en la norma, por cuanto no se deja constancia de circunstancias o hechos apreciables de la sola observación de las cosas, sino que se emiten juicios sin determinación circunstanciada de los elementos que condujeron al mismo, infringiéndose así, además, el artículo 472 del Código de Procedimiento Civil vigente, artículo 338 del código derogado, lo que hace improcedente la apreciación de dicha prueba, máxime cuando la misma se funda en motivos ajenos a la situación deficitaria en materia económica alegada por la empresa.

RDP N° 118, 2009, pp. 240

TSJ-SPA (0619)   13-5-2009

Magistrado Ponente: Yolanda Jaimes Guerrero

Caso: Corporación Betapetrol, S.A. vs. Ministerio de Energía y Petróleo.

La concepción del procedimiento como cauce formal de la serie de actos conducentes a la adopción de una determinada decisión de la Administración, es una formalidad que no resulta aplicable al ejercicio de la actividad inspectora, ya que ésta no debe sujetarse necesariamente a un procedimiento formalizado.

3.- Violación de la garantía al debido proceso:

...

b) Alegaron también la violación al derecho la defensa de su representada argumentando que en el presente caso, *"...del expediente administrativo levantado con ocasión del procedimiento que culminó mediante la decisión revocatoria de la licencia otorgada a Corporación Betapetrol, S.A., (...) se evidencia que en fecha 30 de marzo de 2005 se habría llevado a cabo una inspección, quedando recogidas sus resultas en Acta levantada con ocasión de la misma..."*. Respecto a lo anterior denunciaron que *"...no se cumplió con las formalidades inherentes a la evacuación de ese tipo de medios probatorios, incorporándose dicha prueba de manera ilegítima al procedimiento administrativo, y lesionándose, en consecuencia, el derecho constitucional a la defensa de [su] representada..."*.

En el mismo orden de ideas añadieron que si tal y como se afirma "...en el Acta levantada en fecha 30 de marzo de 2005, la inspección que se realizó, se llevó a cabo en ejercicio de la atribución que otorgaría el artículo 8 de la LOH al Ministerio, para fiscalizar actividades en materia de hidrocarburos, la misma habría debido llevarse a cabo por el Viceministro de Hidrocarburos, quien es el titular de la unidad administrativa con competencia del segundo nivel jerárquico del Ministerio de Energía y Petróleo...". (sic).

Sobre el mencionado alegato se ha referido con anterioridad la Sala aludiendo concretamente a la competencia atribuida a la Dirección de Industrialización y Tecnología de Hidrocarburos, de conformidad con lo dispuesto en el artículo 8 del Decreto con Fuerza de Ley Orgánica de Hidrocarburos, estableciendo lo siguiente:

"...De la normativa anteriormente transcrita se desprende que la Dirección de Industrialización y Tecnología de Hidrocarburos, ejerciendo una competencia legalmente atribuida, procedió los días 29 de octubre y 21 de noviembre de 2003 -hecho no controvertido en el presente proceso- a realizar inspecciones para verificar el estado de las instalaciones propiedad de la recurrente, para desarrollar las actividades previstas en la Ley.

Como producto de esas inspecciones, los funcionarios actuantes constataron una serie de aspectos que fueron recogidos en el informe rendido en fecha 19 de mayo de 2004, que corre inserto en el expediente administrativo, donde recomendaron que, ante el cúmulo de irregularidades observadas, se le abriera a la empresa el correspondiente procedimiento administrativo...". (Sent. N° 01446 de fecha 12/11/08, caso: *ECC CHEMICAL 2000 C.A*).

Así como se ha indicado, a diferencia de lo que sostiene la accionante en su libelo, del artículo 8 del referido Decreto con Fuerza de Ley Orgánica de Hidrocarburos, se desprende que la Dirección de Industrialización y Tecnología de Hidrocarburos, como dependencia del Ministerio en referencia, se encuentra facultada para realizar inspecciones como las efectuadas en el caso de autos, ya que el citado artículo no discrimina dentro de la estructura del Despacho Ministerial a cuál de sus dependencias corresponde esa facultad. El indicado artículo sólo precisa en términos generales que "*...el Ministerio de Energía y Petróleo es el órgano nacional competente en todo lo relacionado con la administración de los hidrocarburos y en consecuencia tiene la facultad de inspeccionar los trabajos y actividades inherentes a los mismos, así como las de fiscalizar las operaciones que causen los impuestos, tasas o contribuciones establecidos en esta Ley y revisar las contabilidades respectivas...".*

A su vez, el tantas veces referido Decreto con Fuerza de Ley Orgánica de Hidrocarburos, establece en el artículo 61 lo siguiente:

"...Las personas naturales o jurídicas que deseen ejercer las actividades de suministro, almacenamiento, transporte, distribución y expendio de los productos derivados de hidrocarburos, deberán obtener previamente permiso del Ministerio de Energía y Minas. Estos permisos estarán sujetos a las normas establecidas en este Decreto Ley, su Reglamento y las Resoluciones respectivas. Las personas naturales o jurídicas que ejerzan las actividades antes señaladas, podrán realizar más de un actividad, siempre que exista la separación jurídica y contable entre ellas.

La cesión o traspaso de dichos permisos requerirán la autorización previa del Ministro de Energía y Minas...".

En consecuencia, de los citados artículos se evidencian las facultades acordadas al Ministro de Energía y Petróleo para ejercer las funciones de inspección y fiscalización de las actividades efectuadas por los funcionarios y los particulares, en materia de hidrocarburos, actividad ésta que comprende todo lo relativo al desarrollo, conservación, aprovechamiento y control de dichos recursos, tal y como lo establece el citado artículo 8 del Decreto con Fuerza de Ley Orgánica en referencia.

En efecto, de la lectura del expediente y del contenido del acto se evidencia que la Administración en el presente caso, a través del órgano competente, esto es, la Dirección de Industrialización y Tecnología de Hidrocarburos del Ministerio en referencia, en ejercicio de sus funciones, establecidas en el citado artículo 8 del Decreto con Fuerza de Ley Orgánica de Hidrocarburos en concordancia con lo dispuesto en los artículos 12 y 16 del Reglamento Interno del entonces Ministerio de Energía y Petróleo y la Ley Orgánica de Procedimientos Administrativos, acordó la apertura de oficio del procedimiento administrativo ordinario contra la empresa accionante, que dio lugar posteriormente, a la emisión de las Resoluciones N° 476 y 220, ambas emanadas del Ministro de Energía y Petróleo.

También se debe establecer en la presente decisión, que una de las características fundamentales de la potestad de inspección y fiscalización, resulta de su origen eminentemente normativo, pues ha de ser atribuida expresamente a la Administración, es decir, el ejercicio de dicha potestad no es el resultado de relaciones jurídicas, sino que por el contrario, ésta se traduce en un poder de intervención en la esfera jurídica de los administrados. En consecuencia, ante su ejercicio el ciudadano se encuentra en una especial situación de sujeción, pues como se ha indicado, con dicha actividad se persigue verificar el estricto cumplimiento de los requisitos que le sean impuestos por el ordenamiento jurídico. De allí que el particular que resulte inspeccionado no puede considerar cercenados sus derechos, pues como resultado de la referida especial situación de sujeción, existe el deber jurídico de soportar la verificación por parte de la Administración del cumplimiento del ordenamiento. (*Vid* Sent. de la SPA N° 01917 de fecha 28-11-07, caso: *Lubricantes Güiria S.R.L.*).

Adicionalmente, en el caso planteado se constata el levantamiento del Acta de Inspección de fecha 30 de marzo de 2005 (folios 11 y 12 del expediente administrativo), a los fines de recomendar "...el estudio de la posibilidad de apertura de procedimiento administrativo...", sin que ello signifique el incumplimiento de formalidad alguna ni la incorporación de medios probatorios "...de manera ilegítima al procedimiento administrativo (...) lesionándose, en consecuencia, el derecho constitucional a la defensa de [su] representada...", tal como fue alegado por la parte accionante.

Por el contrario, debe precisar en esta oportunidad la Sala, que el valor probatorio de las Actas de Inspección levantadas en ejercicio de las actuaciones inspectoras de la Administración, deriva fundamentalmente de la presunción de legalidad de todo acto administrativo. De allí que los hechos, actos o estados de cosas que se hagan constar en los referidos documentos deben tenerse como ciertos, salvo que otros medios de prueba desvirtúen lo allí documentado por el funcionario público competente, siendo entonces el acta de inspección un medio de prueba fundamentador pero no concluyente, a los efectos de las ulteriores decisiones administrativas que pudiesen producirse como resultado del ejercicio de la potestad sancionadora.

Así mismo, se ha de advertir que nada impide que los hechos expuestos en las Actas de Inspección puedan ser desvirtuados en el curso del procedimiento administrativo, a fin de enervar la decisión administrativa ulterior que pudiese producirse como resultado de un procedimiento administrativo sancionador iniciado precisamente, con fundamento en los datos, hechos o situaciones de las que se deja constancia en el acta levantada a tales efectos.

En el presente caso, el Acta de Inspección de fecha 30 de marzo de 2005, en la que se recomienda "...*el estudio de la posibilidad de apertura de procedimiento administrativo*...", constituye un acto previo que como se ha indicado, carece de valor concluyente y por tanto, no vulnera los derechos de la accionante inherentes al debido proceso enunciados anteriormente. La mencionada Acta de Inspección sólo sirvió de fundamento para que la Administración acordara en el Auto de Apertura del procedimiento Administrativo N° DITH/006-2005 de fecha 7 de abril de 2005 (folios 9 y 10 del expediente administrativo), el inicio de Oficio del Procedimiento Administrativo ordinario en contra de Corporación Betapetrol, S.A., *"...ante la presunción de que la referida Empresa estaría infringiendo las obligaciones contraídas en la Licencia..."*. Acto que fue notificado a la accionante el 28 de junio de 2005.

Así se observa que corre inserto, a los folios 128 al 137 del expediente administrativo el escrito de descargos presentado oportunamente por la empresa recurrente para dar respuesta al mencionado auto de apertura N° DITH/006-2005 y del contenido de dicho escrito se evidencia que la accionante pudo exponer todos los argumentos y alegatos que consideró pertinentes contradiciendo cada una de las situaciones y hechos de los que se dejó constancia en el Acta de Inspección mencionada.

Por consiguiente, resulta errado afirmar que los mencionados actos (Acta de Inspección y Auto de Apertura del Procedimiento), emanados de la Dirección de Industrialización y Tecnología de Hidrocarburos, hayan causado indefensión o vulnerado el debido proceso de la parte actora, pues al analizar el contenido de la Resolución N° 476 del 27 de diciembre de 2005 dictada por el Ministro de Energía y Petróleo, cuyo contenido es confirmado en el acto impugnado (Resolución N° 220 del 18 de julio de 2006), fue el incumplimiento de las obligaciones de la empresa Corporación Betapetrol, S.A., en virtud de la falta de incorporación de las observaciones de carácter técnico y jurídico requeridas por el Ministerio de Energía y Minas a través de la Dirección en cuestión y la Consultoría Jurídica, el supuesto de hecho que sirvió de fundamento a la revocatoria de la Licencia acordada a la empresa recurrente, y no los hechos de los que se dejó constancia en la referida Acta de Inspección en la que se alude por ejemplo a la falta de inicio de los trabajos de construcción de la Refinería de Caripito, ya que como acertadamente expuso la licenciataria en su escrito de descargos, el proyecto asociado a la dicha Refinería se encontraba en la primera fase de la Licencia referida a la aprobación por parte del Ministerio del citado estudio de prefactibilidad. Para mayor abundamiento, con respecto al alegado incumplimiento de las formalidades relativas a la actuación fiscalizadora, se debe agregar que la concepción del procedimiento como cauce formal de la serie de actos conducentes a la adopción de una determinada decisión de la Administración, es una formalidad que no resulta aplicable al ejercicio de la actividad inspectora, ya que ésta no debe sujetarse necesariamente a un procedimiento formalizado en el sentido expuesto.

De allí que la actividad inspectora puede iniciarse de oficio o a instancia de parte, sin obviar los elementos consustanciales al ejercicio de cualquier actividad de la Administración, pudiendo incluso en algunos casos, prescindir de la notificación formal de dicha actuación si está en riesgo la finalidad perseguida con la misma o ante supuestos de extrema urgencia o gravedad. En estos últimos casos sólo es exigible el levantamiento del Acta como manifestación formal a los efectos de que el funcionario deje constancia de los hechos relevantes. Finalmente, en relación a este alegato de violación al derecho a la defensa los apoderados judiciales de la accionante sostienen que "...*el funcionario que ordenó la apertura del procedimiento y llevó a cabo la instrucción del mismo, esto es, el Director de Industrialización y Tecnología de Hidrocarburos de ese Ministerio, ha debido inhibirse a tenor de lo previsto en la Ley Orgánica de Procedimientos Administrativos; y al no hacerlo, una vez más se lesionó la garantía constitucional de Betapetrol a ser oída por un funcionario imparcial, con lo que se afectó la validez de la decisión adoptada..*". (*sic*). Al respecto, como se indicó anteriormente, en virtud del carácter fundamentador que tienen las Actas producto de la actividad inspectora de la Administración y no concluyente de ulteriores decisiones administrativas, resulta perfectamente aceptable (sin que ello implique violación a la garantía de imparcialidad inherente al debido proceso), que el órgano o dependencia que lleve a cabo la inspección sea a su vez, el que ordene la apertura del procedimiento administrativo sancionador, ya que su decisión, como se ha indicado, se fundamenta en una presunción de responsabilidad del administrado que no tiene valor determinante o concluyente para la imposición de la sanción respectiva.

De allí que en criterio de la Sala, en el caso que se analiza, no puede considerarse vulnerado el derecho al debido proceso de la empresa recurrente, puesto que, por una parte, fue la Dirección de Industrialización y Tecnología de Hidrocarburos la que realizó la inspección de la que se dejó constancia en el Acta de fecha 30 de marzo de 2005 y la que acordó la Apertura de Oficio del procedimiento administrativo ordinario contra Corporación Betapetrol, S.A., según consta en Auto N° DI-TH/006-2005, y por la otra, fue el Ministro de Energía y Petróleo, el que dictó la decisión contenida en la Resolución N° 476 de fecha 27 de diciembre de 2005, que declaró la revocatoria de la Licencia de fecha 28 de noviembre de 2002, en su carácter de órgano decisor y la Resolución impugnada N° 220 del 18 de julio de 2006, confirmatoria de la anterior. En esta última, respecto a este alegato de violación al debido proceso de la parte actora se indicó lo siguiente:

> "...*Por otra parte, es preciso distinguir entre la facultad de sustanciar y la facultad de decidir que ostenta la Administración en estos casos, ya que aunque ambas facultades forman parte de la referida potestad sancionatoria, cada una de ellas corresponden a funcionarios diferentes, tal es el caso de la sustanciación del expediente compete a la Dirección de Industrialización, pero la decisión del mismo compete al titular del Despacho, por lo tanto, cuando el representante de la empresa alega una causal de inhibición que supuestamente recaía en cabeza del Director de Industrialización de los Hidrocarburos, para esa época, quien según sus dichos, adelantó opinión inclusive antes de la apertura del procedimiento, es preciso destacar que las causales de inhibición, en todo caso operan y se ponen en práctica cuando es el funcionario a quien le corresponde tomar la decisión, quien se encuentra incurso en alguna de las causales de inhibición, pero es que en el caso que nos ocupa, el funcionario a quien se le pretende imputar la causal de inhibición no tenía facultades decisorias que lo pudieran hacer sujeto de la pretendida inhibición...*". (negrillas de esta decisión).

RDP N° 83, 2000, pp. 230

TSJ-SPA (1698)   19-7-2000

Magistrado Ponente: Carlos Escarrá Malavé

Caso: Sergio Seijas R. vs. Alcaldía del Municipio Sucre del Estado Sucre.

Una inspección judicial practicada a espaldas de los administrados no puede serles opuesta posteriormente.

En el caso de autos observa la Sala que no existe en el expediente administrativo indicio alguno que a la parte actora se le haya notificado de la apertura de un procedimiento destinado a rescatar el terreno que era de su propiedad y, mucho menos, que se la haya permitido alegar y probar algo dentro de este. Ello a pesar que, mediante el texto del acto administrativo impugnado, se demuestra claramente que la Administración Municipal conocía que la parte actora era propietaria del terreno rescatado.

Tal ausencia de procedimiento no queda en modo alguno convalidada por la inspección judicial que fuera practicada a solicitud de la Municipalidad y en ausencia y desconocimiento de la parte actora, pues ella no tiene valor probatorio alguno frente a esta última, ya que fue practicada sin el debido al control y contradicción de la prueba que es una de las garantías fundamentales que permite el ejercicio del derecho a la defensa durante la tramitación del procedimiento administrativo, debiendo tenerse dicha inspección como una simple actividad de constatación efectuada a solicitud de la Administración y que sólo tiene efectos a los fines de cumplimiento de su actividad de supervisión.

Ciertamente, no puede confundirse la actividad que realiza la Administración para recabar información con la actividad probatoria que realiza en el transcurso de un procedimiento administrativo. La primera, se encuentra destinada a conocer sobre una situación determinada, sin que sea necesaria la participación de los particulares, pues esta actividad tiene simples fines de constatación. Ahora bien, en el caso de la actividad probatoria de la Administración, es necesario e imperante que el administrado pueda ejercer el necesario control y contradicción de la prueba pues, de lo contrario, esta no tendrá valor alguno y no podrán ser utilizadas por la Administración a los fines de una decisión que afecte la esfera jurídica de un administrado.

Por todo lo anterior esta Sala observa que fue violado gravemente el derecho a la defensa y al debido proceso de la parte actora lo cual conforme a lo dispuesto en el artículo 19, numeral 4 del Ley Orgánica de Procedimientos Administrativos acarrea la nulidad absoluta de los actos administrativos impugnados y así se declara.

6. *Apreciación por la Administración*

RDP N° 3, 1980, pp. 120

CSJ - SPA ACC   1-7-80

Magistrado Ponente: Luis Torrealba Narváez

En el procedimiento administrativo la apreciación de pruebas por la autoridad administrativa debe entenderse en forma amplia siempre que no se violen las garantías constitucionales.

El Artículo 39 de la Constitución Nacional persigue que cuando se dicte la Ley pertinente, la pérdida de la nacionalidad sea establecida o declarada en un acto judicial en el que se establezcan las garantías de un proceso en el que la admisión y evacuación de pruebas sean actos directos de dicho proceso, así como de los demás actos procesales, sustrayéndose de la jurisdicción o ámbito administrativo la materia que regula actualmente la Ley de Naturalización; y hasta que ello no ocurra, la apreciación de pruebas por parte de la autoridad administrativa competente debe entenderse en forma amplia, siempre y cuando no aparezca violada alguna de las garantías constitucionales establecidas en favor de las personas, lo cual no ha ocurrido en el caso estudiado, en el cual la autoridad administrativa se ha fundamentado en elementos probatorios emanados de la autoridad competente, como son las copias certificadas contentivas del prontuario de antecedentes penales del apelante y de las declaraciones de testigos evacuadas dentro del respectivo proceso penal, así como el auto de detención y cargos fiscales por ejercicio ilegal de la profesión de Abogado, proceso en el cual el procesado ha podido ejercer libremente su defensa.

RDP N° 3, 1980, pp. 120

CSJ-SPA ACC   1-7-80

Magistrado Ponente: Luis Torrealba Narváez

La apreciación de los hechos en el procedimiento constitutivo de los actos administrativos no puede implicar el establecimiento definitivo sobre si los mismos son tipificadores de delito.

La Corte observa que es de la soberana apreciación de la autoridad administrativa estimar los elementos probatorios que sirven de fundamento o motivación del respectivo acto administrativo y que la materia concerniente a procesos penales y a las decisiones o sentencias en ese ámbito excede la jurisdicción administrativa y cae dentro de la jurisdicción judicial penal o jurisdicción en sentido estricto, de manera que la apreciación de si una determinada conducta es violatoria o no de normas de comportamiento social y su calificación como antisocial, corresponde al ámbito administrativo de apreciación, no así lo concerniente al establecimiento definitivo sobre si los hechos son tipificadores de un delito y la respectiva culpabilidad, lo cual compete a la jurisdicción judicial penal.

RDP N° 22, 1985, pp. 158

CSJ-SPA (85)   18-3-85

Magistrado Ponente: Josefina Calcaño de Temeltas

Se denuncia la violación de los artículos 12 y 162 del Código de Procedimiento Civil, por haber ignorado la Resolución ministerial una prueba promovida por la demandante y haber decidido, en consecuencia, sin arreglo a las acciones deducidas y las excepciones o defensas opuestas. Se refiere la demandante a la Resolución del Inspector III del Trabajo en el este del Área Metropolitana, de 6 de mayo de 1982, anteriormente citada. La Corte advierte que las disposiciones cuya violación se denuncia están dirigidas al juez y en lo que atañe a la Administración constituyen únicamente principios orientadores para el mejor desempeño del cometido que le asigna la Ley Orgánica de Procedimientos Administrativos, en sus artículos 62 y 9, de resolver todas las cuestiones planteadas y en forma motivada, como en efecto ocurrió en este caso. La Administración actuó de manera adecuada al no apreciar una prueba que, por no presentar relación con las cuestiones planteadas, ni estar siquiera referida a las personas involucradas por tales cuestiones, era manifiestamente impertinente, y así se declara.

RDP N° 31, 1987, pp. 75

CPCA   11-6-87

Magistrado Ponente: Pedro Miguel Reyes

Caso: Angelo Maiorana vs. República. (Ministerio del Trabajo, Comisión Tripartita).

La apreciación de la prueba de testigos corresponde hacerla a la autoridad administrativa de conformidad con la Ley, para que el acto no resulte viciado.

No ha lugar, en consecuencia, al alegato de violación de los artículos 12, 162 y 367 del Código de Procedimiento Civil, por no ser aplicable a los actos administrativos y corresponde a esta Corte, con base en el principio de la plenitud de la prueba determinar, con vista al alegato de que el acto recurrido no tomó en cuenta las pruebas de los autos que acreditan que el recurrente no incurrió en la falta que se le imputa, esto es, el faltar a su trabajo los días 3, 4 y 5 de noviembre de 1982, si el acto impugnado está viciado en su causa, entrando, en consecuencia, al examen de la cuestión de fondo y al respecto observa: El acto recurrido expresa que quedó demostrado en autos que el trabajador faltó a sus labores habituales los días 3, 4 y 5 de noviembre de 1982 ya que los testigos promovidos así lo declaran; es decir, que el supuesto de hecho con base al cual la autoridad administrativa consideró aplicable la calificación jurídica del despido como justificado, resultó en su criterio demostrado, "ya que los testigos promovidos así lo declaran". La primera observación que corresponde formular es que la apreciación de la prueba de testigos corresponde hacerla a la autoridad administrativa, cumpliendo con lo que al respecto establece la ley o leyes que regulan dicha prueba. Esto, por así disponerlo el artículo 58 de la Ley Orgánica de Procedimientos Administrativos, según el cual "los hechos que se consideren relevantes para la decisión de un procedimiento, podrán ser objeto de todos los medios de prueba establecidos en el Código Civil, de Enjuiciamiento Criminal o en otras leyes". Estos medios probatorios deben, por tanto, cumplir con los requisitos de existencia, validez y eficacia probatoria que establezcan las leyes que los consagran, de manera que la comprobación de los hechos debe ser efectuada de conformidad con la ley para que el acto no resulte viciado. En el caso de la prueba de testigos dispone el artículo 508 del Código de Procedimiento Civil, equivalente al artículo 37 del Código derogado, lo siguiente:

> "Para la apreciación de la prueba de testigos, el Juez examinará si las deposiciones de éstos concuerdan entre sí y con las demás pruebas, y estimará cuidadosamente los motivos de las declaraciones y la confianza que merezcan los testigos por su edad, vida y costumbres, por la profesión que ejerzan y demás circunstancias desechando en la sentencia la declaración del testigo inhábil, o del que apareciere no haber dicho la verdad, ya por las contradicciones en que hubiere incurrido, o ya por otro motivo, aunque no hubiese sido tachado, expresándose el fundamento de tal determinación".

Por tanto, violó el acto recurrido la transcrita disposición legal al haber efectuado la comprobación de los hechos discutidos con fundamento en las declaraciones de "los testigos promovidos" sin cumplir, en la apreciación de esos testimonios, con los requisitos legales aplicables, es decir, sin realizar el necesario análisis de cada una de esas declaraciones, y la concordancia entre sí y con las demás pruebas. Por lo demás, esta ilegalidad se manifiesta más aún, si se toma en cuenta que la decisión recurrida es el resultado de un procedimiento de segundo grado que elevó al conocimiento de la Comisión Tripartita de Segunda Instancia una decisión administrativa, cuyo dispositivo se fundamentó en un análisis pormenorizado de las pruebas aportadas por las partes para determinar la veracidad de los hechos.

RDP N° 55-56, 1993, pp. 204

CSJ-SPA (746)   12-12-93

Magistrado Ponente: Hildegard Rondón de Sansó

Caso: Dominicana de Aviación vs. República (Ministerio del Trabajo)

A pesar de que las normas que rigen la formación de la sentencia en sede jurisdiccional no se aplican en vía principal a los actos administrativos, sin embargo, lo referente a la validez de los documentos, contemplados en el Código de Procedimiento Civil, sí son de obligatorio cumplimiento en la valoración de las pruebas en sede administrativa.

La segunda impugnación del recurrente está constituida por la violación de los artículos 1.363 y 1.364 del Código Civil, al ser ignorados en el acto administrativo, por cuanto las pruebas aportadas por la empresa no fueron impugnadas por la reclamada, quien no se opuso a ninguna de ellas, quedando en consecuencia firmes. El órgano administrativo sin embargo se sustituyó en el trabajador sin tener facultad para hacerlo, al desconocer el valor probatorio de los documentos, por lo cual incurrió en la violación de los artículos 12 y 243 del Código de Procedimiento Civil, por lo cual el acto sería nulo en la forma prevista en el artículo 244 del Código de Procedimiento Civil.

A pesar de que las normas que rigen la formación de la sentencia en sede jurisdiccional no se aplican en vía principal a los actos administrativos que dirimen una controversia entre particulares, sin embargo, lo referente a la validez de los documentos, contemplados en el Código de Procedimiento Civil, sí son de obligatorio cumplimiento en la valoración de las pruebas en sede administrativa. En el caso presente el órgano administrativo le atribuyó mediante una errónea motivación, valor a la documentación constante en autos, con lo cual violó lo dispuesto, en el Código de Procedimiento Civil, cuya violación se denuncia, por lo cual debe considerarse que estuvo ajustada a derecho la impugnación.

RDP N° 65–66, 1996, pp. 202

CSJ-SPA (230)   28-3-96

Magistrado Ponente: Alfredo Ducharne Alonzo

Caso: SOHUCA vs. INOS

Las copias fotostáticas de documentos que no han sido autorizados por un funcionario competente en ejercicio de su función de expedir certificaciones de documentos contenidos en un expediente administrativo, no tienen valor probatorio.

Análisis de las pruebas.

Las pruebas aportadas por la actora, acompañadas a su libelo de demanda y salvo la Inspección Judicial practicada por el Juzgado del Distrito Bolívar de la Circunscripción Judicial de Barcelona, Estado Anzoátegui, el día 04 de octubre de 1989 (folios 22 y 23 del expediente), son copias fotostáticas, a las cuales solicita se les de pleno valor probatorio pues a su juicio y de conformidad con el artículo 429 del Código de Procedimiento Civil, no fueron impugnadas en la secuela del procedimiento, destacando de manera particular el hecho de que los documentos emanados del Instituto Nacional de Obras Sanitarias, "por ser persona jurídica de carácter público, son verdaderos instrumentos públicos".

Al respecto, el artículo 429 del Código de Procedimiento Civil señala:

"Los instrumentos públicos y los privados reconocidos o tenidos legalmente por reconocidos podrán producirse en juicio originales o en copia certificada expedida por funcionarios competentes con arreglo a las leyes. Las copias o reproducciones fotográficas, fotostáticas o por cualquier otro medio mecánico claramente inteligibles d estos instrumentos, se tendrán como fidedignas si no fueren impugnadas por el adversario, ya en la contestación o en el lapso de promoción de pruebas. Las copias de esta especie producidas en cualquier otra oportunidad no tendrán ningún valor probatorio si no son aceptadas expresamente por la otra parte" (resaltado de la Sala).

Se desprende de la disposición anterior que se tendrán como fidedignas, siempre que no hayan sido impugnadas en las oportunidades señaladas, las copias fotostáticas de dos tipos de instrumentos en particular, a saber: 1) Los instrumentos públicos; y 2) Los privados reconocidos o tenidos legalmente por reconocidos.

Respecto de los instrumentos públicos señala el Código Civil:

"Art. 1.357. Instrumento público o auténtico es el que h sido autorizado con las solemnidades legales por un Registrador, por un Juez, u otro funcionario o empleado público que tenga facultad para darle fe pública, en el lugar donde el instrumento se haya autorizado".

"Art. 1.359. El instrumento público hace plena fe, así entre las partes como respecto de terceros, mientras no sea declarado falso".

"Art. 1.360. El instrumento público hace plena fe así entre las partes como respecto de terceros, de la verdad de las declaraciones formuladas por los otorgantes acerca de la realización del hecho jurídico a que el instrumento se contrae, salvo que en los casos y con los medios permitidos por la ley se demuestre la simulación".

Por otra parte, se ha calificado como documento público, en el sentido antes expresado, al expediente administrativo o las actas que lo contienen, que sean expedidas mediante su certificación, por el funcionario público competente para ello.

Respecto de los "privados reconocidos o tenidos legalmente por reconocidos", expresa el Código Civil:

"Art. 1.363. El instrumento privado reconocido o tenido por legalmente reconocido, tiene entre las partes y respecto de terceros la misma fuerza probatoria que el instrumento público en lo que se refiere al hecho material de las declaraciones; hace fe, hasta prueba en contrario de la verdad de esas declaraciones".

Tradicionalmente la doctrina ha definido al documento privado como aquél que emana de las partes sin intervención del Registrador, el Juez u otro funcionario público competente, pudiendo un documento privado convertirse en reconocido, por vía de acción principal, por vía incidental, o por el procedimiento previo de la vía ejecutiva, así como el consistente en la declaración hecha por el o los firmantes de un documento, ante un Juez, un Registrador o un Notario, de que la firma que aparece en el instrumento presentado es de ellos y en que el funcionario, después de identificarlos, a continuación, atesta la identificación y la declaración de los comparecientes.

En atención a ello, de las pruebas mencionadas, acompañadas por la actora a su libelo de demanda se desprende que:

Los fotostatos relativos a: a) Memorándum emitido por el Ing. Ángel Córdoba al Ing. Juan Fajardo de fecha 10-3-87, marcado con la letra "G", que cursa al folio 20 del expediente; y b) Las facturas: N° 1328 del 9-9-88 por Bs. 18.390.773,86; N° 0059 del 10-06-89 por Bs. 2.159.856,00; y N° 0350 de fecha 02-10-89 por Bs. 878.341,44, marcadas con las letras "J", "K" y "L" que corren a los folios 24, 25 y 26, son copias de la parte demandante, los cuales escapan del tipo de los "reconocidos" o de los "tenidos legalmente por reconocidos", y por lo tanto sin valor probatorio a los fines del presente juicio. Así se declara.

En relación a los fotostatos contentivos de los actos en los que aparece participar la demandada por medio de sus funcionarios, a saber: a) Copia del Oficio N° 023 del 20 de octubre de 1980, marcado con la letra "B" y que cursa a los folios 10 y 11 del expediente; b) Copia de la Orden de Compra de fecha 10 de noviembre, marcada "D" y que corre al folio 16 del expediente; c) Copia del Oficio N° 651 del 22 de junio de 1983, marcado "E" que corre al folio 17 del expediente; d) Copia del acta del 16 de noviembre de 1983, marcada "F" que cursa a los folios 18 y 19 del expediente; y e) Copia de la Minuta de fecha 26-01-89 marcada "H", que corre al folio 21 del expediente, y que la demandante ha citado como fotocopias de "documentos públicos"; se tiene que no son copias de documentos públicos de los señalados en los artículos 1357, 1359 y 1360 del Código Civil; ya que no han sido autorizados por un funcionario competente en ejercicio de su función de expedir certificaciones de documentos contenidos en un expediente administrativo. En consecuencia, al no tratarse de copias fotostáticas de documentos públicos, los mismos carecen de valor probatorio y así se declara.

RDP N° 67–68, 1996, pp. 171

CSJ-SPA (626)   8-10-96

Magistrado Ponente: Alfredo Ducharne Alonzo

El derecho a la defensa exige que la Administración comunique a los interesados la apertura de un procedimiento -más aún cuando es de tipo sancionatorio o destinado a imponer gravámenes- para que previamente a la emisión del acto definitivo, las partes puedan tener acceso al expediente y así alegar y probar lo conducente

Sostiene la parte actora que la decisión objeto de análisis conculcó su derecho de defensa al no tomar en consideración las pruebas promovidas por ésta. Igualmente considera que el acto conculcó su derecho a la igualdad y a la no discriminación, debido a que se utilizó "su investidura de Juez, como razón suficiente y bastante, para ser sancionada sin tomar en consideración sus alegatos y pruebas".

Al respecto cabe mencionar lo siguiente:

El artículo 68 de nuestra Constitución establece que la defensa es un derecho inviolable en todo estado y grado del proceso, lo que ha sido interpretado por jurisprudencia reiterada de este alto Tribunal en su forma más amplia, al extenderlo al derecho a ser oído, presentar alegatos, refutar las argumentaciones contrarias, promover y evacuar las pruebas pertinentes, "tanto en el procedimiento constitutivo del acto administrativo como a los recursos internos consagrados por la Ley para depurar aquél" (*Vid*. Sentencia de la Sala Político-Administrativa de la Corte Suprema de Justicia del 08-05-91, caso: "*Ganadería El Cantón*").

En este contexto, la Administración está en la obligación de comunicar a los interesados la apertura de un procedimiento -más aún cuando es de tipo sancionatorio o destinado a imponer gravámenes- para que previamente a la emisión del acto definitivo, las partes puedan tener acceso al expediente y así alegar y probar lo conducente. Así lo ha establecido la Sala Político-Administrativa, entre tantas decisiones, la del 17-11-83 cuando señala lo siguiente:

> "El derecho a la defensa debe ser considerado no sólo como la oportunidad para el ciudadano encausado o presunto infractor de hacer oír sus alegatos, sino como el derecho de exigir del Estado el cumplimiento previo a la imposición de toda sanción, de un conjunto de actos o procedimientos destinados a permitirle conocer con precisión los hechos que se imputan, las disposiciones legales aplicables a los mismos, hacer oportunamente alegatos en su descargo y promover y evacuar pruebas que obren en su favor. Esta perspectiva del derecho de defensa es equiparable a lo que en otros Estados ha sido llamado como el principio al debido proceso".

Ahora bien, debe señalarse que el derecho a la defensa lleva implícito, además de lo expuesto, el reconocimiento y valoración por parte del juzgador de los argumentos hechos valer por las partes en el transcurso del proceso, ya que de nada valdría brindar todas las oportunidades para alegar y probar si tales alegatos y probanzas no son debidamente apreciados, o lo que sería peor, ignorados al momento de decidir, bien por razones deliberadas o inadvertidas.

Desde esta perspectiva, considera la Sala, acogiendo la expresión de Agustín Gordillo que:

"El principio de oír al interesado antes de decidir algo que lo va a afectar, no solamente es un principio de Justicia, es también un principio de eficacia, porque indudablemente asegura un mejor conocimiento de los hechos y por lo tanto lo ayuda a una mejor administración, además de una más justa decisión".

En el caso que se analiza, observa la Sala que en los folios 5 y 6 del acto impugnado se recogen las declaraciones de los testigos promovidos por la accionante así como parte del informe presentado por ésta en el procedimiento que se le siguiera. A tal efecto se señala:

"Admitidas por auto de fecha 10 de mayo de 1995, las pruebas promovidas por la Juez encausada, este Tribunal acordó comisionar al Juzgado del Municipio los Salias de la Circunscripción Judicial del Estado Miranda a los fines de su evacuación (f. 125), ante el cual rindieron declaración los ciudadanos GROBER PERLAKY, quien manifestó que la última vez que vio a la Dra. Maritza López en la Asamblea, fue como hace quince años y que siempre ha observado una conducta amistosa (fs. 155 y 156); TATA VICENZO quien expuso que la precitada Doctora siempre ha mantenido una conducta cordial (f.157); SANDRA DÍAZ, quien indicó que la Dra. Maritza López tiene una conducta intachable (fs. 151 y 152); TATA GIOVANNI, quien expuso que la mencionada Juez ha demostrado gran colaboración, siendo su permanencia en la reunión tranquila (fs. 159 y 161); BUGALLO SANTIAGO, quien expresó, que no vio en ninguna reunión de asambleas de la Urbanización a la Dra. MARITZA LÓPEZ (fs. 162 y 163); TAPIA DILZA, quien califica a la precitada Juez de un "vecino de admiración" (fs. 163 y 165).

Siendo la oportunidad legal para que tuviera lugar el acto de informes en el presente procedimiento, compareció la Dra. Maritza López, quien consignó escrito constante de treinta y tres folios útiles, en el que expresó:

"...Ratifico en todas y cada una de sus partes, mi escrito de informes iniciales de fecha 4 de abril de 1995...

De todo lo anteriormente declarado por los testigos quedó claramente establecido...me dedico a mi vida privada y familia... es falso el traslado de Tribunal alguno a las asambleas y mucho menos mi presencia en las mismas, quedó claro que no estuve presente en la asamblea de fecha 10 de agosto de 1993. Demostré mis pagos por el servicio de agua a los Organismos Competentes e igualmente que nunca he trasladado ni dirimido acciones legales en los Tribunales, con ningún miembro de la comunidad, como tampoco lo hizo mi ex-esposo, con lo cual quedan desvirtuados todos y cada uno de los hechos falsamente denunciados..."

No obstante lo anterior, el Tribunal Disciplinario del Consejo de la Judicatura desestima expresamente las testimoniales promovidas por la Juez investigada *"por ser contradictorias con los restantes elementos de juicio cursantes en las actas del expediente"* (folio 10 de la decisión). (Subrayado de la Sala).

Al respecto considera esta Corte, que si bien el Consejo de la Judicatura permitió a la ciudadana Maritza López Conde González el ejercicio libre de su derecho a la Defensa, en el sentido de alegar, promover y evacuar las pruebas que estimó necesarias y suficientes para la mejor defensa de sus intereses, también es cierto que las pruebas esenciales, que a su juicio, desvirtúan las imputaciones de los miembros de la Asociación de Vecinos de la Urbanización Club de Campo, como lo son las testimoniales rendidas ante el Juzgado del Municipio Los Salias de la Circunscripción Judicial del Estado Miranda, parcialmente transcritas con anterioridad, no fueron valoradas bajo el argumento de que las mismas contradecían los restantes elementos de juicio cursantes en las actas del expediente, sin indicar a cuáles se refiere, ni por qué tales elementos impiden desplegar el valor probatorio a los aportados por la investigada.

Es de hacer notar, que en los escritos presentados por el Consejo de la Judicatura se ratifica una vez más "el motivo" de la desestimación de los testigos promovidos por la actora, como si ello en nada violara su derecho a la defensa.

Ante esta circunstancia, no puede y no debe la Sala dejar de advertir que lo descrito constituye además, una evidente desigualdad en las reglas de valoración de las pruebas, en favor de una de las partes (los denunciantes), habida cuenta de que, sin motivo alguno, el Tribunal Disciplinario del Consejo de la Judicatura hizo prevalecer la tesis de que la accionante "ha agredido verbalmente y amenazado, utilizando para ello su condición de Juez", frente a aquella que la califica como de conducta amistosa, cordial e intachable, sustentada por los testigos que fueron desestimados.

En este sentido, la jurisprudencia de la Sala Civil de esta Corte, en reiterados fallos ha señalado lo siguiente:

"Es cierto que los jueces de instancia pueden desechar la declaración del testigo que a su juicio es inhábil o mendaz, expresando el fundamento de tal determinación conforme a la facultad de apreciación que le concede el artículo 367 del Código de Procedimiento Civil (hoy 508); pero en el ejercicio de esa facultad desestimatoria los sentenciadores deben indicar 'pruebas y razones que emerjan de los autos...' como lo tiene establecido la jurisprudencia de la Sala, y mal podrían por tanto desechar la declaración de un testigo por un motivo cuya constancia no existe en autos o por un hecho que falsamente hayan imaginado, pues en esta última hipótesis se haría procedente la censura de la Corte" (sentencia de la Sala de Casación Civil de fecha 14 de mayo de 1996, caso: E. R. Arias vs. M.R. González y otro).

Por otra parte, estima la Sala, que la denuncia formulada, como tal, no constituye prueba alguna. Antes por el contrario, la misma debió ser probada en el curso del proceso, lo cual, presume la Sala, no se hizo. En consecuencia, sólo invirtiendo el principio procesal de la carga de la carga de la prueba pudo llegarse a la conclusión a la cual arribó el Tribunal Disciplinario del Consejo de la Judicatura.

En este contexto, juzga la Sala, que aún presentándose una situación donde no exista un razonamiento lógico que permita desestimar una posición frente a la otra, debe atenderse al principio pro libertate, ya que de lo contrario se vería afectado un derecho fundamental del ser humano, como lo es el derecho a la igualdad y la no discriminación (artículo 61 de la Constitución), derecho éste que por demás ha sido relativizado por la Corte, bajo el influjo del principio *eadem ratio eadem ius,* cuando sostuvo:

"Si bien el artículo transcrito alude expresamente a la prohibición de discriminación fundamentada en la "raza, el sexo, el credo o la condición social", la discriminación existe también cuando situaciones similares o análogas sean tratadas sin justificación de manera distinta o contraria. En efecto, el derecho fundamental a la igualdad y no discriminación entre particulares, consagrado en el Artículo 61 de la Constitución, abarca no sólo los supuestos por él señalados, *sino todas aquellas situaciones donde sin algún motivo o razón se resuelvan contrariamente planteamientos iguales"* (sentencia de la Sala Político-Administrativa del 29-09-93).

Por tales motivos considera este alto Tribunal, luego de un análisis sintético entre el acto y las normas constitucionales aludidas, tal como corresponde apreciar en un juicio de esta naturaleza, que efectivamente existe presunción grave de violación a los derechos a la defensa e igualdad procesal de la actora -mas no este último por las razones invocadas por su representación- y así lo declara.

RDP N° 111, 2007, pp. 186

TSJ-SPA (0504)   30-4-2008

Magistrado Ponente: Evelyn Marrero Ortiz

Caso: Jairo Addin Orozco Correa y José Joaquin Bermúdez Cuberos vs. Comisión de Funcionamiento y Reestructuración del Sistema Judicial.

No puede exigírsele al Juez ni mucho menos a la autoridad administrativa, la valoración exhaustiva sobre todos y cada uno de los medios probatorios cursantes en el expediente administrativo, ya que lo relevante de un medio probatorio es el hecho capaz de probar y de guardar relación con los hechos debatidos.

…Con respecto al alegato de silencio de pruebas en el que habría incurrido la Comisión de Funcionamiento y Reestructuración del Sistema Judicial; es importante destacar, que la autoridad administrativa al igual que el Juez, tiene la obligación de analizar todas las pruebas cursantes en autos, aún aquellas que a su juicio no resultaren idóneas para ofrecer algún elemento de convicción, a los fines de respetar el derecho a la defensa y el debido proceso del administrado.

Ahora bien, esta obligación no puede interpretarse como una obligación de apreciación en uno u otro sentido, es decir, el hecho de que la valoración que haga el juez o la autoridad administrativa sobre los medios probatorios para establecer sus conclusiones, se aparte o no coincida con la posición de alguna de las partes, no debe ser considerado como silencio de prueba.

Tampoco puede exigírsele al Juez ni mucho menos a la autoridad administrativa, la valoración exhaustiva sobre todos y cada uno de los medios probatorios cursantes en el expediente administrativo, ya que lo relevante de un medio probatorio es el hecho capaz de probar y que guarda relación con los hechos debatidos.

Así, habrá silencio de pruebas cuando el Juez en su decisión o en su caso, la autoridad administrativa, no juzgue, aprecie o valore algún medio de prueba cursante en autos, capaz de afectar la decisión. (*Vid.* Sentencia de esta Sala N° 01311 de fecha 26-07-2007).

RDP N° 114, 2008, pp. 186

TSJ-SPA (0504)   30-4-2008

Magistrado Ponente: Evelyn Marrero Ortiz

Caso: Jairo Addin Orozco Correa y José Joaquín Bermúdez Cuberos vs. Comisión de Funcionamiento y Reestructuración del Sistema Judicial.

No puede exigírsele al Juez ni mucho menos a la autoridad administrativa, la valoración exhaustiva sobre todos y cada uno de los medios probatorios cursantes en el expediente administrativo, ya que lo relevante de un medio probatorio es el hecho capaz de probar y de guardar relación con los hechos debatidos.

Con respecto al alegato de silencio de pruebas en el que habría incurrido la Comisión de Funcionamiento y Reestructuración del Sistema Judicial; es importante destacar, que la autoridad administrativa al igual que el Juez, tiene la obligación de analizar todas las pruebas cursantes en autos, aún aquellas que a su juicio no resultaren idóneas para ofrecer algún elemento de convicción, a los fines de respetar el derecho a la defensa y el debido proceso del administrado.

Ahora bien, esta obligación no puede interpretarse como una obligación de apreciación en uno u otro sentido, es decir, el hecho de que la valoración que haga el juez o la autoridad administrativa sobre los medios probatorios para establecer sus conclusiones, se aparte o no coincida con la posición de alguna de las partes, no debe ser considerado como silencio de prueba.

Tampoco puede exigírsele al Juez ni mucho menos a la autoridad administrativa, la valoración exhaustiva sobre todos y cada uno de los medios probatorios cursantes en el expediente administrativo, ya que lo relevante de un medio probatorio es el hecho capaz de probar y que guarda relación con los hechos debatidos.

Así, habrá silencio de pruebas cuando el Juez en su decisión o en su caso, la autoridad administrativa, no juzgue, aprecie o valore algún medio de prueba cursante en autos, capaz de afectar la decisión. (*Vid.* Sentencia de esta Sala N° 01311 de fecha 26-07-2007).

VII. TERMINACIÓN DEL PROCEDIMIENTO ADMINISTRATIVO

1. *Perención*

RDP N° 24, 1985, pp. 113

CSJ-SPA (273)   3-10-85

Magistrado Ponente: Pedro Alid Zoppi

Caso: CORAVEN vs. República. Ministerio de Transporte y Comunicaciones.

La duración del procedimiento por un lapso mayor al establecido en la Ley Orgánica de Procedimientos Administrativos no vicia el acto producido.

La Sala, para decidir, observa:

Aun cuando, ciertamente, el artículo 60 de la Ley establece que el plazo no excederá, salvo prórroga expresa, de cuatro meses, su incumplimiento no vicia el acto dictado después de transcurrido ese plazo. En efecto, del artículo 64 de la misma Ley se desprende a las claras que ello no hace nulo el acto dictado con posterioridad al vencimiento del plazo legal para la tramitación y resolución del asunto. Esa disposición estatuye:

"Si el procedimiento iniciado a instancia de un particular se paraliza durante dos (2) meses por causa imputable al interesado, se operará la perención de dicho procedimiento. El término comenzará a partir de la fecha en que la autoridad administrativa notifique al interesado".

Como se ve, la paralización dará lugar a la perención y ello cuando el procedimiento se ha iniciado a instancia de parte y la paralización es imputable al interesado, lo cual quiere decir que en el procedimiento iniciado de oficio no hay perención (extinción de la instancia) ni tampoco la hay cuando la demora fuese imputable a la administración, esto es, el que la Resolución, por ley, haya de dictarse dentro de los cuatro meses (o dentro de la prórroga máxima de dos meses más) no significa que la pronunciada con posterioridad fuese nula, porque el procedimiento —aun el iniciado a instancia de parte— no perime cuando la paralización fuese imputable a la Administración, por lo cual el acto puede producirse en cualquier tiempo.

Además, no establece el artículo 60 ni tampoco el 49 de la misma Ley que la Resolución extemporánea fuese nula de pleno derecho, y al respecto el artículo 100 consagra, simplemente, una multa para el funcionario que retarde, omita o incumpla cualquier "trámite o plazo establecido en la presente Ley", de manera que, fuera de la sanción personal contra el funcionario remiso, ninguna otra trae la ley para los actos dictados pasado el lapso legal.

RDP N° 30, 1987, pp. 113

CPCA   26-3-87

Magistrado Ponente: Hildegard Rondón de Sansó

Caso: Meira E. Ferrer vs. República (Ministerio de Transporte y Comunicaciones).

La inactividad de la Administración no produce, en el caso de un procedimiento sancionatorio, el perdón o condonación.

En lo relativo a la caducidad, de la acción hay que señalar que en el procedimiento administrativo se establecen las actuaciones que deben realizar tanto la Administración como las personas interesadas que actúan en un determinado procedimiento y, además los lapsos en los cuales las mismas deben llevarse a cabo. En el presente caso la decisión con la cual se destituyó a la funcionaria querellante se produjo el 15 de mayo de 1982, casi un (1) año después de la iniciación del procedimiento en cuestión. La decisión fuera de los lapsos legalmente establecidos no es inválida y no se produce con el transcurso del tiempo la extinción del procedimiento; esto sólo sucede en los procedimientos iniciados a instancia de parte, en los cuales opera la perención del procedimiento por la inactividad del administrado interesado, y nunca por la inactividad de la Administración (artículo 64 de la Ley Orgánica de Procedimientos Administrativos). La demora de la Administración no produce caducidad, sólo puede generar responsabilidad administrativa y civil del funcionario por la omisión o demora en la tramitación del procedimiento, o en todo caso prescripción de la falta o de la sanción, lo cual no fue alegado.

RDP N° 31, 1987, pp. 77

CPCA   3-8-87

Magistrado Ponente: Hildegard Rondón de Sansó

Caso: Línea Aeropostal Venezolana vs. República. (Ministerio del Trabajo. Comisión Tripartita).

En los procedimientos administrativos la inactividad del órgano del estado de dictar la resolución (decisión) no produce la perención.

...De conformidad con el artículo 64 transcrito, una vez llegados los procedimientos que se cumplen por ante las comisiones tripartitas al estado de dictar la resolución no resulta posible que opere la perención porque a partir de allí la actividad que se despliega en el procedimiento es responsabilidad exclusiva del órgano administrativo. Ocurre algo similar a lo preceptuado en el nuevo Código de Procedimiento Civil en su artículo 267 que expresa que la inactividad del juez después de vista la causa no producirá la perención, lo cual no es más que la consagración legislativa de la doctrina jurisprudencial sentada por la Corte Suprema de Justicia en esta materia. Por otro lado, en el supuesto de que el Código de Procedimiento Civil tuviese aplicación preferente sobre la Ley Orgánica de Procedimientos Administrativos, en los procedimientos que se desarrollan por ante las Comisiones Tripartitas creadas por la Ley contra Despidos Injustificados en todo aquello previsto por ella —tesis totalmente descartada por esta Corte— tampoco habría operado la perención en el presente caso, porque como bien lo asienta la decisión recurrida consta en el expediente administrativo que el recurrente desarrolló actuaciones procedimentales (folios 78 y 79) que en-los términos del artículo 201 del Código de Procedimiento Civil derogado, servirían para enervar el pedimento de perención formulado por el recurrente. La Corte, sobre la base de estos razonamientos, desestima el argumento del recurrente acerca de las infracciones legales contenidas en la recurrida por no haber declarado la perención del procedimiento que le fue solicitada; por tanto, la decisión del órgano administrativo al negar dicho pedimento estuvo ajustada a derecho y así se declara.

RDP N° 42, 1990, pp. 92

TSCA-RC (54)   14-5-90

Juez Ponente: Noelia González

Caso: Jesús Ochoa Fuenmayor vs. Contraloría General de la República.

El Tribunal señala cuáles son las características de la perención en el procedimiento administrativo.

Un detenido análisis de las normas legales que regulan la perención en el procedimiento administrativo permite arribar a las siguientes conclusiones:

1) A tenor del artículo 64 transcrito *supra,* la perención *sólo* puede producirse en los procedimientos administrativos iniciados a instancia del particular interesado. En otros términos, la perención es una modalidad de terminación anómala del procedimiento administrativo iniciado a instancia del administrado, y como tal no puede ser aplicada analógicamente a los procedimientos iniciados de oficio, pues, como es bien sabido, toda norma "excepcional" debe ser objeto de interpretación restrictiva. A idéntica conclusión han arribado nuestra doctrina (entre otros, José Araujo Juárez, *Principios Generales del Derecho Administrativo Formal*, Vadel Hermanos Editores, Valencia, Venezuela, 1989, pp. 237 ss.), así como nuestros tribunales con competencia en materia contencioso-administrativa.

Cabe aquí citar un interesante fallo dictado por la Corte Primera de lo Contencioso-Administrativo en fecha 26-3-87, bajo la ponencia de la Magistrado Hildegard Rondón de Sansó (caso *Meira Ferrer vs. la República de Venezuela*), publicado en la Revista de Derecho Público N° 30, pp. 113 y 114). En dicha decisión, la Corte tuvo oportunidad de pronunciarse acerca de la defensa de "extinción", por perención, del procedimiento sancionatorio invocada por el recurrente, y afirmó lo siguiente:

"... La decisión fuera de los lapsos legítimamente establecidos no es inválida y no se produce con el transcurso del tiempo la extinción del procedimiento; esto sólo sucede en los procedimientos iniciados a instancia de parte, en los cuales opera la perención del procedimiento por la inactividad del administrado interesado, y nunca por la inactividad de la Administración (artículo 64 de la Ley Orgánica de Procedimientos Administrativos). La demora de la Administración no produce caducidad, sólo puede generar responsabilidad administrativa y civil del funcionario por la omisión o demora en la tramitación, o en todo caso prescripción de la falta o de la sanción...

Por las mismas razones expuestas, la inactividad de la Administración no produce, en el caso de un procedimiento sancionatorio, el perdón o condonación, puesto que no es un efecto establecido en ninguna norma..." (Subrayado de este Juzgado).

2) La perención del procedimiento administrativo sólo puede producirse cuando la paralización es imputable al particular. El instituto de la perención presupone, pues, la inercia del interesado.

3) La perención se produce por la sola paralización del procedimiento, por causa imputable al particular interesado, por un lapso de dos meses. Por lo tanto, puede aseverarse que la perención —por mandato del artículo 64 de la Ley Orgánica de Procedimientos Administrativos— opera de Derecho, que la misma se produce de manera automática, pero que la Administración Pública, por vía de excepción, puede continuar la tramitación del procedimiento, cuando así lo justifiquen razones de interés público.

De cuanto ha sido señalado en los párrafos que anteceden se desprende que los procedimientos administrativos iniciados de oficio (es decir, por la propia Administración Pública) no perimen. En los procedimientos iniciados de oficio, pues, la paralización del procedimiento por dos meses tiene una sola consecuencia: el funcionario encargado de la sustanciación, de no haber respetado los términos y plazos establecidos por la ley, puede ser sancionado administrativamente y obligado —además— a pagar los daños y perjuicios que su conducta omisiva pudiere haber ocasionado. Así se declara de manera expresa.

RDP N° 46, 1990, pp. 105

CSJ-SPA (147)   6-9-91

Magistrado Ponente: Román J. Duque Corredor

Caso: Enrique Blanco vs. Consejo de la Judicatura.

En el caso de haberse producido la "perención" en un procedimiento administrativo, la Administración podrá, sin embargo, continuar la tramitación del mismo si razones de interés público lo justifican.

Ahora bien, ¿cabe plantear la posibilidad de la perención en materia de procedimiento disciplinario establecido en la Ley Orgánica del Consejo de la Judicatura una vez que se haya producido la designación del Ponente? Los artículos 67 y siguientes de la Ley Orgánica del Consejo de la Judicatura, pautan los trámites y actos procesales a seguir en el proceso disciplinario establecido por dicha ley. Especialmente el artículo 70 dispone:

> "Finalizado el lapso de evacuación de las pruebas, se fijará dentro de los cinco días hábiles siguientes, día y hora para oír los informes verbales o escritos que presentaren los interesados y vencido este lapso, se designará ponente, para la redacción del proyecto de decisión".

En tal sentido, puede decirse que con ello se produce una situación similar a la que en el proceso ordinario se conoce como vista de la causa. Esto es, el inicio de la oportunidad para decidir. Ahora bien, dado por aceptado lo anterior y habida cuenta de lo dispuesto en el artículo 66 de la Ley Orgánica del Consejo de la Judicatura, la cual remite al Código de Procedimiento Civil en materia de lugar y tiempo de los actos procesales, nulidad de los mismos, citaciones y notificaciones, en los casos y situaciones no previstas en el procedimiento especial establecido en la referida Ley Orgánica del Consejo de la Judicatura, y en atención a que tal es el asunto bajo estudio, cabe aplicar lo dispuesto en la parte final del párrafo primero del artículo 267 del Código de Procedimiento Civil; esto es, que "la inactividad del juez después de vista la causa, no producirá la perención".

Pero, además de lo anterior, no puede la Sala dejar de considerar que el procedimiento disciplinario establecido en la Ley Orgánica del Consejo de la Judicatura tiene un evidente interés público, dada la naturaleza de la función desempeñada por los jueces, la cual deviene, en último extremo, en la preservación del equilibrio social, del cual la administración de justicia es el arbitro máximo, por lo que en su actuación, los jueces han de gozar de la debida estabilidad, mas ésta no puede nunca privar sobre la recta administración de aquélla.

Precisamente en razón del señalado interés público, es que la Ley Orgánica de Procedimientos Administrativos (artículo 66), norma subsidiaria en el presente caso, determina que no obstante haberse producido la perención en un procedimiento administrativo, la Administración podrá, sin embargo, continuar la tramitación del mismo si razones de interés público lo justifican.

De tal suerte que, con base en lo señalado relativo al hecho de haberse cumplido las actuaciones procedimentales, aun en el caso de haberse producido perención, la naturaleza de la materia y el hecho cierto de haber decidido el órgano competente, lleva a esta Sala a estimar la improcedencia de la denuncia efectuada en el sentido de haberse extinguido la instancia y así se declara.

RDP N° 48, 1991, pp. 118

CSJ-SPA (564)   12-11-91

Magistrado Ponente: Josefina Calcaño de Temeltas

Caso: Ramón B. Díaz vs. Consejo de la Judicatura.

La pérdida de la instancia del procedimiento disciplinario opera en aquellos casos en los cuales no ocurra ninguna actuación procesal durante un lapso de dos años, más no cuando se han verificado todos los actos de dicho procedimiento y la paralización ocurre después de haberse designado el Ponente del caso.

Para decidir, la Sala observa:

El artículo 65 de la Ley Orgánica del Consejo de la Judicatura regula la llamada perención administrativa en los siguientes términos:

"Artículo 65. La instancia del procedimiento disciplinario se extingue de pleno derecho en aquellos casos en los cuales durante dos (2) años no haya ocurrido ninguna actuación procesal de oficio o de las partes, que impulse el procedimiento.

Para la extinción de los procedimientos disciplinarios en curso, se dejará transcurrir, en todo caso, el lapso previsto en este artículo".

Interpretando esa norma ha sostenido esta Sala, en jurisprudencia que una vez más se ratifica, que es a partir de la apertura del procedimiento sin actuaciones procesales durante el lapso de dos años cuando opera la pérdida de la instancia administrativa, mas no cuando se han verificado todos los actos del mismo y la paralización ocurre después de haberse designado el Ponente del caso. Conforme a lo anterior y examinado el contenido del expediente administrativo en el presente caso, se ha podido constatar que el 12 de noviembre de 1985 el Consejo de la Judicatura ordenó de oficio el inicio de un procedimiento administrativo en contra del abogado Ramón Benito Díaz Arellano, para entonces Juez Tercero de Primera Instancia en lo Civil, Mercantil, Tránsito y Trabajo de la Circunscripción Judicial del Estado Mérida, y que desde ese momento hasta el 6 de febrero de 1986, fecha en que tiene lugar el nombramiento del Ponente, se cumplieron oportunamente todas las actuaciones propias del procedimiento en cuestión, produciéndose el 15 de noviembre de 1988 la decisión mediante la cual se destituye al mencionado ciudadano del cargo de Juez que ocupaba, es decir, para el momento en que se nombra el Ponente ya estaban cumplidas todas las actuaciones procedimentales que tienen por objeto impulsar el procedimiento y, como ha sostenido este Alto Tribunal, si bien es cierto que la Ley Orgánica del Consejo de la Judicatura dispone lapsos para la presentación del proyecto de decisión por parte del Ponente (artículo 71) y para la consideración del mismo (artículo 73), una vez que se ha designado el Ponente podría decirse que se produce una situación similar a la que en el procedimiento ordinario se conoce como vista de la causa, dándose inicio a la oportunidad para decidir. (Caso Enrique Blanco, sentencia de fecha 11-4-91).

Ahora bien, conforme a lo previsto en el artículo 66 de la Ley Orgánica del Consejo de la Judicatura, a los casos y situaciones no previstos en el procedimiento especial al que se refiere la mencionada Ley, le son aplicables las normas del Código de Procedimiento Civil en materia de lugar y tiempo de los actos procesales, nulidad de los mismos, citaciones y notificaciones, por lo que, por vía analógica es aplicable al presente caso lo dispuesto en la parte final del parágrafo primero del artículo 267 de dicho Código, conforme al cual la inactividad del juez después de vista la causa no producirá la perención de la instancia.

En virtud de lo anterior, se desecha, por improcedente, el primer alegato del actor referido a la perención del procedimiento disciplinario que le fuera abierto por el Consejo de la Judicatura; y así se declara.

RDP N° 51, 1992, pp. 113

CPCA   2-7-92

Magistrado Ponente: Belén Ramírez Landaeta Caso: Varios vs. Inquilinato.

Como punto previo alega la parte apelante que debe declararse la perención del procedimiento, de acuerdo a lo pautado en el artículo 64 de la Ley Orgánica de Procedimientos Administrativos.

Al respecto considera la Corte que, si bien es cierto que después de dictada la decisión administrativa y apelada la misma por los propietarios del inmueble así como por los inquilinos (por lo que resultaba inoficiosa la devolución del expediente al órgano administrativo a fin de proceder a la notificación, pues las partes se habían puesto a derecho, el propietario solicitó la notificación mediante carteles fijados en las moradas y locales (aparte c) del artículo 63 del Reglamento de la Ley de Regulación de Alquileres, en fecha 17 de septiembre de 1980), y desde esa fecha hasta el 28 de febrero de 1983, día en que la parte solicitó la notificación mediante extracto transcurrieron dos (2) años y cinco (5) meses, tiempo en el cual estuvo paralizado el procedimiento, sin embargo tal hecho no le es imputable a las partes, por cuanto no hubo pronunciamiento del órgano administrativo al respecto y era a la Dirección de Inquilinato a quien correspondía emitir los carteles de notificación y fijar los mismos en los lugares que correspondiese, más aún cuando estaban pendientes de resolución las apelaciones interpuestas, en virtud de lo cual y dada la inactividad de la administración, procedieron los interesados a solicitar extracto de comunicación a fin de publicarlos en la prensa y proceder a la fijación de los mismos, carga procesal que fue satisfecha por el interesado en la continuidad en el tiempo. En consecuencia, el artículo citado no es aplicable al caso concreto, pues es claro en su contenido al señalar "...se paraliza durante dos (2) meses por causa imputable al interesado...", y en virtud de que la paralización de la causa lo fue a causa de la administración, no puede sancionarse al interesado con la perención. Por otra parte, el dispositivo señalado sólo es aplicable a la paralización al inicio de una solicitud administrativa, y nunca aplicable una vez decidida al asunto, pues en estos casos no hay perención y así se declara.

RDP Nº 67-68, 1996, pp. 210

CSJ-SPA (770)　　　21-11-96

Magistrado Ponente: Hildegard Rondón de Sansó

Infracción del artículo 64 de la Ley Orgánica de Procedimientos Administrativos

El recurrente, de conformidad con lo dispuesto en el artículo 64 de la Ley Orgánica de Procedimientos Administrativos, alegó la prescripción del procedimiento de constitución del acto que lo declara responsable administrativamente, el cual es del tenor siguiente:

"Si el procedimiento indiciado a instancia de un particular se paraliza durante dos (2) meses por causa imputable al interesado, se operará la perención de dicho procedimiento. El término comenzará a partir de la fecha en que la autoridad administrativa notifique al interesado.

Vencido el plazo sin que el interesado hubiere reactivado el procedimiento, el funcionario procederá a declarar la perención. "

En primer lugar observa esta Sala que la antes transcrita norma establece la perención del procedimiento y no la prescripción, como lo alega el recurrente.

Ahora bien, para que opere la perención consagrada en el artículo 64 de la Ley Orgánica de Procedimientos Administrativos es necesario, que el procedimiento se haya iniciado a instancia de un particular, que haya estado paralizado por más de dos meses y que ello sea por causa imputable al interesado.

En el caso subjudice, el procedimiento se inició mediante auto dictado por el órgano de control interno del Ministerio de Justicia, en virtud de los resultados obtenidos en auditorías practicadas en la Penitenciaria General de Venezuela, en consecuencia, no fue a instancia de parte interesada. En cuanto a la paralización del procedimiento por más de dos meses esta Sala estima que ello fue por causa de la autoridad administrativa, que era a quien correspondía decidir oportunamente, razón por la cual el retraso en el procedimiento no puede imputarse al interesado. Por lo anterior, se desestima la denuncia formulada por el recurrente referente a la violación del artículo 64 de la Ley Orgánica de Procedimientos Administrativos, y así se declara.

2. *Decisión*

RDP N° 8, 1981, pp. 114

CSJ-SPA (247)   15-10-81

Magistrado Ponente: Domingo A. Coronil

La decisión en el procedimiento administrativo debe tener en cuenta lo alegado y probado por los interesados.

En la segunda denuncia se alega que la Resolución impugnada no analizó las pruebas que agrupa dentro de los paréntesis que van de la letra a) a la n). Y en la cuarta, nuevamente se invoca el artículo 29 de la Ley especial y la infracción del artículo 63 del Reglamento de la misma "en cuanto éste enumera las pruebas que deben considerarse fehacientes y en el presente caso no fueron tenidas o apreciadas como tales, limitándose la Resolución a decir que "con los elementos aportados por el solicitante no aparecen acreditados los requisitos exigidos por la Ley para hacer procedente la inscripción en el respectivo colegio".

Decidir conforme a lo alegado y probado no equivale a aceptar y decidir de conformidad con lo propuesto y deseado por el postulante de la pretensión. Los razonamientos contenidos en la Opinión del Colegio de Contadores y en el Informe de la Comisión asesora, sólo pudieron formularse previo examen de los hechos que sirven de base a la solicitud. Como las conclusiones que siguen a esos razonamientos se basan en que los hechos alegados, —actividades del aspirante— no definen ni conforman las que la ley exige como constitutivas del ejercicio de la Contaduría Pública, es indudable que al juicio precedió un estudio y apreciación valorativos de las pruebas producidas tendentes a comprobar los hechos invocados. Tal ejercicio excluye la pretensión de que no se ha tomado en cuenta lo alegado y probado. Que el Colegio y la Comisión hayan errado al valorarlas, serían en todo caso contingencias que tocan el fondo del asunto, insusceptibles de remediarse por vía de reposición —por pretendida violación del artículo 12 del Código de Procedimiento Civil—, cuya improcedencia se declara.

RDP N° 11, 1982, pp. 130

CSJ-SPA (116)   10-6-82

Magistrado Ponente: Julio Ramírez Borges

En la decisión contenida en los actos administrativos, en particular los dictados por la Administración en función jurisdiccional, deben analizarse los alegatos y pruebas de las partes y decidirse conforme a los hechos que constan del expediente.

La Corte pasa en primer término, a examinar las denuncias que hacen los apoderados del Instituto bancario, acerca de las violaciones de los artículos 12 y 162, del Código de Procedimiento Civil, en las cuales incurre la Resolución emanada de la Comisión Tripartita de Segunda Instancia del Estado Zulia, y a tales efectos, observa:

Sentada como ha quedado la naturaleza de órganos administrativos de las nombradas Comisiones Tripartitas, y, por ende, el carácter de actos administrativos de las decisiones que emiten éstas, cabe señalar que aún existiendo una regulación específica del procedimiento administrativo, esto es, de la serie de trámites esenciales que deba cumplirse para la emanación o producción de un acto administrativo, ello no significa que se equipare totalmente en el aspecto formal la decisión administrativa a la sentencia como acto típico, ya que ésta es la culminación normal del proceso civil, tal y como lo ha establecido esta Sala en sentencia del 19-02-62, al expresar: "...no puede pretenderse que las resoluciones de los funcionarios de la administración pública cumplan con todos los requisitos y formalidades que para las sentencias establece la legislación procesal civil, en este caso, las fijadas en el artículo 162 del Código de Procedimiento Civil regulan el modo de actuar de los Tribunales como órganos de la administración de justicia, fundados en el principio según el cual en el proceso civil es a las partes a quienes corresponde impulsar el procedimiento, así como alegar y probar lo que estimen conveniente en apoyo de sus respectivas pretensiones, de allí que la función del Juez se limite a sustanciar y decidir el proceso de acuerdo con las pertinentes normas legales y con lo alegado y probado en el curso del juicio.

No obstante, debe precisarse que si bien la actuación administrativa en el procedimiento de "calificación de despido" está regida por principios diferentes, pues los integrantes de la Comisión Tripartita no son jueces, ni sus actuaciones actos jurisdiccionales, cuando dichas Comisiones se pronuncian acerca de lo justificado o injustificado de un despido lo hacen a través de un procedimiento administrativo que reviste características particulares en virtud de la fisonomía triangular que la normativa vigente le acuerda, por la cual la Administración carece de la condición de parte asumir, en cambio, un papel arbitral, absolutamente imparcial, que la lleva a zanjar conflictos entre particulares, sin olvidar que también, en estos casos, lo que tiene que valorar es el interés público general que preserva la Ley de la materia. Aparece así la Administración con competencia resolutoria de conflictos entre particulares en los cuales se ventilan intereses eminentemente privados en los que no existe un interés directo de la misma. Por consiguiente, si los interesados han producido pruebas, la Comisión deberá apreciarlas, desecharlas o estimarlas al decidir sobre la calificación del despido, teniendo por norte de sus actos las características de cada caso concreto en relación con las situaciones de hecho que determinan sus actuaciones dentro del marco legal. La decisión de la Comisión, a través de su justificación intrínseca o motivación, deberá reflejar el análisis de determinadas situaciones de hecho y establecer el nexo lógico que existe entre ellas y la indefensión del interesado y enmarcar asimismo, la actuación administrativa dentro de los parámetros legales que la definen.

En virtud de lo expuesto, y habida cuenta de la disposición contemplada en el Reglamento de la Ley Contra Despidos Injustificados (Art. 43) que establece el carácter supletorio de las disposiciones de la "Ley Orgánica de Tribunales y del Código de Procedimiento Civil", en cuanto sean aplicables, considera la Sala, acorde con lo alegado por el recurrente que la Comisión Tripartita de Segunda Instancia del Estado Zulia no se atuvo a lo alegado y probado en autos y no emitió decisión expresa, positiva y precisa con arreglo a las acciones deducidas y a las excepciones opuestas, al silenciar el análisis de uno de los planteamientos básicos del Instituto. En efecto, la resolución que se recurre se pronunció parcialmente sobre la carta-poder producida por los representantes del organismo bancario en cuanto a la determinación del domicilio del trabajador solicitante, sin entrar a examinar la incidencia que la apreciación de tal documento tendría sobre el contenido jurídico del asunto sometido a su decisión, en olvido del deber que el artículo 162 del Código de Procedimiento Civil impone de mantener la debida congruencia formal del fallo; como sí lo realizó, en cambio, la Comisión de Primera Instancia, en cuya resolución se analizan los planteamientos formulados por vía principal en la contestación de la reclamación que exigían de decisión expresa, por constituir un verdadero pedimento, análisis que efectúa para concluir considerando "válida la representación de la accionada" con todas las consecuencias que tal reconocimiento involucra. Por otra parte, acorde con el artículo 12 del Código de Procedimiento Civil, si los jueces deben analizar todas y cada una de las pruebas aportadas a los autos con miras al mejor esclarecimiento de los hechos, deriva de ello que no puede escogerse una prueba para fundamentar una decisión y prescindir de la misma en cuanto ella contribuye a desvirtuar lo decidido, pues tal discriminación podría dar lugar a decisiones reñidas con el principio que los obliga a atenerse a lo alegado y probado en autos y tener por norte de sus actos la verdad. En consecuencia, esta Sala considera procedente la denuncia de los representantes del Banco Provincial, S.A.I.C.A., acerca de la violación de los artículos 12 y 162 del Código de Procedimiento Civil, por parte de la Comisión Tripartita de Segunda Instancia del Estado Zulia y así se declara.

RDP N° 18, 1984, pp. 169

CPCA   21-3-84

Magistrado Ponente: Román J. Duque Corredor

El órgano administrativo al decidir, no sólo debe resolver las cuestiones planteadas inicialmente en el procedimiento sino también las surgidas durante la tramitación.

Se aclaró procedentemente la naturaleza no judicial sino administrativa del procedimiento de calificación de despidos injustificados, por lo que los mandatos dirigidos a los jueces contenidos en los artículos 12 y 162 del Código de Procedimiento Civil, sólo sirven a los funcionarios administrativos con facultades decisorias, como orientación, pero no como una regla absoluta. En efecto, en cuanto a los límites de sus poderes, los órganos administrativos no están constreñidos por lo alegado y probado por los interesados, hasta el punto que es de su responsabilidad impulsar el procedimiento en todos sus trámites, cumpliendo de oficio incluso, las actuaciones necesarias para el mejor conocimiento del asunto que deban decidir, y además, que el acto decisorio no sólo debe resolver las cuestiones planteadas inicialmente, sino también las surgidas durante la tramitación (artículos 52 y 62 de la Ley Orgánica de Procedimientos Administrativos). Por tanto, los funcionarios administrativos no violan principio dispositivo alguno, ni tampoco incurren en ultrapetita, en razón de la amplitud de sus poderes decisorios. Por otra parte, la fundamentación o motivación de las decisiones administrativas consiste en la expresión sucinta de los hechos, de las razones y de los fundamentos legales pertinentes, y por otra parte, en la ratificación de tales motivos con los elementos probatorios contenidos en el expediente administrativo.

En el caso presente, la Resolución recurrida declaró de manera expresa la improcedencia de la impugnación hecha por el accionante de la representación del patrono, por considerar legítima la derivada de la carta-poder otorgada por el Director-Gerente de la empresa, cuya cualidad consta al Folio 42 del expediente administrativo. Por tanto, entiende la Corte que sí resolvió el órgano administrativo una de las cuestiones planteadas en la tramitación por los interesados, al señalar la legitimidad de la carta-poder por emanar de persona autorizada. Es decir, expresó los hechos y las razones de tal determinación. Por consiguiente, sí existe una motivación formal de dicha decisión. Además, la comprobación de aquellos fundamentos también se encuentra evidenciada con el expediente administrativo, es decir, la existencia de la carta-poder, así como la prueba de la condición o cualidad de la persona de donde emanó. En concreto, que también desde el punto de vista material la decisión en concreto se encuentra justificada, y así se declara.

RDP N° 19, 1984, pp. 127

CSJ-SPA (187)   12-7-84

Magistrado Ponente: Luis H. Farías Mata

La decisión definitiva en los procedimientos administrativos debe contener resolución sobre todos los asuntos planteados en el curso del mismo.

Los artículos 62 y 89 de la Ley Orgánica de Procedimientos Administrativos obligan, en efecto, a los órganos de la Administración a resolver todos los asuntos que, dentro del ámbito de sus respectivas competencias, les sean planteados tanto en los casos en que conocen por primera vez, como cuando en virtud de recurso administrativo deben proceder a una revisión de sus anteriores actuaciones y decisiones.

El objetivo perseguido por la norma, en este caso, es el de evitar que mediante el tratamiento parcial de un determinado asunto se produzca indefensión o lesión en los intereses de los administrados, por lo cual, junto a estas disposiciones, se encuentran normas complementarias, como las relativas a la obligación de motivar los actos, e incluso, de explicar o declarar las razones que ha tenido el órgano administrativo para no resolver las instancias o peticiones que le fueron formuladas (artículo 29).

Cabe señalar en este momento que la obligación de decidir o resolver las cuestiones o requerimientos planteados no lleva aparejada la necesidad de acceder a lo solicitado, y se encuentra condicionada y enmarcada por el ámbito de competencia del respectivo órgano, con lo cual la solicitud o requerimiento que escape a su ámbito de competencia debe ser resuelta mediante la declaración de tal circunstancia. Lo contrario acarrearía la invalidez del acto dictado, en razón de la incompetencia de su autor para emitir el pronunciamiento.

En el caso de autos el órgano administrativo señala su incompetencia para resolver el asunto sometido a su consideración, indicando, además, la prejudicialidad del mismo, sometido a decisión jurisdiccional, por los propios impugnantes.

    A.   *Contenido*

        a.   *Globalidad de lo alegado*

        RDP N° 8, 1981, pp. 114

        CSJ-SPA (247)   15-10-81

        Magistrado Ponente: Domingo A. Coronil

        La decisión en el procedimiento administrativo debe tener en cuenta lo alegado y probado por los interesados.

En la segunda denuncia se alega que la Resolución impugnada no analizó las pruebas que agrupa dentro de los paréntesis que van de la letra a) a la n). Y en la cuarta, nuevamente se invoca el artículo 29 de la Ley especial y la infracción del artículo 63 del Reglamento de la misma "en cuanto éste enumera las pruebas que deben considerarse fehacientes y en el presente caso no fueron tenidas o apreciadas como tales, limitándose la Resolución a decir que "con los elementos aportados por el solicitante no aparecen acreditados los requisitos exigidos por la Ley para hacer procedente la inscripción en el respectivo colegio".

Decidir conforme a lo alegado y probado no equivale a aceptar y decidir de conformidad con lo propuesto y deseado por el postulante de la pretensión. Los razonamientos contenidos en la Opinión del Colegio de Contadores y en el Informe de la Comisión asesora, sólo pudieron formularse previo examen de los hechos que sirven de base a la solicitud. Como las conclusiones que siguen a esos razonamientos se basan en que los hechos alegados, —actividades del aspirante— no definen ni conforman las que la ley exige como constitutivas del ejercicio de la Contaduría Pública, es indudable que al juicio precedió un estudio y apreciación valorativos de las pruebas producidas tendentes a comprobar los hechos invocados. Tal ejercicio excluye la pretensión de que no se ha tomado en cuenta lo alegado y probado. Que el Colegio y la Comisión hayan errado al valorarlas, serían en todo caso contingencias que tocan el fondo del asunto, insusceptibles de remediarse por vía de reposición —por pretendida violación del artículo 12 del Código de Procedimiento Civil—, cuya improcedencia se declara.

RDP N° 42, 1990, pp. 88

CPCA   18-4-90

Conjuez Ponente: Rafael Badell M.

Caso: Serenos Metropolitanos Oriente, C.A. vs. República (Ministerio del Trabajo, Comisión Tripartita).

En materia de procedimientos administrativos el principio dispositivo del proceso carece de aplicación (artículos 62 y 89 de la Ley Orgánica de Procedimientos Administrativos).

Declarada como ha sido la nulidad de la resolución impugnada, esta Corte aun cuando estima innecesario hacer otras consideraciones respecto al fondo de la presente controversia, considera que debe ser aclarado el punto relativo al supuesto vicio de inaplicabilidad de los artículos 12 y 162 del Código de Procedimiento Civil derogado, hoy artículos 12, 243 y 244 del Código vigente, en el sentido de que los mismos son inaplicables a los actos administrativos, por cuanto dichos artículos regulan el llamado principio dispositivo del proceso que limita a los jueces en sus poderes decisorios, obligándolos a resolver únicamente sobre las cuestiones alegadas en la demanda y en su contestación. Por el contrario, en materia de procedimientos administrativos el citado principio dispositivo carece de aplicación en razón de lo dispuesto en los artículos 62 y 89 de la Ley Orgánica de Procedimientos Administrativos.

Por último, esta Corte estima pertinente aclarar que las Comisiones Triparti-tas, como órganos administrativos, se encuentran regidos por la Ley Orgánica de Procedimientos Administrativos, entre otras y, en esta misma Ley, aparece como obligación de la autoridad administrativa que resuelve el asunto, la de decidir todas las cuestiones que hubieren sido planteadas, tanto inicialmente como durante la tramitación (artículo 62), norma que se complementa con lo prevenido en el artícu-lo 89 que expresamente establece que el órgano administrativo deberá resolver todos los asuntos que se sometan a su consideración dentro del ámbito de su com-petencia o que surjan con motivo de recurso aunque no hayan sido alegados por los interesados.

La amplitud que se atribuye en el procedimiento administrativo al órgano que decide, justifica que en el examen de los asuntos que se someten al conocimiento de las Comisiones Tripartitas por virtud de la Ley contra Despidos Injustificados, éstas, aun si no fuere alegado por las partes, pueden analizar el cumplimiento de los extremos para la procedencia de dicha aplicación.

RDP N° 42, 1990, pp. 90

CPCA   18-4-90

Conjuez Ponente: Rafael Badell M.

Caso: Colegio Bicentenario, C.A. vs. República.

Es una obligación de la autoridad administrativa la de de-cidir todas las cuestiones que hubieren sido planteadas, tanto inicialmente como durante la tramitación del proce-dimiento, así como todos los asuntos que se sometan a su consideración dentro del ámbito de su competencia o que surjan con motivo de recurso, aunque no hayan sido ale-gados por los interesados.

Al respecto, cabe recordar que las Comisiones Tripartitas, como órganos ad-ministrativos, se encuentran regidas por la Ley Orgánica de Procedimientos Admi-nistrativos, entre otras, y en esta misma Ley aparece como obligación de la autori-dad administrativa que resuelve el asunto la de decidir todas las cuestiones que hubieren sido planteadas, tanto inicialmente como durante la tramitación (artículo 62), norma que se complementa con lo prevenido en el artículo 89 que expresa-mente establece que el órgano administrativo deberá resolver todos los asuntos que se sometan a su consideración dentro del ámbito de su competencia o que surjan con motivo de recurso aunque no hayan sido alegados por los interesados.

Asimismo se observa que la aludida Ley Orgánica de Procedimientos Admi-nistrativos no establece disposición alguna que limite la promoción de pruebas en los recursos administrativos, porque en caso contrario, existiría cierta contradicción por cuanto por una parte establece la obligación del órgano administrativo de deci-dir todas las cuestiones que surjan con motivo de un recurso —sin distinción sobre el mismo— y, por la otra, al restringir su prueba imposibilitaría el establecimiento de la verdad por parte del aludido órgano. Pero, es lo cierto, que tal caso no se presenta en la mencionada ley, por cuanto la intención del legislador fue que en los recursos administrativos la Administración apreciara todas las cuestiones que le fueran planteadas, ya que al disponer de una mayor información, se logrará una mayor racionalización y eficacia en sus decisiones.

Con base en lo anterior, comprende esta Corte que es posible la evacuación y subsiguiente valoración de pruebas por ante las Comisiones Tripartitas de Segunda Instancia, ya que en los recursos administrativos impera el principio de la verdad material, al punto de que, aunque el interesado sea remiso en ese sentido, la Administración puede llevar a cabo las medidas de prueba que sean precisas a fin de determinar la realidad efectiva de los hechos determinantes para la toma de sus decisiones, es decir, que en el procedimiento administrativo el órgano debe ajustarse a los hechos, prescindiendo de que hayan sido alegados y probados o no por el administrado.

La autoridad administrativa, entonces, no sólo debe ajustarse a las pruebas aportadas por las partes, lo que lo distingue del proceso civil, donde el juez debe necesariamente constreñirse a juzgar según pruebas aportadas por las partes. En rigor, tanto Administración como administrado, procuran conocer la verdad material, ya que si la decisión administrativa no se ajusta a los hechos materiales verdaderos, la misma estaría viciada.

RDP Nº 48, 1991, pp. 117

CPCA   17-12-91

Magistrado Ponente: Jesús Caballero Ortiz

Caso: Freddy J. Pina vs. I.V.R.A.

Los actos administrativos están regidos por normas y principios menos rígidos que aquellos que se aplican al proceso judicial. La adopción de decisiones que no toman en cuenta expresamente alegatos o pruebas dentro del procedimiento administrativo deben entenderse como desechados tácitamente pues no puede calificarse tal hecho como un vicio de procedimiento que obligue, ni al superior jerárquico, ni al juez contencioso-administrativo, a anular tales actos y a ordenar la reposición al estado de que se corrija una posible falta de procedimiento.

Con respecto a esta denuncia, esta Corte observa:

Es jurisprudencia reiterada de esta Corte que los actos administrativos están regidos por normas y principios menos rígidos que aquellos que se aplican al proceso judicial. La adopción de decisiones que no toman en cuenta expresamente alegatos o pruebas dentro del procedimiento administrativo deben entenderse como desechados tácitamente, pues no puede calificarse tal hecho como un vicio de procedimiento que obligue, ni al superior jerárquico, ni al Juez Contencioso-Administrativo, a anular tales actos y a ordenar la reposición al estado de que se corrija una posible falta de procedimiento.

De acuerdo con lo expuesto, el no pronunciamiento del acto recurrido sobre la supuesta violación del procedimiento por haberse acordado una hora de espera a la empresa debe considerarse como un alegato tácitamente desestimado, como igualmente lo considera esta Corte, pues, dentro de un procedimiento administrativo, la autoridad administrativa dispone de potestades inquisitivas para el mejor conocimiento del asunto sometido a su consideración. Si la Comisión de Segunda Instancia dispuso otorgarle una hora de espera a la empresa para que expusiera sus alegatos, ello le permitió tener un mejor conocimiento del asunto, lo que podía hacer de oficio de conformidad con el artículo 53 de la Ley Orgánica de Procedimientos Administrativos y así se declara.

RDP N° 83, 2000, pp. 233

TSJ SPA (1815)   3-8-2000

Magistrado Ponente: Levis Ignacio Zerpa

Caso: Asociación Cooperativa de Transporte de Pasajeros Universidad vs. República (Ministerio de Transporte y Comunicaciones).

En cuanto a la apreciación de las pruebas se advierte, además, que si bien la Administración está obligada a resolver expresamente todos los asuntos que hayan sido planteados en el transcurso del procedimiento administrativo, ello no puede entenderse como la obligación de hacer constar de manera expresa en el acto administrativo cómo evaluó cada una de las pruebas que se encuentran en el expediente administrativo (véase sentencia del 5 de agosto de 1999, caso: *Protinal del Zulia, C.A*). En efecto, no existe en relación con el procedimiento administrativo, dispositivo legal alguno que obligue a quienes lo tramiten a plasmar en cada uno de los actos que emitan los testimonios presentados y la forma cómo los evaluaron; situación que sí ha sido resuelta expresamente en el proceso ordinario, por el artículo 509 del Código de Procedimiento Civil, conforme al cual los jueces deben analizar y juzgar todas las pruebas que se hayan producido, sin aquellas que a su juicio no fueren idóneas pare ofrecer algún elemento de convicción, expresándose siempre cuál es el criterio del juez respecto de ellas.

RDP N° 105, 2006, pp. 174

TSJ-SC (558)   20-3-2006

Magistrado Ponente: Luisa Estella Morales Lamuño

Caso: Hato El Milagro, C.A. vs. Instituto Nacional de Tierras (INTI)

Ello así, por aplicación del principio de la globalidad de la decisión, consagrado en el artículo 62 de la Ley Orgánica de Procedimientos Administrativos, la autoridad administrativa está obligada a resolver en el acto definitivo todas las cuestiones que hubieren sido planteadas, tanto inicialmente como en su tramitación, lo cual abarca el análisis de las alegaciones efectuadas por el administrado, las pruebas aportadas por éste e incluso las incorporadas oficiosamente por la Administración, así como cualquier otra incidencia surgida en el íter procedimental. Tal análisis forma parte de la motivación del acto administrativo -como requisito exigido por el numeral 5 del artículo 18 de la Ley Orgánica de Procedimientos Administrativos- y se inserta en el conjunto de garantías que conforman el debido proceso, aplicable a las actuaciones administrativas según dispone el artículo 49 del Texto Fundamental. Tal principio aplica a los actos administrativos definitivos, como aquellos que crean o modifican situaciones jurídico subjetivas en la esfera de los particulares, no así a los actos de trámite que, como conjunto de actos tendentes a impulsar u ordenar el íter procedimental previo, no son capaces de incidir directamente en los derechos e intereses de los particulares, salvo las excepciones previstas en la ley.

RDP N° 121, 2010, pp. 172–173

TSJ-SPA (0011)   13-1-2010

Magistrado Ponente: Yolanda Jaimes Guerrero

Caso: Jesús Rodolfo Bermúdez Acosta

Al igual como sucede en los procesos judiciales, la Administración se encuentra obligada a tomar en cuenta y analizar todos los alegatos y defensas opuestas por las partes -al inicio o en el transcurso del procedimiento- al momento de dictar su decisión, en atención al principio de globalidad o exhaustividad administrativa previsto en los artículos 62 y 89 de la Ley Orgánica de Procedimientos Administrativos.

2.-Violación al principio de globalidad de la decisión administrativa. Denunció en tal sentido que "...Los artículos 62 y 89 de la Ley Orgánica de Procedimientos Administrativos reconocen el principio de globalidad, congruencia o exhaustividad de la decisión administrativa, que consiste en el deber de la administración de resolver todas las cuestiones que hubieren sido planteadas y para ello la administración está obligada, incluso de oficio, a cumplir todas las actuaciones necesarias para el mejor conocimiento del asunto que le corresponde decidir (artículo 53 *ejusdem*), debiendo analizar dichos planteamiento, aún cuando no hubiesen sido alegados, ni probados por los interesados (artículo 89 de la Ley Orgánica de Procedimientos administrativos). (*sic*).

Refirió que "*...al no haber analizado los hechos alegados como efectivamente ocurrieron y no haberle aplicado las disposiciones legales pertinentes, se ha dictado un acto administrativo viciado de nulidad absoluta. Una simple lectura de la Resolución N° 00-01-000043 de 6 de febrero de 2007, del Contralor General de la República, (...) evidencia que no se produjo pronunciamiento alguno sobre los alegatos presentados como defensa por [su] representado a través de los recursos administrativos de reconsideración y jerárquicos, que d[a]... por reproducidos...*".

Respecto al vicio denunciado, la Sala ha reiterado que al igual como sucede en los procesos judiciales, la Administración se encuentra obligada a tomar en cuenta y analizar todos los alegatos y defensas opuestas por las partes -al inicio o en el transcurso del procedimiento- al momento de dictar su decisión, en atención al principio de globalidad o exhaustividad administrativa previsto en los artículos 62 y 89 de la Ley Orgánica de Procedimientos Administrativos, los cuales disponen lo siguiente:

"***Artículo 62***. *El acto administrativo que decida el asunto resolverá todas las cuestiones que hubieren sido planteadas, tanto inicialmente como durante la tramitación.*".

"***Artículo 89***. *El órgano administrativo deberá resolver todos los asuntos que se sometan a su consideración dentro del ámbito de su competencia o que surjan con motivo del recurso aunque no hayan sido alegados por los interesados.*".

Ahora bien, en el caso de autos se observa que la denuncia de violación al principio de globalidad y exhaustividad de la decisión administrativa fue formulada por la representación del actor en forma genérica, ya que no se precisaron en el libelo cuáles fueron concretamente los argumentos supuestamente silenciados por la Administración durante el procedimiento de verificación patrimonial. Por el contrario, en el escrito contentivo del recurso tan sólo se hace referencia a la ausencia de valoración de "*...todos los hechos que cursan en el expediente...*", de los alegatos planteados y de las pruebas promovidas en los recursos administrativos ejercidos, con respecto a los cuales, en opinión de este máximo juzgador sí se dejó constancia en el expediente administrativo de las razones de hecho y de derecho que sustentaron la decisión de fecha 27 de junio de 2006, que inadmitió las declaraciones juradas de patrimonio presentadas por el accionante en fechas 26 de septiembre de 2002 y 29 de mayo del 2003.

La mencionada decisión o Auto de Cierre, como se indicó, es el acto final del procedimiento de verificación patrimonial y éste tuvo como fundamento el *incremento patrimonial desproporcionado del accionante, con relación a sus ingresos*, por cuanto de las pruebas recabadas por la Administración se verificó que su situación patrimonial no se correspondía con los activos financieros manejados durante el período objeto de estudio. Este hecho como se demostró anteriormente, pudo ser refutado por el accionante en el lapso de los treinta (30) días acordados, de conformidad con lo previsto en el artículo 30 de la Ley Contra la Corrupción, cuando tuvo conocimiento de los resultados del Informe Preliminar de Auditoría Patrimonial y del Informe Legal, cuestión que nunca efectuó, así como tampoco desvirtuó el hecho demostrado en el expediente, de los Recursos Aplicados No Justificados, según se evidencia en el Informe Definitivo de Auditoría Patrimonial (folios 9402 al 9431 de la pieza N° 38 del expediente administrativo).

Por lo antes expuesto, debe este Máximo Tribunal desechar el alegato de violación al principio de globalidad y exhaustividad de la decisión administrativa esgrimido por la representación judicial del accionante. Así se declara.

> b. *Variación de criterios*
>
> RDP N° 45, 1990, pp. 98
>
> CSJ-SPA (73)   21-2-91
>
> Magistrado Ponente: Cecilia Sosa Gómez
>
> **Caso: Mauricio Katz G. vs. República (Ministerio de Hacienda).**

Por lo que alude a la violación de las disposiciones contenidas en la Ley Orgánica de Procedimientos Administrativos en los artículos 11, 12, 13 y 19, observa esta Sala que del análisis del recurso sólo lo dispuesto en el artículo 11 de la Ley Orgánica de Procedimientos Administrativos, es de algún modo argumentado por el recurrente por lo que a ello se concretará su examen. En efecto, los recurrentes sostienen que del Ministerio de Hacienda emanó una Resolución en febrero de 1984 mediante la cual se declaró lo contrario a lo que se decidió en su caso.

Respecto de lo anterior considera esta Sala que el artículo 11 de la Ley Orgánica de Procedimientos Administrativos prevé que los criterios establecidos por los distintos órganos de la Administración Pública podrán ser modificados, pero la nueva interpretación no podrá aplicarse a situaciones anteriores, salvo que fuese más favorable a los administrados.

Conforme se desprende de la norma invocada se acogió en nuestro país la tesis de la variabilidad del precedente administrativo basado en la necesidad que tiene la Administración de flexibilidad en su actuación, pues quedar vinculada sin posibilidad de variación, significaría resolver siempre los supuestos iguales, de la misma manera o en sentido idéntico. La doctrina ha reconocido que un caso similar, pero en distinto tiempo, puede conducir a una resolución diferente. Ante tal eventualidad no cabe atribuir al precedente administrativo valor normativo definitivo.

La Administración tiene la posibilidad de modificar sus criterios de interpretación en su actuación frente a particulares. El artículo 11 de la Ley Orgánica de Procedimientos Administrativos establece el valor del precedente administrativo y consagra también en forma indirecta el principio de la irretroactividad de los actos administrativos. La Administración no está sujeta a sus precedentes y puede, en consecuencia, modificar los criterios; sin embargo, esta posibilidad tiene límites como son: la nueva interpretación no puede aplicarse a situaciones anteriores, con lo cual, dictado un acto administrativo en un momento determinado conforme a una interpretación, si luego se cambia esa interpretación, no puede afectarse la situación y el acto anterior. Por tanto, el nuevo acto dictado conforme a la nueva interpretación no tiene efecto retroactivo. La otra limitación es que si bien la nueva interpretación puede aplicarse a situaciones anteriores, cuando fuese más favorable a los administrados, ello es aplicable sólo para actos que no estén definitivamente firmes; por tanto, le está impedido a la Administración modificar o revocar estos actos aun cuando siendo más favorables, están firmes.

Además de lo anterior, si la nueva interpretación está sujeta a derecho por coincidir con el supuesto a que se refieren las normas —sobre lo cual insiste esta Corte en virtud de los argumentos formulados acerca del término Empresa—, su eficacia deriva no ya de su mera existencia como precedente sino de su ajuste a la legalidad.

RDP N° 63–64, 1995, pp. 241

CSJ-SPA (541)   18-07-95

Magistrado Ponente: Cecilia Sosa Gómez

Caso: Pierre Blend & Company vs. República (Ministerio de Hacienda).

3.1.- De conformidad con el artículo 11 de la Ley Orgánica de Procedimientos Administrativos, cuya violación ha sido denunciada, el principio que informa la aplicación de los criterios o interpretaciones adoptados por la Administración es el de la irretroactividad. El referido principio puede desaplicarse cuando los nuevos criterios o interpretaciones resulten más beneficiosos para los administrados, en cuyo caso, le es dable a la autoridad administrativa extender la nueva interpretación a situaciones anteriores. No obstante lo anterior, la modificación de los criterios no da derecho a la revisión de los actos que hayan adquirido firmeza.

Nótese, que el artículo cuya infracción ha sido alegada, atañe a los criterios de la administración pública, es decir, a la forma en que ésta, haciendo uso de potestades discrecionales, ha interpretado determinados aspectos cuyo conocimiento –en forma general o indeterminada– la Ley le confía.

En tal virtud, la violación de esa norma, por falta de aplicación, se produce en los siguientes casos:

a.- cuando la Administración, oficiosamente, aplique un nuevo criterio para resolver cuestiones ocurridas con anterioridad, salvo cuando el nuevo criterio resulta más favorable al administrado;

b.- cuando la Administración, habiendo adoptado un nuevo criterio más favorable al administrado, no le concede aplicación retroactiva, salvo que se trate de actos definitivamente firmes, en cuyo caso, "la modificación de los criterios no dará derecho" a su revisión.

Ahora bien, observa la Sala que la aplicación retroactiva pretendida por el accionante, no versa sobre un "criterio" de la administración. En efecto, según se deduce de la denuncia formulada por la empresa, la variación se produjo respecto del régimen legal aplicable a la importación de Preparados alcohólicos compuestos (llamados "extractos concentrados") para la fabricación de bebidas. En este sentido, se resalta que el nuevo régimen legal resulta más favorable, toda vez que dejó de exigir el permiso del Ministerio de Hacienda, cuya falta de presentación sirve de fundamento a los actos recurridos.

Es claro entonces, que lo reclamado por el accionante es la aplicación retroactiva del nuevo régimen aduanero, establecido mediante Decreto 827 del 30 de marzo de 1.990, y no la de los criterios utilizados por la Administración para interpretar ese instrumento, de allí que no resulte aplicable el artículo 11 de la Ley Orgánica de Procedimientos Administrativos y, en consecuencia, resulte improcedente la infracción denunciada. Así se declara.

RDP N° 71–72, 1997, pp. 163

CSJ-SPA (et) (650)   21-12-97

Conjuez Ponente: Ilse Van Der Velde Hedderich

Caso: Inelectra, S.A. vs. Instituto Nacional de Cooperación Educativa (INCE).

La Corte considera que la norma contenida en el artículo 11 de la Ley Orgánica de Procedimientos Administrativos, que prohíbe a la Administración aplicar los cambios de criterios a situaciones anteriores ya decididas, es perfectamente aplicable en materia tributaria.

2) Violación del Artículo 11 de la Ley Orgánica de Procedimientos Administrativos.

Con respecto a este alegato, se observa que efectivamente la Administración del INCE viola el Artículo 11 de la referida Ley Orgánica ya que mediante decisión contenida en Resolución N° 031-065-04082 de fecha 02/04/74, copia de la cual cursa a los folios 358 a 360 de este expediente, declaró procedente la apelación interpuesta por INELECTRA, C.A. y dejó sin efecto el Acta de requerimiento y la liquidación de multa que se le había impuesto para ese entonces, al haber considerado que dicha empresa no realiza ninguna actividad de naturaleza comercial ni industrial sino actividad netamente profesional en el campo de la ingeniería; es decir la declara empresa no sujeta a los tributos establecidos por la Ley del INCE. Y diez (10) años después, por medio de la Resolución N° 1.986 de fecha 16/10/86 pretende que la misma empresa si era sujeto pasivo de los tributos del INCE, no obstante que la Ley no había sido modificada en forma alguna.

Evidentemente se está frente a un cambio de criterio del INCE, no obstante el hecho de tratarse de la misma aportante cuya actividad se mantuvo igual durante ese período, y de que las normas tributarias que rigen a este Instituto Autónomo eran exactamente las mismas en 1974 y en 1986.

De haber ocurrido alguna variación en la naturaleza de las actividades des-arrolladas por la empresa que obligaran a este cambio de criterio, al Instituto Na-cional de Cooperación Educativa correspondía hacer referencia expresa de ello con la debida fundamentación.

Ante estas circunstancias, la Sala considera que el INCE no podía pretender convertir a la recurrente en sujeto pasivo de sus aportes, por contribuciones debidas en el período 1974-1984, sin violar el contenido del Artículo 11 de la Ley Orgánica de Procedimientos Administrativo.

El Doctor Allan Brewer-Carías en su obra *El Derecho Administrativo y la Ley Orgánica de Procedimiento Administrativos,* Colección de Estudios Jurídicos N° 16, hace esta misma interpretación de la normativa examinada al expresar:

> "Sin embargo de acuerdo al Artículo 11 de la Ley y si bien la Administración puede modificar los criterios que tiene para decidir y puede adoptar nuevas interpretaciones, ello no implica que pueda aplicar esas nuevas interpretaciones a situaciones anteriores ya decididas pues de lo contrario no habría estabilidad, ni seguridad jurídica en las de-cisiones."

En consecuencia la Sala juzga que la señalada Resolución N° 1986 esta vicia-da de legalidad repetimos por violar el expresado Artículo de la Ley Orgánica de Procedimientos Administrativos, la cual no esta en contradicción, en forma alguna, con el Código Orgánico Tributario.

Esta interpretación que hace la Corte de la expresada norma general adminis-trativa se justifica en materia tributaria porque tiene la característica de ser una norma que da seguridad jurídica a los contribuyentes y que le garantiza una estabi-lidad frente a lo cambios de criterio del sujeto activo de la relación tributaria.

No se esta negando, en forma alguna, el derecho que tiene la Administración Tributaria para modificar su criterio, en cualquier momento, bien a través de un acto de efectos generales o bien en uno de efectos particulares, lo que la norma administrativa general en comento no le permite hacer a dicha Administración es aplicar retroactivamente los efectos de este cambio de criterio sino en el caso de que sean más favorables para el sujeto pasivo de la relación tributaria, lo cual es perfectamente justo y repetimos, proporciona estabilidad y seguridad jurídica a dicha relación.

c. *Corrección de errores*

RDP N° 7, 1981, pp. 148

CSJ-SPA (92)   4-5-81

Magistrado Ponente: Josefina Calcaño de Temeltas

En el procedimiento fiscal, si el declarante incurre en error de derecho, éste puede ser corregido por la Administración a solicitud del interesado o de oficio. Pero si se trata de error de hecho, el contribuyente tendrá que demostrar por medios adecuados no sólo la existencia de su error sino también que incurrió en el mismo de buena fe.

A este respecto, la Sala se ha pronunciado de la siguiente manera: "Si el declarante incurre en error de derecho, éste puede ser corregido por la Administración a solicitud del interesado y aun de oficio, porque la declaración versa sobre hechos y porque, como lo indica el Reglamento Orgánico de la Administración del Impuesto sobre la Renta, "los funcionarios públicos que intervengan en la ejecución de las leyes, decretos y reglamentos relativos al Impuesto sobre la Renta, tendrán por norma fundamental que la aplicación recta y leal de los principios legales debe ejercerse de acuerdo con los objetivos de equidad y justicia que persigan dichas disposiciones y en consecuencia, que la defensa de los intereses fiscales que les está encomendada no excluye un espíritu de cultura cívica y mutua sinceridad, comprensión y armonía en sus relaciones con los contribuyentes. La Administración Pública no exige ni aspira a obtener de los contribuyentes sino lo que la Ley les impone".

"Pero si el error es de hecho, el contribuyente que pretenda destruir la fuerza probatoria de su declaración jurada, tendrá que demostrar por medios adecuados no sólo la existencia de su error sino también que incurrió en el mismo de buena fe, es decir, porque los elementos de juicio de que disponía le hacían pensar que lo declarado era cierto, pues, de lo contrario, no se trataría de un error sino de una falsedad conscientemente cometida, que ni el legislador ni los jueces pueden amparar. Esta última prueba es indispensable particularmente cuando el contribuyente es una empresa mercantil y que deba llevar libros y registros que sirvan de base para la determinación de la renta, puesto que, en tal caso, lo que realmente declara el contribuyente es que los datos suministrados son exactamente los mismos que resultan de su contabilidad". (Sentencia del 5-6-74).

Estas posiciones no son otra cosa que la consecuencia de la aplicación de un postulado administrativo-tributario, en virtud del cual se presume que las declaraciones impositivas son ciertas, siendo rectificables por el sujeto pasivo de la relación tributaria, es decir, por el contribuyente, mediante la prueba de que al hacerlas se incurrió en un error de hecho, por aplicación del principio contenido en el Artículo 1.404 del Código Civil de que la confesión sólo puede revocarse mediante la prueba de que ella ha sido resultado de un error *facti*.

Estima en definitiva esta Sala que en el caso de autos la contribuyente incurrió en un error de interpretación excusable al calificar el gasto de Bs. 34.112,25 como "Participación Administrativa", cuando en realidad, y de acuerdo a las probanzas producidas, se trata de sueldos pagados a los supervisores de las sucursales, determinados a base de porcentaje, cuya deducibilidad es factible de conformidad con las disposiciones de la Ley de la materia. Así se declara.

RDP N° 21, 1985, pp. 133

CPCA   7-3-85

Magistrado Ponente: Román J. Duque Corredor

Caso: Manuel Romero vs. Ministerio del Trabajo (Comisiones Tripartitas).

Los errores y defectos, al igual que las omisiones en las solicitudes administrativas, sólo dan lugar a que la Administración ordene su corrección o que éstos sean subsanados, pero no ocasionan la nulidad de lo actuado, ni que no se inicie el procedimiento, salvo que lo indique la Ley.

También denunció el recurrente como vicio de ilegalidad el que la Inspectoría no hubiera declarado con lugar la excepción dilatoria de defecto de forma que opuso en el acto de contestación a la solicitud de calificación de despido, por no contener dicha solicitud el señalamiento de los domicilios del solicitante y del trabajador reclamado, y el que la Inspectoría estimó que tal excepción era improcedente oponerla en el procedimiento, y además porque consideró este órgano que no advertía defecto alguno que obligara a ordenar se subsanara.

Al respecto, observa la Corte: los errores y defectos, así como las omisiones de las solicitudes administrativas, sólo dan lugar a que la Administración ordene su corrección o que sean subsanados, pero no a la nulidad de lo actuado, ni mucho menos a que no se inicie el procedimiento, salvo que la propia ley así lo diga expresamente, lo cual no ocurre en el presente caso. En efecto, según el artículo 50 de la Ley Orgánica de Procedimientos Administrativos, norma supletoria de todo procedimiento administrativo ordinario, según lo determinan sus artículos 19 y 47, el incumplimiento de los requisitos formales de los escritos o solicitudes administrativas, en tales procedimientos, da lugar a que la Administración abra una incidencia para que se corrijan dichos defectos, y crea la obligación para el interesado de hacerlo, pero si aquélla no utiliza tal facultad no por ello incurre en un vicio procedimental que amerite la nulidad del acto definitivo y de todo lo actuado, que sería inoficioso, ya que el único efecto sería el de reponer para que se presente un nuevo escrito corregido, lo cual va en contra del principio de la economía y de la racionalidad que orienta, según el artículo 30 *ejusdem*, la actividad de la Administración, y así se declara. Igual consideración cabe hacer al contenido del artículo 355 del Reglamento de la Ley del Trabajo, en el sentido de que si el Inspector del

Trabajo no solicita se subsanen los defectos de las solicitudes de calificación de despido, ello no ocasiona una reposición y la nulidad de lo actuado.

En consecuencia, si la Inspectoría estimó que la solicitud podía sustanciarse y resolverse, y que por ello no hacía uso de la facultad de ordenar su subsanación, no violó las normas cuya infracción denunció el recurrente; ni tampoco por estimar que no existía defecto alguno que hiciera necesario tal corrección, violó los artículos 12 y 162 del Código de Procedimiento Civil, porque lo que hizo fue actuar conforme a sus propias competencias, y así se declara.

RDP N° 30, 1987, pp. 115

CPCA   30-4-87

Magistrado Ponente: Alfredo Ducharne H.

Caso: TREMSA vs. Comisión para el Registro de la Deuda Privada.

No obstante que la decisión dicha, hace innecesario cualquier otro análisis, considera esta Corte, debe precisarse la interpretación dada por el recurrente al contenido e interpretación dada al artículo 84 de la Ley Orgánica de Procedimientos Administrativos, el cual textualmente reza: "...La administración podrá en cualquier tiempo corregir los errores materiales o de actos administrativos".

Así, conforme a la norma legal transcrita, a la Administración le ha sido asignada la facultad discrecional de corregir los errores en que incurriere, mas no puede alegarse tal facultad como fuente de derechos a terceros, quienes interpretando distintamente el mismo hecho, pretendan el cumplimiento forzado de su apreciación, en detrimento de la facultad apreciativa asignada a la misma Administración.

RDP N° 37, 1989, pp. 79

CPCA   1-12-88

Magistrado Ponente: Cecilia Sosa Gómez

Caso: Irma G. Torrealba de Corro vs. República (Ministerio de Relaciones Interiores).

La Administración puede en cualquier tiempo corregir errores materiales o de cálculo en los que hubiere incurrido en la configuración de los actos administrativos.

La Corte para decidir, observa:

I

La controversia de que si la recurrente es o no funcionaria de carrera, es un aspecto que aceptó la Administración y no fue objeto de la apelación.

Por tanto, el punto controvertido en esta alzada es si puede aceptarse que la Administración puede alegar como error material la modificación en la causa que originó la aprobación de la reducción de personal por el Consejo de Ministros y la remoción del recurrente.

En tal sentido se observa que la Ley Orgánica de Procedimientos Administrativos regula el supuesto del error material en los siguientes términos: "La Administración podrá en cualquier tiempo corregir errores materiales o de cálculo en que hubiere incurrido en la configuración de los actos administrativos" pero esa revisión de oficio que puede hacer la Administración es efectivamente sobre actos administrativos dictados, por eso consagra el artículo 84 antes transcrito, que lo podrá hacer en cualquier tiempo, sin que pueda entenderse que una corrección de un error material genera un nuevo acto administrativo en el sentido de modificar su esencia y contenido, pues ello sería aceptar que la misma Ley está consagrando la vulnerabilidad de la cosa juzgada administrativa por la corrección de un error material.

En el caso bajo examen, mal puede aceptarse que la Administración incurrió en un error material, cuando el Ministro dictó el acto administrativo alegándose que el acto que contenía correctamente la motivación de la reducción de personal era la aprobación del Consejo de Ministros, y el error material fue haberse equivocado el Ministro cuando dictó la remoción. El acto administrativo de aprobación del Consejo de Ministros no es el acto de remoción de la querellante, sino un requisito de la Ley para que el Ministro pueda válidamente tomar o no la decisión de remover a los funcionarios afectados por la medida de reducción de personal. En consecuencia, resulta inaceptable la invocación de un error material por la diferente fundamentación de la reducción de personal entre la que se aprobó en el Consejo de Ministros y la contenida en el acto de remoción.

Para mayor abundamiento sobre los alcances de un error material, ésta podría haberse invocado si el acto del Ministro por medio del cual se le remueve expresaba concordancia con la causal de reducción de personal aprobada en el Consejo de Ministros y el acto de notificación hubiere expresado una causal diferente, pues en ese caso un error en la transcripción de la motivación del acto que efectivamente contenía la decisión, caso que no es el de autos. Esta Corte considera acertado el criterio de la sentencia del *a quo* cuando fundamenta la nulidad del acto de remoción de la querellante en la diferencia de motivación entre el acto de la aprobación de la medida por el Consejo de Ministros y el acto de remoción y retiro de la actora y así se declara.

RDP N° 50, 1992, pp. 137

CPCA   4-6-92

Magistrado Ponente: José A. Cátala

Caso: Alba Manlea Chaparro vs. República (Ministerio de Educación).

La potestad de la Administración de corregir en cualquier tiempo errores materiales en que hubiere incurrido, es limitada, pues de causar efectos el acto administrativo en derechos subjetivos o intereses legítimos, personales y directos a un particular, no le es permitido corregir, ni revocar el acto.

Si bien es cierto, tal y como lo asevera la apelante, que el acto administrativo es evidente, tal y como se desprende del contenido del mismo y según lo sustentado por la querellada ante el *a quo*, que la consecuencia inmediata de la "corrección" del acto administrativo Resolución N° 41 de fecha 18 de enero de 1984, es una revocatoria, entiende la Corte, que si al administrado se le notifica su designación para desempeñarse en un cargo, sin más condiciones, ni determinación de tiempo, y posteriormente, se le notifica que su designación surtirá efecto por un período determinado, el contenido del acto administrativo cambia totalmente, así como sus efectos, por tanto consiste en una revocatoria parcial. En el caso que nos ocupa, la corrección del acto administrativo que designa a la querellante como jefe de la División de Administración en el Instituto Universitario donde se desempeñaba, evidentemente, de ser una designación pura, simple y definitiva, pasa a ser una designación temporal, lo cual desmejora su situación dentro del organismo para el cual presta sus servicios, y por tanto consiste en una revocatoria del acto de designación contenido en la Resolución N° 41 de fecha 18 de enero de 1984, pues es de hacer notar que la "corrección" del acto administrativo, se hizo con un poco más de ocho meses después de haber sido designada para el cargo y haber sido efectivo tal nombramiento con la toma de posesión de la recurrente del mismo, por tanto la indicada corrección constituye una revocatoria del acto de nombramiento, y así se declara.

En cuanto al argumento esgrimido por la querellada, de que su representada corrigió el acto administrativo de conformidad con lo dispuesto en el artículo 84 de la Ley Orgánica de Procedimientos Administrativos, considera esta Corte, que si bien es cierto que la Administración tiene la potestad de corregir en cualquier tiempo errores materiales en que hubiere incurrido, tal facultad está limitada, pues de causar efectos el acto administrativo en derechos subjetivos o intereses legítimos, personales y directos a un particular, no le es permitido corregir ni revocar el acto. Tal es el criterio sostenido por nuestra jurisprudencia, que de esta manera protege a los administrados de situaciones irregulares, inciertas o simplemente del capricho de autoridades administrativas, según sea el caso. Así por ejemplo, en sentencia de fecha 14 de mayo de 1985, dictada por la Sala Político-Administrativa de la Corte Suprema de Justicia, se establece: "...la materia de la potestad revocatoria de la Administración Pública, su alcance y límites, ha sido objeto de abundante estudio por parte de la doctrina nacional y extranjera ya analizada en múltiples ocasiones en jurisprudencia de este Supremo Tribunal. Ambas reconocen, como principio general de extinción de los actos administrativos, que la Administración tiene la posibilidad de privar de efectos a los actos administrativos bien sea de oficio o a instancia de parte, y señalan, como fundamento de esa potestad, razones de legitimidad cuando el acto adolece de algún vicio o defecto que le impide tener plena validez y eficacia, y razones de oportunidad cuando se trata de actos regulares, ya que es lógico y conveniente que la Administración pueda amoldar su actividad a las transformaciones y mutaciones de la realidad, adoptando en un determinado momento las medidas que estime más apropiadas para el interés público. Pero este principio general de revocabilidad de aplicación absoluta en relación con los actos administrativos de efectos generales, no tiene el mismo alcance cuando se trata de actos administrativos de efectos individuales, respecto a los cuales sufre limitaciones de bastante importancia... En efecto, la doctrina administrativa sostiene unánimemente, que la Administración no puede volver sobre sus pasos y revocar sus propios actos cuando éstos hubieren establecido algún derecho a favor de particulares y ello porque la revocación de los actos administrativos creadores de derechos subjetivos pugnaría con la intangibilidad de las situaciones jurídicas individuales...", todo lo cual está contemplado en nuestra legislación, y se infiere de la interpretación concatenada de los artículos 81, 82, 83, 19 y 20 de la Ley Orgánica de Procedimientos Administrativos.

En razón pues de lo antes expuesto, esta Corte, declara que no había lugar a la corrección del acto administrativo Resolución N° 41 de fecha 18 de enero de 1984, por haber éste creado derechos subjetivos y particulares a su destinatario, es decir, a la recurrente.

RDP N° 61-62, 1995, pp. 185

CSJ-SPA (27)   26-1-95

Magistrado Ponente: Alfredo Ducharne Alonso

Caso: Varios vs. Consejo Supremo Electoral

La potestad correctora no supone la revocatoria –ni siquiera parcial– del acto corregido.

Así, es realmente criterio jurisprudencial reiterado que la potestad rectificadora de la administración está supeditada a la simple corrección de errores materiales o de cálculo que se desprenden de forma notoria y manifiesta del propio acto, sin estarle permitido al órgano administrativo, mediante esta figura, realizar modificaciones que de alguna forma afecten el contenido o la esencia de lo decidido por el acto, es decir, la potestad correctora no supone la revocatoria –ni siquiera parcial– del acto corregido.

Ese es justamente el contenido del artículo 84 de la Ley Orgánica de procedimientos Administrativos, en el que –distintamente de las disposiciones que consagran la potestad revocatoria de la Administración– se establece que ésta "podrá en cualquier tiempo corregir errores materiales o de cálculo en que hubiere incurrido, en la configuración de los actos administrativos".

Voto Salvado

La Magistrado, Cecilia Sosa Gómez, disiente del fallo que antecede y salva su voto, con fundamento en las razones siguientes:

1.- El acto administrativo denunciado por los accionantes como transgresor de derechos constitucionales es la Resolución N° 940804-156 del 4 de agosto de 1994, publicada en la Gaceta Oficial N° 4.781 Extraordinario del 15 de septiembre de 1994, dictada por el Consejo Supremo Electoral.

2.- La mencionada Resolución se fundamenta, a través de sus considerandos, en la potestad de la Administración de corregir errores materiales o de cálculo en que hubiere incurrido, consagrada en el artículo 84 de la Ley Orgánica de Procedimientos Administrativos.

En efecto, la Resolución denunciada viene a "corregir" la Resolución N° 931013-198 de fecha 13 de octubre de 1993, publicada en la Gaceta Oficial N° 4722 Extraordinario del 16 de mayo de 1994, relativa a los resultados electorales correspondientes a la elección de Concejales, celebrada en la oportunidad de las Elecciones de Gobernadores, Alcaldes, Concejales y Miembros de las Juntas Parroquiales de 1992.

3.- La sentencia de la cual disiento considera que la acción de amparo es improcedente y para ello se fundamenta en los razonamientos siguientes:

a) Del expediente administrativo se desprende que los actores nunca fueron voluntariamente proclamados por el Consejo Supremo Electoral como Concejales del Municipio Lander del Estado Miranda.

b) La nueva Resolución no modifica en nada la Resolución N° 931013-198 de fecha 13 de octubre de 1994, sino que, por el contrario, "es fiel reflejo de la voluntad de lo decidido por el organismo electoral". De allí, que el nuevo acto no "corrige" ni revoca la primera Resolución sino la irregular publicación en la Gaceta Oficial N° 4722 del 16 de mayo de 1994.

c) Concluye señalando que la Resolución denunciada como transgresora de normas constitucionales consistió en la reimpresión en Gaceta Oficial del evidente error material en la publicación del 06-05-94.

4.- En criterio de quien se aparta del fallo, considera que conjuntamente con la potestad revocatoria, el legislador atribuye a la Administración la posibilidad de rectificar errores materiales o de hecho, así como errores aritméticos. La rectificación es definida por la doctrina como la "simple vuelta de la descripción de los hechos a la realidad, permaneciendo inalterable el contenido de la declaración jurídica" (véase, Villar Palasi, José Luis, Villar Ezcurra, José Luis, *Principios de Derecho Administrativo*, Universidad Complutense, Madrid, 1987).

Los errores rectificables a través de esa potestad son, entonces, aquellos que no transforman ni alteran la sustancia o esencia del acto administrativo mismo, de modo de evitar disfrazar una revocación con ausencia de los trámites procesales exigidos por la Ley.

En este sentido, la actuación del Consejo Supremo Electoral pretende subsanar un error en los destinatarios del acto administrativo, a través de la facultad concedida a la Administración en el artículo 84 de la Ley Orgánica de Procedimientos Administrativos, lo cual, implica una revocación, debido a que se altera un elemento esencial del acto administrativo como es el sujeto pasivo de la declaración de voluntad administrativa; más aún, cuando el acto que se "corrige" ha sido publicado en Gaceta Oficial, y por tanto ha obtenido carácter de documento público, de conformidad con el artículo 14 de la Ley de Publicaciones Oficiales del 22 de julio de 1941, que textualmente dispone:

"Las Leyes, decretos, Resoluciones y demás actos oficiales tendrán el carácter de públicos por el hecho de aparecer en la GACETA OFICIAL DE LOS ESTADOS UNIDOS DE VENEZUELA, *cuyos ejemplares tendrán fuerza de documento público".* (Subrayado añadido).

Por tanto, al tener valor de documento público las publicaciones oficiales, éstas hacen plena fe entre las partes como respecto de terceros, hasta tanto no sean atacados por vía de nulidad o por medio de la tacha, bien sea en acción principal o incidentalmente, de conformidad con el artículo 1.380 del Código Civil.

Es por ello, que quien disiente considera que la nueva Resolución N° 940804-156 del 4 de agosto de 1994, publicada en la Gaceta Oficial N° 4.781 Extraordinario del 15 de septiembre de 1994, dictada por el Consejo Supremo Electoral desconoce los intereses legítimos, personales y directos creados en favor de los accionantes quienes habían sido proclamados concejales mediante la Resolución N° 931013-198 de fecha 13 de octubre de 1994, publicada en la Gaceta Oficial N° 4722 del 16 de mayo de 1994.

Se altera de esta forma la firmeza del acto, por haber causado estado, adquirido por la declaración de voluntad del Consejo Supremo Electoral –órgano de la más alta jerarquía en materia electoral, de conformidad con el artículo 20 de la Ley Orgánica del Sufragio–, y al no haberse interpuesto el respectivo recurso contencioso electoral dentro del término legalmente establecido para ello, se convierte por el consentimiento de los interesados en irrecurrible. (Véase decisión de esta Sala del 04-03-82, caso: "Cándida Díaz Guzmán").

En todo caso, de presentarse los supuestos para que la Administración considerase revocable la Resolución cuestionada –véase, decisiones de Sala del 26-07-84 y 14-08-91, casos: "Despacho Los Teques" y "Ganadería El Cantón"–, quedaba obligada la Administración a darle audiencia a los interesados con la finalidad de que éstos realizaran oportunamente alegatos en su descargo, promovieran y evacuaran pruebas en su favor, y, en definitiva, dieran eficaz cumplimiento al principio conocido como *audi alteram partem*. O bien, en su defecto, podía el Consejo Supremo Electoral acudir a la jurisdicción contencioso-administrativa –ahora como parte demandante– a solicitar la anulación del acto administrativo de conformidad con lo establecido en la Ley Orgánica del Sufragio.

Con la Resolución Nº 940804-156 del 4 de agosto de 1994 se vulnera el derecho a la defensa y al debido proceso, consagrado en el artículo 68 de la Constitución, invocado por los accionantes, quienes se vieron desmejorados en su situación jurídica subjetiva sin haber tenido la oportunidad de cuestionar los argumentos del órgano administrativo, pues ejercer a esta altura un recurso de nulidad (factible jurídicamente), cuando se resuelva el fondo del asunto no podría restablecer, en caso de ser favorable, la situación jurídica infringida.

Igualmente, considera quien disiente, que es imposible separar –como pretende el fallo precedente– el acto de publicación del acto administrativo mismo, para tratar de justificar un supuesto error material, pues ambas circunstancias conllevan a una sola operación jurídica, la manifestación de voluntad original del ente administrativo.

Pero es el caso, que de existir errores manifiestos en la impresión de la Gaceta Oficial, la misma Ley de Publicaciones Oficiales consagra la forma de enmendar estas discrepancias, así dispone textualmente el artículo 4º lo siguiente:

"Cuando haya evidente discrepancia entre el original y la impresión de una ley se la volverá a publicar corregida en la *GACETA OFICIAL DE LOS ESTADOS UNIDOS DE VENEZUELA; pero entonces deberá acompañar a dicha publicación un Aviso Oficial firmado por el Ministro a cuyo ramo corresponda la materia de la Ley indicando en qué consistió el error de la publicación primitiva.* En este caso, la Ley se tendrá por promulgada desde su primera publicación, pero no podrá darse efecto retroactivo a la corrección". (subrayado de la disidente).

Resulta evidente, por tanto, que aún cuando existan errores en la publicación del acto en la *Gaceta Oficial*, debe la autoridad administrativa que produjo el acto, motivar en qué consistió la modificación, para que los posibles interesados estén en conocimiento de los argumentos de hecho y de derecho plasmados en la nueva publicación, respetándose así las mínimas garantías del debido proceso.

Por tanto, cuando el Consejo Supremo Electoral corrige el acto de publicación (*Gaceta Oficial* Nº 4.781 Extraordinario del 15 de septiembre de 1994) está rectificando su expresión de voluntad original, la resolución publicada en la *Gaceta Oficial* Nº 4722 del 16 de mayo de 1994, más aún cuando así expresamente lo reconoce en los considerandos de la Resolución cuestionada. Por otra parte se constata las variaciones existentes en la motivación entre el acto administrativo "corregido" publicado y el tomado por el Consejo Supremo Electoral.

Usurpa el Consejo Supremo Electoral, de esta forma, funciones que le corresponden a los Tribunales de la jurisdicción contencioso-administrativa, de conformidad con los artículos 212 y siguientes de la Ley Orgánica del Sufragio, para anular los actos administrativos en materia electoral, debido a que la Resolución Nº 931013-198 de fecha 13 de octubre de 1993, publicada en la *Gaceta Oficial* Nº 4722 del 16 de mayo de 1994 había creado derechos en favor de los accionantes.

Por último, no puede dejar de advertirse que si bien se desprende del expediente administrativo, a través de las Minutas de Acta del Consejo Supremo Electoral, que el recurso de revisión numérica interpuesto por el ciudadano Julio Cesar Marcano, deja firme la proclamación inicial del 14 de diciembre de 1992, también es cierto que consta en autos otro informe de la Comisión Numérica Nº 3 de fecha 21 de junio de 1993 (folio 72 del expediente), en la que se declara con lugar el recurso de revisión numérica mencionado anteriormente, modificándose la adjudicación efectuada por la Junta Electoral Municipal en diciembre de 1992. Esta circunstancia pone en evidencia las irregularidades dentro del procedimiento administrativo en el que se trató el caso del Municipio Lander del Estado Miranda, lo cual hacía necesario –para quien disiente– de un contradictorio para revocar la Resolución publicada en la *Gaceta Oficial* Nº 4722 del 16 de mayo de 1994 que garantizara a los accionantes el derecho a ser oídos.

En conclusión, la presente acción de amparo constitucional en contra de la Resolución Nº 940804-156 del 4 de agosto de 1994, ha debido ser declarada con lugar por vulnerar el derecho a la defensa de los accionantes, consagrado en el artículo 68 de la Constitución.

    d.   *Prohibición de la reformatio in pejus*

RDP Nº 2, 1980, pp. 113

CSJ–SPA   17-4-80

Magistrado Ponente: Julio Ramírez Borges

La Administración no puede empeorar la situación de los particulares reclamantes en un procedimiento administrativo.

Al proceder así, la Administración actuó con arreglo a Derecho y, antes de quebrantar las disposiciones legales denunciadas por la apelante, las acató debidamente; pues, de haber preterido la norma del artículo 310 hacendado, y limitarse a la aplicación del artículo 37 del Código Penal, como lo solicita la recurrente, la gran mayoría de las multas habrían sido aplicadas en cuantías mayores. En todo caso, prescindir del citado dispositivo hacendario conduciría a una *rejormatio in pejus*, reñida con los mejores principios del Derecho Administrativo.

631

RDP N° 59-60, 1994, pp. 210

CSJ-SPA (663)   4-10-94

Magistrado Ponente: Josefina Calcaño de Temeltas

Caso: Rafael Alcántara Van Nathan vs. República (Ministerio de Hacienda).

Con arreglo al artículo 39 de la Ley Orgánica de Procedimientos Administrativos la autoridad administrativa puede, contrariamente a lo que sucede en el orden judicial, desmejorar la situación del recurrente *reformatio in peius* en vía administrativa.

Debe analizar igualmente la Sala la afirmación del recurrente en orden a que el acto impugnado empeoró su situación respecto a la que tenía antes de la interposición del recurso jerárquico y al respecto se observa:

Con arreglo al artículo 39 de la Ley Orgánica de Procedimientos Administrativos "el órgano administrativo deberá resolver todos los asuntos que se sometan a su consideración dentro del ámbito de su competencia o que surjan con motivo del recurso aunque no hayan sido alegados por los interesados." Ha interpretado la doctrina que esta potestad general subrayada por la Sala otorgada por el legislador a la autoridad administrativa, permite a esta, contrariamente a lo que sucede en el orden judicial, desmejorar la situación del recurrente *reformatio in peius* en vía administrativa si del examen del asunto encuentra razones que justifiquen un cambio en la calificación de los hechos y por ende, sus consecuencias jurídicas.

No obstante lo anterior, la Sala observa que la actividad mercantil de los Corredores de Títulos de Valores está regulada en la Ley de Mercado de Capitales y las Normas que especialmente se han instituido para regular su ejercicio. Resulta concluyente para la Sala, además, que esta actividad mercantil está sujeta a las variantes lógicas de un mercado fluctuante en el cual el riesgo está presente e íntimamente vinculado a este tipo de negocio por lo que, obviamente, la ausencia de un corredor por un período más o menos extenso en el mercado, alejará sin duda la posibilidad de que este tenga éxito, sobre todo si otra nota resaltante en este tipo de actividad es el nivel competitivo que deben desarrollar los Corredores de Títulos de Valores frente a sus pares en el mercado de trabajo en que se desenvuelven. Así, la sanción de suspensión por un año, originalmente impuesta al recurrente, indudablemente afectaba la medula misma del desarrollo laboral de éste, por lo que a juicio del Ministerio de Hacienda —y que comparte la Sala— decidió rebajarla a un período de cincuenta días, y en tal virtud no puede sostenerse que la modificación recaída sobre la sanción haya empeorado la situación del administrado en relación con la que tenía antes de la interposición del recurso jerárquico. Así se declara.

Por otra parte, no podía obviar la administración, en este caso el Ministro de Hacienda, el cúmulo de irregularidades cometidas por el hoy recurrente, por lo cual, aún cuando procedió a ordenar la disminución del tiempo de suspensión, acordó en sana justicia, en criterio que esta Sala igualmente comparte, la imposición de las multas, con base en la facultad modificatoria que le está atribuida por mandato legal. Así se establece.

e. *Reedición del Acto Administrativo*

RDP N° 63–64, 1995, pp. 242

CPCA   30-11-95

Magistrado Ponente: María Amparo Grau

Caso: Javier Villarroel vs. Consejo de La Judicatura.

Hay reedición cuando la administración sustituye con un acto administrativo otro precedentemente anulado.

2.- El accionante indica que mediante el decreto accionado, el Juez Dennys Nava Artuza desobedeció abiertamente una decisión de esta Corte, por cuanto decretó la prohibición de la asistencia y ejercicio profesional del recurrente, a pesar de que esta Corte había suspendido los efectos de un decreto anterior, que afectaba al recurrente en el mismo sentido.

Por su parte, el representante del Ministerio Público señaló que el decreto accionado se fundamentó en los mismos motivos que el primer decreto de fecha 29 de junio de 1.994, lo cual configura según el fiscal público, un desacato a la sentencia de esta Corte de fecha 14 de diciembre de 1.994.

Consta en autos que mediante decreto de fecha 29 de junio de 1.994, el Juez Dennyz Nava Artuza prohibió el ejercicio o asistencia en juicio del abogado Javier Villarroel Rodríguez, en el Juzgado Superior Segundo en lo Penal de la Circunscripción Judicial del Estado Nueva Esparta "... por ser enemigo manifiesto del suscrito...". Esta Corte, en la sentencia ya mencionada del 14 de diciembre de 1.994, suspendió los efectos del anterior decreto.

Por último, consta igualmente en actas procesales, que en fecha 26 de abril de 1.995 el Juez Dennyz Nava Artuza prohibió nuevamente el ejercicio o asistencia en juicio del recurrente, por considerar que este era su enemigo manifiesto.

Ahora bien, el accionante denuncia que el acto accionado constituye una limitación inadmisible a su ejercicio profesional como abogado de la República.

En este sentido, expresa en el libelo de la acción de amparo:

"Como consecuencia de este nuevo decreto y por la circunstancia de que solo existen en el Estado Nueva Esparta, dos (02) Juzgados Superiores Penales, agravado al hecho que soy especialista en Derecho Penal, se me está causando un daño tanto patrimonial como moral y una limitación ilegal al derecho de ejercer libremente mi profesión de Abogado..."

En el caso concreto, como ya se ha establecido, se ha denunciado que el decreto de fecha 26 de abril de 1.995 se fundamentó en los mismos motivos que el anterior decreto de fecha 29 de junio de 1.994, cuyos efectos fueron suspendidos por esta Corte.

Ahora bien, una vez analizado los autos, esta Corte estima que en efecto el decreto accionado se fundamentó en el mismo motivo que el primer decreto (enemistad manifiesta). Tan es así, que el representante judicial de la parte accionada, admitió durante la audiencia oral de las partes, que el decreto accionado tiene las mismas motivaciones que el original proveimiento administrativo de fecha 29 de junio de 1.994. De tal manera, que nos encontramos frente a lo que la doctrina ha denominado la reedición de los actos administrativos, esto es, cuando la administración sustituye con un acto administrativo, otro precedentemente anulado, o, como en este caso, suspendidos sus efectos.

RDP N° 73-74/75-76, 1998, pp. 73

CSJ-SPA (375)   18-6-98

Magistrado Ponente: Hildegard Rondón de Sansó

Caso: Aerovías Venezolanas, S.A. (AVENSA) vs. República (Ministerio de Transporte y Comunicaciones).

Los elementos necesarios para que se califique a un acto como reeditado son: a. Emisión de un mismo acto sustancialmente idéntico; b. Emitido por una misma autoridad; c. Emitido por una misma causa; c. Emitido para los mismos efectos..

Le corresponde a esta Sala decidir el recurso de nulidad interpuesto contra la Resolución N° DM 1028 de fecha 7 de julio de 1997 dictada por el Ministro de Transporte y Comunicaciones, en la que se declaró que la Resolución N° 310, igualmente emanada de dicho organismo, mediante la cual se seleccionara a AEROVÍAS VENEZOLANAS, S.A. (AVENSA), para explotar la ruta internacional Caracas-Lisboa-Madrid-Roma y viceversa, no podía producir efecto alguno por ser de imposible e ilegal ejecución. Se recuerda al efecto que, la acción de nulidad fue planteada conjuntamente con la de amparo constitucional. En fecha 18 de agosto de 1997, se decidió la acción de amparo, pronunciándose esta Sala Político-Administrativa sobre el problema planteado de la reedición del acto, en el siguiente sentido:

"La reedición del acto es un mecanismo que se ubica dentro de la esfera de la desviación de poder, por cuanto a través del mismo se dicta un nuevo acto por una autoridad pública que se presenta idéntico en su contenido y finalidad a uno precedentemente dictado por la misma autoridad, o por otra de su propia esfera de competencias, cuyo objetivo se presume constituido por la intención del órgano autor del acto de reafirmar el contenido de su decisión originaria, cuando ya han operado los mecanismos para el ejercicio del control de la legitimidad ante el organismo competente.

Los supuestos generales para que se realice la reedición del acto están constituidos por: 1. Es dictado un acto idéntico o semejante en sus elementos esenciales a un acto precedente, que ha sido impugnado o cuya eficacia ha sido suspendida o se encuentra en curso de serlo; 2. A través del nuevo acto se trata de eludir el control del juez sobre el acto originario o desconocer la protección que el mismo le ha otorgado o puede otorgarle al administrado.

En general se estima en la doctrina de avanzada que se tendrá como el mismo acto objeto de un recurso contencioso-administrativo originario que hubiese sido objeto de suspensión o de nulidad a los actos posteriores de la Administración, que conserven en esencia su mismo contenido, objeto y finalidad y se destinen a los mismos sujetos.

Las consecuencias de la reedición son las siguientes:

a. El procedimiento incoado contra el primer acto se extenderá al segundo, por lo cual ambos serán considerados como objetos plurales de la impugnación originaria. De allí que, no se tratará de un nuevo objeto o causa petendi sobrevenido, sino de la prolongación del mismo acto inicial Por lo anterior, el juez podrá pronunciarse no sólo sobre el primer acto impugnado, sino también, sobre el acto que se califique como reeditado;

b. La extinción del primer acto (por revocación, anulación o modificación sustancial) no puede llevar a la declaratoria de que "no hay materia sobre la cual decidir" en el recurso de nulidad porque el mismo se considera, sobrevive en el acto reeditado.

c. Constatada la reedición, esto es, la identidad entre los actos, la medida cautelar que fuera acordada o solicitada respecto al primero, se trasladará al segundo.

De todo lo anteriormente expuesto puede deducirse que los elementos necesarios para que se califique a un acto como reeditado son: a. Emisión de un mismo acto sustancialmente idéntico; b. Emitido por una misma autoridad; c. Emitido por una misma causa; c. Emitido para los mismos efectos.

Vistos someramente las bases del concepto de reedición, se observa en relación a los dos actos sobre los cuales se pide que la declaratoria de la misma opere, que coinciden en los siguientes elementos: Ante todo, emanan de la misma autoridad, y como elemento indiciario se constata que fueron dictados a una distancia de tiempo relativamente breve, el DM-1028 el 7 de julio de 1997 y el DM-006 el 1° de agosto de 1997. Por lo que atañe a la motivación, la Resolución N° DM-1028 estima que la Resolución N° 310 no podía crear derechos subjetivos, por cuanto era de imposible e ilegal ejecución. Respecto a la DM-006, considera igualmente que la Resolución N° 310 no ha podido ser ejecutada por ser de imposible e ilegal ejecución. En ambas resoluciones, el fundamento está en que al estar operando la empresa VIASA las rutas asignadas, no era posible el otorgamiento de las mismas a AVENSA. Estiman ambas resoluciones que se trata de una nulidad con efecto ex-tunc, por cuanto el vicio que las afecta es de nulidad absoluta.

Por otra parte, la primera Resolución, esto es, la DM-1028, se encontraba impugnada ante esta Sala y era objeto de una acción de amparo que había sido admitida, en-

contrándose pendiente de decisión tal admisión en la cual había sido formulada una solicitud de medida cautelar, por lo cual, la nueva decisión dictada sobre la misma materia, trató de influir sobre la eficacia del acto, intentando obligar al organismo jurisdiccional a una declaratoria de no tener materia sobre la cual decidir. Señalan los representantes del Ministro de Transporte y Comunicaciones, que la resolución inicialmente impugnada se presentaba, como un acto de trámite y, en virtud de ello, al decidirse en el fondo la cuestión que a través del mismo se iniciara, había desaparecido el objeto del recurso originario; sin embargo -y definir su naturaleza es materia del recurso de nulidad- cualquiera que la misma fuere, es indudable que recayó sobre la esfera de los destinatarios, modificando negativamente su situación jurídica.

Hechas las anteriores consideraciones, estima esta Sala que en el caso presente está planteada la figura de la reedición del acto, por cuanto los contornos fundamentales que la delinean se encuentran perfectamente tipificados: es la misma autoridad que actúa, decidiendo sobre el mismo objeto, con análoga motivación y, con idénticas consecuencias derivadas de su pronunciamiento. Por todo lo anterior, la Sala declara que la Resolución DM-006 es una reedición del acto originario, esto es, de la Resolución N° DM-1028, y como tal, la acción de amparo, y el recurso de nulidad y todas las medidas solicitadas respecto a la resolución originaria le son aplicables. Así se decide".

Es decir, que en el fallo de esta Sala Político-Administrativa parcialmente trascrito, se calificó a la Resolución DM-006 como una reedición de la Resolución DM-1028 y, en consecuencia incluido como objeto del recurso.

Ahora bien, posteriormente, los apoderados actores denunciaron que había sido dictado un nuevo acto revocatorio de los anteriores, constituido por la Resolución N° 01 de fecha 11 de marzo de 1998 y además, la providencia administrativa N° DG-036-98 de esa misma fecha, constitutivos igualmente de una reedición del acto.

Observa esta Sala que, aplicando el mismo criterio de la sentencia precedentemente transcrita, resulta indudable que los nuevos actos constituyen actos reeditados del que fuera originariamente impugnado por los actores, en razón de lo cual, estima que el objeto del presente recurso va a estar constituido por la totalidad de las resoluciones impugnadas, aun cuando no lo fueron en forma simultánea, sino sucesiva en el tiempo, debido justamente a que constituyeron una secuencia de actuaciones de la Administración sobre idénticos supuestos y sujetos.

De allí que, los actos que serán objeto de la presente sentencia relativa al recurso de nulidad son los siguientes:

1. Resolución N° DM-1028 de fecha 8 de julio de 1997, en la cual se *"reconoce"* la invalidez -por ser de imposible e ilegal ejecución- de la Resolución N° 310 de fecha 06 de noviembre de 1987, publicada en la Gaceta Oficial N° 33.840, que le otorgara a la empresa AVENSA la explotación de la ruta internacional Caracas-Lisboa-Madrid-Roma y viceversa.

2. Resolución N° DM-006 de fecha 10 de agosto de 1997, en la cual se *"reconoce la nulidad absoluta y, en consecuencia se revoca la Resolución N° 310....."*

3. Resolución N° 01 de fecha 11 de marzo de 1998, mediante la cual se revocan los actos contenidos en las Resoluciones N° DM-1028 y DM-006. (Es justa-

mente, como consecuencia de tal resolución que el Ministro de Transporte y Comunicaciones, declara "inhibirse de conocer y decidir los procedimientos administrativos que deben continuar como consecuencia de esta Resolución y, en consecuencia, designar al ciudadano Ingeniero Roberto Centeno Werner, Director General de este Ministerio, según consta en Resolución N° 104 de fecha 22 de julio de 1996, publicada en la *Gaceta Oficial* N° 30.005 de fecha 22 de julio de 1996, a los fines de que sustancie los procedimientos y adopte las decisiones respectivas").

4. Providencia Administrativa N° DG-036-98 de fecha 11 de marzo de 1998, dictada por el ciudadano Roberto Centeno Werner, Director General del Ministerio de Transporte y Comunicaciones, en su carácter de funcionario designado en sustitución del Ministro, mediante la cual se resolvió iniciar un procedimiento administrativo -que de acuerdo a pronunciamientos del Ministro de Transporte y Comunicaciones-, el cual tendió a revocar la Resolución N° 310 de fecha 6 de noviembre de 1987.

Señalan los distintos actos que son objeto del recurso, en virtud de haberse producido la figura de la *reedición* tal como lo declara esta Sala en las decisiones anteriores, a las cuales se ha hecho expresa referencia y que atendían a que cada vez que verificado el fundamento a la denuncia de los actores de que la Administración había procedido a dictar un nuevo acto sobre el mismo objeto de los anteriores, pendiente como lo estaba la decisión del recurso de nulidad, consideró la indisoluble vinculación de tales decisiones a los fines de su control contencioso administrativo y de los efectos que en el mismo se declaran.

La citada Resolución N° 01 del 11 de marzo de 1998, constituye un acto revocatorio de las Resoluciones N° DM-1028 y DM-006, y al mismo tiempo, contiene la inhibición del actual Ministro de Transporte y Comunicaciones, General Moisés Orozco Graterol, de inhibirse "de conocer y decidir los procedimientos administrativos que deben continuar como consecuencia de esta Resolución y, en consecuencia, designar al ciudadano Ingeniero Roberto Centeno Werner, Director General de este Ministerio, según consta en Resolución N° 104 de fecha 18 de julio de 1996, publicada en la *Gaceta Oficial* N° 30.005 de fecha 22 de julio de 1996, a los fines de que sustancie los procedimientos y adopte las decisiones respectivas".

Para los recurrentes, este acto constituye un subterfugio para impedir que esta Sala Político-Administrativa se pronuncie sobre el recurso de nulidad interpuesto contra los actos anteriores que versan todos sobre la pretensión de su representada de explotar la ruta Caracas-Lisboa-Madrid-Roma y viceversa. Al revocar el Ministerio de Transporte y Comunicaciones las decisiones que han sido atacadas de nulidad, y respecto a los cuales ya se había concluido el procedimiento del recurso, en el que se hicieron alegatos y se aportaron pruebas para demostrar los vicios que se le imputaron originariamente, la Administración trató con ello de impedir que esta Sala se pronunciase sobre dicho recurso, confirmando o anulando los actos atacados. Ahora bien, señalan que privar a esta Sala de la posibilidad de conocer y decidir las impugnaciones, cuyo procedimiento ha concluido, significa violar el derecho de los actores a la defensa y al debido proceso.

Al efecto esta Sala observa que, la Resolución N° 01 fue calificada por su autor como una *decisión revocatoria*, es decir, ejercida en base a la potestad revocatoria prevista en el artículo 82 de la Ley Orgánica de Procedimientos Administrativos, en base a la cual la Administración puede extinguir en cualquier momento, en todo o en parte, los actos que no originen derechos subjetivos o intereses legítimos.

En el caso presente, estamos ante un acto revocatorio, que ha sido calificado como tal por la propia Administración, aun cuando resulte evidente del mismo que lo que se pretendió fue la anulación de una serie de actos precedentes, fundamentándose sin embargo tal extinción, no en las razones previstas en el artículo 19 de la Ley Orgánica de Procedimientos Administrativos, sino en razones extrañas al mismo, como lo son la falta de conveniencia que tales actos tenían para la Administración. Quiere afirmar esta Sala que el ejercicio de la potestad revocatoria es una de las bases de la actividad administrativa, uno de los grandes medios de los cuales ella dispone para el saneamiento de sus actos; pero no está exenta del control jurisdiccional que puede sobre la misma pronunciarse sobre los siguientes aspectos:

1. Si efectivamente se trata del ejercicio de una potestad que esté dentro de los supuestos de la norma facultativa (en el caso específico del artículo 82 de la Ley Orgánica de Procedimientos Administrativos);

2. Si no excede de los límites que la norma facultativa establece;

El control sobre la oportunidad o conveniencia, esto es, la decisión sobre el mérito mismo del acto, no puede hacerlo el juez directamente, por cuanto la Administración es la dueña de la valoración de sus intereses. Esta fue una posición que dogmáticamente se mantuvo en el campo del contencioso-administrativo para preservar la esfera de la libre actuación de la Administración, en beneficio de los intereses que tutela; sin embargo, para impedir que la Administración se escude en tal principio para ejercer un poder desbordado y arbitrario, lentamente la jurisprudencia ha encontrado fórmulas para contener tales excesos. Dentro de estas fórmulas se encuentra el examen del vicio de desviación de poder y la determinación de la existencia de los principios de racionalidad y proporcionalidad, la revisión de los motivos del acto administrativo y de la motivación en la cual el mismo se fundamente, que constituyen el verdadero límite del poder de libre apreciación.

En virtud de lo anterior, corresponde a la Sala verificar si el acto estaba dentro de las facultades de la Administración, y si podía valerse para dictarlo de la potestad que le acuerda el artículo 83 de la Ley Orgánica de Procedimientos Administrativos, y al efecto estima que al fundamentarse en motivos de oportunidad y conveniencia, ajenos en consecuencia al vicio de nulidad absoluta que está tipificado taxativamente en los supuestos del artículo 19 del mismo texto, la medida se presenta como incorrectamente fundamentada -aun más-, como violatoria del presupuesto básico que debía servirle para su ejercicio. Es decir, que desentrañados en su verdadera entidad la naturaleza de la decisión, eliminando su apariencia de acto revocatorio y sustituyéndolo en su verdadera esencia de acto anulatorio, el mismo se presenta viciado por violar los límites impuestos a su ejercicio y no subsumirse en los presupuestos que le fija la norma atributiva de la potestad.

Ahora bien, si independientemente de la anterior circunstancia se considerase que la Administración es la dueña de la calificación de sus propios actos, y que en este caso debe tenerse como revocación el que la misma emanara por haber sido en tal sentido su voluntad, esta Sala observa que, el límite absoluto de la figura en cuestión, es el no lesionar los derechos subjetivos o los intereses legítimos. En el caso presente, los recurrentes han alegado que tenían el derecho subjetivo de obtener la tutela judicial efectiva y, la posibilidad de defensa en sede jurisdiccional de sus propios intereses, por lo cual habiendo sido incoado el procedimiento del recurso de nulidad, y sustanciado hasta su etapa final, la revocatoria lesiona su derecho a obtener de este organismo jurisdiccional la decisión definitiva sobre sus planteamientos.

Observa esta Sala que, con la interposición del recurso nace el derecho a obtener el pronunciamiento del tribunal contencioso-administrativo, derecho éste que es disponible por la parte mediante las formas de auto-composición procesal, o que puede quedar afectado por cualquier causa de terminación atípica del proceso (tal como sería la perención); pero que no puede ser eliminado por la actuación impeditiva de la Administración, de que se dicte la sentencia del juez sobre la materia. El ejercicio del derecho de accionar no sólo crea el de obtener una decisión sobre la pretensión deducida, sino que implica el derecho a que se determine la licitud o no de la actuación administrativa, y todas las consecuencias que de ello pudieran derivar entre otras, la eventual responsabilidad. En tal forma, no es cierto -si se tratara de una revocación- que la misma no afecta las situaciones subjetivas de los recurrentes, por cuanto al pretenderse por la Administración que en virtud del acto extintivo de los que fueron objeto del recurso, esta Sala declare que no tiene materia sobre la cual decidir, estaría lesionando el derecho del actor de recibir la respuesta apropiada, y en consecuencia, resulta violatoria del supuesto del artículo 82 de la Ley Orgánica de Procedimientos Administrativos en la cual se fundamentara, y así se declara…

…Planteada la situación en la forma que antecede, y adminiculada a la misma el cúmulo de elementos probatorios constantes en autos que demuestran que el Ministerio de Transporte y Comunicaciones, en forma pública manifestó su intención de licitar las rutas que la recurrente pretende, pareciera que el objeto del acto revocatorio, reafirmado con la providencia administrativa, no es otro que el impedir que una decisión sobre tales pretensiones se produzca de inmediato, renovando un procedimiento administrativo que, con todas sus incidencias y la eventualidad de un nuevo juicio contencioso-administrativo, le permita disponer del tiempo necesario para asumir nuevas decisiones.

En vista de las consideraciones que anteceden, se declara nulo el acto contenido en la Resolución N° 01 dictada por el Ministerio de Transporte y Comunicaciones y la Providencia Administrativa N° DG-036-98, ambos de fecha 11 de marzo de 1998, por errónea aplicación del artículo 82 de la Ley Orgánica de Procedimientos Administrativos, y por incurrir en desviación de poder, prevista en el artículo 206 de la Constitución, y así se declara.

RDP N° 83, 2000, pp. 234

CPCA (1028)   28-7-2000

Magistrado Ponente: Evelyn Marrero Ortíz

Caso: Promotora Villagrieta, C.A. vs. Instituto Municipal del Ambiente de la Alcaldía del Municipio Valencia del Estado Carabobo.

Para que un acto se considere reeditado, es menester que exista un acto con posterioridad al que se ataca (acto original), y que dicho acto provenga de la misma autoridad de la cual emanó el primero.

Ahora bien, de acuerdo a la doctrina de la reedición de los actos administrativos, para que un acto se considere reeditado, es menester que exista un acto dictado con posterioridad al que se ataca (acto original); y que dicho acto provenga de la misma autoridad de la cual emanó el primero, toda vez que sólo de ese modo se podría interpretar que hay una desviación de poder. En efecto, se considera que el acto reeditado debe coincidir con el acto recurrido en su contenido, objeto y finalidad. Estas exigencias, por las reglas que asignan competencia a cada entidad administrativa, sólo pueden verificarse cuando se trata de una sola autoridad, siendo que por las mismas reglas un ente no puede subrogarse las atribuciones de otro ente y, menos aún, pretender subsanar actuaciones que no fueron efectuadas por éste último.

Siendo así, en vista de que los actos recurridos provienen de un Instituto Municipal creado por Ordenanza, tal como se evidencia de la Gaceta Municipal N° 1.162 de fecha 31 de enero de 1996, y es un ente descentralizado, independiente del Fisco Municipal, con competencias propias y autonomía funcional; y dado que el acto posterior proviene de la Dirección de Desarrollo Urbano de la Alcaldía del Municipio Valencia del Estado Carabobo, se debe concluir que no existe reedición de actos administrativos como lo señaló el *a quo*. Por el contrario, se observa más bien que los actos impugnados no coinciden en su contenido; así, los emanados del Instituto Municipal del Ambiente conciernen a la protección del medio ambiente, en tanto que el emanado de la Dirección de Control Urbano atiende a la supuesta violación de las pendientes autorizadas.

Por tanto, resulta claro para este Órgano Jurisdiccional el error en que incurrió el *a quo* al fundamentar su decisión en la doctrina de reedición de los actos administrativos, lo que conlleva a la Corte a declarar con lugar las apelaciones formuladas, anule la sentencia dictada por el Juzgado Superior en lo Civil y Contencioso Administrativo de la Región Centro Norte, en fecha 13 de agosto de 1999, de conformidad con los artículos 243, numeral 4 y 244 del Código de Procedimiento Civil y en consecuencia, entre a conocer el fondo de la causa debatida. Así se declara.

RDP N° 84, 2000, pp. 231

CPCA (1321)   11-10-2000

Magistrado Ponente: Perkins Rocha Contreras

Caso: Jumbo Shipping Company de Venezuela, C.A. vs. Capitanía del Puerto de La Guaira.

No es posible declarar la reedición de un acto administrativo cuando sobre el acto originario ya ha recaído sentencia definitiva.

A los fines de decidir el asunto sometido a su conocimiento, esta Corte debe formular el siguiente razonamiento

Es indudable que uno de los límites del poder de Autotutela de la Administración Pública, viene constituido por la prohibición de innovar cuando está siendo sometida a un control de su actividad por parte de un órgano jurisdiccional, es decir, que el ente administrativo cuyo acto esté siendo revisado en sede judicial, debe esperar las resultas de ese proceso contencioso, antes de pronunciarse nuevamente sobre el mismo asunto. Lo contrario sería un atentado en contra del equilibrio que debe existir entre la administración y el control que sobre ella realiza, por mandato constitucional el Poder Judicial, haciendo así inoficiosa la actividad de los órganos judiciales del contencioso administrativo destinada a verificar y controlar la legalidad de la actuación administrativa.

Esta situación ha sido reconocida en el caso venezolano por la jurisprudencia del más Alto Tribunal de la República, y a texto expreso sólo por el artículo 239 de la Ley Orgánica del Sufragio y Participación Política, que prohíbe a los órganos electorales dictar providencia alguna sobre el punto que sea debatido en el recurso contencioso electoral pendiente

En efecto como lo señala el apoderado de la empresa JUMBO SHIPPING COMPANY DE VENEZUELA C.A. jurisprudencialmente se ha establecido que la reedición del acto administrativo es un mecanismo que se ubica dentro de la esfera de la desviación de poder, por cuanto a través del mismo se dicta un acto idéntico en su contenido elementos esenciales y finalidad, a uno precedentemente dictado por la misma autoridad, cuyo objetivo se limita a reafirmar el contenido de la decisión originaria cuando ya han operado los mecanismos para el ejercicio del control de la legitimidad ante el órgano jurisdiccional competente, pretendiendo con ello eludir el control del Juez sobre el acto originario.

Sin embargo es conveniente analizar el alcance de la expresión utilizada para definir a los actos reeditados: "idéntico o semejante en sus elementos esenciales a un acto precedente, que ha sido impugnado o cuya eficacia se encuentre suspendida o en curso de serlo", a tenor de lo cual se observa lo siguiente:

Como bien lo ha venido destacando la jurisprudencia patria a partir de la sentencia líder de la materia, emitida por la Sala Político-Administrativa de la Corte Suprema de Justicia en fecha 22 de noviembre de 1990, (caso: *E.L. Fuentes Madriz y otros, Mochima II*), la declaratoria de reedición de un acto administrativo, y por consiguiente la extensión de los alcances de la sentencia primigenia al nuevo acto administrativo reeditado, está sujeta a la concurrencia de los siguientes requisitos:

1. Que el acto reproducido contenga en esencia la disposición o disposiciones suspendidas;

2. Que no hubieren desaparecido las causas que motivaron la medida de suspensión;

3. Que el acto repetido haya sido dictado por la misma entidad que dictó el anterior (o el menos por una perteneciente a la misma esfera de competencias);

4. Que quien solicite la suspensión del acto repetido, sea parte del proceso de impugnación del acto original; y,

5. Que en el proceso en donde se dictó la medida de suspensión no se hubiere pronunciado sentencia definitiva.

Estos requisitos señalados por la jurisprudencia venezolana, coinciden con los exigidos en legislaciones del derecho comparado, en las que se consagra una figura genérica de reedición de los actos administrativos (como en el caso del Código Contencioso Administrativo Colombiano); al contrario del caso venezolano, donde ésta figura –reedición de los actos administrativos– es regulada expresamente en el caso especialísimo de los recursos contenciosos electorales, (artículo 239 de la Ley Orgánica del Sufragio y Participación Política) siendo que para los demás casos ha tenido la jurisprudencia que asumir un papel preponderante ante el vacío legal existente.

Ahora bien, aplicando la doctrina antes enunciada al caso de autos, se observa que el apoderado judicial de la empresa JUMBO SHIPPING COMPANY DE VENEZUELA C.A., reconoce que el acto administrativo a su decir reeditado, fue dictado en fecha 24 de febrero de 2000, es decir cuando ya se había pronunciado sentencia definitiva en el caso de la impugnación del acto originario. Además la autoridad que dictó el segundo acto administrativo (Director General Sectorial de Transporte Acuático del Ministerio de Infraestructura) no es la misma que dictó el acto originario Capitán del Puerto de La Guaira), y mucho menos una autoridad de la misma esfera de competencias, por cuanto quien dictó el segundo acto es de un nivel jerárquico mucho mayor, que ejerce el nivel de competencias más amplio entre las autoridades del transporte acuático a nivel nacional.

En virtud de las consideraciones anteriormente expuestas, es claro para esta Corte que, en el presente caso, no se cumplen dos de los requisitos fundamentales para que proceda la declaratoria de reedición de un acto administrativo a saber: 1) El proceso de impugnación judicial del acto administrativo originario debe estar pendiente, lo cual no ocurre en el caso sub examine; y, 2) Los dos actos deben ser dictados por una misma autoridad, o al menos por autoridades con esferas de competencias de igual rango, lo cual tampoco se cumple en el caso bajo estudio.

Por lo tanto se hace improcedente la solicitud formulada por el apoderado judicial de la empresa JUMBO SHIPPING COMPANY DE VENEZUELA C.A., la cual pretendía "a. Que los actos administrativos contenidos en los Oficios N° 00269, emanado de la Dirección General Sectorial de Transporte Acuático del Ministerio de Infraestructura (ANEXO MARCADO "A"), y N° N/S 348/00 emanado de la Capitanía de Puerto de La Guaira (ANEXO MARCADO "B'), constituyen REEDICIÓN DE ACTO ADMINISTRATIVO del originalmente impugnado en este Expediente y sobre el cual recayó sentencia definitivamente firme mediante la cual se ordenó "AL ACCIONADO (CAPITÁN DE PUERTO DE LA GUAIRA) RESTITUIR LA VIGENCIA DEL CERTIFICADO DE MATRICULA IDENTIFICADO CON EL. AGSI-3217; DE FECHA 17 DE JULIO DE 1999, OTORGADO A LA PARTE (JUMBO SHIPPING COMPANY DE VENEZUELA C.A.) b. Que se ordene la EJECUCIÓN INMEDIATA del mandamiento de amparo y en consecuencia se ordene al CAPITÁN DE PUERTO DE LA GUAIRA restituir la vigencia del Certificado de Matrícula N° AGSI-3217, expedido a nombre de mi representada JUMBO SHIPPING COMPANY DE VENEZUELA C.A.,; bajo apercibimiento de las consecuencias del DESACATO establecidas en el Artículo 31 de la Ley Orgánica de Amparo sobre Derechos y Garantías Constitucionales." (Sic).

De otra parte, es imposible admitir que los efectos de una sentencia definitiva puedan impedir indefinidamente la actuación administrativa, con respecto a determinado punto, ya que ello sería desnaturalizar los mecanismos de control establecidos a partir de la conceptualización de la figura de la reedición del acto administrativo, mecanismos estos creados única y exclusivamente para impedir nuevas actuaciones especificas de los entes gubernamentales mientras dure un juicio.

Por otra parte, hay oportunidades en las que un acto administrativo es anulado por haber omitido alguna fase procedimental importante, pero ello no obsta a que luego de pronunciada la decisión judicial, la Administración pueda seguir, correcta y efectivamente, el procedimiento correspondiente y dictar el acto en cuestión para regular una determinada situación en pro del bien común siempre y cuando dicho acto se atenga a las previsiones legales correspondientes, ya que admitir lo contrario, limitaría el campo de acción de las potestades legales de la rama ejecutiva del Poder Público, lo cual resulta a todas luces improcedente.

El fin que pretende la existencia de los órganos jurisdiccionales contencioso administrativos, no es otro que controlar la legalidad de la actuación administrativa, pero es inadmisible permitir que una decisión judicial prohíba innovar indefinidamente a la Administración sobre un determinado punto. Es por ello que, no es posible declarar la reedición de un acto administrativo cuando sobre el acto originario ya ha recaído sentencia definitiva. En criterio de esta Corte en estos casos, sólo queda la posibilidad de intentar la impugnación por vía ordinaria o extraordinaria sobre el segundo acto que se pretende ilegítimo

En consecuencia, la improcedencia de la solicitud formulada por el apoderado judicial de la empresa JUMBO SHIPPING COMPANY DE VENEZUELA C.A. obedece a que el acto administrativo primario que fue recurrido y del cual ya hay sentencia definitiva es netamente distinto al nuevo acto que pretende reeditado, por lo que en criterio de esta Corte, no procede por esta vía –extensión de los efectos de la impugnación originaria– el cuestionamiento del nuevo acto (contenido en el oficio N° 000265 de fecha 24 de Febrero de 2000, emanado de la Dirección General Sectorial de Transporte Acuático del Ministerio de Infraestructura), y así se decide.

RDP N° 83, 2000, pp. 234

TSJ-SE (137)   20-11-2000

Magistrado Ponente: Octavio Sisco Ricciardi

Caso: Gerardo Páez G. vs. Universidad de Carabobo

Una vez puesto en funcionamiento el aparato judicial mediante la impugnación de un acto electoral, cualquier innovación en el acto en cuestión por parte de la Administración significaría un menoscabo al derecho a la jurisdicción.

Siendo la oportunidad para decidir, pasa esta Sala previamente a realizar las siguientes consideraciones:

El recurrente señaló que mediante sentencia número 79 dictada en la presente causa, en fecha 30 de junio de 2000, esta Sala declaró que "NO HAY MATERIA SOBRE LA CUAL DECIDIR respecto a las medidas cautelares innominadas solicitadas ...", y que los ciudadanos Ricardo Julio Maldonado y Otto Hoffmann no acataron la decisión antes citada, por cuanto innovaron en el proceso electoral de las autoridades de la Universidad de Carabobo, al celebrar las elecciones de los representantes de los profesores ante el Consejo Universitario de la Universidad de Carabobo en fecha 29 de julio del mismo año, y de las autoridades de la referida Casa de Estudios los días 11 y 13 de octubre de 2000.

En este sentido considera esta Sala oportuno precisar que la sentencia en la cual se fundamenta el recurrente para sustentar el desacato de los ciudadanos Ricardo Julio Maldonado y Otto Hoffmann, señaló que desde la interposición del presente recurso conforme al artículo 239 de la Ley Orgánica del Sufragio y Participación Política no podía ser dictado ningún acto que directa o indirectamente innovase respecto al proceso de elección de las Autoridades de la Universidad de Carabobo, en virtud de que el citado artículo prevé una prohibición de innovación *ope legis* y en razón de ello declaró que no tenia materia sobre la cual decidir en cuanto a la cautela solicitada por los accionantes en el sentido de que "...mientras se sustancia(ra) y tramita(ra) el presente recurso contencioso electoral ninguna persona u órgano (podría) dictar providencia que directa o indirectamente (produjera) innovación en lo referente a la elección de las Autoridades de la Universidad de Carabobo...". Igualmente señaló la decisión in comento que la solicitud de suspensión cautelar de la elecciones de la referida Casa de Estudios ya había sido acordada en sentencia de fecha 28 de junio de 2000, recaída en el expediente Nº 0073 de la nomenclatura llevada por esta Sala.

Insiste entonces la Sala que la prohibición de innovar los actos electorales objeto de impugnación en el contencioso electoral, es una previsión especifica del proceso contencioso electoral, consagrada expresamente en la Ley Orgánica del Sufragio y Participación Política, por lo que una vez puesto en funcionamiento el aparato judicial mediante la impugnación de un acto electoral, cualquier innovación en el acto en cuestión por parte de la Administración significaría un menoscabo al derecho a la jurisdicción relacionada al caso concreto. De esta forma, la reserva jurisdiccional del tema objeto de la decisión, consiste sobre todo en una garantía a los ciudadanos de que la Administración mediante el uso de sus potestades no intentará violentar derechos de los particulares surgidos no sólo a consecuencia de su actuación, sino también con ocasión de ella.

De los razonamientos antes señalados se colige que la prohibición de innovación contenida en el artículo 239 de la ley electoral no constituye una providencia cautelar, pues en lugar de adelantar los posibles efectos de la sentencia, se erige en un límite a la potestad de autotutela de la Administración Electoral. En el presente caso la celebración de las elecciones de las Autoridades de la Universidad de Carabobo no constituye una innovación, de conformidad con el artículo antes mencionado, pero independientemente de que la prohibición de innovar por parte de la Administración Electoral después de interpuesto un recurso contencioso electoral, tenga carácter cautelar o no, advierte esta Sala que en el presente caso resulta totalmente carente de fundamento el alegato del recurrente acerca de la innovación en que había incurrido la Comisión Electoral de la Universidad de Carabobo, ya que efectivamente el proceso electoral se realizó, pero como consecuencia del fallo dictado por esta Sala en fecha 19 de julio de 2000, de allí que resulte forzoso desestimar ese alegato. Así se decide.

B. *Lapso para decidir*

RDP N° 42, 1990, pp. 90

CPCA   18-4-90

Magistrado Ponente: Rafael Badell M.

Caso: Cristalería Atlántico, C.A. vs. República (Ministerio del Trabajo, Comisión Tripartita).

El retardo en las decisiones de los órganos administrativos no ocasiona la nulidad de los mismos, y menos aun cuando se trata de órganos administrativos que realizan funciones de carácter jurisdiccional. Sin embargo, para resguardar el derecho a la defensa, en estos casos de mora, debe notificarse a las partes la oportunidad para la decisión.

En relación al alegato atañedero al vicio de ilegalidad en que incurrieron las Comisiones Tripartitas, tanto de primera como de segunda instancia, al no haber decidido en los lapsos establecidos en los artículos 6 y 8 de la Ley Contra Despidos Injustificados y 29 de su reglamento, esta Corte considera que la mora en las decisiones de los órganos administrativos no puede ocasionar la nulidad de los mismos, más aun cuando se trata de órganos administrativos que realizan funciones de carácter jurisdiccional, como es el caso de las Comisiones Tripartitas, en los que la multitud de controversias que se plantean con motivo de la aplicación de la Ley Contra Despidos Injustificados ha impedido que las resoluciones se dicten en el tiempo de ley.

Por tanto, a juicio de esta Corte debe aplicarse en forma supletoria el principio establecido en el artículo 251 del Código de Procedimiento Civil relativo a la posibilidad de diferir por una vez la decisión y la obligatoriedad de notificar de la misma si fuere dictada fuera de la oportunidad señalada en el diferimiento, es decir, que si la decisión de la Comisión Tripartita no fuere dictada dentro de la oportunidad señalada en los artículos 6 y 8 de la Ley Contra Despidos Injustificados y 29 de su Reglamento, la Comisión deberá dictar un auto difiriendo para una oportunidad determinada, el momento en el cual va a producir la decisión y, en caso de que no dictare el auto o, que habiéndolo dictado, decidiera fuera de la oportunidad señalada en él, debe notificar a las partes de la decisión, sin lo cual no correrá el lapso para interponer los recursos, a fin de que las partes no sean sorprendidas o vean menoscabado su derecho a la defensa. Sin embargo, es lo cierto que no puede establecerse la nulidad por ilegalidad de las referidas resoluciones por razones de tardanza, desde que no hay norma expresa que así lo determine.

RDP N° 61–62, 1995, pp. 185

CPCA   18-5-95

Magistrado Ponente: María Amparo Grau

Caso: Antonio J. Varela vs. Universidad Simón Bolívar - Núcleo del Litoral

El retardo en la decisión no constituye un vicio que incida negativamente en la validez del acto, salvo que el retraso lesione el derecho de defensa del administrado.

También, denuncia el recurrente que el acto está viciado de nulidad, por violación de los artículos 41 y 42 de la misma Ley Orgánica de Procedimientos Administrativos, en virtud de que el procedimiento administrativo que concluyó con la negativa de validarle la calificación obtenida en la materia de Derecho Internacional Público se demoró más tiempo del necesario.

Se observa al respecto que la norma del artículo 41 es la que en realidad se aplicaría, ya que es la que impone a la Administración la obligación de someterse a los lapsos previstos en las leyes en la tramitación de procedimientos que cursen por ante ella. Ahora bien, dentro de una de las clasificaciones de las normas, la doctrina ha denominado como norma *minus quam perfectae* "(...) aquellas cuya violación no impide que el acto violatorio produzca efectos jurídicos, pero hace al sujeto acreedor a un castigo" (Eduardo Garcia Maynez: *Introducción al Estudio del Derecho*, México, 1980, p. 90). Estas normas tienen la característica de que cuando no se cumple su contenido, sin embargo el acto queda jurídicamente válido, con la posibilidad de que se sancione al infractor. En criterio de esta Corte, tal es el caso de la norma aquí analizada, dado que la Ley Orgánica de Procedimientos Administrativos contempla sanciones para los funcionarios que retarden, omitan o distorsionen los plazos, pero no dispone que el retardo en la decisión constituya un vicio que incida negativamente en la validez del acto, salvo que el retraso lesione el derecho de defensa del administrado, que no es el caso de autos.

En el caso de autos, de ser cierto que no se cumplieron los lapsos correspondientes durante el procedimiento administrativo que cursó por ante el Consejo Universitario de la Universidad de Los Andes, esto no haría nulo el acto definitivo que negó la petición, sino que eventualmente podría haber acarreado sanciones a los funcionarios, si se dieron los supuestos de procedencia; pero en todo caso, ello escapa del objeto del presente recurso de nulidad. En vista de lo anterior, la presente denuncia es improcedente y así debe declararse.

RDP N° 65–66, pp. 200

CSJ-SPA (ET) (2)   17-1-96

Conjuez Ponente: Ilse Van Des Velde H.

Distinta es la situación bajo la vigencia de la reforma del Código Orgánico Tributario en 1992, que se mantiene en la reforma del Código Orgánico Tributario de 1994, al establecerse un plazo dentro del cual debe ser tramitado y decidido el procedimiento sumario, cuyo incumplimiento acarrea una consecuencia jurídica, como lo es la conclusión del sumario y la invalidación del Acta que le dio inicio, y de los actos cumplidos dentro de dicho procedimiento (artículo 151 del Código Orgánico Tributario vigente).

No es válida la decisión del Tribunal a-quo acerca de que una limitación del plazo para decidir y resolver el procedimiento sumario administrativo, conlleve la violación de la norma legal que establece el plazo de cuatro (4) años para que pres-criba el crédito fiscal (folio 451 vuelto); por cuanto se trata de situaciones total-mente distintas; en efecto: el lapso de prescripción surge tal como se establece en el Código Orgánico Tributario el primer día del año siguiente a aquel dentro del cual se realizó el hecho imponible que da lugar al nacimiento de la obligación tributaria; lapso este que puede interrumpirse o suspenderse, conforme expresa disposición, mediante acciones y recursos respectivamente, establecidos en el mismo texto legal. En nada pues se violenta esta disposición con el sometimiento del procedimiento sumario a plazos para su tramitación y decisión. Así se declara.

El no cumplimiento del plazo de seis (6) meses, para decidir el Sumario Ad-ministrativo en el caso de infracciones a normas tributarias, tendría como única consecuencia jurídica una sanción al destinatario de la instrucción, es decir al fun-cionario, más no la nulidad de la actuación administrativa llevada a cabo, ya que para entonces no estaba prevista esta consecuencia en la Ley.

RDP N° 67–68, 1996, pp. 204

CSJ-SPA (423)   4-7-96

Magistrado Ponente: Alfredo Ducharne Alonzo

El deber de decidir oportunamente tiene un fundamento legal y constitucional y una base deontológicas

Planteada la controversia en el contexto del artículo 243 ordinal 3° del Código de Procedimiento Civil (aplicable con base al artículo 88 de la Ley Orgánica de la Corte Suprema de Justicia) tal como quedó precisada después del último acto de las partes, el de informes (artículo 96 de la Ley de la Corte), la Sala observa:

El recurrente inició sus labores como Fiscal del Ministerio Público el 1° de octubre de 1985 y fue destituido el 17 de septiembre de 1992. Ejerció entonces el cargo de dos períodos constitucionales, el primero hasta el 2 de junio de 1989 (fecha en la cual fue nombrado el nuevo Fiscal General de la República) y, el segundo, a partir de esta fecha hasta el 17 de septiembre de 1992. Del segundo y nuevo período de 5 años, desempeñó su cargo por un lapso de 3 años, 3 meses y 15 días, lo que constituye un porcentaje de 65,75%, faltando por cumplir del nuevo período el 34, 25%. La causa de remoción, como se señaló con anterioridad, fue la conclusión del período para el cual fue designado el recurrente, de conformidad con el artículo 18 de la Ley Orgánica del Ministerio Público, es decir, el despacho consideró concluido el período, el 2 de junio de 1989, (fecha de nombramiento del nuevo Fiscal General de la República), mediante la Resolución de 16 de septiembre de 1992. En definitiva, se resuelve la situación de empleo del recurrente, como se precisó, al haber ya transcurrido el 65,75% del nuevo período constitucional.

El artículo 18 de la Ley Orgánica del Ministerio Público prevé:

"Artículo 18. Los funcionarios del Ministerio Público de la jurisdicción ordinaria serán nombrados por un período de cinco años, por el Fiscal General de la República. Durante este período, sólo podrán ser destituidos en caso de incapacidad, negligencia, mala conducta y demás faltas graves en el cumplimiento de los deberes de su cargo, debidamente comprobadas mediante expediente. En los nombramientos se preferirá a los abogados que hayan aprobado cursos de especialización en materias atinentes al Ministerio Público o que hubieren prestado servicios a éste o a la Administración de Justicia con honestidad y eficacia.

Los funcionarios del Ministerio Público de las Jurisdicciones especiales serán nombrados y removidos de conformidad con las leyes respectivas".

Conforme a la señalada norma el período de los funcionarios del Ministerio Público de la Jurisdicción ordinaria es de 5 años y se corresponde al período constitucional del Fiscal General de la República. Puede ser este período coincidente con el del Fiscal General, puede ser menor si el nombramiento se produce ya avanzado el período constitucional del Fiscal, en este caso alcanzaría la conclusión de ese mismo período y, finalmente, puede prorrogarse o renovarse, mediante ratificación por un nuevo período, correspondiente al inicio del nuevo período constitucional. Sobre este punto no existen dudas y coinciden el recurrente y la representación del Ministerio Público. La Sala considera este criterio ajustado a la ley y a su propia doctrina.

En el contexto de la problemática del caso, el *thema decidendum* es la RATIFICACION en el CARGO para el NUEVO período constitucional. ¿Cuando y como debe producirse?

El artículo 30 de la Ley Orgánica de Procedimientos Administrativos dispone:

"*Artículo 30*. La actividad administrativa se desarrollará con arreglo a principios de economía, eficacia, celeridad e imparcialidad.

Las autoridades superiores de cada organismo velarán por el cumplimiento de estos preceptos cuando deban resolver cuestiones relativas a las normas de procedimiento".

Esta norma es aplicable al Ministerio Público por mandato del artículo 1°
ejusdem, del artículo 6° ordinal 20 y 1° de la Ley Orgánica del Ministerio Público.

El artículo 30 citado consagra conceptos jurídicos indeterminados de experiencia y valor que permiten una solución justa. Estos conceptos jurídicos de "economía, eficacia, celeridad e imparcialidad" cobran su fuerza en el presente caso concreto, cuando la Fiscalía debe resolver y decidir sobre la ratificación o no del Fiscal en el respectivo cargo en el marco de la razonabilidad, a las cuales se circunscriben los conceptos enunciados. No tiene el Ministerio Público un espacio libre de actuación, debe someterse al derecho, al principio de legalidad, a los principios generales del Derecho (artículo 117 Constitución).

En el caso subjudice, el Fiscal General de la República prescindió de los servicios del recurrente (mediante remoción), avanzado ya el período constitucional en un porcentaje de 65,75%, período en el cual se dio una relación de servicio y empleo. En todo ese transcurrir del tiempo -existiendo la obligación de resolver y decidir- el Ministerio Público no cumplió con ese deber, con lo cual se configura una evidente falta de actuación administrativa, una desidia.

La obligación de decidir en un plazo razonable no se corresponde tan solo a la observancia de la eficacia y celeridad administrativa, tal como lo establece el artículo 30 citado, sino también a la seguridad jurídica a la cual tiene derecho el funcionario, en el sentido que no debe ser mantenido en una situación de incertidumbre en cuanto a su estatus y condición de empleo, pues se trata de la satisfacción de una necesidad fundamental de la vida como lo es el trabajo (artículos 84 y 85 de la Constitución) y del desarrollo de la personalidad (artículo 43 *ejusdem*), fruto precisamente, de una óptima relación de servicio. Asimismo, se corresponde la seguridad del empleo (la estabilidad) a la exigencia ética de los valores axiológicos que se originan en la condición del ser humano por el solo hecho de serlo y por la dignidad, fundamento de sus derechos humanos (*Vid.* Entre otros, la Declaración Universal de los derechos Humanos, artículo 1°, el Pacto Internacional de derechos Civiles y Políticos, artículo 10 y el artículo 50 de la Constitución -derechos inherentes-).

El deber entonces de decidir, oportunamente, tiene un fundamento legal y constitucional y una base deontológicas.

En el presente caso existe una discrepancia total entre la Resolución de destitución y la situación objetiva reflejada en la relación de servicio existente por un período de 3 años, 3 meses y 15 días, de un total de 5 años. Por el tiempo transcurrido la Fiscalía perdió la potestad discrecional de decidir entre la ratificación o destitución en el contexto del vencimiento del período constitucional.

La obligación de resolver requiere de un lapso prudencial, al cesar este y al existir actuaciones irrefutables de una conducta determinada (*facta concludentia*) en el sentido de un acto formal, ratificatorio, emerge el acto tácito o presunto, concordancia a la realidad existente y sustitutorios del acto expreso. No podrá entonces el órgano público -en estas circunstancias- dictar formalmente un acto contrario por cuanto ya se habría producido el acto tácito o presunto con efectos jurídicos propios. Dichos actos son innovativos, con ellos se le reconocieron al recurrente su nuevo período constitucional de empleo, se crearon derechos a su favor y obligaciones para la Fiscalía, situación jurídica que mantiene la obligación del organismo de dictar el acto formal ratificatorio, confirmando así el acto tácito o presunto producidos. En este contexto, la tesis enunciada encuentra su respaldo en la misma sentencia de 15 de noviembre de 1982 (citada por la Fiscalía en sus Informes), en el sentido de que se requiere de la expresa ratificación de la autoridad que ostenta la facultad de nombrar. Y si no cumple con dicha obligación y transcurre el período constitucional, ¿podría negarse que al funcionario no le haya sido ratificada su investidura?

Evidentemente que tal criterio resulta absurdo y divorciado de la ley, del sentido común y de la máxima de experiencia (artículo 507 Código de Procedimiento civil). Dicho de otro modo, aunque se mantiene el deber de expresa ratificación, producido ya el acto tácito o presunto, la pasividad administrativa en este contexto, no desvincula al órgano, como si nada hubiese ocurrido puesto que, la existencia de situaciones jurídicas determinantes de la voluntad (la relación de empleo) permite afirmar por la misma exigencia de los hechos que, la OMISIÓN DEL ACTO EXPRESO, no desvirtúa el acto producido. Se trata en definitiva de una ficción jurídica que convierte la inactividad en acto. La ficción permite sostener que se ha cumplido la norma cuando en realidad no se ha cumplido.

Ahora bien, ¿cuál es el lapso en el cual (a falta de norma expresa) deberá el Ministerio Público pronunciarse sobre la ratificación del funcionario para el nuevo período constitucional?

Con el fin de lograr el justo equilibrio entre la oportunidad de dictar el acto administrativo y la de su cuestionamiento en vía judicial, la Sala estima como prudente el lapso de seis (6) meses iniciado dicho período, considerando que en nuestras leyes -cuando se trata de actos de efectos particulares-, su posibilidad de impugnación se circunscribe, generalmente, a los 6 meses (*Vid.* Por ejemplo, el artículo 134 de la Ley Orgánica de la Corte Suprema de Justicia o el artículo 6 ordinal 4° de la Ley Orgánica de Amparo sobre Derechos y Garantías Constitucionales).

Aprecia la Sala que en dicho lapso el nuevo Fiscal General de la República tiene un amplio margen para considerar y decidir sobre el destino jurídico de los funcionarios, ejerciendo su facultad discrecional de ratificarlos o sustituirlos.

Transcurrido dicho lapso de 6 meses, sin haberse producido la expresa ratificación, por los fundamentos antes expuestos (legales y éticos) debe inferirse la ratificación del funcionario en el cargo respectivo y el goce de la estabilidad por el período constitucional, tal como lo establece el artículo 18 de la Ley Orgánica del Ministerio Público, pudiendo ser destituido sólo "en caso de incapacidad, negligencia, mala conducta y demás faltas graves en el cumplimiento de los deberes de su cargo, debidamente comprobadas mediante expediente". Se reitera que la ratificación tácita no exime al órgano de dictar el acto formal en el mismo sentido, éste tendrá efectos *ex tunc*, se retrotraerá al inicio del período constitucional y ex nunc, mantendrá su vigencia hasta la conclusión de este mismo período.

Como *obiter dictum*, en consideración de la sensibilidad y novedad de la doctrina enunciada y con el fin de evitar posibles interpretaciones que no se ajusten a su contenido, la Sala considera prudente advertir que la tesis que se sostiene, en el caso subjudice, no se refiere al silencio positivo, estimatorio de la pretensión deducida por cuanto en esta situación no existen actuaciones de la cuales, implícitamente, pudiera inferirse el acto presunto y, además, el silencio positivo requiere de una norma expresa que le confiere dicho efecto. Por otra parte, precisa la Sala, en relación con la doctrina enunciada, que la misma se circunscribe a la esfera administrativa, quedando excluidos los actos jurídicos de contenido político, por razón de la alternabilidad y renovación de los poderes públicos, conforme a los artículos 3, 135 y 214 de la Constitución. No sería entonces aplicable la tesis enunciada en el caso de mora en la designación de las autoridades del Estado, como por ejemplo, a las que se refieren los artículos 219, 214, 238 y 190 *ejusdem*. Los mencionados actos se desvinculan de la esfera administrativa ordinaria en virtud de su propia naturaleza y jerarquía constitucional

Con base entonces a la doctrina expuesta, en el caso subjudice, se verifica la ratificación presunta del recurrente en el cargo, puesto que la relación de empleo se mantuvo por un lapso de tres (3) años, tres (3) meses y quince (15) días del nuevo período constitucional de cinco (5) años, lo que representa un porcentaje de 65,75% del mismo y, por cuanto el Fiscal General de la República dictó una Resolución CONTRARIA a la RATIFICACIÓN TACITA después de haber transcurrido el lapso señalado, la remoción del recurrente de su cargo por la razón del vencimiento del período constitucional resulta ser nula, conforme al artículo 20 de la Ley Orgánica de Procedimientos Administrativos y así se declara.

RDP N° 89–90/91–92, 2002, pp. 296

TSJ-SC (307)   19-2-2002

Magistrado Ponente: Pedro Rafael Rondón Haaz

Caso: Agrosur 2010 C.A. vs Servicio Autónomo de Sanidad Agropecuaria (S.A.S.A.).

La mercancía importada cuenta con un certificado del país de origen en el que se dispone que el producto está libre de plagas y enfermedades, por tanto, el Servicio Autónomo de Sanidad Agropecuaria (S.A.S.A.) debe confirmar la información que contiene en el certificado, para lo cual resulta razonable el lapso de veinte (20) días que establece el artículo 5 de la Ley Orgánica de Procedimientos Administrativos, para el pronunciamiento sobre una solicitud a la Administración que no requiera sustanciación.

Para decidir, la Sala observa que se intentó una demanda de amparo contra la omisión del Servicio Autónomo de Sanidad Agropecuaria (S.A.S.A.) en cuanto al otorgamiento del permiso fitosanitario para que la demandante pueda desembarcar y nacionalizar la mercancía que ella importó.

En cuanto a las consideraciones que dio la recurrida para la conclusión de que la demanda que se examina era inadmisible, sobre la base de que no existieron ninguna de las violaciones de rango constitucional que alegó la actora, por cuanto el órgano demandado no estaría en mora de pronunciarse respecto de la referida solicitud de permiso fitosanitario, la Sala observa lo siguiente:

Sin lugar a dudas, constituye una materia de suprema vigilancia y supervisión, por parte del Estado, a través del Servicio Autónomo de Sanidad Agropecuaria (S.A.S.A.), la conformación y definitiva autorización de desembarque, en el territorio de la República, de productos vegetales para el consumo humano, todo ello por la incidencia que tiene en el interés colectivo, es decir el Estado debe velar porque todos los productos vegetales de consumo humano que entren al país estén libres de plagas o enfermedades.

La recurrida fundamentó su negativa de admisión del amparo de autos en que la autoridad administrativa competente no estaba en mora para el pronunciamiento sobre la solicitud del demandante, toda vez que el procedimiento administrativo, aplicable al caso, era el procedimiento ordinario previsto en la Ley Orgánica de Procedimientos Administrativos (artículo 48 y siguientes), según el cual la Administración cuenta con un lapso de cuatro (4) meses, más dos (2) de prórroga, para la respuesta sobre un asunto que requiera de sustanciación.

Por su parte, la quejosa fundamentó la omisión del ente demandado en el hecho de éste habría demorado más de quince días para pronunciarse respecto de su solicitud de permiso fitosanitario, en el entendido que esa era una actividad que no requería de sustanciación, y, por ello, debía tenerse como una simple solicitud que la Administración debía resolver en quince (15) días.

Ahora bien, en criterio de esta Sala el trámite de una solicitud de permiso fitosanitario por el procedimiento ordinario previsto en la Ley Orgánica de Procedimientos Administrativos que, como se señaló anteriormente, puede tener una duración de cuatro (4), más dos (2) meses de prórroga -la cual tiene que ser otorgada por auto expreso- resulta contrario a la esencia, no sólo de los principios de economía, eficacia, celeridad e imparcialidad que informan a la actividad administrativa, sino a la circunstancia de que los productos vegetales de consumo humano importados son perecederos y una espera prolongada en Puerto, debido a la ausencia de la prueba fitosanitaria, podría repercutir negativamente en el interés general que se pretende proteger *ab initio*.

La Sala considera que el correspondiente permiso fitosanitario debe ser expedido por la autoridad competente de la forma más rápida posible en protección de la salud de los consumidores del producto importado.

Además, la mercancía importada cuenta con un certificado del país de origen en el que se dispone que el producto está libre de plagas y enfermedades y, por tanto, el Servicio Autónomo de Sanidad Agropecuaria (S.A.S.A.) debe confirmar la información que contiene en el certificado, para lo cual resulta razonable el lapso de veinte (20) días que establece el artículo 5 de la Ley Orgánica de Procedimientos Administrativos, para el pronunciamiento sobre una solicitud a la Administración que no requiera sustanciación.

a. *Reclamo*

RDP Nº 59–60, 1994, pp. 182

CSJ-SPA (802)   20-10-94

Presidente Ponente: Cecilia Sosa Gómez

Caso: Asociación de Jubilados del Ministerio Público vs. Fiscalía General de la República.

La Corte analiza la figura del "reclamo" contenida en el art. 3 de la Ley Orgánica de Procedimientos Administrativos.

Dicho lo anterior se debe señalar que el narrado procedimiento administrativo, se originó por la vía del reclamo previsto en el artículo 3º de la Ley Orgánica de Procedimientos Administrativos, artículo éste que expresamente señala lo siguiente:

"Artículo 3.- Los funcionarios y demás personas que presten servicios en la administración pública, están en la obligación de tramitar los asuntos cuyo conocimiento les corresponda y son responsables por las faltas en que incurran.

Los interesados, podrán reclamar, ante el superior jerárquico inmediato, del retardo, omisión, distorsión o incumplimiento de cualquier procedimiento, trámite o plazo, en que incurrieren los funcionarios responsables del asunto.

Este reclamo deberá interponerse en forma escrita y razonada y será resuelto dentro de los quince (15) días siguientes. La reclamación no acarreará la paralización del procedimiento, ni obstaculizará la posibilidad de que sean subsanadas las fallas u omisiones. Si el superior jerárquico encontrare fundado el reclamo, impondrá al infractor o infractores la sanción prevista en el artículo 100 de la presente Ley sin perjuicio de las demás responsabilidades y sanciones a que hubiere lugar".

El reclamo no es un procedimiento administrativo cuya tramitación concluya en la producción de un acto administrativo recurrible posteriormente por el reclamante, tanto en sede administrativa como contencioso-administrativa, porque con su interposición no se busca la producción de un acto administrativo que en forma directa beneficie o afecte los derechos subjetivos, o intereses legítimos, personales y directos del reclamante. El reclamo se puede asimilar con la denuncia en materia penal en la cual el denunciante no es considerado parte del procedimiento y no es destinatario directo de las decisiones que se adopten en ese procedimiento. El procedimiento del reclamo concluye con la sanción del superior jerárquico inmediato al funcionario infractor o a los funcionarios infractores, es decir, puede concluir con un acto administrativo cuyo destinatario no es el reclamante sino el funcionario o los funcionarios infractores, quienes serían los únicos legitimados para intentar cualquier recurso contra esa medida. También puede concluir el procedimiento del reclamo, al igual que concluye una averiguación penal por denuncia, con la desestimación del reclamo por parte del funcionario que conoce del mismo cuando no lo encontrare fundado.

Como se puede observar, el artículo 3° de la Ley Orgánica de Procedimientos Administrativos establece un procedimiento especial para la tramitación del reclamo distinto al establecido en el Título III de esa Ley (artículo 47 y siguiente) y en el Título IV *ejusdem* (artículo 85 y siguientes) que regulan el procedimiento administrativo propiamente dicho, y los recursos administrativos. El reclamo tiene por finalidad, única y exclusivamente, la búsqueda del mejor funcionamiento de la administración pública a través de la colaboración de los particulares. De hecho, el segundo aparte del artículo analizado señala que la reclamación no paraliza el procedimiento ni impide que se subsanen las fallas u omisiones, en otras palabras, el administrado debe valerse de los otros instrumentos que le otorgan tanto la propia Ley Orgánica de Procedimientos Administrativos como el resto del ordenamiento jurídico para ejercer o proteger sus derechos subjetivos o intereses legítimos. Por ejemplo, si un funcionario se negare a decidir un recurso de reconsideración contra un acto administrativo de efectos particulares, el administrado podrá intentar, vencido el plazo que tiene ese funcionario para decidir, el recurso jerárquico en base al llamado silencio negativo y, a su vez, podrá introducir un reclamo contra ese funcionario que incumplió su deber. En ningún momento un administrado debe basar el ejercicio o protección de sus derechos subjetivos o intereses legítimos en un reclamo porque si el jerárquico lo desestima, podría perder la oportunidad procesal que da la Ley Orgánica de Procedimientos Administrativos y el resto del ordenamiento jurídico, aún cuando el superior jerárquico inmediato decida sancionar al funcionario infractor ya que no existe conexión directa entre la sanción y el procedimiento administrativo que dio origen a la sanción, procedimiento éste que no se paraliza por la interposición del reclamo, como a texto expreso lo establece el artículo 3 de la Ley Orgánica de Procedimientos Administrativos.

Dicho lo anterior, se debe señalar, tal y como reconoce el recurrente, que la Fiscalía General de la República confundió el "memorándum" emitido por la Asociación de Jubilados de ese organismo con un recurso jerárquico ante la máxima autoridad de ese despacho, y señaló que la vía administrativa se había agotado con la comunicación N° 15222 de fecha 3 de junio de 1.991.

Ahora bien, por el hecho de que la Fiscalía General de la República haya establecido que el abogado, actuando en su propio nombre y en su carácter de Presidente de la Asociación de Jubilados del Ministerio Público, tenía abierta la vía contencioso-administrativa, contraviniendo así lo establecido en la Ley Orgánica de Procedimientos Administrativos, no significa, tal y como lo ha sostenido esta Sala Político-Administrativa anteriormente, que automáticamente se deba admitir el presente recurso de nulidad (ver sentencia del 3 de Octubre de 1.985, caso *Dr. Iván Pulido Mora contra decisión de la Contraloría General de la República*, con ponencia del Magistrado Dr. Luis H. Farías Mata).

En consecuencia, de conformidad con el numeral 1° del artículo 124 de la Ley Orgánica de la Corte Suprema de Justicia, se declara inadmisible el presente recurso en cuanto al acto que resolvió el reclamo interpuesto, en virtud que el recurrente, en su carácter de reclamante de conformidad con el artículo 3 de la Ley Orgánica de Procedimientos Administrativos, no tiene cualidad e interés para intentar el presente recurso ni a título personal ni en su carácter de Presidente de la Asociación de Jubilados del Ministerio Público y así lo declara.

b. *Retardo en las decisiones*

RDP N° 63–64, 1995, pp. 246

CSJ-SPA (790)   07-11-95

Magistrado Ponente: Josefina Calcaño de Temeltas

Caso: The Clorox Company vs. República (Ministerio de Fomento). El ejercicio de la potestad correctora se justifica cuando los errores materiales son de tal trascendencia que afectan derechos de los interesados.

Al respecto, es doctrina generalmente aceptada que, de existir en el procedimiento errores materiales cuya trascendencia no alcanza a afectar los derechos de los interesados, bien sea porque el error de transcripción del acto no impidió el pleno ejercicio del derecho a la defensa del administrado, ni tampoco ponerse en conocimiento de la solicitud que lo afecta y de su alcance, no se justifica su anulación ya que, antes bien, se estarían contraviniendo otros principios, como el de celeridad y racionalidad administrativas.

En el caso de autos, la Sala constata que en el caso sub-iudice los alegados errores materiales en la tramitación del procedimiento en nada afectaron los derechos del opositor, pues como se evidencia del expediente, éste tuvo pleno acceso y conocimiento del procedimiento administrativo de otorgamiento de registro que se tramitaba y, por ende, pudo hacer cabal ejercicio de su derecho a oponerse a dicha solicitud, cumpliéndose así la finalidad que persigue la publicación de dichas solicitudes, por lo que necesariamente debe desestimarse la denuncia formulada por el actor en ese sentido. Así se decide.

RDP N° 83, 2000, pp. 233

TSJ-SPA (1815)   3-8-2000

Magistrado Ponente: Levis Ignacio Zerpa

Caso: Asociación Cooperativa de Transporte de Pasajeros Universidad vs. República (Ministerio de Transporte y Comunicaciones).

El retardo de la Administración en producir decisiones acarrea la responsabilidad del funcionario llamado a resolver el asunto en cuestión. Dicha actuación no constituye por sí sola un vicio que afecte la validez del acto administrativo.

1. Aduce en primer término la parte actora que en la tramitación del procedimiento por ella iniciado, la Administración no se sujetó a los principios generales contenidos en el artículo 30 de la Ley Orgánica de Procedimientos Administrativos, conforme al cual la actividad administrativa debe desarrollarse con arreglo a los principios de economía eficacia, celeridad a imparcialidad. Denuncia, en particular, que en fecha 05 de mayo de 1994 solicitó "la ampliación de la ruta para servir a las ciudades de Valera, Trujillo y Boconó, todas del Estado Trujillo" y que la Administración no decidió sino después de transcurridos dos años y cinco meses, vulnerando así el contenido del artículo 60 *eiusdem*.

De la revisión de las actas que componen el presente expediente se constata que el 05 de mayo de 1994, la recurrente dirigió comunicación al Director Nacional de Transporte y Tránsito Terrestre, en la cual solicitaba se le otorgara "la ruta Valera-Trujillo-Boconó"; que en reiteradas oportunidades, ratificó el contenido de dicha correspondencia; y que las autoridades competentes no le dieron respuesta alguna hasta el 28 de enero de 1997, cuando, finalmente, el Director General del Transporte, mediante Oficio N° 0166, le notificó que el 18 de octubre de 1996, el Director General del Servicio Autónomo de Transporte y Tránsito Terrestre había decidido negar la solicitud de la ruta Valera-Boconó y viceversa.

Luce evidente que la Administración tramitó la solicitud formulada de manera irregular, pues, efectivamente, se excedió del plazo de cuatro (4) meses, a que hace referencia el señalado artículo 60. Sin embargo, esta actuación no constituye por sí sola un vicio que afecte directamente la validez del acto administrativo y por tanto, no implica la nulidad del mismo. El retardo de la Administración en producir decisiones acarrea, en todo caso, la responsabilidad del funcionario llamado a resolver el asunto en cuestión, pues el mismo, ciertamente, transgrede el contenido del artículo 41 de la Ley Orgánica de Procedimientos Administrativos, conforme al cual las autoridades y funcionarios competentes deben observar los términos y plazos legalmente establecidos, para el despacho de los asuntos sometidos a su consideración. Esta responsabilidad, tanto de los funcionarios como de las demás personas que presten servicios la Administración Pública, se encuentra expresamente consagrada en los artículos 3 y 100 *eiusdem*.

RDP N° 125, 2011, pp. 152

TSJ-SPA (182)   10-2-2011

Magistrado Ponente: Levis Ignacio Zerpa

Caso: Nuris Margarita Peñalver vs. Contraloría General de la República

La inobservancia por la Administración de los lapsos para decidir los asuntos sometidos a su consideración, no está prevista en nuestro ordenamiento jurídico como una causal autónoma de nulidad de los actos administrativos. Ello así, es necesario a tal fin que concurran otras circunstancias de las que pueda inferirse una grave afectación al derecho a la defensa de las partes.

....2.1.- Alegó la parte accionante que según lo dispuesto en el artículo 53 del Reglamento de la Ley Orgánica de la Contraloría General de la República se delimita el tiempo de sustanciación del procedimiento de averiguaciones administrativas, acotando que en el caso de su representada se paralizó el expediente por tres (3) años siete (7) meses y catorce (14) días. Concluyó además que al haber sobrepasado la investigación el tiempo fijado en dicha norma, el funcionario que dictó el acto ya no tenía potestad para hacerlo.

Ello así, denunció esa representación judicial que a su representada le fue vulnerado su derecho a la defensa y al debido proceso, en virtud de que se "violentó" el orden, secuencia y unidad del expediente administrativo, destacando que la sustanciación del mismo duro más de cinco (5) años, sin que se hubiese dictado un acto que justificase tal dilación. Agregó que se vulneró también principio de inocencia de su mandante, pues en el acto de apertura de la investigación no fue tratada como indiciada no se le indicaron de manera clara los hechos imputados.

En primer lugar, advierte la Sala que la norma a la cual se refiere la actora es la contenida en el Reglamento de la Ley Orgánica de la Contraloría General de la República publicado en la *Gaceta Oficial de la República de Venezuela* N° 5.128 Extraordinario del 30 de diciembre de 1996.

El referido artículo 53 establece lo siguiente:

*"**Artículo 53**. La sustanciación de las averiguaciones administrativas tendrá una duración de seis (6) meses, contados a partir de la fecha del respectivo auto de apertura, este término será prorrogable por un período máximo de seis (6) meses, siempre que exista causa grave, sobre la cual el funcionario competente hará declaración expresa en el auto de prórroga."*

Observa la Sala que en el caso de autos, efectivamente, el procedimiento administrativo se desarrolló en un lapso superior al previsto en la norma transcrita, pues se inició en fecha 21 de diciembre de 2001 y culminó el 06 de agosto de

2007, con el acto dictado por el Director de Determinación de Responsabilidades de la Dirección General de Procedimientos Especiales de la Contraloría General de la República, actuando por delegación del Contralor General de la República, mediante el cual se declaró la responsabilidad administrativa de la recurrente en su condición de Secretaria Sectorial de Hacienda, Administración y Finanzas de la Gobernación del Estado Aragua, y se le impuso multa por la cantidad de un millón doscientos cuarenta y tres mil doscientos bolívares con 00/100 (Bs. 1.243.200,00), ahora expresados en la cantidad de un mil doscientos cuarenta y tres bolívares con 20/100 (Bs. 1.243,20).

Sin embargo, la inobservancia por la Administración de los lapsos para decidir los asuntos sometidos a su consideración, no está prevista en nuestro ordenamiento jurídico como una causal autónoma de nulidad de los actos administrativos. Ello así, es necesario a tal fin que concurran otras circunstancias de las que pueda inferirse una grave afectación al derecho a la defensa de las partes.

En este sentido, en decisión N° 01808 publicada el 8 de noviembre de 2007, esta Sala estableció:

"...la no sujeción estricta de la Administración a los plazos que conforme a la ley tiene para realizar determinada actuación, no constituye por sí sola, en principio, un vicio que afecte directamente la validez del acto administrativo y por tanto no genera su nulidad, a no ser que se esté, verbigracia, ante un supuesto de prescripción.

El retardo de la Administración en producir decisiones lo que puede acarrear es la responsabilidad del funcionario llamado a resolver el asunto en cuestión, pues en ese caso ciertamente se vulnera el contenido del artículo 41 de la Ley Orgánica de Procedimientos Administrativos, por cuya virtud las autoridades y funcionarios competentes deben observar los términos y plazos legalmente establecidos, para el despacho de los asuntos sometidos a su consideración.

Esta responsabilidad, tanto de los funcionarios como de las demás personas que presten servicios en la Administración Pública, se encuentra expresamente consagrada en los artículos 3 y 100 eiusdem (Vid. Sentencia N° 63 de esta Sala, dictada el 6 de febrero de 2001, caso Aserca Airlines, C.A. contra Ministro de Infraestructura)".

De esta manera, aun cuando en el caso bajo estudio el órgano de control fiscal sustanció y decidió el procedimiento administrativo en un lapso mayor al establecido en el artículo 53 del Reglam   ento de la Ley Orgánica de la Contraloría General de la República, de autos no se desprenden elementos que demuestren el menoscabo del derecho constitucional a la defensa de la parte recurrente.

C. *Efectos*

a. *Cosa juzgada administrativa*

RDP N° 110, 2007, pp. 161–162

TSJ-SPA (0955)   13-6-2007

Magistrado Ponente: Levis Ignacio Zerpa

Caso: Eduardo Roche Lander vs. Contraloría General de La República.

En la práctica administrativa, se suele utilizar la terminología de cosa juzgada administrativa para referir que una resolución administrativa ya ha sido tomada respecto de un expediente conocido por el ente administrativo y que de conformidad con el artículo 19, numeral 2 de la Ley Orgánica de Procedimientos Administrativos, no puede ser sometido nuevamente al conocimiento de la Administración.

2.- Seguidamente, aducen la violación del principio de la llamada cosa juzgada administrativa. Según se expone, al haberse desconocido el valor extintivo y de finiquito de la declaratoria de fenecimiento dado a las cuentas de gastos del ejercicio fiscal 1999, que es precisamente el ejercicio al cual se refieren los hechos que originaron la averiguación y la decisión de responsabilidad; por lo que, afirman, de conformidad con lo dispuesto en el numeral 3 del artículo 19 de la Ley Orgánica de Procedimientos Administrativos, adolece del vicio de nulidad absoluta, dado que resuelve sobre asuntos ya decididos mediante actos expresos emanados de la propia Contraloría General de la República y que evidentemente, crearon derechos particulares a favor de su representado.

Sobre el particular, es preciso indicar, previamente, que la doctrina procesal ha calificado la cosa juzgada, como la autoridad del Estado manifestada en la sentencia. (*Vid.* Cuenca, Humberto: Casación Civil, I, p. 177). De acuerdo con ello, se interpreta que la voluntad que haya guiado una decisión judicial no debe entrar en conflicto con ella misma, vale decir, que el criterio sentado en un fallo no debe ser nuevamente interpretado para un mismo caso, porque se estaría en riesgo de emitir sentencias contradictorias. Es preciso así resaltar que cuando se habla de la autoridad de cosa juzgada siempre se debe tener presente que se trata de una característica exclusivamente judicial, de modo tal que aún cuando algunos autores hacen referencia a la llamada cosa juzgada administrativa, debe interpretarse esta mención como la utilización de un término impropio, pues no opera en la providencia administrativa la característica judicial que acompaña esta garantía.

Ahora bien, en la práctica administrativa, se suele utilizar esta terminología para referir que una resolución administrativa ya ha sido tomada respecto de un expediente conocido por el ente administrativo y que de conformidad con el artículo 19, numeral 2 de la Ley Orgánica de Procedimientos Administrativos, no puede ser sometido nuevamente al conocimiento de la Administración. Como puede verse, se trata de dos áreas distintas del derecho, una que se desarrolla en sede administrativa y otra que tiene lugar en la jurisdicción, sin que en modo alguno, se cree una relación de dependencia entre una decisión y otra. Por el contrario, es posible someter al conocimiento de ambas una misma cuestión jurídica, siempre que las particularidades del caso y la naturaleza jurídica pública de algunas de las partes involucradas admita esta posibilidad.

Sin menoscabo de las consideraciones antes expuestas, y para el caso que nos ocupa, es menester señalar que cuando se habla del fenecimiento de una cuenta de gastos, dicha figura se corresponde con la facultad-obligación del organismo contralor para examinar, calificar y, en definitiva, hacer una declaratoria de finiquito a todas las cuentas de gastos de los empleados y demás personas que administren, manejen o custodien fondos nacionales, por la simple razón de que su revisión resulte conforme y en principio, no se traduzca en perjuicios pecuniarios al patrimonio público que den lugar a un posible reparo.

Ahora bien, no obstante la declaratoria de fenecimiento por parte del ente público en el año 1999, es fundamental tener siempre en cuenta que aún cuando existiese la respectiva conformidad, como ocurrió en este caso, la Administración Contralora, en cumplimiento de la función fiscalizadora del patrimonio público, tendrá siempre a su disposición la posibilidad de ejercer las actuaciones fiscales que se deriven de la transgresión de la legislación correspondiente, si en el futuro de cualquier modo, éstas llegasen a ser advertidas. Por esta razón, la Sala estima infundado el argumento sostenido por el recurrente cuando afirma que con el acto se vulneró la llamada cosa juzgada administrativa, pues evidentemente se trata de dos circunstancias completamente diferenciadas en tiempo y espacio.

b. *Prescripción de acciones sancionatorias*

RDP N° 48, 1991, pp. 119

CSJ-SPA (507)   16-10-91

Magistrado Ponente: Cecilia Sosa Gómez

Caso: José R. Basanta vs. República (Ministerio de la Defensa).

El accionante ha invocado como último argumento de su recurso, que la facultad de imponer castigos disciplinarios prescribe a los tres (3) meses. En tal sentido, alega que "la decisión de sancionar a mi representado es materializada el día 12 de enero de 1989, o sea, cinco (5) meses y veintidós (22) días después que la autoridad militar competente tuvo conocimiento de los hechos y no tenía, para esa fecha, facultad para imponer una sanción disciplinaria".

Observa la Sala que es cierto que la sanción se impuso el 12 de enero de 1989, y se notificó a su destinatario el 13 del mismo mes y año. Sin embargo, el referido acto administrativo fue la consecuencia de un procedimiento administrativo que se inició pocos días después de haber ocurrido los hechos que, precisamente, ocasionaron la referida sanción. En este sentido, la Sala señala que el lapso de prescripción que consagra la disposición invocada por el accionante se interrumpe cuando se inicia el procedimiento administrativo. La prescripción ocurre cuando transcurre el plazo que prevé la norma y se omite iniciar el procedimiento administrativo destinado a producir el acto.

RDP N° 61-62, 1995, pp. 189

CSJ-SPA (126)   23-2-95

Magistrado Ponente: Alfredo Ducharne Alonso

Alega la accionante la perención de la instancia administrativa, toda vez que el procedimiento disciplinario intentado en su contra comenzó a sustanciarse el 5 de octubre de 1983 (folio 38), habiendo concluido la sustanciación el 20 de febrero de 1984 y que no fue sino hasta el día 24-08-89 cuando se designó ponente para la celebración del proyecto de sentencia.

Al respecto debe señalarse que la Ley Orgánica del Consejo de la Judicatura dispone en su artículo 65 lo siguiente:

"La instancia del procedimiento disciplinario se extingue de pleno derecho en aquellos casos en los cuales durante dos (2) años no haya ocurrido ninguna actuación procesal, de oficio o de las partes, que impulse el procedimiento".

Para la extinción de los procedimientos disciplinarios en curso, se dejará transcurrir en todo caso, el lapso previsto en este artículo".

En relación a la interpretación de esta norma, la Sala en sentencia del 12 de noviembre de 1991, expresó lo siguiente:

"...es a partir de la apertura del procedimiento sin actuaciones procesales durante el lapso de dos años cuando opera la pérdida de la instancia administrativa, mas no cuando se han verificado todos los actos del mismo y la paralización ocurre después de haberse designado el Ponente del caso" (ver caso: *Ramón Benito Díaz Arellano vs. Consejo de la Judicatura*).

Este criterio ha sido igualmente analizado en sentencia de esta misma Sala de fecha 06-09-91, cuando se señaló:

"Ahora bien, ¿cabe plantear la posibilidad de la perención en materia del procedimiento disciplinario establecido en la Ley Orgánica del Consejo de la Judicatura una vez que se haya producido la designación del Ponente?. Los artículos 67 y siguientes de la Ley Orgánica del Consejo de la Judicatura, pautan los trámites y actos procesales a seguir en el proceso disciplinario establecido por dicha Ley. Especialmente el artículo 70 dispone:

"Finalizado el lapso de evacuación de las pruebas, se fijará dentro de los cinco días hábiles siguientes, día y hora para oír los informes verbales o escritos que presentaren los interesados y vencido este lapso, se designará ponente, para la redacción del proyecto de decisión".

En tal sentido, puede decirse que con ello se produce una situación similar a la que en el proceso ordinario se conoce como vista de la causa. Esto es, el inicio de la oportunidad para decidir. Ahora bien, dado por aceptado lo anterior y habida cuenta de lo dispuesto en el artículo 66 de la Ley Orgánica del Consejo de la Judicatura, la cual remite al Código de Procedimiento Civil en materia de lugar y tiempo de los actos procesales, nulidad de los mismos, citaciones y notificaciones, en los casos y situaciones no previstas en el procedimiento especial establecido en la referida Ley Orgánica del Consejo de la Judicatura, y en atención a que tal es el asunto bajo estudio, cabe aplicar lo dispuesto en la parte final del párrafo primero del artículo 267 del Código de Procedimiento Civil; esto es, que "la inactividad del juez después de vista la causa, no producirá la perención". (caso: *Enrique Blanco vs. Consejo de la Judicatura*).

En el caso de autos se ha podido constatar en el expediente administrativo que en fecha 5 de octubre de 1983, el Consejo de la Judicatura ordenó el inicio de un procedimiento disciplinario en contra de la abogada Dilia Rosa Prol de Rodríguez, para la fecha Juez del Municipio Buena Vista, y que desde este momento hasta el 24 de febrero de 1984, fecha en que tuvo lugar el nombramiento del ponente, se cumplieron oportunamente todas las actuaciones propias de este procedimiento. Posteriormente, en fechas 10-08-84 y 24-08-89 se designaron nuevos ponentes habida cuenta de las nuevas constituciones del Tribunal Disciplinario de dicho Organismo. Lo anterior revela que para el momento en que se nombra el primer Ponente ya se habían cumplido todas las actuaciones que tienen por objeto impulsar el procedimiento, *sin que se hubiere producido la paralización de la causa por un período de dos años tal como lo exige el artículo 65 de la Ley Orgánica del Consejo de la Judicatura,* por tal motivo considera esta Sala que no se verificó la perención de la instancia del procedimiento administrativo seguido por el Consejo de la Judicatura en contra de la ciudadana Dilia Rosa Prol de Rodríguez, y así se declara.

Por otra parte, alega la recurrente la extinción de la acción o potestad sancionadora, por haber transcurrido un año y nueve meses desde que se cometieron los hechos que le imputan –29 de diciembre de 1981– hasta que se abrió el procedimiento –5 de octubre de 1983– y ocho años y tres meses hasta la decisión del Consejo de la Judicatura de fecha 29 de marzo de 1990, por la cual se le destituye.

Ahora bien, debe la Sala analizar si ante la verificación de los lapsos transcurridos, que obviamente superan los plazos previstos en el ordinal 6° del artículo 108 del Código Penal y 110 *ejusdem*, invocados por la recurrente, es posible aplicar estas disposiciones, "...máxime cuando el artículo 66 de la Ley Orgánica del Consejo de la Judicatura, sancionada el 24-08-88, vigente para cuando se dictó el acto impugnado, establece que en lo previsto en el procedimiento disciplinario, son aplicables, entre otras, las normas del Código de Enjuiciamiento Criminal, que en su artículo 312, ordinal 7°, prevé precisamente que la prescripción de la acción es motivo de sobreseimiento de la causa.

Ello lleva, en primer lugar, al análisis de la aplicación subsidiaria o supletoria de las disposiciones penales al procedimiento sancionatorio de carácter administrativo.

Al efecto, esta Sala ha establecido (caso: *Jesús Dávila Cárdenas vs. Contraloría General de la República*, Exp. 5333. Sent. del 22-2-90), que:

> "existiendo identidad entre los diferentes supuestos de hecho e identidad de razones entre las normas que regulan las averiguaciones administrativas y los procesos penales, por atender ambos a acciones sancionatorias y punitivas, de conformidad con lo previsto en el artículo 4° del Código Civil, cabe perfectamente la aplicación analógica de las reglas del Código Penal sobre el inicio de la prescripción y sobre los modos de interrupción de tal prescripción, a la responsabilidad administrativa de los funcionarios públicos. Tal analogía o asimilación no es extraña en el llamado Derecho Administrativo Sancionatorio o Disciplinario, (porque éste es el conjunto de reglas que señalan las fallas en que incurren algunas personas en razón de sus funciones, las autoridades competentes para juzgarlas y las sanciones correspondientes), y porque participa (del Derecho Administrativo y del Derecho Penal). Del primero, en cuanto persigue la prestación correcta del servicio público cuando se trata de empleados oficiales; y del segundo, porque previo un proceso, impone sanciones a quienes incumplan sus obligaciones) (Sentencia de la Corte Suprema de Justicia de Colombia, Sala Disciplinaria, Acta N° 1, de fecha 8 de febrero de 1980, citada por Penagos, Gustavo, "Criterio para Clasificar los Actos en el Derecho Procesal Administrativo", *Revista del Instituto Colombiano de derecho Procesal*, Vol. N° 3, 1985, pp. 171 y 172)".

Por su parte, el artículo 7°, Libro Primero, de nuestro Código Penal establece:

> "Las disposiciones del presente Código en su Libro Primero se aplicarán también a las materias regidas por otras leyes, en cuanto a penas y siempre que en ellas no se establezca nada en contrario".

Precisamente, dentro del Libro Primero del Código Penal, se encuentran los artículos 108 y 110 invocados por la recurrente. Así el primero de ellos pauta en el ordinal 6°: "Salvo el caso en que la Ley disponga otra cosa, la *acción penal* prescribirá así:

> ...6° Por *un año*, si el hecho punible sólo acarreare arresto por tiempo de uno a seis meses o multa mayor de ciento cincuenta mil bolívares o *suspensión del ejercicio de profesión, industria o arte"* (Subrayado de la Sala).

Y el segundo dispone:

> "Las penas prescriben así:

> ...3° Las de *suspensión de empleo o inhabilitación para el ejercicio de profesión, industria o arte*, por un tiempo igual al de la condena, más la cuarta parte del mismo" (Subrayado de la Sala).

En relación a la expresión "suspensión del ejercicio de la profesión" empleado en las disposiciones antes señaladas, esta Sala ha expresado:

> "...la expresión suspensión del ejercicio de profesión, engloba o debe interpretarse como contentiva de todos los supuestos, tanto temporales como definitivos que afecten la separación de un funcionario del ejercicio de una función profesional pública. De no

ser así, ¿prescribiría la acción sancionatoria administrativa, para destituir en ausencia de otra norma, a los diez (10) años, como las acciones personales? La respuesta es obvia. (*Vid.* sentencia del 03-10-90. Caso: *Alí Madrid Guzmán vs. Consejo de la Judicatura*)".

No obstante lo anterior, debe reiterarse que existe una remisión expresa en esta materia al Código de Enjuiciamiento Criminal, el cual prevé la prescripción de la acción como causa de extinción del proceso (artículo 312, ordinal 7º).

Por otra parte, tal como lo sostiene la representación del Ministerio Público y ha sido reiterado por esta Sala en los fallos citados, el artículo 7 del Código Penal permite la aplicación de sus disposiciones generales en materia de penas especiales, dentro de las cuales se encuentran las relativas a las prescripción de la acción (artículo 108), es por ello que no existe impedimento alguno para aplicar la prescripción de un año prevista en el ordinal 6º del artículo antes referido a la acción administrativa sancionatoria de destitución, y así se declara.

Ahora bien, tomando en cuenta que de conformidad con el artículo 109 del Código Penal la prescripción comienza "para los hechos punibles consumados, desde el día de la perpetración", debe precisarse que, entre la fecha en que se produjo el presunto hecho que dio origen a la aplicación de la pena de destitución (29 de diciembre de 1981) y la citación de la ciudadana Dilia Rosa Prol de Rodríguez, ha transcurrido algo mas de un año y once meses, lapso este superior al previsto en el ordinal 6º del artículo 108 del Código Penal para la prescripción de la acción, ello sin tomar en cuenta que la decisión que se impugna fue dictada después de seis años de iniciada la averiguación correspondiente, vulnerándose con ello el artículo 53 de la Ley Orgánica de Carrera Judicial que señala: "El procedimiento judicial tendrá carácter urgente".

La objetiva verificación de este lapso sin que además se hubiere producido ninguna circunstancia que pudiere interrumpir la prescripción, asimilable a las previstas en el artículo 110 del Código Penal, conduce a esta Sala a considerar que el Consejo de la Judicatura estaba imposibilitado de sancionar los hechos imputados a la recurrente. En consecuencia, estando prescrita la acción sancionatoria conforme se ha expuesto, la declaratoria de destitución resultaba improcedente, por lo que la decisión del Consejo de la Judicatura debió ser la de declarar sobreseído el procedimiento por prescripción de la acción disciplinaria, conforme a lo previsto en el artículo 312, ordinal 7º del Código de Enjuiciamiento Criminal, aplicable por mandato expreso del artículo 66 de la Ley Orgánica del Consejo de la Judicatura.

Voto Salvado:

Magistrada Josefina Calcaño De Temeltas, disiente del criterio de la mayoría sentenciadora contenido tanto en la parte motiva como en la dispositiva del fallo que antecede y, en consecuencia, SALVA SU VOTO, el cual, de conformidad con lo establecido en el artículo 59 de la Ley Orgánica de la Corte Suprema de Justicia, lo fundamenta en las razones siguientes:

Considera la Magistrada disidente, en cuanto a la motivación de la sentencia, que recurrir a la aplicación analógica del Código Penal a fin de establecer un lapso de prescripción de la acción en los casos de procedimientos disciplinarios seguidos contra jueces, no es la solución más correcta ni desde el punto de vista jurídico ni por las consecuencias prácticas que tal determinación acarrea.

En efecto, el régimen disciplinario de los integrantes de la Judicatura está sometido a reglas y procedimientos muy específicos de naturaleza típicamente administrativa que deviene del carácter de la relación de empleo público que lo conforma. Por consiguiente, para suplir las eventuales lagunas que surjan en el procedimiento (y no "proceso") desarrollado por el legislador en esa materia, no debe atenderse a normas propias de otras ramas del Derecho, sino a la normativa que sea más acorde con la naturaleza administrativa del procedimiento disciplinario. En tal sentido, estima la disidente que el texto legal más apropiado, a falta de disposición expresa en la Ley Orgánica del Consejo de la Judicatura, resulta ser la Ley Orgánica de Salvaguarda del Patrimonio Público, por cuanto su objeto, además de prevenir, perseguir y sancionar el enriquecimiento ilícito y los delitos contra la cosa pública, es "hacer efectiva la responsabilidad penal, civil, administrativa y disciplinaria de los funcionarios y empleados públicos" (Art. 1°).

Ahora bien, la referida Ley de Salvaguarda establece en su artículo 102, un lapso de prescripción de cinco años para las acciones penales, civiles y administrativas que se deriven por la contravención a dicha ley, lapso que debe contarse a partir del momento en que se haya cometido la presunta falta. Es ese lapso de cinco años el que ha debido aplicar la mayoría sentenciadora en el caso de autos, pues si el criterio que privó para la solución adoptada fue "la identidad entre los diferentes supuestos de hecho e identidad de razones entre las normas que regulan las averiguaciones administrativas y los procesos penales" (página 13) según sentencia de la Sala Disciplinaria de la Corte Suprema de Justicia de Colombia, reproducida en decisión de esta Sala Político-Administrativa del 22 de febrero de 1990, con mayor razón, acogiendo dicho silogismo, debería concluirse en la mayor cercanía e identidad de éstas con las normas de la Ley de Salvaguarda del Patrimonio Público.

Por otra parte, opina la disidente que no deben desestimarse las consecuencias prácticas negativas de la decisión de la Sala, por cuanto tal pronunciamiento conducirá indefectiblemente a la extinción, por la vía menos deseable, de un importante número de causas pendientes contra jueces, lo que indudablemente en nada contribuye a la necesaria e ingente labor de saneamiento de la rama judicial del Poder Público.

D. *Suspensión*

RDP N° 43, 1990, pp. 61

CSJ-SPA (323)   28-6-90

Magistrado Ponente: Cecilia Sosa Gómez

Caso: Ercole De Santos vs. República (Ministerio de Agricultura y Cría).

La Administración puede suspender o dar por terminado el procedimiento administrativo en los casos de aprovechamiento de los bosques existentes en los baldíos y otros terrenos de propiedad de la Nación sin que tenga por ello que razonar tal decisión (artículo 66 de la Ley Forestal de Suelos y Aguas).

En el caso subjudice, mediante el acto recurrido fue abierta la recepción de solicitudes para la elaboración del Plan de Ordenación Forestal para el manejo a largo plazo de la Unidad I de la Reserva Forestal de Imataca, ubicada en jurisdicción del Estado Bolívar y Territorio Federal Delta Amacuro. Ello, obviamente, implicó la terminación del procedimiento administrativo anterior del cual fue parte el actor, y en el que la Comisión de Evaluación para la Concesión de Imataca emitió un informe donde calificó su proposición como la de mejor opción para la parcela I, como consta del oficio inserto al folio 38 del expediente. Por tanto, en este punto es menester determinar si el Ministerio de Agricultura y Cría estaba facultado para dar por terminado el procedimiento administrativo del cual fue parte el recurrente.

Al respecto observa la Sala que no consta en autos un acto administrativo mediante el cual se declare terminado el procedimiento administrativo anterior, pero obviamente la decisión de abrir nuevamente el proceso de recepción de solicitudes implica tal circunstancia. Ahora bien, la norma contenida en el artículo 66 de la Ley Forestal de Suelos y de Aguas, plenamente aplicable al caso de autos, permite que el órgano administrativo suspenda o paralice el procedimiento sin tener por ello que razonar tal decisión. Así, el legislador con base en la consideración de interés general que tiene el aprovechamiento de los bosques existentes en los baldíos y otros terrenos propiedad de la nación, entre ellos en las reservas forestales, estimó que la Administración disponga de discrecionalidad para suspender o dar por terminado el procedimiento administrativo abierto en estos casos, sin que para ello deba alegar frente a los afectados razón alguna justificadora de tal decisión, salvo obviamente la misma norma que para ello lo faculta, cuan es la contenida en el referido artículo 66. De lo anterior se concluye que, sin necesidad de entrar a dilucidar si el procedimiento administrativo analizado constituía o no una licitación, resulta obvia la facultad legal del Ministerio para suspenderlo o darlo por terminado y consecuentemente abrir uno nuevo, por lo que resultan totalmente infundadas e improcedentes las denuncias aquí analizadas sobre supuestas violaciones a las normas de rango constitucional, legal y sublegal antes indicadas. Así se declara.

3. *Silencio administrativo*

RDP N° 12, 1982, pp. 128

CPCA   30-9-82

Magistrado Ponente: Armida Quintana Matos

En el caso del "Silencio Administrativo" las garantías o beneficios a favor del administrado (optar por recurrir a la vía jurisdiccional o por esperar la decisión final del recurso), aún inexistente un acto administrativo que cause estado, le otorgan la posibilidad de ir contra el acto del inferior, quedando la Administración obligada a resolver el asunto sometido a su consideración.

Considera la Corte necesario señalar que el dispositivo contemplado en el Artículo 134 de la Ley Orgánica citada configura ciertamente una facultad, garantía o beneficio a favor del administrado que, ante el silencio de la Administración, puede optar por recurrir a la vía jurisdiccional o por esperar la decisión final del recurso interpuesto. No quiere decir ello que la Administración pierda competencia para resolver el asunto que se ha sometido a su consideración pues, por el contrario, siempre está obligada a resolver, lo que se produce es la posibilidad de que el interesado, aún inexistente un acto administrativo que cause estado, pueda ir contra el acto del inferior. Procede en nuestro sistema el silencio administrativo: a) como garantía del administrado en caso de que la Administración no resuelva un recurso administrativo necesario para agotar la vía administrativa, en el caso de autos: la decisión del Consejo Nacional de Universidades, b) una vez transcurrido el lapso de 90 días continuos sin pronunciamiento de la Administración, c) contra el único acto existente: el acto administrativo del inferior: el Consejo Rector de la Universidad Nacional Experimental "Rómulo Gallegos", d) dentro del lapso de 6 meses que prevé la Ley, el cual se inició en este caso a partir del vencimiento de los 90 días consecutivos contados a partir de la interposición del recurso jerárquico no decidido por el Consejo Nacional de Universidades.

En cuanto a la reposición solicitada por los representantes de la Universidad, cabe observar que tal y como resulta de su petitorio, la misma fue negada implícitamente por esta Corte al decidir la apertura a pruebas del proceso mediante auto del 30 de junio de 1980. Además, sería una reposición inicial, porque no se ha causado indefensión alguna a la Universidad.

RDP N° 67-68, 1996, pp. 204

CSJ-SPA (423)   4-7-96

Magistrado Ponente: Alfredo Ducharne Alonzo

Planteada la controversia en el contexto del artículo 243 ordinal 3° del Código de Procedimiento Civil (aplicable con base al artículo 88 de la Ley Orgánica de la Corte Suprema de Justicia) tal como quedó precisado después del último acto de las partes, el de informes (artículo 96 de la Ley de la Corte), la Sala observa:

El recurrente inició sus labores como Fiscal del Ministerio Pública el 1° de octubre de 1985 y fue destituido el 17 de septiembre de 1992. Ejerció entonces el cargo de dos períodos constitucionales, el primero hasta el 2 de junio de 1989 (fecha en la cual fue nombrado el nuevo Fiscal General de la República) y, el segundo, a partir de esta fecha hasta el 17 de septiembre de 1992. Del segundo y nuevo periodo de 5 años, desempeñó su cargo por un lapso de 3 años, 3 meses y 15 días, lo que constituye un porcentaje de 65,75%, faltando por cumplir del nuevo período el 34, 25%.

La causa de remoción, como se señaló con anterioridad, fue la conclusión del período para el cual fue designado el recurrente, de conformidad con el artículo 18 de la Ley Orgánica del Ministerio Público, es decir, el despacho consideró concluido el período, el 2 de junio de 1989, (fecha de nombramiento del nuevo Fiscal General de la República), mediante la Resolución de 16 de septiembre de 1992. En definitiva, se resuelve la situación de empleo del recurrente, como se precisó, al haber ya transcurrido el 65,75% del nuevo período constitucional.

El artículo 18 de la Ley Orgánica del Ministerio Público prevé:

"Artículo 18. Los funcionarios del Ministerio Público de la jurisdicción ordinaria serán nombrados por un período de cinco años, por el Fiscal General de la República. Durante este período, sólo podrán ser destituidos en caso de incapacidad, negligencia, mala conducta y demás faltas graves en el cumplimiento de los deberes de su cargo, debidamente comprobadas mediante expediente. En los nombramientos se preferirá a los abogados que hayan aprobado cursos de especialización en materias atinentes al Ministerio Público o que hubieren prestado servicios a éste o a la Administración de Justicia con honestidad y eficacia.

Los funcionarios del Ministerio Público de las Jurisdicciones especiales serán nombrados y removidos de conformidad con las leyes respectivas".

Conforme a la señalada norma el período de los funcionarios del Ministerio Público de la Jurisdicción ordinaria es de 5 años y se corresponde al período constitucional del Fiscal General de la República. Puede ser este período coincidente con el del Fiscal General, puede ser menor si el nombramiento se produce ya avanzado el período constitucional del Fiscal, en este caso alcanzaría la conclusión de ese mismo período y, finalmente, puede prorrogarse o renovarse, mediante ratificación por un nuevo período, correspondiente al inicio del nuevo período constitucional. Sobre este punto no existen dudas y coinciden el recurrente y la representación del Ministerio Público. La Sala considera este criterio ajustado a la ley y a su propia doctrina.

En el contexto de la problemática del caso, el *thema decidendum* es la RATI-FICACIÓN en el CARGO para el NUEVO período constitucional. ¿Cuando y como debe producirse?.

...OMISSIS...

En el presente caso existe una discrepancia total entre la Resolución de destitución y la situación objetiva reflejada en la relación de servicio existente por un período de 3 años, 3 meses y 15 días, de un total de 5 años. Por el tiempo transcurrido la Fiscalía perdió la potestad discrecional de decidir entre la ratificación o destitución en el contexto del vencimiento del período constitucional.

La obligación de resolver requiere de un lapso prudencial, al cesar este y al existir actuaciones irrefutables de una conducta determinada (*facta concludentia*) en el sentido de un acto formal, ratificatorio, emerge el acto tácito o presunto, concordancia a la realidad existente y sustitutorios del acto expreso. No podrá entonces el órgano público -en estas circunstancias- dictar formalmente un acto contrario por cuanto ya se habría producido el acto tácito o presunto con efectos jurídicos propios. Dichos actos son innovativos, con ellos se le reconocieron al recurrente su nuevo período constitucional de empleo, se crearon derechos a su favor y obligaciones para la Fiscalía, situación jurídica que mantiene la obligación del organismo de dictar el acto formal ratificatorio, confirmando así el acto tácito o presunto producidos. En este contexto, la tesis enunciada encuentra su respaldo en la misma sentencia de 15 de noviembre de 1982 (citada por la Fiscalía en sus Informes), en el sentido de que se requiere de la expresa ratificación de la autoridad que ostenta la facultad de nombrar. Y si no cumple con dicha obligación y transcurre el período constitucional, ¿podría negarse que al funcionario no le haya sido ratificada su investidura? Evidentemente que tal criterio resulta absurdo y divorciado de la ley, del sentido común y de la máxima de experiencia (artículo 507 Código de Procedimiento civil). Dicho de otro modo, aunque se mantiene el deber de expresa ratificación, producida ya el acto tácito o presunto, la pasividad administrativa en este contexto, no desvincula al órgano, como si nada hubiese ocurrido puesto que, la existencia de situaciones jurídicas determinantes de la voluntad (la relación de empleo) permite afirmar por la misma exigencia de los hechos que, la OMISIÓN DEL ACTO EXPRESO, no desvirtúa el acto producido. Se trata en definitiva de una ficción jurídica que convierte la inactividad en acto. La ficción permite sostener que se ha cumplido la norma cuando en realidad no se ha cumplido.

Ahora bien, ¿cual es el lapso en el cual (a falta de norma expresa) deberá el Ministerio Público pronunciarse sobre la ratificación del funcionario para el nuevo período constitucional?

Con el fin de lograr el justo equilibrio entre la oportunidad de dictar el acto administrativo y la de su cuestionamiento en vía judicial, la Sala estima como prudente el lapso de seis (6) meses iniciado dicho período, considerando que en nuestras leyes - cuando se trata de actos de efectos particulares-, su posibilidad de impugnación se circunscribe, generalmente, a los 6 meses (*Vid.* Por ejemplo, el artículo 134 de la Ley Orgánica de la Corte Suprema de Justicia o el artículo 6 ordinal 4° de la Ley Orgánica de Amparo sobre Derechos y Garantías Constitucionales).

Aprecia la Sala que en dicho lapso el nuevo Fiscal General de la República tiene un amplio margen para considerar y decidir sobre el destino jurídico de los funcionarios, ejerciendo su facultad discrecional de ratificarlos o sustituirlos.

Transcurrido dicho lapso de 6 meses, sin haberse producido la expresa ratificación, por los fundamentos antes expuestos (legales y éticos) debe inferirse la ratificación del funcionario en el cargo respectivo y del goce de la estabilidad por el período constitucional, tal como lo establece el artículo 18 de la Ley Orgánica del Ministerio Público, pudiendo ser destituido sólo "en caso de incapacidad, negligencia, mala conducta y demás faltas graves en el cumplimiento de los deberes de su cargo, debidamente comprobadas mediante expediente". Se reitera que la ratificación tácita no exime al órgano de dictar el acto formal en el mismo sentido, éste tendrá efectos *ex tunc*, se retrotraerá al inicio del período constitucional y *ex nunc*, mantendrá su vigencia hasta la conclusión de este mismo período.

Como *obiter dictum*, en consideración de la sensibilidad y novedad de la doctrina enunciada y con el fin de evitar posibles interpretaciones que no se ajusten a su contenido, la Sala considera prudente advertir que la tesis que se sostiene, en el caso subjudice, no se refiere al silencio positivo, estimatorio de la pretensión deducida por cuanto en esta situación no existen actuaciones de la cuales, implícitamente, pudiera inferirse el acto presunto y, además, el silencio positivo requiere de una norma expresa que le confiere dicho efecto. Por otra parte, precisa la Sala, en relación con la doctrina enunciada, que la misma se circunscribe a la esfera administrativa, quedando excluidos los actos jurídicos de contenido político, por razón de la alternabilidad y renovación de los poderes públicos, conforme a los artículos 3, 135 y 214 de la Constitución. No sería entonces aplicable la tesis enunciada e el caso de mora en la designación de las autoridades del Estado, como por ejemplo, a las que se refieren los artículos 219, 214, 238 y 190 ejusdem. Los mencionados actos se desvinculan de la esfera administrativa ordinaria en virtud de su propia naturaleza y jerarquía constitucional

Con base entonces a la doctrina expuesta, en el caso subjudice, se verifica la ratificación presunta del recurrente en el cargo, puesto que la relación de empleo se mantuvo por un lapso de tres (3) años, tres (3) meses y quince (15) días del nuevo período constitucional de cinco (5) años, lo que representa un porcentaje de 65,75% del mismo y, por cuanto el Fiscal General de la República dictó una Resolución CONTRARIA a la RATIFICACIÓN TACITA después de haber transcurrido el lapso señalado, la remoción del recurrente de su cargo por la razón del vencimiento del período constitucional resulta ser nula, conforme al artículo 20 de la Ley Orgánica de Procedimientos Administrativos y así se declara.

RDP N° 104, 2005, pp. 158

TSJ-SPA (6064)   2-11-1005

Magistrado Ponente: Hadel Mostafá Paolini

Caso: José Gregorio Romero Castellano vs. Ministerio de Justicia (Hoy Ministerio del Interior y Justicia).

La absolución de la instancia no tiene lugar en vía administrativa, ya que la Ley ha previsto como beneficio para el administrado la posibilidad de considerar el silencio de la Administración como una respuesta, negativa (silencio negativo) o positiva (silencio positivo), a su pretensión, a los fines de no soslayar su derecho a la defensa y de permitirle continuar impugnando ante el superior jerárquico o de acudir a la jurisdicción contencioso-administrativa.

Como último alegato sostiene el recurrente, que el entonces Ministro de Justicia incurrió en absolución de la Instancia al no decidir sobre el asunto de fondo planteado al ejercer ante él, el recurso jerárquico.

Al respecto se observa:

Este Máximo Tribunal ha señalado que la absolución de la instancia es un vicio que se configura cuando sobre la materia del juicio no recae decisión precisa, dejando incierta su determinación.

Ahora bien, tal como lo señaló el Fiscal General de la República, la absolución de la instancia no tiene lugar en la vía administrativa. En tanto que, si bien es cierto que la Administración tiene el deber de decidir los asuntos sometidos a su consideración, la Ley ha previsto como beneficio para el administrado, la posibilidad de considerar el silencio de la Administración, como una respuesta negativa (silencio negativo) o positiva (silencio positivo), a su pretensión, a los fines de no soslayar su derecho a la defensa y de permitirle continuar impugnando ante superior jerárquico o de acudir a la jurisdicción contencioso-administrativa.

En el caso bajo análisis, ante el silencio del Ministro, el recurrente, haciendo uso del mencionado beneficio, acudió ante esta Sala ejerciendo el recurso contencioso de nulidad contra el acto administrativo contentivo de la sanción.

Es así como, el Ministro de Justicia no incurrió en el denunciado vicio de absolución de la instancia. Así se declara.

A. *Negativo*

RDP N° 41, 1990, pp. 80

CSJ-SPA (38)   1-2-90

Magistrado Ponente: Román J. Duque Corredor

Caso: Giorgio Armani SPA vs. República (Ministerio de Fomento).

Cuando la Administración no decide en el término establecido, el interesado puede optar, en aplicación del silencio administrativo negativo, por intentar los recursos a que hubiere lugar dentro de los lapsos que al efecto "establezcan las leyes correspondientes"

Ahora bien, transcurridos los noventa (90) días hábiles que tenía el ministro para decidir el recurso jerárquico y habiéndose optado por el silencio administrativo, el recurso contencioso-administrativo debió interponerse dentro del término de los seis (6) meses siguientes al cumplimiento de los noventa (90) días anteriores.

El recurso jerárquico fue interpuesto el 5-6-85, venciéndose los noventa (90) días hábiles, según el calendario oficial de la Administración Pública, el 10-10-85, fecha a partir de la cual comenzaban a correr los seis meses establecidos en el artículo 134 de la Ley Orgánica de la Corte Suprema de Justicia, los cuales se vencían el 10-4-86. De ahí que, si el recurso contencioso-administrativo fue interpuesto el 8-4-86, fue ejercido oportunamente, y así se declara.

No comparte, en consecuencia, la Sala el criterio expresado por el Procurador General de la República al emitir opinión en el presente caso, según la cual, el recurso intentado es inadmisible por haber caducado el lapso para ejercerlo. En efecto, en caso de silencio administrativo, las normas aplicables son los artículos 4°, 92 y 93 de la Ley Orgánica de Procedimientos Administrativos.

Así, por ejemplo, la regulación de los efectos procesales del silencio administrativo negativo, entre otros, el de considerar agotada la vía administrativa para acudir a la vía jurisdiccional contencioso-administrativa, se encuentra ahora en los artículos 92 y 93 de la Ley Orgánica de Procedimientos Administrativos, en concordancia con el artículo 4° *eiusdem*. En efecto, en esta última norma se pauta que cuando la Administración Pública "no resolviere un asunto o recurso dentro de los correspondientes lapsos, se considerará que ha resuelto negativamente y el interesado podrá intentar el recurso inmediato siguiente, salvo disposición expresa en contrario" (subrayado de la Sala). Por su parte el artículo 92, antes citado, establece que: "Interpuesto el recurso de reconsideración, o el jerárquico, el interesado no podrá acudir ante la jurisdicción de lo contencioso-administrativo, mientras no se produzca la decisión respectiva o no se venza el plazo que tenga la administración para decidir" (subrayado de la Sala). Y, por último, el artículo 93 *eiusdem*, determina que: "La vía contencioso-administrativa quedará abierta cuando interpuestos los recursos que ponen fin a la vía administrativa, éstos hayan sido decididos en sentido distinto al solicitado, o no se haya producido decisión en los plazos correspondientes. Los plazos para intentar los recursos contenciosos son los establecidos por las leyes correspondientes" (subrayado de la Sala). Plazos éstos que son los previstos en el artículo 134 de la Ley Orgánica de la Corte Suprema de Justicia. Como se observa entonces, ahora, el no pronunciamiento de la Administración no sólo permite la posibilidad de acudir a la vía contenciosa, sino que, además, produce —cosa que antes no sucedía— el efecto de considerar que se ha resuelto negativamente, permitiéndose al interesado ejercer el recurso en vía contencioso-administrativa.

En consecuencia de lo anterior, y en resumen, cuando la Administración no decide en el término establecido, el interesado puede optar, en aplicación del silencio administrativo negativo, por intentar los recursos a que hubiere lugar dentro de los lapsos que al efecto "establezcan las leyes correspondientes", como lo establece el artículo 93, in finís, de la Ley Orgánica de Procedimientos Administrativos. Si optare por esta alternativa, por ejemplo, en caso del ejercicio del recurso jerárquico, el interesado debe interponer el recurso de anulación en contra del acto denegatorio tácito de dicho recurso dentro de los seis (6) meses siguientes al vencimiento del lapso de noventa (90) días de que dispone la máxima autoridad para pronunciarse sobre aquel recurso. Ello por aplicación de las normas antes citadas.

RDP N° 42, 1990, pp. 91

TSCA-RC (54)   14-5-90

Juez Ponente: Noelia González O.

Caso: Jesús Ochoa Fuenmayor vs. Contraloría General de la República.

Cuando el particular se acoge al beneficio procesal del silencio administrativo, la Administración Pública se torna incompetente para decidir negativamente fuera de los lapsos legalmente establecidos, ya que de lo contrario se estaría obligando al particular a interponer dos recursos: uno contra el silencio, y otro contra el acto negativo superviniente.

No obstante no ser este el caso de autos, este Juzgado estima conveniente destacar que existen algunos supuestos de hecho, de naturaleza excepcional, en los cuales la Administración que no decidió oportunamente debe abstenerse de hacerlo luego. Se hace referencia, en concreto, a los casos en los cuales los recursos administrativos introducidos por el particular no fueron decididos oportunamente y el particular, ante la inercia administrativa, decidió acogerse al beneficio procesal consagrado en el artículo 4° de la Ley Orgánica de Procedimientos Administrativos (silencio administrativo negativo). En estos casos, la Administración Pública se torna incompetente para decidir negativamente fuera de los lapsos legales establecidos, pues ahora la autoridad competente para conocer el asunto es otra, a saber: o bien el superior jerárquico del funcionario por ante quien se recurrió originalmente, o bien el tribunal contencioso-administrativo competente. De permitirse lo contrario se le estaría causando un perjuicio al particular, ya que éste se vería obligado a interponer no uno sino dos recursos: el primero, contra el acto administrativo originalmente impugnado, con fundamento en el beneficio procedimental al cual se acogió el interesado (silencio administrativo negativo); el segundo, contra el acto administrativo expreso, dictado por la autoridad administrativa con posterioridad al momento en el cual el particular intentó el recurso inmediato siguiente. En definitivas cuentas, pues, cuando el particular interesado se acoge al beneficio del silencio administrativo negativo e intenta el recurso inmediato siguiente, el órgano de la Administración que incumplió el deber de decidir oportunamente pierde competencia para decidir el recurso negativamente fuera de lapso, pero sigue siendo competente —en atención a los principios de celeridad y eficacia procesal— para decidir de manera favorable, aun fuera de lapso (Pietro Virga, *Diritto Amministrativo —Atti e Ricorsi—*, Giuffré Editore, Milano, 1987, p. 210 y ss.).

RDP N° 57–58, 1994, pp. 264

CPCA   28-4-94

Magistrado Ponente: Jesús Caballero Ortiz

Caso: Julio César Moreno vs. Consejo Supremo Electoral.

El recurrente ha alegado silencio administrativo negativo de la Junta Electoral Principal con respecto a la Resolución de su recurso de análisis. Por ello, interpone el día 14 de enero de 1994 recurso jerárquico ante el Consejo Supremo Electoral alegando que la Junta ha debido pronunciarse en el plazo de quince días que ordena la Ley Orgánica del Sufragio, y que este plazo venció el día 7 de enero de 1994, puesto que su recurso de análisis fue incoado el día 23 de diciembre de 1993 y, una vez transcurrido dicho lapso, la Junta no podía decidir, pues ello sería extemporáneo.

De igual modo alega silencio administrativo negativo del Consejo Supremo Electoral al no resolver el recurso jerárquico.

Ahora bien, aun cuando el artículo 211 de la Ley Orgánica del Sufragio no prevé expresamente que opera el silencio administrativo negativo cuando no se decide el recurso de análisis en el plazo establecido en el artículo 203 *ejusdem* — quince días continuos— como sí lo establece respecto a la no decisión del recurso que agota la vía administrativa, tal como lo dispone el artículo 207 de la misma Ley, sin embargo, esta Corte considera que en el supuesto de la no decisión del recurso de análisis debe entenderse también que la autoridad administrativa ha resuelto negativamente y el interesado puede intentar el recurso inmediato siguiente, en el caso, el recurso jerárquico.

En efecto, el artículo 206 de la Ley Orgánica del Sufragio ha previsto el carácter supletorio de la Ley Orgánica de Procedimientos Administrativos en los siguientes términos:

"Los recursos administrativos contenidos en este Capítulo se aplicarán con preferencia a lo previsto en la Ley Orgánica de Procedimientos Administrativos. En caso de ausencia de norma especial, se aplicará la citada ley".

En consecuencia, tiene aplicación en el procedimiento administrativo electoral el artículo 4 de la Ley Orgánica de Procedimientos Administrativos que prevé:

"En los casos en que un órgano de la Administración Pública no resolviere un asunto o recurso dentro de los correspondientes lapsos, se considerará que ha resuelto negativamente y el interesado podrá intentar el recurso inmediato siguiente, salvo disposición expresa en contrario. Esta disposición no releva a los órganos administrativos, ni a sus personeros, de las responsabilidades que le sean imputables por la omisión o la demora.

Parágrafo Único: La reiterada negligencia de los responsables de los asuntos o recursos que de lugar a que éstos se consideren resueltos negativamente como se dispone en este artículo, les acarreará amonestación escrita a los efectos de lo dispuesto en la Ley de Carrera Administrativa, sin perjuicio de las sanciones, previstas en el Artículo 100 de esta Ley".

En consecuencia, si el organismo electoral disponía de quince días continuos para resolver el recurso de revisión administrativa, y no decide en dicho plazo, es indudable que nace para el particular la posibilidad de que opere a su favor el silencio administrativo negativo. Sin embargo, ello no releva a la Administración electoral de su obligación de pronunciarse sobre el recurso interpuesto.

De acuerdo con lo expuesto, aun cuando el recurrente había ejercido el recurso jerárquico, subsiste en la Administración el poder de adoptar proveimientos luego de haberse producido el silencio —rechazo del recurso anterior—. Así, cualquiera que sea el contenido del proveimiento explícito sobrevenido, vale decir, trátese de un pronunciamiento favorable, trátese de un pronunciamiento de rechazo, él determina la casación de la materia contenciosa en el juicio promovido contra la decisión tácita y debe ser impugnado como un nuevo recurso jurisdiccional (Ricardo Hernández Ibarra, Notas sobre el Silencio de la Administración Pública con Particular Referencia al Silencio Rechazo en Materia de Recurso Jerárquico, Maracaibo, 1974, página 74), lo que es perfectamente aplicable, no sólo al recurso jurisdiccional, sino al recurso administrativo subsiguiente. En efecto, cuando se sostiene la privación del poder de decisión, no se interpreta el artículo 4 de la Ley Orgánica de Procedimientos Administrativos, sino que se agrega algo que no está contenido en el mismo. No existe, en consecuencia, el propósito del Legislador de privar a la Administración del poder de decidir ni la intención de atribuir al silencio el efecto de total intromisión de la autoridad superior en el conocimiento de la controversia. Por tanto, esta Corte ha de llegar a dos premisas fundamentales, a saber:

A. No obstante estar pendiente el recurso jerárquico contra el silencio, la Administración conserva el poder de proveer expresamente sobre el recurso de análisis, rechazándolo o acogiéndolo.

B. El acto administrativo explícito sobrevenido hace venir a menos el objeto del recurso jerárquico propuesto contra el silencio.

El criterio expuesto ha sido acogido por nuestra Corte Suprema de Justicia en Sala Político-Administrativa en su fallo del 11 de agosto de 1983 cuando expuso:

"Que el silencio no exime a la Administración de dictar un pronunciamiento expreso debidamente fundado. Que cuando la Administración resuelve expresamente el recurso administrativo después de transcurridos los plazos previstos en el artículo 134, el acto administrativo es *temporalmente válido. ..*" (subrayados de esta Corte).

Y, además, en su sentencia del 21 de abril de 1988 confirmó la tesis anterior así:

"...la posibilidad legal de recurrir en vía contencioso-administrativa con el ejercicio de ese derecho (artículo 134 de la Ley Orgánica de la Corte Suprema de Justicia), no exime a la Administración de la obligación de resolver de modo expreso el asunto sometido a su consideración... Por ende, aun extemporáneo, *el acto no podría considerarse nulo per se.*

A la luz de lo anteriormente señalado, dicha Resolución, no obstante resolver tardíamente el recurso jerárquico, *es válida...*" (subrayados de esta Corte).

RDP N° 59-60, 1994, pp. 187

CPCA   24-10-94

Magistrado Ponente: Teresa García de Cornet

Caso: Varios vs. Alcaldía del Municipio Chacao del Estado Miranda.

El silencio administrativo negativo establecido en la Ley Orgánica de Procedimientos Administrativos no es un beneficio establecido a favor de la Administración, sino a favor de los administrados.

Por último, en lo que atañe a la violación del derecho de petición y a obtener oportuna respuesta, el cual rechazan los apoderados judiciales del Municipio Chacao aduciendo que la no contestación de las solicitudes que hicieron las accionantes a la Administración Municipal, supone que lo solicitado fue negado por haber operado el silencio administrativo negativo, en cuya consecuencia no se habla de violación del artículo 67 de la Constitución. En tal sentido, debe advertir esta Corte que el silencio administrativo negativo establecido en la Ley Orgánica de Procedimientos Administrativos no es un beneficio establecido a favor de la Administración, sino a favor de los administrados, por tanto de no pronunciarse el órgano administrativo sobre la petición hecha en el lapso legal establecido, supone que los administrados pueden intentar el recurso siguiente, sea administrativo o contencioso-administrativo, según el caso, interpretando al efecto que su petición ha sido negada. Siendo así no puede pretender la Administración que el silencio administrativo le releve de su obligación de responder, pues conforme al artículo 67 de la Constitución ésta debe contestar las solicitudes que le formulen los administrados. De allí que los peticionantes tengan la opción de hacer uso del silencio administrativo para intentar el recurso pertinente contra el órgano administrativo, o de esperar que éste se pronuncie aún fuera del lapso legal establecido, porque tienen el derecho constitucional a recibir respuesta sobre sus peticiones.

En cuanto a que al producirse el silencio administrativo debió ejercerse el recurso por abstención o el recurso contencioso-administrativo de anulación contra aquel y no la acción de amparo, ya que ésta resulta inadmisible por existir vías ordinarias para restablecer la supuesta situación jurídica infringida, cabe observar que tales vías ordinarias no tienen el carácter sumario breve y eficaz que posee la acción de amparo, razón por la cual no puede considerarse que con ese fundamento la acción de amparo deba ser declarada inadmisible.

RDP N° 59-60, 1994, pp. 188

CSJ-SPA   7-12-94

Presidente Ponente: Cecilia Sosa Gómez

Caso: Arenera Las Mercedes vs. República (Ministerio del Trabajo).

La Corte analiza el contenido del artículo 4 de la Ley Orgánica de Procedimientos Administrativos el cual regula "el silencio de la Administración".

El artículo 4 de la Ley Orgánica de Procedimientos Administrativos, consagra:

"Artículo 4. En los casos en que un órgano de la Administración Pública no resolviere un asunto o recurso dentro de los correspondientes lapsos, se considerará que *ha resuelto negativamente y el interesado podrá intentar el recurso inmediato siguiente*, salvo disposición expresa en contrario", (omissis...).

La disposición transcrita —ha precisado este Supremo Tribunal— "regula el silencio de la Administración tanto en el caso de un asunto como de un recurso, es decir, del silencio respectivamente surgido: ya sea en la tramitación destinada a constituir el acto; o bien, posteriormente, una vez configurada la decisión administrativa, (...) durante el proceso impugnatorio de la misma..." (*Vid.* sentencia de esta Sala del 23-05-88. Caso: Fincas Algaba).

Así mismo, a partir de la decisión de esta Sala Político-Administrativa de fecha 22-6-82 (Caso: Ford Motors), se ha interpretado que el silencio ocurrido en el procedimiento de segundo grado o *"recursivo"* (supuesto regulado tanto en la Ley Orgánica de Procedimientos Administrativos —artículos 4 y 93—, como en la Ley Orgánica que rige las funciones de este *Máximo Tribunal* —artículo 134— *consti-*

tuye *"un derecho o beneficio a favor de los administrados que permite el acceso a la vía contencioso-administrativa en situaciones en que antes esa vía estaba vedada..."*.

Igual naturaleza —de "beneficio o derecho" en favor de los administrados— detenta el silencio ocurrido en la solución de un "asunto", desde que la propia redacción de la norma permite inferir que su finalidad es permitir —*que no obligar— al interesado, avanzar en el procedimiento administrativo, a fin de obtener pronunciamiento expreso de la administración, para lo cual "podrá intentar el recurso inmediato siguiente"* (resaltado de la Sala).

Cuando el silencio ocurre de acuerdo a los términos de la Ley Orgánica de Procedimientos Administrativos, el administrado desde que el efecto es una resolución negativa, producto de la falta de actuación oportuna de la Administración, constituye materia impugnable cuando la Ley (artículo 4 de la Ley Orgánica de Procedimientos Administrativos) reconoce *como una resolución negativa* el producto del silencio, y se configura entonces por virtud de tal silencio, un acto tácito o declaración de voluntad administrativa negativa.

El espíritu, propósito y razón de la norma (artículo 4 *ejusdem*), es obtener un acto administrativo expreso en vía administrativa, de allí que la Ley faculta al interesado a continuar el procedimiento administrativo, e inclusive y de manera contundente el artículo 93 de la Ley Orgánica de Procedimientos Administrativos habilita al particular o administrado para utilizar o acceder al recurso contencioso-administrativo.

El Artículo 93 de la ley Orgánica de Procedimientos Administrativos establece:

"La vía contenciosa administrativa quedará abierta cuando interpuestos los recursos que ponen fin a la vía administrativa, éstos hayan sido decididos en sentido distinto al solicitado, *o no se haya producido decisión en los plazos correspondientes*. Los plazos para intentar los recursos contenciosos son los establecidos por las leyes correspondientes" (Subrayado de la Sala).

La doctrina de esta Sala ha sido conteste en aceptar la ficción jurídica denegatoria (actos tácitos) contenida en el artículo 4 de la Ley Orgánica de Procedimientos Administrativos. En materia de amparo constitucional esta Sala ha estimado que "se infringe el artículo 67 de la Constitución" (derecho de petición) —y en consecuencia, no existe "respuesta"— *"cuando un ente público no cumple con la obligación genérica de responder o tramitar un asunto o recurso interpuesto por un particular..."* (Resaltado y subrayado de esta decisión): (*Vid.* sentencia de la Sala del 4 de marzo de 1.993. caso: Myrtho Jean-Mary de Seide y otros, Exp. N° 9319); pero si existe desde que se trate de un procedimiento constitutivo o de revisión, sea autorizatorio o sancionatorio. En el presente caso, y atendiendo a las consideraciones expuestas, aún cuando podía atribuirse efecto denegatorio al silencio en que incurrió el Ministro del Trabajo; es lo cierto que el Ministro se pronunció de manera expresa y tal pronunciamiento constituye el acto administrativo impugnado. Ciertamente, *el avance a una instancia administrativa ulterior (por el silencio-rechazo) es el motivo que justifica la operatividad de la ficción legal, en el procedimiento constitutivo del acto* y en el procedimiento de revisión (recursos administrativos o contenciosos).

Son supuestos que no se dieron en este caso, pues el interesado no está replanteando el "asunto" ante ningún órgano administrativo, ni le es dable —por no existir el silencio-rechazo materia impugnable— interponer el recurso contencioso-administrativo de anulación (En este último sentido, *vid*: sentencia de esta Sala de fecha 11-07-91. Caso: José Emisael Duran Díaz).

La aplicación de las consideraciones precedentes al caso que se decide, hacen concluyente lo siguiente:

1.- Como quiera que el silencio administrativo no se produjo en este "asunto" (procedimiento constitutivo) planteado por ante la más alta autoridad de la Administración del Trabajo (Ministro), no correspondía a dicho silencio efecto denegatorio alguno, pues la Administración se pronunció expresamente y es ese el acto impugnado.

2.- De otra parte, aún en el supuesto de que en el presente caso pudiera predicarse el efecto negativo del silencio, ello en nada abonaría a favor de los derechos subjetivos de la accionante, toda vez que de un acto denegatorio que se configure por virtud del silencio, como acto tácito o declaración de voluntad administrativa, no se derivan tales derechos, que sólo podrá generarlos cuando el efecto del silencio de la Administración sea "positivo" como lo consagra, por ejemplo la Ley Orgánica para la Ordenación del Territorio (artículos 50 y 55).

Es claro entonces, que la Resolución impugnada no extingue acto administrativo alguno que sirva de apoyo a los derechos subjetivos de la accionante, en mérito de lo cual, se desestima la infracción de la cosa juzgada administrativa y así se declara.

RDP Nº 63-64, 1995, pp. 245

CPCA   26-10-95

Magistrado Ponente: María Amparo Grau

Con fundamento en lo antes expuesto y en los hechos antes enunciados, entiende esta Corte que al recurrente jamás le fue notificado el acto Nº 721 de fecha 26 de marzo de 1.985, y que el Concejo Municipal del Distrito Sucre del Estado Miranda al solicitar en esta instancia que el presente recurso fuera declarado inadmisible, porque, supuestamente, no se agotó la vía administrativa, actuó temerariamente y con falta de lealtad y probidad, pues no cumplió con el deber de exponer los hechos de acuerdo a la verdad.

Conforme a lo expuesto estima esta Corte que el Municipio demandado ha causado indefensión al recurrente al no haberle notificado el acto que resolvió su recurso de reconsideración, razón por la cual mal podría pretender denunciar ahora que el impugnante no impugnó el acto que agotó la vía administrativa.

La Sala Político-Administrativa desde la sentencia de fecha 22 de junio de 1.982 (caso Ford Motors de Venezuela) ha establecido en forma reiterada que el silencio administrativo previsto en el artículo 134 de la Ley Orgánica de la Corte Suprema de Justicia constituye un beneficio en favor de los administrados que permite el acceso a la vía contencioso-administrativa, y como esa circunstancia no exime a la Administración de pronunciarse expresamente, "...cuando lo hace, puede entonces el particular ejercitar contra esa decisión expresa el correspondiente recurso contencioso administrativo".

De tal manera que al haber optado el particular por la posibilidad prevista en el artículo 134 de la Ley Orgánica de la Corte Suprema de Justicia, mal puede la Administración recurrida pretender oponer el acto tardío para pretender que éste es el objeto del recurso de anulación. Tanto más cuando este nuevo acto en nada modifica el anterior.

Ciertamente, en virtud de que el acto identificado con el N° 721 de fecha 26 de marzo de 1.985, no modificó en lo absoluto la decisión impugnada sino que la ratificó en todas sus partes, considera esta Corte que la materia ejercida con base al silencio administrativo sigue siendo la misma decisión administrativa, y, por tanto al haber materia sobre la cual decidir, corresponde pronunciarse sobre la legalidad del acto impugnado y así se declara.

RDP N° 65-66, 1996, pp. 203

CPCA   21-3-96

Magistrado Ponente: Belén Ramírez Landaeta

En primer lugar, pasa esta Corte a examinar el escrito mediante el cual se ejerció el presente recurso de nulidad, para verificar los términos en los cuales se ejerció el mismo y para ello se observa:

De la lectura realizada a la demanda de nulidad interpuesta, esta Corte pudo constatar que en el presente caso, los recurrentes ejercen el recurso de nulidad contra el acto administrativo de fecha 11 de junio de 1994, emanado de la Gerencia de Liquidación de FOGADE, y afirman igualmente que les fue resuelto negativamente el recurso de reconsideración interpuesto y asimismo al ejercer el jerárquico, este último no fue resuelto dentro del lapso establecido a tal fin y por lo tanto, el silencio del jerarca le puso fin a la vía administrativa y le dio acceso directo a la vía contencioso-administrativa.

Ahora bien, la jurisprudencia del más Alto Tribunal de la República en Sala Político-Administrativa contenida en sentencia de fecha 1° de febrero de 1992, pacíficamente acogida por esta corte en fallo del 23 de diciembre de 1993.

Caso: *Empresa Nacional Bazán de Construcciones Navales Militares vs. Comandancia General de la Armada Venezolana,* estableció:

"que cuando la Administración no decide en el término establecido, el interesado puede optar, en aplicación del silencio administrativo negativo, por intentar los recursos a que hubiere lugar dentro de los lapsos que al efecto establezcan las leyes correspondientes, como lo establece el artículo 93 *in fine* de la Ley Orgánica de Procedimientos Administrativos... si optare por esta alternativa, por ejemplo, en caso del ejercicio del recurso jerárquico, el interesado debe interponer el recurso de anulación en contra del acto denegatorio tácito de dicho recurso dentro de los seis (6) meses siguientes al vencimiento del lapso... de que dispone la máxima autoridad para pronunciarse sobre aquel recurso". (Resaltado de esta Corte).

Por todo lo antes expuesto, considera esta Corte ratificando una vez más su criterio al respecto, que el órgano competente para conocer del recurso administrativo de anulación contra el acto que se ataca una vez que se produjo el silencio, "es aquel que controla los actos de la autoridad que pone fin a la vía administrativa y que con su silencio abrió el acceso a la jurisdicción contencioso administrativa". (Sentencia N° 93-1239, de fecha 3-12-93) y así se declara.

Pues bien, ratificando el criterio de esta Corte, contenido en sentencia del 27 de abril de 1993 confirmada el 20 de diciembre de 1993, y por tratarse el caso bajo examen de un recurso de nulidad intentando ante un órgano distinto al competente, ello conduce a una simple declaratoria de incompetencia y el envío de asunto al Tribunal que dentro de la misma jurisdicción contencioso-administrativa, fuese el competente y así se declara.

En consecuencia, encuentra esta Corte que la decisión del Juzgado de Sustanciación se ajusta a derecho, por ende, queda firme el auto de fecha 30 de enero de 1996, y por cuanto el conocimiento de la presente causa compete a otro Tribunal, que en el caso concreto, es la Sala Político-Administrativa de la Corte Suprema de Justicia, se ordena remitir a dicha Sala el presente expediente y así se decide.

RDP N° 77–78/79–80, 1999, pp. 235

CSJ-SPA   21-1-99

Magistrado Ponente: Hildegard Rondón de Sansó

Mediante la figura del "silencio administrativo" le es permitido *ex lege* al particular acceder a la vía jurisdiccional a impugnar un acto administrativo, aún cuando éste no haya causado estado.

Observa esta Sala que, la representación de la República ha solicitado la inadmisión del presente recurso de nulidad por haber caducado -en su criterio- el lapso de seis meses que se encuentra consagrado en el artículo 134 de la Ley Orgánica de la Corte Suprema de Justicia para acudir a la Jurisdicción Contencioso-Administrativa una vez haya operado el llamado silencio administrativo denegatorio. En tal sentido, en virtud de ser los requisitos de admisibilidad de los recursos de nulidad de orden público y, por lo tanto, revisables en cualquier estado y grado del proceso, pasa esta Sala a hacerlo conforme a los fundamentos que se expresan a continuación.

La figura del silencio administrativo ha sido objeto de numerosos pronunciamientos, tanto por parte de esta Sala como por parte de la doctrina. En todos ellos se ha manifestado que el mismo es una ficción de derecho que le permite a los particulares acudir ante el Juez contencioso a los fines de impugnar un acto administrativo, cuando vencido el lapso con que cuenta la Administración para decidir los recursos que en su sede son pertinentes, ella no cumpliera con su deber de pronunciarse sobre los mismos. De esta forma, mediante la figura del silencio administrativo le es permitido *ex lege* al particular acceder a la vía jurisdiccional a impugnar un acto administrativo, aún cuando éste no haya causado estado.

En tal sentido, el silencio administrativo ha sido entendido como un beneficio o facultad que le es otorgado por la Ley al particular, el cual le permite a los administrados elegir entre hacer uso del mismo y de esta forma ejercer en un tiempo determinado el recurso de nulidad establecido en el artículo 121 de la Ley Orgánica de la Corte Suprema de Justicia contra el acto que lo afecta o, por el contrario, aguardar hasta tanto la Administración se pronuncie de forma expresa sobre el recurso administrativo correspondiente, sin que ello le genere alguna sanción o detrimento.

Los principios antes referidos fueron recogidos por primera vez por esta Sala en su decisión del 22 de junio de 1982, caso FORD MOTORS DE VENEZUELA, en la cual se afirmó lo siguiente:

"Concretados los puntos anteriormente desarrollados en este fallo, la Sala concluye:

1° Que la disposición contenida en el primer aparte del artículo 134 de la Ley Orgánica de la Corte Suprema de Justicia consagra una garantía jurídica, que se traduce en un beneficio para los administrados.

2° Que, como tal garantía, debe ser interpretada en sentido amplio y no restrictivo, pues de lo contrario, lejos de favorecer, como se quiso, al administrado, lo que haría es estimular la arbitrariedad y reforzar los privilegios de la Administración.

3° Que esa garantía consiste en permitir el acceso a la jurisdicción contencioso-administrativa en ausencia de acto administrativo expreso que ponga fin a la vía administrativa.

4° Que el transcurso del lapso del silencio administrativo sin que el particular ejerza el recurso contencioso-administrativo, no acarrea para aquél la sanción de caducidad de tal recurso, contra el acto que en definitiva pudiera producirse.

5° Que el silencio no es en si mismo un acto, sino una abstención de pronunciamiento y, por consiguiente, no cabe decir que se convierte en firme por el simple transcurso del plazo de impugnación.

6° Que el silencio no exime a la Administración del deber de dictar un pronunciamiento expreso, debidamente fundado.

7° Que es el administrado quien decide la oportunidad de acudir a la jurisdicción contencioso-administrativa; durante el transcurso del lapso previsto en el artículo 134, o posteriormente, cuando la Administración le resuelva su recurso administrativo.

8°   Que cuando la Administración resuelva expresamente el recurso administrativo después de transcurridos los plazos previstos en el artículo 134, el particular puede ejercer el recurso contencioso-administrativo contra ese acto concreto.

9°   Que a partir del momento en que se notifica al interesado la resolución administrativa expresa de su recurso, comienza a correr el lapso general de caducidad de seis meses para el ejercicio del correspondiente recurso contencioso-administrativo; y

10°   Que de no producirse nunca la decisión administrativa expresa, no podrá el interesado ejercer el recurso contencioso-administrativo pasados los seis meses a que se refiere el artículo 134 de la LOCSJ, invocando el silencio administrativo. (Resaltado de la Sala)

Los principios antes expuestos han sido reiterados por esta Sala, salvo por lo que respecta al lapso con que cuenta un Ministro para decidir los recursos administrativos que ante él se interpongan, el cual ha sido determinado como de noventa (90) días hábiles conforme a lo dispuesto en los artículos 91 y 42 de la Ley Orgánica de Procedimientos Administrativos. (Sentencia de esta Sala del 31 de julio de 1997, N° 460, caso *Irene Elizabeth Salazar Aladrén*).

En tal sentido, para conocer si el recurso de nulidad que dio origen al presente proceso fue ejercido en tiempo hábil, corresponde a esta Sala determinar cuando venció el lapso que poseía el Ministro de Justicia para resolver el recurso jerárquico que la parte actora interpuso ante ese despacho y, luego de ello, precisar cuál fue el último día del lapso de seis meses que establece el artículo 134 para intentar el recurso de nulidad en sede judicial.

Al respecto esta Sala observa que, la parte actora intentó el recurso jerárquico contra la decisión que confirmó la medida disciplinaria de la cual fue objeto, el 06 de abril de 1995, por lo que conforme al artículo 91 de la Ley Orgánica de Procedimientos Administrativos los noventa (90) días hábiles que tenía el Ministro para pronunciarse sobre el mismo vencieron conforme al cómputo efectuado por esta Sala el 15 de agosto de 1995, por lo que a partir de la fecha subsiguiente a ésta deberá contarse el lapso de seis meses que la ley le otorga al recurrente para ejercer el recurso de nulidad correspondiente. En ese sentido, esta Sala aprecia que el 16 de febrero de 1996 feneció el lapso de seis meses consagrado en el artículo 134 de la Ley Orgánica de la Corte Suprema de Justicia, sin que la parte actora hubiese acudido ante esta Sala a impugnar el acto de destitución que le fue impuesto.

Sin embargo, la parte actora alegó que el día a partir del cual debía efectuarse el cómputo del lapso que disponía para intentar el presente recurso de nulidad era el 08 de febrero de 1996, fecha en la cual se dirigió en forma escrita ante el Ministro de Justicia a los fines de instarlo a que resolviera sobre el recurso administrativo ante él ejercido y, no el 06 de abril de 1995, fecha en la cual interpuso su recurso jerárquico. Al respecto esta Sala observa que, de acuerdo al texto de la propia ley y de los principios que han sido enunciados en forma pacífica por este alto Tribunal, no existe duda alguna que el día a partir del cual comienza a correr el lapso en cuestión es a partir del día de interposición del recurso jerárquico, sin que el mismo pueda interrumpirse o suspenderse por obra de alguna actuación del administrado.

Asimismo, aprecia esta Sala que, en otras legislaciones como la española existía una figura llamada la denuncia de mora, conforme a la cual el plazo para que operara el silencio administrativo denegatorio de algunas peticiones se contaba a partir del momento en que el administrado había advertido a la Administración que si no resolvía expresamente en el lapso establecido para ello, intentaría el recurso pertinente en sede judicial.(*Cfr.* García-Trevijano Garnica, Ernesto, *El Silencio Administrativo en el Derecho Español*, Editorial Civitas, Madrid, 1990). Sin embargo, dicha institución no es trasladable por vía jurisprudencial o doctrinaria a nuestro derecho, pues ella sólo podría tener efectos en el caso que el legislador modificara el régimen que actualmente regula lo relativo al silencio administrativo denegatorio y lo incorporara de forma expresa a nuestro sistema jurídico.

En tal sentido, habiendo comprobado esta Sala que la parte actora ejerció el recurso de nulidad que dio origen al presente proceso luego de transcurrido el lapso consagrado en el artículo 134 de la Ley Orgánica de la Corte Suprema de Justicia, debe proceder a declarar la inadmisibilidad de tal recurso, recordando al efecto que dicha declaratoria no releva al Ministro de Justicia de su obligación de resolver en forma expresa sobre el recurso jerárquico que ante el mismo ha sido interpuesto. Así se declara.

RDP N° 82, 2000, pp. 408

TSJ-SPA (1213)   30-5-2000

Magistrado Ponente: Carlos Escarrá Malavé

Caso: Carlos P. García P. vs. República (Ministerio de Justicia. Cuerpo Técnico de Policía Judicial.

La figura del silencio administrativo consagrada en el artículo 134 de la LOCSJ se establece como una garantía a favor del administrado para permitirle el ejercicio del recurso contencioso administrativo contra un acto que no cause estado; tal posibilidad es una facultad o derecho y no una obligación y mucho menos una carga.

De conformidad con lo dispuesto en el artículo 134 de la Ley Orgánica de la Corte Suprema de Justicia, el interesado podrá intentar el recurso de nulidad contra actos administrativos de efectos particulares, dentro del término de seis meses, contra el acto recurrido en vía administrativa, cuando la Administración no haya decidido el correspondiente recurso administrativo en el término de noventa días a partir de la fecha de interposición del mismo.

De acuerdo con lo previsto por nuestra legislación, el transcurso del lapso previsto para decidir el Recurso Jerárquico sin que la Administración se hubiere pronunciado, hace nacer para el interesado el derecho de actuar en vía contenciosa, al operar, de este modo, el denominado silencio administrativo negativo. Con esta previsión, se entiende entonces agotada la vía administrativa al vencer el referido término sin pronunciamiento por parte de la Administración, lo cual nuestra jurisprudencia ha venido interpretando, desde hace ya algún tiempo, como una garantía a favor del administrado para permitirle el ejercicio del recurso contencioso administrativo contra un acto que no causa estado, en caso de inacción de la Administración en la resolución del recurso administrativo interpuesto contra dicho acto, y porque con el transcurso del plazo del silencio administrativo se permite al administrado recurrir ante la vía contencioso administrativa. Se trata, por tanto, de una ficción legal con meros efectos procesales a favor del derecho al acceso a la justicia y a la defensa del administrado. El principal efecto procesal del silencio administrativo negativo, es el de considerar agotada la vía administrativa para acudir a la vía jurisdiccional contencioso administrativa.

En consecuencia, la figura del silencio administrativo consagrada por el artículo 134, se establece como una garantía a favor del administrado, para permitirle el ejercicio del recurso contencioso administrativo contra un acto que no causa estado y que la posibilidad que se abre al particular de recurrir ante el silencio administrativo es eso mismo, una facultad o derecho y no una obligación y mucho menos una carga; y si el interesado decide no utilizar el beneficio procesal, puede optar libremente por esperar la decisión expresa del recurso administrativo, en cuyo caso, de no satisfacerle el mismo en sus pretensiones, puede intentar entonces el recurso contencioso administrativo de nulidad contra ese nuevo acto que causa estado.

Es por ello que, la figura del silencio administrativo no puede verse sino como un mecanismo procesal que permite a los administrados ejercer el recurso contencioso administrativo, cuando la Administración ha guardado silencio en la resolución del recurso administrativo y, como consecuencia, debe interpretarse que la regulación de esta figura está concebida en beneficio del interesado, y no en su perjuicio.

En el caso de autos, el plazo para que el Ministro de Justicia, decidiera el Recurso Jerárquico interpuesto por el recurrente en fecha 30 de mayo de 1994, de conformidad con lo dispuesto en el artículo 91 de la Ley Orgánica de Procedimientos Administrativos, en concordancia con el artículo 42 *ejusdem*, establece que los términos o plazos que vengan, establecidos por días se computarán exclusivamente los días hábiles, entendiéndose por éstos los días laborables de acuerdo con el calendario de la administración pública, de modo que, el referido lapso para decidir el recurso jerárquico venció en fecha 1° de octubre de ese mismo año, siendo en ese momento cuando operó, en este caso, la figura del silencio administrativo negativo, teniendo desde entonces el recurrente la facultad o derecho, y no la obligación, como anteriormente se señaló, de utilizar el referido beneficio procesal, es decir, optar libremente por esperar la decisión expresa del recurso administrativo, o acudir a la vía contenciosa e interponer el recurso de nulidad del acto, dentro del lapso de seis meses que establece la legislación para hacerlo, concretamente, en el artículo 134 de la Ley Orgánica de la Corte Suprema de Justicia, el cual regula los efectos del silencio de la Administración sobre la oportunidad en que puede ser intentado el recurso contencioso administrativo de nulidad, al señalar a tal fin un lapso de seis meses, que empieza a correr al vencimiento de los noventa días concedidos por la Ley a la Administración para decidir el recurso jerárquico, contados desde la fecha de interposición del referido recurso.

RDP N° 82, 2000, pp. 737

TSJ-SC (654)   30-6-2000

Magistrado Ponente: Jesús Eduardo Cabrera Romero

7.- De acuerdo a su naturaleza, el amparo tributario es una acción de cumplimiento, pues su finalidad es que la Administración Tributaria cumpla con una obligación que la Ley le ha impuesto, y a través de esta acción se crea en el solicitante una situación jurídica que antes no tenía; mientras que el amparo constitucional es una acción restablecedora, en virtud de que su objetivo es proteger los derechos y garantías constitucionales, de manera que cuando éstos son violados o amenazados de violación dicha acción funciona para impedir un daño o restablecer la situación jurídica infringida, o una similar a ésta. De esta manera es claro que a través del amparo constitucional no se reclama el incumplimiento de alguna obligación, sino la amenaza de lesión o la violación de derechos o garantías constitucionales.

Esta naturaleza tan especial del amparo tributario, hace evidente la distinción de dicha figura con el amparo constitucional, pues no tiene como fin la protección de derechos y garantías constitucionales, y aun cuando pudiera pensarse que está destinado a proteger el derecho constitucional de petición y oportuna respuesta, ello no es así, por cuanto no toda omisión conlleva la violación de un derecho constitucional, siendo así que el amparo tributario ha sido previsto como un procedimiento contencioso para garantizar la legalidad de la actuación de la Administración Tributaria dentro de una relación especial como es la que nace con ocasión al ejercicio de la Potestad Tributaria.

Lo antes expresado, conduce forzosamente a que esta Sala se refiera a una disposición estrechamente ligada al derecho constitucional de petición y oportuna respuesta, como lo es el artículo 4 de la Ley Orgánica de Procedimientos Administrativos, que es del tenor siguiente:

"Artículo 4: En los casos en que un órgano de la Administración Pública no resolviere un asunto o recurso dentro de los correspondientes lapsos, se considerará que ha resuelto negativamente y el interesado podrá intentar el recurso inmediatamente siguiente, salvo disposición expresa en contrario. Esta disposición no releva a los órganos administrativos, ni a sus personeros, de las responsabilidades que le sean imputables por la omisión o demora".

La disposición antes transcrita consagra el llamado silencio administrativo negativo, que opera como garantía legal para evitar que, una vez vencidos los lapsos establecidos en la Ley para que la Administración se pronuncie o actúe de una determinada forma, el administrado se quede indefinidamente esperando la respuesta, actuación o pronunciamiento, y en consecuencia pueda agotar los recursos o acciones que el Ordenamiento Jurídico Venezolano le establece para impugnar bien sea la actuación o la omisión del órgano administrativo.

Así pues, cuando el administrado ha ejercido el recurso administrativo de reconsideración y ha vencido el lapso que tiene el órgano administrativo que dictó el acto impugnado, sin que dicho órgano se hubiese pronunciado nuevamente, se entiende que lo ha negado y por tanto ha confirmado el acto recurrido, pudiendo así el afectado interponer -en aplicación de lo dispuesto en la norma antes transcrita- el correspondiente recurso administrativo, como lo sería el jerárquico. También puede darse el supuesto del silencio respecto al recurso jerárquico ejercido, y en este caso, la denegación entendida por el plazo del lapso legal para decidir dicho recurso cobra mayor importancia, al abrirle al afectado el acceso a la vía contencioso-administrativa para que los órganos jurisdiccionales competentes se pronuncien sobre el asunto.

Ahora bien, ese silencio negativo que opera como garantía para el administrado frente al actuar de la Administración, no puede conducir a afirmar que los recursos a que puede optar el administrado y que han sido previstos por el legislador en desarrollo de normas fundamentales, se constituyan en la conocida acción de amparo constitucional, ni que contra las omisiones de la Administración tenga siempre que ejercerse el amparo constitucional, pues de ser así el amparo sustituiría a casi todas las vías procesales establecidas en el Ordenamiento Jurídico Venezolano, por no ser tan breves, eficaces y sumarias como ella, y ello no ha sido la intención del legislador, toda vez que en la propia Ley Orgánica de Amparo sobre Derechos y Garantías Constitucionales se ha establecido que no se admitirá la acción de amparo "Cuando el agraviado haya optado por recurrir a las vías judiciales ordinarias o hecho uso de los medios judiciales preexistentes..." (artículo 6, numeral 5), y se ha limitado su procedencia al disponerse en el artículo 5 *eiusdem* que "La acción de amparo procede contra todo acto administrativo: actuaciones materiales, vías de hecho, abstenciones u omisiones que violen o amenacen violar un derecho o una garantía constitucionales, *cuando no exista un medio procesal breve, sumario y eficaz* acorde con la protección constitucional". (Resaltado de esta Sala).

Lo anterior, conlleva a esta Sala a sostener que cuando la Administración ha incurrido en las llamadas demoras excesivas, es decir, no haya resuelto una petición o solicitud dentro de los lapsos que el Código Orgánico Tributario o las leyes financieras le establecen, el administrado debe considerar que ha sido resuelta negativamente conforme lo dispone el artículo 4 de la Ley Orgánica de Procedimientos Administrativos, pudiendo entonces "...intentar el recurso inmediato siguiente...", que en la materia tributaria, no es otro que el amparo tributario, mecanismo legal que ha sido previsto para lograr en vía jurisdiccional que la Administración Tributaria cumpla con las obligaciones específicas surgidas con ocasión a la relación jurídico-tributaria.

RDP N° 97-98, 2004, pp. 136

TSJ-SC (547)   6-4-2004

Magistrado Ponente: Pedro Rafael Rondón Haaz

Caso: Ana B. Madrid A. vs. Fiscal General de la República.

En el caso de autos, es evidente que operó el silencio administrativo cuando transcurrió el lapso legalmente establecido sin que se produjera una decisión expresa por parte de la Administración. Ante esta situación, debe analizarse si, con la verificación del silencio, se satisfizo el derecho de petición o si, por el contrario, persistía la violación del derecho constitucional a la obtención de oportuna y adecuada respuesta.

Considera esta Sala que el silencio administrativo es una técnica de depuración de ciertas pasividades administrativas, que consiste en una ficción legal de pronunciamiento que el ordenamiento jurídico dispone como garantía del derecho a la defensa del particular, pues le permite el avance, en las vías administrativas y jurisdiccionales, para la impugnación del acto administrativo que sea confirmado a través de la decisión presunta, cuando ésta se verifica en un procedimiento de revisión, tal como lo consideró esta Sala en anteriores oportunidades, entre otras, sentencias de 30-6-00 (caso *Nora Eduvigis Graterol*) y de 3-4-03 (caso *Ernesto García*). Es ese, precisamente, el supuesto que operó en el caso de autos, donde había un acto previo cuya revisión se pretendía y, en consecuencia, como quedó denegada tácitamente tal revisión por el silencio administrativo, podía atacarse, en sede contencioso-administrativa, en garantía del derecho a la defensa.

El silencio administrativo es, se insiste, una garantía del derecho constitucional a la defensa, pues impide que el particular vea obstaculizadas las vías ulteriores de defensa –administrativas y jurisdiccionales- ante la pasividad formal de la Administración, mas no garantiza el derecho fundamental de petición, porque la decisión presunta no cumple, ni mucho menos, con los requisitos de una oportuna y adecuada respuesta en los términos de la jurisprudencia de esta Sala que antes se señalaron, y de allí precisamente que la Administración mantenga la obligación de decidir expresamente aún si opera el silencio y de allí, también, que esta Sala haya considerado en anteriores ocasiones, que ante la falta de respuesta oportuna y expresa sea posible la pretensión de protección del derecho fundamental de petición a través de la vía del amparo constitucional.

RDP N° 108, 2006, pp. 158–160

CSCA   20-12-2006

Juez Ponente: Alejandro Soto Villasmil

Caso: Inversiones Piñegra, C.A., vs. Instituto Autónomo Aeropuerto Internacional de Maiquetía.

La Corte analiza la jurisprudencia existente referente al alcance de la figura del Silencio Administrativo.

...entra a verificar si en el presente caso se encuentra presente alguna de las causales de inadmisibilidad previstas en el artículo 19 aparte 5 de la Ley Orgánica del Tribunal Supremo de Justicia de la República Bolivariana de Venezuela, así como el cumplimiento de los requisitos de la demanda exigidos en el artículo 21 aparte 9 *eiusdem*.

En primer lugar, debe esta Corte indicar que el acto administrativo de primer grado (N° IAAAIM-DG-2006-0065), ratificado en virtud del silencio administrativo en que incurrió el Director General del Instituto Autónomo Aeropuerto Internacional de Maiquetía al no resolver el recurso de reconsideración interpuesto por la recurrente, fue dictado por la nombrada autoridad en fecha 28 de marzo de 2006.

Ante este panorama, es necesario precisar, antes que nada, en cuanto al alcance del silencio administrativo alegado, que la Sala Político-Administrativa del Tribunal Supremo de Justicia ha señalado en jurisprudencia reiterada hasta fecha reciente, lo siguiente:

"(…) el interesado podrá intentar el recurso de nulidad contra actos administrativos de efectos particulares, dentro del término de seis meses, contra el acto recurrido en vía administrativa, cuando la Administración no haya decidido el correspondiente recurso administrativo en el término de noventa días a partir de la fecha de interposición del mismo.

De acuerdo con lo previsto por nuestra legislación, el transcurso del lapso previsto para decidir el Recurso Jerárquico sin que la Administración se hubiere pronunciado, hace nacer para el interesado el derecho de actuar en vía contenciosa, al operar, de este modo, el denominado silencio administrativo negativo. Con esta previsión, se entiende entonces agotada la vía administrativa al vencer el referido término sin pronunciamiento por parte de la Administración, lo cual nuestra jurisprudencia ha venido interpretando, desde hace ya algún tiempo, como una garantía a favor del administrado para permitirle el ejercicio del recurso contencioso administrativo contra un acto que no causa estado, en caso de inacción de la Administración en la resolución del recurso administrativo interpuesto contra dicho acto, y porque con el transcurso del plazo del silencio administrativo se permite al administrado recurrir ante la vía contencioso administrativa. Se trata, por tanto, de una ficción legal con meros efectos procesales a favor del derecho al acceso a la justicia y a la defensa del administrado. El principal efecto procesal del silencio administrativo negativo, es el de considerar agotada la vía administrativa para acudir a la vía jurisdiccional contencioso administrativa.

En consecuencia, la figura del silencio administrativo (…) se establece como una garantía a favor del administrado, para permitirle el ejercicio del recurso contencioso administrativo contra un acto que no causa estado y que la posibilidad que se abre al particular de recurrir ante el silencio administrativo es eso mismo, una facultad o derecho y no una obligación y mucho menos una carga; y si el interesado decide no utilizar el beneficio procesal, puede optar libremente por esperar la decisión expresa del recurso administrativo, en cuyo caso, de no satisfacerle el mismo en sus pretensiones, puede intentar entonces el recurso contencioso administrativo de nulidad contra ese nuevo acto que causa estado.

Es por ello que, la figura del silencio administrativo no puede verse sino como un mecanismo procesal que permite a los administrados ejercer el recurso contencioso administrativo, cuando la Administración ha guardado silencio en la resolución del recurso administrativo y, como consecuencia, debe interpretarse que la regulación de esta figura está concebida en beneficio del interesado, y no en su perjuicio". (Subrayado de la cita y negritas de esta Corte). (Vid. Sentencia N° 1213 del 30-5-2000)

> "(…) la ficción legal del silencio administrativo, prevista en el artículo 4 de la Ley Orgánica de Procedimientos Administrativos, opera únicamente como una garantía a favor de los administrados frente a la falta de respuesta oportuna por parte de la Administración, que permite a los interesados la posibilidad de elegir entre acogerse al silencio administrativo de efectos negativos y por tanto intentar el recurso inmediato siguiente en el lapso oportuno, o en su defecto, esperar la decisión tardía de la Administración, en cuyo caso el lapso de caducidad empezaría a computarse una vez que se emitiere dicho acto.

Asimismo, es conveniente precisar, que los actos administrativos que resuelven extemporáneamente un asunto resultan válidos, dado que la Administración conserva su deber de decidir los asuntos sometidos a su conocimiento, aun transcurrido el lapso legalmente previsto para ello, esto derivado del deber constitucional (artículo 26) y legal (artículos 2 y 3 de la Ley Orgánica de Procedimientos Administrativos y 9 de la Ley Orgánica de la Administración Pública) que tiene la Administración de ofrecer respuestas a las peticiones de los particulares".

Siendo las cosas así, resulta claro que, en principio, la procedencia del recurso contencioso administrativo de nulidad presupone la existencia de un acto definitivo que cause estado, sea que éste fue dictado por el órgano administrativo correspondiente o que haya operado el silencio administrativo, y siendo este último el caso, el acto resultaría válido. Sin embargo, en el caso de que la Administración en el transcurso del lapso previsto para resolver el o los recursos administrativos que interpusiese el administrado afectado, no se pronunciare expresamente, se produciría la ficción de entender negada la solicitud ejercida, estimándose agotada la vía administrativa, tal como ocurre en el presente caso.

En el marco del punto en referencia, resulta importante destacar que con respecto a la caducidad en aquellos casos en los cuales estamos en presencia de la ficción legal del silencio administrativo, dicha causal comienza a transcurrir una vez cumplido el lapso del cual dispone la Administración para dar respuesta al recurso interpuesto ante la autoridad competente. Tal premisa encuentra su justificación en que, si bien el agotamiento previo de la vía administrativa no constituye una causal de inadmisibilidad del recurso contencioso administrativo en la vigente Ley Orgánica del Tribunal Supremo de Justicia, como sí lo era en la derogada Ley Orgánica de la Corte Suprema de Justicia, ello sin embargo no debe entenderse como una habilitación legal para que las partes interpongan el respectivo recurso contencioso administrativo en sede jurisdiccional sin antes haber agotado la vía recursiva administrativa iniciada a sus instancias, "supuesto en el cual carecería de sentido y sería contrario a los mencionados principios de economía y eficacia del proceso, que se movilice por medio del ejercicio del derecho de acción todo el aparato jurisdiccional, con miras a obtener un pronunciamiento acerca de la legalidad de dicha actuación, cuando lo cierto es que la misma no comporta el carácter de definitiva, por estar sometida a un proceso de revisión por parte de la propia Administración y del cual puede resultar la revocatoria o confirmatoria del acto" (*Vid.* sentencia de la Sala Político-Administrativa del Tribunal Supremo de Justicia sentencia N° 6302 del 23 de noviembre de 2005, caso: *Teresa de Jesús Centeno de Díaz*, decisión citada por esta Corte Segunda de lo Contencioso Administrativo en sentencia N° 2006-02413 del 26 de julio de 2006).

En efecto, tal como lo expuso la jurisprudencia invocada con antelación, resulta importante precisar que para la fecha de interposición del recurso de marras (27 de noviembre de 2006) había transcurrido sobradamente el lapso de quince (15) días previsto en el artículo 94 de la Ley Orgánica de Procedimientos Administrativos para que fuera resuelto el recurso de reconsideración interpuesto el 5 de mayo de 2006, de manera que, en principio, no existe el riesgo de que tanto la Administración como el Juez Contencioso Administrativo pudieran llegar a pronunciarse en sentidos contrapuestos, siguiendo el tenor del criterio jurisprudencial parcialmente citado *supra*.

Una vez precisados los puntos anteriores, revisadas como han sido las actas procesales que conforman el presente expediente, este Órgano Jurisdiccional constata que el conocimiento del asunto corresponde a este Órgano Jurisdiccional; en el mismo no se acumulan acciones que se excluyan mutuamente o con procedimientos incompatibles; no existe prohibición legal alguna para su admisión; no se evidencia la falta de algún documento fundamental para el análisis de la acción; el escrito recursivo no contiene conceptos ofensivos, irrespetuosos, ininteligibles o contradictorios; la recurrente ostenta suficiente interés o cualidad para la interposición del recurso; se encuentra debidamente representada y no hay cosa juzgada.

Por tanto, no constatada la existencia de alguna de las causales de inadmisibilidad establecidas en el aparte 5 del artículo 19 de la Ley Orgánica del Tribunal Supremo de Justicia de la República Bolivariana de Venezuela y, verificados los requisitos de la demanda contenidos en el aparte 9 del artículo 21 *ibidem*, esta Corte ADMITE el presente recurso contencioso administrativo de nulidad. Así se decide.

B. *Positivo*

RDP Nº 48, 1991, pp. 141

CPCA   20-12-91

Magistrado Ponente: Hildegard Rondón de Sansó

Caso: Urbanizadora BHO, C.A. vs. Alcaldía del Municipio Baruta del Estado Miranda.

La conjugación de la norma a que se contrae el artículo 55 de la Ley Orgánica de Ordenación del Territorio, con el plazo establecido en el artículo 85 de la Ley Orgánica de Ordenación Urbanística determina que, vencidos los noventa (90) días que esta última acuerda para el caso de las urbanizaciones sin que haya respuesta, opera el silencio positivo, en virtud del cual los permisos "se considerarán concedidos y la Administración está obligada a otorgar la respectiva constancia del permiso" Observa esta Corte que de conformidad con la Ley de Amparo sobre Derechos y Garantías Constitucionales, la protección constitucional que la misma acuerda procede contra los actos y contra las omisiones, estableciéndolo así, tanto el artículo 25, que determina en forma genérica el objeto del amparo, como el artículo 5° que, concretamente, alude al que se ejerce contra la Administración. De la anterior constatación deriva que la sola existencia de una acción específica contra la omisión administrativa, como lo es la acción de carencia, no es obstáculo por sí misma para la admisión del amparo constitucional contra la actitud omisa o denegatoria de la Administración.

De allí que, de conformidad con el sistema vigente, la omisión de los órganos administrativos puede ser accionada por la vía contencioso-administrativa, a través del recurso de carencia cuando la misma implica la ilegalidad de la conducta y, asimismo, por la vía del amparo constitucional, si se dan los supuestos de violación flagrante o directa, que requiera de una actuación extraordinaria por parte del órgano jurisdiccional para restablecer la situación jurídica infringida. Aún más, la ley prevé el ejercicio conjunto de la acción de amparo constitucional con la acción de carencia que debe ser interpretada, por aplicación analógica del parágrafo único del artículo 5° de la Ley Orgánica de Amparo sobre Derechos y Garantías Constitucionales, como la posibilidad que se otorga al actor, cuando la omisión provenga de un funcionario cuya conducta no agota la vía administrativa, o bien, en los casos en que la acción se encuentra caduca.

Planteada así la situación no puede excluirse a priori la posibilidad del ejercicio del amparo constitucional contra omisiones de la Administración por la sola existencia del recurso de carencia, sino que es menester analizar en cada caso concreto, si están los supuestos para que el juez que ha asumido la jurisdicción constitucional otorgue la protección extraordinaria que el amparo acuerda.

La Ley Orgánica de Ordenación Urbanística dispone en su artículo 119 que las disposiciones que la misma contiene en las materias urbanísticas, tienen prelación sobre las de la Ley Orgánica de Ordenación del Territorio, aplicándose ésta supletoriamente en los asuntos no regulados en aquélla. A su vez, la Ley Orgánica de Ordenación Urbanística ordena, en el artículo 85, que en un plazo de noventa (90) días, en el caso de las urbanizaciones, la Administración deberá constatar la existencia de las Variables Urbanas Fundamentales y expedir la constancia respectiva. Nada prevé para los casos en que la Administración, en violación del antes mencionado artículo 85, no emita un pronunciamiento, sino que, simplemente, incurra en silencio. Ante tal situación es aplicable lo dispuesto en el artículo 55 de la Ley Orgánica de Ordenación del Territorio en virtud de lo dispuesto en el artículo 119 de la Ley Orgánica de Ordenación Urbanística.

Al efecto, señala el artículo 55 antes citado, lo siguiente:

"El desarrollo de actividades por particulares o entidades privadas de las áreas urbanas y que impliquen ocupación del territorio deberá ser autorizada por los Municipios. A tal efecto, los interesados deberán obtener de los Municipios, los permisos de urbanización, construcción o el uso que establezcan la Ley Nacional respectiva y las Ordenanzas Municipales. *El procedimiento para la tramitación ele las solicitudes de dichos permisos municipales deberá ser simplificado y los mismos deben decidirse en un lapso de 60 días continuos, contados a partir del recibo de las solicitudes respectivas, vencido el cual, sin que se hubieran otorgado o negado los permisos, se considerarán concedidos, a cuyo efecto los Municipios están obligados a otorgar la respectiva constancia del permiso"* (Subrayado de la Corte).

De allí que, conjugando el contenido de la norma transcrita, con el plazo en el artículo 85 de la Ley Orgánica de Ordenación Urbanística, vencidos los noventa (90) días que esta última acuerda para el caso de las urbanizaciones, opera el silencio positivo, en virtud del cual los permisos "se considerarán concedidos y la Administración está obligada a otorgar la respectiva constancia del permiso".

En la presente situación, los solicitantes del amparo han demostrado que los plazos precedentemente aludidos transcurrieron inútilmente, en razón de lo cual, a los fines de salvaguardar los derechos económicos comprometidos en el proyecto de urbanización, ocurrieron ante la jurisdicción constitucional para obtener a través del amparo su protección.

Observa esta Corte que la materia urbanística a la luz de la nueva normativa que intentó eliminar la llamada "permisología", esto es, los trámites inacabables que favorecían en este campo los vicios tradicionales de lentitud, exceso de formalismo y lo hacían factible de actos de corrupción administrativa, previo un procedimiento escueto ante los organismos municipales competentes. Este procedimiento puede resumirse en los siguientes pasos para las urbanizaciones: 1) Una consulta preliminar sobre las variables urbanas fundamentales señaladas en el artículo 86 de la Ley de Ordenación Urbanística. Esta consulta fue efectuada por los solicitantes el 12-12-90; 2) La entrega a la Ingeniería Municipal, por parte del interesado de los documentos exigidos, la cual efectuaron los actores en fecha 26-6-91, consignando al efecto lo siguiente: la carta de notificación de su intención de comenzar la obra en la forma prevista en el artículo 84 *ejusdem*; la memoria descriptiva del proyecto y los planos requeridos en el artículo 81 de la precitada Ley; constancia de las Variables Urbanas Fundamentales que les había sido suministrada por la autoridad municipal; certificación de la capacidad de suministro de servicios (electricidad, agua, cloacas); 3) acuso de recibo de la notificación de comenzar la obra, así como de la documentación. Este "acuse" de recibo debía efectuarse por parte de la Administración en fecha inmediata a la presentación de los documentos consignados por el administrado; 4) Respuesta sobre la conformidad del proyecto, la cual, debía darse de acuerdo con el artículo 85 de la Ley Orgánica de Ordenación Urbanística en el plazo de treinta días para las edificaciones y de noventa para las urbanizaciones, como es la hipótesis presente; 5) Respuesta de la Administración resolviendo si el proyecto se ajusta o no a las Variables Urbanas Fundamentales; 6) Recurso de reconsideración en la hipótesis de que la Administración estime que el proyecto no se ajusta a las Variables Urbanas Fundamentales (artículo 89 de la L.O.O.U.) que debe decidirse en los treinta días siguientes. Contra la decisión cabe recurso jerárquico ante el Concejo Municipal que, igualmente, debe decidirse en los treinta días siguientes a su formulación. No está previsto recurso contra el silencio, por lo cual, encontrándose en tal supuesto, se da la previsión contemplada en el citado artículo 55 de la Ley Orgánica para la Ordenación Urbanística, esto es, el efecto del silencio —concesión o silencio— afirmativo.

Lo anterior es el resumen de los requerimientos legales y de la situación de los actores. En virtud de ello se aprecia que los apelantes habían cumplido los pasos previstos para obtener la constancia a la cual alude el artículo 85 de la L.O.O.U. de que el proyecto que presentaron se ajustaba a las Variables Urbanas Fundamentales, a fin de que pudiese iniciarse la construcción de las obras.

Ha sido señalado en precedencia que contra la obstención o negativa de la Administración puede ejercerse la llamada acción de carencia pero que, también, puede ejercerse la acción de amparo constitucional y, así mismo, el amparo puede ser planteado con la acción de carencia. Corresponde en consecuencia determinar cuál era la vía adecuada en el caso presente para obtener la constancia de la Administración.

Tal como lo señala la jurisprudencia, la acción de carencia se ejerce para lograr de la Administración el cumplimiento de una obligación legal que ella se niega a satisfacer. Es, en consecuencia, una demanda de condena a través de la cual el administrado debe demostrar que la Administración tiene respecto al mismo una obligación; que esta obligación esta prevista en la ley y, que ha sido incumplida.

Por medio del amparo se pretende el cese de una lesión que la Administración le ha ocasionado al administrado al violar un derecho que la Constitución le garantiza, o bien, impedir que la amenaza de tal lesión se materialice.

En el caso presente los solicitantes del amparo se sienten lesionados en su derecho constitucional por la ausencia de su declaración de un efecto legalmente previsto, y piden al juez constitucional que declare la producción de tal efecto para restablecerlo en su disfrute. Se trata, en consecuencia, no de una acción de condena que deba ventilarse mediante el llamado recurso de carencia o abstención, sino de la constatación de una circunstancia de hecho que tipifica una consecuencia jurídica. Vista en tal forma, la acción de amparo era procedente y así ha debido declararlo el juez, acordando el amparo solicitado. En vista de lo anterior la apelación resulta ajustada a derecho, por cuanto al considerar el juzgador la inidoneidad de la vía propuesta, no analizó la naturaleza jurídica de la pretensión deducida. Por el contrario, esta Corte estima que están dados los supuestos para la procedencia del amparo y así lo acuerda mediante la declaración de que se ha producido el efecto previsto en el artículo 55 primer aparte de la Ley Orgánica para la Ordenanza del Territorio por haber transcurrido el tiempo sin que hubiese sido otorgada una respuesta a su solicitud, por lo cual la misma debe considerarse concedida y el Director de Ingeniería Municipal de la Alcaldía del Municipio Baruta del Estado Miranda debe otorgar a la actora la Urbanizadora B.H.O., C.A., la constancia de Ajuste a las Variables Urbanas Fundamentales a la cual se refiere el artículo 85 de la Ley Orgánica de Ordenación Urbanística respecto del proyecto de urbanización denominado Urbanización Lomas de Valle Arriba, fijándose el plazo de diez días contados a partir de la notificación del presente fallo para que se efectúe tal otorgamiento.

RDP N° 53-54, 1993, pp. 186

CPCA   4-2-93

Magistrado Ponente: Belén Ramírez Landaeta

Caso: Mario Shlsinger vs. Alcaldía del Municipio Baruta del Estado Miranda.

La autorización que debe acordarse en virtud del silencio positivo, no podrá serlo en contravención a la ley puesto que un silencio de la Administración no podrá nunca tener un poder derogatorio.

De conformidad con la Ley Orgánica de Ordenación Urbanística para iniciar la construcción de una edificación bastará que el propietario o su representante se dirija por escrito al respectivo Municipio a fin de notificar su intención de comenzar la obra. A esta notificación deberá acompañarse el proyecto correspondiente, la certificación de capacidad de suministro de los correspondientes servicios públicos provistos por el ente respectivo, los comprobantes de pago de impuestos municipales y los demás documentos que señalen las ordenanzas (artículo 84).

Este mismo artículo exige, en el caso de las urbanizaciones haber obtenido previamente la constancia de que el proyecto se ajusta a las variables urbanas fundamentales, no así en el caso de las edificaciones las cuales podría el propietario iniciar a su riesgo. En efecto el artículo 88 de la Ley Orgánica de Ordenación Urbanística, prevé que cuando el organismo municipal competente considere que el proyecto no se ajusta a las variables urbanas fundamentales, lo notificará al interesado mediante oficio motivado, en el cual se ordenará, además, la paralización de la obra, dentro de los ocho (8) días siguientes, si la obra hubiere comenzado.

Recibido el proyecto modificado o las observaciones del interesado, el organismo municipal dispondrá de quince (15) días continuos para expedir la constancia de haber cumplido con las variables urbanas fundamentales o resolver que el proyecto no se ajusta a las variables urbanas fundamentales.

En el caso de autos el organismo municipal en oficio fechado 31 de marzo de 1992, notificó al propietario que el proyecto no cumplía con las variables urbanas fundamentales y por ende debía consignar ante "ese despacho el proyecto modificado y las observaciones pertinentes y en caso de haber comenzado la obra debería proceder a la paralización inmediata de la misma, de conformidad con el artículo 88 de la citada Ley Orgánica de Ordenación Urbanística".

No obstante haber sido notificado del contenido de ese oficio, el propietario, haciendo caso omiso a tal planteamiento continuó la obra.

La fundamentación alegada para tal conducta era que al haber operado el silencio positivo, la constancia de cumplimiento de las variables urbanas fundamentales debía considerarse concedida.

En este sentido se observa que el artículo 85 de la Ley Orgánica de Ordenación Urbanística dispone que los organismos municipales tendrán un lapso de treinta (30) días continuos en caso de las edificaciones, una vez hayan sido notificados de la intención del propietario de comenzar la obra, para constatar que el proyecto se ajusta a las variables urbanas fundamentales establecidas en esa ley. Una vez cumplida esa constatación, el organismo municipal visto el informe del inspector, asignado o contratado para la obra, expedirá al interesado la constancia respectiva dentro del plazo previsto en este artículo.

Por ello, el propietario consideró que habiendo realizado la notificación correspondiente al 10 de febrero de 1992 y habiendo transcurrido un lapso superior a los 30 días continuos sin recibir respuesta alguna, pues es sólo el 27 de abril de ese año cuando recibe la primera respuesta del organismo municipal, había operado el silencio positivo previsto en la Ley Orgánica para la Ordenación del Territorio.

Ahora bien, dispone el artículo 119 de la Ley Orgánica de Ordenación Urbanística que: *Las disposiciones de la presente ley tendrán en las materias urbanísticas prelación normativa sobre las contenidas en la Ley Orgánica para la Ordenación del Territorio*. Esta se aplicará supletoriamente a los asuntos y materias urbanísticos no regulados por el presente caso.

De allí que el propietario interprete, que al no resolver la Ley Orgánica de Ordenación Urbanística, lo que ocurre en el caso, de que la autoridad municipal, una vez vencido el lapso de treinta (30) días establecido en la ley, para otorgar la constancia de cumplimiento de variables urbanas fundamentales, no se pronuncie en sentido alguno, debe aplicarse —por vía supletoria— lo establecido en el artículo 55 de la Ley Orgánica para la Ordenación del Territorio, en cuyo primer aparte se dispone que: *El procedimiento para la tramitación de las solicitudes de dichos permisos municipales deberá ser simplificado, y los mismos deben decidirse en un lapso de 60 días continuos*, contados a partir del recibo de las solicitudes respectivas, vencido el cual, sin que se hubieran otorgado o negado los permisos, se considerarán concedidos, a cuyo efecto los Municipios están obligados a otorgar la respectiva constancia del permiso.

Y, es congruente pensar en la aplicación supletoria de esta norma, pues no es lógico concebir que el propietario esté a punto de terminar la construcción de una edificación y sea entonces, en aquel momento, cuando el organismo municipal competente le notifique que considera que no se han cumplido las variables urbanas fundamentales.

No obstante este artículo, ubicado en el Título IV, Capítulo IV de la Ley, denominado "De las Autorizaciones Administrativas", está colocado junto a otro, que permite una aplicación racional del silencio positivo y del que, al hacer una aplicación supletoria, no se puede desvincular. Ese otro artículo, el 56, señala que: "Serán nulas y sin ningún efecto, las autorizaciones otorgadas en contravención a los planes de ordenación del territorio", *mutatis mutandi*, en este caso serían los planes de ordenación urbanística.

Por tanto, la autorización que debe acordarse en virtud del silencio positivo, no podrá serlo en contravención a la ley, puesto que un silencio de la Administración no podrá nunca tener un poder derogatorio.

Por lo demás, el artículo 109 de la Ley Orgánica de Ordenación Urbanística, dispone en sus numerales 1 y 2:

"Toda persona natural o jurídica que realice obras o actividades urbanísticas, sin haber cumplido con las normas establecidas en esta ley será sancionado de acuerdo a:

1. Cuando haya cumplido con las variables urbanas fundamentales, pero no haya cumplido lo establecido en el artículo 84, la autoridad urbanística local procederá a la paralización inmediata de la obra hasta tanto cumpla con los artículos 84 y 85 de la presente ley.

El interesado podrá continuar la obra una vez presentados los recaudos establecidos en la ley y obtenida la constancia a que se refiere el artículo 85.

2. Cuando viole las variables urbanas fundamentales la autoridad urbanística local procederá a la paralización de la obra y a la demolición parcial o total de la misma, de acuerdo a las normas que haya incumplido. El responsable será sancionado con multa equivalente al doble del valor de la obra demolida. Sólo podrá continuar la ejecución del proyecto, cuando haya corregido la violación, pagado la multa respectiva y obtenido la constancia a que se refiere el artículo 85".

Por ello considera esta Corte que aun habiendo operado un silencio positivo, en conformidad con el numeral 2 del artículo 109 transcrito, la autoridad municipal, podía en conformidad con la ley, ordenar la paralización de la obra, hasta tanto se diera cumplimiento a las variables urbanas fundamentales.

En razón de lo expuesto, no podía el *a quo* otorgar un amparo a la accionante, en virtud de un silencio positivo, habiendo mediado un acto que expresamente juzgaba que no se habían cumplido las variables urbanas fundamentales, para hacerlo así, el *a quo* ha debido examinar la legalidad de un otorgamiento de constancia de cumplimiento de variables urbanas fundamentales.

En efecto, la accionante denunció la violación del derecho de propiedad, contenido en el artículo 99 de la Constitución, no obstante, este derecho no es absoluto, puesto que si bien está garantizado en la norma señalada, esa misma disposición indica que: *En virtud de su función social la propiedad estará sometida a las contribuciones, restricciones y obligaciones que establezca la ley con fines de utilidad pública o de interés general.*

Ahora bien, el artículo 53 de la Ley Orgánica de Ordenación Urbanística dispone que: *Los planes de ordenación urbanística y de desarrollo urbano local delimitan el contenido del derecho de propiedad, quedando éste vinculado al destino fijado por dichos planes.* De allí que una de las restricciones legales del derecho de propiedad sea precisamente el contenido en los planes de ordenación urbanística y de desarrollo local, no pudiendo alegarse la violación del derecho de propiedad consagrado en la Constitución si se pretende ejercer tal derecho en contra de lo dispuesto en la Ley Orgánica de Ordenación Urbanística.

El *a quo* sin tomar a examinar los límites que la ley establece al derecho de propiedad decide que se ha producido una violación de ese derecho considerando que al operar el silencio el propietario está exento de dar cumplimiento a las exigencias de la ley.

La norma constitucional que se dice violada hace remisión expresa a la limitación que la ley puede imponer al derecho de propiedad y por tanto el *a quo* al desconocer estos límites incurre él mismo en una transgresión de la norma constitucional. Por tanto, no habiendo probado el accionante en amparo que ha cumplido con las variables urbanas fundamentales no puede otorgársele un mandamiento de amparo con fundamento a la violación del derecho de propiedad y así se declara.

En cuanto al derecho a la libertad económica la accionante señala *que la mencionada conducta omisa del director en cuestión, lesiona directamente el goce y el ejercicio de su derecho constitucional a la libertad económica para dedicarse a las actividades vinculadas a la industria de la construcción y por ello solicita se ordene al Director de Control de Urbanismo y Edificaciones del Municipio Baruta suspenda las paralizaciones ordenadas y otorgue a mi representada el respectivo permiso de construcción en la parcela de su propiedad, solicitado el día 10 de febrero de 1992 a lo cual tiene derecho de conformidad con el silencio positivo de la ley.*

Cabe aquí reproducir los argumentos que con respecto al silencio positivo quedaron expuestos; es decir, que tal silencio no puede dar derecho a que se otorgue un permiso de construcción en contravención a la ley. Así mismo la libertad económica para dedicarse a las actividades vinculadas a la industria de la construcción tiene también los límites que la Ley Orgánica de Ordenación Urbanística le señala y en consecuencia debía probar el accionante en autos que cumplía con todas las disposiciones de la ley y que aun así la autoridad municipal se había abstenido de otorgarle el permiso correspondiente en cuyo caso podría entonces hablarse de la violación constitucional señalada. Pero es el caso que la accionante en ningún momento en tales extremos ni el *a quo* toma esto en cuenta, en consecuencia habiendo una manifestación expresa de la autoridad municipal de que el terreno sobre el cual se realiza la obra no cumple con las variables urbanas fundamentales, lo procedente en este caso era que de conformidad con la ley y con el mismo acto que le ordena la paralización la propietaria cumpliera las exigencias que al efecto se le hicieron a fin obtener los permisos para continuar la obra o en su defecto demostrara que el proyecto se ajustaba a las variables urbanas fundamentales establecidas en la ley. Por tanto, no hay en este caso una violación a la libertad económica sino que el organismo municipal impuso a la accionante la obligación de cumplir con los requisitos que ley establece y ni tan siquiera le impidió en forma definitiva la realización d obra. En consecuencia es improcedente la declaratoria con lugar de la violación artículo 96 de la Constitución formulada por el *a quo* y así se declara.

RDP N° 67-68, 1996, pp. 204

CSJ-SPA (423)   4-7-96

Magistrado Ponente: Alfredo Ducharne Alonzo

Planteada la controversia en el contexto del artículo 243 ordinal 3° del Código de Procedimiento Civil (aplicable con base al artículo 88 de la Ley Orgánica de la Corte Suprema de Justicia) tal como quedó precisado después del último acto de las partes, el de informes (artículo 96 de la Ley de la Corte), la Sala observa:

El recurrente inició sus labores como Fiscal del Ministerio Público el 1° de octubre de 1985 y fue destituido el 17 de septiembre de 1992. Ejerció entonces el cargo de dos períodos constitucionales, el *primero* hasta el 2 de junio de 1989 (fecha en la cual fue nombrado el nuevo Fiscal General de la República) y, el *segundo*, a partir de esta fecha hasta el 17 de septiembre de 1992. Del *segundo y nuevo periodo de 5 años*, desempeñó su cargo por un lapso de 3 años, 3 meses y 15 días, lo que constituye un porcentaje de 65,75%, faltando por cumplir del nuevo período el 34, 25%.

La causa de remoción, como se señaló con anterioridad, fue la conclusión del período para el cual fue designado el recurrente, de conformidad con el artículo 18 de la Ley Orgánica del Ministerio Público, es decir, el despacho consideró concluido el período, el 2 de junio de 1989, (fecha de nombramiento del nuevo Fiscal General de la República), mediante la Resolución de 16 de septiembre de 1992. En definitiva, se resuelve la situación de empleo del recurrente, como se precisó, al haber ya transcurrido el 65,75% del nuevo período constitucional.

El artículo 18 de la Ley Orgánica del Ministerio Público prevé:

"Artículo 18. Los funcionarios del Ministerio Público de la jurisdicción ordinaria serán nombrados por un período de cinco años, por el Fiscal General de la República. Durante este período, sólo podrán ser destituidos en caso de incapacidad, negligencia, mala conducta y demás faltas graves en el cumplimiento de los deberes de su cargo, debidamente comprobadas mediante expediente. En los nombramientos se preferirá a los abogados que hayan aprobado cursos de especialización en materias atinentes al Ministerio Público o que hubieren prestado servicios a éste o a la Administración de Justicia con honestidad y eficacia.

Los funcionarios del Ministerio Público de las Jurisdicciones especiales serán nombradas y removidas de conformidad con las leyes respectivas".

Conforme a la señalada norma el período de los funcionarios del Ministerio Público de la Jurisdicción ordinaria es de 5 años y se corresponde al período constitucional del Fiscal General de la República. Puede ser este período coincidente con el del Fiscal General, puede ser menor si el nombramiento se produce ya avanzado el período constitucional del Fiscal, en este caso alcanzaría la conclusión de ese mismo período y, finalmente, puede prorrogarse o renovarse, mediante ratificación por un nuevo período, correspondiente al inicio del nuevo período constitucional. Sobre este punto no existen dudas y coinciden el recurrente y la representación del Ministerio Público. La Sala considera este criterio ajustado a la ley y a su propia doctrina.

En el contexto de la problemática del caso, el *thema decidendum* es la RATIFICACION en el CARGO para el NUEVO período constitucional. ¿Cuando y como debe producirse?.

....OMISSIS...

En el presente caso existe una discrepancia total entre la Resolución de destitución y la situación objetiva reflejada en la relación de servicio existente por un período de 3 años, 3 meses y 15 días, de un total de 5 años. Por el tiempo transcurrido la Fiscalía perdió la potestad discrecional de decidir entre la ratificación o destitución en el contexto del vencimiento del período constitucional.

La obligación de resolver requiere de un lapso prudencial, al cesar este y al existir actuaciones irrefutables de una conducta determinada (*facta concludentia*) en el sentido de un acto formal, ratificatorio, emerge el acto tácito o presunto, concordancia a la realidad existente y sustitutorios del acto expreso. No podrá entonces el órgano público -en estas circunstancias- dictar formalmente un acto contrario por cuanto ya se habría producido el acto tácito o presunto con efectos jurídicos propios. Dichos actos son innovativos, con ellos se le reconocieron al recurrente su nuevo período constitucional de empleo, se crearon derechos a su favor y obligaciones para la Fiscalía, situación jurídica que mantiene la obligación del organismo de dictar el acto formal ratificatorio, confirmando así el acto tácito o presunto producidos. En este contexto, la tesis enunciada encuentra su respaldo en la misma sentencia de 15 de noviembre de 1982 (citada por la Fiscalía en sus Informes), en el sentido de que se requiere de la expresa ratificación de la autoridad que ostenta la facultad de nombrar. Y si no cumple con dicha obligación y transcurre el período constitucional, ¿podría negarse que al funcionario no le haya sido ratificada su investidura? Evidentemente que tal criterio resulta absurdo y divorciado de la ley, del sentido común y de la máxima de experiencia (artículo 507 Código de Procedimiento civil). Dicho de otro modo, aunque se mantiene el deber de expresa ratificación, producida ya el acto tácito o presunto, la pasividad administrativa en este contexto, no desvincula al órgano, como si nada hubiese ocurrido puesto que, la existencia de situaciones jurídicas determinantes de la voluntad (la relación de empleo) permite afirmar por la misma exigencia de los hechos que, la OMISIÓN DEL ACTO EXPRESO, no desvirtúa el acto producido. Se trata en definitiva de una ficción jurídica que convierte la inactividad en acto. La ficción permite sostener que se ha cumplido la norma cuando en realidad no se ha cumplido.

Ahora bien, ¿cual es el lapso en el cual (a falta de norma expresa) deberá el Ministerio Público pronunciarse sobre la ratificación del funcionario para el nuevo período constitucional?

Con el fin de lograr el justo equilibrio entre la oportunidad de dictar el acto administrativo y la de su cuestionamiento en vía judicial, la Sala estima como prudente el lapso de seis (6) meses iniciado dicho período, considerando que en nuestras leyes -cuando se trata de actos de efectos particulares-, su posibilidad de impugnación se circunscribe, generalmente, a los 6 meses (*Vid.* Por ejemplo, el artículo 134 de la Ley Orgánica de la Corte Suprema de Justicia o el artículo 6 ordinal 4° de la Ley Orgánica de Amparo sobre Derechos y Garantías Constitucionales).

Aprecia la Sala que en dicho lapso el nuevo Fiscal General de la República tiene un amplio margen para considerar y decidir sobre el destino jurídico de los funcionarios, ejerciendo su facultad discrecional de ratificarlos o sustituirlos.

Transcurrido dicho lapso de 6 meses, sin haberse producido la expresa ratificación, por los fundamentos antes expuestos (legales y éticos) debe inferirse la ratificación del funcionario en el cargo respectivo y del goce de la estabilidad por el período constitucional, tal como lo establece el artículo 18 de la Ley Orgánica del Ministerio Público, pudiendo ser destituido sólo "en caso de incapacidad, negligencia, mala conducta y demás faltas graves en el cumplimiento de los deberes de su cargo, debidamente comprobadas mediante expediente". Se reitera que la ratificación tácita no exime al órgano de dictar el acto formal en el mismo sentido, éste tendrá efectos *ex tunc*, se retrotraerá al inicio del período constitucional y *ex nunc*, mantendrá su vigencia hasta la conclusión de este mismo período.

Como *obiter dictum*, en consideración de la sensibilidad y novedad de la doctrina enunciada y con el fin de evitar posibles interpretaciones que no se ajusten a su contenido, la Sala considera prudente advertir que la tesis que se sostiene, en el caso subjudice, no se refiere al silencio positivo, estimatorio de la pretensión deducida por cuanto en esta situación no existen actuaciones de la cuales, implícitamente, pudiera inferirse el acto presunto y, además, el silencio positivo requiere de una norma expresa que le confiere dicho efecto. Por otra parte, precisa la Sala, en relación con la doctrina enunciada, que la misma se circunscribe a la esfera administrativa, quedando excluidos los actos jurídicos de contenido político, por razón de la alternabilidad y renovación de los poderes públicos, conforme a los artículos 3, 135 y 214 de la Constitución. No sería entonces aplicable la tesis enunciada e el caso de mora en la designación de las autoridades del Estado, como por ejemplo, a las que se refieren los artículos 219, 214, 238 y 190 *ejusdem*. Los mencionados actos se desvinculan de la esfera administrativa ordinaria en virtud de su propia naturaleza y jerarquía constitucional

Con base entonces a la doctrina expuesta, en el caso subjudice, se verifica la ratificación presunta del recurrente en el cargo, puesto que la relación de empleo se mantuvo por un lapso de tres (3) años, tres (3) meses y quince (15) días del nuevo período constitucional de cinco (5) años, lo que representa un porcentaje de 65,75% del mismo y, por cuanto el Fiscal General de la República dictó una Resolución CONTRARIA a la RATIFICACIÓN TACITA después de haber transcurrido el lapso señalado, la remoción del recurrente de su cargo por la razón del vencimiento del período constitucional resulta ser nula, conforme al artículo 20 de la Ley Orgánica de Procedimientos Administrativos y así se declara.

RDP N° 99–100, 2004, pp. 219

CPCA (61)   11-11-2004

Juez Ponente: Iliana M Contreras J.

Caso: Juan Manuel Perret vs. Directora de Ingeniería y Planeamiento Urbano de la Alcaldía del Municipio Sucre del Estado Miranda.

La Corte Primera de lo Contencioso Administrativo reitera el criterio existente referente a la inaplicación del "silencio positivo" en materia urbanística.

Mediante diligencia de fecha 13 de agosto de 1999, la abogada Dolores Aguerrevere Valero, actuando con el carácter de apoderada judicial de la parte accionante, Inversiones 6368 C.A., apeló parcialmente de la sentencia dictada en fecha 11 de agosto de 1999, por cuanto si bien es cierto declaró con lugar la acción de amparo constitucional, en el sentido de dejar sin efecto el Oficio N° 000321 del 16 de marzo de 1999, así como también la Orden de Paralización N° 0571 de fecha 6 de agosto de 1999, emanada de la Dirección de Ingeniería Municipal del Municipio Autónomo Sucre del Estado Miranda, no lo es menos, que la misma señaló que, acordar expresamente la expedición de la Constancia de Variables Urbanas Fundamentales, en lugar de evitar lesiones a los derechos constitucionales alegados como violados, se podrían ocasionar a mediano o largo plazo, graves perjuicios de resultar al final anulado el acto, luego de avanzada la obra. Al respecto observa:

Alega la parte accionante, que la conducta adoptada por la Directora de Ingeniería y Planeamiento Urbano local al no expedir la Constancia de Cumplimiento de Variables Urbanas Fundamentales y al emitir actos contrarios a un acto tácito creador de derechos, como es el silencio positivo, lesionó los derechos constitucionales a la propiedad, a la libertad económica y a la defensa de la empresa accionante, consagrados en los artículos 99, 96 y 68 de la Constitución de 196, vigente para el momento en que ocurrieron los hechos, hoy artículos 115, 112 y 49 de la Constitución de la República Bolivariana de Venezuela.

Por su parte, el Juzgado Superior Segundo en lo Civil y Contencioso Administrativo de la Región Capital, declaró con lugar la acción de amparo constitucional señalando, que el acto mediante el cual la Administración declaró improcedente el proyecto presentado bajo el argumento de que no cumplía con la variable de uso establecida en los numerales 1 y 8 del artículo 87 de la Ley Orgánica de Ordenación Urbanística y ordenó la paralización de la obra, lesionó el derecho a la defensa de la empresa accionante, pues desconoció el efecto del silencio administrativo positivo al tomar medidas sin el debido procedimiento.

Igualmente, señaló el fallo apelado, que expedir expresamente la Constancia de Cumplimiento de las Variables Urbanas Fundamentales a través de la vía del amparo autónomo, en lugar de evitar lesiones a los derechos de la propiedad y a la libertad económica, se podrían ocasionar a mediano o largo plazo graves perjuicios de resultar a la final anulado el acto luego del avance de la obra.

Ahora bien, del análisis de la situación planteada y de las actas que conforman el expediente evidencia esta Corte, que el caso de autos se contrae a dilucidar, si con ocasión a que la Dirección de Ingeniería y Planeamiento Urbano Local del Municipio Sucre no emitió respuesta sobre el proyecto presentado sobre la solicitud formulada por la accionante en fecha 4 de febrero de 1999, operó el silencio administrativo positivo, razón por la cual debía entenderse como otorgada la Constancia de Cumplimiento de Variables Urbanas Fundamentales. Al respecto se observa que:

Efectivamente, tal como fue sustentado por la parte accionante y el Tribunal *a quo*, la jurisprudencia de esta Corte venía sosteniendo la aplicación supletoria del artículo 55 de la Ley Orgánica para la Ordenación del Territorio, dada la remisión expresa que a dicho texto legal ordena el artículo 119 de la Ley Orgánica de Ordenación Urbanística, el cual expresa textualmente *"Las disposiciones de la presente Ley tendrán en las materias urbanísticas prelación normativa sobre las contenidas en la Ley Orgánica para la Ordenación del Territorio. Esta se aplicará supletoriamente a los asuntos y materias urbanísticos regulados por el presente texto"*.

En este sentido, en diversas decisiones, este Órgano Jurisdiccional consideró que en materia urbanística operaba el silencio administrativo positivo, previsto en el citado artículo 55 de la Ley Orgánica de Ordenación del Territorio, llegando a la conclusión que la autoridad administrativa había otorgado tácitamente la Constancia de Cumplimiento de Variables Urbanas Fundamentales.

A tal conclusión se llegaba dada la ausencia de consecuencia jurídica ante el supuesto en que la autoridad administrativa municipal no emitiera pronunciamiento alguno en cuanto al proyecto presentado por el particular en el lapso previsto en el artículo 85 de la Ley Orgánica de Ordenación Urbanística (*Vid.* Entre otras, sentencias de fecha 20 de diciembre de 1991, 13 de febrero de 1992, 11 de marzo de 1993, 1° de diciembre de 1994 y 15 de febrero de 1992, casos *Urbanizadora B.H.O., Inversiones Caudillaje, C.A., Promotora Rosávila, Altos de Curicara, S.A., y Consorcio Barr, S.A.*, respectivamente).

No obstante lo anterior, esta misma Corte abandonó el criterio jurisprudencial que venía sosteniendo en cuanto a la aplicación supletoria del artículo 55 de la Ley Orgánica de Ordenación del Territorio en materia urbanística; así en sentencia de fecha 13 de diciembre de 1999, caso *Sindicato Agrícola 168, C.A.*, consideró lo siguiente:

> "(…) A lo anterior debe añadirse la voluntad expresa y categórica de la propia Ley de Ordenación Urbanística de otorgarle prelación normativa a su articulado sobre el otro texto legislativo mencionado, en las materias urbanísticas, y como la aludida constancia (…) es una materia de esa naturaleza, resulta forzoso concluir, atendiendo a reglas elementales de hermenéutica jurídica, e inclusive al tenor literal del citado artículo 119 de la Ley Orgánica de Ordenación Urbanística, que el artículo 55 de la Ley Orgánica de Ordenación del Territorio no resulta aplicable supletoriamente a la materia urbanística (…) regulada en el artículo 85 del citado texto legislativo de ordenación urbanística.

> Por otra parte, la aplicación supletoria de una norma exige, como presupuesto lógico fundamental, que ésta debe estar vigente. Pero las normas de la Ley Orgánica para la Ordenación del Territorio sobre control de los planes urbanísticos por parte del Municipio no están vigentes, pues fueron derogadas no sólo tácitamente –porque la nueva ley, la de ordenación urbanística, establece un mecanismo incompatible con el anterior– sino expresamente, en virtud de lo establecido en el artículo 77…".

Igualmente, reiterando tal criterio, en sentencia del 21 de diciembre de 2000, caso Corporación Bieregi, esta Corte sostuvo lo siguiente:

> "(…) cualquier interpretación de los supuestos previstos en dicho Texto Legal (Ley Orgánica de Ordenación Urbanística) debe propender a ese desarrollo armónico de la distribución urbana. Ello influye en que la interpretación sobre la aplicación o no de la figura del silencio administrativo positivo deba ser lo más restringida posible.

> (…)

> La Ley Orgánica de Ordenación Urbanística no prevé consecuencia jurídica alguna para el supuesto de hecho en que la Administración no se pronuncie acerca de la conformidad o no del proyecto presentado por el particular a las variables urbanas fundamentales –ésta es precisamente la razón por la que la jurisprudencia ha aplicado supletoriamente la consecuencia prevista en el artículo 55 de la Ley Orgánica de Ordenación del Territorio– y reiteradamente se ha sostenido que a fin de evitar la arbitrariedad en esa falta de pronunciamiento, se entiende concedida. Cierto es que, no puede un particular estar limitado en el ejercicio de su derecho de construir o modificar su propiedad por la falta de pronunciamiento por parte de la Administración sobre una petición, a la que está obligada legalmente responder; sin embargo, ello no puede llevar *per se* a aplicar de manera supletoria el silencio administrativo positivo con el consecuente efecto de ello, esto es, entender cumplidas las variables urbanas fundamentales. Estas razones llevan a esta Corte a ratificar el criterio contrario a la aplicación del silencio administrativo positivo a la materia urbanística, más aún cuando conforme a lo previsto en el artículo 84 del Texto Legal, basta que el particular notifique su intención de construir y presente el proyecto para comenzar la construcción. En definitiva, esta Corte considera que ante la ausencia de consecuencia legal al supuesto de que la Adminis-

tración no responda en los lapsos establecidos en el artículo 85 de la Ley de la materia no es aplicable la consecuencia prevista en el artículo 55 de la Ley Orgánica de Ordenación del Territorio y así se declara". (Subrayado de esta Corte).

En este mismo contexto, en sentencia de fecha 2 de octubre de 2001, este Órgano Jurisdiccional, caso *Inmobiliaria 4.000 C.A.*, expresó que:

"Sin entrar en discusiones acerca de si las Constancias que en materia urbanística debe solicitar el particular para llevar a cabo su proyecto de construcción puedan considerarse autorizaciones o si sea inaplicable el silencio positivo previsto en la Ley Orgánica para la Ordenación del Territorio, pues aparentemente la Ley Orgánica de Ordenación Urbanística establece una regulación expresa para las mismas; considera la Corte que existen razones que abonan la inaplicabilidad del silencio administrativo positivo (...)

En este sentido, es preciso afirmar que el silencio administrativo –negativo o positivo– ha sido consagrado a favor de los administrados, para quienes una omisión de respuesta por parte de la Administración no puede convertirse en merma de sus derechos.

(...)

Adentrándonos entonces en la materia urbanística se presenta una situación en la que a través de un efecto legal que se pretende en principio beneficioso, se cae indefectiblemente en un círculo vicioso. Así el particular solicita la Constancia y la Administración municipal no responde, entonces, según la tesis del silencio positivo, se entiende concedida; luego, la Constancia expresa, materializada a través de un acto administrativo se requiere a otros fines, por lo cual el administrado se ve forzado a solicitarla –lo cual de suyo hará siguiendo la tesis –quedando ahora la obligación de la Administración de expedirla, pero la Administración nuevamente incurre en silencio o la niega, incluso en el caso de silencio se ha argumentado que se entenderá negada, aplicando los principios generales del silencio negativo, con lo cual se cae nuevamente en el sistema general y el particular deberá acudir a la sede jurisdiccional a solicitar del Tribunal obligue a la Administración a expedir la Constancia".

En este orden de ideas, y conforme lo anteriormente expuesto, estima esta Corte, que el silencio administrativo positivo en materia urbanística no resulta del todo beneficioso para el particular constructor, aún cuando en el caso concreto, ello sea lo que pretende la parte accionante, razón por la cual esta Corte reitera el criterio expresado en las sentencias parcialmente transcritas, en consecuencia considera que en el caso de autos no es aplicable el silencio administrativo positivo por las razones anteriormente indicadas.

Lo anterior es muestra de que la materia regulada por el artículo 55 de la Ley Orgánica para la Ordenación del Territorio es el establecimiento de un medio de control sobre la actividad de los particulares que implique la ocupación del territorio en las áreas urbanas, materia que ha quedado ahora normada por el artículo 85 de la Ley Orgánica de Ordenación Urbanística.

Con base a lo antes expresado, a juicio de este juzgador, tanto la parte accionante como el fallo recurrido, partieron de una premisa errada, no obstante haberse fundamentado en una posición que algún sector de la doctrina y la jurisprudencia incluso de esta misma Corte había seguido, esto es, la vigencia y aplicación de la norma contenida en el artículo 55 de la Ley Orgánica para la Ordenación del Territorio a la actividad urbanística de los particulares, razón por la cual resulta forzoso para este Órgano Jurisdiccional declarar sin lugar la apelación (por cuanto la parte apelante ejerció el aludido recurso en el entendido de que la sentencia del Juzgado *a quo* estaba ajustada a derecho, es decir, que éste aplicó correctamente la figura del silencio administrativo positivo en materia urbanística y que su disconformidad sólo era en cuanto al hecho de que el Juzgador de Primera Instancia no ordenó de manera expresa que se otorgara la Constancia de Variables Urbanas Fundamentales) y revocar el fallo apelado.

RDP Nº 111, 2007, pp. 206–208

TSJ-SPA (1217)   11-7-2007

Magistrado Ponente: Yolanda Jaimes Guerrero

Caso: Inversiones y Cantera Santa Rita, C.A. vs. Ministerio del Poder Popular para el Ambiente.

El acto autorizatorio tácito que se produzca por vía del silencio administrativo, queda revocado implícitamente, pues la negativa expresa materializada en actos administrativos formales, constituye el ejercicio de la potestad de autotutela de la administración, a través de la cual puede revisar y corregir sus actuaciones. (Artículos 82 y 83 de la Ley Orgánica de Procedimientos Administrativos.)

Por otra parte alegó la accionante que de conformidad con lo establecido en el artículo 54 de la Ley Orgánica para la Ordenación del Territorio, *"la falta de contestación oportuna trae como consecuencia la acogida favorable de la solicitud planteada y por ende ya fue aprobada; es decir que siguiendo la norma legal, la solicitud planteada por mi representada, ya fue aprobada, aun y cuando posteriormente fue negada"*.

Sobre el particular, advierte la Sala que el silencio administrativo ha sido consagrado a favor de los administrados, para quienes una omisión de respuesta por parte de la Administración, no puede convertirse en merma de sus derechos. Es así como, el silencio administrativo de efectos positivos ha sido establecido para darle agilidad y flexibilidad a la actividad de policía que en determinadas materias realiza la Administración y constituye una garantía del particular, pues conduce a la posibilidad efectiva de realizar actividades que deben ser fiscalizadas por la Administración, siempre que para ello exista texto legal expreso.

No obstante, bajo la vigencia de la Constitución de la República Bolivariana de Venezuela, la tesis del silencio administrativo no basta para satisfacer el derecho a la oportuna respuesta, pues ahora se exige que tal respuesta deba ser adecuada, no sólo oportuna.

En este orden de ideas respecto al silencio administrativo, se aprecia que el artículo 54 de la Ley Orgánica para la Ordenación del Territorio, con base en el cual el recurrente pretende dar por otorgada la autorización requerida, establece lo siguiente:

"En todo caso, el otorgamiento de las autorizaciones nacionales o regionales respectivas, deberá decidirse en un lapso de sesenta (60) días continuos, a contar del recibo de la solicitud respectiva. Vencido dicho lapso, sin que se hubiera otorgado o negado la autorización, se considerará concedida, a cuyo efecto, las autoridades respectivas están obligadas a otorgar la respectiva constancia".

Ahora bien, resulta imperante para la Sala determinar, si la norma precedentemente transcrita es la aplicable al presente caso y si, como consecuencia de ello, es procedente entender como otorgada la autorización, que según alega el recurrente, le fue negada mediante acto expreso, después de operar el silencio positivo.

Al respecto, cabe advertir que esta Sala, en sentencia N° 00162 de fecha 3 de marzo de 2004, estableció lo siguiente:

"...el lapso de sesenta (60) días otorgado a la Administración para resolver las solicitudes de ocupación del territorio previsto en el artículo 54 de la Ley Orgánica para la Ordenación del Territorio, no es aplicable a aquellos casos donde la ocupación pretenda realizarse en alguna región donde no exista un Plan de Ordenación (...) en efecto, establece el artículo 53 de la Ley Orgánica para la Ordenación del Territorio lo siguiente:

'La ejecución de actividades por particulares y entidades privadas que impliquen ocupación del territorio, deberá ser autorizada previamente por las autoridades encargadas del control de la ejecución de los planes, conforme a lo previsto en el Capítulo II del Título IV, a los efectos de conformidad con dichos planes, dentro de sus respectivas competencias (...)'

La norma parcialmente transcrita, la cual encabeza el capítulo de la Ley en referencia intitulado 'De las Autorizaciones Administrativas' indica que las pautas y lapsos contemplados en ese Capítulo, se aplicarán a aquellas autorizaciones para ocupación territorial de alguna región en la cual exista un Plan Regional de Ordenación".

De conformidad con lo anterior, se pudiera concluir que en el presente caso, dada la existencia del Plan de Ordenamiento y Reglamento de Uso de la Zona Protectora del Área Metropolitana de Caracas, dictado mediante Decreto N° 2.299 del 5 de junio de 1992, Publicado en la *Gaceta Oficial* N° 35.133 del 18 de enero de 1993, resultaría aplicable entonces la consecuencia jurídica prevista en el precitado artículo 54 de la Ley Orgánica para la Ordenación del Territorio, esto es, el silencio administrativo positivo.

No obstante lo anterior, deben observarse las previsiones legales establecidas en el citado Plan de Ordenamiento y Reglamento de Uso de la Zona Protectora del Área Metropolitana de Caracas, el cual establece:

*"**Artículo 2°**: Este Decreto establece los Lineamientos y Directrices previstos en el Plan de Ordenamiento de la Zona Protectora del Área Metropolitana de Caracas, los criterios para asignar los usos y su zonificación y condiciones de desarrollo. Regula*

la ejecución de las actividades que puedan ser realizadas por el sector público o por el sector privado.

"Artículo 12: Las personas naturales o jurídicas, públicas o privadas que pretendan efectuar afectaciones de los recursos naturales dentro de la Zona Protectora, requerirán de una autorización o permiso otorgado por la Autoridad Única de Área, para tal fin, los interesados deberán presentar una solicitud por triplicado anexando los siguientes recaudos:

(...)

PARÁGRAFO PRIMERO: La Autoridad Única de Área requerirá al solicitante, en los quince (15) días hábiles, siguientes a la fecha de recepción de la solicitud y por una sola vez, cualquier otra documentación racionalmente indispensable, para su estudio, transcurrido este lapso, la solicitud será tramitada con los recaudos presentados conforme a los numerales de este artículo y le corresponde a la Autoridad Única de Área manifestar su decisión en el lapso máximo de sesenta (60) días continuos, contados a partir del último requerimiento de información".

Ahora bien, se evidencia del expediente administrativo que el accionante planteó la correspondiente solicitud el 24 de septiembre de 1996 y la Administración dio respuesta expresa en 13 de enero de 1997, constatándose en consecuencia, que la negativa al requerimiento por parte de la Gerencia General de la Autoridad Única de Área Agencia de Cuenca del Río Tuy y de la Vertiente Norte de la Serranía del Litoral del Distrito Federal y Estado Miranda, se produjo 43 días después de los sesenta (60) días establecidos en la norma precedentemente transcrita. En orden a lo anterior, es imperante precisar que ha sido criterio reiterado de esta Sala, que el acto autorizatorio tácito que se hubiese producido por vía del silencio administrativo, queda revocado implícitamente, pues la negativa expresa materializada en actos administrativos formales, constituiría el ejercicio de la potestad de autotutela de la administración, a través de la cual puede revisar y corregir sus actuaciones, todo de conformidad con los términos expuestos en los artículos 82 y 83 de la Ley Orgánica de Procedimientos Administrativos.

En efecto, la disposición que establece el silencio positivo, debe ser aplicada teniendo en cuenta lo dispuesto en los artículos 56 y 70 de la Ley Orgánica para la Ordenación del Territorio, el cual consagra, que serán nulas y sin ningún efecto, las autorizaciones otorgadas en contravención a los planes de ordenación del territorio; así como lo dispuesto en el artículo que expresa que los actos administrativos contrarios a los planes de ordenación del territorio se consideran nulos, no pudiendo generar derechos a favor de sus destinatarios.

Es decir, la autorización que debe acordarse en virtud del silencio positivo, no podrá serlo en contravención a la Ley, puesto que un silencio de la Administración nunca podrá tener un efecto derogatorio.

En consecuencia, habiendo mediado un acto que expresamente señala que la autorización de uso solicitada interfería con la zona protectora de ley, no se materializó el silencio positivo alegado por el recurrente. Así se declara.

VIII. VICIOS EN EL PROCEDIMIENTO

RDP N° 32, 1987, pp. 75

CPCA   19-11-87

Magistrado Ponente: Pedro Miguel Reyes

Caso: José A. Urdaneta vs República (Ministerio del Trabajo-Comisión Tripartita).

Los vicios del procedimiento que producen la nulidad del acto administrativo, son aquellos en los cuales los actos son dictados con prescindencia total del mismo, o de un acto esencial para su validez, pero no cuando no constituyen una falla absoluta del procedimiento y que tampoco causan lesión al derecho de defensa de las partes.

En cuanto a los vicios de procedimiento que imputa la parte reclamante a la Comisión Tripartita de Segunda Instancia relacionados con el auto para mejor proveer dictado en la misma fecha de la Resolución impugnada, y con la falta de aplicación de la norma que contempla la convocatoria del suplente cuando un principal deja de asistir consecutivamente en más de tres oportunidades, la Corte observa.

Los vicios de procedimientos susceptibles de producir la nulidad del acto administrativo, son aquellos que se dictan con prescindencia total del mismo, o de un acto esencial a su validez, pero no aquellos que no constituyen una falla absoluta del procedimiento y que tampoco causan lesión al derecho de defensa de las partes. En tal sentido, el auto para mejor proveer impugnado por el recurrente es absolutamente irrelevante respecto de la decisión adoptada y la falta de convocatoria al suplente del representante empresarial tampoco es susceptible de viciar de nulidad absoluta a la Resolución impugnada. En efecto, el régimen sobre *quorum* y mayoría de las Comisiones Tripartitas, previsto en el artículo 18 del Reglamento, exige la concurrencia de cuando menos dos de sus tres miembros, uno de ellos necesariamente el representante del Ministerio del Trabajo, quien tiene el carácter de Presidente de la Comisión. Por tanto, no hay decisión válida si no surge de ese *quorum* de dos. En tal sentido, la Resolución impugnada está suscrita por dos de los miembros de la Comisión, siendo uno de ellos el Presidente, por lo que no ha lugar la declaratoria de nulidad por este respecto; tampoco la Resolución adolece del vicio de inmotivación igualmente señalado por el recurrente, basado en el hecho de que no consta en autos la falta del representante empresarial a las reuniones de la Comisión. Tales circunstancias se relacionan en todo caso con la formación de la voluntad del ente o con su competencia, pero no con la motivación del acto como erradamente lo señala la parte actora. No ha lugar la nulidad del acto por los vicios de forma o de procedimiento alegados y así se declara.

RDP N° 42, 1990, pp. 93

TSCA-RC (56)   14-5-90

Juez Ponente: Noelia González O.

Caso: Morris Curiel & Sons, S.A. vs. Contraloría General de la República.

La inexistencia del acta fiscal, actuación inicial y necesaria de todo procedimiento administrativo de reparo, hace presumir la falta absoluta del mismo.

Observa este Tribunal que no consta en autos, ni en original ni en copia fotostática, ejemplar alguno de las actas presuntamente levantadas por los funcionarios fiscalizadores de la Contraloría General de la República en relación a los reparos impugnados, quienes tampoco son identificados. El acta fiscal, actuación inicial y necesaria en todo procedimiento de reparo por divergencias en la determinación de la naturaleza de los bienes cuya importación se grava, conforma la motivación fáctica del reparo, ya que en ella deben quedar asentados todos los elementos de hecho investigados por los funcionarios, y es a partir de dichos elementos que se constituye la fundamentación jurídica del acto de reparo.

Ante la inexistencia en autos de las actas por medio de las cuales se dio inicio a los procedimientos administrativos que culminaron en los reparos impugnados, es imposible para este juzgador analizar la legalidad del procedimiento administrativo constitutivo de los actos impugnados, ni la competencia de los funcionarios que levantaron dichas actuaciones, así como tampoco sobre la identidad de los elementos de juicio apreciados por la Administración Contralora para la emanación de los reparos impugnados.

Por otra parte, la inexistencia en el expediente de los actos que configuran el inicio del procedimiento legalmente establecido hace presumir la falta absoluta del mismo. De la misma manera, al ser imposible la constatación de la debida competencia de los funcionarios fiscalizadores, por cuanto los mismos no se encuentran identificados en el expediente, y siendo que dicha competencia no se presume, deben declararse los actos recurridos como emanados de autoridades manifiestamente incompetentes. Todo lo cual configura el vicio de nulidad absoluta de los actos impugnados establecido en el artículo 19, ordinal 4°, de la Ley Orgánica de Procedimientos Administrativos, y así se declara.

RDP N° 48, 1991, pp. 117

CPCA   17-12-91

Magistrado Ponente: Jesús Caballero Ortiz

Caso: Freddy J. Pina vs. I.V.R.A.

Los actos administrativos están regidos por normas y principios menos rígidos que aquellos que se aplican al proceso judicial. La adopción de decisiones que no toman en cuenta expresamente alegatos o pruebas dentro del procedimiento administrativo deben entenderse como desechados tácitamente pues no puede calificarse tal hecho como un vicio de procedimiento que obligue, ni al superior jerárquico, ni al juez contencioso-administrativo, a anular tales actos y a ordenar la reposición al estado de que se corrija una posible falta de procedimiento.

Con respecto a esta denuncia, esta Corte observa:

Es jurisprudencia reiterada de esta Corte que los actos administrativos están regidos por normas y principios menos rígidos que aquellos que se aplican al proceso judicial. La adopción de decisiones que no toman en cuenta expresamente alegatos o pruebas dentro del procedimiento administrativo deben entenderse como desechados tácitamente, pues no puede calificarse tal hecho como un vicio de procedimiento que obligue, ni al superior jerárquico, ni al Juez Contencioso-Administrativo, a anular tales actos y a ordenar la reposición al estado de que se corrija una posible falta de procedimiento.

De acuerdo con lo expuesto, el no pronunciamiento del acto recurrido sobre la supuesta violación del procedimiento por haberse acordado una hora de espera a la empresa debe considerarse como un alegato tácitamente desestimado, como igualmente lo considera esta Corte, pues, dentro de un procedimiento administrativo, la autoridad administrativa dispone de potestades inquisitivas para el mejor conocimiento del asunto sometido a su consideración. Si la Comisión de Segunda Instancia dispuso otorgarle una hora de espera a la empresa para que expusiera sus alegatos, ello le permitió tener un mejor conocimiento del asunto, lo que podía hacer de oficio de conformidad con el artículo 53 de la Ley Orgánica de Procedimientos Administrativos y así se declara.

RDP N° 63–64, 1995, pp. 246

CSJ-SPA (790)   07-11-95

Magistrado Ponente: Josefina Calcaño de Temeltas

Caso: The Clorox Company vs. República (Ministerio de Fomento).

El ejercicio de la potestad correctora se justifica cuando los errores materiales son de tal trascendencia que afectan derechos de los interesados.

Al respecto, es doctrina generalmente aceptada que, de existir en el procedimiento errores materiales cuya trascendencia no alcanza a afectar los derechos de los interesados, bien sea porque el error de transcripción del acto no impidió el pleno ejercicio del derecho a la defensa del administrado, ni tampoco ponerse en conocimiento de la solicitud que lo afecta y de su alcance, no se justifica su anulación ya que, antes bien, se estarían contraviniendo otros principios, como el de celeridad y racionalidad administrativas.

En el caso de autos, la Sala constata que en el caso sub-iudice los alegados errores materiales en la tramitación del procedimiento en nada afectaron los derechos del opositor, pues como se evidencia del expediente, éste tuvo pleno acceso y conocimiento del procedimiento administrativo de otorgamiento de registro que se tramitaba y, por ende, pudo hacer cabal ejercicio de su derecho a oponerse a dicha solicitud, cumpliéndose así la finalidad que persigue la publicación de dichas solicitudes, por lo que necesariamente debe desestimarse la denuncia formulada por el actor en ese sentido. Así se decide.

1. *Indefensión*

RDP N° 3, 1980, pp. 121

CSJ - SPA   8-7-80

Magistrado Ponente: Josefina Calcaño de Temeltas

La ausencia de motivación de los actos administrativos puede significar un quebrantamiento del derecho a la defensa en el procedimiento administrativo.

Así, pues, en criterio de esta Corte, es en el proceso de formación y no en el de manifestación de la voluntad administrativa, en donde aparecen acreditadas las circunstancias de hecho y de derecho (relación de dependencia - Art. 29, ap. 1, L.E.C.P.) que justificaban la negativa del órgano administrativo a autorizar la inscripción del ciudadano Ramón Sabino Pérez en el Colegio de Contadores Públicos del Estado Miranda; y de este modo al referirse la Resolución impugnada al contenido del informe rendido por la Comisión de Estudio y Revisión de Expedientes del Ministerio de Educación y al del Colegio de Contadores Públicos del Estado Miranda, ambos suficientemente motivados, dichos elementos pueden considerarse integrados al acto discutido y, por consiguiente, éste resulta implícitamente motivado.

Tal motivación intrínseca podría hacer revestir de validez jurídica la Resolución impugnada, siempre y cuando los referidos informes le hubiesen sido comunicados oportunamente al impugnante o que éste hubiese tenido acceso al expediente administrativo. Ahora bien, tal cosa no ocurrió en autos pues fue en sede jurisdiccional, con ocasión del presente juicio, cuando el recurrente pudo enterarse de las verdaderas razones que habían impulsado a la Administración a pronunciarse en el sentido expuesto, quebrantándose así el derecho fundamental de defensa de los particulares frente al Poder Público, lo cual afecta la validez del acto administrativo cuestionado, y así se declara.

RDP N° 18, 1984, pp. 155

CSJ-SPA (91)   3-4-84

Magistrado Ponente: Luis H. Farías Mata

En los procedimientos sancionatorios, al menos, debe garantizarse ineludiblemente el conocimiento del interesado de la irregularidad que se le imputa, evitando colocárselo en una situación de indefensión.

Finalmente se refiere la recurrente al quebrantamiento de las formalidades que establece la Ley Orgánica de la Hacienda Pública Nacional relativas a la obligación en que se encuentra el funcionario, autorizado para imponer una multa, de levantar un acta, en la cual deben hacerse constar específicamente todos los hechos relacionados con la infracción, acta que deberá ser suscrita por el funcionario y por el contraventor o jefe encargado del establecimiento; principio este contenido en el artículo 420 de la referida Ley Orgánica y cuya regencia tiene lugar *en cuanto resulte aplicable*, por virtud de la remisión consagrada en el artículo 30 de la Ley sobre Normas Técnicas y Control de Calidad.

Observa sin embargo la Sala que tal requisito aparece satisfecho al exigirse la firma de uno o más representantes de la empresa en la oportunidad de levantar el informe de inspección; no obstante, resulta evidente la imposibilidad práctica en la cual se encuentra el funcionario encargado de la recolección de muestras —que deberán ser posteriormente analizadas por un organismo técnico— de señalar, en el mismo acto, las irregularidades observadas, y de solicitar, en consecuencia, que convenga en ellas, mediante un representante de la empresa. Esta imposibilidad práctica de que pueda darse el correspondiente supuesto de hecho, hace inaplicable la norma, y, por tanto, imposible la remisión legal a ella. Considera esta Corte conveniente puntualizar la sustancial diferencia existente entre el caso que nos ocupa, y otros que han servido de base a este Supremo Tribunal para dictaminar sobre el ineludible carácter acumulativo de los cuatro requisitos que para la imposición de multas consagra el artículo 420 de la citada Ley Orgánica. Efectivamente los antecedentes jurisprudenciales que han llevado a declarar con lugar recursos fundamentados en el no cumplimiento, por parte de la Administración, de algunos de los requisitos procedimentales en cuestión, han apreciado en dicho procedimiento la única vía legítima que debe enmarcar la actuación administrativa, por cuanto la Ley no daba cabida a interpretaciones elásticas o excepcionales. Al dictarse la Ley sobre Normas Técnicas y Control de Calidad, el legislador ha querido significar claramente en su artículo 30, que este procedimiento —en principio aplicable— pudiera resultar de aplicación imposible en la práctica, y que, por lo tanto, la omisión de alguna de las exigencias allí expresadas, no podrían traducirse en la ineficacia de todo lo actuado por la Administración. La situación cobrará de ahora en adelante mayor importancia en razón de que la ahora vigente Ley Orgánica de Procedimiento Administrativos (art. 47) a la par que establece un procedimiento general para la configuración de los actos administrativos, deja subsistentes los procedimientos administrativos especiales destinados al mismo fin, los cuales, en todo caso, serán de preferente aplicación en las materias que constituyan la especialidad. Aún más: este texto procedimental remite, en su artículo 102 —y en idénticas condiciones de racional aplicabilidad— a la Ley Orgánica de la Hacienda Pública Nacional, en todo en cuanto toca al procedimiento establecido por ésta para la imposición de las multas que aquélla prevé, manteniendo así cualquier posible indefensión, y, lo que es más importante, permitiéndole corregir posibilidad de aplicación.

Esta Corte estima, en consecuencia, que si bien lo recomendable resulta el orientar la práctica procedimental de aquellos órganos administrativos que tengan a su cargo la imposición de multas hacia una uniformidad destinada a garantizar la certidumbre jurídica al administrado, en aquellos casos, como en el presente, en los cuales resulte materialmente imposible cumplir con el precepto, queden sin embargo a salvo los fines últimos que persigue la norma misma, que no son otros que el conocimiento por parte del administrado de la irregularidad que se le imputa, evitando así cualquier posible indefensión, y, lo que es más importante, permitiéndole corregir los vicios o situaciones irregulares capaces de originar una sanción, sobre todo cuando ellos dañen o puedan dañar, como en el caso de autos, la salud de los consumidores, bien inestimable, de interés general o colectivo, a proteger por la norma. A tal efecto considera la Corte que tal premisa aparece satisfecha en el presente caso en virtud de las notificaciones escritas de fechas 25 de enero y 11 de abril de 1980, que fueron hechas a la recurrente, en razón de lo cual esta Suprema Corte desestima también los alegatos de la recurrente referidos al quebrantamiento de las señaladas formalidades legales por parte de la Administración. Así se declara.

RDP N° 23, 1985, pp. 133

CPCA   2-5-85

Magistrado Ponente: Pedro Miguel Reyes

Caso: Víctor D. Ramírez vs. INOS.

Tampoco encuentra esta Corte infracción del artículo 21 *ejusdem*, por cuanto según también ha reiterado la misma jurisprudencia, el vicio de indefensión previsto en dicho artículo, debe consistir en haber impedido a una de las partes, el ejercicio de un derecho procesal, o el de haber otorgado a su contrario mayores derechos que los que la ley otorga. La falta de pronunciamiento sobre alegatos o defensas no constituyen este supuesto y así se declara.

RDP N° 31, 1987, pp. 76

CPCA   18-6-87

Magistrado Ponente: Pedro Miguel Reyes

Caso: Mirian F. de Andrade vs. República. (Ministerio del Trabajo, Comisión Tripartita).

En lo que concierne a los vicios que imputa la parte recurrente a la Resolución impugnada, la Corte observa: En cuanto a la violación del artículo 68 de la Constitución, que consagra el derecho de defensa y del artículo 21 del Código de Procedimiento Civil recientemente derogado, por haber admitido a sus espaldas la prueba constituida por copia de la demanda introducida ante los Tribunales Laborales, la Corte observa: El vicio de indefensión violatorio, tanto del artículo 68 de la Constitución como del 21 del Código de Procedimiento Civil, derogado, que el Código vigente consagra en su artículo 15, debe consistir, para poderse considerar configurado, en haber impedido el ejercicio de acciones o recursos para la defensa de derechos o intereses, o como ha reiteradamente establecido la jurisprudencia respecto del mencionado artículo 21, el haber impedido a una de las partes, el ejercicio de un derecho procesal, o haber otorgado a su contrario mayores derechos que los que la Ley otorga. La admisión en un procedimiento administrativo, como son los procedimientos que se inician con fundamento en la Ley Contra Despidos Injustificados, de un documento público como lo es la copia certificada de una demanda que cursa ante algún Tribunal de la República, no constituye ninguno de los supuestos que pueden configurar el vicio de indefensión y así se declara.

Por lo demás, este tipo de procedimiento administrativo, está sujeto a la mencionada Ley y a su Reglamento, a la Ley Orgánica de Procedimientos Administrativos y supletoriamente le son aplicables el Código de Procedimiento Civil y Ley Orgánica de Tribunales y Procedimientos del Trabajo cuando la respectiva norma no contraríe la naturaleza administrativa de esos procedimientos. En tal sentido, la

Corte debe nuevamente insistir en destacar las características generales del procedimiento administrativo como son, entre otras, la flexibilidad, libertad probatoria, el carácter no preclusivo de la mayor parte de las actuaciones. De manera que los alegatos de las partes interesadas, o las pruebas o documentos que éstas aporten para la mejor resolución del asunto que se ventile, no pueden ser considerados extemporáneos ni violatorios del derecho de la defensa y, en consecuencia, deben ser objeto de consideración por parte del órgano administrativo, tal como lo exige el artículo 89 de la Ley Orgánica de Procedimientos Administrativos, según el cual, "el órgano administrativo deberá resolver todos los asuntos que se sometan a su consideración dentro del ámbito de su competencia o que surjan con motivo del recurso aunque no hayan sido alegados por los interesados". Para adoptar su decisión, el órgano administrativo no está limitado a las pruebas aportadas por las partes, sino que está facultado para solicitar "de las otras autoridades u organismos los documentos, informes o antecedentes que estime convenientes para la mejor resolución del asunto", tal como lo dispone el artículo 54 *ejusdem*; de manera que, con vista de esta amplia facultad inquisitiva de los órganos administrativos, es también improcedente el alegato de violación del artículo 410 del Código de Procedimiento Civil, por haber admitido pruebas no señaladas por las partes o extemporáneamente, el cual no es aplicable a los procedimientos administrativos, ni siquiera a los procedimientos de segundo grado y así se declara.

2. *Vicios de forma*

A. *Casos*

RDP N° 1, 1980, pp. 125

CSJ-SPA   24-1-80

En el procedimiento administrativo, la falta del acta que sirve de fundamento al acto administrativo, acarrea un vicio que lo afecta de nulidad.

El último de los referidos artículos dispone que cuando "los Inspectores Técnicos notaren que algún concesionario ha incurrido en cualquiera de las faltas a que se refieren los artículos 85 y 86 de la Ley, procederá sin pérdida de tiempo a extender un acta en que hagan constar la falta con todas sus circunstancias, la cual remitirán a la Oficina Técnica de Hidrocarburos para que, sin perjuicio de lo dispuesto en el artículo 8 de la Ley, se proceda a la imposición de la multa a que hubiere lugar mediante Resolución que se dicte al efecto". Y el artículo 420 de la Ley Orgánica de la Hacienda Pública Nacional precisa las formalidades a cumplir en tales casos, al disponer que la multa no aplicada por los tribunales "se impondrá en virtud de resolución motivada que dicte el funcionario autorizado para imponerla, previo el levantamiento de acta donde se harán constar específicamente todos los hechos relacionados con la infracción, acta que deben firmar, según el caso el funcionario y el contraventor o el jefe o encargado del establecimiento u oficina".

Consecuente con anteriores decisiones, la Corte estima que el acta a que se refieren dichas disposiciones es el punto de partida de todo un procedimiento administrativo; con su correspondiente articulación probatoria donde el inculpado puede probar sus eximentes o atenuantes que culmina con la resolución mediante la cual el funcionario competente impone al infractor la correspondiente pena. Las formalidades establecidas en tales disposiciones son esenciales para el normal desarrollo del procedimiento y al igual que las citaciones, notificaciones y otros actos semejantes constituyen garantías formales del derecho de defensa, consagrado en el Artículo 68 de la Constitución Nacional por lo cual su omisión acarrea la nulidad del acta y todas las actuaciones subsiguientes.

En el presente caso el acta que sirve de fundamento a la resolución impugnada no aparece en el expediente administrativo, y por cuanto dicha falta constituye, según se ha dicho, un vicio que afecta un acto esencial del procedimiento, la Corte Suprema de Justicia, en Sala Político-Administrativa, administrando justicia, en nombre de la República y por autoridad de la Ley, declara con lugar la apelación interpuesta por la recurrente en este expediente y por lo tanto anula todas las actuaciones anteriores a esta decisión, sin perjuicio de que el Ministerio de Minas e Hidrocarburos dicte nueva resolución, una vez cumplidos los trámites y formalidades establecidas en las disposiciones legales antes citadas.

RDP N° 38, 1989, pp. 95

CPCA   9-3-89

Magistrado Ponente: Pedro Miguel Reyes

Caso: C.A. Sucesora de G. Machado H. vs. República (Ministerio del Trabajo. Comisión Tripartita).

Hecha esta advertencia, de los vicios que la parte actora imputa al acto recurrido, corresponde considerar, en primer término, los relativos a presuntos vicios de forma o de procedimiento, cuya existencia conduciría a la declaratoria de nulidad solicitada, sin el examen de las cuestiones de fondo planteadas. Por este respecto se observa que el recurrente alega violación de los artículos 12 y 162 del Código de Procedimiento Civil, señalando, que no se tomó en cuenta lo alegado y probado en autos, específicamente las penurias y crisis económica, que motivaron el acuerdo con el Sindicato, la negación de la extinción del contrato de trabajo en la fecha indicada por el reclamante y la negación de que el contrato de trabajo se hubiera resuelto por causa de despido, así como las pruebas documentales y testimoniales que demuestran prueban tales asertos.

Al respecto debe esta corte insistir en el criterio expresado en reiterada jurisprudencia, de que los mencionados artículos del Código derogado, equivalente a los artículos 12, 243 y 244 del Código de Procedimiento Civil vigente, se aplican a las sentencias y no a los actos administrativos: Estas normas, como se sabe, establecen el requisito de congruencia que debe llenar todo fallo y que se concreta en el deber de resolver exclusivamente sobre las cuestiones planteadas (principio de exclusividad), comprendiendo al mismo tiempo *todas* las cuestiones planteadas (principio de exhaustividad) y ello con vista de las pruebas de autos, independientemente de si los pronunciamientos sobre esas acciones y defensas y la apreciación de las pruebas resulten correctas. Las infracciones de esos dispositivos, constituyen vicios de procedimientos que conforme al sistema procesal anterior, imponían la aplicación, aún de oficio, del artículo 230 *ejusdem*, esto es, la reposición de la causa al estado de emitir nuevo fallo una vez corregidos esos vicios, y que conforme al Código de Procedimiento Civil vigente, aun cuando dan lugar a la nulidad del fallo, no obligan a reponer la causa, debiendo el Tribunal de Alzada resolver sobre el fondo del litigio. En ambos sistemas, la incorrección del pronunciamiento sobre las acciones, defensas y pruebas, afecta la legalidad del fallo en su fondo, pero no el procedimiento, correspondiendo siempre al Juez de Alzada corregir esos vicios de fondo. Por su parte, los actos de las Comisiones Tripartitas creadas por la Ley Contra Despidos Injustificados, son actos administrativos, los cuales, aun aquellos en los que el procedimiento administrativo, previo a su formación, contempla fases de iniciación, comprobación, contradicción, audiencia, lapsos preclusivos, están regidos por normas y principios menos rígidos que aquellos que se aplican al proceso judicial; ahora bien los vicios en el procedimiento, al igual que los vicios de fondo, pueden ser de nulidad absoluta o relativa. Es vicio de procedimiento considerado como de nulidad absoluta por la Ley Orgánica de Procedimientos Administrativos, el contemplado en el artículo 19, numeral 4: "cuando hubiera sido dictado... con prescindencia total y absoluta del procedimiento legalmente establecido". En los otros casos los vicios en el procedimiento son de nulidad relativa, respecto de los cuales no existen en nuestro ordenamiento jurídico reglas generales que regulen su incidencia en la anulación de los actos administrativos, y ha sido la propia jurisprudencia la que ha ido estableciendo los criterios para la valoración de este tipo de vicio.

Por este respecto la posición dominante de esta Corte y de la jurisprudencia de nuestro Máximo Tribunal es considerar que cuando la Ley no declara expresamente nulo el acto por falta de un determinado trámite, sino que éste es anulable, la apreciación de si el defecto entraña nulidad, depende de la importancia que reviste el trámite o la forma incumplida, el derecho que afecta, que produzca indefensión o que prive de algún elemento esencial de conocimiento que incida en el fondo o contenido de las actuaciones administrativas, desnaturalizándolas en su esencia. Esto en razón de que siendo las formas, por su naturaleza, estrictamente instrumentales, la infracción de las mismas sólo adquiere relieve cuando su existencia, como antes lo anotamos, ha supuesto una disminución efectiva, real y trascedente de garantías, incidiendo así en la decisión de fondo y alterando evidentemente su sentido en perjuicio del administrado y aún de la propia Administración. En consecuencia, su inobservancia es irrelevante cuando, de todas maneras, se logra la finalidad que el legislador persigue al exigir la forma o el trámite incumplido.

Por otra parte, si bien es cierto que el Reglamento de la Ley Contra Despidos Injustificados establece la aplicación supletoria de las disposiciones de la Ley Orgánica de Tribunales y del Código de Procedimiento Civil, expresamente señala que "en cuanto sean aplicables". De allí que haya sido criterio reiterado de esta

Corte que la aplicación supletoria de esas leyes sólo procede cuando no se contraríe la naturaleza administrativa de los procedimientos previstos en esta materia. En este orden de ideas, si en estos procedimientos se incumple algún trámite, la incidencia sobre el acto se resuelve conforme al régimen anteriormente señalado, y si se adoptan decisiones que no tomen en cuenta ciertos alegatos, debe entenderse que los mismos han sido desechados tácitamente, pero no puede calificarse tal hecho como un vicio en el procedimiento que obligue, ni al superior jerárquico, ni al juez, contencioso-administrativo a anular tales actos y ordenar la reposición del procedimiento al estado de que se corrija esa falta de consideración de tal alegato; ahora bien, si tuviera una incidencia determinante en el acto, susceptible de afectarlo de nulidad, estos son alegados, de ser el caso, como vicio de fondo, ante los órganos competentes para controlar la legalidad de este tipo de acto, pero la falta de consideración expresa de dichos alegatos no constituye el vicio de incongruencia previsto en los mencionados artículos de Código de Procedimiento Civil, inaplicable a los procedimientos administrativos.

Por lo demás, la falta de consideración de alegatos o pruebas por parte de la autoridad administrativa, violaría en todo caso, el artículo 89 de la Ley Orgánica de Procedimientos Administrativos, cuya incidencia en la nulidad del acto no está determinada en la Ley, y a juicio de esta Corte dependería de si esos alegatos o pruebas no considerados, son susceptibles de afectar la legalidad del acto en su elemento causal, esto es en los motivos o circunstancias de hecho o de derecho que en cada caso justifican o dan lugar a la emisión del acto. No ha lugar, en consecuencia, el alegato de violación de los artículos 12 y 162 del Código de Procedimiento Civil, por no ser aplicable a los actos administrativos, y así se decide.

En lo que respecta a los vicios de procedimiento alegados relacionados con los presuntos defectos de los autos de la Comisión Tripartita de Primera Instancia referentes al escrito de promoción de pruebas de la recurrente, la Corte observa: En ninguno de los actos realizados por la parte actora en sede administrativa existe evidencia alguna de que haya hecho alegatos sobre la ilegalidad de los autos relacionados con la admisión de las pruebas promovidas por la recurrente. En tal sentido, tiene establecido esta Corte en reiterada jurisprudencia que en materia de impugnación de actos administrativos de efectos particulares que constituyan decisiones de controversia entre partes, son los pronunciamientos de las Comisiones Tripartitas en los procedimientos contradictorios que ante ellas se ventilan, y en las cuales se contemplan dos instancias administrativas, o de las Inspectorías de Trabajo en materia de la misma naturaleza, sólo pueden alegarse como fundamento del recurso contencioso-administrativo de nulidad contra tales actos, las mismas cuestiones que han constituido el objeto de esas controversias en esa fase administrativa previa. En otras palabras, que el Juez Contencioso Administrativo sólo puede conocer de las mismas cuestiones planteadas y resueltas en las decisiones respectivas sujetas a revisión, por ser ellas las que determinaron el pronunciamiento administrativo. Por lo tanto, no habiendo sido planteado el alegato en referencia en sede administrativa, resulta un alegato ajeno al debate judicial por no cumplir la exigencia señalada, y así se declara.

RDP N° 65–66, 1996, pp. 204

CSJ-SPA (189)   21-3-96

Magistrado Ponente: Josefina Calcaño de Temeltas

A juicio de la Sala, el Oficio N° DS-5549 del 23 de septiembre de 1991 suscrito por el Ministro de la Defensa y contentivo de la decisión del "recurso jerárquico", descansa sobre un falso supuesto de hecho, toda vez que, como se acaba de expresar, es dictada sobre la base de un recurso de reconsideración que nunca existió. Este vicio de falso supuesto vicia de nulidad este acto administrativo por cuanto carece de una causa legítima.

Los vicios en el procedimiento administrativo, por su misma naturaleza son de orden público.

Salvo disposiciones de la norma reguladora del procedimiento administrativo, al alterar las fases, omitir alguna de ellas y en general, el modificarlo en cualquiera de sus regulaciones no es válido.

Un vicio de forma como el que se ha determinado en el caso de autos, constituido por irregularidades precedentes al acto, que ha ejercido una influencia decisiva tal que ha obligado al órgano jerárquico a decidir un recurso cuyo ejercicio era improcedente, no puede menos que viciar de toda nulidad el acto producido.

Es así como la Resolución Ministerial objeto del recurso resulta nula. Así se declara.

RDP N° 82, 2000, pp. 428

TSJ-SPA (1157)   18-5-2000

Magistrado Ponente: Carlos Escarrá Malavé

Caso: Mario Castillo vs. República (Ministerio de Relaciones Interiores).

Todos los actos administrativos deben ajustarse para que sean válidos, al procedimiento legalmente establecido, esto es, a los trámites, etapas y lapsos prescritos por la Ley. La violación de las formas procedimentales puede acarrear la invalidez de tales actos.

Son innumerables las oportunidades en las que la Sala Político Administrativa de la extinta Corte Suprema de Justicia, hoy Tribunal Supremo de Justicia, ha señalado que todos los actos administrativos deben ajustarse, para que sean válidos al procedimiento legalmente establecido, esto es, a los trámites, etapas y lapsos prescritos por la Ley. La violación de las formas procedimentales puede acarrear la invalidez de los actos.

La violación de formas puede ser de dos clases: la violación de trámites y formalidades o la violación de los derechos de los particulares en el procedimiento.

Respecto al primero de los vicios de forma, éstos son susceptibles de impugnación, pero queda claro que los vicios en el procedimiento siempre serán vicios que podrían producir la anulabilidad o nulidad relativa de los actos administrativos, conforme al artículo 20 de la Ley Orgánica de Procedimientos Administrativos. El único caso en que un vicio de forma podría llegar a producir la nulidad absoluta del acto es cuando el mismo se hubiere dictado "con prescindencia total y absoluta del procedimiento legal establecido" conforme al ordinal 4° del artículo 19 de la Ley Orgánica de Procedimientos Administrativos. Aquí no se trata de la violación de un trámite, requisito o formalidad o de varios de ellos, sino de la ausencia total y absoluta del procedimiento legalmente prescrito, dicho de otro modo de la arbitrariedad procedimental evidente.

En cuanto a la violación de los derechos de los particulares en el procedimiento, cabe destacar el derecho a la defensa, previsto en el artículo 49 de la Constitución Bolivariana de Venezuela. Disposición que consagra además, el derecho al debido proceso, y, al estudiar el contenido y alcance de este derecho se ha precisado que se trata de un derecho complejo que encierra dentro de sí, un conjunto de garantías que se traducen en una diversidad de derechos para el procesado, entre los que figuran, además del derecho a la defensa el derecho a acceder a la justicia, el derecho a ser oído, el derecho a la articulación de un proceso debido, derecho de acceso a los recursos legalmente establecidos, derecho a un tribunal competente, independiente e imparcial, derecho a obtener una resolución de fondo fundada en derecho, derecho a un proceso sin dilaciones indebidas, derecho a la ejecución de las sentencias. Todos estos derechos se desprenden de la interpretación de los ocho ordinales que consagra el artículo 49 de la Carta Fundamental.

Pues bien, la violación por la Administración, en cualquier procedimiento administrativo de cualquiera de estos derechos de los particulares en el procedimiento provoca la invalidez del acto administrativo y lo hace susceptible de impugnación.

a. *Ausencia de acta de inicio*

RDP N° 1, 1980, pp. 125

CSJ-SPA   24-1-80

En el procedimiento administrativo, la falta del acta que sirve de fundamento al acto administrativo, acarrea un vicio que lo afecta de nulidad.

El último de los referidos artículos dispone que cuando "los Inspectores Técnicos notaren que algún concesionario ha incurrido en cualquiera de las faltas a que se refieren los artículos 85 y 86 de la Ley, procederá sin pérdida de tiempo a extender un acta en que hagan constar la falta con todas sus circunstancias, la cual remitirán a la Oficina Técnica de Hidrocarburos para que, sin perjuicio de lo dispuesto en el artículo 8 de la Ley, se proceda a la imposición de la multa a que hubiere lugar mediante Resolución que se dicte al efecto". Y el artículo 420 de la Ley Orgánica de la Hacienda Pública Nacional precisa las formalidades a cumplir en tales casos, al disponer que la multa no aplicada por los tribunales "se impondrá en virtud de resolución motivada que dicte el funcionario autorizado para imponerla, previo el levantamiento de acta donde se harán constar específicamente todos los hechos relacionados con la infracción, acta que deben firmar, según el caso el funcionario y el contraventor o el jefe o encargado del establecimiento u oficina".

Consecuente con anteriores decisiones, la Corte estima que el acta a que se refieren dichas disposiciones es el punto de partida de todo un procedimiento administrativo; con su correspondiente articulación probatoria donde el inculpado puede probar sus eximentes o atenuantes que culmina con la resolución mediante la cual el funcionario competente impone al infractor la correspondiente pena. Las formalidades establecidas en tales disposiciones son esenciales para el normal desarrollo del procedimiento y al igual que las citaciones, notificaciones y otros actos semejantes constituyen garantías formales del derecho de defensa, consagrado en el Artículo 68 de la Constitución Nacional por lo cual su omisión acarrea la nulidad del acta y todas las actuaciones subsiguientes.

En el presente caso el acta que sirve de fundamento a la resolución impugnada no aparece en el expediente administrativo, y por cuanto dicha falta constituye, según se ha dicho, un vicio que afecta un acto esencial del procedimiento contencioso-administrativo, la Corte Suprema de Justicia, en Sala Político-Administrativa, administrando justicia, en nombre de la República y por autoridad de la Ley, declara con lugar la apelación interpuesta por la recurrente en este expediente y por lo tanto anula todas las actuaciones anteriores a esta decisión, sin perjuicio de que el Ministerio de Minas e Hidrocarburos dicte nueva resolución, una vez cumplidos los trámites y formalidades establecidas en las disposiciones legales antes citadas.

RDP N° 2, 1980, pp. 111

CSJ-SPA   24-4-80

Magistrado Ponente: Domingo A. Coronil

En los casos de infracción a la Ley de Hidrocarburos, la omisión de la firma del concesionario en el Acta de notificación, o de la constancia de la autoridad de que aquél se negó a firmarla, constituye un vicio que afecta la validez del procedimiento.

Dice la Resolución apelada que "...consta en Acta de fecha 17 de octubre de 1970, levantada por un funcionario legalmente competente de este Ministerio, que la Compañía Shell de Venezuela Limited produjo por levantamiento artificial por gas el pozo VLA-2S5SD del bloque I, campo Lama, en el Lago de Maracaibo, sin la debida autorización previa de la Zona II de la Inspección Técnica de Hidrocarburos de Maracaibo...".

Ahora bien, el "Acta", a que alude la Resolución, se limita a decir: "De acuerdo a instrucciones recibidas, el día 17-10-70 a las 8:30 a.m. realicé una inspección a las instalaciones que la Compañía Shell de Venezuela Ltd., posee en el Bloque 1 del Lago de Maracaibo, pudiendo constatar que el pozo VLA-285SD estaba produciendo por Levantamiento Artificial por Gas. Se levanta la presente Acta y se remite al ciudadano Jefe de la Zona N° 2 del Ministerio de Minas e Hidrocarburos a los efectos legales consiguientes. Maracaibo, a los diecisiete días del mes de octubre de mil novecientos setenta. Antonio Ruiz Pujol — Aforador III".

Como puede objetivamente apreciarse, el documento transcrito, pese a la calificación que su autor le da de "Acta", no es tal, sino un mero informe que un funcionario subalterno rinde a su superior en la jerarquía administrativa, respecto de un hecho determinado; y, siendo así, es obvio que dicho documento no cumple los requisitos materiales y formales exigidos por las normas jurídicas reguladoras de la materia, arriba transcritas. Y no cumpliendo dichos requisitos, mal puede haber satisfecho las finalidades, ya mencionadas, que las citadas normas atribuyen a los mismos. De modo que es obligado considerar que esa pretendida "Acta" no fue debidamente notificada a la supuesta contraventora, por lo cual procede reiterar el criterio jurisprudencial ya referido, según el cual "la omisión de la firma del concesionario en (el) Acta, o de la constancia de la autoridad de que aquél se negó a firmarla, constituyen un vicio que afecta la validez del procedimiento que se ha seguido".

Ha habido, pues, preterición de requisitos y formalidades esenciales en el procedimiento constitutivo del acto impugnado —pues éste se funda en aquella supuesta "Acta"— lo cual lo infirma de nulidad. Así se declara.

RDP N° 2, 1980, pp. 111

CSJ-SPA   24-4-80

Magistrado Ponente: Domingo A. Coronil

El acta de iniciación del procedimiento administrativo sancionatorio es esencial para su validez.

Pues bien, tanto la norma general —la legal—, como la norma especial —la reglamentaria—, transcritas, reguladoras del procedimiento para la aplicación de multas, ordenan el "previo levantamiento de acta", en la cual "se harán constar específicamente todos los hechos relacionados con la infracción" y la cual "deben firmar, según el caso, el funcionario y el contraventor, o el jefe encargado del establecimiento u oficina". La norma reglamentaria dispone, además, y explícitamente, que el acta se extienda "sin pérdida de tiempo", una vez que los funcionarios "notaren que algún concesionario ha incurrido en cualquiera de las faltas que dieren lugar a la imposición de multas".

Estas actas tienen, fundamentalmente, una triple finalidad: constituir la prueba formal de los hechos que configuran una contravención, hacerlos del conocimiento de su autor y permitir establecer la responsabilidad por esos mismos hechos. Por tanto, mediante la prueba auténtica de los hechos y su conocimiento inmediato y directo de ellos, el autor o responsable de éstos está en capacidad de preparar su defensa o de persuadirse de la necesidad de su allanamiento.

Respecto de esta materia, este Alto Tribunal tiene dicho reiteradamente:

"El trámite administrativo para la imposición de sanciones pecuniarias agota una primera instancia, la cual por eso mismo, debe iniciarse con la notificación del administrado y en ello debe dársele oportunidad para promover y evacuar las pruebas que juzgue pertinentes, en ejercicio del derecho de defensa consagrado en el artículo 68 de la Constitución Nacional. Dicho procedimiento administrativo puede y debe ser definido por vía reglamentaria o por Resolución ministerial, caso de no estar previsto en una norma legal de superior categoría, en beneficio de la Administración misma y del particular. Sin embargo, su inexistencia no puede privar al administrado de su legítimo e impostergable derecho de defensa".

"Los lapsos y oportunidades de actuar que se establezcan en el procedimiento administrativo, constituyen verdaderas garantías procesales para el administrado y son las que van a dar sentido y contenido práctico a su derecho de defensa constitucional.

"En estos casos, de infracciones a la Ley de Hidrocarburos, la notificación del concesionario, requisito indispensable para iniciar la primera instancia administrativa, debe constar en el acta fiscal prevista en el artículo 128 del Reglamento de la Ley de Hidrocarburos, en concordancia con lo dispuesto en el artículo 420 de la Ley Orgánica de la Hacienda Pública Nacional, y es por esto que la omisión de la firma del concesionario en dicha Acta, o de la constancia de la autoridad de que aquél se negó a firmarla, constituyen un vicio que afecta la validez del procedimiento que se ha seguido". (Sentencia del 21 de enero de 1975).

b. *Reposición*

RDP N° 3, 1980, pp. 123

CSJ-SPA-ACC   1-7-80

Magistrado Ponente: Luis Torrealba Narváez

La omisión del auto de admisión de la denuncia que dio comienzo a la averiguación administrativa en el juicio de Revocatoria de la Nacionalidad no es causa de anulabilidad o reposición de lo actuado.

En cuanto al vicio señalado por el apelante de que no se dio cumplimiento al Artículo 35 del Estatuto Orgánico de Ministerios, por no aparecer el respectivo auto de admisión de la denuncia que dio comienzo a la averiguación administrativa, se observa que la omisión del referido auto no está señalada como causal de anulabilidad o reposición de lo actuado en norma alguna del señalado Estatuto ni en ninguna otra Ley ni en Reglamento; y por cuanto de tal omisión no se deriva motivo o causa alguna que haya causado indefensión o daño irreparable al encausado o apelante por la Administración, se estima que la referida omisión constituye una irregularidad irrelevante, no obstante su deseable aplicación y en consecuencia, tal omisión por sí sola no constituye una causa de nulidad del procedimiento administrativo instruido en el expediente levantado en el presente caso. Aún más, la sentencia de esta Corte, de fecha 22 de julio de 1974, publicada en la *Gaceta Oficial* N° 30.304 Extraordinaria del 14 de enero de 1975, luego de anular la Resolución de fecha 14 de enero del mismo año, que declaró la revocatoria de la nacionalidad de Francisco Hernández Afonso, se limitó a reponer el procedimiento al estado en que se hallaba para el día 13 de enero de 1974, de lo cual se infiere que la irregularidad formal en referencia tampoco se consideró relevante en la anterior oportunidad, pues de lo contrario se hubiera repuesto o anulado el procedimiento cumplido al estado de admisión de la denuncia contra Francisco Hernández Afonso.

RDP N° 19, 1984, pp. 120

CPCA   31-5-84

Magistrado Ponente: Hildegard Rondón de Sansó

Sólo es posible hablar de reposición en sentido propio cuando no existe una decisión definitiva.

...Remitidos los autos a la Comisión Tripartita Primera de Segunda Instancia, ésta se avocó al conocimiento de la cuestión y en fecha 21 de febrero de 1984 fue dictado un auto con el cual se ordenó la reposición de la causa fundada en vicios de la sustanciación del expediente. Señala al efecto la decisión apelada lo siguiente:

"Por cuanto se evidencia de los autos que en el presente procedimiento administrativo la Comisión Tripartita Tercera de Primera Instancia del Departamento Libertador del Distrito Federal, al proceder a la práctica del procedimiento de citación por carteles de la accionada Asociación Venezolana de Psicoanálisis, no se procedió a dar cumplimiento a lo pautado en el artículo 27 del Reglamento de la Ley contra Despidos Injustificados, ya que no consta de autos que se procediera a dar cumplimiento al nombramiento de un defensor *ad-litem* con quien debe entenderse la solicitud de reenganche y pago de salarios caídos, y por cuanto tal omisión comporta violación expresa del principio constitucional del derecho a la defensa y por cuanto tal irregularidad vicia la citación practicada, de conformidad con lo previsto en los artículos 229 y 230 del Código de Procedimiento Civil, esta Comisión Tripartita Primera de Segunda Instancia ordena reponer el presente procedimiento al estado de que la Comisión Tripartita Tercera de Primera Instancia del Departamento Libertador del Distrito Federal practique nuevamente la citación de la accionada, dando cumplimiento a lo previsto en el artículo 50 de la Ley Orgánica de Tribunales y Procedimientos del Trabajo. En virtud de la reposición ordenada se declara *nulo* todo lo actuado a partir de la citación írrita efectuada. Dada, firmada y sellada, en Caracas, a los veintiún (21) días del mes de febrero de mil novecientos ochenta y cuatro (1984). Años 173 y 125".

Narrada en la forma que antecede la decisión impugnada, la misma se presenta como un acto que anula la decisión de la primera instancia, reponiendo la causa al estado de que se reinicie el procedimiento en su fase contradictoria, esto es, en el momento de la citación de la empresa.

Observa esta Corte *que la reposición desde el punto de vista procedimental tiene el efecto de anular los actos de procedimiento viciados, a fin de permitir el restablecimiento del mismo, depurado de tales irregularidades. La reposición como tal opera durante el curso de un procedimiento que aún no se ha extinguido, a los fines de permitir una decisión que no esté afectada por las irregularidades de dicho trámite. En sede administrativa la reposición actúa como un remedio procedimental, esto es como una vía para sanear el procedimiento, para garantizar la legitimidad de la decisión, por lo cual sólo es posible hablar de reposición en sentido propio cuando no existe una decisión definitiva. El acto administrativo con el cual se invalida una decisión precedente no puede calificarse como reposición, sino como acto anulatorio o acto revocatorio, de acuerdo con la naturaleza de la potestad que al efecto se ejerza. Distinta es la situación de las reposiciones que el Tribunal Contencioso Administrativo puede ordenar cuando interpuesto un recurso detecte la ausencia de una actuación procesal de tal naturaleza que su ausencia vicie en forma definitiva la decisión objeto de su control. En tal caso el Tribunal Contencioso Administrativo puede ordenar sea subsanado el vicio mediante la restauración del procedimiento administrativo. En el caso específico del procedimiento administrativo, el acto de un órgano que conoce en segunda instancia del mérito de una decisión, técnicamente no podría calificarse como reposición, ya que ésta no se produce en tal sede cuando media un acto definitivo, por cuanto ello implicaría decidir la nulidad del acto mismo. De allí que la decisión de la Comisión Tripartita que ordenara la reposición del procedimiento al estado de que fuese citada la empresa en la primera instancia no constituía, a pesar de la calificación que se le diera, una reposición, sino una decisión anulatoria y como tal debe entenderse.* Vista en la forma que antecede el acto impugnado, si bien no pone fin a la cuestión planteada ni se pronuncia sobre el fondo; sin embargo, es capaz de crear indefensión, ya que, valiéndose de un simple remedio procedimental ha anulado una decisión precedente. Se trata así de un acto anulatorio aun cuando se presente como una decisión de sustanciación y por ello sí tiene el efecto de fortalecer la situación de una de las partes frente a la otra, por todo lo cual sin prejuzgar sobre su legitimidad que sería una cuestión de fondo, esta Corte estima que sí constituye objeto del recurso contencioso administrativo de anulación. En razón de lo anterior habiendo sido dictado el acto objeto del recurso, o por lo menos imputado, al órgano máximo de la organización, agotaba la vía administrativa y en virtud de ello es recurrible por ante esta Corte.

En vista de las consideraciones que anteceden y por cuanto de las mismas se evidencia que la decisión en virtud de la cual se anuló el procedimiento y la decisión de la Comisión Tripartita de Primera Instancia agotó la vía administrativa, esta Corte Primera de lo Contencioso Administrativo, actuando en nombre de la República y por autoridad de la ley, declara con lugar la apelación, interpuesta por el abogado John Gerardo Simmons Rodríguez, actuando en su carácter de apoderado judicial de la ciudadana Gisela C. Belmonte H., antes identificada, revocando así el auto apelado en fecha 25 de abril de 1984, dictado por el Juzgado de Sustanciación de esta Corte Primera de lo Contencioso Administrativo, y ordena la admisión del recurso.

RDP N° 24, 1985, pp. 119

CPCA   17-10-85

Magistrado Ponente: Armida Quintana Matos

Caso: Asociación Venezolana Británica de Comercio vs. República (Ministerio del Trabajo, Comisión Tripartita).

La reposición en materia administrativa sólo puede ser acordada cuando la omisión de la respectiva pauta procedimental sea sustancial a la validez del procedimiento, o cause indefensión al interesado.

La reposición en materia administrativa debe ser tratada con extrema prudencia y sólo puede ser acordada cuando la omisión de la respectiva pauta procedimental sea sustancial a la validez del procedimiento, o cause indefensión al interesado, supuestos que no encuentra la Corte, estén dados en el presente caso, en el que el impugnante de la validez del acto, basa su recurso en que se hizo sólo mención del representante legal de la empresa al hacerse los trámites para su citación. Peca el recurrente de excesivo formalismo con su denuncia, en olvido de que su comparecencia y actuación en el procedimiento como aparece del expediente administrativo, convalidó cualquier defecto o error que en este aspecto hubiera cometido el órgano administrativo.

RDP N° 29, 1987, pp. 108

CPCA   12-2-87

Magistrado Ponente: Román J. Duque Corredor

Caso: Ornar A. Castillo vs. República (Ministerio del Trabajo, Comisión Tripartita).

En el procedimiento administrativo la reposición (nulidad por razones de forma), sólo procede con la ausencia total y absoluta de un procedimiento legalmente establecido o por indefensión.

En razón de lo expuesto, la Corte circunscribirá su examen a las denuncias de las normas procedimentales de la Ley Contra Despidos Injustificados y de su Reglamento que según el recurrente le causaron indefensión, además de las otras ilegalidades, que a juicio del mismo recurrente, existen en el acto impugnado. A este respecto, la Corte observa:

La decisión recurrida consideró que debía anularse el procedimiento seguido ante la Comisión de Primera Instancia, porque en su criterio, en su tramitación se habían cometido vicios de orden público que justificaban, tal determinación. A este respecto, resulta importante precisar el tipo de vicio, porque en materia administrativa, y de suyo que el de calificación de despido lo es, no toda irregularidad procedimental da lugar a la nulidad de un trámite. En otras palabras, que en los procedimientos administrativos la reposición que no es sino la nulidad por razones de forma, es de aplicación estricta y limitada. En efecto, las únicas razones que justifican tal nulidad son la ausencia total y absoluta de un procedimiento legalmente establecido, conforme lo precisa el ordinal 4 del artículo 19 de la Ley Orgánica de Procedimientos Administrativos, o la indefensión, en razón de que su fundamento es la garantía del derecho de defensa, consagrado en el artículo 68 de la Constitución, y de acuerdo a lo que también precisa el ordinal 1° del artículo 19, ya citado, por tratarse de la violación de una garantía constitucional y porque las violaciones de estas garantías se sancionan con la nulidad, según lo expresa terminantemente el artículo 46 del Texto Fundamental.

RDP N° 31, 1987, pp. 78

CPCA   13-7-87

Magistrado Ponente: Román J. Duque Corredor

**Caso: Fundacomún vs. República. (Ministerio del Traba-
jo, Comisión Tripartita).**

**La reposición en los procedimientos administrativos es fa-
cultativa para los órganos de segundo grado, pudiendo estos optar por reponer, o por resolver el fondo del asunto,
salvo en los casos de indefensión grave.**

En concreto, que bien podía la Comisión de Segunda Instancia, sin reponer el
procedimiento, resolver cuestiones que no habían sido resueltas por la Comisión
Tripartita de Primera Instancia, como en efecto así lo hizo; y ello en atención a lo
dispuesto en el artículo 89 de la Ley Orgánica de Procedimientos Administrativos.
Finalmente, observa esta Corte que la reposición en los procedimientos administrativos es facultativa para los órganos de segundo grado, de modo que estos órganos
pueden optar por reponer, o por el contrario resolver el fondo del asunto, salvo en
los casos de indefensión grave. Tampoco por esta razón puede hablarse de parciali-
zación de la mencionada Comisión, y así se declara.

RDP N° 55-56, 1993, pp. 204

CPCA   11-11-93

Magistrado Ponente: Jesús Caballero Ortiz

**Caso: Ramón E. Tovar B. vs. República (Ministerio del
Trabajo. Comisión Tripartita).**

**La reposición administrativa tiene el efecto de anular los
actos de procedimiento viciados a fin de permitir la repetición de los mismos depurando así dicho procedimiento
de irregularidades. La reposición administrativa no es
más que la nulidad del acto administrativo por vicios de
forma, institución que puede operar con fundamento en el
artículo 90 de la Ley Orgánica de Procedimientos Administrativos, cuando la autoridad administrativa revisa un
acto administrativo en virtud de un recurso de esta índole.**

Sin embargo, la reposición en vía administrativa sólo puede tener lugar en casos excepcionales y como medida extraordinaria cuando el vicio de forma haya
tenido relevancia o trascendencia suficientes para influir en la decisión final. En
virtud de lo anterior, no procede la reposición administrativa cuando el vicio o
irregularidad son insuficientes para producir la nulidad del acto, bien porque la
omisión constatada no ha significado una vulneración efectiva y trascendente de

garantías jurídicas del particular, o bien porque, de cumplirse la tramitación irregularmente observada, la decisión de fondo será la misma. En estos casos, aun cuando la Administración advierta la irregularidad procedimental, en virtud de los principios de celeridad, economía y eficacia consagrados en el artículo 30 de la Ley Orgánica de Procedimientos Administrativos, debe confirmar el acto por estar viciado por una irregularidad irrelevante o intrascendente.

3. *Infracción Legal*

RDP N° 2, 1980, pp. 111

CSJ - SPA   24-4-80

Magistrado Ponente: Domingo A. Coronil

En los casos de infracción a la Ley de Hidrocarburos, la omisión de la firma del concesionario en el Acta de notificación, o de la constancia de la autoridad de que aquél se negó a firmarla, constituyen un vicio que afecta la validez del procedimiento.

Dice la Resolución apelada que "...consta en Acta de fecha 17 de octubre de 1970, levantada por un funcionario legalmente competente de este Ministerio, que la Compañía Shell de Venezuela Limited produjo por levantamiento artificial por gas el pozo VLA-2S5SD del bloque I, campo Lama, en el Lago de Maracaibo, sin la debida autorización previa de la Zona II de la Inspección Técnica de Hidrocarburos de Maracaibo...".

Ahora bien, el "Acta", a que alude la Resolución, se limita a decir: "De acuerdo a instrucciones recibidas, el día 17-10-70 a las 8:30 a.m. realicé una inspección a las instalaciones que la Compañía Shell de Venezuela Ltd., posee en el Bloque I del Lago de Maracaibo, pudiendo constatar que el pozo VLA-285SD estaba produciendo por Levantamiento Artificial por Gas. Se levanta la presente Acta y se remite al ciudadano Jefe de la Zona N° 2 del Ministerio de Minas e Hidrocarburos a los efectos legales consiguientes. Maracaibo, a los diecisiete días del mes de octubre de mil novecientos setenta. Antonio Ruiz Pujol — Aforador III".

Como puede objetivamente apreciarse, el documento transcrito, pese a la calificación que su autor le da de "Acta", no es tal, sino un mero informe que un funcionario subalterno rinde a su superior en la jerarquía administrativa, respecto de un hecho determinado; y, siendo así, es obvio que dicho documento no cumple los requisitos materiales y formales exigidos por las normas jurídicas reguladoras de la materia, arriba transcritas. Y no cumpliendo dichos requisitos, mal puede haber satisfecho las finalidades, ya mencionadas, que las citadas normas atribuyen a los mismos. De modo que es obligado considerar que esa pretendida "Acta" no fue debidamente notificada a la supuesta contraventora, por lo cual procede reiterar el criterio jurisprudencial ya referido, según el cual "la omisión de la firma del concesionario en (el) Acta, o de la constancia de la autoridad de que aquél se negó a firmarla, constituyen un vicio que afecta la validez del procedimiento que se ha seguido".

Ha habido, pues, preterición de requisitos y formalidades esenciales en el procedimiento constitutivo del acto impugnado —pues éste se funda en aquella supuesta "Acta"— lo cual lo infirma de nulidad. Así se declara.

RDP N° 2, 1980, pp. 111

CSJ-SPA   24-4-80

Magistrado Ponente: Domingo A. Coronil

El acta de iniciación del procedimiento administrativo sancionatorio es esencial para su validez.

Pues bien, tanto la norma general —la legal—, como la norma especial —la reglamentaria—, transcritas, reguladoras del procedimiento para la aplicación de multas, ordenan el "previo levantamiento de acta", en la cual "se harán constar específicamente todos los hechos relacionados con la infracción" y la cual "deben firmar, según el caso, el funcionario y el contraventor, o el jefe encargado del establecimiento u oficina". La norma reglamentaria dispone, además, y explícitamente, que el acta se extienda "sin pérdida de tiempo", una vez que los funcionarios "notaren que algún concesionario ha incurrido en cualquiera de las faltas que dieren lugar a la imposición de multas".

Estas actas tienen, fundamentalmente, una triple finalidad: constituir la prueba formal de los hechos que configuran una contravención, hacerlos del conocimiento de su autor y permitir establecer la responsabilidad por esos mismos hechos. Por tanto, mediante la prueba auténtica de los hechos y su conocimiento inmediato y directo de ellos, el autor o responsable de éstos está en capacidad de preparar su defensa o de persuadirse de la necesidad de su allanamiento.

Respecto de esta materia, este Alto Tribunal tiene dicho reiteradamente:

"El trámite administrativo para la imposición de sanciones pecuniarias agota una primera instancia, la cual por eso mismo, debe iniciarse con la notificación del administrado y en ello debe dársele oportunidad para promover y evacuar las pruebas que juzgue pertinentes, en ejercicio del derecho de defensa consagrado en el artículo 68 de la Constitución Nacional. Dicho procedimiento administrativo puede y debe ser definido por vía reglamentaria o por Resolución ministerial, caso de no estar previsto en una norma legal de superior categoría, en beneficio de la Administración misma y del particular. Sin embargo, su inexistencia no puede privar al administrado de su legítimo e impostergable derecho de defensa".

"Los lapsos y oportunidades de actuar que se establezcan en el procedimiento administrativo, constituyen verdaderas garantías procesales para el administrado y son las que van a dar sentido y contenido práctico a su derecho de defensa constitucional.

"En estos casos, de infracciones a la Ley de Hidrocarburos, la notificación del concesionario, requisito indispensable para iniciar la primera instancia administrativa, debe constar en el acta fiscal prevista en el artículo 128 del Reglamento de la Ley de Hidrocarburos, en concordancia con lo dispuesto en el artículo 420 de la Ley Orgánica de la Hacienda Pública Nacional, y es por esto que la omisión de la firma del concesionario en dicha Acta, o de la constancia de la autoridad de que aquél se negó a firmarla, constituyen un vicio que afecta la validez del procedimiento que se ha seguido". (Sentencia del 21 de enero de 1975).

4.   *Desviación del Procedimiento*

RDP N° 5, 1981, pp. 114

CSJ-SPA   27-1-81

Magistrado Ponente: J. M. Casal Montbrún

Al cambiarse la motivación del reparo dentro de la fase administrativa de reconsideración, por parte de la Sala de Examen de la Contraloría General de la República, el acto administrativo de reparo resulta nulo, por desviación del procedimiento.

De modo pues, que a juicio de esta Sala se trata de dos reparos totalmente distintos, formulados sucesivamente, uno el 29 de noviembre de 1965 y otro, el 11 de enero de 1967, pero dentro de un solo procedimiento administrativo, con evidente desacato al principio de la preclusividad expuesto anteriormente, infringiéndose de este modo la legalidad externa del acto y quebrantándose además la garantía establecida en el único aparte del artículo 68 de la Constitución Nacional. Al cambiarse la motivación del reparo dentro de la fase administrativa de reconsideración, la Sala de Examen de la Contraloría incurrió en una verdadera desviación del procedimiento, sin cumplir con las formas legalmente previstas en el artículo 419 de la Ley Orgánica de la Hacienda Pública Nacional, y en tal virtud resulta nulo y así se declara, el acto administrativo de reparo, objeto de la presente apelación.

5. *Efectos: Nulidad*

RDP N° 1, 1980, pp. 125

CSJ - SPA   24-1-80

En el procedimiento administrativo, la falta del acta que sirve de fundamento al acto administrativo, acarrea un vicio que lo afecta de nulidad.

El último de los referidos artículos dispone que cuando "los Inspectores Técnicos notaren que algún concesionario ha incurrido en cualquiera de las faltas a que se refieren los artículos 85 y 86 de la Ley, procederá sin pérdida de tiempo a extender un acta en que hagan constar la falta con todas sus circunstancias, la cual remitirán a la Oficina Técnica de Hidrocarburos para que, sin perjuicio de lo dispuesto en el artículo 8 de la Ley, se proceda a la imposición de la multa a que hubiere lugar mediante Resolución que se dicte al efecto". Y el artículo 420 de la Ley Orgánica de la Hacienda Pública Nacional precisa las formalidades a cumplir en tales casos, al disponer que la multa no aplicada por los tribunales "se impondrá en virtud de resolución motivada que dicte el funcionario autorizado para imponerla, previo el levantamiento de acta donde se harán constar específicamente todos los hechos relacionados con la infracción, acta que deben firmar, según el caso el funcionario y el contraventor o el jefe o encargado del establecimiento u oficina".

Consecuente con anteriores decisiones, la Corte estima que el acta a que se refieren dichas disposiciones es el punto de partida de todo un procedimiento administrativo; con su correspondiente articulación probatoria donde el inculpado puede probar sus eximentes o atenuantes que culmina con la resolución mediante la cual el funcionario competente impone al infractor la correspondiente pena. Las formalidades establecidas en tales disposiciones son esenciales para el normal desarrollo del procedimiento y al igual que las citaciones, notificaciones y otros actos semejantes constituyen garantías formales del derecho de defensa, consagrado en el Artículo 68 de la Constitución Nacional por lo cual su omisión acarrea la nulidad del acta y todas las actuaciones subsiguientes.

En el presente caso el acta que sirve de fundamento a la resolución impugnada no aparece en el expediente administrativo, y por cuanto dicha falta constituye, según se ha dicho, un vicio que afecta un acto esencial del procedimiento contencioso-administrativo, la Corte Suprema de Justicia, en Sala Político-Administrativa, administrando justicia, en nombre de la República y por autoridad de la Ley, declara con lugar la apelación interpuesta por la recurrente en este expediente y por lo tanto anula todas las actuaciones anteriores a esta decisión, sin perjuicio de que el Ministerio de Minas e Hidrocarburos dicte nueva resolución, una vez cumplidos los trámites y formalidades establecidas en las disposiciones legales antes citadas.

RDP N° 29, 1987, pp. 107

CPCA   12-2-87

Magistrado Ponente: Román J. Duque Corredor

Caso: Ornar A. Castillo vs. República (Ministerio del Trabajo, Comisión Tripartita).

Aparte de lo anterior la Corte cree necesario advertir que el incumplimiento de los lapsos procedimentales en materia administrativa, sólo es motivo de nulidad, y por ende, de reposición, cuando tal falta signifique la omisión de una etapa o fase total de un procedimiento, o una grave lesión al derecho de defensa, que en el presente caso no fue alegado por ninguna de las partes interesadas, convalidando así cualquier violación de los términos del procedimiento, y así se declara.

RDP N° 82, 2000, pp. 429

CPCA   27-4-2000

Magistrado Ponente: Carlos Enrique Mouriño Vaquero

Caso: Belkys M. Labrador vs. Concejo Municipal del Municipio Liberador del Distrito Federal.

Cuando el procedimiento administrativo no se cumple, se transgrede u obvia alguna de sus fases esenciales legalmente establecidas, el acto está viciado de nulidad absoluta, por configurar una lesión al derecho constitucional del debido proceso y consecuentemente, a la defensa, consagrados en el artículo 49 de la Constitución de la República Bolivariana de Venezuela.

Pasa la Corte a pronunciarse respecto a los vicios denunciados:

Con relación a la primera denuncia, esta Alzada debe señalar que los actos administrativos deben cumplir con el procedimiento previsto en la Ley, en este caso, el Reglamento N° 1 de la Ordenanza de Policía Administrativa Municipal del Municipio Libertador, no sólo como garantía para evitar arbitrariedades, sino para asegurar la certeza documental y constituir pruebas de los actos que permitan examinar la validez de los mismos; por cuanto el procedimiento Administrativo, es una seguridad para el administrado y un deber para la Administración, constituyendo la materialización del derecho a la defensa y al denominado derecho al debido procedimiento administrativo.

Ahora bien, cuando el procedimiento no se cumple, se transgrede u obvia alguna de sus fases esenciales legalmente establecidas, el acto está viciado de nulidad absoluta, por configurar una lesión al derecho constitucional del debido procedimiento y consecuentemente a la defensa consagrados en el artículo 49 de la

Constitución de la República Bolivariana de Venezuela. Por cuanto en un estado de derecho los procedimientos administrativos se erigen como una garantía a los particulares en el ejercicio y goce de sus derechos, de lo cual se desprende la imposibilidad de dictar actos administrativos prescindiendo del procedimiento legalmente establecido para el mismo.

Al respecto tenemos que en el derecho comparado, el procedimiento a seguir para producir un acto administrativo se encuentra consagrado en la Constitución, por cuanto es materia de Orden Público, así tenemos que la Constitución de España de 1978, por ejemplo establece que la ley regulará el procedimiento que debe preceder a los actos administrativos y que los mismos garantizan el tratamiento común de los administrados frente a la administración. Así en su artículo 105.3 nos dice:

"La ley regulará:

c) El procedimiento a través del cual deben producirse los actos administrativos, garantizando, cuando proceda, la audiencia del interesado".

Artículo 149.1.18: "El Estado tiene competencia exclusiva sobre las siguientes materias:

18. Las bases del régimen jurídico de las Administraciones públicas y del régimen estatutario de sus funcionarios que, en todo caso, garantizarán a los administrados un tratamiento común ante ellas; el procedimiento administrativo común, sin perjuicio de las especialidades derivadas de la organización propia de las Comunidades Autónomas; legislación sobre expropiación forzosa; legislación básica sobre contratos y concesiones administrativas y el sistema de responsabilidad de todas las Administraciones públicas."

En el presente caso, tenemos que el procedimiento administrativo disciplinario, establecido por disposiciones expresas contenidas en el Reglamento N° 1 antes citado, es materia de orden público, especialmente en lo que respecta a las garantías del administrado, y dentro de éstas al derecho a la defensa que se equipara al denominado principio *audi alteram partem* o principio del contradictorio administrativo, y el derecho a ser oído establecido en los artículos 48 y 32 de la Ley Orgánica de Procedimientos Administrativos, así como el derecho a la audiencia y a la participación en el procedimiento previstos en los artículos 48 y 68, ibidem, consagrados en los artículos 141 y 62 de la novísima Constitución de la República Bolivariana de Venezuela, así como en su preámbulo cuando define al Estado como de democracia participativa. Por cuanto los mismos permiten a los titulares de derechos o de intereses frente a la Administración, la posibilidad de defenderse participando activamente en el procedimiento y coadyuvar en la toma de decisiones y más aun en aquellos que afectan su esfera de derechos subjetivos. Por otro lado, la doctrina ha reconocido que con este principio se logra la verificación del supuesto jurídico del procedimiento y la determinación de su correcta interpretación, la actuación del derecho objetivo y, la tutela de los derechos e intereses de las partes.

En este orden de ideas, nos permitimos hacer referencia a un precedente jurisprudencial emanado en 1964 por la Cámara de los Lores que consagra el derecho a ser oído en Gran Bretaña (Sentencia Ridge vs. Baldwin) donde si bien no se encuentra consagrado constitucional ni legalmente, ello no ha impedido que se consagre el hecho de que tal derecho debe ser respetado por elementales principios de "justicia natural", específicamente en el procedimiento administrativo que afecte los derechos subjetivos del ciudadano.

Pero es el caso, tal como se estableció en la primera parte de esta decisión, que si bien es cierto que la Administración no notificó a la querellante de la apertura del procedimiento disciplinario, dicho vicio se subsanó con la comparecencia de la interesada al acto de promoción y evacuación de pruebas, momento en el cual pudo presentar su escrito de descargo, y alegar los vicios de procedimiento, como lo es la falta de notificación. Razón por la cual el vicio de violación del derecho a la defensa por falta de citación debe ser desechado. Así se decide.

No obstante es necesario señalar que del estudio del expediente se observa, que si bien la querellante tuvo conocimiento del procedimiento, que presentó y promovió escrito de pruebas, así como solicitó se fijara fecha y hora para evacuar las testimoniales, no es menos cierto que el ente querellado no se pronunció sobre las pruebas ni las mismas fueron evacuadas, máxime cuando ese medio probatorio requiere pronunciamiento expreso de admisión. El órgano administrativo simplemente procedió a participar a la recurrente, mediante oficio signado IAPA-DG de fecha 19 de diciembre de 1995 la destitución del cargo de Inspector Jefe del ente policial tantas veces citado.

En consecuencia de lo antes expuesto, esta Alzada considera que contrariamente a lo establecido por el *a quo*, sí se violó el derecho a la defensa de la querellante pero no por la ausencia de notificación (vicio éste que fue subsanado en el transcurso del procedimiento) sino por el hecho de que la Administración en ningún momento se pronunció sobre las pruebas promovidas ni ordenó su evacuación, de ser procedentes, lo que genera la indefensión de la accionante al no permitírsele evacuar las pruebas en su descargo, influye de este modo en la legalidad del acto en su elemento causal, esto es en los motivos que dieron lugar a la emisión del acto, lo cual dentro de la Teoría Integral de la Causa acarrea el vicio de falso supuesto.

De lo antes expuesto se evidencia que no hubo verdadera sustanciación, no se dio un verdadero procedimiento. Con lo cual se viola el principio de la decisión inteligente. Igualmente se violó el derecho al debido proceso y a ser oído máxime cuando la autoridad administrativa no puede decidir sino con base a pruebas, hechos y circunstancias que han sido del conocimiento del interesado y sobre los cuales debió defenderse oportunamente, en consecuencia se debe declarar la nulidad del acto recurrido. Así se decide.

ÍNDICE ALFABÉTICO
POR MATERIAS

ÍNDICE GENERAL